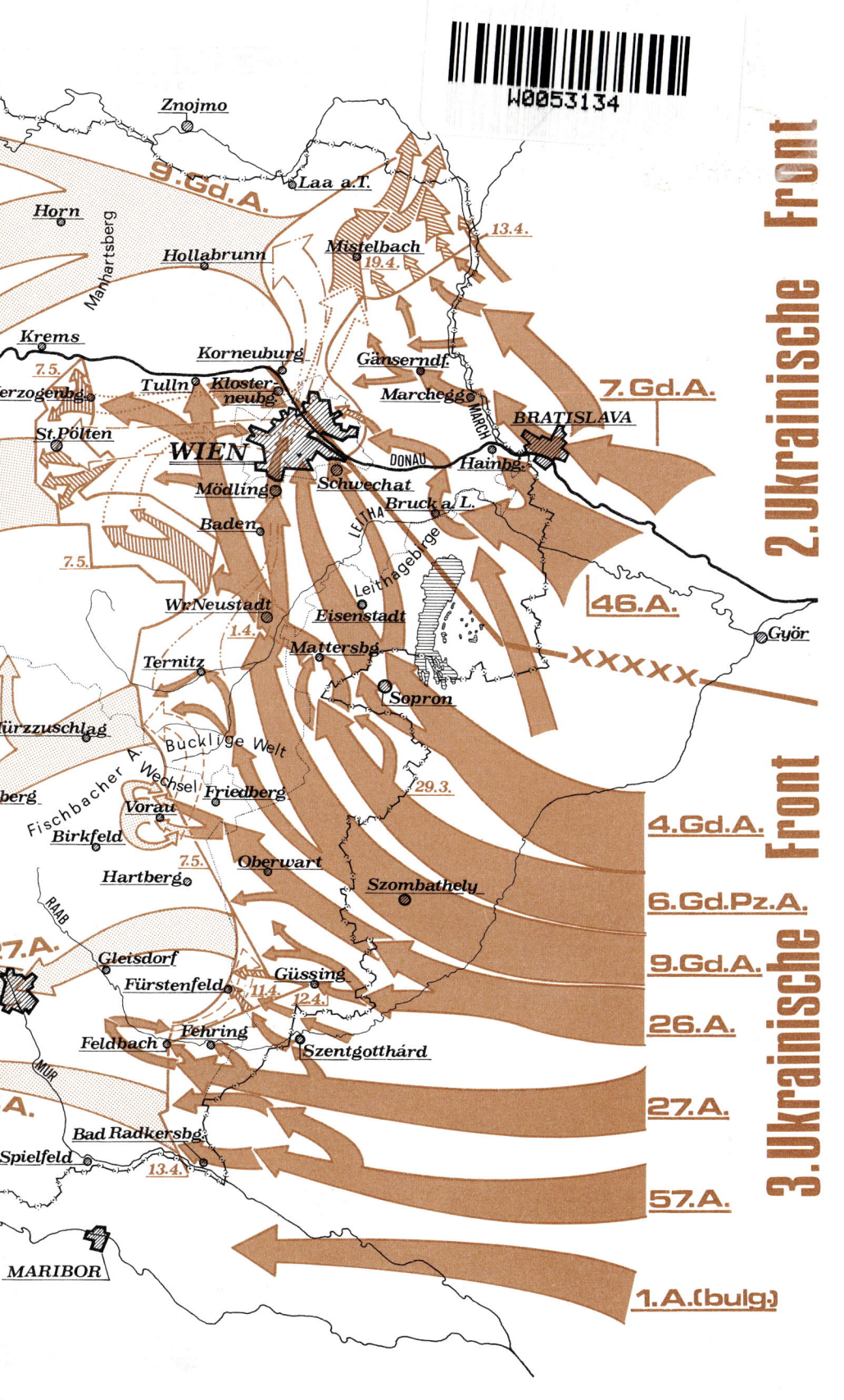

DER KRIEG IN ÖSTERREICH 1945

Manfried Rauchensteiner

Der Krieg in Österreich '45

Die 1. bis 3. Auflage dieses Buches erschien im Österreichischen Bundesverlag
als Band 5 der „**Schriften des Heeresgeschichtlichen Museums**"

Inhalt

KARTENBEILAGEN

(Die Anordnung der Karten ist nicht chronologisch, sondern dergestalt, daß die für das Verständnis eines Kapitels notwendige Skizze herausgeklappt bleiben kann.)

Vorwort

Der Abstand zu einem der wichtigsten Jahre der jüngeren Geschichte, 1945, wächst unaufhaltsam. Mittlerweile sind Generationen herangewachsen, denen das Erlebnis des Krieges weder in die Wiege noch sonstwohin gelegt worden ist und denen der Krieg mithin auch unvorstellbar wurde. Er hat nur mehr die Bedeutung eines Stundenbilds im Geschichtsunterricht. Damit ist aber auch für jene, die den Zweiten Weltkrieg oder auch nur Teile davon darzustellen versuchen, manches anders geworden. Noch vor zehn, fünfzehn Jahren, beim Erscheinen meiner ersten Arbeiten über das Kriegsende und den Neubeginn 1945, überwog die Zahl derer, die den Krieg erlebt und erlitten hatten, gegenüber jenen, die damit keinerlei Erinnerung verbanden. Fünfundzwanzig Jahre nach Kriegsende war es noch immer ein Bedürfnis gewesen, erste zusammenhängende und auch detaillierte Kenntnisse über die letzten Wochen und Monate zu erhalten, die den Krieg in Österreich ausmachten. Dieses Bedürfnis ist heute sicherlich nicht mehr im selben Ausmaß vorhanden. Die Betroffenheit ist gewichen. Die großen Abläufe sind bekannt, und nur auf der unteren, der regionalen Ebene, kann wirklich erheblich mehr an Informationen angeboten werden. Dafür erhebt sich eine andere Frage, nämlich die nach dem Stellenwert des Zweiten Weltkrieges in der österreichischen Geschichte. Er wurde lange so behandelt, als ob er nicht dazugehören würde, und erst allmählich wurde klar, wie sehr dieser Krieg Teil eben dieser Geschichte ist und wie die historischen Fäden aus der Zeit vor dem Krieg in jene nach dem Krieg laufen. Schließlich ist die zweite österreichische Republik ja noch während des Zweiten Weltkriegs entstanden.

Nach vier Jahrzehnten wird auch erkennbar, wie der Erste und der Zweite Weltkrieg zu einer Einheit verschmelzen. Vieles von dem, was sich im Ersten Weltkrieg noch nicht zur Gänze vollzogen hatte, vollzog sich im zweiten Krieg. Beide Weltkriege gehörten auch zum Erleben eines einzigen Menschenalters. Ein Mann wie Karl Renner, der die Erste Republik begründen half, konnte auch die Zweite Republik aus der Taufe heben. Im Grunde genommen war die Zwischenkriegszeit nur ein längerer und nicht immer eingehaltener Waffenstillstand, und drumherum gruppiert sich ein mehr als dreißigjähriger Krieg. Doch trotz seiner allmählich entschwindenden und damit historisch werdenden Dimensionen hat der Zweite Weltkrieg kaum etwas von seiner Bedeutung für unser eigenes, für das europäische und in mancher Beziehung auch für das Weltbewußtsein verloren: Es blieben die Erinnerung an und die Berufung auf einen Krieg und politische Systeme, die ihn auslösten. Es blieb die Erkenntnis von neuen Dimensionen der Macht und des Machtmißbrauchs. Es blieb aber auch das Bedürfnis nach einer Ordnung, die Katastrophen wie den Zweiten Weltkrieg verhindern sollte. Eine solche Ordnung ist in Europa ansatzweise zu finden. Darum sind wir verleitet, dieser während des Krieges konzipierten und nach dem Krieg geschaffenen Machtverteilung trotz der Kenntnis von der Gewalt, die sie aufrechterhält, die Bezeichnung „europäische Friedensordnung" zu geben. Ob sie diese Bezeichnung wirklich verdient, ist nicht unumstritten. Daß Österreich ein Teil dieser Ordnung ist — und zwar ein sehr wesentlicher —, steht hingegen außer Zweifel. Die Abläufe darzustellen, wie es dazu kam, ist daher immer wieder interessant und wohl auch notwendig.

Als ich vor mehreren Jahren gefragt wurde, ob mein vergriffenes Buch über das Kriegsende nicht neu aufgelegt werden sollte, mußte ich entschieden abwinken. In der alten Form wäre das durchaus nicht sinnvoll gewesen, denn mittlerweile hatte sich nicht nur die Fragestellung verschoben und waren wichtige Quellen neu zugänglich geworden; es war auch eine Fülle von Einzelstudien erschienen, die berücksichtigt werden mußten, und es galt, erkannte Fehler auszumerzen. Und schließlich macht jeder Mensch eine Entwicklung durch, die sich auch in seiner Arbeit widerspiegelt. Es wäre daher wohl falsch gewesen, sich über diese Tatsache hinwegzutäuschen und sich selbst gewissermaßen unbesehen zu kopieren. Wenn es also zu einer Neuauflage kommen sollte, dann mußte diese schon den Charakter einer Neubearbeitung haben, und das war natürlich eine Zeitfrage. Das Buch und seine einzelnen Kapitel mußten neu konzipiert, größere Partien umgeschrieben und erweitert werden. Manche Abschnitte, wie etwa jene über den Luftkrieg, waren überhaupt erst von Grund auf zu erforschen. Anhänge, der wissenschaftliche Apparat, der Karten- und der Fototeil waren neu zu gestalten: kurzum, es erwies sich als unerläßlich, eine vollständige Überarbeitung vorzunehmen. In dieser Form präsentiert sich nun dieses Buch.

Daß es erscheinen kann, ist aber natürlich vielen zu verdanken. Zunächst einmal dem Heeresgeschichtlichen Museum, als dessen Angehöriger ich das Buch geschrieben habe und das vor allem auch die Mittel bereitstellte, um die notwendigen Aktenbeschaffungen vorzunehmen. Seinem früheren Direktor, Hofrat Dr. Allmayer-Beck, und seinem Nachfolger, Hofrat Dr. Franz Kaindl, der auch darauf gedrungen hat, den Band wieder in der Reihe der Schriften des Heeresgeschichtlichen Museums erscheinen zu lassen, sei daher an erster Stelle gedankt. Der Österreichische Bundesverlag, dessen langjähriger Autor ich bin, hat die Arbeit wieder einfühlsam und vorbildlich betreut, wofür ich vor allem Dr. Othmar Spachinger und dem Hersteller, Fritz Vesely, sehr zu Dank verpflichtet bin. Friedrich Schunko hat meine Skizzen zu ordentlichen Kartengrundlagen umgezeichnet. Kollegen und Freunde haben nicht nur mitgeholfen, sie haben auch mitgelitten, denn unter dem Druck der Arbeit und vieler Termine verströme ich manchmal Unleidlichkeit. Einer dieser Freunde und Kollegen, Dr. Erwin Schmidl, hat das Manuskript mitgelesen und mich dankenswerterweise auf manche Ungereimtheit aufmerksam gemacht.

Die Aktenbeschaffung, sofern sie nicht von mir bei mehreren Auslandsaufenthalten vorgenommen werden konnte, war vor allem dank der Hilfe des Bundesarchivs/Militärarchivs in Freiburg im Breisgau und des dortigen Militärgeschichtlichen Forschungsamtes möglich. Meine Verbundenheit gilt daher Herrn Oberst Dr. Manfred Kehrig, dem Direktor des Militärarchivs, und dem Amtschef des Militärgeschichtlichen Forschungsamtes, Oberst i. G. Dr. Othmar Hackl. Französische Akten wurden von den Archives de Guerre in Vincennes beigestellt, wobei die Abwicklung vom österreichischen Militärattaché in Paris, Brigadier Josef Marolz, vorgenommen wurde. Amerikanische Akten, die noch für die Fertigstellung einiger Kapitel benötigt wurden, konnten mit Hilfe des österreichischen Militärattachés in Washington, Brigadier Ing. Hans Christian Clausen, und seines Gehilfen, Vizeleutnant Gunther Fritz, besorgt werden. Aus der mehrjährigen Zusammenarbeit mit

Dr. Hugo Portisch bei der Fernsehserie „Österreich II" konnte ich insoferne Nutzen ziehen, als mir eine Fülle von sonst wohl kaum zugänglichen Erlebnisberichten verfügbar wurde. Dem ORF bin ich für das Entgegenkommen verpflichtet, die Materialsammlung des historischen Archivs benützen und Fotos für den Bildteil verwenden zu dürfen.

Schließlich habe ich auch meiner Frau und meinen Kindern zu danken und mich für unzählige Stunden zu entschuldigen, die ich arbeitenderweise verbracht habe, ohne mich ihnen widmen zu können.

Wien, im Juni 1984.

Seit dem Erscheinen der 3. Auflage dieses Buches sind zehn Jahre vergangen. In diesem Dezennium hat es Veränderungen gegeben, die geeignet waren, den aktuellen Bezug eines Buches über das Kriegsende immer wieder neu zu definieren, und auch forschungsmäßig hat es einiges gegeben, das Details der Darstellung ergänzte. Doch die grundsätzlichen Aussagen sind gültig geblieben. Was sich jedoch ebenfalls stark verändert hat, sind die Angehörigen mehrerer Generationen, die sich mit einem Buch über das Geschehen bei Kriegsende 1945 informieren wollen. Diejenigen, die es erlebt haben, sehen sich verleitet, ihr eigenes Leben zu reflektieren. Für die meisten ist der Krieg im eigenen Land aber schon unvorstellbar geworden und man meint, Krieg sei ausschließlich eine Sache der anderen. Wohl gibt es noch die Erzählungen von Menschen, die selbst in diesem Krieg gekämpft und gelitten haben. Doch was sie zu berichten wissen, ist kaum mehr dem eigenen Leben zuzuordnen. Die Topographie hat sich stark verändert, die Verkehrslinien und vor allem die Verkehrsmittel sind andere geworden; die Informationsmöglichkeiten scheinen keine Grenzen zu kennen, und für die meisten gilt ein sicheres Auskommen ohne Hunger und Not als selbstverständlich. Daß dies nicht immer so war, weiß man. Doch wie es war, ist nur mehr schwer vorstellbar.

Die vorliegende Sonderausgabe verfolgt daher den Zweck, die Geschehnisse vor einem halben Jahrhundert für die Erlebenden und Nachlebenden deutlich werden zu lassen. Die Grenzen zwischen Siegern und Besiegten waren in Österreich eigentlich immer schon aufgehoben. Die zeitliche Distanz hat noch ein übriges getan, um dieses Wechselspiel aus Schrecken und neuer Hoffnung in ein größeres Ganzes historischer Abläufe zurücksinken zu lassen. Doch immer wieder ist die Hoffnung zu artikulieren, daß der Krieg in Österreich 1945 ein wirkliches Ende markiert.

Wien, im Jänner 1995   *Manfried Rauchensteiner*

1

Vom Ende der „Ostmark"

Es gibt wohl so gut wie keinen Staat, der von sich behaupten könnte, an seiner Wiege wären nicht Kriege oder Revolutionen gestanden. Auch das heutige Österreich ist das Produkt von Kriegen. Seine Gestalt erhielt es nach dem Ersten Weltkrieg. Im März 1938 erfuhr es nach dem „Anschluß" eine revolutionäre Umwandlung und ging im Deutschen Reich auf. Und als Folge des Zweiten Weltkriegs erhielt es wieder seine alte Gestalt und seine uns heute vertraute demokratische Staatsform. Krieg und Gewalt verbinden sich daher wie selbstverständlich mit dem Werden des neuen Österreich. Wenn es also darum geht, das Ende des Zweiten Weltkriegs in Österreich zu beschreiben, dann ist dies gleichzeitig die Geschichte jenes Zeitraums, in dem Österreich mit Hilfe der größtmöglichen Gewalt aus dem Deutschen Reich herausgelöst und wieder verselbständigt, restauriert oder auch wiedergeboren wurde. Die Geschichte der Zweiten Republik hebt sich vor dem Hintergrund des Krieges ab.

Mit dem Kriegsende in Österreich verbindet sich aber sicherlich auch mehr als nur ein Kapitel österreichischer Geschichte der jüngeren Zeit, denn der Prozeß des gewaltsamen Herauslösens dessen, was einmal Österreich war und wieder Österreich werden sollte, ist ein Stück europäischer Geschichte. Mit dem Schicksal Österreichs entschied sich jenes Deutschlands, das von einer großdeutschen auf zwei kleindeutsche Ländergruppen reduziert wurde. Die durch das Kriegsende und die anschließende Teilung Österreichs in Besatzungszonen geschaffene Situation beeinflußte nachhaltig die Entwicklung in Ungarn, der Tschechoslowakei und Jugoslawien. Und auch wenn man weiter sieht und schließlich alle angrenzenden Länder Revue passieren läßt, wird es kein einziges Land geben, das von sich behaupten kann, es wäre von den sieben Wochen dauernden Kampfhandlungen zwischen Neusiedler See und Bodensee unberührt geblieben.

Nun ist es im Grunde genommen selbstverständlich, daß Umwälzungen und Kriege nicht ohne Folgen sind. Es muß daher genauer gefragt und insbesondere auch das

Maß der eingesetzten Gewalt berücksichtigt werden, mit deren Hilfe 1945 Politik gemacht worden ist. Erst diese Größenordnung vermittelt einen Eindruck von den Veränderungen, die da geschaffen wurden, und von den Absichten, die dahinterstanden.

Im Laufe des Jahres 1944 hatten sich die „grimmig einfachen Probleme", als die Winston Churchill noch zu Silvester 1943 die Kriegsfragen und die Fragen der alliierten Partnerschaft angesprochen hatte[1], sehr viel verwickelter dargeboten, als es der britische Premier vielleicht erwartet haben mochte. Eine Reihe von Kriegskonferenzen der Alliierten diente der Koordinierung der Kriegsziele und der Klärung der oft divergierenden gegenseitigen Standpunkte, denn die Allianz gegen das „Dritte Reich" sollte auf keinen Fall geschwächt werden oder gar zerbrechen. Immer mehr aber wurden die augenblicklichen Fragen der Kampfführung von jenen Fragen verdrängt, die sich mit dem Nachkriegseuropa beschäftigten und die die Lage nach dem Wirksamwerden der „bedingungslosen Kapitulation" des Deutschen Reiches in den Mittelpunkt der Überlegungen rückten. Der militärische Sieg sollte ja auch einen politischen zur Folge haben, der gleichfalls ein vollständiger sein sollte.

Mit dem totalen Sieg über Deutschland ist aber gewissermaßen nur die eine Seite der von den Alliierten gedachten Entwicklung skizziert. Die andere Seite zeigt jene Vorstellungen, die bei den Alliierten hinsichtlich ihrer eigenen Stellung in einem befriedeten Europa bestanden. Dabei gingen die Ansichten besonders weit auseinander, und es wurde zunächst nur die Absicht deutlich, dort, wo es für nötig erachtet wurde, die politische Geographie Europas zu verändern. Als eine der Möglichkeiten dazu bot sich Österreich an. Nach monatelangen, wenngleich nicht sehr intensiven, britisch-amerikanischen Gesprächen über eine Österreicherklärung, wurde auf der Außenministerkonferenz in Moskau Ende Oktober 1943 der Entwurf einer solchen Erklärung der Alliierten besprochen und nach Berücksichtigung von zwei sowjetischen Abänderungswünschen verabschiedet[2]. Am 1. November 1943 wurde die „Moskauer Deklaration" veröffentlicht, in der die Alliierten ihre Absicht bekundeten, Österreich, das erste Opfer der Angriffspolitik Hitlers, nach dem Krieg wiederherzustellen. Allerdings wurde Österreich nicht nur aufmerksam gemacht, daß es am Krieg eine Mitschuld habe, sondern von ihm auch ein eigener Beitrag zu seiner Befreiung gefordert, der dann, bei der Endabrechnung, berücksichtigt werden sollte. Die Mitschuld-Klausel war — wie der größte Teil der Erklärung — britischen Ursprungs. Die an ein nicht existierendes Österreich gerichtete Aufforderung, seinen Beitrag zur Befreiung zu leisten, war zweifellos dazu gedacht, auf dem Gebiet des alten-neuen Österreich zu Widerstandsaktionen und zu einer aktiven Rolle im Krieg auf seiten der Alliierten zu ermuntern.

Doch die Moskauer Deklaration zeigte vorerst kaum sichtbare Auswirkungen, und das nimmt bei der Situation, in der sich Österreich als Teil des Dritten Reiches befand, nicht wunder. Die Erklärung bildete außerdem bei ihren Unterzeichnern lediglich eine Art Diskussionsgrundlage, da vor allem bei den Westmächten noch keineswegs eine bestimmte Vorstellung darüber existierte, ob Österreich tatsächlich in seinen alten Grenzen erstehen sollte. Auf der Konferenz von Teheran (1. Dezember 1943) schlug der amerikanische Präsident Roosevelt gesprächsweise die Aufteilung Deutschlands in fünf Gebiete, zuzüglich zwei unter Aufsicht der Vereinten Nationen, vor. Churchill wiederum wollte nur Preußen als die Wurzel allen Übels isolieren und begann die Idee einer Donaukonföderation zu entwickeln, der auch Österreich angehören sollte. Mit diesem Plan stieß er aber bei seinen Konferenzpartnern auf keinerlei Gegenliebe.

Stalin betonte, daß zwischen Nord- und Süddeutschen kein Unterschied bestünde. „Wenn man mit großen deutschen Truppenmassen im Kampf stehe", ließ er verlauten, „finde man, daß sie alle wie die Teufel kämpfen", und die englisch-amerikanischen Armeen würden das auch bald erfahren. „Nur die Österreicher verhielten sich anders", behauptete Stalin, und dann beschrieb er, wie sie weniger entschlossen kämpften und wie sie sich ergäben. Man müsse sich daher hüten, die Österreicher, die so ganz anders seien als die Deutschen, in irgendeine politische Kombination einzuschließen. Österreich habe selbständig existiert und könne es wieder tun, wie ja schließlich auch Ungarn wieder selbständig werden sollte[3].

Dieses Hervorstreichen der österreichischen Andersartigkeit durch Stalin, das höchstwahrscheinlich keinem tieferen Verständnis für die österreichische Nation entsprang, sondern nur in Rechnung stellte, daß die Frage Österreich vorteilhaft dazu benützt werden konnte, um eine Teilung Deutschlands herbeizuführen, indem man alte ethnische und politische Grenzen wieder aufzurichten versprach, erfuhr auch später keine Wandlung, denn für Stalin bildete ein freies und politisch unabhängiges Österreich einen Faktor, der bei der Regelung der Nachkriegsverhältnisse in Europa viel leichter gehandhabt werden konnte als ein Länderblock, der weitab jeder sowjetischen Einflußnahme lag. Inwieweit er damals schon in Rechnung stellen konnte, daß sowjetische Truppen bei Kriegsende bis nach Österreich vorgedrungen sein würden und die Besetzung einiger Teile dieses Landes der Abschirmung der sowjetischen Interessen in Ungarn und der Tschechoslowakei dienen würde, läßt sich freilich nicht feststellen, zumal Stalin beachten mußte, daß bei dem politisch wesentlich regsameren Teil der Westalliierten, nämlich den Briten, große Neigung bestand, einen von Churchill propagierten Plan zu forcieren, der ein britisch-amerikanisches Vorgehen bis nach Wien vorsah[4].

Churchills Plan, sich den italienischen Stiefel hinaufzukämpfen, dann nach Triest einzuschwenken und durch die Laibacher Senke nach Österreich und womöglich auch nach Ungarn vorzustoßen, war fast so alt wie der alliierte Feldzug in Italien überhaupt. Hier wäre aber nicht jene große zweite Front entstanden, auf deren Errichtung die Russen gedrängt hatten und die von Roosevelt und Churchill auch zugesagt worden war. Der schließlich gefaßte Entschluß zur Landung in der Normandie war daher gleichbedeutend mit einer Abwertung des italienischen Kriegsschauplatzes. Da die Landung in der Normandie der Forderung nach einer raschen Beendigung des Krieges mit Deutschland anscheinend viel eher gerecht wurde, besonders wenn man sie unter dem amerikanischen Gesichtspunkt sah, daß es zunächst einmal gelte, die Deutschen zu besiegen, ehe man über sie politisiere, erlitt die wesentlich politischere Idee Churchills, den „weichen Unterleib" Europas aufzureißen, ihre erste große Niederlage. Doch was wollten die Westmächte überhaupt in diesem Teil Mitteleuropas?

Die USA hatten sich Anfang 1944 noch keineswegs dazu entschlossen, in der Nachkriegsgeschichte Europas eine Rolle spielen zu wollen[5]. Großbritannien und die Sowjetunion waren aber nicht nur gewillt, eine solche Rolle zu spielen; sie wollten sie auch in ungefähr denselben Gebieten spielen, nämlich in Ostmittel- und in

Südosteuropa. In dieser Phase der Überlegungen begannen daher die Briten damit, die USA dazu überreden zu wollen, ganz Österreich als Besatzungszone zu übernehmen, damit die britischen Truppen sozusagen mit amerikanischer Rückendeckung in Ungarn, Rumänien und eventuell auch in Bulgarien auftreten konnten, von Jugoslawien ganz zu schweigen, das selbstverständlich der westlichen Einflußsphäre zugerechnet wurde. Doch zum einen wollten die USA höchstens einen Teil Österreichs nach dem Krieg zur Besetzung übernehmen, und zum anderen reklamierten die Sowjets nicht nur ebenfalls eine Besatzungszone in Österreich für sich, sondern machten auch sehr bald klar, daß sie nicht nur unmittelbarere Interessen an Ostmitteleuropa hatten als die Briten, sondern auch die militärischen Mittel besaßen, um diese Interessen zu vertreten.

Der britische Premier kämpfte darum, daß die Italienfront keine weitere Schwächung erfuhr, doch die am 15. August 1944 unter dem Decknamen „Dragoon" erfolgte alliierte Landung in Südfrankreich machte dann so gut wie alle Hoffnungen zunichte, westliche Truppen an den Unterlauf der Donau zu schicken. „Unserer Italienarmee", schrieb Churchill später, „wurde die Gelegenheit genommen, den Deutschen eine schwere Niederlage zuzufügen und wahrscheinlicherweise vor den Russen in Wien einzutreffen, mit allen Konsequenzen, die sich daraus ergeben mochten[6]."

Obwohl es Churchill also schon unwahrscheinlich vorkam, daß die angloamerikanischen Armeen in Italien noch bis in den Ostalpenraum würden eindringen können, wies er den Oberbefehlshaber dieser Truppen, den britischen Feldmarschall Sir Harold Alexander, Ende August 1944 an, sich für den Fall einer Kapitulation der deutschen Heeresgruppe in Italien oder eines baldigen Kriegsendes bereitzuhalten, um mit Panzerspähwagen schnellstens nach Wien vorzustoßen. Erst auf der 2. Konferenz von Quebec (13. bis 16. September 1944) schwenkten die Amerikaner mehr oder weniger pro forma auf die britische Linie ein und sprachen ohne Scheu davon, nach Wien zu marschieren, sofern der Krieg lange genug dauern und nicht andere zuerst dorthin gelangen würden[7]. Damit war der Zeitfaktor ins Spiel gebracht. Fürs erste hielten aber die Westalliierten an ihren Vorbereitungen für einen Einmarsch in Österreich fest.

Die Detailplanung einer britischen und amerikanischen Militärverwaltung für Österreich war im Spätherbst 1944 praktisch abgeschlossen, das Personal ausgesucht und das „Basic Handbook Military Government, Austria" publiziert. Im italienischen Caserta wurde eine Schulungsabteilung geschaffen, und die verantwortlichen Planungsstäbe der Briten und Amerikaner übersiedelten von London dorthin, ja man traf sogar Vorbereitungen, auf schnellstem Weg Kontakt mit den Sowjetrussen und den Franzosen aufzunehmen, um nach einer erfolgten Besetzung Österreichs durch die Streitkräfte der Westalliierten die einheitliche Installierung einer Militärverwaltung zu gewährleisten[8]. Dabei wurde auch für den Eventualfall Vorsorge getroffen, der dann eingetreten wäre, wenn die deutsche Heeresgruppe in Italien ganz überraschend kapitulieren oder — was viel weniger zu erwarten war — über den Brenner zurückgehen sollte. Doch irgendwie mutet das alles unrealistisch an, wenn man bedenkt, daß die Rote Armee bereits im Dezember 1944 an der alten österreichischen Grenze erwartet wurde.

DAS FEILSCHEN UM EINFLUSSPHÄREN

Auch die Sowjetunion hatte es im Laufe des Jahres 1944 nicht verabsäumt, ihr Interesse an der Zukunft Österreichs deutlich herauszustreichen. Als sich in der amerikanischen Einstellung, jede mögliche Nachkriegsverpflichtung in Österreich zu vermeiden, um ja nicht in die Probleme des Balkans und in eine sowjetisch-britische Rivalität in diesem Gebiet verwickelt zu werden[9], eine Wandlung vollzog, traten die Beratungen von Amerikanern, Briten und Sowjets über die Zukunft Österreichs in ein konkreteres Stadium. Im Rahmen der Europäischen Beratenden Kommission (EAC) in London wurden die ersten Pläne über eine Teilung Österreichs in Besatzungszonen vorgelegt und einmal grundsätzlich das Prinzip der gemeinsamen Verantwortung festgestellt. Briten und Sowjets ging es dabei immer mehr darum, Nachkriegsinteressen zu wahren und Einflußsphären zu sichern.

Trotz der Vorlage eines konkreten Teilungsplanes im August 1944 durch die Briten kamen die Österreichverhandlungen jedoch nicht vom Fleck. Zeitweilig sah es so aus, als ob sich Sowjets und Briten in die Besetzung Österreichs teilen müßten, denn die Amerikaner wollten sich nur symbolisch und nicht mit einer kompletten Zone an der Nachkriegsverwaltung beteiligen[10]. Doch auch die Sowjets reagierten nur äußerst langsam auf die britischen Vorschläge. Ende Oktober 1944 war es noch immer nicht gelungen, Amerikaner oder Russen zu präziseren Aussagen oder gar Zugeständnissen zu bewegen, außer daß auf diplomatischem Weg abgesprochen wurde, daß derjenige, der als erster in Wien sein würde, Vertreter der beiden anderen Verbündeten einladen sollte, ebenfalls dorthin zu kommen. Auch der Besuch einer britischen Regierungsdelegation mit Churchill an der Spitze in Moskau vom 9. bis 17. Oktober 1944 brachte für Österreich keine greifbaren Ergebnisse.

Erst am 13. November lag dann der EAC ein sowjetischer Plan zur Zonenteilung vor, und von diesem Augenblick an traten die Verhandlungen in der Londoner Kommission in eine neue Phase[11].

Vorher war vor allem über Grundsatzfragen der staatlichen Restauration gesprochen worden, war die Österreichfrage als Instrument einer momentanen Schwächung Deutschlands und als Faktor alliierter Mittel- und Südosteuropapolitik erörtert worden. Jetzt wurde Österreich schon sehr klar als eine Individualität gesehen, auf die aber nicht der Grundsatz der gemeinsamen Verwaltung und Demokratisierung angewendet werden sollte, sondern der aus der Frage der Behandlung Nachkriegsdeutschlands kommende Grundsatz der Teilung. Am 13. November 1944 schlug die Sowjetunion eine Teilung der Art vor, daß ihr die ostwärtigen Hälften Niederösterreichs und der Steiermark zufallen sollten, während die Briten die westlichen Hälften dieser Länder sowie Kärnten besetzen würden und die Amerikaner den ganzen übrigen Teil bekommen hätten. Wien wäre in den alten Stadtgrenzen so dreigeteilt worden, daß der Sowjetunion der nordostwärtige Teil, aber auch die Innere Stadt zugefallen wären. Den Rest wollte die Sowjetunion an die beiden westlichen Alliierten übertragen wissen[12].

Der Dezember 1944 war in der EAC durch das Warten auf die Amerikaner gekennzeichnet. Zwar ließ Präsident Roosevelt Außenminister Stettinius ein mit 8. Dezember datiertes Memorandum zugehen, in dem er aus politischen Gründen für die Übernahme einer amerikanischen Zone in Österreich plädierte. Doch es dauerte noch immer einige Wochen, bis endgültig feststand, daß die Amerikaner wie Briten und Sowjets Besatzungsaufgaben in Österreich übernehmen würden[13].

Man kann also den Amerikanern gewiß nicht den Vorwurf machen, sie hätten sich zu ihrer Aufgabe in Österreich gedrängt. Das Gegenteil war der Fall, und wenn etwas Kritik erforderte, dann der Umstand, daß die Amerikaner einer eingegangenen Verpflichtung nur halbherzig nachkommen wollten und sicherlich wesentlich dazu beitrugen, daß es in dem Augenblick, da die Kampfhandlungen auf Österreich übergriffen, keine bindenden Abmachungen über Österreich gab. Das erzeugte allenthalben Unsicherheit.

Es waren aber nicht nur die Amerikaner, die sehr deutlich machten, daß sie keine unmittelbaren Interessen mit Österreich verbanden. Genau dieselbe Haltung nahmen die Franzosen ein. Es ist bekannt, daß, ähnlich wie das im Fall der Vereinigten Staaten geschah, die britische Regierung alles dazu tat, um Frankreich wieder als Macht in Europa zu etablieren, und ebenso war es eine britische Initiative, die Frankreich im Umweg über die Europäische Beratende Kommission als Besatzungsmacht nach Österreich führen sollte.

Die Sowjetunion maß der Frage der Teilnahme von Franzosen keine Bedeutung bei, und nachdem Frankreich wiederum auf Grund britischer Vorstellungen der Übernahme voller Verantwortung und einer regulären Zone in Österreich zugestimmt hatte, war nur die Frage zu klären, aus welchen Teilen Österreichs diese Zone bestehen würde. Wie von selbst mußte es sich dabei ergeben, daß die beiden „Zauderer" in der Österreichfrage — die USA und Frankreich — eine derartige Teilung vornahmen, daß die vorgesehene amerikanische Zone aufgeteilt werden sollte, und zwar dergestalt, daß den Franzosen Tirol und Vorarlberg zugedacht wurde. Da bekam dann keiner mehr als unbedingt nötig[14].

Eventuell wäre zu erwarten gewesen, daß die Konferenz von Malta, vor allem aber jene von Jalta, eine neue Weichenstellung auch im Hinblick auf Österreich erbringen würde; das war aber nicht der Fall. In Malta, wo sich Präsident Roosevelt, sein Außenminister Stettinius, Premierminister Churchill und Außenminister Eden auf dem Weg zur Krimkonferenz zu Vorgesprächen trafen (30. Jänner bis 2. Februar 1945), fand Churchill wohl Zustimmung, wenn er davon sprach, daß die Westmächte soviel wie nur möglich von Österreich besetzen sollten, da es nicht wünschenswert sei, „daß die Russen mehr von Westeuropa erhielten, als unbedingt nötig". Das war aber eine fast schon unrealistische Forderung, denn die sowjetischen Truppen führten zu diesem Zeitpunkt den Endkampf um das eingeschlossene Budapest und bereiteten ihren Vormarsch auf Wien vor. Und auch bei den Gesprächen in Jalta (4. bis 11. Februar) war es unübersehbar, daß die militärischen Erfolge der Sowjetunion einen Höhenflug der Westalliierten im Bereich der politischen Konzeptionen verhinderten. Die Österreichfrage war, wie auch schon auf der Moskauer Außenministerkonferenz 1943 und auf den späteren Kriegskonferenzen, eine Nebenfrage. Es kam zwar zu einigen mißverständlichen Äußerungen Stalins, aus denen die Bereitschaft herausgelesen werden konnte, daß Stalin nun plötzlich doch einem Aufgehen Österreichs in einem süddeutschen Staatenbund das Wort redete; es wurde darüber gesprochen, daß die Westalliierten die Möglichkeit bekommen sollten, zwischen Budapest und Wien ein strategisches Bombergeschwader zu stationieren, um den Luftkrieg gegen Deutschland zusätzlich aus dieser Richtung führen zu können. Doch in der Frage der Führung der militärischen Operationen und der Behandlung Österreichs nach dem Krieg gab es abermals keine bindenden Abmachungen[15].

Fazit: In Jalta hatten sich die Russen alle Möglichkeiten offengelassen. Das Zuwarten konnte sich ja durchaus lohnen. Und schon im Dezember 1944 hatte Stalin zu General de Gaulle gesagt, als ihm dieser zu den sowjetischen Erfolgen in Ungarn gratulierte: „Ach die paar Städte! Wir müssen nach Berlin und Wien[16]."

Im Verlauf der Debatte über die Aufteilung Österreichs in Besatzungszonen war wiederholt deutlich geworden, daß Briten und Amerikaner einerseits und Sowjets andererseits nicht nur bei größeren und grundsätzlichen Problemen, sondern auch in scheinbar geringfügigeren Fragen unterschiedlicher Auffassung waren. Die Sowjets gingen beispielsweise bei ihren Vorschlägen zur Teilung von den alten österreichischen Bundesländergrenzen aus, während die Briten die deutschen Gaugrenzen zur Grundlage nahmen. Der Unterschied wurde spätestens dann deutlich, als die Briten am 29. Jänner 1945 einen Teilungsvorschlag unterbreiteten, der für sie die Steiermark und Kärnten samt Osttirol als Besatzungszone vorsah, wobei freilich, der Gaueinteilung von 1938 entsprechend, mit der Steiermark auch das südliche Burgenland zur britischen Zone gekommen wäre[17]. Das wollten wieder die Sowjets nicht. Daher widersetzten sich die Sowjets den westlichen Forderungen nach Teilung des Gaues Groß-Wien, weil dies natürlich eine wesentlich stärkere westliche Präsenz inmitten einer sowjetischen Besatzungszone in Ostösterreich mit sich bringen mußte als die Teilung Wiens in seinen viel engeren Grenzen als Bundesland. Doch auch die Sowjets hatten einen Wunsch, den sie im Verlauf der Zonenverhandlungen vorbrachten und der über eine Aufteilung nach Bundesländern hinausging: Sie wollten das Mühlviertel, also jenen Teil Oberösterreichs, der nördlich der Donau liegt. Zusammen mit der Wiederherstellung des Burgenlandes wurde dabei die sowjetische Absicht deutlich, Ungarn und die Tschechoslowakei so weit wie möglich gegenüber den künftigen westlichen Zonen abzuschirmen. Denn Ungarn und die Tschechoslowakei waren Länder, an denen die Sowjets ein erklärtes Interesse hatten. Stalin hatte daher auch schon im Oktober 1944 den dezidierten Wunsch ausgesprochen, daß Polen, die Tschechoslowakei und Ungarn einen Gürtel antinazistischer, d. h. wohl prosowjetischer, Staaten bilden sollten[18].

An diese Gebiete sollten verständlicherweise möglichst wenige westliche Zonen angrenzen, da sonst die langfristigen sowjetischen Pläne eventuell eine Störung hätten erfahren können. Der amerikanische Vertreter in der Europäischen Beratenden Kommission, John G. Winant, ging auf die sowjetischen Forderungen auch bereitwillig ein, „da keine militärischen Erwägungen von Bedeutung dagegen sprachen". Die Briten folgten diesem Schritt in der Hoffnung, daß die Russen in der Wien-Frage nachgeben würden[19]. Doch die Sowjets lenkten vorderhand nicht ein. Nun erkannten die Westalliierten, daß ein formelles Abkommen, in dem zwar der russische Wunsch nach Wiederherstellung der österreichischen Bundesländergrenzen und nach der Einräumung von Besatzungsrechten im Mühlviertel berücksichtigt, doch keine Regelung der Aufteilung Wiens enthalten wäre, ihre Verhandlungsposition in dieser wichtigen Frage entscheidend schwächen mußte. Die Gespräche liefen sich endgültig fest. Somit stand im Frühjahr 1945 — im Gegensatz zu Deutschland — ein Abkommen über die Besatzungszonen in Österreich noch aus, und es mußte das Ziel der alliierten und besonders der sowjetischen militärischen Anstrengungen sein, sich mit den Waffen die Ausgangspositionen für die abschließenden Verhandlungen zu erkämpfen.

Der Krieg wurde also nicht nur in dem Bemühen auf österreichischem Boden getragen, die deutschen Armeen am Südflügel der Ostfront restlos zu zerschlagen, sondern auch aus ganz gewichtigen und vorwiegend politischen Überlegungen heraus. Und erst die Projektion eben dieser Überlegungen auf die militärischen Ereignisse läßt die letzteren in ihrer Eigenart und zwingenden Abfolge erkennbar werden. *Der Krieg in Österreich war eine politische Schlacht mit militärischen Mitteln.*

DIE „ÖSTERREICH-KRISE" DER ALLIIERTEN

Die allgemeinen Vorstellungen, wie die militärische Niederwerfung Deutschlands im Jahre 1945 in einem einzigen abschließenden Feldzug erreicht werden könnte, hatten sich für die Moskauer Führung bereits während der Sommeroffensive 1944 abgezeichnet und im November desselben Jahres endgültige Gestalt angenommen. Am 17. Februar 1945, also noch mitten während des Ringens um die zukünftigen Besatzungszonen in Österreich, ließ das oberste sowjetische Kommando, die Stavka, der 2. und der 3. Ukrainischen Front den Befehl zugehen, eine großräumige Operation vorzubereiten, die die Zerschlagung der deutschen Heeresgruppe Süd zum Ziel hatte. Unter den vorhin erwähnten Gesichtspunkten war dies der Befehl, der die Gewinnung der für die Sowjetunion interessanten Teile Österreichs vorsah[20].

Und es hatte ganz den Anschein, als würden die Russen die Vorbereitungen für ihre „Wiener Angriffsoperation" ungestört abschließen und dann in die Wirklichkeit umsetzen können, als zwei Ereignisse eine plötzliche und, wie es schien, weitreichende Gefährdung ihrer Österreichpläne mit sich brachten.

Am 6. März begann nämlich die Heeresgruppe Süd im Raum des Balaton (Plattensees) eine Gegenoffensive. Zwei Tage später meldete der britische Feldmarschall Alexander in einer Depesche an die amerikanische Botschaft in Moskau den Beginn von Kapitulationsverhandlungen mit der deutschen Heeresgruppe C in Italien und bat den amerikanischen Botschafter in Moskau, Averell Harriman, die sowjetische Regierung davon zu informieren[21].

Diese unerwartete Wendung, die sich für die Sowjets buchstäblich im Angesicht der österreichischen Süd- und Ostgrenze abzeichnete, bedeutete eine schwere Gefahr für ihre Pläne. Es hatte plötzlich den Anschein, als würden die Armeen der Westmächte ungehindert in den Alpenraum eindringen können, während die 2. und die 3. Ukrainische Front in einer heftigen Abwehrschlacht gebunden waren. Dabei übersahen die Sowjets, daß die Westalliierten wohl in erster Linie deshalb daran interessiert waren, mit den deutschen Truppen in Italien eine Kapitulationsvereinbarung zu treffen, weil dann den westlichen Armeen der Weg in den Alpenraum freigemacht worden wäre und sie keine Sorgen wegen einer möglichen „Alpenfestung" mehr haben mußten[22]. Aber natürlich hätten sie auch nichts dagegen einzuwenden gehabt, auf diese Weise bis in den Donauraum vorstoßen zu können, denn das hätte ihre Verhandlungsposition in der Frage der Zukunft Ostmitteleuropas und Österreichs ungemein gestärkt.

Stalin hegte aber noch ganz andere Befürchtungen. Der sowjetische Staatsführer befürchtete einen Separatfrieden zwischen Deutschen und Anglo-Amerikanern, wenn nicht überhaupt eine Umkehr der Fronten[23]. Und dagegen wollte er mit aller Macht ankämpfen. Er entschloß sich daher zu einer „Flucht nach vorn". Die Marschälle Tolbuchin und Malinovskij, die für die militärischen Operationen im Donauraum verantwortlich waren, erhielten den strikten Befehl, trotz der Plattenseeoffensive ihre Wiener Angriffsoperation voranzutreiben. Zu diesem Zweck bekam Tolbuchin zwei neue Armeen, um so schnell wie möglich den Vormarsch nach Wien aufnehmen zu können[24].

Was aber die Kapitulationsverhandlungen mit der deutschen Heeresgruppe C, die in der Schweiz stattfanden, anlangte, so bestand die erste sowjetische Gegenmaßnahme darin, daß Außenminister Molotov die Zuziehung von drei Generälen der Roten Armee zu den Verhandlungen verlangte, wohl mit dem Hintergedanken, die Gespräche zunächst zu verschleppen. Der westalliierte Generalstab ließ daraufhin verlauten, daß in der Schweiz vorläufig nur Einzelheiten über die Modalitäten künftiger Kapitulationsverhandlungen besprochen würden, beeilte sich jedoch hinzuzufügen, daß es sich auch bei einer tatsächlichen Kapitulation der deutschen Heeresgruppe lediglich um ein rein lokales militärisches Ereignis handle und Feldmarschall Alexander als Oberster Befehlshaber dieser Front daher allein berechtigt sei, die Verhandlungen zu führen und die notwendigen Entscheidungen zu treffen. Daraufhin forderte die sowjetische Regierung am 18. März in einer Note an die amerikanische Regierung den Abbruch der Kapitulationsverhandlungen[25], denn scheinbar lag nur noch darin eine Chance, in Österreich unangefochten vor den westlichen Alliierten einzudringen. In einem kurz darauf begonnenen Briefwechsel tat Stalin noch ein übriges und bezichtigte seine westlichen Bündnispartner in schroffster Form der Unaufrichtigkeit und Nichteinhaltung der übernommenen Verpflichtungen, ein Vorwurf, der Roosevelt aufs schwerste traf und ihn wie Churchill ratlos werden ließ, warum denn Stalin anscheinend grundlos dazu überging, seine Verbündeten zu insultieren[26]. Der Sturm legte sich auch rasch, als die Wiener Angriffsoperation unangefochten vorankam und die Verhandlungen deutscher und alliierter Vertreter in der Schweiz auf große Schwierigkeiten stießen und zeitweilig abgebrochen wurden. Sie wurden erst Ende April wieder aufgenommen; die Sonderkapitulation der Heeresgruppe C wurde am 29. April 1945 unterzeichnet.

Die Sowjetunion hatte ihren Zweck voll und ganz erreicht. Ein mögliches Vorgehen der westlichen Alliierten nach Österreich wurde um vier Wochen hinausgeschoben, also genau um jene vier Wochen, die die sowjetischen Truppen brauchten, um jene Teile Österreichs zu erreichen, die für sie von Interesse waren. Damit waren aber auch genügend vollendete Tatsachen geschaffen, um in den abschließenden Verhandlungen mit den westlichen Alliierten über die Zukunft Österreichs den sowjetischen Standpunkt durchzusetzen.

Von dieser Warte aus gesehen, bekommt der Kampf, den die 2. und die 3. Ukrainische Front gegen die deutsche Heeresgruppe Süd im März und April 1945 führten, erst seine besondere Bedeutung, denn das Ziel der sowjetischen Offensive am Südflügel ihrer Westfront war Österreich. Mit der Besetzung genau ausgesuchter Zonen

schirmten die Truppen der Roten Armee Ungarn und die Südgrenze der Tschechoslowakei ab, wodurch erst ganz Ostmitteleuropa zu einer weitgehend isolierten
sowjetischen Einflußsphäre werden konnte.

Demgegenüber verloren die militärischen Operationen der westlichen Alliierten
an Bedeutung. Sie dienten wirklich nur mehr der Besetzung und gingen innerhalb
einiger Wochen vor sich. Die Dramatik lag dabei weniger in den Kampfhandlungen
als im Wettlauf, den sich amerikanische und französische Truppen lieferten, sowie
in den Vorbereitungen, die für das Zusammentreffen von West und Ost inmitten
von Österreich zu treffen waren.

KRIEGSENDE ALS ALLTAG

Gemessen an der Vielfalt der politischen und militärstrategischen Überlegungen,
die bei der Planung der Alliierten für ihr Vorgehen nach Österreich eine Rolle spielten, nehmen sich die von der politischen und militärischen Führung des Deutschen
Reiches ergriffenen Gegenmaßnahmen denkbar bescheiden aus. Die Zuversicht,
daß es der deutschen Reichsregierung und vor allem Adolf Hitler noch gelingen
könnte, einen erträglichen Frieden zu schließen, der auch den Verbleib Österreichs
innerhalb des Deutschen Reiches sicherstellen würde, war geschwunden. Und die
zur Schau getragene Hoffnung, daß es den deutschen Truppen doch noch gelingen
könnte, eine Wende herbeizuführen, mußte Anfang 1945 als ein leerer Wahn
erscheinen. Für die nationalsozialistische Führungsschicht und für die verantwortlichen Militärs ging es folglich nur mehr darum, Durchhalteparolen auszugeben und
Durchhaltewillen zu zeigen. Wieweit das noch realitätsbezogen war, mußte jeder für
sich entscheiden.

Doch gab es überhaupt einen einigermaßen klaren Sinn für die Realität? Was aus
Rundfunk und Zeitungen zu erfahren war, entbehrte zwar nicht einiger Richtigkeit,
doch wurde die Wahrheit durch Weglassung und andere Gewichtungen so entstellt,
daß nur mehr ein Quentchen übrigblieb[27]. Statt dessen übernahm es die Propaganda, auf die überlegenen physischen und psychischen Eigenschaften der Menschen
Großdeutschlands hinzuweisen und den Kampf Großdeutschlands in weltgeschicht-
liche Zusammenhänge zu stellen. Da gab es dann noch immer einen missionarischen
Auftrag und einen Anstrich von Größe, etwas, das gerade auf dem Gebiet des vom
Kleinstaat zur „Ostmark" gewordenen Österreich verfing. Denn wer wollte denn
wieder in jene engen und unerfreulichen bis politisch bestialischen Zustände zurück,
wie sie die erste österreichische Republik gekennzeichnet hatten? War es da nicht
wirklich besser, noch ein wenig auszuharren und zu hoffen als an das Ende der
„Ostmark" zu denken?

In der Propaganda und bei der historischen Verknüpfung konnte natürlich auch
der Appell an die einstige Mission Österreichs als Bollwerk nach dem Osten nicht
fehlen. Dort aber, wo auch dieser Verweis auf die Tradition keine Stoßkraft mehr
hatte, mußte die Angst ihre Wirkung tun. Die Parole hieß ja: Die Russen kommen!
Schließlich wurden noch der Solidaritätssinn, die Verantwortung gegenüber Frauen,
Kindern und Kranken, die Verpflichtung gegenüber der Volksgemeinschaft und

22

nicht zuletzt auch die Aussicht ins Treffen geführt, als „Volksschädling" abgeurteilt zu werden, wenn man nicht weiterhin durchhalten und sich auf den Endkampf vorbereiten wollte[28]. Wer also konnte da noch Realitätssinn beweisen?

Trotz der düsteren Aussichten lief in dem gepeinigten Organismus Deutsches Reich und im speziellen in dessen südostwärtigen Gauen die Kriegsmaschinerie auf höchsten Touren. Rund ein Viertel der männlichen Bevölkerung diente zu diesem Zeitpunkt in der Deutschen Wehrmacht und stand an irgendeiner der Fronten oder bei den Ersatztruppenkörpern und Verbänden des Heimatheeres. Der durch den totalen Kriegseinsatz erzwungene Ausfall von Arbeitskräften wurde dadurch wettzumachen gesucht, daß wohl weit mehr als 700.000 Menschen als „Fremdarbeiter", Kriegsgefangene oder als Häftlinge von Konzentrationslagern in der Rüstungsindustrie und in wichtigen Sparten der Wirtschaft und der Landwirtschaft eingesetzt waren. Dennoch herrschte akuter Arbeitskräftemangel. Es gab strenge Rationierungen, ohne daß es noch zu einer Lebensmittelknappheit gekommen wäre. Nur bestimmte Güter waren völlig aus dem Handel verschwunden. Das meiste wurde bewirtschaftet und nur gegen Marken abgegeben. Die große Zeit der Ersatzstoffe war angebrochen.

Der Verkehr wurde zum allergrößten Teil auf den öffentlichen Verkehrsmitteln wie Bahn und Bus abgewickelt und hatte sich insofern zeitlich verschoben, als wegen der Luftgefahr eine stärkere Ausnützung der Nachtstunden erforderlich geworden war. Doch wenn eine reibungslose Verkehrsabwicklung möglich war, fuhren die Züge in Minutenabständen. Zwischen die fahrplanmäßigen Garnituren mischten sich dann die Truppentransporte und die endlosen Züge, die den Nachschub für die Ost-, die Südost- und die Südwestfront transportierten.

Die Rüstungsindustrie, die mit Ausnahme der Flugzeugindustrie zu Jahresende 1944 einen meist erheblich geringeren Zerstörungsgrad aufwies als die vergleichbaren Werke im übrigen Deutschland, hatte in den letzten Monaten 1944 ihren höchsten Ausstoß erreicht. Allerdings war auch dabei deutlich geworden, daß der Zenith bereits längst überschritten war, denn es ging vornehmlich darum, die bereits in Großserien hergestellten Rüstungsgüter weiterzuproduzieren, ohne noch die Möglichkeit zu haben, auf die Produktion von Neuentwicklungen umzusteigen und auch sie in großen Stückzahlen herzustellen[29]. Derartige Bemühungen endeten meist im Bombenhagel alliierter Flugzeuge. Auch die Zeit der großen Verlagerungen war vorbei, denn die Alpen- und Donaureichsgaue waren genauso luftgefährdet wie jene des Altreichs. Zwar wurde noch im Februar 1945 eine Verlagerung von Halbfertigfabrikaten der V2 in den Raum Salzburg und eine solche von Düsenjägern nach Kärnten vorbereitet, doch es kam nicht mehr dazu, da es an geeigneten Verlagerungsorten mangelte[30].

Das Leben hatte sich trotz der keinem verborgen gebliebenen Lage auf den verschiedenen Kriegsschauplätzen, trotz des Luftkriegs und des Drucks, der auf jedem einzelnen lastete, so eingespielt, daß auch ein Weltkrieg gewissermaßen alltäglich schien, bzw. suchte man durch eine gesteigerte Normalität sich selbst über Sorgen und Miseren des Alltags hinwegzutrösten und hinwegzutäuschen. Es gelang aber sicherlich von Tag zu Tag weniger.

In der zweiten Jahreshälfte 1944 hatte der Zustrom von Flüchtlingen eingesetzt. Zuerst ganz schwach, dann stärker, bis Flüchtlinge und Umgesiedelte schließlich in großen Schüben eintrafen und in den Alpen- und Donaureichsgauen untergebracht werden mußten. Dabei trat jene Drehscheibenfunktion wieder zu Tage, die Österreich jahrhundertelang gegenüber dem europäischen Südosten gehabt hatte. Sogenannte Volksdeutsche aus dem Süden der Sowjetunion, aus Rumänien und Ungarn machten den Anfang. Doch es blieb nicht bei den Deutschen. Mit ihnen kamen Flüchtlinge anderer Nationalitäten, die vor den Sowjets flohen, darunter ein nicht geringer Teil der damaligen politischen Führer Südosteuropas. Sie waren durch die Zusammenarbeit mit dem nationalsozialistischen Deutschland belastet und hatten weder von der eigenen Bevölkerung noch von den Sowjets Pardon zu erwarten. Wien wurde für die zur Flucht und Emigration gezwungenen südosteuropäischen Politiker das, was Paris traditionell für Polen, Russen und Politiker aus dem Nahen und Mittleren Osten war: Ein Ort, wo man Exilregierungen bildete und Pläne schmiedete[31]. Ein Teil dieser südosteuropäischen Exilpolitiker gruppierte sich gewissermaßen um den ehemaligen Gauleiter und Generalkommissar der Krim, Alfred Eduard Frauenfeld. Der ehemalige Kommandant der rumänischen Eisernen Garde, Horia Sima, bildete eine rumänische Nationalregierung. Aus Bulgarien war der ehemalige Ministerpräsident und Universitätsprofessor Alexandur Cankov gekommen, der sich seit September als Ministerpräsident einer bulgarischen Exilregierung bezeichnete. Der ehemalige Wiener Bürgermeister und Balkanexperte, Gesandter Hermann Neubacher, richtete in Wien die „Dienststelle Wien des Auswärtigen Amtes für Serbien, Montenegro, Albanien und Griechenland" ein. Um ihn versammelte sich die politische Emigration dieser Länder, die dann aber bald in das Grandhotel nach Kitzbühel übersiedelte.

Doch es waren ja nicht nur „Prominente", die nach Österreich flohen und sich der Drehscheibe Wien bedienten. Ende Oktober 1944 wurde mit der systematischen Evakuierung von ungarischen Truppenteilen und militärischen Kommandostellen begonnen, die zu einem erheblichen Teil in Österreich untergebracht und hier wieder frontverwendungsfähig gemacht werden sollten[32]. Ihnen folgten zahlreiche zivile Dienststellen aus Ungarn, bis schließlich im März 1945 die ungarische Staatsregierung auf österreichischen Boden übertrat und im Salzburgischen Aufnahme fand. Allein in Salzburg, Kärnten und Steiermark sollen ab dem Herbst 1944 rund 500.000 ungarische und kroatische Flüchtlinge Zuflucht gefunden haben. Damit endete jene Zeit, in der man sagen konnte, daß die Alpen- und Donaureichsgaue prozentuell weniger Flüchtlinge beherbergten als andere Gaue des Deutschen Reiches. Nach dem slowakischen Volksaufstand wurden ab September 1944 rund 60.000 deutsche Kinder, die vorher in der Slowakei Zuflucht gefunden hatten, in den Alpengauen untergebracht[33]. Die Steigerung des Bombenkriegs erforderte die teilweise Evakuierung der großen deutschen Städte und die Verlagerung ganzer Schulklassen und Heime in weniger gefährdete Räume. Und wieder war es der Alpenraum, der primär herangezogen wurde.

Die Binnenwanderung und die Unterbringung großer Flüchtlingsmassen brachte natürlich erhebliche Probleme mit sich und trug sicherlich nicht dazu bei, Spannungen abzubauen, denn bei allem Verständnis für die Not der Flüchtlinge und Evakuierten regten sich auch bald Unmut und Fremdenhaß wegen der Übervölkerung und wegen der noch strengeren Rationierungen. Die Gegensätze von Stadt und Land, von Ost und West nahmen zu und wurden durch die überregionalen Gegensätze verschärft.

Das, was einmal Österreich war und es wieder werden sollte, bildete Anfang 1945 die „Alpen- und Donaureichsgaue" des Deutschen Reiches, eine Sammelbezeichnung, die den inoffiziellen und mittlerweile verbotenen Begriff der „Ostmark" ersetzen sollte. Sie waren ihrer Bindungen an Wien entledigt worden und hingen in politischer Hinsicht von Berlin und in parteimäßiger Hinsicht von München ab. Innerhalb jedes Reichsgaues, von denen es sieben gab, da das Burgenland 1938 zwischen Niederdonau, dem ehemaligen Niederösterreich, und Steiermark aufgeteilt und Vorarlberg mit Tirol zu einem Reichsgau vereinigt worden war, innerhalb dieser Reichsgaue also stellten die Gauleiter die oberste politische und machtmäßige Spitze dar. Militärisch waren die Alpen- und Donaureichsgaue so gegliedert worden, daß der Wehrkreis XVII mit dem Kommando in Wien die Gaue Niederdonau, Wien und Oberdonau (Oberösterreich) umfaßte, während die übrigen Gaue zum Wehrkreis XVIII mit dem Kommando in Salzburg gehörten. An der Spitze der Wehrkreise standen die Stellvertretenden Kommandierenden Generale und Befehlshaber im jeweiligen Wehrkreis. Sie hatten die militärische Organisation und vor allem das Ersatzwesen wahrzunehmen und die Sicherung von militärisch wichtigen Einrichtungen durchzuführen.

Doch auch über die politische wie die militärische Führung der Alpen- und Donaureichsgaue ließ sich 1945 nicht mehr einheitlich urteilen. Seit über die Vorgänge in Wien nach dem Attentat auf Hitler am 20. Juli 1944 einigermaßen Klarheit herrschte[34], hatte es nicht nur innerhalb des Wehrkreiskommandos XVII etliche Ablösungen gegeben. Wesentlich schwerer wog noch, daß sich der Gauleiter von Wien, Baldur von Schirach, wachsender Kritik von Wiener wie Berliner nationalsozialistischen Funktionären ausgesetzt sah und einige Zeit hindurch sehr heftig an seiner Ersetzung gewerkt wurde. Mit Schirach wäre aber wohl das ganze Gefüge der Parteihierarchie ins Wanken gekommen. Schirach wurde unmittelbar dafür verantwortlich gemacht, daß in Wien die Stimmung in der Bevölkerung schon im Spätsommer 1944 an einem Tiefpunkt angelangt war. Da Wien jedoch trotz des Verlusts seiner Stellung als Regierungssitz und überregionales Verwaltungszentrum eine Großstadt und ein Reichsgau war, von dem eine Signalwirkung ausging, konnte es den Münchner und Berliner Partei- wie Regierungsstellen nicht gleichgültig sein, wenn der Leiter des Gau- und Reichspropaganda-Amtes Wien, Eduard Frauenfeld, in einem Bericht am 4. September 1944 die Lage folgendermaßen charakterisierte:

„Die Hoffnung, daß wir den Krieg jemals noch siegreich beenden können, ist nicht nur in einem Großteil der Parteigenossenschaft auf den Nullpunkt gesunken. Dadurch ist die Gefahr der Wiederholung von Ereignissen, wie sie sich im November 1918 abgespielt haben, in greifbare Nähe gerückt. Die Ursachen sind nicht nur im Verlauf der militärischen Ereignisse, sondern auch in den Geschehnissen des 20. Juli zu suchen . . . Es ist daher kein Wunder, daß sich bei weiten Kreisen der Bevölkerung eine täglich größer werdende Mutlosigkeit bemerkbar macht, die bei vielen zur vollkommenen Gleichgültigkeit geführt hat, wobei man immer wieder feststellen kann, daß sich die Menschen bereits in Hoffnungen negativer Richtung ergehen, die in dem Satz ausgedrückt werden: , . . . auch wenn wir den Krieg verlieren, wird es so arg nicht werden!' Ich bin der Überzeugung, daß von dieser Situation bis zu dem Augenblick, wo sich dieselbe auch in allen Sparten des öffentlichen Lebens und vor allem in der Industrie und Wirtschaft auszuwirken beginnen wird, nur mehr ein Schritt ist[35]".

Mittlerweile war dieser Schritt schon längst getan worden. Zehn Tage nach diesem Stimmungsbericht fand der Chef des Reichssicherheitshauptamtes, Ernst Kaltenbrunner, nach einem Besuch in Wien die Stimmung „schlecht und die Haltung fast aller Schichten der Bevölkerung eines sofortigen Eingreifens bedürftig[36]“. Doch Schirach blieb und mit ihm die gesamte Parteistruktur der NSDAP. Den Gau Niederdonau fand Kaltenbrunner stimmungsmäßig besser als Wien, „wenngleich er von Wien leicht angekränkelt wird und namentlich unter der übergroßen Zahl der Ausländer leidet“. Bedeutend besser sei die Situation in Oberdonau und am besten in Salzburg. Damit hatte Kaltenbrunner also genau jenes stimmungsmäßige West-Ost-Gefälle skizziert, das bestimmend für die Monate vor Kriegsende war. Und er hatte auch auf das Problem der „fremdvölkischen Arbeiter“ hingewiesen, wozu es in einem weiteren Stimmungsbericht vom 21. September 1944 hieß, daß sich ihre Anzahl in Wien auf über 140.000 belief. Sorge bereiteten vor allem 50.000 junge Franzosen sowie Kroaten und Tschechen[37].

Keine oder nur geringe Sorge bereitete den deutschen Machthabern der pro-österreichische Untergrund. Sie wußten ihn, sofern er sich nicht auf die Seite der Tito-Partisanen geschlagen oder im Ausland Zuflucht gefunden hatte, weitgehend unter Kontrolle. Wo eine Widerstandsgruppe aufgedeckt wurde, gab es Verhaftungen und Todesurteile, deren Vollstreckung öffentlich bekanntgegeben wurde. Gezielter Terror sollte abschrecken — und tat es wohl auch. Daß es dennoch und immer stärker Österreichtendenzen gab, konnte natürlich nicht verborgen bleiben. Doch wenn die NS-Führung dem überhaupt Bedeutung zumaß, so billigte sie diesen Tendenzen doch keine Dynamik zu und täuschte sich damit über das eigene Scheitern hinweg.

Schließlich sprach aus den Stimmungsberichten die mehr oder weniger klar formulierte Überzeugung, daß der Bevölkerung der Alpen- und Donaureichsgaue auch gar nichts anderes übrig blieb, als im Rahmen des Deutschen Reiches auszuharren. Die unmittelbare Gefahr würde sie dazu regelrecht zwingen. Ja, vielleicht würde ebendiese Gefahr sogar eine Wende herbeiführen. Daher konnte es in dem bereits erwähnten Stimmungsbericht vom 21. September 1944 auch heißen, daß im Falle einer Steigerung des Luftkriegs in den Alpen- und Donaureichsgauen dieselbe Wirkung zu erwarten sei wie in den Gauen des „Altreichs“: Die Bevölkerung würde das „tatkräftige Eingreifen und die Hilfsbereitschaft der Partei“ zur Kenntnis nehmen, der Verfall der Stimmung würde aufgehalten werden und besonders Wien würde auch weit stärkere Angriffe „ebenso gut durchstehen wie die Bevölkerung anderer deutscher Großstädte“[38]. Dem Luftkrieg wurde solcherart vom Gauleiter von Niederdonau, Dr. Hugo Jury, von dem diese Beurteilung stammte, die Eigenschaft des vielbeschworenen „Stahlbades“ zuerkannt. Doch es sollte anders kommen. Und im März 1945 war sich das Wehrkreiskommando XVII in Wien darüber im klaren, daß sich allerorten „Kriegsmüdigkeit, Überreizung und zum Teil auch nicht nur defätistische, sondern ausgesprochen destruktive Tendenzen bemerkbar“ machten, „wozu allerdings auch die schweren Terrorangriffe auf Wien . . . erheblich beitragen . . . Es ist vorgekommen, daß nach schweren Terrorangriffen die Hilfskommandos der Wehrmacht und die Partei öffentlich beschimpft und sogar tätlich bedroht wurden“. Die Mißstimmung gegen die „Altreichsangehörigen“ nehme ständig zu, und die Agitation für die „Freies-Österreich-Bewegung“ hätte ein nicht ungefährliches Ausmaß angenommen[39].

Ähnliches formulierte auch der ehemalige Bevollmächtigte Deutsche General in Kroatien, General Edmund Glaise-Horstenau, vor 1938 Minister und Direktor des Wiener Kriegsarchivs, der in seinen Aufzeichnungen das politische und militärische Geschehen zutiefst deprimiert kommentierte[40]. „Die Serie von Mißerfolgen in den drei letzten Monaten", schrieb er im März 1945, „müßte genügen, um in den Augen des dümmsten deutschen Bürgers unsere Kriegsführung zu brandmarken . . . Dennoch muß der im friderizianischen Sklavengeist erzogene Deutsche an den ihm verheißenen Sieg glauben und wehe dem, der zeigt, daß er's nicht tut. Sein Kopf kommt zuverlässig unter's Beil." Auch Glaise sah nur mehr Terror und hatte die Empfindungen, daß „wir Österreicher scheinbar wieder suspekt" geworden sind. „Österreich ist dank des friderizianischen Geistes wieder tief im Kurs gesunken." Der Repräsentant dieses Geistes sei aber vor allem Hitler, von dem Reichsarbeitsminister Robert Ley behauptet hatte, daß er sich auch äußerlich dem „großen König angeglichen" hätte. „Die Kundgebungen von ‚oben' sind . . . auf Entschlossenheit und vollen Sieg gestimmt. Dabei werden bis zum Speien die Geister des Fridericus Rex aufgerufen. Fridericus Rex bei Kunersdorf ist zum Mythos geworden". In Wien und Österreich, notierte Glaise, ließ jedoch die Offenheit, mit der „allen Denunzianten und Spitzeln zum Trotz" die Lage kritisiert wurde, nichts zu wünschen übrig.

Die Aussicht, daß auch Österreich Schlachtfeld werden könnte, und der tagtägliche Luftkrieg hatten also zur Folge, daß der Realitätssinn zurückkehrte. Doch vorerst hieß es, sich auf das Unvermeidliche einzustellen, denn noch war der Krieg die unumstößliche Wirklichkeit.

2   Der Luftkrieg

Am 23. Dezember 1944 ersuchte das Sowjetische Oberkommando die amerikanische Luftwaffe um die Durchführung strategischer Luftangriffe gegen alle jene Eisenbahnlinien, die — grob gesprochen — aus dem Raum Linz und dem Großraum Wien nach Ungarn und nach Jugoslawien führten, sowie um die Zerstörung der Verbindungslinien nach Oberitalien[1].

Dieser sowjetische Wunsch, der bis zu einem gewissen Grad auch die Nützlichkeit und Effektivität strategischer Luftangriffe in Rechnung stellte, etwas, das von sowjetischer Seite einige Jahre nach dem Krieg durchaus nicht mehr in dieser Form zum Ausdruck gebracht wurde, dieser sowjetische Wunsch also stand durchaus im Einklang mit der Entwicklung der militärischen Großlage. Zu dem genannten Datum, Weihnachten 1944, hatten die Sowjets Budapest eingeschlossen, standen damit tief in Ungarn. Sie waren zusammen mit den jugoslawischen Armeen am Balkan bis über Belgrad hinaus vorgedrungen, und nördlich der Donau waren sie dabei, die östliche Slowakei vollständig zu befreien. Sie standen damit Wien um rund 300 km näher als Berlin. Folglich war für die Sowjets die Notwendigkeit gegeben, im österreichischen Raum die Verbindungen, auf denen deutsche Truppen, vor allem aber Rüstungsgüter, an die Front gebracht werden konnten, bald und nachhaltig zerstört zu sehen.

Die Amerikaner, die den Luftkrieg gegen Österreich zum überwiegenden Teil führten, bedachten sich nicht lange. Sie waren nicht nur grundsätzlich bereit, dem sowjetischen Verlangen zu entsprechen; es paßte auch sehr gut in ihre eigene Prioritätenliste, auf der nach der Zerstörung der Flugzeugindustrie, nach der Lahmlegung der Flugzeugzulieferindustrie und der empfindlichen Schwächung der übrigen für die deutsche Rüstungsindustrie und Kriegswirtschaft wichtigen Ziele in Österreich ohnedies nur mehr zwei größere Zielgruppen übriggeblieben waren: Erdölverarbeitende Anlagen und Verkehrseinrichtungen[2]. Das hatte nun nicht zu bedeuten, daß alle anderen vorher genannten Sparten gänzlich aus der Prioritätenliste verschwunden wären, vielmehr hieß das, daß diese Ziele weiter bombardiert würden, anderes aber Vorrang hatte. — Da mit der Zerstörung der Verkehrsverbindungen in Österreich noch dazu einem sowjetischen Ersuchen entsprochen und damit ein Beitrag zur gemeinsamen Kriegsführung geleistet werden konnte, war es selbstverständlich, daß man nach dem Vorliegen der grundsätzlichen Bereitschaft zur konkreten Planung überging. Dabei wurden folgende Überlegungen angestellt:

Für den Eisenbahnverkehr von Österreich an die Ostfront gab es wenige Stellen, wo man sagen konnte, daß sie neuralgisch waren. Als die amerikanische Luftwaffe 1944 die Brücken über die Theiß zerstört hatte, war damit der Verkehr weitgehend zum Erliegen gekommen, doch bei der Donau im Wiener Raum und bei der Drau, über die der Verkehr nach Jugoslawien rollte, lagen die Dinge etwas anders, da es so viele Umwege gab, daß etwa mit der Zerstörung von ein oder zwei Brücken noch immer kein wirkliches Hemmnis entstanden wäre. Also galt es, die Bahnhöfe zu zertrümmern. Der systematischen Bombardierung der Eisenbahnlinien in Ungarn stand entgegen, daß mittlerweile die Ziele in Ungarn zwar von der taktischen, weniger aber von der strategischen Luftwaffe angegriffen werden sollten. Daher konzentrierte sich die amerikanische Planung auch sehr rasch darauf, Angriffe gegen Eisenbahnknotenpunkte in Österreich vorzubereiten und damit die Bahnhöfe, Verschubeinrichtungen und Eisenbahnlinien zu zerstören, auf denen ein Verkehr nach dem Osten und Süden abgewickelt werden konnte. Insbesondere wurde die Linie von Wien über Wiener Neustadt und Bruck a. d. Mur nach Graz, Maribor (Marburg) und Zagreb (Agram) ins Auge gefaßt. Von den damit genannten Zielen sprang den Amerikanern vor allem Wien ins Auge. In Wien, so hieß es, würde die Masse des von Deutschland und von der Tschechoslowakei nach Süden und nach Osten rollenden Eisenbahnverkehrs abgewickelt, hier wären ausgedehnte Schienensysteme, Lastenbahnhöfe, Depots und alles andere, was zu einem hochrangigen Eisenbahnknoten gehörte. Etwas weniger wichtig wäre Linz, das jedoch ebenfalls ausgedehnte Anlagen besitze und wegen der „Hermann-Göring-Werke" sowie der dortigen Heereszeuglager von Bedeutung sei. Zwischen Linz und Wien wäre dann vor allem Amstetten wichtig und folglich ein vorrangiges Ziel. Sah man aber nach dem Süden, dann waren es Wiener Neustadt, Bruck, Graz und Maribor, die über große und besonders wichtige Eisenbahnanlagen verfügten. — Die Bestandsaufnahme der Amerikaner ergab zwar auch eine gewisse Wichtigkeit für Bratislava (Preßburg) und Nové Zámky (Neuhäusl) sowie für Hegyeshálom und Komárom (Komarno; Komorn). Doch sie fielen in der Bewertung deutlich ab. Was schließlich die weiter westlich gelegenen Eisenbahnknotenpunkte und Bahnanlagen betraf, etwa die in Kärnten und Tirol, so waren sie ohnedies schon längere Zeit den strategischen Luftangriffen der amerikanischen Bomber ausgesetzt gewesen, die mit ihrer Zerstörung den Nachschub nach Italien unterbinden und damit den amerikanischen und britischen Truppen auf diesem Kriegsschauplatz Erleichterung verschaffen wollten.

Schließlich wurde in die anläßlich des sowjetischen Ersuchens um Zerstörung der Eisenbahneinrichtungen in Ostösterreich von den Amerikanern angestellten Überlegungen auch eine Bestandsaufnahme eingefügt, was es sonst noch an lohnenden Zielen in Österreich gäbe. Und dabei stachen den Amerikanern wieder die erdölverarbeitenden Betriebe in Wien, das Werk zur Herstellung synthetischen Treibstoffs in

Moosbierbaum, aber auch die noch nicht gründlich genug zerstörten oder weiter produzierenden Rüstungsbetriebe und die Arsenale, insbesondere das Wiener Arsenal, in die Augen. Es konnte also keinen Zweifel daran geben, daß in Österreich noch sehr viel vorhanden war, was sich als Ziel des strategischen Luftkriegs anbot. Mit der Auflistung desselben und einer Neufestlegung der Prioritäten wurden von der amerikanischen Luftwaffenführung solcherart die Bedingungen genannt, unter denen der Luftkrieg gegen Österreich künftig stattfinden sollte. Und wer diese Planungspapiere las, konnte sich unschwer ausrechnen, daß Österreich der Höhepunkt des Luftkrieges erst bevorstand.

DIE ERÖFFNUNGSBILANZ

Die Mittel zu dieser letzten Steigerung des Luftkriegs waren Amerikaner und Briten (deren Royal Airforce einen kleinen Teil der westalliierten Anstrengungen zur Bombardierung von Zielen vornehmlich in Oberitalien, Österreich und am Balkan trug) in — man möchte fast sagen — überreichem Ausmaß gegeben. Seit die Amerikaner im Spätherbst 1943 darangegangen waren, in Süditalien, im Großraum Foggia, die 15. Luftflotte aufzubauen, hatte sich diese stetig entwickelt[3]. Verluste, die auftraten, waren mehr als ausgeglichen worden, so daß diese Luftflotte Ende Dezember 1944 über 1468 viermotorige Bomber der Typen B-17 „Flying Fortress" und B-24 „Liberator" verfügte. Dazu kamen 709 Jagdmaschinen P-38 „Lightning" und P-51 „Mustang" sowie 55 Maschinen anderer Typen. Die gesamte Luftflotte zählte zu diesem Zeitpunkt rund 14.000 Offiziere und über 72.000 Mann.

Die amerikanische 15. Luftflotte (15th Air Force) unter dem Befehl von Generalmajor Nathan F. Twining hatte ihr Hauptquartier in Bari und verteilte sich mit ihren 5 Bomber-Geschwadern (Bombardment Wings) im weiteren Umfeld von Foggia in Apulien so, daß das 47. Bomber-Geschwader in Manduria, das 55. Bomber-Geschwader in Spinazzola, das 5. Bomber-Geschwader in Foggia, das 49. Bomber-Geschwader in Incornata und das 304. Bomber-Geschwader in Cerignola stationiert waren. Insgesamt standen ihnen 16 Flugplätze zur Verfügung. Das XV. Jagd-Kommando (Fighter Command), das den Einsatz der Jagdflugzeuge der 15. Luftflotte befehligte, hatte sein Hauptquartier in Torremaggiore und stationierte die Jagd-Gruppen (Fighter Groups) des 305. Jagd-Geschwaders (Fighter Wing) um Salsola und jene des 306. Jagd-Geschwaders um Lesina[4].

Zu dieser amerikanischen Streitmacht kam das 205. Geschwader (Group) der Royal Air Force (RAF), das natürlich über sehr viel weniger Maschinen verfügte und mit rund 100 Bombern der Typen „Wellington", B-24 „Liberator" und „Lancaster" zum Einsatz kam.

Die Kombination von Briten und Amerikanern war aber nicht nur Ausdruck der gemeinsamen Kriegsführung, sondern war auch gleichbedeutend mit zwei Luftkriegsphilosophien, die auf die Kurzformel gebracht werden konnten: Die Amerikaner bombardierten bei Tag und die Briten bei Nacht. Es gab zwar auch amerikanische Nacht- und britische Tagesangriffe, doch sie blieben im strategischen Luftkrieg die Ausnahme von der Regel. Zu dieser Aufgabenteilung kam jedoch noch ein weiterer Faktor, der Amerikaner und Briten unterschied, nämlich der, daß sich die Briten seit Beginn des Luftkriegs für Flächenbombardements ausgesprochen hatten, während die Amerikaner primär Einzelziele angreifen und zerstören wollten.

Die Briten flogen nur verhältnismäßig wenige Missionen gegen Österreich. Sie waren vornehmlich damit beschäftigt, Einsätze über Italien, über dem Mittelmeer und über dem Balkan zu fliegen. Und das allein hatte schon einen wesentlichen Unterschied zwischen dem Luftkrieg gegen das sogenannte Altreich, also Deutschland, und jenem gegen Österreich zur Folge: Die deutschen Städte waren als Siedlungsräume Opfer zahlloser britischer Nachtangriffe und sanken in Trümmer. Österreich aber, das vorwiegend mit der amerikanischen Theorie und Praxis der Luftkriegsführung in Berührung kam, erlebte keine so ausgedehnten Flächenangriffe, 1.000-Bomber-Angriffe, die Feuerstürme entfachten und totale Verwüstungen reiner Wohngebiete zurückließen, sondern wurde „nur" stückweise zertrümmert. Sicherlich boten sich auch in Österreich nicht annähernd so viele Ziele für großangelegte Flächenbombardements wie in Deutschland, doch ganz allgemein muß man wohl sagen, daß der Luftkrieg gegen Deutschland andere Dimensionen erreichte als jener gegen Österreich. Die Verheerungen und die Opfer waren schlimm genug.

Die amerikanische 15. Luftflotte flog Einsätze gegen Frankreich, Italien, Süddeutschland, Polen, die Tschechoslowakei, Ungarn, Rumänien, Bulgarien, Griechenland, Albanien, Jugoslawien und natürlich gegen Österreich. Insgesamt, von 1943 bis 1945, wurde rund ein Viertel der Einsätze dieser Luftflotte gegen Österreich geflogen. Wenn man dann noch berücksichtigt, daß die Ziele auf dem Balkan 1944 rapid abgenommen hatten, desgleichen jene in Frankreich und Italien, ist leicht auszurechnen, daß 1945 rund die Hälfte der Einsätze Zielen in Österreich galt.

Der Grundsatzauftrag an die 15. Luftflotte lautete: „Fortschreitende Zerstörung und Lähmung des deutschen industriellen und wirtschaftlichen Systems." Diesem Zweck hatten allein im letzten Quartal des Jahres 1944 Bombenangriffe an 15 Tagen im Oktober, 19 Tagen im November und 19 Tagen im Dezember gegolten. Rund die Hälfte der Bomben war dabei bereits auf Verkehrsverbindungen geworfen worden, ein starkes Drittel auf Anlagen der Treibstoffindustrie, und der Rest verteilte sich auf andere Objekte, deren Zerstörung gerade notwendig schien. Dabei hatten sich gegen Jahresende einige Änderungen bei den Zielprioritäten ergeben, waren die Amerikaner erstmals mit deutschen Düsenjägern in Kontakt gekommen und mußte vor allem auch eine halb-politische Entscheidung gefällt werden: Der sowjetische Vormarsch war so weit gediehen, daß die Amerikaner ihre Luftangriffe gewissermaßen zurückverlegen mußten, um nicht Gefahr zu laufen, die sowjetischen Angriffsspitzen zu bombardieren. Daher wurde im November amerikanischerseits verfügt und auch den sowjetischen Kommandostellen mitgeteilt, daß amerikanische Flugzeuge — außer über ausdrücklichen Wunsch — kein Ziel mehr angreifen würden, das weniger als 40 Meilen (= ca. 60 km) von den sowjetischen Linien entfernt wäre. Damit trat eine „no-bombing line" in Kraft, die Zufälle ausschließen sollte[5].

Bis Jahresende 1944 hatten die Amerikaner bei der Zerstörung der deutschen „Ölziele", vor allem der Produktionsstätten für synthetischen Treibstoff, große Erfolge zu verbuchen gehabt[6]. Die Werke in Blechhammer, Brüx, Oderthal und Moosbierbaum waren auf das schwerste getroffen und teilweise nicht mehr in der Lage zu produzieren, daher konzentrierten sich die Anstrengungen der Westalliierten auf die Zerstörung der erdölverarbeitenden Industrie in Österreich. Wien mit seinen sechs Raffinerien in Floridsdorf, Kagran, Korneuburg, Lobau, Schwechat und Vösendorf war von besonderer Wichtigkeit für die deutsche Kriegsmaschinerie, und das nicht nur wegen des monatlichen Ausstoßes von 117.000 bis 163.500 Tonnen Treibstoff, sondern vor allem wegen seiner günstigen Lage an der Donau und nahe dem östlichen Kriegsschauplatz. Außer den Raffinerien im Wiener Raum galt aber die Raffinerie Moosbierbaum den Amerikanern nach wie vor als Primärziel, weshalb sie die dortigen petrochemischen Werke immer wieder angriffen, aber offenbar noch immer nicht wirkungsvoll genug zerstört hatten, da für Jänner 1945 bereits wieder ein Ausstoß von 40.000 Tonnen erwartet wurde. Schließlich gehörten noch die Benzolwerke in Linz zu den großen Ölzielen in Österreich. Sie produzierten schätzungsweise 1.100 Tonnen im Monat und lieferten damit ein Surrogat, das dem Kraftstoff für Militärfahrzeuge beigemischt werden konnte.

Verkehrsziele, denen rund die Hälfte der Angriffe der 15. US-Luftflotte im letzten Quartal 1944 gegolten hatte, waren in überreichem Maß vorhanden. Sie boten vor allem auch beliebte Ausweichziele, wenn das Hauptangriffsziel wegen schlechten Wetters nicht angeflogen oder zumindest nicht genügend ausgemacht werden konnte, so daß ein Teil der Bomben in den Schächten blieb. Sie wurden dann am Rückflug auf Bahnhöfe, Verschubeinrichtungen, Züge, Brücken und andere Verkehrseinrichtungen geworfen. Am nachhaltigsten waren im Zuge dieser Herbstangriffe 1944 die Linien von Süddeutschland über den Brenner und die Tauernbahn mit ihrer Verzweigung in Villach in eine Linie über Tarvis nach Italien und jene über Rosenbach nach Jugoslawien angegriffen worden. Linz, Klagenfurt, Villach, Salzburg, Wels und Graz waren jene Städte, die im Verlauf der Angriffe gegen die österreichischen Eisenbahnziele am meisten zu leiden hatten.

Von den Rüstungsbetrieben waren bei der Neufestlegung der Prioritäten nur mehr vergleichsweise wenige weit oben in der Bedeutungsskala geblieben. Sie gehörten zum größten Teil zur Gruppe der panzerproduzierenden Betriebe, da die Westalliierten festgestellt hatten, daß an der Westfront rund 45% der deutschen Panzer innerhalb des letzten Monats und 90% innerhalb der letzten beiden Monate produziert worden waren. Also galt es, die Panzerproduktion und die Betriebe zur Reparatur von Panzern zu vernichten.

Die größte Anzahl von Angriffen gegen diese Gruppe von Zielen hatte sich gegen Wien gerichtet, wo die Heereszeuganstalt und die Panzerwerkstätten im Arsenal am 1. und am 11. November bombardiert worden waren. Schon im Oktober, und zwar am 11. und am 13., waren die Saurer-Werke angegriffen worden, in denen Halbkettenfahrzeuge und Panzerbestandteile produziert wurden. Besonders wirkungsvoll war ein Angriff auf das „Nibelungenwerk" in St. Valentin am 16. Oktober gewesen. Kapfenberg, wo ebenfalls Panzerwannen und Kanonen hergestellt wurden, war dreimal im November und Dezember, besonders vernichtend am 11. Dezember, angegriffen worden. Leoben, das nur als Gelegenheitsziel mitgenommen wurde, bekam einen Angriff am 17. November zu spüren. Linz, in dessen Industrien ebenfalls Panzerbestandteile produziert wurden und das im dortigen Heereszeuglager auch immer eine größere Anzahl von gepanzerten Fahrzeugen stehen hatte, wurde zweimal im Dezember angegriffen. Und so ließe sich die Liste fortsetzen.

Als Ergebnis war festzuhalten, daß die Amerikaner mit der Entwicklung der Luftkriegsführung gegen Österreich ganz allgemein zufrieden waren, daß sie die Feststellung treffen konnten, die einstmals so gefürchtete Deutsche Luftwaffe würde keine besondere Bedrohung mehr darstellen und auch die Flugzeug- und Zulieferindustrie würde kaum mehr ins Gewicht fallen. Durch die Verlagerungen gerade der Flugzeugindustrie in weit verstreute und teilweise unterirdische Anlagen entzog sich diese Zielgruppe zwar etwas dem alliierten Zugriff. Der einzige Bereich, in dem man noch empfindliche Schäden verursachen konnte, waren die Flugzeugmotorenwerke. Im Oktober und November waren daher die Werke in Graz-Neudorf und Wiener Neudorf sowie die Messerschmitt-Werke in Klagenfurt bombardiert worden. Doch diese Angriffe waren fast ein wenig nebenher betrieben worden. Die Wirkung bei Angriffen gegen Flugplätze brachte fast ebensoviel, daher verging auch kaum ein Angriff, wo nicht zumindest versucht wurde, einige Zerstörungen an Flugplätzen zu erzielen. — Wie sehr die Westalliierten den Luftraum beherrschten und das Geschehen am Boden kontrollierten, bewiesen die oft täglich geflogenen Aufklärungsmissionen in großer Höhe, die fast lückenlose Kenntnisse über die Belegung von Flugplätzen, den Wiederaufbau der bereits zerstörten Industrien und den Zustand der Verkehrsverbindungen erbrachten. Zusammen mit den nachrichtendienstlichen Erkenntnissen, die den Westalliierten — wie sicherlich auch den Sowjets — in zunehmend reicher Zahl zur Verfügung standen, war mit Fug und Recht zu sagen, daß die Alliierten Österreich schon damals fest im Griff hatten.

Die Luftabwehr durch die deutsche Flakwaffe und die Jagdflugzeuge hatte sich bis Jahresende 1944 so entwickelt, daß die amerikanische 15. Luftflotte in ihrem Vierteljahresbericht notierte: „Eine der bemerkenswerten Entwicklungen während der letzten Monate des Jahres war die jähe Verminderung der Luftabwehr, der die schweren Bomber begegneten[7]". Insbesondere die Jagdabwehr nahm in einem für die Amerikaner zunächst nicht erklärbaren Ausmaß ab, bis dann klar wurde, daß die deutsche Luftwaffenführung die Jagdwaffe für das „Unternehmen Bodenplatte" zurückgehalten hatte, das Teil der Ardennenoffensive sein sollte. Der Fehlschlag dieses Unternehmens und die katastrophalen Verluste, die die Luftwaffe dabei davontrug, hatten zur Folge, daß während der ersten Monate 1945 nur mehr im bescheidensten Ausmaß Jagdflugzeuge einzusetzen waren. Damit ruhte die Luftabwehr, soweit sie überhaupt noch wirksam betrieben werden konnte, auf der Flak.

Dort, wo von einer aktiven Luftabwehr nur mehr wenig bis nichts zu erwarten war, bildete der Luftschutz die einzige Möglichkeit, im Bombenkrieg zu überleben. Nachdem wir also eine Bestandsaufnahme des Luftkriegs von alliierter Seite her vorgenommen haben, gilt es noch, einen Blick auf den Luftschutz und die Luftabwehr zu werfen.

LUFTSCHUTZ, FLAK UND JAGDABWEHR

1945 war es wohl nur Nostalgikern gegeben, auf jene Zeit zurückzublicken, in der man noch hatte glauben können, der Luftkrieg würde nicht auch auf Österreich übergreifen und die Alliierten würden das „erste Land, das der typischen Angriffspolitik Hitlers zum Opfer gefallen ist" (wie es so feinsinnig in der Moskauer Deklaration vom 1. November 1943 hieß) aus den Ziellisten ihrer Bomberverbände streichen. Weit gefehlt!

Zuerst hatten amerikanische Bomber damit begonnen, in abenteuerlichen Flügen von Libyen und dann von Tunesien aus Ziele in Österreich, vor allem Wiener Neustadt, anzugreifen[8]. Dann, als ab November 1943 Fliegerbasen in Süditalien zur Verfügung standen, dehnten die Amerikaner den Luftkrieg auch auf andere Teile Österreichs, vor allem auf Tirol, Kärnten und Oberösterreich aus. Immer wieder wurde auch Wiener Neustadt bombardiert, das mit seinen Flugzeugwerken ein Ziel erster Ordnung blieb. Und schließlich bombten sich die Amerikaner allmählich an Wien heran. Am 17. März 1944 erfolgte der erste Luftangriff auf Wien. Von da an wurde das Muster, das die Bomben in den Boden sprengten, immer dichter, die Abwehr gegen die amerikanischen Luftangriffe immer weniger wirksam, und der geringe Schutz brach sehr schnell zusammen.

Während 1944 von den mit der Luftkriegsführung befaßten deutschen Stellen noch immer versucht worden war, durch die Forcierung von Neuentwicklungen, vor allem von strahlgetriebenen Flugzeugen, durch einen Massenausstoß an Maschinen und ständig neue taktische Verfahren eine Wende in der Luft herbeizuführen, war es Anfang 1945 völlig klar geworden, daß der Krieg in der Luft total verloren war. Man konnte nur mit den sich rapid verbrauchenden Mitteln versuchen, den angreifenden Bombern und ihren Begleitjägern ein wenig Abbruch zu tun und die Folgen für die Bevölkerung in Grenzen zu halten. Doch abgesehen von einigen technisch in die Zukunft weisenden Entwicklungen, wie den verschiedenen Strahlflugzeugen (Düsenjägern) und Raketen, sowie Bravouraktionen, etwa den „Rammjägern", hieß es nur mehr zuwarten, wann der nächste Angriff kam, gegen welches Ziel er sich richten würde und welche Folgen er haben würde. Ab dem Augenblick sanken die Folgen des Luftkriegs zur Statistik ab. Und gerade jetzt, Anfang 1945, erreichte er in Österreich seinen Höhepunkt.

Solange sich die Einflüge der alliierten Bomber in erträglichen Grenzen gehalten hatten, reichten die vorhandenen Kräfte und die technischen Maßnahmen des deutschen Luftschutzes einigermaßen aus. Je mehr die Bekämpfung der amerikanischen Bomber und ihrer Begleitjäger durch die deutsche Jagd- und Flakabwehr nachließ, desto größer wurden jedoch die an den Luftschutz gestellten Anforderungen[9]. Ab dem Herbst 1944 waren Großschadensgebiete reine Katastrophengebiete. Brände, geborstene Leitungen, Trümmer, Tote gaben ihnen das Gepräge. Jetzt richtete sich massive Kritik gegen die deutschen Luftschutzmaßnahmen, zu denen freilich gesagt werden muß, daß sie auch lange Zeit vernachlässigt worden waren. Nicht zuletzt in den österreichischen Städten. Zunächst schien eine Luftbedrohung fast ausgeschlossen zu sein, und dann war das Ausmaß der Schäden ein solches, daß man noch immer glauben konnte, die Schäden würden irgendwie unter Kontrolle gehalten werden können. Im Grunde genommen hatten aber schon die ersten größeren Angriffe 1943 und 1944 gezeigt, daß diese Rechnung nicht aufging. Der Stollen- und Bunkerbau war nicht im notwendigen Ausmaß vorangetrieben worden, die Verlagerung und vor allem die Dezentralisierung der Rüstungsbetriebe ließ zu wünschen übrig. Und statt daß der Luftschutz in den Gegenmaßnahmen gegen den Bombenkrieg an letzter Stelle stand, nämlich nach der Jagd- und nach der Flakabwehr, stand er plötzlich an erster Stelle. Das Verkriechen war so ziemlich die einzige Maß-

nahme, die noch ein wenig helfen konnte. Im Herbst 1944 war daher eine völlige Umor-
ganisation des deutschen Luftschutzes begonnen worden. Doch es dauerte bis zum
Februar 1945, ehe eine Dienststelle des „Chefs des Luftschutzes" in Berlin aufgestellt
worden war. Selbst damit wurde die Verantwortung aber nur delegiert und auf mehrere
Stellen aufgeteilt. Denn von da an waren die Luftgaubefehlshaber, wie etwa General
der Flieger Doerstling in Wien, nicht mehr in der Lage, zivilen Behörden Weisungen in
Luftschutzangelegenheiten zu geben. Schließlich wurde der Reichsführer-SS Heinrich
Himmler auch alleinverantwortlich für die Luftschutzpolizei. Der Werksluftschutz
unterstand dem Reichsminister für Rüstung und Kriegsproduktion, und den Selbstschutz übernahm die NSDAP. Am Einsatz der Kräfte bei der Schadensbekämpfung
änderte sich jedoch faktisch nichts. Der Bevölkerung war am meisten dadurch zu helfen, daß sie rechtzeitig gewarnt wurde, um die Schutzräume aufsuchen zu können.

Im Laufe des Luftkriegs war auch das Warnverfahren verfeinert worden. Zunächst
wurde im Rundfunk „Luftgefahr" durchgegeben, dann — wenn nötig — „Verdunke-
lungserleichterungen aufgehoben", später „Drohender Luftangriff" und „Öffentliche
Luftwarnung"; sie wurde bereits mit Sirenentönen gegeben. Beim Einflug von mehr als
vereinzelten Maschinen wurde „Fliegeralarm" gegeben. Das Ende der Luftgefahr
signalisierten dann die Zeichen „Luftgefahr vorbei", „Gespannte Luftlage", „Verdun-
kelungserleichterungen zugelassen", „Vorentwarnung" und „Entwarnung". Vom
Zeitpunkt der öffentlichen Luftwarnung an wurde die Bevölkerung durch Rundfunk
und Drahtfunk laufend über die Luftlage unterrichtet. Zunächst kamen die Informationen von den Flakgefechtsständen, später übernahmen die Gauleiter in ihrer Eigenschaft als Reichsverteidigungskommissare diese Aufgabe.

Die Einführung des Luftschutzwarndienstes hatte dem Zweck gedient, die Drosse-
lung der Produktion so spät wie möglich einsetzen zu lassen bzw. so früh wie möglich
nach dem Ende von Einflügen wieder mit der Arbeit und der Produktion zu beginnen.

Trotz aller möglichen Maßnahmen, wie öffentliche Schutzbauten und überhaupt
durch Einrichtungen, die von Reichs- oder von Gaustellen organisiert wurden, um
ein Überleben im Luftkrieg zu ermöglichen, kam dem Selbstschutz die größte
Bedeutung zu. Der Selbstschutz baute auf den Erfahrungen des 1. Weltkrieges auf,
ging also sicherlich von einem veralteten Kriegsbild aus. Mit dem Reichsluftschutz-
bund existierte eine zentrale Organisation für den Selbstschutz. Er war eine Körper-
schaft öffentlichen Rechts, gab Hilfe und Anleitungen und bildete die Selbstschutzkräfte aus. Doch mit der Intensivierung des Bombenkriegs sah man, daß die Organisation, daß die Vorbereitungen und Maßnahmen nicht ausreichten. Die verhältnismäßig lose Führung des Luftschutzes durch Luftschutzwarte mit ihren Luftschutzgemeinschaften war zu wenig. Vor allem waren auch den Luftschutzgemeinschaften
oft die letzten einsatzfähigen Männer entzogen worden. Daher war vom Oberbefehlshaber der Luftwaffe, Hermann Göring, schon im August 1942 eine straffere
Führung der Selbstschutzkräfte angeordnet worden. Mehrere Selbstschutzgemein-
schaften wurden zu Selbstschutzbereichen zusammengefaßt, die alle ihre Führer hatten, die über die Disziplin beim Luftschutz wachen mußten. Es war noch immer zu
wenig. Selbstschutzbereiche wurden zu Selbstschutztrupps zusammengefaßt, zum
Zweck der Nachbarschaftshilfe. Im großen Umfang wurden Frauen im Selbstschutz
eingesetzt. Sie bildeten in vielen Fällen die Hausfeuerwehr und die Schutzraum-
trupps. Den Frauen, und vor allem den Frauen, ist die Rettung zahlloser Leben

im Luftkrieg zu verdanken. Gegen Ende des Krieges betrug das Verhältnis von Männern und Frauen im Luftschutz ein Drittel zu zwei Drittel.

Beim Anblick der verwüsteten Städte konnte einem nach dem Krieg der Gedanke kommen, daß alles umsonst gewesen war. Allerdings ist es unvorstellbar, welche Schäden erst aufgetreten wären, wenn der Selbstschutz nicht so funktioniert hätte. Wenn man dann noch in Rechnung stellt, daß — die am meisten zerstörten Gebiete mit eingerechnet — die Bevölkerungsverluste durch den Luftkrieg in Österreich rund 0,5% ausmachten, dann wird klar, daß hier doch Hervorragendes geleistet worden ist.

1945 war auf dem Sektor des Luftschutzes und der Luftabwehr schon alles installiert. Die Luftschutzräume in den Hauskellern, öffentliche Luftschutzkeller, Splittergräben und Bunkeranlagen waren nicht nur alle schon gebaut, sondern auch schon bei vielen Angriffen benutzt worden. Je nach der Stadt oder dem Ort, um den es sich handelte, hatte man unterschiedlich viele Angriffe erlebt. Manches hatte sich schon zur Routine eingespielt, etwa das Zusammenraffen der meist schon gepackten kleinen Köfferchen, mit denen man Luftschutzräume aufsuchte, das Hasten über Stiegen und durch Straßen, um noch rechtzeitig den Schutzraum zu erreichen. Und alles das wurde vom Heulen der Sirenen begleitet. Doch auch wenn man es noch so oft mitgemacht hatte, gewöhnen konnte sich wohl niemand daran, genausowenig wie an den bis in die tiefsten Keller zu hörenden Lärm der schießenden Flak und erst recht nicht an das Krachen der berstenden Bomben; viele Menschen sind in den Luftschutzkellern weißhaarig geworden und zucken auch heute noch zusammen, wenn irgendwo eine Sirene zu heulen beginnt.

Jeder Ort hatte sich, so gut es ging und je nachdem wie seine Luftgefährdung eingestuft worden war, mit mehr oder weniger Schutzräumen zu versehen getrachtet. Man war in der Handhabung der Feuerpatsche geübt und wußte, wie man sich bei Bombentreffern zu verhalten hatte. Das alles war gedrillt worden, und immer wieder wurde das richtige Verhalten in den Zeitungen und in Lehrgängen vermittelt. Wo es möglich gewesen war, waren Stollenanlagen errichtet worden, wie z. B. in Linz und in Graz. In Wien waren wie in Berlin und Hamburg Hochbunker gebaut worden, die sowohl als Flaktürme wie auch als riesige Luftschutzbunker dienten. In den Schutzräumen gab es die notwendigen sanitären Einrichtungen, Wasser- und Nahrungsmittelvorräte. Meist war jedoch zu klein dimensioniert und zu knapp bemessen worden. Ab 1943 waren auch im großen Stil die Kunstschätze verlagert, Bibliotheken in entlegene Stifte und Klöster transportiert worden. Kriegswichtige Betriebe und vor allem die Industrien waren durch Tarnanstriche und Vernebelungsanlagen sowie durch die Errichtung von Scheinbauten unkenntlich zu machen gesucht worden. Doch 1945 nützten auch die ausgeklügeltsten Tarnmaßnahmen nichts mehr. Und was die Vernebelung anlangte, so war sie nur für kurze Zeit wirksam, solange eben, bis die Nebeltöpfe ausgebrannt waren. Dann lag wieder alles deutlich sichtbar vor den Optiken der amerikanischen Bombenschützen.

Mit der Installierung der amerikanischen 15. Luftflotte in Italien hatte sich die Deutsche Luftwaffe genötigt gesehen, ihren Flugmeldedienst raschest auszuweiten und auf die neue Situation auszurichten[10]. Dabei mußte vor allem getrachtet werden, die Alpen als Hindernis bei der Funkortung auszuschalten, weshalb leistungsfähige Funkmeßgeräte („Freya-Geräte") vor allem auf Bergen in den Alpen aufgestellt wurden. So dienten die Seegrube am Hafelekar bei Innsbruck, der Gaisberg bei Salzburg, die Schmittenhöhe bei Zell a. See, die Rax und das Hochtor der Frühwarnung. Zusätzlich waren südlich des Alpenhauptkammes rund 25 Höhenflugwachen in über 2.000 Meter Höhe eingerichtet worden. Auch Jägerleittrupps, die mit Ferngläsern ausgestattet waren, wurden auf den Alpengipfeln stationiert. Da sie aber sehr häufig durch Nebel oder Wolken an der Beobachtung gehindert waren, hatten sie kaum einen Wert. Die Früherfassung der amerikanischen Bomber war daher nur unter erschwerten Bedingungen möglich. Zwar konnte ein „Freya-Gerät" in Pola fast bis nach Foggia messen; die amerikanischen Bomberverbände flogen aber gleich über die Adria zum Balkan, wo sie so lange unbeobachtet blieben, bis sie in den Erfassungsbereich der 8. Jagddivision (Luftnachrichten-Regimenter 218, 228 und 238) kamen. Dieser war aber so angelegt, daß er wieder nur die Einflüge nach Ungarn genauer beobachten konnte. Verläßliche Meßdaten lieferten erst die Meß-Abteilungen im Raum Zagreb und Ljubljana (Laibach), die dann die Divisions-Flugmeldezentrale in Wien fernmündlich benachrichtigten.

Der Flugmeldedienst in Südtirol diente vorwiegend der Erfassung von Einflügen in das Brennergebiet sowie als Vor-Flugmeldedienst für Süddeutschland. Die späte Erfassung der Bomberverbände warf aber vor allem für die Jagdwaffe das Problem des rechtzeitigen Einsatzes auf, da ihr — sofern überhaupt verfügbar — nur kurze Alarmierungszeiten blieben. Ein zusätzliches Problem waren dann die weit gefächerten Einflüge, die nicht erkennen ließen, welchem Ziel der Angriff gelten sollte. Es mußte daher immer wieder für sehr große Gebiete Luftwarnung gegeben werden. Damit erlahmte aber auch schon ein Teil der normalen Tätigkeiten, bis dann bei Fliegeralarm jede Arbeit eingestellt werden mußte, um die Luftschutzräume oder zumindest die Splittergräben zu erreichen. Besonders gefährdete Objekte, wie z. B. Bahnhöfe, wurden beim Heulen der Sirenen fluchtartig verlassen. Der Schaden, den ein Bombenangriff anrichtete, war somit ein vielfacher: Er bestand aus den direkten Verlusten an Menschen, Gebäuden, kriegs- und lebenswichtigen Einrichtungen bis hin zu stillstehenden Zügen und Straßenbahnen, den geplatzten Wasser- und Gasrohren und den gerissenen elektrischen Leitungen, so daß immer mehr Menschen gezwungen waren, sich oft stundenlang nur um das nötige Wasser, ein wenig Heizmaterial und Lebensmittel zu bemühen. Dazu kamen jedoch die Ausfälle an Arbeitsstunden, die auch dann, wenn sie so knapp bemessen waren wie bei Industriearbeitern in Rüstungsbetrieben, die erst im letzten Moment die Gräben und Schutzräume aufsuchen durften und im ersten möglichen Moment wieder an die Arbeit zurückkehrten, immer beträchtlichere Ausmaße annahmen und einen erheblichen Teil der realen Arbeitszeit aufbrauchten. War dann ein Betrieb getroffen worden, dann mußten Aufräumungsarbeiten einsetzen, die wieder keine produktive Arbeit zuließen. Und immer wieder zerstörte ein neuer Angriff das eben notdürftig Reparierte und ließ es vielleicht irreparabel werden.

Mit dem Luftschutz ist aber nur ein Element der Abwehr der Luftbedrohung beschrieben worden, nämlich das passive. Das aktive Element bestand in der Flakabwehr und in der Jagdabwehr. Sie waren genauso von der rechtzeitigen Alarmierung abhängig wie nur irgendjemand, der Schutz suchte. Die Kommandobehörden der Flak im österreichischen Raum und die 8. Jagddivision mit ihrem Befehlsstand am Wiener Kobenzl, die den Einsatz der Jäger zu leiten hatte, waren selbstverständlich jeweils früher davon informiert, daß „Bomber im Anflug auf das Reichsgebiet" waren.

Die Flakabwehr beruhte im wesentlichen auf einer 1943, nach dem Beginn der Bombenangriffe, rasch aufgebauten Organisation, die vor allem den „luftgefährdeten" Gebieten Ostösterreichs einen gewissen Schutz geben sollte[11]. Die Zahl der Batterien wurde fast schlagartig vermehrt, die alten Geschütztypen und die lediglich aufgebohrten Beutegeschütze französischer, britischer, sowjetischer und sonstiger Provenienz gegen neue deutsche Geschütze ausgetauscht.

Nach mehreren Um- und Ausgliederungen hatte die Flakwaffe in den Alpen- und Donaureichsgauen Ende 1944 folgende Organisation angenommen[12]: Im Luftgau XVII (Wien) gab es eine Flakdivision und eine Flakbrigade. Im Großraum Wien führte die 24. Flakdivision, die die Flakgruppen Wien-Nord, Wien-West, Wien-Süd und Böhmen sowie das Scheinwerfer-Regiment 6 befehligte. Diese Division deckte also im engeren den Luftraum der Gaue Wien und Niederdonau ab. Unabhängig von der 24. Flakdivision führte die 7. Flakbrigade in Linz die Flakverbände von Oberdonau und Steiermark, und zwar mit den Flakgruppen Linz (Flak-Regiment 118), Steyr (Flak-Regiment 128) und Bruck/Mur (Flak-Regiment 76). Letzteres hatte nicht nur den Schutz des Industriegebietes im Mur und Mürztal, sondern auch jenen von Graz, Klagenfurt, Villach und Marburg über.

Salzburg und der Gau Tirol-Vorarlberg, die zum Luftgau VII (München) gehörten, hatten einen wesentlich schwächeren Flakschutz, der aus der zur 26. Flakdivision gehörenden Flakgruppe Innsbruck (vorher Flak-Regiment 148 ortsfest) und einer Heimat-Flak-Abteilung (14/XIII ?) bestand, die in Salzburg aufgestellt war.

Die Gesamtstärke der Flak im österreichischen Raum, die sich freilich nur annähernd genau erheben läßt, lag in den ersten Wochen 1945 deutlich unter 1.000 Rohren schwere Flak (8,8, 10,5 und 12,8 cm). Trotz der relativen Schwäche waren aber schon im Sommer 1944 zwei Drittel der amerikanischen Bomberverluste auf das Konto der Flak gegangen. Der Anteil der Flak an den Abschüssen war weiterhin steil angestiegen. 1945 gingen prozentuell nur mehr wenige Abschüsse auf das Konto der deutschen Jagdflugzeuge, und in den letzten Kriegswochen war es schließlich so gut wie nur mehr die Flak, die bei der Luftraumverteidigung Erfolge aufzuweisen hatte. Auch die Flakwaffe war allerdings bis Kriegsende nicht imstande, den Vorsprung der Angloamerikaner auf elektronischem Gebiet wettzumachen. Zwar war es 1944 gelungen, mit Zusatzgeräten zu den elektronischen Ortungsgeräten „Würzburg" und „Würzburg-Riese" die Wirkung der von den alliierten Bombern zu Störzwecken abgeworfenen „Düppel" teilweise auszuschalten. Eine wirkliche Entstörung der Flak-Meßgeräte gelang jedoch nicht, vor allem waren auch die Entstörgeräte „Würzlaus" und „Taunus" nicht in der erforderlichen Stückzahl vorhanden[13]. Die Flakartillerie war daher immer dann, wenn die Amerikaner durch eine geschlossene Wolkendecke mit Bodensichtradar bombardierten, gezwungen, Sperrfeuer nach behelfsmäßig ermittelten Schießgrundlagen abzugeben. Das erforderte aber wiederum, daß die Batterien — um nur einige Aussicht auf Erfolg zu haben — eng um das jeweils zu schützende Objekt konzentriert wurden. Alles andere blieb ungeschützt.

Griffen die Amerikaner bei guter Sicht an, so daß die Flak mit ihren optischen

Hilfsmitteln schießen konnte, dann hatte sie eine etwas größere Chance auf Treffer, allerdings war auch die Gefahr größer, daß die Flakstellung selbst bombardiert wurde. Eine Flakgranate mußte aber innerhalb eines Wirkungskreises von 10 Metern explodieren, um an einem Flugzeug eine Beschädigung zu verursachen. Je näher der Sprengpunkt war, umso eher wurde der Bomber schwer getroffen oder gar zum Absturz gebracht. Erst ab April 1945 war mit dem „Flak-Doppelzünder" ein neuer Granatentyp verfügbar, der wesentlich wirkungsvoller war. Es war aber, wie auf vielen Gebieten, zu spät. Und außerdem erfuhr die Flak während der letzten Kriegsmonate insofern eine rapide Verminderung, als ein Geschütz nach dem anderen, eine Batterie nach der anderen mobil gemacht und für den Fronteinsatz aus ihren Stellungen gezogen wurde. Für Adolf Hitler war es nur mehr wichtig, den Ansturm der alliierten Landarmeen geringfügig aufzuhalten, nicht mehr aber, den ohnedies geringen Schutz der Zivilbevölkerung zu erhalten.

Die Flakartillerie war auch sukzessive in personeller Hinsicht geschwächt worden, was sich zwar weniger in absoluten Zahlen messen ließ als daran, wie gerade die Flak immer mehr von einer militärischen zu einer vor- und paramilitärischen Waffe wurde. Der Anteil an Bedienungsmannschaften, die aus dem Reichsarbeitsdienst (RAD) genommen wurden, an Luftwaffenhelfern, Flakwaffen-Helferinnen und RAD-Maiden sowie an ausländischem Behelfspersonal bis hin zum Einsatz von Kriegsversehrten und Kriegsgefangenen hatte seit 1943 ständig zugenommen[14]. Nimmt man die Angaben für den November 1944 als verbindlich, so waren in Österreich überhaupt nur mehr ein Viertel der Bedienungsmannschaften der Flak reguläre Flak-Soldaten, und alle anderen gehörten dem vorhin genannten Personenkreis an. Insgesamt dürften in den ersten Monaten 1945 über 30.000 Menschen in Österreich mit der Bedienung der Flak-Geschütze zu tun gehabt haben. Der Großteil gehörte den Kanonenbatterien und den Stäben von Division, Brigade, Regimentern und Abteilungen an; rund ein Siebentel bediente Scheinwerfer-Batterien, die jedoch wegen der seltenen Nachtangriffe kaum in Aktion treten mußten[15]. Am problematischsten war wohl der Einsatz von Luftwaffenhelfern, die kaum älter als 16 Jahre waren. 1944 war der Jahrgang 1928 einberufen worden, und im Jänner 1945 war der Jahrgang 1929 dran. Doch die meisten Luftwaffenhelfer, die Lehrlinge wie die Schüler, wurden im Zeitraum zwischen Jänner und März 1945 entlassen, weil sie beim Volkssturm gebraucht wurden. An ihre Stelle kamen Flak-V-Soldaten, also Männer, die ein Gebrechen oder eine Krankheit hatten, die sie frontuntauglich machte, für den Einsatz an einem Flakgeschütz aber immer noch genügend qualifizierte, also „Flak-verwendungsfähig" machte. Rund ein Fünftel der Batterien waren solche, die vom Reichsarbeitsdienst bedient wurden. Sie kämpften besonders aufopferungsvoll und führten häufig auch die Abschußstatistiken an. Wo die Bedienungsmannschaften nicht ausreichten, um eine 24-Stunden-Bereitschaft zu gewährleisten, wurden sehr häufig und vor allem für die erwartungsgemäß ruhigen Nachtstunden Bauern als Flakwehrmänner eingezogen. Manchmal hatten sie auch während der Tagesangriffe Dienst zu tun. Und schließlich waren die großen Industriebetriebe gehalten, ihren eigenen Schutz zu gewährleisten und die Flakgeschütze mit Betriebsangehörigen zu bemannen. Der Luftkrieg war daher wohl nicht nur jene Sparte Krieg, in der mit größtmöglicher Konsequenz die nationalsozialistische Volksgemeinschaft in Aktion zu treten hatte; der Luftkrieg war auch jener Bereich, in dem sich der Krieg seiner von Clausewitz beschriebenen Totalität am weitesten annäherte.

Doch es war ja, wie erwähnt, nicht nur die Flak, die der aktiven Luftraumverteidigung zu dienen hatte. Primär war dies Aufgabe der deutschen Jagdwaffe gewesen, doch sie trat immer seltener und vor allem mit immer geringerer Wirkung in Erscheinung. Ganz allgemein war die Verteidigung des Reichsgebiets gegen Luftangriffe Aufgabe der „Luftflotte Reich"[16]. Ihrem Befehlshaber, Generaloberst Hans-Jürgen Stumpff, oblagen der Ausbau und der Einsatz der Bodenorganisation, die in den Alpen- und Donaureichsgauen von den Luftgauen XVII (Wien) und VII (München) wahrgenommen wurde. Die Luftflotte Reich setzte die Einsatzstärken der Flakartillerie und die Verteilung der Jagdkräfte fest. Und mit Hilfe des I. Jagdkorps leitete die Luftflotte Reich den Einsatz der Tag- und Nachtjagdverbände.

Im November 1944 erreichte die Reichsluftverteidigung zahlenmäßig den Höchststand, d. h., es standen zu diesem Zeitpunkt absolut die meisten Flugzeuge und Geschütze zur Luftabwehr zur Verfügung. Doch dann erfolgte der jähe Zusammenbruch der deutschen Jagdwaffe, und durch die Abgabe von Flakgeschützen, vor allem an die Ostfront, wurde auch der Flakschutz von Tag zu Tag schwächer. Hinter den Bezeichnungen 24. Flakdivision, 7. Flakbrigade oder Flakgruppe Innsbruck steckte aber immer noch — und bis Kriegsende — eine geballte Macht, während die 8. Jagddivision, die den fliegerischen Luftschutz übernehmen sollte, immer weniger in Erscheinung trat und schließlich an der totalen Auszehrung litt[17]. Ab Oktober 1944 verfügte diese Division über keine Tagjagdverbände mehr, sondern bekam sie je nach Luftlage und Möglichkeit zugewiesen. Da die Angloamerikaner aber so gut wie immer an vielen Stellen in den Luftraum des Deutschen Reiches einflogen, wurde die deutsche Jagdwaffe aufgesplittert, und meist blieb zur Abwehr der Maschinen der 15. Luftflotte nicht viel übrig. Der 8. Jagddivision nützte es auch nichts, daß ihr bis April 1945 in Nowy Dwor und Parndorf je eine Nachtjagdgruppe unterstellt blieb, denn gerade bei Nacht gab es nur sehr wenige Angriffe auf den österreichischen Raum. Gegen die amerikanischen Tagesangriffe erwiesen sich aber die deutschen Maschinen auch dann, wenn sie vorhanden waren, als nahezu machtlos.

Zur amerikanischen Angriffsroutine gehörten auch die Begleitjäger, die in Langstreckenversionen zur Verfügung standen und die Bomber entlang der gesamten Strecke begleiten konnten[18]. Da die 15. Luftflotte mittlerweile auch in Mittel- und Oberitalien Jagd-Gruppen stationieren konnte, hatte sie einen so gut wie unbeschränkten Aktionsradius. Allein die P-38, die sehr häufig über Österreich auftauchten und mit ihren markanten Doppelrümpfen weithin erkennbar waren, besaßen vom Startplatz weg eine Eindringtiefe von 832 km. Mit dem neueren Muster P-51 verfügten die Amerikaner ab Ende 1943 über eine noch leistungsfähigere Maschine, die den deutschen Jagdflugzeugen Me 109 und FW 190 deutlich überlegen war. Um die gegenüber den Bombern wesentlich schneller fliegenden, aber auch treibstoffknapperen Jäger entsprechend einsetzen zu können, gab es ein kompliziertes Ablösesystem, bei dem ein Bomberverband an immer neue Jagdverbände buchstäblich weitergegeben wurde. Größere Bomberverbände waren deshalb nie ohne entsprechenden Jagdschutz.

Bei der Planung einer amerikanischen Bomberoperation kam es zwar noch immer darauf an, die Zeit vom Eindringen in den Bereich der deutschen Jagdabwehr bis zu dessen Verlassen so kurz wie möglich zu bemessen. Jede Verlängerung des Flugwegs verlängerte die Flugzeit und verkürzte die Einsatzzeit der Begleitjäger. Bei der Wahl der Flugroute wurde aber immer weniger nach den Möglichkeiten der deutschen Jagdwaffe gefragt, sondern nach dem Grundsatz verfahren, daß nach Tunlichkeit und bis zum letztmöglichen Moment den Feuerbereichen der Flak ausgewichen werden sollte. 1945 stellte es auch kein Risiko mehr dar, wenn die Bomberverbände auf verschiedenen Routen einflogen, sich auf ihre Primär-, Ausweich- und Gelegenheitsziele verteilten und dann auch häufig nicht einmal geschlossen zurückflogen, denn die Gefahr der deutschen Jagdabwehr war auf ein Minimum gesunken.

Die Belegung der in Österreich vorhandenen Flugplätze mit Flugzeugen der verschiedensten Typen und Muster war dennoch und bis Kriegsende erstaunlich[19]. Wenn die Amerikaner — wenngleich nicht bei einer einzigen Fotoaufklärungs-Mission, sondern zu verschiedenen Zeitpunkten aufgenommen — zusammenzählten, wie viele deutsche Maschinen sie nur in Österreich auf den insgesamt 23 Flugplätzen ausgemacht hatten, dann ergab das in der Regel eine erstaunliche große Zahl, die meist über 400 Maschinen lag. Und das ungeachtet dessen, daß in den noch immer produzierenden Flugzeugwerken bereits fertige Maschinen standen und natürlich auch auf den 14 Landeplätzen und 3 Notlandeplätzen noch das eine oder andere Flugzeug stehen konnte. Zieht man dann noch in Erwägung, daß etwa in Hörsching bei Kriegsende rund 350 Maschinen gesprengt worden sind[20], dann unterstreichen diese Zahlen doch sehr deutlich das eigentliche Problem der Deutschen Luftwaffe: Sie konnte nicht mehr aufsteigen, weil sie — gerade infolge des Ausfalls von Moosbierbaum — nicht mehr den benötigten Treibstoff besaß. Die Maschinen waren, abgesehen von den Düsenmaschinen, der amerikanischen Jagdwaffe zudem nicht nur zahlenmäßig, sondern auch an Geschwindigkeit und Manövrierfähigkeit deutlich unterlegen und hatten schließlich außer mit Raketen kaum einmal eine Chance, auf einen Bomberverband zu schießen, da sie ja nicht nur von den amerikanischen Begleitjägern in Luftkämpfe verwickelt wurden, sondern sich auch dem Abwehrfeuer von Tausenden Maschinengewehren ausgesetzt sahen, die die Bomberverbände zur Rundumverteidigung einsetzen konnten. Beim Angriff auf Wien am 12. März 1945, dem größten gegen ein Einzelziel geflogenen Angriff der amerikanischen 15. Luftflotte, hatte der über Wien anlangende Verband eine theoretische Feuerkraft von fast 8.000 Maschinengewehren des Kalibers 12,7 mm, die einen dichten Feuervorhang zu legen imstande waren.

DIE ROUTINEMÄSSIGE PLANUNG

Die Amerikaner hatten sich seit dem August 1943 mit den Besonderheiten der Routen nach und von Österreich auseinanderzusetzen gehabt. Jedesmal, wenn es galt, ein neues Ziel anzugreifen, wurde eine sorgfältige Planung zugrundegelegt, die alle Ergebnisse der Fotoaufklärung zu berücksichtigen bemüht war. Fragezeichen blieben immer. War ein Ziel aber bereits öfter angegriffen worden, dann hatte es vielleicht noch für die eine oder andere Bomberbesatzung seine Neuheit, die Planer gingen jedoch mit einer von mal zu mal größeren Routine an die Angriffe heran. Hatte man für den ersten Angriff auf Wiener Neustadt noch wochenlange Vorbereitungen getroffen, so wurde 1945 nur mehr von einem Tag auf den anderen geplant. Da gab es dann eine Festlegung der anzugreifenden Ziele und eine kurze Beschreibung ihrer Wichtigkeit. Nach der Nennung der Verbände, die sich am Angriff zu beteiligen hatten, wurde dann die genauere Einteilung vorgenommen, da beim Einsatz von mehreren hundert Bombern eine sehr genaue Abstimmung der Zeiten und Flugrouten erforderlich war. Jeder Verband, dem ein Primär- und ein Ausweichziel genannt wurden, erhielt dann detaillierte Angaben über die Lage, die Ausdehnung des Ziels, Skizzen von der Verteilung der wichtigsten Gebäude und Einrichtungen und eine genaue Flakkarte, die über den Wirkungsbereich der Flak informieren sollte. Dann wurden Startzeiten, Versammlungsräume und -höhen genannt und die genauen Routen für den Anflug festgelegt. Wenn wir den 16. März, einen an sich x-beliebigen Tag herausnehmen, an dem gleichzeitig mehrere Ziele angegriffen werden sollten, dann ergab sich folgendes Bild der unmittelbaren Vorbereitung[21]:

Vier Geschwader sollten sich an den Angriffen dieses Tages beteiligen. Das 5. Bomber-Geschwader hatte mit der „Red Force", bestehend aus drei Bomber-Gruppen, die Raffinerie Schwechat anzugreifen und mit drei weiteren Gruppen, der „Blue Force", die Raffinerie Floridsdorf. Ausweichziele waren die Eisenbahnanlagen von Bruck a. d. Mur, Amstetten und Bruck a. d. Leitha. Die „Blue Force" versammelte sich mit der 1. Welle über Termoli und mit der 2. Welle über Lesina. Zwanzig Minuten später hatten sich die Gruppen der „Red Force" in denselben Räumen zu sammeln, nachdem die „Blue-Force"-Gruppen den Luftraum bereits verlassen hatten. Die „Blauen" flogen dann über den Kontrollpunkt Zara nach Judenburg, Neukirchen a. d. Wild und von dort nach Osten bis Watzelsdorf (Raum Haugsdorf), um von hier aus das Ziel in Floridsdorf anzufliegen. Die „Roten" überflogen den Kontrollpunkt Šibenik, steuerten von dort über Sisak und an Nagykanizsa vorbei nach Celldömölk und Pamhagen, von wo dann Schwechat angegriffen wurde. Nach dem Bombenwurf hatten die Gruppen von Floridsdorf eine Wendung nach Westen Richtung Laaben zu fliegen, während die Bomber, die Schwechat angegriffen hatten, nach Fischau eindrehten. Beide Staffeln, die „Roten" und die „Blauen", flogen dann über Studenzen nach Süden zu ihren Flugfeldern im Raum Foggia zurück. Wichtig war vor allem, daß das Bombardement mit optischen Hilfsmitteln, demnach als Sichtbombardement, durchgeführt wurde, denn es hatte sich gezeigt, daß die Ölziele im Wiener Raum — mit Ausnahme von Moosbierbaum — mittels Bodensichtradar ausgesprochen schlecht auszunehmen waren und daher wirkungsvoll überhaupt nur dann bombardiert werden konnten, wenn es gute Sichtverhältnisse gab.

Das 47. Bomber-Geschwader bekam als Primärziel die Eisenbahnanlagen von Wiener Neustadt genannt. Ausweichziele waren die Bahnhöfe von Sopron, Szombathely und Varaždin. Vier Gruppen sollten sich daran beteiligen. Versammlungspunkt für alle war der Luftraum über San Vito. Von dort ging es ebenfalls über den Kontrollpunkt Šibenik und dann mit Intervallen von jeweils zehn Minuten zwischen den einzelnen Gruppen über Sisak und Obrez nach St. Martin i. Bgld. (Bezirk Oberpullendorf), von wo dann der Formationsflug zum Angriff auf Wiener Neustadt erfolgte. Der Rückflug führte über Gloggnitz, Sisak und Šibenik nach Apulien.

Das 49. Bomber-Geschwader sollte als Primärziel Moosbierbaum angreifen. Ausweichziele waren die Bahnhöfe von Bruck a. d. Mur, Amstetten und Pragersko.

Drei Bomber-Gruppen sollten in losen Formationen anfliegen. Daher gab es keine Versammlungsräume, sondern nur genaue Ablaufzeiten. Alle Gruppen hatten von Bovino zu starten und über Casalnuovo den Kontrollpunkt Zara anzufliegen. Von dort erfolgte der weitere Anflug über Judenburg, Großpertholz und Vitis, südwestlich von Waidhofen/Thaya, nach Neukirchen a. d. Wild, von wo zum Angriff auf Moosbierbaum angesetzt wurde. Der Rückflug erfolgte über Judenburg und Zara.

Das 55. Bomber-Geschwader sollte die Raffinerie in Wien-Kagran und in Korneuburg bombardieren. Ausweichziele waren die Eisenbahnanlagen von Bruck a. d. Leitha sowie die Industrieanlagen von St. Marein im Mürztal und die Böhler-Werke in Kapfenberg. Eventuell konnten auch die Eisenbahnanlagen von Wiener Neustadt und Graz angegriffen werden. Die Formationen wurden in eine „Rote" und eine „Blaue" Streitmacht geteilt, die allerdings auf denselben Routen und nur mit einem Zeitunterschied von einer halben Stunde angreifen sollten. Versammlungsraum war der Luftraum über der Adria. Von dort ging es wie beim 5. Bomber-Geschwader über Zara, Judenburg und Neukirchen a. d. Wild nach Watzelsdorf. Die Rückflugroute unterschied sich dann etwas, da die Bomber zunächst eine Schleife bis Trnava zu fliegen hatten, um von dort nach Süden einzudrehen und nach Apulien zurückzufliegen. — Schließlich wurden in den Angriffsbefehlen noch detailliert die nötigen Angaben für den Einsatz der Begleitjäger aufgenommen und ausführliche Wettervorhersagen mit Wolkenhöhe, Wolkenbeschaffenheit und Windgeschwindigkeit beigefügt. Insgesamt umfaßte ein solcher Befehl 24 Seiten. Die Zusammenfassung der Bombardierungsresultate, die Analyse der Treffer und das statistische Material, das dem Bericht über dieses Bündel von Angriffen beigeheftet wurde, umfaßte weitere 20 Seiten, so daß sich anhand dieses einen Angriffs nicht nur ein Eindruck über seine Abläufe, sondern auch über das umfangreiche Dokumentenmaterial gewinnen läßt, das über den Luftkrieg gegen Österreich existiert. Geht man dann noch weiter ins Detail und verfolgt den Einsatz jedes einzelnen Bombers, dann sieht man sich hunderttausenden Seiten gegenüber.

Eines geht aber aus den Angriffsunterlagen für diesen an sich x-beliebigen Tag zusätzlich hervor: Die Bombenzuladung der amerikanischen Bomber bestand durchwegs aus GP-(= General Purpose-) und RDX-(= Cyclonit, besonders brisanter Sprengstoff-)Bomben verschiedener Größen, bei denen es auch unterschiedliche Zündereinstellungen gab. Aus den amerikanischen Unterlagen ist jedoch für 1945 kein einziger Fall ersichtlich, daß es zu einem nachweisbaren Einsatz von Brandbomben kam.

Die 15. Luftflotte hatte schon im letzten Vierteljahr 1944 weitgehend davon Abstand genommen, Brandbomben zu verwenden. Die Amerikaner waren mit ihrem Einsatz unzufrieden. Die Verwendung gegen Verkehrsziele sei fragwürdig, hieß es. Bei Ölzielen aber hätten sich die General-Purpose-Bomben so bewährt, daß keinerlei Brandbomben gebraucht würden. Wann immer ein Treffer mit einer Sprengbombe in einer Raffinerie erzielt worden war, waren Brände ausgebrochen. Man wollte sich daher auf die herkömmlichen Typen von Sprengbomben beschränken, da keine anderen gebraucht würden[22]. Daß es sich beim Fehlen von Angaben über den Abwurf von Brandbomben in den amerikanischen Unterlagen nicht um bewußte Auslassungen handelt, läßt sich auch daraus schließen, daß die Amerikaner sehr genau angaben, wenn die Briten bei Nachtangriffen gegen Ziele in Österreich

Brandbomben verwendeten. — Generell kann also für die amerikanischen Luftangriffe auf Österreich der Einsatz von Brandbomben in der letzten Kriegsphase ausgeschlossen werden. Wenn es zum Ausbruch von Bränden kam, dann war dies primär auf die Hitzewirkung der Sprengbomben, auf Selbstentzündung und höchstens in Einzelfällen auf den Abwurf von Stabbrandbomben zurückzuführen.

Die Routenfestlegung für den 16. März 1945 war wohl überlegt, als solche aber nur für diesen bestimmten Tag verbindlich. An anderen Tagen wurden andere Routen gewählt; fast jedes Ziel erforderte eine neue Streckenführung. Da die meisten Bombergruppen aber schon eine längere bis mehr als einjährige Erfahrung nicht nur bei der Planung sondern auch bei der Durchführung von Angriffen gegen österreichische Ziele hatten, wäre anzunehmen gewesen, daß die Unsicherheitsfaktoren schon sehr gering geworden waren. Doch wie dann die Einzelheiten des Bombenkriegs 1945 zeigten, war noch immer ein gerütteltes Maß an Unwägbarkeiten und Risken — auch für die amerikanischen Bomberbesatzungen — zurückgeblieben.

Mit ihrer Einladung an die Amerikaner, sich besonders die Verkehrsverbindungen vorzunehmen, die an jene Fronten führten, an denen die Rote Armee kämpfte, wollte sich die sowjetische Führung in die amerikanischen Planungsarbeiten für die „Operation Clarion" einschalten. Die diesbezüglichen Planungen waren im Dezember 1944 angelaufen und fanden Mitte Dezember ihren Niederschlag in einem ersten Generalplan[23]: Alle Eisenbahnverbindungen und alle Brücken von einiger Wichtigkeit sollten durch einen Totaleinsatz sämtlicher zur Verfügung stehender alliierter Flugzeuge auf dem europäischen Kriegsschauplatz zerstört werden. Damit erhoffte man eine Lähmung der deutschen Wirtschaft und einen unmittelbaren Nutzen für die vorrückenden alliierten Armeen. Wenn dann die Deutschen, um ihre kriegswichtigen Transporte durchzuführen auf die Straße auswichen, würde solcherart der letzte noch verbliebene Treibstoff verbraucht werden. Es war also eine sehr logische und sehr folgenschwere Operation, die da geplant wurde. Gewissermaßen als Nebeneffekt erhofften sich die Amerikaner, daß unter den deutschen Eisenbahnern eine Krise entstehen könnte und daß sie als Folge von derart konsequent vorgenommenen Zerstörungen und pausenlosen Angriffen, für die man rein rechnerisch 7.000 amerikanische und britische Flugzeuge in Aussicht nahm, nicht mehr an ihre Arbeitsplätze zurückkehren würden, eine Hoffnung, die sich freilich nie erfüllen sollte. Als Angriffsverfahren wurde festgelegt, daß nur bei möglichst guten Sichtverhältnissen bombardiert werden sollte, und zwar so, daß zunächst maximal sechs Maschinen der ersten Formation in etwa 300 Meter Höhe ein Ziel präzise anzugreifen hätten. Anschließend würden so viele Bomber ihre Bomben abwerfen, wie für die Zerstörung des Zieles notwendig wären.

Die amerikanische 15. Luftflotte, die in die Operation eingebunden wurde, stellte deren grundsätzliche Ziele und die Wirksamkeit nicht in Zweifel, machte aber geltend, daß es für die aus dem Süden und über die Alpen anfliegenden Maschinen, die auf mindestens 4.500 Meter gehen mußten, um über die Bergmassive zu kommen, nicht möglich wäre, dann wieder rasch an Höhe zu verlieren, und das womöglich bei inneralpinen Zielen, indem sie lange Kreise zogen, denn das würde die Bomber einer nicht tragbaren Bedrohung durch die deutsche Luftabwehr aussetzen. Außerdem käme man beim Angriff in so niedriger Höhe in den Feuerbereich der deutschen leichten Flak, über deren Stellungen die Amerikaner nur sehr ungenügend informiert waren. Wenn es also schon zu den Angriffsverfahren auf Sicht und in vergleichsweise geringer Höhe kommen sollte, dann sei das für die aus dem Süden anfliegenden schweren Bomber nur bedingt durchführbar, da sie in einer größeren Höhe bleiben und generell außerhalb der Reichweite der leichten Flak fliegen müßten. Abschließend meinte man bei der 15. Luftflotte, daß es aber gerade in Österreich genügend Verkehrsziele gebe, nur würden sie eben aus etwas größerer Höhe angegriffen werden. Und wenn man die Angriffe gründlich plane und den notwendigen Jagdschutz bereitstelle, würden auch die deutschen Düsenjäger nicht mehr Verluste verursachen, als vertretbar sei.

„NEW FRANTIC JOE"

Um die Jahreswende 1944/45 wurde aber auch noch einmal eines der eigenartigsten und verworrensten Kapitel der Luftkriegsgeschichte um einen, nun sagen wir: Anhang bereichert. Die Amerikaner suchten nach Möglichkeiten, das Unternehmen „Frantic Joe" wiederzubeleben, das „Shuttle-Bombardement", bei dem von Italien oder von England aus Ziele in Ostmitteleuropa angegriffen und anschließend Flughäfen in der Sowjetunion angeflogen werden konnten[24]. Auf diese Weise gelangten Ziele in den Bereich der strategischen Bomber, die sonst nicht anzugreifen gewesen wären. Zwischen 2. Juni und 19. September 1944 waren solcherart sieben Missionen ausgeführt worden. Die den Amerikanern für diese Operation „Frantic Joe" eingeräumten Flugfelder lagen in Poltava. Flogen dann die Amerikaner wieder nach Italien zurück, dann konnten sie für die deutsche Luft- und Jagdabwehr überraschend in den deutschen Luftraum einfliegen, da im Osten kaum Luftwarneinrichtungen bestanden. Doch die Operation litt von allem Anfang an einem deutlichen sowjetischen Mißtrauen und geringer Kooperationsbereitschaft. Außerdem lag Poltava zu weit entfernt, als daß es wirklich jenes „Shuttle-Bombardement", also ein Pendel-Bombardement in kurzen Abständen, ermöglicht hätte. Die Amerikaner rätselten, weshalb den Sowjets so gar nichts an dieser Operation gelegen war und glaubten, mehrere Gründe dafür herausgefunden zu haben, vor allem meinten sie, die Russen hätten einiges Gesicht verloren, als die Deutsche Luftwaffe, der die Landung der Amerikaner in Poltava nicht verborgen blieb, den Flugplatz angegriffen und 50 B-17 am Boden zerstört hatte, ohne daß es den Russen gelungen wäre, auch nur eine einzige der angreifenden deutschen Maschinen abzuschießen. Die Operation wurde abgebrochen.

Nun waren die Amerikaner aber trotz der schlechten Erfahrungen mit dem Verlauf von „Frantic Joe" weiterhin daran interessiert, von den Sowjets Flugplätze eingeräumt zu bekommen, da sie auf diese Weise die wetterbedingten Risiken und den langen Anflug über Adria und Alpen zumindest teilweise ausschalten wollten. Die raschen sowjetischen Fortschritte im Herbst 1944 ließen die Amerikaner zudem vermuten, daß es den Sowjets noch vor dem Winter gelingen könnte, bis Wien vorzudringen. Daher wollten sie in erster Linie deshalb mit den Sowjets in neuerliche Verhandlungen eintreten, um sich Basen in Wien zu sichern, von denen aus dann die letzte Phase des strategischen Luftkriegs gegen Deutschland geführt werden sollte.

Die Sowjets konnten jedoch den von den Amerikanern zunächst erwarteten rasanten Vormarsch bis Wien nicht durchführen und kamen „nur" bis Budapest. Doch auch das war den Amerikanern recht. Dann würde man eben versuchen, in der ungarischen Tiefebene und im Großraum Budapest, nach dessen vollständiger Einnahme, insgesamt 23 Flugplätze einzurichten. Wenn möglich, sollte die gesamte 15. US-Luftflotte nach Ungarn verlegt werden. Da damit aber natürlich nicht nur militärische, sondern auch politische Fragen verbunden waren, da ja mit einer so riesigen Luftarmee die USA nicht nur in Ostmitteleuropa, sondern auch gegenüber dem Balkan eine enorm starke Position bezogen haben würden, sollte zuerst die Meinung von Präsident Roosevelt eingeholt werden. Doch schließlich dürfte der Generalstabschef der amerikanischen Luftwaffe, General Arnold, das Projekt einer totalen Verlagerung der 15. US-Luftflotte aus Italien in den Raum Budapest von sich aus fallen gelassen haben, ohne vorher noch den Präsidenten zu fragen, da der amerikanischen Luftwaffenführung selbst Bedenken gekommen waren, ob es sehr sinnvoll sei, sich in einem von den Sowjets kontrollierten Territorium all den Beschränkungen zu unterwerfen, die die Sowjets den Amerikanern zweifellos auferlegt hätten — wenn sie überhaupt zustimmten.

Doch ein modifizierter Plan sollte dennoch verwirklicht werden, vielmehr sollte den Sowjets auf der Konferenz von Jalta ein solcher Plan vorgelegt und um ihre Zustimmung ersucht werden. Tatsächlich schnitt dann Präsident Roosevelt die Frage an und erhielt von Stalin eine prinzipielle Zustimmung für die Installierung von zwei Luftwaffenbasen im Raum Budapest-Wien. Doch als dann die Amerikaner versuchten, mit der sowjetischen Führung in konkrete Gespräche einzutreten, erlebten sie eine neuerliche herbe Enttäuschung. Die Sowjets gebrauchten Ausflüchte und waren schließlich jedem diesbezüglichen Kontakt so merkbar abhold, daß die Amerikaner immer ungeduldiger wurden. Dabei hatten sie schon damit gerechnet, wohl noch im Februar in Budapest die notwendigen Installationen vornehmen zu können und 2.000 Mann zu transferieren, mit denen dann monatlich 8 große Bomber- und 20 Jägeroperationen geflogen werden sollten. Was dies für Österreich bedeutet hätte, lag auf der Hand: Die Luftbedrohung wäre eine so totale geworden, daß es bei Angriffen aus dem Osten kaum mehr die Möglichkeit einer rechtzeitigen Luftwarnung gegeben hätte. Die Ziele in Österreich wären noch wirkungsvoller zu bekämpfen gewesen, die Bomber wären ständig unter einem noch lückenloseren Schutz der Begleitjäger geblieben und wegen der kurzen Warnzeiten wären wohl auch die Menschenverluste in die Höhe geschnellt.

Den Amerikanern, die weiterhin auf ihrem revidierten „Frantic-Joe"-Projekt beharrten, ging es schließlich auch darum, die Sowjets von der Effektivität der strategischen Bomber zu überzeugen. Damit hätte dann auch bereits in die Diskussion eingetreten werden können, welche Macht mehr zur Niederringung des Dritten Reiches beigetragen und welche Form der Kriegführung der deutschen Kriegsmaschinerie mehr Abbruch getan hatte, der Landkrieg oder der Luftkrieg. Doch die sowjetische Führung gab der amerikanischen Luftwaffenspitze diese Chance der Selbstbestätigung nicht mehr. So sehr sich auch die Amerikaner darum bemühten, sie erhielten von den Sowjets keine Basen im ungarischen Raum, und so blieb es dabei, daß die 15. US-Luftflotte die Ziele in Österreich und den angrenzenden Regionen von Apulien aus bombardieren mußte. Am 30. März, als sich die Sowjets bereits die ersten Kilometer in Österreich vorangekämpft hatten, ließen die Amerikaner das Projekt endgültig fallen und meinten, daß der Codename „Frantic Joe", also „Toller Josef", für den Beginn des Unternehmens in Poltava wie für sein unrühmliches Ende genauso passend gewesen sei. Doch auch ohne ein neues Kapitel an die Geschichte der Pendelmissionen anzuhängen, hatten Amerikaner und Engländer keine Schwierigkeiten gehabt, die letzte Phase des strategischen Luftkriegs gegen Österreich anlaufen zu lassen.

DIE JÄNNERANGRIFFE

Die westlichen Luftkrieger hatten sich für den Jänner 1945 sehr viel vorgenommen. Sie wollten den Sowjets Erleichterungen an deren Westfront verschaffen, die deutsche Öl- und Rüstungsindustrie endgültig niederringen und dann noch die letzten der sich bietenden Ziele bekämpfen. Doch zunächst machte ihnen das Wetter einen Strich durch die Rechnung. Nicht so sehr das schlechte Wetter über den Zielräumen, als vielmehr katastrophale Wetterverhältnisse in Süditalien und entlang der Anflugrouten verhinderten den Start der Bomber, so daß die 15. Luftflotte nur an acht Tagen zum Einsatz kam und dabei fünfmal Ziele in Österreich angriff. Das war die geringste Anzahl von monatlichen Einsätzen seit Februar 1944.

Am 8. Jänner begann es, als 121 B-17-Bomber, die von 105 Jägern begleitet wurden, um die Mittagszeit den Linzer Hauptbahnhof angriffen und 5 Bomber-Gruppen insgesamt 1.304 500-Pfund-Bomben abwarfen[25]. Aus den Bombern flogen aber auch 744.000 Flugblätter, die der psychologischen Kriegführung dienten, etwas, das schließlich die meisten der großen Luftangriffe 1945 kennzeichnete. 8 Bomber der 2. Bomber-Gruppe, die zu weit vom Zielgebiet abgeblieben waren, bombardierten am Rückflug nach Süditalien den Bahnhof von Klagenfurt. Das war aber nur die erste Welle gewesen. 328 B-24-Bomber von fünf anderen Bomber-Gruppen, die von 178 Jagdflugzeugen begleitet wurden, teilten sich nach dem Einflug auf. Ein Teil, nämlich 85 Bomber, griff ebenfalls Ziele im Raum Linz an, während die anderen, die sich durch die dichte Wolkendecke in ihrer Sicht sehr beeinträchtigt sahen, als Ausweichziele die Bahnhöfe von Graz, Klagenfurt, Villach und Salzburg angriffen. 200 Bomber kamen jedoch überhaupt nicht zum Abwurf, da sie auch kein Ausweichziel fanden. Sämtliche Angriffe an diesem Tag waren mittels Bodensichtradar durchgeführt worden, daher ließ sich unmittelbar keine Wirkung beobachten. Doch eines war zumindest festzustellen gewesen: Es hatte überhaupt keine deutsche Jagdabwehr gegeben. Zwar verlor die 15. US-Luftflotte bei den geschilderten Angriffen durch die Flak insgesamt 6 Bomber, einen siebenten durch Bruchlandung sowie einen Begleitjäger, doch das waren bei insgesamt 520 Bombern und 283 Jägern, die zum Einsatz gekommen waren, denkbar bescheidene Verluste.

Vier Tage später erbrachte die Fotoaufklärung die Ergebnisse dieser Angriffe: Die Reichswerke Hermann Göring hatten zwei neue Schadensstellen, die Benzol-Werke in Linz wiesen neue Schäden auf, beim Hauptbahnhof wurden Krater fotografiert und zerstörte Häuser in der Umgebung registriert, doch die Schienen waren zumindest schnell zu reparieren gewesen, da der Verkehr bereits wieder rollte. Der

Ein amerikanischer Offizier einer Foto-aufklärungs-Gruppe der 15. Luftflotte bei der Auswertung von Luftaufnahmen. Jedem amerikanischen Luftangriff gingen ausgedehnte Aufklärungsmissionen voraus.

Am 22. März 1945 warfen 83 Bomber des Typs B-24 ihre Bomben auf die Raffinerie Wien-Kagran und die Bahnanlagen im Norden Wiens. Es war einer der letzten Angriffe auf Wien, das die Amerikaner kurz darauf als „geliefert" bezeichneten (nächste Seite).

15. Jänner 1945. B-17 von drei Bomber-Gruppen der amerikanischen 15. Luftflotte griffen an diesem Tag Eisenbahnziele in Wien an, um den Transport von Truppen und militärischem Nachschub an die Ostfront zu unterbinden.

Der Kirchturm von Niederkreuzstetten (NÖ) während eines Nachtangriffs. Die Suchscheinwerfer der deutschen Scheinwerfer-Batterien mußten 1945 nur selten in Aktion treten, da es lediglich vereinzelte Nachtangriffe gab.

Am 7. Februar 1945 griffen 88 B-17 die Raffinerie Schwechat an und warfen 209 Tonnen Bomben ab. Im Bild rechts eine B-17 der 483. Bomber-Gruppe.

Eine Befehlsstelle der Deutschen Wehrmacht im Grazer Schloßbergstollen. Von allen Luftschutzbauten boten die Stollen den größten Schutz.

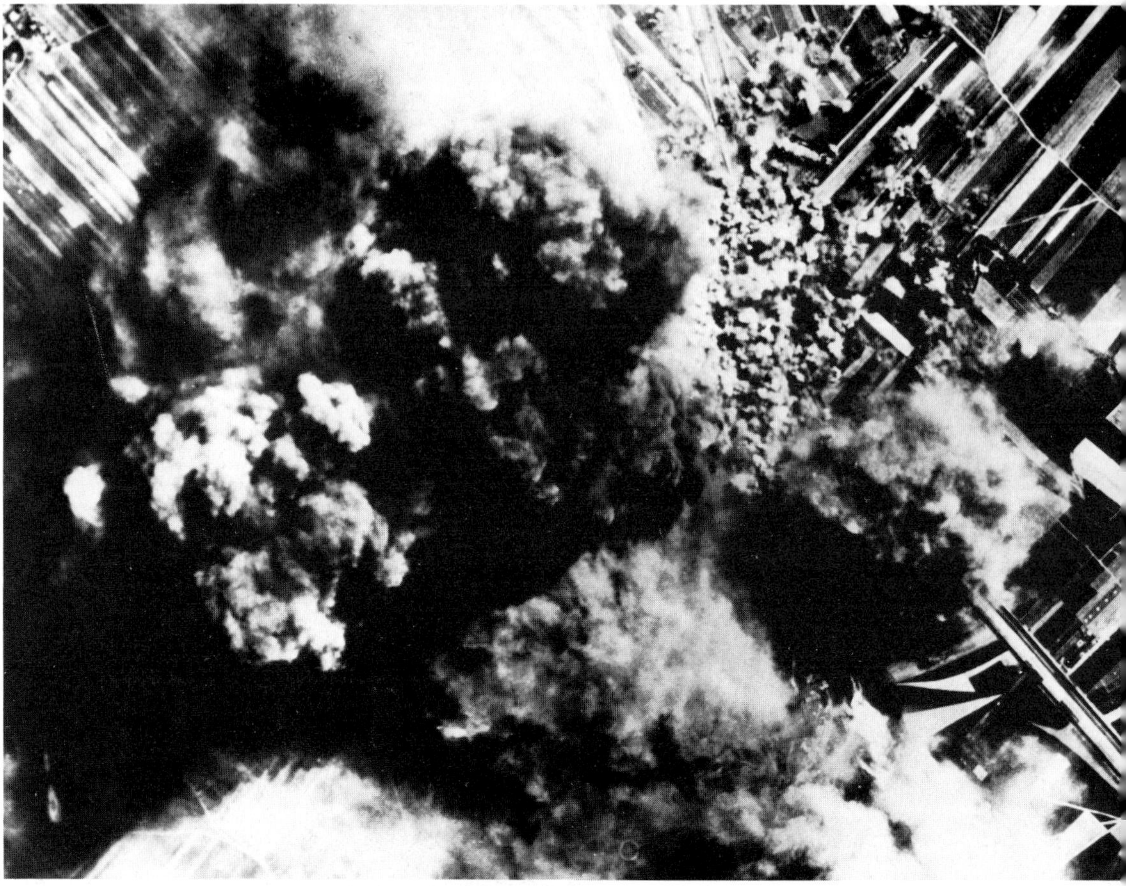

Die Raffinerie und die petrochemischen Werke in Moosbierbaum waren eines der wichtigsten Ziele für die amerikanische Luftwaffe. Daher wurden sie 1945 systematisch zerstört.

Angehörige der Hitlerjugend beim Bedienen einer 8,8-cm-Flak in der Umgebung Wiens. Die Hitlerjugend stellte mit den ihren Reihen entnommenen Luftwaffenhelfern zeitweilig ein Drittel der Bedienungsmannschaften der Flak.

Eisenbahnanlagen waren 1945 das bevorzugte
Ziel der amerikanischen Luftwaffe. Im Rahmen der Operation „Clarion" und bei den
letzten strategischen wie taktischen Luftangriffen wurden auch kleinere Ziele zu zerstören gesucht, wie hier eine Eisenbahnbrücke
bei Seefeld in Tirol.

Graz, Hartiggasse gegen den Schloßberg.
Trotz der an die amerikanischen Bomberbesatzungen ergangenen Weisung, tunlichst nur
militärische Ziele anzugreifen, zog so gut wie
jeder Bombenangriff schwere Schäden in reinen Wohngebieten nach sich.

Ein Luftangriff gegen den Klagenfurter Hauptbahnhof (links) war für die amerikanischen Bomber 1945 fast risikolos geworden, da es so gut wie keine Flak-Abwehr mehr gab. Mit der Zerstörung der Bahnhöfe, Schienenstränge, Waggons und Lokomotiven (rechts der Lokschuppen von Knittelfeld nach einem Angriff) sollte jeder Transport von Truppen und kriegswichtigen Gütern unmöglich gemacht werden. Bis April 1945 war dies Ziel erreicht.

Eine der letzten Planungen der amerikanischen 15. Luftflotte galt Salzburg. Im Rahmen der Operation „Doldrums" sollten nicht nur die Festung Hohensalzburg, sondern auch die meisten und schönsten Schlösser der Umgebung Salzburgs zerstört werden, da man in ihnen Befehlsstellen für die „Alpenfestung" vermutete. „Doldrums" blieb — Gott sei Dank — ein Plan. Salzburg war nichtsdestoweniger bei Kriegsende teilweise zerstört.

Hauptbahnhof Graz zeigte keine neuen Zerstörungen, Klagenfurt, Salzburg und Villach hatten gelitten.

Die Witterung machte die nächsten Angriffe erst wieder am 15. Jänner möglich. Diesmal war vor allem Wien das Ziel. Die Stadt war zwar unter einer dichten Wolkendecke, doch da zumindest ein ungehinderter Anflug möglich war, wurden die Angriffe mit Radar durchgeführt. 188 Bomber griffen den Nordwestbahnhof und die von ihm wegführenden Schienenstränge an. Zwei Bomber-Gruppen konnten sogar ein Loch in den Wolken finden und daher ohne Radarhilfe bombardieren. 200 Bomber griffen Eisenbahnziele im Bereich des Süd- und des Ostbahnhofs an und warfen 1.725 500-Pfund-Bomben ab. Dann war auch dieser Angriff beendet. Er hatte rund eine Stunde gedauert und die Amerikaner 15 Bomber gekostet, die größtenteils auf das Konto der Flak gingen, da sich abermals kein deutsches Jagdflugzeug gezeigt hatte. Die tags darauf geflogene Aufklärung erbrachte für die Amerikaner unterschiedliche Ergebnisse: Der Bahnhof Stadlau war schwer getroffen worden, und ebenso waren große Lager in Inzersdorf zerstört und mit ihnen die Südbahn nach Wiener Neustadt unterbrochen worden. Auch Floridsdorf und die Nordwestbahn hatten schwer gelitten. Doch sonst hielt sich der Schaden in den angegriffenen Gebieten in Grenzen. Wohl aber waren in Floridsdorf, in Stadlau, vor allem aber in dem Stadtgebiet zwischen Nordwest- und Südbahnhof viele Bomben in reine Wohn-und Geschäftsviertel gefallen und hatten große Schäden verursacht. Fast alle Stadtteile hatten Treffer erhalten[26].

Am 20. Jänner galten die Angriffe wieder den Bahnhöfen von Linz, Graz und Salzburg sowie den an die Bahnanlagen von Linz angrenzenden Lagerhausbereichen. Der nördliche Bahnhofsbereich von Linz wurde von 72 B-24 angegriffen, die 120,2 Tonnen Bomben abwarfen. Die Sicht war gut, daher machte das Bombardement den Amerikanern keine besonderen Schwierigkeiten. Das war aber nur die erste Welle gewesen. 21 B-24 von 110 Maschinen, die den Bereich des Südbahnhofs angreifen sollten, kamen ebenfalls zum Bombenwurf und ließen 31,8 Tonnen Bomben fallen. Alle übrigen hatten feststellen müssen, daß sie infolge von Gegenwind so viel Treibstoff verbraucht hatten, daß es nur mehr für Angriffe auf Ausweichziele reichte. Doch schließlich langten noch 62 B-24 einer dritten Welle über dem Bereich des Verschubgeländes beim Linzer Hauptbahnhof an und warfen 12,25 Tonnen Bomben ab. Insgesamt hatten die noch während der Bombenwürfe gemachten Zielfotos gezeigt, daß eine Reihe von Treffern in den vorgesehenen Zielen lag. Tatsächlich war aber weitaus mehr als das Bahngelände getroffen worden und hatten vor allem militärische Anlagen in Linz wie Kasernen und das Rüstungskommando, hatten die „Hermann-Göring-Werke", aber auch sehr viele Wohnbauten zahlreiche Treffer erhalten[27]. — Die Salzburger Bahnanlagen mußten an diesem Tag als Ausweichziel herhalten und zogen den Angriff von 47 schweren Bombern von vier Bomber-Gruppen auf sich. Die nachträgliche Fotoaufklärung erbrachte, daß Ost- und Westbahnhof sehr genau getroffen worden waren und die 91,5 Tonnen Bomben besonders an den Gebäuden der Bahnhofsgelände schwere Schäden verursacht hatten. 11 P-38 hatten schließlich noch Tieffliegerangriffe auf Eisenbahnziele im Raum Graz durchgeführt. 88 der an diesem Tag aufgestiegenen Bomber hatten jedoch unverrichteter Dinge umkehren müssen, da sie nicht einmal ein passendes Gelegenheitsziel durch die Wolken hatten ausmachen können.

Schon tags darauf, am 21. Jänner, wurde wieder eine große Mission nach Wien geflogen. 79 B-17 bombardierten die Raffinerie Schwechat mit 191,5 Tonnen Bomben, und 91 B-17 griffen die Raffinerie und das Tanklager in der Lobau an. Dort fielen 207,25 Tonnen Bomben. Über die Wirkung ließ sich unmittelbar nichts sagen, da Wien unter einer dichten Wolkendecke gelegen war. Am Boden wußte man jedoch, daß zwar die Ziele, aber auch wieder mehrere Wohnbezirke getroffen worden waren. Für 15 B-17, die Wien wegen nicht funktionierender Bodensichtradargeräte nicht hatten ausmachen können, gaben die Bahnanlagen von Graz am Rückflug ein Ausweichziel ab, das mit 143 500-Pfund-Bomben belegt wurde. Eine B-17 warf schließlich noch 2,5 Tonnen Bomben auf den Bahnhof Klagenfurt.

Am 31. Jänner wurden das fünfte Mal in diesem Monat Ziele in Österreich angegriffen. Der Hauptangriff galt Moosbierbaum, dessen Hydrierwerk von 217 B-17 und 407 B-24 angegriffen wurde. Das Ziel lag zwar abermals unter einer Wolkendecke, doch gerade bei Moosbierbaum verließen sich die Amerikaner auf ihre Radaranlagen. 1.356,75 Tonnen Bomben, eine Menge, die nur mit der nach wie vor großen Bedeutung Moosbierbaums erklärt werden kann, fiel auf das Ziel, über das eine dreiviertel Stunde die amerikanischen Bomber hinzogen. Damit schien zwar das Werk getan, doch die Amerikaner planten bei der nächsten sich bietenden Gelegenheit einen weiteren Angriff, der dann auch tatsächlich 24 Stunden später erfolgte. 26 B-24, die am 31. Jänner Moosbierbaum nicht erreichten, griffen die Bahnanlagen von Graz als Ausweichziel an und warfen 191 500-Pfund-Bomben ab. Graz avancierte damit zum beliebtesten Ausweichziel der Amerikaner und sollte auch in den darauffolgenden Wochen diesen zweifelhaften Ruf nicht los werden.

Die Begleitjäger schwärmten bis Wiener Neustadt aus und griffen vor allem Züge und Lokomotiven an. Am 20. und am 31. Jänner waren von einigen Bombern und Begleitjägern vereinzelte deutsche Jagdflugzeuge gesehen worden, ohne daß diese jedoch einen Angriff versucht hätten. Das verwunderte die Amerikaner regelrecht, da sie als Ergebnis ihrer Luftaufklärung wußten, daß auf den Flugplätzen von Wiener Neustadt am 25. Jänner eine lange nicht gesehene Anzahl von Flugzeugen, nämlich 249, eingefallen war. Da sich darunter aber vor allem He-111, Ju-88 und Fw-190 befanden, vermuteten die Amerikaner bald, daß es sich dabei um Flugzeuge handelte, die nach Ungarn überflogen werden sollten, um dort eingesetzt zu werden. Das bot dann auch eine recht gute Erklärung für die Inaktivität der Deutschen Luftwaffe bei den geschilderten Angriffen an fünf Tagen im Jänner.

Für die Amerikaner war, wie erwähnt, der Jänner enttäuschend gewesen[28]. Dem sowjetischen Wunsch nach Zerstörung der durch Österreich führenden Kommunikationen hatten sie nur unvollkommen entsprechen können. Vor allem aber befürchteten sie, daß es der deutschen Improvisationskunst und dem Einsatz jedes Arbeitsfähigen gelungen sein könnte, bereits weitgehend zerstörte oder schwer beschädigte Industrien zu reparieren, und daß auch der Ausstoß an Maschinen für die Deutsche Luftwaffe wieder erheblich zunehmen könnte. Vor allem fürchtete man amerikanischerseits eine Zunahme der Düsenjäger. Die Flak-Abwehr hatte eine ebenfalls von den Amerikanern registrierte Veränderung erfahren, da entlang der Brennerstrecke eine deutliche Vermehrung der schweren Flak-Geschütze zu verzeichnen war und auch die Strecke von Lienz durch das Pustertal erstmals durch 24 Kanonen geschützt wurde. Doch es half alles nichts, wenn das Wetter nicht aufklarte und es bessere Sichtverhältnisse gab, denn trotz des Einsatzes von H2X-Bodensichtradar war die Wirkung bei Luftangriffen durch dichte Wolkendecken hindurch nicht jene, die man bei guten Sichtverhältnissen erzielte, abgesehen davon, daß auch immer nur ein Teil der gestarteten Maschinen zum Bombenwurf kam.

Der Februar sollte anders werden. Die 15. Luftflotte hatte genügend Zeit, um großangelegte Bombenangriffe zu planen. Da auch für die übrigen westalliierten Luftflotten die Zerstörung von Verkehrszielen Vorrang erhalten hatte, wurde die „Operation Clarion" vorbereitet, im Zuge derer jedes auch nur einigermaßen wichtige deutsche Verkehrsziel bekämpft werden sollte. Dazu gehörte auch die Brennerstrecke, gegen die jedoch ein separates Unternehmen gestartet wurde, das neben den strategischen Bombardements betrieben wurde[29].

Die Angriffe gegen die Brennerstrecke, die von den Amerikanern ganz selbstverständlich als die wichtigste Nord-Süd-Verbindung eingestuft wurde, wurden nämlich in der Hauptsache nicht den strategischen Bombern der 15. Luftflotte übertragen, da mit kleineren Maschinen eine sehr viel effizientere Bedrohung und ebensolche Zerstörungen erreicht werden konnten. Die Amerikaner setzten daher die 12. (taktische) Luftflotte ein. Die systematische Zerstörung der Brennerstrecke begann am 4. November 1944 durch das 42. Bomber-Geschwader. Doch zwei Tage später wurde das 57. Bomber-Geschwader der amerikanischen 12. Luftflotte mit dieser Aufgabe betraut, die sie kontinuierlich und bis zum 25. April 1945 durchführte. Mit drei Bomber-Gruppen, deren zweimotorige B-25 „Mitchell" in Lucera, Falconara und Korsika stationiert waren, flog das Geschwader an 85 Tagen Angriffe. Sie galten in der größeren Zahl der Fälle der in Südtirol gelegenen Seite der Brennerstrecke, doch rund ein Viertel der Angriffe ging über die Scheitelstrecke hinweg und richtete sich gegen Ziele in Nordtirol, wobei dann durchaus nicht nur die Brennerstrecke angegriffen wurde, sondern auch alles, was sich an Verkehrszielen im Bereich der B-25 fand. Diese Angriffe litten freilich sehr unter den schlechten Sichtverhältnissen, und das war letztlich jener glückliche Umstand, der Nordtirol vor noch größeren Schäden bewahrte. Die B-25 konnten nur dann wirksam eingesetzt werden, wenn sie ein Sichtbombardement durchführten. Lag die Wolkendecke zu tief oder herrschte ausgesprochenes Schlechtwetter, dann flogen sie nicht über die Alpen. Es war dennoch oft genug der Fall, und von Zeit zu Zeit meldete sich auch die 15. Luftflotte mit strategischen Bombardements zu Wort, so daß auch der Westen Österreichs seinen Teil abbekam.

Das einzige Bundesland, das bis zum Einmarsch der Franzosen von strategischen und taktischen Luftangriffen weitestgehend verschont blieb, war Vorarlberg. Es kam offenbar in doppelter Hinsicht in den Genuß einer Raumgunst, weil es etwas abseits lag, vor allem aber, weil es der Schweiz benachbart war. Mit Ausnahme eines bereits 1943 erfolgten Luftangriffs auf Feldkirch, der jedoch mehr den Charakter eines Notwurfs trug[30], erfolgte kein einziger Luftangriff gegen ein Ziel in Vorarlberg. Man sah zwar häufig Bomber über das Land hinziehen und Ziele in Süd- und Südwestdeutschland angreifen, doch Vorarlberg kam — wenn man das angesichts der 168 Toten des einen Angriffs auf Feldkirch sagen kann — mit dem Schrecken davon.

Nachdem also im Jänner 1945 eine letzte Fixierung der Prioritäten und Ziele erfolgt war, begann schon am 1. Februar die Verwirklichung. Und für Österreich und seine Bevölkerung begannen die schlimmsten Wochen des Luftkrieges.

DIE FEBRUARANGRIFFE

Am 1. Februar herrschte zwar auf der Anflugstrecke über Oberitalien und dem Balkan noch immer schlechtes Wetter, doch über Österreich war der Himmel so weit frei, daß er ein wirkungsvolles Bombardieren und teilweise sogar ein Sichtbombardement mit den optischen Zielgeräten ermöglichte[31]. Um die Mittagszeit erreichten 30 B-17 und 45 B-24 Moosbierbaum, das mit 661 500-Pfund-Bomben angegriffen wurde. Damit war das bereits am Vortag schwer getroffene Werk weiter zerstört worden. Der größere Teil der an diesem Tag aufgestiegenen Bomber-Gruppen griff jedoch Bahnanlagen in Graz an, wofür 216 Maschinen und 444 Tonnen Bomben eingesetzt wurden. Einige wenige bombardierten die Bahnhöfe in Klagenfurt (7 B-17) und Fürstenfeld (5 B-17) als Gelegenheitsziele. Doch die Amerikaner waren nicht so recht zufrieden, da 383 Bomber unverrichteter Dinge umkehren mußten. Sie hatten ihr Ziel nicht gefunden, und schließlich war das Rendezvous mit den Begleitjägern, die die Bomber auf dem Rückflug begleiten sollten, zum Teil danebengegangen, da die Jäger in der dichten Wolkendecke über den Alpen und über Oberitalien die Bomber verfehlt hatten. Der Verlust von vier Bombern mochte noch hingehen.

Am 5. Februar wurde Österreich gewissermaßen am Rande mitgenommen, als die Hauptmacht der Amerikaner Regensburg anflog und Maschinen von vier Bomber-Gruppen mit 85 B-24 und 1 B-17 den Bereich des Salzburger Hauptbahnhofs angriffen, der mit 164,75 Tonnen Bomben belegt wurde. Zwei der Salzburg angreifenden Gruppen fanden aber auch hier nicht Gelegenheit, alle Bomben abzuwerfen, also griffen sie am Rückflug die Bahnanlagen von Villach an. Bei beiden Angriffen glaubten die Amerikaner, erhebliche Zerstörungen verursacht zu haben, was ihnen auch tags darauf von der eigenen Aufklärung bestätigt wurde. Die Besserung des Wetters gab den Amerikanern aber auch Gelegenheit, eine größere Zahl von Foto-Aufklärungsmissionen zu fliegen, die letzte Informationen über die bereits fixierten Ziele geben sollten.

Die Angriffe des 7. Februar galten der Erdöl- und Treibstoffindustrie im Wiener Raum sowie Moosbierbaum. Letzteres wurde das Ziel von 280 B-24, die knapp nach Mittag in zwei Wellen anflogen und 2.129 500-Pfund-Bomben abwarfen. Dabei wurde sowohl mit optischen Hilfsmitteln als auch mittels „Pfadfindern" bombardiert. Offenbar war aber Moosbierbaum doch nur schwer zu treffen, denn die schon während des Angriffs gemachten Fotos zeigten, daß sich die Beschädigungen abermals in Grenzen hielten.

Die Raffinerie in der Lobau wurde von 78 B-24 angegriffen, die in zwei Wellen angriffen und 857 500-Pfund-Bomben warfen. Die Raffinerie Schwechat war das Ziel von 88 B-17, die ebenfalls in zwei Wellen angriffen und 209 Tonnen RDX-Bomben abwarfen. Die Floridsdorfer Raffinerie wurde von 120 B-24 mit 212,25 Tonnen bombardiert, die Korneuburger Raffinerie von 18 B-24 mit 45,5 Tonnen, und die Raffinerie in Kagran wurde von 5 Bombern angeflogen, die 10 Tonnen abwarfen. Dabei waren sämtliche gängigen Zielmethoden angewendet worden. Etliche Gruppen führten ein Sichtbombardement durch, andere wurden durch Pfadfinder an ihr Ziel herangeführt, dritte bedienten sich einer Triangulierungsmethode, und andere wendeten ein Mischverfahren an. Eingedenk der von den Amerikanern selbst getroffenen Feststellung, daß die Ölziele in Wien nicht leicht zu treffen waren, sollte es eben auf jede Weise versucht werden. Als die Amerikaner zwei Stunden nach den Angriffen eine Fotoaufklärung durchführten, war zwar vieles von den getroffenen Gebieten nur sehr schlecht zu erkennen, da es noch immer unter Rauchwolken lag. Die Raffinerie Lobau hatte aber — soviel ließ sich feststellen — etliche Schäden davongetragen, die sich bis in den Winterhafen fortsetzten. Kagran wies dafür keine sichtbaren neuen Schäden auf, desgleichen waren die Angriffe gegen die Raffinerien in Schwechat und Korneuburg anscheinend ohne nennenswerte Folgen geblieben. Allerdings wurden in der Floridsdorfer Lokomotivenfabrik Brände festgestellt, und schließlich stellte der Aufklärer auch fest, daß ein von 19 Bombern mit 41,5 Tonnen Bomben gegen den Flugplatz von Zwölfaxing durchgeführter Gelegenheitsangriff größere Schäden verursacht hatte. Die Zerstörungen an Wohngebäuden fanden keinen Niederschlag in den amerikanischen Berichten. Sie interessierte nur, ob die in den Angriffsbefehlen genannten Ziele getroffen worden waren. Und dabei stand — so scheint es — noch viel zu viel unbeschädigt oder zumindest noch funktionstüchtig vor den Augen der Kameras. — Doch der nächste Angriff gegen Wien war bereits vorbereitet.

Schon tags darauf, am 8. Februar, flogen wieder 489 Bomber gegen Wien und hatten den Auftrag, die Eisenbahnanlagen und überhaupt verkehrswichtige Ziele im Südosten der Stadt zu bombardieren. Sie taten es mit 4.079 500-Pfund-RDX Bomben. Denen wurden dann 800.000 Flugblätter nachgeschickt. Die Gegend um den Süd- und Ostbahnhof wurde schwer getroffen. So gut wie alle südlichen Bezirke erhielten Treffer. Eine kleinere Gruppe von 22 B-17 hatte Graz angegriffen, wo wieder einmal die Bahnanlagen als Ausweichziel herhalten mußten. Und wie bei ebenfalls den meisten Angriffen ließen vereinzelte Bomber, bei denen im entscheidenden Augenblick gerade ein Gerät versagt hatte, die das Ziel nicht ausmachen konnten oder wegen irgendwelcher anderer Probleme nicht mit ihrem Verband abgeworfen hatten, ihre Bomben auf sich bietende Einzelziele fallen. Das machte dann den Bombenkrieg total, weil auch der kleinste Ort und sogar vereinzelte Gehöfte das Gefühl hatten, Ziele im Bombenkrieg zu sein. Eine vollständige Erfassung dieser Einzelziele wird jedoch kaum möglich sein, genausowenig wie sich absolut zuverlässige Angaben über Abschüsse und Abstürze werden machen lassen. Das ist sicherlich punktuell möglich und kann auch mit Hilfe der in den National Archives in Washington und im Albert F. Simpson Historical Research Center in Alabama liegenden Unterlagen im Einzelfall erhoben werden. Das Durcharbeiten des gesamten Materials übersteigt aber sicherlich die Möglichkeiten ganzer Forscherteams. Für diesen Tag, den 8. Februar, läßt sich beispielsweise summarisch feststellen, daß von der 15. Luftflotte insgesamt 515 schwere Bomber und 306 Begleitjäger im Einsatz waren. Die gegen Österreich zum Einsatz gekommenen Bomber gehörten dem 5., 47., 49., 55. und 304. Bomber-Geschwader an. Die Ziele in Wien wurden zwischen 12.24 Uhr und 13.33 Uhr aus rund 6.800 bis 9.000 Meter Höhe angegriffen. Mit Ausnahme einer Gruppe, die sich der „offset"-Methode bediente, bei der das Ziel mit Hilfe von Hilfszielen rechnerisch ermittelt wurde, bedienten sich alle anderen Gruppen der Hilfe von Pfadfinderflugzeugen. Diese setzten, nachdem sie das Ziel mittels Radar ausgemacht hatten, jeweils für einen kleinen Verband ein Markierungszeichen (Rauchzeichen) über den Wolken, und der Verband warf an dieser Stelle ab. Das barg natürlich erhebliche Unsicherheitsfaktoren, denn wenn das Markierungszeichen infolge einer starken Luftströmung zu „wandern" begann, warf der Verband weitab vom eigentlichen Ziel seine Bomben und richtete dort Verheerungen an, wo sie nicht beabsichtigt waren. Aus den Meldungen des 8. Februar geht auch hervor, daß zwei B-17 der 99. Bomber-Gruppe, die Graz angegriffen hatte, in der Luft zusammenstießen und abstürzten. Ebenso meldeten die Amerikaner den Verlust von 3 P-38 Begleitjägern. Weshalb sie abgestürzt oder vermißt waren, ist unbekannt und wohl auch unerheblich. Nur so viel läßt sich mit Sicherheit sagen: Es war wiederum, wie auch an den Vortagen, nicht die deutsche Jagdwaffe, die den Amerikanern Verluste zufügte, da sie nicht einmal in die Nähe der Bomber und Begleitjäger kam. Folglich wird überall dort, wo sich die Flugzeuge nicht selbst zum Absturz brachten, davon ausgegangen werden können, daß die Abstürze auf Flaktreffer zurückzuführen waren.

Der 9. Februar war wieder durch schlechtes Wetter gekennzeichnet, weshalb von der 15. US-Luftflotte nur 61 Bomber Moosbierbaum sowie 4 Bomber Graz und eine B-24 Bruck a. d. Mur angriffen. Doch vier Tage später, am 13. Februar, klarte es endgültig auf, und die Großangriffe begannen.

Den Auftakt machten 105 B-17, die militärische Zeuglager im Süden Wiens mit 259,75 Tonnen Bomben angriffen. Zusätzlich wurden 324.000 Flugblätter ausgestoßen. Die drei Bomber-Gruppen, die dieses Ziel sechs Minuten lang angriffen, wendeten sämtliche Methoden der Zielerfassung an. Vier Minuten nach dem Ende dieses Angriffs tauchten 114 B-17 und 53 B-24 über dem Südosten der Stadt auf und belegten die Frachtenlager entlang der Ostbahn und den Alberner Hafen mit 369,75 Tonnen Bomben. Wieder wurden 540.000 Flugblätter ausgestoßen. Der Angriff aus 7.000 bis 9.000 Metern Höhe dauerte 40 Minuten. Während die sieben an diesem Angriff beteiligten Gruppen noch ihr Ziel mit Bombenteppichen zudeckten, begannen 60 B-24 mit dem Bombardement von Frachtenlagern entlang der Südbahn, die mit 118,75 Tonnen angegriffen wurden. Die drei Bomber-Gruppen des 55. Bomber-Geschwaders benötigten dazu vier Minuten. Noch kürzer war der Angriff von 56 B-24 gegen den Matzleinsdorfer Frachtenbahnhof, der zwischen 12.29 und 12.31 Uhr, also innerhalb von zwei Minuten, mit 103 Tonnen RDX-Bomben belegt wurde. Und schließlich erfolgte noch zeitgleich mit den übrigen Angriffen der Anflug von 27 B-24, die zwischen 12.34 und 12.37 Uhr aus 6.800 bis 7.500 Meter Höhe die Reparaturwerkstätte der damaligen Deutschen Reichsbahn in Simmering mit 48 Tonnen Bomben bewarfen. Von den insgesamt 99 Begleitjägern führten 8 Tieffliegerangriffe bis in den Raum südlich St. Pölten und ostwärts Kapfenberg durch. An diesem Tag war aber nicht nur Wien Primärziel gewesen. Auch die Bahnanlagen von Graz wurden vom 55. Bomber-Geschwader mit 77 B-24 als Primärziel und zusätzlich von 8 B-24 angegriffen, die über der zentralen Reparaturwerkstätte in Wien Simmering nicht zum Einsatz gekommen waren. Insgesamt fielen auf Graz 166 Tonnen Bomben.

Zu den geschilderten Angriffen waren allerdings 545 Bomber gestartet. 130 hatten ihre Ziele in Wien nicht angreifen können und kehrten, wenn sie auch kein Ausweich- oder Gelegenheitsziel hatten ausmachen können, unverrichteter Dinge zu ihren Basen zurück. Es wurde also durchaus nicht um jeden Preis und gewissermaßen wild bombardiert. Die 454. Bomber-Gruppe, beispielsweise, war an diesem Tag zwar über Wien angelangt und sollte den Matzleinsdorfer Frachtenbahnhof bombardieren. Doch dem Chefbombardier in der Führungsmaschine war im entscheidenden Moment sein Zielgerät vereist. Da der vorgeschriebene Kurs zwar über Ausweichziele führte, die Gruppe aber dann durch das dichteste Flakfeuer hätte müssen und ein Anflug aus einer anderen Richtung wegen der Begrenztheit des Treibstoffs nicht mehr möglich war, kehrte die Gruppe mit der kompletten Bombenzuladung zurück.

Trotz dieser Einschränkungen, die sich die Amerikaner im Luftkrieg gegen Österreich auferlegten und die auch die von der deutschen Propaganda gebrauchten Bezeichnungen „Luftgangster" und „Terrorangriffe" in Frage stellt, forderte jeder Angriff zahlreiche Opfer unter der Zivilbevölkerung und hätte sich — zumindest theoretisch — jede Bomberbesatzung mit der moralischen Seite des Luftkriegs auseinandersetzen müssen. Wie viele es tatsächlich getan haben, wissen wir nicht. Die Angriffe an diesem 13. Februar hatten den Süden Wiens schwer getroffen und vor allem im 2., 3. und 4. Bezirk viele Wohnbauten zerstört.

Am Abend des 13., gegen 21 Uhr, griff das 205. RAF-Geschwader in das Geschehen ein. 36 „Liberators" (B-24) und 16 „Wellington"-Bomber griffen die Bahnanlagen von Graz an. 9 weitere Bomber hatten das Zielgebiet durch den Abwurf von Leuchtsätzen („Christbäumen") taghell erleuchtet, sodaß die Bomben der verschiedensten Typen und unterschiedlicher Sprengkraft und mit ebensolchen Verzögerungszündern unter idealen Bedingungen abgeworfen werden konnten. Ihnen folgten 33 500-Pfund Brandbomben sowie 234.000 Flugblätter. Die Briten waren mit ihrem Zerstörungswerk zufrieden. Sie berichteten, daß sie im Süden der Bahnanlagen und an deren Ende eine „gute Trefferkonzentration" beobachtet hätten. Die Brandbomben wären zwischendurch regelmäßig verteilt gewesen. Eine beträchtliche Explosion und zwei starke Brände seien beobachtet worden. Trotz der verhältnismäßig niedrigen Angriffshöhe von 2.400 bis 3.600 Metern erzielte die Flak keinen Treffer. Im Luftraum über Graz waren auch 3 bis 4 deutsche Flugzeuge zu beobachten gewesen, doch es erfolgte kein Angriff.

Nur Stunden später, am Vormittag des 14. Februar, griffen wiederum die Amerikaner an. Sie hatten sich für diesen Tag die Bombardierung von Öl- und Eisenbahnzielen vorgenommen. Den Auftakt machten 9 P-38, die einen Jagdbomber-(Jabo-)-Angriff auf Moosbierbaum ausführten und aus 7.800 Meter Höhe 18 500-Pfund-Bomben abwarfen. Die schweren Bomber, die wenig später anflogen, waren so aufgestiegen, daß sie über ihren jeweiligen Zielen mit Intervallen von etlichen Minuten eintrafen. Als erstes wurde die Raffinerie Schwechat von 87 Bombern angegriffen, die zwischen 12.30 und 13.45 Uhr 865 500-Pfund-Bomben abwarfen. Sie bedienten sich dabei des häufigsten Zielverfahrens, bei dem ein Teil der Bomber mit den optischen Hilfsmitteln und ein anderer Teil mit der Pfadfindermethode bombardierte. Nur mit einigen Minuten Differenz griffen 145 Bomber nach demselben Verfahren die Raffinerie Lobau an. Abermals einige Minuten später warfen 57 B-24 106,5 Tonnen Bomben auf die Raffinerie in Floridsdorf. Und schließlich wurde wiederum die Raffinerie Moosbierbaum angegriffen, über der 105 B-24 insgesamt 731 500-Pfund-Bomben auslösten. Da Schlechtwetter auf der Anflugroute das rechtzeitige Aufschließen einiger Bombergruppen verhindert hatte, griffen diese Ausweichziele an und bombardierten wieder einmal Bahnanlagen in Graz, ferner den Bahnhof Gleisdorf und die Bahnanlagen von Klagenfurt und Villach, und das alles gleich mehrmals, da immer wieder andere Gruppen diese Ausweichziele anflogen. Die Auswertung der Zielfotos ließ die Amerikaner zu dem Schluß kommen, daß die Verkehrsziele durchwegs gut getroffen worden waren. Welches Resultat die Angriffe auf die Ölanlagen im Wiener Raum und Moosbierbaum gehabt hatten, erbrachte eine eigene Fotoaufklärungsmission. Danach wurde die Wirkung bei der Raffinerie Lobau als zumindest erkennbar eingestuft. Allerdings sei es nicht gelungen, einen weiteren Tank zu treffen, und bei den Verladeeinrichtungen würde eine große Zahl von unbeschädigten Tankwaggons stehen. In Floridsdorf und in Schwechat wären jedoch überhaupt keine neuen Schäden zu sehen. Moosbierbaum hatte etliche leichtere Schäden davongetragen, am meisten noch in den der Raffinerie benachbarten Werken der Donau-Chemie.

Am 15. Februar, und damit am dritten aufeinanderfolgenden Tag, flogen Bomber der 15. US-Luftflotte abermals in Richtung Wien. Die Masse der Angriffe sollte sich dabei gegen die Eisenbahnanlagen richten, und nur 54 Bomber griffen die Raffinerie Korneuburg an, die ja am Vortag unbehelligt geblieben war und nun mit 100,25 Tonnen Bomben belegt wurde. Die einzelnen Bomberwellen griffen dabei im Abstand von einer Stunde an. Wesentlich umfangreicher fiel die Bombardierung der Bahnanlagen aus. 82 B-24 warfen 213,5 Tonnen Bomben auf den Frachtenbahnhof beim Wiener Südbahnhof; fast zur gleichen Zeit, von 12.30 bis 13.38 Uhr, bombardierten 117 B-17 Frachtenlager im Südosten Wiens bis zum Winterhafen. Eine Viertelstunde später griffen 115 B-24 Bomber den Matzleinsdorfer Bahnhof an. Wieder einige Minuten später bombardierten 87 B-24 den Bahnhof Wien-Penzing und 65 B-24 anderer Gruppen die Bahnanlagen in Wien-Floridsdorf. Insgesamt wurden 1.008 Tonnen Bomben auf die genannten Verkehrsziele abgeworfen. Über die Wirkung im Ziel ließ sich nichts berichten, da Wien unter einer dichten Wolkendecke lag und daher nur nach Pfadfindermethode bombardiert und keine direkte Beobachtung gemacht werden konnte. Von den Bombern, die wegen technischer oder witterungsbedingter Probleme die Primärziele nicht erreicht hatten, wurden die Bahnanlagen von Klagenfurt (von 3 B-17), Wiener Neustadt (von 107 B-24) und Graz (von 18 B-24) bombardiert. An diesem Tag ging ein Bomber verloren, möglicherweise als Folge des Angriffs eines deutschen Düsenjägers, der über Wien gesichtet worden war.

Am 16. Februar waren keine Bomber über dem Süden und Osten Österreichs zu sehen. Die Masse der 15. US-Luftflotte griff an diesem Tag Ziele in Süddeutschland, vor allem Flugplätze an. Hall in Tirol und Innsbruck, deren Bahnanlagen an diesem Tag bombardiert wurden, waren lediglich Ausweich- und Gelegenheitsziele. Doch gerade Hall hatte schwer zu leiden. 58 B-17 und 95 B-24 warfen 323,12 Tonnen RDX- und GP-Bomben ab. Sie hatten ausgezeichnete Sichtverhältnisse und konnten daher das Ziel deutlich ausmachen. Innsbruck wurde von 7 B-24 angegriffen, die 13,5 Tonnen Bomben auf den Thaurer Verschiebebahnhof und den Stadtteil Pradl abwarfen.

Wenn auch der Osten Österreichs an diesem Tag verschont blieb, ließ sich dennoch aufklären, welche Wirkung die Angriffe von den Vortagen gehabt hatten. Dabei wurde festgestellt, daß die Schäden im Bereich des Matzleinsdorfer Bahnhofs unerheblich waren, während Süd- und Ostbahnhof schwerere Treffer erhalten hatten und auf den Bahnhöfen daher kaum ein Verkehr festzustellen war. Der Bahnhof Simmering wies ebenfalls frische Bombenkrater auf, und sowohl die Linien nach

Stadlau wie nach Wiener Neustadt waren weiterhin — und das seit dem 13. Februar — blockiert. Der Bahnhof Floridsdorf war jedoch nur schlecht getroffen worden. Die Aufklärungsfotos zeigten, daß die Masse der Bomben neben die Bahnanlagen in die Wohngebiete von Floridsdorf und das Betriebsgelände der Firma Hofherr & Schranz gefallen war. Der Bahnverkehr würde jedoch auf allen Gleisen abgewickelt.

Für den 17. Februar hatten sich die Amerikaner wieder eine andere Zielgruppe herausgegriffen, und zwar die Rüstungsindustrie in Österreich und speziell die Panzerproduktion. Es wurden jedoch auch die Eisenbahnziele weiter zu zerstören gesucht. Da die Witterung aber nicht ganz mitspielte, wurden schließlich mehr Angriffe gegen Bahnhöfe geflogen als ursprünglich beabsichtigt, denn ein Teil der amerikanischen Bomber konnte die Primärziele nicht ausmachen. 149 B-17 von fünf Bomber-Gruppen griffen den Linzer Hauptbahnhof und die umliegenden Bahnanlagen an, auf die 426,25 Tonnen Sprengbomben (RDX) geworfen wurden. Auch eine besonders große Zahl von Flugblättern, nämlich über 650.000, flog zur Erde. Die Bahnanlagen von Linz waren aber nochmals das Ziel von zwei Bomber-Gruppen, die eine halbe Stunde später mit 47 B-24 angriffen, nachdem sie ihr Primärziel verfehlt hatten. 40 Bomber griffen die Benzol-Werke in Linz an. Die Schäden waren beträchtlich. 122 Bomber, die die „Nibelungenwerke" von St. Valentin angreifen sollten, erreichten jedoch nicht ihr Ziel, so daß St. Valentin nur von 6 Bombern angegriffen wurde. Alle anderen suchten die Ausweichziele, wie eben die Bahnanlagen von Linz oder die eisenverarbeitende Industrie in Judenburg, die Bahnhöfe von Graz, Wels, Klagenfurt, Villach und Bruck a. d. Mur, wobei jedoch nur ganz wenige Bomber ihre Last los wurden. Begleitjäger und Jagdbomber des 305. und des 306. Jagd-Geschwaders führten Tieffliegerangriffe auf Ziele in Grafenstein, Ardning und in den Räumen Kapfenberg, Ternitz, Ybbs und Loosdorf durch. Außer einem Begleitjäger, der im Raum Linz verlorenging und wahrscheinlich von der Flak abgeschossen wurde, ging kein amerikanisches Flugzeug verloren.

Tags darauf, am 18. Februar, sollten die amerikanischen Bomber ihre Zerstörung der Ziele in Linz vervollständigen. 133 B-17 griffen wiederum in mehreren Wellen den Linzer Hauptbahnhof und das angrenzende Bahngelände an und warfen 375 Tonnen Bomben ab. Etwa zur selben Zeit bombardierten 14 B-17 die Linzer Benzol-Werke. Da im Führungsflugzeug der die Benzolwerke angreifenden Bomber aber das Radargerät im entscheidenden Augenblick versagte, brachen 13 Bomber den Angriff ab und bombardierten statt dessen die Bahnanlagen von Salzburg.

Jetzt ließen die Amerikaner nicht mehr locker. Am 19. Februar sollten im großen Stil Eisenbahnziele angegriffen werden. In kürzesten Abständen bombardierten 103 B-17 und B-24 von insgesamt 5 Bomber-Geschwadern die Bahnanlagen von Wien-Penzing, Wien-Süd und Matzleinsdorf, während sich 237 andere nach Klagenfurt, Graz und Bruck/Mur wandten. Schließlich führten noch 51 P-51 Jabo-Angriffe auf Eisenbahnziele zwischen Wien und Linz durch und trafen dabei u. a. in Amstetten einen mit Treibstoff beladenen Zug, der in Flammen aufging. Die nachträgliche Fotoaufklärung erbrachte, daß sich die Zerstörungen an den Bahnhöfen und Eisenbahnanlagen Wiens in Grenzen hielten, überall an der Beseitigung von Schäden gearbeitet wurde und die Strecken weitgehend offen waren. Wohl aber brannten zahlreiche Wohnhäuser in der Umgebung der Eisenbahnanlagen, aber auch weit von jeder Eisenbahnlinie entfernte Objekte. An diesem Tag wurde beispielsweise das

Schloß Schönbrunn getroffen. Auch bei den Angriffen auf Bruck und Graz wurde das eigentliche Ziel, eine nachhaltige Unterbrechung der Eisenbahnlinien, nicht erreicht. Am wirkungsvollsten schienen der Angriff auf Amstetten und die Bombardierung und der Beschuß von Zügen und Lokomotiven gewesen zu sein, denn die Strecke Wien-Linz war unterbrochen, und an zahlreichen Stellen waren die Folgen des Angriffs erkennbar.

Am 20. Februar wechselten die Amerikaner bei den Zielen wieder zu den Raffinerien über und bombardierten mit 90 B-17 die Anlagen in Schwechat und in der Lobau, weitere 68 B-17 griffen die Bahnanlagen und die Lokomotivenfabrik in Floridsdorf, die Firma Hofherr & Schranz, die Siemens-Werke sowie den Westbahnhof an, und 6 B-17, die von ihrer Formation abgekommen waren, bombardierten die Böhler-Werke in Kapfenberg. Besonders der Angriff auf die Raffinerie Lobau war folgenschwer, wie der Ausbruch von Bränden an mehreren Großtanks und Tankwaggons zeigte. Aber auch die Raffinerie selbst erhielt mehrere Treffer. Die Amerikaner werteten das Resultat als „ausgezeichnet". Die Anlagen von Schwechat wiesen hingegen keine neuen Schäden auf. Die Treffer, die das Böhler-Werk erhielt, hatten wiederum größere Schäden verursacht, so daß der Angriff als gelungen bezeichnet wurde.

21. Februar. Die Amerikaner nahmen sich wieder Verkehrsziele vor. 230 B-17 und B-24 bombardierten die Wiener Bahnhöfe, vor allem Floridsdorf, und warfen 590,5 Tonnen Bomben ab. Unabhängig davon bombardierten 62 B-24 den Wiener Südbahnhof, 189 B-24 den Matzleinsdorfer Bahnhof, und schließlich wurden noch die Bahnanlagen von Wiener Neustadt und von Bruck a. d. Mur als Ausweichziele von jeweils 6 B-24 und der Bahnhof Zeltweg von 3 B-24 angegriffen. 8 P-38 führten Tieffliegerangriffe auf Gelegenheitsziele durch, die sie als Begleitjäger sichteten und ohne weiteres angreifen konnten, da sie ja wiederum kein deutsches Flugzeug zu Gesicht bekamen und meistens außerhalb der Reichweite der Flak blieben. Die Flak-Abwehr hatte allerdings an diesem Tag mehr Erfolg gehabt, so daß die heimkehrenden Amerikaner 5 Bomber als durch die Flak abgeschossen und 8 Bomber als vermißt meldeten. Tags darauf wußte man, daß sieben von ihnen abgeschossen worden waren. Doch wie sah es beispielsweise in Wien aus? Es hatte schwere Schäden in der Innenstadt gegeben. Universität und Rathaus waren getroffen worden. Nicht alltäglich war auch, daß einer der abgeschossenen Bomber hinter dem Burgtheater abstürzte und jene Besatzungsmitglieder, die sich noch hatten mit Fallschirmen retten können, auf dem Heldenplatz und im Inneren Burghof landeten.

Für den 22. Februar war von der alliierten Luftkriegsführung der bisher größte Einsatz der in England und im Mittelmeerraum stationierten Maschinen gegen Verkehrsziele befohlen und vorbereitet worden, die „Operation Clarion". Allein die 15. US-Luftflotte beteiligte sich daran mit 794 Bombern und 383 Jägern. Außer Verkehrszielen in Süddeutschland und Italien griffen die Amerikaner die Bahnanlagen von Spittal a. d. Drau mit 26 B-24 und Klagenfurt mit 31 B-24 als Ausweichziele an, wobei Klagenfurt schwere Schäden davontrug. Primärziele waren die Bahnhöfe von Altenmarkt, das von 15 B-24, Lienz und die Strecke nach Sillian, die von 16 B-24 angegriffen wurden, ferner Piesendorf (9 B-24), Reutte (4 B-17), Kufstein (5 B-24), Jenbach (6 B-24), Wörgl (8 B-24), Rattenberg (4 B-24), Radstadt (6 B-24), die Eisenbahnstrecke südlich von Saalfelden (5 B-24), Bischofshofen (6 B-24) und Sankt Johann i. P. (4 B-24).

Die Angriffe erfolgten durchwegs in mittlerer und — wenn es ging— niederer Höhe von 3.600 bis 4.500 Metern und wurden von Tieffliegerangriffen begleitet, die alles aufs Korn nahmen, was sich ihnen an Lokomotiven, Waggons oder Eisenbahnanlagen bot. Deutsche Jagdflugzeuge wurden verhältnismäßig viele gesichtet. Ein vermißter Bomber dürfte auch auf einen Abschuß durch eine Me-262 südlich von Salzburg zurückzuführen gewesen sein. Ansonsten erlitten die Amerikaner jedoch nur minimale Verluste.

Am nächsten Tag wurden die Angriffe gegen kleinere Verkehrsziele fortgesetzt bzw. wiederholt und die Bahnanlagen von Wörgl mit 128 B-17, Knittelfeld mit 151 B-24, Bruck a. d. Mur mit 28 B-17, Klagenfurt mit 50 B-24, Villach mit 27 B-24 und Kitzbühel mit 4 B-17 angegriffen. Besonders Wörgl, Klagenfurt und Knittelfeld erlitten dabei schwere Schäden.

Der 24. Februar sah die Amerikaner wieder Graz bombardieren, dessen Bahnanlagen von 69 B-17 mit 194,5 Tonnen Bomben belegt wurden. Als Gelegenheitsziel wurde auch an diesem Tag Klagenfurt von 61 Bombern angegriffen. Und die Amerikaner ließen weiterhin nicht locker. Denn am 25. Februar schickten sie in mehreren Wellen 392 Bomber nach Linz, die in etwas mehr als einer dreiviertel Stunde 854,5 Tonnen Bomben auf das Gebiet des Hauptbahnhofs warfen. 27 Bomber griffen zudem die Linzer Benzol-Werke an, 51 B-24 das Zeuglager von Linz und 26 B-24 den Salzburger Hauptbahnhof. Als Ausweichziele wurden zudem Amstetten von 14 und Villach von 28 Bombern angegriffen. Auch in diesen Fällen galten die Würfe den Bahnanlagen. Außerdem führten 48 Jagdflugzeuge Tieffliger- und Jabo-Angriffe entlang der Eisenbahnstrecke zwischen Plžen und Linz, zwischen Wiener Neustadt und Zeltweg, im Raum St. Michael sowie zwischen Linz und Wien durch, wobei wiederum Amstetten heftiger angegriffen wurde. Bei allen diesen Angriffen gingen zwei Bomber verloren und wurden 7 vermißt. Die Auswertung der nachträglichen geflogenen Fotoaufklärung erbrachte, daß die Bomben im Bereich des Linzer Hauptbahnhofs die Bahnanlagen schwer getroffen hatten, entsprechend der Flugroute von Nord nach Süd aber auch die angrenzenden Stadtteile, vor allem Kleinmünchen, in Mitleidenschaft gezogen worden waren. Die Strecken nach Enns und Wels waren unterbrochen. Im Bereich des Bahnhofs, auf dem sich zur Zeit des Angriffs viele Züge und abgestellte Waggons befunden hatten, waren beträchtliche Verwüstungen angerichtet, Personen-, Lasten-, aber auch Lazarettwaggons zerstört worden. Eine vollständige Übersicht war jedoch nicht zu gewinnen, da die Benzolwerke so qualmten, daß der Rauch auch Teile des Bahngeländes überzog. Der Qualm schien aber nicht auf weitere Zerstörungen oder Brände in der Benzol-Fabrik hinzudeuten, sondern gewollt zu sein. Ebenso folgenschwer wie der Angriff auf Linz waren jene auf Amstetten und Villach, die schwere Schäden an den Bahnanlagen, aber auch in der Umgebung der Bahnhöfe angerichtet hatten.

Schlechtwetter über Italien verhinderte am 26. Februar die Fortsetzung der strategischen Luftangriffe. Daher flogen nur 52 P-38 Jabo- und Tieffliegerangriffe auf die Eisenbahnlinien Graz — Bruck a. d. Mur — Wiener Neustadt, wobei besonders die Strecke von Wartberg bis Gloggnitz attackiert wurde. Tags darauf, am 27. Februar, wurden wiederum Ziele in Westösterreich angegriffen. 7 Bomber flogen den Bahnhof Jenbach an und warfen 19 Tonnen Bomben ab. Die größten Angriffe richteten sich jedoch gegen die Bahnanlagen von Salzburg, die von 85 B-24 bombardiert wurden, und gegen Lienz, dem der Angriff von 20 B-24 galt. Die Folge dieser

Angriffe war, daß in Salzburg mehrere Schienenstränge unterbrochen waren und in Lienz u. a. der Lokschuppen abbrannte, es jedoch keine nachhaltige Störung des Eisenbahnverkehrs gab.

Auch am darauffolgenden Tag wurden die Bahnanlagen von Lienz angegriffen, da fünf Bomber ihr Primärziel, Sterzing, nicht auffinden konnten. Ansonsten standen an diesem Tag wieder Jabo- und Tieffliegerangriffe auf österreichische Eisenbahnziele am Programm, die den Strecken Villach — Klagenfurt — St. Veit a. d. Glan galten. Tieffliegerangriffe richteten sich auch gegen die Strecke von St. Veit weiter nach Bruck a. d. Mur sowie gegen die Linie Innsbruck — Wörgl. — Damit waren die Februarangriffe zu Ende.

An 21 Tagen, darunter 16 in unmittelbarer Aufeinanderfolge, hatte die amerikanische 15. Luftflotte Ziele in Österreich angegriffen, und dazu hatte das 205. Bomber-Geschwader der RAF einen Nachtangriff durchgeführt. Es gab kaum mehr einen Ort in Österreich, der nicht sagen konnte, daß er vom Bombenkrieg nichts gemerkt hätte, und wenn es nichts anderes war, als daß man die grau bemalten oder auch silbrig glänzenden Maschinen in großer Höhe mit dem für einen Bomberverband charakteristischen Motorengeräusch und den entsprechenden Kondensstreifen dahinfliegen sah. Kamen die Bomber in den Bereich der deutschen Flakabwehr, dann eröffneten die Geschütze das Feuer, allerdings nicht auf Einzelmaschinen, da dies lediglich eine Munitionsverschwendung gewesen wäre. Manche Angriffe waren im Februar risikolos geworden, wie z. B. die auf Klagenfurt, wo die Amerikaner kein einziges schweres Flakgeschütz mehr ausmachen konnten und auch nicht mehr beschossen wurden. In Villach waren zum Schutz der dortigen Bahnanlagen noch 14 Kanonen vorhanden. Doch insgesamt war der Süden Österreichs schon so gut wie schutzlos.

Für die Amerikaner war auch im Februar — abgesehen von Einzeloperationen wie „Clarion" — der Grundauftrag bestehen geblieben: der deutschen Kriegsmaschinerie jeden nur möglichen Abbruch zu tun. Nichtsdestoweniger kam es aber im Februar zu einer Überprüfung der Ziele und vor allem auch der Verfahren, mit denen diese Ziele zu erreichen getrachtet wurden und weiter erreicht werden sollten. Auslösend dafür war ganz offensichtlich das Bombardement von Dresden, das in der Presse — vor allem der neutralen Staaten — zu heftigen Reaktionen geführt hatte, Reaktionen, die in der sehr wohl begründeten Beschuldigung gipfelten, die alliierten Luftwaffenchefs hätten sich zu einem Programm reiner „Terror-Bombardements" entschlossen[32]. Auf das hin unterstrich der Befehlshaber der 15. Luftflotte, Generalmajor Twining, in einer Internweisung, daß auch bei Angriffen auf Städte oder Ziele, die in der Nähe von zivilen Wohnvierteln lagen, ausschließlich nach dem Gesichtspunkt vorzugehen sei, die vorher sorgfältig ausgewählten industriellen, militärischen oder Transportanlagen zu treffen, die für die Deutschen kriegswichtig waren. Twining verwies ausdrücklich darauf, daß diese Luftflotte keine „moralischen Bombardements" oder Angriffe gegen Bevölkerungszentren und Evakuierungsbewegungen als solche durchführe[33].

Was hier nicht gesagt wurde, sich aber aus den amerikanischen Angriffsverfahren wie auch aus der Trefferauswertung und erst recht aus den Schadensmeldungen der betroffenen Orte sehr rasch herauslesen ließ, war die Tatsache, daß bei so gut wie keinem Angriff nur das eigentliche Ziel getroffen wurde. Die Größe und Staffelung der Bomberformationen brachte es schon mit sich, daß Bomben über das Ziel hinaus fielen. Dazu kam, daß mit dem Abwurf so eingesetzt wurde, daß er noch vor dem eigentlichen Ziel begann und über das Ziel fortgesetzt wurde. Es gab Chefbombardiere, die das Ziel schlecht markierten, Zielgeräte, die Abweichungen verursachten, das Versagen des Bodensichtradars und immer und vor allem wieder den menschlichen Faktor. Er drückte sich darin aus, daß die Geräte falsch oder zumindest nicht mit der nötigen Genauigkeit bedient wurden. Er drückte sich darin aus, daß aus der Furcht jeder Bomberbesatzung, mit voller Bombenlast von der Flak getroffen zu werden und daraufhin in der Luft zu explodieren, versucht wurde, die Bomben möglichst rasch auszulösen. Der menschliche Faktor kam in der Unerfahrenheit von Piloten und Navigatoren zum Tragen. Nicht zuletzt drückte er sich auch darin aus, daß mit Gleichgültigkeit und Menschenverachtung, vereinzelt vielleicht auch mit Haß die Bomben abgelassen wurden und nicht allzuviel Gedanken daran verschwendet wurden, was gerade von den Bomben getroffen wurde. Im Grund genommen gab es eine einzige Motivation für die Bomberbesatzung, ein Ziel möglichst genau zu treffen und möglichst vollständig zu zerstören: Solange es nicht zerstört war, mußte immer und immer wieder angegriffen werden, bis es eben soweit war. Da zielte man lieber gleich genau.

Der Februar hatte aber außer der auch bei der 15. US-Luftflotte zu spürenden Reaktion auf die Vernichtung Dresdens noch eine andere wichtige Maßnahme nach sich gezogen. Das Näherkommen der sowjetischen Front hatte zu einem sehr regen Kontakt zwischen der amerikanischen Luftwaffenführung im Mittelmeerraum und sowjetischen Kommandostellen geführt. Ab dem 11. Februar wurden schließlich die Amerikaner regelmäßig mit Kartenmaterial versorgt, das ihnen den sowjetischen Vormarsch anzeigte. 160 Kilometer vor dieser Front — und nicht wie bis dahin knapp 100 Kilometer (60 Meilen) vor der Front — wurde dann eine Sicherheitslinie gezogen. Beabsichtigten die Amerikaner, innerhalb dieser Sicherheitszone ein Ziel anzugreifen, so wurde das den Sowjets vorher bekanntgegeben. Es bedurfte zwar auch dann nicht der formellen Zustimmung der Russen, doch sollte mit besonderer Vorsicht vorgegangen werden, um nicht womöglich sowjetische Truppen in Mitleidenschaft zu ziehen. Grundsätzlich galten jedoch der Sicherheitsabstand und die vorherigen fallweisen Absprachen, die mit den Sowjets bei der Festlegung von Zielen getroffen wurden[34].

DIE MÄRZANGRIFFE

Ende Februar war die 15. US-Luftflotte abermals etwas stärker als in den Vormonaten. Sie hatten 66 Bomber mehr als im Jänner und zudem einen erheblichen Überhang von über 6.000 Offizieren und Mannschaften gegenüber der rein kriegsgliederungsmäßigen Stärke. Mit dieser Luftflotte setzten also die Amerikaner an, um den Alpen- und Donaureichsgauen des Deutschen Reiches den „K. o.-Schlag" zu versetzen. Die Angriffe im März brachten den Höhepunkt des Luftkrieges[35].

Den Auftakt sollte wieder ein Großangriff gegen Ölziele und vor allem gegen die Raffinerie Moosbierbaum machen, die noch immer arbeitete und deshalb auch von 90 schweren Flakgeschützen verteidigt wurde. Die Amerikaner hatten alles für eine systematische und endgültige Zerstörung vorbereitet und starteten 728 schwere Bomber sowie 30 P-38, die ebenfalls aus großer Höhe bombardieren sollten. Doch diesmal spielte das Wetter nicht ganz mit. Daher erreichten nur 13 P-38 am Vormittag das Ziel und begannen mit dem Bombardement, das dann von den schweren Bombern fortgesetzt wurde. Die Angriffe dauerten von knapp 11 Uhr Vormittag bis etwas nach 15 Uhr Nachmittag, erstreckten sich also, wenn man die P-38 noch mitzählt, auf eine Zeit von über vier Stunden. Doch von den schweren Bombern erreichten nur 387 das Primärziel, so daß dessen Zerstörung nicht so vollständig gelang, wie dies geplant war. Die alten und die neuen Werke der „Donau-Chemie", die Crack-Anlage sowie die Düngemittelfabrik erlitten schwere, aber noch immer nicht irreparable Schäden. Von jenen Bombern, die Moosbierbaum nicht erreicht hatten, wurden Ausweichziele, vor allem die Bahnhöfe Amstetten, Villach, Klagenfurt, Knittelfeld und Feldbach angegriffen. Über dem österreichischen Raum gingen zwei Bomber verloren. Tieffliegerangriffe galten zudem den Eisenbahnlinien nördlich und westlich von Wien sowie dem Raum Graz.

Für den 2. März hatten sich die Amerikaner wieder Angriffe auf Verkehrsziele und besonders auf die Bahnanlagen im Raum Linz vorgenommen. 386 Bomber warfen 866 Tonnen Bomben auf das Primärziel Linz. Sie taten es wieder im Mischverfahren von optischer Zielerfassung und Pfadfindern. Diejenigen Gruppen, die das Primärziel nicht erfassen konnten oder Probleme mit ihren Maschinen oder den Abwurfmechanismen gehabt hatten, griffen die Bahnanlagen von St. Pölten mit 7 B-17, Graz mit 3 B-17, Amstetten mit 12 B-24 und Knittelfeld mit 5 B-24 an, und außerdem führten 19 P-38 Tieffliegerangriffe auf die Schienenstränge im Raum Graz durch. Das Ergebnis der Abwürfe über Linz wurde als befriedigend angesehen, da es gelungen war, die Bahnanlagen nördlich der Hermann-Göring-Werke zu treffen und zumindest temporär zu unterbrechen. Auch im östlichen Teil der Stadt entstanden schwere Schäden. Die Verluste an Bombern waren wiederum etwas größer gewesen, wie die Amerikaner überhaupt bei ihren Angriffen gegen Linz verhältnismäßig die höchsten Verluste hatten. Eine B-24 war nachweislich durch Flak abgeschossen worden, 2 B-24 waren in der Luft zusammengestoßen und abgestürzt, und über das Schicksal von 5 B-24 war nichts bekannt. Allerdings dürfte keines der Flugzeuge auf das Konto der deutschen Jagdwaffe gegangen sein, da zwar im Raum Linz und südlich Salzburg etliche Jäger gesehen worden waren, von keinem amerikanischen Flugzeug jedoch ein Angriff gemeldet wurde.

Das Schlechtwetter beeinflußte die strategischen Bomber am darauffolgenden Tag so, daß nur 24 P-51 aufstiegen, um einige Tieffliegerangriffe gegen Ziele im Süden Österreichs durchzuführen. Als Folge dessen beschossen 9 P-51 Lokomotiven und Waggons im Raum zwischen Leibnitz und Graz sowie im Mürztal. Die Resultate waren aber sehr bescheiden. Der Zweck dieser Mission wie aller anderen Missionen bei schlechter Witterung lag wohl vor allem darin, die deutschen Luftnachrichtentruppen, Flak und Jagdwaffe, aber auch die Bevölkerung nicht mehr zur Ruhe kommen zu lassen. Täglich gab es Fliegeralarm, Schutzräume mußten aufgesucht und die Arbeit mußte unterbrochen werden. Die Flak schoß und verbrauchte Munition, vereinzelt stiegen Jagdflugzeuge auf und verflogen zumindest den von Tag zu Tag kostbarer werdenden Treibstoff.

Die Verkehrsziele behielten weiterhin oberste Priorität bei den amerikanischen

Angriffen. Tiefflieger- und Jabo-Angriffe dienten der permanenten Bedrohung, die Angriffe der strategischen Bomber der Vernichtung. Am 4. März war es wieder soweit. Das Wetter hatte sich gebessert, und die 15. Luftflotte griff Eisenbahnziele in Österreich, Westungarn und Jugoslawien an. Wiener Neustadt und Graz waren Primärziele. 79 B-24 warfen auf die Bahnanlagen von Graz 152 Tonnen Bomben ab, und 88 B-24 bombardierten in zwei Wellen die Rangiereinrichtungen von Wiener Neustadt mit 165,25 Tonnen Bomben. Unabhängig davon, doch zur gleichen Zeit, bombardierten noch 17 B-24 der 455. Bomber-Gruppe den Bahnhof Wiener Neustadt. Diese Gruppe war mit 39 Bombern gestartet, doch da 22 zu spät aufgestiegen waren, mußte die Operation abgebrochen und geteilt werden. Alle jene Bomber, die nicht über dem Primärziel zum Einsatz gekommen waren, flogen Ausweich-und Gelegenheitsziele an, darunter die Bahnanlagen von Knittelfeld, Zeltweg und St. Veit a. d. Glan. Ein Teil mußte aber mit der gesamten Bombenmenge wieder umkehren und landen, da die Besatzungen den Auftrag gehabt hatten, nur mit Hilfe der optischen Zieleinrichtungen zu bombardieren, das Ziel dann aber wegen einer Wolkendecke oder wegen eines dichten Rauchschleiers nicht auszunehmen gewesen war. — Während die Angriffe auf Graz und Wiener Neustadt in ihrer Wirkung auf die Eisenbahnanlagen unerheblich blieben und wohl auch die Ergebnisse der Tieffliegerangriffe, die von Begleitjägern geflogen worden waren, bei weitem nicht diese Schäden verursachten, welche die Amerikaner für sich reklamierten, war der Angriff auf St. Veit besonders folgenschwer.

Am 5. März verhinderte wieder Schlechtwetter einen Start der strategischen Bomber. Erst in der Nacht vom 5. auf den 6. März kam es zu einem britischen Bombenangriff gegen Graz. 6 B-24 des 205. Geschwaders der RAF beleuchteten mit Magnesiumleuchtsätzen das Ziel, die Bahnanlagen von Graz, und anschließend warfen 43 B-24 124,75 Tonnen Bomben, darunter fast ein Drittel Brandbomben, ab. Nach dem Angriff wurden 2 Bomber vermißt, die wahrscheinlich ein Opfer der Flak geworden waren. Dann gab es — zum erstenmal seit dem 13. Februar — eine Pause von zwei Tagen, und auch der 8. März wäre ohne Angriff durch die Amerikaner geblieben, wenn nicht die „Liberators" von zwei Bombergruppen durch eine dichte Wolkendecke daran gehindert worden wären, Eisenbahnziele in Ungarn anzugreifen, ein Vorhaben, das mit der Plattensee-Offensive in Zusammenhang stand, statt dessen griffen sie die stahlverarbeitende Industrie in Kapfenberg an. 136 Maschinen kehrten jedoch mit ihrer Bombenlast wieder um, da sie ihren Auftrag, das Primär- oder das Ausweichziel auf Sicht zu bombardieren, nicht erfüllen konnten.

Offensichtlich wollten die Amerikaner Verkehrsziele überhaupt nur mit optischen Hilfsmitteln und nach eindeutiger Identifizierung bombardieren, da auch am 9. März 460 Bomber umkehrten, ohne abgeworfen zu haben. In der Begründung hieß es, daß die Besatzungen angewiesen worden waren, die Primärziele eindeutig auszumachen, ehe mit dem Bombardement begonnen wurde. Nun konnte an diesem Tag überhaupt keines der vorgesehenen Primärziele in Österreich und Jugoslawien ausgemacht werden, weshalb als großes Ausweichziel die Bahnanlagen von Graz mit 300 B-17 und B-24 angegriffen wurden, die 705,25 Tonnen Bomben abwarfen. Hauptbahnhof, Köflacher- und Frachtenbahnhof wurden bombardiert. 25 B-24 griffen den Bahnhof und eine Eisenbahnbrücke von St. Paul im Lavanttal an, 10 B-24 bombardierten St. Stefan i. L. und Klagenfurt. Die Wirkung der Angriffe auf

Graz wurde von der tags darauf geflogenen Fotoaufklärung so beschrieben, daß es sowohl im Bereich des Hauptbahnhofs, des Köflacher- und des Frachtenbahnhofs neuerlich zu schweren Schäden gekommen sei; auch die Verschubeinrichtungen und Nebengeleise hätten Treffer erhalten. Doch ebenso seien die Wohngebiete der Umgebung an zahlreichen Stellen getroffen worden und würden noch immer brennen. Die Angriffstätigkeit des 9. März wurde noch durch einen Jabo-Angriff auf die Bahnanlagen von Knittelfeld mit 27 P-38 sowie durch Tieffliegerangriffe entlang der Strecke von Graz nach Maribor abgerundet.

Was für die Verkehrsziele — zumindest kurzzeitig und vielleicht als Folge der Reaktionen auf die Vernichtung Dresdens — galt, nämlich die Weisung an die Besatzungen der amerikanischen strategischen Bomber, nur bei guter Sicht zu bombardieren, hatte für andere Zielgruppen keine Gültigkeit. Oder aber es wurde schließlich doch als zu kostspielig angesehen, einen Großteil der Bomber unverrichteter Dinge umkehren zu lassen. Am 12. März startete die 15. Luftflotte die größte Angriffsoperation ihrer Geschichte. Am Vortag wurde der Operationsbefehl mit sämtlichen Erläuterungen herausgegeben. Fünf Geschwader der 15. Luftflotte sollten mit aller Macht die Ölraffinerie in Floridsdorf bombardieren. Sollte die Raffinerie durch Rauch verdeckt sein, der ein Sichtbombardement verhinderte, war der Bahnhof Floridsdorf anzugreifen. Die Fotoaufklärung vom 28. Februar hatte ergeben, daß die Raffinerie trotz der am 14., 15. und 17. Februar geflogenen Angriffe keine neuen Schäden aufwies, zumindest keine solchen, die es verhindert hätten, daß sie weiter produzierte. Der monatliche Ausstoß an Treibstoff wurde auf 800 Tonnen geschätzt. Und dem wollte man ein Ende bereiten. — Sollte das Raffineriegelände nicht deutlich auszumachen sein, dann war, wie erwähnt, der Bahnhof Floridsdorf anzugreifen, der zusammen mit dem Bahnhof Stadlau als Drehscheibe für die Truppentransporte nach der Ostfront galt, insbesondere dann, wenn die Ostbahn wegen Beschädigungen ausfiel. Bei der Fotoaufklärung zählten die Amerikaner im Bereich des Floridsdorfer Bahnhofs 900 Waggons.

Wie üblich wurde den Bomberbesatzungen möglichst viel an Informationen über die Ziele, die Anflugroute und vor allem über die zu erwartende Flakabwehr mitgegeben. Im Gebiet von Wien hatten die Amerikaner zu diesem Zeitpunkt 326 schwere Fla-Kanonen in den diversen Batterien ausgemacht. Die Luftabwehr, so hieß es, würde rund 14 Kilometer vor dem Ziel einsetzen. Acht Kilometer vor dem Ziel würden die Formationen in der Reichweite von rund 60 schweren Luftabwehrgeschützen sein. Wenn dann das Ziel erreicht sei, würden die Bomber theoretisch von etwa 135 Kanonen unter Feuer genommen werden können. Nach dem Bombenwurf sollte sofort eine Rechtskurve geflogen werden, um aus dem Feuerbereich der Flak herauszukommen. So einfach klang das.

Am Morgen des 12. März starteten in Apulien 1.080 Bomber. Es kamen aber nicht alle über Wien an, weil sie die üblichen Schwierigkeiten wie übermäßigen Treibstoffverbrauch oder Navigationsprobleme hatten. Bei anderen funktionierte wiederum das Bodensichtradar im entscheidenden Moment nicht. Doch 225 B-17 und 522 B-24 warfen schließlich 1.667 Tonnen Bomben ab. Hintennach flatterten dann noch 846.000 Flugblätter zu Boden. Die Amerikaner gaben an, Wien sei unter einer geschlossenen Wolkendecke gelegen, daher wurde auch nur mittels Pfadfinderflugzeugen bombardiert. Da ein von der amerikanischen Luftwaffe während des

Angriffes aufgenommenes Foto von B-24 über Wien, das mit dem 12. März 1945 datiert ist, lediglich Wolkenfetzen erkennen läßt, darunter aber jede Einzelheit der Stadt deutlich zu sehen ist, muß die Angabe der geschlossenen Wolkendecke als eindeutig falsch bezeichnet werden. Der Angriff dauerte rund 1 Stunde und 20 Minuten. Die zwei Tage später durch Fotoaufklärung festgestellten Resultate beschränkten sich darauf, in knapper Form festzustellen, daß die Bombenspur vom Südostende der „Shell"-Raffinerie über die Siemenswerke nach Norden und bis zum Ostende des Bahnhofs Floridsdorf verfolgbar sei. Außerdem sei der Bahnhof Heiligenstadt schwer getroffen worden, auf dem auch zwei Tage später noch keinerlei Reparaturarbeiten zu beobachten waren. — Hinter diesen lapidaren Feststellungen verbirgt sich aber wesentlich mehr, denn der Angriff vom 12. März war einer der verheerendsten Angriffe gegen Wien, dem vor allem zahlreiche Kunstwerke und Baudenkmäler zum Opfer fielen, die weit von den eigentlichen Zielgebieten entfernt standen. Oper, Albertina, Börse, Messepalast, Spanische Hofreitschule, Kunsthistorisches Museum, Burgtheater, Volkstheater, mithin die Innere Stadt, waren getroffen worden und gingen teilweise in Flammen auf. Gemessen an der großen Zahl der Bomber hielten sich die Verluste an Menschen in Grenzen. Nichtsdestoweniger gab es auf den Wiener Friedhöfen seit Februar keine Aufbahrung mehr. Die Toten wurden, sofern sie identifizierbar waren, in die Gräber gebettet und den Angehörigen 24 Stunden Gelegenheit gegeben, Abschied am offenen Grab zu nehmen. Dann wurden die Gräber zugeschaufelt. — Außer dem Angriff auf Wien erfolgten am 12. März noch Bombardements von Eisenbahnanlagen in Wiener Neustadt (11 B-24) und Zeltweg (18 B-24). Knittelfeld, wo die Eisenbahnbrücke über die Mur zu treffen versucht wurde, wurde von 98 P-38 angegriffen, die ebensoviele 1.000-Pfund-Bomben abwarfen. Die Bahnanlagen von Knittelfeld wurden auch ziemlich schwer getroffen; die Brücke überstand jedoch die Sprengwirkung der schweren Bomben. Die amerikanischen Bomberverluste betrugen an diesem Tag zwei Maschinen; zwei weitere wurden vermißt. Von den P-38, die Knittelfeld angegriffen hatten, gingen zwei verloren.

Tags darauf, am 13. März, fanden nur Tieffliegerangriffe entlang der Eisenbahnlinien von Passau bis Linz, im Raum Kapfenberg, zwischen Wien und Wiener Neustadt sowie entlang der Strecke Klagenfurt — Villach statt. Am 14. März erlebte Wiener Neustadt wieder einen großen Angriff, als 273 B-24 Bomber 611,25 Tonnen auf die Bahnanlagen warfen. Am Nachmittag kamen dann nochmals 7 Bomber, die über Ungarn ihr Ziel nicht gefunden hatten und Wiener Neustadt als Gelegenheitsziel auffaßten. Einer, der noch immer nicht zum Abwurf gekommen war, leerte schließlich seine 2,5 Tonnen Bomben über Knittelfeld ab. Ähnlich ging es zu, als eine B-17 3 Tonnen Bomben auf Graz abwarf. Tieffliegerangriffe entlang der Eisenbahnstrecken Knittelfeld — Bruck a. d. Mur — Leoben — Ternberg (im Ennstal), sowie südlich und nördlich von Graz ergänzten die Verheerungen dieses Tages.

Wieder verging kein Tag, an dem die Amerikaner nicht irgendwo angriffen. Am 15. März war es in erster Linie Moosbierbaum, das den Bombenkrieg zu spüren bekam. 143 B-24 und dann noch einmal 4 B-24 griffen mittels optischer Hilfsmittel und Pfadfinder an und warfen zusammen 195,75 Tonnen auf das Hydrierwerk ab. Die Schäden, die dabei erzielt wurden, waren mittlerer Natur. Ein Öltank brannte, und wieder wurden andere chemische Betriebe, vor allem die Düngemittelfabrik, getroffen. Weitere Primärziele waren an diesem Tag die Raffinerien von Wien-Floridsdorf und Schwechat, die von 43 bzw. 60 Bombern angegriffen wurden. Die Schäden dürften sich aber in Grenzen gehalten haben. Schön langsam war ja auch kaum mehr etwas da, das zerstört werden konnte. Schwerere Angriffe richteten sich an diesem Tag auch gegen Wiener Neustadts Bahnanlagen, die nacheinander von insgesamt 91 B-24 angegriffen wurden. Die Fotoaufklärung erbrachte, daß durch die an zwei aufeinanderfolgenden Tagen durchgeführten Angriffe die Streckenführung durch Wiener Neustadt unterbrochen, die Anlagen weiter schwer beschädigt und Teile des Geländes durch herumliegende Lokomotiven und Waggons blockiert seien. Als Ausweichziele wurden ferner die Bahnanlagen von Graz durch 63 B-24, Bruck a. d. Leitha von 13 B-24, St. Pölten von 18 B-24, eine Eisenbahnbrücke in der Nähe von Klagenfurt durch 5 B-17, Bahnanlagen in Klagenfurt selbst durch 38 B-24 und der Bahnhof Mürzzuschlag durch 18 B-24 angegriffen.

Die Angriffe zwischen dem 6. und dem 16. März fielen in die Zeit der deutschen Plattenseeoffensive, so daß es während dieser Tage sicherlich ein Ziel der amerikanischen Luftkriegsführung war, den Russen dadurch Erleichterung zu verschaffen, daß die deutschen Truppen- und Materialtransporte behindert wurden. Der Vergleich mit der vor und nach der Plattenseeoffensive entwickelten Bombertätigkeit läßt freilich keine eindeutige Verlagerungen des Schwergewichts erkennen. Maßgeblich blieben weiterhin der Grundauftrag für die 15. Luftflotte und der sowjetische Wunsch nach systematischer Zerstörung der Verkehrsverbindungen in Ostösterreich. Die Amerikaner blieben daher auch nach dem Beginn der sowjetischen Gegenoffensive am 16. März ihrer bisherigen Doktrin und den festgelegten Rangordnungen treu.

Am 16. März gab es zwei große Ziele: Raffinerien und Wiener Neustadt. Innerhalb von etwas mehr als eineinhalb Stunden flogen 188 B-24 in mehreren Wellen die Raffinerien von Wien-Floridsdorf und von Schwechat an. Beim Angriff auf Floridsdorf, dem 1.097 500-Pfund-Bomben galten, wurden auch die Bahnanlagen mitbombardiert. Auf die Schwechater Raffinerie gingen 1.068 Bomben verschiedener Größen und Typen nieder. Diesmal waren die Amerikaner mit dem Ergebnis zufrieden. Schon die während des Angriffs gemachten Zielfotos zeigten Explosionen und Brände, und die nachträglich geflogene Fotoaufklärung bestätigte im Detail, wie verheerend die Schäden waren. In Floridsdorf waren die wichtigsten Anlagen der Raffinerie zerstört oder schwerst beschädigt, und auch im weiteren Umkreis bot sich ein Bild der Verwüstung. Graduell etwas geringfügiger waren die Schäden in Schwechat, doch daß die Raffinerie an allen Ecken und Enden brannte, war nur zu leicht zu erkennen, da der schwarze Qualm bis in 600 Meter Höhe reichte. Die Raffinerie Korneuburg, die von 19 B-24 angegriffen wurde, blieb jedoch unbeschädigt. Die Bomben fielen größtenteils neben die Raffinerie. Dafür gab es Bombentreffer im Westen Wiens. Ein weiteres Primärziel dieses Angriffstages waren wieder die Bahnanlagen von Wiener Neustadt, die von 132 B-24 und 12 B-17 angegriffen und zwei Stunden lang bombardiert wurden. Bei der nachträglichen Aufklärung konnte man freilich nicht unterscheiden, welche Schäden vom 15. und welche vom 16. März waren, doch daß der Lokomotivenschuppen, Stellwerke und Stationsgebäude neuerlich getroffen und das Gelände noch ein wenig mehr umgepflügt worden war, soviel ließ sich feststellen. Schließlich galt der Angriff von 91 B-24 der Raffinerie

Moosbierbaum, die abermals mittlere Schäden davontrug und an mehreren Stellen brannte. Als Ausweichziel für jene Bomberformationen, die Floridsdorf nicht bombardieren konnten, und jene, die Korneuburg und Moosbierbaum bereits so verqualmt vorfanden, daß sie nichts mehr ausmachen konnten, war an diesem Tag Amstetten vorgesehen, das schließlich nacheinander von 3 Wellen mit zusammen 255 Bombern angegriffen wurde. Die Bahnanlagen wurden schwer getroffen und der Verkehr unterbrochen. Vor allem wurden rund 180 Waggons zerstört oder schwer beschädigt sowie das Bahnhofsgebäude demoliert. Zu guter Letzt bekamen noch die Bahnanlagen von St. Veit a. d. Glan und der Grazer Südbahnhof als Gelegenheitsziele etliche Treffer ab, während 8 P-38 die Eisenbahnlinien nördlich von Wien und 52 P-51 die Strecke Wien — Linz — Passau im Tiefflug angriffen.

Während an den beiden Folgetagen Österreich zunächst durch Schlechtwetter und am 19. März dadurch weiteren Angriffen entging, daß die 15. Luftflotte Bahnhöfe in Süddeutschland angriff, so daß nur Ausweichziele in St. Veit, Lambach und Klagenfurt angegriffen wurden und einige Tiefflieger entlang der Eisenbahnstrecken zwischen Graz und Wiener Neustadt sowie im Raum Salzburg und zwischen Linz und Traunstein festgestellt werden konnten, war der 20. März wieder ein folgenschwerer Angriffstag.

Zunächst einmal richteten sich schwere Angriffe gegen Wels und dessen Hauptbahnhof, der von 266 B-24 mit 467,6 Tonnen Bomben belegt wurde. Das Wetter erlaubte ein reines Sichtbombardement, das schwere Schäden verursachte und neben allen anderen Zerstörungen die Unterbrechung der Westbahn zur Folge hatte. Es hatte weder Flak noch Jagdabwehr gegeben. Als Ausweichziel wurde wiederum Amstetten bombardiert, und zwar von insgesamt 334 Bombern, die innerhalb von zwei Stunden über das Ziel kamen. Das Ergebnis waren neuerlich schwere Verwüstungen. Als Primärziele wurden an diesem Tag noch die Raffinerie Korneuburg von 65 B-17, die Raffinerie in Wien-Kagran von 37 B-17 sowie die „Nibelungenwerke" in St. Valentin angegriffen. Letztere mit 9 statt 316 Bombern, da das Ziel unter den Wolken nicht ausgenommen werden konnte und den Besatzungen ein Sichtbombardement aufgetragen worden war. Statt dessen wurde, wie erwähnt, Amstetten angegriffen, aber auch die Bahnhöfe von St. Pölten, Wiener Neustadt und Klagenfurt wurden wieder bombardiert. Die Verluste der Amerikaner beliefen sich bei allen diesen Angriffen auf zwei B-17, die durch Flak über Wien angeschossen, und zwei weitere B-17, die vermißt wurden.

In der Nacht machte sich wieder einmal das 205. Geschwader der RAF bemerkbar, das knapp vor Mitternacht den Bahnhof Bruck a. d. Mur mit 66 B-24 bombardierte und dabei 251 Tonnen Bomben, darunter 80 Brandbomben, abwarf.

Wenige Stunden später, am 21. März, starteten wieder über 500 amerikanische Bomber und nahmen Kurs auf Ziele in Österreich. Vor allem sollten (zum wievielten Mal?) die Wiener Raffinerien bombardiert werden. Doch die Wolkendecke ließ die Primärziele in Vösendorf und Kagran kaum erkennen, weshalb nur 36 B-17 ihre Bomben auf die Raffinerie in Vösendorf und 12 B-17 auf jene in Kagran warfen. Statt dessen wurden Versorgungseinrichtungen im Südosten Wiens von 46 B-17, die Raffinerie in Wien-Floridsdorf von 72 B-17 und außerdem die Bahnhöfe von Klagenfurt und Villach von 6 bzw. 21 B-17 bombardiert. Als ein weiteres Primärziel wurde abermals der Bahnhof Bruck a. d. Mur angegriffen, den ja erst in der Nacht die Engländer getroffen hatten. Von den 48 amerikanischen B-24 wurden neuerlich 98 Tonnen Bomben abgeworfen. Zuletzt bombardierten 33 B-24 das „klassische" Ausweichziel in Österreich, nämlich Bahnanlagen von Graz. Diesmal war es der Köflacher Bahnhof, der jedoch kaum beschädigt wurde. Wohl aber wurden die Gas- und Elektrizitätswerke getroffen.

Die Luftherrschaft machte es den Amerikanern möglich, nicht nur Tag für Tag einzufliegen, sondern auch ihre Bomber weit zu verstreuen und weit auseinanderliegende Ziele zu bombardieren. Es wurde jetzt so lange gesucht, bis sich ein Ausweich- oder Gelegenheitsziel anbot. Auch der 22. März war ein Beispiel dafür. Da griffen 138 B-24 in Wien die Ostbahn und die im Bahnbereich gelegenen Güterumschlagplätze an und warfen 1.071 500-Pfund-Bomben ab. Das Ergebnis wurde als sehr gut gewertet; die Linie nach Bruck a. d. Leitha war durch mehrere direkte Treffer unterbrochen. 7 B-24, die einen Angriff gegen die Raffinerie Kralupy in der Tschechoslowakei nicht mitmachen konnten, bombardierten den Bahnhof Wels. 41 B-24 bombardierten die Raffinerie in Kagran, erzielten aber dabei keine Treffer an den Anlagen, 27 B-24 bombardierten die Raffinerie Floridsdorf, trafen aber vor allem die Umgebung der Bahnanlagen. 143 B-24 griffen als Primärziel den Bahnhof Wien-Heiligenstadt an, auf den 270,5 Tonnen Bomben niedergingen. Die Schäden an der Eisenbahn waren dennoch eher gering. Als Ausweich- und Gelegenheitsziele wurden aber auch wieder die Bahnhöfe von Klagenfurt und Zeltweg sowie der Graz-Köflacher-Bahnhof angegriffen.

Die 15. Luftflotte konnte sich nicht zuletzt deshalb vorwiegend auf den Osten, Norden und Süden Österreichs beschränken, weil die Ziele im Westen, vor allem in Tirol, mehr und mehr von der 12. (taktischen) US- Luftflotte angegriffen wurden. Sie weitete ihre Angriffe gegen die Brennerstrecke so aus, daß sie im Februar Matrei a. Brenner, Innsbruck und Kirchberg angriff und im März Brixlegg, Matrei und Steinach a. Brenner bombardierte. Die Brennerstrecke war auf Nordtiroler Seite tagelang unterbrochen. Die 12. Luftflotte führte aber auch Angriffe auf Oberdrauburg durch und kam damit weit über den Bereich der Brennerstrecke hinaus.

Am späten Abend des 22. März griffen 63 B-24 des 205. RAF-Geschwaders das Gebiet des Villacher Hauptbahnhofs an und bombardierten ihn und das nördlich davon gelegene Stadtviertel mit 204,25 Tonnen Bomben, darunter wieder 48 500-Pfund-Brandbomben. 8 B-24 sorgten während des Angriffes für die Beleuchtung. Nach wenigen Stunden heulten erneut die Sirenen entlang der Einflugrouten nach Österreich. 83 B-24 griffen die Raffinerie Wien-Kagran an, konnten sie aber nur wenig beschädigen. Dafür wurde die Bahnlinie nach Gänserndorf unterbrochen. Ein schwerer Angriff von 128 B-24 richtete sich gegen den Bahnhof Gmünd im Waldviertel und unterbrach die Strecke nach Prag. Folgenschwer war auch ein Angriff auf die Bahnanlagen von St. Pölten, bei dem die Amerikaner die Reparaturwerkstätte und rund 450 Waggons als zerstört meldeten. Die größte Zahl von Bombern wandte sich jedoch gegen St. Valentin, wo sowohl die „Nibelungenwerke" mit 157 B-24 als auch das Bahnhofsgelände von 56 B-24 angegriffen wurden. Zahlreiche direkte Treffer, die auf den Luftbildaufnahmen der kurz nach dem Angriff geflogenen Aufklärung erkennbar waren, ließen die Amerikaner zu dem Schluß kommen, daß die Angriffe ausgezeichnet gelungen waren.

Im Verlauf des 24. März wurde nur Villach von einer B-24 angegriffen, die einen

Angriff auf den Bahnhof Budějovice (Budweis) nicht hatte mitmachen können. Wohl aber führten in der Nacht zum 24. März wieder 41 „Liberators" des 205. RAF-Geschwaders einen Angriff mit 41 Bombern gegen die Bahnanlagen von St. Veit a. d. Glan durch. Der britischen Praxis entsprechend, waren unter den 133,75 Tonnen Bomben 47 Brandbomben.

Am 25. März war Wels zweimal Ausweichziel, und zwar beide Male der Fliegerhorst, der von insgesamt 70 B-24 angegriffen wurde. Das Nachlassen der Bombenangriffe auf die Rüstungsindustrie und auf Raffinerien zeigte ganz deutlich, daß diese Zielgruppe für die Amerikaner nur mehr untergeordnete Bedeutung hatte. Was immer wieder und bis zuletzt angegriffen wurde, waren die Verkehrsziele, denn jede noch so nachhaltige Zerstörung konnte nicht verhindern, daß es den Eisenbahnarbeitern und allen möglichen Hilfsdiensten gelang, innerhalb kürzester Zeit und im schlimmsten Fall innerhalb weniger Tage Strecken wieder befahrbar zu machen. Irgendwie schien das Mittel, Hunderte von Bombern gegen einen Bahnhof oder einen Schienenstrang einzusetzen und ihn mit Tausenden von Bomben zu belegen, unmäßig und sinnlos. Vom Bahnhof Wiener Neustadt, einem Schutthaufen in einer Trümmerwüste, hätte man doch schon längst annehmen müssen, daß er total zerstört und irreparabel sei. Die Amerikaner selbst schätzten nach den Angriffen vom 15. und 16. März die Zerstörungen als so schwerwiegend ein, daß es ihnen nicht einmal mehr gelang, zu unterscheiden, was an den Treffern alt und was neu war. Nichtsdestoweniger war am 20. März wieder bombardiert worden. Und als die 15. Luftflotte am 26. März ihre Geschwader losschickte, flogen abermals 197 B-17 nach Wiener Neustadt, um in mehreren Wellen die Bahnanlagen zu zerstören. Wieder wurden nach dem Abwurf von 288,8 Tonnen Sprengbomben schwerste Schäden gemeldet. Alle Linien waren unterbrochen, doch wer wußte, für wie lange? Als Gelegenheitsziel griffen 7 B-17 Neunkirchen an und warfen ihre Bomben einfach in das verbaute Gebiet. Ein weiteres Primärziel war der Bahnhof von Straßhof im Marchfeld, dem der Angriff von 80 B-24 galt. 96 B-24 griffen die Bahnanlagen von Bruck a. d. Leitha an, die fast eine Stunde lang bombardiert wurden. Außer beim Angriff auf Straßhof hatte es keine Flakabwehr gegeben. 46 P-38 führten in der Nähe von Wieselburg einen Jabo-Angriff auf eine nicht näher bezeichnete Eisenbahnbrücke durch. Und schließlich flogen 26 P-51 im Raum Wien — Wiener Neustadt — Budějovice Tiefflliegerangriffe gegen alles, was sich gerade zeigte.

In der Nacht vom 25. auf den 26. März hatten zudem 38 B-24 des 205. RAF-Geschwaders die Villacher Bahnhöfe angegriffen und mit Spreng- und 96 Brandbomben belegt. Die Bahnanlagen wurden zwar getroffen, doch ebenso ganze Häuserzeilen, von denen Dutzende Häuser auch noch tags darauf brannten.

Am 30. März galt es wiederum, die Eisenbahnanlagen im Osten Österreichs zu bombardieren. 7 B-17 und 10 B-24 warfen 37,25 Tonnen Bomben auf den Wiener Nordbahnhof und den Güterbahnhof. Da das Ziel aber ziemlich unter Wolken lag und die Amerikaner auch nichts mehr riskieren wollten, flogen sie vorwiegend Ausweichziele an, nämlich die Bahnanlagen von Graz, die von 29 Bombern angegriffen wurden, die Böhler-Werke, die von 5 B-24, und den Bahnhof Klagenfurt, der von 4 B-24 angegriffen wurde.

Schließlich sandten die Amerikaner am 31. März noch 540 B-17 und B-24 gegen Linz und Villach, die ein letztes Mal in diesem Monat die Eisenbahnknotenpunkte im Norden und Süden Österreichs treffen sollten. Für Linz war es einer der schwersten Angriffe, der neben den Bahnanlagen in so gut wie allen Stadtteilen schwerste Schäden verursachte, 135 Gebäude zerstörte und 1.143 unterschiedlich schwer beschädigte. 106 Menschen wurden getötet. Die amerikanischen Begleitjäger bekamen nach langer Zeit wieder eine größere Anzahl von deutschen und wahrscheinlich ungarischen Jagdmaschinen zu sehen und reklamierten 13 sichere und einige fragliche Abschüsse.

Mit diesem Tag endeten die März-Angriffe und insbesondere auch die Angriffe auf Wien. Den Sowjets war tatsächlich nur geblieben, das Ausmaß der Zerstörung zu konstatieren und von sich aus mit der Fortsetzung der Bombardements zu beginnen, was sie mit Hilfe der 5. und der 17. Luftarmee auch taten. Wenn in Wien, aber auch im Wiener Becken in den folgenden Tagen Fliegeralarm gegeben wurde, waren es daher in der Regel sowjetische Flieger. Da sie aber keine so weiten Einflugstrekken hatten wie die Amerikaner, entfiel meistens der Fliegeralarm und die Bomben fielen überraschend. Es waren aber nur wenige, und es waren vor allem auch wesentlich weniger durchschlagskräftige Bomben.

Die von den Sowjets erkannten Vorbereitungen zur deutschen Plattenseeoffensive hatten das sowjetische Oberkommando bewogen, am 23. Februar bei der 15. US-Luftflotte nochmals die nachhaltige Bombardierung der Aufmarschlinien und vor allem auch der westungarischen Bahnhöfe zu beantragen. Anfang März war das dann geschehen. Dann erbaten die Sowjets eine neuerliche Ausweitung der Angriffe, und zwar insbesondere auf Eisenbahnziele entlang der Drau. Die Amerikaner hatten zwar schon am 23. Februar das Gefühl gehabt, die Eisenbahnziele in Ost-Österreich und die nach Ungarn und Jugoslawien führenden Schienenstränge so zerstört zu haben, daß der sowjetischen Forderung und der eigenen Prioritätenliste voll Genüge getan sei, doch schließlich bombardierten sie auch noch den ganzen März hindurch Verkehrsanlagen, vor allem Bahnhöfe, Verschubeinrichtungen, Lokomotivschuppen und Stellwerke. Daß meistens auch die Umgebung der Bahnhöfe mitzerstört wurde, ist als notwendig und richtig angesehen worden, da es sich ja dabei häufig auch um Lager und militärische Depots handelte. So wurde es auch als denkbar gewolltes Ergebnis der gegen den Wiener Süd- und den Ostbahnhof geflogenen Angriffe gewertet, daß gleichzeitig das Wiener Arsenal, „das bedeutendste Lager von Panzern und militärischen Nachschubgütern in Europa", zerstört wurde.

Mit Ende März ließ sich auch Bilanz ziehen über die im Hinblick auf das sowjetische Ersuchen zur Zerstörung der Kommunikationslinien geflogenen Einsätze der strategischen Bomber[36]. Die amerikanischen Zahlen nehmen sich zweifellos eindrucksvoll aus, sind jedoch insofern verfälscht, als auch die Angriffe gegen Öl- und Industrieziele in die Statistik mit aufgenommen worden sind, und außerdem sind in den Übersichten auch etliche Angriffe enthalten, die gegen Ziele in Ungarn, in Jugoslawien und in der Tschechoslowakei gerichtet waren. Demnach flogen die Amerikaner von Anfang Jänner bis Ende März mit den strategischen Bombern 12.994 Einsätze, wobei die Bomber von insgesamt 5.535 Jagdflugzeugen begleitet wurden. Die Gesamttonnage der abgeworfenen Bomben erreichte 28.290,60 Tonnen. Bei diesen Einsätzen gingen 80 Bomber verloren, weitere 116 waren vermißt. Und ebenso wurden 18 Jäger als verloren und 11 als vermißt gemeldet. Bomber und Jäger reklamierten den sicheren Abschuß von 28 und den wahrscheinlichen

Abschuß von weiteren 4 deutschen Jagdflugzeugen für sich, was eine äußerst geringe Anzahl war und nur auf andere Weise zum Ausdruck brachte, daß die deutsche Jagdwaffe im Süden kaum mehr in Erscheinung trat. Da die Bahnen im Raum Wien schließlich schon so beschädigt waren, daß sie nur mehr eine geringe Kapazität aufrechterhalten konnten, verlagerten die Amerikaner ihre schwerpunktmäßigen Angriffe weiter nach Westen. Linz war aus vielen anderen Gründen ein wichtiges Ziel, doch nun wurden auch Amstetten, Wels und Gmünd im Waldviertel zerstört sowie die weiter westlich verlaufenden Nord-Süd-Verbindungen, vor allem die durch das Ennstal und in der Steiermark, bombardiert. Was noch übrig geblieben war, sollte im April zerstört werden[37].

DIE APRILANGRIFFE

Den Auftakt machten das 205. RAF-Geschwader, das einen Nachtangriff auf Graz durchführte und mit 71 B-24 die Bahnanlagen angriff. Acht „Liberators" beleuchteten das Ziel, auf das dann 234,75 Tonnen Bomben, davon rund 1/10 Brandbomben, fielen. Das Bahnhofsgelände und die Umgebung brannten weithin sichtbar. Als dann am späten Vormittag die Amerikaner in den Luftraum über Österreich einflogen, steuerten sie wiederum weit auseinanderliegende Ziele an. 102 B-24 warfen 242,25 Tonnen Bomben auf die Bahnanlagen von St. Pölten ab, deren westliche Teile auf das schwerste getroffen wurden, so daß die nachträgliche Fotoaufklärung feststellen konnte: „Jedes Gebäude scheint zerstört oder äußerst schwer beschädigt zu sein". Ein Teil der Bomben war freilich in die Wohngebiete gefallen. 15 B-24 griffen den Bahnhof Selzthal als Ausweichziel an. Zwei Bomber-Gruppen wandten sich nach Krieglach, das von 55 B-24 bombardiert wurde, um eine Eisenbahnbrücke zu zerstören. Die 27 B-24 einer weiteren Gruppe bombardierten den Bahnhof Zeltweg und verwüsteten einen Teil davon. 30 B-24 setzten das Zerstörungswerk an den Grazer Bahnhöfen fort, doch die von der Fotoaufklärung festgestellten Ergebnisse der Angriffe waren noch immer nicht so, daß man sich damit zufrieden gab. Zwar war der Lokomotivschuppen wohl endgültig zerstört; noch immer gab es allerdings einen durchgehenden Verkehr und wurden Reparaturarbeiten festgestellt, die die Grazer Bahnhöfe funktionsfähig erhalten sollten. 26 B-24 bombardierten wiederum die Bahnanlagen von Villach, eine B-24 griff Klagenfurt als Gelegenheitsziel an. Und schließlich gab es noch einen Jabo-Angriff von 84 P-38 gegen die Eisenbahnbrücke von Ybbs, die allerdings nicht vollständig zerstört wurde, obwohl 286 500-Pfund-Bomben auf das Ziel geworfen worden waren.

Nach der für die westlichen Alliierten noch immer nicht befriedigenden Fotoauswertung des Trefferbildes von Graz war es nicht weiter verwunderlich, daß ein weiterer Angriff gegen die steirische Metropole geplant und dann am 2. April ausgeführt wurde. 166 B-17 und 121 B-24 warfen 753,25 Tonnen ab. Da es fast wolkenlos war, konnten mit Ausnahme einer Gruppe, die ein Mischverfahren anwendete, alle Bomber ein Sichtbombardement durchführen. Schon die Zielfotos ließen erkennen, daß es diesmal geklappt hatte. Der Nord- und der Hauptbahnhof, ebenso die Bahnanlagen im Südosten der Stadt, wiesen massenhaft Treffer auf. Jetzt konnte auch

Graz, dem sich die sowjetischen Angriffsspitzen an diesem Tag bereits bis auf 25 Kilometer genähert hatten, von der Liste der Ziele gestrichen werden. — Am selben Tag wurde jedoch nochmals St. Pölten angegriffen, und zwar von 84 B-24, die bei völlig klarer Sicht bombardierten und 201,25 Tonnen abwarfen. Ein schwerer Angriff richtete sich auch gegen Krems, das von 106 B-24 bombardiert wurde. Der Angriff galt dem Bahnhofsgelände, auf das 275,75 Tonnen Bomben abgeworfen wurden. Mit den Angriffen auf St. Pölten und Krems sollte Wien sowohl südlich als auch nördlich der Donau von seinen Verbindungen nach dem Westen abgeschnitten werden. Ein ebenso unverhältnismäßig großer Angriff richtete sich gegen die Eisenbahnbrücke über die Sulm südlich von Leibnitz, die von 119 B-24 angegriffen und mit 569 1.000-Pfund-Bomben belegt wurde, aber dennoch stehen blieb. In Ergänzung der Angriffe der schweren Bomber führten 38 P-38 einen Jabo-Angriff auf eine Eisenbahnbrücke bei Wildon durch und warfen 136,5 Tonnen Bomben ab. Tiefflieger, über 100 an der Zahl, flogen bis in den Raum Wien, gegen München und Maribor und beschossen alles, was ihnen gerade vor die Maschinenwaffen kam.

Die Angriffe auf die Eisenbahnbrücken über die Sulm und bei Wildon machten deutlich, daß es jetzt wirklich schon galt, auch räumlich kleinste Ziele anzugreifen und zu zerstören. So ist auch der Angriff auf die Eisenbahnbrücke über die Drau bei Tainach-Stein in Kärnten zu verstehen, der am 3. April von 95 P-38 durchgeführt wurde, die 87 Tonnen Bomben abwarfen. Die Brücke wurde aber nur beschädigt.

An den folgenden Tagen waren nur gelegentliche Tieffliegerangriffe zu verzeichnen, da Schlechtwetter größere Einsätze verhinderte, und erst am 6. April konnten die Amerikaner das vervollständigen, was ihnen bis dahin nur unvollständig gelungen war, nämlich die Zerstörung der Draubrücke bei Tainach-Stein. Diesmal griffen 82 P-38 an und warfen 75,5 Tonnen Bomben ab. Der Nordteil der Brücke fiel in die Drau, der andere Teil war beschädigt. Auf jeden Fall war damit eine weitere Verbindung von und nach dem Balkan gekappt. Die schweren Bomber griffen an diesem 6. April nur Ausweichs- und Gelegenheitsziele in Österreich an, so den Bahnhof Klagenfurt mit 25 B-24, den Bahnhof St. Veit a. d. Glan mit einer B-24 und den Bahnhof Innsbruck mit 27 B-24. Die nächsten Angriffe erfolgten dann am 8. April, doch es waren wieder nur Jabo- und Tieffliegerangriffe, für die 23 P-38 eingesetzt wurden, die das Dreieck Linz — Salzburg — München abflogen und Eisenbahnziele beschossen. 73 P-38 führten Jabo-Angriffe durch und bombardierten dabei u. a. Eferding, Grieskirchen und Lambach; andere griffen den Fliegerhorst von Wels an und attackierten Eisenbahnziele im Großraum Linz-Salzburg.

Am 9. April sandte die 15. Luftflotte 51 P-38 zu einem Jabo-Angriff nach Rattenberg in Tirol, wo sie mit 25,5 Tonnen Bomben die Eisenbahnbrücke zerstörten. Da 35 P-38 nicht mehr zum Abwurf ihrer Bomben kamen, weil das Ziel schon zerstört war, flogen sie weiter und griffen Gelegenheitsziele im Raum München an. Eine weitere Jabo-Mission wurde von 60 P-38 durchgeführt, die die Eisenbahnbrücke von Seefeld angriffen und schwer beschädigten. Der Angriff gegen die Straßenbrücke über den Inn bei Telfs, der von 11 P-38 durchgeführt wurde, mißlang jedoch.

Tags darauf flogen abermals 72 P-38 Jabo-Angriffe gegen die Eisenbahnbrücke von Seefeld. Die Brücke wurde zwar weiter beschädigt, doch sie stand noch immer. Der Angriff von 80 P-38 auf die Eisenbahnbrücke von Wörgl, die mit 57,25 Tonnen Bomben belegt wurde, hatte hingegen nachhaltige Schäden zur Folge. Die Zielfotos wiesen ungewöhnlich große Krater auf. An allen diesen Tagen kamen zwar auch die strategischen Bomber zum Einsatz. Sie griffen jedoch ausschließlich Ziele in Norditalien an, wo die Front wieder in Bewegung gekommen war und den alliierten Armeen der Vormarsch erleichtert werden sollte.

Das nächste strategische Bombardement erfolgte erst in der Nacht vom 10. auf den 11. April, als das 205. RAF-Geschwader einen Nachtangriff auf Innsbruck durchführte. Die Bombardierung durch 44 B-24 galt den Eisenbahnanlagen, auf die 149,5 Tonnen Bomben abgeworfen wurden. 6 „Liberators" beleuchteten das Ziel. Die Briten beobachteten den Ausbruch von Bränden.

Die Amerikaner setzten die strategischen Bombardements von Zielen in Österreich am 12. April fort, als 83 B-24 den Ostteil des Bahnhofs in St. Veit a. d. Glan angriffen, um die Strecke über den Neumarkter Sattel zu unterbrechen. Derselben Eisenbahnlinie galt der Angriff von 62 P-38, die 31 Tonnen Bomben auf die Eisenbahnbrücke bei Unzmarkt warfen. Schließlich bombardierten noch 61 P-38 die Eisenbahnbrücke bei Gailitz und unterbrachen die Strecke nach Italien. Die Brücke selbst blieb jedoch stehen.

Am 14. April wurde der Klagenfurter Nordbahnhof als Gelegenheitsziel von 15 B-24 angegriffen, die 36,5 Tonnen Bomben abwarfen. Ansonsten gab es nur Tieffliegertätigkeit, vor allem im Raum Linz — Passau. Desgleichen am nächsten Tag, an dem Tiefflieger nicht nur die Eisenbahnlinien im Großraum Salzburg — Linz — Regensburg abflogen, sondern auch etliche Jabo-Angriffe durchführten, den schwersten auf den Bahnhof Vöcklabruck. In der Nacht zum 16. gab es dann einen Angriff auf den Hauptbahnhof von Villach, der im Grunde genommen auf einem Mißverständnis beruhte, da 90 B-24 des 205. RAF-Geschwaders zu einer Bombermission nach Oberitalien ausgeschickt worden waren, wegen einer geschlossenen Wolkendecke aber nicht zum Wurf kamen. Daraufhin wurde den Bombern die Rückkehr befohlen. 7 B-24 registrierten jedoch das entsprechende Signal nicht und flogen weiter, um Villach als Ausweichziel zu bombardieren. 2 B-24 warfen 6,5 Tonnen Bomben ab, während 5 B-24 das Zielgebiet beleuchteten.

Am 17. April führten abermals 96 P-38 einen Jabo-Angriff auf die Eisenbahnbrücke von Seefeld durch und warfen 88 Tonnen Bomben auf das Ziel, das sie nun hinlänglich zerstört glaubten. Ein weiterer Jabo-Angriff galt dem Bahnhof Mairhof im oberen Inntal, der von 51 P-38 angegriffen wurde. Während sie ihre Bomben abwarfen, wurden sie von 5 Me-262 angegriffen, die jedoch sofort abdrehten, als die Amerikaner damit begannen, auf sie Jagd zu machen. Keiner verzeichnete einen Abschuß.

Wieder tags darauf, am 18. April, führten die Amerikaner Jabo-Angriffe gegen die Tauernstrecke durch und bombardierten mit 87 P-38 mehrere Viadukte bei Kolbnitz. Ansonsten gab es nur verhältnismäßig geringfügige Tieffliegertätigkeit. Ein Teil der 15. US-Luftflotte war jedoch sehr aktiv. Wie auch an den Vortagen wurden eine ganze Reihe von Fotoaufklärungsmissionen durchgeführt, um mit Hilfe der neuesten Aufnahmen Entscheidungen über weitere Angriffe zu treffen. Und am 19. April griff schließlich die 15. US-Luftflotte wieder mit ihren strategischen Bombern in das Geschehen ein. Es galt, in einer letzten Angriffsphase die ebenso letzten der sich bietenden Ziele zu zerstören. 215 B-17, eine abermals ganz unmäßig große Zahl von Bombern, griff die Brücken von Rattenberg an. Auf die Eisenbahnüberführung und auf die Straßenbrücke gingen 640,5 Tonnen Bomben nieder, die auch gleich ein Stück Rattenberg mitnahmen. Der Angriff dauerte über eine Stunde. Danach waren die Brücken zerstört. 28 B-24 und 6 B-17 griffen nacheinander die Eisenbahnanlagen von Lienz an, 37 B-24 bombardierten den Bahnhof Bischofshofen und deckten ihn mit 87,5 Tonnen Bomben ein. Und für Klagenfurt fanden sich 52 B-24, die um die Mittagszeit 507 500-Pfund-Bomben abwarfen und damit Eisenbahnanlagen zerstören wollten.

Am 20. April wurde das Eisenbahnviadukt von Mairhofen im oberen Inntal von 79 B-24 bombardiert, die 194 Tonnen Bomben abwarfen. Diesmal lagen ein paar Treffer im Ziel. An diesem Tag machte sich die 15. Luftflotte aber überhaupt daran, die letzten noch intakten Eisenbahnverbindungen in Tirol systematisch zu zerstören. Der Innsbrucker Hauptbahnhof wurde zwar nur als Gelegenheitsziel von 8 B-17 angegriffen, die über Franzensfeste nicht zum Abwurf gekommen waren. Doch dann flogen 115 P-38 an und warfen insgesamt fast 100 Tonnen Bomben auf die Bahnhöfe Hall i. Tirol, Schwaz, Jenbach, Kundl und Wörgl. Danach war die Eisenbahnstrecke durch das Inntal an sieben Stellen unterbrochen. Die Brücken von Brixlegg waren schon am 8., 9. und 19. April von der 12. Luftflotte zerstört worden.

Da somit in Tirol fast nichts mehr zu bombardieren übriggeblieben war, wandten sich die Amerikaner noch einmal dem Osten und Norden Österreichs zu. Am 21. April wurde als Primärziel Attnang-Puchheim angegriffen. 110 B-24 warfen zunächst 1.038 500-Pfund-Bomben auf die Bahnanlagen, und dann kamen nochmals 69 B-17, die zusätzlich 820 schwere Bomben abwarfen. Der Angriff dauerte fast zwei Stunden. Der Bahnhof wurde schwer getroffen, doch schon die Zielfotos zeigten, daß auch in der Stadt ausgedehnte Zerstörungen angerichtet worden waren, über die Opfer an Menschenleben (203 Tote) wußte man freilich nur am Boden Bescheid. Kleinere Angriffe galten noch Vöcklabruck, das von 7 B-17 bombardiert wurde. 21 B-17, die nicht zum Abwurf gekommen waren, warfen beim Rückflug noch 63 Tonnen Bomben auf die Bahnanlagen von Spittal a. d. Drau.

Wieder einen Tag später, am 24. April, griffen 41 B-17 den Bahnhof Kolbnitz und 34 weitere verschiedene Ziele entlang der Tauernstrecke an. 68 B-17 warfen 198 Tonnen Bomben auf die Eisenbahnanlagen von Oberdrauburg und 4 B-17 bombardierten wiederum die Bahnlinie nach Italien in der Gegend von Arnoldstein.

Am 25. April flog die 15. Luftflotte ihren letzten Großangriff gegen Ziele in Österreich. Er galt fast ausschließlich Linz. 157 B-17 und 310 B-24 bombardierten zwischen 11.12 und 14.13 Uhr sämtliche Bahnhöfe und die „Hermann Göring-Werke". Der Angriff dauerte über zwei Stunden, in denen 4.425 500-Pfund-Bomben abgeworfen wurden. Der Hauptbahnhof, die Gleisanlagen, der Nord- und der Frachtenbahnhof wurden auf das schwerste getroffen. Rund 440 Waggons lagen zwischen den bizarr verbogenen Schienen in der Kraterlandschaft. Die Bombenstraße setzte sich über die Bahnanlage in die Stahlwerke fort, wo ebenfalls etliche Schäden entstanden. Viel schlimmer waren aber noch die Zerstörungen an Wohnbauten, 155 Häuser wurden total und 142 schwer beschädigt. Man zählte 172 Tote. Doch auch für die Amerikaner hatte das Bombardement von Linz Folgen, mit denen sie sicherlich nicht mehr gerechnet hatten. Die Linzer Flak schoß so präzise und mit dem erst im April verfügbar gewordenen Flak-Doppelzünder auch so wirkungsvoll, daß 6 Bomber als eindeutig durch die Flak abgeschossen und weitere 9 als vermißt gemeldet wurden. Die Hälfte der Bomber, also rund 230 Maschinen (!), erlitten Beschädigungen. Linz hatte sich in mehrfacher Weise als Inferno präsentiert. Der knapp darauf erfolgte Angriff von 40 schweren Bombern auf Wels rief auch dort größere Zerstörungen an den Bahnanlagen hervor. Zusätzlich wurden auf sieben Orte, meist im Notwurf, einige Bomben abgeworfen, die jedoch außer in Koglerau, Gem. Puchenau, keine Schäden verursachten.

Der 25. April hatte aber noch mit einer weiteren Besonderheit aufzuwarten, denn an diesem Tag erfolgte der einzige von der amerikanischen 8. Luftflotte von Flugplätzen in England geführte Angriff gegen ein Ziel in Österreich. Es war dies eine ähnliche Aktion wie die der 15. Luftflotte am 24. März gegen Berlin: im Grunde genommen ohne wirkliche Notwendigkeit und eher als Demonstration der totalen Luftherrschaft und Beweis der Leistungsfähigkeit gedacht. Bomber der 8. Luftflotte, 275 B-17, bombardierten Plžen. Ein Teil griff schließlich die Bahnanlagen von Salzburg als Alternativziel an. Die dann von der 15. Luftflotte geflogene Zielaufklärung bescheinigte den aus England gestarteten Kameraden „ausgezeichnete" Ergebnisse. Der Hauptbahnhof, die Stellwerke, die Reparaturwerkstätte und das Frachtenlager waren von Treffern übersät; alle Linien waren unterbrochen. Ein Teil des Bahnhofgeländes stand in Flammen.

Gemessen an diesen letzten großen Angriffen nehmen sich die Schlußoperationen der amerikanischen 15. Luftflotte nur mehr wie „Aufräumungsarbeiten" aus. Für den überregionalen Verkehr waren nur mehr ganz wenige Linien übriggeblieben. Eine führte von Wels nach Leoben, und die anderen waren die Tauern- und Teile der Südbahnstrecke. Es galt daher, auch diese Linien zu unterbrechen. Noch einmal wurden die Bomberbesatzungen genau über die Beschaffenheit, über Ausdehnung und Lage der Ziele unterrichtet sowie über die Ergebnisse der jeweils letzten Angriffe auf diese Ziele informiert.

Als einziger Gegner der Bomber waren nur mehr da und dort Flakgeschütze übriggeblieben, die, wie man beim Angriff auf Linz gesehen hatte, auch noch durchaus in der Lage waren, einem angreifenden Verband Abbruch zu tun. Im Raum Leoben hatten die Amerikaner am 20. April 33 schwere Geschütze ausgemacht und um Bruck a. d. Mur 34 Kanonen. Für Villach mußten aber nur mehr 12 Kanonen in Rechnung gestellt werden. Jagdabwehr war keine mehr zu erwarten. Am 26. April griffen 31 B-24 den Bahnhof Sachsenburg an und warfen 67,5 Tonnen Bomben, Lienz wurde von 29 B-24 als Gelegenheitsziel angegriffen, ebenso der Bahnhof Spittal a. d. Drau, der von 13 B-24, und jener von Klagenfurt, der von 7 B-24 bombardiert wurde.

Am 1. Mai, fünf Tage nachdem die RAF und die amerikanische 8. Luftflotte die strategischen Bombenangriffe eingestellt hatten, flog auch die 15. US-Luftflotte ihre letzte strategische Bombermission. Sie galt abermals Salzburg. Das Gebiet des Hauptbahnhofs wurde von 27 B-17 angegriffen, die 79,25 Tonnen Bomben abwarfen[38]. Die Wolkendecke verhinderte es, daß die Amerikaner das Ergebnis der Bombardements in Augenschein nehmen konnten. Doch drei Tage später konnten sie die Zerstörungen ohnedies von der Erde aus betrachten.

Seit dem 13. April hatten die strategischen Luftstreitkräfte der westlichen Alliierten auf dem europäischen Kriegsschauplatz als wichtigsten Auftrag die Unterstützung der alliierten Truppen im Landkrieg. Am 23. April war diese Direktive noch einmal präzisiert und mit einer Liste der entsprechenden Zielkategorien versehen worden[38].

Danach galt es, in der Reihenfolge der Dringlichkeit Erdkampfziele, Treibstoffdepots, die Eisenbahnverbindungen über den Brenner, jene im Nordosten Italiens, die Verkehrslinien in Mittel- und Nordwestitalien, Eisenbahnziele in Südostdeutschland, Österreich und im Donaubecken sowie in Jugoslawien zu bekämpfen, sofern in den genannten Ländern überhaupt noch die entsprechenden Ziele ausgemacht werden konnten. Die noch übriggebliebenen Ziele wurden periodisch dem Kommando der 15. Luftflotte bekanntgegeben. Als besondere Zielkategorie blieben schließlich in der letzten Aprilwoche nur Umspannwerke, Eisenbahnknoten und Donaubrücken übrig[39].

DIE ABSCHLUSSBILANZ

Das Ende der strategischen Luftangriffe ließ auch so manche Planungsarbeit in den Schreibtischladen bzw. in den Archiven verschwinden. Die wohl abenteuerlichste Planung, die unmittelbar mit den amerikanischen Überlegungen zur Existenz einer deutschen „Alpenfestung" zusammenfielen, datierte vom 8. März 1945. Sie trug die Bezeichnung „Doldrums" (Windstille; Trübsinn) und hat auch wirklich etwas Trübsinniges an sich[40]. Die Planung ging davon aus, daß sich im Raum Salzburg-Berchtesgaden einige Objekte befanden, die als Unterkünfte für die deutsche Reichsregierung und die militärischen Oberkommanden in Frage kamen oder als das erkannt worden waren. Acht davon glaubte die 15. US-Luftflotte mit Hilfe der strategischen Bomber und durch Präzisionsangriffe von Jabos bekämpfen und zerstören zu können, und zwar: Berchtesgaden — Salzburg-Hauptbahnhof und Hotel Europa — Festung Hohensalzburg — Schloß Leopoldskron — Schloß Hellbrunn — Schloß Klesheim — Schloß Aigen — Schloß Glanegg.

In Berchtesgaden galt es natürlich, den Obersalzberg mit dem „Berghof" Hitlers zu bombardieren. Das Salzburger Hotel „Europa" sollte deshalb angegriffen werden, weil es bereits im Februar kurzzeitig Dienststellen des deutschen Reichsaußenministeriums beherbergt hatte und dann vom Wehrkreiskommando XVIII bezogen worden war, dem innerhalb der „Alpenfestung" als Kommandobehörden besondere Bedeutung zukam. Da das Hotel neben dem Salzburger Hauptbahnhof stand (und steht), konnte ein gleichzeitiger Angriff dem wichtigsten Teil der Salzburger Bahnanlagen gelten. Von der Festung Hohensalzburg glaubten die Amerikaner zu wissen, daß sie das Führerhauptquartier beherbergen sollte und daß darin auch das Archiv des Oberkommandos der Wehrmacht untergebracht worden sei. Schloß Leopoldskron galt als Sitz von Teilen des Reichsaußenministeriums und würde vielleicht einmal das gesamte Ministerium beherbergen. Schloß Hellbrunn wurde ebenfalls als Sitz des Reichsaußenministeriums genannt und sollte einen weiteren Teil des Führerhauptquartiers beherbergen. Von Schloß Klesheim berichteten nachrichtendienstliche Quellen, daß es für das Oberkommando der Wehrmacht adaptiert worden sei. In Schloß Aigen sollte das „Hauptquartier" Heinrich Himmlers untergebracht werden, genauso wie in Schloß Glanegg.

Die Amerikaner setzten voraus, daß sich in den Kellern und unterirdischen Räumen der genannten Schlösser die höchsten politischen und militärischen Führer Deutschlands aufhalten würden, um von hier aus den Kampf in der „Alpenfestung" zu führen. Die unterirdischen Anlagen würden mit den zur Verfügung stehenden Bomben nicht zu zerstören sein. Doch alles, was über der Erde stand, sollte mit 500-Pfund-Bomben, die Festung Hohensalzburg mit 1.000-Pfund-Bomben belegt werden. Für die Operation „Doldrums" wollte die 15. US-Luftflotte jeden verfügbaren Bomber und Jäger aufbieten und in einem Angriff, der sich notfalls über viele Stunden hinziehen konnte, alle Ziele zerstören. Wenn es dann hieß, daß bei dem Angriff gegen das Hotel „Europa" und den Salzburger Bahnhof die Angriffsachse so zu wählen sei, daß in den angrenzenden Stadtteilen keine unnötigen Zerstörungen angerichtet würden, dann läßt sich daraus zwar das Bestreben ablesen, zwischen der deutschen politischen und militärischen Führung einerseits und einer letztlich als Geisel genommenen Zivilbevölkerung andererseits zu unterscheiden. An der Monstrosität des Planes änderte das jedoch nur wenig. — Der Plan kam nicht zur Ausführung. Hitler, das Außenministerium und die obersten militärischen Kommandobehörden blieben in Berlin.

Der in den ersten Monaten 1945 gegen Österreich geführte Luftkrieg hatte, nachdem das Ziel der Zerstörung der kriegswichtigen Industrie- und Rohstoffversorgung erreicht worden war, den Charakter des Sturmreifschießens einer Festung angenommen. Ein „Fort" nach dem anderen, ein „Flankierwerk", eine „Eskarpe" nach der anderen wurde herausgebrochen, bis die anstürmenden Armeen in den engeren Festungsbereich einbrachen und die Verteidiger deckungslos vorfanden. Die „Festungsbesatzung" waren in diesem Fall aber zum allergeringsten Soldaten, vielmehr die Zivilbevölkerung, die den Luftkrieg über sich hatte ergehen lassen müssen. Als es nach dem Krieg ans Zählen ging, ließ sich statistisch erheben, daß rund 20.000 Österreicher und zusätzlich Tausende Nicht-Österreicher im Luftkrieg getötet und 57.000 Menschen verwundet worden waren. Allein an Wohnungen wurden im Luftkrieg 75.579 zerstört. Über 6.000 km Eisenbahnschienen waren umgeackert, womit annähernd die Hälfte des österreichischen Streckennetzes unbefahrbar geworden war. Die Abschußquote der Flak betrug 0,8%, d. h., daß 3.343 Schuß der schweren Flak aufgewendet worden waren, um einen Bomber abzuschießen . . . und so ließe sich fortsetzen[41]. Die Masse der Zerstörungen stammte aus dem Jahr 1945.

Zehn Jahre nach Ende des Zweiten Weltkrieges, im Juni 1955, hielt der letzte Kommandierende General im Luftgau XVII, General der Flieger Egon Doerstling, an der Air University in Alabama einen Vortrag über die „Heimat-Verteidigung", in dem er sich die sehr häufig zu hörende Frage vorlegte, was nun am meisten zur deutschen Niederlage beigetragen habe: die Landoperationen der Roten Armee, die Blockademaßnahmen oder der Luftkrieg[42]. Vielleicht wollte Doerstling nur seinem Auditorium Respekt zollen, oder es wurde in ihm der alte Luftwaffenoffizier wieder wach, als er die Frage damit beantwortete, daß er dem Luftkrieg 51% Anteil an der Niederringung Deutschlands zumesse.

Egal, welchen Prozentsatz man auch wählt, eines ist sicher: Der Luftkrieg trug erheblich dazu bei, die Niederlage Deutschlands zu beschleunigen. Die endgültige Niederringung und die Besetzung des gesamten Territoriums dessen, was einmal Großdeutsches Reich gewesen war, vollzogen sich freilich im Landkrieg. Und gerade dieser verbindet sich mit der engeren Vorstellung vom Krieg in Österreich 1945.

3 Landesbefestigung und letztes Aufgebot

Lange bevor die Kämpfe auf österreichischem Boden begannen, war darangegangen worden, die am meisten gefährdeten Landesteile zu befestigen. Damit wurde deutlich, daß sich das Deutsche Reich auf seinen Endkampf vorbereitete. Es wurden jedoch nicht nur die äußersten Grenzregionen durch Stellungsbauten zu befestigen gesucht, sondern auch weit im Landesinneren liegende Abschnitte in die Überlegungen und Vorbereitungen für diesen Endkampf einbezogen. Daraus ließ sich dann unschwer ablesen, daß es nicht nur um normale militärische Vorsorge ging, sondern tatsächlich darum, die letzten Schlachtfelder des Weltkriegs auszugestalten.

Sofern es sich bei diesen Vorbereitungen um die Grenzregionen im Osten Österreichs, also die an Ungarn angrenzenden Landesteile handelte, wäre auf eine denkbar lange Befestigungstradition hinzuweisen gewesen. Am Mittellauf der Donau und vor allem im Bereich der Engen und Pforten nördlich und südlich des Neusiedler Sees hatten Römer, Awaren und Ungarn Befestigungen errichtet und ausgedehnte Wüstungen angelegt. Dann folgten Tschardakenlinien, Kuruzzenwall und kurzfristig angelegte Schanzwerke, mit denen in so gut wie jedem Krieg dem flachen und bestenfalls leicht hügeligen Land an der ungarischen Grenze mehr Schutzmöglichkeiten abgerungen werden sollten[1]. Und nun, gegen Ende des Zweiten Weltkriegs, war es wieder soweit.

Nach den erfolgreichen Offensiven der Roten Armee im Frühjahr und Sommer 1944 sowie nach der Landung der westlichen Alliierten in der Normandie war man in Deutschland gezwungen, der Reichsgrenze erhöhte Aufmerksamkeit zu schenken. Es galt zu überprüfen, ob es personelle und materielle Möglichkeiten gab, die jenseits der Reichsgrenzen nicht zur Verfügung standen, die aber innerhalb des Reichsgebietes zur Landesverteidigung zusätzlich und insbesondere zur Stärkung der abgesunkenen infanteristischen Kraft des Heeres herangezogen werden könnten. Damit rückten jene Befestigungsanlagen und befestigten Zonen in den Blickpunkt des Interesses, die bereits vor Kriegsbeginn bestanden hatten oder 1939/40 gebaut worden waren. Erste grundlegende Befehle regelten die Vorbereitung für die Verteidigung des Reiches[2].

Bald nach dem 20. Juli 1944 erhielt der Chef des Generalstabes des Heeres, Generaloberst Heinz Guderian, von Hitler die Genehmigung, die deutschen Ostbefestigungen wiederherstellen zu lassen. Da es aber damit nicht getan war, einzelne Festungen kampfbereit zu machen, sondern auch das Gelände zwischen den ständigen Anlagen und vor allem jene Gebiete gesichert werden mußten, die keinerlei fortifikatorischen Schutz aufzuweisen hatten, gab das Oberkommando der Wehrmacht grundsätzliche Weisungen für die Verteidigung des Reiches aus[3].

Danach sollten von der Kurischen Nehrung bis zur Adria Befestigungen angelegt werden. Die Dienststellen der Deutschen Wehrmacht hatten sich auf die rein militärischen Aufgaben, vor allem auf die Erkundung, zu beschränken, während die Mobilisierung aller Kräfte im Heimatkriegsgebiet, die Menschenführung und Evakuierung der Zivilbevölkerung Sache der Partei waren. Der wesentlichste Punkt war aber wohl der, daß den Gauleitern als „Reichsverteidigungskommissaren" laut Führerbefehl vom 1. September 1944[4] auch die Durchführung von Befestigungsbauten an der Reichsgrenze und in ihren Gauen übertragen wurde[5]. In Niederdonau, Steiermark und Wien begann daraufhin die Erkundung von Verteidigungsstellen, die ausschließlich auf eine Abwehr gegen Osten ausgerichtet waren.

Damit endete jene Phase militärischer Planspiele, die noch von ganz anderen Annahmen ausgegangen waren. Die bedrohliche Entwicklung der allgemeinen Lage hatte nämlich unter anderem bewirkt, daß im Rahmen der 417. Division z. b. V., die ihren Standort in Wien hatte (Kommandeur: Generalleutnant Adalbert Mikulicz), am Semmering eine Reihe von Planspielen durchgeführt wurde. Diese rollten unter der Annahme ab, daß ein Angriff auf das Wiener Becken abgewehrt werden sollte. Man dachte aber in erster Linie an einen Angriff aus dem Südwesten, wie ihn der Churchill-Plan vorsah, ohne jedoch die Gefahr aus dem Osten zu unterschätzen. Schließlich war man zum — natürlich nicht ausgesprochenen — Ergebnis gelangt, daß an eine erfolgreiche Verteidigung des Wiener Beckens in keinem Fall zu denken sei[6]. Doch was sollte das: Nun m u ß t e n Verteidigungsvorbereitungen getroffen werden.

Beim ausdrücklichen Verzicht auf eine Tiefengliederung wurden für den Südosten ganz grob drei hintereinanderliegende Verteidigungslinien für die Anlage von Befestigungsbauten genannt[7]:

Linie I: Weiße Karpaten westlich Trenčín — Holíč — Wien — Baden b. Wien — Gutenstein — Schneeberg — Wechselgebiet — Raum ostwärts Oberwart — Strem — Radkersburg — Varaždin — Zagreb — Raum Postojna.

Linie II: St. Pölten — Lilienfeld — Mariazell — ostw. Bruck/Mur (mit Verbindungsstück entlang der Fischbacher Alpen zum Wechselgebiet) — Koralpe — Unterdrauburg.

Linie III: Hieflau im Ennstal — Raum Leoben — Koralpe — Unterdrauburg und gemeinsam mit Linie II zum Triglavmassiv und zur Isonzostellung.

Diese Linienführung, die zwar die geländemäßigen Gegebenheiten besonders des Alpenostrandes berücksichtigte, aber wesentliche Teile der Gaue Niederdonau und Steiermark aussparte und vor allem Wien ohne befestigtes Vorfeld ließ, wurde dadurch korrigiert, daß vom Oberkommando der Wehrmacht ausdrücklich die Reichsgrenze als Anhaltspunkt für den geplanten Verlauf des „Südostwalls" angegeben wurde[8].

Grundsätzlich muß zum Ausbau von Stellungen folgendes gesagt werden: Während des ganzen Krieges waren für die Erkundung und den taktisch und technisch richtigen Ausbau von Stellungen die örtlichen militärischen Kommandos und Dienststellen verantwortlich, also im Falle Österreichs die stellvertretenden Generalkommanden (Wehrkreiskommanden) XVII. und XVIII. Armeekorps. Durch die Ernennung der Gauleiter zu Reichsverteidigungskommissaren trat darin vom militärischen Standpunkt keine Änderung ein. Die Reichsverteidigungskommissare wurden aber, da sie allgemein mit sehr großen Vollmachten ausgestattet waren, immer einflußreicher und versuchten, sich allmählich auch in die rein militärischen Belange des Stellungsbaues und der Kampfvorbereitungen einzumischen. Da sie dabei Unterstützung beim Chef der Parteikanzlei, Martin Bormann, und den höchsten Parteistellen fanden und die NSDAP ohne Verständigung der betroffenen militärischen Stellen einen besonderen Inspekteur der Befestigungen im Westen und im Osten ernannte, ergaben sich große Reibereien in der Zusammenarbeit zwischen Partei und Wehrmacht[9].

Vorerst lief das ganze Projekt der „Reichsschutzstellung" unter strengster Geheimhaltung an. Die betroffenen Reichsverteidigungskommissare, nämlich Baldur von Schirach (Wien), Dr. Hugo Jury (Niederdonau) und Dr. Siegfried Uiberreither (Steiermark), gingen aber unter sehr unterschiedlichen Voraussetzungen an den Stellungsbau heran. Der Gauleiter von Niederdonau war krank, und Reichsleiter Bormann ließ ihm nahelegen, die Verantwortung für den Stellungsbau im Abschnitt Niederdonau jemand anderem zu übertragen. Jury lehnte ab und wollte unbedingt mit der Gesamtverantwortung betraut werden[10]. Er betonte, daß das Problem keineswegs Wien hieß, sondern Steiermark und Niederdonau. Hielten diese beiden Gaue den kommenden Belastungen stand, dann werde es zweifellos auch Wien tun. Auch Reichsleiter Schirach schien sich bewußt zu sein, daß die Verteidigung Wiens eng mit dem Stellungsbau an der Reichsgrenze zusammenhing, und erklärte sich auch sofort bereit, Gauleiter Jury mit Arbeitskräften und Geräten zu unterstützen, damit die Betonierungsarbeiten für Geschützstände unverzüglich begonnen werden könnten. Trotz der nach außen gezeigten Bereitschaft, sich für den Bau der Reichsschutzstellung zu engagieren, wurde aber sehr bald deutlich, daß Schirach den Bau der Stellungen ablehnte. Er glaubte wohl, ihn aus psychologischen Gründen nicht vertreten zu können[11].

Die wesentlichste Frage hieß aber nicht: wo und wann wird die Reichsschutzstellung gebaut, sondern: womit? In dem Maße, in dem sich der Bombenkrieg verstärkt hatte, war auch die Situation auf dem Arbeitsmarkt immer kritischer geworden. In Wien und Niederdonau wurden schließlich alle verfügbaren Arbeitskräfte für Aufräumungs- und Wiederaufbauarbeiten eingesetzt. So sehr sich daher auch die Reichsverteidigungskommissare und das Wehrkreiskommando XVII zu der Auffassung bekannten, daß das Schicksal Wiens von jenem des Südostwalles abhinge[12], so schwierig gestaltete sich der Beginn der Bauarbeiten. Dennoch wurden bereits im September rund 30.000 Arbeitskräfte aus Wien und Niederdonau für den Bau der Stellungen abgezogen[13].

Wenige Tage, nachdem der Bau der Reichsschutzstellung befohlen worden war, kam, wie erwähnt, der Chef der Sicherheitspolizei und des SD, SS-Obergruppenführer Dr. Ernst Kaltenbrunner, nach Wien und bildete sich rasch ein Urteil über die Problematik des Baues von Verteidigungsanlagen entlang der südöstlichen Reichsgrenze. In seinem Bericht an Reichsleiter Martin Bormann vom 14. September faßte er auch seine diesbezüglichen Eindrücke zusammen: „In Wien herrscht neben der Niedergeschlagenheit und der Ratlosigkeit auch der Zustand, daß keine starke Persönlichkeit politischen Halt zu geben vermag oder die Bevölkerung in ortsüblicher Form anspricht. Das einzige was ‚von oben' geschieht, ist die Planung einer Befestigungslinie, die in verschiedenen Varianten von der Nord-Slowakei über den Thebenerkogel zum Neusiedler See führt und dann mehr oder weniger haltlos durch das Ödenburger Ländchen oder westlich herum auf Karten eingezeichnet wird, um sich dann irgendwo in der Semmeringgegend zu verlaufen. Dabei weist jedes Mitglied dieses ‚Reichsverteidigungs-Gremiums' darauf hin, daß wegen der Erkrankung des Gauleiters Dr. Jury Unklarheit besteht, wer die einzelnen Bauabschnitte führen soll, und dann wird stets betont, daß zur Besetzung dieser Befestigungslinie allerdings nur drei schwache Landesschützen-Bataillone zur Verfügung stehen. Man plant also, Befestigungslinien zu bauen, damit man sich als mutiger und standfester Verteidiger zeigt, hat aber selbst nicht den geringsten Glauben an den Effekt einer solchen Linie und erzielt bei einer nervösen Großstadtbevölkerung Angst, die bald in Panik ausarten kann[14]."

Der Reichsverteidigungskommissar der Steiermark, Gauleiter Uiberreither, hatte weniger mit allen möglichen Schwierigkeiten zu kämpfen als seine Kollegen und entwickelte darüberhinaus eine sehr zielstrebige Aktivität. Er erreichte, daß ab dem 17. September 1944 die Arbeitskräfte bereitgestellt wurden und viele Firmen in der Steiermark auf Grund der Paragraphen 1 und 3 der Notdienstverordnung vom 15. Oktober 1938 (RGBl. I, Seite 1441) Leute für kurzfristige Notdienstleistungen bereithalten mußten[15]. Schulen und öffentliche Gebäude wurden geräumt, um die dienstverpflichteten Arbeitskräfte unterbringen zu können. Rasch errichtete oder adaptierte Barackenlager sollten der Aufnahme von weiteren Arbeitskräften dienen, wo auch immer diese herkommen würden.

Am 16. September 1944 meldete Uiberreither, daß am darauffolgenden Tag der Großeinsatz beginnen könnte, daß jedoch die Erkundungs- und Baustäbe noch nicht eingetroffen seien, der Bau zu zwei Drittel in „Bandengebieten" durchgeführt werden müsse und daher neue Sicherungskräfte erforderlich seien, etc[16].

Parallel zu den Maßnahmen der Reichsverteidigungskommissare liefen die Vorbereitungen der Wehrmacht an. Um zu einer einheitlichen Leitung des Stellungsbaues an den Grenzen von Niederdonau und der Steiermark zu kommen, wurde als Bindeglied zwischen dem Oberkommando des Heeres und den stellvertretenden Generalkommanden XVII und XVIII A. K. die Dienststelle eines „Festungsbereichs Südost" im Range eines Armeeoberkommandos geschaffen, die unmittelbar dem Oberkommando der Wehrmacht unterstand und die ihren Sitz zunächst in St. Gilgen am Wolfgangsee und ab 18. Dezember in Heiligenkreuz (Niederösterreich) hatte. Zum Kommandanten wurde General der Panzertruppen Nikolaus von Vormann ernannt[17].

General Vormann beauftragte den Festungs-Pionierkommandeur XVII, Generalmajor Johann Mirow, mit der Durchführung der Stellungserkundungen und des Stellungsbaues im Wehrkreis XVII und analog dazu den Höheren Pionierkommandeur z. b. V. XVIII, Generalleutnant Richard Zimmer, mit denselben Aufgaben im Wehrkreis XVIII[18]. Ab 1. April 1945 wurde in Niederdonau ein zweiter Stab unter Generalmajor Jünke eingesetzt und die Aufgabe so geteilt, daß der Stab Mirow nördlich der Donau vor allem für Bratislava und der Stab Jünke südlich der Donau verantwortlich sein sollten. Infolge der fortgeschrittenen militärischen Ereignisse wirkte sich diese Neufestlegung der Kompetenzen aber nicht mehr aus[19].

FESTUNGSABSCHNITT NIEDERDONAU

Mit dem Beginn der Tätigkeit des Stabes Vormann waren die notwendigen organisatorischen Voraussetzungen geschaffen worden, die ein Funktionieren der militärischen Seite des Stellungsbaues gewährleisten sollten.

Für die Befestigungen zwischen Bratislava (ausschließlich) und Geschriebenstein (= Abschnitt Niederdonau) setzte Generalmajor Mirow einen aus Ersatztruppen des Wehrkreises XVII gebildeten Erkundungsstab ein, den vom September 1944 bis 1. Jänner 1945 Generalleutnant Walter Hinghofer befehligte, danach Generalmajor Erwin Lahousen. Dieser Erkundungsstab (mit dem Sitz in Wien) hatte neun Unterabschnitte auf die Möglichkeit der Anlage von Geländeverstärkungen zu untersuchen und die beginnenden Bauarbeiten zu überwachen. Die Durchführung der Befestigungsbauten selbst oblag der OT-(= Organisation-Todt-)Einsatzgruppe Südost, Sonderbauleitung Wien[20]. Nach dem Eintreffen der ersten Erkundungsergebnisse im Oktober begann die Ausarbeitung der notwendigen Ausbaupläne.

In den Beginn der Planungsarbeiten für die Grenze von Niederdonau spielte noch ein Projekt hinein, welches Monate zuvor ventiliert worden war und das die Aufstauung der Donau bei Hainburg vorsah, um die Sowjettruppen bei ihrem Vordringen in der Oberungarischen Tiefebene durch das plötzliche Ablassen der gestauten Wassermengen zu behindern und weite Landstriche temporär unpassierbar zu machen. Dieses Projekt wurde wenige Wochen, nachdem es konkrete Gestalt angenommen hatte, von der British Broadcasting Corporation (BBC) in ihrem für Deutschland bestimmten Programm bekanntgegeben[21]. Die Sicherheitsvorkehrungen wurden nach diesem unliebsamen Zwischenfall gewiß verstärkt, dennoch kann nicht ausgeschlossen werden, daß schon die eine oder andere Einzelheit der Planung den alliierten Geheimdiensten bekannt wurde. In seiner Gesamtheit ließ sich der Stellungsbau ohnehin nicht verschleiern, denn sobald mit den Bauarbeiten begonnen wurde, fingen die Westalliierten an, die Befestigungslinien aus der Luft aufzuklären und Meter für Meter zu fotografieren[22].

Bald nach Beginn der Erkundungen entlang der Ostgrenze von Niederdonau beantragte Dr. Jury beim Oberkommando der Wehrmacht/Wehrmachtführungsstab die Vorverlegung einiger Abschnitte der Reichsschutzstellung auf ungarisches Gebiet. Dieser Vorschlag wurde jedoch am 20. September abgelehnt, „da der Ausbau mit Kräften des deutschen Volksaufgebotes in Ungarn" als unerwünscht bezeichnet wurde. Dr. Jury, der jedoch den Ausbau der Grenzschutzstellung „ohne

Einbeziehung des Ödenburger Zipfels als ungünstig ansah", wandte sich daraufhin direkt an Bormann. Nach dem Umsturz in Ungarn (16. Oktober 1944) erneuerte Jury unverzüglich seinen Antrag, erhielt aber neuerlich aus politischen Gründen eine Ablehnung[23].

Erst am 5. November erteilte der Chef des Wehrmachtführungsstabes, Generaloberst Jodl, dem Festungskommando Südost die Genehmigung, auch ungarisches Gebiet in die Anlage der Reichsschutzstellung einzubeziehen[24]. Damit ließ sich vor allem im Gebiet um Sopron eine erhebliche Verkürzung der Linienführung erreichen, während südlich davon die taktisch günstigeren Verhältnisse für eine Vorverlegung der vordersten Stellungslinie sprachen.

Der Angelpunkt der Reichsschutzstellung an der Grenze von Niederdonau war Bratislava, das unabhängig vom Festungsbereich Südost zu einer Festung ausgebaut wurde. Die Bauarbeiten südlich der Donau wurden hierauf in zwei Unterabschnitte gegliedert, und zwar den Unterabschnitt Nord, von Bratislava bis zum Neusiedler See, und den Unterabschnitt Süd, vom Neusiedler See bis zum Geschriebenstein. Die Schwierigkeiten bei der Anlage der Stellungsbauten nahmen jedoch zu statt ab, und zwar dadurch, daß die einzelnen Kreisleiter unter Führung des Reichsverteidigungskommissars von Niederdonau die Aufsicht bei der Baudurchführung übernahmen und es so zu den bereits eingangs erwähnten Kompetenzschwierigkeiten mit militärischen Stellen kam. Der Mangel an Arbeitskräften, der durch die dringenden Aufräumungs- und Reparaturarbeiten nach den Luftangriffen immer drückender wurde, und zum Teil wohl auch die vom Leiter der Abteilung Ib/Organisation des Wehrkreiskommandos XVII, Major Carl Szokoll, betriebene Personalpolitik, die es sich im Sinne der österreichischen Widerstandsbewegung zum Ziel gesetzt hatte, möglichst keine Anlagen entstehen zu lassen, die eine Kriegsführung auf österreichischem Boden förderten, erschwerten die Durchführung der Bauarbeiten wesentlich[25]. Durch den Einsatz von Tausenden von Dienstverpflichteten, Hitlerjungen, Ostarbeitern, vor allem aber Zigtausenden KZ-Häftlingen und ungarischen Juden[26], die häufig unter entsetzlichen Bedingungen zu arbeiten hatten, konnte eine kontinuierliche Bautätigkeit entfaltet werden. Zeitweilig arbeiteten Angehörige von 12 Nationen am Bau der Reichsschutzstellung in deren Abschnitten entlang der ungarischen Grenze. Am 20. Jänner 1945 waren es über 83.000 Menschen, und Anfang März immer noch 67.000, die nur im Bereich des Festungsabschnitts Niederdonau Schanzarbeiten durchführten[27].

Soferne es sich um Juden, Häftlinge von Konzentrationslagern und Ostarbeiter handelte, wurden sie von SA und Volkssturm und zumindest zeitweilig von Wehrmachts- oder SS-Einheiten bewacht. Aus der Gegend um Rechnitz ist beispielsweise die Anwesenheit einer muselmanischen SS-Division (wahrscheinlich 23. Waffen-Gebirgs-Division der SS „Kama") bekannt[28]. Waldungen wurden abgeholzt. Äcker umgegraben, Weingärten zum Verschwinden gebracht, und wohl kaum jemand konnte hoffen, daß er dafür später einmal entschädigt werden würde.

Das Ergebnis der etwas mehr als vier Monate während Anstrengungen war der Ausbau einer A- und einer B-Linie, deren Kernstück ein nur streckenweise ausgebauter, im übrigen angedeuteter Panzergraben war. Die A-Linie führte von der Donau südlich Bratislava über Prellenkirchen — Bruck a. d. Leitha — Mannersdorf — Mörbisch, dann über ungarisches Gebiet ostwärts Sopron nach Kóphaza —

Deutschkreutz — Nikitsch und entlang der Grenze bis zum Geschriebenstein. Die im Bereich der Stellungen gelegenen Ortschaften sollten jeweils zu Stützpunkten ausgebaut werden. Es kam auch zum Ausbau unterirdischer Gefechtsstände, wenngleich bezweifelt werden muß, daß es sich bei einer im Abschnitt Deutschkreutz gefundenen Anlage um einen Armeegefechtsstand handelte[29]. Ein solcher wäre in der Front sinnlos gewesen. Die Aufstellung einiger weniger Panzerhöcker und die Anlage von Flakstellungen ergänzten diesen Teil der Reichsschutzstellung[30]. Ansonsten wurden nur einfache Deckungsmöglichkeiten für die Alarm- und Volkssturmeinheiten geschaffen, die die Verteidigung in diesem Abschnitt übernehmen sollten[31].

Da die Ereignisse an der Ostfront immer bedrohlicher wurden, plante man in Niederdonau den Ausbau einer ganzen Reihe von rückwärtigen Stellungen. Es waren dies:

1. Befestigung entlang der March von deren Mündung in die Donau bis Břeclav (Lundenburg), also bis zur Grenze des Protektorats Böhmen (= March-Thaya-Stellung).

2. Riegelstellung entlang der Thaya von deren Mündung in die March bis zum Festungsgürtel Brno (Brünn).

3. „Deutschmeisterstellung", mit dem Verlauf Semmering — Schneeberg — Bad Vöslau — Baden b. Wien — Leithafluß — Fischamend — westl. Zistersdorf.

4. „Nibelungenstellung", mit dem Verlauf Traisenfluß — Kampfluß — Znojmo (Znaim) — Brno.

5. „Hagenstellung", mit dem Verlauf entlang der Höhen des Waldviertels: Zwettl — Döllersheim — Waidhofen a. d. Thaya.

Es kam aber nur stellenweise — vor allem in der March- und Thayastellung — zu einem Ausbau dieser Linien. In den meisten Fällen wurden lediglich vor dem Herannahen der Roten Armee örtliche Sperr- und Sicherungsmaßnahmen getroffen, die zum größten Teil sinnlos waren; manche Straßensperren konnten zum Beispiel einige Meter weiter mit großer Leichtigkeit umgangen werden. Zum Ausbau der „Nibelungen-" und der „Hagenstellung" sollten ungarische Flüchtlinge und Wehrmachtsangehörige herangezogen werden, doch geschah auch dies nur in den seltensten Fällen[32].

Ende März 1945 bestand somit eine zwar nicht nach der Tiefe gegliederte, so doch zusammenhängende Auffangstellung, die an der Grenze von Niederdonau als Rückhalt der Verteidigung dienen konnte. Der Wert dieser Linie stieg, wenn man die „Festung Preßburg" in die Beurteilung der Abwehrfähigkeit einbezog.

Nach dem Abschluß der Bauarbeiten, der oft erst einen Tag vor dem Herankommen der Sowjets erfolgte, wurden diejenigen Gefangenen und deportierten Juden, die die Strapazen und Grausamkeiten der vorangegangenen Wochen und Monate überlebt hatten, zu Marschkolonnen formiert und nach dem Westen getrieben. Wer zu schwach war, um den Marsch anzutreten, wurde häufig an Ort und Stelle erschossen. Die Reichsschutzstellung wurde somit nicht nur durch die Arbeitskraft Zigtausender unglücklicher Menschen, sondern auch mit deren Blut gebaut.

DIE WIENSCHUTZSTELLUNG

Am 28. Oktober 1944 wurde dem Stadtkommandanten von Wien, Generalleutnant Ludwig Merker, vom Wehrkreiskommando XVII die Aufgabe übertragen, auch für Wien die Anlage von Verteidigungsstellungen zu erkunden[33]. Diese Erkundungsarbeiten durften nicht im verbauten Stadtgebiet durchgeführt werden, da man die Bevölkerung der Millionenstadt nicht beunruhigen wollte. Als Anhalt für die Erkundung sollte die Ausarbeitung über den „Brückenkopf Wien" aus dem Ersten Weltkrieg benutzt werden[34]. Erst bei Vorlage der Vorerkundung, Anfang November, war daran gedacht, die Abschnittseinteilung und den Kräftebedarf für eine spätere Einzelerkundung bekanntzugeben[35].

Der Bau einer „Wienschutzstellung" ist jedoch nicht über das Planungsstadium hinaus gediehen. Man scheute sich bei der Ende 1944 ohnehin schon sehr labil gewordenen Einstellung der Wiener Bevölkerung, Andeutungen über eine Verteidigung der Stadt laut werden zu lassen, und dachte viel eher daran, Wien notfalls zur offenen Stadt zu erklären. Die Vorgänge des 20. Juli 1944 in Wien hatten bei Wehrmacht und Partei doch Spuren hinterlassen, die auch durch einige personelle Änderungen, insbesondere durch die Ernennung eines neuen Chefs des Generalstabes im Wehrkreis XVII[36], nicht beseitigt werden konnten. Am 21. November 1944 verbot der Befehlshaber des Ersatzheeres und Reichsführer-SS, Heinrich Himmler, allen zivilen und militärischen Stellen jegliche Diskussion über eine angeblich beabsichtigte Räumung oder Evakuierung Wiens. „Derartige Unterhaltungen", hieß es, „sind nur geeignet, törichte Gerüchte in die Welt zu setzen. Wien und die Ostmark werden östlich der Donau und — wenn es sein muß — an der Reichsgrenze verteidigt, und zwar von der deutschen Wehrmacht ebenso fanatisch wie vom Volkssturm Wien[37]."

Erst Anfang März 1945, also unmittelbar vor dem Herannahen sowjetischer Truppen, wurden am Südrand von Wien, besonders am Wienerberg und am Laaer-Berg, einige Deckungsmöglichkeiten geschaffen[38]. Diese Bauten waren jedoch durch das Kampfgeschehen bedingt und sind durchaus nicht langfristig in Angriff genommen worden.

FESTUNGSABSCHNITT STEIERMARK

An den Festungsabschnitt Niederdonau schloß beim Geschriebenstein nach Süden der Festungsabschnitt Steiermark an. Zur Erkundung und Festlegung dieser Stellung wurde im Wehrkreis XVIII ein Stab unter Generalmajor Wilhelm Weiß in Graz aufgestellt, der dem Höheren Pionierkommandeur z. b. V. XVIII, General Zimmer, unterstand. Das Erkunden und das Auspflocken der Stellungen entlang der Reichsgrenze vom Geschriebenstein b. Rechnitz, das Pinkatal abwärts, bei Jennersdorf quer über das Raabtal und bis Radkersburg wurde sofort in Angriff genommen. Als Verlängerung über die heutige Staatsgrenze hinaus wurde eine Linie festgelegt, die von Radkersburg und Ljutomer (Luttenberg), westlich Videm-Krško (Gurkfeld a. d. Save), saveaufwärts nach Zidani most (Steinbrück) und von dort südwestwärts bis in den Raum Ljubljana (Laibach) gedacht war[39].

War im Verlauf der Reichsschutzstellung nördlich des Neusiedler Sees die Stadt Bratislava auf ganz eindeutige Weise zum Schwerpunkt der Befestigungsanlagen ausersehen worden, so gab es im Bereich des Festungsabschnittes Steiermark keinen Ort, der ähnlich stark ausgebaut werden konnte. Der Anlage der Stellungen lag die Überlegung zugrunde, daß eine Tiefengliederung erzielt werden müsse und in allen Kreisen die größeren Orte zur Verteidigung einzurichten seien. Mit Hilfe der Erkundungsstäbe hatten General Weiß und der Festungs-Pionierkommandeur II, Oberst Messerschmidt, ein brauchbares Stellungssystem auspflocken lassen. Zwischen dem 9. Oktober und dem 1. November wurde mit dem Ausbau begonnen[40]. Danach beschränkte sich der Stellungsbau in der Steiermark (damalige Grenze) auf sechs Abschnitte, die in folgenden Zeiträumen ausgebaut wurden:

Abschnitt I   Trifail (1. 11. 1944 — 30. 4. 1945)
Abschnitt II   Rann (20. 10. 1944 — 31. 3. 1945)
Abschnitt III Rohitsch-Sauerbrunn (20. 2. 1944 — 31. 3. 1945)
Abschnitt IV Luttenberg — Pettau (9. 10. 1944 — 31. 3. 1945)
Abschnitt V   Feldbach — Radkersburg (16. 10. 1944 — 31. 3. 1945)
Abschnitt VI Oberwart — Fürstenfeld (9. 10. 1944 — 31. 3. 1945)

Ab Februar 1945 wurde der Bau einer zweiten Linie von Feldbefestigungen begonnen: ausgehend von der Laßnitzhöhe über Bäckenpeterl — Altes Faßl — Rinnegg — Schöckl — Rachberg — Teichalpe — Straßegg — Schanz — Teufelstein — Alpl — Pretul zum Fröschnitzsattel. Zur Sperrung des Passailer Beckens wurden weitere Stellungen über die Gorracher Höhen — Raabklamm — Weizklamm — Heilbrunn — Plankogel bis Straßegg angelegt. Im mittleren Murtal wurden die Wand beim Zigeunerloch in Gratkorn und die Badlwand zur Sprengung vorbereitet, jedoch nicht geladen. Panzergräben im Mürztal und im oberen Murtal bis Murau schlossen dieses steirische Feldstellungssystem ab[41].

Es kamen also noch zwei Bauabschnitte hinzu:
Abschnitt VII Mur- und Mürztal (Februar 1945 — 29. 4. 1945)
Abschnitt VIII Graz-Stadt/Land (12. 3. 1945 — 8. 5. 1945)[42]

Zunächst entstanden wie im Festungsabschnitt Niederdonau zwei Stellungslinien, die entlang der steirisch-ungarischen Grenze verliefen. Im Abschnitt Rechnitz wurde die A-Linie auf ungarisches Gebiet vorgeschoben (über Kisnarda — Nordrand Bucsu — Ostrand Bozsok). Die B-Linie verlief innerhalb der Reichsgrenze. Auch in den Kampfabschnitten Güssing, Lafnitztal und Raabtal konnten noch auf ungarischem Gebiet Vor-Stellungen gebaut werden. Zuvorderst entstanden Panzergräben mit den dazugehörigen Kletterwänden in allen panzergefährdeten Abschnitten, vor allem aber quer durch das Lafnitztal bei Heiligenkreuz, über das Raabtal bei Jennersdorf, ferner bei Minihof Liebau, Klöch, ostwärts von Radkersburg und im Drautal bei Polsterau-Friedau[43]. Dann folgten die sehr zahlreichen übrigen Anlagen der Schutzstellung in Form von Erdbefestigungen, verstärkt durch Faschinen und Bäume. Granatwerfersichere Unterstände wurden im notwendigen Maße erbaut, ebenso Stellungen für schwere Waffen. Die reichlich vorhandenen Unterstände waren durchwegs aus Holz; für den Abschnitt VI beispielsweise wurden 516 Anlagen dieser Art geliefert[44]. Größere Betonierungsarbeiten wurden hingegen nur um Rechnitz, Feldbach und Radkersburg durchgeführt[45].

Ein ausgesprochener Mangel, der zumindest örtlich in Erscheinung trat, war, daß wohl Gefechtsstände, Unterkünfte, Kampfstände und Panzergräben entstanden, jedoch keine Laufgräben. Drahthindernisse waren nicht überall vorhanden, und wenn, dann nur sehr schwache. Es wurde auch erwogen, Minenfelder anzulegen, doch wegen der Gefährdung der zurückgehenden deutschen Truppen wurde davon vorerst Abstand genommen. Wenn dann Minen verlegt wurden, dann geschah dies meist im Streuverfahren durch Pioniere des Feldheeres[46].

Ähnlich wie im Festungsabschnitt Niederdonau wurden neben der OT und den zu Notdienstleistungen verpflichteten Arbeitskräften Tausende von KZ-Häftlingen und Juden beim Stellungsbau eingesetzt; bis zu 50.000 Menschen sollen beim Ausbau der Stellungen beschäftigt gewesen sein[47]. Anfang März 1945 waren es über 35.000, davon allerdings nur rund die Hälfte in jenen Abschnitten, die auf heute österreichischem Gebiet lagen[48]. Im Laufe des Winters stürzten durch Witterungseinflüsse und teilweise auf Grund schlechter Arbeit viele Gräben und Deckungslöcher ein und mußten wieder ausgeschaufelt werden[49]. In diesem Zusammenhang gab der Chef des Wehrmachtführungsstabes, Generaloberst Alfred Jodl, am 22. Februar 1945 für alle noch im Bau befindlichen Stellungen einen Führerbefehl heraus, der sofort zur Grundlage des gesamten Stellungsbaues gemacht werden sollte. Danach waren Stellungen dort, wo die Boden- und Grundwasserverhältnisse einen raschen Verfall erwarten ließen, nur mehr dann zu bauen, wenn sie kurz darauf von Truppen besetzt würden. Eine Verschalung mit Holz oder Faschinen war in jedem Fall anzustreben[50].

Nach Abschluß der Bauarbeiten blieben die Erkundungstrupps in der Stellung und achteten darauf, daß nicht neuerlich größere Teile einstürzten. Ferner hatten sie die Aufgabe, die Besatzung für den „Südostwall", die erst herantransportiert werden mußte, an Ort und Stelle einzuweisen. Überdies wurden die Brücken zur Sprengung vorbereitet. Bereits im November 1944 waren durch eine Verfügung General Vormanns für den Raum südlich des Neusiedler Sees folgende Hauptrückmarschstraßen festgelegt worden[51]:

a) aus dem Raum Györ nach Rechnitz
b) aus dem Raum Szombathely nach Schachendorf und Höll — Kohfidisch
c) aus dem Raum Körmend nach Strem und Heiligenkreuz — Jennersdorf

Das bedeutete also, daß bei weitem der größte Teil der Heeresgruppe Süd auf Rückzugslinien festgelegt wurde, die direkt nach Westen gingen; der Abschnitt von Bratislava bis zum Neusiedler See, wo man die sowjetische Hauptmacht eigentlich erwartete, wurde dagegen nur schwach belegt.

Vergleicht man den österreichischen Abschnitt der Reichsschutzstellung, dem bei einer gewissen Selbstüberschätzung auch die Bezeichnung „Südostwall" gegeben wurde und die dazu verleitete, eine gedankliche Verbindung mit dem propandistisch auch überbewerteten „Westwall" herzustellen, mit der Anlage von Verteidigungsstellungen im übrigen Gebiet des Deutschen Reiches, dann muß die ganze Anlage als improvisiert und mit unzulänglichen Mitteln hergestellt bezeichnet werden.

Die Anfechtbarkeit solcher Bauten war schon im Frankreichfeldzug 1940 evident geworden, und es hatte sich im Verlauf des Krieges immer wieder gezeigt, daß starre Verteidigungslinien kaum Vorteile boten. Als „Wall" war die Reichsschutzstellung praktisch ohne Bedeutung, und ihre Anlagen konnten überhaupt nur dann von Nut-

Im September 1944 wurde mit dem Bau der Reichsschutzstellung begonnen. Sie sollte bis Jahresbeginn 1945 fertiggestellt sein. Um die benötigten Arbeitskräfte zu bekommen, wurden zehntausende deportierte ungarische Juden und Häftlinge von Konzentrationslagern eingesetzt, um die Kräfte des Reichs-Arbeitsdienstes, der Wehrmacht und der Hitlerjugend zu verstärken. Von allen, die hier arbeiteten, glaubten wohl nur die Angehörigen der Hitlerjugend (beide Fotos) noch an die Haltbarkeit eines solchen Stellungssystems.

Essenausgabe für einen Bautrupp der Hitlerjugend in der Reichsschutzstellung. Der Arbeitstag betrug auch für sie durchschnittlich 13 Stunden.

Entlang der Verkehrsverbindungen, die bis zum letzten Moment offenbleiben sollten, wurden Fallkörpersperren betoniert, die nur gesprengt werden mußten, um eine Eisenbahnlinie oder eine Straße kurzzeitig unpassierbar zu machen (links).

Das Kernstück der Reichsschutzstellung bildete ein Panzergraben. Tatsächlich war der Hinderniswert dieses Grabens jedoch äußerst gering.

Ungarische Flüchtlinge in Leoben, April 1945. Das Herannahen der Front wurde durch Flüchtlingsströme angekündigt. Hunderttausende flohen aus Ostmittel- und Südosteuropa nach Österreich, wo die Flucht dann ein Ende hatte.

Volkssturm in der Wiener Alserstraße. Ende März 1945 wurden die Aufgebote des Volkssturms alarmiert, um die vorbereiteten Stellungen zu beziehen. Rund die Hälfte des Volkssturms kam dann tatsächlich zum Einsatz.

zen sein, wenn es gelang, stärkere Verbände als Auffangtruppen rechtzeitig in Stellung zu bringen, und wenn damit ein kurzfristiger Rückhalt für die Verteidigung geschaffen werden konnte.

Bevor die organisatorischen Kampfvorbereitungen im Hinterland der Reichsschutzstellung geschildert werden, wollen wir noch einen Blick auf die Vorbereitungen im Westen werfen. Hier hatte man gleichzeitig mit dem Bau der Reichsschutzstellung auch ein größeres Projekt zum Schutz der Reichsgrenzen in Angriff genommen.

DIE GRENZSTELLUNG[52]

Der vom Oberkommando der Wehrmacht im September 1944 erlassene Befehl zur Anlage von Verteidigungsstellungen in den Wehrkreisen XVII und XVIII war nicht nur auslösendes Moment für die Planung und den Baubeginn von Befestigungen im Osten gewesen, vielmehr ordnete er auch für den Wehrkreis XVIII die Erkundung, Ausflockung und den teilweisen Ausbau einer Kampfstellung an der Vorarlberger West- und an der Tiroler Südgrenze an[53].

Der Alpenraum war schon vorher in mehrere Operationszonen geteilt worden. Die „Operationszone Alpenvorland" erstreckte sich über die Provinzen Bozen, Trient und Belluno und hatte als Obersten Kommissar den Gauleiter von Tirol — Vorarlberg, Franz Hofer. Er wurde zu einer Schlüsselfigur bei allen die Sicherung des Alpenraums betreffenden Fragen. Für das ostwärts angrenzende Gebiet („Operationszone Adriatisches Küstenland") war der Gauleiter von Kärnten, Dr. Friedrich Rainer, verantwortlich[54]. Zu den sechs Bauabschnitten der Alpen-Vor-Stellung kam im Dezember 1944 als Abschnitt VII der Bau der Reschenbahn dazu. Seit dem Herbst 1944 zeichnete sich aber auch schon die Notwendigkeit ab, möglichst bald mit der Sicherung Vorarlbergs zu beginnen und die zu erkundenden Stellungen so anzulegen, daß sie an die „Schwaben-" oder „Alemannenstellung", die im Süden Badens und Württembergs entstand, anschlossen. Damit gab es einen Bauabschnitt VIII[55].

Im November 1944 wurde vom Höheren Pionierkommandeur XVIII, Generalleutnant Zimmer, in Innsbruck der Stab „Höherer Pionierführer 11" aufgestellt, dessen Führung Generalmajor August Marcinkiewicz übertragen wurde. (Anfang Dezember 1944 erfolgte die Umbenennung des Stabes in „Festungs-Pionierkommandeur 14"). Der Auftrag, den Generalmajor Marcinkiewicz vom Stellvertretenden Generalkommando XVIII. A. K. erhielt, sah die Erkundung einer Kampfstellung mit Front gegen Westen bzw. Süden vor, mit dem allgemeinen Verlauf: Bregenz — Feldkirch — Grenze gegen Liechtenstein — Grenze gegen die Schweiz bis zum Reschenpaß — italienische Grenze bis zur Hochwilde (L'Altissima) und von dort bis zum Anschluß an die ehemaligen österreich-ungarischen Befestigungen von 1914 (diese Stellungen sollten nach Möglichkeit ausgenützt werden) und zum Col Quaterna an der Kärntner Grenze. Von hier nach Osten sollte die Stellung entlang der Kärntner Südgrenze verlaufen und durch einen Nachbarstab (mit dem Standort in Klagenfurt) erkundet werden. Weisungen für den Ausbau waren im richtunggebenden Befehl des Stellvertretenden Generalkommandos XVIII. A. K. nicht enthalten. Sie wären auch unnötig gewesen, da der Ausbau ja auch in diesem Fall in der Verantwortung der Reichsverteidigungskommissare lag.

Generalmajor Marcinkiewicz erhielt zunächst fünf Gebirgspionier-Sonderstäbe sowie einen Artillerie-Sonderstab unterstellt und teilte das Gebiet, das erkundet werden sollte, in fünf Abschnitte ein, für deren Besetzung jeweils eine Division vorgesehen war: Bregenz, Bludenz, Landeck, Klausen (Chiusa) und Cortina d'Ampezzo. Die Arbeit der Stäbe stieß auf große Schwierigkeiten, die hauptsächlich in der ungünstigen Jahreszeit, den Gefahren des Hochgebirges und in der unzulänglichen Ausrüstung für die Arbeit unter extremen Bedingungen bestanden. Dennoch konnten die Erkundungsarbeiten bis Ende 1944 im großen und ganzen durchgeführt werden. Bereits am 26. November stellte das Kommando Festungsbereich Südost den formellen „Ausbauantrag Vorarlberg — Tirol — Kärnten"[56]. Anfang Jänner 1945 wurde mit der Detailerkundung und mit dem Auspflocken der Stellungen im Gelände begonnen.

Gauleiter Franz Hofer schenkte der Arbeit von Generalmajor Marcinkiewicz — wie nicht anders zu erwarten — ungeteilte Aufmerksamkeit und erteilte dem Festungs-Pionierkommandeur 14 noch im Jänner 1945 den Befehl, den Stellungsabschnitt Bregenz — Feldkirch in den Schwerpunkten feldmäßig auszubauen[57]. Dieser Befehl wurde zum einen in der Annahme gegeben, die Alliierten würden bei einem Angriff auf Tirol und Vorarlberg die Schweiz als Durchmarschgebiet benützen. Außerdem befürchtete man, daß die Alliierten im Rheintal, unterstützt von der Zivilbevölkerung, eine großangelegte Luftlandeoperation durchführen würden[58]. Als Kernpunkt der Stellung waren daher die Räume Bregenz, Dornbirn, Götzis und Feldkirch vorgesehen.

Hofer handelte damit wahrscheinlich eigenmächtig, da ihm vom Oberkommando der Wehrmacht am 25. November 1944 der Ausbau von Stellungen gegenüber der Schweiz ausdrücklich verboten worden war[59]. Der Hinweis auf mögliche Luftlandungen sollte also wohl primär eine Argumentationshilfe sein, um Hofer nicht allzusehr ins Unrecht zu setzen.

Nach Durchführung der Vorarbeiten begannen Mitte Februar 1945 die Bauarbeiten mit rund 2.000 zivilen Arbeitern, teilweise Frauen, unter vier Bauleitungen der Organisation Todt. Die fachmännische militärische Beratung oblag dem Gebirgspionier-Sonderstab Bregenz. An militärischen Arbeitskräften waren nur eine Einweisungsabteilung (5 Offiziere und zirka 80 Mann) und eine Gesteinsbohrkompanie eingesetzt[60]. Da der Westen Österreichs erst einen Monat später Kriegsschauplatz wurde als der Osten, konnten bis Ende April 75% der Kampfstellungen für schwere und leichte MGs, 75% der Halbgruppen- und Gruppenunterstände, 30% der Beobachtungsstellen, 30% der Annäherungsgräben und 30% der Panzersperren fertiggestellt werden. An wichtigen Straßen und Eisenbahnlinien waren Fallsperren betoniert oder Baumsperren vorbereitet worden. Stacheldraht und Minen lagen bereit. Damit war die Tätigkeit des Festungs-Pionierkommandeurs 14 in Vorarlberg beendet[61]. Am 30. April gingen seine Kompetenzen an das Höhere Kommando Oberrhein über. Dieses Kommando übte jedoch keinen Einfluß mehr auf die Befestigungs- und Sperrarbeiten aus. Zu den Besonderheiten der Grenzstellung gehörte, daß häufig Kugelbunker aus Eisenbeton Verwendung fanden, eine Form von Kampfunterständen, die in der Reichsschutzstellung nur sehr selten anzutreffen war[62]. Diese Kugelbunker wurden von einer Berliner Firma gegossen und boten den Vorteil, daß sie rasch eingebaut und vor allem auch dort eingesetzt werden konnten, wo die Grundwasserverhältnisse den Stellungsbau sehr erschwerten oder unmöglich machten. (Nach dem Krieg waren die Bunker als Bestandteile für Senk- und Klärgruben sowie als Futtersilos sehr gefragt).

Jener Teil des Stellungssystems, der Nordtirol nach Süden sichern sollte, blieb unausgebaut, da keine unmittelbare Notwendigkeit bestand, mehr als die Sperrung der wichtigsten Nord-Süd-Verbindungen zu gewährleisten. Selbstverständlich gab es praktisch an jeder Brücke Vorbereitungen zur Sprengung und Straßensperren bis weit in das Landesinnere. Überdies ließ man nie die Möglichkeit von Luftlandungen außer acht. Mehr geschah jedoch nicht.

Wohl aber erhielt Generalmajor Marcinkiewicz am 2. April 1945 vom Stellvertretenden Generalkommando XVIII. A. K. den Befehl, sämtliche von Westen und Norden nach Tirol führenden Wege, Straßen und Pässe in möglichst großer Tiefe zu sperren, bzw. zur Sprengung vorzubereiten. Eine Woche später konnte mit dem Bau der ersten Sperre begonnen werden. Der Reichsverteidigungskommissar von Tirol-Vorarlbergs, Franz Hofer, wollte sich aber mit der Absicherung nach Norden und Westen nicht begnügen und sprach Generalmajor Marcinkiewicz gegenüber den Wunsch aus, auch die Ostgrenze Tirols in den Sperrplan einzubeziehen[63]. Hofer, der seit März 1945 um die Verhandlungen deutscher und alliierter Vertreter in der Schweiz über eine Sonderkapitulation der Heeresgruppe C in Italien wußte[64], einen rechtzeitigen erfolgreichen Abschluß aber offenbar bezweifelte, nahm also an, daß die Sowjets noch vor den Westalliierten die Tiroler Ostgrenze erreichen könnten.

Um den 15. April trafen nach Abbruch ihrer bisherigen Erkundungsarbeiten die Sonderstäbe Bludenz, Klausen und Cortina d'Ampezzo in den ihnen neu zugewiesenen Standorten ein und übernahmen die technische und taktische Führung der Sperrarbeiten. Die Ausführung entsprach der Zeitknappheit: Nebenverkehrslinien sperrte man sofort durch das Abtragen von Brücken, durch Sprengung von Straßenstücken an Steilhängen oder Felswänden. Durchzugsstraßen und Eisenbahnlinien wurden mittels „Fallkörpersperren" oder Panzergräben, die bis zum letzten Moment überbrückt waren, zur raschen Sperrung vorbereitet. Für die Sicherung dieser Sperren war die Anlage von feldmäßigen Stellungen vorgesehen, doch bis zum 28. April, dem Tag, an dem die ersten Panzerangriffe über die Tiroler Nordgrenze erfolgten, waren nur die äußersten Sperren fertig. Am 30. April wurde der Festungs-Pionierkommandeur 14 mit den Gebirgspionier-Sonderstäben Reutte, Scharnitz und Kufstein dem Befehlshaber der Alpenfront Nordwest, General der Gebirgstruppen Ritter von Hengl, in Wörgl unterstellt[65].

Welchen Wert hatten nun die Tiroler Stellungen und Sperren? Generalmajor Marcinkiewicz äußerte sich nach dem Krieg dahingehend, daß sie trotz ihres unfertigen Zustandes ihre Aufgabe zweifelsohne in wirksamer Weise erfüllt hätten, wenn sie nachhaltig verteidigt worden wären[66]. Ein Vergleich mit der Reichsschutzstellung ist insofern nicht sinnvoll, weil es in Westösterreich in erster Linie um die Sperre von Verkehrswegen ging, während mit der Reichsschutzstellung 410 Kilometer vorwiegend offenes Land gesichert werden sollten. Doch die eingesetzten Mittel verhielten sich verkehrt proportional zur Länge und Bedeutung der Stellungssysteme. Während beispielsweise für den Festungsabschnitt Steiermark 8 Millionen Reichsmark aufgewendet wurden, kostete die sogenannte „Hofer-Stellung" in Südtirol, der Etsch- und der Opante-Riegel, 600 Millionen Reichsmark[67]. Hier waren im großen Stil Baumaschinen und reguläre Arbeitskräfte eingesetzt worden, während im Osten vor allem geschaufelt wurde und die Arbeitskräfte, die größtenteils Gefangene oder Deportierte waren, mittels Hungerrationen gerade noch am Leben erhalten wurden.

Reichsschutzstellung und Grenzstellung waren jedoch die einzigen langfristigen Bauvorhaben, die für die unmittelbare Sicherung der „Donau- und Alpenreichsgaue" zur Durchführung gelangten. Die Anlagen, die Gauleiter Dr. Rainer an der Südgrenze von Kärnten errichtet sehen wollte, kamen nur vereinzelt über das Planungsstadium hinaus, wie zum Beispiel am Wurzenpaß, mit dessen sperrmäßigem Ausbau noch Ende November 1944 begonnen wurde[68]. Wohl aber ging Rainer im Einvernehmen mit dem Reichsverteidigungskommissar der Steiermark an den Ausbau einer Südost-Linie von Adelsberg bis Rann. Hier sollte als zweite Linie der Abschnitt von Rann nach Nordwesten ausgebaut werden, der in der Karawanken-Linie seine Fortsetzung finden sollte. In den Karnischen Alpen wurden Riegelstellungen am Plöckenpaß und am Naßfeld begonnen[69]. Zwei Faktoren verhinderten aber einen Stellungsbau größeren Umfangs an der Südgrenze Kärntens: die Dringlichkeit anderer Projekte und die ständig zunehmende Bedrohung dieser Gebiete durch die Partisanen.

Der Gauleiter von Salzburg, Dr. Gustav Adolf Scheel, wandte sich noch Mitte April 1945 mit der Bitte an Reichsleiter Bormann, ihm irgendwie eine ausreichende Verteidigung Salzburgs zu ermöglichen. Bis dahin waren noch nicht einmal die notwendigen Erkundungen durchgeführt worden[70].

Der Reichsgau Oberdonau profitierte schließlich davon, daß er in die Planungen der „Befestigungen Südost" einbezogen wurde und daß der General der Panzertruppen v. Vormann den Ausbau der Enns- und der Ybbslinie anordnete. Beide Stellungen waren Anfang Mai 1945 nach Osten verteidigungsfähig[71]. Der Stellungsbau an der oberösterreichischen Westgrenze befand sich hingegen bei Beginn der Kampfhandlungen, Ende April 1945, noch in den Anfängen. Der Sperrenbau hatte aber bis zu diesem Zeitpunkt gute Fortschritte gemacht, und auch der Ausbau des Verteidigungsabschnittes von Linz war in Form eines erweiterten Brückenkopfes in der Linie Gallneukirchen — Gramastetten — Ottensheim stützpunktartig durchgeführt worden[72]. Bis Kriegsende stand jedoch der Ausbau rückwärtiger Stellungen für die Ostfront im Vordergrund.

Nach diesem Gesamtüberblick über die baulichen Vorbereitungen in ganz Österreich zur Abwehr der aus dem Osten, dem Westen und dem Süden vordringenden Alliierten gilt es, wieder chronologisch vorzugehen und die organisatorischen und personellen Maßnahmen in den Wehrkreisen XVII und XVIII zu schildern, die den Einsatz von Territorialformationen in der Reichsschutzstellung und in den östlichen Reichsgauen vorbereiteten.

DIE ORGANISATION
DES FESTUNGSABSCHNITTS NIEDERDONAU

Der schon erwähnte grundsätzliche Befehl des Oberkommandos der Wehrmacht/ Wehrmachtführungsstabs vom Juli 1944 regelte die Vorbereitungen für die Verteidigung des Reiches. Erst am 9. September kamen Durchführungsbestimmungen zu diesem grundsätzlichen Befehl heraus[73]. Die Aufgaben für die bedrohten Wehrkreise waren darin klar umrissen: In die vorbereitenden Maßnahmen zur Verteidigung des Heimatkriegsgebiets seien alle im Befehlsbereich der Wehrkreiskommandos liegenden Kommandobehörden, Truppen, Dienststellen und Einrichtungen der Wehrmacht und der Waffen-SS sowie die von den Gauleitern und den Höheren SS- und Polizeiführern zur Verfügung gestellten zusätzlichen Kräfte einzubeziehen. Das bedeutete eine totale Mobilmachung.

Im einzelnen wurden noch Anordnungen über die Abwehr von Fallschirmjägern und Luftlandetruppen, den Schutz der wichtigsten Eisenbahnobjekte, die Sicherung der Brücken über die größeren Flüsse und die Bekämpfung von Flußtreibminen erlassen. Außerdem ergingen die Befehle zur Erkundung der Reichsschutzstellung, zur Rückführung der Kriegsgefangenen und zur kalendermäßigen Festlegung der sogenannten ARLZ-(Auflockerungs-, Räumungs-, Lähmungs- und Zerstörungs-)- Maßnahmen, besonders für Verpflegmagazine, Kasernen, Nachrichtenanlagen, Kfz-Werkstätten u. dgl. Das Oberkommando der Wehrmacht unterließ es jedoch, detaillierte Befehle über die Vorbereitungen zur Kampfführung und zur taktischen Gliederung zu geben. Das sollte den örtlichen Gegebenheiten entsprechend von den regionalen Führungsorganen gemacht werden. Damit wurde allerdings in Kauf genommen, daß sich die organisatorischen und taktischen Vorbereitungen in den Festungsabschnitten beträchtlich unterschieden.

Im Wehrkreis XVII wurde die Leitung der Vorbereitung der Kampfführung an der Ostgrenze einer neugeschaffenen Dienststelle, dem Festungskommando Niederdonau, übertragen. Kommandant wurde Generalleutnant Gustav Adolph-Auffenberg-Komarów. Sein Stab wurde am 9. Jänner 1945 in Eisenstadt aufgestellt, kontrollierte den Ausbau der Stellungen und sollte die organisatorischen Vorbereitungen vorantreiben. Doch General Adolph-Auffenberg mußte bald erfahren, daß die Parteidienststellen die Verteidigungsmaßnahmen im Bereich von Niederdonau als ihre Domäne betrachteten. Dazu kam, daß das Festungskommando Niederdonau lediglich über lokale Nachrichtenmittel verfügte, zwar Verbindungen mit dem Stellvertretenden Generalkommando XVII. A. K., jedoch bis zum 25. März 1945 keinerlei Kontakte zu der auf die Reichsschutzstellung zurückgehenden Heeresgruppe Süd hatte[74].

Neben den Alarmeinheiten, die seit dem 25. Oktober 1944 von allen Dienststellen und Einheiten des Ersatzheeres gebildet werden mußten[75], konnten im Wehrkreis XVII vor allem drei Divisionen zu den vorbereitenden Maßnahmen für die Verteidigung der Donaureichsgaue herangezogen werden: die Division Nr. 177 (Wien) und die Ersatz- und Ausbildungs-Division 487 (Linz) — ihnen fielen primär Ersatz- und Ausbildungsaufgaben zu — sowie die 417. Division z. b. V., die keine Kampf- oder Kampftruppen-Ersatz-Division war, sondern für Sicherungs- und Bewachungsaufgaben im Heimatgebiet, Ersatzgestellung für die Landesschützenverbände sowie für die Betreuung und Überwachung verschiedener Sonderformationen zur Verfügung stand[76].

Da die beiden erstgenannten Divisionen vor allem die Aufgabe hatten, den personellen Ersatz der Feldtruppen sicherzustellen, hatte die 417. Division die Hauptlast der Vorbereitungs- und der Sicherungsmaßnahmen zu tragen. Am 9. September 1944 wurde sie zudem damit betraut, die Erkundung der Reichsschutzstellung durchzuführen. Die Landesschützen-Bataillone dieser Division waren auf den gesamten Wehrkreis aufgeteilt und versahen ganz bestimmte Aufgaben. Drei Landesschützen-Bataillone (Nr. 858 und 866 sowie Auffangstab 417) waren in Wien und sorgten für die Bewachung der Donau- und Donaukanalbrücken, der Treibstoffanlagen, Kriegsbetriebe, Versorgungs- und Nachschublager, militärischen Unterkünfte und dergleichen mehr. Ein Landesschützen-Bataillon (Nr. 872) hatte im Raum von St. Pölten bis Linz ähnliche Aufgaben, insbesondere aber oblag ihm der Schutz der Westbahnstrecke. Ein Landesschützen-Bataillon (Nr. 851) lag im Raum Semmering-Aspangbahn und ein weiteres (Nr. 897) im Erdölgebiet um Zistersdorf. Beide Truppenkörper sollten vor allem Sabotageakte verhindern. Ihnen standen für Eingreifzwecke zwei Ersatz-Kompanien in Payerbach und je eine Ersatz-Kompanie bei Neusiedl a. d. Zaya und Břeclav (Lundenburg) zur Verfügung. Ein Landesschützen-Ersatz-Bataillon (I/17) sicherte den Raum Hainburg—Eisenstadt. Das Landesschützen-Ersatz-Bataillon II/17 in Znojmo (Znaim, damals Gau Niederdonau bzw. Wehrkreis XVII) besorgte die Ersatzgestellung und Ausbildung für zirka 32 Landesschützen-Bataillone, die in verschiedenen Front- und Etappengebieten eingesetzt waren. Die gleiche Aufgabe versah das Landesschützen-Ausbildungs-Bataillon in Uh. Hradiště für den südlichen Bereich von Mähren. Ein weiteres Landesschützen-Ausbildungs-Bataillon sicherte das Trifailer Kohlengebiet (damals Südsteiermark) gegen Partisanenverbände[77].

Die Landesschützen-Bataillone waren aber keine kriegsstarken Verbände; ältere Jahrgänge (ab 1944 die 55- bis 61jährigen Männer), Verwundete und Genesene bildeten das Hauptkontingent. Bei ihrer Ausrüstung fehlte es an schweren Waffen, es gab weder genügend Panzerabwehrmittel noch Granatwerfer und nur veraltete MG-Typen. Wiederholt mußten die deutschen Waffen an neu aufgestellte Marschformationen abgegeben werden; die Landesschützen erhielten nur noch Beutewaffen. Und auch wenn man sämtliche Ersatzformationen zu den Landesschützen dazuzählte, konnte man es sich an den Fingern abzählen, daß sie nicht ausreichen würden, um die sprunghaft anwachsenden Aufgaben zu erfüllen.

Nach dem Eintreffen des neuen Reichsverteidigungsplanes und mit dem Beginn seiner Realisierung innerhalb des Wehrkreises XVII ab September 1944 wurde die Bekämpfung von möglichen inneren Unruhen aus der Zuständigkeit des Ersatzheeres genommen und dem Aufgabenbereich der Höheren SS- und Polizeiführer zugeordnet. Dadurch wurde es auch nötig, die bereits bestehenden Befehle für den Fall „Gneisenau", das heißt zur Bekämpfung innerer Unruhen, Abwehr feindlicher Luftlandungen, Objektschutz u. a., neu zu fassen[78].

Trotz der mißlichen Lage an allen Fronten und der Schäden des Luftkrieges, der immer gewaltigere Ausmaße annahm, vertrat der Reichsverteidigungskommissar von Niederdonau, Dr. Jury, die optimistische Auffassung, daß die eingeleiteten Maßnahmen zur Sicherung der Donaureichsgaue ausreichen würden. Er meinte, auch wenn die Front vom Süden her näher an Wien herankäme, würde dies die Wiener nicht erschüttern. „Vor allem würden die Wiener, und zwar die Arbeiter ebenso wie die Bürger, alle Kräfte entfalten, wenn bolschewistische Truppen sich im Zuge der Kriegsereignisse nähern sollten[79]". Es war aber wohl Zweckoptimismus, der aus ihm sprach.

DER VOLKSSTURM

Wenige Tage nach dieser Äußerung Dr. Jurys, am 25. September 1944, wurden durch den „Erlaß des Führers über die Bildung des Deutschen Volkssturmes" alle waffenfähigen deutschen Männer im Alter von sechzehn bis sechzig Jahren volkssturmpflichtig[80]. Dieser Befehl galt auch für die „Donau- und Alpenreichsgaue". Da der Volkssturm Angelegenheit der Partei war, unterstand er den Gauleitern, die wiederum die Gaustabsführer mit der Bearbeitung aller Fragen der Aufstellung und Führung des Volkssturms betrauten. Zunächst waren, je nach Verwendungsfähigkeit der volkssturmpflichtigen Männer, vier Aufgebote zu schaffen. Das war die übliche Einteilung. Sie erhielten ihre Ausweise, Armbinden und hielten erste Appelle ab. Die Fotos, die gelegentlich dieser Versammlungen gemacht wurden, sprechen auch heute noch Bände: Die meisten Gesichter dieser — mit Ausnahme ganz weniger junger — meist alten Volkssturmmänner sind ernst, ein wenig müde und resigniert. Sie wußten, daß sie auch diese Bürde auf sich zu nehmen hatten, so wie sie bis dahin schon Krieg, Enttäuschung und Sorge auf sich zu nehmen gehabt hatten.

Noch im Herbst 1944 erfolgte die Ernennung der Bataillonsführer durch die Gauleiter von Wien, Niederdonau und Oberdonau, im November wurde in Petronell ein Lehrgang für die neuen Truppenführer abgehalten[81], und am 23. Dezember 1944 forderte der Chef des Generalstabes des Heeres in einem Fernschreiben an den Reichsführer-SS den Aufruf des Volkssturms in den Gauen Steiermark und Niederdonau und dessen Einsatz in der im Bau befindlichen Reichsschutzstellung[82]. Für Niederdonau wurden 16 und für die Steiermark 15 Bataillone angefordert[83].

In den Alpen- und Donaureichsgauen waren jedoch besondere Verhältnisse zu berücksichtigen. Mit den vorhandenen deutschen und allen möglichen anderen Waffen konnten höchstens 30 Volkssturm-Bataillone ausgerüstet werden. Da außerdem mit einer länger dauernden Besetzung der Reichsschutzstellung gerechnet werden mußte, sollte immer ein Teil der aufgerufenen Bataillone von Wien, Niederdonau und der Steiermark wöchentlich durch neue Männer abgelöst werden. Die Zeit für die Ausbildung war dementsprechend kurz[84]. Aus allen Volkssturm-Bataillonen eines Kreises (Bezirks) wurde eine Auswahl von Männern zu sogenannten Alarm-Bataillonen zusammengefaßt (je zirka 700 Mann); bis März 1945 hatten jedoch nur 6.300 Mann eine Ausbildung bis zu 12 Wochen erhalten[85]. Ausrüstung und Bewaffnung mußten durch die Gaustabsführungen besorgt werden, Unterkünfte waren für gewöhnlich Schulen, Gasthäuser und leerstehende Objekte. Während der Wintermonate mochte es angehen, daß die zum Volkssturm eingezogenen Männer aus ländlichen Gebieten wochenlang in ihren Bereitstellungsräumen lagen und mit den vorhandenen Mitteln notdürftig ausgebildet wurden. Wollte man aber die Aussaat sicherstellen und die Betriebe, die ohnehin fast täglichen Bombardements ausgesetzt waren, nicht völlig zum Erliegen kommen lassen, mußten ab Mitte Februar Bauern und Arbeiter in immer größer Zahl aus der Reichsschutzstellung abgezogen werden. Am 9. März wurden schließlich im Wehrkreis XVII sämtliche Bataillone und im Wehrkreis XVIII die meisten vorübergehend entlassen[86].

Angeblich hatten sich die Gauleiter und Reichsverteidigungskommissare der betroffenen Reichsgaue zu dieser Maßnahme entschlossen, nachdem ihnen vom Oberbefehlshaber der Heeresgruppe Süd versichert worden war, daß ihnen rechtzeitig Informationen zugehen würden, wann der Volkssturm wieder zu alarmieren sei. Die Sache war insofern bedenklich, als weder der Chef des Generalstabes des Heeres, Generaloberst Guderian, noch der Chef des Führungsstabes Deutscher Volkssturm, Generalmajor Hans Kissel, von diesem Schritt informiert wurden[87]. Diese Panne, die durch die Doppelgleisigkeit von Partei und Wehrmacht verursacht worden war, hätte um ein Haar den Einsatz des Volkssturms in der Reichsschutzstellung überhaupt verhindert.

DIE ORGANISATION DES FESTUNGSABSCHNITTS STEIERMARK

Ähnlich wie im Wehrkreis XVII wurde auch in der Steiermark eine eigene Dienststelle unter Generalmajor Kurt Jesser mit der Vorbereitung zur Kampfführung betraut. Schon im Zusammenhang mit den baulichen Vorbereitungen an der steirischen Grenze wurde erwähnt, daß die Durchführung sämtlicher Verteidigungsmaßnahmen in der Steiermark viel reibungsloser und vollständiger vor sich ging als in Niederdonau. Auch in organisatorischer Hinsicht bot sich im Festungsabschnitt Steiermark ein wesentlich geordneteres Bild.

Nachdem bis zum Dezember 1944 ein Teil der Stellungen entlang der steirischen Ostgrenze vollendet worden war, befahl der Stellvertretende Kommandierende General und Befehlshaber im Wehrkreis XVIII, General der Gebirgstruppen Julius Ringel, die Bildung zweier taktischer Stäbe:

Unterabschnitt Nord: Höhe 418 bei Kalch bis Geschriebenstein, Kommandant: Oberst Kahlen; ab 7. 1. 1945 Oberst Behrendt.

Unterabschnitt Süd: Friedau bis ausschließlich Höhe 418 bei Kalch. Kommandant: Oberst Treeck; dann Oberst Köppel, zugleich Kommandeur Gebirgsjäger-Ersatz-Regiment 137.

Der Auftrag lautete: „Die Abschnittskommandanten der Sicherungsabschnitte bereiten die Besetzung der Grenzschutzstellung vornehmlich an den Schwerpunkten beiderseits Rann, Rohitsch-Sauerbrunn, im Matzelgebirge, beiderseits Friedau, Luttenberg, Radkersburg, Jennersdorf, Heiligenkreuz und Güssing vor, stellen damit das Gerippe für die spätere Besetzung der Verteidigungsstellung dar und bilden eine Auffanglinie des Feldheeres. Sie stellen im unmittelbaren Grenzgebiet die Alarmbereitschaft aller dort liegender Teile der Ersatz- und Feldwehrmacht sicher und weisen diese Einheiten in die Stellungen ein. Das rasche Heranführen dieser Alarmeinheiten ist sicherzustellen. Sie treffen alle Vorbereitungen für die Ortsbefestigung in den Ortsunterkünften und für die Errichtung von Straßensperren. Zur

Erfüllung dieser Aufgaben wird den Abschnittskommandanten die territoriale Befehlsbefugnis ostwärts der Linie Cilli — Windisch Feistritz — Marburg/Drau — Graz (Orte ausschließlich) übertragen.

Alle in diesem Gebiet liegenden Einheiten der Ersatzwehrmacht einschließlich Wehrmachtsstandortältesten und der Wehrdienststellen sowie der Feldwehrmacht einschließlich Versorgungseinrichtungen werden territorial den Abschnittskommandanten unterstellt[88]."

Der Wehrkreis XVIII verfügte gegen Kriegsschluß über eine unvergleichlich geringere Zahl an Ersatzeinheiten als der Wehrkreis XVII, und zwar nur über die aus dem Divisionsstab z. b. V. 418 gebildete Division 418, vier Gebirgsjäger-Ersatzregimenter und eine Reihe von kleineren Truppenkörpern, die lediglich dem Ersatz und der Ausbildung dienten. Der Volkssturm glich dem bereits allgemein gezeichneten Bild. Die Volkssturm-Bataillone des Reichsgaues Steiermark sollten nach einem eigenen Kriegsstärkennachweiser (K. St. N.) gegliedert und ausgerüstet werden. Die vorgeschriebene Gliederung wurde zwar durchgeführt, doch schon das 1. Aufgebot konnte nicht ausreichend bewaffnet werden. Meistens hatte jeder Mann ein Gewehr (zum größten Teil eine veraltete italienische Waffe), außerdem sollten auf jedes Bataillon einige Maschinenpistolen, auf die Kompanie 2 MG 42 und auf das Bataillon 2 mittlere Granatwerfer kommen. Panzerfäuste waren ausreichend vorhanden; Troß gab es keinen und meist auch keine Feldküchen, so daß die Verpflegung zu einem großen Problem wurde[89]. Die Volkssturm-Bataillone des 2. Aufgebots waren noch viel spärlicher bewaffnet und hatten pro Bataillon meist nur 150 Gewehre unterschiedlicher Provenienz. Das 3. und 4. Aufgebot kam für einen bewaffneten Kampf nicht in Frage.

Die Ausbildung des Volkssturms war denkbar mangelhaft, und im Februar und März 1945 kam es auch in der Steiermark zu der bereits geschilderten Zurückziehung des Volkssturms aus der Reichsschutzstellung.

Für die Kommandanten der Festungsunterabschnitte waren der Ausbau eines funktionierenden Alarmsystems, die Einweisung der zur Verfügung stehenden Kräfte, die Vorbereitung für die Ortsbefestigungen, besonders aber die Anlage von Straßensperren und Panzerhindernissen und schließlich die Erfassung von zurückgehenden Teilen des Feldheeres und deren Eingliederung in die Verteidigung die vordringlichste Aufgabe. Dabei dürften die Verantwortlichen des Festungsabschnitts Steiermark jedoch sehr viel effektivere Arbeit geleistet haben als jene von Niederdonau. Vielleicht klappte aber auch bloß die Zusammenarbeit zwischen den militärischen und den Parteidienststellen besser.

Nach Erfassung sämtlicher in den Kreisen Oberwart, Hartberg, Fürstenfeld, Feldbach, Weiz und Radkersburg zum Kampf in der Hauptkampflinie geeigneten Kräfte wurde Ende Jänner 1945 mit der taktischen Einteilung der Wehrmachtdienststellen sowie mit der Erfassung und taktischen Gliederung der Einheiten des 2. Volkssturm-Aufgebots, das für den Kampf im Rahmen der Ortsverteidigung vorgesehen war, begonnen.

Den vereinten Bemühungen des Reichsverteidigungskommissars für die Steiermark, des Wehrkreiskommandos XVIII und der Dienststelle „Festungsbereich Südost" war es bis zum 25. März 1945 gelungen, im Festungsabschnitt Steiermark die Verteidigungsvorbereitungen zum bestmöglichen Abschluß zu bringen. Folgendes war geschehen[90]:

1. Ein bis ins Detail gehendes Alarmsystem für die Kampfabschnitte und Kreise war ausgebaut worden.

2. Die Kampfabschnittskommandanten waren so eingeteilt, daß sie die ihnen zur Verfügung gestellten Truppen in die Stellungsabschnitte einweisen und die Stellung in den Schwerpunkten besetzen konnten.

3. Die Ortsbefestigungen waren so gut wie möglich vorbereitet, überall Kampfkommandanten ernannt, alle Kräfte, die zur Verteidigung von Ortschaften brauchbar waren, für die Ortsverteidigung eingesetzt. Die von den Kreisleitern und Pionieren vorbereiteten Sprengungen, Sperren und Minenfelder waren mannschaftsmäßig so besetzt, daß ihr Effektivwerden gesichert war.

4. An allen panzergängigen Stellen waren Panzergräben und -hindernisse vorbereitet und ein funktionstüchtiges Panzerwarnsystem aufgezogen.

5. Für das Auffangen des Feldheeres waren alle für diesen Zweck geeigneten Kräfte, wie Kampfabschnittskommandanten, Streifenkommandos, Ortsälteste, Zoll und Gendarmerie eingesetzt.

6. Mit der Post waren die entsprechenden Schaltungen vorbereitet worden, um den Fernsprechverkehr aus und mit dem gesamten Festungsbereich sicherzustellen.

Anfang Februar 1945 nahm das Festungskommando Steiermark Verbindung mit dem Oberkommando der deutschen 2. Panzer-Armee auf, unterrichtete es über die Vorbereitungen in der Reichsschutzstellung und deren rückwärtigem Gebiet und erhielt seinerseits laufend Berichte über die Lage an der Front. Mitte Februar entsandte das Stellvertretende Generalkommando XVIII. A. K. einen dauernden Verbindungsoffizier zum Panzer-AOK 2. Ferner wurde vom Unterabschnitt Nord Verbindung mit der Feldkommandantur Körmend und den Ortskommandanturen Szombathely und Szentgotthárd aufgenommen. Hingegen scheiterte die Verbindungsaufnahme zur 6. Armee[91]. Die zurückgehenden Fronttruppen der 6. Armee wußten daher, ehe sie durch die militärischen Ereignisse auf den Südostwall zurückgeworfen wurden, sehr wenig über den Ausbauzustand und die Besetzung jenes Stellungssystems, das den Vormarsch der Sowjettruppen aufhalten hätte sollen. In der zweiten Märzhälfte begannen sich die Ereignisse zu überstürzen, und es mußte sich zeigen, ob die monatelangen Vorbereitungen überhaupt noch zeitgerecht erfolgt waren und ob sich auch nur ein wenig von der erhofften Wirkung einstellte.

DIE ALARMIERUNG DER FESTUNGSABSCHNITTE NIEDERDONAU UND STEIERMARK

Am Vormittag des 24. März wurde der Chef des Führungsstabes Deutscher Volkssturm, General Kissel, nach Zossen zu Generaloberst Guderian gerufen. Dem Chef des Generalstabes des Heeres war an diesem Tag gemeldet worden, daß praktisch die gesamte Reichsschutzstellung entlang der Grenzen von Niederdonau und Steiermark vom Volkssturm verlassen und überhaupt nicht mehr besetzt war. General Kissel wußte nichts davon. Guderian ordnete die sofortige Wiederbesetzung der Stellungen an, und der Chef des Führungsstabes Deutscher Volkssturm mußte unverzüglich nach Linz, Wien und Graz fahren, um das Erforderliche zu veranlassen[92]. Tags darauf traf General Kissel in Wien ein.

Er verlangte Auskunft darüber, wer die Zurückziehung des Volkssturms veranlaßt hatte und vermutete dahinter wohl einen riesigen Sabotageakt. Doch zu Kissels Überraschung stellten sich die Gauleiter als die „Schuldigen" heraus, die auch nach wie vor zu ihrer Anordnung standen, weil sie glaubten, zur Wiederbesetzung der Stellungen immer noch genügend Zeit zu haben. Den Gauleitern der Alpen- und Donaureichsgaue kam auch nicht in den Sinn, daß sie hierbei nachhaltig in militärische Belange hineinregierten; und wenn ihnen ein solcher Gedanke kam, dann fand wohl niemand etwas Besonderes daran. Sie waren ja gegen Ende des Krieges mit immer mehr Machtbefugnissen ausgestattet worden: Fast gleichzeitig mit General Kissel war der Reichsführer-SS Heinrich Himmler nach Wien gekommen, hatte die erreichbaren Gauleiter versammelt und ihnen noch die Standrechtsvollmacht übertragen. Sie waren damit, wie das auch Schirach im Verlauf des Nürnberger Prozesses sagte, „Herren über Leben und Tod" geworden[93]. Das Eingreifen Kissels hatte aber dennoch zur Folge, daß noch am 25. März die Alarmierung und Wiederbesetzung der Festungsabschnitte Niederdonau und Steiermark/Nord erfolgte.

Während General Kissel noch in Wien mit den Gauleitern der „Donaureichsgaue" verhandelte, wurde vom Oberkommando der Heeresgruppe Süd in Esterháza an das Festungskommando Niederdonau in Eisenstadt die Alarmstufe I durchgegeben. Die Auslösung dieser Alarmstufe sollte die Besetzung der wichtigsten Befestigungspunkte zwischen Bratislava und dem Geschriebenstein durch die Alarmeinheiten und den Volkssturm von Niederdonau sowie die Sprengung einiger Brücken nach sich ziehen[94]. Letzteres wurde mit Rücksicht auf die noch auf dem Rückzug befindlichen Truppen unterlassen, und für die Alarmierung des Volkssturms mußten, wie erwähnt, erst in aller Eile die Voraussetzungen geschaffen werden.

Kissel stellte bei dieser Gelegenheit das Fehlen aller organisatorischen Vorbereitungen zur Besetzung der Reichsschutzstellung in Niederdonau fest und mußte zur Kenntnis nehmen, daß weder Abschnitts- und Unterabschnittsstäbe der Wehrmacht eingesetzt, noch Vorbereitungen für eine Verlegung von Territorialverbänden an die Grenze getroffen worden waren[95]. Als erstes wurde also der Volkssturm alarmiert. Der Chef des Stabes im Wehrkreis XVII, Oberst i. G. Bachmayer, veranlaßte, daß die Alarm-Bataillone des Wehrkreises, insgesamt 6.300 Mann, an die Grenze transportiert wurden. Er teilte jedoch gleichzeitig mit, daß auch diese Truppenteile nicht ungeschmälert zum Einsatz kommen könnten, da die Bataillone laufend Mannschaften zur Auffüllung und Neuaufstellung von Feldeinheiten abgeben mußten. Schließlich entbrannte noch eine Diskussion darüber, ob die Volkssturm-Bataillone überhaupt bewaffnet in die Reichsschutzstellungen geworfen werden sollten, eine Frage, die schließlich durch einen eigenen Befehl endgültig geregelt werden mußte, der den Volkssturmmännern die Gewehre beließ[96].

Nun war auch der Zeitpunkt gekommen, im Wehrkreis XVII das Stichwort „Gneisenau" durchzugeben. Ursprünglich hätte dieses Signal bei inneren Unruhen oder feindlichen Luftlandungen ausgegeben werden sollen; jetzt wurde „Gneisenau" das Stichwort für die Vorverlegung des Ersatzheeres in die Reichsschutzstellung[97].

Von Himmler, der auch Oberbefehlshaber des Ersatzheeres war, wurde befohlen, daß das gesamte Ersatzheer einschließlich der zweiwöchigen Rekruten zur Fortset-

zung der Ausbildung und zur Beschleunigung des Ausbaues in den Südostwall vorzuverlegen war[98]. Die Verlegungen begannen mittels Eisenbahntransporten; der Einsatz der dazu herangezogenen Einheiten sollte vom Befehlshaber „Festungsbereich
Südost" geregelt werden. Die Ereignisse waren jedoch schneller und verhinderten,
daß das Ersatzheer im größeren Rahmen in den vorgesehenen Einsatzraum kam.
Die völlige Unkenntnis der Frontlage führte schließlich dazu, daß einzelne Transporte, die doch im Raum westlich von Sopron ausgeladen wurden, gänzlich unerwartet mit den mittlerweile durchgebrochenen sowjetischen Verbänden in Kämpfe
verwickelt und aufgerieben wurden[99].

Der Kommandant des Festungsabschnitts Niederdonau, Generalleutnant Adolph-
Auffenberg-Kamarów, wurde unmittelbar nach Durchgabe der Alarmstufe I zum
Oberbefehlshaber der Heeresgruppe Süd, General der Infanterie Wöhler, nach Esterháza befohlen. Er trat diese Fahrt gemeinsam mit dem für den Abschnitt Niederdonau zuständigen Gaustabsführer Fahrion an. General Wöhler ließ sich von Adolph-
Auffenberg-Komarów über die getroffenen Maßnahmen berichten und erfuhr dabei
unter anderem, was auch in Berlin erst einen Tag vorher bekanntgeworden war, daß
nämlich noch nicht einmal der Volkssturm aufgerufen worden war. Fahrion soll bei
der Gelegenheit darauf gepocht haben, daß der Volkssturm und die Vorbereitungen
im Heimatkriegsgebiet ausschließlich Sache der Reichsverteidigungskommissare
seien und nicht in die Kompetenz des Heeres fielen. Nach Ansicht des Reichsverte-
digungskommissars von Niederdonau, Dr. Jury, sei der Zeitpunkt zur Alarmierung
noch keinesfalls gekommen. Daraufhin kam es zu heftigen Auftritten und gegenseitigen Beschimpfungen, ehe Fahrion mit der Drohung abfuhr, er würde die Angelegenheit „nach oben" melden, und dann werde man ja sehen, wer der Stärkere sei[100].

Die Aktionen Kissels, Himmlers, des Wehrkreiskommandos XVII und der Heeresgruppe Süd hatten jedoch insgesamt zur Folge, daß in allerletzter Minute rund
10.000 Mann Volkssturm sowie die alarmierten Ersatzformationen der Wehrmacht
in die Reichsschutzstellung geworfen wurden.

Die Alarm-Bataillone sowie die Ersatz- und Ausbildungsformationen, vor allem
das Infanterie-Ersatz- und Ausbildungs-Regiment 587, besetzten die A-Linie des
Festungsabschnitts Niederdonau. Hinter ihnen wurden die Einheiten des Infanterie-
Ersatz- und Ausbildungs-Regiments 557 in die B-Linie zugeführt. Die Munitions-
ausstattung pro Mann betrug 20 Schuß. Bei Draßmarkt sicherten drei bewegliche
Panzerjagdkommandos der Luftflotte 4[101].

Wenn man die vorhandenen Kräfte in der A-Linie zusammenrechnete, kam man
zwar auf eine theoretische Dichte von etwa 150 Mann pro Kilometer. Das sagte
jedoch nichts über den tatsächlichen Kampfwert aus, denn Volkssturm, nur wenige
Wochen Ausgebildete, kaum Genesene und Zollwache konnten kaum als kampfstarke Einheiten bezeichnet werden. Erst durch die rasche Heranführung einiger
Sperrverbände der Heeresgruppe Süd erlangte die Verteidigung im Festungsabschnitt Niederdonau einen geringen Rückhalt.

Kaum hatte General Kissel seine Mission in Wien beendet, fuhr er nach Graz, um
auch die Alarmierung des steirischen Volkssturms zu veranlassen. Mittlerweile hatte
am 25. März die Feldkommandantur Körmend um 7.30 Uhr gemeldet: Raum Cell-
dömölk-Sárvár-Alarmstufe III, Raum Szombathely-Körmend Alarmstufe II und
Raum Szentgotthárd-Murska Sobota, also von Körmend bis zur Mur, Alarmstufe I.

Am Abend desselben Tages erging vom Festungsabschnitt Steiermark der Befehl, in den Kampfabschnitten Rechnitz, Kohfidisch, Güssing, Lafnitztal und Raabtal die Alarmstufe I „drohende Gefahr" und die Panzerwarnstufe I durchzugeben. Tags darauf wurde für dieselben Kampfabschnitte Alarmstufe I und Panzerwarnstufe II befohlen und eine Verfügung des Festungs-Pionierkommandeurs II hinausgegeben, jene Objekte, die gesprengt werden sollten, zu laden, aber noch nicht zündfertig zu machen, Minen zu verlegen, aber noch nicht zu tarnen[102].

Zur gleichen Zeit erreichte Kissel bei Gauleiter Uiberreither die sofortige Alarmierung des Volkssturmes. Den Kampfabschnitten von Rechnitz bis zum Raabtal wurden 14 Volkssturm-Bataillone des 1. Aufgebots zugewiesen. Sieben wurden sofort in Marsch gesetzt. Der Rest sollte folgen.

Mit dem Volkssturm wurden auch die wenigen verfügbaren Ersatz- und Ausbildungsformationen des Wehrkreises XVIII alarmiert und in die vorgesehenen Einsatzräume gebracht. Zählte man die schließlich dort in Stellung gegangenen Einheiten zusammen, dann entsprachen diese Kräfte ungefähr zwei schwachen Bataillonen. Zusammen mit den in der Reichsschutzstellung eingesetzten Volkssturm-Bataillonen ließ sich jedoch nicht mehr als ein dünner Schleier ziehen, denn von Radkersburg bis zum Geschriebenstein machten die Deckungstruppen nur etwa 5.000 Mann aus, das hieß, daß auf einen Kilometer des Festungsabschnittes Steiermark durchschnittlich 30 bis 35 Mann kamen. Daß dieser Schleier beim ersten Angriff zerreißen mußte, war klar. Für das südliche Burgenland, das ja mit dem Festungs-Unterabschnitt Nord des Festungsabschnitts Steiermark identisch war, galt daher ebenso wie für das zu Niederdonau gehörende mittlere und nördliche Burgenland, daß ein auch nur kurzfristiges Halten der Reichsschutzstellung ausschließlich davon abhing, ob sich die Verbände der Heeresgruppe Süd rechtzeitig und geordnet auf diese Stellung zurückziehen konnten oder nicht.

Am 28. März um 12.40 Uhr wurde das Eindringen sowjetischer Truppen in Vasvár gemeldet. Daraufhin wurde Panzerwarnstufe III und Alarmstufe III, also höchste Panzer- und höchste taktische Alarmstufe, befohlen[103].

DIE UNTERSTELLUNG DER WEHRKREISE XVII UND XVIII

Mit Rücksicht auf die Entwicklung der Lage in Ungarn beantragte die Heeresgruppe Süd am 28. März beim Wehrmachtführungsstab die „taktische" Unterstellung der restlichen Slowakei, des gesamten Wehrkreises XVII und des Wehrkreises XVIII, soweit er das Hinterland der Reichsschutzstellung bis zur Drau umfaßte[104]. Noch am selben Tag wurde dieser Antrag im wesentlichen genehmigt und durch einen zusätzlichen Befehl am 29. März präzisiert[105]. Danach wurden dem Oberkommando des Heeres beziehungsweise der Heeresgruppe Süd in territorialer Hinsicht (Heeresgruppenbereich) unterstellt:

1. Der Befehlshaber im Wehrkreis XVIII für das Gebiet der Kreise Radkersburg, Luttenberg, Leibnitz, Deutschlandsberg, Feldbach, Graz (Stadt und Land), Voitsberg, Fürstenfeld, Weiz, Oberwart, Hartberg, Bruck a. d. Mur und Mürzzuschlag.

2. Der Befehlshaber im Wehrkreis XVII für das Gebiet der Kreise Oberpullen-

dorf, Neunkirchen, Eisenstadt, Wiener Neustadt, Lilienfeld, Bruck a. d. Leitha, Baden, Gänserndorf sowie des Gaues Wien.

Die Festlegung dieser Gebiete geschah also in Abänderung des Vorschlags der Heeresgruppe Süd, die das ganze Gebiet der Steiermark und den gesamten Wehrkreis XVII als Territorialbefehlsbereich gefordert hatte. Die Beschränkung auf die genannten Gebiete erfolgte deshalb, weil mit der Unterstellung von Teilen des Heimatkriegsgebietes unter das Kommando des Feldheeres weitgehende Befugnisse verbunden waren, wie Verteilung des Unterkunftsraumes, Zugriff auf Einrichtungen, insbesondere auf Lager des Oberbefehlshabers des Ersatzheeres u. dgl. m., und daher immer getrachtet wurde, den rückwärtigen Bereich einer Heeresgruppe möglichst klein zu halten. Zum anderen war es nötig, der Heeresgruppe E am Balkan (OB Südost) ein genügend großes Hinterland zu sichern, falls auch sie gezwungen sein sollte, auf das Reichsgebiet zurückzugehen. Vorsorglich wurde daher dem OB Südost ein zusätzlicher Unterbringungsraum gemeinsam mit dem OB Südwest (Italien) in Südkärnten und Krain sowie von Kärnten der Raum ostwärts der Linie Tarvis — Villach (einschließlich) — Spittal/Drau (einschließlich) — Katschberg zugewiesen[106].

Ab dem 28. März 1945 waren jedoch die östlichen Teile der Wehrkreise XVII und XVIII in allen Fragen der Kampfführung der Heeresgruppe Süd und im weiteren dem Generalstab des Heeres unterstellt. Aber auch hier kam es freilich zu Unklarheiten, denn die Unterstellung der Wehrkreise unter den Befehlshaber des Ersatzheeres, Himmler, wurde nicht aufgehoben.

In der Nacht vom 31. März auf den 1. April 1945 traf ein Befehl Himmlers in Wien ein, wonach der Stab des Wehrkreiskommandos XVII die für den Notfall vorgesehene Verlegung nach Freistadt (O. Ö.) durchzuführen habe. Die Heeresgruppe Süd gab dazu ihr Einverständnis, und die Verlegung des Wehrkreiskommandos wurde eingeleitet[107]. Es hatte auch so gut wie keine Aufgaben mehr. Der Krieg hatte auf Österreich übergegriffen.

4 Der Beginn der „Wiener Angriffsoperation"

Seit Beginn des Zweifrontenkriegs im Jahre 1941 hatte die Lage im Westen immer ihre größeren und kleineren Auswirkungen auf die deutsche Ostfront gehabt. In der Ardennenoffensive (Dezember 1944) fand diese Wechselbeziehung jedoch ihren Höhepunkt. Die letzten operativen Reserven, die vorher eventuell noch im Osten hätten eingesetzt werden können, waren aufgebraucht worden, und damit war jegliche Hoffnung geschwunden, die deutsche Ostfront noch einmal zu stabilisieren[1]. Am 12. Jänner 1945 begann die sowjetische Winteroffensive, die schon in kurzer Zeit entscheidende Erfolge brachte, Erfolge, die nicht zuletzt wegen des Abziehens der Masse der deutschen Reserven nach dem Westen möglich geworden waren.

Die deutsche Heeresgruppe Süd, die in Ungarn und der Ostslowakei kämpfte, war im Jänner 1945 an allen Frontabschnitten auf reine Verteidigungsaufgaben beschränkt worden. Sie zog sich, nachdem sie die Einkesselung von Budapest durch die Truppen der 2. Ukrainischen Front des Marschalls der Sowjetunion Rodion Malinovskij nicht hatte verhindern können, mit ihren vier Armeen langsam nach Westen zurück, und es war lediglich eine Frage der Zeit, wann sie die österreichische Ostgrenze überschreiten würde. Der Druck auf die Heeresgruppe Süd hatte im Jänner zwar ein wenig nachgelassen, dafür kämpfte die deutsch-ungarische Besatzung von Budapest 51 Tage lang einen verzweifelten Kampf gegen eine erdrückende sowjetische Übermacht.

Durch die rücksichtslose Aufopferung der Stadt, ihrer Bewohner und ihrer Besatzung erreichte Hitler, daß 20 sowjetische Divisionen, mehrere Großverbände mit ihren schweren Waffen und nahezu 1.000 Flugzeuge gebunden wurden. Vor der deutschen Öffentlichkeit wurde die Aufopferung von 100.000 Soldaten im Kessel von Budapest damit begründet, daß es die strategische Mission des Kampfes um Budapest gewesen sei, dort Wien zu verteidigen[2]. Und tatsächlich wurde der Vormarsch Marschall Malinovskijs um etwa vier Wochen verzögert, da er die Einnahme und das Behaupten von Budapest als Grundvoraussetzung für alle weiteren Operationen ansah.

Obwohl der Druck nachgelassen hatte, sah sich die Heeresgruppe Süd Anfang Februar 1945 dennoch außerstande, von sich aus irgendwelche Angriffsoperationen zu beginnen, es sei denn, der dringend benötigte und auch zugesagte Ersatz an Menschen und Material würde eintreffen. Die vorhandenen Kräfte der Heeresgruppe reichten gerade aus, am 17. Februar nördlich der Donau mit der 8. Armee einen Angriff gegen einen sowjetischen Brückenkopf am Hron zu führen. Diese räumlich sehr begrenzte Offensive gegen Verbände der 7. Garde-Armee gelang nicht zuletzt deshalb, weil die 2. Ukrainische Front westlich des Hron keine größeren schnellen Verbände stehen hatte. Es lag auch gar nicht in der Absicht der sowjetischen Führung, diesen Brückenkopf stärker zu verteidigen. Am Tag des Angriffs der deutschen 8. Armee, am 17. Februar, befahl nämlich das sowjetische Oberkommando (Stavka) der 2. und der südlich anschließenden 3. Ukrainischen Front die Vorbereitung einer großräumigen Operation, die die Zerschlagung der Heeresgruppe Süd und den Vormarsch nach Westen zum Ziel hatte[3]. Damit wurden die bezüglich Österreichs angestellten politischen Überlegungen in militärische Aufträge umgesetzt.

Im einzelnen wurden die Aufgaben der beiden sowjetischen Fronten dahingehend festgelegt, daß sie vom Hron und aus dem Raum westlich von Budapest in allgemeiner Richtung Brno (Brünn), Wien und Graz vorstoßen sollten. Dadurch sollten die deutschen Truppen aus ganz Ungarn verdrängt werden. Außerdem wollte man das wichtige Erdölgebiet von Nagykanizsa (Großkanischa) gewinnen und der Heeresgruppe E den Rückweg vom Balkan abschneiden. Die wichtigste Aufgabe war allerdings die Eroberung von Wien. Für die deutsche Heeresgruppe Mitte, die nördlich der Heeresgruppe Süd stand, barg der russische Vorstoß im Donauraum die Gefahr, in der Tschechoslowakei in die Zange genommen zu werden.

Nach dem ursprünglichen sowjetischen Konzept sollte das Schwergewicht der Kämpfe bei der 2. Ukrainischen Front liegen, die Mitte Februar ostwärts der Linie Březno — Zvolen — Hron — Esztergom — Gánt stand, während der 3. Ukrainischen Front des Marschalls Fedor Ivanovič Tolbuchin lediglich eine Nebenrolle zugedacht war. Der Beginn der Offensive wurde für den 15. März festgesetzt[4].

Sollte der Befehl der Stavka erfolgreich durchgeführt werden, mußten die für diesen Angriff vorgesehenen Armeen materiell und personell aufgefüllt werden. Um die Vorbereitungen ohne Unterbrechung durchführen zu können, nahm es daher Marschall Malinovskij in Kauf, daß Teile seiner 7. Garde-Armee aus dem Hron-Brückenkopf verdrängt wurden.

Der deutsche Generalstab des Heeres erkannte sehr rasch, daß hinter der sowjetischen Front Vorbereitungen für eine neue Offensive angelaufen waren, und stellte am 25. Februar in seiner Feindlagebeurteilung die gegnerischen Absichten folgendermaßen dar:

„Aufgabe der 3. und 2. Ukrainischen Front wird vermutlich sein, durch Vorstoß aus dem ungarischen Raum mit Schwerpunkt beiderseits der Donau in das Wiener Becken und in den ostmärkischen Raum vorzustoßen und die Voraussetzung zu schaffen für die spätere Weiterführung der Operationen in Richtung Pilsen — Prag unter Einsatz von Teilkräften nach Westen zur Abdeckung gegen das ostmärkische Gebiet.

Hiebei ist Ansatz der 2. Ukrainischen Front aus dem Raum beiderseits der Donau (Schwerpunkt nördlich des Flusses?) mit Hauptstoßrichtung auf die kleinen Karpaten zu erwarten. Das Schwergewicht der 3. Ukrainischen Front dürfte im Raum nördlich des Plattensees liegen zum Stoß in Richtung Wiener Becken, zu dessen südlichem Flankenschutz der Angriff von Teilkräften aus dem Raum zwischen Plattensee in Richtung Marburg — Steinamanger in Rechnung gestellt werden muß[5]."

Der Generalstab des Heeres gab weiters ein ungefähres Bild der sowjetischen Truppen. Es wurde hervorgehoben, daß das Hauptgewicht der Kämpfe von den schnellen Verbänden getragen würde. Die Gründe für die festgestellte relative Schwäche der Infanterie seien nicht im Mangel an ausgebildeten Soldaten zu sehen, sondern lediglich in der fehlenden Transportkapazität. Materiell gebe es jedenfalls keinen besonderen Mangel, und auch die hohen Verluste an gepanzerten Fahrzeugen würden laufend ausgeglichen[6].

Mit dieser Beurteilung legte der Generalstab des Heeres die operativen Absichten und Möglichkeiten des Gegners klar und wies besonders darauf hin, daß die sowjetischen Verbände praktisch über ihre volle Einsatzstärke verfügten. Dies war umso bedeutsamer, als die deutschen Divisionen weit unter ihrer Sollstärke lagen und in erster Linie auf die Zuführung von Genesenen angewiesen waren. In der Beurteilung der Situation der deutschen Truppen wurde besonders unterstrichen, daß die Moral der Soldaten weitgehend von der Haltung der einzelnen Kompanieführer und Bataillonskommandeure abhängig geworden war. Das Gefühl, dem Gegner überlegen zu sein, das die Soldaten bis dahin immer wieder zum Durchhalten befähigt hatte, war angesichts der evidenten materiellen Überlegenheit des Feindes geschwunden. Dennoch sollte ein letztes Mal versucht werden, eine Wende im Krieg herbeizuführen.

DIE PLATTENSEEOFFENSIVE

Im großen und ganzen verlief die zweite Februarhälfte ruhig, da sich sowohl die Russen als auch die Heeresgruppe Süd auf einen Angriff vorbereiteten. Nach dem Scheitern der Ardennenoffensive hatte Hitler gegen den Willen des Chefs des Generalstabes des Heeres, Generaloberst Heinz Guderian, die Verlegung der 6. (SS-)Panzer-Armee nach Ungarn befohlen. Hauptsächlich auf Grund kriegswirtschaftlicher Überlegungen wollte Hitler hier nochmals offensiv werden: Es galt, die Ölvorkommen in der Gegend des Balaton (Plattensee) — zu diesem Zeitpunkt noch Hauptlieferanten für die deutsche Treibstoffproduktion — zu sichern[7]. Nachträglich wurde zwar auch die Vermutung geäußert, bei der Plattenseeoffensive hätte der Wunsch Hitlers mitgespielt, „seine österreichische Heimat zu schützen[8]", doch dafür gibt es wohl nicht den geringsten Beweis. Angesichts der immer wieder gezeigten Haltung Hitlers gegenüber seiner „österreichischen Heimat" ist eine derartige Vermutung sogar absurd.

Der Angriffsplan, der nicht vom Oberkommando des Heeres (OKH), sondern von der Heeresgruppe Süd selbst auszuarbeiten war[9], sah die Vernichtung der zwischen der Drau, dem Balaton und der Donau befindlichen sowjetischen Großverbände vor. Es sollten Brückenköpfe über die Donau gebildet und die sowjetischen

Kräfte im Raum Budapest abgeschnitten werden. Ende Jänner wurde die Verlegung der vorwiegend aus SS-Truppen zusammengesetzten 6. Panzer-Armee mit zwei Korps aus dem Westen sowie der 356. Infanterie-Division aus Italien zur Heeresgruppe Süd in die Wege geleitet[10].

Innerhalb der Heeresgruppe zeigte sich jedoch eine gewisse Opposition gegen die geplante Offensive. Die Armeeoberbefehlshaber wußten genauso wie der Oberbefehlshaber der Heeresgruppe, General der Infanterie Otto Wöhler, nicht nur über die kräftemäßigen Verhältnisse bei der Heeresgruppe, sondern auch über die Geländeverhältnisse Bescheid. Sie wußten, daß die Offensive jahreszeitlich zu früh kam. Das Dilemma der deutschen Führung lag nur darin, daß sie keine Zeit mehr hatte. Man konnte nicht zuwarten. Also wurde das Unmögliche versucht. Dabei muß wohl jedem einzelnen Oberbefehlshaber bescheinigt werden, daß er skeptisch war, was die Erfolgsaussichten betraf.

Der Oberbefehlshaber der Heeresgruppe, General Wöhler, ein Niedersachse von damals 51 Jahren, hatte im 1. Weltkrieg und in der Reichswehr gedient und war seit Kriegsbeginn 1939 als Generalstabsoffizier und Befehlshaber in Verwendung. Seit 1941 stand er am russischen Kriegsschauplatz und hatte im August 1943 die 8. Armee übernommen. Im Dezember 1944 wurde ihm die Führung der Heeresgruppe Süd übertragen, nachdem er ein halbes Jahr lang zusammen mit seiner Armee auch rumänische und dann ungarische Verbände geführt hatte. Er kannte also den Kriegsschauplatz, die deutschen und die mit ihnen verbündeten Truppen, und er kannte die Sowjets. — General der Panzertruppen Hermann Balck, der Oberbefehlshaber der 6. Armee, meinte noch am 19. Februar zu General Wöhler, daß bei den herrschenden Verhältnissen und vor allem auch angesichts der Schlammperiode das gesamte Material in kürzester Zeit zugrunde gehen müsse[11]. Auch Balck wußte, wovon er sprach. Der 1893 in Danzig geborene Ostpreuße war damals ebenfalls 51 Jahre alt und blickte auf eine Karriere im 1. Weltkrieg und in der Zwischenkriegszeit zurück. Im Gegensatz zu Wöhler war er nicht so stark von einem einzigen Kriegsschauplatz geprägt wie dieser, da er Kommandos an so gut wie allen Fronten gehabt hatte. Kurzzeitig hatte er 1944 auch die Heeresgruppe G im Westen geführt. Im Dezember 1944 erhielt er den Befehl über eine Armeegruppe, die den Kessel von Budapest entsetzen sollte, was jedoch nicht gelang. Nun sollte Balck im Rahmen der Plattenseeoffensive diese Armeegruppe schwerpunktmäßig einsetzen. — Die wichtigste Rolle bei dieser Offensive war jedoch der 6. Panzer-Armee des SS-Oberstgruppenführers und Generalobersten der Waffen-SS Sepp Dietrich zugedacht. Der damals 53jährige, aus Bayern stammende Dietrich, der als Verkörperung der im NS-Staat möglichen militärischen Laufbahnen gelten kann, hatte Kriegsdienst, Freikorpskämpfe und die verschiedensten Tätigkeiten wie Tankwart und Zöllner hinter sich, ehe er für Hitler eine der ersten Schutzstaffeln (SS) aufzubauen begann. Er machte auch den Aufstieg dieser Leibwache zur militärischen Formation mit und prägte sie nicht unwesentlich. Sein Name steht mit zweifelsfreien militärischen Leistungen genauso wie mit brutalen Übergriffen in Verbindung. Seit Oktober 1944 war er Oberbefehlshaber der 6. Panzer-Armee und befehligte in ihr den größten geschlossen eingesetzten Verband der Waffen-SS. Der Einsatz dieser Armee sollte in der Ardennenoffensive die Entscheidung bringen und nunmehr bei der Plattenseeoffensive. Auch Dietrich sah keine Möglichkeit, Hitler von seinem verzweifelten

Versuch abzubringen. Die 6. Panzer-Armee sollte den Durchbruch durch die sowjetische Front erzwingen. — Der am Südflügel der Heeresgruppe befehligende General der Artillerie Maximilian de Angelis, Altösterreicher und 1889 in Budapest geboren, hatte in der k. u. k. Armee und im 1. österreichischen Bundesheer gedient und war 1938 in der Regierung Seyß-Inquart kurzzeitig Staatssekretär im Verteidigungsministerium gewesen. Mit der Deutschen Wehrmacht war er in den Frankreich- und in den Balkanfeldzug gegangen, stand seit 1941 am russischen Kriegsschauplatz und befehligte seit Juni 1944 die 2. Panzer-Armee. Er war also ähnlich wie General Wöhler durch den Krieg im Osten geprägt. — Schließlich war da noch der Oberbefehlshaber der 8. Armee, General der Gebirgstruppen Hans Kreysing. Er stammte aus Göttingen und war 1945 55 Jahre alt. Auch seine militärische Laufbahn hatte im 1. Weltkrieg und in der Zwischenkriegszeit begonnen. Im 2. Weltkrieg war er ab 1941 an der Ostfront eingesetzt gewesen, zunächst jedoch an deren Nordabschnitt, ehe er nach der Übernahme des Oberbefehls der Heeresgruppe durch General Wöhler die freigewordene 8. Armee übernahm.

Keiner der Generäle versuchte, außer im kleinen Kreis und bei Lagekonferenzen, sich gegen die Offensive und ihre zweifelhaften Ziele auszusprechen. Er wäre wohl auch sofort abgelöst und des Defätismus bezichtigt worden. Bis zum 6. März waren die Bereitstellungen abgeschlossen, und die Operation „Frühlingserwachen", die letzte größere deutsche Offensive des Zweiten Weltkrieges, konnte beginnen.

Die Vorgänge hinter der deutschen Front waren der sowjetischen Führung nicht verborgen geblieben. Die ersten Mitteilungen darüber dürften vom amerikanischen Generalstabschef, General George C. Marshall, gekommen sein. Dieser setzte den Chef des Generalstabes der Roten Armee, Armeegeneral A. I. Antonov, davon in Kenntnis, daß an der deutschen Ostfront eine Offensive beginnen solle, für die zwei Schwerpunkte gebildet würden, und zwar Pommern und der Raum von Wien bis Moravská Ostrava (Mährisch Ostrau). Als Angriffsrichtungen wurden Toruń (Thorn) und Lódź angegeben[12]. Kurz darauf, am 12. Februar, erhielt der sowjetische Generalstab von britischer Seite eine ähnliche Meldung. Erst mehr als eine Woche später erkannte das Oberkommando der 3. Ukrainischen Front klar, daß der Plattenseeraum als Schwerpunkt des deutschen Angriffs ausersehen war[13].

Die Sowjets identifizierten auch bereits die 6. Panzer-Armee und konnten aus der Anwesenheit dieser mit zwei SS-Panzerkorps zugeführten Armee Rückschlüsse auf die Bedeutung ziehen, die deutscherseits der bevorstehenden Offensive beigemessen wurde. Das Kräftekalkül ergab, daß die 3. Ukrainische Front Tolbuchins, gegen die sich der Angriff schwergewichtsmäßig richten würde, mit ihren 400.000 Soldaten, 400 Panzern und fast 7.000 Geschützen und Granatwerfern gerade noch stark genug sein mußte, um die deutsche Offensive aufzufangen. Zunächst einmal sollte Tolbuchin daher nur durch Umgruppierungen im Frontbereich trachten, sich in den erkannten Angriffsräumen zu verstärken[14]. Doch trotz der wahrscheinlich sehr harten Abwehrschlacht sollten die Vorbereitungen für eine Offensive in Richtung Wien nicht unterbrochen werden. Eines hatte die deutsche Plattenseeoffensive jedoch zur Folge, noch ehe sie überhaupt begonnen wurde: Die Sowjets verlagerten ihr Schwergewicht auf den Raum südlich der Donau und gaben damit ihre Absicht auf, Wien durch die 2. Ukrainische Front und damit vom Nordufer der Donau her einzunehmen.

Die deutsche Führung war sichtlich bestrebt, durch die Verlegung der 6. Panzer-Armee nach Ungarn eine geballte Kraft zu haben, die die sowjetische Front westlich der Donau durchstoßen sollte. Diesem geplanten deutschen Vorgehen analog, trachteten die sowjetischen Befehlshaber, eine möglichst starke und nach der Tiefe gegliederte Panzerabwehr zu schaffen, wobei man bewußt auf die Erfahrungen vom Juli 1944 im Kursker Bogen und vom Jänner 1945 in der Ungarischen Tiefebene zurückgriff[15].

Am 6. März, als die deutsche Offensive losbrach, zeigte die Heeresgruppe Süd folgende Aufstellung:

2. Panzer-Armee: von der Drau zum Südende des Balaton

6. Panzer-Armee: zwischen Balaton und Velencei-See

Armeegruppe Balck (6. Armee + IV. SS-Panzerkorps): im Raum nördlich Pápa-Mór

8. Armee: nördlich der Donau und westlich des Hron

Eingeschoben waren das II. ungarische Korps westlich des Balaton und die 3. ungarische Armee westlich der Linie Esztergom — Mór. Von der Heeresgruppe E in Jugoslawien griff das LXXXXI. Armeekorps von der Drau im Raum Donji-Miholjac zur Unterstützung der 2. Panzer-Armee in Richtung Pécs (Fünfkirchen) an.

Der Angriffsplan ging von der Überlegung aus, daß die Sowjets eine deutsche Offensive wohl am wenigsten zwischen dem Balaton und dem Sárviz-Kanal erwarteten und daß hier am ehesten ein Erfolg erzielt werden könnte. Daher wurde die 6. Panzer-Armee westlich des Sárviz-Kanals eingesetzt.

Während die 6. Panzer-Armee nach Südwesten vorstoßen sollte, um im Zusammenwirken mit der 2. Panzer-Armee einen Durchbruch zu erzielen, hatte die Armeegruppe Balck die Aufgabe, die sowjetischen Kräfte im Norden des Angriffsbereiches zu fesseln und den Raum zwischen Velencei-See und Donau abzuschirmen.

Vom 6. bis zum 14. März versuchten die deutschen Truppen, ihr Ziel zu erreichen. Es gelang auch, die erste und die zweite Verteidigungslinie der 3. Ukrainischen Front in einer Breite von 50 Kilometern zu durchbrechen, doch die 20 bis 30 Kilometer Tiefengewinn standen in keinem Verhältnis zu dem geleisteten Einsatz und zu den Verlusten. Den drei an der Offensive beteiligten deutschen Armeen gelang es nirgends, die sowjetischen Linien endgültig zu durchbrechen; sie konnten nur örtlich etwas zurückgeschoben werden.

Am 9. März hatte Marschall Tolbuchin die Situation zwar als sehr kritisch angesehen und im Hauptquartier der Stavka in Moskau angerufen, um die Erlaubnis zu erhalten, die Truppen notfalls über die Donau nach dem Osten zurückzunehmen[16]. Auf jeden Fall wollte er die ihm von der 2. Ukrainischen Front gerade zugeführte 9. Garde-Armee in der Verteidigung einsetzen. Stalin, der das Telefonat mit Tolbuchin persönlich führte, soll ihm geantwortet haben: „Wenn Sie, Genosse Tolbuchin, das Kriegsende noch fünf bis sechs Monate hinauszögern wollen, dann führen Sie Ihre Truppen hinter die Donau zurück, wo es zweifellos ruhiger sein wird. Da ich aber nicht annehme, daß das Ihr Wunsch ist, muß man sich am rechten Ufer verteidigen . . ." Stalin deutete auch an, daß Tolbuchin die noch bei der 2. Ukrainischen Front eingesetzte 6. Garde-Panzer-Armee zugeführt werden könnte, um dann die Gegenoffensive nach Wien zu führen. Doch vorerst mußten die Deutschen abgewehrt werden.

Tolbuchin hatte begriffen. Der ursprünglichen operativen Planung zufolge wäre der Ruhm, Wien, die „zweite Hauptstadt des Deutschen Reiches" einzunehmen, Marschall Malinovskij zugefallen. Doch wenn Tolbuchin die ihm gestellte Aufgabe, die deutsche Plattenseeoffensive ohne den Einsatz der beiden für die Offensive nach Wien bereit gehaltenen Armeen zum Stehen zu bringen, meistern würde, dann sollte er derjenige sein, dem Wien als Preis zufiel. Stalin stachelte damit ähnlich, wie er es dann im Falle Berlins tun sollte, den Ehrgeiz eines seiner Marschälle an. Tolbuchin, der die 3. Ukrainische Front seit Mai 1944 befehligte und erst im September dieses Jahres Marschall der Sowjetunion geworden war, stand immer im Schatten berühmterer Marschälle. Er war etwas kränklich und wurde wegen seiner Vorliebe für die Kavallerie und wegen seines orthodoxen Bekenntnisses belächelt[17.] Und genau dieser Fedor Ivanovič Tolbuchin und nicht der zweifellos befähigtere Marschall Rodion Jakovlevič Malinovskij sollte die Wiener Angriffsoperation führen.

Am 14. März wurden die letzten deutschen Reserven in den Kampf geworfen — dann war die Stoßkraft der deutschen Truppen erschöpft. Zwei Tage später, am 16. März, brach die sowjetische Offensive los.

DER SOWJETISCHE GEGENANGRIFF

Die sowjetischen Vorbereitungen für den Angriff Richtung Österreich hatten durch die Plattenseeoffensive praktisch keine Unterbrechung erfahren. In Moskau und im Hauptquartier der 3. Ukrainischen Front hatten die Generalstäbler weiter gearbeitet und einen Operationsplan entworfen, der ohne Übergangsphase für Versammlungen und Bereitstellungen realisiert werden sollte[18]. Das Schwergewicht sollte dabei im selben Raum liegen, in den auch die deutsche Plattenseeoffensive geführt hatte. Der rechte Flügel der Front, der von der 4. Garde-Armee und der von der 2. Ukrainischen Front neu zugeführten 9. Garde-Armee gebildet werden sollte, bekam als erste Ziele Várpalota und Veszprem zugewiesen. Diese Armeen sollten also in südöstlicher Richtung angreifen und die deutschen Linien nördlich von Székesfehérvár durchbrechen. Für die unter der Führung des 47jährigen Generalleutnants Nikanov D. Zachvataev stehende 4. Garde-Armee hieß das, daß sie, obgleich abgekämpft wie die deutschen Verbände, sofort wieder offensiv werden mußte. Die Hauptlast des Angriffes würde aber wohl die 9. Garde-Armee des ebenfalls 47jährigen Generaloberst Glagolev zu tragen haben, die ja nach einer Phase relativer Ruhe und mit drei aufgefrischten Korps in die Kämpfe eingreifen konnte. Vom Zentrum und vom linken Flügel der 3. Ukrainischen Front sollten die 26. (Gagen) und die 27. Armee (Trofimenko) ebenfalls in den Raum Székesfehérvár vorstoßen, um solcherart nicht nur die deutsche Front zu durchbrechen, sondern auch möglichst viele Verbände einzuschließen. Am vierten Angriffstag, am 19. März also, sollte die ebenfalls von der 2. Ukrainischen Front zuzuführende 6. Garde-Panzer-Armee des Generalleutnant Kravčenko in die Kämpfe eingreifen und die eingeschlossenen deutschen Verbände — man dachte in erster Linie an die deutsche 6. Panzer-Armee — vernichten. Für den 46jährigen Kravčenko, einen der erfahrensten sowjetischen Panzerführer des Zweiten Weltkriegs, der seit Jänner 1944 die 6. Garde-Panzer-Armee befehligte, bestand die größte Schwierigkeit darin, die Verlegung seiner Armee mit der geforderten Geschwindigkeit durchzuführen. Doch seine Truppen mußten Verschiebungen dieser Art fast gewohnt sein, da die 6. Garde-Panzer-Armee immer wieder von der 2. zur 3. Ukrainischen Front und wieder zurück gewechselt hatte. Sie war jene Stoßarmee, die dem sowjetischen Vorgehen immer dort Nachdruck verleihen sollte, wo ein klarer Schwerpunkt gebildet wurde. Nach dem Eintreffen der 6. Garde-Panzer-Armee sollten sich dann die 26. und die 27. Armee gegen Polgárdi wenden, während die 57. Armee (Šarochin) und die 1. bulgarische Armee (Stojčev) mit dem Angriff auf Nagykanizsa zu beginnen hatten.

Die 46. Armee (Petruševskij) der 2. Ukrainischen Front, die ebenfalls südlich der Donau stand, war dazu bestimmt, den Angriff Tolbuchins dadurch zu unterstützen, daß sie zusammen mit dem II. Garde-mechanisierten Korps gegen Györ (Raab) vorrückte.

Die Hauptschwierigkeit bei den sowjetischen Angriffsvorbereitungen war der Mangel an Panzern und Selbstfahrlafetten. Tolbuchin war bestrebt gewesen, die Schützenkompanien auf eine Stärke von durchschnittlich 80 Mann zu bringen[19], was immer noch nicht ganz der Sollstärke entsprach. Bei der Artillerie gelang es, eine fast schon zur Regel gewordene Massierung zu erreichen, so daß nach sowjetischen Angaben bei der 9. Garde-Armee 180 und bei der 4. Garde-Armee 170 schwere Geschütze und Minenwerfer auf einem Frontkilometer konzentriert waren[20]. Die beträchtliche Stärke der sowjetischen Artillerie hing wohl damit zusammen, daß sie Stalins Lieblingswaffe war. Er sah in ihr, wie man in der Stavka wußte, den „Gott des Krieges[21]". Die Versorgung mit Munition, ein bis Kriegsende nicht zu lösendes Problem, war verhältnismäßig schwach, gemessen an den deutschen Verhältnissen jedoch noch immer erheblich. Bei den Panzern und Selbstfahrlafetten machte sich aber die deutsche Plattenseeoffensive am stärksten bemerkbar. Die Verluste der Russen in der Zeit vom 6. bis 15. März wurden mit 202 Fahrzeugen (niedrigste Schätzung) angegeben. Damit hatte die 3. Ukrainische Front rund die Hälfte ihrer Panzer und Sturmgeschütze eingebüßt[22]. Doch die Zuführung der 6. Garde-Panzer-Armee sollte das mehr als wettmachen. Die Luftunterstützung der 2. und der 3. Ukrainischen Front wurde durch die 5. und die 17. Luftarmee sichergestellt. Alles in allem hatten die sowjetischen Verbände eine numerische Überlegenheit gemessen an den deutschen von etwa 4 : 1[23].

Der am Morgen des 16. März herrschende dichte Nebel machte eine Verschiebung des geplanten Feuerüberfalls notwendig, doch um 14.35 Uhr eröffnete die sowjetische Artillerie an der vorgesehenen Angriffsfront das Feuer. Eine Stunde später gingen die Infanterieeinheiten der 4. und der 9. Garde-Armee zum Angriff über[24]. — Die „Wiener Angriffsoperation" hatte begonnen.

Bei der Heeresgruppe Süd war am 16. März die Offensivkraft praktisch erschöpft. Die unvorhergesehenen Witterungs- und Geländeverhältnisse, die fast ausschließlich zu infanteristischer Kampfführung gezwungen hatten, brachten ein rasches Nachlassen des Angriffsschwunges mit sich, und am 15. abends wußte man auch auf deutscher Seite, daß der sowjetische Gegenangriff unmittelbar bevorstand[25].

Als er dann tatsächlich begann, traf er das IV. SS-Panzerkorps und den Südflügel der 3. ungarischen Armee, zielte also genau auf die schwächste Naht. Dennoch hiel-

110

ten das Oberkommando des Heeres und die Heeresgruppe an dem geplanten eigenen Schwerpunkt ostwärts des Sárvíz-Kanals fest. Sie dachten an eine Umgruppierung, die vier Nächte dauern sollte. Doch Hitler verbot das Herausziehen weiterer Teile der im Süden der Heeresgruppe eingesetzten 2. Panzer-Armee und andere vorgeschlagene Abwehrmaßnahmen. Am folgenden Tag gab General Wöhler den Gedanken an eine Fortsetzung der eigenen Offensive „vorläufig" auf. Man begann alles daranzusetzen, die sowjetische Offensive abzuwehren. Die 356. Infanterie-Division und das I. SS-Panzerkorps, später auch das II. SS-Panzerkorps sowie die 6. Panzer-Division, wurden aus ihren bisherigen Abschnitten herausgelöst und in den Raum südostwärts Kisbér verlegt[26]. Das machte eine Neufestlegung der Befehlsbereiche notwendig. Am 19. März wurde daher die Führung zwischen Balaton und Velencei-See der 6. Armee (Balck), vom Velencei-See bis zur Donau der 6. Panzer-Armee (Dietrich) übertragen. Letzterer wurde auch das Generalkommando XXXXIII. Armeekorps zum Einsatz südostwärts Komárom unterstellt[27].

Am 19. und 20. März spitzte sich die Lage zu. Der 4. Garde-Armee war es zusammen mit dem sowjetischen XXIII. Panzerkorps gelungen, in Székesfehérvár einzudringen. Im Mittelabschnitt gewann die 9. Garde-Armee[28] über den Abschnitt zwischen Székesfehérvár und Mór hinaus weiter an Boden in Richtung Várpalota, und die 46. Armee erreichte in der oberungarischen Tiefebene den Südrand des Industriegebietes von Tatabánya[29]. Die 6. Garde-Panzer-Armee aber war am Morgen des 20. März zusammen mit der 4. Garde-Armee und der 27. Armee zum Angriff auf Berhida und Polgárdi übergegangen[30].

Alle Maßnahmen der Heeresgruppe Süd zielten nun darauf ab, um jeden Preis einen Durchbruch zu verhindern. Man hatte den Schwerpunkt des sowjetischen Angriffs zu spät erkannt, rätselte drei Tage über den Verbleib der 6. Garde-Panzer-Armee und konnte sich nicht dazu entschließen, den Raum südostwärts der Enge zwischen Balaton und Velencei-See und den Kampfraum der 3. ungarischen Armee ostwärts Tóváros und Tata aufzugeben. Statt eines dieser Langentwicklung Rechnung tragenden Befehls ging beim Chef des Generalstabes der Heeresgruppe, Generalleutnant Grolmann, am 21. März ein Fernschreiben des Oberkommandos des Heeres ein, das folgendes besagte[31]:

„Der Führer hat beim Lagevortrag am 20. 3. befohlen: Es ist Aufgabe der Heeresgruppe Süd, unter beschleunigtem Einsatz aller verfügbaren Kräfte den feindlichen Angriff aufzufangen und im Gegenangriff die feindlichen Angriffsspitzen zurückzuwerfen. Sobald eine verteidigungsfähige Linie und insbesondere eine zuverlässige Verbindung mit dem Brückenkopf der 3. ungarischen Armee südwestlich Gran erreicht ist, kommt es darauf an, unter scharfer Zusammenfassung aller Kräfte zwischen Stuhlweißenburg und Vértes-Gebirge in ostwärtiger Richtung durchzustoßen und durch Eindrehen auf dem Ostufer des Vali nach Norden die über das Vértes-Gebirge vorgedrungenen Feindkräfte einzuschließen und zu vernichten.

Nördlich der Donau sind alle rückwärtigen kampffähigen Verbände in einer zweiten Stellung 3 — 6 km westlich des Gran einzusetzen.

Absicht im einzelnen und Kräfteeinsatz in der zweiten Stellung westlich des Gran sind zum 21. 3. 22.00 Uhr zu melden.

gez. Guderian."

Jedermann, der mit der Lage der Heeresgruppe vertraut war, wußte, daß es völlig unmöglich war, die Feindkräfte einzuschließen und zu vernichten. Generaloberst Guderian bezeichnete es jedoch als unverständlich, daß es mit den besten deutschen Panzer-Divisionen (sechs SS-Panzer-Divisionen und vier Panzer-Divisionen des Heeres) sowie vier guten Infanterie-Divisionen nicht gelingen sollte, einen eigenen Gegenangriff vorwärtszubringen[32]. Guderian ließ jedoch bei dieser Beurteilung außer acht, daß diese Divisionen nur mehr auf dem Papier existierten. Den Sowjets standen ja nur mehr klägliche Reste von deutschen Verbänden gegenüber; die Front drohte auseinanderzufallen. Die Menschen waren apathisch geworden, und innerhalb der Führung gab es eine permanente Krise.

Auslösendes Moment dafür war das Scheitern der 6. Panzer-Armee gewesen. Im Führerhauptquartier, aber auch bei der Heeresgruppe hatte man dem Einsatz dieser Armee mit großer Erwartung entgegengesehen und war nun bitter enttäuscht. Oberstgruppenführer Sepp Dietrich suchte nach einer Entschuldigung für dieses Versagen und brachte eine Reihe plausibler Gründe vor[33]. Abgesehen von der Unmöglichkeit, bei den fürchterlichen Geländeverhältnissen weiterzukommen, gab er an, die Fahrzeuge seiner Armee seien bereits zwei bis drei Jahre im Gebrauch und hätten daher ständig Ausfälle. Die 9. SS-Panzer-Division „Hohenstaufen", zum Beispiel, habe nur mehr 30% ihres Fahrzeugbestandes und marschiere größtenteils zu Fuß. Die Panzerersatzteillage sei bis zum 16. März katastrophal gewesen, und was den Einsatz an Menschen anlangte, so führte Dietrich als Beispiel das II. SS-Panzerkorps (Bittrich) an. Vor der Ardennenoffensive wären 3.500 Mann Luftwaffensoldaten und Ukrainer auf die Divisionen des Korps aufgeteilt worden. Die Verluste der Ardennenoffensive betrugen 8.500 Mann. Vor Beginn der Plattenseeoffensive waren dem Korps dann lediglich 1.300 kurzfristig ausgebildete Marinesoldaten zur Verfügung gestellt worden. Das sei aber nur ein Beispiel. Bei den anderen Korps sähe es ähnlich aus. Die 6. Panzer-Armee war daher, nach Meinung Dietrichs, nur mehr bedingt als Armee anzusprechen.

Die Gründe für das Scheitern der 6. Panzer-Armee lagen aber sicherlich noch tiefer. Latent vorhanden gewesene Spannungen zwischen dem Heer und der SS waren offen zum Ausbruch gekommen. General Balck etwa war mit der Führung der SS-Panzerkorps durchaus nicht einverstanden und geißelte Guderian gegenüber die „Disziplinlosigkeit" der SS-Truppen. Bei einer von ihm durchgeführten „Drückebergeraktion" sollen 75% der Aufgefangenen Angehörige der Waffen-SS gewesen sein. Aus der Zivilbevölkerung, so meldete Balck, häuften sich die Klagen über Plünderungen, und bei den Einheiten des Heeres erregte es Mißfallen, daß die Waffen-SS noch weibliche Hilfskräfte bei den Stäben und in der Truppe mitführte[34]. Vor allem aber tauchte, so Balck, in SS-Kreisen immer öfter die Meinung auf, der Krieg sei verloren, man wolle sich nicht knapp vor Kriegsende opfern, und diese Meinung werde auch unverhohlen ausgesprochen. Balck faßte das Problem kurz so zusammen: „Das Schlimmste aber war der Zustand der 6. SS-Panzer-Armee und der anderen SS-Truppen. Material- und zahlenmäßig hätten sie den Stoß der Russen ohne weiteres aufhalten können. Sie waren aber hemmungslos im Rutschen. Es rächten sich die vielen unfähigen Führer und die Angewohnheit, sobald die Spannung einen gewissen Grad erreicht hatte, möglichst viel zur Auffrischung nach rückwärts abzuschieben. Sollte das Heer sehen, wie es mit der Lage fertig wurde. Das ging, solange eine SS-Division im Rahmen von zahlreichen Heeresdivisionen kämpfte. Fechten aber 6 SS-Divisionen nebeneinander, so ist die Katastrophe da. Zumal, wenn dann hohen Führern so gut wie jedes Verständnis für operative Fragen und die großen Zusammenhänge fehlt[35]."

Die Berechtigung zu diesen schweren Vorwürfen leitete Balck aus Vorfällen ab, die sich im Zusammenhang mit einer schweren Krise bei seiner 6. Armee ergeben hatte. Am 21. März waren die Korps der 6. Armee durch den Angriff des sowjetischen V. Garde-Kavalleriekorps und des I. Garde-mechanisierten Korps frontal gebunden, bei Székesfehérvár durch die konzentrischen Feindangriffe auf die Stadt und im Rücken durch die aus dem Raum Csór nach Westen vorgehende 6. Garde-Panzer-Armee bedroht. General Balck lief Gefahr, eingekesselt zu werden, wenn er nicht Unterstützung vom I. SS-Panzerkorps erhielt. Statt dessen mußte er noch Truppen abgeben, um südlich von Kisbér die Schließung einer Lücke zu ermöglichen, die zwischen dem linken Flügel des I. SS-Panzerkorps und dem rechten Flügel des II. SS-Panzerkorps entstanden war. Angesichts dieser schwierigen Lage sprach er sich entschieden gegen das Halten von Székesfehérvár aus und bat um die Erlaubnis, seine Armee zurücknehmen zu dürfen. Balck wies nachdrücklich darauf hin, daß man sich eine neuerliche Einschließung nach dem vorangegangenen Kessel von Budapest schon aus psychologischen Gründen nicht mehr leisten könne. Man dürfe eine gewisse Kesselpsychose der Soldaten nicht übersehen. Vor allem aber brauche man Reserven, um den Feind noch in Anlehnung an den Plattensee aufzufangen[36]. Hitler entschied, daß der rechte Flügel und die Mitte der 6. Armee zurückgenommen werden dürften, Székesfehérvár aber zu halten sei. Nord- und Südfront der 6. Armee drohten daraufhin durchbrochen zu werden. In dieser äußerst gespannten Lage soll die 9. SS-Panzer-Division nicht auf ihre ordnungsgemäße Ablösung gewartet haben, sondern einfach verschwunden sein. Vor ihrem Abmarsch habe sie Szombathely (Steinamanger) als Sammelpunkt angegeben[37]. Durch die Lücken, die sich daraufhin bei der 44. Reichsgrenadier-Division „Hoch- und Deutschmeister" und bei der 3. Panzer-Division auftaten, stießen die Russen nach. Das deutsche I. Kavalleriekorps drohte eingeschlossen zu werden, und es gelang nur unter neuerlichen großen Verlusten, die sowjetischen Truppen aufzuhalten. Balck maß die Schuld daran ausschließlich den SS-Führern zu. Aus dieser Situation erwuchs der oft zitierte Befehl Hitlers, daß die Waffen-SS strafweise ihre Ärmelstreifen abzulegen habe. Hatte man sich von dieser Maßnahme allerdings eine Hebung des Kampfwillens versprochen, mußte man bald einsehen, daß die Anordnung nur das Gegenteil erzielte. In zunehmendem Maß machten sich bei den SS-Divisionen Wut und Resignation bemerkbar. Sie kamen sich ausgebeutet, verheizt und unverstanden vor, denn die Dinge lagen nicht ganz so einfach, wie sie Balck darstellte.

Am Abend des 21. März ging Székesfehérvár verloren. Zwischen dem Balaton und der Donau standen 42 sowjetische Schützen-Divisionen und sieben bis acht schnelle Korps im Angriff. Sie wollten ihren Durchbruch erweitern und die 6. Panzer-Armee von der 6. Armee trennen. Außerdem versuchten sie, der Armee Balck den Weg nach Norden und Nordwesten zu verlegen. Damit machten sie die Absicht der Heeresgruppe Süd zunichte, am 22. März den Kanalabschnitt nordwestlich Székesfehérvár und das Höhengelände um Mór sowie weiter nördlich den Abschnitt nördlich von Mór bis Tata-Tóváros wiederzugewinnen[38]. Freilich gelang es auch Marschall Tolbuchin nicht, sein Ziel — die Einkesselung und die totale Zerschlagung der 6. Armee und der 6. Panzer-Armee — zu erreichen. Die Zange, die von Székesfehérvár zum Nordende des Balaton angesetzt war, kam bis 2,5 km an den See heran, doch es glückte nicht, sie zu schließen[39]. General Balck hatte sofort die überflüssigen Fahrzeuge aus dem „Sack" herausgezogen und alles, was nicht unbedingt benötigt wurde, nach hinten schaffen lassen. Dank dieser Maßnahmen glückte es, die Panzer-Divisionen im wesentlichen intakt herauszubekommen; auch das Kavalleriekorps kam noch gut durch den Schlauch; nur die Division „Hoch- und Deutschmeister" hatte einen hohen Blutzoll zu entrichten[40]. Marschall Tolbuchin schrieb den Umstand, daß es nicht gelungen war, die 6. Armee einzukesseln, dem zu schwachen Einsatz der eigenen 6. Garde-Panzer-Armee zu, da diese die Infanterie nur ungenügend unterstützt habe[41]. Auch die Sowjets hatten also ihre Krisen.

Nach drei äußerst kritischen Tagen war es am 23. März im wesentlichen gelungen, die deutsche 6. Armee zu retten und vor der Vernichtung zu bewahren. Die Armee stand nun nördlich des Balaton und lehnte sich mit ihrem rechten Flügel an den See an, der linke Flügel reichte bis nördlich Veszprém. Der Gesamtzustand der Armee war katastrophal. Ein Teil des Materials war geopfert worden, es gab keinen Betriebsstoff mehr. Die völlig erschöpften und mutlosen Soldaten hatten nur mehr das eine Bestreben, nie mehr eingekesselt zu werden[42].

Ein ähnliches Bild bot sich bei der 6. Panzer-Armee. Oberstgruppenführer Dietrich rechnete damit, daß die drei zum Durchbruch angetretenen sowjetischen Armeen möglichst viele Kräfte freimachen und nach Veszprém vorstoßen würden, um den Aufbau einer deutschen Front zu verhindern. Er konnte nichts dagegen tun. Am 22. März hatten im Bakonywald noch Gruppen des I. SS-Panzerkorps gekämpft, die von starken Kräften des sowjetischen XXIII. Panzerkorps und des XXXVII. Garde-Schützenkorps immer wieder umgangen und im Rücken angegriffen wurden. Dietrich bezweifelte, daß es gelingen werde, die Straße Veszprém—Györ noch vor der sowjetischen Infanterie, die mit starker Panzerunterstützung vorging, zu erreichen und eine zusammenhängende Front aufzubauen. Zwischen Kisbér und der Donau hatte sich die Situation zwar gebessert, im großen und ganzen waren es aber nur mehr „ungegliederte und wild durcheinandergewürfelte Trümmer"[43], die da im Zurückgehen nach Westen waren.

Der Chef des Generalstabes der Heeresgruppe, General Grolman, erfuhr gerüchteweise, daß für die SS-Panzer-Divisionen der 6. Panzer-Armee 25.000 Mann Ersatz in der Heimat bereitstünden. Bei der 6. Panzer-Armee, von der er eine Bestätigung dieser Nachricht erwartete, mußte Grolman jedoch erfahren, daß zwar einige Marschbataillone Ersatz vorhanden und abrufbereit seien, daß von 25.000 Mann jedoch keine Rede sein könne[44].

Die Divisionen konnten also weder herausgelöst noch aufgefrischt werden. Die einzige Möglichkeit, der auseinanderbrechenden Front noch Halt zu verleihen, bestand darin, bei der 2. Panzer-Armee oder bei der 8. Armee einige Verbände herauszulösen und bei der 6. Armee oder bei der 6. Panzer-Armee einzusetzen. Diese Möglichkeit, die zunächst unberücksichtigt gelassen worden war, weil die 2. Panzer-Armee ihren Angriff fortsetzen sollte, wurde am 21. März von Generaloberst Guderian ins Auge gefaßt, bedurfte aber noch etlicher Tage zu ihrer Durchführung. Im wesentlichen betraf es die dezimierte Division „Hoch- und Deutschmeister", die an die 2. Panzer-Armee abgegeben wurde; der 6. Armee wurde dafür die 1. Volks-

Gebirgs-Division (Tagesstärke am 24. 3.: 12.301 Mann) zugeführt[45]. Eine weitere Kräfteverschiebung wurde von Hitler abgelehnt; sie war auch nicht mehr opportun, da das Oberkommando des Heeres mit der baldigen Ausweitung des sowjetischen Angriffs gegen die 2. Panzer-Armee sowie gegen den rechten Flügel und die Mitte der 8. Armee rechnete. Aus diesem Grund wurde auch die 297. Infanterie-Division, die die Stellungen hinter der 2. Panzer-Armee besetzen sollte, vom Balkan herangeführt[46]. Am Abend des 23. März waren die Armeefronten der in ihrem Gefüge schwer erschütterten Heeresgruppe Süd wieder etwas gefestigt. Die akute Gefahr einer Einkesselung war noch einmal abgewendet worden. Die Krise in der Führung und der moralische Niedergang der Truppen hielten jedoch unvermindert an.

Die rückwärtigen Gebiete der Armeen waren von langen Flüchtlingskolonnen verstopft, die die Bewegungen der Truppen nicht unerheblich behinderten und oft zum Ausweichen von der Straße zwangen. Nach wie vor wimmelte es auch von Versprengten, und General Balck war beispielsweise gezwungen, das Generalkommando III. Panzerkorps zum Auffangen der zahllosen zurückmarschierenden und umherirrenden Soldaten einzusetzen. Es war aber ein fruchtloser Kreislauf, denn jene Einheiten, die den inneren Halt verloren hatten, zeigten immer wieder die Tendenz, sich ungeachtet aller Befehle und Maßnahmen abzusetzen[47].

Den noch geschlossen eingesetzten ungarischen Verbänden — z. B. westlich von Kisbér, beim Veszprém und südlich Devecser — begegneten die deutschen Führer mit wachsendem Mißtrauen. Das ungarische Territorium war weitgehend von den Sowjettruppen besetzt, eine neue Regierung hatte die Führung im Staat übernommen, und es war mit der Aufstellung von neuen ungarischen Divisionen, die im Rahmen der 2. und 3. Ukrainischen Front eingesetzt werden sollten, begonnen worden. Für die noch auf deutscher Seite kämpfenden Ungarn war der Einsatz sinnlos geworden, und sie wurden für die deutschen Armeen zunehmend ein Unsicherheitsfaktor. Überall zeigten sich Auflösungserscheinungen. Ungarischerseits dürfte aber auch mit Vorwürfen an die deutsche Führung nicht gespart worden sein, bis schließlich General Wöhler — wohl im Zorn und nicht ernst gemeint — Generaloberst vitéz László die Führung der Heeresgruppe Süd antrug[48]. Sollte er sehen, wie man aus dem Schlamassel wieder herauskam. Doch selbstverständlich hätte ein derartiger Vorschlag nie die Zustimmung Berlins gefunden.

Die 25. ungarische Infanterie-Division war gleich zu Beginn der sowjetischen Großoffensive ostwärts des Balaton zerschlagen worden, ebenso die 1. ungarische Husaren-Division und die 23. ungarische Infanterie-Division im Vértesgebirge und im Raum von Esztergom. Als der sowjetische Druck auf Banská Bystrica (Neusohl) stärker wurde, meldete die 8. Armee Zerfallserscheinungen bei der 24. ungarischen Infanterie-Division. Auch von der 2. Panzer-Armee verlautete, daß die Stimmung der Ungarn an der Front auf dem Nullpunkt angelangt sei; täglich seien bis zu 15 Überläufer zu verzeichnen. Da eine Verwendung der Ungarn in geschlossenen Verbänden nicht mehr möglich schien, begann man, sie in deutsche Einheiten einzugliedern[49].

Es war aber nicht zu übersehen, daß sich auch die Verbände der Heeresgruppe Süd allmählich aufzulösen begannen und nur mehr mit rigorosesten Maßnahmen die Disziplin aufrechtzuerhalten war. Die einzige Möglichkeit der Konsolidierung lag im Aufbau einer stabilen Front unter Ausnützung einer ausgebauten Stellung.

Eine derartige Stellung gab es bekanntlich entlang der Reichsgrenze. Die Heeresgruppe Süd begann sich daher verstärkt für Verlauf und Ausbauzustand der Reichsschutzstellung zu interessieren. Die Front der Heeresgruppe wurde jedoch noch nicht verkürzt und nicht auf die Reichsschutzstellung zurückgenommen. Hitlers aus politischen und wirtschaftlichen Gründen immer wieder erhobene Forderung, kein Gelände kampflos aufzugeben, führte dazu, daß die Heeresgruppe in völliger Abhängigkeit vom Feind blieb und aus einer Krise in die andere schlitterte. Die Marschälle Tolbuchin und Malinovskij dachten aber selbstverständlich nicht daran, den deutschen Divisionen etwas Luft zu lassen. Im Gegenteil: Mit der Eroberung von Székesfehérvár und mit der Besetzung von Veszprém durch Einheiten des XXXVII. Garde-Schützenkorps der 9. Garde-Armee und durch Verbände der 6. Garde-Panzer-Armee war nur die erste Etappe der „Wiener Angriffsoperation" beendet[50]. Die nächste Etappe sollte unmittelbar anschließen.

NEUE SOWJETISCHE DIREKTIVEN

Am 23. März erteilte das Sowjetische Oberkommando der 3. Ukrainischen Front neue Direktiven. Die 9. Garde-Armee und die 6. Garde-Panzer-Armee hatten in Richtung Köszeg (Güns) und die 26. Armee Richtung Szombathely anzugreifen, während die 27. Armee Zalaegerszeg einnehmen sollte[51]. Die 4. Garde-Armee wurde zunächst nicht mehr in die Angriffsoperationen einbezogen, und für die 46. Armee der 2. Ukrainischen Front bestand weiterhin die allgemeine Aufgabe, entlang dem rechten Donauufer vorzustoßen. Dieser Armee war es gelungen, mit dem II. Garde-mech(anisierten) Korps vom 17. bis zum 20. März über Tóváros zur Donau zu gelangen. Dadurch wurden etwa vier Divisionen der 3. ungarischen Armee und der deutschen 8. Armee, die bei Esztergom einen Brückenkopf gehalten hatten, abgeschnitten. Sie konnten nur mehr mit wenigen Teilen das Nordufer der Donau erreichen, da ihnen die sowjetische Donauflottille unter Konteradmiral G. N. Cholostjakov den Übergang verwehrte[52]. Auch dieser Verlust wäre der Heeresgruppe erspart geblieben, hätte General Wöhler die Erlaubnis bekommen, den Brückenkopf rechtzeitig zu räumen.

Am 24. und 25. März hielten die Kämpfe in unverminderter Heftigkeit an. Die sowjetischen Divisionen splitterten die deutsche Abwehrfront beiderseits der Straße Veszprém — Devecser in etwa 40 Kilometer Breite weiter in einzelne Stützpunkte und Kampfgruppen auf. Die 27. Armee versuchte nochmals, Teile der deutschen 6. Armee (I. Kavalleriekorps und IV.-SS-Panzerkorps) gegen den Balaton zu drängen. Die Masse der 6. Panzer-Armee wich nach Nordwesten in allgemeiner Richtung auf Györ aus. Die 6. Armee zog sich in Richtung Szombathely zurück. Dadurch ging der Zusammenhalt zwischen den Armeen verloren, und im Bakonywald nördlich der Straße Veszprém — Devecser bildete sich eine Lücke, die nicht mehr aufgefüllt werden konnte.

Die Hauptsorge der Führung der Heeresgruppe galt der Frage, wie die zersplitterten Teile wieder aufgefangen, zusammengefaßt und sofort zum Sperren der wichtigsten Vormarschwege der Russen eingesetzt werden konnten. Neben der Errichtung von Auffanglinien für Versprengte wurden Befehle zum Auskämmen der Trosse, zur Ausschöpfung des Ersatzes und zum Einsatz auch des „letzten Waffenträgers" gegeben[53]. Jeder Mann, der noch ein Gewehr tragen konnte, sollte dem Dienst in einer Panzergrenadiereinheit zugeführt werden, und der Chef des Generalstabes der Heeresgruppe befahl einmal mehr, „gegen jede Art von Drückebergerei" rücksichtslos vorzugehen[54]. Die Standgerichte begannen vermehrt zu amtieren.

Inzwischen hatten die Spitzen der sowjetischen 6. Garde-Panzer-Armee die Westausgänge des Bakonywaldes erreicht und standen vor und südlich von Pápa.

Aus der Stoßrichtung des sowjetischen Korps konnte die deutsche Führung erkennen, daß der Druck nach Südwesten nachließ und daß es für die 3. Ukrainische Front jetzt vor allem darum ging, den geschaffenen Einbruch zwischen der 6. Panzer-Armee und der 6. Armee dazu auszunützen, die Raab und die Reichsgrenze zu gewinnen. Nachdem die Russen einmal aus dem gebirgigen und waldigen Teil nordwestlich des Balaton heraußen waren, konnten sie kaum mehr zum Stehen gebracht werden[55]. Überall drängten sie stark nach und trieben ihre Panzerspitzen durch die zahlreichen Lücken nach Westen. Dabei wurden sie durch einen sehr regen Einsatz von Schlachtfliegern unterstützt[56].

Auf deutscher Seite wurde die Lage immer katastrophaler. Die Versorgung der deutschen Truppen kam völlig zum Erliegen, Treibstoff wurde immer knapper und die Artilleriemunition wurde streng rationiert. Angesichts dieser prekären Situation, die keine Besserung erwarten ließ, konnten sowohl die Führung der Heeresgruppe als auch die hauptsächlich betroffenen Armeen (6. Armee und 6. Panzer-Armee) nur mehr versuchen, die Katastrophe hinauszuzögern. Ab dem 25. März war jedoch kein gemeinsames Schicksal der Heeresgruppe, sondern nur jenes der einzelnen Armeen zu verfolgen.

Bei der 8. Armee nördlich der Donau war die Situation nicht viel besser als im Hauptangriffsstreifen der sowjetischen Großoffensive. Der 8. Armee war nur zugute gekommen, daß sie nach Abschluß der Kämpfe am Hron-Brückenkopf eine Zeitspanne relativer Ruhe genossen hatten. Da die 44. Reichsgrenadier-Division „Hoch- und Deutschmeister", die damals noch zu den zahlenmäßig stärkeren Einheiten zählte, an die 6. Armee hatte abgegeben werden müssen, gab es an der 201 Kilometer langen Armeefront in der zweiten Märzhälfte aber lediglich fünf deutsche Divisionen, drei deutsche Kampfgruppen und eine ungarische Division, die einen gewissen Kampfwert besaßen. Eine Berechnung der eingesetzten Soldaten ergab, daß auf einen Frontkilometer meist weniger als 50 Soldaten kamen[57]. Der Ersatz für die Ausfälle an Gefallenen und Verwundeten betrug bis Mitte März weniger als 50%.

Am 25. März brach die erwartete sowjetische Offensive auch an der unteren Hron-Front mit Schwerpunkt südlich und südwestlich von Levice los. 15 bis 20 sowjetische Schützen-Divisionen der 7. Garde-Armee, der 53. Armee, der 1. rumänischen Armee und die 1. Garde-Kavallerie-mech. Gruppe der 2. Ukrainischen Front konnten schon am ersten Angriffstag eine Reihe von Brückenköpfen am rechten Hron-Ufer errichten. Dann begannen sie, ihren Angriff links der Donau in allgemeiner Richtung Bratislava zu entwickeln[58]. Die Heeresgruppe Süd und die 8. Armee rechneten damit, daß die sowjetische Hauptstoßrichtung nördlich der Donau auf Nitra, Trnava und vor allem auf Bratislava zielen würde und daß in Kürze Teile auch nach Nové Zámky und Komárno einschwenken würden. Man sah sich aber außerstande, etwas anderes als den vagen Versuch zu unternehmen, das sowjetische Vorgehen zu verzögern[59]. Nun waren alle Teile der Heeresgruppe Süd von der sowjetischen Offensive erfaßt worden.

General Wöhler und Generaloberst Dietrich beantragten wiederholt die Zurücknahme der Front auf den Marcal-Kanal. Als Begründung für ihre Forderung gaben sie an, daß durch eine solche Zurücknahme die 2. SS-Panzer-Division und die 6. Panzer-Division freigemacht und geschlossen hinter die Kanalfront geführt werden könnten[60]. Als Generaloberst Guderian diesen Antrag am 26. März bei der Führerlage im Bunker der Reichskanzlei unterbreitete, löste er damit heftigste Reaktionen aus.

Der Chef des Generalstabes der Heeresgruppe — seit 25. März 1945 Generalleutnant Heinz von Gyldenfeldt — wurde daher zu einer neuerlichen Lageinformation und zu einer detaillierten Begründung des Antrags der Heeresgruppe aufgefordert. Gyldenfeldt wies erneut lakonisch darauf hin, daß die Lage am rechten Flügel der 6. Panzer-Armee nur dann zu festigen sei, wenn man die 2. SS-Panzer-Division und die 6. Panzer-Division aus dem weit vorspringenden Frontbogen herausziehe und hinter den Marcal-Kanal zuführe. Der Argumentation Guderians, daß man durch Beibehaltung des bisherigen Kampfabschnitts der sowjetischen 46. Armee im Raum südlich von Komárom die Bewegungsfreiheit nehme, konnte Gyldenfeldt keineswegs zustimmen[61].

Im Mittelabschnitt der 3. Ukrainischen Front ging indessen bei der 26. und der 27. Armee die Offensive in Richtung Szombathely und Zalaegerszeg weiter. Ähnlich wie bei der deutschen 6. Panzer-Armee war auch bei der 6. Armee ein Flügel noch weit im Osten, während der andere, in diesem Fall der linke, schon etwa 50 Kilometer weiter westlich war. Das I. Kavalleriekorps kämpfte in Anlehnung an den Balaton und konnte sechs Tage lang einen russischen Durchbruch entlang des Sees verhindern. Ab dem 25. März war es jedoch vollauf damit beschäftigt, die gegen das benachbarte IV. SS-Panzerkorps offene Flanke abzusichern. Der schnelle Verband der sowjetischen 27. Armee, das XVIII. Panzerkorps, trachtete nach dem Austritt aus dem südlichen Bakonywald genauso wie die anderen schnellen Verbände, die deutschen Divisionen durch den raschen Vorstoß zwischen 6. Armee und 6. Panzer-Armee zu überflügeln. Auf den Straßen von Veszprém nach Sümeg und Tapolca drangen Panzerkolonnen vor und zwangen das deutsche Kavalleriekorps, noch weiter nach Südwesten auszuweichen[62]. Beim linken Nachbarn, dem IV. SS-Panzerkorps, war ebenfalls ein Umbiegen des linken Flügels zu beobachten, sodaß innerhalb der 6. Armee die Abwehr nicht nur nach Osten, sondern auch nach Norden gerichtet war. Diese Aufgabe wurde der 3. Panzer-Division anvertraut[63].

Durch die Weigerung des Führerhauptquartiers, eine rechtzeitige Zurücknahme der Heeresgruppe auf die Raab-Stellung oder die Reichsschutzstellung zu befehlen, blieb es den Armeen selbst überlassen, die Konsequenz aus der jeweiligen Situation zu ziehen. Daher versuchte die 6. Armee genauso wie die 6. Panzer-Armee, die leidlich ausgebaute Raab-Stellung zu erreichen. Die Verteidigung sollte hier ein wenig Halt bekommen.

Es gilt noch, einen kurzen Blick auf die 2. Panzer-Armee zu werfen. Als in der Enge zwischen Székesfehérvár und Balaton die Offensive der 3. Ukrainischen Front schon tagelang auf einen Durchbruch bei der 6. Panzer-Armee und der 6. Armee hinzielte, behielt die 2. Panzer-Armee nach wie vor ihre seit der Plattenseeoffensive verfolgte Angriffsrichtung bei, ohne aber eine nennenswerte Stoßkraft zu entwickeln. Allmählich flaute die Kampftätigkeit in diesem Bereich der Front ab. Die zwei Korps der Armee, das XXII. Gebirgskorps und das LXVIII. Armeekorps, warteten die Entwicklung im Mittelabschnitt der Heeresgruppe ab. Sie gaben die 1. Volks-Gebirgs-Division im Austausch gegen die abgekämpfte 44. Reichsgrenadier-Division her und hielten in Stellungen, die vom Südende des Balaton mit einem größeren, westlich von Kaposvár ausladenden Balkon, bei Vizvár die Drau erreichten[64].

Seit dem 24. März rechnete das Oberkommando des Heeres damit, daß sich die Offensive der 3. Ukrainischen Front mit ihrer 57. Armee und der 1. bulgarischen Armee auch auf die 2. Panzer-Armee und in der Folge auf die Heeresgruppe E auf dem Balkan ausdehnen würde. Daher lehnte es jede Kräfteminderung am rechten Flügel der Heeresgruppe Süd ab und ordnete sogar die Zuführung der 297. Infanterie-Division und der 14. Waffen-Grenadier-Division der SS an[65]. Gleichsam als Ausgleich dafür nahmen die Desertionen von Ungarn zu (Artillerie-Abteilung der 24. ungarischen Infanterie-Division und Bataillon Bakony), und die wenigen verbliebenen ungarischen Einheiten mußten vollends in deutsche Verbände eingegliedert werden, wollte die Armee nicht Gefahr laufen, plötzlich große Lücken in ihrer Front zu entdecken[66].

Trotz der verhältnismäßigen Ruhe an seinem Abschnitt wußte der Oberbefehlshaber der 2. Panzer-Armee, General de Angelis, daß er in der gegenwärtigen Stellung einen Angriff auf seine Armee nicht abwehren konnte. Er plädierte dafür, die Armee auf die „Margareten-Stellung", die kürzeste Verbindung vom Südende des Balaton zur Drau zurückzunehmen. Dieser Vorschlag wurde jedoch, wie jeder ähnlich lautende Antrag, abgelehnt. Generaloberst Guderian erklärte, daß bei einem weiteren Zurückgehen der 2. Panzer-Armee der Oberbefehlshaber Südost mehr Sicherungen an der Donau aufbauen müßte. Dafür seien aber keine Kräfte vorhanden. Schon deshalb und wegen des Schutzes des Ölgebietes müsse die 2. Panzer-Armee stehenbleiben. Die Einwendungen de Angelis' blieben aber nicht ganz ohne Folgen: er erhielt als weitere Verstärkung die 117. Jäger-Division zugewiesen, und wegen des Drucks des sowjetischen XVIII. Panzerkorps sowie des XXX., des XXXIII. und des XXXVII. Schützenkorps auf das deutsche I. Kavalleriekorps kam auch dieser Verband in den Befehlsbereich der 2. Panzer-Armee. Ab dem 1. April lebte der Kampf zwischen dem Balaton und der Drau wieder stark auf[67].

Der Gesamteindruck, den die Heeresgruppe Süd in den letzten Märztagen 1945 machte, war der einer Ansammlung von ungefähr 100.000 Mann Kampftruppen und siebenmal so viel Wehrmachtsangehörigen, die sich hinter der Front aufhielten[68]. Der weitaus größere Teil der Fronttruppen war demoralisiert, abgekämpft und nur von dem einen Gedanken beseelt, nicht in sowjetische Gefangenschaft zu geraten und sich wenigstens über die Reichsgrenze zu retten. Alle nach Westen führenden Straßen waren von Trossen und Flüchtlingen überfüllt. Jeder versuchte auf seine Weise, mit der Krisenlage, über die gar keine rechte Übersicht bestand, fertigzuwerden. Der Zusammenhalt der einzelnen Verbände lockerte sich in völlig unkontrollierbarer Weise. Die Struktur und die Geschichte der SS-Einheiten brachten es mit sich, daß bei diesen Verbänden der innere Zusammenhalt vielleicht etwas stärker war, doch die Ausweglosigkeit und der Mangel an allem waren wieder die Ursache dafür, daß der Landsknechtcharakter der SS-Truppen stärker zum Vorschein kam und zu einer Gleichgültigkeit führte, die den letzten Einsatz nur dann hergeben ließ, wenn eine unmittelbare Bedrohung auftrat. General Wöhler wies darauf hin, daß es den SS-Panzer-Divisionen im allgemeinen seit Monaten und Jahren an der Dienstaufsicht gefehlt habe, die abgekämpften Kompanien zur Auffrischung weit zurückgeschickt würden und bei dieser Einstellung eine rasche Alarmierung der Verbände der 6. Panzer-Armee unmöglich sei[69].

Vielleicht wäre aber auch darauf hinzuweisen gewesen, daß die Divisionen — auch die des Heeres — nur mehr einen sehr geringen Kampfwert besaßen. Die Unterschiede zwischen „Tagesstärken" und „Kampfstärken" waren erheblich; die Bewaffnung oft inferior, wie die folgende Übersicht zeigt (Stand: 24. März 1945)[70]:

Division	Tages-stärke	Kampf-stärke	s. Pak	Panzer	Sturmgesch. Jagdpanzer	Kampf-wert
13. SS.Geb.D.	9062	3770	10	—	—	III
118. Jäg.D.	9684	5192	20	—	4	III
71. Inf.D.	3154	1119	13	—	—	III
16. SS-Pz.Gren.D.	9399	3134	18	—	12	III
1. V.Geb.D.	12301	4738	20	—	—	II
23. Pz.D.	—	—	12	—	4	IV
3. Kav.D.	—	—	2	—	2	IV
44. R.Gr.D.	—	—	—	—	—	IV
4. Kav.D.	—	—	3	—	2	IV
20. ung.Inf.D.	—	8	1	—	—	IV
2. SS-Pz.D.	—	—	17	7	10	III
6. Pz.D.	—	—	11	23	5	III
356. Inf.D.	—	—	5	—	7	III
96. Inf.D.	—	—	10	—	2	IV
211. V.Gren.D.	8771	4229	11	—	7	III
46. V.Gren.D.	9303	4600	25	—	8	III
357. Inf.D.	11288	6010	10	—	12	IV
Pz.Div.„FH"	6530	2861	1	30	—	III
13. Pz.D.	3230	1013	4	36	12	IV
271. V.Gr.D.	—	—	—	—	10	IV
8. Jäg.D.	—	—	13	—	12	IV
76. Inf.D. (Kpfgr.)	—	—	13	—	—	IV
101. Jäg.D.	—	—	8	—	—	IV
Div.Gr. Laen-genfelder	—	—	26	—	3	IV

Am 28. März hoffte die 2. Panzer-Armee, die Front halten zu können. Bei der 6. Armee plante man die Beseitigung der Einbrüche bei Sümeg und Celldömölk und eines tiefen Einbruchs beiderseits der Straße Jánosháza — Kam. Der 6. Panzer-Armee wurde die Verteidigung des Brückenkopfes um Györ befohlen. Außerdem wurde eine Festigung des rechten Armeeflügels versucht: Aus dem Brückenkopf Györ wurde eine verstärkte Regimentskampfgruppe herausgelöst und als bewegliche

Eingreifreserve hinter den rechten Flügel der Armee geführt. Im Bereich der 8. Armee sollte versucht werden, den Brückenkopf bei Komárno zu halten und eine Abwehrfront im Žitava-Abschnitt zu erreichen[71].

Diese für die Bereinigung der Situation vorgesehenen Pläne konnten aber nicht verwirklicht werden. Wiederholte Anträge der Heeresgruppe an das Oberkommando des Heeres auf Zurücknahme einzelner Frontteile wurden entweder abgelehnt oder verspätet und mit erheblichen Auflagen genehmigt. Das weitere Vorgehen der sowjetischen Truppen machte jedoch den hierüber geführten Auseinandersetzungen meist bald ein Ende.

Noch am 27. März waren Generalmajor Ulrich Bormann von der Feldkommandantur 198 alle Ortskommandanturen längs der Reichsgrenze von Edlitz im Burgenland bis Halbturn unterstellt worden. Er erhielt den Auftrag, Sammelstellen für die Versprengten einzurichten und Alarmeinheiten aufzustellen[72].

Dieser Befehl resultierte aus der Einsicht, daß es unmöglich sein werde, die schnellen Verbände der sowjetischen 6. Garde-Panzer-Armee noch vor der Reichsschutzstellung aufzuhalten, denn die Korps dieser Armee hatten die deutsche 6. Armee und die 6. Panzer-Armee bereits überflügelt. Die Feldkommandantur 198 richtete ihre Befehlsstelle in Schachendorf ein, alarmierte 8 bis 10 Ortskommandanturen und setzte sie für die geplanten Auffang- und Sicherungsaufgaben ein. Mit dem Eintreffen dieser Kommandantur sollte die Zusammenarbeit der in den Festungsabschnitten Steiermark und Niederdonau eingesetzten Einheiten, also vornehmlich Alarm- und Volkssturmverbänden, wirksam werden. Die Ereignisse, gerade in der Hauptangriffsrichtung, überstürzten sich jedoch derart, daß kaum eine der vorbereiteten Maßnahmen in Kraft treten konnte.

Die Armeen der Heeresgruppe Süd, die Richtung Reichsgrenze zurückfluteten, wußten, daß diese Grenze eine Linie, ein Verteidigungsabschnitt war, wie man ihn zu Dutzenden auf dem Weg von Rußland bis Westungarn passiert hatte. Sie wußten aber auch, daß es nach Überschreiten dieser Widerstandslinie keine Möglichkeit mehr gab, den nachdrängenden Russen noch weiter auszuweichen. In den Donau- und Alpenreichsgauen des Deutschen Reiches erwartete die erschöpften Truppen das Ende, das sich vorzustellen der Phantasie des einzelnen vorbehalten blieb. Bei der Beurteilung der Stimmung der Soldaten darf man aber auch einen Umstand nicht außer acht lassen: Nur ein kleiner Teil der Soldaten, am ehesten noch die aus Österreich stammenden, betrachteten die „Ostmark" als integrierenden Bestandteil des Deutschen Reiches. Für viele bedeuteten die weiteren Kämpfe aber durchaus nicht die Verteidigung ihrer Heimat.

Ab dem 25. März setzte der Strom der zerschlagenen, über die Grenze gehenden Truppen ein. Waren es an diesem Tag noch kleinere Teile, die von den in den Festungsbereichen eingesetzten Auffangorganen gesammelt und gesteuert werden konnten, so verstärkte sich der Strom von Stunde zu Stunde, und nach den Trossen kam ein Schwall von deutschen und ungarischen Splitterverbänden, Flüchtlingstrecks, Panzern und Sturmgeschützen. Alle hatten das Bestreben, soweit wie möglich in das Innere des Landes zu gelangen. Die Moral der Soldaten war am Nullpunkt angelangt. In den oststeirischen Dörfern kam es gelegentlich zu Plünderungen, und es ereignete sich öfters, daß die Volkssturmmänner, die in Ermangelung von Feldtruppen zunächst die Besatzung der Reichsschutzstellung bildeten, verlacht, verspottet und als Kriegsverlängerer beschimpft wurden[73]. Es entstand der Eindruck, der Volkssturm allein müsse den Durchbruch der Russen verhindern — und das war natürlich ein Ding der Unmöglichkeit.

Aus dem Angriffstempo und der Stoßrichtung der durchgebrochenen sowjetischen Verbände war zu erkennen, daß in den Festungsbereichen Steiermark und Niederdonau die Kampfabschnitte Rechnitz und Köszeg am meisten gefährdet waren. Es lag nur noch eine größere Stadt auf dem Weg, nämlich Szombathely, wo ein schwaches ungarisches Ersatzbataillon der Sowjets harrte. Als Generalleutnant Walther Krause, der Kommandant des rückwärtigen Armeegebietes der deutschen 6. Armee, am 28. März die mutmaßlichen Stellungen der Ortsverteidiger abging, sah er alles verlassen und erfaßte an Sicherungskräften im ganzen Raum nur zwei schwache deutsche Kampfgruppen in Vát (12 km nordostwärts Szombathely) und Vép (8 km ostwärts der Stadt). Beide Kampfgruppen wurden bis zum Abend auf die Stadt zurückgedrängt[74]. Auch Köszeg stellte für die im raschen Vorgehen begriffenen sowjetischen gepanzerten und mechanisierten Verbände kein größeres Hindernis dar. Während die Städte noch umkämpft wurden, stießen die sowjetischen Panzer schon weiter vor, und seit den späten Abendstunden des 28. März mußte man stündlich damit rechnen, daß die ersten Soldaten der Roten Armee österreichischen Boden betreten würden. Der Krieg in Österreich begann.

5 Die „große Linie"
wird überschritten

„Je näher Wien — desto näher Berlin, dem Ende des Krieges und dem Sieg!" Diese Parole wurde für die 3. Ukrainische Front ausgegeben, als sie sich anschickte, aus Ungarn nach Österreich vorzustoßen[1]. Wien war, gemessen an Berlin, ein Ersatzziel. Militärisch zumindest. Und über die politische Bedeutung des Besitzes von Wien floß in die vom Hauptstab der Front ausgegebene Parole nur so viel ein, daß man damit dem Ende des Krieges und dem Sieg näher war. Das „Je näher Wien — desto näher Berlin" war sicherlich nur eine von vielen Parolen, die den sowjetischen Truppenteilen mitgegeben wurde, die anfeuern und ein Ziel vor Augen stellen sollten. Doch auch ohne diese Parole wußte wohl jeder: Es galt die letzte Anstrengung!

Was sich seit Mitte März 1945 auf Österreich zubewegte, waren Heersäulen, waren Truppenmassen in der Größenordnung von rund 1 1/2 Millionen Soldaten: Deutsche Truppen, die ihren Zusammenhalt kaum mehr aufrecht erhalten konnten und im Grunde genommen kein anderes Ziel mehr vor Augen hatten, als das absehbare Ende des Krieges zu erleben. Und sowjetische Truppen, die das Ziel, die Niederwerfung des Deutschen Reiches und den Sieg, schon greifen konnten.

Die Heeresgruppe Süd war seit dem 6. März 1945 ununterbrochen in Bewegung. Nach dem Scheitern der Operation „Frühlingserwachen", der Plattenseeoffensive, hatte ein sich immer mehr überstürzender Rückzug begonnen. Die deutschen Soldaten waren gegen Argumente, die ihnen die Wichtigkeit dieser oder jener Stellung, dieses oder jenen Gebiets vor Augen hielten, stumpf geworden. Der gute Wille allein nützte nichts mehr; Müdigkeit und Schwäche, der Mangel an allem und jedem hatten die Oberhand gewonnen. So viele Linien hätte man schon halten sollen, keine war zu halten gewesen; oftmals war gesagt worden, daß es kein weiteres Zurückgehen mehr gebe, und doch ging es immer weiter zurück. Für jeden Teil der Deutschen Wehrmacht war es dennoch ein besonderer und sicher auch besonders deprimierender Augenblick, wenn es galt, die Reichsgrenze zu überschreiten. Jetzt war es auch in diesem Abschnitt der Ostfront soweit.

Die politischen und militärischen Verantwortlichen der „Alpen- und Donaureichsgaue" des Deutschen Reiches hatten in die Anlage der Reichsschutzstellung monatelang nicht nur die Arbeit von Zehntausenden, sondern wohl auch die Hoffnung von Hunderttausenden investiert; eine irrationale Hoffnung, denn ebenso, wie man sich gedanklich an die Reichsschutzstellung klammerte, ebenso wurde das Ende des Krieges herbeigesehnt. Und beides ließ sich eigentlich nicht zur Deckung bringen. Auch bei der Heeresgruppe Süd war eine zunächst leichte Hoffnung aufgekeimt, als es hieß, nunmehr würde auf ein bestens angelegtes Stellungssystem entlang der Reichsgrenze zurückgegangen werden, wo zumindest die Möglichkeit gegeben wäre, wieder ein wenig zu Kräften zu kommen. Es kam nicht dazu.

Abgesehen davon, daß die Reichsschutzstellung keinesfalls jenen Ausbauzustand erreichte, der sie dazu befähigt hätte, als stark befestigte Linie zu fungieren, war eine erfolgreiche Kampfführung auch deshalb nicht möglich, da es nicht gelang, die Besatzung der Reichsschutzstellung rechtzeitig durch Truppen des Feldheeres so zu verstärken, wie es bei einem „planmäßigen" Rückzug der Fall gewesen wäre. Die Rote Armee diktierte auch in diesem Fall das Geschehen.

Bei der Anlage und Durchführung der sowjetischen Operationen kam — außer einem gewissen Siegesrausch — noch ein wesentlicher Faktor hinzu: Die Russen standen weiterhin unter außerordentlichem Zeitdruck. Sie hatten die deutsche Plattenseeoffensive zerschlagen, ohne in ihren eigenen Angriffsvorbereitungen nennenswert gestört worden zu sein, aber sie trauten ihren westlichen Verbündeten noch immer nicht und fühlten das Damoklesschwert einer Sonderkapitulation in Italien nur zu deutlich. Zumindest einige der Unsicherheitsfaktoren sollten durch die rasche Einnahme von Wien beseitigt werden.

Die sowjetische 6. Garde-Panzer-Armee hatte zwischen der deutschen 6. Panzer-Armee und der 6. Armee einen Durchbruch erzielt. Damit waren die Voraussetzungen geschaffen, die der Oberbefehlshaber der 3. Ukrainischen Front, Marschall der Sowjetunion Fedor I. Tolbuchin, benötigte, um mit dem rechten Flügel der Front, also mit der 6. Garde-Panzer-Armee und der 9. Garde-Armee, aus dem Raum Celldömölk-Sárvár einen schwerpunktmäßigen Stoß nach Westen führen. Es gab im ganzen Raum keinen einzigen deutschen Großverband mehr, der diesen operativen Durchbruch hätte verhindern können.

DER DURCHBRUCH DURCH DIE REICHSSCHUTZSTELLUNG

Die Wahl des Angriffsraumes kam sicherlich nicht von ungefähr. Zunächst bot die Straße von Szombathely nach Köszeg und von hier weiter nach Norden den Vorteil, daß gepanzerte Kräfte schnell vorstoßen konnten. Die Nahtstelle zwischen zwei Armeen war darüber hinaus ein geradezu selbstverständliches Ziel, und außerdem traf der sowjetische Angriff knapp nördlich des Geschriebensteins ungefähr die Naht zwischen den Festungsabschnitten Niederdonau und Steiermark[2]. Da davon auszugehen ist, daß den Sowjets der vergleichsweise schlechte Ausbauzustand des niederösterreichischen Abschnitts der Reichsschutzstellung nicht verborgen geblieben war, kann auch aus diesem Grund gefolgert werden, daß die Wahl des Angriffsraums sorgfältig erwogen worden war[3]. Interessanterweise fiel die Entscheidung, den Durchbruch in Richtung Papa und Sopron zu suchen, aber nicht bei der 3. Ukrainischen Front, sondern in Moskau. Marschall Tolbuchin wollte nämlich schwerpunktmäßig auf Szombathely vorstoßen, wurde jedoch am 23. März von der Stavka mit neuen Direktiven versehen. Erst durch sie erhielt die „Wiener Angriffsoperation" ihre entscheidende Beschleunigung.

Schließlich begannen die Luftstreitkräfte der sowjetischen 17. Luftarmee ab dem 27. März damit, Verkehrslinien und Nachschubwege in Österreich bis zu einer Eindringtiefe von 50 Kilometern zu bombardieren, um auf diese Weise den Vormarsch der Bodentruppen zu erleichtern. Allerdings beschränkten sich die sowjetischen Bombardements im Gegensatz zu den Luftangriffen der 15. US-Luftflotte auf den Abwurf einiger Splitterbomben. Von sowjetischer Seite wurden vor allem Schlachtflieger zur Unterstützung des Vormarsches der 2. und der 3. Ukrainischen Front eingesetzt. Die Heeresgruppe Süd ihrerseits wurde von den Verbänden des Schlachtgeschwaders (SG) 10 und besonders im Abschnitt der 6. Armee vom SG 4 sowie der I. Gruppe des Jagdgeschwader 53 und der II. Gruppe des Jagdgeschwader 52 unterstützt[4]. Das Kräfteverhältnis zwischen den deutschen und den sowjetischen Fliegern betrug 1 : 6 bis 1 : 10. Trotz ihrer zahlenmäßigen Überlegenheit trug die sowjetische Luftwaffe aber nicht entscheidend zum Vormarsch der Bodentruppen bei. Weit nachhaltiger wirkte sich eine Umgruppierung des rechten Flügels der 3. Ukrainischen Front aus.

Die 4. Garde-Armee wurde aus dem Raum nordwestlich von Székesfehérvár gegen den rechten Flügel der deutschen 6. Panzer-Armee dirigiert, um den Durchbruchsraum der 6. Garde-Panzer-Armee abzuschirmen und gemeinsam mit der 9. Garde-Armee Richtung Sopron vorzustoßen. (Die 4. Garde-Armee wurde mit regelrechten Gewaltmärschen nach vorne gebracht[5].) Noch entscheidender war eine Umgruppierung, die der Kommandant der 6. Garde-Panzer-Armee, General Kravčenko, innerhalb seiner Armee vornahm: Er verschob das bisher am linken Flügel kämpfende V. Garde-Panzerkorps an den rechten, und setzte statt dessen das IX. Garde-mech. Korps am linken Armeeflügel ein[6]. Durch diese Maßnahmen waren zwei Armeen und ein mechanisiertes Korps in dem schmalen Raum nördlich des Geschriebensteins bis zum Südende des Neusiedler Sees massiert, und der Einsatz der Panzer konnte geballt von Köszeg nordwestwärts erfolgen. Da sohin zum Angriff gegen die nördlichen Kampfabschnitte der steirischen Grenzschutzstellung größere Panzereinheiten fehlten, erzielten die Russen einen wahrscheinlich nicht beabsichtigten weiteren Effekt: Das Kernstück der Reichsschutzstellung, der Panzergraben, war in seinen steirischen Abschnitten angesichts der vorwiegend infanteristisch kämpfenden sowjetischen Truppen zunächst wertlos. Infolge des raschen Vorziehens der 4. Garde-Armee gelang es der sowjetischen Führung auch, die deutsche 6. Panzer-Armee zum größten Teil von den Rückzugswegen südlich des Neusiedler Sees abzudrängen und zum Umweg über die Brucker Pforte zu zwingen. Nur der Großteil des I. SS-Panzerkorps ging südlich des Neusiedler Sees zurück.

Die Heeresgruppe Süd erkannte nur zu deutlich das Ziel der sowjetischen Operation: Auf Grund der Heranführung der starken Panzer-, Artillerie- und Infanteriekräfte zeichnete sich im Zusammenhang mit dem sowjetischen Stoß über Szombathely und Köszeg die Möglichkeit ab, durch die Alpenausläufer ausholend, über Wiener Neustadt und südlich um den Neusiedler See herum über die Enge von Sopron Wien anzugreifen. Kräfte der zur 2. Ukrainischen Front gehörenden sowjetischen 46. Armee mit dem XXIII. Panzerkorps und dem II. Garde-mech. Korps, die im Raum Györ freigeworden waren, würden vermutlich zum frontalen Angriff zwischen Neusiedler See und Donau angesetzt werden[7].

Mit minuziöser Genauigkeit vermerkt das Kriegstagebuch der Heeresgruppe Süd auch, daß die ersten sowjetischen Truppen am 29. März, um 11.05 Uhr, bei Klostermarienberg nördlich von Köszeg, die Reichsgrenze überschritten hätten[8]. Da dies noch vor der Umgruppierung der 6. Garde-Panzer-Armee geschah, dürfte es sich bei den sowjetischen Truppen um das IX. Garde-mech. Korps gehandelt haben. Es war sicherlich ein historischer Augenblick, wenngleich wohl niemand, weder bei der Heeresgruppe Süd noch bei der 3. Ukrainischen Front, auch nur für eine Sekunde innegehalten haben wird. In den Meldungen der sowjetischen Truppenverbände hieß es jedoch „Wir sind über die *große Linie*" geschritten[9].

Von Klostermarienberg bis nördlich Lutzmannsburg griffen die Einheiten des IX. Garde-mech. Korps mit Panzern und aufgesessener Infanterie die A-Linie der Reichsschutzstellung an. Bis 2 Uhr nachmittags hatten die sowjetischen Truppen diese im ganzen Abschnitt überschritten. Lediglich 200 Mann Volkssturm aus Wiener Neustadt und 500 Ungarn hatten hier Widerstand geleistet[10]. Als Klostermarienberg von den Russen besetzt wurde, ging diese Kampfgruppe auf die B-Linie zwischen Großmutschen und Kroatisch Geresdorf zurück, wo sie durch zwei Kompanien des Infanterie-Regiments 133 Verstärkung fand. Das IX. Garde-mech. Korps drängte aber nicht mit Macht nach, sondern sickerte ein, suchte zu umgehen und vorerst Raum zu gewinnen.

Trotz des bereits erfolgten und sich — wie vorauszusehen war — ausweitenden Durchbruchs bei der Heeresgruppe Süd wurden die geringen Kräfte, mit denen das Oberkommando des Heeres die Heeresgruppe verstärken konnte, nicht dem zusammenbrechenden Zentrum, sondern den Flügeln zugeführt. Der Grund dafür war wohl zum Teil der, daß damit im Süden das ungarische Ölgebiet noch etwas länger gehalten werden konnte. Insgesamt sollte aber wohl nur eine Illusion genährt werden, daß man — wie das dann der Deutsche Wehrmachtsbericht auch durch rund zwei Wochen tat — immer noch davon sprechen konnte, daß auf slowakischem und auf ungarischem Gebiet gekämpft wurde, statt einbekennen zu müssen, daß die Schlacht um die „zweite Reichshauptstadt" im Grunde genommen schon entbrannt — und entschieden war.

Infolgedessen mußte sich die Heeresgruppe damit begnügen, da und dort Truppen herauszuziehen und sie der 6. Panzer-Armee zuzuführen. Die 8. Armee hatte die 356. Infanterie-Division umgehend in Marsch zu setzen. Die 37. SS-Kavallerie-Division „Lützow", die aus Trümmern von in Budapest zu Grunde gegangenen SS-Divisionen aufgestellt wurde, sollte ebenfalls dem Durchbruchsraum zugeführt werden. Und schließlich versprach sich die Heeresgruppe vom Einsatz des Grenadier-Regiments „Wien" sowie der Fahnenjunkerschule Wiener Neustadt beiderseits Mattersburg eine zumindest vorübergehende Wirkung. Doch das Heranführen dieser Kräfte benötigte wenigstens einen Tag[11].

Knapp zwei Stunden, nachdem die sowjetischen Spitzen österreichischen Boden betreten hatten, unterrichtet der Oberbefehlshaber der Heeresgruppe Süd, General Wöhler, den Chef des Generalstabes des Heeres, Generaloberst Heinz Guderian, von dem tiefen Durchbruch und fügte hinzu, daß auch der Einsatz der 356. Infanterie-Division und der Kampfgruppen der 6. Panzer-Armee nicht ausreichen würde, das sowjetische Vordringen aufzuhalten. General Wöhler forderte wie schon mehrmals zuvor ein geschlossenes Zurückgehen seiner Armeen auf die Reichsschutzstellung, da es sich jetzt nicht mehr um Ungarn und auch nicht mehr um das Ölgebiet handle, sondern ausschließlich darum, ob man an der Reichsgrenze überhaupt die vorbereiteten Stellungen ausnützen und zu einer zusammenhängenden Front kommen könne[12].

Und dann wartete man auf eine Entscheidung Hitlers, die schließlich erst am Abend gefällt wurde und knapp vor Mitternacht des 29. März dem Heeresgruppenkommando fernschriftlich vorlag. Hitler genehmigte das schrittweise Zurückgehen der Heeresgruppen-Front in die Reichsschutzstellung westlich von Szombathely bis Bratislava, doch knüpfte er daran folgende Forderungen[13]:

1. das Tempo des Rückzugs müsse davon abhängen, daß das gesamte schwere Gerät mitgenommen werden könne;

2. der rechte und der linke Flügel der Heeresgruppe hätten stehenzubleiben, d. h., die 8. Armee sollte weiterhin nach Osten gestaffelt bleiben und die 2. Panzer-Armee hätte an der Westecke des Plattensees festzuhalten;

3. der Zusammenhang der Front müsse gewahrt bleiben, besonders beiderseits der Donau, damit sowjetische Truppen nicht plötzlich über die Donau nach Norden durchstoßen könnten.

Dann folgte noch eine allgemeine Belehrung darüber, daß Durchbrüche in der Höhe der Durchbruchstelle und nicht in der Höhe der feindlichen Angriffsspitzen zu bereinigen seien. Das war bestenfalls eine Binsenweisheit.

Hitler hatte also wieder einmal eine seiner berüchtigten halben Maßnahmen gesetzt, wie sie in den letzten Kriegsmonaten immer häufiger geworden waren. Statt einer radikalen Frontverkürzung hatte er einer teilweisen Zurücknahme der Front in ihrem Mittelabschnitt zugestimmt und damit sogar eine Frontverlängerung erzielt. Rund zwölf Stunden, nachdem die Sowjets die Reichsgrenze überschritten hatten, wurde den deutschen Truppen erlaubt, daß sie auf ebendiese Grenze zurückgehen durften. Allerdings nicht im Verlauf der gesamten Reichsschutzstellung. Nur dort, wo diese schon erreicht war, wurde das gewissermaßen sanktioniert. Damit ließ sich jedoch weder der sowjetische Durchbruch bereinigen, noch wurden irgendwo die dünnen deutschen Linien dichter.

Für die im nördlichen Burgenland lebende Bevölkerung war das zweifelsohne eine nicht unerfreuliche Entscheidung, denn je geringer der Widerstand war, der den sowjetischen Truppen auf österreichischem Boden entgegengesetzt wurde, umso geringer waren auch die während der Kampfhandlungen eintretenden Verluste an Menschen und Sachen. Der Befehl Hitlers trug vor allem nicht der Tatsache Rechnung, daß zwischen der 6. Panzer-Armee und der 6. Armee schon eine Lücke von mehr als 30 Kilometern klaffte und die 6. Panzer-Armee nach Norden abgedrängt worden war, also ohnehin kaum mehr in der Lage war, die Reichsschutzstellung südlich des Neusiedler Sees zu beziehen.

Im Anschluß an den „Führerbefehl" sprach der Oberbefehlshaber der Heeresgruppe Süd nochmals mit Generaloberst Guderian über den Durchbruch bei Köszeg. General Wöhler betonte, daß man zwar alle Truppen heranbringe, deren man habhaft werden könne, daß auch der Oberbefehlshaber der Luftflotte 4, General Deßloch, mitwirke und beiderseits des Neusiedler Sees Flak zur Sicherung der Reichsschutzstellung eingesetzt habe, daß aber angesichts der sowjetischen Übermacht alle geschilderten Maßnahmen keinen Erfolg versprächen[14].

Der Vormarsch des sowjetischen IX. Garde-mech. Korps hatte sich am 29. März langsam, aber stetig, entwickelt. Die Rabnitz aufwärts, von Klostermarienberg über Mannersdorf bis knapp vor Dörfl i. Bgld., sowie über Rattersdorf und Lockenhaus, entlang der alten Römerstraße nach Hochstraß und Pilgersdorf tasteten sich die sowjetischen Truppen vor. Nur am Ostrand von Lockenhaus kam es zu einem größeren Gefecht, als die Sowjets mit 40 Panzern der Type T 34, Infanterie in Regimentsstärke und Artillerie angriffen[15]. Drei Panzer wurden dabei abgeschossen, doch um 5 Uhr nachmittags räumten die wenigen deutschen Soldaten und der Volkssturm den Ort, wie sie es sonst überall vor dem Herannahen der sowjetischen Truppen gemacht hatten.

Noch waren es nur wenige Quadratkilometer, die von sowjetischen Truppen besetzt worden waren. Angesichts der geringen Kommunikationsmöglichkeiten wird sich die Botschaft auch kaum sehr weit im Hinterland verbreitet haben. Es ist also erst der historischen Aufarbeitung dieser Zeit vorbehalten geblieben, die Bedeutung des 29. März 1945 herauszufinden.

Von dem Tag an mußte es sich zeigen, ob den Sowjets irgendwelche Weisungen mitgegeben worden waren, die darauf schließen ließen, welche Haltung sie gegenüber einem wieder zu verselbständigenden Österreich einnehmen würden. Von dem Tag hätte eigentlich eine Signalwirkung ausgehen müssen. Er war es, auf den sich die definatorischen Auseinandersetzungen bis heute beziehen, wenn davon die Rede ist, ob es sich bei den sowjetischen Operationen um eine Befreiungsaktion oder um eine Besetzung handelte. Vom Standpunkt eines wieder zu verselbständigenden Österreich konnte das nur als eine Befreiung gesehen werden. Vom Standpunkt jener, die noch immer an die Haltbarkeit einer großdeutschen Lösung, sei sie eine nationalsozialistische oder eine andere glaubten, wie auch vom Standpunkt jener, die ganz einfach registrierten, daß sie im Zuge von Kampfhandlungen zu leiden hatten und von fremden Truppen besetzt wurden, war der Begriff der Befreiung verfehlt. Vielleicht hätte es auch die Auseinandersetzung um die Semantik der Vorgänge ab dem 29. März 1945 gar nicht gegeben, wenn Österreich nicht durch zehn Jahre besetzt geblieben wäre. So aber werden die Begriffe Befreiung und Besetzung wohl noch lange nebeneinander stehenbleiben.

DER VORSTOSS ZUR SÜDBAHNLINIE

Am 30. März stießen die durchgebrochenen Verbände der 6. Garde-Panzer-Armee mit einigen Panzern von Dörfl nach Oberpullendorf vor und fuhren dort in das vorwiegend aus Bayern zusammengesetzte Infanterieregiment 577 hinein, das gerade am Bahnhof auslud. Dadurch wurde von vornherein verhindert, daß dieses

Regiment als geschlossener Verband in Oberpullendorf zum Einsatz kam[16]. Die Munitionsausstattung des Regiments mit 20 Schuß pro Gewehr hätte auch unter anderen Voraussetzungen keinen längeren Widerstand erlaubt. Der Rest des Regiments kämpfte sich in der Folge entlang der Straße von Oberpullendorf nach Mattersburg zurück. Die Strecke Köszeg — Lutzmannsburg — Deutschkreutz wurde durch die Luftflotte 4, und zwar von den Flakabteilungen II./24 und I./9 („Legion Condor"), mit je drei schweren Batterien verteidigt; der Höhere Artilleriekommandeur der deutschen 6. Panzer-Armee bildete mit einem Fahnenjunkerlehrgang der Fahnenjunkerschule II/Wiener Neustadt, drei Panzern, 140 Panzergrenadieren und einer Panzerpionierkompanie einen Sperrverband, der nördlich von Deutschkreutz bis Nagycenk eingesetzt wurde[17]. Damit waren die neu herangeführten Einheiten zur Gänze aufgebraucht, und Generalleutnant Adolph-Auffenberg-Komarów, der als Festungskommandant von Niederdonau nach wie vor das Kommando führte, mußte den ganzen 30. März über versuchen, hinhaltend zu kämpfen, bis die von der Heeresgruppe zugesagte 356. Infanterie-Division im Kampfraum eintraf. Noch hatte die 6. Garde-Panzer-Armee den Vormarsch nicht mit größerem Nachdruck aufgenommen, doch bis 13 Uhr des 30. März hatte das V. Garde-Panzerkorps seine Umgruppierung beendet und begann am rechten Armeeflügel mit allgemeiner Richtung Mattersburg — Wiesen — Wiener Neustadt vorzustoßen[18].

Die deutsche 6. Panzer-Armee sah sich außerstande, gegen die auf Wiener Neustadt ausholende und zusammen mit dem I. Garde-mech. Korps nach Norden auf Sopron vorgehende sowjetische 6. Garde-Panzer-Armee einen Gegenangriff zu führen. Anders gesagt: Am linken Flügel konnten keine Kräfte für einen Stoß nach Köszeg freigemacht werden, und der rechte Flügel der Armee hatte kaum ausreichend Kräfte, um den Vormarsch auf Wiener Neustadt und durch die Ödenburger Pforte zu verlangsamen[19].

Man gab sich bei der Heeresgruppe Süd auch hinsichtlich der wenigen Verbände, die zur Verstärkung im Anmarsch waren, keiner Täuschung hin. Es schien aussichtslos, die nach und nach eintreffenden Kampfgruppen zu einem geschlossenen offensiven Vorgehen zu verwenden. Es war vielmehr erforderlich, sie, so wie sie eintrafen, zur Sperrung der Gebirgsdurchlässe und der Enge von Sopron einzusetzen, um ein allzu schnelles Eindringen der sowjetischen Panzer- und Infanteriemassen in das Wiener Becken zu verhindern.

Der fast mühelose Durchbruch der 6. Garde-Panzer-Armee durch die Reichsschutzstellung bei Klostermarienberg und Rattersdorf und ihr rasches Nachstoßen entlang der Straße von Köszeg nach Norden hatte praktisch die gesamte Reichsschutzstellung in diesem Abschnitt und bis zum Südende des Neusiedler Sees unwirksam gemacht. Die sowjetischen Truppen mußten jetzt nicht mehr versuchen, die Stellungen in möglichst breiter Front zu durchbrechen, sondern sie konnten die beiden Linien von der Seite und von der Tiefe her aufrollen, die Enge von Sopron bei Nagycenk und Kóphaza abwürgen und dadurch die Voraussetzungen zur Beherrschung des Raumes südlich und westlich des Neusiedler Sees schaffen.

Während die stärkste Angriffsgruppe des V. Garde-Panzerkorps am 30. März von Oberpullendorf über Neutal und St. Martin entlang der Straße Richtung Mattersburg vorstieß, begann eine zweite Angriffsgruppe rechts davon mit dem Vormarsch nach Groß- und Kleinwarasdorf, Horitschon und Nikitsch und engte dadurch den Schlauch, durch den das I. SS-Panzerkorps Richtung Sopron zurückgehen mußte, ein; das I. Garde-mech. Korps der 4. Garde-Armee konnte in Anlehnung an den Neusiedler See mit schmaler Front gegen Sopron vorgehen. Das IX. Garde-mech. Korps, das mit dem V. Garde-Panzerkorps die Angriffsstreifen gewechselt hatte, begann in die Bucklige Welt einzudringen und überrollte dabei die zum Einsatz in der Reichsschutzstellung im Anmarsch befindlichen Alarmeinheiten der Ersatztruppenteile des Wehrkreises XVII [20].

Das hügelige und teilweise stark bewaldete Gebiet mit seinen vielen Bächen und den damals kaum vorhandenen guten Straßen begünstigte an sich die Verteidiger und bot gewiß mehr Möglichkeit, Hinterhalte zu bilden und Sperren zu verteidigen, als dies noch in Ungarn der Fall gewesen war. Doch es gab ja fast niemanden, der sich für eine wirklich hartnäckige Verteidigung eignete.

Entlang seiner Hauptstoßrichtung mußte das V. Garde-Panzerkorps nur vor jeder Ortschaft Gefechte mit dem sich zurückziehenden Infanterie-Regiment 557 und den in Neutal am 29. März eingetroffenen Kompanien der Infanterie-Regimenter 130 und 133 bestehen[21]. Diese Einheiten setzten sich jeweils vor den Ortseinfahrten fest und hielten den Vormarsch der gepanzerten Verbände für kurze Zeit auf. Dennoch war das sowjetische Panzerkorps im Laufe des 30. März bis Sieggraben gekommen, denn gerade in der Hauptangriffsrichtung konnte die Heeresgruppe Süd bis zum Abend den vordringenden sowjetischen Truppen keinen stärkeren Verband entgegenstellen. Schließlich trafen in den Abendstunden die ersten Teile der 356. Infanterie-Division im Kampfraum ein; sie wurden westlich und südlich von St. Margarethen eingesetzt[22]. Südlich von Mattersburg wurden, wie vorgesehen, das Grenadier-Regiment „Wien"[23] und nördlich der Stadt Teile der Fahnenjunkerschule Wiener Neustadt zugeführt. Außerdem befand sich die Kampfgruppe Keitel der 37. SS-Kavallerie-Division im Anmarsch[24].

In einem am späten Abend des 30. März geführten Gespräch mit General Krebs vom Oberkommando des Heeres warnte General Wöhler vor der falschen Hoffnung, es werde gelingen, den tiefen Einbruch der 6. Garde-Panzer-Armee zu beseitigen. General Wöhler, der zu diesem Zeitpunkt das Hauptquartier der Heeresgruppe innerhalb von vier Tagen bereits zum dritten Mal, und zwar von Eisenstadt nach Mauerbach b. Wien, verlegt hatte, schickte Offiziere seines Stabes zu den kämpfenden Truppen hinaus, um sich ein möglichst genaues Bild über Verfassung und Stimmung der Soldaten zu machen. Das allgemein übereinstimmende Urteil lautete, die Truppe sei zwar innerlich noch in Ordnung, aber völlig erschöpft. Besonders drückend auf die Stimmung wirkten sich die Sorge um die Lage im Westen und der Mangel an Artilleriemunition aus, der sich vor allem bei den deutschen Gegenangriffen bemerkbar machte. Daher legte Wöhler auch Wert darauf, in Berlin zu deponieren, daß zwar Gegenangriffe zur Schließung der Frontlücke — wie es noch immer hieß: nördlich von Güns — geplant seien, „er halte es aber für fraglich, ob sie durchschlagen werden"[25].

Im Laufe des Tages war noch eine weitere Schwierigkeit aufgetaucht. Der Chef des Stabes der 6. Panzer-Armee, Gruppenführer Kraemer, meldete dem Chef des Generalstabes der Heeresgruppe Süd, Generalmajor von Gyldenfeldt, daß zum erstenmal Soldaten in ungarischer Uniform und ungarischer Nationalität der 6. Panzer-Armee als Feinde gegenübergestanden seien[26]. Diese Meldungen entsprachen genau dem, was man seit Mitte März erwartet hatte, als von allen Abschnitten der Front der Heeresgruppe Süd Meldungen über „Auflösungserscheinungen bei den ungarischen Verbänden" einzulaufen begannen[27]. Die „Ungarn-Krise" beschwor damit ein Problem herauf, das zwar für die Deutsche Wehrmacht nicht neu war, aber wie kaum etwas anderes das Ende des Krieges signalisierte.

Seit Hitler dazu übergegangen war, den Krieg als einen weltanschaulichen und gegen den Kommunismus gerichteten Krieg zu führen, hatte er die Verbündeten Deutschlands mehr und mehr in den Krieg hineingezogen. Ungarn war dabei jenes Land, das als erstes und auch mit beachtlichen Kräften in den Krieg eintrat. Ungarn war aber auch jenes Land, das nicht nur keinen Weg aus diesem Krieg fand, sondern bis zuletzt seiner Bündnisverpflichtung treu bleiben mußte. Jetzt, so schien es, fiel auch dieser Verbündete ab. Es ist daher kennzeichnend für die psychologische und nicht nur für die militärische Situation der Führung der Heeresgruppe Süd, daß sie ohne nähere Überprüfung des Sachverhalts die Meldungen zum Anlaß nahm, um die Entwaffnung der Ungarn in die Wege zu leiten. Es wäre ja auch nur zu verständlich gewesen, wenn die ungarische Wehrmacht den unmittelbar bevorstehenden vollständigen Verlust des ungarischen Territoriums zum Anlaß genommen hätte, um einen Frontwechsel zu vollziehen oder zumindest den Krieg zu beenden. Was dabei unbeachtet blieb, war die Tatsache, daß die Honvéd in einer ganz anderen Weise in den weltanschaulichen Krieg eingebunden war als etwa vorher die italienischen, spanischen, rumänischen, slowakischen oder irgendwelche anderen europäischen Truppenkontingente. Und im Gegensatz zu anderen Verbündeten Deutschlands war für den Moment des Verlustes des ungarischen Territoriums auch langfristig vorgesorgt worden. Vor allem war schon monatelang innerhalb des Deutschen Reiches eine militärische Infrastruktur aufgebaut worden. Im Zuge von systematischen Verlagerungen und schließlich infolge der Fluchtbewegung waren Hunderttausende Ungarn in das Deutsche Reich und ein erheblicher Teil davon nach Österreich gekommen[28]. Damit hatten viele ungarische Soldaten nicht nur weiterhin funktionierende Kommandobehörden, sondern oft auch Familienangehörige in Deutschland; sie blieben daher nicht weniger fest in der Hand ihrer Vorgesetzten als so mancher deutscher Truppenkörper. Vielleicht offenbarte sich in der Tatsache, daß doch erstaunlich große Teile der ungarischen Armee dem Bündnis treu blieben, ja beschworene Eide auch auf Hitler und das nationalsozialistische Deutschland ausweiteten, eine der nicht immer gerne in Erinnerung gerufenen Traditionen der k. u. k. Armee. Damit besaß das Verhalten der Ungarn auch einen Schuß Irrationalität. Für nüchtern denkende deutsche Oberbefehlshaber war jedoch nur der Inhalt der eintreffenden Meldungen ausschlaggebend und reichte aus, um auch schon drastische Maßnahmen einzuleiten. Deutscherseits wollte man nicht die geringste Gefahr laufen, die ohnedies kaum mehr überblickbare und bisweilen verzweifelte Situation noch schwieriger werden zu lassen.

Im Zusammenhang mit der erwähnten Meldung von der 6. Panzer-Armee und mit anderen unliebsamen Vorfällen, z. B. dem angeblichen Überlaufen der Division Szent László bei der 6. Armee, aber auch unter Berücksichtigung von Meldungen der 8. Armee und der 2. Panzer-Armee, entschloß sich General Wöhler am 30. März, die ihm unsicher erscheinenden ungarischen Truppenteile lieber radikal zu entwaffnen und in Baubataillonen zusammenzufassen, als sie weiter in der Front zu belassen[29]. Die weiterhin im Rahmen der Heeresgruppe eingesetzten ungarischen Verbände (z. B. die südlich des Neusiedler Sees zurückgehende 2. ungarische Panzer-Division, ungarische Artillerie-Abteilungen, das SS-Regiment Ney u. a.) wurden in der Folge ohne Rücksicht auf ihre kriegsgliederungsmäßige Zugehörigkeit von deutschen Kommandobehörden geführt und versorgt.

Die Frage des weiteren Einsatzes der wenigen noch im Rahmen der Heeresgruppe Süd marschierenden ungarischen Einheiten wurde gerade zu dem Zeitpunkt akut, als mit dem Gebiet um Sopron der letzte größere ungarische Landstrich für die deutschen Truppen verlorenging. Es war daher wohl auch nicht ganz verwunderlich, daß viele ungarische Offiziere und Soldaten den Zeitpunkt gekommen sahen, den Kampf einzustellen.

Das I. SS-Panzerkorps[30] der 6. Panzer-Armee war beschleunigt am Südende des Neusiedler Sees vorbei in die Enge von Sopron zurückgegangen, um zu verhindern, daß durch den bereits angedeuteten Versuch des V. Garde-Panzerkorps, die Ödenburger Pforte bei Nagycenk und Kópháza zu sperren, die Rückzugsmöglichkeiten abgeschnitten würden. Die Gefahr, durch den nach Nikitsch und Deutschkreutz geführten sowjetischen Panzerstoß und das nachdrängende I. Garde-mech. Korps in die Zange genommen zu werden, war tatsächlich nicht gering. Daß das I. SS-Panzerkorps nicht eingekesselt wurde, verdankte es schließlich nur dem Umstand, daß die eigenen Bemühungen durch die im Raum Nikitsch und Deutschkreutz eingetroffenen Verstärkungen (sechs schwere Batterien der 24. Flak-Division, eine Abteilung der Luftflotte 4, Pionierbataillon 552 und „Kampfgruppe Behnsen" mit Sperrverband des Höheren Artilleriekommandeurs der 6. Panzer-Armee) kräftige Unterstützung fanden. Dennoch konnte es passieren, daß beispielsweise der Stab der 12. SS-Panzer-Division „Hitlerjugend" mit dem Divisionskommandeur an der Spitze Deutschkreutz nicht nur sprichwörtlich, sondern tatsächlich querfeldein laufend erreichte, da sowjetische Panzer plötzlich bis Nagycenk durchgebrochen waren und den Deutschen nur mehr eine halsbrecherische Flucht möglich war[31]. Die Fälle, daß ein deutscher Divisionsstab im Laufschritt österreichischen Boden betrat, dürften aber trotz der üblen Situation zu den Seltenheiten gehört haben. Durch einen am Morgen des 31. März geführten Gegenangriff bei Horitschon und starken Widerstand im Raum Deutschkreutz[32] gelang es den Verbänden des I. SS-Panzerkorps, den drohenden Einschließungsring zu durchbrechen und nach Sopron zu entkommen.

Das I. SS-Panzerkorps und die 356. Infanterie-Division blieben jedoch die einzigen Fronttruppen, die unmittelbar westlich des Neusiedler Sees eingesetzt werden konnten und die zusammen mit den wenigen kampfstarken Alarmverbänden und Volkssturmeinheiten die aussichtslose Aufgabe hatten, das weitere Vordringen der 6. Garde-Panzer-Armee und des I. Garde-mech. Korps aufzuhalten. Mit den vorhandenen Fronttruppen und mit den einsetzbaren Teilen der bis zum Abend des 31. März dem Festungskommando Niederdonau unterstehenden Alarm- und Volkssturmeinheiten konnte daher ostwärts von Mattersburg und bis zum Südende des Neusiedler Sees nur eine dünne Widerstandslinie aufgebaut werden[33].

Dem weiter südlich in die Bucklige Welt eingedrungenen IX. Garde-mech. Korps standen die Reste jener Alarmeinheiten des Wehrkreises XVII gegenüber, die nicht schon vom Angriff des sowjetischen Korps überrascht und aufgerieben worden waren[34]. Noch am 30. März fielen Draßmarkt, Weingraben und Landsee; am Abend desselben Tages waren Russen in Hollenthon und Wiesmath eingedrungen. In Wiesmath trafen sie auf ein mehr als kompaniestarkes Panzerjagdkommando der Fahnenjunkerschule Wiener Neustadt, das sich hier während der ganzen Nacht bis 5 Uhr morgens hartnäckig verteidigte[35]. Erst als es auch schon von Hochwolkersdorf her umgangen worden war, zog es sich aus dem Ort zurück. Auch in Krumbach, entlang der Straße von Kirchschlag i. d. Buckligen Welt nach Grimmenstein, war eine kompaniestarke Kampfgruppe der Fahnenjunkerschule Wiener Neustadt eingesetzt, die sich ja hier gewissermaßen in ihrem „Übungsgelände" befand. Doch auch der „Heimvorteil" konnte die zahlenmäßige Unterlegenheit nicht wettmachen. Die Russen nahmen die Bucklige Welt innerhalb eines Tages in Besitz. Im weiteren Verlauf des 31. März stießen das IX. Garde-mech. Korps und das XXXVIII. Garde-Schützenkorps der 9. Garde-Armee aus dem Rabnitz- und dem Schlattenbachtal nach Westen und Norden vor. Ziele dieses Vorstoßes waren das Pittental und die Schwarza. Am Abend hatten die Spitzen der sowjetischen Korps das Pittental von Grimmenstein bis Scheiblingkirchen in sechs Kilometer Breite erreicht und im Süden überschritten. Der Ausgang des Pittentales bei Walpersbach war nach heftigen Kämpfen mit Fahnenjunkern, die von SS verstärkt worden waren, ebenfalls in sowjetischer Hand[36].

WIENER NEUSTADT

Ausschlaggebend für die geschilderten Bewegungen des IX. Garde-mech. Korps waren operative Überlegungen, die in der Umgruppierung der 6. Garde-Panzer-Armee ihre Wurzel hatten. Es war nämlich vorgesehen, daß dieses Korps die Leitha erreichen, überschreiten und im Westen an Wiener Neustadt vorbeistoßen sollte, ohne sich besonders um die Geschehnisse beim V. Garde-Panzerkorps zu kümmern. Vielmehr sollte das mechanisierte Korps die Wienerwald-Eingänge besetzen und das Steinfeld als Aufmarschraum für mehr als eine Armee freimachen[37]. Das Korps mußte also eine ziemliche Strecke bewältigen und schwieriges Gelände passieren. Doch, wie erwähnt, stießen die Truppen auf keinen nennenswerten Widerstand. In der Regel setzten die Flüchtlinge ihre Flucht und die wenigen deutschen Soldaten ihren Rückzug vor Herannahen der Russen fort. Bei den Bewohnern der Buckligen Welt gab es keine besondere Fluchtbewegung. Zum einen, weil sie überrascht wurden, zum anderen aber weil sie wohl auch gar nicht gewußt hätten, wohin sie sich wenden sollten.

In der Nacht vom 30. auf den 31. März zogen sich die deutschen Truppen auch entlang der Straße nach Mattersburg zurück, und die nachstoßenden Panzereinheiten des V. Garde Panzerkorps konnten Sieggraben und Rohrbach kampflos besetzen[38]. Dieser aus taktischen Gründen erfolgte Rückzug sollte vor und in Mattersburg einen kräftigeren Widerstand ermöglichen. Auch Marz wurde kampflos aufgegeben, und am Abend drangen die ersten sowjetischen Panzer in Mattersburg ein. Eine Kampfgruppe der 356. Infanterie-Division, Teile der 1. SS-Panzer-Division

„Leibstandarte Adolf Hitler" und Splitterverbände anderer Einheiten, wie z. B. die schon erwähnte I. Abteilung („Legion Condor") des Flak-Regiments 9, nahmen den Kampf gegen die aus Marz und Forchtenau kommenden Truppen des V. Garde-Panzerkorps auf[39]. Der Volkssturm (470 Mann) wurde jedoch nicht eingesetzt, da sich bei den bisherigen Kämpfen gezeigt hatte, daß dieses letzte Aufgebot eher eine Belastung als eine Hilfe darstellte und auch die seitens der Heeresgruppe Süd in ihn gesetzten Erwartungen, daß er durch Anlegen und Ausnützung von Sperren das sowjetische Vorgehen in den engen Tälern der Alpenausläufer aufhalten würde, nicht erfüllte. In der Regel wurde vom aufgebotenen Volkssturm nicht einmal die Hälfte eingesetzt.

Die Kämpfe in Mattersburg zogen sich den ganzen Abend des 31. März und die Nacht über hin. Die Russen wurden vorübergehend bis Marz zurückgeschlagen, verloren bei Marz und Mattersburg etwa 17 Panzer[40], drangen abermals stürmend ein, und am Ostersonntag, dem 1. April, mußten die deutschen Truppen den Ort räumen, denn die sowjetischen Panzer hatten durch einen Vorstoß über Wiesen in Richtung Sauerbrunn[41] versucht, die deutschen Stellungen zu umgehen. Um die Höhen nordwestlich und nördlich von Mattersburg entwickelten sich neuerlich schwere Gefechte. In den umkämpften Orten erlitten aber nicht nur die Truppen beider Seiten vergleichsweise hohe Verluste. Auch die Zivilbevölkerung, von der rund ein Zehntel vorher geflüchtet war, hatte Dutzende Tote zu beklagen.

Am 31. März war auch das Schicksal der 3. und der 12. SS-Panzer-Division im Raum Sopron entschieden worden. Der Druck des I. Garde-mech. Korps und des XX. Garde-Schützenkorps (beide von der 4. Garde-Armee) allein hätte die deutschen Truppen nicht zur Aufgabe der Stadt zwingen können, wohl aber der von österreichischem Gebiet vorgetragene Flankenangriff des V. Garde-Panzerkorps. Bis zum Morgen des 1. April war die letzte große ungarische Stadt von den deutschen Truppen geräumt[42]. Danach ließen die Angriffe der sowjetischen Korps gegen die deutschen Sicherungslinien südlich von Wiener Neustadt und nördlich von Sopron etwas nach[43]. Nichtsdestoweniger gelang den Russen an diesem Tag der operative Durchbruch in das Steinfeld.

Der Fall von Mattersburg und Sopron machte die wichtigsten der nach Norden und Nordwesten führenden Straßen frei. Die Ortschaften waren bis auf ganz wenige Ausnahmen von sämtlichen Truppen geräumt, und der sowjetische Vormarsch entwickelte sich in Anlehnung an den Neusiedler See über Mörbisch, Rust, St. Margarethen — und vor allem entlang der Straße nach Wiener Neustadt. Die sowjetischen Schlachtflieger bombardierten meist knapp vor dem Herannahen der Spitzen der Bodentruppen die an den Vormarschstraßen liegenden Orte und die unentwegt zurückflutenden Truppen, die mit Flüchtlingen vermischt waren. Da eine feste Front fehlte, war es für die sowjetischen Infanterie- und Panzerverbände ein leichtes, die wenigen und nirgends mehr geschlossen operierenden SS-Divisionen auszumanövrieren. Die hervorstechenden Ereignisse dieses Tages waren das Erreichen der Semmeringbahn, der Beginn des Kampfes um Wiener Neustadt und die Einnahme von Eisenstadt.

Um den Einbruchsraum am linken Flügel der 6. Garde-Panzer-Armee abzuschirmen, hatte die 3. Ukrainische Front das XXXVII. und das XXXVIII. Garde-Schützenkorps der 9. Garde-Armee in die Bucklige Welt eindringen lassen[44] und brachte sie zusammen mit dem IX. Garde-mech. Korps zum Einsatz[45]. Das XXXVII. Garde-Schützenkorps erreichte dabei mit der 103. Garde-Schützen-Division, aus dem Raum Kirchschlag kommend, in zwei Kolonnen über das Feistritztal, Otterthal-Raach und Kranichberg-Enzenreith, kampflos Gloggnitz[46]. Mit der Besetzung dieses Ortes wurde die Semmeringstrecke gesperrt. Als Generalmajor Ulrich Bormann, der mit seiner Feldkommandantur 198 die Semmeringstrecke von Neunkirchen bis Mürzzuschlag sichern sollte, in den Morgenstunden des 1. April auf dem Semmering eintraf, konnte er jedoch feststellen, daß sich die sowjetischen Truppen zunächst mit der Einnahme von Gloggnitz begnügten[47]. Da aber das XXXVII. Garde-Schützenkorps der 9. Garde-Armee und das IX. Garde-mech. Korps an diesem Tag die Südbahnstrecke in einem Abschnitt von Gloggnitz bis knapp westlich von Wiener Neustadt unterbrochen hatten, war es freilich völlig unmöglich, diese wichtige Strecke offenzuhalten.

Zum Schutz Wiener Neustadts sowie der Ausgänge aus dem Pittental und dem Rosaliengebirge hatten sich die beiden bataillonsstarken Lehrgruppen der Fahnenjunkerschule Wiener Neustadt[48], die vorher bei Deutschkreutz, Nikitsch und fallweise auch in der Buckligen Welt gekämpft hatten, in bereits erkundeten Stellungen bei Frohsdorf und Walpersbach zur Verteidigung eingerichtet. Am 31. März waren die letzten von ihnen singend aus der Wiener Neustädter Burg ausmarschiert. Nun waren sie zurückgekommen. Sie stellten deutscherseits den bei weitem kampfkräftigsten Verband in diesem Raum dar, obwohl die bisherigen Einsätze nicht ohne Verluste abgegangen waren. Von den Frontverbänden der Heeresgruppe Süd hatte keiner den Umweg über die Bucklige Welt genommen, sondern kürzere Wege in Richtung Wiener Becken eingeschlagen, so daß die Verteidigung Wiener Neustadts praktisch von den Fahnenjunkern abhing. Zwei Polizeibataillone wurden an die Straße von Wiener Neustadt nach Neudörfl gebracht, und aus dem Waldviertel kamen drei Volkssturmbataillone, die aber weder über Uniformen noch über militärische Ausrüstung verfügten[49]. Im Lauf des Tages trafen dann nördlich von Neunkirchen die Kampfgruppe Keitel der 37. SS-Kavallerie-Division und ostwärts von Wiener Neustadt eine Kampfgruppe der 356. Infanterie-Division ein[50].

Die Sprengung eines Luftminendepots an der Neunkirchner Straße hatte den Einwohnern des schwergeprüften Wiener Neustadts am Vortag gleichsam mit einem Explosionskrach das Herannahen der Front angekündigt. Von der Deutschen Luftwaffe wurden, so gut es ging und so weit das überhaupt noch notwendig war, die Einrichtungen der Flugplätze und die nicht mehr flugfähigen Flugzeuge zerstört. An der Stadt selbst war das Zerstörungswerk durch die alliierten Bomber schon so vollendet worden, daß nur mehr eine Trümmerlandschaft übriggeblieben war. Am 30. März war um die Mittagszeit von der 15. US-Luftflotte ein letzter großer Angriff auf die Eisenbahnanlagen der Stadt geflogen worden. Doch die darauffolgende amerikanische Fotoaufklärung konnte nicht einmal mehr weitere Zerstörungen erkennen, so sehr war die „Allzeit Getreue" schon zertrümmert worden[51].

Von den Bewohnern blieben nur rund 800 in der Stadt. Der Rest suchte in den Wäldern am nördlichen Rand des Steinfelds Zuflucht.

Nach den heftigen Kämpfen um Walpersbach in den Abendstunden des 31. März griffen die Panzer des IX. Garde-mech. Korps, gefolgt von Infanterie und Artillerie an. Die Kriegsschüler, die nur durch die Versorgungskompanien des SS-Panzer-Regiments 3 der SS-Panzer-Division „Totenkopf" verstärkt worden waren[52], mußten sich gegen Süden, Südosten und Osten verteidigen und wurden nach verlustreichen Kämpfen aus ihren Stellungen bei Walpersbach und Frohsdorf geworfen. Die beiden Lehrgruppen der Fahnenjunker begannen sich entlang der Neunkirchner Straße auf Wiener Neustadt zurückzuziehen. Das IX. Garde-mech. Korps folgte ihnen aber nicht geschlossen, sondern schickte nur eine stärkere Gruppe die Leitha abwärts, um so das eigentliche Operationsziel, die Sicherung des Leithaüberganges, zu erreichen und eine Verstärkung Wiener Neustadts durch zurückgehende Fronttruppen zu verhindern. Tatsächlich mußten dann auch Teile des I. SS-Panzerkorps, die von Sauerbrunn kamen, bis Lichtenwörth ausweichen und dort eine Furt passieren[53], da die Leithabrücke an der Straße nach Neudörfl schon besetzt war. An der Einnahme von Wiener Neustadt durfte sich das IX. Garde-mech. Korps befehlsgemäß nicht beteiligen[54]. Es folgte daher der westlich von Wiener Neustadt nach Norden abbiegenden 1. Lehrgruppe der Fahnenjunkerschule und überließ den Kampf mit der 2. Lehrgruppe, die sich nach Wiener Neustadt zurückgezogen hatte, dem V. Garde-Panzerkorps.

Wie man aus dem Aufschließen der westlich des Neusiedler Sees straff zusammengefaßten Kräfte der 4. und der 9. Garde-Armee sowie der 6. Garde-Panzer-Armee entnehmen konnte, verlangsamten nun die sowjetischen Angriffsspitzen für kurze Zeit ihren Vormarsch[55].

Nach dem Fall von Mattersburg wurde die Front des I. SS-Panzerkorps am 1. April nach Norden zurückgenommen. Die Divisionskampfgruppen des Korps versuchten an Fischa und Leitha noch einmal, den sowjetischen Vormarsch zu verzögern. Doch die Russen stießen überall durch[56]. Das V. Garde-Panzerkorps trachtete aber keineswegs, in einem raschen Vorstoß nach Wiener Neustadt zu gelangen, sondern begann vielmehr damit, die Stadt, die im Westen schon vom IX. Garde-mech. Korps umgangen worden war, auch im Süden und Osten zu zernieren. Katzelsdorf, Sauerbrunn, Zillingdorf und Ebenfurth waren an diesem Tag die Endpunkte des Panzerkorps; damit war die Leitha an einigen weiteren Stellen überschritten, Wiener Neustadt von drei Seiten umfaßt und ein geschlossener Widerstand des I. SS-Panzerkorps an der Leitha unmöglich gemacht worden. Das V. Garde-Panzerkorps ging dabei in enger Anlehnung an das I. Garde-mech. Korps der 4. Garde-Armee vor.

Bei der Zurücknahme der deutschen Front nördlich von Sopron hatte die 12. SS-Panzer-Division ihren Weg entlang der Straße von Sopron nach Wien genommen, während die 3. SS-Panzer-Division, in deren Gefolge auch noch ein Verband der 232. Panzer-Division aufschien, entlang des Neusiedler Sees zurückging. Bei Oggau leistete eine Nachhut der 3. SS-Panzer-Division mit 80 Mann und einer Volkssturmeinheit bis in die Abendstunden des 1. April Widerstand, und auch in Schützen am Gebirge wurde um den Übergang über die Wulka längere Zeit gekämpft. In der Nacht kam es dann nach hartem Ringen mit der 7. Garde-Luftlande-Division des XX. Garde-Schützenkorps zur unvermeidlichen Aufgabe beider Positionen[57].

Am Vormittag des Ostersonntags beobachteten Volkssturm und Landesschützen, die einzigen Verteidiger von Eisenstadt, eine lange, ungesicherte russische Kolonne mit etwa zwei Bataillonen Infanterie, 40 Panzern, 60 Lastwagen und 40 Pferdewagen auf der Straße von Siegendorf nach Großhöflein. Eine halbe Kompanie zweigte ab und ging im Süden von Eisenstadt in Stellung, alles übrige zog in diesem fast friedensmäßigen Marsch weiter. Dieses für die deutschen Sicherungseinheiten gänzlich unerwartete Bild wurde noch dadurch ergänzt, daß man bei den Russen keinen Angriffsgeist feststellen konnte[58]. Den mußten sie — für den Augenblick wenigstens — auch wirklich nicht haben, da sie praktisch auf keinen Widerstand stießen. Angesichts der zahlen- und materialmäßigen Überlegenheit der sowjetischen Truppen zogen sich die deutschen Sicherungen, besonders wenn sie aus Volkssturm und Landesschützen bestanden, stillschweigend zurück. In den meisten Ortschaften versuchten die Bewohner aus berechtigter Furcht vor sowjetischen Repressalien, einen Widerstand im Ortsbereich zu verhindern. Nur dort, wo Frontverbände eingesetzt waren, die den Rückzug verlangsamen sollten, gab es vereinzelte Kampfhandlungen.

Vor Eisenstadt kam es zu kleineren Kämpfen, bis sich fünf oder sechs sowjetische Panzer anschickten, die Stellung der Landesschützen in Kleinhöflein zu umgehen. Bald danach schoß sowjetische Infanterie vom Hang des Leithagebirges in die Stadt, und um 15 Uhr zogen sich Landesschützen und Volkssturm nach Loretto zurück[59].

Der Kampf war zu ungleich gewesen. Die Verbindungen hatten nicht funktioniert. Von den Fronttruppen waren keine Lageinformationen zu bekommen gewesen. Die Kenntnisse über die sowjetischen Truppen und deren Vorgehen hatten sich darauf beschränkt, daß Hitlerjungen mit Fahrrädern ausgeschickt worden waren, um rechtzeitig das Herannahen der Sowjets zu melden. Und schließlich wurden in die Kirchtürme Beobachter gesetzt[60], die, nicht viel anders als auch Jahrhunderte zuvor in den Türkenkriegen, aus dem Staub Rückschlüsse über die Stärke und Richtung des Feindes zogen.

Das I. Garde-mech. Korps gelangte mit seinem linken Flügel, an den Abhängen des Leithagebirges vorbei, nach Hornstein und Wimpassing a. d. Leitha[61]. Das Überqueren der westlichen Teile des Leithagebirges, mit dem noch in der Nacht begonnen wurde, bereitete keinerlei Schwierigkeiten. Die Sprengung aller Brücken über die Leitha und besonders jener von Wimpassing hatte jedoch zur Folge, daß es zu einer Stockung des Vormarsches kam, so daß der linke Flügel des I. Garde-mech. Korps seine Operationen erst nach drei Tagen in größerem Umfang wieder aufnehmen konnte. Die Truppenansammlung, die sich seit dem Abend des 1. April bildete, war das Ziel einer Reihe deutscher Fliegerangriffe, die den Sowjets nicht unerhebliche Verluste zufügten[62]. Damit wurde deutlich, daß die deutsche Luftwaffe, die den amerikanischen Bombern und Jägern nur mehr ausweichen konnte, bei der Unterstützung der Bodentruppen noch durchaus in Rechnung gestellt werden mußte.

Am Montag, dem 2. April, erhielt der Kampfkommandant des schon von drei Seiten eingeschlossenen Wiener Neustadt, Hauptmann Johann Hofer, um 4.30 Uhr morgens die Meldung, daß die Stadt von deutschen Einheiten aus dem Raum Bad Fischau und Wöllersdorf entsetzt werden sollte. Wenige Stunden später, um 8 Uhr, wurde diese Meldung widerrufen und statt dessen der Befehl zur Räumung an den Kampfkommandanten weitergeleitet[63]. Die Kämpfe entlang der Neunkirchner Straße und Richtung Bahnhof dauerten daher nur so lange an, bis sich die 2. Lehrgruppe der Fahnenjunkerschule nordostwärts der Stadt abgesetzt hatte. Nach der Besetzung Wiener Neustadts durch das V. Garde-Panzerkorps gab es für die Kriegsschüler nur eine kurze Kampfpause, ehe sie neuerlich in Gefechte verwickelt wurden. Das sowjetische Panzerkorps aber setzte seinen Vormarsch in Richtung Wien beschleunigt fort.

Über den Fall von Wiener Neustadt kursierten bald die wildesten Gerüchte. Aus einem Telefonprotokoll vom 17. April, das dann in einem Volksgerichtsverfahren nach dem Krieg Verwendung fand[64], ging hervor, daß der Kampfkommandant von Wiener Neustadt, der allerdings als Hauptmann Weber bezeichnet wurde, noch während des Kampfes in der Stadt beim Ia-Offizier des Wehrkreiskommandos XVII, Major Neumann, angerufen habe. Bei dieser Gelegenheit soll dieser Hauptmann Weber gemeldet haben, daß von den Kriegsschülern bereits 80% gefallen seien und er deshalb die Stadt aufgeben müsse. Später jedoch habe ein nicht näher bezeichneter General einen Spähtrupp nach Wiener Neustadt geschickt, der die Stadt feindfrei fand. Die Frage war nun, wie konnte der Kampfkommandant eine Stadt aufgeben, die nicht einmal ernstlich bedroht gewesen sei? Gegen Hauptmann Weber soll sogar ein Standgerichtsverfahren zusammengetreten sein, das ihn zum Tode verurteilte. — Da der tatsächliche Kampfkommandant, Johann Hofer, den Krieg — wenngleich nicht unbeschädigt — überlebte und keineswegs vor ein Standgericht gekommen war, muß es sich bei der erwähnten Meldung um eine Mystifikation gehandelt haben. Die Kriegsschüler hatten auch keinesfalls 80% Verluste erlitten. Eine nicht alltägliche Episode gab es freilich beim Kampf um Wiener Neustadt, doch sie ereignete sich im Zusammenhang mit einem amerikanischen Luftangriff.

Der letzte amerikanische Luftangriff auf Wiener Neustadt war nämlich nicht jener vom 30. März gewesen: die Amerikaner griffen am Ostermontag, dem 2. April, nochmals an. An diesem Tag waren P-38- und P-51-Jagdflugzeuge von drei amerikanischen Jägergruppen losgeschickt worden, um zwischen Wien und München sowie zwischen Wiener Neustadt und Marburg Tieffliegerangriffe auf Bahnanlagen durchzuführen[65]. Bei dieser Gelegenheit wurde Wiener Neustadt also nochmals aus der Luft angegriffen, zu einem Zeitpunkt, als die Stadt schon von sowjetischen Truppen eingenommen worden war. Über Verluste der Russen ist allerdings nichts bekannt.

Bei ihrem direkten Vorgehen auf Wien hatten die sowjetischen Truppen nach den Kämpfen um Wiener Neustadt keine größeren natürlichen Hindernisse mehr zu überwinden. Vor ihnen breitete sich die Ebene des Steinfelds aus, die im Norden von den Hügeln und Bergen des Wienerwaldes begrenzt wird. Die Russen befanden sich somit in einem gerade für mechanisierte Truppen idealen Gelände. Das I. SS-Panzerkorps war weitgehend westlich der Südbahnlinie abgedrängt worden. Die 1. SS-Panzer-Division schwenkte in das Piestingtal ab und versuchte mit den Resten der beiden Lehrgruppen der Fahnenjunkerschule die Zugänge in die engen Täler des Wienerwaldes zu sperren. Nur im Raum Theresienfeld-Steinabrückl-Felixdorf kam es zu längere Zeit andauernden Gefechten mit sowjetischen Panzerspitzen. Bis zum Abend aber hatten die 6. Garde-Panzer-Armee und rechts davon das I. Gardemech. Korps eine Linie erreicht, die von Sollenau über Ebreichsdorf bis südlich Reisenberg verlief, dann nach Süden umbog und über das Leithagebirge bis nach Purbach führte[66].

Am Nordende des Neusiedler Sees war in Kürze die Vereinigung mit der 46. Armee der 2. Ukrainischen Front zu erwarten. Erst jetzt, nach Überwindung der Enge von

Sopron und des Neusiedler Sees, konnte die ganze Übermacht der zur Wiener Angriffsoperation herangezogenen sowjetischen Kräfte zur Geltung kommen, da nun auch räumlich genug Platz vorhanden war, um die Korps zur Entfaltung zu bringen. Die befehlsmäßigen Voraussetzungen zum Angriff auf Wien waren bereits seit dem 1. April gegeben.

Nach einer Weisung des Sowjetischen Oberkommandos vom 1. April 1945 sollte der rechte Flügel der 3. Ukrainischen Front, gebildet von der 4. und der 9. Garde-Armee sowie der 6. Garde-Panzer-Armee, spätestens zwischen dem 12. und dem 15. April eine Frontlinie von Tulln nach St. Pölten und Lilienfeld erreichen; dem linken Flügel der Front mit der 26., der 27. und der 57. sowjetischen sowie der 1. bulgarischen Armee wurde befohlen, seinen Vormarsch nach Westen fortzusetzen und bis zum 12. April die Städte Bruck a. d. Mur, Graz und Maribor einzunehmen, um an Mur, Mürz und Drau präsent zu sein[67]. In Übereinstimmung mit diesem Befehl beschloß Marschall Tolbuchin, Wien unverzüglich einzunehmen und gleichzeitig westlich von Wien einen Angriff zu führen, um St. Pölten, Tulln und Lilienfeld zum geforderten Zeitpunkt zu erreichen[68]. Der Sturm auf Wien sollte vom Südosten, Süden und Südwesten und unter Umgehung der Stadt durch den Wienerwald auch vom Westen und Nordwesten geführt werden. Um die Einschließung der Stadt auch vom Osten her zu gewährleisten, waren jedoch eine Reihe von Operationen der 2. Ukrainischen Front Marschall Malinovskijs notwendig, denen wir in der Folge einiges Augenmerk zuwenden müssen.

DAS ÖFFNEN DER BRUCKER PFORTE

Die 2. Ukrainische Front hatte südlich der Donau die 46. Armee und nördlich des Stromes die 7. Garde-Armee im Einsatz. Auch sie nahmen an der Wiener Angriffsoperation teil. Bereits am 29. März zeichnete sich der sowjetische Entschluß ab, die im Raum Györ freigewordenen Kräfte der 46. Armee mit dem XXIII. Panzerkorps und dem II. Garde-mech. Korps zum frontalen Angriff zwischen Neusiedler See und Donau anzusetzen[69]. In diesen Raum ging das II. SS-Panzerkorps zurück. Da eine Verteidigung ostwärts des Neusiedler Sees, im flachen, fast deckungslosen Seewinkel, so gut wie aussichtslos war, entschloß sich der Oberbefehlshaber der 6. Panzer-Armee, Generaloberst der Waffen-SS Sepp Dietrich, den Raum ostwärts des Sees aufzugeben, um das II. SS-Panzerkorps General Bittrichs samt allen ihm unterstellten Verbänden und den nur stockend zurückflutenden Troß durch die Brucker Pforte in den Kampfraum Wien zu bringen. Der noch am 29. März erlassene OKH-Befehl, der die Zurücknahme der Heeresgruppenfront vor „überlegenem Feinddruck" gestattete, erleichterte der deutschen 6. Panzer-Armee die Durchführung ihrer Absetzbewegung. Dennoch konnte keinen Augenblick bezweifelt werden, daß die sowjetischen Angriffe gegen die Linie Bratislava — Neusiedler See keine Unterbrechung erfahren würden, da die 46. Armee, nachdem sie vorübergehend die Feindberührung verloren hatte, am 30. März schon wieder aufgeschlossen hatte[70].

Am 1. April gab das Sowjetische Oberkommando auch der 2. Ukrainischen Front die Direktiven zur Fortsetzung ihrer Operationen bekannt. Bei Beibehaltung der allgemeinen Angriffsrichtung Malacky-Jihlava und der Forderung, spätestens am 5. oder 6. April Bratislava einzunehmen, erhielten die 46. Armee, das II. Gardemech. Korps und das von der 3. Ukrainischen Front zugeteilte XXIII. Panzerkorps[71] die Aufgabe, in Richtung Bruck-Wien anzugreifen und im Zusammenwirken mit dem rechten Flügel der 3. Ukrainischen Front die österreichische Hauptstadt einzunehmen. Noch am selben Tag überschritten Einheiten der 46. Armee die ungarisch-österreichische Grenze ostwärts des Neusiedler Sees bei Andau und Halbturn[72].

Das Nachdrängen der 46. Armee hielt an. Schon am 2. April konnte sie den ganzen Seewinkel besetzen, ohne irgendwo auf Widerstand zu stoßen. Im Laufe des Tages drangen die sowjetischen Einheiten bis knapp über Neusiedl am See und Parndorf vor und fanden überall vom Militär geräumte Ortschaften. Der sowjetische Vormarsch kam erst an der Leitha und dann von Prellenkirchen bis Kittsee zum Stillstand.

Hier verlief die Reichsschutzstellung, und unter Ausnutzung der vorhandenen Anlagen leistete vor allem die 6. Panzer-Division kräftigen Widerstand, um die weitere Absetzbewegung des II. SS-Panzerkorps zu decken[73].

Vom Oberkommando der Heeresgruppe Süd war schon am 30. März im Abschnitt Bratislava — Neusiedler See der Reichsschutzstellung ein Panzerriegel mit zwei schweren Batterien und der Flak-Abteilung II./241 eingesetzt worden[74], im Raum Edelstal-Berg hatte sich die Aufklärungs-Ersatz- und Ausbildungs-Abteilung 11 (Wien) zur Verteidigung eingerichtet[75], und daneben wurde ein Verband von Rekruten der 44. Reichsgrenadier-Division „Hoch- und Deutschmeister" vorgeschickt. Außer dem örtlichen Volkssturm hatten noch die Volkssturm-Bataillone Baden, Melk und Krems die Stellungen bezogen. Diese Einheiten sollten nun vom II. SS-Panzerkorps aufgenommen und zusammen mit der 6. Panzer-Division, Teilen der 2. SS-Panzer-Division „Das Reich" sowie Resten der 1. ungarischen Gebirgs-Brigade zur Verteidigung der Reichsschutzstellung eingesetzt werden. Doch schon sehr bald sollte sich auch hier der zweifelhafte Wert dieser Linie zeigen.

Die 6. Panzer-Armee war vor dem April 1945 nicht in die Stellungen eingewiesen worden, und die Regimentskommandeure erfuhren oft erst im letzten Augenblick von der Existenz der Reichsschutzstellung. Auch über den Ausbauzustand des „Südostwalles" waren sie nur unzureichend informiert. Schließlich dürften viele Soldaten den Wert der Stellungen bezweifelt haben. Allerdings sind Darstellungen, daß man nicht einmal bemerkt haben will, eine Stellungslinie überschritten zu haben, nicht sehr wahrscheinlich. Denn es kann ausgeschlossen werden, daß man den tiefen Panzergraben übersehen konnte. Oberirdische Anlagen und Westwall-ähnliche Stellungssysteme gab es — wie erwähnt — freilich nicht.

Zu dem Zeitpunkt, zu dem die deutschen Truppen die Reichsschutzstellung überschritten, waren außer den erwähnten Panzerabwehrkräften und den spärlichen Volkssturmverbänden keine Truppen in Stellung gegangen[76]. Angesichts der weitgehend unübersichtlichen Lage war eine organisierte Verteidigung auch nur schwer zu bewerkstelligen. Zunächst erging an die Verbände des II. SS-Panzerkorps der Befehl, daß die Reichsschutzstellung unbedingt zu halten sei. Doch schon am 2. April erfuhr man von dem Durchbruch der sowjetischen Truppen (3. Ukrainische Front) bei Sopron und von der Bedrohung Wiens. Eine Verteidigung der Stellungen in der Brucker Pforte durch das gesamte II. SS-Panzerkorps kam daher überhaupt nicht mehr in Frage[77]. Die 2. SS-Panzer-Division wurde herausgezogen und nach Westen verschoben, um nach Erreichen des Raumes Gumpoldskirchen-Guntramsdorf in Anlehnung an die ostwärts davon kämpfende 3. SS-Panzer-Division den Schutz Wiens im Süden zu gewährleisten[78]. Die 6. Panzer-Division übernahm daraufhin die Verteidigung des gesamten Abschnitts, setzte links das Panzergrenadier-Regiment 4 und rechts das Panzergrenadier-Regiment 114 ein, behielt aber ein Bataillon dieses Regiments unmittelbar am Neusiedler See in Reserve, in der Absicht, etwaige Angriffe der Russen über den durchwatbaren See zu vereiteln[79].

Wie schon bei der Beschreibung des Festungsabschnitts Niederdonau betont wurde, stellte die zur Festung erklärte Stadt Bratislava den Eckpfeiler für die Reichsschutzstellung beiderseits der Donau dar. Auch in der Brucker Pforte, der Enge zwischen Donau und Neusiedler See, konnte der Kampf von den deutschen Truppen nur dann mit einiger Hoffnung auf Erfolg geführt werden, wenn Bratislava gehalten werden konnte. Am 1. April erreichte das XXV. Schützenkorps der sowjetischen 7. Garde-Armee die Stadt im Osten[80]. Da der Oberbefehlshaber der 7. Garde-Armee, Generaloberst Šumilov, wußte, daß Bratislava zur Festung erklärt worden war und daß der Festungskommandant, Oberst Freiherr von Ohlen, mit den ihm zur Verfügung gestellten Truppen im Zusammenwirken mit dem XXXXIII. Armeekorps der deutschen 8. Armee und besonders mit der 96. Infanterie-Division die „Festung" verteidigen sollte[81], entschloß er sich, die Stadt im Südosten und Nordosten zu umfassen. Zu seiner Verstärkung war ihm das XXIII. Schützenkorps der 46. Armee beigegeben worden[82]. Die Kämpfe in Bratislava dauerten bis zum 4. April an; dann mußten sich die deutschen Truppen angesichts der drohenden Gefahr, eingeschlossen zu werden, zurückziehen.

Für Österreich waren die Kämpfe um Bratislava insofern bedeutsam, als die Reichsschutzstellung in der Brucker Pforte so lange hielt, als Bratislava noch in deutscher Hand war. Als jedoch die 99. Garde-Division des X. Garde-Schützenkorps (Generalleutnant Rubanjuk) begann, von der am südlichen Ufer der Donau gelegenen Preßburger Vorstadt Petržalka gegen Kittsee vorzustoßen und damit die Reichsschutzstellung von dieser Seite her aufrollte[83], da war der befestigte Abschnitt nicht mehr länger zu halten. Die Panzerabwehrkräfte reichten nicht mehr aus. Den sowjetischen Panzern gelang es, die Wände des Panzergrabens einzudrücken und damit überschreitbar zu machen. Mit Panzerfäusten konnte man von den Infanteriestellungen der B-Linie nicht bis zu den Einbruchsstellen wirken, da die Infanteriestellungen in zu großem Abstand von der A-Linie angelegt worden waren. Die 6. Panzer-Division mußte mit den wenigen Sicherungseinheiten den Rückzug fortsetzen[84]. Den Russen gelang an zwei Stellen der Einbruch. Die 6. Panzer-Division nahm daraufhin besonders an ihrem linken Flügel die Front rasch zurück; dennoch mußten sich Teile des Panzergrenadier-Regiments 114 sogar über die Donau absetzen, um der Abschnürung zu entgehen[85]. Dabei dürfte es vor allem in Bruck a. d. Leitha zu dramatischen Szenen gekommen sein, als der örtliche Kampfkommandant den Widerstand in der Stadt aufgeben wollte und schließlich als Defaitist standrechtlich erschossen wurde.

Die Atempause von zwei Tagen, die dem II. SS-Panzerkorps gewährt worden war, hatte jedoch genügt, die 2. SS-Panzer-Division aus dem Angriffsstreifen der 46. Armee herauszulösen und sie gegen die massiert vorgehenden Kräfte des I. Garde-mech. Korps und des V. Garde-Panzerkorps einzusetzen.

Der Angriff des rechten Flügels der 3. Ukrainischen Front hatte sich seit dem Überschreiten der österreichisch-ungarischen Grenze über Erwarten zügig entwickeln können. Für die Orte, die auf der Vormarschstrecke lagen, war es meistens eine lückenlose Folge von rasch wechselnden Bildern. Ab Mitte März 1945 kamen zunächst die endlosen Flüchtlingskolonnen aus Ungarn, die vor den Russen und dem Krieg flohen und nach Westen strebten. Viele Menschen zogen nur deshalb weiter, weil sie einmal aufgebrochen waren und nun nicht mehr zurück konnten. Man hatte sich vielfach falsche Hoffnungen gemacht und war nun bitter enttäuscht, als man sich vor fast unlösbare Probleme gestellt sah und mit einer trostlosen Situation konfrontiert wurde. Nirgends gab es Lebensmittel, den Flüchtlingen wurden oft die Pferde weggenommen, die dann dazu verwendet wurden, Geschütze und militärische Trosse zu bespannen. Schließlich wurden die Flüchtenden in ihrer Bewegungsfreiheit sehr eingeschränkt. Sie wurden auf Nebenstraßen verbannt und zu Umwegen gezwungen[86].

Den erschöpften, verzweifelten Flüchtlingen folgten die deutschen Truppen, die sich auf dem Rückzug befanden und deren Ziel größtenteils der Raum Wien war. Wie sie behandelt wurden, hing von der Erfahrung ab, die man bis dahin mit Soldaten gemacht hatte, von vielen persönlichen Faktoren und nicht zuletzt von der Angst, daß der jeweilige Ort Kriegsgebiet werden könnte und ein möglicher Widerstand nicht nur kampfbedingte Schäden, sondern vor allem auch die Rache der Russen hervorrufen würde. Da man von den SS-Truppen am ehesten Widerstand erwartete, erfuhren sie die ängstlichste und unfreundlichste Behandlung. Gelockerte Disziplin, die Mißachtung von Menschenleben im allgemeinen sowie der Kampf um das Überleben kennzeichneten den deutschen Rückzugsweg genauso wie Fürsorge und das Gefühl der Ohnmacht, keinen Schutz mehr geben zu können. Jemandem, der aus anderen umkämpften Gebieten des Deutschen Reichs mit seinem Verband nach dem östlichen Österreich verlegt wurde, fiel aber beispielsweise auf, daß, im Gegensatz etwa zu Oberschlesien, die Bevölkerung in Österreich den deutschen Soldaten gegenüber in der Regel eine viel freundlichere Haltung an den Tag legte und auch nur selten das Hissen von weißen Fahnen beobachtet werden konnte, wenn der Einmarsch der Russen unmittelbar bevorstand[87].

Flüchtlingen und Soldaten folgten schließlich die sowjetischen Truppen, für die jene feine Unterscheidung zwischen einem eroberten und einem zu befreienden Land, wie sie in der Moskauer Deklaration bezüglich Österreichs festgelegt worden war, häufig nicht existierte. Sie führten den „Großen Vaterländischen Krieg der Sowjetunion" weit außerhalb ihrer Heimat, gegen einen Feind, den zu hassen sie gelehrt worden waren, den sie trotz der vielen Niederlagen, die sie ihm zugefügt hatten, noch immer fürchteten und den sie befehlsgemäß weiter verfolgen mußten. Das letzte große Ziel war Wien, und für dieses Ziel galt es noch einmal, alle Kräfte zusammenzufassen; man durfte dem Feind und sich selbst keine Ruhepause gönnen, denn es gab eine Reihe bedenklicher Anzeichen dafür, daß die Moral der Soldaten nicht überbewertet werden durfte. Noch immer kam es, obwohl doch die deutsche Niederlage augenfällig geworden war, zu Desertionen von sowjetischen Soldaten[88], und schließlich war die oftmalige Duldung von schweren Übergriffen der sowjetischen Soldaten auch nur ein sehr bedenkliches Mittel, die abbröckelnde Disziplin wieder zu straffen. Die sowjetischen Kampftruppen, die keine Zeit für Streifzüge

142

hatten, verhielten sich meistens korrekt, sie waren die „Befreier" und mußten ihr Augenmerk auf den noch immer überall zu vermutenden Feind richten. Ihnen folgten dann die „Eroberer" und vollzogen das, was man heute gemeinhin „Besetzung" nennt.

Um den Befürchtungen der österreichischen Bevölkerung und der deutschen Propaganda entgegenzuarbeiten, bemühten sich alle möglichen Kreise darum, die sowjetischen Truppen als korrekte Soldaten und Befreier vom deutschen Joch hinzustellen. In diese Richtung zielten Aufrufe Marschall Tolbuchins und Marschall Malinovskijs, die auf Befehl der Stavka Anfang April verbreitet wurden und in denen es unter anderem hieß: „Die Rote Armee weiß wohl zu unterscheiden zwischen Österreichern und den deutschen Okkupanten. Die Rote Armee kommt nicht als Eroberungsarmee nach Österreich, sondern als Befreiungsarmee[89]." Ähnlich lautete auch der Aufruf des früheren österreichischen Botschafters in London, Sir George Franckenstein, in einer für Österreich bestimmten Rundfunksendung der BBC, worin es hieß, daß der unaufhaltsame Vormarsch der Roten Armee nach Österreich natürlicherweise bei manchen Furcht und Besorgnis erwecke. Für die Österreicher seien die Russen ein fremdes Volk, und die deutsche Propaganda habe fortgesetzt ein falsches und verzerrtes Bild über ihr Verhalten verbreitet. Die Russen kämen aber als Befreier. Als er, Franckenstein, mit Premierminister Churchill die Situation diskutierte, habe Churchill betont, daß er und Stalin das gemeinsame Verlangen hätten, ein stärkeres und glücklicheres Österreich entstehen zu lassen. Deshalb sollten die Österreicher den Befreiern helfen, gegen ihre Bedrücker revoltieren und die Nazis aus dem Lande jagen.

Auch ein prominenter österreichischer Offizier, nämlich der Maria-Theresien-Ritter und Ritterkreuzträger Generalleutnant Dr. Fritz Franek, der seit Ende Juli 1944 in sowjetischer Kriegsgefangenschaft war, meldete sich zu Wort. Franek hatte bei mehreren Gelegenheiten den Sowjets das Anerbieten gemacht, aus kriegsgefangenen Österreichern in der Sowjetunion Truppenformationen aufzustellen, die sich auf alliierter Seite am Krieg in Österreich beteiligen sollten. Er hatte mit diesem Vorschlag keinen Erfolg gehabt. Wohl aber verbreiteten Sowjets und Westalliierte Aufrufe Franeks, in denen es unter anderem hieß: „Laßt Euch nicht einschüchtern durch die Lügen über die Rote Armee. Sie ist eine disziplinierte Wehrmacht mit verantwortungsbewußten Führern. Und vor allem: sie kommt nicht als Feind in unser Land, sondern als Freund des österreichischen Volkes[90]."

DIE WESTUMFASSUNG WIENS

Die Hauptmacht der 3. Ukrainischen Front war gegen Wien eingeschwenkt und stieß mit drei Armeen vom Süden her gegen die Stadt vor. Am Nachmittag des 2. April waren Sollenau, Ebreichsdorf und Reisenberg erreicht worden. Das IX. Garde-mech. Korps der 6. Garde-Panzer-Armee hatte zur Sicherung der Hauptangriffsrichtung das Piestingtal abgeriegelt und war zusammen mit dem XXXVIII. Garde-Schützenkorps der 1. SS-Panzer-Division gefolgt. Weiter nördlich davon standen die Reste der abgekämpften 12. SS-Panzer-Division bei Traiskirchen; die Reste der 3. SS-Panzer-Division hatten sich von Oggau über das Leithagebirge gegen Wien zurückgezogen[91]. Zu diesem Zeitpunkt standen buchstäblich drei sowjetische Armeen den Splittern ebenso vieler deutscher Divisionen gegenüber. Um ein noch rascheres Durchstoßen der sowjetischen schnellen Verbände auf Wien zu verhindern, mußten in aller Eile Truppen gegen deren Anmarschwege dirigiert werden. Es standen allerdings nicht allzu viele Einheiten mehr zur Verfügung. Zunächst wurden vom Oberkommando der 6. Panzer-Armee die in der Linie Guntramsdorf — Laxenburg stehenden Alarmeinheiten der Panzer-Ersatz- und Ausbildungs-Abteilungen 4 und 33 zur Aufklärung nach Süden vorgeschickt[92]. Dann besetzten die aus der Brucker Pforte herausgelösten Regimenter der 2. SS-Panzer-Division den Raum vom Wiener Neustädter Kanal bis Gramatneusiedl. Schon beim Beziehen des neuen Einsatzraumes wurde die Division in heftige Kämpfe verwickelt; bei Reisenberg konnte das SS-Panzergrenadier-Regiment 3 „Deutschland" einen von zirka 15 Panzern (wahrscheinlich des I. Garde-mech. Korps) geführten Panzerstoß abfangen[93], und bei Münchendorf wurde ein weiterer Durchbruchsversuch von einer Kampfgruppe der 2. SS-Panzer-Division abgewehrt[94]. Mit dem Herankommen dieses kampfstarken Verbandes konnte den sowjetischen Angriffsspitzen wenigstens erstmals etwas vorgelegt werden, das ihren frontalen Stoß auf Wien zumindest einige Zeit hinauszögerte.

Die sowjetischen Korps drängten jetzt viel stärker als in den Tagen vorher; sie hatten einen Gegner vor sich, der ihnen Widerstand entgegensetzte und den sie ausschalten wollten. Daher führten sie immer wieder Panzervorstöße durch. Das V. Garde-Panzerkorps und das I. Garde-mech. Korps besetzten gemeinsam Trumau[95] und drangen zum Wr. Neustädter Kanal vor, wo sie am 3. April in ein heftiges Gefecht verwickelt wurden, das ihnen die 2. SS-Panzer-Division vor allem mit Hilfe der von der Division aufgesogenen Panzer-Ersatz- und Ausbildungs-Abteilungen 4 und 33 lieferte[96]. Trotz aller Anstrengungen seitens der deutschen 6. Panzer-Armee brachten aber gerade diese Kämpfe südlich von Wien eine neuerliche Aufsplitterung der Armee, da es nicht gelang, das I. und das II. SS-Panzerkorps in eine durchgehende Front zu bringen.

Das I. SS-Panzerkorps kämpfte westlich der Südbahnlinie, das II. SS-Panzerkorps ostwärts davon; dazwischen drang das sowjetische V. Garde-Panzerkorps vor. Eine sehr wesentliche Voraussetzung für den Angriff auf Wien sah Marschall Tolbuchin jedoch unerfüllt, denn wider Erwarten gelang es seiner 6. Garde-Panzer-Armee nicht, das Angriffstempo derart zu steigern, daß sie sich von der übrigen Front gelöst hätte, um einen totalen Durchbruch zu erzielen. Als Hauptursache dafür wurde von sowjetischer Seite angegeben, daß der Gegner sehr hartnäckig Widerstand leistete und daß das Gelände nur sehr schlecht panzergängig sei, ein Argument, das wohl mehr beschönigt als erklärt. Ein Grund für das unbefriedigende Angriffstempo lag aber sicherlich darin, daß an den Straßen und Gewässern alle Kunstbauten zerstört worden waren, so daß sie von sowjetischen Pionieren erst repariert werden mußten. Die sowjetische 4. Garde-Armee stellte schließlich summarisch fest, daß ihre Pioniere beim Vormarsch auf Wien rund 100 Brücken hergestellt, 1500 km Straßen entmint und 30 Minenfelder geräumt hätten[97].

Die Zerstörung von Straßen, Brücken und Eisenbahnlinien durch deutsche Sprengkommandos sollte helfen, den sowjetischen Vormarsch etwas zu verzögern. In der Ebene des Steinfelds war das aber dennoch kaum möglich. Die Sprengungen, verbunden mit der Flucht der politischen Funktionäre und meistens auch der Ordnungskräfte, waren aber häufig Anlaß dafür, daß sich chaotische Szenen abspielten. Wurden schließlich noch Lebensmittelvorräte, Spirituosen und Tabakwaren mehr oder weniger offiziell zur Plünderung freigegeben, dann kam es zu Exzessen, und es wateten die Menschen, wie z. B. in Leobersdorf, durch Mehl und Weizen[98]. Vielleicht wäre gerade den niederösterreichischen Voralpengebieten der entsetzliche Hunger im Herbst und Winter 1945 erspart geblieben, wenn nicht Ende März und Anfang April so vieles in Gleichgültigkeit und Weltuntergangsstimmung vernichtet worden wäre. — Im Steinfeld wurden die Orte vor dem Herannahen der Russen von rund 80% der Bevölkerung verlassen, weil sie die Kämpfe fürchteten und lieber irgendwo im Freien biwakierten, als den Durchzug der Front in den eigenen Häusern und Wohnungen abzuwarten.

Am 3. April fielen Bad Vöslau, Baden bei Wien und Traiskirchen praktisch widerstandslos; Guntramsdorf, Münchendorf und Gramatneusiedl folgten. Wo immer sich die bedrängten deutschen Bataillone zurückzogen, stießen die sowjetischen Verbände, die mit starker Panzerunterstützung vorgingen, sofort nach. In der Nacht vom 3. auf den 4. April wurde eine letzte Kampfgruppe der 2. SS-Panzer-Division, die bei Purbach stehen geblieben war, von Donnerskirchen her zum Rückzug über das Leithagebirge gezwungen[99], so daß von Neusiedl am See bis Guntramsdorf eine breite sowjetische Angriffsfront nach Norden drängte. Sie setzte sich in der durch die Brucker Pforte kommenden 46. Armee fort. Aus dem bisherigen Angriffsverlauf und aus dem Gesamtbild der Truppenverteilung am rechten Flügel der 3. Ukrainischen Front sowie bei der 46. Armee konnte man die Absicht der sowjetischen Führung, Wien vom Süden und Südosten her anzugreifen, herauslesen. Alle Verteidigungsmaßnahmen in Wien wurden dieser Annahme entsprechend ausgerichtet. Sowohl der Oberbefehlshaber der 6. Panzer-Armee, Generaloberst Dietrich, als auch der neu ernannte Kampfkommandant von Wien, General der Infanterie Rudolf von Bünau, hatten zunächst allem Anschein nach auch keine andere Möglichkeit ins Auge gefaßt, als die Verteidigung nach Süden und Südosten auszurichten[100]. Doch es sollte anders kommen.

Marschall Tolbuchin mußte mit Sicherheit annehmen, daß Wien verteidigt werden würde, denn weder der sowjetischen Frontaufklärung noch dem militärischen Nachrichtendienst konnte es entgangen sein, daß sich Sepp Dietrich über den Rundfunk als Verteidiger von Wien vorgestellt hatte. Außerdem wußten die Sowjets wohl sehr genau, welche Teile der 6. Panzer-Armee sich auf Wien zurückzogen. Tolbuchin mußte auch mit Verteidigungsstellungen und befestigten Linien, gerade in der Hauptangriffsrichtung, rechnen. Die von Amerikanern, Briten und Sowjets bis zuletzt geflogene Luftaufklärung dürfte noch die restlichen Klarheiten gebracht haben.

Die 15. US-Luftflotte flog ihre letzte größere Aufklärungsmission in den Raum Wien am 2. April[101]. 17 P-51-Jagdflugzeuge der 31. Jäger-Gruppe, die einen Verband von B-24-Bombern zu einem Angriff gegen St. Pölten und Krems begleitet hatten, nützten die Gelegenheit, um den sowjetischen Vormarsch westlich des Neusiedler Sees zu beobachten und sich ein Bild von der deutschen Luftabwehr im Wiener Raum zu machen. Sie sahen, daß die Flugplätze von Wiener Neustadt, Wöllersdorf, Bad Vöslau, Parndorf und Götzendorf geräumt und zerstört waren. Dafür waren außergewöhnlich viele Maschinen auf den Flugplätzen von Aspern, Seyring, Markersdorf und bis in den oberösterreichischen Raum zu beobachten. Auch der Flugplatz von Deutsch Wagram, der bis vor kurzem in Ausbau gewesen war, sei nunmehr in Verwendung und mit 34 Maschinen belegt, meldeten die Amerikaner. Doch sie waren über Wien weder beschossen noch von einem deutschen Flugzeug angegriffen worden.

Mit dem Einstellen der amerikanischen Luftangriffe war nämlich der Augenblick gekommen, in dem es nicht mehr um die Bekämpfung von Bomber-Pulks, sondern nur mehr darum ging, die Flak-Geschütze so wie die wenigen noch einsetzbaren Maschinen zur Unterstützung der Erdkämpfe zu verwenden. Flak und Jäger harrten der Sowjets.

Da in dem Befehl der Stavka vom 1. April lediglich die Einnahme von Wien und die Erreichung der Linie Tulln — St. Pölten — Lilienfeld angeordnet und offensichtlich keine detaillierten Angaben über den Angriff auf Wien selbst gemacht worden waren, blieb es dem operativen Geschick Marschall Tolbuchins überlassen, wie er seinen Angriff ansetzen wollte. Dabei kann jedoch davon ausgegangen werden, daß die Russen den Operationsablauf im großen schon längst festgelegt hatten. Die Sowjets hatten die Bedeutung von Zangenoperationen im taktischen wie im operativen Bereich längst erkannt und im Verlauf des Krieges ab 1942 immer wieder zur Anwendung gebracht. Sie gingen dabei zwar methodischer und auch langsamer vor, als dies die deutschen Truppen zur Zeit des sogenannten Blitzkriegs getan hatten. Doch der Erfolg stellte sich auch so ein. Angriffe auf großräumige Ziele gingen in der Regel so vor sich, daß zuerst die Flanken des operativen Zieles gewonnen wurden und erst nach Absicherung der Nebenräume das eigentliche Angriffsziel angegangen wurde[102]. Marschall Tolbuchin entschloß sich zu einem analogen Vorgehen[103].

Die 4. Garde-Armee unter dem Kommando des General Zachvataev, und hier besonders das I. Garde-mech. Korps (General Russijanov), sollte vom Südosten gegen das Zentrum Wiens angreifen.

Die 6. Garde-Panzer-Armee (General Kravčenko) bekam den Befehl, mit ihren beiden Korps gegen den südlichen und südwestlichen Teil der Stadt vorzustoßen.

Die 9. Garde-Armee (General Glagolev) erhielt gleich mehrere Aufgaben. Das XXXIX. Garde-Schützenkorps (Generalleutnant Tichonov) sollte im Angriffsstreifen der 6. Garde-Panzer-Armee operieren und den südwestlichen Teil Wiens erobern helfen. Dem XXXVIII. Garde-Schützenkorps (Generalleutnant Utvenko) wurde befohlen, Wien im Westen zu umgehen, die Straße von Wien nach Linz abzuriegeln und dann in Richtung Tulln vorzudringen, um Wien von dieser Seite her zu zernieren. Das XXXVII. Garde-Schützenkorps (Generalleutnant Mironov) schließlich sollte sich westlich von Wiener Neustadt ausbreiten und als Nachbar der 26. Armee den Angriff auf Wien gegen den Semmering abschirmen.

Als Angriffsbeginn wurde der 5. April, 8 Uhr früh, festgesetzt.

Für diese Anlage der Operationen der 3. Ukrainischen Front dürfte schon die Umgruppierung der 6. Garde-Panzer-Armee am 30. März und die Tatsache, daß das IX. Garde-mech. Korps ausdrücklich im Westen von Wiener Neustadt vorbeistoßen sollte, um in den südlichen Wienerwald einzudringen, maßgeblich gewesen sein.

Die Annahme, daß das Sowjetische Oberkommando schon seit Ende März genaue

Vorstellungen über den Angriff auf Wien hatte, findet sich darin bestätigt. Allerdings war es nicht damit getan, einen Operationsplan zu entwerfen, wenn es nicht auch die nötigen Voraussetzungen für dessen Realisierung gab. In diesem Zusammenhang ist die Rolle des österreichischen Widerstandes nach wie vor eine zentrale Frage.

Für den Widerstand und vor allem für die im Wehrkreiskommando XVII tätige Gruppe um Major Carl Szokoll war mit dem Augenblick des Herannahens der Russen der Moment gekommen, um aktiv zu werden. Zwar waren Emissäre anderer Gruppen, etwa der Gruppe um Wilhelm Thurn und Taxis, bereits zu einem Zeitpunkt mit den Russen in Berührung gekommen, als sich diese gerade anschickten, die österreichische Grenze zu überschreiten. Doch Szokoll, der mittlerweile nicht nur im Wehrkreiskommando Organisationsfragen bearbeitete, sondern auch im Stab des Kampfkommandanten von Wien, General Bünau, eine ähnliche Funktion bekleidete, hatte mehr anzubieten. Er ging von der Voraussetzung aus, daß die voraussichtliche Schlacht um Wien nur dann verhindert oder zumindest abgekürzt werden könnte, wenn die Sowjets über die Verteilung der deutschen Truppen in der Stadt Bescheid wüßten und zudem aktive Unterstützung seitens der Widerstandsbewegung erhielten. Also sammelte Szokoll sämtliche ihm zugänglichen Informationen über die deutschen Truppen in Wien sowie die im Antransport befindlichen Verstärkungen und schickte den Oberfeldwebel Ferdinand Käs aus seinem Stab mit diesen Informationen zu den Russen. Käs sollte zudem alle notwendigen Erläuterungen über die Intentionen der Widerstandsbewegung geben, ein konkretes Angebot zur Zusammenarbeit unterbreiten, aber auch um Schonung der Stadt bitten[104].

Ferdinand Käs erreichte auf abenteuerliche Weise am 2. April die sowjetischen Linien und wurde anschließend nach Hochwolkersdorf in der Buckligen Welt gebracht[105]. Dort hatte er aber nicht — wie Käs zunächst glaubte — Marschall Tolbuchin, sondern dem Oberbefehlshaber der 9. Garde-Armee, General Glagolev, und einer Reihe anderer hoher Offiziere, Rede und Antwort zu stehen. Trotz der zahlreichen Darstellungen, die diese Unterredung vor allem von österreichischer, aber auch von sowjetischer Seite gefunden hat, kann nur sehr schwer ermessen werden, welche Bedeutung die Angaben des deutschen Oberfeldwebels, die dieser im Auftrag einer österreichischen Widerstandsgruppe den Russen überbrachte, für diese gehabt haben. Wenn man davon ausgeht, daß es auch Major Szokoll nicht möglich war, restlos zutreffende Informationen über die Verteilung der deutschen Truppen zu bekommen und er schließlich den Sowjets teilweise unrichtige Angaben unterbreitet haben dürfte, dann kann das kaum als ein Indiz dafür herangezogen werden, daß die Sowjets den ihnen überbrachten Daten vorbehaltloses Vertrauen entgegengebracht haben. Szokoll stellte die Lage — nach eigenen Angaben — so dar: „Die durch die vorhergehenden wochenlangen Rückzüge stark mitgenommenen SS-Divisionen ‚Totenkopf‘, ‚Das Reich‘, ‚Hitlerjugend‘, und ‚Der Führer‘ sollten in einer Aufnahmestellung den östlichen Teil Wiens von der Donau bis zum Wienerwald sichern. Diese Aufnahmestellung sollte durch zwei aus dem Hauptkampf von Frankfurt/Oder — Berlin abgezogene, frisch aufgefüllte SS-Divisionen, die je eine auf der Franz-Josefs- und die andere auf der Nordbahn in Zuführung begriffen waren, verstärkt werden. Den Nordteil Wiens und den gesamten Raum nördlich der Donau sollten die Truppen der deutschen 6. Armee (sic!) decken, die damals noch im Raume Preßburg kämpften, und der am wenigsten bedrohte Westteil Wiens sollte durch aus dem Inland aufgebrachte Truppen und Alarmeinheiten — also den von mir für die Befreiung vorgesehenen Einheiten — gedeckt werden."

Nun beruhte die Bezeichnung von „Der Führer" als Division auf einem Irrtum, da es sich dabei nur um ein Regiment der 2. SS-Panzer-Division „Das Reich" gehandelt hat. Die Reste der 12. SS-Panzer-Division „Hitlerjugend" kämpften zu diesem Zeitpunkt im Triestingtal. Auch die Angabe der Zuführung von zwei frisch aufgefüllten SS-Divisionen hält einer Überprüfung nicht stand (vgl. dazu S. 159). Was schließlich die 6. Armee anlangte, so kämpfte diese in der Steiermark. Sollte damit aber die deutsche 8. Armee gemeint gewesen sein, dann stellte sich die Lage so dar, daß diese Armee zum fraglichen Zeitpunkt noch ostwärts der March stand und ganz bestimmt nicht die Absicht, aber auch nicht die Möglichkeit hatte, die Verteidigung des Nordteils von Wien zu übernehmen.

Das vorausgesetzt, kann daher auch über den nächsten Punkt der Informationen und Vorschläge Szokolls nur sehr schwer geurteilt werden. Hier hieß es: „Vorschlag über die Einnahme der Stadt, der auf den vorher geschilderten Verteidigungsmaßnahmen basierte: Durchstoß der russischen Truppen aus dem Raume Wiener Neustadt durch den Wienerwald bis in den Raum St. Pölten. Angriff auf Wien vom Westen, etwa im Raume Hütteldorf Vereinigung der russischen Truppen mit den von mir bereitgestellten österreichischen Einheiten, kampfloser Einmarsch der Russen in Wien und Übergabe der Stadt, bevor die im Osten kämpfende SS sie erreicht hätte". Nun kann es wohl keinen Zweifel darüber geben, daß die Sowjets zu dem Zeitpunkt, als sie in der vorgenannten Weise informiert wurden, bereits selbst den frontnahen Bereich recht gut aufgeklärt hatten. Schließlich kam ja ein erheblicher Teil der sowjetischen 17. Luftarmee im Raum Wien zum Einsatz, und auch eine nur oberflächliche Luftaufklärung mußte zu dem Ergebnis kommen, daß sich westlich von Wien keine ins Gewicht fallenden deutschen Verbände aufhielten. Die Darstellung der Lage, wie sie Ferdinand Käs im Auftrag von Major Szokoll gab, konnte also letztlich wohl nur eine Bestätigung dessen sein, was die Sowjets mittlerweile selbst erkannt hatten. Und schließlich sollte nochmals unterstrichen werden, daß die Sowjets bereits beim Eintritt in das Steinfeld eine Verteilung ihrer Truppen vorgenommen hatten, die ein Ausholen über den östlichen Wienerwald zur Umgehung Wiens im Westen ermöglichen sollte.

Diese erst im Abstand von Jahrzehnten mögliche Beurteilung der Vorgänge in Hochwolkersdorf ändert nichts daran, daß es sich die Widerstandsbewegung im Sinne der Moskauer Deklaration zum Ziel gesetzt hatte, einen Beitrag zur Befreiung Österreichs zu leisten und daß Szokoll alles getan hatte, um den Sowjets zutreffende Informationen zugehen zu lassen.

Der Umfassungsangriff im Westen von Wien begann, noch bevor die sowjetische Führung die Angaben der Widerstandsbewegung ausgewertet hatte. Das V. Garde-Panzerkorps, das am 3. April Baden eingenommen hatte, schwenkte in das Helenental ab, und an ihm vorbei stieß das XXXVIII. Garde-Schützenkorps mit größtmöglicher Geschwindigkeit nach Norden vor. Es traf dabei nur vereinzelt auf deutsche Soldaten und Volkssturmmänner. Am 4. April erreichte es Heiligenkreuz und stieß weiter über Hochrotherd bis Wolfsgraben vor. Die deutsche 6. Panzer-Armee, der der Vorstoß natürlich nicht verborgen blieb, führte das rasche Vorankommen der Sowjets darauf zurück, daß sie von Einheimischen durch das Helenental geführt worden wären. Am darauffolgenden Tag passierten die sowjetischen Verbände Preßbaum, Tullnerbach und Mauerbach und standen am 6. April bei Tulbing und Kirchbach, hatten also das Donautal erreicht[106].

Die Hauptangriffsrichtungen der 3. Ukrainischen Front lagen auch nach der eingeleiteten Umfassung immer noch im Süden und Südosten. Ungeachtet aller Anstrengungen, die von der 6. Garde-Panzer-Armee und der 4. Garde-Armee unternommen wurden, blieb das Ergebnis der Kämpfe am Süd- und Ostrand Wiens jedoch unbefriedigend. Nur örtlich gelang es, die deutsche Front zurückzuschieben, die besonders im Abschnitt Vösendorf — Leopoldsdorf sehr stark geworden war. Mittlerweile hatte Marschall Tolbuchin aber Klarheit über die deutschen Verteidigungsanstalten und sein eigenes weiteres Vorgehen gewonnen. Und er fand auch die von der österreichischen Widerstandsbewegung gemachten Angaben vollauf bestätigt. Zum Abschluß der Gespräche mit Ferdinand Käs wurde diesem im Hauptquartier der 9. Garde-Armee in Hochwolkersdorf daher auch die Zusage gegeben, daß der dritte der von Szokoll unterbreiteten Punkte akzeptiert würde. Er war von Szokoll folgendermaßen formuliert worden: „Bewirkung der Einstellung der alliierten Bombenangriffe auf Wien, Intakthaltung der Wiener Wasserleitung, Zubilligung einer Sonderregelung über das Schicksal der Soldaten österreichischer Nationalität, deren Einzelheiten nach der Befreiung Wiens zur Sprache kommen sollten[107]".

Wie sich später herausstellte, kam aber nur dem Wunsch nach Erhaltung der Wiener Hochquellen-Wasserleitung Bedeutung zu, da auf Grund der Festlegung der „No-Bombing-Line" die Amerikaner ohnedies keine strategischen Luftangriffe mehr gegen Wien flogen und es nie zu einer Sonderregelung über das Schicksal der österreichischen Soldaten in der Deutschen Wehrmacht kam. Als Ferdinand Käs den Rückweg nach Wien antrat, war mit den Sowjets ein Leuchtzeichen ausgemacht worden, das den Beginn des Aufstandes in Wien anzeigen sollte.

Es ist anzunehmen, daß Marschall Tolbuchin sein Vorhaben, den rechten Flügel seiner Front neuerlich umzugruppieren und Wien im Westen nicht nur durch ein Schützenkorps, sondern durch den schlagkräftigsten Großverband, nämlich die 6. Garde-Panzer-Armee, umgehen zu lassen, nicht kurzfristig verwirklichen konnte. Er mußte erst die Zustimmung von Marschall Timošenko abwarten, der die Handlungen der 2. und der 3. Ukrainischen Front koordinierte[108]; das erklärt die Verzögerung, die vom 4. April bis zum Abend des 5. April eintrat, ehe die endgültige Entscheidung zur Umgruppierung des rechten Flügels der 3. Ukrainischen Front fiel. Den letzten Ausschlag dafür gab wohl erst die Tatsache, daß das XXXVIII. Garde-Schützenkorps und das V. Garde-Panzerkorps im Lauf des 5. April mühelos vorwärtskamen[109] und die Bestätigung dafür lieferten, daß im Westen Wiens tatsächlich nur schwache Sicherungskräfte aufgestellt waren. Erst jetzt wurde der ursprüngliche Angriffsplan so abgeändert, daß die Westumfassung Wiens zur Hauptoperation wurde.

Wie vorsichtig man seitens der Russen an die Westumfassung heranging, zeigt die Tatsache, daß nicht etwa in einem kühnen Stoß mehrere Panzerbrigaden nach Norden durchbrachen, sondern daß Kavallerie die Angriffsspitze bildete, sofort Infanterie nachgezogen wurde und entlang der Vormarschstraße Flak in Stellung ging, ehe größere Panzerverbände nachkamen.

Was sich hier zusammenbraute, blieb der deutschen Führung keineswegs verborgen, denn selbstverständlich wurde getrachtet, mittels Aufklärung die sowjetischen Absichten zu erkunden. Aus dem Kriegstagebuch des kgl.-ungarischen 101. Jagdgeschwaders, das von Hörsching aus flog, geht detailliert hervor, was die im Tagesdurchschnitt mit acht Maschinen geflogenen Einsätze an Erkenntnissen brachten. So hieß es z. B. am 5. April nach einem am Nachmittag geflogenen Aufklärungseinsatz: Von Purkersdorf Richtung Tulln deutsche Kraftfahrzeuge im Marsch; Preßbaum leer. Bei Rekawinkel sowjetische Infanterie und Kavallerie in Kompaniestärke. Auf der Straße vernichtete deutsche Kraftfahrzeuge[110].

Die einzelnen Phasen der Einkreisung Wiens, über deren Ablauf lange nur vage Vorstellungen geherrscht haben, sind mittlerweile völlig klar. Sie sahen also so aus, daß die Westumfassung im ursprünglichen Angriffskonzept Tolbuchins bereits enthalten war; nur hatte sie ursprünglich eine untergeordnete Bedeutung. Die auch von der österreichischen Widerstandsbewegung bekräftigte Tatsache, daß Wien im Westen kaum verteidigt wurde, sowie das Gelingen des raschen Vorstoßes in das Donautal rechtfertigten das Umwerfen des alten Angriffsplans in einigen Punkten und eine neue Festsetzung des Angriffstermins für den 6. April, 07.30 Uhr.

Die Aktionen der 4. Garde-Armee blieben nach wie vor auf die Einnahme des östlichen und südöstlichen Teils von Wien gerichtet; die 9. Garde-Armee sollte mit einem Korps am 6. April die Stadt vom Süden her stürmen und mit dem XXXVIII. Garde-Schützenkorps die Umgehung im Westen fortsetzen. Die 6. Garde-Panzer-Armee aber gruppierte in der Nacht zum 6. April alle ihre Kräfte in das Gebiet von Preßbaum und Purkersdorf um, hatte als erstes Ziel die totale Isolierung Wiens im Westen zur Aufgabe und sollte dann mit dem Angriff auf die Stadt beginnen[111]. Um das Vorgehen der 6. Garde-Panzer-Armee noch mehr zu erleichtern, wurde ihr das XVIII. Panzerkorps (Generalleutnant P. D. Govorunenko) von der 27. Armee zugeteilt, das bis dahin am linken Flügel der 3. Ukrainischen Front gekämpft und einen tiefen Einbruch im Raabtal bis über Feldbach erzielt hatte[112].

Ab dem 5. April waren sich die Truppenbefehlshaber der 2. und der 3. Ukrainischen Front über ihr weiteres Vorgehen völlig im klaren und konnten die Maßnahmen ihrer Armeen beim Kampf um Wien aufeinander abstimmen. Der Stoß aus dem Süden war von vornherein festgestanden; die Verschiebung starker Kräfte in den Westen hatte sich ergeben, und zur völligen Einschließung der Stadt war nur mehr die Zernierung im Osten ausständig.

Der Heeresgruppe Süd waren die Umgruppierungen vor ihrer Front und das Eindrehen nach Westen beim rechten Flügel Marschall Tolbuchins nicht verborgen geblieben. Bereits in der „Beurteilung der Feindlage vom 6. 4. 1945" wurde festgestellt, daß im Raum Wien eine beträchtliche Verstärkung der sowjetischen Truppen zu verzeichnen sei, die im Zusammenhang mit der Entwicklung im Wienerwald dazu führen dürfte, die Stadt im Westen zu umfassen und das Donauknie im Raum von St. Pölten zu gewinnen. Außerdem wurde betont, daß mit einem Vorstoß von Kräften der 2. Ukrainischen Front nördlich der Donau zur Einschließung Wiens gerechnet werden müsse. An den beiden darauffolgenden Tagen wurde diese Annahme bestätigt[113].

DER DONAUÜBERGANG DER SOWJETISCHEN 46. ARMEE

Nach dem Rückzug des II. SS-Panzerkorps aus der Reichsschutzstellung nördlich des Neusiedler Sees drängten die Korps der 46. Armee mit Macht nach. Am 4. April nahm die Artillerie des XVIII. Garde-Schützenkorps die Beschießung von Bruck a. d. Leitha auf; um Höflein entbrannten heftige Kämpfe mit der deutschen 6. Panzer-Division. Tags darauf drangen die sowjetischen Truppen in Hainburg ein, wo sie in größere Kämpfe verwickelt wurden. Ein sowjetischer Infanterievorstoß nach Bruck a. d. Leitha wurde zwar abgeschlagen; aber durch die Einnahme von Bad Deutsch Altenburg, Wildungsmauer, Regelsbrunn, Haslau a. d. Donau, Maria Ellend, Arbesthal, Stixneusiedl und Gallbrunn war die Enge der Brucker Pforte bereits völlig überwunden, und die Nachhuten der 6. Panzer-Division zogen sich aus dem ganzen Raum zurück[114].

Damit hatte die 46. Armee ihre Aufgabe erfüllt: sie hatte das II. SS-Panzerkorps der 3. Ukrainischen Front vor die Klinge getrieben und war am rechten Donauufer nicht mehr vonnöten. Da die Angriffsräume schon sehr gedrängt waren, wäre eine noch größere Truppenmassierung südlich von Wien auch gar nicht opportun gewesen. Was lag also näher, als die 46. Armee die Donau überqueren zu lassen, noch dazu, da die 7. Garde-Armee bei ihrem Vormarsch nach Westen bei der Überwindung der March aufgehalten wurde und für die Einschließung Wiens im Osten kaum in Frage kam. Am 6. April erhielt die 2. Ukrainische Front vom sowjetischen Oberkommando daher den endgültigen Befehl, die 46. Armee in der Gegend von Hainburg auf das linke Donauufer übersetzen zu lassen und einen Angriff dieser Armee auf Korneuburg vorzubereiten[115].

Es muß aber schon vorher Befehle gegeben haben, die das Überqueren der Donau zumindest von Teilen der 46. Armee zum Inhalt hatten, denn die ersten diesbezüglichen Manöver begannen bereits am 6. April um 01 Uhr nachts. Möglicherweise wirkte sich die Klärung der Situation vor der 3. Ukrainischen Front auch bei Marschall Malinovskij im Verlauf des 5. April aus.

Knapp nach Mitternacht des 6. April begann das LXXV. Schützenkorps als Vorhut der 46. Armee mit einfachen Booten die Überquerung der Donau westlich der Marchmündung und bezog Stellungen am linken Stromufer nördlich von Hainburg. Nach der mühelosen Gewinnung eines Brückenkopfes begann das Übersetzen der 46. Armee mittels Schiffen der sowjetischen Donauflottille (Kdt.: Konteradmiral G. N. Cholostjakov)[116]. Die 2. Brigade der Flottille sicherte mit ihrer Schiffsartillerie den Übergang der Truppen. Südostwärts von Bad Deutsch-Altenburg waren die 508. und die 492. Batterie der Ufer-Begleitabteilung in Stellung gegangen und gewährten zusätzlichen Feuerschutz. Und um einen noch höheren Grad von Sicherheit zu erreichen, wurde der ganze Raum, in dem die Überquerung der Donau stattfand, am Morgen des 6. April eingenebelt.

Von der deutschen 8. Armee standen in dem Dreieck zwischen March und Donau verschwindend wenig Truppen, die noch dazu alle frontal durch die 7. Garde-Armee gebunden waren. Die einzige kampfstarke Division war die 96. Infanterie-Division, die soeben die Kämpfe um Bratislava hinter sich hatte und etwa in der Linie Marchegg-Engelhartstetten stand[117]. Dieser Division waren vier Bataillone der ungarischen 27. Infanterie-Division unterstellt, die im Raum südlich von Breitstetten sicherten, sowie das MG-Bataillon 117, das bei Orth a. d. Donau Stellung bezogen hatte. Um den 8. April trafen dann jene Teile der 37. SS-Freiwilligen-Kavallerie-Division im neuen Kampfraum vor der 46. Armee ein, die nicht schon beim I. SS-Panzerkorps eingesetzt waren[118].

Das Herauslösen der 46. Armee ging reibungslos vor sich. Die 4. Garde-Armee übernahm mit dem XX. Garde-Schützenkorps den Angriffsstreifen, den bisher das XVIII. Garde-Schützenkorps innegehabt hatte, sodaß die 46. Armee schon am 6. April weitgehend aus den Angriffsoperationen südlich der Donau herausgezogen werden konnte. Um die deutschen Rückzugslinien noch weiter zu bedrohen und das Vordringen des LXXV. Korps am linken Ufer zu sichern, befahl Marschall Malinovskij dem Oberkommandierenden der 46. Armee, Generalleutnant A. W. Petruševskij, im Raum von Orth a. d. Donau eine weitere Landung vorzubereiten[119]. Die von Konteradmiral Cholostjakov vorgeschlagene Operation sah die Landung einer Staffel südlich von Orth und die Ausschiffung einer zweiten Staffel nordostwärts davon vor. Für die Landung wurde von der 46. Armee das 260. Schützen-Regiment der 86. Schützen-Division ausgewählt (ca. 700 Mann)[120]. Am 8. April legte die erste Staffel knapp vor Morgengrauen südlich von Orth an und erreichte die für sie vorgesehenen Stellungen. Diese Aktion wurde kaum von deutschen Truppen gestört. Die zweite Landungsgruppe mußte gegen Fischamend hin ausweichen, da die für die Landung vorgesehenen Stellen überflutet waren; hier regte sich überhaupt kein deutscher Widerstand. Um 12 Uhr mittags waren nach leichten Kämpfen Mannsdorf und Orth besetzt, und drei Stunden später vereinigte sich das 260. Schützen-Regiment mit dem mittlerweile nach Westen vorgestoßenen LXXV. Schützenkorps[121]. Um den Übergang vor allem der gepanzerten und motorisierten Teile zu beschleunigen, wurden schließlich bei Hainburg zwei Pontonbrücken gebaut. Das weitere Übersetzen der 46. Armee war trotz vereinzelter deutscher Fliegerangriffe, die sogar auf den Pontonbrücken Volltreffer erzielten[122], eine reine Routineangelegenheit. Zwischen Hainburg und Orth a. d. Donau wechselte vom 6. bis zum 14. April der Großteil der Armee, und zwar das X. Garde-, das LXVIII. und das LXXV. Schützenkorps sowie das XXIII. Panzer- und das II. Garde-mech. Korps samt allen unterstellten Truppen, auf das Nordufer der Donau über, insgesamt rund 70.000 Mann mit ihren Waffen und Fahrzeugen[123]. Es war wohl die größte Flußübergangsoperation der letzten Kriegswochen. Und während der ganzen Operation war die Schlacht um Wien schon in vollem Gange.

6 Die Schlacht um Wien

DIE STADT WIRD VERTEIDIGUNGSBEREICH

Am Nachmittag des 2. April 1945 erhielt General der Infanterie Rudolf von Bünau in Stuttgart einen Telefonanruf vom Heerespersonalamt des Oberkommandos der Wehrmacht, in dem ihm mitgeteilt wurde, daß er zum Kommandanten des Verteidigungsbereichs Wien ernannt worden sei und sich umgehend nach Wien zu begeben habe[1]. General Bünau, damals 55 Jahre alt, hatte bis Mitte März 1945 das XI. Armeekorps im Rahmen der 1. Panzer-Armee befehligt und war dann auf Antrag der Heeresgruppe Mitte ohne Angabe von Gründen in die Führer-Reserve des Oberkommandos des Heeres versetzt worden[2].

Bünau fuhr noch in der Nacht zum 3. April von Stuttgart ab und kam am Nachmittag in Wien an. Er meldete sich unverzüglich beim Stellvertretenden Kommandierenden General im Wehrkreis XVII, General der Infanterie Albrecht Schubert, und führte dann seine ersten Besprechungen mit dem bisherigen Stadtkommandanten von Wien, Generalleutnant Merker, und dem Kommandeur der Panzertruppen im Wehrkreis XVII, Generalmajor Koelitz, der bis zur Ankunft Bünaus interimistisch die Geschäfte eines Kommandanten des Verteidigungsbereichs geführt hatte[3].

Die Frage, wer Kampfkommandant von Wien werden sollte, war nicht ganz einfach zu lösen gewesen. Ursprünglich war Generalleutnant Merker dafür vorgesehen. In der Nacht zum Ostersonntag hielt aber der Reichsverteidigungskommissar und Gauleiter von Wien, Baldur von Schirach, eine Besprechung mit mehreren Generälen ab, unter anderem auch mit General Merker, in der es zu schweren gegenseitigen Vorwürfen kam. Schirach beschuldigte die Wehrmacht, seine Anordnungen sabotiert zu haben, während Merker dem Reichsverteidigungskommissar vorwarf, alle von ihm getroffenen Maßnahmen seien unzureichend und dilettantisch. Tags darauf erwirkte Schirach die Abberufung Merkers[4]. Am 2. April ernannte Schirach von sich aus Generalmajor Koelitz zum Kampfkommandanten. Diese Ernennung stieß aber auf den Widerstand des Wehrkreisbefehlshabers, General Schubert, der an der Stelle von Koelitz Oberst Joachim Gutmann sehen wollte[5]. Das Oberkommando der Wehrmacht bereitete dann dem Tauziehen ein Ende und bestimmte General Bünau für den Auftrag in Wien.

Bünau hatte nach dem Anschluß 1938 das in Oberösterreich aufgestellte Infanterie-Regiment 133 kommandiert und anschließend die 177. Division in Wien bis Juni 1941 befehligt. Er war folglich mit dem Wehrkreis XVII ebenso wie mit den Gegebenheiten in Wien vertraut und stellte daher eine logische Wahl dar.

Im Wehrkreiskommando XVII bekam Bünau noch die Abschrift eines Fernschreibens des Oberkommandos der Wehrmacht ausgehändigt, in dem seine Ernennung zum Kommandanten des Verteidigungsbereichs Wien bzw. zum Kampfkommandanten schriftlich festgehalten war. Doch weder vom Oberkommando des Heeres noch von einer anderen vorgesetzten Dienststelle erhielt Bünau eine schriftliche oder mündliche Weisung für die Verteidigung von Wien mit einem klaren Auftrag, einer Regelung der Befehlsbefugnisse und Unterstellungsverhältnisse sowie Direktiven für die Kampfführung. Der einzige konkrete Anhaltspunkt waren die allgemeinen Richtlinien des Oberkommandos der Wehrmacht vom 30. Jänner 1945 zur Durchführung des „Führerbefehls" über die „Befehlsführung bei abgeschnittenen Truppenteilen". Darin wurde der Begriff „Verteidigungsbereich" als der Sonderfall einer nicht voll ausgebauten Festung unter dem „Kommandanten des Verteidigungsbereichs" definiert; der Kampf müsse wie in einer Festung — Verteidigung mit allen Mitteln und bis zur letzten Konsequenz — geführt werden[6]. Theoretisch hätte sich Bünaus Befehlsgewalt auf alle in dem mit dem Reichsgau Wien identen Verteidigungsbereich Wien befindlichen Truppenteile und Dienststellen des Ersatzheeres erstrecken sollen. Dazu sollten noch sämtliche für den Erdkampf vorgesehenen Kräfte der Luftwaffe, der Polizei, der Wehrverbände der Partei (zusammengefaßt im Volkssturm) und die zivilen Verwaltungsorgane der Stadt kommen. Da aber eine klare Regelung über das Ausmaß seiner Befehlsgewalt fehlte und ein Teil dieser Dienststellen, wie z. B. das Wehrkreiskommando XVII, ohne daß Bünau es verhindern konnte, aus Wien weg verlegt wurden[7], konnte der General weder über alle Truppen des Feldheeres noch über mehr als einen Teil der Polizei verfügen[8]. Er führte sich zwar energisch ein[9], doch nachdem er sich, so gut es eben ging, einen Überblick über die Verteidigungsmöglichkeit Wiens verschafft hatte, schrieb er in seine privaten Aufzeichnungen, daß der Auftrag in Wien „undurchführbar" sei[10].

Die Lage in Wien hatte sich seit Jahresbeginn rapid verschlechtert. Im Februar und März hatte der Luftkrieg bis dahin unbekannte Dimensionen angenommen und neben allen Zerstörungen an Wohn- und Kulturbauten die Öl-, Industrie- und Transporteinrichtungen so stark zerstört, daß die Amerikaner die Stadt als „geliefert" bezeichneten[11]. Schließlich wurde Wien, wie erwähnt, auf Grund des Herankommens der Front nicht mehr bombardiert. Ein letzter Aufklärungsflug am 2. April diente nur mehr der Feststellung, wie weit die Russen schon gekommen waren[12].

Nach jedem Luftangriff wurde mit den vorhandenen Arbeitskräften in Sondereinsätzen versucht, die Straßen wieder passierbar zu machen, Bombentrichter zuzuschütten und Gas-, Strom- und Wasserleitungen instandzusetzen. Doch genau zum kritischsten Zeitpunkt, also Anfang März 1945, mußte dann noch auf Befehl des

Reichsverteidigungskommissars und Gauleiters Baldur von Schirach mit der Anlage von Sperren, behelfsmäßigen Kampfständen und Laufgräben am Südrand von Wien, also in erster Linie am Wienerberg und am Laaer Berg, begonnen werden[13].

Die Erkundung einer „Wienschutzstellung" in Anlehnung an das Projekt „Brükkenkopf Wien 1914" war zwar abgeschlossen worden, aber die Anlage einer Rundumverteidigung kam nie zur Ausführung[14]. Die Parteifunktionäre hatten sich in ihrer eigenen Propaganda gefangen, als sie immer wieder betonten, Wien würde am Südostwall verteidigt werden. Doch genaugenommen konnten sich weder die zivilen noch die militärischen Vertreter im Reichsverteidigungsausschuß für den Plan, Wien zu verteidigen, erwärmen. Der Gedanke, Wien zur „offenen Stadt" zu erklären, entsprang freilich nur einem Wunschdenken und entbehrte jeder Billigung der maßgeblichen Berliner Stellen. Der Mangel an Arbeitskräften, der durch gezielte Maßnahmen der militärischen Widerstandsbewegung womöglich noch verschärft wurde, ergab schließlich einen triftigen Grund, das ganze Projekt der Verteidigung Wiens auf die lange Bank zu schieben.

Schirach dürfte zunächst selbst damit gerechnet haben, daß Wien nicht verteidigt würde. Er zweifelte aber auch daran, daß die Russen eine „offene Stadt" respektieren würden. Dem damaligen Bürgermeister von Wien, Dipl. Ing. Hanns Blaschke, gegenüber soll Schirach geäußert haben, daß ihm der Befehl, Wien doch zu verteidigen, vom Leiter der Parteikanzlei Martin Bormann gegeben worden sei[15]. Buchstäblich in letzter Minute entschloß sich dann Schirach zu der erwähnten Lösung, im Süden der Stadt ein paar notdürftige Stellungen bauen zu lassen, die jedoch sehr deutlich den Stempel der Improvisation trugen.

Im Grunde genommen war Wien aber schon zur Frontstadt geworden, als mit dem Bau der Reichsschutzstellung begonnen worden war. Denn damals waren die Schulklassen, sofern die Schüler höherer Klassen nicht bereits als Flakhelfer eingesetzt waren, an die Reichsgrenze geschickt worden, um zu schanzen. Von da an hatte es aber auch beispielsweise kaum mehr einen geregelten Schulbetrieb gegeben, und die Kinder und Jugendlichen kamen in manchen Wochen nur mehr einmal in die Schulen, um Vitamintabletten und Hausaufgaben abzuholen. Mit dem Herankommen der Russen hörte aber nicht nur der Schulbetrieb vollständig auf, auch sonst wurde lediglich getrachtet, letzte Vorbereitungen zu treffen, um außerhalb von Wien oder in den Kellern zu überleben.

Von tatsächlicher Bedeutung für die Abwehr eines Angriffs auf Wien konnten nur die beiden Flakgürtel der 24. Flak-Division werden. Diese waren aber nicht im Rahmen des Bauvorhabens „Wienschutzstellung" errichtet worden, sondern lange vorher und ausschließlich für den Zweck der Luftabwehr[16]. Die erste, äußere Linie wurde von den Batterien der Flak-Untergruppen Rauchenwarth und Mödling sowie den westlich von Wien stehenden Batterien der Flak-Untergruppen Wilhelminenberg und Laaer Berg gebildet. Eine zweite, innere Linie bildeten die näher dem Stadtzentrum befindlichen Batterien der Untergruppen Wilhelminenberg und Laaer Berg und schließlich nördlich der Donau die Flak-Untergruppen Großjedlersdorf und Lobau. Daß sie eine beachtliche Feuerkraft hatten, stand außer Zweifel. Die Untergruppe Großjedlersdorf verfügte beispielsweise im April 1945 über rund 90 schwere und 60 leichte Geschütze. Seit Ende 1944 wurden sie für den Erdeinsatz vorbereitet. Sie waren durch das teilweise Niederreißen der Splitterwälle in der Lage, normal artilleristisch zu wirken, hatten aber den großen Nachteil, daß sie auf Beton-sockeln montiert waren und daher größtenteils nur ortsfest eingesetzt werden konn-ten. Alles in allem stellten auch die Verteidigungsanlagen im Süden von Wien nur eine Ansammlung von Stützpunkten dar und entbehrten zur Gänze jener Vollkom-menheit, welche die Verteidiger von Wien erhofft hatten, und die in der sowjeti-schen Berichterstattung über den Kampf um Wien fälschlich betont wurde. Berich-te, daß „die Deutschen" im Süden Wiens ein großangelegtes Verteidigungssystem angelegt hatten, wo sich Panzerfallen, Schützen- und Laufgräben mit einer großen Anzahl von Bunkern und Feuernestern abwechselten, die ein sich vollständig über-lappendes Feuersystem bildeten[17], versuchten eine unnötige Dramatisierung und stellen eine irrige Erklärung dafür dar, warum die sowjetischen Truppen verhältnis-mäßig lange brauchten, um an die Stadt heranzukommen. Eventuell wäre noch zu erwähnen gewesen, daß auch die 24 Kanonen der Wiener Flaktürme in die Abwehr einbezogen wurden und mit ihren 12,8-cm-Granaten eine nicht unerhebliche Feuer-unterstützung geben konnten[18].

Über die Verteidigungsmöglichkeiten von Wien herrschten bis zum Eintreffen der Divisionen der 6. Panzer-Armee Sepp Dietrichs nur vage Vorstellungen. Dennoch hatte man einige gezielte Maßnahmen getroffen. Es mochte aber eine zusätzliche Belastung des Verteidigungswillens darstellen, daß, so wie es die Planspiele zu Anfang 1944 gezeigt hatten, eine Reihe von durchaus einsichtsvollen Offizieren von der Unmöglichkeit der Verteidigung überzeugt waren.

Mit den vorhandenen Ersatzeinheiten und der schlechten Ausrüstung wäre an einen Kampf gar nicht zu denken gewesen. Nun aber zog sich das II. SS-Panzer-korps auf die Stadt zurück. Am 2. April wurde Wien zum Verteidigungsbereich erklärt, und Reichsleiter Baldur von Schirach stellte am selben Tag der Wiener Bevölkerung seinen „alten Freund" SS-Oberstgruppenführer Sepp Dietrich als Ver-teidiger von Wien vor[19]. Frauen und Kindern wurde „empfohlen", die Stadt zu ver-lassen. Die Krise um die Stadt hatte aber schon am 30. März mit der Verkündung des Standrechts begonnen[20]; am Tag darauf waren alle Volkssturmmänner der motorisierten Bataillone 41/2, 41/3, 41/4 und 41/5 zur Dienstleistung im Volks-sturm aufgerufen worden[21]. Gleichzeitig meldeten sich aber die Wiener Frauen zu Wort und veranstalteten Demonstrationen, die durchaus nicht nur dazu dienten, den Einsatz der Hitlerjugend zu verhindern, sondern generell zum Ausdruck brin-gen sollten, daß ein Kampf um Wien abgelehnt wurde. Der Bericht der Kreisleitung Wien vom 2. April, der sich mit diesen Demonstrationen beschäftigte, schloß mit der Feststellung: „Die Lage hat sich nun in den letzten Tagen für Wien so zugespitzt, daß gegenwärtig den tollsten Gerüchten Tür und Tor geöffnet sind. Keiner findet den Mut, ihnen entgegenzutreten[22]". Appelle an das Geschichtsbewußtsein der Wie-ner Bevölkerung und Parallelen zu den beiden Türkenbelagerungen der Jahre 1529 und 1683 sollten mithelfen, den Widerstandswillen zu heben. Doch es kann mit gutem Grund angenommen werden, daß diese vordergründige Propaganda nicht verfing[23].

Es spannte sich ein weiter Bogen von den Planspielen der 417. Division z. b. V. aus dem Jahr 1944 bis zur Lagebeurteilung Sepp Dietrichs Mitte März 1945 und jener Generals Bünaus im April, doch alle brachten das gleiche Ergebnis: Wien konnte nicht erfolgreich verteidigt werden, wenn es nicht gelungen war, die sowjetischen

Armeen an der Reichsgrenze aufzuhalten. Bei der schon zu einer fixen Vorstellung gewordenen Angst der deutschen Soldaten, eingeschlossen zu werden und nach einem aussichtslosen und verlustreichen Kampf in sowjetische Gefangenschaft zu fallen, war es zudem ganz selbstverständlich, daß eine Verteidigung nur so lange in Betracht gezogen wurde, als es noch Möglichkeiten zum Rückzug gab. So gesehen konnte Wien, was immer man aus der nicht zur Verteidigung eingerichteten Stadt auch machen wollte, nur ein Anhalt für einen zeitweiligen Widerstand sein, beziehungsweise mußte, wie es General Bünau ausdrückte, „der Gedanke an eine erfolgreiche Verteidigung der Stadt überhaupt oder auch nur über einen längeren Zeitraum von vornherein von der Hand gewiesen und die Folgerung daraus gezogen werden[24]".

Die logische Konsequenz wäre die kampflose Räumung der Stadt gewesen, aber ein diesbezüglicher Befehl konnte auf Grund der allgemeinen Richtlinien über den Kampf in Festungen nur vom Oberbefehlshaber des Kriegsschauplatzes oder vom Chef des Generalstabes des Heeres mit Genehmigung Hitlers gegeben werden[25], und ein solcher Befehl kam nicht. Die Begründung dafür, daß Wien trotz der von mehreren Seiten erhobenen Gegenvorstellungen weiterhin Verteidigungsbereich blieb, glaubte Bünau darin gefunden zu haben, daß

1. die schnelle Inbesitznahme der Hauptstadt Österreichs durch die Russen vor allem aus politischen Gründen vereitelt, zumindest aber verzögert werden sollte und

2. durch die Verteidigung der Stadt, die starke russische Kräfte auf sich ziehen mußte, Zeit gewonnen werden konnte, um die Front der Heeresgruppe Süd zu festigen.

Von diesen Überlegungen ausgehend, richtete Bünau seine Maßnahmen auf größtmöglichen Zeitgewinn und die Stärkung der Abwehrkraft ein[26]. Doch er tat es nicht nur im Wettlauf mit der Zeit und wider bessere Überzeugung. Er tat es auch unter ständigen Auseinandersetzungen mit den SS-Führern[27].

Die unklaren Befehlsverhältnisse trugen vom ersten Augenblick sehr zur Verwirrung bei, und man kann mit ruhigem Gewissen sagen, daß niemand in Wien einen auch nur einigermaßen klaren Überblick hatte. Das Wehrkreiskommando XVII, das den Stab für den neuen Kampfkommandanten zu stellen hatte, bestimmte dazu den Stab der Stadtkommandantur Wien, der durch eine Anzahl von Offizieren des Wehrkreiskommandos und genesene Offiziere ergänzt wurde[28]. Anschließend verließ das Wehrkreiskommando XVII Wien. Als letztes fuhr die Führungsstaffel in der Nacht vom 4. auf den 5. April aus der Stadt, um über Krems und Döllersheim nach Freistadt in Oberösterreich zu verlegen. Schließlich wurde Bünau der 6. Panzer-Armee unterstellt, und nach und nach schluckte das II. SS-Panzerkorps jene Einheiten, die der Kampfkommandant mühsam bereitstellte. Naturgemäß bestand von vornherein zwischen Bünau und Dietrich eine Kontroverse über die Funktion des Verteidigungsbereichs sowie über Art und Intensität der Kampfführung[29], denn Dietrich machte im privaten Gespräch kein Hehl daraus, daß er gegen eine sinnlose Verteidigung der Stadt mit seinen verhältnismäßig wenigen Truppen sei, und meinte im Verlauf einer Unterredung mit General Bünau: „Man verteidigt Wien genausogut in Floridsdorf", also nördlich der Donau[30]. Da Bünau aber von niemandem seiner Aufgabe als Kampfkommandant von Wien entbunden wurde, blieb er für alle Maßnahmen voll verantwortlich. Er mußte die nachdrücklichsten Hinweise aus Berlin zur Kenntnis nehmen, daß er im Falle seines Versagens mit einem Kriegsgerichtsverfahren zu rechnen habe und „Sippenhaftung" geltend gemacht würde[31]. Ab dem 4. April begann er daher, seine Maßnahmen zur Verteidigung Wiens in die Wirklichkeit umzusetzen.

Bünaus Hauptsorge galt zunächst der Aufstellung von Alarm-Bataillonen und Alarm-Artillerieeinheiten aus Ausbildungs- und Ersatztruppenteilen des Standortes Wien, sowie aus Urlaubern und Versprengten der Feldtruppe. Dabei und bei der Beschaffung von Waffen und Ausrüstungsgegenständen stieß der Kampfkommandant jedoch auf ganz erhebliche Schwierigkeiten. Teilweise hatte er sogar einen totalen Mißerfolg zu verzeichnen, den er später auf die Tätigkeit der österreichischen Widerstandsbewegung zurückführte. Er hatte denn auch in der Person seines Ib-Offiziers, Major Carl Szokoll, unwissentlich den Leiter der militärischen Widerstandsbewegung in seinen Stab aufgenommen[32].

Das Heranziehen von Verstärkungen aus dem Wehrkreis XVII gestaltete sich ebenfalls nicht einfach, und es traf schließlich nur eine leichte Batterie der Artillerie-Ersatz- und Ausbildungs-Abteilung 17 (Freistadt OÖ.) in Wien ein. Unter Einbeziehung aller Alarm-, Polizei- und Volkssturmeinheiten, der Genesenen und Versprengten der Feldtruppe und der Marine brachte es der Kampfkommandant von Wien auf maximal 15 schwache Bataillone, eine leichte Batterie und zwei Flak-Regimenter, für die mit wenigen Ausnahmen eine Bewertung wie „mangelhafte Führung und mäßiger bis geringer Kampfwert" angewendet wurde[33].

General Bünau war der Befehl über die Truppen des Feldheeres nicht ausdrücklich übertragen worden, und er kam zu einem Zeitpunkt nach Wien, da sich die 6. Panzer-Armee schon angeschickt hatte, die Gesamtverteidigung zu übernehmen. (General Koelitz wird kaum in der Lage gewesen sein, gegenteiligen Vorstellungen zum Durchbruch zu verhelfen.) So mußte Bünau schleunigst Kontakt mit den Felddivisionen aufnehmen, um zumindest ungefähr über die Entwicklung der Lage informiert zu werden, wenn er schon über Absicht, Stärke und Art der sowjetischen Verbände im unklaren blieb.[34].

Bünaus Befehle zur Kampfführung lösten aber lediglich Einzelaktionen aus. So wurden Alarmeinheiten nach vorangegangener Aufklärung durch Radfahrer zu Sperraufgaben an die sowjetischen Hauptvormarschstraßen gestellt, der Einsatz von „fahrradbeweglichen Panzervernichtungstrupps" gegen durchgebrochene Panzer befohlen und die Sicherung der Donau- und Donaukanalbrücken gegen eine überraschende Inbesitznahme durch Sowjettruppen sowie zur Vorbereitung von Sprengungen veranlaßt. Zu letzterem wurde ein Teil von Bünaus Pionier-Alarmeinheiten durch die Heeresgruppe Süd der Heeres-Pionier-Brigade 127 unterstellt, die am 25. März die Sicherung der Donaubrücken von Wien bis Tulln übertragen bekommen hatte[35]. Von der Luftkriegsschule 7 in Tulln-Langenlebarn waren drei Alarmbataillone gebildet worden, die als Kampftrupps den infanteristischen Schutz der Flakbatterien im Süden und im Norden Wiens übertragen bekamen. Das I. Bataillon wurde schwerpunktmäßig im Raum Achau und das II. Bataillon im Raum Stammersdorf eingesetzt. (Das dritte Bataillon blieb in Tulln[36].) Die Befehlsübermittlung schließlich erfolgte vornehmlich durch Ordonnanzoffiziere und Melder, da die Alarm-Kompanie der Nachrichten-Ersatz- und Ausbildungs-Abteilung 17 nur über eine sehr geringe Funkgeräteausstattung verfügte. Die kämpfende Truppe war aber ohnehin meist an das Ortsfernsprechnetz angeschlossen.

Für eine Verteidigung Wiens kamen drei Verteidigungslinien in Frage. Die erste war am äußeren Stadtrand durch die bereits erwähnten Flakstellungen gegeben. Die zweite nahm den Gürtel zum Anhalt und die dritte den Ring und den Donaukanal. Wenn man von der ersten Linie absieht, so handelte es sich dabei nur um taktische Anhalte für den Kampf in der Stadt und nicht etwa um befestigte Zonen[37]. Am 7. April, als die Umgehung Wiens im Westen schon vollendet worden war, begannen rasch zusammengeraffte Kommandos damit, an den Kreuzungen entlang des Gürtels und im Bereich von Ring und Donaukanal behelfsmäßige Sperren zu errichten. Mit herausgerissenen Pflastersteinen wurden Fundamente gebildet, auf die beschädigte Straßenbahn- und Stadtbahnwagen gelegt wurden. Holzbarrikaden und Drahthindernisse sollten das Fortkommen der Angreifer hemmen[38]. Doch auch die Summe aller improvisierten Verteidigungsmaßnahmen konnte Wien noch immer nicht in eine Festung verwandeln.

Auch die 6. Panzer-Armee hätte kaum ohne totale Aufopferung des II. SS-Panzerkorps den Kampf in Wien aufnehmen können, wenn nicht durch eine Entscheidung Hitlers vom 1. April die sehr kampfstarke Führer-Grenadier-Division in den Raum Wien verlegt worden wäre[39]. Die ersten Teile dieser Division trafen am 4. April in Wien ein. Es sollte aber bis zum 8. April dauern, ehe der letzte der 48 Eisenbahnzüge in Wien eintraf, die für den Transport erforderlich waren. Der Divisionsstab bezog in Breitenlee Quartier. Zwei Tage später waren die ersten Teile der Division einsetzbar und wurden dem II. SS-Panzerkorps unterstellt. Danach verfügte das Korps über folgende Verbände:

6. Panzer-Division (Heer), etwa 25% der personellen und materiellen Sollstärke[40].

Führer-Grenadier-Division (Heer), etwa 100% der personellen und materiellen Sollstärke[41].

2. SS-Panzer-Division, etwa 50% der personellen und materiellen Sollstärke.

3. SS-Panzer-Division, etwa 25% der personellen und materiellen Sollstärke[42].

Zählt man die Stärkeangaben zusammen, so ergibt sich, daß für den Kampf in Wien an Feldtruppen tatsächlich nur zwei kriegsstarke Divisionen zur Verfügung standen[43].

Innerhalb der Truppenkörper war die Einheitlichkeit schon lange verlorengegangen. Es wurde buchstäblich jeder eingegliedert, der mit einer Ersatzeinheit auftauchte, und insbesondere die SS-Truppen waren regelrechte Konglomerate.

Außer den divisionseigenen Artillerie-Abteilungen verfügte das II. SS-Panzerkorps noch über die SS-Werfer-Abteilungen 502 und 503, für die jedoch dasselbe galt wie für die übrige Artillerie: Sie hatten fast keine Munition mehr und mußten manchmal froh sein, wenn sie noch mit einer Batterie feuern konnten[44].

Dazu kamen, wie erwähnt, Ersatzformationen aus Wien und dessen Umgebung, alle möglichen Marscheinheiten, Genesene und Volkssturm. Im Rahmen des Volkssturms wurde auch ein Bataillon „Hitlerjugend" aufgestellt[45], das schon im Jänner 1945 den Namen „Werwolf" erhalten hatte. Es gab jedoch auch so merkwürdige und verrückte Episoden wie jene, daß sich eine BDM-(Bund-deutscher-Mädchen-)-Führerin beim Kommandeur der 2. SS-Panzer-Division meldete und an ihn das Ansinnen stellte, sich mit 20 Mädchen am Kampf um Wien zu beteiligen[46].

Die 6. Panzer-Armee (ohne Führer-Grenadier-Division) war längst keine Armee im herkömmlichen Sinn mehr. Dietrichs bissige Bemerkung, man nenne sich 6. Panzer-Armee, weil man noch über sechs Panzer verfüge[47], entbehrte nicht eines realen Hintergrunds, denn am 5. April waren — allerdings ohne den geringfügigen Ersatz aus Wien — bei der 6., 2. SS- und 3. SS-Panzer-Division zusammen nur 28 Panzer voll einsatzbereit. Die gesamte Armee hatte an diesem Tag 52 intakte Panzer und Sturmgeschütze[48].

Auch in diesem Fall nehmen sich die sowjetischen Angaben sehr viel eindrucksvoller aus, doch sie fußen ganz offensichtlich auf irrigen Annahmen. In der Aufzählung der deutschen Verteidiger von Wien heißt es daher in der sowjetischen Literatur, daß sie sich aus acht Panzer-Divisionen, einer Infanterie-Division sowie 15 selbständigen Bataillonen zusammensetzten. Jüngst wurde noch hinzugefügt, daß aus „Matrosen und Angehörigen von Marinelehranstalten motorisierte Abteilungen" aufgestellt worden seien, „die zusammen mit den Panzertruppenteilen und -verbänden eine bewegliche Gruppe für Handlungen im Wiental bildeten[49]. Wenn auch davon ausgegangen werden kann, daß im Verlauf der Schlacht um Wien immer wieder neue Splitterverbände auftauchten, so ist doch völlig auszuschließen, daß die Verteidiger Wiens fast die Stärke einer Armee erreichten. In diesem Fall wäre von Wien wohl nur wenig übrig geblieben.

DER STURM BEGINNT

Seit dem 2. April waren die Kämpfe um die Zugänge zur Stadt im Süden im Gange. Tags darauf dehnten sich die Gefechte auf Himberg und Pellendorf auf, Gramatneusiedl wurde geräumt, und am Abend ging die 2. SS-Panzer-Division von der Linie Guntramsdorf — Gramatneusiedl auf die Linie Mödling — Achau — Himberg zurück. Links davon sicherte die 3. SS-Panzer-Division, der die Reste der 232. Panzer-Division unterstellt wurden, die Fischaübergänge von Gramatneusiedl bis Schwadorf. Bis zum letzten Augenblick waren vor allem von den Wiener „Ostmark-Werken" Flakgeschütze direkt an die Front geschickt worden[50]. Sie wurden den mobilen Flak-Kampftrupps zugeführt, die schließlich eine erhebliche artilleristische Verstärkung für die Truppen des II. SS-Panzerkorps bedeuteten. Die Flak-Kampftrupps konnten sich auch meist noch rechtzeitig absetzen, während der ortsfesten Flak in der Regel nur ein Kampf bis zum Ende blieb. Kurzzeitig mischte sich am 4. April in das Abwehrfeuer der Flak auch das Feuer der deutschen Donauflottille, die stromaufwärtsfahrend mit ihren Geschützen in den Raum Himberg und Maria Lanzendorf feuerte.

Der äußere Verteidigungsring Wiens war erreicht. Schlachtflieger der sowjetischen 17. Luftarmee versuchten, die Flakstellungen durch Bombardements und Bordwaffenbeschuß auszuschalten, jedoch war das Abwehrfeuer so dicht, daß die sowjetischen Flieger nicht an ihre Angriffsziele herankamen. Die sowjetischen Schlacht- und Jagdflieger beherrschten jedoch den Luftraum über Wien. Sie bombardierten zunehmend das Stadtgebiet und verursachten beträchtliche Gebäudeschäden, ohne freilich unter den deutschen Soldaten nennenswerte Opfer zu fordern[51].

160

Am 16. März 1945 begann die Rote Armee ihre „Wiener Angriffsoperation". Dabei boten die sowjetischen Truppen ein Abbild der alliierten Kriegführung, da sie nicht nur sowjetische Waffen wie die Selbstfahrlafette SU-76 (links), sondern auch amerikanische Panzer „Sherman" M-4 (Mitte) und „Universal Carriers" britischer Provenienz (rechts) verwendeten.

Die erste größere Stadt, die die Sowjets in Österreich erreichten, war Wiener Neustadt, in dem nach den vorangegangenen Luftangriffen nur mehr 17 Häuser unbeschädigt geblieben waren.

Über die Floridsdorfer Brücke rollten deutsche Verstärkungen nach Wien. Die deutschen Verteidiger Wiens trachteten noch im letzten Moment möglichst viele Verstärkungen in die Stadt zu bekommen, um den Kampf aussichtsreicher führen zu können. Gleichzeitig wurden Straßensperren errichtet, die nicht nur der Vorbereitung für die Kämpfe, sondern auch der Kontrolle des Personen- und Fahrzeugverkehrs dienen sollten. Jedermann, der eine Waffe bedienen konnte, sollte an der Verteidigung Wiens teilnehmen.

Die österreichische Widerstandsbewegung hatte es sich zum Ziel gesetzt, den Kampf um Wien zu verhindern oder zumindest abzukürzen. Die Verschwörung wurde entdeckt und drei der Beteiligten in Wien-Floridsdorf, Am Spitz, gehenkt (oben rechts).

Eine ungarische bespannte Artillerie-Batterie während der Schlacht um Wien. Im Hintergrund die brennende Shell-Raffinerie.

rend die Schlacht um Wien schon im Gang war, übersetzte zwischen Hainburg und Orth die sowjetische 46. Armee
onau. Mit Hilfe dieser Armee sollte Wien auch von Osten her eingeschlossen werden. Auf Pontonbrücken, mit Fäh-
nd auf den Schiffen der sowjetischen Donauflottille wurde zwischen 6. und 11. April ein Großteil der Armee an das
ufer der Donau gebracht.

owjets hatten sich auf die Schlacht um Wien gründlich vorbereitet und führten den Häuserkampf mit großer
icklichkeit. Immer wieder legten sie Rauchvorhänge, in deren Schutz sie Straßenzug um Straßenzug freikämpften
oben und unten).

In der letzten Phase der Schlacht um Wien spielte die Reichsbrücke eine bedeutende Rolle. Die sowjetischen Truppen versuchten alles, um sie unzerstört in ihren Besitz zu bringen. Das gelang ihnen schließlich auch. Da es aber nicht klar ist, weshalb die Reichsbrücke nicht doch noch im letzten Moment gesprengt wurde, rankt sich um ihre Erhaltung ein rundes Dutzend verschiedener Darstellungen.

24 Stunden lang kämpfte der Rest der deutschen Verteidiger Wiens im letzten Brückenkopf an der Floridsdorfer Brücke (rechts Mitte und unten). Über die Räumung dieses Brückenkopfs entschied der Kommandant des Verteidigungsbereiches, General Bünau (rechts oben stehend). Er hatte während der Schlacht kaum eine Rolle gespielt und erst am letzten Tag der Schlacht um Wien, am 13. April, die volle Verantwortung übertragen bekommen. In der Nacht zum 14. wurde der Brückenkopf geräumt.

Sowjetische Truppen machen eine Straße wieder passierbar, Prinzersdorf (NÖ), 8. Mai 1945. Im Hintergrund de
sowjetische Standardpanzer T-34/85. Die letzte Phase des deutschen Rückzugs war von gesprengten Brücken und unpas
sierbar gemachten Straßen gekennzeichnet. Durch sie sollte der sowjetische Vormarsch so lange verzögert werden, bis di
deutschen Soldaten die Demarkationslinie zu den westlichen Alliierten überschritten hatten.

Der anhaltende Druck vom Süden zusammen mit dem sowjetischen Durchbruch in der Brucker Pforte stellte das II. SS-Panzerkorps bereits am 4. April vor unlösbare Aufgaben. Darüber hinaus war die Zusammenarbeit der Heeresverbände mit den ortsfesten Flakkräften viel zu wenig koordiniert, und der Einsatz der Flaksoldaten gestaltete sich oft zur sinnlosen Selbstaufopferung, wie etwa bei Rauchenwarth, wo 71 deutsche Soldaten fielen und die Bedienung der Doppelbatterie der Flak nach ihrer Einkreisung durch sowjetische Einheiten, wahrscheinlich des XX. Garde-Schützenkorps, niedergemacht wurde[52]. Ähnlich heftige Kämpfe entwickelten sich bei Wienerherberg im Zusammenhang mit sowjetischen Anstrengungen, auch hier die Fischa zu überqueren. Dem stellte sich die 3. SS-Panzer-Division entgegen. Der Versuch des rechten Flügels der 4. Garde-Armee, zwischen Rauchenwarth und Zwölfaxing einen Einbruch zu erzielen, geschah in der Absicht, die Fischa oder die Schwechat abwärts zur Donau vorzustoßen und noch einen Teil des II. Panzerkorps, vor allem die 6. Panzer-Division und Teile der 3. SS-Panzer-Division, daran zu hindern, sich auf Wien zurückzuziehen. Ein Regiment der in der Brucker Pforte eingesetzt gewesenen 6. Panzer-Division hatte ohnedies schon den Rückzug über die Donau nehmen müssen, da es im Raum Haslau abgeschnitten worden war[53].

Die erste Krise erwuchs den Verteidigern Wiens am 4. April durch den Beginn der Westumfassung der Stadt. Sie war zwar frühzeitig erkannt worden, nur war man sich deutscherseits nicht gleich über ihr Ausmaß klargeworden und glaubte, daß mit der Abwehr eines örtlichen Umfassungsversuchs westlich von Mödling die Gefahr schon gebannt sei. Die Heftigkeit der Kämpfe im Raum Mödling[54] ließ freilich schon ahnen, wie sich die Lage weiterentwickeln würde. In der Nacht vom 4. auf den 5. April sah sich der Kampfkommandant von Wien gezwungen, alle noch verfügbaren Teile der Aufklärungs-, Ersatz- und Ausbildungs-Abteilung 11[55] und eine Kompanie des Pionier-Ersatz- und Ausbildungs-Bataillons 80[56] anschließend an die Stellung der 2. SS-Panzer-Division bei Mödling bis zur Westbahnlinie vorzuverlegen. Auch eine Polizeikompanie mit alten österreichischen Panzern des Typs „Fiat-Ansaldo" soll in die Gegend von Purkersdorf verlegt worden sein[57]. Aus Führungsgründen wurden alle diese Einheiten der 2. SS-Panzer-Division unterstellt, von der sie Aufklärungs- und Sperraufträge erhielten. Die Ausdehnung der Abwehrfront auf den Westen Wiens ging aber über den Charakter einer Sicherungslinie nicht hinaus[58].

Der sowjetische Vorstoß machte eine weitere Zurücknahme der 2. SS-Panzer-Division notwendig und zwang zur Aufgabe Mödlings. Kurz darauf entwickelten sich im Laufe des 5. April neue schwere Kämpfe bei Maria-Enzersdorf, die nicht nur im Rahmen der örtlichen Kampfhandlungen standen, denn seit 8 Uhr morgens dieses Tages rollte der sowjetische Generalangriff, der das Eindringen nach Wien vom Süden her zum Ziel hatte.

Die Stoßverbände der 4. Garde-Armee, allen voran das XX. Garde-Schützenkorps mit der 80. Garde-Schützen-Division, gefolgt von der 5. und der 7. Garde-Luftlande-Division, sollten im Angriffsstreifen der Armee von der Linie Katharinenhof (nordwärts Rauchenwarth) — Himberg nach Norden in Richtung Stadtzentrum operieren[59]. Im Angriffsstreifen der 6. Garde-Panzer-Armee und der 9. Garde-Armee, von Mödling bis südwestlich von Mariabrunn, sollte das XXXIX. Garde-Schützenkorps hinter den Panzern des V. Garde-Panzerkorps her in den Südwesten

Wiens eindringen, doch zur selben Zeit wurden auch schon die ersten gepanzerten Einheiten dieses Korps nach Norden verschoben[60].

Trotz aller sowjetischen Anstrengungen gelang es nirgends, den deutschen Widerstand zu brechen und die gesteckten Angriffsziele zu erreichen. Ganz im Gegenteil: die sowjetischen Spitzen rückten nur unwesentlich vor. Die Flaktürme in der Stiftskaserne und im Arenbergpark griffen erstmals in die Kämpfe im Süden ein und halfen, das sowjetische Vorgehen zu verzögern[61]. Örtliche Gegenangriffe der Infanterie brachten jeden Durchbruchsversuch zum Scheitern[62]. Nur da und dort, so am Eichkogel bei Mödling und nördlich Achau, wo Großbatterien der Flak den stärksten, aber unbeweglichen Rückhalt des äußersten Verteidigungsrings von Wien bildeten, konnten die Sowjets größere Erfolge erzielen. Sie eröffneten auch prompt vom Eichkogel das Artilleriefeuer in Richtung Zentralfriedhof.

Am kritischsten wurde es für die Verteidiger im Abschnitt der 3. SS-Panzer-Division. Sie stand genau dort, wo das I. Garde-mech. Korps der 4. Garde-Armee mit dem noch nicht zur Gänze herausgezogenen XVIII. Garde-Schützenkorps der 46. Armee im Gebiet des Pfaffenöden (Höhe 237) zusammentraf. Die Division mußte sich nach zwei Seiten wehren und vor allem verhindern, daß das I. Garde-mech. Korps durch einen Stoß die Schwechat abwärts die 3. SS-Panzer-Division und die 6. Panzer-Division von den Rückzugswegen nach Wien abschnitt. Daher die Kämpfe bei Himberg, Pellendorf, Unterlanzendorf und am Schnittpunkt der Armeen bei Rauchenwarth und Wienerherberg. Einen Stoß des XVIII. Garde-Schützenkorps in die umgekehrte Richtung, d. h. schwechataufwärts, wehrte die 6. Panzer-Division erfolgreich ab. Die einzige Maßnahme, mit der der Kampfkommandant von Wien die beiden zurückgehenden Divisionen unterstützen konnte, war der Einsatz von Alarm- und Polizeieinheiten am Nordufer der Liesing und am Laaer Berg[63]. Eine stärkere Entlastung war aber nur von der raschesten Zurücknahme der Front auf den Liesing- und Schwechatabschnitt zu erwarten. Abermals wurden sämtliche taktisch irgendwie nützlichen Kunstbauten wie Brücken und Bahndämme gesprengt. Im weiten Vorfeld von Wien zwischen der Thermenlinie und der Donau gab es danach kaum mehr einen Bach, eine Straße oder auch nur einige Bahnkilometer, die passierbar waren. In den Orten brannten die Häuser, Schutt und Scherben lagen in hohen Haufen, und zwischen den Trümmern suchten die Überlebenden Schutz, denn in der Regel wurde jeder Ort in zwei Phasen mit Artilleriefeuer belegt: zunächst von den Sowjets und dann von den deutschen Truppen[64].

Im engeren Stadtbereich von Wien wußte man so gut wie nichts über den Fortgang der Kämpfe im Weichbild der Stadt. Der Wehrmachtsbericht und die spärlichen Meldungen der Presse verschleierten mehr als sie informierten. Das Grollen der Geschütze ließ zumindest einige Rückschlüsse auf die Nähe der Front zu. In der Nacht sah man auch den Feuerschein aus dem Süden. Doch letztlich war man hauptsächlich auf Gerüchte angewiesen. Am 5. April verkehrten noch einige wenige Straßenbahnen. Tags darauf war dann der Straßenverkehr komplett eingestellt. Am Nachmittag des 5. eröffnete Artillerie vom Schafberg und vom Wienerwald aus das Feuer. Am Abend gab es wieder Wasser aus den Leitungen, zumindest aus einigen; Wasser, das es tagelang nicht gegeben hatte. Offenbar hatten also die Sowjets die Wasserzufuhr nicht unterbrochen. Doch was war wirklich los?

Die Nacht vom 5. auf den 6. April verlief auf beiden Seiten höchst dramatisch.

Am Abend des 5. gruppierten die Sowjets ihre Kräfte um[65], und in der Nacht wurden die beiden Korps der 6. Garde-Panzer-Armee energisch hinter dem XXXVIII. Garde-Schützenkorps der 9. Garde-Armee nachgeführt, damit sie dann selbst den Angriff vom Westen her beginnen konnten. Das V. Garde-Panzerkorps war mit einigen gepanzerten Verbänden am 5. April 12 Uhr mittags in Preßbaum eingelangt und stieß dann weiter gegen Norden. Das seit dem 3. April neu zugeführte sowjetische XVIII. Panzerkorps mußte die 6. Garde-Panzer-Armee gegen Südwesten und Westen abschirmen, da man nicht Gefahr laufen wollte, daß die 12. SS-Panzer-Division aus dem Raum Pottenstein-Altenmarkt a. d. Triesting in die Flanke der 6. Garde-Panzer-Armee vorstieß. Zudem begannen die Sowjets mit Hilfe des XVIII. Panzerkorps, im Westen Wiens eine neue Front aufzubauen[66]. Auf Grund der zahlenmäßigen Überlegenheit der 3. Ukrainischen Front bereitete eine solche Operation auch keinerlei Schwierigkeiten. Das IX. Garde-mech. Korps wurde in der Nacht bis Purkersdorf nachgezogen. Da es aber nach wochenlangen Kämpfen und wegen der Raschheit, mit der es seine Bewegungen ausführen mußte, in seinen vier Panzerregimentern (83., 84., 85. Garde- und 252. Panzer-Regiment) nur über verhältnismäßig wenige Panzer verfügte, wurde ihm bis zum Morgen des 6. April die 46. Garde-Panzer-Brigade zugeführt, die dann von Purkersdorf gegen den Lainzer Tiergarten operieren sollte.

Bei Preßbaum hatten die Russen auch die 2. Wiener Hochquellenleitung erreicht und hatten es damit in der Hand, die Wasserzufuhr nach Wien zu sperren. Damit war gewissermaßen der Testfall eingetreten, ob die Sowjets bereit waren, dem Ersuchen der österreichischen Widerstandsbewegung nach Erhaltung der Wasserzufuhr entsprechen zu wollen. Sie taten es. Das Wasser war auch so schon knapp in Wien, da das Leitungsnetz in Folge der Luftangriffe schwer beschädigt war. Angesichts der Möglichkeit einer Unterbrechung der Wasserzufuhr soll der Bürgermeister von Wien, Blaschke, Baldur von Schirach gegenüber erklärt haben, daß es Zeit sei, den Kampf zu beenden, da man der Wiener Bevölkerung nicht zumuten könne, ohne Wasser auszuhalten; die Bevölkerung würde mit Recht meutern. Schirach soll Blaschke daraufhin mit dem Erschießen gedroht haben[67].

Angesichts des aus mehreren Richtungen auf die 2. SS-Panzer-Division ausgeübten und immer stärker werdenden Drucks sah der Kommandierende General des II. SS-Panzerkorps, Bittrich, keine andere Möglichkeit, einen Einbruch zu verhindern, als diese Division auf den Abschnitt Mauer — Liesing — Inzersdorf zurückzunehmen[68]. Das Nachdrängen der Russen war dabei so stark, daß z. B. die Straße Vösendorf — Leopoldsdorf von ihnen gesperrt wurde, noch bevor das Regiment „Der Führer" der 2. SS-Panzer-Division zur Gänze aus dem Raum Achau zurückgegangen war[69]. Von der allgemeinen Zurücknahme der Front angesteckt, doch ohne diesbezüglichen Befehl, räumten auch die am Laaer Berg eingesetzt gewesenen Alarm- und Polizeieinheiten ihre Stellung, und nur die Flak am Johannesberg hielt so lange aus, bis ein weiterer Widerstand unmöglich geworden und 16 Flak-Soldaten gefallen waren[70]. Der Rest der Bedienungsmannschaften konnte sich gerade noch absetzen. Wieder weiter ostwärts waren die 3. SS-Panzer-Division und die 6. Panzer-Division im Zurückgehen auf und über die Schwechat und nahmen die schwache Sicherungsabteilung mit, die hier aufgestellt war[71]. Die Aufgabe des bisher verteidigten Gebiets im Südosten Wiens durch die deutschen Soldaten ermöglichte es sowjetischen Panzerspähtrupps, noch in der Nacht zum 6. April bis in den X. Wiener Bezirk vorzu-stoßen. Die Bereitstellung starker sowjetischer Kräfte im Gebiet von Rothneusiedl und Kledering ließ für den darauffolgenden Tag die Bildung eines neuen Schwer-punkts erwarten.

Noch ein anderes Ereignis gab der Nacht zum 6. April ihre besondere und tragi-sche Bedeutung. Im Verlauf des 5. April war der Kommandant der Heeresstreife Groß-Wien, Major Karl Biedermann, als Angehöriger der österreichischen Wider-standsbewegung denunziert und auf Befehl des Kampfkommandanten von Wien verhaftet worden, da etwas von einem geplanten Aufstand verlautete. Die am Abend stattfindende Kriegsgerichtsverhandlung gegen Major Biedermann brachte keine „Schuld" zu Tage, belastete aber den Hauptfeldwebel Biedermanns schwer. In der Nacht gab Biedermann schließlich den ganzen Plan der Widerstandsbewegung über eine Erhebung in Wien preis. Die deutsche Führung gewann genaue Kenntnisse über die Akteure und sah sich der Tatsache gegenüber, daß Wien am 6. April um 12.30 Uhr den Russen hätte übergeben werden sollen[72]. Deutscherseits wurde darin keine Notwehraktion, sondern lediglich Verrat gesehen.

Es ist fast müßig, über die Möglichkeiten der Durchführbarkeit des Aufstandes zu sprechen, da er eben nicht losbrechen konnte. Sicher ist aber, daß für die deut-schen Soldaten bei seinem Gelingen eine Situation entstanden wäre, an der gemessen die Krisen des bisherigen Kampfes völlig an Bedeutung verloren hätten. Es mag jedoch auch dahingestellt bleiben, zu welchen Maßnahmen sich die deutschen Ver-teidiger Wiens veranlaßt gesehen hätten, wenn sie unter Einsatz aller ihrer Truppen hätten versuchen wollen, die Lage zu ihren Gunsten herumzureißen. Es hätte für Wien gewiß keine Schonung gegeben.

Ungeachtet dessen, daß der Aufstandsplan entdeckt wurde, hat die Tätigkeit der militärischen Widerstandsbewegung zweifellos eine nachhaltige Wirkung gerade auf diese Phase des Kampfes ausgeübt. Die innere Unsicherheit in der Umgebung Gene-ral Bünaus und General Bittrichs führte dazu, daß man nicht mehr darüber Bescheid wußte, welche Truppen des Verteidigungsbereichs noch eingesetzt werden konnten und welche mit der Widerstandsbewegung sympathisierten. Das hatte zur Folge, daß, mit Ausnahme der Soldaten der Felddivisionen, kaum mehr Alarm- und Ersatzeinheiten in die Schlacht geworfen werden konnten. Der Umstand aber, daß die Schlüsselfigur der Widerstandsbewegung, Major Szokoll, eine führende Stelle im Stab des Kampfkommandanten einnehmen konnte, weckte das besondere Miß-trauen der SS-Offiziere, die davon überzeugt waren, daß die ganze Gruppe um den Kampfkommandanten von der Widerstandsbewegung unterwandert und nicht mehr zuverlässig sei[73]. Selbstverständlich blieb diese Auffassung nicht ohne Folgen.

Nachdem schon in den ersten Tagesmeldungen der 6. Panzer-Armee Bemerkun-gen eingeflossen waren, daß die Sowjets von der österreichischen Zivilbevölkerung Hilfe erhalten hätten, verging nun fast kein Tag, an dem es nicht hieß: „Der Kampf wird durch die Beteiligung der Zivilbevölkerung besonders erschwert." Das gab dann auch eine zusätzliche Erklärung dafür her, weshalb die deutschen Truppen zur Aufgabe einer Stellung nach der anderen gezwungen waren.

Völlig zu den Imponderabilien des Kampfes um Wien zählte die Frage, wieweit die österreichische Widerstandsbewegung und ihr Versuch einer Zusammenarbeit mit den Russen das Vorgehen der drei unmittelbar auf Wien angesetzten sowjetischen Armeen beeinflußte. Die Gruppe um Major Szokoll war davon ausgegangen, daß sie sich für den Aufstand in Wien auf zwei Reserve-Infanterie-Bataillone (gemeint sind wohl die Landesschützen-Bataillone I/17 und 866), eine Artillerie-Batterie sowie Infanteriekräfte des Kroatischen Ersatz- und Ausbildungs-Regiments in Stockerau und schließlich auf weitere 1.900 Soldaten und 20.000 Wiener, davon 6.000 bewaffnet, stützen konnte[74]. Szokoll hatte auch durchaus damit begonnen, seine Pläne für den Aufstand in Wien in die Tat umzusetzen. Es kam freilich immer wieder zu Zwischenfällen. Die Gerüchte, daß etwas im Gang sei, waren offenbar so weit verbreitet, daß sich z. B. die Batterie des Kroatischen Ausbildungs- und Ersatz-Regiments auflöste, da das reichsdeutsche Personal nicht mitmachen wollte und die Batterie verließ, worauf auch die Österreicher untertauchten[75].

Eine Kompanie des Regiments konnte allerdings westlich von Wien bei Haders-dorf eingesetzt werden und hätte wohl Lotsendienste leisten sollen. Ein weiterer Zug des Regiments übernahm die Wache vor dem Wehrkreiskommando XVII, in dem die Verschwörer saßen. Doch der ganze Plan litt darunter, daß er wohl mit viel zu wenigen Leuten in die Tat umgesetzt werden sollte. Ursprünglich hatte Szokoll — zumindest wurde das dann nach dem Krieg im Verlauf eines Volksgerichtsprozesses so dargestellt — den Sowjets auch nur vorgeschlagen, sie auf Schleichwegen nach Wien führen zu lassen. Das hätte möglicherweise glücken können. Doch Glagolev hatte anderes gewollt, und er forderte im Auftrag seines Oberkommandos vor allem mehr: Er verlangte eine bewaffnete Erhebung, in deren Verlauf die Schlüsselstellen in Wien von der Widerstandsbewegung besetzt werden sollten[76]. Da auf die Forde-rungen eingegangen worden war, bestand nun das Dilemma darin, den Aufstands-plan tatsächlich so in die Tat umzusetzen, wie er mit den Sowjets abgesprochen war. Doch der Plan überstieg ganz einfach die Möglichkeiten der Widerstandsgruppe. Und er schlug fehl.

Die Sowjets aber warteten zu, wie sich die Situation in Wien entwickeln würde. Der Eindruck von dem systematischen und verhältnismäßig langsamen, teilweise fast zögernden Angriff der sowjetischen Armeen steht daher auch in einem gewissen Gegensatz zu der großen zahlen- und materialmäßigen Überlegenheit der 3. Ukrai-nischen Front, zumal die deutlich zu Tage getretenen Schwächen der deutschen Ver-bände der sowjetischen Führung nicht entgangen sein konnten. Es bleibt daher die Möglichkeit offen, daß das sowjetische Vorgehen am 4. und 5. April tatsächlich etwas gedrosselt wurde, um, bei Schonung der eigenen Kräfte, abzuwarten, welches Ergebnis der mit der österreichischen Widerstandsbewegung vereinbarte Aufstand zeitigen würde. Darum fiel auch der für den 5. April angesetzte Generalangriff wohl etwas schwächer aus als ursprünglich geplant, obgleich sich für diese Annahme in der sowjetischen Literatur kein Hinweis findet.

Die namentlich bekanntgewordenen Mitglieder der Österreichischen Wider-standsbewegung wurden, sofern sie nicht schon vorher festgenommen oder auf der Flucht waren, am 6. April verhaftet. Major Karl Biedermann, Hauptmann Alfred Huth und Oberleutnant Rudolf Raschke wurden am 8. April von einem Standge-richt des II. SS-Panzerkorps zum Tod verurteilt und in Floridsdorf Am Spitz gehenkt. In einem der Urteile des Standgerichts hieß es wörtlich und in schlechtem Deutsch: „Das Standgericht ist zu der Erkenntnis gekommen, daß sowohl Raschke als auch Huth die Machenschaften des Majors gebilligt haben und mit Szokoll darin einig waren, Wien kampflos der Roten Armee zu übergeben, die Kampfhandlungen der deutschen Wehrmacht zu unterbinden und daß ihr Verhalten wesentlich zu der derzeitigen schwierigen Lage der kämpfenden Truppen mit beigetragen hat[77]." Der Aufstand in Wien blieb aus. Der Fahrer jenes Wagens, der Ferdinand Käs zu Generaloberst Glagolev gebracht hatte, Johann Reif, überschritt daraufhin abermals die Front und teilte den Russen mit, daß sie nicht auf eine Erhebung in Wien zählen durften[78].

Nun waren die beiderseitigen Positionen wieder klar. Die Sowjets wußten, daß ihnen Wien nicht wie eine reife Frucht zufallen würde und daß sie nur bedingt mit einer aktiven Unterstützung durch einen Teil der Bevölkerung rechnen konnten. Im Grunde genommen hatte sich für sie jedoch die Situation nicht wesentlich geändert, denn ehe sie durch Ferdinand Käs über das Vorhaben der Widerstandsbewegung informiert worden waren, mußten sie ja auch annehmen, daß die Schlacht um Wien von der Roten Armee allein geschlagen würde.

Dem Kampfkommandanten von Wien mußte andererseits, ebenso wie allen verantwortlichen deutschen militärischen und politischen Führern, klar geworden sein, daß die Wiener Bevölkerung trotz erheblicher Sympathien, die man den deutschen Soldaten da und dort noch entgegenbrachte, einen Kampf in der Stadt einhellig ablehnte und nichts anderes anstrebte als einen möglichst raschen Abzug der deutschen Verbände. Die Reaktionen auf diese Erkenntnis waren sehr verschieden. Sie reichten vom sinnlosen Toben Hitlers („Gegen die Aufständischen in Wien mit den brutalsten Mitteln vorgehen[79]!") und dem zweifellos ernstgemeinten Vorschlag des schon öfters genannten Kreisleiters Arnhold, sofort Sonderkommandos des Reichsführers-SS einzusetzen, um endlich der Heeresgruppe Süd zu zeigen, wie man ganze Maßnahmen setzt[80], bis zu den unverhohlenen Bemühungen General Bittrichs, die SS möglichst aus dem Kampf herauszuhalten, und dem Dilemma General Bünaus, der von der Aussichtslosigkeit der Verteidigung auf längere Sicht überzeugt war und sich dennoch seiner Pflichten als Kampfkommandant nicht entledigen konnte[81]. Jeder wußte, daß es jetzt um die Entscheidung ging.

DER ZWEITE GENERALANGRIFF

Die sowjetischen Truppen waren in den letzten Gefechtspausen auf den Straßen- und Häuserkampf vorbereitet worden, denn nur ein geringer Teil der Soldaten dürfte über entsprechende Erfahrungen verfügt haben. Es war auch sicherlich ein Unterschied, ob man in eine Kleinstadt eindrang oder in eine Millionenstadt. Eine solche war gewiß der Masse der sowjetischen Soldaten fremd und das nicht nur, weil sie eben diese bestimmte Stadt, Wien, nicht kannten, sondern auch deshalb, weil sie nicht in Großstädten aufgewachsen waren und auch später keine Erfahrungen mit Städten gewonnen hatten. Schließlich war das, was die Sowjets in Wien erlebten, geeignet, um ein Buch mit taktischen Beispielen nur für den Häuser- und Pionierkampf zu füllen. — Noch war es freilich nicht so weit. Die Artillerie zog alles Erreichbare an Munition heran. Die Infanterie bekam große Mengen von Handgranaten, Brandflaschen und gestreckten Ladungen. Es wurden eigene Sturmtrupps

zusammengestellt, denen zumindest zwei Pakgeschütze und eine Pioniergruppe beigegeben wurde. Jedem Regiment der 1. Staffel wurden genau abgegrenzte Teile
eines Bezirks, den Bataillonen bestimmte Viertel und den Kompanien nur mehr
Straßenzüge zugewiesen. Schließlich sollen an alle Kommandeure bis auf die Ebene
der Bataillonskommandanten Stadtpläne im Maßstab 1 : 20.000 ausgegeben worden
sein[82].

Am 6. April um 7.30 Uhr begann der zweite Generalangriff. Bereits eine Stunde
vor der Morgendämmerung wehten auf einigen Häusern im Süden und Südosten
Wiens rote Fahnen, die den Stürmenden den Weg in die Stadt weisen sollten. Die
sowjetische Artillerie fing aus Stellungen südlich von Wien mit der Beschießung der
Stadt an. Das XXXIX. Garde-Schützenkorps stürmte vehement gegen die Linien
der 2. SS-Panzer-Division und zwang diese zur schrittweisen Zurücknahme ihrer
Regimenter[83]. An verschiedenen Stellen Wiens flackerten größere Brände auf, und
es war nicht zu verkennen, daß die sowjetischen Truppen jetzt ungestüm die Entscheidung suchten.

Die schon erwähnten starken Truppenkonzentrationen im Gebiet von Rothneusiedl waren auf die Versammlung des I. Garde-mech. Korps (General Russijanov)
und des XXI. Garde-Schützenkorps (General Kozak) zurückzuführen. Diese Korps
griffen über den Damm der Donauländе-(Ost-)Bahn hinweg an, trafen dabei wohl
auf einige Minensperren und dann auf geringen Widerstand am Laaer Berg, doch
gelang es der hier zurückgehenden 3. SS-Panzer-Division trotz heftiger Nahkämpfe
im Bereich der Simmeringer Hauptstraße und einiger erfolgreicher Gegenstöße
nicht, die übermächtigen Angreifer vor dem Gürtel, in der Gegend des Südtiroler-
platzes und des Südbahnhofs, zum Stehen zu bringen[84].

Aus der Gegend um Kledering ging das XX. Garde-Schützenkorps (General Birjukov) in Richtung Simmering und Donaukanal vor. Noch in der Nacht hatten
sowjetische Sturmpioniere in die Mauern des Zentralfriedhofs Breschen gesprengt[85],
und im Verlaufe des 6. April kämpfte sich die 5. Garde-Luftlande-Division über den
Zentralfriedhof und quer durch Simmering vor. Gerade rechtzeitig für die Verteidiger war die Führer-Grenadier-Division in Wien eingetroffen und wurde auch sofort
an die Brennpunkte der Schlacht geschickt. Doch auch dem Panzer-Pionier-Batail-
lon dieser Division, das mit Alarmeinheiten dem XX. Garde-Schützenkorps entgegengeworfen wurde, gelang es nicht, die Russen aufzuhalten. Sie stießen bis in die
Gegend ostwärts des Arsenals durch[86]. Das XX. Garde-Schützenkorps hatte an diesem Tag den Angriffsstreifen des XVIII. Garde-Schützenkorps der 46. Armee komplett übernommen, das mit seinen Spitzen selbst noch Kaiserebersdorf und Simmering erreicht hatte[87], ehe es vollends abdrehte und im Verband der 46. Armee über
die Donau setzte.

Auch die deutschen Truppen sahen sich mit dem Fortschreiten der Schlacht um
Wien in einem ungewohnten und besonders schwierigen Kampf. Die Wirkung der
verbundenen Waffen von Infanterie, Artillerie und Panzern kam nicht zum Tragen.
Ein Zusammenhang ließ sich kaum herstellen. Panzer, sofern sie noch vorhanden
waren, konnten nur einzeln an Straßenecken eingesetzt werden[88]. Im Grunde
genommen konnte jeder Blick um eine solche Ecke nicht nur Überraschung, sondern den Tod bedeuten.

Um der sich rasch ändernden Situation gerecht zu werden, vor allem auch, um die

Anlehnung an Donaukanal und Donau nicht zu verlieren, wurde die deutsche 6. Panzer-Division im Laufe des Tages aus den Kämpfen in Simmering herausgezogen und kam zwischen Donau und Donaukanal, in der Freudenau, erneut zum Einsatz. Nördlich davon, im Prater, ging ein weiterer Teil der Führer-Grenadier-Division, nämlich das Führer-Panzer-Regiment, in Stellung[89].

Lange Zeit stand an diesem Tag das sowjetische XX. Garde-Schützenkorps im Brennpunkt der Kämpfe. Die kurz hintereinander von seinen Divisionskommandanten eintreffenden Meldungen veranschaulichten deutlich die Fortschritte dieses Korps. Die 80. Garde-Schützen-Division meldete in den frühen Nachmittagsstunden, daß sie mit dem Übersetzen des Donaukanals in Richtung Prater begonnen habe. Die 7. Garde-Luftlande-Division ergänzte, daß sie zusammen mit der 80. Garde-Schützen-Division Kaiserebersdorf genommen habe und weiter vorrücke, und die 5. Garde-Luftlande-Division gab durch, daß sie den Großteil des Zentralfriedhofs erobert hatte[90].

Bis zum Abend waren die Kämpfe an der gesamten Südfront Wiens schon zur Gänze über das Weichbild der Stadt hinaus in das Innere des Häusermeeres vorgetragen worden. Deutsche Artillerie, die im Stadtpark, vor dem Rathaus und überhaupt auf freien Plätzen und Flächen aufgefahren war[91], versuchte zusammen mit den Flaktürmen, die den ganzen Tag über feuerten, den eigenen Truppen den Rückzug zu erleichtern und die sowjetischen Spitzen aufzuhalten. Die Bewohner der Stadt aber, von denen nur wenige dem Aufruf Schirachs, die Stadt zu verlassen, nachgekommen waren, weil sie meist auch gar keinen Weg aus der Stadt gefunden hatten, verkrochen sich und warteten das Ende der Kämpfe ab. Sie teilten offenbar die Meinung jener, die wie Kardinal Innitzer oder Adolf Schärf meinten, daß es nicht so schlimm werden würde. Sie erwarteten einen raschen Wechsel. Vor allem aber wollten sie in Wien sein, wenn es galt, den Wiederaufbau zu beginnen und vom Krieg in den Frieden zu finden[92]. Vorderhand war das Verkriechen aber sicherlich das probateste Mittel, um zu überleben. Da und dort begann die Bevölkerung aber auch aktiv in das Kampfgeschehen einzugreifen. Etwa dann, wenn in Floridsdorf auf die einrückende Führer-Grenadier-Division aus den Fenstern oberer Stockwerke heißes Wasser geschüttet wurde[93]; wenn die Sowjets plötzlich Lotsendienste angeboten erhielten, um sie durch ein für sie besonders verwirrendes und unübersichtliches Stadtgebiet durchzuschleusen[94]; oder aber, wenn deutschen Soldaten der Eintritt in Häuser verwehrt wurde, wenn sie den Kampf aus diesen Häusern weiterführen wollten. Wenn aber andererseits deutsche Soldaten, in der Mehrzahl wohl Österreicher, die noch in der Deutschen Wehrmacht dienten, den Willen bekundeten, die Uniform auszuziehen, wurden ihnen sehr rasch Zivilkleider zur Verfügung gestellt[95]. Im Prater, aber natürlich auch in vielen Häusern kam es zu Selbstmorden[96]. Mancher stürzte sich einfach aus dem Fenster. Es waren aber nicht nur Parteifunktionäre, die ihrem Leben ein Ende setzten. Auch viele einfache Parteimitglieder, Idealisten, radikale Gegner der Sowjets und schließlich Menschen, die einfach Angst hatten und mutlos geworden waren, wählten diesen Ausweg.

An diesem 6. April wurde von der Gauleitung auch das verhängnisvolle Stichwort „Lähmung" ausgegeben, das bedeutete, daß jede Anlage, von der man dachte, daß sie für die Russen interessant sein könnte, zu zerstören war[97]. Diese Vernichtungsaktion, der Elektrizitätswerke, Wasserwerke, Verkehrseinrichtungen, aber auch wissenschaftliches Gerät zum Opfer fallen sollten, war im Zuge der sogenannten „ARLZ"-(= Auflockerungs-, Räumungs-, Lähmungs- und Zerstörungs-)Maßnahmen vorbereitet worden. Nur ein Teil der vorgesehenen Einrichtungen wurde dann tatsächlich vernichtet. Denn es ging ja gar nicht mehr darum, daß den Russen etwas in die Hände fallen konnte. Jetzt ging es doch vor allem darum, der Bevölkerung das Überleben und eine noch so ungewisse Zukunft zu sichern. Einer derjenigen, der diesen Standpunkt einnahm und sehr viel tat, um diese sinnlosen Zerstörungen zu verhindern, war der Wiener Bürgermeister Hanns Blaschke, der Betriebe einfach zu Notbetrieben erklärte und ihre Sprengung verbot. Nicht zu verhindern war offensichtlich, daß nach Durchgabe des Stichworts „Lähmung" die Wiener Feuerwehr aus Wien abgezogen wurde. 3.700 Mann, Feuerschutzpolizisten und Hilfsfeuerwehrmänner, verließen mit über 600 Fahrzeugen die Stadt. Zurück blieben 18 Feuerwehrmänner mit drei nicht voll einsatzfähigen Löschfahrzeugen[98]. Das Chaos begann sich auszubreiten.

UNKLARHEIT BEI DEN VERTEIDIGERN

Noch immer hatte General Bünau kein vollständiges Bild über die Situation im Westen Wiens erhalten können. Der Kommandant des sowjetischen V. Garde-Panzerkorps, General M.I. Savelev, hatte nämlich seine Verbände im Zusammenwirken mit dem XXXVIII. Garde-Schützenkorps weiter nach Norden, in Richtung Tulln, vorstoßen lassen, da er hier den Donauübergang in die Hand bekommen wollte, um erst dann, wenn er in breiter Front von St. Andrä-Wördern über Muckendorf bis Tulln die Donau erreicht hatte, nach Osten einzudrehen und seinen Angriff donauabwärts zu führen[99]. Unklar war für den deutschen Kampfkommandanten auch die Stärke des entlang der Westbahn vorgehenden IX. Garde-mech. Korps. Er wußte nur, daß diese Verbände von Panzern unterstützt wurden[100]. Der Gegenangriff einer Einheit der „Hitlerjugend" (HJ) aus der Gegend von Hütteldorf in Richtung Mariabrunn bremste örtlich das sowjetische Vordringen, ja es gelang sogar, über Mariabrunn hinaus vorzustoßen und die Sowjets geringfügig zurückzuwerfen. Doch was bewirkte das schon? Die Hitlerjungen, vornehmlich aus Meidling, Hietzing und Penzing, die in Polizeikräften einen geringen Rückhalt fand, mußten sich vor dem erneuerten und mit Übermacht vorgetragenen Angriff des IX. Garde-mech. Korps zurückziehen[101]. Sie bezogen am Nachmittag nach der Sprengung der Brücke über den Wienfluß bei Hadersdorf-Weidlingau in der Nähe der „Alten Knödelhütte", also auf den Höhen nördlich von Hütteldorf, eine neue Stellung. Gegen sie wurden wenig später sowjetische Salvengeschütze zum Einsatz gebracht.

Die Situation im Westen Wiens war also nach wie vor nicht nur unübersichtlich: Angesichts der geringen deutschen Kräfte war auch gar nicht daran zu denken, die westlichen Bezirke Wiens verteidigen zu wollen. Außer rund eineinhalb Kompanien der Hitlerjugend und den erwähnten Polizeikräften ließen sich westlich von Hütteldorf nur Teile der Aufklärungs-Ersatz- und Ausbildungs-Abteilung 11, eine Kompanie des Panzerpionier-Ersatz-Bataillons 80 aus Klosterneuburg und die ebenfalls bereits erwähnte Kompanie des Kroatischen Ersatz- und Ausbildungs-Regiments feststellen[102]. Da letztere aber wohl kaum zum Einsatz kam, reduzierten sich die deutschen Kräfte in einem an sich sehr großen und unübersichtlichen Gebiet auf rund drei bis vier Kompanien. Für die mechanisierten sowjetischen Kräfte stellte das kaum ein Hindernis dar, und wenn die deutschen Einheiten nicht im Kampf geworfen wurden oder schon vorher verschwunden waren, so konnten sie umgangen werden.

Um wenigstens über die Situation im Südwesten Wiens Klarheit zu gewinnen, erging vom II. SS-Panzerkorps an die noch zur Verfügung stehenden Teile der Führer-Grenadier-Division der Befehl, über die auf dem Rosenhügel sichernde und in einem Bogen von der Südbahn bis zur Westbahn eingesetzte 2. SS-Panzer-Division hinaus vorzustoßen, um mit angeblich im Wienerwald vereinzelt kämpfenden deutschen Gruppen wieder Verbindung aufzunehmen[103]. Als die Führer-Grenadier-Division über Floridsdorf in die Innenstadt fuhr, um sich im Bereich des Rathauses und der Museen bereitzustellen, kam es im XXI. Bezirk (Floridsdorf) — wie schon erwähnt — zu Unmutsäußerungen der Bevölkerung, die vollends deutlich machten, daß der Kampf in Wien hier nicht die Vorstellung eines „Bollwerks gegen den Osten" hervorrief. Die Division führte jedoch ihren Auftrag aus und kam über den Rosenhügel nach Mauer — gleichsam ins Niemandsland —, ohne dabei in Kampfhandlungen verwickelt zu werden. Als die Kräfte der Führer-Grenadier-Division in Mauer und in Rodaun schließlich Feindberührung hatten, gelang es, drei T-34 abzuschießen[104]. Damit war zwar bewiesen, daß der Einschließungsring zumindest stellenweise durchbrochen werden konnte, doch welche Erkenntnisse waren daraus zu gewinnen? Über die Stärke der Russen konnte auch jetzt kein Schluß gezogen werden, denn es war nicht zu übersehen, daß man lediglich in geräumtes Gebiet vorgedrungen war, wohin das XXXIX. Garde-Schützenkorps noch nicht nachgestoßen war. Weiters war nicht zu übersehen, daß die Schwerpunkte damals in der Gegend des Süd-und Ostbahnhofs sowie an der Westbahn lagen. Ehe aber weitere Erkundungen betrieben werden konnten, traf bei der Führer-Grenadier-Division ein Funkbefehl ein, der alle Bewegungen nach dem Süden stoppte und die Rückkehr in die Stadt anordnete.

Sowjetische Truppen waren in Klosterneuburg eingedrungen[105]. Nun war der dritte Schwerpunkt des sowjetischen Angriffs deutlich geworden, und außer der Süd- und Westfront Wiens mußte auch die Nordfront verteidigt werden.

Am Abend des 6. April erfolgte eine allgemeine Zurücknahme der deutschen Kräfte. Die 2. SS-Panzer-Division hatte zunächst noch das IX. Garde-mech. Korps, das mit Hilfe der 46. Garde-Panzer-Brigade südlich der Wiental-Straße gegen Hietzing vorging, aufhalten können, war jedoch in den Abendstunden und in der Nacht kämpfend zurückgewichen und stand mit ihrem rechten Flügel etwa in der Gegend des Hietzinger Hauptplatzes und mit dem linken beim Matzleinsdorfer Platz[106]. Die 3. SS-Panzer-Division mußte im Arsenalgelände gegenüber dem I. Garde-mech. Korps und dem XXI. Garde-Schützenkorps weiter zurückweichen. Um ein Übersetzen des XX. Garde-Schützenkorps in den Prater zu erschweren, wurden auf Befehl General Bünaus die Freudenauer Hafenbrücke und die Ostbahnbrücke über den Donaukanal sowie die Stadlauer Ostbahnbrücke über die Donau gesprengt[107].

Im Bereich des Süd- und Ostbahnhofs verstummte aber während der ganzen

Nacht der Kampflärm nicht. Anschließend daran bot das Arsenalgebiet mit dem Komplex des damaligen Heeresmuseums und dem Heereszeugamt Verteidigern wie Angreifern jegliche Deckungsmöglichkeit, so daß gerade in diesem Abschnitt die Kämpfe mehr als zwei Tage tobten. Auch die Gefechte in Hietzing bei der 2. SS-Panzer-Division hielten an. Schon in der Nacht vom 6. auf den 7. April fühlten sowjetische Panzerspähtrupps gegen den Westbahnhof vor; sie konnten nur durch den Einsatz von „Vernichtungstrupps" der Hitlerjugend aufgehalten und zur Umkehr gezwungen werden[108]. Die zweite, wenngleich nur als taktischer Anhalt gedachte Verteidigungslinie in Wien, der Gürtel, war somit im großen und ganzen von den sowjetischen Truppen erreicht worden.

Damit kontrollierten die Sowjets bereits mehr als die Hälfte Wiens und standen an der Schwelle zum historischen Stadtkern. In den von ihnen besetzten Teilen der Stadt begann man sich sehr rasch auf die neue Situation einzustellen und war durchaus bereit, mit den Sowjets zusammenzuarbeiten.

Der deutsche Reichsminister für Propaganda und Volksaufklärung, Josef Goebbels, hatte dafür kein Verständnis. Er faßte die Entwicklung in Wien für sein Tagebuch folgendermaßen zusammen: „Der Feind ist südwestlich bis an das Wiener Stadtgebiet herangedrungen . . . Der Südostteil von Wien befindet sich schon zum großen Teil in seinem Besitz. Schlimmer aber ist die politische Entwicklung, die sich infolgedessen in Wien angelassen hat. Es haben in der Stadt Aufruhraktionen in den ehemals roten Vororten stattgefunden, und zwar haben diese Ausmaße angenommen, daß Schirach sich in seiner Hilflosigkeit veranlaßt gesehen hat, sich unter den Schutz der Truppe zu begeben. Das ist so typisch Schirach. Erst läßt er die Dinge laufen, wie sie laufen, und dann flüchtet er sich zu den Soldaten. Ich habe nie etwas anderes von ihm erwartet . . . Jetzt müssen die härtesten Maßnahmen getroffen werden, um die Dinge in Wien wieder zu bereinigen. Der Führer ist weiterhin entschlossen, die Stadt unter allen Umständen zu halten. Man darf natürlich die Vorgänge, die sich in Wien selbst abspielen, nicht allzusehr dramatisieren. Es handelt sich natürlich nur um Gesindel, das diese Aufstände veranstaltet, und dieses Gesindel muß zusammengeschossen werden[109]."

Im Kriegstagebuch des Oberkommandos der Wehrmacht wurden die Ereignisse in Wien mit der lapidaren Feststellung abgetan: „Ein Teil der Wiener Bevölkerung hat seine Haltung verloren[110]."

Man kann auch dem am 6. April erfolgten zweiten Aufruf Marschall Tolbuchins eine gewisse Werbewirksamkeit nicht absprechen. Es hieß darin u. a.: „ . . . die zurückweichenden deutschen Truppen wollen Wien in ein Schlachtfeld verwandeln, wie sie es mit Budapest getan haben. Damit drohen Wien und seinen Bewohnern die gleichen Zerstörungen und Kriegsschrecken, die Budapest und seiner Bevölkerung von den Deutschen zugefügt wurden . . . Bürger Wiens! Helft der Roten Armee bei der Befreiung der Hauptstadt Österreichs, tragt Euren Teil zur Befreiung Österreichs vom faschistischen deutschen Joch bei[111]." Aus Gefangenenaussagen erfuhren deutsche Offiziere dann, wie es hinter den russischen Linien zuging, daß Panzer mit roten Fahnen durch die Straßen fuhren und Frauen und Männer mit roten oder weißen Armbinden den sowjetischen Soldaten beim Tragen von Munition und Geräten behilflich waren[112]. Es entspricht auch durchaus den Tatsachen, daß den sowjetischen Soldaten aufgetragen worden war, die österreichische Bevölkerung gut zu behandeln[113], nur zeigte dann die Erfahrung, daß dieser Befehl — und um einen solchen handelte es sich — oftmals unbeachtet blieb.

DAS CHAOS BREITET SICH AUS

Am Morgen des 7. April hatte das V. Garde-Panzerkorps das Tullnerfeld erreicht[114], drehte mit der 20. und der 22. Garde-Panzer-Brigade an der Spitze nach Osten ein und stieß über St. Andrä-Wördern das Kierlingtal abwärts in Richtung Klosterneuburg vor[115]. Es gab so gut wie keinen Widerstand und nur eine Panzersperre im Hagental.

Seit man deutscherseits im Verlauf des 6. April die Westumfassung klar erkannt hatte, war der Angriff im Raum Klosterneuburg erwartet worden. Da aber ohne eine ernstliche Gefährdung anderer Frontteile nirgends Einheiten herausgezogen werden konnten, mußte man auch im Norden Wiens zu Notmaßnahmen greifen. Zwei Kompanien des Panzerpionier-Ersatz- und Ausbildungs-Bataillons 80 und des Pionier-Ersatz- und Ausbildungs-Bataillons 86 aus Melk und Krems sollten den Kampf mit den anrollenden Panzerverbänden aufnehmen. Von der in der Nacht zum 7. April aus Freistadt eingetroffenen Alarmkompanien der Panzerjäger-Ersatz- und Ausbildungs-Abteilung 17 wurden zwei 7,5 cm Pak (motorisiert) an der Heiligenstädter Straße in der Höhe des Leopoldsbergs und zwei weitere am gegenüberliegenden Donauufer eingesetzt[116]. Damit war die engste Stelle der Zufahrt nach Wien gesichert, doch nur so lange, bis sowjetische Kräfte über den Kahlenberg kamen.

Die Krise im Norden Wiens hatte bewirkt, daß der einzige größere Verband, der bei der Verteidigung Wiens mobil eingesetzt werden konnte, nämlich die Führer-Grenadier-Division, in die Stadt zurückbeordert wurde und ihren Vorstoß nach Südwesten nicht mehr fortsetzen konnte. Doch es war ja nicht nur der Norden Wiens, wo sich die Situation dramatisch zuspitzte.

Das Vorgehen des IX. Garde-mech. Korps Richtung Westbahnhof zwang den rechten Flügel der 2. SS-Panzer-Division, im Verlauf des 7. April die Bahnanlagen aufzugeben und auf den Mariahilfer- und den Neubaugürtel zurückzugehen. Dabei riß die Verbindung zu den Alarmeinheiten nördlich davon ab, und in die zwischen dem VII. und dem VIII. Bezirk entstandene Lücke sickerten sofort Russen ein. Als das Panzer-Regiment der Führer-Grenadier-Division im Verlauf seiner Verschiebung nach Norden in die Gegend des Westbahnhofs kam, erhielt es völlig überraschend Panzer- oder Pak-Feuer. Die Kolonnen der Division gingen augenblicklich entlang des Gürtels in Stellung und bauten entsprechend dem sowjetischen Vorgehen ihre Sicherungen immer weiter nach Norden aus, sodaß sie am Abend den Gürtel vom Donaukanal bis nördlich des Westbahnhofs deckten[117] und die nördlich der 2. SS-Panzer-Division entstandene Lücke ausfüllten, zu deren notdürftiger Schließung zunächst nur drei Selbstfahrlafetten der Panzerjäger-Ersatz- und Ausbildungs-Abteilung 17 in Stellung gegangen waren.

Der sowjetische Druck war jetzt von allen Seiten etwa gleich stark. Die 3. SS-Panzer-Division mußte den Süd- und Ostbahnhof aufgeben und sich gegen die Innenstadt zurückziehen. Der 80. Garde-Schützen-Division des XX. Garde-Schützenkorps gelang die Überquerung des Donaukanals im Bereich des Freudenauer Hafens, doch gewann sie gegenüber der 6. Panzer-Division nur sehr langsam und in besonders harten Kämpfen an Boden[118].

Die anderen beiden Divisionen des Korps, die 5. und die 7. Garde-Luftlande-Division, arbeiteten sich durch die Industriezonen des XI. und des III. Bezirks an den Donaukanal heran. Stellenweise wurde bis zu 15 Stunden gekämpft, ehe die Deutschen eine Position aufgaben[119]. Auch der Kampf im Bereich der Gas- und Elektrizitätswerke dauerte einen ganzen Tag lang, und es war im Grunde genommen ein kleines Wunder, daß danach die Versorgung nicht gänzlich zusammenbrach. Die Sowjets hatten mit aller Geschicklichkeit und bis zur vollständigen Erschöpfung zu kämpfen gehabt. Sie waren mit Flammenwerfern, geballten Ladungen, größeren Haftladungen, Minensuchgeräten, Steigeisen, Wurfleinen und vor allem mit einer Unmenge von Handgranaten in diesen Kampf gegangen — und sie hatten ihn für sich entschieden. Beim XX. Garde-Schützenkorps schätzte man auch den Einsatz von Nebeltöpfen zur Blendung und Einnebelung. Wenn es nicht anders ging, wurde Abfall mit irgendeinem Altöl getränkt und angezündet[120]. Danach wurden Gebäude gestürmt und Straßen überquert. Man konnte sich in Stalingrad wähnen; nur die Jahreszeit stimmte nicht.

Die Schlacht wurde immer unübersichtlicher. Befehle waren oft in dem Moment bereits überholt, da sie gegeben wurden. Sämtliche deutsche Bewegungen bei Tag, besonders aber über die Donau- und Donaukanalbrücken, waren infolge des beträchtlichen Einsatzes von Schlacht- und Jagdfliegern der sowjetischen 17. Luftarmee sehr erschwert. Die 6. Panzer-Division im Prater hatte am meisten unter sowjetischen Luftangriffen zu leiden. Aber auch die Verbände innerhalb des verbauten Gebiets wurden mit Bomben und Bordwaffen angegriffen, ohne daß nennenswert viele deutsche Flugzeuge zur Abwehr der sowjetischen Flieger hätten eingesetzt werden können.

Dem 101. ungarischen Jagdgeschwader beispielsweise, das mehrmals Einsatzbefehle für den Raum Wien bekam und von Linz aus anfliegen mußte, gelang es nicht, durchzudringen. Es wurde meist schon weit im Westen von Wien in Luftkämpfe verwickelt, oder es konnte aus Treibstoffmangel seine Missionen nicht ausführen[121].

Wo die sowjetischen Bodentruppen auf Widerstand stießen, stellten sie meist nach einiger Zeit den Angriff ein oder begannen ihn erst gar nicht, sondern versuchten, an einer anderen Stelle zum Ziel zu kommen. Sie umgingen und sickerten ein, und die deutschen Verteidiger wußten oft nicht, wo schon Russen waren und wo nicht; sie verloren immer mehr den Zusammenhalt, und schließlich begann auch die Versorgung ernste Schwierigkeiten zu bereiten[122].

Einem Ereignis kam aber an diesem 7. April noch ganz besondere Bedeutung zu, und das war die auf sehr eigenartige Weise herbeigeführte Kaltstellung General Bünaus. Am Nachmittag dieses Tages wurde er auf Befehl der 6. Panzer-Armee dem II. SS-Panzerkorps unterstellt[123]. Diese Maßnahme kam für Bünau aus heiterem Himmel und war vorwiegend darauf zurückzuführen, daß das Mißtrauen gegen den Stab des Kampfkommandanten und gegen alle Dienststellen, die nicht unmittelbar der Kontrolle durch die 6. Panzer-Armee unterstanden, derart angewachsen war, daß Sepp Dietrich kurzerhand den Kampfkommandanten, der bisher die Stellung eines

Kommandierenden Generals eines Armeekorps innegehabt hatte, auf die Funktion eines Divisionskommandeurs des II. SS-Panzerkorps heruntergedrückte. Ausschlaggebend für diese Maßnahme war die allgemeine Unsicherheit gewesen und nicht irgendein Vorbehalt gegen General Bünau persönlich. Der General verwahrte sich zwar entschieden gegen seine Kaltstellung und führte seine Funktion als Kampfkommandant ins Treffen, die ja nach wie vor bestehen geblieben war, für die ihm aber nun die letzten realen Grundlagen entzogen worden waren. Es nützte nichts. Seine weitere Verwendung als Truppenführer sollte die eines Abschnittskommandanten im Nordteil Wiens sein, unter Beibehaltung seiner Stellung als Kampfkommandant. Nach dreieinhalb Tagen endete damit praktisch die Tätigkeit des Kommandanten des Verteidigungsbereichs Wien.

Aber nicht nur in Wien gab es eine Änderung der Befehlsverhältnisse. Gegen Mitternacht des 7. April traf in St. Leonhard am Forst, dem Hauptquartier der Heeresgruppe Süd, Generaloberst Dr. Lothar Rendulic ein, der am Tag zuvor von Hitler den Oberbefehl über die Heeresgruppe Süd übertragen bekommen hatte und General Otto Wöhler ablöste[124]. Der Vorgang war sehr kurz und ohne jede dramatische Vorgeschichte. Hitler hatte Rendulic gegenüber lediglich erwähnt, daß die Heeresgruppe seit Ungarn zurückginge und nicht zum Stehen zu bringen gewesen sei. Man kann aber ruhig annehmen, daß nicht nur rein militärische Erwägungen gegen den Nichtösterreicher Wöhler ins Treffen geführt worden waren, sondern auch psychologische und politische. Er hatte sich unzweifelhaft bei den Parteistellen sehr mißliebig gemacht, und seit er am 25. März heftige Kritik an der Rolle der Partei bei den Kampfvorbereitungen in der Reichsschutzstellung geübt hatte, war bis zum 6. April seitens der Gauleitung von Niederdonau sicherlich keine Gelegenheit versäumt worden, die Führung der Heeresgruppe Süd anzugreifen[125]. Wöhler wurde vielleicht auch sein Unvermögen angelastet, ein tragbares Verhältnis zu den ungarischen Truppen herzustellen. Zu alledem kam aber gewiß auch die Überlegung, daß es dem gebürtigen Österreicher Rendulic, der nicht nur hervorragende militärische Kenntnisse besaß, sondern auch mentalitätsmäßig besser nach Österreich paßte, am ehesten gelingen konnte, die Situation zu meistern. Rendulic, der bis dahin die Heeresgruppe Kurland geführt hatte, war gewissermaßen ein Spezialist für ausweglose Situationen.

Nun war General Wöhler also abgelöst, und dem neuen Oberbefehlshaber der Heeresgruppe Süd als wichtigste Aufgabe genannt worden, die Heeresgruppe zum Stehen zu bringen und die Russen am Eindringen in die Alpen und an einem Vordringen im Donautal zu hindern[126]. Dieser Aufgabe wollte Rendulic mit allen zur Verfügung stehenden Mitteln nachkommen. Für Wien sah jedoch auch er keine andere Lösung als die zumindest schrittweise Aufgabe der Stadt[127].

DIE RÄUMUNG BEGINNT

Gegenüber der Führer-Grenadier-Division konnte man in der Nacht vom 7. auf den 8. April die Bereitstellung starker sowjetischer Kräfte feststellen[128]. Der 46. Garde-Panzer-Brigade wurde ein motorisiertes Schützen-Bataillon der 30. Garde-mech.

Brigade zugeführt, um so dem Stoßverband des IX. Garde-mech. Korps mehr Gewicht zu verleihen[129]. Mit diesem neuen Schwerpunkt versuchte das Korps, entlang des Gürtels vom XV. bis zum XVIII. Bezirk die Panzerhindernisse an den Zufahrtsstraßen zu den inneren Bezirken zu überwinden, um seinen Angriff weiter vortragen zu können. In derselben Nacht trat auch weiter nördlich insofern eine Klärung der Lage ein, als sich das HJ-Bataillon in der Gegend nördlich von Hütteldorf, wo es in Anlehnung an die Flak bei der Knödelhütte, am Satzberg und am Heuberg gesichert hatte, befehlsmäßig vom Feind löste und auf der Hohen Warte neuerlich festsetzte. Zu seiner Verstärkung wurden ihm die drei Selbstfahrlafetten der Panzerjäger-Ersatz- und Ausbildungs-Abteilung 17 beigegeben, die durch den Einsatz der Führer-Grenadier-Division nördlich des Westbahnhofs freigeworden waren[130].

Eingeleitet wurde der 8. April durch ein vermehrtes sowjetisches Artilleriefeuer. Das Feuer richtete sich vor allem gegen erkannte deutsche Artilleriestellungen im Stadtpark und im Prater, gegen die beträchtlichen Truppenansammlungen auf dem Heldenplatz, gegen die noch immer nicht verstummten Flakbatterien Am Himmel, Haschhof und Nußberg sowie gegen die vermuteten oder erkannten Verteidigungsstellungen der deutschen Truppen[131]. Die Tätigkeit der sowjetischen Artillerie ging aber im allgemeinen nicht über das übliche Maß des angriffsunterstützenden Feuers hinaus. Nur an den Brennpunkten der Kämpfe, insbesondere zwischen Donau und Donaukanal, kam es zu stärkeren Feuerzusammenfassungen und zum Einsatz von Salvengeschützen großen Kalibers[132]. Nichtsdestoweniger traten immer häufiger Brände auf. In der Innenstadt tobte ein Flammenmeer, und im XI. Bezirk brannten Industrieanlagen und städtische Einrichtungen (Gaswerk). Spätestens in diesem Augenblick zeigte sich die besondere Infamie der ARLZ-Maßnahmen und des Stichworts „Lähmung", da nach dem fast vollständigen Abzug der Wiener Feuerwehr ein Bekämpfen der immer mehr um sich greifenden Brände unmöglich war. Irgendwie hatten der Einsatz der deutschen Truppen und jener der Feuerwehr aber etwas gemeinsam: Beide sollten sich gewissermaßen mit bloßen Händen dem Verhängnis entgegenstellen!

Die undurchdringlichen Rauchschwaden boten dem I. Garde-mech. Korps und dem XXI. Garde-Schützenkorps einen willkommenen Vorhang, um weiter zum Donaukanal vorzudringen[133].

Im Norden Wiens griff das V. Garde-Panzerkorps, unterstützt von Einheiten der 107. Garde-Schützen-Division und des XXXIX. Garde-Schützenkorps, zum erstenmal direkt in die Kampfhandlungen ein und eroberte nach Überwindung unwesentlichen Widerstandes Nußdorf[134]. Der direkte Vorstoß auf der Heiligenstädter Straße scheiterte jedoch, als von den dort plazierten zwei 7,5 cm-Pak-Geschützen zwei Panzer abgeschossen wurden[135]. Aber das kennzeichnet eben das sowjetische Vorgehen, daß man nicht versuchte, diese Pak im direkten Einsatz zum Schweigen zu bringen, weil ja etwas abseits der Straße mit einem geringeren Aufwand an Menschenleben und Material ein Fortschritt und ein Einbruch zu erzielen waren. Der Kahlenberg wurde von einem schwachen Luftwaffen-Alarmbataillon sehr rasch aufgegeben, und es kam hier zu einer weiteren Einengung des deutschen Widerstandsbereichs. Die deutsche Verteidigung im westlichen Stadtgebiet wurde völlig aufgesplittert und brach zusammen[136].

Generaloberst Rendulic zog aus der ausweglosen Situation in Wien die Konsequenzen und drängte auf eine möglichst rasche Beendigung der Kampfhandlungen, unter Bedachtnahme auf die Lage der gesamten Heeresgruppe[137]. Das überraschende Auftauchen der sowjetischen 46. Armee nördlich der Donau und die deutliche Absicht der sowjetischen Führung, Wien mittels dieser Armee im Osten und Norden einzuschließen, boten den Anlaß, gerade den kampfkräftigsten Verband, nämlich die Führer-Grenadier-Division, aus ihrem Abschnitt am Gürtel herauszulösen und nördlich der Donau neu einzusetzen. Den Einwänden des Führerhauptquartiers begegnete Rendulic mit dem Hinweis, daß die linke Armeegrenze der 6. Panzer-Armee von Fischamend über Groß-Enzersdorf und Gerasdorf ginge und daß dies für den Fall, daß der Streifen nördlich der Donau von der 6. Panzer-Armee nicht verteidigt würde, die gänzliche Einschließung Wiens und ein Abreißen der Verbindungen zur 8. Armee zur Folge hätte[138]. — Dieses Argument wirkte. Im Laufe des 8. April ging die Führer-Grenadier-Division über die Donau und bezog ihre neue Verteidigungslinie vom Tanklager in der Lobau über Eßling und Raasdorf bis Großengersdorf. Der Schwerpunkt lag dabei im südlichen Abschnitt.

In der Stadt machte sich natürlich der Abzug der Führer-Grenadier-Division bald bemerkbar. Während ihrer Absetzbewegung erfolgte zwischen 17 und 18 Uhr ein Vorstoß des IX. Garde-mech. Korps entlang der Alserstraße, mit dem Ziel, den IX. Bezirk einzunehmen und entlang des Donaukanals dem V. Garde-Panzerkorps die Hand zu reichen. In diesem äußerst kritischen Moment drehte das gerade in Verlegung begriffene Panzergrenadier-Regiment der Führer-Grenadier-Division noch einmal nach Norden ein und brachte den sowjetischen Angriff in der Höhe des Allgemeinen Krankenhauses zum Stehen[139].

Es hatte zunächst den Anschein gehabt, als ob den Russen durch diesen Vorstoß entlang der Alserstraße praktisch im Handstreich die Augarten- oder die Friedensbrücke in die Hand fallen würden, zumal den sowjetischen Truppen im ersten Augenblick nichts entgegengesetzt werden konnte.

Nachdem die deutschen Panzergrenadiere den Angriff fürs erste zum Stehen gebracht hatten, raffte Generalmajor Marian Wessely, ein nicht mehr aktiver Offizier österreichischer Herkunft, der um eine Verwendung im Kampf gebeten hatte, alle zur Zeit in der Roßauer Kaserne noch greifbaren Alarmeinheiten zusammen und führte einen Gegenangriff durch die Alserstraße[140]. In seiner „Kampfgruppe" fochten Freiwillige jeglichen Alters, Studenten, Arm- und Beinverwundete, kurzum das „letzte Aufgebot". Nichtsdestoweniger gelang es ihnen, bis in die Nähe des Gürtels zu gelangen und dann in der allgemeinen Linie Friedensbrücke — Universität — Rathaus die Zugänge zum Donaukanal abzuriegeln[141]. Der Einsatz der „Kampfgruppe Wessely" ermöglichte es aber auch noch einmal, Verwundete aus dem Allgemeinen Krankenhaus abzutransportieren. Der unsinnigen Absicht einiger deutscher Truppenführer, das Krankenhaus selber in die Verteidigung mit einzubeziehen, hatte sich allerdings schon vorher der prominente Chirurg Professor Schönbauer widersetzt. Das Krankenhaus blieb von den Kämpfen verschont. Es hatte auch bisweilen Asylcharakter angenommen, denn es bot vor der Schlacht um Wien Gegnern des Nationalsozialismus und nach der Schlacht Nationalsozialisten kurzfristig Unterschlupf.

Durch den Einsatz General Wesselys gelang es, den Zusammenhang eines wichtigen Frontabschnitts einigermaßen zu wahren; nördlich der Friedensbrücke jedoch klaffte zum linken Flügel des HJ-Bataillons eine nicht zu übersehende Lücke.

Auch an der südlichen Einschließungsfront gingen während des ganzen 8. April die Kämpfe weiter. Es war freilich kaum mehr ein Frontverlauf festzustellen; die sowjetische 46. Garde-Panzer-Brigade wurde zeitweise ebenso abgeschnitten wie das SS-Panzergrenadier-Regiment „Der Führer[142]". Doch trotz dieser ständig wechselnden Gefechte um Stützpunkte konnte man den sowjetischen Fortschritt schon daran erkennen, daß das I. Garde-mech. Korps den Schweizer Garten in der Nähe des Südbahnhofs fest in die Hand bekam und am Abend des 8. April entlang des Südufers des Donaukanals die taktische Zusammenarbeit von Einheiten der 4. und 9. Garde-Armee begann[143].

Der größte Teil des Tages war beim XX. Garde-Schützenkorps damit vergangen, Simmering in die Hand zu bekommen. Im Prater war den acht eingesetzten Regimentern dieses Korps aber schon am Morgen der entscheidende Ausbruch aus den Brückenköpfen am Donaukanal geglückt, und der Vormarsch nach Norden entwickelte sich zunehmend rascher[144].

Der Abzug der Führer-Grenadier-Division stellte das erste Anzeichen dafür dar, daß mit einem nicht mehr fernen Ende der Schlacht um Wien zu rechnen war. Bei dem gegebenen Frontverlauf konnte man absehen, daß die Bezirke zwischen Gürtel und Ring in Kürze an die sowjetischen Korps verlorengehen würden und daß es beim Festhalten am bisherigen Verteidigungskonzept zu einem schonungslosen Kampf in der Innenstadt kommen müßte. Der Bürgermeister von Wien soll aus diesem Grund einen neuerlichen Appell an den Reichsverteidigungskommissar von Schirach gerichtet haben, auf jeden Fall einen Kampf um die historischen Stätten zu verhindern[145].

Aber ein solcher Appell hatte wenig zu besagen, da Schirach, auch wenn er es gewollt hätte, kaum die Möglichkeit hatte, in die Befehlsgebung einzugreifen. Er wurde in den Strudel der Ereignisse hineingerissen, nahm die Entwicklung der Lage zur Kenntnis und übersiedelte zeitgerecht am 6. April von der Hohen Warte in die Hofburg und am Nachmittag des 9. in die Gegend des Bisambergs, wo er in Flandorf, in der Nähe des Hauptquartiers des II. SS-Panzerkorps und gerade noch innerhalb seines Reichsgaues, das Ende der Schlacht um Wien abwartete. Offenbar war er sich jedoch dessen bewußt, daß von ihm als Gauleiter und Reichsverteidigungskommissar mehr zu erwarten gewesen wäre, denn er fuhr täglich zum Gefechtsstand des II. SS-Panzerkorps, um sich zumindest über die Lageentwicklung zu informieren. Letztlich dürfte er mit diesen Besuchen aber nur lästig gefallen sein. Das Unbehagen über seinen nicht gerade ruhmreichen Anteil am Kampf um Wien führte schließlich dazu, daß Schirach alle möglichen Versionen über seine Rolle während der Schlacht in die Welt setzte. Zutreffend war dabei wohl nur, daß er nie ein Standgericht zusammentreten ließ und auch nicht einer Verlängerung des Kampfs um Wien das Wort redete[146].

Vorläufig war noch kein Abflauen der Gefechtstätigkeit zu bemerken. Im Norden Wiens hatte sich das HJ-Bataillon vom Nußdorfer Spitz am Donaukanal über die Kahlenberger Straße, Silbergasse und Billrothstraße bis zum Donaukanal nördlich der Friedensbrücke igelartig um die Hohe Warte zur Verteidigung eingerichtet. Am Vormittag des 9. April glückte es den Hitlerjungen, einen entlang der Grinzinger

Allee gegen die Stellung des Bataillons vorfühlenden Panzer-Spähtrupp des V. Garde-Panzerkorps abzuweisen. Auch ein zweiter sowjetischer Angriffsversuch scheiterte an dem Widerstand des einen Bataillons[147]. Als Rückhalt für diesen schon ganz isoliert kämpfenden Verband wurde auf dem Ostufer des Kanals zwischen dem Nußdorfer Spitz und der Friedensbrücke ein Alarmbataillon bereitgestellt, eigentlich der einzige Fall eines planmäßigen Einsatzes von Reserven während der über eine Woche dauernden Schlacht um Wien[148].

Etwa gleichzeitig mit dem zweiten Angriff von Einheiten des V. Garde-Panzerkorps erneuerten auch jene Teile des IX. Garde-mech. Korps, die am Vortag den Vorstoß entlang der Alserstraße gemacht hatten, ihren Angriff und besetzten am frühen Nachmittag den Franz-Josefs-Bahnhof, wo sie durch weitere Truppen des IX. Garde-mech. Korps rasch verstärkt wurden. Am späten Nachmittag war es dann so weit, daß Einheiten beider Korps der 6. Garde-Panzer-Armee beim Angriff auf das HJ-Bataillon zusammenwirken konnten. Nun war aller Widerstand aussichtslos geworden, und das Bataillon mußte noch in der Nacht hinter den Donaukanal zurückgenommen werden, um der gänzlichen Vernichtung zu entgehen[149]. Das Ausweichen erfolgte in aller Ordnung, allerdings stießen einige russische Einheiten am Nordostflügel des im Absetzen begriffenen Bataillons so rasch nach, daß sie trotz heftiger Gegenwehr die Kanalschleuse am Nußdorfer Spitz besetzen konnten und die gewonnene Position dazu benützten, um in der Nacht einige — allerdings vergebliche — Versuche zu unternehmen, die Donau zu überqueren. Alle Brücken über den Donaukanal, die im Bereich des HJ-Bataillons gelegen waren, wurden gesprengt, ebenso die Nordwestbahn- und die Nordbahnbrücke[150].

Die Tatsache, daß der sowjetische Druck im Verlauf des 9. April ganz besonders entlang des Donaukanals vom Norden und vom Süden her rapid zunahm und offensichtlich auf ein Abschneiden der westlich des Donaukanals kämpfenden deutschen Divisionen abzielte, beschleunigte die Entscheidung des Oberbefehlshabers der 6. Panzer-Armee, einer Räumung der Inneren Stadt zuzustimmen.

Die 6. Panzer-Division hatte sich im Prater den ganzen Tag über nicht nur gegen das XX. Garde-Schützenkorps wehren müssen wie während der letzten Tage, sondern auch gegen die ersten Einheiten des I. Garde-mech. Korps, die den Kanal auf Behelfsmitteln zu überqueren suchten, eine Reihe kleiner Brückenköpfe am Ostufer errichteten und zwei Tage später, nach Verschmelzung derselben, eine Brücke über den Kanal schlugen[151]. Dazu kam noch, daß Artillerie und Luftwaffe der Russen den Prater als vornehmliches Ziel wählten und daß am 9. der erste, wenn auch gescheiterte Versuch der sowjetischen Donauflottille stattfand, die Reichsbrücke durch einen Handstreich von der Donau her zu nehmen[152].

Die Korps der 46. Armee hatten am 9. April ihren Vormarsch nach Nordwesten aufgenommen und am Abend die Linie Obersiebenbrunn — Mühlleiten erreicht, wo sie zum erstenmal seit dem Überqueren der Donau auf der ganzen Linie in heftige Panzer-, Artillerie- und Infanteriekämpfe verwickelt wurden[153]. Die Umfassungsabsicht war nur zu augenfällig geworden.

Die ebenfalls den ganzen Tag über währenden Kämpfe bei der 2. und 3. SS-Panzer-Division hatten zwar einen Durchbruch des I. Garde-mech. Korps und der im Süden eingesetzten Teile des XXXIX. Garde-Schützenkorps (100. und 114. Garde-Schützen-Division) sowie des XX. und XXI. Garde-Schützenkorps verhindern können, aber die Entwicklung im Marchfeld und im Prater zwang ganz einfach zu neuen Entschlüssen und Maßnahmen, da sonst mit einer Katastrophe zu rechnen war.

Am Abend des 9. April erging daher vom II. SS-Panzerkorps an alle noch westlich des Donaukanals kämpfenden deutschen Truppen der Befehl, sich im Laufe der Nacht aus der Innenstadt abzusetzen und die Brücken über den Kanal zu sprengen. Alle militärischen Formationen, soweit sie noch geschlossen auftraten und sich nicht selbständig aufgelöst hatten, räumten die inneren Bezirke, und für einige Stunden flaute sogar das Artilleriefeuer ab. Auch die Absetzbewegung über den Kanal erfolgte im wesentlichen ohne Störung durch sowjetische Soldaten. Am Ostufer wurde eine neue, zusammenhängende deutsche Front gebildet und der unmittelbare Anschluß an die 6. Panzer-Division wiederhergestellt.

Die Bewohner in den Häusern entlang des Donaukanals waren meist schon am Vortag von der Möglichkeit verständigt worden, daß ihre Wohnungen von Truppen belegt werden könnten. Jetzt war es so weit. In kürzester Zeit wurden Durchbrüche zwischen Wohnungen und Häusern geschaffen, wurden Türstöcke herausgerissen und Möbel an die Fenster geschleppt, um einen zusätzlichen Schutz zu schaffen. Dann waren die deutschen Truppen abwehrbereit[154].

Am 10. April um 4 Uhr früh verließ General Bünau mit seinem Stab das Gebäude des Wehrkreiskommandos XVII, das alte Kriegsministerium, wo er vom 8. April an seinen Befehlsstab gehabt hatte, und passierte die Aspernbrücke, die kurz darauf als letzte Donaukanalbrücke gesprengt wurde[155]. Um 4.30 Uhr eröffneten deutsche Batterien vom II. und vom XX. Bezirk aus das Feuer gegen die auf die Innere Stadt vorrückenden sowjetischen Verbände[156].

ZWISCHEN DONAUKANAL UND DONAU

In den frühen Morgenstunden des 10. April begannen die Truppen des V. Garde-Panzer-, des IX. und des I. Garde-mech. Korps sowie des XXI. und des XXXIX. Garde-Schützenkorps, in die geräumte Innenstadt vorzudringen. Sie taten es mit aller gebotenen Vorsicht; kleingewachsene, müde, staubige Soldaten. Schon bald erkannten sie jedoch, daß die Bezirke westlich des Donaukanals tatsächlich von den deutschen Soldaten geräumt worden waren. Der Sturm auf den Stadtkern konnte also unterbleiben. Den Russen wurde aber auch klar, daß die Hoffnung, die deutschen Verteidiger noch diesseits des Donaukanals einschließen zu können, gescheitert war. Die Tatsache aber, daß es nicht zu einem verzweifelten Häuserkampf kam, bedeutete sicherlich die Rettung für unzählige Menschen und viele der schönsten und wertvollsten Bauten Wiens, sofern sie nicht ohnedies schon durch den Luftkrieg und die Kampfhandlungen zerstört waren.

Angesichts dieser Tatsache sind die sowjetischen Schilderungen von der Einnahme der Innenstadt nicht ganz erklärlich, da sie meist nicht dem Umstand Rechnung tragen, daß es sich um eine kampflose Besetzung handelte, vielmehr hervorstreichen, daß am 10. April die zentralen Teile der Stadt erstürmt wurden, und daß es der sowjetischen Infanterie nur dank intensiver Unterstützung durch Panzer und Artillerie gelang, Haus um Haus zu nehmen und das Zentrum zu erobern[157].

Um die neuen Stellungen des II. SS-Panzerkorps entbrannten sofort heftige Kämpfe, nachdem die Sowjets die Absetzbewegung erkannt und die vorderste deutsche Linie aufgeklärt hatten. Vom Nußdorfer Spitz bis zur Forsthausgasse standen das HJ-Bataillon und ein Alarmbataillon, das aus Versprengten und Genesenen in der Albrechtskaserne zusammengestellt worden waren[158]. Daran schlossen die Regimenter „Der Führer" und „Deutschland" der 2. SS-Panzer-Division an, die das Ostufer des Donaukanals bis etwa in die Gegend der Augartenbrücke besetzt hielten[159]. Links von ihnen stand die 3. SS-Panzer-Division bis zur Stadionallee und Meiereistraße und hatte ihrerseits Anschluß an die im Prater in der Höhe des Messegeländes kämpfende 6. Panzer-Division. Das Feuer der sowjetischen Geschütze konzentrierte sich sofort auf diese Abschnitte, und der Druck der nachdrängenden Russen war besonders in der Umgebung der mangelhaft gesprengten Augartenbrücke und im Pratergelände, im Bereich des XX. Garde-Schützenkorps, zu spüren[160]. Es war klar, daß die sowjetische Führung alles daransetzen würde, die deutschen Verteidiger Wiens zwischen Donaukanal und Donau einzuschließen und zudem eine Donaubrücke unversehrt in die Hand zu bekommen.

Die Hoffnung, daß es den im Marchfeld vorrückenden Korps der 46. Armee am 10. April gelingen würde, bis zur Reichsbrücke vorzudringen, war allerdings vorerst zunichte geworden. Die schwachen Teile der 37. SS-Freiwilligen-Kavallerie-Division, die mit vier Bataillonen der ungarischen 27. Division und den MG-Bataillonen 117 und 118 der übersetzenden sowjetischen 46. Armee hatten weichen müssen, waren von der in Stellung gegangenen Führer-Grenadier-Division aufgefangen worden. Es wirkte sich auch positiv für die deutsche Verteidigung aus, daß die 96. Infanterie-Division der deutschen 8. Armee ebenfalls in die Abwehr gegen die 46. Armee eingriff und vom nördlichen Gefechtsstreifen dieser Division das Grenadier-Regiment 284 nach Südwesten an das Ufer des Rußbaches in den Raum Leopoldsdorf-Breitstetten geworfen wurde[161].

Nach den ersten Gefechten bei Mühlleiten und Großhofen kam es im Raum Markgrafneusiedl — Raasdorf — Glinzendorf bis Mühlleiten zu einer regelrechten Panzerschlacht, die damit endete, daß das Vordringen dreier sowjetischer Korps zum Stehen gebracht werden konnte[162]. Das war wohl auch deshalb möglich geworden, da die gepanzerten und schnellen Verbände der 46. Armee, also das XXIII. Panzerkorps und das II. Garde-mech. Korps, zu diesem Zeitpunkt erst über die Donau setzten und es den Russen daher noch an Stoßkraft mangelte[163].

Auf genau diesen Augenblick in der Schlacht um Wien bezieht sich wohl die Stelle in den Memoiren des ehemaligen Chefs der Operativen Verwaltung im Sowjetischen Generalstab, General Štemenko, wo es heißt: „Doch das Übersetzen so großer Truppenmassen über die Donau war schwierig, am schwierigsten aber für das 2. mechanisierte Garde- und das 23. Panzer-Korps mit ihren schweren Fahrzeugen. Zwei Tage später zeigte sich Stalin mit der Entwicklung der Dinge sehr unzufrieden. Er war besorgt, der Gegner könne sich dem Stoß Malinovskijs entziehen und Tolbuchin würde allein Wien nur schwer einnehmen[164]."

Das Oberkommando der sowjetischen Donauflottille bemühte sich, die beiderseits der Donau vorgehenden Korps in gleicher Weise zu unterstützen, und setzte 14 gepanzerte Schiffe und acht Granatwerferschiffe der 1. und der 2. Brigade der Flußschiffe sowie die Ufer-Begleitabteilungen zur Feuerunterstützung des XX. Garde-

Schützenkorps ein[165]. Die restlichen gepanzerten und Granatwerferschiffe bauten den Feuerschutz für den linken Flügel der 46. Armee auf. Nach wie vor galt es als wesentlichste Kampfaufgabe, die deutschen Truppen vom nördlichen Donauufer zu vertreiben und die geplante Einschließung zu vollziehen; man gab sich also keineswegs damit zufrieden, das II. SS-Panzerkorps zur Aufgabe des größten Teils von Wien gezwungen zu haben. Und so wie schon am 9. April erfolgte auch am 10. April ein Vorstoß der sowjetischen Donauflottille in Richtung Reichsbrücke, der jedoch abermals fehlschlug[166].

Nachdem General Bünau die Aspernbrücke passiert hatte, nahm er wieder Verbindung mit dem II. SS-Panzerkorps auf, wurde aber seiner bisherigen Aufgabe als Abschnittskommandant im Nordteil Wiens entbunden. Er erhielt den Befehl, sich zur Verfügung des Korps zu halten und sich nach Flandorf zu begeben[167]. Bünau blieb also weiterhin Kampfkommandant, nur hatte er jetzt keine Truppe und keine Befehlsgewalt mehr. Die Absicht General Bittrichs, der sich damals „Im Haag" an der Wagramer Straße aufhielt, ging aber zweifelsohne dahin, auch den noch verteidigten Teil von Wien zum ehebaldigsten Zeitpunkt zu räumen, denn er wollte sein Korps nicht gänzlich aufreiben lassen. Am Abend des 10. April wurde als nächste Einheit das HJ-Bataillon auf das Nordufer der Donau zurückgeführt und hatte sich zur Verfügung des II. SS-Panzerkorps zu halten[168].

In der Nacht auf den 11. April begann dann die Überwindung des Donaukanals durch die Hauptkräfte der 4. Garde-Armee, und damit setzten die abschließenden Kämpfe um Wien ein. Mit Tagesanbruch wurden die ostwärts des Donaukanals in Stellung gegangenen SS-Soldaten im direkten Beschuß niedergehalten, sowjetische Salvengeschütze feuerten in der allgemeinen Richtung II. und XX. Bezirk, und sowjetische Offiziere ließen sich von Einheimischen, die sie auf ihre Befehlsstände brachten, mögliche deutsche Geschützstellungen lokalisieren, um ein Wirkungsschießen beginnen zu können[169]. Um den Geschützen mehr Widerhalt zu geben, schlugen die Russen Löcher in die Gehsteige und verkeilten darin ihre Kanonen, mit denen sie sehr wirksam über den Kanal schossen. Drüben sank ein Haus nach dem anderen in Trümmer. Außer den Jägern und Schlachtfliegern der sowjetischen 17. Luftarmee, die immer wieder in die Erdkämpfe eingriffen, trat aber auch die deutsche Luftwaffe nochmals in Erscheinung und flog Angriffe gegen die sowjetischen Stellungen auf der Hohen Warte und am Donaukanal. Die deutschen Flugzeuge mußten sich aber, ob gewollt oder gezwungenermaßen bleibt dahingestellt, darauf beschränken, mit ihren Bordgeschützen zu feuern, ohne jedoch Bomben abzuwerfen[170].

Der am meisten gefährdete Abschnitt der deutschen Verteidigung zwischen Donau und Donaukanal war im Norden, da sowjetische Soldaten schon über die Nußdorfer Schleuse herübergekommen waren und die Heiligenstädter Brücke nur unvollkommen gesprengt war. Der sowjetischen Aufklärung war sicherlich nicht verborgen geblieben, daß gerade dieser Abschnitt nur von einem Alarmbataillon gehalten wurde, und so richteten sich alle Anstrengungen auf diese Übergangsmöglichkeiten; die Versuche blieben jedoch zunächst ohne Erfolg[171]. Im Süden, im Bereich der Stadion- und der Rotundenbrücke, also etwa da, wo die Abschnitte der 3. SS- und der 6. Panzer-Division zusammenstießen, gelang es den gemeinsamen Aktionen des XX. Garde-Schützenkorps ostwärts des Donaukanals und des I. Garde-mech. Korps westlich davon, das Wasserhindernis zu überwinden und in den II. Bezirk vorzustoßen[172]. In der Höhe der Aspernbrücke versuchte die 100. Garde-Schützen-Division des XXXIX. Garde-Schützenkorps den Übergang. Nur im Mittelabschnitt konnten die sowjetischen Verbände keinen Fortschritt erzielen, obwohl die Augartenbrücke nur beschädigt war. Ja, sie wollten es vielleicht gar nicht, da der bisherige Angriffsverlauf ganz ihrer Konzeption des Ausholens über die Flügel entsprach. Um die Mittagszeit, als im Norden und Süden die Brückenköpfe schon ausgeweitet worden waren, kam für kurze Zeit das Gerücht auf, die SS beginne einen Gegenangriff über die Augartenbrücke, und es sei mit einer Gefährdung der Innenstadt zu rechnen. Das erwies sich aber wenig später als blinder Alarm.

Nichtsdestoweniger hatte die Verwirrung um einen möglichen Gegenstoß der SS verhängnisvolle Folgen. Die sowjetische Artillerie, die am Stephansplatz wie auf den meisten Plätzen und freien Flächen Wiens in Stellung gegangen war, wurde rasch aus dem angeblich gefährdeten Bereich zurückgenommen. Die Soldaten verschwanden in den Häusern. Die kurze Zeit, in der dann die Gegend um den Stephansplatz weder von deutschen noch von sowjetischen Soldaten kontrolliert wurde, genügte jedoch. Auf dem Dom wurde eine weiße Fahne gehißt. Unten aber drangen Plünderer in die Geschäfte ein, rafften zusammen, was erreichbar war und legten offenbar Feuer. Die Brände am Stock-im-Eisen-Platz, am Stephansplatz, in der Singer- und in der Kärntner Straße breiteten sich sehr rasch aus, und bis zum Abend brannten einige Häuser lichterloh. Auch anderswo in Wien waren Plünderungen und Brandstiftungen die Ursache für den Ausbruch von Feuersbrünsten. Die Glut der Brände im Stadtzentrum rief einen Feuersturm hervor, der die glühenden Trümmer hoch in den Himmel riß. Zu diesem Zeitpunkt war der Stephansdom zwar durch deutsches wie sowjetisches Artilleriefeuer etwas beschädigt, vor allem waren größere Ziegelflächen herabgefallen. Doch im großen und ganzen stand der Dom völlig unversehrt — bis der Feuersturm auf ihn übergriff. In der Nacht begann der Dom zu brennen. Am 13. April war er nur mehr eine rauchende Ruine. Es waren also weder Deutsche noch Russen, die den Dom zerstörten; sie hatten ihn lediglich beschädigt. Im Grunde genommen wurde der Dombrand durch Plünderer verursacht[173].

Über die Vorgänge rund um den Stephansdom lassen sich freilich fast so viele Versionen zusammentragen wie über die Rettung der Reichsbrücke, auf die noch einzugehen sein wird.

Aus der sowjetischen Journalistik geht hervor, daß die SS die Sprengung des Stephansdomes vorhatte. Österreichische Patrioten meldeten das den Russen. Der Zug des Garde-Leutnants Kukin habe daraufhin den Befehl erhalten, das zu verhindern. Der schickte den Garde-Leutnant Wassischtschew vor. Auf dem Stephansplatz seien MG-Nester der SS gewesen. Sie wurden von Wassischtschew und seinen Soldaten niedergekämpft und der Sprengtrupp der SS aus dem Stephansdom gejagt. Als der Dom schließlich infolge des Beschusses durch die Deutschen doch zu brennen begann, hätten die Sowjets eine Wasserleitung geflickt und konnten mit ihren Löscharbeiten wenigstens das Schlimmste verhindern[174].

Aus der Umgebung Schirachs verlautete, daß er es gewesen sei, der eine Beschießung des Domes, wie sie von Sepp Dietrich ärgerlich verlangt worden war, verhinderte[175].

Für die Rettung des Stephansdomes wurde schließlich nach dem Krieg Hauptmann Gerhard Klinkicht von der Flak-Untergruppe Großjedlersdorf ausgezeichnet. Klinkicht, ein gebürtiger Niedersachse, soll vom Stab Dietrichs den Befehl bekommen haben, zunächst einmal mit hundert Granaten auf den Dom zu feuern, da dort eine weiße Fahne gehißt worden war. Klinkicht lehnte das ab und teilte seinen drei Batterien mit, daß sie strikten Befehl hätten, keine wie immer und von wem auch immer erhobene Forderung, den Dom zu beschießen, zu befolgen[176].

Währenddessen wurde die Lage der deutschen Truppen in Wien immer hoffnungsloser. Am schwierigsten war sie wohl bei der 6. Panzer-Division. Sie hatte seit 7. April, dem Beginn der Gefechte im Prater, die Hauptlast der Abwehr gegenüber dem XX. Garde-Schützenkorps zu tragen gehabt und durfte sich in einem Kampf, der sich teilweise in unübersichtlichen Au- und Waldgebieten abspielte und dessen Härte von sowjetischer Seite besonders hervorgehoben wird[177], nur schrittweise zurückziehen, um einen Durchbruch des XX. Garde-Schützenkorps in den Rücken der noch in der Stadt kämpfenden deutschen Verbände zu verhindern. (Die Narben der Kämpfe in der Freudenau und im Prater sind in Form von Granattrichtern und Bombenkratern auch vierzig Jahre später noch zu sehen.) Um den deutschen Widerstand zu brechen, setzten die Sowjets immer wieder ihre Schlachtflieger ein und bombardierten und beschossen die Stellungen.

Schließlich war aber auch die Abwehrkraft der praktisch auf sich allein gestellten 6. Panzer-Division nahezu aufgebraucht, und die sowjetische 80. Garde-Schützen-Division (Oberst Čisov) erzielte einen Einbruch zwischen Messegelände und Donau, der eine unmittelbare Gefährdung der Reichsbrücke darstellte[178]. Die 7. Garde-Luftlande-Division drängte aus der Gegend der Stadlauer Ostbahnbrücke nach Nordwesten[179], und im Zusammenhang mit den heftigen Angriffen bei der Heiligenstädter Brücke war die Absicht unverkennbar, noch im letzten Moment die Einschließung des II. SS-Panzerkorps südlich der Donau zu erreichen. Die drei zusammengeschrumpften und abgekämpften deutschen Divisionen wußten genau, was auf dem Spiel stand, und weder Generaloberst Rendulic noch Generaloberst Dietrich oder General Bittrich, die nie den Blick von den Ereignissen nördlich der Donau ließen, wo sich ein großräumiger Versuch zur Einschließung Wiens abzeichnete, taten folglich etwas, um die Kämpfe in der Stadt durch die Zuführung neuer Kräfte zu verlängern.

General Bünau seinerseits beobachtete die Entwicklung voller Besorgnis. Für ihn war nach wie vor maßgebend, daß er vom Oberkommando der Wehrmacht zum Kampfkommandanten von Wien ernannt worden war und daß ihn von dieser Funktion noch niemand entbunden hatte. Er war mit der Kampfführung nicht einverstanden und führte vom Gefechtsstand der 2. SS-Panzer-Division in der Dresdner Straße ein dramatisches Telefongespräch mit General Bittrich, in dem er beantragte, die Führung im Brückenkopf übernehmen zu dürfen[180]. Bittrich lehnte ab und befahl ihm, zum Korpsgefechtsstand nach Bisamberg zu kommen, wo die Auseinandersetzung weiterging. Es begann das Tauziehen um die endgültige Räumung Wiens, der vielleicht auch Bünau nicht ablehnend gegenübergestanden wäre, hätte er nicht einen klaren Befehl gehabt, der das Gegenteil anordnete und wäre nicht hinter diesem Befehl die Furcht gestanden, gegen Bünaus Familie würde im Notfall mit Sippenhaftung vorgegangen werden. Für das Festhalten an dem Streifen zwischen

Donau und Donaukanal konnte sicherlich keine militärische Notwendigkeit mehr geltend gemacht werden. Warum also Wien nicht tatsächlich in Floridsdorf verteidigen?

Nördlich der Donau schob sich die Front immer näher an das Stadtgebiet heran. Das Auftreten von stärkeren gepanzerten sowjetischen Einheiten ließ darauf schließen, daß nunmehr das II. Garde-mech. Korps der 46. Armee zum Einsatz kam[181], und schließlich hatte die Donauflottille bis zum 11. April auch tatsächlich nicht nur 45.000 Mann, sondern auch 138 Panzer auf das Nordufer der Donau gebracht[182]. Der einmal gebildete Schwerpunkt südlich von Markgrafneusiedl bis zum Nordende des Donau-Oder-Kanals wurde beibehalten, und unter massivem Einsatz der Luftwaffe, von Panzern, Artillerie und Infanterie versuchten die Sowjets, in allgemeiner Richtung Nordwesten durchzubrechen. Die zusammengewürfelte deutsche Verteidigung konnten zwar im südlichen Abschnitt dieser Front den Donau-Oder-Kanal als natürliches Hindernis in ihre Abwehrkämpfe miteinbeziehen; nördlich davon, bei Raasdorf, kam jedoch die Wucht des sowjetischen Angriffs ungeschwächt zur Wirkung. Als es der Führer-Grenadier-Division bei einem Gegenangriff gelungen war, wieder bis in die Ortsmitte von Deutsch Wagram vorzudringen, wird wohl weder den Deutschen noch den Sowjets bewußt geworden sein, daß sie sich auf einem schon einmal erbittert umkämpften Schlachtfeld befanden und daß 1809, während Napoleon und Erzherzog Carl um den Sieg rangen, die Bevölkerung von Wien ebenso gebannt in das Marchfeld geschaut hatte, da sich dort das Schicksal der Stadt entschied.

In der Nacht zum 11. April gelang es einem verstärkten Bataillon des 217. Regiments der 80. Garde-Schützen-Division, auf Panzerbooten im Bereich der Stadlauer Brücke über die Donau zu setzen[183]. Ziel des Unternehmens war ein Vorstoß zur Reichsbrücke. Es gelang den sowjetischen Truppen auch, einen Brückenkopf am Nordufer zu bilden, von dem aus sie bis zur Brücke vorstoßen wollten. Die Flak-Batterien von Kagran belegten aber den Raum derart mit Sperrfeuer, daß die vorwiegend aus Volkssturm bestehenden Deckungsmannschaften ein Ausbrechen der Russen aus dem Brückenkopf verhindern konnten[184]. Ein ähnliches Unternehmen des 232. Regiments der 80. Garde-Schützen-Division blieb ebenso erfolglos[185].

Generell war es für die nördlich der Donau kämpfenden deutschen Verbände sehr von Vorteil, daß gerade hier außer der recht zahlreichen leichten Flak auch die schwere Flak eine beachtliche Stärke aufwies. Die Batterie von Schönau war zwar nach der Landung des 260. Schützen-Regiments der 86. Schützen-Division bald ausgefallen, doch die Batterien bei Groß-Enzersdorf, Raasdorf, Breitenlee, Kagran, Bruckhaufen, Süßenbrunn, Leopoldau, Fuchsenboden, Stammersdorfer Rendezvous und am Bisamberg stellten eine nach der Tiefe gestaffelte und nicht zu umgehende Verteidigungszone dar.

Allmählich gelang es aber dem II. Garde-mech. Korps dennoch, offenbar im Zusammenwirken mit der 53. Schützen-Division und Teilen der 5. Garde-Artillerie-Division, den Einbruchsraum nördlich von Raasdorf auszuweiten und bis Süßenbrunn zu vertiefen[186]. Südlich davon, beim X. Garde-Schützenkorps, kam der Angriff zwar nicht so vorwärts, doch für die 46. Armee war es vor allem einmal wichtig, etwa da, wo sich die 96. Infanterie-Division der deutschen 8. Armee und die Führer-Grenadier-Division der 6. Panzer-Armee trafen, den Zusammenhang der

Front zu lockern. Diese verlief am Abend des 11. April westlich von Aderklaa und Deutsch Wagram über Auersthal und Erdpreß nach Nordosten, während sie südlich des Einbruchsraums über Raasdorf und entlang des Donau-Oder-Kanals zur Donau verlief[187].

In dieser Endphase des Kampfs um Wien war für beide Seiten der Besitz der Reichsbrücke von entscheidender Bedeutung. Und wie schon an den Vortagen bemühte sich die sowjetische Donauflottille, diesmal unter Einsatz von fünf Monitoren, die Brücke durch eine handstreichartige Landung in Besitz zu nehmen[188]. Acht Granatwerferboote, die am linken Ufer ihre Positionen eingenommen hatten, sollten um die Mittagszeit den Angriff eines etwa 100 Mann starken Landungstrupps der 80. Garde-Schützen-Division unterstützen[189]. Trotz des intensiven Feuerschutzes und der Einnebelung des Landungsgebietes an den beiden Brückenauffahrten gelang es den sowjetischen Soldaten nicht, die Aktion erfolgreich abzuschließen. Dabei war die Landung von Kapitänleutnant Aržavkin zeitlich so koordiniert worden, daß sie mit heftigen Angriffen der sowjetischen Luftwaffe, des übrigen XX. Garde-Schützenkorps und des I. Garde-mech. Korps zusammenfiel. Mit der Donauflottille besaßen die Sowjets allerdings ein Kampfelement, dem man deutscherseits nichts entgegenzusetzen hatte. Die Schiffe der beiden deutschen Donauflottillen hatten sich schon längst stromaufwärts zurückgezogen und warteten nur mehr das Kriegsende ab. So wurde der Kampf gegen die sowjetische Donauflottille gelegentlich zu einem Duell zwischen deutschen Panzern und sowjetischen Monitoren[190].

Ein erfolgreicher Sturm auf die Reichsbrücke hätte schwerwiegende Folgen gehabt, vor allem für die nördlich der Donau kämpfenden deutschen Verbände, denn am darauffolgenden Tag, dem 12. April, war der Einbruchsraum des II. Garde-mech. Korps nach heftigen Kämpfen bis Enzersfeld, Seyring und Gerasdorf erweitert worden[191]. Auch der Donau-Oder-Kanal war bereits überschritten, und die 223. Schützen-Division drang (unter Absicherung der linken Flanke durch Marineinfanterie auf ungefähr 40 mit leichten Geschützen bestückten Schnellbooten) in der Lobau vor und gewann gegenüber den wenigen Alarm- und Volkssturmeinheiten rasch an Boden[192]. Nördlich der deutschen 6. Panzer-Armee war das Grenadier-Regiment 284 der 96. Infanterie-Division bis Großebersdorf zurückgegangen[193]. Allenthalben zeichnete sich das Ende der Schlacht um Wien ab.

DER LETZTE BRÜCKENKOPF

Am 12. April gelang der 4. Garde-Armee der entscheidende Sprung über den Donaukanal. Im Norden des XX. Bezirks wurde das Alarmbataillon völlig aufgerieben, im Mittelabschnitt mußte die 2. SS-Panzer-Division einen tiefen Einbruch im Augarten in Kauf nehmen, und im II. Bezirk erzielten das XX. Garde-Schützenkorps und das I. Garde-mech. Korps einen weiteren Geländegewinn, sodaß als letzter Raum für die deutschen Verteidiger ein immer schmäler werdender Streifen von der Floridsdorfer Brücke, unter Einschluß des Nordwestbahnhofs und Nordbahnhofs, bis zur Reichsbrücke offen blieb. Das I. Garde-mech. Korps drang so rasch vor, daß es den Raum um die westliche Brückenauffahrt der Reichsbrücke noch vor der aus dem Prater vorstoßenden 80. Garde-Schützen-Division erreichte. Die 2. Garde-mech. Brigade erhielt den Auftrag, die Brücke im Handstreich zu nehmen. Sie scheiterte aber an der Durchführung dieses Auftrags, da es auch unter Einsatz von 20 Sherman-Panzern und fünf Sturmgeschützen nicht gelang, die Stellungen der 3. SS- und der 6. Panzer-Division, die durch Teile der SS-Wachkompanie Wien und des Korps-MG-Bataillons „Mark" verstärkt worden waren, aufzubrechen. Die sowjetischen Bataillone wurden unter beträchtlichen Verlusten zurückgeschlagen[194].

Schließlich verengte sich aber der deutsche Brückenkopf um die Reichsbrücke auf einen Radius von wenigen hundert Metern. Es gab keine Front im eigentlichen Sinn, wohl aber erbitterte Kämpfe um Hauskeller, über die die Sowjets weiter vorzustoßen trachteten. Allmählich breitete sich bei den Russen so deutlich Siegeszuversicht aus, daß sie manchmal regelrecht sorglos wurden und unnötig hohe Verluste, vor allem an Panzern, hatten. Dennoch war die Krise der Verteidigung akuter denn je, und die Frage der endgültigen Räumung hing nicht mehr von der Situation innerhalb der Stadt, sondern vor allem von jener nördlich der Donau ab. Mit Einverständnis der Heeresgruppe zog die 6. Panzer-Armee soviel Kräfte wie nur möglich und vor allem die Panzer aus der Stadt heraus; dadurch konnte der Kampf weiter abgekürzt werden[195]. General Bittrich dürfte auch schon zur endgültigen Räumung bereit gewesen sein, aber er konnte sich nicht völlig über die Tatsache hinwegsetzen, daß es noch einen Kampfkommandanten gab. So übertrug er um 23.15 Uhr des 12. April General Bünau das Kommando über die restlichen Verteidiger[196], als wollte er damit den Beweis führen, daß es tatsächlich schon höchste Zeit zur Aufgabe der Positionen westlich der Donau sei. Nun sollte wieder der Kampfkommandant sehen, wie er mit der Situation fertig wurde.

Als General Bünau am Freitag, dem 13. April, den Befehl über den Brückenkopf übernahm, hatte sich die Lage weiter verschlechtert. Am rechten Donauufer befanden sich nur mehr Restteile der 2. SS-Panzer-Division in einem Brückenkopf um die Floridsdorfer Brücke bis einschließlich Nordwestbahnhof, wo die linke Flanke offen war. Der größte Teil der 3. SS- und der 6. Panzer-Division aber war während der Nacht über die Reichsbrücke zurückgegangen. Die Brücke selbst war unzerstört und lag im Feuerbereich schwerer sowjetischer Infanteriewaffen. Vom Nordufer her sicherten jedoch deutsche Pak- und Flakgeschütze und verhinderten ein Überqueren der Brücke[197].

Tagelang hatte es um die Frage der Sprengung der Reichsbrücke ein Tauziehen gegeben. Zunächst hatte sich das Oberkommando des Heeres den Zeitpunkt einer möglichen Sprengung vorbehalten. Dann machte der Oberbefehlshaber der Heeresgruppe deutlich, daß er über die Zerstörung oder Nichtzerstörung zu entscheiden habe. Währenddessen waren, je nachdem, wer gerade den Befehl gab, die in der Brücke vorhandenen Sprengkammern mehrmals geladen und entladen worden. Das bestand dann darin, daß man die Zünder von Fliegerbomben hinein- oder herausschraubte. Der Zeitpunkt der möglichen Sprengung wollte aber durchaus überlegt sein, denn die im Brückenkopf an der Reichsbrücke eingesetzten Truppen wollten sich ganz sicher nicht den Rückzug abschneiden lassen. Nach dem tagelangen Hin und Her war die Brücke jedoch ganz sicher nicht zur Sprengung hergerichtet, und die 6. Panzer-Armee meldete auch am 12. April unmißverständlich, daß es keine

Zerstörungsvorbereitungen gab. Generaloberst Rendulic dürfte sich schließlich mit seinem Befehl, die Sprengkammern endgültig zu entladen, gegenüber Berlin durchgesetzt haben. Als endlich die Räumung des Brückenkopfs erfolgte, wird jedoch nur die Unklarheit in der Befehlsgebung das Nichtsprengen zur Folge gehabt haben. Im Augenblick aber, da die Brücke — im Grunde genommen nur durch einen Zufall — unzerstört zwischen den Fronten lag, wurden zwar noch mehrmals Versuche unternommen, sie zumindest unpassierbar zu machen. Doch alle diese Versuche scheiterten. Die Sowjets ihrerseits unternahmen jegliche Anstrengung, um die Brücke zu erhalten, da sie damit die erste unzerstörte Donaubrücke in die Hand bekommen konnten, die sie zudem zur Fortsetzung ihrer Operation dringendst benötigten.

In der Morgendämmerung des 13. April setzte abermals ein Verband des XX. Garde-Schützenkorps, nämlich das 21. Regiment der 7. Garde-Luftlande-Division, vom Prater aus über die Donau und vereinigte sich dort mit dem zwei Tage vorher hinübergebrachten Bataillon des 217. Regiments. Gemeinsam stürmten die beiden Regimenter zur Ostauffahrt der Reichsbrücke, während sich die übrigen Teile der 80. Garde-Schützen-Division der Westauffahrt bemächtigten. Die Brücke war in russischem Besitz.

Wie auch schon um das Schicksal des Stephansdoms ranken sich um die Erhaltung der Reichsbrücke zahlreiche Geschichten. Die Rettung der Brücke vor der Zerstörung wurde von Carl Szokoll, Lothar Rendulic, etlichen deutschen Offizieren, einer monarchistischen Widerstandsgruppe und einer ganzen Reihe sowjetischer Verbände und Einzelpersonen reklamiert. Szokoll, der nach dem Geständnis Biedermanns und der Entdeckung seiner Gruppe untergetaucht war, nahm am 10. April Verbindung mit den Sowjets auf. Er trat den Weg zu den Russen, wie er schrieb, „ . . . mit dem Bewußtsein an, wenigstens je eine Brücke über Kanal und Donau halten zu können[198]“. Rendulic hatte zwar davon gehört, daß sich Hitler die Sprengung der Reichsbrücke persönlich vorbehalten habe, nichtsdestoweniger ließ er die Sprengladungen entschärfen, um eine Zerstörung unmöglich zu machen. Insgesamt dürften die Ladungen jedoch zwei bis drei Mal scharf gemacht und wieder entschärft worden sein. Dann war es zu spät. Die Erhaltung der Reichsbrücke wurde aber auch von der sowjetischen Donauflottille für sich in Anspruch genommen, dabei gab es Versionen, die diesen Vorgang bereits in Verbindung mit dem 11. April brachten[199]. Andere sowjetische Darstellungen gingen auch dahin, daß der Vorstoß zur Reichsbrücke dadurch gelang, daß ein Soldat zufällig einen unterirdischen Gang fand, der zum Donauufer führte. Andere Trupps sollen mit Hilfe eines „alten Wiener Wasserleitungsarbeiters" einen solchen Gang gefunden haben, und wieder andere wollen durch die Wiener Katakomben zur Donau gelangt sein, was jedoch entschieden unmöglich ist. Und so könnte man fortsetzen. Feststeht lediglich, daß die Brücke erhalten blieb und von Truppenteilen des sowjetischen XX. Garde-Schützenkorps in Besitz genommen worden ist[200].

Das I. Garde-mech. Korps nützte sofort die Chance der infolge des Wegfalls des Brückenkopfes bei der Reichsbrücke offenen Flanke bei der 2. SS-Panzer-Division und stieß am Vormittag mit aller Macht in die Gegend des Nordwestbahnhofs vor. Hier half nur mehr eine Radikalmaßnahme, da bei längerem Zögern die gesamte Front der Division aufgerollt und sie selbst vernichtet werden konnte. General Bünau entschloß sich, in selbständiger Abänderung seines vom II. SS-Panzerkorps erhaltenen Befehls, die Front in einen verengten Brückenkopf von etwa 700 Metern Radius um die Floridsdorfer Brücke zurückzunehmen[201]. Bünau sah die Aussichtslosigkeit des Kampfes in der unter pausenlosem Feuer der russischen Waffen liegenden letzten Position südlich der Donau, er sah, daß es nicht einmal möglich war, den Brückenkopf tagsüber zu räumen, da die Floridsdorfer Brücke unter direktem Beschuß lag. Nach wie vor hielt er jedoch an seinem Auftrag als Kampfkommandant fest. Bünaus Umgebung hatte an diesem Tag den Eindruck, daß der General den Tod suchte. Er wollte lieber sich selbst aufopfern, als die „Schuld" auf sich zu laden, nicht bis zur letzten Patrone gekämpft zu haben[202]. Wie zur Bestärkung dieser Auffassung wurde am 13. April eine Bekanntmachung des Oberkommandos der Wehrmacht vom Vortag verbreitet, in der es hieß:

„Städte liegen an wichtigen Verkehrsknotenpunkten. Sie müssen daher bis zum äußersten verteidigt und gehalten werden, ohne jede Rücksicht auf Versprechungen und Drohungen, die durch Parlamentäre oder feindliche Rundfunksendungen überbracht werden. Für die Befolgung diese Befehls sind die in jeder Stadt ernannten Kampfkommandanten persönlich verantwortlich. Handeln sie dieser soldatischen Pflicht zuwider, so werden sie, wie alle zivilen Amtspersonen, die den Kampfkommandanten von dieser Pflicht abspenstig zu machen versuchen, oder gar ihn bei der Erfüllung seiner Aufgabe behindern, zum Tode verurteilt. Ausnahmen von der Verteidigung von Städten bestimmt ausschließlich das Oberkommando der Wehrmacht.

Der Chef des Oberkommandos der Wehrmacht: gez. Keitel
Der Reichsführer-SS: gez. Himmler
Der Leiter der Parteikanzlei: gez. Bormann[203]"

Der Kommandeur der 2. SS-Panzer-Division, SS-Standartenführer Lehmann, die Generale Bittrich und Dietrich setzen sich für die endgültige Räumung Wiens ein. Sie wurden für die Beendigung der Schlacht um Wien wesentlich initiativer als General Bünau. Man telefonierte mit Berlin und schilderte die völlige Unmöglichkeit, den Kampf fortzusetzen. Endlich erreichte den Adjutanten des Kampfkommandanten die Mitteilung, daß der Brückenkopf geräumt werden dürfte[204]. Ein Abzug über die Floridsdorfer Brücke war zwar vorläufig nicht möglich, da die Brücke ständig unter dem Feuer sowjetischer Geschütze und auch unter heftigem Infanteriebeschuß lag, aber zumindest der prinzipielle Befehl war erwirkt worden. Für die Russen war die Schlacht um Wien offiziell am 13. April um 14 Uhr zu Ende[205]. Tatsächlich ging sie aber auf den sternförmig zum Engelsplatz (damals Pater-Abel-Platz) führenden Straßen in unverminderter Stärke weiter. Bis zum Abend hatte die Verteidigungszone nur mehr etwa 200 Meter im Radius. Mit Einbruch der Dunkelheit hörte dann der Kampflärm auf.

Die Verwundeten, die untertags auf einem Notverbandplatz unter der Brücke versorgt worden waren, und das wenige noch vorhandene schwere Gerät wurden als erstes über die Brücke gebracht. Dann folgten die total erschöpften Soldaten. Das Regiment „Der Führer" der 2. SS-Panzer-Division, das als letztes im Brückenkopf verblieben war[206], begann befehlsgemäß mit dem Absetzen auf das Nordufer der Donau. Die Zurücknahme der gesamten Brückenkopfbesatzung erfolgte ohne jede Störung durch die Russen, und knapp vor 24 Uhr passierte auch der Kampfkommandant von Wien die Floridsdorfer Brücke. Um Mitternacht wurde ein Joch der Brücke gesprengt[207].

Trotz des endgültigen Abzugs des II. SS-Panzerkorps aus Wien konnte freilich die Lage des Korps keineswegs als konsolidiert bezeichnet werden. Ganz im Gegenteil! Die Situation nördlich der Donau hatte nichts an Bedrohlichkeit verloren. Die Führer-Grenadier-Division behauptete zwar Aspern in einem zweitägigen Gefecht, mußte aber Eßling am 13. April aufgeben[208]. Alarmierend war auch, daß die 96. Infanterie-Division gänzlich nach Norden abgedrängt worden war und sich mit ihrem südlichsten Regiment gerade noch in Ulrichskirchen halten konnte, während die sowjetische 297. Schützen-Division und die 37. Garde-Panzer-Brigade des II. Garde-mech. Korps über Enzersfeld und Königsbrunn hinauskamen und mit starken gepanzerten Kräften, denen die 49. und die 86. Garde- sowie die 180. Schützen-Division des X. Garde-Schützenkorps (Generalleutnant Rubanjuk) folgten, bei Seyring und Gerasdorf nach Westen eindrehten[209]. In einem etwa zehn Kilometer langen und stellenweise nur mehr zwei Kilometer breiten Schlauch waren die Führer-Grenadier-Division, Teile der noch nicht nach Norden abgezogenen 2. und 3. SS- und der 6. Panzer-Division sowie Splitterverbände, Alarm- und Volkssturmeinheiten, Trosse des II. SS-Panzerkorps und ein beträchtlicher Artilleriepark zusammengedrängt.

Während man deutscherseits noch mit Bangen abwartete, ob nicht größere sowjetische Verbände über die unzerstörte Reichsbrücke oder vielleicht über die Floridsdorfer Brücke, die ohne große Schwierigkeiten passierbar gemacht werden konnte, nachstoßen würden[210], setzten südlich von Klosterneuburg und bei Kritzendorf völlig überraschend am 13. April abends und am 14. morgens einige Regimenter der 34. und der 40. Garde-Schützen-Division des XXXI. Garde-Schützenkorps der 4. Garde-Armee über die Donau und stürmten donauaufwärts nach Korneuburg[211]. Was so lange vermieden werden konnte, schien nun drohend nahe: Die Einschließung des II. SS-Panzerkorps. Lediglich die Tatsache, daß aus Wien selbst kein ernsthafter Versuch unternommen wurde, die Donau zu überqueren, rettete das Korps. Dabei wäre trotz der verstärkten deutschen Sicherungen am Nordufer ein größeres Unternehmen mit dem Ziel, den durch die 46. Armee gebundenen deutschen Kräften in die Flanke und in den Rücken zu fallen, kaum zu verhindern gewesen, und General Bünau wie alle anderen Offiziere, die über die prekäre Situation informiert waren, konnten nur mit Erleichterung die unerwartete Passivität der 3. Ukrainischen Front registrieren[212].

Die Sowjets, die nach der achttägigen Schlacht gewiß auch erschöpft waren und zudem den Triumph auskosteten, die „zweite Hauptstadt" des Deutschen Reiches erobert zu haben, wurden wohl bewußt nicht zur raschen Verfolgung der Deutschen eingesetzt. Daß dies nachträglich als ein Fehler gesehen wurde, kann man den Erinnerungen des Oberbefehlshabers der 2. Ukrainischen Front, Marschall Malinovskij, entnehmen, der die Vorgänge etwas beschönigte und die mißlungene Einschließung folgendermaßen darstellte: „Beim Vorrücken auf der Straße Wien — Brno begannen unsere Truppen, ohne sich aufhalten zu lassen, mit der Bewegung auf die Stadt Korneuburg, wo sich zu dieser Zeit schon die Infanterie befand, die die Donau überschritten hatte. Hinter den gepanzerten Fahrzeugen marschierten Schützeneinheiten und Artillerie, die einerseits die Front nach Süden umbogen und andererseits entlang der Straße nach Norden vorrückten. So wurden den Eingeschlossenen alle

Rückzugswege abgeschnitten. Gegen die Donau gedrückt, konnten die Reste der deutschen Gruppierung keine geeigneten Maßnahmen ergreifen, um sich nach Norden durchzuschlagen. Die Fläche, auf der sie sich befanden, wurde immer kleiner und kleiner, da die Schützeneinheiten der Angreifenden auch in der Nacht ihre aktive Gefechtstätigkeit nicht einstellten. Die Bataillone unter dem Kommando von Major Kozut und Hauptmann Gargolin zum Beispiel eroberten in der Nacht unerwartet die Eisenbahnviadukte von Floridsdorf und griffen in der Morgendämmerung den Gegner an, der sich auf dem Gelände des elektrotechnischen Werkes ‚Siemens‘ festgesetzt hatte. Unter Anwendung von Nahkampfmitteln — Maschinenpistolen und Handgranaten — töteten unsere Kämpfer ungefähr zweihundert Deutsche. Das weitere Vorrücken dieser zwei Bataillone zur Donau führte zur Zerstückelung der Eingeschlossenen[213]“.

Tatsächlich aber waren am Nachmittag des 14. April alle Anstrengungen des II. SS-Panzerkorps darauf gerichtet gewesen, ein Abfließen aus dem Sack zu bewerkstelligen. Eine der Führer-Grenadier-Division angehörende Sturmgeschütz-Brigade bekämpfte die aus Korneuburg vorbrechende 34. Garde-Schützen-Division. Gleich darauf erforderte die Lageentwicklung bei Königsbrunn ein neuerliches Umdisponieren. Die Führer-Grenadier-Division wurde wieder geschlossen zur Abwehr der 46. Armee eingesetzt, und die Reste der 3. SS-Panzer-Division hatten gegen Korneuburg vorzugehen, um das abfließende Korps abzuschirmen[214]. In Gewaltmärschen, die während der ganzen Nacht vom 14. zum 15. April anhielten, wurde die Front zurückgenommen. Trotz aller Anstrengungen gelang es jedoch nicht, den Marsch vor Tagesanbruch zu beenden. Im Morgengrauen erfolgten neue heftige Angriffe des X. Garde-Schützenkorps, doch schließlich war die gewählte Widerstandslinie nördlich von Korneuburg erreicht. Große Teile des Materials und vor allem die Artillerie waren zurückgelassen worden[215]. Die sowjetischen Angriffe gingen weiter, aber die Bildung einer neuen Front nördlich von Korneuburg über Stetten — Seebarn — Manhartsbrunn — Pfösing — Schleinbach, die im großen und ganzen bis Kriegsende gehalten werden konnte, war gelungen und der Anschluß an die 8. Armee gewahrt. In einem letzten Furioso waren Brücken gesprengt, Straßen unterbrochen, Industrieanlagen in Brand geschossen und vieles sinnlos zerstört worden. Die meisten Soldaten waren gleichgültig gegenüber den Leiden anderer geworden und nur froh, bei der Schlacht um Wien überlebt zu haben.

Etliche von ihnen waren jedoch zutiefst schuldig geworden. Sie hatten nicht nur gekämpft und sich verteidigt; sie hatten gemordet. Ein Vorfall wie die Erschießung von Juden, die sich im II. Bezirk in der Förstergasse versteckt gehalten hatten, war durch nichts zu rechtfertigen[216]. Und Greuel werden bekanntlich auch dadurch nicht geringer oder tolerierbar, wenn man darauf verweist, daß auch von anderen unmenschlich gehandelt worden ist.

Die „Wiener Angriffsoperation“ der 2. und der 3. Ukrainischen Front war durch die Einnahme der österreichischen Hauptstadt in ihrem westlichsten Punkt gelungen, und es zeigte die völlige Fehleinschätzung der Lage durch Hitler, wenn er nach den Worten „Berlin bleibt deutsch und Wien wird wieder deutsch“ dem Oberbefehlshaber der Heeresgruppe Süd noch vor dem 10. April befohlen hatte, durch einen Angriff vom Semmering her, der durch Nebenangriffe von St. Pölten und südwestlich von Wien begleitet werden sollte, Wien wieder zu nehmen. Das war eine Illusion, die auch nicht einmal ansatzweise zu verwirklichen getrachtet wurde[217].

Die 6. Panzer-Armee mußte froh sein, einigermaßen glimpflich davongekommen zu sein. Ihre Korps waren weit auseinandergerissen, denn während das eine nördlich der Donau bei Korneuburg stand, kämpfte das I. SS-Panzerkorps im Raum Triestingtal — Piestingtal. Der Zeitgewinn, der durch den Kampf um Wien seitens der deutschen Führung angestrebt worden war, wurde zwar erzielt, doch unter welchen Opfern!

In der Tagesmeldung der Heeresgruppe Süd vom 15. April wird auf knappem Raum ein Resümee der Schlacht um Wien gezogen. Hier heißt es:

„Ein mit weit überlegenen Infanterie- und Panzerkräften anrennender Gegner wurde von den bereits seit Wochen in schweren Angriffs- und Abwehrkämpfen stehenden Verbänden der Waffen-SS und des Heeres tagelang gebunden und erlitt sehr hohe Verluste an Menschen und Material. Die in diesem Kampf auf sich allein gestellte Truppe, von Teilen der Zivilbevölkerung durch feindselige Haltung im Rücken bedroht, hat ihr Letztes gegeben und, um jedes Haus und um jede Straße ringend, nach besten Kräften tapfer gekämpft[218]."

Anläßlich des Falls von Wien wurden in Moskau am 13. April 24 Salutschüsse aus 324 Geschützen abgefeuert; das war die übliche Anzahl für die Einnahme einer Hauptstadt. Am 15. April leuchtete der Himmel Moskaus abermals im Feuer des Artilleriesaluts auf. An diesem Tag hatten, wie es im Befehl des Oberkommandanten hieß, „die Truppen der 2. Ukrainischen Front im Zusammenwirken mit den Truppen der 3. Ukrainischen Front die Gruppe der deutschen Truppen, die versuchte, aus Wien nach Norden abzuziehen, eingeschlossen und zerschlagen, und dabei die Städte Korneuburg und Floridsdorf — mächtige Stützpunkte der Verteidigung der Deutschen am linken Donauufer — eingenommen[219]."

Für die Russen stellte die Eroberung von Wien die Erreichung eines militärischen, vor allem aber auch eines politischen Ziels dar. Stolz verwiesen sie darauf, daß Wien mit 13% an Zerstörungen gegenüber Warschau mit 74%, Dresden mit 60 % und Berlin mit 53% verhältnismäßig gut davonkam[220], doch scheint dies nur bedingt ein Verdienst der sowjetischen Kampfführung gewesen zu sein und ist wohl mehr den geringeren Bombardements durch die 15. US-Luftflotte und das 205. Geschwader der Royal Air Force zuzuschreiben.

Die sowjetischen Erfolgszahlen nehmen sich sehr eindrucksvoll aus: Im Kampf um Wien sollen die deutschen Verluste in der Zeit vom 3. bis zum 13. April 19.000 Mann an Toten betragen haben, 47.000 Offiziere und Soldaten seien gefangen, 636 Panzer und 1.093 Geschütze erobert oder zerstört worden. Demgegenüber seien 18.000 sowjetische Soldaten gefallen[221]. Bei weitem niedriger, wenngleich erschreckend genug, sind die Angaben, die der Bürgermeister der Stadt Wien, General a.D. Theodor Körner, in einem Rechenschaftsbericht am 22. Juni 1945 machte. Demnach hätten nach dem Ende der Kämpfe 4.000 Leichen auf den Friedhöfen und 1.000 in den Spitälern, Straßen und auf den Plätzen der Stadt auf Abtransport und Beerdigung gewartet[222]. Es dürfte sich dabei in erster Linie um tote deutsche Soldaten und Zivilpersonen gehandelt haben.

Marschall Tobuchin, Generalleutnant Birjukov und Tausende andere Offiziere und Soldaten sowie 84 Einheiten, darunter das XVIII., das XXIII. und das V. Garde-Panzerkorps, das XXXI. Garde-Schützenkorps, die Donauflottille, die 34., 100. und 107. Garde-Schützen-Division, wurden mit Orden und Titeln ausgezeichnet, mehr als 50 Einheiten erhielten den Ehrennamen „Wiener", und am 9. Juni 1945 wurde mit einem Ukas des Präsidiums des Obersten Sowjets für alle Teilnehmer an der Schlacht um Wien eine Medaille gestiftet[223]. Veteranen tragen sie noch heute.

Die österreichische Hauptstadt war wieder frei. Das Schicksal des 51 Tage umkämpften und dabei weitgehend zerstörten Budapest war ihr erspart geblieben, weil sich Hitler darauf beschränken mußte, die Führer-Grenadier-Division und die 25. Panzer-Division als Verstärkung nach Wien zu schicken. Letztere kam, ebenso wie die 710. Infanterie-Division, zu spät. Darüber hinaus verzichtete Hitler darauf, den deutschen Offizieren und Soldaten einen strikten Durchhaltebefehl zu geben, der die Einschließung des II. SS-Panzerkorps bedeutet hätte. So konnte von den deutschen Verbänden noch rechtzeitig die Räumung der Stadt in die Wege geleitet werden.

Wien war aber auch das Schicksal Warschaus erspart geblieben, in dem am 1. August 1944 von der polnischen Untergrundarmee (AK) der Aufstand zu einem Zeitpunkt ausgelöst wurde, als die sowjetischen Truppen in den Vorstädten standen, dann aber so lange zuwarteten, bis die deutsche 9. Armee am 2. Oktober die Revolte niedergekämpft hatte[224]. Es ist nicht von der Hand zu weisen, daß Wien einem ähnlichen Geschick nur knapp entronnen war. Die Westalliierten hätten wohl genausowenig wie bei Warschau ihr Bündnis mit der Sowjetunion aufs Spiel gesetzt, wenn die 3. Ukrainische Front tatenlos zugesehen hätte, wie sich die Situation in Wien nach einem Anfangserfolg der Widerstandsbewegung entwickelt haben würde. Es kam nicht dazu. Es kam auch nicht dazu, daß sich Truppenkontingente der Westalliierten am Einmarsch in Wien beteiligten. Noch im April 1945 erwähnte General Eisenhowers Chef des Stabes, Walter Bedell Smith, auf einer Pressekonferenz in Reims, daß die Russen unmittelbar nach der Einnahme Wiens ein Telegramm an das Hauptquartier der alliierten Expeditionsstreitkräfte gerichtet hätten mit dem Wortlaut: „Schickt sofort eine Einheit her, die sich am Einzug beteiligt!" — Smith führte weiter aus: „Sie warteten auf uns, wir hatten aber keine Einheit frei, die wir dorthin senden konnten[225]." Wenige Wochen später mußten sich die Westalliierten ihre Teilnahme an der Kontrolle Wiens unter massivem politischen Druck erkämpfen.

Nach dem Ende der Kämpfe dauerte es natürlich noch Wochen, ehe das Kriegsmäßige ein Ende fand, Verdunkelungen aufgehoben und Ausgehverbote eingeschränkt wurden. Doch die Bewohner Wiens waren einfach glücklich, davongekommen zu sein. Die Stadt wurde von sowjetischen Truppen beherrscht, die jedoch nicht nur an der Besetzung, sondern auch an der Geburt der Zweiten Österreichischen Republik ihren Anteil hatten. In und um Wien begann das neue Österreich früher als anderswo; dort ging der Krieg noch weiter.

7 Marchfeld und Weinviertel

Niederösterreich nördlich der Donau ist ein Landstrich, in dem sich genaugenommen Schlachtfeld an Schlachtfeld reiht. Die Ebenen und das meist nur leicht ansteigende, hügelige Land, waren Jahrhunderte hindurch Gebiete, in denen aufmarschiert und um Entscheidungen gerungen wurde. Und so lassen sich dann aufzählen: Mailberg, das schon in der frühen Babenbergerzeit umkämpft war; Groißenbrunn, Dürnkrut und Jedenspeigen, in deren Umgebung Přemysl Ottokar II. im 13. Jahrhundert seine Schlachten schlug; die von den Hussitenzügen heimgesuchten Regionen des Wald- und Weinviertels; Rabensburg, Staatz und Falkenstein, Retz und Krems, in denen der 30jährige Krieg Station machte; die Schlacht- und Gefechtsfelder der Napoleonischen Kriege, zu denen ja nicht nur Aspern und Wagram, sondern Hollabrunn, Schöngrabern, Dürnstein, Loiben, Gaunersdorf und zahlreiche andere Orte gehören; schließlich die Kriegsschauplätze des Krieges 1866 und zuletzt die Schlachtfelder des 2. Weltkriegs. Alles das reiht sich nicht nur chronologisch aneinander, sondern ergibt auch ein geradezu erschreckendes Muster von Landschaften und Orten, die immer wieder zum „Schauplatz" geworden sind. Da spielte sich das Weltgeschehen dann in der allernächsten Umgebung ab und wurde die Orts- zur Weltchronik. 1945 war es genauso. Schauplätze haben es an sich, daß sie zur Berühmtheit gelangen. So kommt es, daß dann in Frankreich Schüler auf Anhieb wissen sollen, wo Aspern und Eßling liegen; so kommt es, daß Retz und Krems zur schwedischen Geschichte gehören, man in Preußen-Deutschland auf Anhieb wußte, wo Eibesbrunn liegt. Und ebenso finden sich in der sowjetischen Historiographie zum Zweiten Weltkrieg so liebliche, wenngleich nicht unbedingt bedeutende Orte wie Marchegg, Loidesthal, Ebendorf und andere, während die rumänische Geschichtsschreibung über das Kriegsende den Ort Schrick in Verbindung mit einem rumänischen Nationalhelden setzt. Historische Perspektiven sind eben anders als nationalökonomische oder soziologische Betrachtungsweisen.

DIE BEFREIUNG DER SLOWAKEI

Als es sich um den 20. März 1945 erwiesen hatte, daß die deutscherseits zunächst bloß als Gegenangriff gegen die eigene Plattenseeoffensive angesehene Operation der 3. Ukrainischen Front doch mehr war als bloß der Versuch, sich gewissermaßen Luft zu machen, hieß es umdenken. Der Endkampf stand bevor. Daher sickerte in die Lagebeurteilung des Oberkommandos des Heeres auch rasch die Vermutung ein, daß in Kürze an der Hron-Front, besonders im Raum Levice (Leva), auch die 2. Ukrainische Front Marschall Malinovskijs zum Angriff übergehen und westnord-westliche Richtung nehmen werde.

Im Hinblick auf die im Raum Ratibor-Neiße unter Zusammenfassung der Kräfte der 1. Ukrainischen Front geführten Angriffe gegen die Mährische Pforte zeichnete sich damit das Bestreben der sowjetischen Führung ab, die Operationen aus dem ungarischen und aus dem schlesischen Raum zum Zusammenwirken zu bringen und die deutsche Heeresgruppe Mitte von Norden und Süden her in die Zange zu nehmen[1]. Darüber hinaus war die konkrete politische Zielsetzung der Sowjetunion hinsichtlich der Tschechoslowakei nicht zu übersehen.

Hier wie in Ungarn hatte Stalin sein direktes Interesse betont, und es war nicht, wie im Falle Österreichs, nur an eine vorübergehende Inbesitz- und Einflußnahme gedacht. Die grundlegende Voraussetzung für eine mögliche Operation gegen den böhmischen und mährischen Raum war aber das Gelingen der Wiener Angriffsoperation, denn nur sie bot die Möglichkeit, aus der tiefen Südflanke gegen die Heeresgruppe Mitte vorzustoßen.

Bis zum 25. März hatte das Sowjetische Oberkommando die Gewißheit, daß sich der Angriff der 3. Ukrainischen Front weiterhin erfolgreich entwickeln würde[2], und an eben diesem Tag brach, für die deutsche 8. Armee nicht unerwartet, die russische Offensive an der unteren Hron-Front mit Schwerpunkt südlich und südwestlich von Levice, los. Die deutsche 8. Armee hatte schon vom 20. bis zum 25. März sukzessive alle Stützpunkte am linken Ufer des Hron aufgeben müssen[3]. Nun hieß es, auf Nitra (Neutra), Váh (Waag) und March zurückgehen. Um die deutschen und sowjetischen Operationen in Niederösterreich nördlich der Donau verstehen zu können, muß man sich — zumindest in groben Zügen — mit der Lageentwicklung im slowakischen Raum vertraut machen.

An das Nordufer der Donau angelehnt, begann die 7. Garde-Armee (Generaloberst M. S. Šumilov) ihren Vormarsch, rechts davon die 53. Armee (Generalleutnant I. M. Managarov), die zusammen mit der 1. rumänischen Armee eine Gruppe bildete, und noch weiter nördlich die 40. Armee, die mit der 4. rumänischen Armee zur Gruppe des Generalleutnants F. F. Šmačenko zusammengefaßt war. Südlich der Donau war die 46. Armee unter General Petruševskij eingesetzt.

Marschall Malinovskij beabsichtigte, seinen Hauptstoß nördlich der Donau mit dem rechten Flügel der 7. Garde-Armee (XXIV. Garde-Schützenkorps) und dem linken Flügel der 53. Armee (XXVII. Garde-Schützenkorps) in Richtung Bratislava — Malacky — Brno zu führen und die deutsche 8. Armee (General der Gebirgstruppen Hans Kreysing), die den genannten sowjetischen Kräften allein gegenüberstand, im Abschnitt des Panzerkorps „Feldherrnhalle" zu durchbrechen[4]. In den Durchbruchsraum sollte dann die 1. Garde-Kavallerie-mechanisierte Gruppe des Generalleutnants Plijev eingeführt werden, um den Erfolg auszuweiten und um ein Festsetzen der 8. Armee an Nitra, Váh und March zu verhindern. Nach sowjetischen Angaben verfügte die 2. Ukrainische Front vor Beginn der Offensive über 359.000 Mann, 7.860 Geschütze und Granatwerfer, 365 Panzer und Selbstfahrlafetten sowie 637 Flugzeuge der 5. Luftarmee (Generaloberst der Flieger S. K. Gorjunov[5]).

Die deutsche 8. Armee stand mit ihrem rechten Flügel, dem XXXXIII. Armeekorps (General der Gebirgstruppen Versock), an der Donau, wobei dieses Korps bei Komárom zunächst noch mit einem Brückenkopf in den Abschnitt der 6. Panzer-Armee reichte. Daran schlossen links das Panzerkorps „Feldherrnhalle", das LXXII. und das XXIX. Armeekorps an. Insgesamt verfügte die 8. Armee am 24. März über rund 16 Divisionen mit einer geschätzten Tagesstärke von etwas mehr als 150.000 Mann. Die Kampfstärke betrug jedoch nur etwa ein Drittel davon. Es dürften bei Beginn der sowjetischen Offensive zirka 100 Kampfpanzer und ebenso viele Jagdpanzer und Sturmgeschütze vorhanden gewesen sein[6].

Wenn man auch bei den Russen die südlich der Donau gegen die deutsche 6. Panzer-Armee eingesetzte sowjetische 46. Armee in Abzug bringt (rund 70.000 Mann), so besaß der linke Flügel der 2. Ukrainischen Front dennoch eine augenfällige Überlegenheit. Dieses ungleiche Verhältnis hätte sich auch dann nicht wesentlich verändert, wenn auf deutscher Seite die 3. ungarische Armee, die nur mehr aus einigen wenigen Bataillonen bestand, hätte voll eingesetzt werden können. Doch schon am ersten Tag des sowjetischen Großangriffs nördlich der Donau meldete die 8. Armee, daß der einzige noch geschlossene ungarische Verband, nämlich die 24. Infanterie-Division, mit wachsendem sowjetischem Druck auf Banská Bystrica in ihrem Widerstand erlahmte und nicht mehr kämpfen wollte[7].

Die deutsche 8. Armee konnte sich bei der Verteidigung der südwestlichen Slowakei und Südmährens eine Reihe natürlicher Hindernisse zunutze machen, vor allem die im Südabschnitt quer zur sowjetischen Vormarschrichtung verlaufenden Flüsse. Diese gewannen noch dadurch an Bedeutung, daß sie im Frühjahr 1945 Hochwasser führten und verschlammte Ufer hatten. Weiter nördlich davon erschwerten die großen Bergmassive der Karpaten den sowjetischen Vormarsch.

Seit dem Herbst 1944 war auch in der Slowakei an der Reichsschutzstellung gebaut worden, die hier in Bratislava ihren rechten Eckpfeiler hatte und dann über die Kleinen Karpaten nach Norden verlief. Darüber hinaus waren seit Februar 1945 Verteidigungsvorbereitungen getroffen worden, die schließlich in der ganzen Westslowakei und in Südmähren ein zusammenhängendes Netz von Verteidigungsstellen hätten entstehen lassen sollen.

Insgesamt ergab sich Ende März folgendes Bild: Entlang des Südwestufers des Hron waren die Stellungen zusammenhängend von Žiar nad Hronom (Heiligenkreuz) bis zur Flußmündung ausgebaut. Nördlich von Nový Tekov verteilten sich die Stützpunkte auf 200 bis 1.000 Meter. Südlich davon waren die Verteidigungsanlagen wieder durchgehend ausgebaut. Eine zweite Verteidigungszone war in einer Tiefe von sechs bis acht Kilometern von der ersten eingerichtet worden und sperrte die Zugänge zur Nitra, an deren Oberlauf die Straßen nach Handlová (Krickerhäu), Prievidza und Pravno noch gesondert abgeriegelt wurden. Am Unterlauf der Nitra waren die Städte Nitra und Nové Zámky durch Schützen- und Panzergräben verteidigungsbereit gemacht worden. An der Váh und an der Kleinen Donau entstanden nur vereinzelte Schützengräben. Westlich der Váh konnten von der 8. Armee die Bergmassive der Kleinen und Weißen Karpaten ausgenützt werden, die mit Bratislava im Rahmen der Reichsschutzstellung befestigt wurden. An der Ostseite der Kleinen Karpaten waren — wie auch im österreichischen Teil der Reichsschutzstellung — zwei voneinander zwei bis drei Kilometer entfernte Grabensysteme angelegt worden. Dazwischen wurde an gefährdeten Stellen ein Panzergraben ausgehoben, der stellenweise in eine Panzerabwehrwand überging. Die Wege waren durch Betonhindernisse zur Sperrung vorbereitet. An der Westseite der Kleinen Karpaten, entlang des Unterlaufs der March, konnten sich die Verteidiger die noch vorhandenen tschechischen Grenzbefestigungen der ehemaligen Beneš-Linie zunutze machen[8].

Am 25. März, dem ersten Tag der sowjetischen Offensive, gelang es der 2. Ukrainischen Front, nach einem rund achtstündigen Trommelfeuer am Westufer des Hron eine Reihe kleiner Brückenköpfe zu errichten und sie in den folgenden Tagen kräftig auszuweiten[9]. Bis zum 27. März hatte sich schon ein regelrechter Angriffskeil in Richtung Nové Zámky und Nitra entwickelt. Die deutschen Truppen wurden allmählich nach Südwesten abgedrängt und erreichten den Žitava-Abschnitt[10]. Am schwierigsten war die Lage des Panzerkorps „Feldherrnhalle" (General der Panzertruppen Kleemann) und des benachbarten XXXXIII. Armeekorps geworden. Diese beiden Verbände mußten einerseits noch an der Hron-Front kämpfen und andererseits entlang der Donau eine starke Sicherung aufbauen, da südlich des Stromes das II. Garde-mech. Korps der 46. Armee schon in der Höhe von Komárom war und damit den rechten Flügel der 8. Armee um rund 50 Kilometer überflügelt hatte[11]. Auch in diesem Fall wirkte sich der Befehl Hitlers, mit dem linken Flügel der Heeresgruppe Süd um jeden Preis stehen zu bleiben, verhängnisvoll aus.

Bei der 8. Armee waren alle Maßnahmen darauf ausgerichtet, den sowjetischen Vormarsch zu verzögern. Der Brückenkopf von Komárno sollte gehalten werden; die 96. Infanterie-Division und die Kampfgruppe der 211. Volks-Grenadier-Division wurden angewiesen, die sogenannte „Dorothea-Stellung" westlich von Vel'. Ludince bis zur Donau zu beziehen, und außerdem wurden die Verteidigung des Raumes Nové Zámky und der Aufbau einer Abwehrfront am Žitava-Abschnitt und südlich von Zlaté Moravce angeordnet[12].

Aber auch diese kleinräumigen Ziele waren nicht mehr zu erreichen. Die sowjetische Donauflottille landete am 28. März eine größere Abteilung bei Moča mitten in die Absetzbewegung der deutschen 96. Infanterie-Division und der 211. Volks-Grenadier-Division[13]. Die 25. Garde-Schützen-Division und die 4. Garde-Luftlande-Division des XXV. Garde-Schützenkorps drängten auf Komárno. Schon am folgenden Tag drangen die sowjetischen Einheiten in den Brückenkopf ein. Im Nordteil von Nové Zámky wurde gekämpft, und nördlich davon konnte das Panzerkorps „Feldherrnhalle" das sowjetische Vordringen über die Nitra nach Westen nicht verhindern[14].

Es war aber nicht die schwierige Lage der 8. Armee selbst, die eine Zurücknahme der Front notwendig machte, sondern der sowjetische Durchbruch bei der 6. Panzer-Armee. Nach dem schon erwähnten langen Zögern Hitlers wurde endlich am 29. März, knapp nach Mitternacht, die Zurücknahme des Mittel- und Nordabschnittes der Heeresgruppe Süd bewilligt. In der Folge davon wurde der 8. Armee befohlen, die „Přibina-Stellung" (Bratislava — Sered — Nitra, über das Nitranska hory mit

Anschluß an die Heeresgruppe Mitte im Bereich der Vel'ka Tatra) zu beziehen. Im diesbezüglichen Befehl des Oberkommandos des Heeres war allerdings ausdrücklich angemerkt, daß im Raum südlich und südwestlich von Nitra so lange wie möglich vor der „Přibina-Stellung" zu verteidigen sei[15]. Doch was hieß schon: so lange wie möglich?

Unaufhaltsam nahmen die gut geleiteten, rasch durchgeführten und straff zusammengefaßten sowjetischen Angriffsoperationen ihren Lauf. Die von Hitler und dem Oberkommando des Heeres immer wieder geforderten Gegenangriffe, mit dem Ziel, die Feindvorstöße bei der 8. Armee aufzufangen, waren kaum von einem momentanen Erfolg begleitet[16]. Am 30. März ging Komárno verloren, am darauffolgenden Tag erzwangen das IV. und das VI. Garde-Kavalleriekorps der 1. Garde-Kavalleriemech. Gruppe nach tagelangem zähem Kampf den Durchbruch westlich der Váh. Galanta und Nitra gingen verloren; die noch durch das IV. Garde-mech. Korps verstärkte Gruppe Plijev zeigte Stoßrichtung auf Břeclav (Lundenburg) und den mährischen Raum[17]. Weit nach Nordosten vorgestaffelt, erfuhr die Front der 8. Armee durch jede rückläufige Bewegung an ihrem rechten Flügel eine immer größere Ausdehnung und wurde schließlich auf rund 200 Kilometer auseinandergezogen. Im Grunde genommen hatte sie keine Nord-Süd-, sondern nur mehr eine Ost-West-Ausdehnung. Wiederholt wurde von der Armee und von der Heeresgruppe beantragt, den noch weit nach Osten reichenden linken Flügel in der Gegend nördlich von Banská Bystrica im Einvernehmen mit der Heeresgruppe Mitte zurückzunehmen. Aber alle diese Anträge erfuhren die fast obligate Ablehnung Hitlers[18]. Auch die Meldung General Kreysings, daß die Truppen der 8. Armee durch die unablässigen Abwehrkämpfe „mürbe" geworden seien und es an Artilleriemunition fehle, konnte Hitler nicht bewegen, den Befehl zur Verkürzung der Front zu geben[19].

Der 1. April brachte nun für die 2. und 3. Ukrainische Front die grundlegenden Befehle des sowjetischen Oberkommandos über die Fortsetzung der Operationen. An Marschall Malinovskij erging die Weisung, daß die Hauptkräfte der Front bei der Fortsetzung ihres Angriffs nördlich der Donau in allgemeiner Richtung Malacky-Jihlava (Iglau) bis spätestens 5./6. April Bratislava einzunehmen und auf die Linie Nové Město — Jablonica — Malacky — March vorzurücken hätten. Weiters seien Brno, Znojmo und Stockerau einzunehmen. Der 46. Armee wurde nur der Angriff in Richtung Bruck a. d. Leitha — Wien befohlen, jedoch verlautete noch kein Wort über einen eventuell beabsichtigten Donauübergang dieser Armee[20]. Das ist deshalb interessant, da das Oberkommando des Heeres/Abteilung Fremde Heere Ost schon am 2. April die Vermutung äußerte, daß die 46. Armee mit dem XXIII. Panzerkorps und dem II. Garde-mech. Korps wahrscheinlich über die Donau hinweg gegen den Raum nördlich von Wien angesetzt sei. Offenbar war sich aber das Sowjetische Oberkommando noch nicht ganz über die weitere Entwicklung im Wiener Raum schlüssig geworden.

Das VI. Garde-Kavalleriekorps setzte am 1. April aus dem Raum Galanta seine Durchbruchsangriffe nach Nordwesten fort und konnte bis zum Ostrand der Kleinen Karpaten vordringen; Pezinok und Modra fielen. Das IV. Garde-Kavalleriekorps nahm Trnava (Tyrnau) und ging von dort nach Nordwesten vor. Nach einem vorübergehenden Abwehrerfolg der deutschen 211. Volks-Grenadier-Division drangen die 25. Garde- und die 4. Garde-Luftlande-Division, von Osten kommend, in Bratislava ein[21].

In der Folge spielten sich die Vorgänge analog zu denen südlich des Neusiedler Sees ab: Die Sowjets benötigten nur einen einzigen Punkt, um die Reichsschutzstellung zu durchstoßen, und das gesamte lineare Befestigungssystem brach zusammen. Bratislava war dieser „Punkt". Die Stadt und der Höhenrücken der Kleinen Karpaten nördlich davon waren Teile der Reichsschutzstellung; sehr wesentliche sogar. Die Stadt selbst war auf ihre Verteidigung vorbereitet worden, doch außerhalb dieses zentralen Punktes gab es lediglich die bereits mehrfach geschilderten baulichen Notmaßnahmen. Das Beziehen der Stellungen durch die deutschen Divisionen geschah unvorbereitet und teilweise gleichzeitig mit den durchgebrochenen Russen. Es fehlten Karten und Einweiser für die neue Hauptkampflinie, aus der mancherorts die sowjetischen Soldaten erst hinausgeworfen werden mußten[22].

Der Beginn des Kampfes um Bratislava war für den Staatspräsidenten der Slowakei, Monsignore Josef Tiso, und die slowakische Regierung der Anlaß, sich auf das Verlassen der Slowakei vorzubereiten. Sie zogen über Holíč, Skalica und Znojmo nach Kremsmünster in Oberösterreich, wo dann die zur slowakischen Exilregierung gewordene Gruppe bis Kriegsende blieb. Nur Staatspräsident Tiso fuhr noch Ende April nach Altötting[23].

Der Kampf um Bratislava entbrannte mit aller Heftigkeit. Die sowjetische Donauflottille transportierte zur Unterstützung der drei Divisionen des XXV. Garde-Schützenkorps das XXIII. Schützenkorps der 46. Armee vom rechten auf das linke Donauufer[24]; der Oberbefehlshaber der 7. Garde-Armee entschied, die Stadt im Südosten und Nordosten zu umfassen, und am 4. April war sie nach schwerem Artilleriebeschuß und Luftangriffen erobert[25]. Die deutsche 96. Infanterie-Division mußte mit den restlichen Verteidigern Bratislavas in die Marchniederungen zurückweichen. Der berechtigte Wunsch, erst jenseits der March die neue Widerstandslinie aufzubauen, konnte vom Kommandierenden General des XXXXIII. Armeekorps nicht berücksichtigt werden[26]. Er mußte darauf Bedacht nehmen, daß nördlich von Bratislava der Rückzug noch nicht so weit gediehen war, daß man ohne Gefahr für die linke Flanke des Korps über die March setzen durfte.

Am 2. April hatte das sowjetische VI. Garde-Kavalleriekorps am Ostrand der Kleinen Karpaten einen weiteren Einbruch in der Nähe von Pezinok erzielen können; dem IV. Garde-Kavalleriekorps gelang es, nordwestlich von Trnava einzubrechen[27]. Im Váh-Tal war das IV. Garde-mech. Korps der Gruppe Plijev entlang des Ostufers bis Piest'any vorgedrungen. Auch am darauffolgenden Tag konnte es im selben Raum mehrere gelungene Einbrüche verzeichnen[28]. Am 3. April kamen die Verbände des VI. Garde-Kavalleriekorps am Kamm der Kleinen Karpaten an und bewiesen damit, daß nicht nur die „Festung Preßburg" eine Illusion gewesen war, sondern auch die Reichsschutzstellung nördlich davon. Am 4. April waren die Kleinen Karpaten von den Russen bereits größtenteils überwunden. Die Front zwischen der Váh und den Kleinen Karpaten hielt zwar noch, aber Piest'any und Handlová gingen verloren. Der linke Flügel der 8. Armee, der sich noch immer 200 Kilometer ostwärts der March befand, konnte nicht zurückgenommen werden.

Diesen Umstand ließ sich Marschall Malinovskij nicht entgehen. Um die Operationen seiner Front nach Norden abzusichern, griff die 53. Armee mit Schwerpunkt im Váh-Tal und unter Verlegung des LI. Schützenkorps nach Westen an. Das Ziel dieser Operation war es, das Zentrum und den linken Flügel der 8. Armee weiter nach Norden abzudrängen und die Front zu zerreißen[29].

ÜBER DIE DONAU UND ÜBER DIE MARCH

Am Nachmittag des 5. April betrat das deutsche XXXXIII. Armeekorps österreichischen Boden. Die drei Brücken über die March im Raum Devin (Theben), eine Holz-, eine Ponton- und die Eisenbahnbrücke, lagen bereits im Feuer sowjetischer Geschütze, als sich die 96. Infanterie-Division, ohne einen diesbezüglichen Korpsbefehl abzuwarten, von ihrem Gegner zu lösen begann. In der Nacht zum 6. April gingen die letzten Teile der Infanterie über die March zurück; ein Teil über die Holzbrücke nach Schloßhof und der andere Teil über die Eisenbahnbrücke. Danach wurden die Übergänge gesprengt.

In den niederösterreichischen Ortschaften entlang der Hochwasser führenden March hatten im März 1945 in fieberhafter Eile die Arbeiten zur Anlage von Panzergräben und -sperren, MG-Nestern und Schützenlöchern begonnen[30]. Die Haupttätigkeit konzentrierte sich aber nicht auf den Unterlauf der March — hier schien ohnehin Bratislava ausreichend Schutz zu gewähren —, sondern auf den Mittellauf, der zusammen mit Verteidigungsanlagen an der Thaya den March-Thaya-Abschnitt der Reichsschutzstellung bildete[31]. Der Raum Dürnkrut — Zistersdorf — Hohenau war auch deshalb bedeutend, weil die Erdölvorkommen dieser Gegend das letzte große Reservoir für die Treibstoffproduktion des Deutschen Reiches waren und zusammen mit den ungarischen Ölvorkommen noch im März 80% des Gesamtaufkommens bestritten hatten[32]. Nach dem Wegfall des Erdölgebiets um Nagykanizsa war der prozentuelle Anteil des Zistersdorfer Erdöls wohl noch gestiegen, wenn auch die Produktion in absoluten Zahlen rapid abnahm. Das Problem lag schließlich nicht einmal darin, das Erdöl zu fördern, sondern darin, es fortzutransportieren und zu raffinieren. Zistersdorf und das umliegende Erdölgebiet förderten jedenfalls weiter.

Schließlich galt einer der letzten richtungsweisenden Befehle des deutschen Rüstungsministers Albert Speer dem Zistersdorfer Ölgebiet und der ölverarbeitenden Industrie im Wiener Raum. Am 5. April gab er eine Anordnung des „Führers" bekannt, wonach die Erdölvorkommen und die Erdölverarbeitung im Wiener Raum bis zum letzten Augenblick ausgenützt werden müßten. Die Aufrechterhaltung des Verkehrs sei unbedingt notwendig; die Bahnanlage Wien — Břeclav — Přerov (Prerau) sei erst in letzter Minute zu zerstören[33].

Abgesehen von etwas leichter Flak (Heimat-Flak-Batterie 32/XVII) dürfte das Zistersdorfer Erdölgebiet aber keinen besonderen Flakschutz genossen haben. Die Amerikaner flogen auch keinen einzigen strategischen Luftangriff gegen das Erdölgebiet mit dem Ziel, die Förderanlagen zu zerstören[34]. Wahrscheinlich wäre es sinnlos gewesen, die weit auseinanderliegenden Förder- und Bohrtürme anzugreifen, und da man sich dessen auch deutscherseits bewußt war, unterblieb der Aufbau eines Flakschutzes. Damit verfügte das Gebiet um Zistersdorf aber auch nicht über jenes Geschützmaterial, das im Süden von Wien den Sowjets das Vorankommen stellenweise sehr erschwerte.

Vor dem Herankommen der Sowjets zerstörten zunächst amerikanische und ab Ende März sowjetische Bomber die Bahnanlagen und die Rückzugsstraße der Deutschen Wehrmacht. Als es darum ging, die örtlichen Kräfte zu erfassen, konnte dem Abschnittskommandanten der March-Thaya-Stellung nur das Landesschützen-Bataillon 897 unterstellt werden[35]. Darüber hinaus gab es so gut wie keine Territorialeinheiten, die an die kämpfende Truppe abgegeben werden konnte. Vom Truppenübungsplatz Döllersheim, dem größten Truppenübungsplatz des Deutschen Reiches, traf noch einiger Ersatz ein, besonders für die erst in der zweiten Aprilhälfte der 8. Armee zugeführte 44. Reichsgrenadier-Division „Hoch- und Deutschmeister[36]". Von größerem Wert war die Zuführung einer SS-Kampfgruppe aus dem Protektorat Böhmen und Mähren unter SS-Obersturmbannführer Trabandt in der Stärke eines Regiments, das im Raum Zistersdorf eingesetzt werden sollte. Ihm folgten zwei weitere SS-Kampfgruppen, die dann alle zu den SS-Brigaden „Böhmen" und „Mähren" verschmolzen wurden[37]. Und schließlich sicherten Teile der in Aufstellung begriffenen 37. SS-Freiwilligen-Kavallerie-Division den Marchabschnitt von der Mündung des Flusses in die Donau bis Marchegg.

Am 6. April machten sich die sowjetische 46. Armee am Südufer der Donau und die 7. Garde-Armee am Ostufer der March bereit, um sich die Übergänge in das Marchfeld zu erkämpfen. Die 2. Ukrainische Front hätte für den March- und den Donauübergang ihrer Armeen weder einen günstigeren Zeitpunkt noch einen geeigneteren Ort finden können. Im Bereich der Marchmündung bzw. in der Südostecke des Marchfelds lag ein praktisch unverteidigter Raum, den auch die allmählich eintreffenden Teile der 96. Infanterie-Division und vier schwache Bataillone der ungarischen 27. Division nicht zu füllen vermochten. Das Zusammenwirken des LXXV. Schützenkorps der 46. Armee, südlich der Donau, mit dem XXIII. und dem XXV. Garde-Schützenkorps ostwärts der March schuf außerdem eine derartige Übermacht, daß trotz des beträchtlichen Hinderniswertes von Donau und March an einen längeren Widerstand nicht zu denken war. War aber erst einmal ein gesicherter Brückenkopf vorhanden, und hatten die Sowjets das letzte größere Flußhindernis überwunden, dann gab es in diesem Raum kein natürliches Hindernis mehr, das ihren Vormarsch ernstlich erschweren konnte.

Am 5. April begann die Vorbereitung zum Übergang durch Artillerie und Granatwerfer der 46. Armee[38]. Bald mischte sich die Artillerie der 7. Garde-Armee vom Osten her ein, und um 1 Uhr nachts des 6. April begann der Donauübergang der 46. Armee westlich von Hainburg bei Stopfenreuth[39]. Wenige Stunden später standen auch das XXV. Garde-Schützenkorps und nördlich davon das XXIV. Garde-Schützenkorps der 7. Garde-Armee in breiter Front an der March und versuchten, zwischen Schloßhof und Baumgarten über den Fluß zu kommen[40]. Sie bildeten zwischen Schloßhof und Marchegg einige kleine Brückenköpfe, die sie unter starker Artilleriedeckung über rasch geschlagene Pontonbrücken speisten[41]. Die deutsche Luftwaffe griff zwar wiederholt ein und bombardierte die Übergangsstellen, doch eine nachhaltige Wirkung blieb aus[42].

Am Abend des 6. April stand bereits fest, daß sowohl der Donauübergang der 46.

Armee als auch die Überwindung der March so weit gelungen waren, daß mit der Fortsetzung der sowjetischen Angriffe im Marchfeld gerechnet werden konnte. Entscheidend wirkte sich der Umstand aus, daß sich die 96. Infanterie-Division (Generalmajor Harrendorf) und die 101. Jäger-Division (Generalleutnant Assmann) in dem Bemühen, an der March verstärkten Widerstand zu leisten, nicht um die übersetzende 46. Armee kümmern konnten[43], deren XXIII. Schützenkorps sich schon seit dem Kampf um Bratislava nördlich der Donau befand und nur über die March stoßen mußte, um wieder mit der Armee vereint zu sein. Dem enormen sowjetischen Übergewicht im Bereich der Marchmündung konnte die 8. Armee also keine nennenswerten Kräfte entgegensetzen. Nördlich davon wurden jedoch die Korps der 7. Garde-Armee in mehrtägigen Kämpfen gebunden.

Am 7. April versuchten die 25. Garde- und die 252. Schützen-Division des XXIII. Schützenkorps, aus ihren Brückenköpfen bei Markthof und Groißenbrunn auszubrechen, allerdings vergeblich. Um mehr Truppen in ihre Brückenköpfe zu bekommen, bauten sowjetische Pioniere schließlich allein im Raum Markthof sieben Pontonbrücken. Über diese Brücken wurde bis zum Abend vor allem Artillerie an das rechte Marchufer gebracht, bis am Abend dieses Tages lediglich im Bereich des XXIII. Schützenkorps 877 Geschütze und Granatwerfer das Ufer gewechselt hatten[44]. Die sowjetische Artillerie schoß sich auf die deutschen Stellungen und besonders auf das prachtvolle Schloß Schloßhof ein, das vom Lustschloß Prinz Eugens noch in k. u. k. Zeiten zur Kaserne geworden war und jetzt zur Ruine wurde. Doch es sollte noch einen Tag dauern, ehe die Sowjets hier weiter vorankamen. Dafür gelang es der 72. und der 81. Garde-Schützen- und der 6. Garde-Luftlande-Division des XXIV. Garde-Schützenkorps sowie der 141. Schützen-Division des XXVII. Garde-Schützenkorps, bei Angern, Dürnkrut und Jedenspeigen im Bereich der 211. Volks-Grenadier-Division und eines Regiments der 48. Volks-Grenadier-Division weitere kleine Brückenköpfe zu bilden, ja, ostwärts von Hohenau überschritten sogar schon kleine Trupps des VI. Garde-Kavalleriekorps der Gruppe Plijev den Grenzfluß und erkämpften sich das westliche Ufer[45].

Innerhalb von 24 Stunden war somit die March von den Sowjets nicht nur erreicht, sondern auch an vielen Punkten überschritten worden. Dutzende Ponton- und Behelfsbrücken wurden geschlagen. Dann aber entwickelten sich entlang der March von Marchegg bis Hohenau tagelange Kämpfe, da es die deutschen Truppen militärisch richtigerweise vermieden hatten, ihre Stellungen direkt an der March zu nehmen und das sowjetische Übersetzen am Fluß selbst verhindern zu wollen. Vielmehr hatten sie sich entlang des Hochwasserdammes und auch weiter westlich der March zur Verteidigung eingerichtet und setzten den über die March gekommenen Sowjets heftig zu. In Marchegg etwa wurden mehrfach Gegenstöße geführt, die die Sowjets auch kurzzeitig aus dem Ort warfen. In Baumgarten konnten die Sowjets vier Tage aufgehalten werden, desgleichen in Mannersdorf. Im Raum Dürnkrut und Jedenspeigen setzten die Kampfhandlungen erst zwei Tage später ein, dauerten dafür aber bis zum 11. April. Häufig war es den Sowjets, die auch mit sehr starker Luftunterstützung durch die 5. Luftarmee angriffen, nicht möglich, die deutschen Truppen von der March abzudrängen. Erst dann, als der Vormarsch aus dem Raum Markthof — Marchegg entlang des Westufers der March aufgenommen wurde, konnten die Sowjets die deutschen Verteidigungsstellungen vom Süden her aufrollen. Der Ausgangspunkt war dabei Marchegg, das von den Sowjets eingeschlossen und von den Deutschen am 8. April zu entsetzen gesucht wurde. Der Entsatzversuch scheiterte, doch die Eingeschlossenen konnten im letzten Moment ausbrechen.

Von den deutschen Truppen war schon vor Ausbruch der Kämpfe eine Beobachtung gemacht worden, die nicht nur sehr zutreffend, sondern auch für die Haltung der Bevölkerung in diesem Raum charakteristisch war. Wie auch sonst überall, war Frauen und Kindern, den Alten und nicht mehr für den Volkssturm Tauglichen geraten worden, die Orte zu verlassen. Tag für Tag waren die Trommler durch die Dörfer und Märkte gegangen und hatten zum Verlassen der Ortschaften aufgefordert. Doch kaum jemand folgte dieser Aufforderung. Nicht nur, daß wohl die meisten auch nicht gewußt hätten, wohin sie flüchten sollten, ist gerade dieser mit der Scholle verbunden gewesenen Bevölkerung eine Flucht gar nicht in den Sinn gekommen. In einem Manuskript über die Kämpfe der 357. Infanterie-Division heißt es dazu: „Die Division erlebte in dieser Zeit zum ersten Mal den Krieg auf heimischem Boden. Es war wohl für alle beklemmend, die Bedrückung und Angst der zivilen Bevölkerung unmittelbar zu erleben und dabei gleichzeitig zu wissen, daß wir das Unglück nicht verhindern konnten. Es kam z. T. zu ergreifenden Szenen, wenn die Truppe nicht ausreichenden Widerstand leisten konnte, die überwiegend bäuerliche Zivilbevölkerung jedoch berechtigt auf die Aufforderungen, mit zurückzugehen, die unbeantwortet bleibende Frage ‚wohin?' stellte. Evakuierte aus Städten waren dazu eher bereit und wurden so weit wie irgendmöglich mitgenommen[46]."

Die politische Führung des Gaues Niederdonau erkannte natürlich die kritische Lage an der March und prangerte den zu spät erfolgten Einsatz von territorialen Kampfformationen an, obwohl Dr. Jury ja persönlich die Verantwortung für die Verteidigungsvorbereitungen übertragen bekommen hatte. Die Bemühungen des Reichsverteidigungskommissars von Niederdonau und seiner Untergebenen waren jedoch fast ausschließlich auf die Sicherung des Abschnitts südlich der Donau und des Neusiedler Sees gerichtet gewesen, so daß der Vorwurf, nicht vorbereitet zu sein, zu einem guten Teil auf sie selbst zurückfiel. Um die dem Zistersdorfer Ölgebiet drohende Gefahr abwenden zu können, verlangte Dr. Jury auch unbedingt den Einsatz von Luftlandeeinheiten[47]. Es blieb freilich bei den Forderungen, und vorerst konnte nur die SS-Kampfgruppe Trabandt als zusätzlicher Schutz des Erdölgebietes in Marsch gesetzt werden. Diese Kräfte waren freilich recht gering, und man ließ nicht davon ab, die Dringlichkeit einer Truppenverstärkung ostwärts von Wien zu unterstreichen. Kreisleiter Arnhold beeilte sich am 6. April — im Auftrag Dr. Jurys — zu betonen, daß, würden nicht sofort neue Einheiten in den Raum Niederdonau geworfen, der Gefahr nicht würde begegnet werden können. Es sei „dann nämlich nicht zu verhindern, daß das gesamte Industriegebiet des Wiener Beckens und auch ein Großteil Niederdonaus verloren geht und Millionen von Volksgenossen von Bolschewisten überrollt werden, wobei der Verlust des Zistersdorfer-Erdölgebietes sicher tödlich wirken könnte[48]."

In Markthof, Groißenbrunn, Breitensee, Marchegg und Baumgarten ging am 8. April der deutsche Widerstand zu Ende, und das XXXXIII. Armeekorps löste sich nach und nach von der March, um weiter in allgemeiner Richtung Nordwesten hinhaltenden Widerstand zu leisten. Die March, die für die sowjetischen Truppen zu einem nicht unwesentlichen Hindernis geworden war, war hartnäckig verteidigt worden. Die kampfmüden und zahlenmäßig schwachen deutschen Divisionen, die gegen Munitions- und Treibstoffmangel zu kämpfen hatten, konnten diese Linie jedoch nicht mehr länger halten. Außerdem mußte die deutsche Kampfführung angesichts der von Süden und Osten ins Marchfeld strömenden Armeen sehr elastisch sein, damit es nicht im Rahmen der Operation gegen Wien und den böhmischen Raum zur Einkreisung von örtlich gebundenen größeren Kräften käme.

Die 2. Ukrainische Front hingegen war vom 6. bis zum 8. April hauptsächlich bestrebt gewesen, die deutsche 8. Armee nach Nordwesten abzudrängen und die Zuführung von Kräften der deutschen 6. Panzer-Armee zu verhindern. Im östlichen Marchfeld ging es zudem darum, zunächst Raum für die Entfaltung der 46. Armee zu gewinnen. Am 8. April war auch die Donau in breiter Front von Schönau bis zur Marchmündung überschritten und der Aufmarschraum der Armee bis zu einer Tiefe von zehn Kilometern nördlich der Donau abgesichert. Da dies im Rücken der 8. Armee beziehungsweise an deren rechter Flanke geschah, stießen die Verbände der 46. Armee während der ersten Übergangstage kaum auf Widerstand[49] und konnten daher ihren Vormarsch gegen den Raum Wien aufnehmen.

Das Abdrängen der deutschen Divisionen von der March unterhalb Marchegg brachte aber schließlich auch den Übergang der 7. Garde-Armee in Gang, und schon am 9. April konnte das XXV. Garde-Schützenkorps aus den March-Brückenköpfen nördlich von Hainburg den Angriff fortsetzen und die Front des XXXXIII. Armeekorps an mehreren Stellen nach Nordwesten durchstoßen[50].

Mit dem Rückzug der deutschen Truppen in das Marchfeld und das Weinviertel übertrug sich nicht nur das Kriegsgeschehen auf immer neue Landstriche und Ortschaften. Auch die Angst begann gewissermaßen zu wandern. Da und dort wurden die deutschen Offiziere, die plötzlich zum Kampfkommandanten eines Dorfes oder Marktfleckens wurden, von den meist schon recht betagten Bürgermeistern mit einem Glas Wein begrüßt, voller Hoffnung, daß das Schlimmste verhindert werden könnte, der Ort aber zumindest keinen großen Schaden nehmen würde. Wenn dann die Kampfhandlungen unmittelbar bevorstanden, schlug zwar zum wenigsten die Stimmung in der Bevölkerung um, wohl aber gebot der Realitätssinn, sich auf das Unabwendbare einzustellen. Das äußerte sich darin, daß die Bauern schlachteten, buken und die Weinvorräte sichteten, alles in der Überlegung, daß es gelte, die sowjetischen Soldaten freundlich zu stimmen[51]. Da und dort gelang das wohl auch, anderswo wurden aber die Orte nicht nur durch die Kampfhandlungen schwer in Mitleidenschaft gezogen, sondern erlebten auch schon Stunden nach ihrer Besetzung Gewaltakte jeglicher Art, insbesondere gegenüber Frauen, die alle vorangegangenen Versuche, sich mit den Sowjets gut zu stellen, zur hilflosen Geste werden ließen.

DIE VERLAGERUNG DES SOWJETISCHEN SCHWERGEWICHTS

Nördlich der sowjetischen Brückenköpfe an der March, bei Dürnkrut, Jedenspeigen, Hohenau und Lanžhot (Landshut), kamen die Angriffsverbände noch nicht aus ihren Brückenköpfen heraus. Hier mußten die deutschen Divisionen[52] auch länger aushalten, wollte die 8. Armee nicht ernstlich Gefahr laufen, zerrissen zu werden. Ostwärts von Moravska Nová Ves (Mährisch Neudorf) bog die Armeefront fast rechtwinklig nach Osten um. Es bestand also aller Grund zur Befürchtung, daß bei einem schwerpunktmäßigen Stoß des VI. Garde-Kavalleriekorps in den Raum Břeclav das Panzerkorps „Feldherrnhalle" durchbrochen würde[53]. Deutsche Gegenangriffe zur Einengung des Brückenkopfes Lanžhot schlugen nicht durch, und die Gefahr des Zerrissenwerdens blieb nach wie vor bestehen, zumal das IV. Garde-Kavalleriekorps und das XXXIX. Schützenkorps zwischen March und Váh durch heftige Angriffe nach Norden die dort befindlichen Korps der 8. Armee (LXXII. und XXIX. Armeekorps) schwer bedrängten und vor allem im Raum von Myjava und nördlich Nové Město mehrere tiefe Einbrüche erzielten[54].

Die Westverschiebung von rumänischen Verbänden bis in den Raum westlich von Myjava ließ deutscherseits die Vermutung aufkommen, daß die sowjetische 53. Armee und die Gruppe Plijev noch mehr zusammengefaßt werden sollten, um im Raum Břeclav den entscheidenden Stoß zur Abtrennung des linken Flügels der 8. Armee zu erreichen[55]. Am 10. April bewahrheitete sich diese Vermutung[56], und am 11. April zog das Oberkommando des Heeres die Konsequenz aus der führungsmäßig unhaltbar gewordenen Lage der 8. Armee: Das nördlichste Armeekorps der Heeresgruppe Süd, das XXIX. Armeekorps, kam an diesem Tag durch eine Neufestlegung der Armeegrenzen zwischen 8. Armee und 1. Panzer-Armee südlich von Brno zur Heeresgruppe Mitte, und am 15. April folgte das LXXII. Armeekorps[57].

Infolge der um den 5. April erfolgten Grenzziehung zwischen 6. Panzer-Armee und 8. Armee (Fischamend — Groß-Enzersdorf — Seyring — Korneuburg) wurde die 8. Armee aus der Hauptstoßrichtung der 46. Armee gegen Wien weitgehend herausgehalten[58] und konnte nunmehr den Kampf gegen einen Teil der 46. Armee und die 7. Garde-Armee unter günstigeren Bedingungen führen. Damit war der deutschen 8. Armee ihre Aufgabe, hinhaltenden Widerstand zu leisten, zumindest erfüllbar geworden.

Am 10. April hielt die rückläufige Bewegung des XXXXIII. Armeekorps an, und die Front wurde allmählich nach Nordwesten zurückgenommen. Die deutschen Verbände kämpften bei Tag und setzten sich in der Nacht ab. Deutsch Wagram, Bockfließ, Gänserndorf, Matzen und Stillfried gingen verloren[59]. Im großen und ganzen wurde außerhalb der Ortschaften Widerstand geleistet, und es kam nur gelegentlich zu länger andauernden Kämpfen[60]. Es war auch so, als stünde der Kampf nördlich der Donau ganz im Banne des Geschehens der Schlacht um Wien.

Dutzende Kilometer außerhalb der Stadt konnte man im Marchfeld die Brände und den Qualm der Schlacht sehen, und da es gerade bei der 8. Armee eine größere Zahl von Österreichern und darunter wiederum mehrheitlich Ostösterreicher und Wiener gab, war es kein Wunder, daß die Soldaten immer niedergeschlagener wurden[61].

Nach dem 10. April machte es sich bemerkbar, daß mit der 46. Armee auch starke Panzerverbände in das Marchfeld gekommen waren, die wesentlich zur Unterstützung des sowjetischen Vormarsches beitrugen. Dagegen verfügte das XXXXIII. Armeekorps kaum über Panzer oder Sturmgeschütze, und nur nördlich der 101. Jäger-Division, im Raum Groß-Schweinbarth — Matzen, trat durch die Zuführung der 25. Panzer-Division eine gewisse Entlastung ein[62].

Im Verlauf des 11. April drang das LXVIII. Schützenkorps der 46. Armee gegenüber den wenigen Kräften der 37. SS-Kavallerie-Division und einigen hundert ungarischen Soldaten bis Süßenbrunn und Eibesbrunn vor, rechts anschließend erreichte
das XXV. Garde-Schützenkorps der 7. Garde-Armee Auersthal, Groß-Schweinbarth, Kleinharras, Martinsdorf und Spannberg, und noch weiter nordwärts kam
das XXIV. Garde-Schützenkorps bis Loidesthal und Groß-Inzersdorf, nachdem
Dürnkrut und Jedenspeigen endgültig erobert und auch Hohenau ein erstes Mal teilweise besetzt worden war[63]. Im Weikendorf — Matzner Hügelland versteifte sich
dann der deutsche Widerstand merklich, da sich die Verteidigung wieder das Gelände zunutze machen konnte und beispielsweise aus dem Raum Matzen — Raggen-
dorf binnen weniger Stunden vier Gegenangriffe führte.

Das Oberkommando der 8. Armee tat aber zweifellos mehr, als den Divisionen
Haltbefehle zu geben und Verteidigungsabschnitte zuzuweisen. Am 9. April und
dann in Abständen von jeweils wenigen Tagen berichtete das Armeeoberkommando
in seinen Tagesmeldungen, daß „zur Festigung der Kampfmoral" einmal fünf, dann
acht, dann wieder fünf standrechtliche Erschießungen wegen irgendwelcher militärischer Vergehen vorgenommen worden seien. Am erschreckendsten mußte es aber
gewesen sein, daß zusätzlich Erschießungen unmittelbar auf dem Gefechtsfeld vorgenommen wurden. „Feigheit vor dem Feind" war ein in jedem Fall tödliches
Delikt.

Die sowjetische 6. Garde-Luftlande-Division und die 72. Garde-Schützen-Division traten am 11. April aus den March-Brückenköpfen bei Dürnkrut und Jedenspeigen zu erfolgreichen Angriffen in Richtung Zistersdorf an und wurden nur bei
Loidesthal und Groß-Inzersdorf zum Stehen gebracht[64]. Immer noch wurden von
den Sowjets neue Übergänge und Brückenköpfe geschaffen. Da March und Thaya
Hochwasser führten und entlang der Westufer viele Wiesen überschwemmten und
damit für Fahrzeuge und die Artillerie so gut wie unpassierbar waren, saßen die
Russen buchstäblich fest. Auch die Soldaten versanken bis zu den Knien im
Schlamm und im weichen Boden. Sie konnten daher nur weiterkommen, indem sie
mit Hilfe der ihnen schier grenzenlos zur Verfügung stehenden Pontons immer mehr
Übergänge schafften, so daß es schließlich keine Rolle spielte, falls ihnen ein Über-
gang oder der Ausbruch aus einem Brückenkopf nicht gelang. Es gab andere.

Am 12. April, dem vorletzten Tag der Schlacht um Wien, setzten die sowjetischen
Korps ihre Angriffshandlungen mit starker Unterstützung durch Schlachtflieger und
gepanzerte Kräfte sowie mit massiver Artillerieunterstützung fort und drangen über
Eibesbrunn und Wolkersdorf nach Norden vor. Großengersdorf, Obersdorf und
Bockfließ gingen nach harten Kämpfen verloren, und die 99. Schützen-Division des
LXVIII. Schützenkorps drang in den Hochleiten-Wald ein. In Groß-Schweinbarth
konnte die deutsche 101. Jäger-Division die 25. Garde-Schützen-Division abwehren,
mußte jedoch im Matzner Wald zurückweichen. Ebenso wechselhaft gestaltete sich
der Ablauf der Kämpfe beiderseits Zistersdorf, wo die 6. Garde-Luftlande- und die
72. Schützen-Division zunächst nur geringe Fortschritte gegenüber der 211. Volks-
Grenadier-Division und der SS-Kampfgruppe Trabandt machten[65]. Desgleichen wogte bei Hohenau der Kampf hin und her, bis schließlich am 13. April, dem Tag des Falls
von Wien, der für die Fortführung der Operationen bei der 2. und 3. Ukrainischen
Front entscheidende Befehl des Sowjetischen Oberkommandos eintraf.

An früherer Stelle[66] ist bereits festgehalten worden, daß die Sowjetunion sich bei ihrer Offensive auf österreichischem Boden die Erreichung von ganz bestimmten Räumen zum Ziel gesetzt hatte. Durch die Einnahme von Wien und durch die bis zu diesem Zeitpunkt erzielten Fortschritte im Burgenland und in Niederösterreich waren bereits fast alle die Sowjetunion interessierenden Teile Österreichs fest in der Hand der Roten Armee, und es bedurfte nur mehr weniger, eher lokaler Korrekturen, um die in der Europäischen Beratenden Kommission geltend gemachten Forderungen kraft eigener militärischer Erfolge durchgesetzt zu haben. Ein Vormarsch nach Oberösterreich nördlich der Donau, an dessen Besitz die USA (mehr aus verhandlungstaktischen Gründen) gerade damals wieder ein größeres Interesse bekundeten, schien vielleicht doch nicht recht oportun und hätte auch eine Reihe schwerwiegender militärischer Probleme mit sich gebracht. Die Russen hatten jedoch mit Wien ein sicheres Faustpfand, das sie zum gegebenen Zeitpunkt auszuspielen bereit waren.

Das weitere Vorgehen der Sowjets wurde aber noch von einem anderen Umstand bestimmt. Die Offensive gegen die deutsche Heeresgruppe Mitte war doch nicht so erfolgreich verlaufen, wie es die sowjetische militärische Führung vielleicht erhofft hatte. Die Amerikaner wiederum näherten sich mit Riesenschritten der tschechischen Grenze und damit der sowjetischen Interessensphäre. Und für die Sowjets stellte sich die Frage, ob die Amerikaner an der Grenze stehenbleiben würden. Stalin mißtraute seinen westlichen Bündnispartnern in jeder Weise[67]. Ungeachtet dessen gehörte es aber wohl auch zur längerfristigen sowjetischen Politik, daß die Sowjets Länder, die sie in ihre Nachkriegskonzeption einbezogen, aus eigener Kraft zu besetzen suchten.

Aus all diesen Faktoren ergab sich fast von selbst die Forderung nach einer Neufestlegung der Aufgaben der 2. und 3. Ukrainischen Front: Das Hauptziel hieß nun nicht mehr Österreich, sondern Tschechoslowakei. Am 13. April erging daher vom Hauptquartier des Sowjetischen Oberkommandos an die Truppenkommandanten der 2. und 3. Ukrainischen Front ein richtungsweisender Befehl, in dem es unter anderem hieß:

„1. Der rechte Flügel (der 3. Ukrainischen Front) hat an den Traisen-Fluß vorzurücken, St. Pölten einzunehmen und sich an der angegebenen Linie festzusetzen.

2. Das Zentrum und der linke Flügel der Front haben zur festen Verteidigung an den errichteten Linien überzugehen, mit Ausnahme des Raumes Fischbach, der unverzüglich zu besetzen ist.

3. Die 9. Garde-Armee ist nach der Einnahme von St. Pölten in die Reserve der Fronten herauszuziehen und in den Wäldern westlich und südwestlich von Wien aufzustellen.

4. Die 6. Garde-Panzer-Armee in der Stärke von zwei Korps (V. Garde-Panzerkorps und IX. Garde-mech. Korps) und einer Brigade von Selbstfahrgeschützen SU-100, ergänzt auf 40 Einheiten, ist bis zum 16. April 24.00 Uhr in den Bestand der Truppen der 2. Ukrainischen Front zu übergeben. Die Armee ist mit allen Verstärkungseinheiten, mit den rückwärtigen Teilen und Einrichtungen sowie den verfügbaren Beständen zu überstellen[68]."

Sichtbarster Ausdruck für die neue Schwerpunktbildung war somit die Verlegung der sowjetischen 6. Garde-Panzer-Armee des Generalobersten Kravčenko. Diese

Armee war der 3. Ukrainischen Front nach dem Beginn der sowjetischen Gegenoffensive am Balaton zugeführt worden und wechselte nun wieder zur 2. Ukrainischen Front.

Die Schwäche der Heeresgruppe Süd ließ nicht erwarten, daß nach dem Erlahmen des sowjetischen Vormarsches im Bereich der südlich der Donau eingesetzten Armeen eine rasche Verschiebung von größeren Teilen der Heeresgruppe zur 8. Armee einsetzen würde, vor allem, da die Heeresgruppe Süd ja gewärtig sein mußte, daß die Angriffe jeden Moment wieder in aller Heftigkeit aufgenommen würden. Daß die Sowjets dazu die Möglichkeit hatten, stand ja außer Zweifel. Die Einstellung der Angriffsoperationen der 3. Ukrainischen Front war also für diese mit wenigen Risken verbunden. Für die deutsche 8. Armee barg freilich die Verstärkung der 2. Ukrainischen Front eine Gefahr ganz besonderer Art. Vorläufig wußte jedoch auf deutscher Seite noch niemand, was sich da anbahnte.

Die Verlegung eines Großverbandes wie der 6. Garde-Panzer-Armee dauerte naturgemäß einige Zeit. Rascher konnte von der deutschen 8. Armee die am Morgen des 13. April über die Reichsbrücke gekommene 6. Panzer-Division eingesetzt werden, die General Kreysing vom Oberkommando des Heeres mit dem Auftrag zugeführt worden war, sie zur Bereinigung der Lage bei Zistersdorf und zum Halten dieses Raumes zu verwenden[69]. Die Sicherung der Erdölvorkommen war nach wie vor von größter Wichtigkeit.

Von der 2. Ukrainischen Front wurden am 13. April zunächst nur die starken und mit Panzern unterstützten Angriffe gegen den ganzen Abschnitt der 8. Armee fortgesetzt. Bei Wolfpassing, Schrick und Gaiselberg erzielten die sowjetischen Divisionen einen etwa vier Kilometer tiefen Einbruch; bei Groß-Inzersdorf und Gösting tobten heftige Kämpfe, da das XXIV. Garde-Schützenkorps Zistersdorf umgehen und abschnüren wollte. Und auch um Hohenau gingen die Kampfhandlungen weiter, ohne daß es freilich der 141. Schützen-Division gelungen wäre, den Ort einzunehmen[70]. Die Angriffe gegen die einzelnen Abschnitte der 8. Armee wurden in Bataillons- bis Regimentsstärke geführt und von den schweren Waffen und Schlachtfliegern bestens unterstützt. Südostwärts von Břeclav mußte die Panzer-Division „Feldherrnhalle 2" dem Druck der 375. Schützen-Division und der 30. Kavallerie-Division nachgeben; sie wurde fast bis auf den Südrand der Stadt zurückgeworfen[71], nachdem um das Städtchen Lanžhot tagelang heftige Kämpfe getobt hatten. Hier war die Frühjahrsüberschwemmung durch das Öffnen des Vranov-Staudammes noch vergrößert worden, um dem mit der Verteidigung betrauten SS-Polizei-Regiment 21 den Kampf zu erleichtern.

Bis zum 14. April veränderte sich das Bild nicht merklich. Im allgemeinen gelang es der 8. Armee, ihre Linien zwischen Manhartsbrunn und Hohenau zu halten; Hohenau selbst ging allerdings verloren[72].

Bei der Auswertung des Feindbildes war sich die Abteilung Fremde Heere Ost des deutschen Oberkommandos des Heeres bereits am 12. April darüber im klaren, daß die Vorverlegung des Gefechtsstandes der 2. Ukrainischen Front und des Oberkommandos der 5. Luftarmee in den Raum westlich von Nové Zámky eine straffere Führung der sowjetischen Großverbände bewirken sollte[73]. Tags darauf begann im Oberkommando des Heeres das Rätselraten um die weitere Verwendung der 6. Garde-Panzer-Armee[74]. Am 13. ergaben sich noch keinerlei Anhaltspunkte dafür. Am

14. ließ eine Meldung, die auch von zwei Berichten der Agentur Reuter gestützt wurde, vermuten, daß die 6. Garde-Panzer-Armee nach Westen umgruppiere. Sollte sich das bestätigen, dann war zumindest Linz als ihr nächstes Ziel anzunehmen. Auch am 15. April hatten sich noch immer keine konkreten Hinweise für den weiteren Einsatz der 6. Garde-Panzer-Armee ergeben, doch glaubte man, aus der vermeintlichen Unterstellung des XVIII. Panzerkorps unter das Kommando dieser Panzer-Armee[75] und der ebenfalls vermeintlichen Verbindung dieses Korps mit dem IX. Garde-mech. Korps auf einen Ansatz der Armee nach Westen schließen zu dürfen. Auch am 16. April blieb diese Ansicht aufrecht, und erst am 17. April tauchte zum erstenmal die Vermutung auf, daß die 6. Garde-Panzer-Armee entweder zur Auffrischung oder zum Einsatz im Bereich einer anderen Front herausgezogen worden sei und eventuell zur Ausnützung der Lage im Raum Břeclav verwendet würde[76]. Kurz darauf wurde überlegt, ob die Sowjets nicht auch die 4. Garde-Armee aus der bisherigen Front herauslösen und gegen Mähren verschieben würden. Es dauerte noch zwei Tage, ehe die Tagesmeldung des für das Feindbild verantwortlichen Offiziers der 8. Armee, Major i. G. Karl Lütgendorf, alle Zweifel beseitigte. Lütgendorf meldete: „ROEM. 9. GD. MECH. KPS., 31. GD. MECH. BRIG. IN HOERERS-DORF (7 NW MISTELBACH), 30. GD. MECH. BRIG., N. MISTELBACH[77]".

Der 6. Garde-Panzer-Armee war es tatsächlich gelungen, ihre Bewegungen eine Woche lang zu verschleiern. Und bei der 8. Armee mußte man trachten, der unvermutet aufgetretenen Gefahr zu begegnen.

Bis zum Auftreten der 6. Garde-Panzer-Armee hatte sich die Lage des XXXXIII. Armeekorps und des Panzerkorps „Feldherrnhalle" keinesfalls dramatisch entwikkelt. Die wiederholten und mit sehr unterschiedlicher Stärke geführten sowjetischen Angriffe waren bis auf geringfügige Einbrüche abgeschlagen worden. Südostwärts der Zaya waren am 15. April von stärkeren sowjetischen Kräften, wahrscheinlich der 4. Garde-Luftlande- und der 409. Schützen-Division des XXV. Garde-Schützenkorps, vergebliche Vorstöße in Richtung Mistelbach gemacht worden[78]. Die einzigen größeren Verluste für die 8. Armee waren der Fall von Břeclav und die vollständige Besetzung von Hohenau[79]. Am 16. April konnten das XXXXIII. Armeekorps und insbesondere die 96. Infanterie-Division alle sowjetischen Angriffe zwischen Mollmannsdorf und Gaweinstal abwehren[80]; Niederfellabrunn, Obergänserndorf, Hautzendorf und Traunfeld gingen erst nach heftigen Kämpfen verloren[81]. Palterndorf wurde von der 93. Garde-Schützen-Division eingenommen. Bei Höbersbrunn und Schrick leisteten die 101. Jäger- und die 25. Panzer-Division sehr zähen Widerstand, sodaß die 19. Schützen-Division und die 4. Garde-Luftlande-Division nur schrittweise vorwärts kamen[82].

In Schrick wurde — wie auch schon vorher bei Marchegg und Hohenruppersdorf — das rumänische 2. Panzer-Regiment zum Einsatz gebracht, ein Regiment, das im Verband mit der 4. Garde-Luftlande-Division zu kämpfen hatte. Dabei zeichnete sich der Soldat Ion Banu aus, der posthum zum „Helden von Schrick" ernannt wurde[83]. In Rumänien dürfte es aber wohl kaum jemanden geben, der weiß, wo Schrick liegt.

In der Nacht zum 17. April setzte sich das XXXXIII. Armeekorps (rechte Korpsgrenze in der Linie Niederhollabrunn — Obergänserndorf, linke etwa Erdberg — Prinzendorf[84]) vor den nachdrängenden sowjetischen Kräften des LXVIII. und des

XXIII. Schützenkorps sowie des XXV. Garde-Schützenkorps fünf bis zehn Kilometer und zum Teil bis an das Südufer der Zaya ab[85]. Am rechten Korpsflügel waren damit schon fast jene Positionen erreicht, die das Korps bis Kriegsende beibehalten sollte. Allerdings rechnete man deutscherseits zu diesem Zeitpunkt wohl mehr mit dem Zerreißen der Front und dem Zusammenbruch der Verteidigung, als daß noch große Hoffnungen gehegt wurden. Der Fall von Wien hatte — was nicht übersehen werden darf — für die Kampfführung im österreichischen Raum eine ähnliche Signalwirkung wie der Fall von Berlin für die Kriegsführung in Norddeutschland. Die Soldaten waren nicht nur erschöpft und damit physisch am Ende. Sie waren auch psychisch am Ende. Um den Zusammenhang des XXXXIII. Armeekorps zu wahren und den Soldaten dennoch etwas Ruhe zu gönnen, befal der Kommandierende General des Korps, General Versock, am 16. April den Aufbau einer sogenannten „Artilleristischen Hauptkampflinie". Es wurde so gut wie alles, was beim Korps an Artillerie verfügbar war, zusammengezogen und mit großen Abständen nebeneinander aufgestellt. Überzählige Kanoniere und die Angehörigen des artilleristischen Trosses wurden in die Zwischenräume gelegt und hatten mit ihren Handfeuerwaffen und Maschinengewehren einen minimalen infanteristischen Schutz zu gewährleisten[86]. — Was hier gemacht wurde, erinnerte sehr stark an kriegsgeschichtliche Vorbilder, wenn z. B. Napoleon bei Aspern 1809 die Artillerie dazu benützte, um seinen Rückzug zu decken, oder nach der Schlacht von Königgrätz durch Zusammenziehung und Aufopferung der Artillerie der österreichischen Nordarmee ein einigermaßen geordneter Rückzug ermöglicht wurde. — Auch das Kriegsende 1945 kennt seine „Batterien der Toten". Doch auch in diesem Fall stellte sich der erhoffte Erfolg ein: Die Artillerie des XXXXIII. Armeekorps erlitt zwar in den Kämpfen am 17. April schwere Verluste. Immer wieder mußten Sturmversuche der Sowjets abgeschlagen werden, Geschütz um Geschütz erhielt Volltreffer. Vor allem bei Groß-Rußbach kam es zu äußerst kritischen Situationen, ehe die Absetzbewegung so weit bewerkstelligt war, daß sich die deutschen Truppen am Südrand des Ernstbrunner Waldes und in den Leiserbergen wieder zur Verteidigung einrichten konnten. Die an den folgenden Tagen geführten sowjetischen Angriffe blieben jedoch vor der neuen Hauptkampflinie liegen.

Beim Panzerkorps „Feldherrnhalle" hatte sich, trotz des Einsatzes der stark geschwächten 6. Panzer-Division, die Front seit dem 15. April nur mit Mühe halten lassen. Ab dem 10. April spürte man den zunehmenden sowjetischen Druck. Der Großteil des XXIV. Garde-Schützenkorps, der hier im Einsatz stand, versuchte das Erdölgebiet, soweit es nicht schon erobert war, in die Hand zu bekommen. Bei Gaiselberg, Blumenthal, Gösting und Palterndorf tobten um den Steinberg eine ganze Woche lang heftige Kämpfe, die von den Russen unter Einsatz von Artillerie und Salvengeschützen, aber auch mit Fliegern geführt wurden[87]. Die Abwehr dieser mit stark überlegenen Kräften vorgetragenen Angriffe oblag der Kampfgruppe 211. Volks-Grenadier-Division mit einem Regiment der 48. Volks-Grenadier-Division und der Kampfgruppe Trabandt, denen ein „Führerbefehl" zugegangen sein soll, der Zistersdorf zur Festung erklärte[88]. Der „Festung" drohte allerdings schon die Einschließung.

Der Einsatz der 6. Panzer-Division brachte zwar eine gewisse Erleichterung, besonders da dieser Division auch die Aufklärungs-Abteilungen der 2. und der 9.

SS-Panzer-Division unterstellt waren[89]. Dennoch war es dem Verband nicht möglich, den Raum um Zistersdorf, dessen Bohrtürme durch den gegenseitigen Artilleriebeschuß da und dort schon in Brand standen, länger als bis zum 17. April zu halten. Die Divisionen waren bereits in einem tiefen Sack und drohten eingeschlossen zu werden, da die 4. Garde-Luftlande-Division und die 409. Schützen-Division schon bis Ebendorf und Kettlasbrunn gekommen waren, und sich auch nördlich von Zistersdorf eine Überflügelung durch die 6. Garde-Luftlande-Division und die 93. Garde-Schützen-Division abzeichnete[90]. Die genannten deutschen Kräfte zogen sich daher zurück und versuchten, etwa an der Straße Hobersdorf — Dobermannsdorf eine neue Widerstandslinie zu errichten. Mit dem Fall von Zistersdorf war — was wiederum mehr symbolische als praktische Bedeutung hatte —, das letzte bedeutende Erdölgebiet für das Deutsche Reich verlorengegangen. Die Panzer und Kraftfahrzeuge waren noch einmal voll getankt worden, und die Truppen nahmen in Reservekanistern so viel an Treibstoff mit, wie sie nur unterbringen konnten. Es wurde aber nirgends versucht, die Förderanlagen noch mehr zu zerstören, als dies durch die tagelangen Kampfhandlungen ohnehin geschehen war.

Der Kampf im Weinviertel forderte auf deutscher wie auf sowjetischer Seite zahllose Opfer. Auf den Ortsfriedhöfen ruhen auch heute noch Tausende Soldaten. Hingegen waren die Opfer der Zivilbevölkerung vergleichsweise gering. Zwar gingen in so gut wie allen Orten viele Häuser in Flammen auf, doch während der Kampfhandlungen waren nur die allerwenigsten in ihren Häusern geblieben. Die meisten Menschen machten sich eine der typischen Einrichtungen des Weinviertels, nämlich die Weinkeller der diversen Hausberge und Kellerstraßen, zunutze und kehrten erst nach dem Ende der Kämpfe wieder in ihre Häuser zurück.

Wie schon entlang der March dauerten aber auch im Weinviertel die Kämpfe meistens mehrere Tage bis zu einer Woche. Ob dies Rabensburg a. d. Thaya war, das vom 15. bis zum 18. April in der Front lag und von einigen Landesschützen und slowakischen Soldaten verteidigt wurde, oder Orte wie Hausbrunn, Altlichtenwarth und die Dörfer um den Steinberg: alle wurden schwer in Mitleidenschaft gezogen. Die vergleichsweise geringen zivilen Opfer der Kampfhandlungen wurden allerdings dadurch aufgewogen, daß die sowjetischen Soldaten im Weinviertel hausten wie wohl sonst nirgendwo in Österreich. Hier schloß sich dann der Kreis für jene, die sich zunächst geweigert hatten, den Berichten über sowjetische Übergriffe zu glauben, ihren Wein horteten und für die doch vielfach auch als Befreier gesehenen Sowjets Geselchtes und Gebackenes vorbereitet hatten. Sie wurden grimmig enttäuscht. Die Folge davon war, daß dort, wo es den deutschen Truppen wie z. B. der 357. Infanterie-Division bei Altlichtenwarth gelang, einen Gegenangriff zu führen, die vom Verhalten der Sowjets zutiefst geschockte Bevölkerung in hellen Scharen floh. In Altlichtenwarth — um bei diesem Beispiel zu bleiben — erlebten rund 1.300 Menschen den ersten Einmarsch der Sowjets am 18. April. Als der Ort von den deutschen Soldaten am 20. April abermals aufgegeben werden mußte, verließen bis auf 50 alte Männer alle Zivilpersonen den Ort und kehrten meist erst nach Wochen, also nach Kriegsende, zurück[91].

DER DURCHBRUCHSVERSUCH BEI STAATZ
UND DAS ENDE DER OFFENSIVE

Eine Änderung des stark verlangsamten Kampfgeschehens im Bereich der 8. Armee zeichnete sich in dem Augenblick ab, als die Verschiebung der sowjetischen 6. Garde-Panzer-Armee durchgeführt war. Bis dahin war das sowjetische XXIII. Schützen-korps an den Taschl-Bach südwestlich von Mistelbach gekommen, an dem sich Teile des Panzerkorps „Feldherrnhalle" zur Verteidigung eingerichtet hatten. Da die Sowjets mit der nachhaltigen Verteidigung von Mistelbach rechneten, setzte der Kommandant des sowjetischen Korps, Generalmajor Grigorovič, auf schmalstem Raum sechs Schützen-, zwei Artillerie-, zwei Panzerjäger- und ein Granatwerfer-Regiment ein und gab ihnen noch die 90. schwere Haubitz-Batterie mit[92]. Mit dieser geballten Kraft griffen die Sowjets die Stellungen am Taschl-Bach an. Der Bach mußte schwimmend und watend überquert werden, da es keine Überbrückungsmöglichkeiten gab. Am jenseitigen Ufer stürmten die der 19. und der 252. Schützen-Division angehörenden Regimenter weiter. Ihr Ziel war Mistelbach. Noch war es allerdings nicht erreicht. In der Nacht war jedoch die 6. Garde-Panzer-Armee herangekommen, und die 19. Schützen-Division hatte die eintreffenden Teile der Armee durchzulassen und ihnen unmittelbar nachzufolgen. Dieser Übermacht hatten die deutschen Truppen nichts mehr entgegenzusetzen. Die Sowjets drangen in Mistelbach ein[93]. Damit hatte die sowjetische Panzer-Armee aber erst gewissermaßen ihre Visitenkarte abgelegt.

Am folgenden Tag wurde der für die Deutschen unerwartet aufgetretene sowjetische Schwerpunkt vollends klar: Von den Höhen nördlich von Garmanns konnten Angehörige der 101. Jäger-Division beobachten, wie ungefähr 100 sowjetische Panzer und 800 Armeefahrzeuge ungestört in Richtung Mistelbach rollten[94]. Die 6. Garde-Panzer-Armee war in ihrem Operationsraum eingetroffen. Noch am selben Tag konnte das IX. Garde-mech. Korps unter dem Einsatz einer bedeutenden Zahl von Panzern bis Asparn a. d. Zaya, Hörersdorf und Kleinhadersdorf vordringen[95]. Acht Panzer wurden zwar abgeschossen, aber die hier sehr schwachen deutschen Kräfte der 101. Jäger-Division und die wenigen Einheiten der eben von Zistersdorf zurückgegangenen Kampfgruppe der 211. Volks-Grenadier-Division waren dem massiven Ansturm gegen die Front der 8. Armee gegenüber machtlos.

Bei der 8. Armee hatte man das Rätselraten der Abteilung Fremde Heere Ost um den Verbleib der 6. Garde-Panzer-Armee mit Aufmerksamkeit verfolgt. Da man wußte, daß die Wiener Reichsbrücke unbeschädigt geblieben war, befürchtete man schon bald eine Kräfteverschiebung in den Raum nördlich von Wien[96]. Auch die Bereitstellung starker sowjetischer Kräfte südostwärts von Mistelbach blieb der deutschen 8. Armee nicht verborgen, und General Kreysing vermutete, daß mit diesen noch immer nicht identifizierten sowjetischen Verbänden ein Durchbruch in die Flanke der Heeresgruppe Mitte beabsichtigt sei. Er meldete seine starken Bedenken gegen den von Hitler nachdrücklich befohlenen Einsatz der 6. Panzer-Division im Raum Zistersdorf an, da dieses Gebiet seiner Ansicht nach nicht mehr zu halten war und ohnehin nur mehr in einem größeren Gegenangriff zurückgewonnen werden konnte. General Kreysing wollte die 6. Panzer-Division dazu verwenden, um dem befürchteten sowjetischen Durchbruch zu begegnen. Hitler befahl jedoch abermals den Einsatz der Division bei Zistersdorf[97].

Während die 6. Panzer-Division am 18. April in neue Bereitstellungsräume einrückte, begann der sowjetische Angriff im Raum Mistelbach; bei der Auswertung des Feindbildes wurde klar, daß es sich bei den angreifenden Verbänden um das IX. Garde-mech. Korps der 6. Garde-Panzer-Armee handelte. Ohne Rücksicht auf den „Führerbefehl" hielt das Oberkommando der 8. Armee die Bewegungen der 6. Panzer-Division an und befahl die nächtliche Verschiebung dieser Division hinter den nunmehr auf das schwerste gefährdeten Abschnitt beiderseits Mistelbachs[98].

Am 19. April ließ sich zwar der tiefe Einbruch des IX. Garde-mech. Korps nicht mehr bereinigen. Die raschen Gegenmaßnahmen des Oberkommandos der 8. Armee aber, durch die — unter weitgehender Entblößung der Gegend von Althöflein bis Poysdorf und nördlich davon — alle Verbände, die vorher in diesen Raum hätten zurückgehen sollen, der sowjetischen 6. Garde-Panzer-Armee entgegengeworfen wurden, begannen sich am 20. April doch auszuwirken.

Vom rechten Flügel der 8. Armee bis in den Raum Břeclav erfolgten an diesem Tag zahlreiche Angriffe der 2. Ukrainischen Front[99]. Die 96. Infanterie-Division war ostwärts von Ernstbrunn heftigen Vorstößen (wahrscheinlich der 197. und der 99. Schützen- sowie der 59. Garde-Schützen-Division) ausgesetzt[100], sodaß vom rechten Flügel der 8. Armee keine Kräfte für den Raum südlich von Laa a. d. Thaya freigemacht werden konnten. Die blutigsten Kämpfe tobten in den Leiserbergen. Als die sowjetischen Kräfte mit starker Panzerunterstützung den Durchbruch nach Nordwesten in Richtung Znojmo erzwingen wollten[101], kam es bei Wenzersdorf, Eichenbrunn, Gaubitsch, Friebritz, Fallbach, Loosdorf, Wultendorf und Ernsdorf zu ausgedehnten Gefechtshandlungen. Die Russen erzielten dabei fast überall beträchtliche Geländegewinne, doch der entscheidende Durchbruch gelang nirgends[102], da das XXXXIII. Armeekorps (seit 20. 4. unter Generalleutnant Kullmer) seinen Zusammenhalt wahren konnte. Am 21. April meldete die 8. Armee, daß der schwerpunktmäßige Angriff in Richtung Laa an der Thaya entlang der Linie Baumgarten — Ungerndorf — Staatz aufgefangen und insgesamt 41 sowjetische Panzer abgeschossen worden seien[103].

Durch eine nicht ungefährliche Zusammenfassung aller verfügbaren und kurzfristig herauszulösenden Kräfte (Kampfgruppe 6. Panzer-Division, Teile der Kampfgruppen Trabandt, Teile der Panzerjäger-Abteilung Wilke, Panzer-Division „Feldherrnhalle 2" und die schwache 25. Panzer-Division) hatte die 8. Armee diesen Abwehrerfolg erzielen können. Die Kampfgruppe 211. Volks-Grenadier-Division übernahm währenddessen mit einem Regiment der 48. Volks-Grenadier-Division die Sicherung der linken und die 101. Jäger-Division mit den restlichen Einheiten der 48. Volks-Grenadier-Division die der rechten Flanke des Einbruchsraumes[104]. Infanterie, Panzer und Artillerie taten ihr möglichstes. Der Einsatz einiger Maschinen, wahrscheinlich des 22. Flieger-Verbindungsgeschwaders, die besonders südlich von Ungerndorf die angreifenden sowjetischen Einheiten bombardierten[105], wirkte sich für die Verteidigung ebenfalls sehr günstig aus, und am 22. April stand fest, daß der sowjetische Durchbruchsversuch abgewiesen worden war und auch nicht mehr erneuert würde.

Die hohe Zahl der abgeschossenen sowjetischen Panzer mußte auf die Russen wie ein Schock wirken. Sie hatten zweifellos die Entschlossenheit der deutschen Truppen und deren relative Kampfstärke unterschätzt. Dazu wird die bei den Sowjets gegen Kriegsende häufig festzustellende Euphorie und Sorglosigkeit gekommen sein. Wenn man einen Bericht der seitlich des Angriffsschwerpunkts eingesetzt gewesenen 357. Infanterie-Division analysiert, kann aber noch ein weiterer Grund für das sowjetische Debakel angeführt werden. Bei der erwähnten Division brach ein sowjetisches Panzerrudel bis zum Hauptverbandsplatz durch. Es gelang, mit Panzer-Nahbekämpfungstrupps und drei Sturmgeschützen 13 bis 14 sowjetische Panzer abzuschießen. Der Großteil von ihnen hatte nämlich keine Munition mehr[106]. Es wäre also denkbar, daß die Verbände der 6. Garde-Panzer-Armee generell nicht mit der nötigen Munitionsausstattung in das Gefecht geschickt worden waren und daher so hohe Verluste erlitten.

Aus dem raschen Aufgeben der sowjetischen Absicht, mit der 6. Garde-Panzer-Armee aus dem Raum Mistelbach nach Znojmo vorzustoßen, läßt sich jedoch die Auffassung ableiten, daß es sich dabei nicht um einen operativ geplanten und mit ganzer Macht geführten Durchbruchsversuch gehandelt hat, sondern eher um ein probeweises und sehr verlustreiches Abtasten, ob sich vielleicht hier eine günstige Gelegenheit ergäbe, die deutsche Ostfront zu durchbrechen. Einem mit letzter Konsequenz geführten und erneuerten Angriff hätten die stark geschwächten Verbände der 8. Armee sicher nicht auf Dauer erfolgreich Widerstand leisten können. Zumindest aber wäre es nicht ohne beiderseitige noch größere Verluste abgegangen, und die wollte man, vielleicht im Hinblick auf die Aufgaben im böhmisch-mährischen Raum, auch auf sowjetischer Seite vermeiden. Wichtiger als Znojmo war zunächst auch Brno, und gerade hier war der Angriff der 1. Garde-Kavallerie-mech. Gruppe Plijev festgefahren. So wurde die Umgruppierung und Verlegung der 6. Garde-Panzer-Armee fortgesetzt, und schon am 23. April zeichnete sich bei der Beurteilung des Bildes bei der 2. Ukrainischen Front durch das deutsche Oberkommando des Heeres die Vermutung ab, daß es Aufgabe der 6. Garde-Panzer-Armee sein werde, den Angriff der Gruppe Plijev wieder in Fluß zu bringen[107].

Die Hauptangriffstätigkeit im Bereich der 2. und der 3. Ukrainischen Front lag also in der zweiten Aprilhälfte eindeutig bei der 8. Armee und verlagerte sich hier wiederum nach dem 22. April aus dem Raum Mistelbach in den Raum Brno. Natürlich war die Verschiebung innerhalb der 8. Armee nicht ohne Folgen für die anderen Korpsabschnitte geblieben, und das Panzerkorps „Feldherrnhalle" hatte weite Teile des Poysdorfer Hügellandes praktisch kampflos räumen müssen. Der Abwehrerfolg gegen das IX. Garde-mech. Korps wog das aber bei weitem auf. Und außerdem ließen sich entlang der Thaya, und zwar an deren Nordufer, die Stellungen der alten Beneš-Linie aus der Zeit vor 1938 beziehen, die zweifellos bessere Deckungsmöglichkeiten boten als auch die Anlagen der Reichsschutzstellung.

Da die Kampftätigkeit südlich von Laa a. d. Thaya so rasch nachgelassen hatte, sollte die 6. Panzer-Division nochmals die Initiative ergreifen und tatsächlich versuchen, wenigstens einen Teil des Erdölgebietes wiederzugewinnen. Der Division wurden für dieses Unternehmen lediglich zwei Bataillone der Kampfgruppe Trabandt unterstellt. Trotz der zahlenmäßigen Unterlegenheit kam der am 23. April begonnene deutsche Angriff gegen den hartnäckigen Widerstand der Russen unter hohen Verlusten vorwärts. Ziemlich unvermittelt wurde der Division jedoch befohlen, den Angriff abzubrechen und nach Norden abzumarschieren, da ihr weiterer Einsatz am rechten Flügel der Heeresgruppe Mitte erfolgen sollte[108]. Wie die Soldaten der 6.

Panzer-Division diesen neuen Auftrag aufnahmen, ist nicht nachzuvollziehen. Möglicherweise hat aber die auch anderswo bei der 8. Armee anzutreffende Meinung vorgeherrscht: Nur nicht weiter nach Norden abgedrängt oder verschoben werden, denn die Unterstellung unter die Heeresgruppe Mitte (Schörner) wurde genauso gefürchtet[109] wie das Ende in der Tschechoslowakei.

Vom 23. April bis Kriegsende kam es im Bereich der 8. Armee zu keiner dramatischen Entwicklung mehr. Die sowjetischen Angriffe wurden wesentlich schwächer und konzentrierten sich vor allem auf den Ernstbrunner Wald. Bis zum 28. April gab es entweder beiderseits des Waldes oder auch im Wald selbst Stoßtruppunternehmungen und Angriffe in Kompanie- bis Bataillonsstärke, unterstützt durch einzelne Panzer[110]. Aber diese Kampftätigkeit war gering, gemessen an den heftigen Kämpfen der Vortage. Auf Grund des Feindbildes rechnete jedoch die Abteilung Fremde Heere Ost des Oberkommandos des Heeres damit, daß sich ostwärts von Hollabrunn und nordwärts von Laa zwei neue Schwerpunkte herausbilden würden. In diesen beiden Räumen beobachtete man nämlich eine starke artilleristische Kräftezusammenfassung durch die 5. Garde-Artillerie-Division bei Enzersdorf und durch die 18. Artillerie-Division nordostwärts Laa[111].

Auch bei der deutschen 8. Armee kam es noch zu Verschiebungen. Nach einer durch Treibstoffmangel hervorgerufenen Verzögerung von zwei Tagen ging die 6. Panzer-Division über Znojmo, Třebíč und Náměšt' n. O. zur Heeresgruppe Mitte ab[112], während die 44. Reichsgrenadier-Division „Hoch- und Deutschmeister" im Raum Pulkau eintraf, etwa 5.000 Mann Ersatz zugeführt bekam und zwischen Hollabrunn und Laa a. d. Thaya eingesetzt wurde[113].

Hinter den Linien der 46. Armee und der 7. Garde-Armee wurde von der Frontaufklärung der deutschen 8. Armee eine lebhafte Bewegung von Fahrzeugen aller Art und von stärkeren Artillerieverbänden beobachtet[114]. Entlang der Front, die vom Rohrwald über Maisbirbaum, Ernstbrunner Wald, Patzmannsdorf, Schoderleh, Unter-Stinkenbrunn, Altenmarkt, Kottingneusiedl, Neudorf und Wildendürnbach nach Norden verlief, herrschte aber, abgesehen von örtlichen Gefechten, ziemliche Ruhe[115]. Sie durfte natürlich nicht darüber hinwegtäuschen, daß die Gefechtsbereitschaft keinen Augenblick nachlassen durfte, da dies von den sowjetischen Einheiten sicherlich genützt worden wäre. Bis Kriegsende herrschte auch Unklarheit darüber, ob der Aufmarsch von zwei sowjetischen Artilleriedivisionen nur der Absicherung der Nordverschiebung diente, oder ob damit tatsächlich neue Angriffshandlungen vorbereitet werden sollten.

Generell aber sollte noch einmal unterstrichen werden, daß um die Monatsmitte April die Front nördlich der Donau erstarrte. Das galt für das an das Nordufer der Donau angelehnte II. SS-Panzerkorps und die ihm gegenüberliegenden Truppen der 46. Armee genauso wie für jene Teile der deutschen 8. Armee, die abseits der sowjetischen Hauptstoßrichtung im nördlichen Weinviertel zu stehen kam. Den Sowjets war es nur noch darum zu tun, die von Korneuburg über Karnabrunn nach Mistelbach führende Straße in die Hände zu bekommen, um problemlos frontnahe Verschiebungen durchführen zu können. Doch das war im Grunde genommen auch alles, was sie bei dreiwöchigen Kampfhandlungen erreichten.

Das Abflauen der Kämpfe wurde auch deutscherseits dazu genützt, um Truppen herauszuziehen. Vor allem wurde die 2. SS-Panzer-Division herausgelöst und sollte noch in den deutschen Nordraum gebracht werden; ein anderer Teil kam nach Oberösterreich. Die Reste der 3. SS-Panzer-Division blieben im Raum Stockerau, genauso wie die Führer-Grenadier-Division. Die Donausicherung wurde vor allem vom III. Alarmbataillon der Luftkriegsschule 7 wahrgenommen, das im Führungsstab und den rückwärtigen Diensten eines Verbandes mit der Nummer 234 eine willkommene Verstärkung erhielt[116]. Doch jeder wußte, daß er eigentlich nur mehr auf das Kriegsende wartete.

Unmittelbar vor Kriegsende wurde nochmals bewiesen, daß sich die sowjetische Strategie an Zielen orientierte, die nur mehr bedingt im österreichischen Raum lagen. Am 5. Mai kam die seit der zweiten Aprilhälfte westlich von Wien in Reserve gehaltene 9. Garde-Armee neuerlich zum Einsatz und wurde entlang der österreichisch-tschechischen Grenze zwischen der 46. und der 7. Garde-Armee eingeschoben. Das XXXIX. Garde-Schützenkorps versammelte sich südlich von Hanfthal, das XXXVII. Garde-Schützenkorps schob sich bis zur deutschen Kapitulation über Hanfthal entlang der Grenze bis südostwärts Retz an die Pulkau heran, und das XXXVIII. Garde-Schützenkorps wandte sich nördlich davon in Richtung Znojmo[117]. Das ergab im südmährischen Raum eine größere Truppenkonzentration. Der Heeresgruppe Mitte wurde die letzte Möglichkeit zu einem Rückzug in den süddeutschen Raum genommen, und schließlich waren hier jene sowjetischen Truppen versammelt worden, mit deren Hilfe dann die nördlichsten Teile Niederösterreichs und das Mühlviertel besetzt werden konnten.

Anfang Mai machte es das Vorrücken der 3. US-Armee in Oberösterreich nötig, im Rücken der 8. Armee eine Sicherung aufzubauen, um nicht plötzlich in einen Zweifrontenkrieg auf engstem Raum hineingerissen zu werden. Der Kommandant des rückwärtigen Armeegebietes, Generalleutnant Offenbächer, wurde daher von General Kreysing beauftragt, mit der 177. Ersatz-Division (Generalmajor Müller-Derichsweiler) und mit einigen Panzer- und Kradschützen-Ausbildungs-Bataillonen, die bis dahin dem Kommandeur der Panzertruppen im Wehrkreis XVII, Generalmajor Koelitz, unterstellt waren, diesen Schutz aufzubauen[118]. Hier tauchten also nochmals Verbände und Namen auf, die in der Vorgeschichte der Schlacht um Wien eine Rolle gespielt hatten.

Generalleutnant Offenbächer hatte den Auftrag, eine Sicherungslinie etwa entlang der Bahn Linz — Freistadt — Budějovice zu besetzen und, ohne sich in irgendwelche Kampfhandlungen verwickeln zu lassen, notfalls zurückzugehen und die amerikanischen Bewegungen zu beobachten. Das Erscheinen der Amerikaner im Rücken der 8. Armee hatte jedoch keinerlei Einfluß auf die Kampfführung und die Widerstandskraft dieser Armee[119].

Am Abend des 7. Mai befahl der Oberbefehlshaber der 8. Armee seinen Truppen, sich mit Einbruch der Dunkelheit von der Ostfront zu lösen und nach Westen abzusetzen. Dem Gros der Armee bereitete dies keine unüberwindlichen Schwierigkeiten. Doch einige Teile des Panzerkorps „Feldherrnhalle", die jenseits der österreichischen Grenze standen, konnten die befohlenen Sammelräume nicht mehr rechtzeitig vor dem Wirksamwerden der Kapitulation erreichen. Sie wurden in den Strudel des Kriegsschlusses auf tschechischem Boden hineingerissen. Bis zuletzt hatte die 8. Armee aber den Zusammenhang der Ostfront wahren können und insbesondere auch die Verbindung zu der an die Donau angelehnt kämpfenden 6. Panzer-Armee nicht verloren. Letztere hatte ja nicht nur die Schlacht um Wien zu schlagen gehabt, sondern mußte auch eine neue Front im Westen der Stadt aufbauen. Und dieser Kriegsschauplatz zeichnete sich genauso durch seine Vielfalt und Eigenart aus.

8 Zwischen Semmering und Donau

DER DEUTSCHE RÜCKZUG GEGEN DEN WIENERWALD

Um die Mittagszeit des 1. April 1945, des Ostersonntags, erreichte die sowjetische 103. Garde-Schützen-Division — wie bereits geschildert — Gloggnitz und sperrte die Bahn und die Straßenverbindungen über den Semmering[1]. Diese Division unter dem Oberst S. P. Stepanov war am linken Flügel des XXXVII. Garde-Schützenkorps „Svirj"[2] der 9. Garde-Armee durch die Bucklige Welt vorgedrungen. Mit ihr gelangten am selben Tag auch die beiden anderen Divisionen des Korps, die 98. und die 99. Garde-Schützen-Division, in das Schwarzatal. Damit waren das Steinfeld und der spätere Kampfraum Wien von der Verbindung nach Süden abgeschnitten, und für jene drei sowjetischen Armeen, die zum Sturm auf Wien antraten, war die Sicherheit gegeben, daß ihnen nicht deutsche Kräfte vom Semmering her in den Rücken fallen konnten.

Ursprünglich war vom Sowjetischen Oberkommando vorgesehen gewesen, daß der rechte Flügel der 26. Armee Gloggnitz erreichen sollte, wie dies auch im Stavka-Befehl vom 1. April zum Ausdruck kam. Da jedoch die 26. Armee von der deutschen 6. Armee in der Steiermark aufgehalten worden war, übertrug Marschall Tolbuchin die Flankensicherung seines Stoßes nach Wien dem XXXVII. Garde-Schützenkorps unter Generalleutnant P. V. Mironov. Das Korps sollte sich in dem Maße nach Norden ausbreiten, wie der Angriff der sowjetischen 6. Garde-Panzer-Armee und des XXXVIII. Garde-Schützenkorps in der allgemeinen Richtung Wien an Raum gewann. Die Front des Korps erreichte schließlich aus dem Gebiet westlich von Baden bis an das Semminggebiet eine Ausdehnung von 85 Kilometern. Ungewöhnlich für sowjetische Verhältnisse in der Phase der Schlußkämpfe des 2. Weltkriegs.

Am 1. und am 2. April stand das Kriegsgeschehen im Steinfeld freilich noch ganz

217

im Zeichen des Ringens um Wiener Neustadt[3], und das I. SS-Panzerkorps der deutschen 6. Panzer-Armee, das sich seit dem Überschreiten der Reichsgrenze vergeblich bemüht hatte, den sowjetischen Vormarsch, wenn auch nur für kurze Zeit, aufzuhalten, sah keinerlei Möglichkeit, in der Ebene des Steinfelds einen Abwehrerfolg zu erzielen, besonders, da es hier auch zur Entfaltung der überlegenen gepanzerten Kräfte der sowjetischen 6. Garde-Panzer-Armee kam. Das deutsche Korps war zahlen- und materialmäßig sehr angeschlagen. Es gab darin keinen Verband, der die vorgesehene Kriegsgliederung aufwies oder auch nur den Anforderungen der sogenannten „Panzer-Division 45" entsprach[4]. Kein Wunder also, daß das Korps gleichsam aus dem Steinfeld hinausgeschwemmt und in die Täler des Voralpengebiets abgedrängt wurde. Was an Ersatzformationen, Landesschützen und zufällig in die Gegend zwischen Semmering, Schneeberg und Hohem Lindkogel verschlagenen Einheiten und Splitterverbänden aufgenommen werden konnte, wurde dem nächsten Truppen- oder Heereskörper unterstellt. Von einer Steigerung der Kampfkraft konnte aber dennoch keine Rede sein.

Ein erster Blick ergab für das I. SS-Panzerkorps folgende Truppenverteilung[5]: Am rechten Flügel des SS-Panzerkorps stand die regimentsstarke „Kampfgruppe Keitel" der 37. SS-Freiwilligen-Kavallerie-Division „Lützow" im Raum zwischen Gloggnitz und Neunkirchen. Daran schloß der „Sperrverband Gross" mit Teilen der 356. Infanterie-Division, Alarmeinheiten und einer Lehrgruppe der Fahnenjunkerschule Wiener Neustadt an[6]. Den Raum zwischen Wiener Neustadt und Kottingbrunn deckten die 1. SS-Panzer-Division „Leibstandarte Adolf Hitler" und die zweite Lehrgruppe der Fahnenjunkerschule Wiener Neustadt. Im Raum Traiskirchen — Guntramsdorf stand die 12. SS-Panzer-Division „Hitlerjugend"[7]. Weitere Teile des 356. Infanterie-Division dürften zunächst noch nördlich der 12. SS-Panzer-Division eingesetzt gewesen sein, doch scheint es, daß später alle Teile der 356. Infanterie-Division im „Sperrverband Gross" zusammenfanden, der auf den Lagekarten des Oberkommandos des Heeres in „Kampfgruppe 356. Infanterie-Division" umbenannt wurde. Korpsunmittelbar waren noch das Volks-Artilleriekorps 403 und die Heeres-Artillerie-Brigade 959[8].

Über die zahlenmäßige Stärke des I. SS-Panzerkorps lassen sich nur sehr schwer Angaben machen. Die gesamte 6. Panzer-Armee meldete am 20. 4. 1945 einen Verpflegsstand von 227.295 Personen und 7.310 Pferden[9]. Das sagt aber über die effektive Stärke der Korps so gut wie nichts aus. Aus der Tatsache, daß die meisten Heereskörper nur mehr als Kampfgruppen geführt wurden[10], und aus Vergleichen mit den übrigen auf österreichischem Boden kämpfenden Divisionen läßt sich die vorsichtige Schätzung ableiten, daß das I. SS-Panzerkorps über eine Kampfstärke von etwa 20.000 bis 25.000 Mann (Tagesstärke etwa dreimal so hoch) verfügte. Die zahlenmäßige Überlegenheit des sowjetischen XXXVII. Garde-Schützenkorps allein muß also gar nicht so groß gewesen sein, wohl aber war die Zahl der Kampfpanzer beim I. SS-Panzerkorps am 5. April auf insgesamt 19 intakte Fahrzeuge gesunken. Für die noch vorhandenen schweren Waffen verfügte man nur über eine sehr unzureichende Munitionsausstattung. Der personelle Ersatz bestand in ganz jungen, kaum ausgebildeten Soldaten oder solchen, die keine ausreichende Ausbildung im Infanteriekampf hatten. Es war also verständlich, daß die deutschen Soldaten dem Druck, der seit Wochen unverändert auf ihnen lastete, nachgeben mußten. Sie fanden zwar in den größeren Orten genügend Deckungsmöglichkeiten, aber die sowjetischen Truppen sparten gerade diese Plätze aus und versuchten, möglichst rasch durchzusickern und in das Semmering- und Rax-Gebiet sowie in die Piestingtaler und die Fischauer Berge einzudringen.

Am 1. April fielen Gloggnitz, Payerbach und Prigglitz, und die 103. Garde-Schützen-Division begann gegen den Adlitzgraben und den Semmering vorzugehen. Die 98. Garde-Schützen-Division erreichte Flatz und Raglitz und die 99. Garde-Schützen-Division Neusiedl a. Steinfeld[11]. Nirgends waren sie auf nennenswerten Widerstand gestoßen, und Orte wie Ternitz, Neunkirchen und Wiener Neustadt hatten sie ausgespart.

Erst am darauffolgenden Tag, als die sowjetischen Divisionen vor Puchberg und Grünbach, in der „Neuen Welt" am Fuß der Hohen Wand, im Raum Bad Fischau und Dreistetten standen, machte sich stärkerer Widerstand der Kampfgruppen Keitel und Gross bemerkbar, die das weitere sowjetische Vordringen nachhaltig verzögerten[12].

Zu einem schweren Problem wurde jedoch die Abriegelung des Semmeringgebietes, das durch einige Tage fast überhaupt nicht gesichert war und für das Kriegsende in Österreich der vielleicht bezeichnendste Fall von Improvisation wurde.

DIE KAMPFGRUPPE SEMMERING

Der sowjetische Vorstoß bis Gloggnitz kam sicherlich überraschend. Zwar war das russische Vorgehen nicht nur verfolgt, sondern auch immer wieder zu hindern versucht worden. Doch daß die Gardeschützen so weit ausholen und so rasch Raum gewinnen würden, kam zweifellos unerwartet. Die Zeit reichte nicht einmal für Notmaßnahmen. In den Tälern stauten sich noch die Flüchtlinge sowie die ohne entsprechende militärische Führung nicht einsetzbaren und meist auch gar nicht dafür ausgebildeten Reste von Ersatzformationen, Volkssturm und Landesschützen. Von den Volkssturmeinheiten, die irgendwelche Sperren bewachen und dann verteidigen sollten, kamen die allerwenigsten dort an, wohin sie befohlen worden waren. Und es kann nur als Verbrechen bezeichnet werden, wenn dann politische Funktionäre, wie Kreisleiter oder SA-Sturmführer, die sich selbst der Verantwortung durch Flucht entzogen, dafür sorgten, daß gegen desertierte Volkssturmangehörige mit Erschießungen und Hängen vorgegangen wurde. Die Opfer des Kreisleiters von Neunkirchen, der in Schwarzau i. Geb. wütete, werden immer Blutzeugen dafür bleiben[13]. Vor diesem Hintergrund des lokalen Zusammenbruchs und der sinnlosen Gewalt hebt sich der Entschluß des Kommandanten des für die Sicherung der Semmeringbahn eingesetzten Landesschützen-Bataillons 851, Oberstleutnant Vincenz Henriquez[14], das Schwarzaviadukt der Semmeringbahn nicht zu sprengen, da dies militärisch völlig nutzlos gewesen wäre, als vorbildlich und mutig ab.

Die Sowjets drangen bis Payerbach in das Schwarzatal ein, stießen aber nicht mehr bis Reichenau durch. Hier kam die Front sehr rasch zum Stehen. Wohl aber setzten Einheiten der 103. Garde-Schützen-Division ihren Vormarsch in Richtung Semmering fort. Sie taten es freilich in einer fast unwirklichen Art. In der Nacht von

Ostersonntag auf Ostermontag marschierten sie musizierend in größeren Trupps von Schottwien über die Adlitzgrabenstraße in Richtung Semmeringpaß. Die Menschen, die aus dem Schlaf gerissen wurden, konnten sich kaum fassen, als sie noch lange vor Tagesanbruch durch Ziehharmonikamusik geweckt wurden. Immerhin muß das Vorfeld des Semmerings so weit von deutschen Soldaten gesichert worden sein, daß mit kurz zuvor auf der Paßhöhe in Stellung gegangener Artillerie um 4 Uhr morgens ein gezieltes Feuer eröffnet werden konnte. Nach einem überraschenden Feuerschlag lagen auf wenigen hundert Metern rund vierzig tote sowjetische Soldaten und sechzig Pferdekadaver. Die Sowjets zogen sich sofort zurück, um kurz darauf und nach entsprechender Verstärkung ihrerseits den Kampf zu eröffnen[15]. Von da an und bis zur deutschen Gesamtkapitulation war der Semmering Kriegsgebiet.

Die Verteidigung des Semmerings wurde aber nicht mehr von Niederösterreich, sondern von der Steiermark aus in die Wege geleitet[16]. Der Befehlshaber im Wehrkreis XVIII, General der Gebirgstruppen Julius Ringel, zu dessen Befehlsbereich die Steiermark gehörte, hatte die Verteidigung „seines" Wehrkreises selbst in die Hände genommen. Und dazu gehörte nicht nur der Versuch, das Vordringen der Sowjets im Raum Rechnitz und im Raabtal zum Stehen zu bringen (wie in den entsprechenden Abschnitten beschrieben wird), sondern auch am Semmering blitzartig eine Verteidigung aufzubauen. Ringel konnte natürlich nur auf die Ersatztruppen und Einrichtungen seines Wehrkreises zurückgreifen und befahl daher u. a. die Auflösung der Gebirgs-Artillerieschule Dachstein und deren Verlegung auf den Semmering. Der Kommandant der Schule, Oberst Heribert Raithel, wurde Kommandant der Semmeringverteidigung. Raithel hatte also mit einem erst an der Monatswende März/April gebildeten Verband aus so gut wie sämtliche Waffengattungen und Weltgegenden die Verteidigung jenes Abschnittes zu übernehmen, den weder die 6. Panzer-Armee noch die in der Steiermark kämpfende 6. Armee sichern konnten. Er bildete innerhalb eines Tages eine Abteilung aus drei Batterien und setzte sie am 1. April auf den Semmering in Marsch. Zwar erfuhr er, daß es schon einen Kommandanten für diesen Abschnitt gab, nämlich Generalmajor Bormann, den Kommandanten des rückwärtigen Armeegebietes (Korück) 593. Doch der hatte seinen Gefechtsstand in Bruck a. d. Mur eingerichtet und war damit außerstande, über 50 Kilometer Entfernung eine nur irgendwie zweckmäßige Maßnahme zu befehlen.

Die Kampfgruppe Semmering wurde unmittelbar der 6. Armee unterstellt und richtete sich schließlich von Reichenau bis zum Sonnwendstein zur Verteidigung ein. Es war aber wahrscheinlich noch nicht die Artillerie Raithels, die den recht friedlich scheinenden Vormarsch der Sowjets — eine im Grunde genommen tragische und irgendwie rührende Episode — stoppte, sondern das noch vorher am Semmering eingetroffene SS-Gebirgsjäger-Ersatz-Bataillon 13 aus Leoben. Die nach und nach bei der Kampfgruppe Semmering eintreffenden Einheiten und Splitter wurden schließlich so eingesetzt, daß das ursprünglich zur Sicherung der baulichen Anlagen der Semmeringbahn bestimmt gewesene Landesschützen-Bataillon 851 nach Reichenau kam. Südlich davon sicherten zwei Bataillonskampfgruppen des Kampfgeschwaders 27 „Boelcke" (Luftwaffe) den Payerbachgraben. Adlitzgraben und angrenzende Höhen waren dem SS-Gebirgsjäger-Ersatz-Bataillon 13 übertragen. Daran schloß dann eine Kampfgruppe der Gebirgsjäger-Unterführerschule in Mittenwald an. U-Bootbesatzungen, Angehörige der deutschen Donauflottille, der frühere Hafenkommandant von Odessa, Genesene aus im Wehrkreis XVIII gelegenen Lazaretten, ein Bataillon des 1. ungarischen SS-Ski-Bataillons[17], etc. vervollständigten das Bild. Den Rückhalt bildeten aber die drei Batterien der Gebirgs-Artillerieschule Dachstein und weitere Geschütze, die mit dem Volkssturm der Böhlerwerke in Kapfenberg, wo noch bis zuletzt Haubitzen und Kanonen gefertigt wurden, an der Front eintrafen. Doch so bunt diese „Kampfgruppe Semmering" auch war, sie erfüllte ihren Auftrag und ihren Zweck: Den Sowjets wurde ein müheloses Vordringen über den Semmering unmöglich gemacht. Die sich entwickelnden Kämpfe zeigten aber deutlich, daß es die Russen dabei bewenden ließen, die Anfahrt zur Paßhöhe und die Bahnlinie in Besitz zu haben. Mit der Einnahme des Eselstein hatten sie zudem eine recht günstige Position, die ihnen einen größeren Überblick ermöglichte. Doch sie versuchten bis Anfang Mai nicht mehr, den Semmering einzunehmen. Das Artillerie-, MG- und Gewehrfeuer verstummte freilich über einen Monat nicht. Für die Semmering-Besatzung, sofern sie aus Österreichern bestand, vollzog sich damit praktisch zu ihren Füßen und mit den Fernrohren verfolgbar der Wandel ihrer Heimat von der „Ostmark" zum neuen Österreich. So etwa, wenn im niederösterreichischen Otterthal an einem sonnigen Vormittag im April die Sowjets einen Festakt veranstalteten, eine sowjetische Kompanie aufmarschierte und Honoratioren Ansprachen hielten. Die Sowjets setzten bei dieser Gelegenheit den provisorischen Bürgermeister ein, der damit Repräsentant der 2. österreichischen Republik wurde, während die sowjetische Artillerie Störfeuer gegen die Kampfgruppe Semmering der Deutschen Wehrmacht schoß und der zwischen Otterthal und Fröschnitzsattel gelegene Ort Trattenbach in Flammen aufging[18].

Aus der Tatsache, daß sich die Führung der 3. Ukrainischen Front nicht damit begnügt hatte, die Verbindungen von Wien nach Süden zu unterbrechen, sondern das XXXVII. Garde-Schützenkorps ungestüm aus der Ebene des Schwarzatales und des Steinfelds in das Bergland nördlich davon eindringen ließ, schloß die Abteilung Fremde Heere Ost des Oberkommandos des Heeres, daß ein frühzeitiger Ansatz von Teilkräften gegen den Raum St. Pölten in Rechnung gestellt werden müsse, mit dem Ziel, vor einer Festigung der deutschen Verteidigung den Wienerwald zu überwinden und damit die Voraussetzungen für die Fortführung der Operationen südlich der Donau zu schaffen. Auch am nächsten Tag änderte sich nichts an dieser Annahme[19].

Der Befehl des sowjetischen Oberkommandos an die 3. Ukrainische Front vom 1. April läßt leider nicht erkennen, ob tatsächlich die Absicht bestand, die Piestingtalberge und den Wienerwald vom Süden her zu überwinden, oder ob es lediglich darum ging, das I. SS-Panzerkorps zu binden. Konkret wurde jedoch zum Ausdruck gebracht, daß der rechte Flügel der Front nicht später als bis zum 15. April bis zur Linie Tulln — St. Pölten — Lilienfeld vorrücken sollte.

Der Umstand, daß das XXXVII. Garde-Schützenkorps die Flankensicherung für die auf Wien angesetzten Armeen übernehmen mußte und die Verbindung zum Zentrum der Front nicht außer acht lassen durfte, scheint Marschall Tolbuchin wahrscheinlich davon abgehalten haben, dem Korps auch noch die Überwindung des Wienerwaldes zu übertragen. Daher bedeutete die am 2. April erreichte Linie vorerst das Ende des Eindringens gegen den Wienerwald vom Süden. Das I. SS-Panzerkorps konnte im wesentlichen eine Linie halten, die von Payerbach über den Rohr-bachgraben, Puchberg, Grünbach, Hohe Wand, Dreistetten, Markt-Piesting und Enzesfeld ging[20]. Im Raum Baden — Bad Vöslau bog jedoch die Front als Folge der Westumfassung Wiens nach Norden um.

Da die sowjetischen Truppen immer wieder aus den Räumen Neunkirchen und Wiener Neustadt entlang der Gebirgstäler nach Nordwesten angriffen, hörte die Kampftätigkeit an keinem Abschnitt der Front des I. SS-Panzerkorps auf. In eben dem Maße, in dem die Korps der 6. Garde-Panzer-Armee und das XXXVIII. Gar-de-Schützenkorps der 9. Garde-Armee bei ihrem Angriff nach Norden voranka-men, bauten sie ihre Sicherungen nach Westen auf und zwangen damit das I. SS-Panzerkorps, seine Front im selben Maß zu verlängern. Die 1. SS-Panzer-Division versuchte währenddessen zusammen mit einer der beiden Lehrgruppen der Fahnen-junkerschule Wiener Neustadt, die Zugänge zum Piestingtal zu sperren, wobei es bei Dreistetten zu heftigen Kämpfen kam, die bis zum 15. April anhielten. In Markt Piesting wurde vom 4. bis zum 27. April gekämpft, in Enzesfeld vom 3. bis 20. April. Zwischen Hirtenberg und St. Veit a. d. Triesting hielten die Kämpfe der Sowjets mit der 12. SS-Panzer-Division bis zum 8. April an, und in Großau gab es ebenso heftige Rückzugsgefechte vom 3. bis zum 7. April[21].

Das umreißt im wesentlichen den Charakter des hier vom I. SS-Panzerkorps geführ-ten hinhaltenden Widerstandes. Das Korps war zwar nicht in der Lage, das Vordringen der sowjetischen Stoßverbände auf Wien zu verhindern, sondern wurde nach Westen und Norden abgedrängt, aber in Anlehnung an das Bergland gelang es meistens, die Nebenoperationen der sowjetischen Unternehmung auf Wien aufzufangen. Das Vor-alpengebiet begünstigte freilich auch die Verteidiger, die sich die Unübersichtlichkeit, die großen Waldstücke, Höhenzüge und engen Seitentäler zunutze machen konnten. Der Einsatz von Panzern war zwar möglich, doch brachte er beiden Seiten nicht viel. Damit wurde die deutsche Unterlegenheit an Kampffahrzeugen ausgeglichen, denn gut plazierte Panzerabwehrwaffen waren den Panzern und Selbstfahrlafetten deutlich überlegen. Das Kampfgeschehen löste sich auf und nahm die Form von nächtlichen Scharmützeln, Stoßtruppunternehmen und scheinbar unzusammenhängenden Ein-zelgefechten an, bei denen es immer wieder möglich war, verlorengegangene Gebiete im Gegenangriff wiederzunehmen. Sogar der Einsatz von Artillerie war nicht immer möglich; am wirkungsvollsten waren noch schwere Infanteriewaffen, vor allem Gra-natwerfer und Infanteriegeschütze sowie die Flak aller Kaliber, wenn sie entsprechend mobil eingesetzt werden konnte[22]. Auch das ging jedoch nur dort und so lange, wie sich die Front des deutschen Korps nach Norden ausweiten ließ, vor allem aber auch nur so lange, wie die Sowjets keinen Schwerpunkt bilden konnten. Mit dem Fall von Baden und Traiskirchen am 3. und 4. April begann jedoch die Gefahr einer Überdehnung des deutschen Korps. Um ein Zerreißen der Front zu vermeiden, mußte die 12. SS-Panzer-Division in die Täler westlich von Baden zurückgenommen werden. Das war umso not-wendiger, als es hier zu einer für die deutschen Verbände überraschenden Intensivie-rung der Angriffe sowjetischer Kräfte gekommen war, die über den Hohen Lindkogel hinweg, bei Weißenbach und Neuhaus im Triestingtal sowie bei Schwarzensee eine leb-hafte Gefechtstätigkeit begannen. Die 12. SS-Panzer-Division war schließlich in zahl-lose Fesselungsangriffe in Pottenstein, Schloß Merkenstein, Alland und im Gebiet des Hohen Lindkogels verwickelt[23].

EINE NEUE FRONT IM WESTEN WIENS

Aus den bei der Westumfassung Wiens gewonnenen Erkenntnissen[24] läßt sich der Schluß ableiten, daß schon am 3. April durch das Freikämpfen des gesamten Raumes um Baden von den sowjetischen Truppen die Voraussetzungen geschaffen wurden, die den reibungslosen Stoß durch den Wienerwald zur Donau ermöglichten. Am 4. April begann dann das XXXVIII. Garde-Schützenkorps mit der Umgehung Wiens. Im direkten Vormarschbereich trafen die Russen auf fast keinen Widerstand. Zu heftigen Kämpfen kam es lediglich in Alland (4 Kilometer westlich von Heiligenkreuz), wo der linke Flügel des I. SS-Panzerkorps, der von der 12. SS-Panzer-Division und von Alarmeinheiten, darunter die I. Abteilung des Flak-Regiments 9, gebildet worden war[25], gebunden wurde, sodaß er den nach Norden durchbrechenden sowjetischen Verbänden nicht gefährlich werden konnte.

Der sowjetische Vorstoß durch den Wienerwald in Richtung Tulln zwischen dem 4. und 7. April zwang das Oberkommando der deutschen 6. Panzer-Armee, in aller Eile Reserven, Alarm- und Ersatzeinheiten in diesen Raum zu werfen, da entlang des sowjetischen Vormarschweges plötzlich ein neuer Frontabschnitt entstanden war. Der Höhere Artilleriekommandeur (Harko) der Armee, SS-Gruppenführer Staudinger, wurde mit dem Aufbau dieser Abwehrfront an der Westflanke des russischen Einschließungsringes von Wien betraut. Sein verständliches Anliegen — ein Angriff auf die noch dünne sowjetische Linie — war jedoch nicht zu realisieren, da keinerlei Kräfte dafür zur Verfügung standen[26].

Bis zum 8. April waren von der 6. Panzer-Armee in die Lücke, die sich zwischen dem I. SS-Panzerkorps und der Donau bei Tulln aufgetan hatte, alle Einheiten, die irgendwie verfügbar gemacht werden konnten, hineingeworfen worden. Bis zu diesem Tag konnten demnach das Volks-Artilleriekorps 403, die Heeres-Artillerie-Brigade 959, die Artillerie-Abteilung III./818 und die Sturm-Artillerie-Brigade 261, also praktisch die gesamte artilleristische Reserve der 6. Panzer-Armee sowie die Panzer-Aufklärungs-Abteilung 1, die mit Panzerfäusten ausgestattete Heeres-Panzerjagd-Brigade 2, das Flak-Sturm-Regiment 4, aber nur drei Infanterie-Bataillone den Kampf gegen die nach Westen vorstoßenden Verbände aufnehmen.

Dem V. Garde-Panzerkorps der sowjetischen 6. Garde-Panzer-Armee und dem XXXVIII. Garde-Schützenkorps der 9. Garde-Armee, die aus dem Raum Baden über Heiligenkreuz nach Norden vorgedrungen waren, gelang es am Abend des 6. April, ihre Sicherung im Westen bis Brand-Laaben und über Neustift, Eichgraben, Rappoltenkirchen und Chorherrn im Tullnerfeld vorzuschieben[27]. Mit Ausnahme von Alland, Klausen-Leopoldsdorf, Brand-Laaben und Neustift, also den äußersten Punkten der Abschirmung des Nordvorstoßes, war es nirgends zu nennenswerten Kampfhandlungen gekommen[28]. Erst am folgenden Tag, dem 7. April, kam es im Raum Tulln, bei Langenrohr, Staasdorf, Judenau und Tulln selbst, zu heftigen Kämpfen. Sie standen allerdings nicht mit dem Aufbau der neuen Front in Zusammenhang, sondern wurden deutscherseits zum Schutz der Tullner Donaubrücken geführt.

Der Oberbefehlshaber der 3. Ukrainischen Front, Marschall Tolbuchin, begnügte sich jedoch nicht mit der Einschließung Wiens im Westen, sondern leitete aus der Westumfassung heraus sofort den Vorstoß Richtung St. Pölten ein, wie es ihm der Befehl der Stavka vom 1. April auch auftrug. Ab dem 6. April stand ihm dazu das

XVIII. Panzerkorps zur Verfügung, das aus dem Raabtal abgezogen worden war. Das Korps, das hinter der 6. Garde-Panzer-Armee nachgeführt wurde und kurzzeitig mit der 110. Panzer-Brigade bei St. Veit a. d. Triesting und mit der 181. Panzer-Brigade bei Schwarzensee eingesetzt worden war[29], war auch durchaus in der Lage, mehr zu tun, als bloß das I. SS-Panzerkorps abzuschirmen, wozu es primär bestimmt war[30]. Mit seinen drei Panzer-Brigaden[31] verfügte es über hinreichend schnelle Kräfte, um den Vormarsch nach Westen aufzunehmen. Nach dem Abzug der 21. Garde-Panzer-Brigade des V. Garde-Panzerkorps aus dem Raum Tulln am 8. April[32] stellte das XVIII. Panzerkorps allerdings den einzigen gepanzerten Heereskörper dar, über den die 3. Ukrainische Front für ihren Vorstoß im Westen von Wien verfügen konnte.

Die Front im Triesting- und im Piestingtal wurde nach dem 3. April trotz der ständig andauernden Kämpfe zu einem Nebenkriegsschauplatz. Auch auf deutscher Seite gab es keine Intensivierung der Kampfführung, ja um den 15. April konnte sogar die Fahnenjunkerschule Wiener Neustadt aus ihrer Unterstellung unter das I. SS-Panzerkorps entlassen werden, ohne daß es zu einem entscheidenden Umschwung gekommen wäre[33]. Das sowjetische XXXVII. Garde-Schützenkorps hatte seine Aufstellung so geändert, daß die 98. Garde-Schützen-Division am linken Flügel, die 99. Garde-Schützen-Division im Zentrum und die 103. Garde-Schützen-Division am rechten Flügel zum Einsatz kamen[34]. Aber sowohl die am 7. April im Raum Grünbach und Berndorf als auch die am 8. April im selben Raum von den Sowjets bataillonsstark geführten Angriffe brachten keinerlei Erfolg und stellten nur die ständige Präsenz der sowjetischen Truppen unter Beweis[35]. Schließlich wurde mit Erbitterung um einzelne Abschnitte auf dem Plateau der Hohen Wand und um winzige Ortschaften und einzelstehende Gehöfte gerungen. Die Sowjets konnten auch erst bis zum 11. April soviel Artillerie nachziehen, daß sie ihren Truppen stärkere Feuerunterstützung geben konnten. Doch es blieb dabei, daß die idyllischen Voralpentäler, in die gerade der Frühling eingezogen war, ihren Charakter als Nebenkriegsschauplatz behielten. Bis zum 22. April sollte es hier zu keiner nennenswerten Änderung der Lage mehr kommen.

Das Schwergewicht der Kämpfe hatte sich — abgesehen von Wien — auf den neuen Frontabschnitt zwischen dem Schöpfl und Tulln verlagert.

Die Wichtigkeit von Tulln ergab sich aus dem Vorhandensein der dort über die Donau führenden Eisenbahn- und Straßenbrücke, mit deren Verteidigung am 5. April Generalmajor Dietrich Volkmann, der Kommandeur der Luftkriegsschule 7 (Langenlebarn), betraut worden war[36]. Aus Alarmeinheiten der Luftkriegsschule, ortsfesten und beweglichen Flakverbänden des Raumes Tulln und aus allen Splitterverbänden, wie Teilen des Wachbataillons Himmler und eines Eisenbahn-Pionier-Ersatz-Bataillons, bildete Generalmajor Volkmann den „Brückenkopf Tulln". Während er noch seine Sicherungen aufbaute, brach in Tulln eine Panik aus. Am frühen Nachmittag heulten die Sirenen, und auf das Gerücht, die Sowjets stünden bei Judenau, begann eine regellose Flucht über die Donaubrücken auf das jenseitige Ufer. Soldaten, Verwundete, die evakuiert werden sollten, Menschen mit Einkaufstaschen und Pappschachteln, in die das Notwendigste oder — wie so häufig — auch wohl nur das Unnötigste gepackt worden war, alle flohen über die Donau. Dazwischen wurde versucht, Viehherden durchzutreiben, und fuhren Parteifunktionäre und Offiziere mit ihren Autos. Niemand kam mehr weiter. Doch zwei Stunden später beruhigte sich alles. Die Russen waren doch noch nicht gekommen. Tags darauf schlugen freilich die ersten Granaten in der Stadt ein[37]. Am Morgen des 7. April begann der Angriff der Sowjets. Zuerst nur, um vorzufühlen. Doch am 8. April wurde der Brückenkopf bereits mit Macht angegriffen. Auf Tulln setzte sowjetisches Artilleriefeuer ein, und vom Tullner Kirchturm konnte man sehen, daß die Russen von Süden her immer mehr Kräfte zuführten. Die gänzliche Einschließung Tullns und die Einengung des Verteidigungsraumes, vor allem aber die Angst, die Brücken könnten durch die Soldaten des XXXVIII. Garde-Schützenkorps im Handstreich genommen werden, veranlaßten General Volkmann, dem die Sprengung laut „Führerbefehl" anheimgestellt war, die Brücken am Abend des 8. April zu zerstören. In zwei Teilsprengungen wurden sie unpassierbar gemacht und nördlich der Donau eine neue Sicherung aufgebaut. Die Brückenkopfbesatzung Tulln wurde dem II. SS-Panzerkorps unterstellt[38].

Der Abschluß der Operation Tulln, die in ihrer ersten Phase sowjetischerseits noch von der 21. Panzer-Brigade des V. Garde-Panzerkorps geführt worden war[39] und erst am 8. April auf das XXXVIII. Garde-Schützenkorps überging, fiel damit zusammen, daß auf deutscher Seite die Notmaßnahmen zur Abwehr eines sowjetischen Vorstoßes nach Westen einen gewissen Erfolg gezeitigt hatten und die bereits erwähnten Verbände aus der Reserve der deutschen 6. Panzer-Armee bereitstanden. Am 8. April erhielt der durch den Verlust der Slowakei freigewordene Stab des Deutschen Befehlshabers in der Slowakei unter Führung von Generalmajor Paul Schultz den Auftrag, den bisher von SS-Gruppenführer Staudinger organisierten Verteidigungsabschnitt in der allgemeinen Linie Brand-Laaben — Zwentendorf zu übernehmen. Ein neues Korps, das Korps Schultz, war geschaffen worden[40].

In der Lagebeurteilung des Oberkommandos des Heeres vom 7. April[41] wurde zwar die Vermutung geäußert, daß die Russen versuchen würden, möglichst frühzeitig Brückenköpfe über die Traisen im Abschnitt Traisen — Donau zu bilden. Es hatten sich jedoch keinerlei Anzeichen dafür ergeben, ob sich die sowjetischen Operationen westlich von Wien über St. Pölten hinaus nach Westen oder in allgemein nordwestlicher bis nördlicher Richtung in den böhmischen Raum entwickeln würden. Beides lag im Bereich der Möglichkeit. Daher war vor allem im Raum nördlich von Tulln größte Aufmerksamkeit notwendig, da hier ein überraschender Donauübergang ein völliges Zerreißen der deutschen 6. Panzer-Armee und der Heeresgruppe Süd überhaupt zur Folge gehabt hätte. Aber für eine derartige Operation fehlten auf sowjetischer Seite, zumindest ehe Wien nicht gefallen war, doch die nötigen Kräfte.

DAS KORPS SCHULTZ

Als man erkannte, daß sich das XXXVIII. Garde-Schützenkorps nicht mit der Beseitigung des deutschen Brückenkopfes ostwärts der Großen Tulln bei Neulengbach begnügte (7. und 8. April), sondern versuchte, am Westufer der Großen Tulln Fuß zu fassen, glaubte man beim Korps Schultz, eine teilweise Klärung der sowjetischen Absichten gefunden zu haben[42]. Nun schien es endgültig festzustehen, daß

Marschall Tolbuchin trachten würde, unabhängig von den Kämpfen um Wien den Raum um St. Pölten zu gewinnen[43]. Das XXXVIII. Garde-Schützenkorps und das XVIII. Panzerkorps erhielten laufend Zuzug aus dem Raum Baden, bis sie über ihre volle Stärke verfügten. Als erste Anzeichen für den bevorstehenden Angriff konnte gewertet werden, daß die sowjetische 6. Garde-Panzer-Armee Jagdfliegersperre für den Raum südwestlich von Tulln anforderte[44].

Für den sowjetischen Angriff in Richtung St. Pölten boten sich zwei Möglichkeiten an:

1. über Neulengbach und Böheimkirchen und
2. durch das Perschlingtal über Kapelln.

Für die deutsche Verteidigung war es erschwerend, daß der Haspelwald die voraussichtlichen Angriffsstreifen verkehrs- und beobachtungsmäßig so trennte, daß eine gegenseitige Artillerieunterstützung und die rasche, frontnahe Verschiebung von Reserven nur sehr beschränkt möglich waren. Die deutschen Truppen erwarteten daher in loser Aufstellung die Fortsetzung der sowjetischen Angriffsoperation. Von Zwentendorf bis Atzenbrugg stand die Panzerjagd-Brigade 2, den Abschnitt bis Grabensee hatte die relativ starke Panzer-Aufklärungs-Abteilung 1 übernommen, an sie schlossen bis St. Christophen das aus Ersatzmannschaften der 6. Panzer-Armee gebildete SS-Alarm-Bataillon A und schließlich bis Brand-Laaben das aus Trossen und Stäben aufgestellte Alarm-Bataillon C an[45].

Am 9. April begannen das sowjetische XXXVIII. Garde-Schützenkorps und das XVIII. Panzerkorps mit lokalen Angriffen, die wohl sondieren sollten, wo die Schwachstellen in der deutschen Front waren. Die Panzerjagd-Brigade 2 wich aus Zwentendorf zurück und gab einiges Gelände an der Perschling auf; die Russen büßten dafür ihren Brückenkopf westlich der Großen Tulln bei Neulengbach ein. Ihre Absicht hatten sie jedoch erreicht, da sie die Schwächen des deutschen linken Flügels klar erkannt hatten. Am selben Tag hatten sie auch Atzenbrugg und Grabensee einnehmen können und waren in Asperhofen eingedrungen[46].

Große Tulln und Perschling hatten kaum ein Hindernis dargestellt. Vom Norden her waren dann sowjetische Einheiten in den Haspelwald eingedrungen. Sie näherten sich am 10. April, von Atzenbrugg und Grub kommend, Würmla und führten auch von Grabensee her einen Stoß gegen diesen Ort. Ein wechselvolles Gefecht bei Großgraben warf die Russen vorübergehend zurück[47]. Der Haspelwald bot ihnen aber andererseits wieder die beste Gelegenheit, durchzusickern. Zusammen mit örtlichen Erfolgen gegenüber dem Alarm-Bataillon C am rechten Flügel zeichnete sich eine Umgehung des stark verteidigten Abschnitts Neulengbach ab. In der Nacht vom 10. auf 11. April mußte Generalmajor Schultz das SS-Alarm-Bataillon A (zirka 200 Mann und drei Panzer) von Neulengbach zurücknehmen[48].

Das Eintreffen der ersten Teile der 710. Infanterie-Division[49], der Panzer-Aufklärungs-Abteilung 3, der schweren Heeres-Panzerjäger-Abteilung 653 und zweier ungarischer Artillerie-Abteilungen am 11. April brachte eine gewisse Entschärfung der Lage[50]. Für die deutsche Verteidigung wirkte es sich auch günstig aus, daß die Geschütze der Flaksperrzone, die zum Schutz der petrochemischen Werke in Moosbierbaum errichtet worden war, noch größtenteils einsatzbereit waren. Schon am 7. und 8. April war das XXXVIII. Garde-Schützenkorps in Berührung mit der Flak-Untergruppe Moosbierbaum gekommen, als es galt, die 10,5-cm-Batterien bei

Aspern und Langenrohr auszuschalten. Am 8. mußte die Dreifachbatterie von Michelhausen von den Russen mit aufgepflanztem Bajonett gestürmt werden. Die Batterien von Moosbierbaum, Bärndorf, Oberbierbaum und vor allem jene am Schusterberg bei Tautendorf trugen jedoch erheblich zur Verzögerung des sowjetischen Vormarsches am linken Flügel des Korps Schultz bei[51]. Wie es aber schon bei den Batterien im Süden von Wien der Fall gewesen war, verloren die Flakgeschütze angesichts der mangelnden Bedeckung durch Infanterie und der fehlenden Beweglichkeit erheblich an Wert und erzielten nur eine Reihe von Panzerabschüssen, ehe sie überrannt oder im letzten Moment verlassen wurden.

Nichtsdestoweniger wurden die sowjetischen Truppen in den Donauauen fünfmal gegen Zwentendorf zurückgeschlagen. Die sowjetischen Angriffsspitzen schwenkten vor Saladorf nach Süden in den Haspelwald ab und nahmen den Vormarsch auf der Straße von Saladorf nach Kapelln erst wieder auf, als die Flak am Schusterberg zum Schweigen gebracht worden war.

Die beiden ersten beim Korps Schultz eingetroffenen Bataillone der 710. Infanterie-Division waren allein natürlich viel zu schwach, um die alte Hauptkampflinie an der Perschling und der Großen Tulln wieder herzustellen. Sie konnten nur verzögern. Für die im Perschlingtal eingesetzten deutschen Truppen wurde die Lage durch den Verlust des Haspelwaldes jedoch sehr bedrohlich. Als sie schließlich auch frontal vom XVIII. Panzerkorps mit starken Kräften angegriffen wurden, konnte der Abschnitt nördlich des Haspelwaldes nicht mehr länger gehalten werden. Die Verbindung zur Panzer-Aufklärungs-Abteilung 2 und allen übrigen rechten Nachbarn war nicht mehr vorhanden, und der Zusammenhang des Korps drohte verlorenzugehen. Das Generalkommando Schultz befahl daher am Abend des 12. April, alle Truppen in den Perschling-Seelackenbach-Abschnitt zurückzunehmen und nur einen Brückenkopf bei Böheimkirchen beizubehalten. Schwerpunkte der Verteidigung sollten Kapelln und Böheimkirchen sein[52]. Die beiden Baubataillone des Pionier-Regimentstabes z.b.V. 548 wurden zum Ausbau des Traisenabschnitts eingesetzt.

Im großen und ganzen war der sowjetische Vorstoß nördlich des Haspelwaldes viel rascher vorangekommen als im Süden, denn am 11. April, als Verbände des XXXVIII. Garde-Schützenkorps bereits Würmla und Murstetten erreicht hatten, war der Angriff links davon noch kaum über Neulengbach hinausgekommen. An der Straße von Neulengbach nach Böheimkirchen kam es bei Tausendblum und Ollersbach zu heftigen Gefechten, die auf beiden Seiten mit einem Großeinsatz an Artillerie und vom sowjetischen XVIII. Panzerkorps auch unter erheblichem Einsatz von Panzern geführt wurden[53].

Eine der Abteilung Fremde Heere Ost des Oberkommandos des Heeres am 12. April vorliegende Meldung, wonach das XVIII. Panzerkorps nach der Gewinnung des Raumes St. Pölten, die für den 13. April befohlen war, durch Schützeneinheiten abgelöst werden sollte, ließ erwarten, daß es im Zuge dieser Umgruppierung zumindest zu einer kurzen Atempause kommen würde, ehe der Angriff in westlicher oder nördlicher Richtung fortgesetzt würde[54]. Vorläufig war aber noch kein Nachlassen der Kämpfe zu bemerken.

Die Entwicklung bis zum 12. April hatte General Schultz nicht im Zweifel darüber gelassen, daß alle Teile des XXXVIII. Garde-Schützenkorps und des XVIII.

Panzerkorps zum Angriff angetreten waren und immer dort stark nachdrängten, wo sie auf nur schwachen Widerstand stießen. Daher gelang die allmähliche und geordnete Zurücknahme der Front auch nur da, wo kampferprobte Truppenteile (710. Infanterie-Division, Panzer-Aufklärungs-Abteilungen 1 und 3) eingesetzt waren, also nur an den Schwerpunkten bei Kapelln und Böheimkirchen. Die Alarm-Bataillone sowie die Heeres-Panzerjagd-Brigade 2 kamen hingegen gar nicht dazu, sich in der befohlenen Stellung zur Verteidigung einzurichten. Während das Alarm-Bataillon C im Kampf fast völlig zersplittert wurde, kamen die beiden anderen Truppenteile erst westlich der Traisen zum Stehen, da der erwartete sowjetische Großangriff am 13. April mit voller Wucht eingesetzt hatte[55]. Er fiel zeitlich genau mit dem Befehl des sowjetischen Oberkommandos vom 13. April zusammen, der unter Punkt 1 anführte: „Der rechte Flügel der Front hat an den Traisen-Fluß vorzurücken, St. Pölten einzunehmen und sich an der angegebenen Linie festzusetzen."

Da deutscherseits bei Kapelln und Böheimkirchen Maßnahmen zur Abwehr eines sowjetischen Durchbruchs getroffen worden waren, brachte der sowjetische Angriff an diesen Schwerpunkten nicht den von den Russen erwarteten Erfolg. Die Traisen wurde nur nördlich davon (bei St. Andrä a. d. Traisen) von der 105. Garde-Schützen-Division des XXXVIII. Garde-Schützenkorps erreicht[56]. Am Abend drangen die ersten Spähtrupps, nachdem sie die Traisen auf einer nicht zerstörten Holzbrücke überquert hatten, in Herzogenburg ein[57]. Doch weder Kapelln noch Böheimkirchen waren von den sowjetischen Angriffsspitzen erreicht worden, obwohl besonders bei der nördlichen Angriffsgruppe mit dem Einsatz von Panzern, Artillerie und Flugzeugen nicht gespart worden war.

Schon am Morgen des 14. April wurde jedoch Kapelln von den Einheiten des Korps Schultz geräumt, und auch Böheimkirchen fiel nach kurzen Infanteriekämpfen. Der deutsche Widerstand, der vor allem von den bereits eingesetzten Teilen der 710. Infanterie-Division, der Panzer-Aufklärungs-Abteilung 1 und einem Flak-Kampftrupp des Flak-Sturm-Regiments 4 getragen wurde und der dazu dienen sollte, eine starke Abwehrfront westlich der Traisen aufzubauen, war durch den Fall Herzogenburgs in den Morgenstunden des 14. bedeutungslos geworden. Es kam zwar bei Pottenbrunn und westlich von Böheimkirchen noch zu sehr ausgedehnten Kampfhandlungen, die jedoch das Schicksal der deutschen Verbände ostwärts der Traisen nicht mehr ändern konnten. Im Nachstoß erreichten die Panzer des XVIII. Panzerkorps kurz hinter den ausweichenden Truppen des Korps Schultz die Traisenbrücke bei Spratzern, südlich von St. Pölten, und eine Brücke in St. Pölten selbst. In der Nacht zum 15. April drangen dann sowjetische Soldaten, wahrscheinlich der 106. Garde-Schützen-Division, in die Stadt ein, ohne dabei auf größeren Widerstand zu stoßen[58].

Der Kampfwert der Alarmverbände des Verteidigungsbereichs St. Pölten hatte nicht einmal ausgereicht, die zurückgehenden Truppen des Korps Schultz aufzunehmen, geschweige denn St. Pölten zu halten. So konnten die sowjetischen Truppen nicht nur die Stadt, sondern auch die Uferhöhen des Traisenabschnitts südlich von St. Pölten besetzen[59].

DIE EINSTELLUNG DER SOWJETISCHEN OFFENSIVE

Marschall Tolbuchin hatte das ihm vom sowjetischen Oberkommando gesteckte Ziel — die Einnahme St. Pöltens — erreicht. Der Stavka-Befehl vom 13. April ordnete des weiteren lediglich die Einstellung der Angriffshandlungen nach Erreichung der Traisenlinie an. Ein Vorstoß sollte nur dort erfolgen, wo der deutsche Widerstand ganz offensichtlich schwach war. Schließlich sollte auch die 9. Garde-Armee nach der Einnahme von St. Pölten als Reserve der 3. Ukrainischen Front herausgezogen werden und sich in den „Wäldern westlich und südwestlich von Wien aufstellen".

Gleichzeitig mit diesen Maßnahmen der sowjetischen Führung, die nach dem 15. April wirksam wurden, unternahm das Korps Schultz verzweifelte Versuche, einen Ausweg aus der Krise zu finden, die durch die Einnahme St. Pöltens entstanden war. Es mußte in erster Linie gelingen, die Front der bunt zusammengewürfelten Verbände wieder zum Stehen zu bringen, neu zu ordnen und die entstandenen Lücken zu schließen. Alle verfügbaren Offiziere des Korpsstabes wurden damit beauftragt, die zurückgehenden Truppen wieder aufzufangen und auf den Höhen westlich der Traisen in Stellung zu bringen. Die dort an neuen Grabenlinien schanzenden Baubataillone wurden als Auffangtruppen verwendet[60]. Konzentrierte Angriffe von Schlachtfliegern des Schlachtgeschwaders 10 und des ungarischen 101. Jagdgeschwaders auf sowjetische Marschkolonnen und Artilleriestellungen trugen nicht unwesentlich zur Stabilisierung der Front bei[61]. Vom 10. bis zum 18. April erfolgten Tag für Tag solche Luftangriffe, bei denen außer der engeren Umgebung von St. Pölten, Herzogenburg und Wilhelmsburg, auch Raipoltenbach, Weißenkirchen a. d. P., St. Andrä a. d. Tr., Kasten, Jeitendorf, Pottenbrunn und Kapelln bombardiert wurden[62].

Schließlich war es aber doch nur der Einstellung des sowjetischen Angriffs zu verdanken, daß die endgültige Stabilisierung der Traisenfront gelang und daß nicht nur eine vorübergehende Erleichterung der Lage eintrat. Versuche von Einheiten des sowjetischen XXXIX. Garde-Schützenkorps, die zunächst im Kampf um Wien eingesetzt gewesen und nach dem 10. April nach Westen verlegt worden waren, über St. Pölten hinauszustoßen, wurden anfänglich von der starken Artillerie des Korps Schultz zerschlagen, führten aber doch zum Verlust von Gerersdorf am 16. April[63]. Erst der Einsatz von neu eingetroffenen Teilen der 710. Infanterie-Division brachte das sowjetische Vordringen im Zentrum zum Stehen.

Am 16. April versuchten sowjetische Truppen noch einmal, westlich von Herzogenburg in die deutsche Hauptkampflinie einzudringen. Einheiten der 104. Garde-Schützen-Division stießen bis Obritzberg — Oberwölbling vor, wurden jedoch in Gegenangriffen wieder geworfen und mußten auch das vorübergehend gewonnene Nußdorf räumen[64].

Am Abend des 16. April konnte die deutsche Front zwischen den Nordausläufern der Alpen und der Donau als gesichert angesehen werden. Am selben Abend traf der ehemalige Kampfkommandant von Wien, General der Infanterie Rudolf von Bünau, auf der Schallaburg, südwestlich von Melk, ein, um den Befehl über das bisher von Generalmajor Schultz geführte Korps zu übernehmen. Dort fanden sich auch tags darauf der Oberbefehlshaber der Heeresgruppe Süd, Generaloberst Rendulic, und der Oberbefehlshaber der 6. Panzer-Armee, Oberstgruppenführer Sepp Dietrich, ein, um in einer gemeinsamen Besprechung die Lage zu erörtern, die folgendes Bild ergab[65]:

Die Operationen der 3. Ukrainischen Front westlich von Wien waren eindeutig mit einem begrenzten Ziel geführt worden. Die Sowjets hatten bis zur Erreichung der Traisen nicht die Linie Brand — Laaben — Stössing — Michelbach Markt — Wilhelmsburg überschritten, also die Front gegenüber dem I. SS-Panzerkorps um 35 bis 40 Kilometer überflügelt[66]. Ostwärts von St. Pölten wußte die deutsche Führung zwei Schützen- und ein Panzerkorps, also eine komplette sowjetische Armee, und als am 17. April zum erstenmal in der Beurteilung der Feindlage die Vermutung auftauchte, wohin die sowjetische 6. Garde-Panzer-Armee aus ihrem bisherigen Einsatzraum tatsächlich hinverlegt würde, da zog man deutscherseits sofort in Erwägung, daß statt dessen Teile der 4. Garde-Armee (man dachte vor allem an das I. Garde-mech. Korps) zur Verstärkung der sowjetischen Offensivkräfte in den Raum St. Pölten gebracht werden könnten[67].

Mitte April war die amerikanische 3. Armee mit Voraustruppen nach Regensburg gekommen, und es war daher zu erwarten, daß die Heeresgruppe Süd in absehbarer Zeit nach Osten und Westen würde kämpfen müssen. Generaloberst Rendulic mußte daher für diesen Eventualfall Vorsorge treffen. Das konnte er nur, indem er allmählich aus der nicht mehr so bedrängten Ostfront von Maribor bis zur Donau die eine und andere Division herauszog und in den Rücken des Korps Bünau verschob, und zwar trotz der generellen Weisung des Oberkommandos des Heeres, den Amerikanern mehr symbolischen und nur hinhaltenden Widerstand zu leisten. Rendulic hielt eine erfolgreiche Weiterführung des Kampfes nach Osten für unmöglich, sobald sich die Amerikaner im Versorgungsraum der Heeresgruppe befanden. Auch das fühlbare Nachlassen des sowjetischen Drucks nach dem 15. April genügte jedoch nicht, eine rasche und großräumige Änderung in der Verteilung der Heeresgruppe vorzunehmen, da die Eisenbahnlage eine Verschiebung von Kräften gar nicht zuließ. Eine Verlegung auf der Straße mußte anderseits an dem akuten Treibstoffmangel scheitern[68].

Trotz dieser Schwierigkeiten wurde noch am 17. April die unverzügliche Verlegung der 9. SS-Panzer-Division aus dem Raum südlich von Radkersburg und die der 117. Jäger-Division aus den Fischerbacher Alpen nach Norden angeordnet[69]. Weiters wurde die 3. SS-Panzer-Division, die nördlich der Donau stand, angewiesen, ihre Sicherungen bis Krems auszudehnen. Die 12. SS-Panzer-Division sollte nach und nach aus der Front des I. SS-Panzerkorps herausgelöst und nach Westen verschoben werden, und die 2. SS-Panzer-Division, die nach den Kämpfen in Wien ohnehin dringend der Ruhe und Auffrischung bedurfte, kam zumindest teilweise über Krems in den Dunkelsteinerwald und sollte ab dem 18. April am linken Flügel des Korps Bünau eingesetzt werden[70]. Darüber hinaus war bereits am 16. April ein Regiment der 10. Fallschirmjäger-Division, die in Graz neu aufgestellt und nur kurz im Raabtal eingesetzt worden war, nach Wilhelmsburg in Marsch gesetzt worden[71].

Südlich des Korps Bünau bildete das I. SS-Panzerkorps infolge des sowjetischen Durchbruchs zur Traisen einen weit nach Osten ausladenden Frontbogen. Es war daher zu erwarten, daß die Russen versuchen würden, den Bogen einzudrücken, weil für sie damit die Gefahr einer möglichen Bedrohung der Flanke im Donautal wegfallen würde. Man konnte auf deutscher Seite allerdings noch nicht wissen, daß die sowjetische 9. Garde-Armee Frontreserve werden sollte und daß es schon aus diesem Grunde notwendig wurde, die Front gegenüber dem I. SS-Panzerkorps zu verkürzen, um sie mit einer geringeren Truppenzahl halten zu können.

Bei der deutschen Führung sprachen diametrale Erwägungen ebenfalls für eine Zurücknahme der Front im Bereich des I. SS-Panzerkorps: Nur durch eine derartige Verkürzung war die Möglichkeit gegeben, Truppen herauszuziehen und sie entweder als Reserven bereitzustellen, oder aber für den Kampf, der sich im Westen abzeichnete, nach Oberösterreich in Marsch zu setzen. Dafür war primär die 12. SS-Panzer-Division vorgesehen, die in ihren Stellungen ostwärts von Altenmarkt abgelöst werden mußte[72]. Alle diese Maßnahmen, die in der zweiten Aprilhälfte der Umgruppierung der 6. Panzer-Armee dienten, hatten letztlich das Ziel, die Armee sowohl nach Westen als nach Osten abwehrbereit zu machen. Es dauerte freilich einige Tage, ehe die vorgesehenen Verschiebungen in Fluß kamen.

Die Hauptkampflinie, die das Korps Bünau zu verteidigen hatte, verlief rechts entlang dem Ostufer der Pielach, wurde jedoch von den sowjetischen Stellungen aus eingesehen. In der Mitte und am linken Flügel verlief sie sehr günstig auf den Höhen und am Ostrand des Dunkelsteinerwaldes, überhöhte fast überall die sowjetischen Linien und gestattete einen tiefen Einblick in das Hinterland, aber kaum in das Traisental. Am linken Flügel war die Hauptkampflinie mit dem äußeren Ring des Verteidigungsbereichs Krems identisch. Dieser war im allgemeinen bestens zur Verteidigung geeignet, nur hatte er den Nachteil, daß fast jeder Einbruch in diesen Verteidigungsraum der sowjetischen Artillerie ein beobachtetes Feuer auf Krems und die dortige Donaubrücke ermöglichte.

Nach dem Scheitern des sowjetischen Versuchs, über St. Pölten ohne größere Kämpfe nach Westen zu drängen, begann denn auch die 105. Garde-Schützen-Division des XXXVIII. Garde-Schützenkorps am 17. April mit Angriffen auf den Verteidigungsbereich Krems[73]. Die Kämpfe flackerten nach einem vorbereitenden Artilleriefeuer jäh zwischen Ambach und Hollenburg auf und breiteten sich auf Traismauer, Kuffern, Theyern, Höhenbach, Nußdorf a. d. Tr. und Wagram a. d. Tr. aus. Die schwachen Kräfte des Kampfkommandanten von Krems und die der Heeres-Panzerjagd-Brigade 2 hätten jedoch keinesfalls das Eindringen der sowjetischen Truppen in die Waldzone des Staatz-Berges und die Donauauen bei Hollenburg verhindern können, wenn nicht gerade noch rechtzeitig das SS-Regiment „Mähren" (K.Gr. Trabandt 3)[74] im Kampfraum eingetroffen wäre und das sowjetische Vordringen zum Stehen gebracht hätte. Auch auf der Linie Theyern — Ried kam die 105. Garde-Schützen-Division über geringe Anfangserfolge nicht hinaus[75]. Bei der Abwehr des sowjetischen Angriffs war schließlich die bisher bei den Kämpfen in Österreich nur wenig in Erscheinung getretene deutsche Donauflottille beteiligt gewesen, die mit zwei Kanonenbooten in den Kampf eingriff und zusammen mit der nördlich der Donau stehenden Sicherung der Kampfgruppe Volkmann (III. Alarm-Bataillon der Luftkriegsschule 7) einen sowjetischen Übersetzversuch ostwärts von Hollenburg verhinderte[76]. Die Sowjets wiederholten am 19. April ihre Versuche, die Donau zwischen Höflein und Hollenburg zu überqueren, doch sie stießen abermals auf die deutschen Sicherungskräfte am Nordufer und mußten das Unternehmen aufgeben. Die Vorstöße zur Überwindung des Flußhindernisses waren jedoch zweifellos nur als taktische Manöver und nicht als Übergangsoperation im Stil des Übersetzens der sowjetischen 46. Armee bei Hainburg und Orth zu werten.

Auch am 20. April erneuerte die 105. Garde-Schützen-Division ihren Versuch, den Verteidigungsring um Krems zu sprengen. Diesmal wählte sie die Höhe von Kuffern als Angriffsziel, deren Besitz für die Verteidigung von Krems von entscheidender Bedeutung war, da man von hier aus den größten Teil des Verteidigungsbereichs bis zur Donau überblicken konnte. Damit war ein Krisenmoment nicht nur für den linken Flügel des Korps Bünau, sondern auch für die 3. SS-Panzer-Division nördlich der Donau entstanden, da mit einem überraschenden Stoß der Russen über die Donau gerechnet werden mußte. Ein von Panzern unterstützter Gegenangriff des zur „Kampfgruppe Siegmann" zusammengefaßten SS-Regiments „Mähren" und der Heeres-Panzerjagd-Brigade 2 bereinigte noch am 20. April diesen Einbruch[77].

Damit und mit der kampflosen Räumung von Oberwölbling durch die Russen fanden die Angriffe Richtung Krems ihren Abschluß.

DIE BESEITIGUNG DES FRONTBOGENS SÜDLICH VON ST. PÖLTEN

Das Erreichen der Traisenlinie durch das sowjetische XXXVIII. Garde-Schützenkorps und das XVIII. Panzerkorps brachte für die Kämpfe westlich und südwestlich von Wien einen deutlich merkbaren Einschnitt. Aus dem Abtransport der 6. Garde-Panzer-Armee Richtung Brno und aus der Tatsache, daß die 9. Garde-Armee westlich von Wien in die Reserve der 3. Ukrainischen Front kam, läßt sich ableiten, daß die Ziele, die sich die sowjetische Führung in Österreich gesteckt hatte, zumindest was Niederösterreich anging, erreicht waren. Generaloberst Rendulic deutete das Aufhören des Großangriffs südlich der Donau zwar so, daß die Russen offenbar erschöpft gewesen seien und es ihnen daher nicht gelungen sei, ihr „später bekanntgewordenes Ziel, die Grenze zwischen Ober- und Niederösterreich, zu erreichen[78]". Das muß jedoch in Anbetracht des Bildes, das der rechte Flügel der 3. Ukrainischen Front in der zweiten Aprilhälfte bot, bezweifelt werden; es deutete nichts auf eine geplante Fortsetzung des Angriffs nach Westen hin. Ja nicht nur das: In der Geschichte der 4. Garde-Armee heißt es sehr deutlich, daß diese Armee nicht deshalb zur Verteidigung übergegangen sei, weil sie nicht über die notwendigen Kräfte verfügt hätte, sondern aus militärpolitischen Rücksichten gegenüber den Verbündeten der Sowjetunion, also gegenüber den USA.

Wohl aber war in dem grundlegenden Befehl des Sowjetischen Oberkommandos vom 1. April noch die Weisung enthalten gewesen, daß der rechte Flügel der 3. Ukrainischen Front bis zur Linie St. Pölten — Lilienfeld vorrücken solle, und dieses Ziel war auch durch die Neufestlegung der Verteilung der 3. Ukrainischen Front nicht aufgehoben worden. Im Gegenteil: Die Beseitigung des Sackes, den das I. SS-Panzerkorps nach Osten bildete, war Voraussetzung dafür, daß die 9. Garde-Armee ganz aus der Front herausgezogen werden und ihren Abschnitt der 4. Garde-Armee übergeben konnte.

Vom 16. bis 18. April wurden die ersten Schritte zur Beseitigung des Sackes getan:

Die 106. Garde-Schützen-Division des XXXVIII. Garde-Schützenkorps griff den äußersten linken Eckpfeiler des I. SS-Panzerkorps an und gewann gegen die recht schwachen Teile der hier eingesetzten 1. SS-Panzer-Division Wilhelmsburg[79]. Die deutschen Linien wurden zunächst auf die Höhen nördlich des Gölsenbaches zurückgedrängt. Der 1. SS-Panzer-Division kam aber zugute, daß sich die von Generaloberst Rendulic befohlene Schwergewichtsverlagerung in das Donautal auszuwirken begann und daß ein Regiment der 10. Fallschirmjäger-Division den Schutz des Traisentales südlich von Wilhelmsburg übernahm[80]. So konnte Wilhelmsburg sogar kurzfristig zurückgewonnen werden, ehe es nur Stunden später abermals verlorenging.

Mit Hilfe der Panzerverbände des XVIII. Panzerkorps setzten die sowjetischen Truppen am 19. April ihre Angriffe fort, stießen von Michelbach Markt, Wald und Wilhelmsburg weiter nach Süden vor und erreichten bei St. Veit die Straße im Gölsental[81]. Der Verlust einer erheblichen Zahl von Panzern bei Kämpfen im Traisen- und Gölsental[82] machte den Russen aber klar, daß der Versuch, hier in den Rücken des I. SS-Panzerkorps vorzustoßen, wenn überhaupt, nur unter noch größeren Verlusten möglich sein würde. Es dürfte der Frontaufklärung der sowjetischen 9. Garde-Armee auch nicht verborgen geblieben sein, daß das I. SS-Panzerkorps ständig Truppen nach rückwärts abgab und von der 1. und der 12. SS-Panzer-Division nur mehr Teile in der Front verblieben waren. Gegen diese Teile (Gruppe SS-Standartenführer Peiper-SS-Panzer-Regiment 1, Infanterieteile der 12. SS-Panzer-Division und „Tiger" Abteilung 501) also, und nicht gegen das ganze Korps, richteten sich die sowjetischen Angriffe, und es mag für die sowjetische Führung vielleicht auch belanglos gewesen sein, ob noch vor der Gesamtkapitulation der Deutschen Wehrmacht ein Korps eingekesselt würde oder nicht. Ein Erfolg war auch dann sicher, wenn man von allen Seiten gegen den deutschen Frontbogen drückte und ihn nach Westen zurückschob. Der Ansatz der sowjetischen Teiloperationen südlich von Wilhelmsburg ließ deutscherseits aber selbstverständlich die Befürchtung aufkommen, daß es das Ziel des sowjetischen Angriffs sei, das I. SS-Panzerkorps abzuschnüren[83]. Bei der Beurteilung der Gesamtlage wurde nur allzu deutlich, daß ein starres Festhalten an den verteidigten Linien die Gefahr einer Einkesselung heraufbeschwören würde. Angesichts des nahenden Endes wird wohl niemand dem deutschen Korps diese psychische und physische Belastung haben zumuten wollen. Die Zurücknahme des I. SS-Panzerkorps konnte also nur mehr eine Frage von Tagen sein.

Am 19. April kam die Ablösung der 9. Garde-Armee in Schwung. Das XXXVII. Garde-Schützenkorps, das nach wie vor das I. SS-Panzerkorps von Puchberg am Schneeberg bis südlich von Alland umspannt hatte, wurde vom I. Garde-mech. Korps abgelöst, das zur 26. Armee übertrat[84]. Das XX. Garde-Schützenkorps der 4. Garde-Armee wurde im Raum St. Pölten und nördlich davon eingesetzt und machte hier Teile des XXXVIII. und des XXXIX. Garde-Schützenkorps frei. Damit war die erste Phase der Umgruppierung beendet.

Am Abend des 19. April verteidigte sich das I. SS-Panzerkorps entlang der Linie Rotheau (im Traisental) — Höhe 730 — Schwarzenbach — Rainfeld — Höhe 554 — St. Corona a. Schöpfl — Alland, bog dann nach Südwesten um und stand bei Raisenmarkt — Weißenbach a. d. Tr. — Pottenstein — ostwärts des Hohen Lindkogels

— Piesting — Hohe Wand — Grünbach am Schneeberg — Puchberg am Schneeberg[85].

Am 20. April wurden die sowjetischen Angriffe erneuert und mit Schwerpunkten bei St. Corona, Hainfeld und Rotheau geführt. Da es aber lediglich bei Hainfeld zu einem kleinen Einbruch kam[86], konnte keinesfalls von einer groß angelegten Operation die Rede sein. Bei der Erkundung des sowjetischen Hinterlandes machte man sogar eine merkwürdige Feststellung, für die es erst Tage später eine Erklärung gab. Ostwärts der Traisen, aber auch an so gut wie allen anderen Abschnitten der Front, entwickelten die Russen plötzlich eine sehr lebhafte Schanztätigkeit[87]. Die österreichische Zivilbevölkerung wurde, sofern sie nicht zu den Schanzarbeiten herangezogen worden war, evakuiert; man begann ganze Wälder abzuholzen und die sowjetische Artillerie wurde auffällig verstärkt. Es war offensichtlich, daß sich die Russen in diesem Abschnitt zur Verteidigung einrichteten, ohne daß es jedoch irgendwelche deutsche Gegenangriffsabsichten gegeben hätte.

Ganz im Gegenteil. Als die sowjetische 4. Garde-Armee am 21. April damit begann, ihre Angriffe auf den Raum westlich und südwestlich von Baden auszudehnen, mußte das I. SS-Panzerkorps die Front, die es seit etwa 3. April gehalten hatte, rasch zurücknehmen. Da der Druck von Norden, Osten und Süden etwa gleichzeitig und gleich stark einsetzte, konnte nur an die gänzliche Räumung des Gebiets gedacht werden. Es wurde keinesfalls in Erwägung gezogen, dem I. SS-Panzerkorps von ruhigeren Frontabschnitten Verstärkungen zuzuführen, um die bisher innegehabten Linien zu halten; vielmehr wurde der Abtransport der 12. SS-Panzer-Division fortgesetzt, bis nur mehr die Kampfgruppe Peiper im alten Einsatzraum verblieb und gemeinsam mit den Kampfgruppen der 1. SS-Panzer-Division und Resten der 356. Infanterie-Division sowie der Kampfgruppe Keitel dafür sorgte, daß der Rückzug in geordnete Bahnen gelenkt wurde[88].

Sammelraum für die deutschen Truppen, die sich langsam und unter ständigen Kämpfen absetzten, war Pernitz. Diese Absetzbewegung begann unter starkem sowjetischen Druck am 22./23. April[89]. Zwischen Puchberg am Schneeberg und Berndorf stießen die Verbände des I. Garde-mech. Korps unter kräftiger Panzerunterstützung nach Norden und Westen nach und konnten beiderseits von Puchberg und westlich von Berndorf tiefere Einbrüche erzielen[90]. Die sowjetische Luftwaffe bombardierte die deutschen Rückzugslinien und insbesondere den Sammelpunkt Pernitz. Am 23. April konnten die sowjetischen Truppen, bei denen es sich wahrscheinlich abermals um das I. Garde-mech. Korps gehandelt hat, Weißenbach a. d. Tr., Pottenstein und Oberpiesting besetzen; ihre Panzer drangen entlang der Straße von Puchberg über Oed bis Waidmannsfeld und entlang der Straße Pottenstein — Pernitz bis Pernitz vor[91]. Während der beiden folgenden Tage verlangsamte sich der deutsche Rückzug, und es kam zu heftigen Kämpfen mit den nachdrängenden Russen, die besonders am 25. April regimentsstarke Angriffe im Piestingtal und nördlich davon führten[92].

Die Räumung des Frontbogens nördlich von Hainfeld geschah auf ausdrücklichen Befehl des Oberkommandos der Wehrmacht, da man hoffte, dadurch Panzerkräfte freizubekommen, die im Raum Brno eingesetzt werden sollten. Aus demselben Grund dürfte ein geplanter Gegenangriff bei Traisen abgeblasen worden sein[93].

Bis zum 25. April hatte es das I. SS-Panzerkorps geschafft, seinen Troß und jenen Teil der Kampftruppen, der nicht zum Halten der verkürzten Front unbedingt nötig

234

war, in erster Linie über den Rohrer Sattel nach Westen abfließen zu lassen. Mit Ausnahme der Straße über den Rohrer Sattel waren damit auch alle wichtigen Straßenverbindungen von den deutschen Truppen preisgegeben worden. In den Bergen konnte meistens nur mehr ein Kleinkrieg geführt werden.

Abgesehen von gelegentlich aufflackernden Schießereien und kleinen örtlichen Vor- und Gegenstößen hörten die Kämpfe am 27. April entlang der gesamten Front der deutschen 6. Panzer-Armee südlich der Donau auf[94].

RÄTSELHAFTES VERHALTEN DER RUSSEN

Die verhältnismäßige Ruhe entlang der Front der Heeresgruppe Süd erlaubte es den Oberbefehlshabern und Kommandierenden Generalen, die ungeklärte Situation ausführlich zu besprechen. In erster Linie galt es, eine Erklärung für die Vorgänge hinter der sowjetischen Front zu finden. Am 23. April hatte die Abteilung Fremde Heere Ost des Oberkommandos des Heeres die Vermutung geäußert, daß die sowjetische 4. Garde-Armee zur Gänze in den Raum westlich von Wien verschoben würde, was auch den Tatsachen entsprach, da das bis dahin in Wien verbliebene XXI. Schützenkorps nachgezogen wurde. Nur war unklar, wann und wofür diese Armee verwendet werden sollte. Sowohl nach Westen als auch nach Norden schien ein Ansatz möglich[95]. Aus Gefangenenaussagen wurde auch gerüchteweise etwas über die Ablösung der 9. Garde-Armee bekannt[96]. Tags darauf wurde das Gesamtbild der 3. Ukrainischen Front dahingehend interpretiert, daß es zu einer schwerpunktmäßigen Kräftezusammenfassung westlich von Wien kommen könnte. Im Abschnitt von der Donau bis Neunkirchen erkannte man die Nordverschiebung größerer Verbände. Man wußte auch von der Zuführung geschlossener Truppenteile ostwärts von St. Pölten, vom Ausladen von Geschützen und von der Evakuierung der Zivilbevölkerung. Aus allen diesen Anzeichen schloß man auf eine Verschiebung der 26. Armee bis in den Raum nordwestlich von Wiener Neustadt. Man nahm daher auch an, daß täglich mit einem sowjetischen Großangriff zwischen der Donau und dem Gebirge zu rechnen sei. Auch ein Angriff aus dem Raum Tulln über die Donau hinweg schien möglich[97].

Am 28. April beobachtete man weiterhin die Zuführung von Kraftfahrzeugen und Geschützen von Wien nach St. Pölten, erkannte Panzeransammlungen, das Ausladen von Infanterie westlich von Hainfeld und das Auffrischen der Panzerverbände, insbesondere des XVIII. Panzerkorps. Obwohl ein sowjetischer Großangriff unmittelbar bevorzustehen schien, blieb an der Front alles ruhig[98].

Ende April wollte das Oberkommando der deutschen 6. Panzer-Armee nochmals die Initiative ergreifen und beauftragte das Generalkommando von Bünau mit der Ausarbeitung eines Angriffsplanes, der die Vernichtung der sowjetischen Kräfte westlich der Traisen zum Ziel hatte. Der Plan wurde zwar ausgearbeitet, aber gleichzeitig bat General Bünau dringend, von der Durchführung Abstand zu nehmen, da die Vorverlegung der Hauptkampflinie keine wesentliche Verbesserung der deutschen Stellung erwarten ließ, jedoch alle Kräfte aufgebraucht hätte, die zur Abwehr des erwarteten Angriffs dringend nötig schienen.

Führten auch die Argumente General Bünaus nicht zur Aufgabe des Projekts, so war es sicher ein anderer Umstand, der das Scheitern des Angriffsplanes zur Folge hatte. Der Hauptstoß sollte nämlich von jenen Teilen der 2. SS-Panzer-Division geführt werden, die dem Korps Bünau bis zum 24. April unterstellt und zuletzt in der sogenannten „Claudia-Stellung" ostwärts von St. Margarethen a. d. Sierning eingesetzt gewesen waren[99]. Am 25. April wurden diese Teile jedoch herausgelöst, um im Raum Passau gegen die amerikanische 11. Panzer-Division eingesetzt zu werden[100].

Der grundlegende Befehl, der das Bild der Heeresgruppe Süd in den letzten April- und den ersten Maitagen formen sollte, kam am 27. April: Die Heeresgruppe Süd sollte durch rücksichtslose Schwächung ihres rechten Flügels und ihrer Mitte Kräfte zur Stärkung des linken Flügels der 8. Armee und zur Festigung der Front bei Brno freimachen[101]. Von diesem Befehl blieb ausdrücklich nur die 6. Panzer-Armee unberührt.

Der hier nicht erwähnte Abtransport der 2. SS-Panzer-Division aus dem Bereich des Korps Bünau war eine einkalkulierte Verminderung der Abwehrkraft, die dadurch wettgemacht worden war, daß bis Ende April die 710. Infanterie-Division (Gefechtsstand Loosdorf) und die 117. Jäger-Division (Gefechtsstand Kirchberg a. d. Pielach) mit allen Teilen zur Verfügung standen und mit dem Stab der 232. Panzer-Division ein gut funktionierendes Führungsorgan für die gemischten Verbände am linken Flügel des Korps Bünau vorhanden war[102]. Dafür mußte die Heeresgruppe Süd am 25. und 26. April die 10. Fallschirmjäger-Division an die Heeresgruppe Mitte abgeben[103], und am 27. April, noch vor dem Eintreffen der 9. SS-Panzer-Division bei der 6. Panzer-Armee, wurde auch die Zuführung dieser Division zur Heeresgruppe Mitte befohlen[104]. Zu der statt dessen in Aussicht genommenen Verschiebung der Heeres-Panzer-Division „Süd" und des Lehrregiments „Brandenburg" kam es jedoch nicht mehr[105].

Mit dem Tode Hitlers am 30. April fanden alle Maßnahmen zu großräumigen Verschiebungen innerhalb der Heeresgruppe Süd ein Ende. Es blieb die Frage offen, wie sich das Korps Bünau und das I. SS-Panzerkorps, die in dem unmittelbaren Annäherungsbereich von Russen und Amerikanern standen, verhalten sollten. Sie rechneten nach wie vor mit einem sowjetischen Angriff südlich der Donau, denn die Verstärkungen, die hier vorgenommen worden waren, ließen keinen anderen Schluß zu. Dagegen sprachen allerdings die von den Sowjets über Lautsprecher im Niemandsland durchgegebenen Parolen, die dem Inhalt nach lauteten: „Kameraden, der größte Verrat der Weltgeschichte steht bevor. Laßt euch nicht in einen neuen Krieg treiben. Lauft über zur Roten Armee![106]" Wie erst nach dem Krieg bekannt wurde, sollen die Russen gefürchtet haben, daß Amerikaner und Deutsche noch im letzten Augenblick gemeinsame Sache machen würden, um gegen die Sowjetunion vorzugehen[107].

Daß es diese Furcht gegeben hat, dürfte heute erwiesen sein und wurde schon vor Jahren durch einige Stellen in den Memoiren der Marschälle Konev und Šukov erhärtet[108]. Auch eine Analyse der militärischen Vorgänge liefert etliche Indizien dafür, daß die Sowjets aufs höchste alarmiert waren. Auslösend für ihr Verhalten war wohl der Tod des amerikanischen Präsidenten Roosevelt, der sie unsicher werden ließ, ob die Allianz mit den USA bis zum Kriegsende halten würde oder nicht. Das Schanzen und Evakuieren im unmittelbaren Frontbereich kann daher genaugenommen nur als Defensivmaßnahme verstanden werden. Auch weiter hinter der Front taten die Sowjets alles, um ihre militärischen Einrichtungen zu schützen. Um die Flugplätze wurden nicht nur immer neue Luftabwehrgeschütze postiert, sondern auch Splitterwälle aufgeführt. Es herrschte selbstverständlich auch noch im gesamten Hinterland einschließlich Wien Verdunkelung. Und sie wurde rigoros überwacht. Mehr noch: Die Verschiebungen hinter der sowjetischen Front erbrachten eine starke Massierung im Großraum Wien und im Donautal, wobei die 9. Garde-Armee als Frontreserve im Falle einer Großoffensive herangezogen werden konnte.

Gerüchte gab es genug, daß Deutschland mit den Amerikanern Front gegen die Russen machen würde. Besonders bei der deutschen 6. Armee und bei der 6. Panzer-Armee wurde diese Möglichkeit in allen Varianten erörtert[109], da ja auch vor den Fronten dieser Armeen und vor allem im Donautal, wo die Vereinigung von Russen und Amerikanern erfolgen mußte, die sowjetische Lautsprecherpropaganda den Gerüchten immer wieder neue Nahrung gab.

Das Stehenbleiben an der Traisen, das, wie es in der Geschichte der 4. Garde-Armee heißt, aus Rücksichtnahme auf die westlichen Verbündeten erfolgte, konnte daher auch sehr gut ein Zeichen dafür sein, daß die Sowjets nicht beabsichtigten, in die westliche Interessensphäre einzudringen. Als sich alle Befürchtungen der Russen als grundlos erwiesen hatten, und als es klar geworden war, daß die Amerikaner ihrerseits nicht weiter in die sowjetische Interessensphäre in der Tschechoslowakei eindringen und schon gar nicht mit den deutschen Truppen gemeinsame Sache machen würden, es also nicht zu der von den Sowjets befürchteten Konfrontation mit dem Westen kommen würde, verstummte der Lautsprecherkrieg, und die 9. Garde-Armee wurde zur schnelleren Abwicklung der Besetzung nördlich der Donau an die österreichisch-tschechische Grenze verschoben. Der Krieg war freilich um ein Rätsel reicher geworden.

Hinter der deutschen Front steigerte sich die Kriegsende-Hysterie noch einmal, wenn das überhaupt möglich war. Flüchtlinge, wo man hinsah, Kinder, Alte und Kranke ohne ein Dach über dem Kopf und oft tagelang ohne Nahrung; von Menschen belagerte Bahnhöfe, auf denen die letzten Züge abgefertigt wurden, und das oft im Bombenhagel und unter dem Bordwaffenbeschuß von Jagdbombern und Jägern, die „strafing missions" durchführten; Verwundetentransporte, die nicht mehr weitergeführt werden konnten, weil die Lazarette überfüllt und auch gar nicht mehr erreichbar waren: Sie alle waren Ausdruck dieser Weltuntergangsstimmung.

Wo man hinkam, waren Erschossene und Gehenkte zu sehen. In St. Pölten waren noch unmittelbar vor dem Herankommen der Russen 13 Mitglieder einer überparteilichen Gruppe hingerichtet worden, die sich anschicken wollten, die Nachkriegszeit vorzubereiten. In Amstetten wurden so gut wie täglich Deserteure hingerichtet und zur Abschreckung hängen gelassen. In Waldegg, in Türnitz und Freiland, in Gutenstein und an zahlreichen abgelegenen Plätzen sah man Soldaten und Volkssturmmänner hängen oder erschossen liegen[110]. Sicherlich, es wurde in allen Armeen gegen Fahnenflüchtige mit exemplarischen Strafen vorgegangen. Doch wenn man diese Toten im Hinterland der Heeresgruppe Süd in Verbindung mit der allgemeinen Kriegslage bringt und das Datum und die Umstände ihres Todes bedenkt, kann man im Einzelfall vielleicht Gründe anführen; insgesamt wird man aber wohl nur von einem erschreckenden Unrecht sprechen können. Diesen Toten gesellen sich dann alle jene zu, die Opfer von gezielten Tötungsaktionen wurden, wie die ungarischen Juden, die in Göstling und Randegg ermordet wurden. Schließlich stellte das Massaker unter den Häftlingen der Strafanstalt Stein, wo etwa 300 Menschen mit Maschinenwaffen und Handgranaten umgebracht wurden, alles in den Schatten. Von den Überlebenden dieses Massakers wurden dann noch einmal 59 Menschen in Hadersdorf am Kamp ermordet.

Wie es in diesen Tagen in Amstetten aussah, geht aus einer sehr anschaulichen Schilderung des damaligen Obergefreiten Christian Broda hervor: „Gehenkte Deserteure auf dem Amstettner Hauptplatz, die roten Wiener städtischen Autobusse, die, vollgestopft mit Flüchtlingen, gleich vorsintflutlichen Fabeltieren die hinter Amstetten steil ansteigende Straße nach Linz hinaufkrochen, versprengte Truppenteile der königlich-ungarischen Armee mit hocheleganten, auch inmitten der ‚Letzten Tage der Menschheit‘ hocharistokratisch wirkenden Offizieren in erstklassigen Uniformen[111]. . .“, und wo man sich einem Waldstück oder einer taktisch günstig gelegenen Geländeformation näherte, Truppen, Truppen und noch einmal Truppen.

Generaloberst Rendulic hatte es verstanden, die Führung seiner Heeresgruppe nicht nur fest in die Hand zu nehmen, sondern auch die Zusammenarbeit mit der politischen Führung so zu intensivieren, daß der Chef des Reichssicherheitshauptamtes, Ernst Kaltenbrunner, nach einem Besuch bei der Heeresgruppe Süd und der Gauleitung von Niederdonau nach Berlin depeschierte: „Mein Führer. Lage in Süddeutschland 29.4.45. Besuch bei Rendulic und N. D. (Niederdonau) gibt gefestigte Frontlagen, Verbesserung am Semmering und Wechsel, bessere Stimmung der Truppe durch gute Führung. Hervorragendes Zusammenarbeiten zwischen O. B. Süd und Gauleitern. Bevölkerung Niederdonau nördlich gute Haltung, südlich Mank — Mariazell schwarz bis feindlich, versteckte Deserteure, anschließend Richtung Steiermark Bandenbildung. Einsatz dagegen läuft. Geistlichkeit hält sich zurück[112]. . .“ Die Harmonie zwischen Rendulic und den Gauleitern war vielleicht nicht ganz so ungetrübt, da Rendulic Jury und Uiberreither, besonders aber Eigruber vorwarf, sie würden sich nicht nur in militärische Belange einmischen, sondern auch Mannschaften und Rüstungsgüter zurückhalten, um sich eigene Verteidigungskräfte zu schaffen. Außerdem würden sie ihre Wünsche immer dem Leiter der Parteikanzlei, Martin Bormann, direkt vortragen[113]. Trotz dieser Vorwürfe kann jedoch angenommen werden, daß es Rendulic um eine Verbesserung in den Beziehungen ging.

Rendulic war aber nicht nur bemüht gewesen, das Verhältnis zu der politischen Führung zu verbessern und damit eine ganz andere Haltung zu zeigen als sein Vorgänger. Er wollte auch gerade Ende April das Verhältnis zu den im Bereich seiner Heeresgruppe noch immer in großer Zahl vorhandenen ungarischen Truppenteilen entscheidend verbessern. Ein diesbezügliches Rundschreiben der Heeresgruppe Süd erreichte in den letzten April- und den ersten Maitagen die Gauleitungen von Nieder- und Oberdonau sowie der Steiermark und wurde auch den ungarischen Kommandobehörden übermittelt. Hier hieß es u. a.: „Es sind mir . . . gewisse Vorgänge in Krems, Spielberg bei Melk und Steyr zur Kenntnis gekommen . . . Als Folge hievon hat bereits in Steyr ein ungarischer General Selbstmord verübt, weil er diese feindselige Stimmung und die dem Ungartum zuteil werdende Behandlung nicht mehr ertragen konnte. Der General hat 22 Monate an unserer Seite treu gekämpft und war positiv deutsch eingestellt. Die schlechte Behandlung des Ungartums führt schließlich dazu, daß wir auf weite Sicht gesehen uns auch die gut gemeinten Ungarn verfeinden und zu erbitterten Gegnern machen . . ." Rendulic wies darauf hin, daß in seiner Heeresgruppe noch immer eine beträchtliche Anzahl von ungarischen Einheiten kämpfte, und zwar tadellos. Er beabsichtigte auch, die Ende März und Anfang April durchgeführte Entwaffnung der Ungarn rückgängig zu machen und Reorganisationsmaßnahmen bei der königlichen ungarischen Honvéd zu ergreifen. Dazu mußte es aber schlagartig eine bessere Behandlung der Ungarn geben[114].

Bei allen diesen Vorgängen und Maßnahmen, bei der Konsolidierung der Heeresgruppe, der Normalisierung des Verhältnisses zwischen der militärischen und der politischen Führung und schließlich bei der Behandlung der Ungarn zeigte es sich, daß der Entschluß, Rendulic mit dem Oberbefehl über die Heeresgruppe Süd zu betrauen, nicht nur nach rein militärischen Gesichtspunkten erfolgt war, sondern wohl auch in Rechnung stellte, daß er mentalitätsmäßig mit den Gegebenheiten der „Alpen- und Donaureichsgaue" besser zu Rande kam als ein anderer. Er trug freilich auch die Verantwortung für die Maßnahmen gegen Deserteure und für militärische Willkürakte, mit denen eine kriegsmüde und verängstigte Bevölkerung zu letzten Anstrengungen gezwungen wurde.

Für die im Korps Bünau zusammengefaßten deutschen Truppen wie für die anderen Teile der 6. Panzer-Armee kam es Ende April zu einer schwerwiegenden Versorgungskrise. Das Vorrücken der Amerikaner in den Versorgungsraum der Heeresgruppe brachte den bis dahin schon spärlichen Munitionsnachschub gänzlich zum Erliegen. Das Korps Bünau lag zwar in gut ausgebauten Stellungen und fühlte sich in der Lage, einen sowjetischen Großangriff abzuwehren, mit der Einschränkung allerdings, daß die Munition nur mehr für zwei Großkampftage reichte und dann nicht mehr der geringste Nachschub zu erwarten war[115].

Die Lage im Raum unmittelbar nördlich der Donau, der vom II. SS-Panzerkorps nur lückenhaft kontrolliert wurde, veranlaßte schließlich General Bünau zu einer ähnlichen Maßnahme, wie sie General Kreysing für die 8. Armee getroffen hatte: Er befahl, nach dem 24. April, nördlich der Donau zwischen Krems, Grein, Freistadt, Budějovice, Waidhofen a. d. Thaya und Horn bewaffnete motorisierte Aufklärung zu betreiben, um nicht plötzlich durch einen amerikanischen Vorstoß überrascht zu werden. Doch diese Befürchtung erwies sich als grundlos[116].

Anfang Mai hatte die 6. Panzer-Armee, so gut es ging, Vorsorge für eine Kampfführung nach zwei Seiten getroffen. Die 1. SS-Panzer-Division hatte sich im Raum südlich von Wilhelmsburg bis zum Rohrer Sattel zur Verteidigung bereitgemacht, wobei sie auf die Unterstützung durch die 117. Jäger-Division rechnen konnte. Entlag der Enns wurde als artilleristischer Rückhalt für die Ostfront die Artillerie-Abteilung „Oberdonau" in Stellung gebracht, die angeblich über 300 Geschütze der verschiedensten Kaliber, vor allem Marinegeschütze, verfügte und von Marineartilleristen bedient wurde[117]. Die 12. SS-Panzer-Division war auf Weisung des Armeeoberkommandos mit Masse am Ostufer der Enns gegen die Amerikaner in Stellung gegangen. Und auch das Korps Bünau versuchte, eine letzte Verteidigungsmöglichkeit gegen die womöglich im Rücken weiter vordringenden Amerikaner vorzubereiten und befahl die Erkundung einer Stellung mit Front nach Westen am Melk-

Abschnitt zwischen Melk und Oberndorf a. d. Melk. Es wurden jedoch keine Stellungen mehr ausgebaut[118].

Nach einer Vororientierung am 7. Mai vormittags befahl das Oberkommando der 6. Panzer-Armee am Nachmittag desselben Tages, daß sich alle Truppen des Korps Bünau (es war auf ca. 20.000 Mann angewachsen) auf die sogenannte Mank-Melk-Stellung zurückziehen sollten. Das mochte darin begründet sein, daß man hier den schmalsten Abschnitt zwischen Donau und Alpen verteidigen konnte. Die am linken Korpsflügel unter dem Befehl der 232. Panzer-Division stehenden Truppen sollten über die Donau setzen, um den Schutz der tiefen rechten Flanke des II. SS-Panzerkorps zu übernehmen[119]. Alle anderen Verbände, vor allem jene des I. SS-Panzerkorps, sollten hingegen am Abend des 7. Mai, unbemerkt von den gegenüberliegenden sowjetischen Truppen, mit der Absetzbewegung beginnen. Am 8. Mai, noch vor Morgengrauen, als das Korps Bünau gerade anfing, sich in der Mank-Melk-Stellung zur Verteidigung einzurichten, kam der Befehl des Armeeoberkommandos, sofort weiterzumarschieren und mit den letzten Teilen bis spätestens 9. Mai, 1.00 Uhr früh (deutsche Sommerzeit), die Enns bei Enns und Steyr zu überschreiten, um zu kapitulieren. Der deutschen 6. Panzer-Armee war der letzte Verzweiflungskampf erspart geblieben.

9 Die Kämpfe im südlichen Burgenland und in der Steiermark

Am selben Tag, als das sowjetische IX. Garde-mech. Korps die österreichische Grenze bei Klostermarienberg überschritt und den niederösterreichischen Abschnitt der Reichsschutzstellung von der Flanke her aufzurollen begann, am 29. März 1945 also, erreichten die sowjetischen Angriffsspitzen auch die Reichsgrenze im damals steirischen Festungsabschnitt des Burgenlandes, der südlich des Geschriebensteins anschloß. Da es sich bei den Operationen gegen diesen Teil des Burgenlandes und gegen die Steiermark aber nicht um einen Teil der „Wiener Angriffsoperation" handelte, wird es angebracht sein, nochmals die Frage nach den sowjetischen Kriegszielen aufzuwerfen.

Bei den bisher geschilderten Operationen waren immer klare Linien zu verfolgen gewesen. Die Hauptstadt Österreichs, das politische, wirtschaftliche und verkehrsmäßige Zentrum des Landes, hatte der ganzen sowjetischen Unternehmung den Namen gegeben, da sie erklärtermaßen das wichtigste Ziel war. Die Kämpfe gegen die 8. Armee waren in der Absicht geführt worden, in Böhmen und Mähren einzudringen, die deutsche Heeresgruppe Mitte von der Flanke her zu bedrohen und die politische Entwicklung im tschechischen Raum zu beschleunigen. Es sollten auf diese Weise vollendete Tatsachen geschaffen werden. Der sowjetische Vormarsch westlich von Wien diente wiederum der Absicherung der „Wiener Angriffsoperation" und sollte zuerst eine Verstärkung der deutschen Truppen in Wien und dann eine Wiedereroberung der Stadt ausschließen. Niederösterreich war außerdem das Kernland der für die Russen vorgesehenen Besatzungszone, und es ist nicht von der Hand zu weisen, daß die Sowjets diese Zone aus militärpolitischen Überlegungen rasch besetzen und nicht nur einfach zur Militärverwaltung übernehmen wollten.

Die sowjetischen Absichten bezüglich Wiens und Niederösterreichs sind somit klar zu umreißen; doch welche Ziele konnten die Sowjets in der Steiermark verfolgen?

Der britische Delegierte in der Europäischen Beratenden Kommission, Sir William Strang, hatte am 29. Jänner 1945 unter anderem vorgeschlagen, Osttirol, Kärnten, die Steiermark und den südlichen Teil des Burgenlandes zur britischen Besatzungszone zu erklären[1]. Dieser Vorschlag, der als Basis für das Zonenübereinkommen dienen sollte, hatte jedoch auf Grund eines sowjetischen Einspruchs eine Einschränkung erfahren, die nicht zu übersehen war: Das Burgenland sollte zur Gänze in die sowjetische Besatzungszone fallen. Dabei konnten sich die Russen darauf stützen, daß den alliierten Vereinbarungen zufolge nicht nur die äußeren Grenzen Österreichs rekonstruiert werden sollten, sondern auch die Ländergrenzen. Da die westlichen Alliierten dieser Auslegung und der damit verbundenen Forderung schließlich zögernd zustimmten, wurde das Burgenland zur Gänze als sowjetisches Besatzungsgebiet in Aussicht genommen. In der Steiermark verfolgten die Russen jedoch keinerlei Nachkriegsinteressen; sie sollte zur britischen Zone gehören.

Bei Übereinstimmung von militärischer und politischer Planung war also anzunehmen, daß die militärischen Operationen der Sowjets unbedingt auf Gewinnung des Burgenlandes ausgerichtet sein würden, daß darüber hinaus aber lediglich operativ-taktische Überlegungen zum Zuge kommen sollten: Die deutsche 6. Armee und die 2. Panzer-Armee durften nicht zur Ruhe kommen; sie mußten womöglich daran gehindert werden, Kräfte nach Norden abzugeben. Da aber in der Steiermark keine sowjetischen Nachkriegsinteressen auf dem Spiel standen, kann man ebenso voraussetzen, daß die russische militärische Führung auf diesem Kriegsschauplatz ein weiteres Vordringen nach Westen nur dort für gerechtfertigt hielt, wo die deutschen Truppen zurückwichen und wo es aus örtlichen Gründen unbedingt nötig war.

Sieht man den südlichen Teil der deutschen Ostfront vor der bedingungslosen Kapitulation unter diesem Gesichtspunkt, dann fällt auf, daß die Front schließlich mit Ausnahme von kleinen Einbrüchen fast identisch mit der burgenländisch-steirischen Grenze war. Die Sowjets hatten also tatsächlich nur die unbedingt notwendigen Operationen durchgeführt, auch wenn es zwischenzeitlich so ausgesehen hatte, als ob sie sehr viel weiter hätten vorstoßen wollen.

Zwischen dem Beginn der Kämpfe im mittleren und südlichen Burgenland sowie in der Steiermark und deren Ende standen rund sechs wechselvolle und blutige Wochen, in denen es für die Betroffenen zweifellos weniger um langfristige historische Einschätzungen als vielmehr um Leben und Tod ging. Und der Tod hielt reiche Ernte.

Als Hitler am Abend des 29. März unter einer Reihe von Vorbehalten die Zurücknahme der Front der Heeresgruppe Süd auf die Reichsschutzstellung genehmigte[2], war diese befestigte Linie im niederösterreichischen Teil bereits durchbrochen. Das sowjetische IX. Garde-mech. Korps war in der 20 Kilometer breiten Lücke zwischen der deutschen 6. Armee und der 6. Panzer-Armee durchgestoßen, hatte den Raum von Köszeg bis Rechnitz erreicht und war dann nach Norden eingeschwenkt. Ebenso plötzlich, wie der nördlichste Kampfabschnitt des Festungsbereichs Steiermark vom Hauptstoß der 3. Ukrainischen Front getroffen zu werden schien, ebenso schnell ging dieses Gefahrenmoment auch wieder vorbei, denn die sowjetische 26. Armee, die in Anlehnung an die 6. Garde-Panzer- und die 9. Garde-Armee hätte vorgehen sollen, war einfach nicht mitgekommen und stand mit den Hauptkräften ihrer drei Korps noch südostwärts von Szombathely nach Osten gestaffelt[3]. Sie mußte zunächst versuchen, nach Nordwesten nachzuziehen. Das Nachhinken der 26. Armee war ja auch der Grund dafür, warum das XXXVII. Garde-Schützenkorps der 9. Garde-Armee, entgegen der ursprünglichen Absicht, schließlich im Semmeringgebiet zum Einsatz kam[4].

Das Zentrum und der linke Flügel der 3. Ukrainischen Front, die von der 26., 27. und 57. (sowjetischen) Armee sowie der 1. bulgarischen Armee gebildet wurden, schienen Ende März aber trotz ihres Nachhinkens dem Ziel, die deutsche 6. Armee und die 2. Panzer-Armee aufzusplittern und die Bildung einer geschlossenen Abwehrfront zu verhindern, sehr nahe gekommen zu sein. Abgesehen von dem starken Druck, den die 26. Armee auf die schon im Norden weit überflügelte deutsche 6. Armee ausübte, begann am 29. März auch der von der Heeresgruppe Süd bereits seit langem erwartete Angriff gegen die 2. Panzer-Armee und besonders gegen deren Frontbogen bei Nagybájom.

Der Befehlshaber der 3. Ukrainischen Front, Marschall Tolbuchin, hatte dem Kommandanten der sowjetischen 27. Armee, Generaloberst Trofimenko, einen Befehl zukommen lassen, wonach dieser das V. Garde-Kavalleriekorps des Generals Gorškov in den Rücken der 2. Panzer-Armee dirigieren sollte[5]. Das bedeutete zwar die Überwindung von rund 70 Kilometern unwegsamen Geländes, mußte aber unbedingt dazu führen, daß sich die 2. Panzer-Armee in ihren Verbindungen nach Westen bedroht fühlte und das Gebiet westlich von Nagykanizsa räumte[6]. Am 29. März griffen die sowjetische 57. und die 1. bulgarische Armee die 2. Panzer-Armee frontal an. Außerdem zeichneten sich schon am ersten Angriffstag auch Teilangriffe der südlich der 26. Armee vorgehenden 27. Armee mit dem XVIII. Panzerkorps über den Raum Zalaegerszeg nach Südwesten ab. Es wurde also die Absicht der 27. und 57. Armee deutlich, die deutsche 2. Panzer-Armee und die nördlich von ihr stehenden Teile der 6. Armee gegen die Mur abzudrängen und die Durchbrüche nach Westen zu erweitern[7]. Die endgültige Gewinnung des Ölgebiets von Nagykanizsa schien von untergeordneter Bedeutung, da die dazugehörigen Raffinerien ohnehin schon in russischer Hand waren.

Der damalige Oberbefehlshaber der Heeresgruppe Süd, General Wöhler, hegte in diesem Augenblick nur noch die Hoffnung, daß sich eine geschlossene Front dadurch erzielen lassen werde, wenn man in der Reichsschutzstellung den Volkssturm in die zwar geschwächten, seiner Ansicht nach aber immer noch ausgezeichnet kämpfenden deutschen Divisionen einfügte[8]. Der allzu improvisierte Charakter der Verteidigungsmaßnahmen entlang der Grenze von Niederösterreich schien diese Hoffnung allerdings zunichte zu machen. Im steirischen Abschnitt der Reichsschutzstellung hatten die in monatelangen Anstrengungen getroffenen Maßnahmen jedoch einigen Erfolg gebracht. Zwar erwies sich der Volkssturm gleich bei seiner ersten Berührung mit sowjetischen Soldaten bei Rechnitz als nur sehr bedingt verwendungsfähig, aber die Organisation des Festungsbereichs Steiermark klappte insofern, als sofort Vorbereitungen zur Wiedergewinnung von Rechnitz getroffen wurden. Ohne die Verbände der 6. Armee konnte aber auch der steirische Abschnitt der Reichsschutzstellung nicht gehalten werden.

Die 6. Armee General Balcks verteidigte sich am 29. März mit drei Korps (von rechts nach links: I. Kavalleriekorps, IV. SS-Panzerkorps und III. Panzerkorps) vom Westende des Balaton bis zum Raum Szombathely[9]. Die Stärke der Korps bzw. der Divisionen kann auch hier nur geschätzt werden, doch dürfte sie durchaus den Verhältnissen bei den anderen Armeen der Heeresgruppe Süd entsprochen haben. Schwächer war nur das III. Panzerkorps, das kaum eine Kampfstärke von 20.000 Mann aufgewiesen haben dürfte und lediglich über eine einzige, wenngleich noch recht starke Division, die 1. Volks-Gebirgs-Division, und eine Fülle kleinster Verbände verfügte[10]. Die physische Erschöpfung der Soldaten, der Munitions- und vor allem der Treibstoffmangel waren jedoch Faktoren, die sich immer stärker bemerkbar machten und die Verteidigung gegen einen mit einer gewaltigen zahlen- und materialmäßigen Überlegenheit angreifenden Gegner sehr in Frage stellten[11]. In dieser Situation konnten auch die stereotypen „Halt-Befehle" des Oberkommandos des Heeres nichts ändern. Sie liefen im Grunde genommen der Entwicklung hintennach, statt wirkliche Richtlinien für die Operationsführung zu geben. So hieß es am 29. März[12]:

„Der Feind hat unter rücksichtslosem Ausnutzen entstandener Lücken die Front der Heeresgruppe Süd an mehreren Stellen aufgerissen und droht, zunächst noch mit schwachen Panzerspitzen, in die Tiefe durchzustoßen.

Aufgabe der Heeresgruppe ist es, die Durchbruchslücken in der Front zu schließen und eine geschlossene HKL (Hauptkampflinie) wiederherzustellen. Der Heeresgr. muß es gelingen, den deutschen Südostraum und entscheidende Ölgebiete südwestl. des Plattensees (Balaton) zuverlässig zu schützen.

Hierzu kann die Mitte der Heeresgr. Süd in die Linie Westspitze Plattensee — Reichsgrenze südwestl. Steinamanger — Grenzstellung bis Preßburg — Pribina-Stellung bis westl. Neutra — Neutra vor überlegenem Feinddruck zurückgenommen werden.

Der rechte Flügel der Heeresgr. von der Grenze zur Heeresgr. E. bis zum Plattensee, an dem festzuhalten ist, und der linke Flügel zwischen Neutra und linker Heeresgr.-Grenze haben sich in den bisherigen Stellungen zu verteidigen."

Die Situation bei der im Anschluß an die 6. Armee kämpfenden 2. Panzer-Armee war kaum anders als jene der 6. Armee. Es war dem Oberbefehlshaber der 2. Panzer-Armee, General der Artillerie Maximilian de Angelis, von Hitler befohlen worden, die Front nach Osten unter allen Umständen zu halten, da sonst die Heeresgruppe E am Balkan ihre Sicherungen an der Draufront immer weiter ausdehnen müßte. Die 2. Panzer-Armee kämpfte aber gar nicht mehr an einer Ostfront, da sie durch den Angriff der sowjetischen 27. Armee so weit umgebogen worden war, daß es in erster Linie eine Nordfront gab. Der Oberbefehlshaber der Heeresgruppe Süd war sich dieses Umstandes auch voll bewußt und betonte General de Angelis gegenüber, daß die Ostfront der Armee unbedingt zugunsten der linken Flanke geschwächt werden müsse, falls die Lage dies erforderte. Das Zurückgehen im Osten sei eher zu verschmerzen als eine Umfassung von Norden[13]. Ein Zusammenwirken mit der 6. Armee war aber zumindest vorläufig nicht möglich, und so blieb diese auf sich allein gestellt.

Was sich in den Dörfern entlang der burgenländischen und steirischen Grenze abspielte, glich sicherlich aufs Haar dem, was sich auch weiter nördlich in Niederösterreich getan hatte und tat. Die Reichsschutzstellung war gebaut worden, ungarische Flüchtlinge kamen. Alte Männer wurden für den Volkssturm aufgerufen und

244

ausgebildet. Bei Herannahen der Front wurden sie zur Bewachung von Brücken und anderen wichtigen Verkehrsbauten befohlen. Dann hieß es, sie hätten in die Reichsschutzstellung, in die Gräben, zu gehen. Ein Teil gehorchte, ein anderer, wohl größerer Teil floh spätestens nach dem ersten Schußwechsel. Es wurde versteckt und vergraben, was irgendwie entbehrlich war, und nur wenige verbrachten auch die letzten Stunden in Zuversicht, entweder weil sie auf ein deutsches Wunder warteten oder sich von den russischen Soldaten zumindest ein Ende des Schreckens erhofften.

In Rechnitz und Umgebung war schon über eine Woche Kanonendonner zu hören. Am 28. März flogen sowjetische Schlachtflieger Angriffe gegen die deutschen Rückzugsstraßen. Es gab Tote, meistens Flüchtlinge, und Brände. Am 29. März griffen die Sowjets Rechnitz an[14].

ERSTE KÄMPFE IN DER REICHSSCHUTZSTELLUNG

Es darf in Erinnerung gerufen werden, daß im Kampfabschnitt Rechnitz die A-Linie der Reichsschutzstellung noch auf ungarischem Boden, die B-Linie auf österreichischem Gebiet verlief. Die Aufteilung des Abschnittes sah die Besetzung der A-Linie vom Geschriebenstein über Bozso bis zu dem Punkt, wo die Eisenbahn Szombathely — Rechnitz die Staatsgrenze schneidet, durch das Volkssturm-Bataillon Oberwart vor. Daran anschließend ging das Volkssturm-Bataillon Bruck/Mur in Stellung. Das Volkssturm-Bataillon Leoben besetzte als Reserve die B-Linie des ganzen Abschnittes[15]. In diese sehr schwache Gruppe der Verteidiger wurde als Rückhalt ein Flak-Regiment mit zwei schweren Abteilungen zu je drei 8,8-cm-Batterien und einer größeren Zahl leichter Batterien zwischen Rechnitz und Hannersdorf eingebaut[16]. Die Flak-Kampftrupps verfügten über ausreichend Munition. Allerdings hatten sie zuwenig ausgebildetes Personal[17]. Der Umstand, daß Generalmajor Bormann mit der Feldkommandantur 198 in Schachendorf seine Befehlsstelle einrichtete und am 28. und 29. März zehn Ortskommandanturen zwischen Edlitz und Halbturn organisierte, mit der Aufgabe, Sammelstellen für Versprengte einzurichten, blieb ohne Auswirkungen auf das örtliche Geschehen im Raum Rechnitz[18].

Herrscht heute größtmögliche Klarheit über die deutschen Verteidiger, so ist man bei der Nennung jener sowjetischen Einheit, die am 29. März den Kampfabschnitt Rechnitz angriff, auf Vermutungen angewiesen. Es kann sich jedoch, da keine Panzer gesichtet wurden, wohl nicht um das in Umgruppierung begriffene V. Garde-Panzerkorps, sondern wohl eher um Teile der 98. oder der 103. Garde-Schützen-Division des XXXVII. Garde-Schützenkorps gehandelt haben, die solange hier im Einsatz waren, bis in den ersten Apriltagen die Divisionen des vorher südlich des Raabtals eingesetzt gewesenen XXX. und CXXXV. Schützenkorps der 26. Armee im Kampfraum eintrafen[19].

In den Abendstunden des 29. März räumte das Volkssturm-Bataillon Oberwart nach einer kurzen Schießerei die A-Linie und zog sich auf Rechnitz zurück[20]. Da nach wie vor keinerlei Fronttruppen zur Verfügung standen, versuchte der Kommandant des Kampfabschnitts von Rechnitz, Hauptmann Osterroth, den nördlichen Sektor durch das Volkssturm-Bataillon Leoben zu verstärken. Aber auch das zeitigte keinerlei Erfolg. Bis zum Morgen des 30. März war Rechnitz nach geringfügigen Kämpfen verlorengegangen[21]. Der Panzergraben hatte sich als wirkungslos erwiesen, da keine Panzer gekommen waren; und der angreifenden sowjetischen Infanterie bot er höchstens Deckungsmöglichkeiten. Am Vormittag des 30. formierte sich in Schachendorf ein Trupp zur Wiedergewinnung von Rechnitz, hatte aber bei seinem Vorstoß keinen Erfolg. Erst gegen Mittag traf der erste höhere Offizier der auf die Reichsschutzstellung zurückgehenden 6. Armee, der Kommandant des rückwärtigen Armeegebiets, Generalleutnant Walter Krause, in Schachendorf ein und brachte einen klaren Verteidigungsauftrag mit. Die ersten Kampfverbände der 6. Armee, die im Einbruchsraum Rechnitz zum Einsatz kamen, waren zwei Regimenter einer Volks-Werfer-Brigade (17 oder 19; dem III. Panzerkorps unterstellt), die jedoch, da sie keine schweren Waffen mehr hatten, als Infanterie-Bataillone formiert wurden[22]. — Sie besetzten die B-Linie von ostwärts Schachendorf bis Schandorf. Als General Krause nach einigen Stunden Aufenthalt beim Kommandierenden General des III. Panzerkorps, General Breith, um 22 Uhr wieder auf österreichisches Gebiet kam, hatte sich die Lage jedoch deutlich verändert. Die Russen hatten Schachendorf von Osten mit abgesessener Kavallerie und mit Panzern angegriffen, den Ort genommen und das eine Volks-Werfer-Regiment nach Westen zurückgeworfen[23].

Der Befehlshaber im Wehrkreis XVIII, General der Gebirgstruppen Julius Ringel, der sich als ein überaus tatkräftiger Offizier erwies, und General Krause taten das möglichste, den noch keinesfalls zu einem Großangriff gewordenen sowjetischen Einbruch im Kampfabschnitt Rechnitz zu bereinigen. Ringel setzte das SS-Panzergrenadier-Ersatz- und Ausbildungs-Bataillon 18 unter Sturmbannführer Schweitzer, das Gebirgsjäger-Ersatz- und Ausbildungs-Bataillon 138, eine Gebirgs-Veterinär-Ersatz-Kompanie, eine Kavallerie-Ersatz-Schwadron sowie ein neu aufgestelltes Bataillon „Büttner" in Marsch[24].

Am Nachmittag des 30. hatte General Ringel schon die Wiedergewinnung von Rechnitz befohlen. Auf Grund eines ergänzenden Befehls vom Abend desselben Tages sollte der Angriff bis spätestens 31. März, 9 Uhr früh, durchgeführt sein. Zur Absicherung im Nordwesten ordnete Ringel noch die Bildung eines Pak-Riegels bei Bernstein an. Die Versammlung der Truppen, die zugeführt wurden, sollte in Großpetersdorf erfolgen[25]. General Krause seinerseits erhielt vom Oberbefehlshaber der 6. Armee den Befehl, als Führer der „Divisions-Gruppe Krause" das Kommando im Abschnitt Rechnitz zu übernehmen. Südlich davon sollte die 1. Volks-Gebirgs-Division die Reichsschutzstellung besetzen. General Krause wurden zur Erfüllung seiner Aufgabe außer den bereitgestellten Ersatz- und Territorialformationen auch die wenigen in diesem Raum vorhandenen Kampftruppen der 6. Armee zugeteilt, nämlich das Feld-Ausbildungs-Bataillon der 3. Panzer-Division und die beiden Regimenter der Volks-Werfer-Brigade. Krause setzte die Gebirgsjäger gegen Schachendorf an, das aber nur bis zur Ortsmitte zurückerobert werden konnte. Dann ging es abermals verloren. Am nächsten Tag, am 1. April, griff das SS-Bataillon Rechnitz an und konnte es mit seinem überraschenden Vorstoß wiedergewinnen. Ebenso wurde die Reichsschutzstellung ost- und südostwärts von Rechnitz genommen[26]. Langsam zeichnete sich eine Konsolidierung der Lage ab.

Dafür ausschlaggebend war jedoch letztlich nicht die Stärke der deutschen Verteidigung, sondern die Tatsache, daß der sowjetische Angriff nicht über Rechnitz hinaus fortgesetzt wurde. Und bis im Kampfabschnitt Rechnitz der deutsche Angriff zur Wiedergewinnung der Reichsschutzstellung genügend vorbereitet war, hatte sich die eigentliche Weichstelle der steirischen Grenzstellung geoffenbart: Das sowjetische XVIII. Panzerkorps des Generalleutnants P. D. Govorunenko war in das obere Raabtal vorgestoßen. Graz war unmittelbar bedroht. Die Ursache dafür waren Entwicklungen, die sich noch in der Tiefe des ungarischen Raumes vorbereitet hatten.

DER EINBRUCH INS RAABTAL

Wohl in keinem anderen Abschnitt der Front der Heeresgruppe Süd zeichnete sich Ende März der drohende Zusammenbruch so klar ab wie in jenem Abschnitt der 6. Armee, der sich im Bereich der in West-Ost-Richtung fließenden Flüsse Raab und Zala befand. Eine Krise jagte die andere. Divisionen mußten fünfmal am Tag ihr Hauptquartier verlegen, um mit dem chaotisch werdenden Rückzug einigermaßen Schritt zu halten[27]. Kaum setzte sich ein Verband irgendwo zum Widerstand fest, um diese schon fast fluchtartige Bewegung zu verlangsamen, wurde er auch schon umgangen. Hinter den schwachen Sicherungen versuchten die Trosse von zwei Armeen nach dem Westen abzufließen und wurden immer wieder von durchgebrochenen und überall auftauchenden sowjetischen Panzern angegriffen[28]. Es gelang nicht mehr, Gefechtsstreifen festzulegen. Von einer einheitlichen Führung war keine Rede mehr, und es ist auch verständlich, daß Divisionskommanden, die mehrmals am Tag ihr Hauptquartier wechselten, nicht mehr in der Lage waren, zu führen. Das sich ausbreitende Chaos schuf natürlich auch eine Stimmung, in der es nur so von gegenseitigen Anschuldigungen wimmelte und die deutschen Kommandostellen einander buchstäblich nur mehr anfunkelten und gegenseitig die Schuld zuschoben. — Das muß gewissermaßen vorangestellt werden, um verstehen zu können, was um die Monatswende März/April im Raum des Raab- und Zalatales geschah.

Am Nachmittag des 28. März war die deutsche 1. Panzer-Division, die am rechten Flügel des III. Panzerkorps zurückgegangen war, genausogut aber zum IV. SS-Panzerkorps gerechnet werden konnte, in dessen Bereich sie war, aus Zalaszántó nach Nordwesten abgezogen worden, um sich — offenbar auf Weisung des Generalkommandos III. Panzerkorps — bei Oloszka (15 km SO Vasvár) neuerlich zur Verteidigung einzurichten[29]. Daraufhin setzte sich die am linken Flügel des deutschen I. Kavalleriekorps kämpfende 23. Panzer-Division ebenfalls aus ihren bisher an der Zala innegehabten Abschnitten ab und bezog in der Nacht vom 30. zum 31. März Stellungen auf den Höhen ostwärts Pacsa. Im Raum zwischen der 1. Panzer-Division und der 23. Panzer-Division hätte an sich das IV. SS-Panzerkorps zurückgehen sollen. Da dieses Korps bei Székesfehérvár aber nur knapp seiner Vernichtung entgangen war, Unklarheiten über die Befehlsbereiche bestanden und es zwischen den Divisionen keine Verbindung mehr gab, war jeder buchstäblich auf sich allein gestellt. Bei der 3. Panzer-Division dieses Korps hatte man daher auch nicht von ungefähr das Gefühl, nur mehr als „führungslose Splitter" zu kämpfen und der Vernichtung oder Gefangennahme durch die Sowjets entgegenzugehen[30].

Genau in dieser Situation wurde dem Oberbefehlshaber der 6. Armee, General Balck, gemeldet, daß sich bei den im Rahmen seiner Armee eingesetzten ungarischen Verbänden nicht nur Auflösungserscheinungen zeigten und die Division Szent László zu den Sowjets übergelaufen sei; mehr noch: die übergelaufenen Ungarn hätten die Waffen sofort gegen die deutschen Truppen gerichtet. Im Einklang mit dem Heeresgruppenkommando befahl Balck die sofortige Entwaffnung der Ungarn bei seiner Armee und im Hinterland der Front[31]. Doch die Katastrophe schien nicht mehr aufzuhalten zu sein, und es hatte den Anschein, daß zum zweiten Mal im Verlauf dieses Weltkriegs eine deutsche 6. Armee ihrer Vernichtung entgegenging.

Da sich die an den Flügeln der Korps eingesetzten Divisionen nicht mehr parallel zurück- sondern auseinanderbewegten, riß die ohnehin kaum mehr vorhandene Verbindung zwischen den nördlichen Korps und dem Kavalleriekorps ab. Eine Lücke von 30 Kilometer Breite tat sich auf. Der Kommandierende General des I. Kavalleriekorps, General der Kavallerie Harteneck, unterstellte sich daraufhin der 2. Panzer-Armee[32].

General Balck führte am Abend des 29. März in einem Gespräch mit dem Oberbefehlshaber der Heeresgruppe Süd die Hauptschuld für das Entstehen der Lücke rechts von der 6. Armee auf die unzulängliche Führung des IV. SS-Panzerkorps zurück: Dieses Korps habe versucht, sich hinter die Raab abzusetzen. Trotz eines eindringlichen Befehls an das Korps, mit der Front ostwärts der Raab zu bleiben, war General Balck nicht sicher, ob sich das IV. SS-Panzerkorps nicht doch hinter die Raab absetzen würde, und er betonte auch, daß er wiederholt befohlen habe, Anschluß an das Kavalleriekorps zu halten. Zuletzt bat er General Wöhler, auch seitens der Heeresgruppe dem IV. SS-Panzerkorps das Halten ostwärts der Raab zu befehlen[33]. Doch es nützte alles nichts!

In seinen privaten Aufzeichnungen vertrat General Balck die Auffassung, daß es dem operativen Unverständnis des Kommandierenden Generals des IV. SS-Panzerkorps, SS-Obergruppenführer Gille, zuzuschreiben gewesen sei, daß das Korps den ihm zugewiesenen Gefechtsstreifen verlassen habe, nach Norden abdrehte und jenseits der Raab in den Rückzugsstreifen des III. Panzerkorps kam. Balck vermutete sogar, daß Gille quer durch die 6. Armee zur 6. Panzer-Armee marschieren wollte[34], doch eine solche Annahme ist äußerst fragwürdig. Die Gründe für das Verhalten des IV. SS-Panzerkorps dürften etwas tiefer gelegen sein.

Das sowjetische V. Garde-Kavalleriekorps löste die ihm vom Befehlshaber der 27. Armee, Generaloberst Trofimenko, übertragene Aufgabe, das deutsche Kavalleriekorps zu überflügeln und nach Süden abzudrängen[35], so hervorragend, daß das im Rücken des V. Garde-Kavalleriekorps nachstoßende XVIII. Panzerkorps mit der vollen Wucht seiner drei Panzerbrigaden und einer mechanisierten Brigade auf den schon sehr geschwächten rechten Flügel des IV. SS-Panzerkorps traf. General Govorunenko dirigierte sein Korps sofort in die Lücke[36], die sich am Abend des 28. März zwischen der 1. und der 23. Panzer-Division aufgetan hatte. Der linke Flügel des deutschen I. Kavalleriekorps wurde gänzlich nach Westen umgebogen, und seit dem 29. März marschierten, an der Front der 23. Panzer- und der 3. Kavallerie-Division vorbei, die sowjetischen Panzerverbände ungehindert nach Westen[37].

Die Umgehungsoperation des V. Garde-Kavalleriekorps machte auch den von der Heeresgruppe Süd unternommenen Versuch, mit den beim deutschen Kavalleriekorps eingetroffenen ersten Teilen der 297. Infanterie-Division aus der tiefen Flanke der 2. Panzer-Armee einen Angriff nach Norden zu führen, zunichte. Die Lücke blieb, und die 297. Infanterie-Division, die 23. Panzer- und die 3. Kavallerie-Division mußten schließlich sogar einen Gegenangriff gegen Teile des V. Garde-Kavalleriekorps im Raum Nova führen, da sonst die Rückzugswege des deutschen Kavalleriekorps aufs schwerste gefährdet gewesen wären[38].

Das IV. SS-Panzerkorps seinerseits wurde auf den Raum Vasvár und gegen die Raab zurückgedrängt. Am 30. März befahl der Kommandeur der 5. SS-Panzer-Division „Wiking", SS-Standartenführer Ullrich, den ihm unterstellten Truppenteilen, im Troßraum der Division, also bei Fürstenfeld, zu sammeln[39]. Nachdem noch Teile der 3. Panzer-Division kurz Körmend verteidigt hatten[40], ergab sich die Frage, wie sich das Schicksal der ostwärts der Raab im Einsatz stehenden Division weiter gestalten sollte. Das Generalkommando IV. SS-Panzerkorps hatte nämlich den Kontakt zu seinen unterstellten Verbänden völlig verloren[41]. Um zu retten, was noch zu retten war, übernahm der Kommandeur der 1. Panzer-Division, Generalleutnant Thunert, kurzfristig auch die Führung der 3. Panzer-Division[42]. In einem Telefongespräch mit dem Kommandierenden General des III. Panzerkorps, General Breith, erhielt General Thunert das Einverständnis General Balcks übermittelt, den Brückenkopf Vasvár zu räumen. Bei einem längeren Ausharren wären die 1. und die 3. Panzer-Division, die ja bereits im Norden und Süden überflügelt waren, abgeschnitten worden. Ihr Hauptproblem war, daß sie nur mehr eine sehr eingeschränkte Beweglichkeit besaßen, da sie fast keinen Treibstoff bekamen. Panzer und Sturmgeschütze mußten gesprengt werden. Die Lastkraftwagen versuchten, im Schleppzug zu fahren und bildeten dabei ein willkommenes Ziel für die sowjetischen Schlachtflieger. Im letzten Moment gelang es den Trümmern der genannten Divisionen, die Raab nach Norden zu überschreiten und die Raab-Brücke bei Vasvár zu sprengen. Sie versuchten, auf den von allen möglichen Fahrzeugen hoffnungslos verstopften Straßen, nördlich der Raab nach Westen zu kommen. Erst in der Reichsschutzstellung sollte der Widerstand wieder aufgenommen werden[43].

Für General Govorunenko war nun, nachdem auch die Flankenbedrohung im Norden weggefallen war, der Augenblick gekommen, nachzustoßen und die entstandene Lücke voll auszunützen. Panzer seines Korps stürmten das Zalatal aufwärts, schwächere Teile erzwangen sich bei Szentgotthárd den Übergang über die Raab und stießen entlang des Nordufers weiter nach Westen vor[44]. Andere Teile fühlten entlang des Südufers bis Welten und Fehring vor. Das Gros überwand jedoch am 31. März die Reichsschutzstellung im Raum Neuhaus am Klausenbach-Kalch, kam gegen geringen Widerstand bis Gleichenberg, schwenkte am 1. April gegen das Raabtal ein und erreichte dieses bei Feldbach[45]. Ein Panzerraid über 110 Kilometer, der besonders in seinem letzten Teil vorwiegend über Wiesen und Waldwege geführt hatte, war in etwa 75 Stunden weit in das Hinterland der deutschen Front vorgedrungen.

Für die im Kampfabschnitt Raabtal eingesetzten Kräfte des Unterabschnitts Nord der Reichsschutzstellung kam der sowjetische Vorstoß so überraschend, daß an Widerstand nicht zu denken war. Es war ja nicht einmal gelungen, den „Heimatkriegern" dadurch mehr Rückhalt zu geben, daß sie von der Fronttruppe aufgenommen worden wären. Sie standen plötzlich allein den Sowjets gegenüber. In den Dörfern des Raabtales vermischte sich am 31. März Sirenengeheul mit Glockengeläute, um das Herannahen der Sowjets anzuzeigen, und dann fuhren auch schon meist die ersten Panzer heran, drangen Infanterie und Berittene in die Ortschaften ein. Wenn man, wie die Bewohner von St. Anna am Aigen, knapp außerhalb des sowjetischen Hauptstoßes lag, dann konnte man das Schauspiel erleben, daß an diesem 31. März rund 200 Panzer über die Hügel von Kalch, über Neustift und Kölldorf, in Richtung Bad Gleichenberg fuhren[46]. Für den Volkssturm, der im Angriffsstreifen des XVIII. Panzerkorps in Stellung gegangen war, gab es kein Halten. Das vor Neumarkt a. d. Raab eingesetzte Volkssturm-Bataillon Graz-Land soll unter Schwenken von weißen Tüchern zu den Sowjets übergelaufen sein. Das Volkssturm-Bataillon Jennersdorf suchte sein Heil in der Flucht, und nur knapp nördlich der Raab, ostwärts von Jennersdorf, gelang es den wenigen Kräften des Unterabschnitts Nord mit dem Volkssturm-Bataillon Liezen, einem Flakkampftrupp, Reichsarbeitsdienst und Zollwache, sich längere Zeit zu verteidigen[47]. Länger bedeutete allerdings nur Stunden.

Das Oberkommando des Heeres war sich bei der Analysierung des Kräfteansatzes am linken Flügel der 3. Ukrainischen Front — im Gegensatz etwa zu der Beurteilung der sowjetischen Absichten im Raum Wien — über die Fortsetzung der Operationen nicht recht im klaren. Es fiel nur auf, daß die Russen bestrebt waren, die Erfolgsmöglichkeiten, die sich aus der Aufsplitterung der Heeresgruppe Süd ergaben, rasch auszunützen und daher zahlreiche Gefechtsstände vorverlegten und die Reserven, besonders der 26. Armee, verstärkt heranzogen[48].

Man sah im Ansatz der 27. Armee den Beginn einer Operation, die nach dem Abdrängen der 2. Panzer-Armee darauf hinzielte, stärkere Kräfte gegen Zagreb zu dirigieren und die Verbindungen der deutschen Heeresgruppe E am Balkan zu unterbrechen. Teilkräfte, so vermutete man beim Oberkommando des Heeres, würden auch gegen Graz und Unterdrauburg angesetzt werden. Prinzipiell wurden aber die Bewegungen des XVIII. Panzerkorps und des V. Garde-Kavalleriekorps so gedeutet, daß es sich dabei um einen großangelegten Versuch handelte, entweder die 2. Panzer-Armee oder die 6. Armee einzuschließen[49].

Möglicherweise war das auch das Ziel der sowjetischen Führung gewesen, da sie am 1. April 1945 in ihrem grundlegenden Befehl zur Fortführung der Operationen im Zentrum und am linken Flügel der 3. Ukrainischen Front die Erreichung der Linie Gloggnitz — Bruck a. d. Mur — Graz — Maribor anordnete und befahl, sich an den Flüssen Mürz, Mur und Drau festzusetzen[50]. Die terminmäßige Begrenzung für diese Operation, nämlich 10./12. April, zeigt, daß man beim sowjetischen Oberkommando nicht mehr mit einem ernsthaften deutschen Widerstand rechnete. Am 1. April war schließlich auch das XVIII. Panzerkorps wesentlich näher an Graz herangekommen als etwa das V. Garde-Panzerkorps der 6. Garde-Panzer-Armee an Wien, und auch Maribor war nicht weiter von den sowjetischen Linien entfernt als die Verteidiger Wiens von den russischen Angriffsspitzen. Der Durchbruch eines sowjetischen Panzerkorps im Raabtal, dem weder die deutsche 6. Armee noch die 2. Panzer-Armee etwas entgegenzuwerfen hatten, barg somit die Möglichkeit eines kompletten Zusammenbruchs der deutschen Front im Südosten in sich. Ein Panzerkorps allein reichte dafür freilich nicht aus. Die weitere Entwicklung hing also davon ab, was die Russen in die Lücke bringen würden.

Im Kampfabschnitt Kalch, wo die Hauptmacht des sowjetischen XVIII. Panzer-korps durchbrach, wurde das Volkssturm-Bataillon Murau am 31. März in dem Augenblick überrollt, als es seine Stellungen einnehmen wollte[51]. Die letzte Meldung des Kampfabschnittskommandanten lautete, daß die Russen den Windmühlenberg besetzt hätten und gegen Minihof-Liebau vorstießen. In den Abendstunden setzte sich noch der Volkssturm in Bad Gleichenberg 75 Minuten zur Wehr, dann wurde auch dieses Hindernis von den russischen Panzern überrollt[52].

Seitlich des Hauptstoßes hatte eine Panzergruppe bei Szentgotthárd die Raab überquert und schon am Nachmittag des 30. März Mogersdorf besetzt. Tags darauf kam diese Gruppe gegen schwachen Widerstand der 5. SS-Panzer-Division bis Jennersdorf[53]. Ein weiterer Keil war südlich der Raab vorgetrieben worden, und am 31. nachmittags meldete der Kampfkommandant des Abschnitts Raabtal, daß auf der Straße Neumarkt a. d. R. — St. Martin 36 bis 38 Panzer mit aufgesessener Infanterie angriffen. Siebzehn weitere Panzer seien bereits in Neumarkt[54].

Als diese Meldung an das IV. SS-Panzerkorps weitergegeben wurde, reagierte das Generalkommando nur damit, daß in der Nacht die 5. SS-Panzer-Division nominell den Abschnitt zu übernehmen hatte. Es konnten jedoch keine Kräfte zum Eingreifen am rechten Raabufer freigemacht werden. Am Morgen des Ostersonntags (1. April) waren die sowjetischen Panzer auch mit dem noch nicht erstarkten Widerstand in Fehring fertig geworden und drängten die Raab aufwärts gegen Feldbach[55].

In der Woche vor Ostern waren die wichtigsten nach Feldbach führenden Straßen durch Panzersperren abgeriegelt worden, wobei es sich aber nur um Verrammelungen der Art handelte, daß nasse Holzpflöcke in Betonschächte hineingetrieben wurden. Südlich der Raab war dann noch ein Panzergraben ausgehoben worden, der sich allmählich mit Grundwasser füllte. Die Raabbrücken waren zur Sprengung vorbereitet. Volkssturm gab es in Feldbach keinen mehr, da dieser schon bei Fehring und Hatzendorf eingesetzt worden war[56].

Es waren jedoch nicht die entlang der Raab vorgestoßenen Panzer, die in Feldbach eindrangen, sondern das Gros, das über Bad Gleichenberg weit ausgeholt hatte. Da die Brücken gesprengt waren, gelang ihnen allerdings die Überquerung des Flusses nicht. Also fühlten die vordersten Panzer weiter entlang des rechten Flußufers gegen Kirchberg a. d. R. vor, wo sie auf den ersten stärkeren Widerstand seit dem Überschreiten der Reichsschutzstellung trafen. Etwa 700 Mann der Fahr-Ersatz- und Ausbildungs-Abteilung 18, vorwiegend Genesene und nur bedingt verwendungsfähige Soldaten, waren hier auf Weisung des Befehlshabers im Wehrkreis XVIII, General Ringel, in Stellung gegangen.

Tags zuvor erst waren die Kompanien in Graz einwaggoniert worden, um in das Raabtal gebracht zu werden. Die Meldung, daß die Sowjets schon bis Feldbach vorgedrungen waren, ließ sie dann auswaggonieren und beiderseits der Raab im Raum Kirchberg in Stellung gehen[57]. Durch den Abschuß einiger sowjetischer Panzer bewiesen sie, daß im Raum Kirchberg nur der Einsatz einer stärkeren Panzerstreitmacht den Durchbruch in Richtung Graz ermöglichen konnte.

Und in diesem Augenblick zeigte es sich, daß der Stavkabefehl vom 1. April schon 24 Stunden später partiell seine Gültigkeit verloren hatte und daß es offenbar nicht mehr das Ziel der sowjetischen Führung war, den Vorstoß des XVIII. Panzerkorps zur Gewinnung von Graz, zur Abschnürung des Balkans oder zu einer Zangenbewegung gegen die 2. Panzer- oder die 6. Armee zu verwenden, denn der erzielte Durchbruch wurde nicht genährt.

Der 1. April, der die sowjetischen Panzerspitzen am rechten Raabufer bis Kirchberg hatte vordringen sehen, zeigte auch gleichzeitig die verhältnismäßige Schwäche der Russen am nördlichen Raabufer: Die Sicherungen, die die 1.Panzer-Division bei Poppendorf und nördlich von Heiligenkreuz im Lafnitztal aufgezogen hatte[58], konnten auch von dem nördlich des XVIII. Panzerkorps nachfolgenden XXXIII. Schützenkorps nicht durchbrochen werden. Das Panzerkorps hatte zwar im Raabtal selbst bis Kirchberg Manövrierfreiheit, aber die Wege nach Norden waren westlich von Fürstenfeld durch die 5. SS-Panzer-Division und weiter raababwärts durch die 1. und die 3. Panzer-Division verlegt worden. Kampfgruppen der 1. und der 3. Panzer-Division unternahmen am 2. und 3. April erfolgreiche Vorstöße, die der Einengung des XVIII. Panzerkorps dienten. Sie hatten insofern Erfolg, als am linken Raabufer die Besetzung von Vasszentmihály durch die 3. Panzer-Division und von Felsörönök durch die 1. Panzer-Division gelang.

Der Vorstoß einer sowjetischen Panzerspitze nach Riegersburg bewirkte sofort die Verstärkung dieses Abschnittes durch Kräfte der 1. Panzer-Division (Panzer-Grenadier-Regiment 113).

Am Ostermontag tasteten die Spitzen des XVIII. Panzerkorps noch zweimal die Stellungen der Fahr-Ersatz- und Ausbildungs-Abteilung 18 ab, hatten damit aber genausowenig Erfolg wie mit dem Angriff am Vortag[59]. Von Graz aus wurden eiligst die ersten Teile der in Aufstellung begriffenen 10. Fallschirmjäger-Division in den Einbruchsraum im Raabtal dirigiert, vor allem eine Abteilung des Fallschirm-Artillerie-Regiments 10[60]. General Balck übertrug die Kampfführung im Raabtal, die weder vom IV. SS-Panzerkorps noch vom I. Kavalleriekorps der deutschen 2. Panzer-Armee gesteuert werden konnte, dem Panzeroffizier der 6. Armee, Generalmajor Wolf. Er führte schließlich bis zum 11. April die allmählich in die Einbruchstelle dirigierten Verbände. Aber schon am 3. April unterblieb jeder weitere sowjetische Angriff am rechten Raabufer, und nur durch einen raschen Stoß nördlich des Flusses konnte die deutsche Besatzung aus Riegersburg hinausgeworfen werden[61]. Gleichzeitig aber begann sich das Panzerkorps zurückzuziehen.

Wenn auf sowjetischer Seite nicht die Absicht bestand, das XVIII. Panzerkorps weiterhin als Stoßkeil fungieren zu lassen, und wenn General Govorunenkos zweifellos errungener Erfolg nicht in Einklang mit einer anderen großräumigen Operation gebracht wurde, dann hätte es eine sinnlose Aufopferung des Panzerkorps bedeutet, wenn es so exponiert stehengeblieben wäre. Doch das lag offenbar nicht in der Absicht der sowjetischen Führung. Erwartete man im deutschen Oberkommando des Heeres noch am 4. April bei Feldbach in Kürze die verstärkte Wiederaufnahme der Feindangriffe, mit dem Ziel, zunächst im Zusammenwirken mit den aus dem Raum Szombathely angreifenden Kräften der 26. Armee den vorspringenden Frontbogen der 6. Armee zum Einsturz zu bringen — man rechnete deshalb mit der raschesten Verstärkung der gegnerischen Panzerkräfte[62] —, so trat genau das Gegenteil ein. Die rückläufige Bewegung, die sich bereits am 3. April abzuzeichnen begann, hielt auch an den beiden folgenden Tagen an: Das XVIII. Panzerkorps wurde in den Raum Wien verlegt[63].

General Balck hatte in den ersten Apriltagen die, wie es schien, durch nichts mehr aufzuhaltende Zertrümmerung seiner Armee vor Augen. Die Verbindung zur 6. Panzer-Armee im Norden und zur 2. Panzer-Armee im Süden war zur Gänze verlorengegangen; die Reichsschutzstellung hatte sich nicht verteidigen lassen und war durchbrochen worden. Bei Rechnitz und nördlich davon wußte Balck fünf sowjetische Divisionen, denen er nichts entgegenzusetzen hatte, und der Einbruch im Raabtal schien das Schicksal der 6. Armee zu besiegeln. Als sich jedoch nach dem 3. April wider Erwarten eine Konsolidierung wenigstens am rechten Flügel abzuzeichnen begann, konnte Balck notieren: „. . . eine der allerschwersten Krisen, eine schwerere hab ich nie erlebt, war bereinigt. Die Katastrophe hätte ein Ausmaß annehmen können, wie es selbst für den 2. Weltkrieg völlig ungewöhnlich war[64]."

Selbstverständlich war ein operativer Durchbruch, der so folgenschwere Auswirkungen haben konnte wie der sowjetische Einbruch in das Raabtal, von allen möglichen hektischen und kontroversiellen Bemühungen und schließlich von gegenseitigen Beschuldigungen begleitet. General Balck führte, wie bereits erwähnt, die Beinahe-Katastrophe auf das Versagen des IV. SS-Panzerkorps und insbesondere auf katastrophale Führungsfehler von SS-Obergruppenführer Gille zurück. Über die Rechtfertigung Gilles liegen keine Aufzeichnungen vor. Doch der zu Gilles Korps gehörende und im engeren für das Raabtal verantwortliche Kommandeur, nämlich jener der 5. SS-Panzer-Division, SS-Standartenführer Ullrich, spielte den Ball zurück und erzählte dem Kreisleiter von Fürstenfeld am 8. April, daß er, Ullrich, erst einen Tag vor dem Rückzug aus Ungarn erfahren habe, daß es eine Reichsschutzstellung gebe. Und er fügte hinzu: hätte er das früher erfahren, dann hätte er diese Stellung rechtzeitig beziehen können und hätte niemals seiner Division den Befehl gegeben, erst in Fürstenfeld zu sammeln. Der Reichsverteidigungskommissar für die Steiermark, Uiberreither, der diese Meldung am 9. April nach Berlin telegraphierte und sie Hitler vorgelegt wissen wollte, fügte noch erläuternd hinzu: „Durch obiges Versehen wurde planmäßige Absetzung in die Grenzschutzstellung, die hätte gehalten werden können, verhindert[65]." Gerade letzteres muß aber sehr bezweifelt werden.

General Balck hatte allerdings bevor er das IV. SS-Panzerkorps und dessen Kommandierenden General für die Krise verantwortlich machte, schon einen anderen Sündenbock gefunden, und zwar die Ungarn und besonders die Division „Szent László". Daher hatte er sich auch am 31. März, also zu einem Zeitpunkt, als sich das Loch in seiner Front bereits aufgetan hatte, nicht damit begnügt, die Ungarn — wie es die übrigen Armeen der Heeresgruppe Süd taten — aus der Front zu ziehen und abzuschieben. Nein, Balck gab diesem Vorgang noch dadurch eine peinliche Note, daß er einen sehr tendenziösen „Ungarn-Befehl" hinausgab.

Erst nach dem Krieg suchte General Balck sein Verhalten und seine Einschätzung zu rechtfertigen und verknüpfte dabei die Vorgänge beim IV. SS-Panzerkorps mit jenen bei der Division „Szent László[66]". Balck stellte die Sache so dar, daß seine Korps „fast ohne Feindberührung" auf die Reichsschutzstellung zurückgingen (was eine starke Verzerrung darstellt und seinen eigenen, noch während des Kriegs gemachten Aufzeichnungen widerspricht). Er wäre völlig beruhigt gewesen und fuhr auf seinen Gefechtsstand zurück. Als er dort eintraf, fand er eine Meldung des IV. SS-Panzerkorps vor, wonach die Division „Szent László" zu den Russen übergelaufen sei und sich dann mit Teilen gegen die Deutschen gewendet hätte. Gleichzeitig meldete das III. Panzerkorps das Überwechseln des IV. SS-Panzerkorps in seinen eignen Rückzugsstreifen. Es gab eine totale Verstopfung und Auflösungserscheinungen bei den Divisionen. Die 6. Armee stand vor der Vernichtung. In solchen Lagen, schrieb Balck, „muß blitzschnell und ohne Rücksicht auf Empfindlichkeiten gehandelt werden". Den Grund für die Meldung vom Überlaufen der ungarischen Divisionen glaubte Balck schließlich auch herausgefunden zu haben: die Division „Szent László" wollte zum deutschen I. Kavalleriekorps. Teile der Voraus-Abteilung dieser Division seien dabei versehentlich mit der 5. SS.-Panzer-Division ins Gefecht gekommen[67]. Gestützt auf einen entsprechenden Befehl der Heeresgruppe hatte Balck jedoch nicht gezögert, das Kind mit dem Bade auszuschütten.

Für die ungarischen Truppen im Frontbereich und im rückwärtigen Gebiet der 6. Armee war dieser Vorfall mehr als eine Belanglosigkeit, und die Frage des Verhaltens der Division „Szent László" wie auch die Maßnahmen General Balcks blieben bis heute der Angelpunkt für die Beurteilung des ungarisch-deutschen Verhältnisses in der Kriegsschlußphase.

Für die ungarischen Soldaten und Flüchtlinge war der „Balck-Befehl" Ausgangspunkt für zahlreiche zusätzliche Demütigungen. Der kgl. ung. Honvédminister und Oberbefehlshaber der Honvéd, Generaloberst Károly Beregfy, leitete daraus in einem Schreiben an Himmler grundsätzliche Betrachtungen ab. Er sah im „Balck-Befehl" bloß eine Teilepisode in einer ganzen Serie, „welche in den letzten Wochen das zum Überschreiten der deutsch-ungarischen Grenze gezwungene Ungarntum seitens der verschiedenen untergeordneten, jedoch anscheinend über unbegrenzte Machtbefugnisse verfügenden, deutschen Amtsorgane zu erdulden gezwungen war". Er führte dann im Detail aus, daß in Ostösterreich gerüchteweise die Schuld an der mißlichen militärischen Situation der Heeresgruppe Süd darauf zurückgeführt würde, daß acht ungarische Divisionen zu den Sowjets übergelaufen seien. Gauleiter, Kreisleiter und Bürgermeister würden dieses Gerücht gerne aufgreifen. Der Seelenzustand der „zur Umsiedlung gezwungenen Ungarn" sei verzweifelt. Es gäbe Ortschaften, wo man den Ungarn seit neuestem kein Quartier mehr gäbe. Der ungarische Bevollmächtigte General bei der Heeresgruppe Süd, vitéz Kovács, sei von der Bevölkerung zum Verräter gestempelt worden. Der Gauleiter der Steiermark, Uiberreither, habe den ungarischen Generalmajor Fábian in Anwesenheit seiner Umgebung gröblichst beschimpft und ihn dann samt seinem Stab internieren lassen. Und als unmittelbare Folge des „Balck-Befehls" wären die Angehörigen des Stabes der 1. ungarischen Armee aller Habe beraubt worden. „Die in Ehren ergrauten Generäle, Stabsoffiziere, ehrwürdige ungarische Mütter sowie die geretteten Kinder und die Jugend unserer Nation wurden mit Bündeln am Rücken unter Bewachung ukrainischer, kroatischer und anderer Hilfsvölker in das Sammellager Tobelbad (12 km südwestlich von Graz) getrieben." In Tobelbad seien sie vom Befehlshaber im Wehrkreis XVIII, General Ringel, gefragt worden, ob sie noch gegen die Russen kämpfen wollten. Im bejahenden Fall würden sie aber nur in deutscher Uniform eingesetzt werden. Schließlich — und damit wurde noch einmal der Bezug zu dem das ganze auslösenden Vorfall hergestellt, sei die Division „Szent László" zum fraglichen Zeitpunkt gar nicht beim IV. SS-Panzerkorps eingesetzt gewesen, sondern beim deutschen Kavalleriekorps, aus dessen Unterstellung die Division erst am 4. April entlassen worden sei. Generaloberst Károly Beregfy forderte Genugtuung für die schwere Beleidigung und übersah dabei, daß er seinerseits in seinem Schreiben Ukrainer und Kroaten zu „Hilfsvölkern" stempelte. — Genugtuung für die Ungarn war wohl nicht in der Form zu erhalten, wie sich dies der ungarische Generaloberst vorstellte, doch der spätere Oberbefehlshaber der Heeresgruppe Süd, Generaloberst Rendulic, der zweifellos mehr Verständnis für die Ungarn aufbrachte als die Generäle Balck und Wöhler, trachtete bei jeder sich bietenden Gelegenheit, die weiterhin im Verband seiner Heeresgruppe kämpfenden Ungarn ehrend zu erwähnen.

Der deutschen 6. Armee war in ihrer Krise Anfang April zugute gekommen, daß die sowjetischen Operationen bei Rechnitz und im Raabtal nicht gleichzeitig abliefen, sondern genau gestaffelt. Erst am 4. April, also an dem Tag, an dem das sowjetische XVIII. Panzerkorps die Orte Unterweißenbach, Saaz und Berndorf räumte und auf den Westrand von Feldbach zurückgedrückt wurde, war die 26. Armee in ihrem vorgesehenen Einsatzraum eingetroffen, nahm ihre Angriffe südwestlich und westlich von Szombathely in größerem Umfang auf und konnte die hier eingesetzten deutschen Truppen auf die Linie Dürnbach — Weiden (westlich Rechnitz) zurückdrängen. Das Schwergewicht hatte sich damit verlagert, und wenn auch zu befürchten war, daß es im Raabtal zu neuerlichen Angriffen kommen würde, so fühlte sich General Balck doch imstande, der neuen Gefahr im Nordabschnitt seiner Front zu begegnen[68].

Doch nicht nur die 26. Armee war jetzt in dem für sie vorgesehenen Einsatzraum eingetroffen. Es war entlang der ganzen Front vor der deutschen 2. Panzer-Armee und der 6. Armee eine Umgruppierung in Gang gekommen, die zu einer sich überschlagenden Kräfteverlagerung nach Norden führte. Die bulgarische 1. Armee wurde stärker herangezogen und zwischen Drau und Mur eingesetzt. Dadurch gelang es, die sowjetische 57. Armee bis südlich von Feldbach und die 27. Armee weit über die Raab nach Norden auszudehnen, wodurch der Einsatz der 26. Armee im Raum westlich und nordwestlich von Szombathely konzentriert erfolgen konnte[69]. Am 8. April zeichneten sich schon klare Kräftezusammenfassungen vor dem linken Flügel der 2. Panzer-Armee und vor der Mitte und dem linken Flügel der 6. Armee ab. Aus dieser Kräfteverteilung vor der deutschen Front leitete das Oberkommando des Heeres abermals die sowjetische Absicht ab, durch Angriffe in allgemeiner westlicher und südwestlicher Richtung die deutschen Kräfte in das Gebirge abzudrängen, um dann durch die Gewinnung des Raumes Unterdrauburg — Graz — Bruck a. d. Mur, die für den Balkan wichtigen Verkehrslinien zu unterbrechen[70].

Die sowjetischen Verstärkungen erfolgten jedoch in erster Linie vor dem linken Flügel der 6. Armee, wo man deutscherseits schon nach dem 7. April den Ansatz eines kompletten Kavalleriekorps vermutete[71]. Das entsprach auch durchaus den Tatsachen, denn das V. Garde-Kavalleriekorps des Generals Gorškov, das noch zu Monatsbeginn die Umfassung der 2. Panzer-Armee zum Ziel zu haben schien, hatte seinen Einsatzraum gewechselt und stellte nun den Stoßverband der sowjetischen 26. Armee dar. Der Ansatz dieses Korps gerade in einem Abschnitt, wo es der russischen Frontaufklärung sicher nicht entgangen war, daß die 6. Armee (im Gegensatz etwa zum Raabtal) über keinerlei gepanzerte oder schnelle Verbände verfügte, ließ deutlich werden, daß es für die 3. Ukrainische Front hier noch weitergesteckte Ziele zu erreichen galt.

DIE AUSWEITUNG DER KÄMPFE ENTLANG
DER BURGENLÄNDISCHEN GRENZE

Da man auf deutscher Seite mit einer Ausweitung der sowjetischen Angriffe rechnete und vor allem einen Zangenangriff auf Graz befürchtete, wurde Anfang April eine Neugliederung der Befehlsbereiche vorgenommen, die vor allem die Tiefe der 2. Panzer- und der 6. Armee berücksichtigte. Am 4. April, 0.00 Uhr, trat zunächst eine neue Trennungslinie zwischen dem Oberbefehlshaber Südost auf dem Balkan und der Heeresgruppe Süd (gleichzeitig Trennungslinie zwischen Oberkommando der Wehrmacht und Oberkommando des Heeres) in Kraft[72]. Sie folgte dem Verlauf der Drau bis Dravograd (Unterdrauburg), der Grenze Steiermark — Kärnten und Salzburg bis nordwestlich von Radstadt. Die Steiermark fiel somit nicht mehr in den rückwärtigen Bereich der Heeresgruppe E. Aber auch im Hinterland der 6. Armee wurde die Befehlsgliederung im Heimatkriegsgebiet neu geregelt. Generalmajor Bormann, der am 1. April die Sicherung des Semmerings übernommen hatte, baute hier die Abwehr zwischen Fröschnitzgraben, Sonnwendstein und Breitenstein auf, bis er erfuhr, daß General Ringel ohnehin schon mit der Verteidigung des Semmerings begonnen hatte und zusätzlich noch Generalmajor Josef Punzert mit der Organisation dieses Abschnitts betraut war. Um dem Zustand der Überorganisation ein Ende zu bereiten, übernahm Generalmajor Bormann von Punzert die Agenden eines Korück im nördlichen Hinterland der 6. Armee und wurde General Punzert unterstellt[73]. Ob sich aber die Maßnahmen des Stellvertretenden Generalkommandos XVIII. A. K. und der rückwärtigen Dienststellen der 6. Armee bewähren würden, mußte sich vor allem an der Ersatzzuführung und an den Notmaßnahmen in den von Fronttruppen entblößten Abschnitten sehr bald zeigen.

Hatten sich die sowjetischen Angriffe am 29. März noch auf den Raum Rechnitz beschränkt, so breiteten sie sich schon 24 Stunden später auf zwei weitere Kampfabschnitte, Kohfidisch und Güssing, aus und erreichten in den Nachtstunden vom 30. auf den 31. März einen ersten Höhepunkt, als die nach Westen drängenden Verbände der sowjetischen 26. Armee auf die in Stellung gegangene 1. Volks-Gebirgs-Division stießen[74]. Die weiche Stelle des steirischen „Ostwalls" lag aber, sieht man vom Raabtal ab, nach wie vor im Abschnitt Rechnitz.

Der von General Krause bis 31. März, 9 Uhr vormittags, befohlene Angriff zur Wiedergewinnung von Rechnitz war in seinen Anfängen steckengeblieben. Das SS-Panzergrenadier-Ersatz- und Ausbildungs-Bataillon 18 und die Kavallerie-Ersatz-Schwadron, die den Hauptschlag führen sollten, kamen im unwegsamen Gelände nicht weiter, und der als Nebenstoß gedachte Angriff des Gebirgsjäger-Ersatz- und Ausbildungs-Bataillons 138 und einer Veterinär-Ersatz-Abteilung auf Schachendorf kam wohl bis zur Ortsmitte, wurde aber abgeschlagen[75]. Für kurze Zeit schien es, als würde General Krause im Gebirgsjäger-Regiment 99 der 1. Volks-Gebirgs-Division eine tatkräftige Unterstützung erwachsen. Doch kaum war der geplante gemeinsame und weit ausholende Angriff auf Rechnitz abgesprochen, mußte das Gebirgsjäger-Regiment nach St. Kathrein im Burgenland abdrehen, von wo aus es in Anlehnung an das Gebirgsjäger-Regiment 98 die Verteidigung der Reichsschutzstellung vom Stremtal (einschließlich) bis Eisenberg im Burgenland (einschließlich) zu übernehmen hatte[76]. Hier waren die ersten Truppen der sowjetischen 26. Armee am 31.

März bis Ober- und Unterbildein, Eberau, Gaas und Moschendorf gekommen[77]. Die 26. Armee konnte jedoch noch keinen großangelegten Angriff gegen die 1. Volks-Gebirgs-Division vortragen.

Am 1. April hatte General Krause schließlich doch seine Kräfte beisammen, um bei Rechnitz einen aussichtsreichen Gegenangriff zu führen. Schon am Tag zuvor hatte er den Unterstab Nord des Festungsabschnitts Steiermark seiner Funktion im nördlichsten Kampfabschnitt entbunden und dieses Gebiet befehlsmäßig so geteilt, daß von der Straße Dürnbach — Szombathely nach Norden SS-Obersturmbannführer Ney, im südlichen Teil Major Gottwald die Führung übernahmen. Ein SS-Bataillon des SS-Regiments Ney[78] bildete mit der SS-Panzergrenadier-Ersatz- und Ausbildungs-Abteilung 18 die „Kampfgruppe Schweitzer", und Major Gottwald faßte sein Volks-Werfer-Regiment 24 mit dem schon erwähnten Bataillon Büttner, der Beobachtungs-Abteilung 34, dem Feld-Ausbildungs-Bataillon 75 (3. Panzer-Division) und den ebenfalls erwähnten Alarm- und Volkssturmeinheiten zur „Kampfgruppe Gottwald" zusammen[79].

Die Kampfgruppe Schweitzer hatte sich auf den Höhen nordwestlich von Rechnitz bereitgestellt und griff überraschend an. Die sowjetischen Truppen, die wahrscheinlich auch deshalb nicht restlos abwehrbereit waren, da die noch in diesem Raum stehenden Teile des XXXVII. Garde-Schützenkorps gerade durch Verbände der 26. Armee ersetzt werden sollten, wurden geworfen, und die angreifenden deutschen Soldaten konnten sogar die Reichsschutzstellung wieder erreichen. Rechnitz wurde aber mehr und mehr zerstört und glich in einigen Teilen nur mehr einer Ruinenlandschaft. In Schachendorf blieb den deutschen Truppen aber weiterhin der Erfolg versagt, und am 3. April konnten die Russen sogar ein kurzes Stück aus dem Ort nach Westen ausbrechen[80]. General Krause wußte, daß bei der zunehmenden zahlenmäßigen Überlegenheit des Gegners ein weiteres Halten von Rechnitz mit der Einschließung seiner Besatzung enden mußte. Ein Antrag auf Räumung des Ortes wurde jedoch abgelehnt, obgleich der Kommandierende General des III. Panzerkorps die Gefahr an seinem linken Flügel durchaus erkannte, eine Gefahr, die noch dadurch besonders akut geworden zu sein schien, als plötzlich die Nachricht eintraf, daß sowjetische Truppen nach einem gelungenen Durchbruch nördlich von Rechnitz in Richtung Bernstein vorstießen[81]. Die Front, die in Anlehnung an die teilweise gut ausgebaute Reichsschutzstellung zwischen Rechnitz und Eisenberg stabilisiert schien, kam wieder in Bewegung.

General Breith befahl am Abend des 3. April die Aufstellung einer Kampfgruppe Groth des Gebirgsjäger-Regiments 99 und schickte sie noch in der Nacht zum 4. April in den gefährdeten Abschnitt, der bis dahin nur von einigen Pak-Geschützen und einer Werfer-Brigade gesichert worden war[82]. Doch wieder mußte Oberstleutnant Groth, der Kommandeur des Gebirgsjäger-Regiments 99[83], mit seiner Kampfgruppe kehrtmachen, ehe er den geplanten Einsatz durchführen konnte. Der 4. April war der Stichtag für das Herankommen der sowjetischen 26. Armee gewesen. Nun hatte sie einerseits genügend Kräfte für einen mit Nachdruck geführten Angriff, andererseits war den Russen die Schwäche des Abschnitts Rechnitz nicht verborgen geblieben. Sie drückten die Volks-Werfer-Brigaden 17 und 19, das Gebirgsjäger-Ersatz-und Ausbildungs-Bataillon 138 und den Volkssturm aus ihren Stellungen[84]. Die Einheiten litten unter Verpflegs- und Munitionsmangel und hatten vor allem fast keine Panzerabwehrmittel. Bei dem Gebirgsjäger-Ersatz- und Ausbildungs-Bataillon 138 waren fast alle Offiziere gefallen oder verwundet. Vom SS-Bataillon, das nach wie vor in Rechnitz kämpfte, fehlte jede Meldung[85]. General Krause verfügte somit über keinerlei Reserven, die er in den Kampf hätte werfen können; daher blieb als einziger Ausweg die eilige Rückbeorderung der Kampfgruppe Groth[86]. Damit war wohl auf längere Sicht mit einer Stabilisierung um Großpetersdorf zu rechnen; doch nördlich davon tat sich eine neue Lücke auf. Hier konnte nur ein nicht näher zu bezeichnender „Sperrverband Luftwaffe" mit einem Flak-Regiment, das nicht einmal General Ringel bekannt war, den sowjetischen Vormarsch verzögern[87]. Im Joglland stellte sich der Sperrverband Motschmann mit der Gebirgspionier-Ersatz- und Ausbildungs-Abteilung 83 (Schwaz i. Tirol), einem Gebirgsjäger-Ersatz-Bataillon und einer Batterie Gebirgs-Geschütze zur Verteidigung bereit[88].

Alle diese Maßnahmen verhinderten jedoch nicht, daß die Divisionen des sowjetischen XXX. Schützenkorps am 5. April einen raumgreifenden und mit Ausnahme geringfügiger Kämpfe völlig problemlosen Einbruch erzielen konnten und förmlich in einem Sprung das Gebiet zwischen Rechnitz und Oberwart — Pinkafeld überwanden[89].

Die Front zwischen dem Geschriebenstein und Hannersdorf war mit überlegenen Infanterie- und Panzerkräften angegriffen worden. Die in der Divisionsgruppe Krause zusammengefaßten Truppen hielten sich noch bis Mittag, doch dann war ihr Widerstand gebrochen, und die Russen hatten die Straße Großpetersdorf — Oberwart erreicht. Sie versuchten aber nicht, weiter nach Westen vorzudringen; hingegen war eine starke Bewegung von Großpetersdorf nach Nordwesten zu beobachten[90].

Südlich der Divisionsgruppe Krause konnte die Kampfgruppe Groth des Gebirgsjäger-Regiments 99 Kotezicken wieder zurückerobern und in die Nähe der Reichsschutzstellung gelangen. Die Front verlief von Kulm über Winten nach Kleinpetersdorf; bei Großpetersdorf tobten noch heftige Kämpfe[91]. Der Einbruch des sowjetischen XXX. Schützenkorps war aber immerhin so weit lokalisiert worden, daß er nicht auch den Zusammenbruch der gesamten Front des III. Panzerkorps nach sich zog. Es zeichnete sich jedoch wieder eine Überflügelung der 6. Armee ab.

Der Oberbefehlshaber der 6. Armee, General Balck, versuchte, der Krisen in seinem Frontbereich dadurch Herr zu werden, daß er den ihm unterstehenden Truppen in einem am 4. April abgefaßten Befehlsschreiben mehr Härte, Befehlstreue und Disziplin abverlangte. Hier hieß es unter anderem[92]:

„Nach schweren Kämpfen, in denen die Divisionen meiner Armee sich zumeist tapfer geschlagen und dem Feind hohe Verluste zugefügt haben, befindet sich die Truppe zur Zeit im Zustand einer ausgesprochenen Krise. Die mannigfaltigen Gründe sind mir bekannt: Führungsfehler, Versagen der Ungarn, Mangel an Munition und Betriebsstoff, hohe physische Belastung aller Soldaten und vieles andere mehr.

Ich habe in dieser Hinsicht bis zu den höchsten Stellen ein ganz offenes Wort gesprochen, sodaß diese Dinge dort auch klar erkannt sein dürften.

Wenn wir jedoch heute feststellen, daß wir Mißerfolg hatten, daß unsere Männer vielerorts nicht mehr halten, daß sie sich hinten herumdrücken und Bilder schlechtester Disziplin abgeben, so liegt die Schuld in allererster Linie bei der Truppe und ihren Führern selbst.

Wir werden der Drückebergerei mit allerschärfsten Mitteln zu Leibe gehen. Wir müssen aber auch aus unseren Fehlern lernen. Einige der wichtigsten werden hier offen besprochen:

1. Wir verfügen nicht über die nötige *Härte,* um gegen Zersetzungserscheinungen wirklich durchgreifend anzugehen. Generale und viele andere Truppenführer führen das Wort vom Erschießen zwar oft genug im Munde, sie sind aber zu weich, um es in die Tat umzusetzen. Ich habe von keiner standrechtlichen Erschießung bei irgendeiner Division oder bei irgend einem Korps gehört . . .
2. Wir können nicht mehr klar *befehlen.* Es wird herumgeredet, Kriegsrat gemacht, Einwände werden stundenlang erörtert. Was dabei herauskommt, ist unklares Zeug . . .
3. Wir haben einen großen Teil der Disziplin verlernt . . .
   a. Einheiten und Verbände, die von A nach B marschieren, tun dies nicht geschlossen unter Vorantritt ihres Führers, sie schicken ihre Panzer, Schützenpanzer, Trosse usw. einzeln auf die Reise.
   b. Kein Verband marschiert mehr in den vorgeschriebenen Formen. Es gibt nur noch die des wilden Haufens. Anzug und Ausrüstung des Mannes spotten oft jeder Beschreibung (Koppel ab, Gewehr über die Schulter, Kolben nach oben). Offiziere stört das nicht. Sie sind auch fast immer vorausgefahren. Eine Truppe aber, die ihre äußere Form verliert, muß an ihrem inneren Halt verlieren! Ergebnis: Verdrücken aus der Marschkolonne. Herumlungern in Dörfern, Marschbewegung ist nicht zu tarnen.
   c. Unsere Verkehrszucht verdient diesen Namen nicht mehr, man kann sie nur als Verkehrsunzucht bezeichnen.
4. Die *Trosse* werden nicht genügend überwacht und nicht richtig geführt.
   a Es gibt Troß- und Einzelfahrzeuge, die schon seit Monaten nur von einem Ort zum anderen ziehen, ohne jemals mit ihrer Truppe Verbindung zu haben oder auch nur sie zu benötigen. So wird sinn- und zwecklos Betriebsstoff verfahren, der vorne fehlt. Also: weg mit dem unnützen Zeug, das nie benötigt wird, weg mit dem Gerümpel auf den Kfz. Lieber dieses Zeug sprengen als nur einen Panzer.
5. *Taktisches:*
   a Es wird vielerorts nicht mehr richtig angegriffen, kein vernünftiger Schwerpunkt gebildet, sondern in Kampfgruppen herumbatailliert — es wird gepfuscht. Ein sauber vorbereiteter Angriff eines geschlossenen Verbandes, bei dem vor allem die sinnvolle Unterstützung aller Waffen sichergestellt ist, schlägt fast immer durch.
   b Das Feuer der Artillerie und schweren Waffen wird nicht sorgfältig gesteuert. Es wird Feuer auf Geländepunkte gefordert, wo kein Feind ist . . ."

Es war einerseits ein typischer Balck-Befehl, da er in einer sehr apodiktischen Weise abgefaßt war und auch Ursache mit Wirkung verwechselte. Balck hatte den Zusammenbruch seiner Armeefront vor Augen und wollte, wie auch schon bei dem noch emotionaler abgefaßten „Ungarn-Befehl", Ärger und Sorge gleichermaßen abreagieren. Er wollte aber auch klarmachen, daß nur mit Härte, Disziplin und Befolgung elementarer militärischer Grundsätze die Vernichtung der Verbände und Truppenteile verhindert werden könnte. Keinesfalls wird er im Auge gehabt haben, der Nachwelt eine Situationsschilderung seiner Armee zu hinterlassen, denn der Befehl sollte ja nach seiner Weiterleitung bis zu den Bataillonskommandeuren vernichtet werden. Da dies nicht mit allen Ausfertigungen geschah, sind wir in der Lage, ein wenig klarer über die Zustände bei jenen Truppen zu urteilen, die den Kampf im südlichen Burgenland und in der Steiermark führten.

Balcks nachdrückliche und manchmal schon regelrecht verzweifelte Bemühungen, die 6. Armee neu zu ordnen und wieder voll einsetzbar zu machen, sein Bestreben, Offizieren und Soldaten das Gefühl zu geben, daß sie ganz normal militärisch geführt würden und eine Aufgabe hatten, die sie auch bewältigen konnten, fanden in der Steiermark grundsätzlich Zustimmung. Schließlich war ja niemandem damit gedient, wenn eine der Führung entglittene Soldateska über das Land herfiel. Die Bemühungen Balcks fanden schließlich ihre Entsprechung in ähnlichen Bemühungen der für die Steiermark primär politisch und militärisch Verantwortlichen, aus welchen Motiven heraus das auch immer geschah. Im März war eine regelrechte Patriotismuswelle durch das Land gegangen, die es bewirkt hatte, daß seitens der steirischen Bevölkerung und der Industrie alles getan wurde, um der Front Menschen und Mittel zur Verfügung zu stellen[93]. Als der Befehlshaber im Wehrkreis XVIII, General Ringel, in Graz damit begann, die Sicherungen entlang der steirisch-burgenländischen Grenze zu aktivieren und den noch verfügbaren Ersatz zu erfassen, war er daher erstaunlich erfolgreich gewesen. Die steirische Industrie meldete ihre Lagerbestände und gab alles an Rüstungsgütern ab, was sich in den Lagern fand. Der Aufstellungsstab Löscher (Oberst Rupert Löscher) sammelte die ausgebildeten Wehrpflichtigen und formierte sie in Marschbataillonen, die an die Front abgingen. In Graz gab es einen Artillerieaufstellungsstab, der im Heeres-Neben-zeugamt Geschütze des österreichischen Bundesheeres auftrieb und sie einsatzbereit machte. Auf diese Weise machte Ringel in der Steiermark rund 15.800 Mann marschfähig, darunter 15 Batterien. Balck wiederum befahl, daß der Einzelverkehr von Soldaten auf Fahrrädern zu erfolgen hatte, die ja in großer Zahl von den Puch-Werken in Graz zur Verfügung gestellt worden waren. Gruppen waren in Omnibussen zu transportieren. Auf diese Weise sollte Treibstoff gespart werden. In zahlreichen Klein- und Mittelbetrieben des Raums Graz lief wiederum eine eigenartige Munitionsproduktion an, bei der abgeschossene und wieder eingesammelte deutsche Infanteriehülsen sowjetische Beutemunition aufgesetzt erhielten[94]. Improvisation war alles. Schließlich spielte sich das Verhältnis Balck — Ringel so ein, daß es zum Lehrbuchbeispiel für eine funktionierende Wechselbeziehung zwischen Fronttruppe und Territorialkommando wurde. Balck mußte nur alles daransetzen, daß er die Lageentwicklung weiterhin unter Kontrolle behielt.

Der weitgehende Verlust der im Kampfabschnitt Rechnitz eingesetzten Kräfte und die gewaltige zahlen- und materialmäßige Überlegenheit der Russen bewogen General Balck zur Zurücknahme der Divisionsgruppe Krause und damit zur Aufgabe der Reichsschutzstellung[95]. In der Nacht vom 5. zum 6. April bekam General Krause mit einer neu zusammengestellten Kampfgruppe einen weiter hinten liegenden Abschnitt zugewiesen, der den Schutz des Lafnitztales ostwärts von Hartberg bis Neudau sicherstellen sollte[96]. Zur Deckung des Abschnitts nördlich davon, mußten Notmaßnahmen der 6. Armee und zur Verteidigung von Wechsel und Semmering solche des Stellvertretenden Generalkommandos XVIII. A. K. herhalten. Der Artilleriekommandeur des III. Panzerkorps (Arko 3), Oberst Semmer, scharte eine Reihe kleinerer Verbände um sich, die teilweise noch aus dem Kampf um Rechnitz stammten[97], und versuchte, den Raum um Friedberg zu schützen, ohne dabei aber zunächst einen sichtbaren Erfolg davonzutragen. Die Verbände des sowjetischen XXX. Schützenkorps, die noch in den Abendstunden des 5. April Pinkafeld genommen hatten, setzten ihre neben dem Angriff nach Westen begonnene Nordverschiebung fort und erreichten am 6. April, abermals fast kampflos, Friedberg und Pinggau[98]. Jetzt hatten sie die Straße über den Wechsel im Besitz.

Ein Ende der Nordverschiebung der 26. Armee war aber noch immer nicht abzusehen (und trat tatsächlich erst nach dem 25. April ein)[99]. Das bedeutete zugleich, daß der bisher relativ ruhige Raum vom Wechselgebiet bis zum Semmering in die Kampfhandlungen einbezogen wurde.

Über den Aufbau der Semmeringverteidigung ist bereits an anderer Stelle berichtet worden[100]. Mit Mitteln der Improvisation und auch mit einigem Glück war es gelungen, das Gebiet um die Paßhöhe zu sichern und auch den Schutz des nördlich und südlich anschließenden Gebiets so weit zu gewährleisten, daß es den Sowjets unmöglich war, irgendwo rasch durchzustoßen. Dann löste sich die Kampftätigkeit in einer für den Gebirgskrieg typischen Weise auf. Es ging um beherrschende Höhen, um die Verbesserung von Positionen, um Spähtruppunternehmen und den Kampf um einzelstehende Gehöfte. Nachdem die für die Semmeringverteidigung aufgebotenen Truppen einmal in Stellung gegangen waren, konsolidierte sich die Lage eigentlich innerhalb von Stunden. Das einzige, wo man die Krise, die Improvisation und eine Überschneidung von Maßnahmen des Stellvertretenden Generalkommandos und des Oberkommandos der 6. Armee noch länger bemerkte, war die Befehlsgebung. Zunächst hatte am Semmering der Generalmajor der Luftwaffe, Punzert, den Aufbau der Verteidigung übernommen, der dann durch den Korück 593, Generalmajor Bormann, abgelöst werden sollte. Bormann mischte sich jedoch nicht in die Befehlsführung ein. Dann kam der von General Ringel mit der Verteidigung des Semmerings beauftragte Oberst Raithel, dem es gelang, die von nördlich Payerbach bis fast zum Hochwechsel reichende Front abwehrbereit zu machen. Schließlich war die Kampfgruppe Semmering auch organisatorisch so gefestigt, daß sie in 9. Gebirgs-Division umbenannt werden konnte und daß hinter dieser Truppenbezeichnung auch ein adäquater Heereskörper stand[101]. Die Kampfgruppe Semmering bzw. ab Anfang Mai 9. Gebirgs-Division richtete ihr Hauptaugenmerk während der sechs Wochen ihres Einsatzes auf den Raum zwischen Payerbach und dem Fröschnitz-Sattel. Gegen den Hochwechsel zu waren nur dünne Sicherungslinien gebildet worden. Im Anschluß daran gab es aber eine Lücke bis zur Divisionsgruppe Krause die auch der Arko 3, Oberst Semmer, mit seinen wenigen Einheiten nicht schließen konnte. Und genau in diese Lücke zielte der Angriff des V. Garde-Kavalleriekorps und des XXX. Schützenkorps. Wieder einmal drohte die deutsche Front zu zerreißen.

DIE KÄMPFE IM JOGLLAND

General Krause führte mit seiner Kampfgruppe am 6. April und an den darauffolgenden Tagen vor allem bei Markt Allhau einen erfolgreichen Abwehrkampf[102]. Dabei stützte er sich vornehmlich auf die drei ihm unterstellten Bataillone der 1. Volks-Gebirgs-Division. Die aus den Werfer-Brigaden gebildeten Bataillone hatten hingegen einen nur sehr geringen Kampfwert und waren auch für den Infanterie-kampf nicht ausgebildet. Die Volkssturm-Bataillone wiederum, wohl jene aus Weiz und Leoben, hatten „keinen Kampfwert", wie Krause ausdrücklich festhielt. Wegen der Breite des zu verteidigenden Abschnitts glaubte er jedoch, auf sie nicht verzichten zu können und setzte sie abwechselnd ein. Die Russen fanden denn auch sofort die kritischen Stellen heraus und griffen vornehmlich beim Volkssturm und bei den Werfer-Bataillonen an. Die nicht zur Bildung dieser Kampfgruppe Krause verwendeten Teile der 1. Volks-Gebirgs-Division verhinderten am 6. April einen Einbruch bei Kohfidisch. Am folgenden Tag mußte sie jedoch Kotezicken räumen[103]. Im übrigen herrschte von Oberwart bis zum Pinkatal bei Kulm relativ Ruhe, und nur westlich von Friedberg begann das III. Panzerkorps die Kontrolle über die Entwicklung zu verlieren.

Kleinere Verbände des XXX. Schützenkorps waren in das obere Lafnitztal vorgedrungen, ohne auf ernsthaften Widerstand zu stoßen; meist brachten sie schon durch ihr Erscheinen und den ersten Gefechtslärm den Volkssturm und die wenigen Sicherungen des „Arko 3" zum Weichen[104]. Das reich bewaldete Bergland im Quellgebiet von Lafnitz und Feistritz mit seinen nach Westen ansteigenden Höhenzügen begünstigte auch das Einsickern und Vordringen von kleinen Verbänden. Die deutschen Gegenmaßnahmen bestanden meist nur im Sprengen von Brücken, vor allem entlang der Aspangbahn. Am Nachmittag des 7. April waren die Russen bis Waldbach vorangekommen und fühlten noch am selben Tag gegen Sankt Jakob im Walde und Wenigzell vor[105]. Es handelte sich dabei freilich mehr um ein Sondieren der unvermutet am linken Flügel des III. Panzerkorps aufgetauchten weichen Stelle. Dieses Abtasten wurde nur so lange fortgesetzt, bis sich der deutsche Widerstand verstärkte. Da General Breith jedoch das Vorantreiben dieses Keils, der die übrige Front der 6. Armee weit überflügelte, nicht aufhalten konnte, wurde die seit dem 6. April dem III. Panzerkorps unterstellte 1. Panzer-Division im Raum Weiz versammelt, um sie hier für einen Gegenangriff nach Nordosten bereitzustellen[106]. Mit einem Einsatz dieser Division war allerdings erst ab 9. April zu rechnen. Daher traten der Sperrverband Motschmann und die in der Kampfgruppe „Arko 3" zusammengefaßten Einheiten gemeinsam in der Nacht vom 8. zum 9. April zu einem Gegenstoß an, der die Russen am 9. April wieder bis Mönichwald zurückwarf[107]. Am nächsten Tag führte eine Kampfgruppe der 1. Panzer-Division ihren vorgesehenen Angriff von Pöllau zum Kreuzwirt (Höhe 1038, westl. Vorau) und weiter nach Vorau durch, ohne auf Rotarmisten zu treffen. Die Sicherung des westlich der oberen Lafnitz gelegenen Gebietes wurde dem SS-Polizei-Regiment 13 übertragen, das aus Kärnten und Slowenien antransportiert worden war und die Einheiten des Sperrverbandes Motschmann unterstellt bekam[108].

Die Kampfgruppe der 1. Panzer-Division, die nach Vorau kam, hatte dort allerdings eine Überraschung erlebt. Die Bevölkerung hatte sich so sehr auf die Besetzung durch die Sowjets vorbereitet, daß sie den deutschen Soldaten ausgesprochen feindselig gegenübertrat. Die Panzersoldaten aus Thüringen und Hessen sahen auch noch weiße Fahnen und deutsche wie cyrillische Aufschriften[109]. Und jetzt fürchteten die Bewohner Voraus nicht nur deutsche Repressalien, sondern auch eine alles andere als friedliche Besetzung, wenn dann die Sowjets abermals kommen würden.

Angesichts der Tatsache, daß es dem von wenigen deutschen Soldaten durchgeführten Gegenangriff gelang, die sowjetischen Truppen, die sich keineswegs heftig wehrten, zum Rückzug zu zwingen, erhebt sich die Frage, ob hinter den sowjetischen Vorstößen vom 6. und 7. April eine operative Absicht stand, die auch das Halten des einmal eroberten Raumes vorsah. Eher wohl wurde hier wieder einmal eine weiche Stelle ausgenützt. Vom 10. bis 13. April blieb der Sperrverband Motschmann unangefochten im Besitz der zurückeroberten Täler und Höhenzüge. Es war dies aber nur die sprichwörtliche Ruhe vor dem Sturm.

Die 1. Volks-Gebirgs-Division erhielt den Befehl, sich in der Nacht vom 11. auf den 12. April aus ihrem bisher verteidigten, weit vorspringenden Abschnitt, der nur mehr zu einem geringen Teil mit der Reichsschutzstellung identisch war, auf die „Lafnitz-Vor-Stellung" abzusetzen[110]. Dieser Befehl, der dem Umstand Rechnung trug, daß sich die teilweise ungünstig gewordenen Linien nicht länger verteidigen ließen, bewirkte eine stellenweise Zurücknahme der Front von mehr als 20 Kilometern[111]. Damit hatte sie sich nicht nur der Vorkriegsgrenze der Steiermark bis auf wenige Kilometer genähert, sondern war auch beträchtlich verkürzt worden. Durch Umgruppierungen innerhalb der 6. Armee wurde die 1. Volks-Gebirgs-Division, von der während der vorangegangenen Tage Teile bei der Divisionsgruppe Krause gekämpft hatten, wieder vereinigt; sie mußte aber dafür auch den bisher von General Krause befehligten Abschnitt mit übernehmen[112].

Daß General Balck den Kampfverlauf ostwärts des Lafnitztales und auch in den rechts anschließenden Frontabschnitten einigermaßen unter Kontrolle hatte, zeigte schließlich das am 9. April erfolgte Herausziehen der 1. Panzer-Division in die Armeereserve[113]. Obwohl diese Maßnahme nicht von langer Dauer war — die Division wurde nach dem Abstecher gegen Vorau wieder nach Süden geworfen und zur Verteidigung von Fürstenfeld herangezogen —, bewies sie doch, daß das Zentrum der 6. Armee seit dem Überschreiten der Reichsschutzstellung wieder einigermaßen konsolidiert war.

Die Zurücknahme der deutschen Front blieb allerdings ohne unmittelbare Auswirkungen auf die Situation im oberen Lafnitztal, und deutscherseits neigte man gerade hier zu besonderer Vorsicht, da sich zwischen dem 7. und dem 10. April die Anwesenheit des V. Garde-Kavalleriekorps herauskristallisiert hatte, mit dessen baldigem Einsatz man rechnete. Am 12. April wurde daher der Korück der 6. Armee, General Krause, der sich bei der Führung von Divisionsgruppen in exponierten Räumen schon mehrmals bewährt hatte, mit der einheitlichen Führung der Verteidigung im Joglland und im Vorgelände der Fischbacher Alpen betraut. Er traf am Vormittag des 12. April in Vorau ein, wo er von General Breith in seinen neuen Befehlsbereich eingewiesen wurde[114]. An Kräften standen ihm nur die im Sperrverband Motschmann zusammengefaßten Verbände, im wesentlichen also das SS-Polizei-Regiment 13 und einige Volkssturmkompanien, zur Verfügung. Soldaten der

Ordnungspolizei aus Hannover, Braunschweig und Magdeburg sollten also zusammen mit Gebirgs-Pionieren aus Tirol und steirischem Volkssturm die Verteidigung des Jogllandes bewerkstelligen[115].

Der Befehlshaber der sowjetischen 26. Armee, General N. A. Gagen, hatte mit dem Einsatz des V. Garde-Kavalleriekorps fast eine Woche zugewartet, ohne daß es dafür einen heute ersichtlichen Grund gab. Der Anstoß zum Einsatz dieses Korps dürfte also wieder der berühmte Stavka-Befehl vom 13. April gewesen sein, der zwar generell für die 3. Ukrainische Front den Übergang zur Verteidigung und das Festhalten an den erreichten Linien befahl, Marschall Tolbuchin aber dezidiert anwies, mit dem Zentrum seiner Front „unverzüglich" Fischbach zu nehmen[116].

Unverzüglich trat denn auch das V. Garde-Kavalleriekorps, voran die 11. Garde-Kavallerie-Division, zum Angriff an und fegte mit seiner Übermacht die Sicherungskräfte des SS-Polizei-Regiments 13 beiseite. Seine Ergänzung fand der Kavallerieangriff durch die neuerlichen Vorstöße des XXX. Schützenkorps, das mit einer seiner drei Divisionen (36. Gd. S. D.) südlich des Hochwechsels gegen das Wenigzeller Becken vorging und mit den anderen Teilen (68. Gd. S. D. und 155. S. D.) im Gefolge der Kavalleristen das Vorauer Becken und das obere Feistritztal zum Ziel hatte[117].

Noch am 13. April wurden Waldbach, St. Jakob und Wenigzell eingenommen, kurz darauf bogen das Garde-Kavallerie-Regiment 41 nach Strallegg und das Garde-Kavallerie-Regiment 39 nach Ratten ab, und in der Nacht vom 13. auf den 14. April wurde das nominelle Angriffsziel, Fischbach, erreicht[118].

Für die Bevölkerung der Orte, die vom V. Garde-Kavalleriekorps erobert und besetzt wurden, war das nicht nur ein folgenschweres und schließlich auch von zahlreichen Opfern begleitetes Ereignis. Es löste auch einiges Staunen aus. Man war gewiß den Anblick von Soldaten und von Pferden gewohnt, denn schließlich gab es im Troß der Deutschen Wehrmacht Pferde in großer Zahl. Und auch die Flüchtlinge waren häufig mit pferdegezogenen Fuhrwerken gekommen. Das V. Garde-Kavalleriekorps bestand aber tatsächlich — und wie der Name sagte — zu einem erheblichen Teil aus Berittenen. Das Korps, das schon in Rumänien und Ungarn eingesetzt gewesen war, hatte im Raum Székesfehérvár so schwere Verluste hinnehmen müssen, daß es zur Auffrischung aus der Front genommen worden war[119]. Mittlerweile waren ausreichend frische Truppen, vorwiegend Kosaken, aber auch mongolische Reiter zugeführt worden, so daß das Korps wieder eingesetzt werden konnte. In seinen drei Kavallerie-Divisionen waren jeweils drei Regimenter, von denen jedes zwei mit Säbel und Maschinenpistolen ausgerüstete Reiter-Schwadronen sowie eine Granatwerfer- und eine Maschinengewehr-Schwadron hatte. Zur Unterstützung wurden den Regimentern korpsunmittelbare Panzer- und Artillerieeinheiten mitgegeben. Und wie schon in Rumänien und Ungarn erfüllten die Kavallerieverbände ihre Aufgabe, ein hügeliges und nicht sehr gut gängiges Gelände mit tief eingeschnittenen Tälern und dichter Bewaldung rasch zu überwinden, mit großem Geschick.

Im Oberkommando des Heeres befürchtete man am 13. April, daß es das Ziel der Reiterregimenter und der Panzer des V. Garde-Kavalleriekorps sein könnte, durch den Vorstoß über St. Kathrein am Hauenstein bis zur Straße Semmering — Bruck/ Mur den Zugang über den Semmering von rückwärts zu öffnen[120]. Das schien sich auch am darauffolgenden Tag zu bewahrheiten, als das Garde-Kavallerie-Regiment 39 in St. Kathrein am Hauenstein eindrang und aus Gefangenenaussagen hervorging, daß die 11. Garde-Kavallerie-Division den Auftrag gehabt hätte, nach Westen vorzustoßen, um eine nicht näher bezeichnete Straße und eine Bahnlinie zu sperren[121]. Das AOK 6 nahm an, daß es sich dabei vermutlich um das Mürztal handelte, doch besteht zumindest theoretisch die Möglichkeit, daß Straße und Bahnlinie im Feistritztal das Angriffsziel sein sollten. Diese Annahme erhält dadurch Gewicht, daß in der Folge die sowjetischen Angriffe weniger den Übergängen in das Mürztal galten, als vielmehr Birkfeld. Da man also deutscherseits über die sowjetischen Angriffsziele völlig im unklaren blieb, folgerte man schließlich aus dem Eindrehen nach Birkfeld, daß es die Absicht der Russen sei, die Front des III. Panzerkorps von Norden her aufzurollen[122].

Noch bevor es zum Durchbruch der sowjetischen Kavallerie gekommen war, hatte der Kommandierende General des III. Panzerkorps der Divisionsgruppe Krause befohlen, am 13. April mit dem SS-Polizei-Regiment 13 einen Angriff über die Lafnitz westlich von Bruck zu führen, weil das als einzige Möglichkeit gesehen wurde, das sowjetische Vorgehen im Tal verhindern zu können[123]. Befehlsgemäß war auch ein verstärktes Polizei-Bataillon aus dem Wald südlich von Mönichwald zum Angriff über die Lafnitz angetreten, doch angesichts der erst in diesem Augenblick erkannten sowjetischen Truppenkonzentration von einem Kavalleriekorps und zwei Schützen-Divisionen mußte der Angriff nach erheblichen Verlusten eingestellt werden. Dieser Versuch, den sowjetischen Einbruch an der Einbruchstelle abzuschneiden, hatte wohl zur kurzfristigen Sperrung der Talstraße bei Waldbach geführt, war aber sonst total gescheitert[124].

Die Frage war jetzt, wohin sich das V. Garde-Kavalleriekorps wenden würde. Dabei mußte sich das Hauptaugenmerk der 6. Armee auf die Sicherung des Mürztals richten, das nur für den Augenblick durch den Einsatz der Heimatflak-Abteilung Wiener Neustadt[125] und lokaler Volkssturmeinheiten geschützt schien. Die 6. Armee hatte jedoch das Glück, daß am 14. April in Mürzzuschlag die ersten Züge der 117. Jäger-Division ausgeladen wurden, die der Oberbefehlshaber Südost, Generaloberst Löhr, von der Istrien-Front herausgezogen hatte[126]. Der Einsatz dieser Division allein würde aber auch noch nicht ausgereicht haben, den Angriff eines verstärkten sowjetischen Korps aufzuhalten. Doch General Balck hatte die Absicht, zur Abwehr der am linken Flügel seiner Armee durchgebrochenen Russen alle verfügbaren Kräfte der 6. Armee heranzuziehen und nahm bewußt gewaltige Risiken an anderen Frontabschnitten in Kauf. Er wollte durch den geschlossenen Einsatz größerer und sorgfältig bereitgestellter Verbände den sowjetischen Vormarsch nicht nur stoppen, sondern den Einbruch auch beseitigen[127].

Bevor jedoch näher darauf eingegangen wird, muß noch unbedingt eine Überlegung angestellt werden: Die Stavka hatte ursprünglich dem Zentrum und dem linken Flügel der 3. Ukrainischen Front aufgetragen, die Linie Gloggnitz — Bruck a. d. Mur — Graz — Maribor bis zum 15. April zu erreichen. Dieser Befehl wurde später aufgehoben, und schließlich wurde nur die Einnahme von Fischbach verlangt. Generell war also am 13. April eine totale Revision der sowjetischen Operationsziele zu verzeichnen gewesen. Es erhebt sich nun die Frage, wieso ausgerechnet im Zentrum der 3. Ukrainischen Front, fast geometrisch genau, eine Ost-West-Achse vorangetrieben werden sollte und die „unverzügliche" Einnahme von Fischbach befohlen wurde, ohne daß damit irgendwelche weiträumigeren Ziele genannt worden wären. Eine Erklärung dafür kann nach wie vor nur auf Vermutungen aufbauen[128]. Während an der übrigen Front der 6. Armee die Erreichung der burgenländisch-steirischen Grenze auch fast ausnahmslos das Ende des sowjetischen Vorrückens darstellte, ging im Vorgelände der Fischbacher Alpen ein gezielter Stoß tief in den steirischen Raum. Sicherlich besteht die Möglichkeit, daß die Stavka die Erreichung der Mürztaler Industriezentren noch vor der Kapitulation im Auge hatte, oder aber, daß es lediglich um die Inbesitznahme des Semmerings ging. Schließlich drehten die Kavallerieschwadronen und die benachbarten Schützen-Divisionen auf Birkfeld ein, was aber wiederum keine unmittelbare Gefährdung von Graz bedeutete, solange die Sowjets nicht ihren Vorstoß durch das Raabtal erneuerten. Dafür gab es aber keinerlei Anzeichen.

Die Behauptung General Balcks, mit der 6. Armee in der Steiermark die letzte Kesselschlacht des Krieges siegreich geschlagen zu haben, entbehrt daher auch jeder Grundlage[129]. Vielleicht sollte die 6. Armee durch eine schwerpunktartige Bedrohung und eine damit unweigerlich verbundene Krise nur daran gehindert werden, ihre Divisionen für andere Abschnitte der Heeresgruppe Süd oder gar rechtzeitig für den im Mittelpunkt des sowjetischen Interesses stehenden böhmisch-mährischen Raum freizumachen. Das würde eine Erklärung dafür sein, weshalb Fischbach, das zunächst unverzüglich hatte genommen werden müssen, in der Folge wieder aufgegeben wurde, ohne daß es zu einem operativen Gegenschlag der Russen gekommen wäre. Die Frage, weshalb Fischbach, ein idyllischer Ort, eingebettet in Hügel und weder verkehrsmäßig noch durch sonst etwas von größerem militärischem Interesse, Ziel eines sowjetischen Großangriffs wurde, diese Frage läßt sich nicht beantworten. Vielleicht spielten auch bei der Nennung von Fischbach ganz andere als militärische Gründe mit, die vom ungefähren Festlegen einer Richtung über einen Lesefehler bis zu einem schlichten Irrtum reichen können. Es ist eines jener Rätsel, die wohl erst dann gelöst sein werden, wenn die entsprechenden sowjetischen Akten freigegeben worden sind.

Bis zum 15. April war kein Erlahmen der sowjetischen Angriffstätigkeit festzustellen. Die Verbände im Einbruchsraum stießen mit zwei Regimentern über Vorau hinaus nach Südwesten vor[130]; die 36. Garde-Schützen-Division hatte gegen den Widerstand des südlichsten Bataillons der Kampfgruppe Semmering — Rettenegg genommen[131]. — Doch schon in der darauffolgenden Nacht mußte die 11. Garde-Kavallerie-Division bei einem Versuch, von Fischbach aus den Übergang über die Schanz zu erzwingen, einen Rückschlag in Kauf nehmen[132]. Die Gegenmaßnahmen General Balcks begannen sich auszuwirken.

Auf deutscher Seite war der 36 Kilometer lange Frontabschnitt, den die Kampfgruppe Semmering unter Oberst Raithel zu verteidigen hatte, vorübergehend um 24 Kilometer erweitert worden und schloß nunmehr die Pässe Alpl und Schanz ein[133]. Das diente vor allem der Vereinheitlichung der Befehlsführung. Als nächstes war am Morgen des 15. April die 1. Panzer-Division bei Fürstenfeld herausgezogen und abermals, und zwar bei Ilz, als Armeereserve bereitgestellt worden[134]. Schon am Nachmittag aber wurde das Panzergrenadier-Regiment 113 dieser Division alarmiert und der über den Kreuzwirt vorgedrungenen sowjetischen 155. Schützen-Division des XXX. Schützenkorps entgegengeworfen[135]. In Birkfeld trafen an weiteren Verstärkungen noch eine Artillerie-Ersatz-Abteilung (2 Batterien), ein Zug Straßenpanzerwagen und eine SS-Ersatz-Kompanie ein[136]. Inzwischen hatte die von Mürz-zuschlag zugeführte 117. Jäger-Division Verbindung mit der Kampfgruppe Semme-ring aufgenommen und unterstellte ihr die nach und nach eintreffenden Regimen-ter[137].

Am 16. April waren die Umgruppierungen soweit gediehen, daß General Balck den Beginn des Gegenangriffs befehlen konnte. Die 1. Panzer-Division ging zusam-men mit den ihr zugehörenden Restteilen der 24. Panzer-Division sowie mit dem der Division unterstellten Gebirgsjäger-Regiment 98 von Pöllau in breiter Front zum Angriff nach Norden über, warf die 155. Schützen-Division über den Kreuzwirt und den Höhenzug „Toter Mann" (Höhe 1116) zurück und drang außerdem trotz des Widerstandes der 236. Schützen-Division über den Masenberg gegen Vorau vor[138]. Durch den Einsatz der 117. Jäger-Division, der nach und nach in Gang kam, konnte auch die Abriegelungsfront im Westen des Einbruchsraumes an mehreren Stellen vorverlegt werden. Deutscherseits durfte sich jedoch noch niemand der Illusion hin-geben, daß damit schon der Umschwung gekommen wäre. Zwar gelang es am 17. April der 1. Panzer-Division, den Ort Schachen zu nehmen; der Angriff kam aber wegen des starken sowjetischen Widerstandes kaum voran[139]. Die von Fischbach und Strallegg geführten sowjetischen Vorstöße machten schließlich die Absicht deutlich, im Angriff nach Süden die Bedrohung der eigenen Gruppierung wettzuma-chen und das III. Panzerkorps im Rücken zu gefährden. Dazu wurden weitere Kräf-te vorverlegt und insbesondere in Vorau gesammelt. Die deutsche Sicherungslinie nördlich und nordostwärts von Birkfeld mußte eiligst zurückgenommen werden; die Lage für den Markt wurde als „sehr kritisch" bezeichnet. Erst der Einsatz von Tei-len der rasch herbeigeholten 1. Panzer-Division brachte eine gewisse Erleichterung, obwohl auch noch am folgenden Tag die Bewegung stärkerer sowjetischer Infante-riekräfte und das Einschießen der Artillerie auf Birkfeld auf einen baldigen Großan-griff schließen ließen[140]. Statt dessen kam es zu einer Fülle kleinerer Gefechte, bei denen die Sowjets meist nur im letzten Moment zurückgeworfen werden konnten.

Doch die Situation der 11. Garde-Kavallerie-Division sowie der 36. Garde-, 68. Garde- und 155. Schützen-Division wurde zunehmend heikler; die deutsche 117. Jäger-Division nahm St. Kathrein, und ein Bataillon der Kampfgruppe Semmering warf die Russen aus Rettenegg hinaus[141]. Gewiß waren bei den Sowjets da und dort Ermüdungserscheinungen zu beobachten. Außerdem dürften gerade die Kosaken der V. Garde-Kavalleriekorps schwere Verluste erlitten haben. Die 11. Garde-Kaval-lerie-Division soll in ihren Schwadronen bis zum 17. April von 100 Mann auf 20 Mann abgesunken sein[142]. Angesichts der jedoch nach wie vor erdrückenden zahlen-mäßigen Überlegenheit der Russen muß man sich fragen, weshalb nicht weitere Tei-le des V. Garde-Kavalleriekorps, vor allem aber Infanteriekräfte, nach vorne gewor-fen oder zu einem Umfassungsangriff angesetzt worden sind.

An den beiden folgenden Tagen hielt sich die Situation auf beiden Seiten die Waa-ge: Der nach wie vor bestehenden Bedrohung von Birkfeld stand ein geringer Gelän-degewinn der 117. Jäger-Division im Nordwesten gegenüber. In der Nacht vom 18. auf den 19. April zogen sich die Sowjettruppen aus Fischbach zurück, nachdem die 117. Jäger-Division Ratten nehmen konnte und St. Jakob im Walde angriff. Wäh-rend des Tages beschränkten sich die Kampfhandlungen im wesentlichen auf die Räume Waldbach und Wenigzell. Die Feststellung von frischen sowjetischen Truppen, von Panzern und Artillerie ließ jedoch trotz des Rückzugs der 11. Kavallerie-Division aus Fischbach bei den um Puchegg, den Kreuzwirt, Birkfeld und Falkenstein kämpfenden deutschen Soldaten wenig Hoffnung auf einen baldigen durchschlagenden Erfolg aufkommen[143]. Ein Ort nach dem anderen ging infolge des beiderseitigen Beschusses in Flammen auf.

Am 20. April erzielten die deutschen Truppen wiederum einige Kilometer Geländegewinn. Sie konnten nämlich den sowjetischen Einbruchsraum durch die Einnahme von Falkenstein und St. Jakob weiter einengen und auch einige von Wenigzell nach Nordwesten geführte Panzerangriffe abwehren. Es kam jedoch nicht zur beabsichtigten Einschließung der sowjetischen Divisionen[144]. Erst am 22. April trat der endgültige Umschwung ein. Eine Kampfgruppe der 1. Panzer-Division war bis Wenigzell vorgestoßen, und am Abend des 22. April billigte General Breith den Entschluß der 1. Panzer-Division, am folgenden Tag weiter gegen Vorau vorzurücken. Bis zum Mittag des 23. April war Vorau genommen, und die sowjetischen Truppen zogen sich vor den wenigen nachdrängenden Panzern der 1. Panzer-Division und einigen Bataillonen Gebirgsjägern bis Rohrbach a. d. Lafnitz zurück. Das V. Garde-Kavalleriekorps und das XXX. Schützenkorps gaben neben Vorau auch die beherrschenden Höhen nördlich von Waldbach und das Höhengelände nordostwärts des Kreuzwirts auf. Am 24. wurden die Russen trotz ihres Widerstandes, der sich sichtlich versteifte, abermals weiter nach Osten zurückgeworfen. Nach überraschend geführten Angriffen mußten sie Grafendorf, Eichberg und Kleinschlag räumen und nordwestlich Reinberg über die Lafnitz ausweichen. Wiederholte kompanie- bis bataillonsstarke Gegenangriffe nördlich von Mönichwald sowie nordostwärts von Waldbach blieben erfolglos. Der tiefe Einbruch im Vorgelände der Fischbacher Alpen konnte als bereinigt angesehen werden[145].

Das zweimalige Durchziehen der Front, einmal im ersten Monatsdrittel und dann ab dem 13. April, hatte seine tiefen Spuren hinterlassen. Die Orte im Joglland sahen zunächst Flüchtlinge und erlebten dann das Festsetzen der deutschen Kampftruppen. Anschließend waren sie ein erstes Mal von sowjetischen Truppen genommen, wieder an die Deutschen verloren und abermals von Russen genommen worden. Über eine Woche lagen sie dann im unmittelbaren Kampfgebiet, ehe sie im letzten Monatsdrittel ein letztes Mal von den deutschen Truppen zurückerobert wurden. Ein Haus nach dem anderen war in Flammen aufgegangen. Tagelang war das Dröhnen von Geschützen und vor allem das entnervende Heulen der „Stalinorgeln" zu hören gewesen. Doch der Einzug der Russen war mitunter als etwas empfunden worden, von dem eine schaurige Faszination ausging. In der Chronik des Benediktinerstiftes Vorau etwa wurde dieser Vorgang am 16. April mit epischer Farbigkeit beschrieben: „Ein Spähtrupp von zehn Mann (Russen) waren die ersten; dann kamen sie wie aus der Erde gestampft von allen Seiten angerückt . . . Bald zog eine ganze Division mit Mann und Roß und Wagen am Spital vorbei. Es ist ein unbeschreiblicher Siegeszug, der da an uns vorüberrollt. Man sieht noch die Siegestrophäen aus Ungarn, Pferde, Wagen, prunkvolle Teppiche, ganze Wagenladungen mit Beutegut, Betten und Einrichtungen, kurz alles, was man sich nur denken kann. Ganze Herden von Rindern und Pferden, dann wieder ein Wagen, hergerichtet wie eine Schaubude, mit den Bildern Lenins und Stalins. Ihre Einführung in Vorau ist die gleiche wie in Ungarn und überall. Ins Spital haben sie eine Ukrainerin mitgebracht, die von mehr als 40 Russen vergewaltigt wird". Das Stift, das von der deutschen Artillerie in tagelanger Beschießung schwer beschädigt worden war, brannte schließlich nach der Wiedereroberung durch die Deutschen am 23. April teilweise nieder, als sowjetische Schlachtflieger den Ort bombardierten. Und zwei Wochen später marschierten abermals die Russen ein[146].

Noch einmal soll nach den Gründen gefragt werden, die zu dem deutschen Erfolg geführt haben und die die sowjetische operative Planung teilweise inkonsequent erscheinen lassen. Zunächst war Fischbach, ein verhältnismäßig kleiner Ort, als Angriffsziel einer militärischen Kräftegruppierung genannt worden, deren Größenordnung in keinem Verhältnis zu der geringen Bedeutung des Ortes stand, und zehn Tage später wurde der ganze im Angriff gewonnene Raum als Folge einer zwar sehr geschickt angesetzten, aber zahlenmäßig fast inferioren Gegenoffensive aufgegeben. Die Nennung von Truppenbezeichnungen und taktischen Formationen kann ja nicht darüber hinwegtäuschen, daß es sich meistens nur um Kampfgruppen, Alarmformationen und bestenfalls um Teile von auch nicht mehr kriegsstarken Divisionen handelte. Was auch immer: Es gelang ihnen, den sowjetischen Einbruch zu beseitigen. Die Ursache dafür kann aber wiederum nur in einer etappenweisen Neuorientierung der sowjetischen Strategie gesehen werden, einer Strategie, die am 1. April 1945 weit in Innerösterreich liegende Ziele ansprach, am 13. April 1945 offenbar mit dem Erreichten zufrieden war und um den 20. April, nach dem Scheitern aller gleichsam nur probeweise angesetzten Durchbruchsversuche in Niederösterreich und in der Steiermark, eine endgültige Schwerpunktverlagerung in den böhmisch-mährischen Raum verfolgte. So betrachtet, verliert der zweifellos große Abwehrerfolg der Armee General Balcks südlich des Semmerings an strategischer Bedeutung. In operativer und taktischer Hinsicht wurde er jedoch zum Lehrbeispiel.

In den Tagen nach dem 24. April verzeichneten die deutschen Truppen an der Lafnitz zunächst noch leichte Geländegewinne, zum Monatsende trat jedoch ein Stillstand ein. Hinter den sowjetischen Linien war hingegen seit dem 23. April eine lebhafte Bewegung zu verzeichnen gewesen, die auf Umgruppierungen und Nordverschiebungen zurückzuführen war[147]. Und hier werden auch die letzten Ursachen für den Rückzug aus dem Joglland zu suchen sein. Schon am 24. April waren zwei bis dahin erkannte sowjetische Schützen-Divisionen nicht mehr in der Front bei Friedberg festzustellen. Truppenmassen kamen in Bewegung und wurden nach Norden und Nordwesten verschoben, bis schließlich die 26. Armee in ihrem bisherigen Einsatzraum durch die 27. Armee abgelöst wurde und an Stelle des Angriffsbefehls, der noch um die Mitte des Monats ausgegeben worden war, ein klarer Verteidigungsauftrag trat. Die letzte von der Abteilung Fremde Heere Ost am 30. April 1945 ausgegebene Beurteilung des Feindbildes besagte denn auch, daß "trotz lebhafter Feindtätigkeit keine Anzeichen für bevorstehende größere Angriffe" vorlägen[148].

VORRÜCKUNG IN BREITER FRONT

Der Einbruch im Raabtal und die Kämpfe im Vorgelände der Fischbacher Alpen beherrschten gewissermaßen das Geschehen im steirischen Grenzbereich und dessen Hinterland. Gegenüber diesen jeweils unter Einsatz eines sowjetischen schnellen Großverbandes geführten operativen Angriffshandlungen fällt das übrige Kampfgeschehen im Bereich der 2. Panzer- und der 6. Armee, soweit es auf österreichischem Boden abrollte, an Dramatik ab. Dies darf aber nicht zu der Annahme verleiten, daß es an anderen Abschnitten zu weniger zähen und blutigen Gefechten gekommen wäre als in den durch die Wucht der Ereignisse viel auffallenderen Einbruchsräumen. Im großen Zusammenhang gesehen, kam der Front südlich von Rechnitz bis Radkersburg sogar mehr Bedeutung zu, denn die langwährenden und von beiden Seiten mit äußerster Zähigkeit geführten Kämpfe waren der Gradmesser für das systematische Hindrängen der sowjetischen Armeen zur steirischen Landesgrenze und bilden ein weiteres Indiz dafür, daß die Sowjets in Österreich räumlich begrenzte militärische Ziele verfolgten. Die Kämpfe zerfielen aber genauso in eine Reihe von Einzeloperationen und erfuhren nur durch die generelle Zurücknahme der deutschen Front am 12. April und das Einstellen des sowjetischen Angriffs eine zeitliche Unterteilung. Sehen wir uns also die bisher unberücksichtigt gebliebenen Abschnitte etwas genauer an.

Durch das persönliche Einschreiten General Balcks wurde das nach dem 31. März 1945 nördlich der Raab durch die Verkeilung des III. Panzerkorps und des IV. SS-Panzerkorps entstandene Wirrwarr allmählich wieder aufgelöst und Ordnung in das Chaos gebracht[149]. Erschwerend wirkte dabei, daß nun unmittelbar nördlich der Raab zwei Korps versammelt waren und südlich des Flusses einige Tage hindurch keine geschlossenen deutschen Verbände standen. Die Trennungslinie zwischen der 6. Armee und der 2. Panzer-Armee verlief außerdem entlang der Raab, also mitten durch den Einbruchsraum, wodurch eine einheitliche Führung in diesem Raum sehr erschwert wurde[150]. Hier wurde also — und das war das eigentliche Problem — ein fundamentaler Führungsgrundsatz verletzt, wonach Bereichsgrenzen nicht entlang von großen Bewegungslinien gezogen gehören. Weder die 6. Armee noch die 2. Panzer-Armee konnten vorläufig etwas in die Lücke werfen. Die beiden Armeen versuchten nur, sich allmählich anzunähern, wobei die 2. Panzer-Armee das ihr zugefallene I. Kavalleriekorps wieder nach Norden verschob. Daß dies gelungen ist, war wohl in erster Linie darauf zurückzuführen, daß der Abzug des XVIII. Panzerkorps auch für die sowjetische 27. Armee eine Phase relativer Schwäche bedeutete, und überhaupt bei der 3. Ukrainischen Front durch den Beginn der Nordverschiebung nicht die volle Angriffskraft gegenüber den deutschen Truppen zur Geltung gebracht werden konnte. Daß darin aber kein großer deutscher Abwehrerfolg zu erblicken ist, wurde schon an anderer Stelle hervorgehoben. Noch weniger wird das Stehenbleiben der Front und eine gewisse Konsolidierung auf den von Hitler unterzeichneten Befehl des Oberkommandos der Wehrmacht vom 3. April zurückzuführen sein, wo es zwar penibel aber doch auch hahnebüchen hieß:

„1. Die 2. Panzer-Armee darf keinen Schritt weiter zurückweichen. Sie muß unter Einsatz der 3.000 Luftwaffensoldaten und der 117. Jäger-Division nicht nur ihre nach Osten gerichtete Front halten, sondern auch ihren nach Nordwesten weiter zu führenden Angriff verstärken. Hier bleibt das Ziel — Herstellen der Verbindung zur 6. Armee.

2. Die *6. Armee* hat ihren rechten Flügel nach Süden und Südosten so vorzurei-ßen, daß die Verbindung mit der 2. Panzer-Armee wieder hergestellt wird . . ."

Der Oberbefehlshaber der Heeresgruppe, General Wöhler, richtete noch am selben Abend — wie befohlen — ein Fernschreiben nach Berlin, in dem er zum Ausdruck brachte, daß gerade das Herstellen der Verbindungen zwischen der 2. Panzer-Armee und der 6. Armee seine Hauptsorge sei, doch angesichts der Treibstoff- und Munitionssituation sowie angesichts der dramatisch abgesunkenen Kampfstärken müsse man sich damit begnügen, den Feindspitzen etwas vorzulegen, „um sie am Durchbruch ins Uferlose" zu hindern[151]. Mehr wäre nicht möglich. Es war wohl dieses Fernschreiben General Wöhlers, das Hitler einen sofortigen Wechsel im Oberbefehl der Heeresgruppe vornehmen ließ.

In den Kampfabschnitten Kohfidisch, Güssing und Lafnitztal hatte die Reichs-schutzstellung, wie sonst nirgendwo entlang der österreichisch-ungarischen Grenze, ihre Aufgabe erfüllt. Es gab auch hier Schwierigkeiten und Krisen, doch diese waren vor allem auf die Einbrüche bei Rechnitz und im Raabtal zurückzuführen. Im Kampfabschnitt Kohfidisch war die Gefahr am 30. März besonders groß gewesen, als sich sowjetische Truppen von Kisnarda gegen Eisenberg a. d. Pinka wandten. Die für den Unterstab Nord zufällig greifbare Sturmboot-Kompanie 111 verhinderte durch ihren Einsatz am Eisenberg den Verlust dieser wichtigen Höhe[152]. Nach einigen weiteren gefährlichen Momenten konnte der Kampfabschnittskommandant von Kohfidisch melden, daß die 1. Volks-Gebirgs-Division seinen Abschnitt übernommen habe. Bis zu diesem Zeitpunkt waren aber schon trotz aller Anstrengungen Eberau, Kulm, Oberbildein und Höll an die 236. Schützen-Division des CXXXV. Schützenkorps der 26. Armee verlorengegangen[153].

Der Kampfabschnitt Güssing wurde reibungslos von der 3. Panzer-Division übernommen, noch ehe es zu einer kritischen Entwicklung gekommen war. Wie sehr das aber alles unter Zeitdruck geschah, kann man daran ablesen, daß z. B. die führungslos gewordenen Splitter des Panzer-Regiments 6 dieser Division am 31. März nach Gleisdorf verlegt wurden und dort aus den noch einsetzbaren Teilen ein Grenadier-Bataillon formiert und sofort wieder in den Raum Güssing verlegt wurde. Teilweise fehlten noch die Stahlhelme für einen infanteristischen Einsatz, als das Regiment = Bataillon schon wieder in den Kampf geworfen wurde[154].

Der Kampfabschnitt Lafnitztal stand ganz im Banne der Ereignisse südlich davon, im Raabtal. Der letzte Kampfabschnitt auf österreichischem Boden, der schon zum Festungsunterabschnitt Süd gehörende Kampfabschnitt Radkersburg, führte eine Zeitlang fast ein Eigenleben, da er zwar vom Einbruch in das Raabtal nicht berührt, aber nach Norden hin isoliert worden war und erst vier Tage später als die nördlich davon gelegenen Kampfabschnitte in das Kriegsgeschehen einbezogen wurde.

Vor dem Zentrum der deutschen 6. Armee, also im wesentlichen vor der 1. Volks-Gebirgs-Division, tasteten die sowjetischen Truppen während der ersten Apriltage die Reichsschutzstellung ab, begnügten sich aber offenbar mit der Gewißheit, daß bei Rechnitz schon eine weiche Stelle gefunden worden war. Nur der Raum Eisenberg mußte zusammen mit Deutsch Schützen am 1. April vom Gebirgsjäger-Regiment 99 aufgegeben werden[155]. Dann trat eine Zeit relativer Ruhe ein, die von den Sowjets wohl primär dazu genützt wurde, sich neu zu gruppieren und nach der Eroberung Ungarns gewissermaßen einmal Luft zu holen.

Genau dasselbe taten auch die 1. und die 3. Panzer-Division, als sie erkennen mußten, daß sie infolge einer unheilvollen Verstrickung von Angriffen des sowjetischen XVIII. Panzerkorps und eigener operativer Fehlleistungen am nördlichen Raabufer festgehalten wurden und auf die sowjetischen Bewegungen südlich des Flusses keinen Einfluß ausüben konnten. Sie unternahmen am 1. und 2. April gepanzerte Vorstöße in das Raabtal, um so wenigstens den Einbruchsraum am Nordufer zu sondieren. Eine Kampfgruppe der 1. Panzer-Division stieß am 2. April über Inzenhof nach Szentimre vor und besetzte noch am Vormittag desselben Tages Felsörönök. Eine andere Kampfgruppe sicherte nördlich von Feldbach[156]. Die „Kampfgruppe Medicus" der 3. Panzer-Division erreichte in den beiden ersten Apriltagen im Gegenstoß Vasszentmihály und drang noch tiefer in ungarisches Gebiet ein, aber die Panzerlage der Division (6 intakte Panzer) ließ keine weitere gewaltsame Aufklärung zu[157]. Trotz aller deutschen Anstrengungen wurde bald klar, daß alle Manöver nördlich der Raab die Entwicklung südlich davon nicht beeinflussen konnten. Die Erleichterung, die General Balck daher empfand, als das sowjetische Panzerkorps abzog, ist nur zu verständlich[158]. Erst nach diesem Zeitpunkt konnten erfolgversprechende Versuche unternommen werden, die Lücke zwischen der 6. Armee und der 2. Panzer-Armee aufzufüllen. Die 6. Armee dirigierte die in Aufstellung begriffene 10. Fallschirmjäger-Division gegen Bad Gleichenberg. Und vom Süden her setzte die 2. Panzer-Armee die ihr eher zufällig zugefallene 14. Waffen-Grenadier-Division der SS (ukrainisch) in demselben Raum an[159]. Mittlerweile waren auch die nördlichsten Teile des I. Kavalleriekorps (2. Panzer-Armee) über die Reichsgrenze gekommen. Die 3. Kavallerie-Division passierte das bereits unter sowjetischem Pak- und Granatwerferfeuer liegende Radkersburg und bezog den Raum südlich von Straden zu einem Zeitpunkt, da die 32. Garde-mech. Brigade und das 52. Panzer-Regiment des sowjetischen LXIV. Schützenkorps (57. Armee) gerade nördlich von Radkersburg die Reichsgrenze überschritten hatten[160].

ZWISCHEN RAABTAL UND RADKERSBURG

Der deutsche Angriff zur Wiedergewinnung von Feldbach, den die 10. Fallschirmjäger-Division gemeinsam mit der Fahr-Ersatz- und Ausbildungs-Abteilung 18 ausführte, war erfolgreich[161]. Aber die statt des XVIII. Panzerkorps in das Raabtal dirigierten Truppen des XXXIII. Schützenkorps (voran die 337. Schützen-Division gefolgt von der 206. Schützen-Division und südlich davon die 3. Garde-Luftlande-Division) leisteten gegenüber dem von der 10. Fallschirmjäger- und der 14. SS-Division geführten Angriff zur Schließung der Frontlücke südlich von Feldbach weiter zähen Widerstand. Sie wichen zunächst nur aus einigen kleineren Ortschaften zurück. Nichtsdestoweniger konnte am 3. April Bad Gleichenberg von deutschen Truppen teilweise zurückgewonnen werden.

Besser sollte man freilich sagen: Gleichenberg wurde von ukrainischen Truppen zurückgewonnen. Die kurze Zeit von der Auflösung und Waffenabgabe bedroht gewesene 14. Waffen-Grenadier-Division der SS, die sich auch selbst als „1. Ukrainische Division" bezeichnete, setzte allen Ehrgeiz darein, ihren Einsatzwillen dadurch unter Beweis zu stellen, daß sie nach ihrer am 31. März erfolgten Unterstellung unter das I. Kavalleriekorps alles tat, um verlorenes Gebiet wieder in Besitz zu nehmen. Nachdem sie zunächst den Stradner und dann den Gleichenberger Kogel zurückeroberert hatten, trat sie zum Angriff auf Gleichenberg-Dorf und dann auf Bad Gleichenberg an. Allerdings konnten die SS-Truppen den gewonnenen Raum nicht zur Gänze halten, und es bedurfte immer wieder des Eingreifens der 3. Kavallerie-Division, die zeitweilig in Reserve gehalten wurde, um kritische Situationen zu bereinigen. Von da an begann ein Kampf vor allem um die beherrschende Höhe des Stradner Kogels[162], der wochenlang anhielt und in dem sich wohl immer wieder Ukrainer auf deutscher und auf sowjetischer Seite gegenüberstanden[163]. Die Kämpfe südlich der Raab lösten sich von da an in eine Vielzahl von Einzelgefechten auf, in denen zwar erbittert gekämpft wurde und vor allem die betroffenen Orte schwerstens zu leiden hatten, sich aber kaum ein größerer Zusammenhang herausschälen läßt.

Auch nördlich der Raab trat allmählich eine Beruhigung ein. Sie kam vor allem darin zum Ausdruck, daß General Balck anordnen konnte, die 1. Panzer-Division aus dem Raum nördlich Feldbach herauszuziehen, ohne damit die Stabilität der Front zu gefährden. Doch angesichts der immer wieder wechselnden Brennpunkte im Kampf um das mittlere Burgenland und die Oststeiermark war es fast unvermeidlich, daß die wenigen kampfkräftigen und auch noch mobilen Divisionen immer wieder als eine Art Feuerwehr eingesetzt wurden. Die 3. Panzer-Division und die 5. SS-Panzer-Division mußten nun allein sehen, wie sie der sowjetischen Angriffe Herr würden. Erschwerend wirkte dabei der Umstand, daß statt einer kurzen Front, wie sie bei einer planmäßigen Sperrung des Raabtales vorhanden gewesen wäre, nun entlang der Raab von Szentgotthárd bis Feldbach Front gemacht werden mußte, wobei die Russen aber schon bei Mogersdorf und Jennersdorf taktisch günstige Brückenköpfe besaßen[164], aus denen sie auszubrechen versuchten. Das gelang ihnen denn auch in zweitägigen Kämpfen mit der 5. SS-Panzer-Division am 7. und 8. April bei Mogersdorf. Genau zur selben Zeit drangen auch stärkere sowjetische Infanteriekräfte in das vom Panzergrenadier-Regiment 394 (3. Panzer-Division) wiedergewonnene Heiligenkreuz ein. Sie konnten nur mit Mühe zurückgeworfen werden. Aber schon zeigten auch der Einsatz schwerer Kaliber und ein verstärktes Artilleriefeuer zwischen Fehring und Hohenbrugg, daß die Russen nicht gewillt waren, den Druck im Raabtal und von hier nach Norden erlahmen zu lassen[165]. Am 8. April führte ein von Panzern unterstützter Angriff zum Verlust von Fehring.

An dieser Stelle soll eine kleine historische Kuriosität erwähnt werden: In der ungarischen wie in der sowjetischen Geschichtsschreibung wird der 4. April 1945 als jener Tag genannt, an dem Ungarn zur Gänze von deutschen Truppen geräumt worden ist[166]. Damit hätten die sowjetischen Operationen zur Befreiung Ungarns ein Ende gefunden. Dabei dürfte aber außer Acht gelassen worden sein, daß ein — wenngleich sehr kleiner — Zipfel Ungarns auch nach dem 4. April von deutschen Soldaten gehalten wurde. Dabei handelte es sich um den Abschnitt der Reichsschutzstellung ostwärts von Heiligenkreuz im Lafnitztal, und zwar das Gebiet zwi-

schen Deutsch Minihof und Inzenhof, im wesentlichen also die Gegend um Rábfü-
zes. Die deutschen Truppen waren zwar in diesem Abschnitt an der Monatswende
März/April geworfen worden. Es gelang jedoch in den schon beschriebenen Gegen-
stößen, nochmals die Reichsschutzstellung zu erreichen und sie bis zum 11./12.
April besetzt zu halten und zu verteidigen. Da die Reichsschutzstellung in diesem
Abschnitt aber auf ungarischem Gebiet verlief, blieb auch ein Zipfel ungarischen
Gebietes über den 4. April hinaus in deutscher Hand[167].

Die sowjetische 27. Armee trachtete, parallel zu ihrer Nordverschiebung, die nie
mehr ganz abriß, den durch das Festhalten an der Reichsschutzstellung entstandenen Frontbogen der 6. Armee von Süden und Osten her zu bedrohen. Das war so
lange nicht gefährlich, als die 3. Panzer-Division noch im unteren Lafnitztal die
Flanke der 1. Volks-Gebirgs-Division sicherte. Als sich daher die 3. Panzer-Division
am Abend des 9. April absetzen wollte, bedeutete dies eine Gefährdung der Front
des ganzen III. Panzerkorps; die Absetzbewegung wurde daher untersagt[168]. Am 10.
April lebten die Kämpfe wieder stärker auf, als das sowjetische XXXVII. Schützenkorps mit der 108. Garde-, der 316. und 320. Schützen-Division im unteren Lafnitztal angriff, in der Folge Heiligenkreuz nahm und weiter die Lafnitz aufwärts drängte[169]. Der nun unvermeidlich gewordene Rückzug der 3. Panzer-Division, die bis
dahin in Anlehnung an die Reichsschutzstellung von Heiligenkreuz, den Höhen
nördlich von Inzenhof und Großmürbisch, Hagendorf und Moschendorf bis Gaas
eingesetzt gewesen war, stellte eine erhebliche Gefährdung des linken Flügels des IV.
SS-Panzerkorps und der 1. Volks-Gebirgs-Division dar. General Balck mußte
jedoch jetzt nicht mehr aus in Berlin festgestellten Gründen an der Reichsschutzstellung festhalten, sondern konnte die Zurücknahme der Front seiner Armee befehlen[170].

Dennoch hatte die 1. Volks-Gebirgs-Division große Schwierigkeiten, die Lafnitz-
Vor-Stellung (Kukmirn — Eisenhüttl — Rohr — Bocksdorf-Höhe 370 nördl. Ollersdorf) zu erreichen, wo links die schon am 6. April zurückverlegte Divisionsgruppe
Krause und rechts das IV. SS-Panzerkorps anschlossen[171]. Einige Kompanien trafen
gleichzeitig mit den Russen in den von steirischen Volkssturmverbänden vorbereiteten Höhenstellungen ein. In heftigen Kämpfen gelang es, ungefähr die vorgesehenen
Linien zu beziehen. Allerdings war der rechte Flügel der Division beträchtlich
zurückgebogen worden, da die befohlenen Linien noch während des Beziehens der
Stellungen von der 78. und der 163. Schützen-Division des XXXV. Schützenkorps
überrannt worden waren[172].

Die am 12. April erfolgte Abkommandierung von General Krause in das obere
Lafnitztal brachte es mit sich, daß die 1. Volks-Gebirgs-Division auch die Führung des Abschnittes bis nördlich Markt Allhau übernehmen mußte und nun dem
Druck des CXXXV., des CIV. und (am rechten Flügel) jenem des XXXV. Schützenkorps ausgesetzt war. Am 13. April, dem für den Krieg in Österreich 1945 vielleicht bedeutsamsten Tag, rang die Gebirgs-Division um ihre Existenz und konnte
oft nur im letzten Moment die von Panzern unterstützten und vielerorts durchgebrochenen sowjetischen Einheiten zurückwerfen. Der Druck wurde schließlich so
stark, daß die Division die Lafnitz-Vor-Stellung aufgeben mußte. Sie ging auf die
Höhen entlang des Westufers der Lafnitz zurück, wo sich wesentlich bessere Verteidigungsmöglichkeiten boten[173]. Noch am selben Tag hörten in diesem Abschnitt

der steirisch-burgenländischen Grenze fast schlagartig die Kämpfe auf. Nicht so jedoch südlich davon.

Am 12. April hatten Teile des sowjetischen XXXIII. Schützenkorps versucht, aus dem Raab-Brückenkopf bei Hohenbrugg nach Westen und Nordwesten auszubrechen. Obwohl diese Versuche an der Abwehr der 5. SS-Panzer-Division scheiterten und lediglich gegen Loipersdorf und Henndorf (Rittscheintal) geringfügig Boden gewonnen wurde[174], war die Absicht doch unverkennbar: Man wollte auf sowjetischer Seite mit dem XXXIII. Schützenkorps dem im Lafnitztal vordringenden XXXVII. Schützenkorps entgegenarbeiten. General Balck konnte diesem Gefahrenmoment nur dadurch begegnen, daß er die vorübergehend in die Armeereserve herausgezogene 1. Panzer-Division wieder dem IV. SS-Panzerkorps zuteilte, so daß von Feldbach bis Fürstenfeld, also auf recht knappem Raum, drei Panzer-Divisionskampfgruppen in der Verteidigung eingesetzt waren[175]. Die Brennpunkte des Kampfes gegen die von Süden, Südosten und Osten angreifenden sowjetischen Divisionen lagen bei der Höhe 385 (NW Magland), wo sich das SS-Panzer-Regiment 5 tagelang zur Wehr setzte[176], sowie bei Eltendorf und Königsdorf, wo die 3. Panzer-Division und Kampfgruppen der 1. Panzer-Division die vordringenden Russen am 11. und 12. April aufzuhalten versuchten. Ähnlich wogte der Kampf bei Zahling und Limbach tagelang hin und her. Am 14. April scheiterte der Versuch der 5. SS-Panzer-Division, im Raum Magland einen Gegenangriff zu führen, und am selben Tag noch drangen die Verbände des XXXVII. Schützenkorps bis zum Ostrand von Dobersdorf vor[177].

Trotz dieser für Fürstenfeld sehr kritischen Lage zog General Balck die 1. Panzer-Division wieder heraus, um sie für den Gegenangriff im oberen Lafnitztal verwenden zu können[178]. Das war natürlich ein Risiko, das Balck ganz bewußt in Kauf nahm, da einem eventuellen Fall von Fürstenfeld angesichts der allgemeinen Rückverlegung der Front lediglich taktische Bedeutung beigemessen werden konnte[179]. Die Lage der Stadt war tatsächlich äußerst ernst, und die Verteidigung durch die 3. Panzer-Division nach drei Seiten hin war wenig aussichtsvoll. Nach etwa zehnstündigem Kampf wurden die deutschen Verteidiger am 15. aus der Stadt geworfen und trachteten nur, durch einen verstärkten Artilleriebeschuß, dem ein Teil Fürstenfelds zum Opfer fiel, ein Nachdrängen der Russen zu unterbinden[180]. Doch mit Ausnahme örtlicher Vorstöße am 16., 17. und 18. April trat auch im Raum Fürstenfeld Ruhe ein[181]. Die deutsche 6. Armee beantragte noch, daß in den Nachtrag zum Wehrmachtsbericht folgende Passage aufgenommen werden sollte: „Der schwerkriegsbeschädigte Kreisleiter von Fürstenfeld, Eduard Meissel, hat sich mit seinen Hitlerjungen im Häuserkampf ganz hervorragend geschlagen." Dem Antrag wurde nicht stattgegeben; die Sache war, scheint's, zu geringfügig.

Die von der 3. Panzer-Division erwarteten Angriffe aus Fürstenfeld Richtung Westen fanden nicht mehr statt. Die gegenüber der 5. SS-Panzer-Division und dem ihm unterstellten 1. ungarischen SS-Ski-Bataillon[182] bis Kriegsende errungenen geringen Geländegewinne erlaubten es dem sowjetischen XXXIII. Schützenkorps, das im Zuge der allgemeinen Nordverschiebungen das XXXVII. Schützenkorps ablöste, die Front auf die Linie Johnsdorf — Lembach — Breitenfeld — Aschbach — Westrand Fürstenfeld vorzuschieben[183]. Die steirische Landesgrenze wurde also nur geringfügig überschritten, so, als wollten die Sowjets lediglich einen Fuß in die Tür stellen.

Der Gauleiter und Reichsverteidigungskommissar der Steiermark, Siegfried Uiberreither, hatte in seinen fast täglich an Martin Bormann gerichteten Fernschreiben mehrmals seine Unzufriedenheit mit einzelnen Maßnahmen des Oberkommandos der 6. Armee zum Ausdruck gebracht[184]. Am 7. April äußerte er sich dahingehend, daß der Gefechtsstand des Armeeoberkommandos von Schloß Freiberg bei Gleisdorf wieder nach Osten vorverlegt werden müsse. Zwei Tage später gab er — wie erwähnt — eine Meldung von SS-Standartenführer Ullrich (Kommandeur 5. SS-Panzer-Division) weiter, wonach keine rechtzeitige Einweisung in die Reichsschutzstellung erfolgt sei. Am selben Tag versuchte Uiberreither noch, telefonisch eine „Mitteilung in einer äußerst wichtigen Sache" an Generaloberst Jodl durchzugeben, und am 12. April führte er Beschwerde darüber, daß die Absetzbewegungen bei der 2. Panzer-Armee und bei der 6. Armee den örtlichen Behörden zu spät bekanntgegeben worden seien. Außerdem wies er darauf hin, daß in den militärischen Stäben Apathie vorherrsche und daß im Raabtal keine einheitliche Befehlsführung möglich sei, weil die Armeegrenze mitten hindurchgehe. Diese Versuche Uiberreithers, über Berliner Parteidienststellen auf die Truppenführung in der Steiermark Einfluß zu nehmen, beschworen natürlich eine gewisse Gefahr für die sonst gut funktionierende Zusammenarbeit zwischen der 2. Panzer-Armee und der 6. Armee einerseits und der Gauleitung andererseits herauf. Der Vorgang selbst ist aber symptomatisch und in vielerlei Gestalt auch anderswo zu beobachten gewesen: Die politische Führung versuchte nicht nur, Einfluß auf die militärischen Kommanden zu gewinnen, sondern fühlte sich auch berufen, militärische Entscheidungen zu kritisieren. An sich könnte man das damit erklären, daß auch in dieser Phase der Einfluß der Politik auf die Kriegführung gewahrt bleiben sollte. Doch es kommt sicher auf die Ebene an, und gerade im Fall Uiberreithers arteten die versuchten Eingriffe wiederholt in Besserwisserei aus.

Vielleicht trug zu einer gewissen Gereiztheit auch bei, daß die militärische Führung ihrerseits den politischen Instanzen das verstärkte Auftreten von pro-österreichischen Widerstandsgruppen zum Vorwurf machte[185], die immer wieder versuchten, Kampfhandlungen zu verhindern oder zumindest abzukürzen. — Die Eingriffe Uiberreithers wurden auf jeden Fall als unangenehm empfunden. General Balck begegnete den Quertreibereien dadurch, daß er bei General Krebs, dem Nachfolger Guderians als Chef des Generalstabes des Heeres, durchsetzte[186], daß solche und ähnliche Meldungen Hitler gar nicht vorgelegt wurden. Es ist daher fraglich, ob die um den 15. April vorgenommene Verlegung der rechten Armeegrenze der 6. Armee (in der Folge: Kalsdorf — St. Stefan — Trautmannsdorf — St. Anna a. Aigen[187]) und die damit verbundene Unterstellung der 14. Waffen-Grenadier-Division der SS (bisher I. Kavalleriekorps) unter das IV. SS-Panzerkorps von Uiberreither ins Rollen gebracht wurde oder nicht. Denn an sich war die einheitliche Führung in einem Einbruchsraum eine militärische Binsenweisheit. Obwohl es nun eine einheitliche Führung im Raabtal gab, änderte sich an der allgemeinen Lage jedoch nichts.

Zu dem Zeitpunkt, da die 3. Kavallerie-Division einen wechselvollen Kampf um den Stradner Kogel begann (7./8. April), passierte eine weitere Division des I. Kavalleriekorps, die 23. Panzer-Division, die Reichsgrenze ostwärts von Radkersburg. Damit kämpfte fast das gesamte I. Kavalleriekorps auf österreichischem Boden, wobei diesem Korps zum fraglichen Zeitpunkt sechs Divisionen bzw. deren

Reste unterstanden. Nach kurzer Bereitstellung in Zelting versuchten einige Kompanien der 23. Panzer-Division, die über die Reichsschutzstellung gekommenen sowjetischen Verbände aus der Flanke anzugreifen, doch der Angriff mußte abgebrochen und die Hauptkampflinie der 44. Reichsgrenadier-Division übergeben werden[188]. Auch bei den deutschen Truppen gab es eine ständige Nordverschiebung.

Am 9. April passierten die letzten Teile der 23. Panzer-Division Radkersburg und wurden neben den anderen Regimentern der Division im Drauchenbachtal von Radkersburg bis nördlich von Hürth gegen die besonders am 10. April stark nachdrängenden Verbände des sowjetischen VI. Garde-Schützenkorps eingesetzt[189], die auch der 3. Kavallerie-Division im Raum des Stradner Kogels schwer zu schaffen machten. Schließlich bereitete die 23. Panzer-Division am 11. April die Zurücknahme ihrer Front auf die Linie Purkla — Radochen — ostwärts Straden vor[190], und die 3. Kavallerie-Division kämpfte sich gegen die schon in ihren Rücken vorgedrungene 20. Garde-Schützen-Division auf die Höhen zwischen Straden und Trautmannsdorf zurück[191].

Uiberreither meinte, die Zurücknahme der Front beim I. Kavalleriekorps sei zu früh erfolgt[192]. Es darf jedoch angenommen werden, daß bei einer späteren Zurücknahme wohl kaum eine feste Verteidigungslinie in Anlehnung an das Sulzbachtal hätte gebildet werden können. Die Rückverlegung der Front bedeutete freilich, daß Radkersburg aufgegeben werden mußte. Es kam der Stadt zugute, daß ein wenige Tage vorher ergangener Befehl zur Verteidigung „bis zum letzten Mann" noch am selben Tag widerrufen wurde[193]. Am 17. April fiel die Stadt unter dem Angriff der 104. Schützen-Division. Da der Rückweg nach Westen bereits verlegt war, zogen sich die deutschen Verteidiger, hauptsächlich Einheiten der 9. SS-Panzer-Division „Hohenstaufen" (XXII. Gebirgskorps), über die Mur nach Oberradkersburg zurück. Die Brücken wurden gesprengt[194].

Das Schicksal Radkersburgs kann aber wieder als stellvertretend für jenes von zahlreichen Orten in Ostösterreich genommen werden, die Kriegsgebiet wurden. Im Juni 1944 waren die ersten Bomben gefallen. Die Orgelpfeifen mußten abgeliefert werden, um ihr Metall der Rüstungsindustrie zuzuführen. Ende Oktober gingen die Glocken des Rathausturmes denselben Weg. Als im Oktober der Stellungsbau für die Reichsschutzstellung begann, mußten Volks- und Hauptschule geräumt und für die Unterbringung der Bauarbeiter freigemacht werden. Am 12. Oktober 1944 begann der Stellungsbau. Am 12. November wurde der Volkssturm am Adolf-Hitler-Platz vereidigt, um dem „Führer" bedingungslose Treue zu schwören und zu geloben, tapfer zu kämpfen. Die Landwirtschaftsschule wurde zum Spital für die Schanzarbeiter. Im Dezember wurde die Murbrücke mit Sprengkammern versehen. Jugoslawische Partisanen machten sich verstärkt bemerkbar, vor allem durch Anschläge auf die Eisenbahnlinie Radkersburg — Spielfeld. Mitte Jänner trafen die ersten großen Verwundetentransporte aus Ungarn ein. Im Februar häuften sich die Alarme. Anfang März wurden abermals Frauen und Mädchen zu Schanzarbeiten beordert; gegen Ende des Monats trafen dann große Flüchtlingsscharen ein. Gleichzeitig sollten Frauen und Kinder die Stadt und ihre Umgebung verlassen. Ab Ostersonntag hörte man das Grollen der Geschütze. Am 4. April schlug das erste Geschoß aus einem sowjetischen Geschütz ein und forderte Tote und Verwundete unter der Zivilbevölkerung. Dann entbrannte der Kampf im Weichbild der Stadt.

Immer wieder gelang es sowjetischen Stoßtrupps, in die Stadt vorzudringen. Am 14. April soll dies dadurch geschehen sein, daß Stoßtrupps in ziviler Kleidung und in deutschen Uniformen durch die Kanalisation krochen und plötzlich in der Stadtmitte auftauchten. Die Truppen, die Radkersburg verteidigen sollten, wechselten ständig. Die widersprechendsten Befehle jagten sich, bis dann am Vormittag des 17. April von Norden und Osten her sowjetische Verbände in Radkersburg eindrangen und die deutschen Verteidiger zum Rückzug über die Mur nach Oberradkersburg zwangen. Die Murbrücke wurde von den abziehenden Truppen im letzten Augenblick gesprengt, wobei der SS-Mann, der die Sprengung schon unter sowjetischem Beschuß durchführte, mit der Brücke in die Luft flog. Die letzten Reste der SS-Ausbildungs-Abteilung 9 überquerten nach der Sprengung mit Floßsäcken die Mur. Tags darauf begann der Beschuß Radkersburgs aus deutschen Geschützen. Wieder gab es Opfer unter der Zivilbevölkerung, die — nun schon von den Sowjets — aufgefordert wurde, die unmittelbar im Frontgebiet liegende Stadt zu verlassen. Ein Teil der Menschen wurde deportiert. Der Beschuß ging noch tagelang weiter[195]. Wieder starben und fielen Menschen. Und dennoch: Ein Dutzendschicksal!

Mittlerweile hatte der Stavkabefehl vom 13. April auch für den Abschnitt nördlich von Radkersburg eine merkliche Entspannung gebracht, und wenige Tage später verstummten die Kämpfe. Die 3. Kavallerie-Division hatte noch etwas länger zu ringen, da die 20. Garde-Schützen-Division bei ihrem Nachdrängen am 12. April in eine Lücke zwischen 14. SS-Division und 3. Kavallerie-Division gestoßen war und diese unter auffallend starker Verwendung von Granatwerfern und Pak auszunützen trachtete. Durch den Einsatz der Fahr-Ersatzabteilung 69 und des Reiter-Regiments 32 (beide 3. Kavallerie-Division) sowie der Sturm-Brigade von Rudno gelang es jedoch nach dem 15. April, auch hier die Front zu stabilisieren[196]. Die 3. Kavallerie-Division wurde in die Korpsreserve herausgezogen und durch die 16. SS-Panzergrenadier-Division ersetzt[197]. Mit Ausnahme des oberen Lafnitztales und einiger Abschnitte im Semmering- und Wechselgebiet herrschte entlang der über weiteste Strecken mit der steirischen Landesgrenze identischen Front bis wenige Tage vor Kriegsende Ruhe, die nur durch gelegentliche Feuerüberfälle gestört wurde.

DIE KÄMPFE IM WECHSELGEBIET

Wenn man sich die durch Österreich verlaufende deutsche Ostfront in der zweiten Aprilhälfte und insbesondere nach dem 20. April vergegenwärtigt, dann herrscht der Eindruck des Erstarrens vor. Es war aber wohl noch mehr ein Ermüden und der Zustand beiderseitiger Erschöpfung, dem der sowjetische Befehl zur Einstellung der Offensive indirekt Rechnung trug. Doch natürlich ließ sich nicht vergessen, daß der Krieg noch nicht beendet war. Und nicht nur die betroffene Bevölkerung, auch die Soldaten hüben und drüben wurden von Sorgen und Hoffnungen beherrscht, die sie alles unternehmen ließ, um bei einem Wiederaufleben der Kämpfe vorbereitet zu sein. Die Russen gruben sich ein. Und das nicht nur im übertragenen Sinn, sondern buchstäblich und entlang der gesamten Front. Die deutschen Verbände wiederum hatten seit Monaten zum erstenmal Zeit, sich nicht nur mit der jeweils aktuellen

Katastrophenmeldung zu befassen, sondern auch die militärische und politische Entwicklung in ihrer Gesamtheit zu verfolgen. Diese Phase vergleichsweiser Ruhe bot aber auch Gelegenheit, sich im rückwärtigen Gebiet der Front umzusehen, wo die Bevölkerung unbeschadet ihrer politischen Einstellung dem Kriegsende entgegenbangte. Für die Soldaten am erschütterndsten war aber meist nicht der Anblick der Not und der Angst, der sich ihnen bot. Das Erschütterndste waren jene nicht mehr zählbaren Angehörigen der Deutschen Wehrmacht, die wegen angeblicher Feigheit vor dem Feind und oft aus den nichtigsten Gründen standrechtlich erschossen oder aufgehängt wurden. Der Anblick eines Gehängten, der noch alle Tapferkeitsauszeichnungen trug und an dem dann ein Schild befestigt war, auf dem etwa geschrieben stand „Ich war ein Feigling", dieser Anblick gehörte zum Unauslöschlichsten, das gerade dieser steirische Abschnitt der deutschen Ostfront zu bieten hatte. Hier war wohl mehr geschehen, als daß nur General Balcks Absicht, Ordnung in das Chaos zu bringen, verwirklicht worden wäre.

Überhaupt könnte man mit Hinblick auf die letzten Tage und Wochen des Zweiten Weltkriegs im Bereich der deutschen 6. Armee ein Kapitel „Schuld und Sühne" schreiben und gleichermaßen über das Notwehr- und Widerstandsrecht wie über ethische Normen und Kriegsbräuche nachdenken.

Im Raum des südlich von Vorau gelegenen Masenbergs hatte sich schon im Herbst 1944 eine Gruppe von Deserteuren zusammengefunden, die nicht mehr an die Front zurück wollten und unterzutauchen trachteten. Sie hatten kleine Überfälle verübt, meist Mundraub, um über den Winter zu kommen. Dann, am 6. April 1945, wurde die Gruppe um Gustav Pfeiler aktiv, überredete Volkssturmangehörige, nicht zu kämpfen, und nahm sie in ihre Reihen auf. In einer Auseinandersetzung mit dem Ortsgruppenleiter der NSDAP in Hartberg kam es zu einer Schießerei, in der schließlich von den Partisanen auch völlig unbeteiligte Kinder und Frauen erschossen wurden. Als dann nach dem Ende der Kampfhandlungen und der Wiedereroberung des Vorauer Beckens die NS-Parteistellen, SA und SS Rache nahmen, taten sie es ebenfalls mit äußerster Härte. Das SS-Jagdkommando „Südost", wohl eher aber das SS-Polizei-Regiment 13, soll die Ausforschung der an der Schießerei Schuldigen vorgenommen haben und konnte, obwohl sich die zum Schluß auf etwa 280 Personen angewachsene Gruppe um Gustav Pfeiler mittlerweile aufgelöst hatte, einer Reihe von Leuten habhaft werden.

In Pongratzen wurde ein Mann vor den Augen seiner Frau und seiner Kinder aufgehängt. Häuser wurden aus Rache angezündet, und schließlich wurden in Hartberg 13 Menschen hingerichtet[198]. Auf diese Vorgänge bezog sich wohl auch General Balck in seinen Erinnerungen, wo er schrieb: „An einer Stelle hatte eine aus Deserteuren bestehende Räuberbande begonnen, die Sommerhäuser, die voll geflüchteter Wiener waren, auszumorden und auszuplündern. Volkssturm stellte sie und machte sie im Kampf nieder, nachdem die Deserteure vier Volkssturmleute, alles mehrfache Familienväter, erschossen hatten. Im ganzen gingen außerdem etwa 10 Morde auf ihr Konto[199]." Die Zusammenhänge waren zweifellos komplizierter und vor allem anders, als sie hier von Balck dargestellt wurden. Doch sicherlich geht es auch nicht an, die von SA und SS Getöteten pauschal von jeder Schuld freizusprechen und die Schuld nur bei jenen zu suchen, die das vorher begangene Unrecht mit grausamer Hand rächten.

Der letzte Akt der Hartberger Tragödie ereignete sich wenige Tage vor Kriegsschluß. Entlang des Großteils der steirischen Front herrschte relative Ruhe, und es war schließlich nur das Wechselgebiet, in dem die Kämpfe noch einmal mit Macht ausbrachen. Dabei ging es nochmals darum, die Front zu verkürzen und damit leichter haltbar zu machen. Am Hochwechsel kam jedoch ein Moment dazu, das dem Gebirgskrieg des 1. Weltkriegs entlehnt sein könnte: Deutsche wie Russen suchten, eine beherrschende Höhe in Besitz zu nehmen.

Nach Wochen des Einsatzes an der Front hatte Generalleutnant Krause am 20. April die Führung der nach ihm benannten Kampfgruppe wieder abgegeben und sich den Aufgaben im rückwärtigen Armeegebiet widmen können, die bis dahin Generalmajor Bormann wahrgenommen hatte[200]. Der Ausbau von Stellungen und Sperren, der nach wie vor erfolgte, sowie deren Bewachung durch den Volkssturm waren zwar Aufgabe des Reichsverteidigungskommissars und Gauleiters der Steiermark, doch General Krause mußte neben den reinen Verteidigungsvorbereitungen in den von Wehrmachtsteilen belegten Orten und der Überprüfung der Sperren auf ihre militärische Brauchbarkeit vor allem für zwei Fälle Vorsorge treffen: einmal für ein eventuelles Zusammengehen deutscher Truppen mit den Amerikanern gegen die Russen — das Wunschdenken vieler Soldaten und Offiziere —, zum anderen für die rasche Loslösung von der Ostfront im Zuge einer deutschen Gesamtkapitulation.

General Balck hatte eher die zweite Möglichkeit vor Augen, da er die Belegung von größeren Orten, insbesondere von Graz, mit Trossen und rückwärtigen Armeeteilen verbot, um so ein reibungsloses Abfließen nach dem Westen sicherzustellen. Umfangreiche Zerstörungen, die das Nachdrängen der Russen erschweren sollten, wurden vorbereitet. Die Auslösung der Sperren behielt sich jedoch Balck vor[201].

Während diese Maßnahmen, die auf ein nahes Kriegsende ausgerichtet waren, anliefen, merkte man im oberen Lafnitztal noch nichts von einem Abflauen der Kämpfe. Die sowjetische Nordverschiebung war schon abgeschlossen, zumindest aber sehr weit gediehen, und nun erstreckte sich die Front der 57. Armee bis nördlich von Fürstenfeld und jene der 27. Armee bis in den Abschnitt Friedberg[202]. Das XXXIII. Schützenkorps, dem um die Monatsmitte der Kampf im Raabtal aufgetragen gewesen war, hatte jetzt seine Einteilung am rechten Flügel der 27. Armee bei Friedberg erhalten[203] und übernahm in enger Anlehnung an das nördlich davon stehende XXX. Schützenkorps der 26. Armee die Sicherung des Lafnitztalabschnitts[204]. Das Ziel der hier weiterhin laufenden deutschen Gegenangriffe war die Inbesitznahme des Lafnitzbogens zwischen Mönichwald und Wagendorf. Dem standen am 25. April nur mehr zwei sowjetische Brückenköpfe bei Reinberg und Rohrbach a. d. Lafnitz entgegen, die noch am selben Tag, nach Vorarbeit durch die 1. Panzer-Division und Restteile der 24. Panzer-Division[205] heftigen Angriffen der Kampfgruppe „Arko 3" ausgesetzt waren[206]. Das führte schließlich zur Rückeroberung von Grafendorf durch deutsche Truppen, doch das gesteckte Ziel wurde nicht ganz erreicht[207].

Da General Balck jedoch auch nördlich des Lafnitztals und im Wechselgebiet ein Zurückdrängen der Russen anstrebte und die von der 9. Gebirgs-Division nur stützpunktartig besetzte Front durch den Einsatz einer kampfstarken Truppe festigen wollte[208], leitete er am 22. April, also an jenem Tag, an dem der Gegenangriff der 1. Panzer-Division seine ersten Erfolge zu zeitigen begann, die Ablösung dieser

Division durch die 1. Volks-Gebirgs-Division ein[209]. Am 24. April war es dann soweit: Die 1. Panzer-Division bezog den Lafnitzabschnitt ostwärts Hartberg und Ebersdorf[210], während die 1. Volks-Gebirgs-Division, die Balck als geeigneter für den Gebirgskrieg hielt, nach Norden abgezogen wurde.

Das zuerst eintreffende Gebirgsjäger-Regiment 99 wurde noch am 25. April der 117. Jäger-Division unterstellt und bereitete sich auf einen Entlastungsangriff auf den Raum Mönichwald vor, wo Teile der 117. Jäger-Division eingeschlossen waren[211]. Das Regiment führte zunächst einen erfolgreichen Angriff auf Breitenbrunn; in der Nacht wurde dann eine Lücke gefunden, durch welche die in Mönichwald eingeschlossenen Truppen der 117. Jäger-Division herausgeschleust und durch Gebirgsjäger ersetzt werden konnten. Schließlich erreichte ein Bataillon des Gebirgsjäger-Regiments 99 zusammen mit der Heeres-Sturmartillerie-Brigade 303 Mönichwald, und in der Nacht zum 27. April besetzte ein anderes Bataillon Gebirgsjäger den Hochwechsel. Mit dem Einsatz der 1. Volks-Gebirgs-Division war auch der Augenblick gekommen, die 117. Jäger-Division zur Gänze herauszulösen. Sie war ja nur aus den Eisenbahnzügen geholt worden, um die durch den Vorstoß des sowjetischen V. Garde-Kavalleriekorps entstandene Krise zu meistern. Nun sollte die Jäger-Division helfen, die Lücke zwischen 6. Armee und 6. Panzer-Armee zu schließen.

Um den Hochwechsel entbrannte jedoch ein tagelanger Kampf, bei dem die Gipfelhöhe fast täglich ihren Besitzer wechselte. Nachdem die deutschen Gebirgsjäger, vor allem Württemberger und Österreicher, die sowjetische Gipfelbesatzung aus ihren Stellungen geworfen hatten, erfolgte am Abend des 27. April ein sowjetischer Gegenstoß, durch den die deutschen Truppen den Gipfel wieder unter beträchtlichen Verlusten verloren. Tags darauf wurde der Hochwechsel wieder von den Deutschen genommen. Die Sowjets bemühten sich daraufhin, verstärkt Artillerie in Stellung zu bringen und überschütteten den Gipfel mit Geschützfeuer. Am 29. April gelang es ihnen neuerdings, den Gipfel zu nehmen. Um die deutschen Gebirgsjäger auf Distanz zu halten, wurde sowjetischerseits weiterhin massives Artilleriefeuer eingesetzt. Im Verlauf des 30. April zählte man nur im Abschnitt eines Gebirgsjäger-Bataillons rund 4.000 Granateinschläge. Die deutschen Geschütze schwiegen, da sie keine Munition mehr hatten.

Am Morgen des 2. Mai lief eine Kompanie des Gebirgsjäger-Regiments 99 fast geschlossen zu den Russen über. Die Soldaten waren nicht mehr in der Lage und wohl auch nicht mehr willens gewesen, den Kampf weiterzuführen[212]. Nun, da deutscherseits nichts mehr unternommen werden konnte, um im Hochwechselgebiet abermals offensiv zu werden, flauten die Kämpfe auch in diesem Abschnitt ab. Das Kriegsende war gekommen. Wegen der bis zuletzt verlustreich geführten Kämpfe konnte die 1. Volks-Gebirgs-Division nicht im selben Maß Vorbereitungen für den letzten Rückzug und damit auch für die letzten Tage und Stunden des Krieges treffen, wie dies sonst bei der 6. Armee der Fall war. Überall aber mußte es sich erst zeigen, ob die „Operation Kriegsende" gelingen würde.

10   Der Sturm
auf die „Alpenfestung"

Zu einem Zeitpunkt, da der Krieg im Osten Österreichs schon zum Stillstand gekommen und die deutsche Heeresgruppe Süd offenbar nur dadurch ihrer Vernichtung entgangen war, daß sich das Schwergewicht der Offensive am linken Flügel der sowjetischen Front von der 3. Ukrainischen Front weg zur 2. Ukrainischen Front und damit in den böhmisch-mährischen Raum verlagert hatte, erst zu diesem Zeitpunkt wurden der Westen, Nordwesten und Süden Österreichs in das unmittelbare Kriegsgeschehen hineingezogen. Daß dies aber nicht in einer Nebenaktion, sondern unter einem ganz erheblichen Aufwand seitens der Westalliierten geschah, bedarf einer etwas weiter ausholenden Erklärung.

Der Zusammenbruch der Ardennenoffensive der deutschen Heeresgruppe B und die Gegenoffensive der Angloamerikaner im Raum Köln — Trier hatten den deutschen Großverband in eine äußerst schwierige Lage gebracht, die schließlich Anfang März auch auf den Bereich der südlich davon operierenden Heeresgruppe G (unter Generaloberst der Waffen-SS Paul Hausser) ausstrahlte[1]. Die Armeen der Heeresgruppe B wurden an den Rhein zurückgeworfen; ein Absetzen der Heeresgruppe G an den Rhein wurde aber vom Oberkommando der Wehrmacht ausdrücklich untersagt. Erst am 18. März, als der rechte Flügel dieser Heeresgruppe, die deutsche 1. Armee, auch schon in die Absetzbewegung hineingerissen worden war, erhielt Generaloberst Hausser die Genehmigung zur teilweisen Aufgabe des Saargebiets. Dieser Befehl kam jedoch zu spät; der günstigste Zeitpunkt war versäumt worden. Da die Front der Heeresgruppe an mehreren Stellen aufgerissen war, wurde eine geordnete Rückführung unmöglich. Nur mehr Trümmer der deutschen Verbände kamen am Rhein an, der von Koblenz bis zur Schweizer Grenze von der 1. und von der 19. Armee gedeckt werden sollte. Durch den Vorstoß der amerikanischen 3. und der 7. Armee war der Zusammenhalt der Westfront verlorengegangen, zwischen den deutschen Heeresgruppen bestand keine Verbindung mehr. Am 7. März fiel schließlich den Amerikanern die Rheinbrücke bei Remagen in die Hände, und damit war die Möglichkeit gegeben, diese Strombarriere auszuschalten. In der Nacht vom 22. auf den 23. März trat die 7. US-Armee auch im Bereich der Heeresgruppe G zum Angriff über den Rhein bei Oppenheim an, und die am Ostufer liegende deutsche 7. Armee konnte ihr den Übergang nicht verwehren. In der Nacht zum 24. März begannen die Amerikaner damit, zwei Brücken über den Rhein zu bauen, über die sie ihre Angriffe mit voller Wucht nach Osten fortsetzen wollten.

Für den Fortgang der Operation der alliierten Armeegruppen waren jedoch nicht so sehr diese örtlichen Erfolge maßgebend, als vielmehr eine von General Dwight D. Eisenhower, dem Oberbefehlshaber der Alliierten Expeditionsstreitkräfte, getroffene grundsätzliche Entscheidung.

Von dem Tag an, an dem die alliierten Invasionstruppen in der Normandie Fuß gefaßt hatten, war ihr erklärtes Kriegsziel die Einnahme von Berlin gewesen. Man wollte, wie es Eisenhowers Stabschef, Walter Bedell Smith, ausdrückte, „das Geschick Nazideutschlands durch die Eroberung der Reichshauptstadt besiegeln[2]". Doch plötzlich entzog General Eisenhower dieser fast mythisch gewordenen Forderung den Boden und revidierte das vom Gros der alliierten Streitkräfte für selbstverständlich gehaltene Ziel. In einem Telegramm an Stalin (29. März) brachte er zum Ausdruck, daß in seinen, Eisenhowers, Augen Berlin kein lohnendes Ziel mehr darstelle und daher von den Westalliierten ausgespart würde[3]. Eisenhower soll der Überzeugung gewesen sein, daß eine Operation der Westmächte in Richtung Berlin nur dazu bestimmt gewesen wäre, Schlagzeilen zu machen, daß der Reichshauptstadt aber keinerlei militärische Bedeutung mehr beizumessen sei. Über die politische Bedeutung verlor der General kein Wort.

Es ist hier nicht der Ort, über die Richtigkeit der Entscheidung, Berlin auszuklammern, Überlegungen anzustellen, nur so viel sei hier erwähnt, daß Eisenhowers Telegramm und die darin gemachten Äußerungen im Westen erregte Auseinandersetzungen entfachten, merkwürdigerweise aber auch bei Stalin keine reine Freude aufkommen ließen, da Stalin hinter diesem Telegramm allerlei dunkle Absichten vermutete. Er trachtete, ihnen dadurch zu begegnen, daß er den Sturm auf das von Eisenhower für nicht lohnend erachtete Ziel Berlin mit aller Macht fortsetzen ließ[4].

Bedell Smith stellte nach dem Krieg nochmals ganz entschieden in Abrede, daß Berlin aus irgendwelchen politischen Überlegungen heraus gemieden worden sei, weil etwa eine Vereinbarung mit den Russen dagegen gesprochen hätte[5]. Vielmehr habe man eine einfache Rechnung aufgestellt, daß nämlich nach einer Vereinigung mit den Russen irgendwo in Mitteldeutschland das deutsche Kriegsgebiet aufgespalten sein würde, wobei jedoch im Norden nur 50 Divisionen eingeschlossen wären, während im Südraum dann, einschließlich der deutschen Truppen in Italien, 100 Divisionen stünden, darunter das Gros der Panzer- und der SS-Verbände[6].

Freilich ergab sich aus einer Schwerpunktverlagerung nach Süden auch ein gewisser Vorteil: Man vermied den für Berlin sicherlich sehr beträchtlichen Kräfteeinsatz, und die angloamerikanischen Verbände erhielten beim Aussparen der Reichshauptstadt die Chance, ohne hohe Verluste und ohne zeitlichen Verzug Positionen in Mitteldeutschland, in der Tschechoslowakei und in Österreich zu erreichen[7]. Es hing also nur von den weiteren strategischen Entscheidungen ab, welche Vorteile der Verzicht auf Berlin bringen konnte.

Eisenhowers Entschluß zielte aber, wie sich kurz darauf zeigen sollte, nicht in diese Richtung, sondern wurde von der Befürchtung diktiert, daß es den im Südraum aus allen Himmelsrichtungen zusammengedrängten deutschen Armeen gelingen könnte, die in ihrer Existenz damals zwar nicht nachgewiesene, aber doch im Bereich des Möglichen liegende „Alpenfestung" zu beziehen. Das sollte natürlich verhindert werden.

Es blieb zwar noch die Möglichkeit, ein solches Reduit, sollte es tatsächlich vorhanden sein, auszusparen. Eisenhowers Chief of Intelligence, Kenneth W. D. Strong, sprach sich jedoch dagegen aus und meinte, daß durch eine „ungeknackte Alpenfestung" der Mythos entstehen könnte, der Nationalsozialismus und die deutsche Nation hätten niemals kapituliert[8]. Dieser Auffassung wurde entscheidende Bedeutung zugemessen und der Sturm auf die „Alpenfestung" begonnen.

DIE „ALPENFESTUNG"

Bei jeglicher Erörterung der letzten Wochen des Zweiten Weltkrieges taucht irgendwann einmal das Wort von der „Alpenfestung" auf. Um diese Thematik ranken sich Legenden, es wurden völlig unsinnige Darstellungen gegeben, und immer wieder erhebt sich die Frage, worum es sich nun wirklich gehandelt habe. War es ein großangelegter Bluff oder Realität? War die „Alpenfestung" eine Erfindung der Alliierten oder das letzte strenggehütete deutsche Geheimnis[9]?

Vor allem von amerikanischer Seite war man bestrebt, endgültig Klarheit zu gewinnen, da ja die Amerikaner diejenigen waren, die außerordentlich weittragende operative Entscheidungen mit dem Vorhandensein der „Alpenfestung" motiviert hatten. Dabei dürfte anfangs die stille Hoffnung Pate gestanden haben, daß sich die „Alpenfestung" als Realität bestätigen würde und es womöglich zu spektakulären Enthüllungen käme, denn schließlich hatte man sich hier nicht nur gegenüber den eigenen Alliierten, sondern auch in den Augen der Weltöffentlichkeit gehörig exponiert.

Nach dem 8. Mai 1945 stellten daher die Amerikaner allen hohen deutschen Offizieren und Parteifunktionären, die nur irgendwie mit der Kriegführung im Alpengebiet zu tun gehabt hatten, eine ganze Reihe von Fragen: Ob sie von der Existenz einer „Alpenfestung" Kenntnis gehabt hätten, wie diese Festung hätte aussehen sollen, welche baulichen Maßnahmen getroffen worden waren, ob es unterirdische Anlagen gegeben und wie man sich die Bevorratung gedacht habe, und schließlich, wie man die Verteidigungsfähigkeit der Festung beurteilte[10].

Die Antworten waren fast durchwegs negativ. Bekannt sei das Projekt erst im April und Mai 1945 geworden, ohne daß aber tatsächlich konkrete Vorbereitungen bestanden hätten. Und die Verteidigungsfähigkeit sei praktisch Null gewesen, wenngleich nicht ausgeschlossen wurde, daß bei einem rechtzeitigen Ausbau und bei Durchführung der für den Kampf in einer Festung nötigen Maßnahmen die Führung eines Verteidigungskampfes durch einige Zeit mit einer gewissen Erfolgsaussicht für möglich gehalten wurde. Daß die „Alpenfestung" aber zum Ausgangspunkt für eine großangelegte Offensive zur Wiedergewinnung des Deutschen Reiches hätte gemacht werden können, das wurde strikt verneint. Wie auch!

Genauso wie über Existenz und Wert wurde und wird darüber diskutiert, wie weit die „Alpenfestung" in ihrer Konzeption zurückzuverfolgen ist und welcher Begriff für sie authentisch ist. Tatsächlich hatte sie mehrere Wurzeln. Sie wurde als „Alpenfestung", „Festung Alpen", „Festung Alpenland", „National Reduit" und auch noch anders bezeichnet — und jede Bezeichnung kam irgendwann einmal vor — und hatte begrifflich wohl zwei Wurzeln[11].

Die eine, bisher wenig beachtete Wurzel, reicht in die Phase des industriellen Aufbaus des Dritten Reiches zurück. Diesem Auf- und Ausbau standen nicht zuletzt volkswirtschaftliche und soziale Gesichtspunkte Pate, da die Großstädte aufgelockert werden sollten und gerade für die Bearbeitungs- und Feinindustrie neue Standorte in bis dahin nicht-industrialisierten Räumen gesucht wurden. Bald begannen sich militärische Begriffe in wirtschaftlichen Bereichen breitzumachen, die gewiß zum einen Ausdruck des latenten Militarismus im Dritten Reich, zum anderen aber reine Schlagworte waren. 1935 wurde erstmals von der „Industriefestung Ostpreußen" gesprochen, ganz allgemein begann die „Erzeugungsschlacht", und obwohl schließlich die Benützung von militärischen Begriffen für wirtschaftliche Belange verboten wurde, blieben einige dieser Schlagworte unausrottbar. Nach dem Anschluß Österreichs wurde daher auch die Neuplanung des industriellen Aufbaues unter das Schlagwort von der „Industriefestung Alpenland" gestellt. Da der Neuaufbau und der Ausbau der Industrie in Österreich aber schon sehr deutlich im Schatten des Krieges und nach dessen Ausbruch begannen, wurden bei der Wahl der Standorte gerade für die Finalindustrie Gebiete gesucht, die auch einen zumindest relativen Luftschutz boten. Auch die sichere Lagerung von Material und Fertigfabrikaten wurde dabei im Auge behalten. Soweit die neuen Anlagen in das Alpengebiet verlegt werden sollten, wurden langwierige Bodenuntersuchungen nötig, um die tektonische Gefährdung auf ein Minimum abzusenken. Das alles geschah jedoch so spät, daß sich die deutsche Industrie der bereits benützbaren Anlagen im Harz, in Thüringen, Sachsen und einigen Teilen Süddeutschlands, häufig unter Benützung alter Bergwerksstollen, bediente und nur mehr mit kleinen Teilen in das Alpengebiet auswich. Obwohl also die „Industriefestung Alpenland" nicht mehr den ihr zugedachten Charakter erhielt, behauptete sich das Schlagwort.

Die zweite begriffliche Wurzel der Alpenfestung hatte ihr Ende in der Schweiz. Dort war als logischer Abschluß einer langfristigen Entwicklung 1940 das Schweizerische „Reduit" gebildet worden, das sich an die hochalpinen Regionen der Schweiz anlehnte[12]. Auch dafür existierten mehrere Begriffe wie „Festung Alpen", „Alpenstellung", „Zentralraumstellung" etc. Die Planung lief darauf hinaus, der Schweiz im Falle eines deutschen Angriffes ein staatliches Überleben zu sichern. Das Schweizerische Reduit wurde so nicht nur zum Vorbild für den Selbstbehauptungswillen eines kleinen Landes, sondern auch dafür, wie mit entsprechend gründlicher Vorbereitung gerade in einer für den Bewegungskrieg extrem ungünstigen Region glaubhafte Verteidigungsvorbereitungen getroffen werden konnten. Das Reduit der Schweiz wurde zum Typus und suchte seine Nachahmer.

Die „Alpenfestung" hatte aber zumindest noch eine weitere Wurzel, und zwar eine tirolische. Der Gauleiter von Tirol-Vorarlberg, Franz Hofer, und wohl auch weite Kreise der Bevölkerung hatten keine besondere Hochachtung vor dem mit dem Deutschen Reich verbündeten Italien. Dabei spielten noch ältere Ressentiments eine Rolle als jene, die im Krieg gegen Italien 1915—1918 ihren Ursprung hatten. Und diese Ressentiments wie das Mißtrauen in die Bündnistreue des Apenninenstaates führten schon längere Zeit von dem Kriegsaustritt Italiens im Sommer 1943 dazu, daß Vorbereitungen getroffen wurden. In Tirol wurden von der Gauleitung größere „schwarze" Bestände an Infanterie- und Artilleriemunition eingelagert, um vor allem die im „Standschützenverband" zusammengefaßten Tiroler Schützen-Kompanien ausstatten zu können[13]. Es wurde aber auch schon angeregt, die Befestigungen der k. u. k. Armee zu reaktivieren, was in Berlin zunächst glattwegs abgelehnt wurde. Doch bald darauf war es so weit.

Als ein Ergebnis der militärischen und politischen Niederlagen des Sommers und Herbstes 1943 ging Adolf Hitler zur starren Verteidigung über, deren propagandistische Auswirkung im Schlagwort von der „Festung Europa" gipfelte. Der Großraum Europa sollte durch fanatischen Widerstand so lange als Menschen- und Rohstoffbasis gesichert werden, bis es wieder gelänge, die Initiative im Krieg zurückzugewinnen.

Damit war aber zum erstenmal einem riesigen Gebiet Festungscharakter zugesprochen worden. Die logische Konsequenz davon war, daß man diese Festung auszubauen begann. In Rußland sollte der „Ostwall" entstehen, nur durchbrachen ihn die sowjetischen Armeen, noch ehe er fertiggestellt war, und im Westen wurde mit dem Bau des „Atlantikwalls" begonnen. In Italien schließlich ging die Auseinandersetzung zunächst darum, ob den am 3. September 1943 auf das Festland übergewechselten Anglo-Amerikanern schon in Süditalien, oder ob, wie es Generalfeldmarschall Erwin Rommel, offenbar im Einklang mit seinen Erfahrungen beim Deutschen Alpenkorps des Ersten Weltkrieges, wollte, der entscheidende Widerstand erst in den Alpen einsetzen sollte. Der „Festung Europa" konnte man freilich nur dann gerecht werden, wenn bereits in Kalabrien Front gemacht wurde. Und so geschah es auch.

Doch eine Bastion der Festung nach der anderen mußte aufgegeben werden. Im Osten wurde schließlich mit dem Beginn des Baues der „Reichsschutzstellung" im September 1944 der Hinweis gegeben, daß es nun um das Reich selbst ginge. Die „Festung Deutschland" entstand. Mittlerweile war nach der Landung der Alliierten in der Normandie auch der Atlantikwall zusammengebrochen. Zu dieser Zeit begannen die Überlegungen, wo es bei der immer rascher fortschreitenden Einengung des Kampfraumes der Deutschen Wehrmacht wohl zur letzten Festung kommen würde.

Man stellte in Rechnung, daß gemäß der „Unconditional Surrender"-Formel der Alliierten und Hitlers Äußerungen vom Durchhalten bis zum letzten ein Verzweiflungskampf unvermeidlich sein würde.

Es war daher durchaus nicht verwunderlich, daß in der Schweizer Presse zuerst die Überlegung auftauchte, der Alpenraum würde die letzte Festung sein, denn für die Schweizer Beobachter boten sich die Alpen als natürliches Rückzugsgebiet geradezu an.

Aus den Schweizer Zeitungen konnte man ab Juli 1944 entnehmen, daß sich die Öffentlichkeit in der Schweiz ebenso wie einige Kreise der Alliierten in zunehmendem Maße mit dem Gedanken einer deutschen „Alpenfestung" auseinanderzusetzen begannen. Man konnte sogar auf Grund der Zeitungsmeldungen von einer gewissen „Reduit-Psychose" sprechen. Schließlich ergab sich aus einem Gespräch, das ein

Verbindungsmann des deutschen Sicherheitsdienstes (SD) in Bern mit Vertretern der Botschaften der USA und Großbritanniens führte, daß in diesen Ländern bereits konkrete Vorstellungen herrschten, ja sogar genaue Angaben gemacht wurden, wie dieses letzte deutsche Bollwerk aussehen würde und welche Folgen sich aus seinem Vorhandensein für die alliierte Kriegsführung ergeben würden. Es hieß, der Krieg würde um beträchtliche Zeit verlängert; man müßte diesen Raum beim Vorgehen aus dem Westen wie aus dem Osten zunächst aussparen; wenn das Reduit je gestürmt werden müßte, so würde das sehr hohe Opfer an Menschen und Material fordern. Außerdem sei es möglich, daß sich in dieser Zeit die bestehenden Differenzen unter den Alliierten verschärfen würden und somit für einen endgültigen Sieg gewisse Zweifel bestünden[14].

Der Bericht des SD-Verbindungsmannes, der diese Angaben enthielt, wurde über die SD-Außenstelle Bregenz an das Amt VI (Ausland-Nachrichten) des Reichssicherheitshauptamtes weitergeleitet. Eine Durchschrift wanderte jedoch auf den Tisch des Gauleiters von Tirol-Vorarlberg, Franz Hofer, und rief ziemliche Verblüffung hervor, denn als Reichsverteidigungskommissar wußte er, daß keinerlei Vorbereitungen in der angedeuteten Richtung getroffen worden waren[15].

Hofer kannte die Verteidigungsmaßnahmen nur zu gut und war außerdem als „Oberster Kommissar der Operationszone Alpenvorland" für einen Großteil der baulichen Sicherungsmaßnahmen im Alpenraum verantwortlich. Was auf diesem Sektor geschehen war, ließ sich rasch zusammenfassen. Bereits 1943 war auf Veranlassung des damaligen deutschen Oberbefehlshabers in Italien, Generalfeldmarschall Erwin Rommel, die sogenannte „Voralpenstellung" erkundet und in Anlehnung an die bereits vorhandenen Befestigungsanlagen zu bauen begonnen worden[16]. Sie verlief von der Südostecke der Schweiz über das Nordende des Gardasees, durch die Trientiner Alpen, nördlich an Belluno vorbei auf die Julischen Alpen und von dort nach Süden über Tolmin (Tolmein) und Gorizia (Görz) nach Monfalcone, entlang der ehemaligen österreichisch-ungarischen Stellungen aus dem Ersten Weltkrieg.

Da der Bau dieser 400 km langen Stellung, gegen deren Linienführung von seiten des Wehrmachtsführungsstabes immer wieder Einwendungen gemacht wurden, nicht recht vorankam, richtete Gauleiter Hofer in den ersten Julitagen des Jahres 1944 ein Fernschreiben über die Lage des gesamten Stellungsbaues in den Alpen an Hitler. Kurz nach dem Attentat auf Hitler hatte Hofer auch Gelegenheit, zu dem ganzen Fragenkomplex mündlich Stellung zu nehmen. Daraufhin gab Hitler am 26. Juli 1944 den Befehl zum Ausbau eines rückwärtigen Stellungssystems in Norditalien, und zwar:

1. der bereits erkundeten Voralpenstellung,
2. der anschließenden Karststellung (Tschitschen-Boden),
3. einer Riegelstellung von Ala zum Golf von Venedig und von Belluno ebendorthin.

Den Ausbau dieser Stellungen sollten die Obersten Kommissare der „Operationszone Alpenvorland", Gauleiter Hofer, und der Operationszone „Adriatisches Küstenland", Gauleiter Rainer, leiten. Darüber hinaus sollte getrachtet werden, möglichst viele weitere Riegelstellungen zu bauen, um dem Feind das Vordringen in das Becken von Udine zu erschweren.

Am 8. August 1944 schlug Hofer dem Oberbefehlshaber in Italien, Generalfeldmarschall Albert Kesselring, vor, den Etsch-Riegel und die Voralpenstellung kurzfristig fertigzustellen, um dann mit dem Bau der eigentlichen Alpenstellung zu beginnen. Kesselring lehnte dies ab. Hofer wandte sich daraufhin an das Führerhauptquartier und beantragte die Rückverlegung der Voralpenstellung auf die Linie Stilfser Joch — Limone, was von Hitler genehmigt wurde.

Des weiteren gab es die bereits skizzierten Anstrengungen, die „Grenzstellung" mit dem allgemeinen Verlauf Bregenz — Feldkirch — Grenze gegen Liechtenstein — Grenze gegen die Schweiz bis zum Reschenpaß — italienische Grenze bis zur L'Altissima und von hier unter Ausnützung der österreichisch-ungarischen Stellungen aus dem Ersten Weltkrieg zum Col Quaterna auszubauen[17].

Da aber bis zum Herbst 1944 nur in Italien an Stellungen gebaut worden war, die sich für die Verteidigung des Alpenraumes eigneten, mußte sich Hofer fragen, wie man in der Schweiz und in den USA dazu kam, detaillierte Angaben über eine „Alpenfestung" zu machen. Die Idee hatte aber in Hofers Augen etwas Bestechendes, und er wartete gespannt die Reaktion aus dem Führerhauptquartier ab. — Nichts geschah! — Hofer seinerseits zögerte, eine Erwähnung der Gerüchte um die „Alpenfestung" zu tun, da der SS-Sturmbannführer Christian Gontard von der SD-Außenstelle Bregenz durchaus nicht befugt gewesen war, vertrauliche Meldungen an den Gauleiter weiterzugeben. Als aber immer neue Berichte aus der Schweiz eintrafen, die das zu bestätigen schienen, was Gontard mit „Reduit-Psychose" bezeichnet hatte, sandte Hofer am 6. November 1944 ein Memorandum an Bormann, mit der Bitte, es unverzüglich Hitler vorzulegen. Darin führte er unter anderem aus[18]:

„Meine dringende Bitte ist, sofort zu befehlen, daß eine ‚Alpenfestung' im Sinne des aus der Schweiz eingelangten Berichtes über ein ‚Alpenreduit' mit dem Einsatz aller Mittel raschest errichtet und entsprechend versorgt wird. Sieht der Bericht die militärische Entwicklung für das Jahr 1945 richtig, so wird die Schaffung einer ‚Alpenfestung' nicht nur zu einer militärischen Notwendigkeit, sondern stellt wohl eine einzigartige Möglichkeit dar, um bei geschickter und rascher Auswertung überhaupt noch in ein diplomatisches Gespräch zu kommen.

Sieht der Bericht die militärische Entwicklung aber falsch, so wird die Schaffung einer ‚Alpenfestung' und ihrer unterirdischen Fabrikationsstätten, Material- und Lebensmittellager, vor allem aber das Gefühl, ‚noch immer ein Eisen im Feuer zu haben', sich zweifellos für die Weiterführung des Kampfes nur günstig auswirken.

Umfassende Befehle und Vollmachten sind aber nötig, um bei den Schwierigkeiten eines sechsten Kriegsjahres und in der kurzen noch zur Verfügung stehenden Zeit die Errichtung einer ‚Alpenfestung' in einer derartigen Form vorwärts zu treiben, daß sie auch tatsächlich für den Gegner sichtbar zu dem von ihm befürchteten Bollwerk in den Alpen wird, von dem es in der USA-Meldung heißt, daß

— dessen Niederkämpfung sechs bis acht Monate länger brauchen würde als die der übrigen Gebiete und

— ein Mehrfaches an Toten und Verwundeten verursachen würde, die der bisherige Kampf in Europa die Amerikaner gekostet hat, so daß

— kein Oberbefehlshaber der amerikanischen Truppen in Europa angesichts der zu erwartenden unverhältnismäßig großen Verluste den Kampf um das ‚Alpenreduit' verantworten, sondern diesen kleinen Raum ‚aussparen' würde, sodaß dann — dieser Raum die Möglichkeit eines Abwartens bis zu zwei Jahren bietet.

Nur dann kann der erhoffte Erfolg eintreten. Halbe Maßnahmen aber würden den Verlust des ganzen Aufwandes an Material, Arbeitskraft und Geld bedeuten, denn der Gegner würde sich dann nicht nur zu keinem Gespräch bereitfinden, sondern es würde auch im Ernstfall eine derartige Anlage wertlos sein.

Ich bitte daher um:

1. Befehl über den sofortigen Bau einer ‚Alpenfestung' im Norden mit Anschlußstücken zur ‚Alpenstellung' im Süden.
2. Erklärung des Alpenraumes als ‚Sperrgebiet':
   a. um weiteren Zugang von Dienststellen und Flüchtlingen zu verhindern,
   b. um bereits dorthin evakuierte Dienststellen und Flüchtlinge an Nachbargebiete abgeben zu können. (Für diese Aufnahmepflicht erklären.)
3. Bevorratung des Alpenraumes mit Lebensmitteln und lebenswichtigen Gütern auf lange Zeit (großzügigst und zweckentsprechend).
4. Sicherungen des nötigen Rüstungspotentials durch Anlieferung von Maschinenparks und weitschauende, reichliche Bevorratung mit Rohmaterialien und Halbfabrikaten.
5. Errichtung größtmöglicher Waffen- und Munitionslager sowie Lagerung anderer für die Aufgabenstellung wichtiger Fertigfabrikate.
6. Verlegung von 30.000 amerikanischen und britischen Kriegsgefangenen in den Alpenraum (möglichst nur Offiziere).
7. Einheitliche Befehlsgewalt und Vertretungsbefugnis des Führers auf allen Gebieten:
   a. zum Aufbau und der Ausstattung der ‚Alpenfestung',
   b. für den Fall der Abtrennung vom übrigen Raum.
8. Abberufung des Reichsaußenministers von Ribbentrop, um dadurch die Vorbedingungen für ein rasch zu beginnendes diplomatisches Gespräch zu schaffen.
9. Rücknahme der Süd-Armee auf die ‚Alpenfestung' im Süden:
   a. um Gefährdung der deutschen Truppen in Italien durch Feindlandungen im Rücken der Front sowie ein langsames Aufreiben der Truppe in der Po-Ebene zu vermeiden,
   b. um Truppeneinsparungen zum Zwecke der Bildung von Kampfreserven zu erzielen,
   c. um Nachschubverkürzungen und damit Freimachen von Kräften zu erreichen,
   d. um Verfeinerung der ‚Alpenstellung' im Süden, die schon weitgehend fertig gebaut ist, zweckmäßigerweise durch die Kampftruppe selbst vornehmen zu lassen,
   e. um Baukapazität durch Freiwerden des großen Maschinenparks und eines Großteils der 75.000 Arbeiter für die ‚Alpenstellung' im Norden zu gewinnen,
   f. um Sicherung der ‚Alpenstellung' im Süden vor Partisanen zu erreichen, die derzeit versuchen, nach Norden in die Berge auszuweichen und damit in mein Gebiet einzudringen,
   g. um Partisanenfrage von unserer Truppe auf Anglo-Amerikaner zu überbürden, und

h. um Verhandlungsbasis durch Räumung des altitalienischen Gebietes und Beschränkung auf das seit Jahrhunderten tirolische Gebiet, das bis 1918 noch bei Österreich war, zu entlasten."

Doch Bormann hielt die „Führervorlage" zurück. Aus welchen Gründen, ist freilich nicht ersichtlich. Wohl kaum deshalb, weil er nicht mehr an die Realisierbarkeit des Projektes glaubte. Bis Jahresende 1944 kann vielleicht die Ardennen-Offensive ins Gewicht gefallen sein, da in ihr alle Anstrengungen und Hoffnungen mündeten. Doch auch dann blieb Hofers Memorandum liegen, wiewohl er zuerst alle zwei Wochen und mit Beginn des Jahres 1945 wöchentlich eine Erledigung urgierte.

Im Januar 1945 stellte schließlich General der Artillerie Friedrich von Boetticher im Oberkommando der Wehrmacht einen Bericht über die von ihm in der Schweizer und amerikanischen Presse beobachteten Meldungen über das Reduitproblem in den Alpen zusammen. Auf Grund dieser Zusammenstellung wurde im Februar im OKW eine Ausarbeitung über die „Alpenfestung" gemacht und Generaloberst Jodl übergeben[19]. Doch auch dieser legte das Projekt nicht Hitler vor, da er noch hoffte, daß es gelingen würde, entlang des Rheins eine feste Front aufzubauen. Erst als amerikanische Truppen bei Remagen den Rhein überschritten hatten, legte Jodl den Bericht Boettichers und die Ausarbeitung des Wehrmachtführungsstabes vor. Jetzt sah sich auch Bormann veranlaßt, den Bericht über die Vorschläge Hofers zu unterbreiten. Und am 9. April erhielt Hofer die Weisung, nach Berlin zu kommen, um zur Frage der „Alpenfestung" mündlich Stellung zu nehmen[20].

Hatte man im Sommer 1944 in der Schweiz bei einer noch einigermaßen realen Einschätzung der deutschen Möglichkeiten eine Reduitbildung als gegeben angesehen, und gab es auch noch im Spätherbst 1944 eine geringe Chance zur Realisierung eines Teiles des Projektes, so besprach man im April 1945 nur mehr eine Illusion.

Zwar war auf dem Stellungssektor noch einiges gebaut und anderes geplant worden. Doch fiel das überhaupt noch ins Gewicht? — Im Januar und Februar 1945 waren die Voralpenstellung, der Etsch- und der Opante-Riegel von der Wehrmacht in fertigem Zustand übernommen worden. Auch die „Alpenstellung" westlich des Gardasees, die sogenannte „Hoferstellung", war in einen verteidigungsfähigen Zustand versetzt worden. Schließlich war man mit der Erkundung der „Grenzstellung" im Süden so weit gekommen, daß mit der Auspflockung der geplanten Anlagen begonnen werden konnte. Im winterlichen Hochgebirge war an den Beginn von Bauarbeiten freilich nicht zu denken. Die Stellungen im Süden fanden schließlich ihre Fortsetzung im westlichen Abschnitt der „Grenzstellung", der an die „Schwaben"- oder „Alemannenstellung" anschließen sollte. Über Weisung Hofers war man im Januar darangegangen, in Vorarlberg mit den Bauarbeiten zu beginnen. Zwar wurden 2.000 Zivilarbeiter unter der Leitung der „Organisation Todt" eingesetzt, von der Fertigstellung war man allerdings auch hier noch weit entfernt[21]. Im Süden wie im Westen gab es somit wenigstens deutliche Anzeichen für Stellungsbauten. Nach Norden hin war allerdings noch überhaupt nichts geschehen.

Erst am 2. April 1945 erging an den Höheren Pionierführer 14, Generalmajor Marcinkiewicz, der Befehl, an der Nordgrenze von Tirol und Vorarlberg sämtliche Straßen, Wege und Pässe gegen Panzer zu sperren, und an dem Tag, da Hofer nach Berlin befohlen wurde, begann der Sperrenbau. Hier wurde nun das Dilemma vollends offenbar: Da bis dahin kein Befehl zum Ausbau der Alpenfestung ausgegeben worden war, verzichtete Hofer praktisch auf ein größeres Projekt und setzte alles daran, seinen Gau nach Norden zu sichern. Nicht genug damit, stellte er sogar in Rechnung, daß die Russen, die bis zu diesem Zeitpunkt schon westlich von Wien und in der Steiermark standen, eher noch als die Amerikaner nach Tirol kommen würden. Daher hatte General Marcinkiewicz in seinen Sperrplan auch die Ostgrenze Tirols einzubeziehen[22]. Es ging Hofer also gar nicht mehr um die „Alpenfestung", sondern nur noch um „seinen" Gau.

In diesem Zusammenhang kommt auch noch eine andere Überlegung zum Tragen. Was Hofer mit seiner Führervorlage bezweckte, war, eine „Alpenfestung" sichtbar zu machen. Er wollte sie ja gar nicht verteidigt wissen, vielmehr sollte sie ein letztes „Eisen im Feuer" sein, um zu Verhandlungen mit den Westalliierten zu kommen. Hofer wollte, im Gegensatz etwa zu Goebbels, der die „Alpenfestung" dann lediglich propagandistisch einzusetzen bemüht war, durchaus keinen Bluff. Und er mußte sich im April sagen, daß es keinerlei Chance der Verwirklichung mehr gab. Weshalb er Hitler gegenüber dann am 11. und 12. April keine Erwähnung davon tat, daß er an die „Alpenfestung" nicht mehr glaubte, wird nur so zu erklären sein, daß er sich nicht der folgenschweren Beschuldigung des Defätismus aussetzen wollte, zumal er auch darüber Bescheid wußte, daß in der Schweiz deutsche Vertreter mit den Alliierten über eine Teilkapitulation der deutschen Heeresgruppe in Italien verhandelten. Ja, Hofer ging noch weiter und machte bei Keitel, Jodl und Kaltenbrunner Stimmung für die „Alpenfestung", damit der Vorschlag von dieser Seite her Unterstützung fände[23].

Am 12. April 1945 willigte Hitler in die Erkundung und den Ausbau der „Kernfestung Alpen" ein. Jetzt konnte zum erstenmal offen und mit einigermaßen Berechtigung von dem Vorhaben gesprochen werden, nachdem man sich vor allem in Tirol schon einige Zeit hindurch in dunklen Andeutungen ergangen war. Der Innsbrucker wie der Kitzbüheler Kreisleiter hatten zum Beispiel im Auftrag Hofers Stellungserkundungen durchführen lassen[24]. Jetzt also konnte man offen darüber reden. Zu mehr reichte die Zeit nicht mehr aus.

Am 14. April 1945 ging dem Oberbefehlshaber Südwest, Generaloberst Heinrich Gottfried von Vietinghoff-Scheel, eine Orientierung zu, wonach er vorbereitende Maßnahmen zur Bildung der „Alpenfestung" zu treffen hatte[25], und am 28. April, zwei Tage vor dem Selbstmord Hitlers, kam schließlich der Erkundungs- und Ausbaubefehl für die „Kernfestung Alpen" heraus[26]. Ihre Begrenzung wurde folgendermaßen angegeben: Füssen, Allgäuer Alpen, Valluga, Arlberg, Nauders, Stilfser Joch, Ortler, Adamello, nördlich Gardasee, Feltre, Karfreit, Karawanken, Unterdrauburg, „Gunther"-Stellung, Leoben, Dürrenstein, Waidhofen a. d. Ybbs, Steyr, Brückenkopf Salzburg, Tegernsee, Murnau. Zum Schutz der Industrieanlagen von Linz und Steyr sollte eine Vorstellung in der Linie Dürrenstein, Amstetten, Donau bis westlich Linz, Hausruck ausgebaut werden. Einen besonderen Ausbau als Stützpunkte sollten die Räume Berchtesgaden, Salzburg, Innsbruck, Bozen, Villach und Spittal erfahren. Für die zivile Leitung der Bauarbeiten war Gauleiter Hofer vorgesehen.

Das zur „Alpenfestung" deklarierte Gebiet sollte so befestigt und mit Munition und Verpflegung ausgestattet werden, daß es die Verbände des Oberbefehlshabers (OB) Südost (Heeresgruppe E), OB Südwest (Heeresgruppe C) und OB West (wohl nur die Heeresgruppe G) aufnehmen konnte.

Zu dem Zeitpunkt, da dieser „Führerbefehl" herausgegeben wurde, war nicht nur die Realisierung der „Alpenfestung" illusorisch geworden, es glaubte auch niemand mehr an sie, am allerwenigsten Hitler selbst, der es ablehnte, nach dem Süden zu gehen und völlig resigniert äußerte: ". . . Eines weiß ich: Es ist völlig zwecklos, im Süden zu sitzen, weil ich dort keinen Einfluß und keine Armee habe. Ich wäre dort nur mit meinem Stab. Einen süddeutsch-ostmärkischen Gebirgsblock könnte ich nur halten, wenn auch Italien als Kriegsschauplatz behauptet werden könnte. Aber auch dort herrscht ein völliger Defätismus bei der Führung, die von oben herunter zerfressen ist[27]. . ."

Die Alliierten sowie neutrale Schweizer Stellen hatten sich wesentlich intensiver mit der Möglichkeit der „Alpenfestung" auseinandergesetzt, als es deutsche Politiker und Militärs taten. Einen absoluten Höhepunkt übertriebener und unseriöser Informationen stellte aber der Bericht des G 2-(= Feindlage-)Offiziers der amerikanischen 7. Armee, Oberst William W. Quinn, vom 25. März 1945 dar[28]. Er äußerte die Überzeugung, daß Hitler erwiesenermaßen den Bau einer „Alpenfestung" befohlen habe. Wie diese ausschauen sollte, glaubte Quinn auf Grund seiner nachrichtendienstlichen Unterlagen folgendermaßen darstellen zu können: Himmler habe für die Verteidigung 80 Eliteeinheiten von jeweils 1.000 bis 4.000 Mann vorbereitet. Eine unterirdische Fabrik sei in der Lage, komplette Messerschmitt-Flugzeuge zu produzieren. Himmler trachte, die besten Waffen, über die Deutschland verfüge, in das Reduit zu bringen; so seien Züge der Škoda-Werke mit ganz neuen Geschützen gesehen worden. Die Streitkräfte, die die Alpenfestung schließlich verteidigen würden, sollten 200.000 bis 300.000 erprobte SS-Soldaten und ausgebildete Gebirgtruppen umfassen, die sich bis zum letzten Mann fanatisch verteidigen würden. — Auf einer beigelegten Karte wurden auch die möglichen Verteidigungslinien vor der Festung sowie die endgültige Verteidigungslinie von Feldkirch bis Bad Aussee eingezeichnet. — Im Alliierten Hauptquartier war man allerdings so vorsichtig, dem Bericht Quinns nicht vorbehaltlos zuzustimmen[29].

Am 31. März 1945 äußerte der G 2-Offizier der alliierten 6. Armeegruppe, General Eugene L. Harrison, daß der rasche Fortgang der militärischen Operationen effektiv die personellen Voraussetzungen zerstört habe, die zur Bildung der „Alpenfestung" notwendig wären. Es sei auch kaum anzunehmen, daß sich die deutsche Führung freiwillig in den Alpenraum zurückzöge[30].

Welche Publizität die „Alpenfestung" aber bereits erfahren hatte, konnte man am besten daran ablesen, daß man in den USA für 3 $ ein 27 Seiten starkes Broschürchen kaufen konnte, das all die Schauergeschichten wiedergab, die damals kursierten. Aus dem Hauptquartier Eisenhowers wiederum wußte ein Korrespondent zu berichten, daß man dort erzähle, die „Alpenfestung" würde stärker sein als Monte Cassino. Für die Presse ergab sich aus all dem ein schier unerschöpfliches Thema[31].

Die Meinungen über die „Alpenfestung" gingen immer weiter auseinander. Daher fällte man im Alliierten Hauptquartier einen fast salomonischen Spruch: Wenn es sich auch herausstellen sollte, daß es tatsächlich keine „Alpenfestung" gab, dann wollte man doch kein Risiko eingehen und die militärischen Operationen so führen, daß es deutschen Truppen gar nicht möglich würde, sich in den Alpenraum zurückzuziehen. Den Raum einfach auszusparen, verbot wiederum die Überlegung, daß dann womöglich ein Mythos von „Im Felde unbesiegt" entstehen könnte[32].

Die schließlich nach dem 3. April 1945 im Einvernehmen mit dem Oberbefehlshaber der Alliierten in Italien, Feldmarschall Earl Alexander, getroffene Entscheidung sah vor, daß die in Süddeutschland operierende alliierte 6. Armeegruppe aus ihrem Vorstoß nach Osten gegen Süden einschwenken sollte, um den Alpenraum in ihre Operationen einzubeziehen[33].

Als General Devers, der Befehlshaber der 6. Armeegruppe, am 31. März seinen G 3-(Operationen-)Offizier zu einer Konferenz in das Hauptquartier der Alliierten Expeditionsstreitkräfte (SHAEF) entsandte, erfuhr dieser dort, daß die Absicht bestehe, den linken Flügel der Armeegruppe, die amerikanische 7. Armee (General Patch), bei Fortsetzung des Flankenschutzes für die nördlich der 6. Armeegruppe vorgehende 12. Armeegruppe, eine weiträumige Schwenkung machen zu lassen, um Nürnberg und Bamberg zu gewinnen und dann weiter in Richtung Südosten nach Linz vorzudringen. Zwei Tage später befahl Eisenhower der 6. Armeegruppe, mit diesem Einschwenken nach Süden so bald wie möglich zu beginnen[34].

Am 3. April las der G 3 des Alliierten Oberkommandos, General Bull, die seinerzeit von Oberst Quinn entwickelten Ansichten über die Alpenfestung und fand sie wiederum durchaus plausibel. Er schlug vor, die 6. Armeegruppe entlang ihrer ganzen Front, also nicht nur mit dem linken Flügel, nach Süden einschwenken zu lassen und so die österreichischen Alpen in die Operation einzubeziehen. Als der britische Feldmarschall Alexander, der die Alpen vom Süden her berannte, betonte, er würde eine solche Schwenkung begrüßen, billigte auch Eisenhower den Vorschlag von General Bull[35].

Der Nachrichtendienst des Alliierten Oberkommandos vertrat wiederum einige Tage später die Meinung, daß es doch keine „Alpenfestung" gäbe[36]. Dennoch blieb es bei der einmal getroffenen Entscheidung, die einmal mehr von der Überlegung bestimmt wurde, daß für einen eventuellen Endkampf nur ein Raum in Frage käme: die Alpen.

DER ZUSAMMENBRUCH DER DEUTSCHEN WESTFRONT

Wie Remagen den Zusammenbruch der deutschen Heeresgruppe B herbeiführte, so schien der Brückenkopf Oppenheim der Heeresgruppe G ein ähnliches Schicksal vorzubereiten. Der Krisenherd weitete sich immer mehr aus, und dadurch wurde der Einsatz aller überhaupt verfügbaren Kräfte der betroffenen deutschen Armeen und der von rückwärts herangebrachten Ersatzverbände notwendig. Der Oberbefehlshaber West, Generalfeldmarschall Kesselring, war dennoch der Auffassung, daß jeder Tag, der am Rhein gehalten würde, einen Gewinn für die deutsche Westfront darstellte, da er nur so die in einem bis dahin nicht gekannten Ausmaß desorganisierten und in ihrer Beweglichkeit fast auf den Nullpunkt gesunkenen Verbände wieder zum Halten zu bringen hoffe[37].

Da der alliierte Hauptangriff am rechten Flügel der Heeresgruppe G bei der deutschen 7. Armee (etwa im Abschnitt Gotha-Würzburg) erwartet wurde, kam es zu einer rücksichtslosen Schwächung des linken Flügels, also der 1. Armee (Würzburg-Heilbronn) und der 19. Armee (Heilbronn bis zur Schweizer Grenze[38]). Kesselring glaubte das in Kauf nehmen zu können, da dem linken Flügel nicht dieselbe operative Bedeutung beigemessen wurde wie dem rechten. Außerdem schien er durch den Rhein und den Westwall hinreichend geschützt. Das Schicksal Süddeutschlands und das der Masse der 1. und 19. Armee lag folglich in den Händen der deutschen 7. Armee, die der amerikanischen 7. Armee und Teilen der 3. US-Armee entgegentreten mußte. Die Mainfront brach jedoch trotz aller deutschen Anstrengungen in kürzester Zeit zusammen.

Am 4. April traf der neue Oberbefehlshaber der Heeresgruppe G, General der Infanterie Friedrich Schulz, von der Ostfront kommend und mit den Verhältnissen im Westen nicht vertraut, bei der Heeresgruppe ein und löste den bisherigen Oberbefehlshaber, den Oberstgruppenführer und Generaloberst der Waffen-SS, Paul Hausser, ab[39]. Die Lagebeurteilung der Heeresgruppe erbrachte folgendes Bild: Im Ruhrkessel war die Heeresgruppe B eingeschlossen und sah ihrer Vernichtung entgegen. Im mitteldeutschen Raum gingen starke alliierte Verbände nach Osten vor und hatten bereits Weser und Werra überschritten. Hier bestand praktisch keine Hoffnung mehr für den Aufbau einer geschlossenen Front.

In Süddeutschland hatte die alliierte 6. Armeegruppe den Raum südlich und südostwärts von Würzburg erreicht und ging weiter nach Südosten vor. Auch hier war deutscherseits jede offensive Kampfführung ausgeschlossen. Die Verbände waren total abgekämpft und alle Möglichkeiten zur Hebung der Kampfkraft bereits erschöpft. Nunmehr trat die alliierte 6. Armeegruppe auch am rechten Flügel der deutschen 19. und am linken Flügel der 1. Armee zum Angriff an. Zum erstenmal tauchten auch Verbände der 1. französischen Armee am Ostufer des Rheins auf, denen es schließlich in pausenlosen Angriffen gelang, die deutsche Front täglich um etliche Kilometer zurückzudrängen[40].

Die Heeresgruppe G legte besonderen Wert darauf, daß die Verbindung zwischen 1. und 19. Armee nicht abriß. Sie verstärkte daher den rechten Flügel der 19. Armee durch die Unterstellung zweier Divisionen (257. und 16. Infanterie-Division). Damit hatte die 19. Armee neben der Oberrheinfront auch eine Nordfront erhalten. Der Aufbau einer Nordfront schien deshalb so dringend, da es der 19. Armee schon damals klar war, daß ein Angriff zur Eroberung Südbadens nicht von Westen, sondern vielmehr von Norden nach Süden — entweder in der Rheinebene oder ostwärts des Schwarzwaldes — geführt werden würde. Daher schwächte man bewußt die Westfront[41].

General Schulz gab sich jedoch über die Abwehrkraft der 19. Armee keiner Illusionen hin, denn auch die Verteidigung nach Westen schien nur so lange möglich zu sein, als sich die vorwiegend aus Sicherungsverbänden bestehenden Teile dieser Armee an die Festungsanlagen des „Westwalls" halten konnten. Das mußte auch eine Zurücknahme der Front in den Schwarzwald als wenig aussichtsreich erscheinen lassen[42].

Die deutsche 19. Armee bestand Anfang April aus dem LXIV. und dem XVIII. SS-Armeekorps. Dazu kam das Armeeoberkommando (AOK) 24 unter dem Befehl von General der Infanterie, Hans Schmidt. Es handelte sich dabei aber nicht um ein echtes Armeeoberkommando, hinter dem einmal eine Armee gestanden war, sondern um den ehemaligen Erkundungsstab Donaueschingen, der aus Tarnungsgründen und zur Irreführung des alliierten Nachrichtendienstes in AOK 24 umbenannt worden war[43]. Die Aufstellung war beschlossen worden, als der deutsche Nachrichtendienst Anzeichen für einen alliierten Angriff über die Schweiz gegen den Raum zwischen dem Bodensee und dem Ostrand des Schwarzwaldes zu erkennen glaubte. Aber auch zu diesem Zeitpunkt hatte das AOK 24 keinen Kampfauftrag gehabt, sondern sollte nur entlang der Schweizer Grenze eine Abwehrstellung und mehrere Sperriegel erkunden und ausbauen. Ihm unterstanden einige Baukompanien und vier Erkundungsstäbe. Als die Befürchtungen bezüglich der Schweiz geschwunden waren, wurden Anfang März die Bauarbeiten wieder eingestellt, und das AOK 24 übernahm mit Zollgrenzschutzabteilungen die Überwachung der Schweizer Grenze von Basel bis zum Bodensee.

Vom 22. März bis zum 2. April kam es entlang der Front der 19. Armee zu keinen größeren Angriffshandlungen der Alliierten. Am 9. April abends wurde der Nordflügel verbreitert. Gleichzeitig wurde der Armee das LXXX. Armeekorps unterstellt, und erst damit traten überhaupt wieder kampfstarke Verbände zur 19. Armee. Die infanteristische Stärke des Korps betrug doch pro Division 2.000 bis 3.000 Mann, die auch durch Ausbildung und Kampfgeist den anderen Verbänden überlegen waren. Was war das aber gegenüber der alliierten Übermacht[44]!

Bald nachdem General Schulz den Oberbefehl über die Heeresgruppe G übernommen hatte, kam er zum selben Entschluß, dessentwegen sein Vorgänger, Generaloberst Hausser, abgelöst worden war: Die Heeresgruppe sollte die 7. Armee der direkten Kontrolle durch den Oberbefehlshaber West unterstellen und selbst nach Süden und Südosten zurückfallen. Bis zum 9. April erhielt General Schulz auf diesen Vorschlag keine Antwort, so lange, bis das XV. US-Korps Kontakt mit der amerikanischen 3. Armee bekommen hatte und auf diese Weise das deutsche LXXXII. Armeekorps vom nördlich davon stehenden Rest der 7. Armee abschnitt. Das Oberkommando der Wehrmacht zog die Konsequenz aus der veränderten Lage und befahl General Schulz, das abgeschnittene Korps der 1. Armee zu überlassen. Und obgleich das Oberkommando der Wehrmacht die Heeresgruppe noch nicht ermächtigt hatte, nach Süden und Südosten zurückzufallen, hatten die amerikanischen Angriffe die Masse der deutschen 1. Armee bereits in diese Richtung gezwungen. Am 11. April begannen das XV. und das XXI. US-Korps nach Bamberg und Nürnberg bzw. Ansbach vorzugehen, und zwei Tage später war der deutsche Widerstand bei Heilbronn und an der Jagst gebrochen. Es kam aber noch nicht zu einer vollständigen Südverlagerung der alliierten Streitkräfte, da der Oberbefehlshaber der 6. Armeegruppe, General Devers, seine Streitmacht nicht für schlagkräftig genug hielt[45].

Die von Generalfeldmarschall Kesselring angestrebte Konsolidierung der deutschen Front wollte nicht mehr gelingen. Die oftmaligen und weitgehenden Änderungen der Befehlsverhältnisse blieben ohne Auswirkung auf die Kampfkraft. Mit der Verlegung seines Hauptquartiers aus Mitteldeutschland nach dem Süden (10. April[46]) zeigte Kesselring schließlich an, daß es keine einheitliche Westfront mehr gab und der Oberbefehlshaber West sich viel mehr auf einen Endkampf im süddeutschen Raum vorbereitete. Er übertrug der Heeresgruppe G wieder ausdrücklich den am Vortag de facto hinfällig gewordenen Befehl über die deutsche 7. Armee und unterstellte sich selbst die 19. Armee, da er im Gegensatz zur Auffassung des Stabes der Heeresgruppe der Meinung war, daß gerade der Zusammenhang zwischen

1. und 7. Armee wiederhergestellt werden müsse. Dies umso mehr, als die Ereignisse am rechten Flügel der Heeresgruppe eine baldige Zusammenarbeit mit den Heeresgruppen der Ostfront, also den Heeresgruppen Mitte und Süd, erwarten ließen. Um diese sicherzustellen, befahl Kesselring die Verlegung des Hauptquartiers der Heeresgruppe genau in den Knick von 1. und 7. Armee, und zwar in den Raum Cheb (Eger) — Karlovy Vary (Karlsbad[47]).

Sobald jedoch an einem Frontabschnitt Maßnahmen in die Wege geleitet wurden, die ein weiteres Zerbröckeln verhindern sollten, riß an anderer Stelle ein Loch auf. Kaum war versucht worden, den rechten Flügel der 1. Armee vor einem drohenden Umfassungsangriff durch die Zuführung der 2. Panzer-Division und der 17. SS-Panzergrenadier-Division nordwestlich von Bamberg zu stärken, kam es am linken Flügel der 1. Armee zu einer Krise[48]. Französische Kräfte, die bei Karlsruhe und südlich davon über den Rhein geführt worden waren, begannen um den 13. April nach Süden anzugreifen, um so die Abwehrfront der 19. Armee von der Flanke aufzurollen und Südbaden zu erobern. Die Heeresgruppe G hatte keine Reserven, um dem zunächst am meisten gefährdeten rechten Flügel der 1. Armee (XIII. Armeekorps) ein Halten zu ermöglichen, und beantragte die Zuführung der 198. Infanterie-Division von der 19. Armee. Am 18. April wurde diesem Antrag von Feldmarschall Kesselring stattgegeben, die Situation konnte jedoch nicht mehr in den Griff bekommen werden: Amerikaner und Franzosen brachen bis in die Vororte von Stuttgart ein[49]. General Devers hatte offensichtlich seine vorübergehenden Schwierigkeiten überwunden.

Während die amerikanischen Verbände ostwärts des Rheins schon in den ersten Apriltagen volle Handlungsfreiheit erlangt hatten, konnte sich die am rechten Flügel der 6. Armeegruppe eingesetzte 1. französische Armee längere Zeit nur wenig entfalten, da sie gezwungen war, einen beträchtlichen Teil ihrer Truppen westlich des Rheins und gegenüber dem Schwarzwald zu belassen. Damit verblieb der amerikanischen 7. Armee ein unverhältnismäßig breiter Angriffsstreifen von etwa 200 Kilometern. Das war doppelt soviel wie für eine Armee bei der 12. Armeegruppe. General Eisenhower war daher, nachdem die 12. Armeegruppe an der Elbe angelangt war, dazu bereit, die 6. Armeegruppe stärker zu unterstützen und ihren Angriffsstreifen schmäler werden zu lassen[50]. Während die 12. Armeegruppe generell an der Elbe-Mulde-Linie stehenblieb und nur die amerikanische 3. Armee das Donautal abwärts nach Österreich entsandt wurde, wo sie eventuell im Raum Salzburg Verbindung mit den Russen aufnehmen sollte[51] (!), wurde das endgültige Einschwenken der 6. Armeegruppe nach Süden und Südosten, also letztlich nach Westösterreich, befohlen. Ihre Hauptaufgabe war zunächst, mit dem rechten Flügel der amerikanischen 7. Armee die deutsche 19. Armee im Schwarzwald zu fangen.

Eisenhower verlegte am 15. April für die Offensive nach Süddeutschland und Österreich die Grenze zwischen 6. und 12. Armeegruppe stark nach Südwesten, bis in die Gegend von Würzburg. In ihrem weiteren Verlauf sollte sie etwa auf halber Strecke zwischen München und Salzburg auf die alte österreichische Grenze treffen. Damit war der Angriffsstreifen der 6. Armeegruppe um zirka 80 Kilometer eingeengt worden. 15 Divisionen kamen durch die neue Grenzziehung zur amerikanischen 3. Armee, während die 7. Armee um zwei Divisionen verstärkt werden sollte.

Insgesamt waren damit in Süddeutschland 34 amerikanische und französische Divisionen eingesetzt. Die Befehlshaber der 6. und der 12. Armeegruppe stimmten jedoch darin überein, daß die durch die neue Grenzziehung zur 3. Armee gekommenen Divisionen zunächst voll und ganz im Angriff bleiben sollten, bis sie sich durch eine allmähliche Verlagerung der Stoßrichtungen der 7. Armee angenähert hätten[52].

Der rechte Flügel der amerikanischen 7. Armee, das VI. US-Korps des Generals Brooks, hatte seine Hauptanstrengungen auf das Neckartal, gegen Stuttgart, über das Schwäbische Hochland nach Thüringen und dann gegen den Bodensee und die Schweizer Grenze zu richten. Während die deutsche 19. Armee, solcherart im Schwarzwald eingeschlossen, von der 1. französischen Armee und dem VI. US-Korps aufgerieben werden sollte, konnten die beiden anderen Korps der amerikanischen 7. Armee weiter nach Süden und Südosten gegen Österreich vordringen. Die Sache hatte aber zumindest für die Franzosen einen wunden Punkt: Es war mit keinem Wort eine französische Teilnahme am Vorgehen gegen Österreich erwähnt worden.

Für die Einschließung von Stuttgart und vor allem der deutschen Korps (LXIV. und LXXX. A. K.), die sich in diesem Raum verteidigten, hatte General Devers einen sorgfältig abgestimmten Plan vorbereitet, der aber dadurch gestört wurde, daß der Oberbefehlshaber der 1. französischen Armee, General Lattre de Tassigny, mit seinem I. Korps einen Stoß durch den Schwarzwald führte und plötzlich im Süden von Stuttgart stand, wohin das VI. US-Korps bestimmt gewesen war. Von der Einschließung bedroht, versteifte sich der Widerstand der deutschen Korps ganz erheblich, und die amerikanische 10. Panzer-Division konnte erst nach sehr harten Kämpfen der amerikanischen 63. und der 100. Infanterie-Division südostwärts von Heilbronn und bei Schwäbisch Hall am 19. April im Osten an Stuttgart vorbeistoßen. Den eingeschlossenen deutschen Verbänden blieb nur mehr die Möglichkeit des Ausbruchs. Die Kommandierenden Generäle des LXIV. Armeekorps (General Grimmeiß) und des LXXX. Armeekorps (General Beyer) beschlossen, gemeinsam diesen Versuch zu wagen. Doch das LXIV. Korps war zu sehr in die Kämpfe verstrickt, als daß es sich rasch hätte lösen können. So unternahm das Korps General Beyers allein den Ausbruchsversuch, während die Truppen des anderen Korps trachten sollten, am nächsten Tag durch die Linien der Gegner durchzusickern. Wenigen gelang es[53].

General Devers machte der französischen Armeeführung den Vorwurf, daß sie eigenmächtig gehandelt habe und daher die Einkreisung der beiden deutschen Korps nur teilweise geglückt sei[54]. Um den angestrebten Erfolg möglichst doch noch zu erreichen, stimmte Devers am 20. April einer vorübergehenden Verschiebung der französischen Armeegrenze gegen die amerikanische 7. Armee hin zu, sodaß die Franzosen am 21., das Neckartal aufwärts stürmend, in Stuttgart einbrechen konnten. Tags darauf war hier jeder Widerstand gebrochen.

Aber General de Lattre hatte neue Ziele vor Augen. Er setzte sich abermals über eine Weisung von General Devers hinweg und bezeichnete Sigmaringen und Ulm als die wichtigsten Ziele für die französische Armee. In Sigmaringen wollte er Marschall Pétain, Ministerpräsident Laval und andere Mitglieder der Vichy-Regierung gefangennehmen, und in Ulm galt es den Sieg zu erneuern, den Napoleon 1805 über die österreichische Armee unter General Mack errungen hatte. De Lattre verbarg hinter dieser Zielsetzung aber noch eine andere Absicht[55]: Er wollte die Divisionen des I. französischen Korps generell an der Iller plazieren, um sich dann von Ulm nach Süden gegen die österreichische Grenze hin auszudehnen.

Das, so glaubte er, würde General Devers zwingen, den Franzosen einen Streifen für den Einmarsch nach Österreich einzuräumen, statt sie untätig an der Schweizer Grenze zu belassen. Die Armeegrenze vom 20. April hatte zwar der 1. französischen Armee einen Abschnitt zugebilligt, der auf einer Breite von 65 Kilometern über österreichisches Gebiet geführt hätte, aber man konnte mit gutem Grund annehmen, daß General Devers von sich aus nicht beabsichtigte, aus der unter den besonderen Umständen des Kampfs im Raum Stuttgart getroffenen vorläufigen Regelung eine Dauerlösung zu machen.

Das auf Ulm angesetzte I. französische Korps machte an der Donau rasche Fortschritte, ebenso die amerikanische 10. Panzer-Division, die am Abend des 22. April bei Ehingen die Donau erreichte. Die Franzosen mußten also, um nach Ulm zu gelangen, durch die amerikanischen Linien durchmarschieren. General Devers versuchte vergeblich, eine Zurücknahme der französischen Truppen zu erreichen. Am 24. April griffen das 324. Infanterie-Regiment der amerikanischen 44. Infanterie-Division, die amerikanische 10. Panzer-Division und zwei französische Bataillone Ulm an. Bis zum Abend war der meiste Widerstand gebrochen[56].

Erst nachdem das „Unternehmen Ulm" des I. französischen Korps beendet war, erklärte sich General de Lattre bereit, auf seine Armeegrenzen zurückzugehen. Unter den Alliierten herrschte begreiflicherweise eine gereizte Stimmung, die durch Vorfälle in Stuttgart noch angeheizt und auch durch einen Briefwechsel zwischen General de Gaulle und General Eisenhower nicht aus der Welt geschafft wurde[57].

De Lattre verteidigte seine Operationsführung und betonte, daß er nicht Krieg „um des Kommuniqués willen" geführt habe. Vielmehr sei Ulm eine besondere strategische Bedeutung zugekommen. Er machte sich die amerikanische Auffassung von der „Alpenfestung" zu eigen, wonach es unbedingt notwendig sei, die deutschen Truppen schon am Beziehen der „Alpenfestung" zu hindern. Die rasche Inbesitznahme Ulms hätten diesem Ziel gedient und zudem eine „Schießscharte" gegen die „Alpenfestung" aufgetan[58].

Für die französische Armee gab es aber noch andere operative Ziele. Am 21. April stieß das II. französische Korps am Ostrand des Schwarzwalds vorbei, überquerte die Donau und erreichte den Nordwestzipfel des Bodensees. Auf diese Weise wurde das XVIII. SS-Armeekorps der 19. Armee im Schwarzwald eingeschlossen, und französische Truppen hatten sich zwischen das SS-Korps und das AOK 24 geschoben[59].

Dem AOK 24 waren im Laufe des April die Garnisonen der Standorte Radolfzell, Konstanz und Friedrichshafen, außerdem fünf Bataillone Zollgrenzschutz sowie eine Kompanie von mit Holzgas betriebenen Panzerspähwagen unterstellt worden. Somit hatte das AOK 24 zehn Bataillone zu je 300 Mann. Davon waren nur zwei Bataillone einigermaßen ausgebildet, alle Einheiten aber völlig unzureichend bewaffnet. Da die geringe Beweglichkeit des eingeschlossenen XVIII. SS-Armeekorps ein Durchbrechen des Einschließungsringes allein unmöglich machte, erhielt das AOK 24 am 20. April den Befehl, den Durchbruch des Korps zu unterstützen. Aber auch beim AOK 24 war die Beweglichkeit viel zu gering, um rechtzeitig die

Positionen für einen Entsatzstoß einzunehmen. Die Franzosen erreichten gegen geringen deutschen Widerstand Stockach und stießen kurz darauf zur Schweizer Grenze durch. Im Raum ost- und südostwärts von Donaueschingen hörte das XVIII. SS-Armee-Korps zu bestehen auf. Am 25. April griffen die Franzosen Radolfzell an und öffneten die Straße nach Konstanz. Ein weiterer Vorstoß in Richtung Meersburg war in Kürze zu erwarten[60].

Für das AOK 24 war damit die letzte Hoffnung geschwunden, wieder Anschluß an die nördlich und ostwärts des Bodensees kämpfenden Teile der deutschen 19. Armee zu finden. Auch das AOK 24 war knapp daran, eingeschlossen zu werden. General Schmidt entschloß sich daher, mit den letzten noch verfügbaren Teilen seiner kärglichen Schar am 24. und 25. April den Bodensee mit Schiffen zu überqueren und Anschluß an die 19. Armee zu suchen[61].

Was aber war von dieser „Armee" noch übriggeblieben? Dem LXXX. Armeekorps war der Ausbruch bei Stuttgart größtenteils geglückt; das LXIV. Armeekorps kam jedoch nur mehr mit einigen Trümmern in der Schwäbischen Alb an, wo diese beiden Korps befehlsgemäß den Alb-Rand zu verteidigen hatten. Es drohte eine neuerliche Einschließung. Der Befehl zum Absetzen kam zu spät, und was vom LXIV. Korps noch übriggeblieben war, wurde weiter dezimiert; das LXXX. Korps wurde im Raum Münsingen eingeschlossen. Dennoch forderte Generalfeldmarschall Kesselring am 25. April, daß die (im Bereich der 1. Armee bereits durchbrochene) Donaulinie von der 19. Armee unter allen Umständen zu halten sei[62].

Eine abermalige Neufestlegung der Befehlsbereiche unterstellte am 26. April die 19. Armee wieder der Heeresgruppe G. Am selben Tag noch wurde ein Angriff dieser Armee aus dem Raum südlich von Ulm nach Südosten befohlen, um den Einbruch bei der deutschen 1. Armee zu bereinigen. Der Angriff mißlang, es war aber möglich, mit dem AOK 24 Verbindung aufzunehmen. General Schmidt erhielt vom Oberbefehlshaber der 19. Armee, General der Panzertruppen Erich Brandenberger, den Auftrag, im Abschnitt Bad Wurzach — Bodensee ein Vorgehen des I. französischen Korps nach Osten zu verhindern. Die in diesem Raum stehende Ersatz- und Ausbildungs-Division 405 (Generalleutnant Faulenbach) der 19. Armee, mit etwa sechs Bataillonen, wurde zu diesem Zweck dem AOK 24 unterstellt[63]. Kaum war dieser Befehl formuliert, als er auch schon wieder gegenstandslos geworden war, denn das VI. US-Korps brach am 27. April bis Kempten durch, bedrohte das AOK 24 im Rücken und zwang die 19. Armee dazu, ihr Hauptquartier nach Lermoos-Ehrwald zu verlegen[64].

Das AOK 24 wurde daraufhin am Westeingang der „Alpenfestung", etwa in der Linie Immenstadt — Weiler — Bregenz, eingesetzt. Den Nordeingang Tirols sollte das LXIV. Korps der 19. Armee unter dem mit seiner Führung beauftragten Generalleutnant Hans Friebe schützen[65]. Dann klaffte ein riesiges Loch, denn die Verbindung zwischen 19. und 1. Armee, die am 18. April abgerissen war, war seitdem nie wieder zustande gekommen.

DIE AUSGANGSPOSITIONEN

Nach dem Fall von Nürnberg war die deutsche 1. Armee, am rechten und am linken Flügel von der Umfassung bedroht und im Zentrum angegriffen, im Absetzen auf den Abschnitt Regensburg — Altmühl — Schwäbischer Jura. Der rechte Armeeflügel gab jedoch den amerikanischen Streitkräften den Weg frei, und in die Lücke, die sich zwischen der deutschen 1. und der 7. Armee aufgetan hatte, stießen das XV. US-Korps (Generalleutnant Haislip) und das XXI. US-Korps (Generalleutnant Milburn) nach und „übersprangen" 80 Kilometer. Am 22. April setzte die 12. Panzer-Division des XXI. US-Korps bei Dillingen über die Donau. Am darauffolgenden Tag passierten die 4. und die 63. Infanterie-Division desselben Korps die Donau, und auch Haislips Verbände kamen am Strom an. Sie wollten in der Folge eine mehr südwestliche Richtung einschlagen, um aus dem Angriffsstreifen der amerikanischen 3. Armee herauszukommen[66].

General Pattons 3. Armee kam der Zusammenbruch bei Nürnberg ebenfalls sehr gelegen. Auch seine Verbände konnten durch die Lücke weit in das deutsche Hinterland einströmen und von Bayreuth aus ihre Bewegungen nach Südosten fortsetzen. Am 19. April nahm das XII. US-Korps (Generalmajor Irwin) am linken Flügel der Armee seinen Vormarsch wieder auf. Am darauffolgenden Tag hatte Generalleutnant Walkers XX. US-Korps seine neue Position im Zentrum der Armee eingenommen, und in der Nacht zum 22. April übernahm das neu zugeführte III. US-Korps (Generalmajor Van Fleet) offiziell den rechten Flügel[67].

Am 24. April war die gesamte amerikanische 3. Armee wieder mit voller Kraft im Angriff. Die 3. Kavallerie-Gruppe des XX. US-Korps forcierte an diesem Tag die Donau südwestlich von Regensburg, und mittlerweile rückte das XII. US-Korps südlich der Autostraße Nürnberg-Plžen (Pilsen) durch den schmalen Korridor zwischen Donau und tschechischer Grenze vor. Die 26. Infanterie-Division am rechten Flügel dieses Korps erreichte am 26. April die Donau[68].

Die deutsche 7. Armee (General von Obstfelder) konnte, völlig isoliert von allen übrigen Verbänden der deutschen Westfront und an die tschechische Grenze gedrückt, nichts anderes mehr tun, als auf die Kapitulation zu warten. Feldmarschall Kesselring ordnete zwar, nachdem er das Abdrehen des Gros der amerikanischen 3. Armee nach Südosten erkannt hatte, das Herausziehen des deutschen LXXXV. Armeekorps (7. Armee) mit der 2. und der 11. Panzer-Division an, um die vereinzelt operierenden amerikanischen Divisionen aus der Flanke anzugreifen, aber mit der Beweglichkeit der Amerikaner konnten die durch Treibstoffmangel gehemmten deutschen Divisionen nicht Schritt halten. Die Gelegenheit zu einem Flankenangriff ließ sich trotz aller diesbezüglichen Bemühungen nicht nützen[69].

Kesselring erkannt auch klar, daß es sich nicht darum handeln konnte, die tschechische Grenze gegenüber den Amerikanern zu sperren, da mit den vorhandenen Mitteln höchstens der Heeresgruppe Süd der Rücken freigehalten werden konnte. Er stellte außerdem fest, daß der verminderte Druck der Amerikaner im Bereich der deutschen 7. Armee auf ihr Desinteresse an der Tschechoslowakei schließen ließ[70].

Nach dem 20. April flauten die Kämpfe bei der deutschen 7. Armee immer mehr ab. Lediglich am linken Flügel der Armee drängten die Amerikaner noch nach und nahmen Cheb und die Paßstraßen des Böhmerwaldes in Besitz. Die Heeresgruppe G konnte keinen führungsmäßigen Einfluß mehr auf die 7. Armee ausüben, daher unterstellte sich Kesselring am 28. diese Armee direkt. Aber auch das war nicht von Dauer, und schließlich wurde die 7. Armee am 2. Mai zur Heeresgruppe Mitte und damit noch im letzten Moment zur deutschen Ostfront geschlagen[71].

Die absehbare Aufspaltung des deutschen Kriegsgebietes hatte eine Neuregelung der Befehlsführung erforderlich gemacht, da eine Führung von Berlin ab diesem Zeitpunkt nur mehr unter erschwerten Umständen — wenn überhaupt — möglich schien. Um daher für den Südraum über die notwendigen Führungsmöglichkeiten zu verfügen, gab Generalfeldmarschall Keitel am 23. April den Befehl, im Südraum einen Führungsstab B des Oberkommandos der Wehrmacht zu bilden[72]. Mit dessen Leitung wurde der Stellvertretende Chef des Wehrmachtführungsstabes, General der Gebirgstruppen, August Winter, beauftragt. Winter baute diesen Führungsstab in der Nähe von Berchtesgaden auf. Er legte jedoch von allem Anfang an größten Wert darauf, daß die operative Führung im Südraum Generalfeldmarschall Kesselring übertragen wurde, da sich der Führungsstab B des OKW lediglich als ein „technisches Hilfsmittel des OKW" sah. Winter hatte dennoch Mühe, sich auch nur einen ungefähren Überblick zu verschaffen. Ab dem 25. April, dem Tag des Zusammentreffens von Russen und Amerikanern bei Torgau a. d. Elbe, war das deutsche Kriegsgebiet aufgespalten. Der Norden und der Süden waren nur mehr Kessel.

Als Kesselring am 26. April dem LXXXV. Armeekorps, das noch über die 2. und die 11. Panzer-Division verfügte, befahl, sich auf die deutsche 1. Armee zuzubewegen, fehlte, wie erwähnt, der Treibstoff. So gelang es den amerikanischen Streitkräften, über Cham und Regen in Richtung Passau vorzustoßen und damit den rechten Flügel der 1. Armee über die Donau zu werfen. Die Heeresgruppe G bemühte sich daraufhin, eine Sicherungsfront entlang der Donau von Passau bis Straubing aufzubauen, in der Sicherungsverbände ohne besondere Kampfkraft eingesetzt wurden[73]. Die Forderung Kesselrings, nördlich von Passau einen Brückenkopf beizubehalten, konnte von der Heeresgruppe nicht mehr erfüllt werden. Folglich entschied der Oberbefehlshaber West, daß der Heeresgruppe das Generalkommando LXXXV. Armeekorps als Führungsstab und die 11. Panzer-Division nördlich von Passau zugeführt werden sollten, wozu dann noch die 2. SS-Panzer-Division zu kommen hatte. Das Generalkommando traf ein, die 11. Panzer-Division nicht mehr, und von der 2. SS-Panzer-Division lediglich wenige Teile, die vorübergehend einen kleinen Brückenkopf nördlich von Passau besetzten, kurz darauf aber wieder abgezogen wurden[74]. Somit konnte die Heeresgruppe G in diesem Raum nichts ausrichten, und der amerikanischen 3. Armee stand der Weg nach Österreich offen[75].

Die deutsche Verteidigung war fast total zusammengebrochen, sodaß etwa das XX. US-Korps in einer einzigen Woche 25.000 Gefangene machte. Vom 22. bis 26. April wurde die Donau als operatives Hindernis ausgeschaltet. Und nur das XII. US-Korps, das zwischen der Donau und der tschechischen Grenze vorrückte, sollte nicht vor Erreichen der österreichischen Grenze den Strom überschreiten. Die Heeresgruppe G konnte keinerlei Führungsmaßnahmen von operativer Bedeutung mehr setzen[76].

Als der Sturm gegen die österreichische Grenze begann, boten die angreifenden amerikanischen Korps das übliche Bild: Einer Panzerdivision an der Spitze folgten Infanteriedivisionen. Lediglich beim XV. US-Korps war das vorläufig nicht der Fall,

da General Haislip nach Abgabe seiner Panzerdivision erst am 28. April die uner-
fahrene 20. Panzer-Division zu erwarten hatte. War in einer Ortschaft weiß
geflaggt, brausten die amerikanischen Kampftruppen meistens durch. Zeigte sich
Widerstand, dann wurde er durch massive Bombardements und durch Artilleriebeschuß gebrochen. Das sprach sich rasch herum, und schließlich begann die amerikanische 10. Panzer-Division damit, die Bürgermeister von bereits besetzten Ortschaften vorauszuschicken, die in anderen Orten von dem korrekten Verhalten der amerikanischen Truppen im Falle einer kampflosen Besetzung berichten sollten[77].

Die zwei Korps der amerikanischen 3. Armee, die mittlerweile die Donau erreicht
hatten (III. und XX. Korps), waren bei ihrem Vormarsch nach Süden in erster Linie
wegen der späten Zuführung des III. Korps etwa einen Tag hinter der 7. Armee
zurück. Bevor die Panzer-Divisionen aber noch aus ihren Brückenköpfen an der
Donau ausbrechen konnten, setzten starke Regenfälle ein. Dennoch überquerte die
13. Panzer-Division des XX. Korps am 29. April die Isar nächst Landau und
erreichte am 1. Mai bei Simbach den Inn. Die 14. Panzer-Division des III. US-Korps
nahm am 30. April Landshut und schloß dann zur 13. Panzer-Division auf, mit der
sie gemeinsam am Inn ankam[78].

Während des Vormarsches der amerikanischen 3. und der 7. Armee sowie der
1. französischen Armee gegen Österreich präzisierte General Eisenhower am 25.
April nochmals die operativen Aufgaben dieser Armeen. Wie schon zehn Tage
zuvor, bezeichnete er die Vereinigung mit den Russen in Österreich als Hauptziel der
amerikanischen 3. Armee. Des weiteren sollten Salzburg erobert und die Verbindung von Salzburg nach Tirol gesperrt werden. Die 6. Armeegruppe mit der 7. US-
und der 1. französischen Armee hatte alle anderen Zugänge zu den Alpen in die
Hand zu bekommen und schließlich an die italienische Grenze vorzustoßen.

Als General Devers diese Instruktionen an seine Armeebefehlshaber weitergab,
schien es durchaus im Bereich der Möglichkeit zu liegen, daß die Franzosen die
Amerikaner im Wettlauf nach Österreich schlagen würden und nicht nur nach Bregenz, sondern auch nach Landeck würden vorrücken können. Wenn General Devers
in der Folge Landeck auch nicht direkt als für die Franzosen bestimmt bezeichnete,
so machte er General de Lattre doch darauf aufmerksam, daß er sich bereit halten
solle, bis Landeck vorzurücken. Die Armeegrenze blieb aber weiterhin so gezogen,
daß die Route über den Fernpaß in den Bereich der amerikanischen 7. Armee fiel,
während den Franzosen der Oberjochpaß als Einfallspforte vom Norden zugewiesen wurde[79].

Für General de Lattre war dieses Aviso Grund genug, nicht nur der Besetzung
Vorarlbergs größtes Augenmerk zu widmen, sondern es schwebte ihm auch vor, daß
ein französisches Korps die Verbindung mit Feldmarschall Alexanders 15. Armeegruppe in Italien herstellen sollte[80]. Damit hätte dann — Mythos oder nicht — die
„Alpenfestung" zu bestehen aufgehört.

11 Vorarlberg und das Ende in Tirol

DIE 1. FRANZÖSISCHE ARMEE IN VORARLBERG

Der Oberbefehlshaber der deutschen 19. Armee, General der Panzertruppen Erich Brandenberger, erhielt zu einem nicht mehr genau feststellbaren Zeitpunkt in der zweiten Aprilhälfte Kenntnis vom angeblichen Vorhandensein einer sogenannten „Alpenfestung". Er versuchte daraufhin, von General der Kavallerie Siegfried Westphal, dem Chef des Generalstabes beim Oberbefehlshaber West, Einzelheiten zu erfahren, bekam aber außer dem Hinweis, daß der Reichsverteidigungskommissar von Tirol-Vorarlberg, Gauleiter Franz Hofer, mit dem Ausbau betraut worden sei, keine weiteren Aufschlüsse[1]. Um doch größere Klarheit zu bekommen, beauftragte General Brandenberger das Höhere Kommando Oberrhein am 23. April, die genaue Lage im Alpenraum zu erkunden. Das Ergebnis beschränkte sich auf die Feststellung, daß im Abschnitt der 19. Armee ständige Befestigungen völlig fehlten und an feldmäßigen Befestigungen im präsumtiven Abschnitt des LXIV. Armeekorps nur notdürftige Geländeverstärkungen vorhanden seien. Im Abschnitt des AOK 24 könnten zwei noch nicht ganz fertiggestellte Sperriegel bei Feldkirch und Götzis und eine Anzahl von Einzelsperren bezogen werden[2]. Das wäre alles.

Daß dies herzlich wenig war, mußte jedem in militärischen Dingen Erfahrenen bewußt sein (und in militärischen Dingen waren mittlerweile schon die Halbwüchsigen erfahren). Vielleicht hätte sich bei einer etwas eingehenderen Erkundung noch nachtragen lassen, daß die erwähnten Sperriegel, die zur „Grenzstellung" gehörten, keine isolierten Anlagen waren, sondern im Bodenseeraum eine Verlängerung hatten.

Am 22. Dezember 1944 hatte Himmler dem AOK 24 den Ausbau der sogenannten „Alemannenstellung" befohlen, die an die „Grenzstellung" in Vorarlberg bzw. an den ganzen Komplex der Alpen- und Voralpenstellungen anschließen sollte[3]. Am

305

5. Februar 1945 wurde jedoch vom damaligen Oberbefehlshaber West, Generalfeld-marschall Rundstedt, die Einstellung des Baues der „Alemannenstellung" beantragt und vom OKW bewilligt. Die 11.000 hier beschäftigten Arbeiter sollten an der Oberrheinfront Verwendung finden[4]. Daraufhin setzten die Bauarbeiten in Vorarl-berg stärker ein. Zweieinhalb Monate wurde an den Sperranlagen gebaut[5], dann sollten sie in halbfertigem Zustand ihre Bewährungsprobe ablegen.

Vorarlberg war während des Krieges eine erhebliche Raumgunst zustatten gekom-men. Es hatte zwar — wie bereits kurz erwähnt — 1943 einen Luftangriff auf Feld-kirch gegeben, der seine Opfer forderte[6]. Doch in der Folge blieb Vorarlberg aus dem strategischen Bombenkrieg ausgespart. Dieses Phänomen kann mit der sehr geringen Rüstungsindustrie und den wenigen Garnisonen erklärt werden. Zudem hielt die Amerikaner aber die Nähe zur Schweizer Grenze von einem Bombardement ab, da sie eine Verletzung des Schweizer Luftraumes möglichst vermeiden wollten.

Die verhältnismäßig geringe Luftgefährdung und das selbstverständliche Bestre-ben, Vorarlberg nach Tunlichkeit weiter und vielleicht gänzlich aus den Kriegshand-lungen herauszuhalten, trugen dazu bei, daß der schweizerische Konsul in Bregenz, Carl Bitz, im Herbst 1944 eine Überlegung des Internationalen Roten Kreuzes auf-griff und vorschlug, zumindest einen Teil Vorarlbergs zur Schutzzone für Ausge-bombte, Gebrechliche, Frauen und Kinder zu machen[7]. Was zum Scheitern dieser Initiative führte, ob eine Ablehnung durch die deutsche Reichsregierung oder man-gelndes Interesse der Westalliierten, kann noch immer nicht gesagt werden. Fest steht nur, daß die Überlegungen nichts erbrachten. Statt dessen nahmen die Vertei-digungsmaßnahmen immer konkretere Gestalt an.

In Vorarlberg rechnete man noch bis März 1945 mit der Möglichkeit von Luft-landungen und einer Verletzung der Schweizer Neutralität durch die Alliierten[8]. Als sich diese Befürchtungen, die ja unter anderem auch zur Aufstellung des AOK 24 geführt hatten, als grundlos erwiesen, wandte man die Aufmerksamkeit allmählich von der Schweizer Grenze ab. Der Festungskommandant von Vorarlberg, Oberst-leutnant Burghard Knoblauch[9], hatte allerdings noch im Februar Übungen abgehal-ten, die auf der Annahme einer alliierten Luftlandung oder einer Neutralitätsverlet-zung der Schweiz basierten (Stichwort „Seifenblase"). Doch dann trat die Bedro-hung vom Nordwesten in den Vordergrund, und für sie war das Stichwort „Gneise-nau" ausgegeben worden. Die Umstellung auf „Gneisenau" ergab vor allem die Not-wendigkeit, die Klause nördlich von Bregenz doppelt so stark wie bisher zu sperren, ferner bei Hohenems, Götzis und Feldkirch Verteidigungsmaßnahmen zu treffen[10].

Am 22. April wurde Alarm gegeben. Daraufhin rückten, wie vorgesehen, die Vor-arlberger Garnisonen aus, um die Sperren zu besetzen. Die Kraftfahr-Ersatz- und Ausbildungs-Abteilung 18, zusammen mit einer Kompanie der Nachrichten-Ersatz- und Ausbildungs-Abteilung 18, war für die Sperren im Unterland bestimmt, der Rest der Nachrichten-Ersatz- und Ausbildungs-Abteilung 18 für jene im Oberland. In der Nacht vom 15. auf den 16. April waren zudem zwei Kompanien des Gebirgs-jäger-Ersatz-Bataillons 137 von Landeck nach Götzis und Hohenems verlegt wor-den. Ferner wurde der Einsatz der Standschützen vorbereitet, und in Bregenz bildete sich wie an vielen Orten ein „Freikorps Adolf Hitler[11]".

Ein Problem harrte aber noch der Lösung: Die Frage, wer in Vorarlberg befehlen sollte. In den Weisungen des Oberkommandos der Wehrmacht vom 12. September und vom 30. Oktober 1944 war der Wehrkreis XVIII, ohne die Steiermark und Süd-steiermark, als rückwärtiger Unterkunftsraum des Oberbefehlshabers Südwest (Heeresgruppe C) in Italien bestimmt worden, ohne daß es jedoch zu einer takti-schen Unterstellung gekommen wäre[12]. Diese wird erst, analog der Unterstellung von Teilen der Wehrkreise XVII und XVIII unter das Kommando der Heeresgruppe Süd[13], zu einem späteren Zeitpunkt durchgeführt worden sein und kann für das Frühjahr 1945 als gesichert angenommen werden. Tirol und Vorarlberg gehörten somit zeitweilig zum Befehlsbereich Italien[14].

Nach dem 25. April kamen jedoch einige neue Faktoren hinzu, vor allem die Auf-spaltung des deutschen Kriegsschauplatzes in einen Nord- und einen Südraum, wodurch der Führungsstab B des Oberkommandos der Wehrmacht unmittelbar mit der gesamten Führung im Südraum betraut wurde[15]. Da der Führungsstab B aber über denkbar knapp bemessene Führungsmittel verfügte, behielt der Oberbefehls-haber West, Generalfeldmarschall Kesselring, wie erwähnt, die operative Führung über die Armeen des Südraumes. Nur die Heeresgruppe Süd blieb von dieser Rege-lung vorderhand unberührt. Kesselring machte unmittelbar darauf deutlich, daß er gewillt war, seinen Oberbefehl auch effektiv zu Geltung zu bringen. Er entließ die 19. Armee aus der direkten Unterstellung unter den Oberbefehlshaber West und unterstellte diese Armee abermals der Heeresgruppe G. Damit verbunden war aller-dings ein klarer Verteidigungs- und Kampfauftrag, der sich auf den gesamten Bereich erstreckte, in den sich die 19. Armee zurückzog[16]. Damit war eine richtung-weisende Maßnahme gesetzt worden. Noch waren freilich Vorarlberg und Tirol nicht eindeutig aus dem rückwärtigen Befehlsbereich der Heeresgruppe C in Italien herausgenommen worden, doch konnte selbstverständlich auch das im Befehlsweg schnellstens geändert werden.

Letztlich diktierte das Kriegsgeschehen die Befehlsverhältnisse. An eben dem 26. April, als Kesselring damit begann, die Befehlsverhältnisse im großen zu regeln, kam — wie beschrieben — das AOK 24 per Schiff über den Bodensee und bezog zwischen Lochau und Eglofs neue Verteidigungsstellungen. Gleichzeitig begann das AOK 24 damit, die Kampfführung in Vorarlberg vorzubereiten. Damit war klar, daß jener Heereskörper das Kommando übernommen hatte, der an Ort und Stelle war. Befehlen mußte also derjenige, der dazu die Möglichkeit hatte, und das war General der Infanterie Hans Schmidt vom AOK 24. Schmidt, gebürtiger Bayer, war schon im Ruhestand gewesen, ehe ihm der Befehl über das AOK 24 übertragen wur-de[17]. Er zählte bereits 68 Jahre und war wohl nicht der Typ des durch den National-sozialismus indoktrinierten Offiziers. Doch er ließ andererseits keinen Zweifel dar-an, daß er den Krieg so lange weiterführen würde, wie es ihm befohlen war.

Nachdem der Fall von Kempten General Schmidt zur Zurücknahme seiner Front auf die Linie Immenstadt — Weiler — Bregenz gezwungen hatte, legte er für seinen Bereich folgende Verteidigungszonen fest[18]:

Immenstadt: Kampfgruppe Hoffmann (1 bis 2 Marsch-Bataillone)

Staufen: Kampfgruppe Jurkschat (2 Marsch-Bataillone aus Isny und Leutkirch)

Weiler-Bregenz: Kampfgruppe Faulenbach (Ersatz- und Ausbildungs-Division 405, bestehend aus 6 Ersatz-Bataillonen).

Die Gefechtsstärke der Bataillone betrug etwa 400 Mann, sodaß man unter Einbe-ziehung der territorialen Streitkräfte im Raum Bregenz die effektive Stärke der zur

Verteidigung Vorarlbergs herangezogenen Teile des AOK 24 mit rund 3.000 Mann wird annehmen können. Hiezu kamen noch Versprengte, kleinere zurückflutende Gruppen der Waffen-SS, Standschützen, Ordnungstruppen etc., ohne daß dadurch allerdings die Gefechtsstärke nennenswert angehoben worden wäre. Generalleutnant Karl Faulenbach, dem Kommandeur der 405. Ersatz- und Ausbildungs-Division, stand schließlich außer seinen vorwiegend aus dem Schwarzwald stammenden Soldaten noch eine Batterie leichter Gebirgs-Flak mit zwölf 2-cm-Kanonen zur Verfügung[19].

Mit dem Eintreffen General Schmidts fand ein den Vorgängen in Wien Anfang April 1945 nicht unähnliches Tauziehen ein Ende, das zunächst einmal die Verteidigung Vorarlbergs überhaupt in Frage gestellt hatte[20], dann aber den Krieg zumindest von den beiden größten Städten, Bregenz und Feldkirch, fernhalten wollte. Es war dies gewissermaßen der letzte Versuch einer partiellen Lösung für die Schutzzone Vorarlberg.

Nachdem alle anderen Versuche nichts erbracht hatten, sollten wenigstens Bregenz und Feldkirch zu „internationalen Lazarettstädten" erklärt werden[21]. Da das Internationale Rote Kreuz dabei keinen Erfolg erzielte, wurde das Projetkt von privater Seite am 27. April an den für Tirol und Vorarlberg damals zuständigen Kommandanten der Alpenfront (Tirol — Vorarlberg), General Valentin Feurstein, herangetragen, der jedoch selbst keine Entscheidung treffen konnte und die Frage an Gauleiter Hofer weiterleitete. Von ihm mußte Feurstein allerdings erfahren, daß er ihn in einen „Gewissenskonflikt" dränge. Also wandte sich Feurstein an den Oberbefehlshaber Südwest, Generaloberst von Vietinghoff[22]. Dieser Schritt war zwar anfechtbar, da seit dem 26. April Generalfeldmarschall Kesselring die operative Entscheidungsgewalt im Südraum übertragen worden war, aber Feurstein und von Vietinghoff wollten beide erst am 28. April davon erfahren haben[23]. Generaloberst von Vietinghoff war formal also durchaus berechtigt, in dieser Angelegenheit, die vom Stellvertretenden Generalkommando XVIII. Armeekorps unterstützt und von General Feurstein an ihn herangetragen wurde, eine Entscheidung zu fällen. Am Morgen des 28. wurden Bregenz und Feldkirch zu offenen Städten erklärt und diese Neuregelung vom Schweizer Rundfunk ausgestrahlt[24]. Die in Vorarlberg vorgenommene Auslegung des Begriffs „offene Stadt" ging dabei so weit, daß damit auch der Abzug der deutschen Verteidiger aus der Klause nördlich von Bregenz gemeint war, womit die einzige Möglichkeit zu einem längeren Widerstand in Vorarlberg überhaupt weggefallen wäre[25].

Generaloberst von Vietinghoff dürfte sich der Tragweite seiner Entscheidung bezüglich Bregenz und Feldkirch vielleicht gar nicht bewußt geworden sein. Er war gerade dabei, die Kapitulation der Heeresgruppe C in Italien abzuschließen und stürzte damit den Oberbefehlshaber West in ein Dilemma. Die Folgen eines solchen Schritts wurden noch bei einer Aussprache in Innsbruck in der Nacht zum 28. April erörtert, und Kesselring, der strikt gegen eine Sonderkapitulation in Italien war, führte ins Treffen, daß damit die Lage bei den Heeresgruppen E und G unhaltbar würde. Vietinghoff konnte und wollte jedoch nicht mehr zurück. Er ordnete für den 29. April die Unterzeichnung der Kapitulationsurkunde an. Daraufhin entschloß sich Kesselring zu einem gewaltsamen Schritt: Er löste das ohnehin schon funktionslos gewordene Oberkommando der Heeresgruppe G auf, entband Vietinghoff seiner

Funktionen als Oberbefehlshaber Südwest und setzte den bisherigen Oberbefehlshaber der Heeresgruppe G, General Schulz, an seine Stelle, in der Absicht, die Sonderkapitulation noch aufzuhalten. Das gelang allerdings nur für wenige Stunden.

Hand in Hand damit wurden Vorarlberg und Tirol auch formell aus der taktischen Unterstellung unter die Heeresgruppe C herausgenommen. Der Status von Bregenz und Feldkirch als offene Städte wurde für null und nichtig erklärt, General Feurstein als Kommandant abgelöst und die Führung in Vorarlberg und dem Großteil Tirols der 19. Armee übertragen[26].

Nachdem sich die Situation also schon grundlegend gewandelt hatte, brachte am Abend des 29. April ein Vertreter des Internationalen Roten Kreuzes die Zustimmung der Alliierten in der Frage der offenen Städte. Das Problem war aber gegenstandslos geworden. General Schmidt äußerte sein Bedauern darüber, daß Bregenz und die Lazarette bei den nun unvermeidlichen Kampfhandlungen in Mitleidenschaft gezogen würden, doch von seiten seiner vorgesetzten Dienststelle sei entschieden worden, daß nördlich von Bregenz verteidigt werden sollte. Außerdem sei es auch bei internationalen Vereinbarungen nicht üblich, eine 15 Kilometer breite Zone vorzusehen[27]. Damit schien das letzte Wort gesprochen.

Noch immer gab es freilich die Hoffnung, daß sich die Kampfhandlungen in Vorarlberg und die Kriegsfolgen generell würden begrenzen lassen. Die Schwäche der deutschen Truppen und ein Blick auf die allgemeine Situation dessen, was einmal Großdeutschland war, mußten zeigen, daß es wohl nur mehr um die letzten Zuckungen des Kriegs ging. Am Tag, als die Franzosen an die Grenze Vorarlbergs herankamen, am 29. April, kapitulierten die deutschen Truppen in Italien. Zwei Tage vorher hatte sich in Wien die Provisorische Staatsregierung konstituiert und die Unabhängigkeitserklärung verabschiedet. Es gab ein neues Österreich. Das deutsche Kriegsgebiet war aufgespalten, und man mußte schon eine Art Gewohnheitskrieger sein, um noch an die Möglichkeit eines auch nur temporären Widerstands zu glauben. — Der Führer des AOK 24, General Schmidt, war sich wohl wie kein anderer der Schwäche seiner Truppen bewußt. Er ließ daher den Franzosen im Umweg über das Rote Kreuz mitteilen, daß er zwar nördlich Bregenz Widerstand leisten würde; doch Bregenz selbst sollte genau so wenig verteidigt werden wie Feldkirch[28]. War nur zu hoffen, daß diese Mitteilung die Franzosen auch noch rechtzeitig erreichte. Fast unbemerkt waren in Vorarlberg aber auch Vorkehrungen getroffen worden, die den sonst sehr häufig im Zusammenhang mit dem Kriegsende in Österreich anzutreffenden chaotischen Zuständen vorbeugen sollten. Und dabei machte sich nicht nur die räumliche Nähe zur Schweiz, sondern auch direkte Schweizer Hilfe bemerkbar. So gelang es noch vor dem Beginn der Kampfhandlungen, rund 60% der 10.000 Fremdarbeiter über die Schweiz nach Frankreich, Holland und Belgien zu transportieren, was die Wahrscheinlichkeit von Plünderungen und Ausschreitungen drastisch reduzierte. Die Schweiz nahm vermehrt, wenngleich nur vorübergehend Flüchtlinge auf, und schließlich erhielten Frauen und Kinder der Vorarlberger Grenzgemeinden die Einladung, für die Dauer der Kampfhandlungen über die Grenze zu kommen[29]. In Einzelfällen konnte sogar das Vieh kurzfristig in die Schweiz getrieben werden. Die Vorarlberger mußten freilich von dem Angebot, vor den Kampfhandlungen zu flüchten, nur in wenigen Fällen Gebrauch machen, da gerade die an die Schweiz unmittelbar angrenzenden Gebiete von den Kämpfen kaum berührt wurden. In den letzten Apriltagen verschwanden die zivilen Flüchtlinge. Die Straßen waren wie leergefegt. Dafür hörte man Geschützfeuer. Die Front war an Vorarlberg herangekommen.

Bis zum 29. April war die Ersatz- und Ausbildungs-Division 405 gegen Vorarlberg eingeschwenkt. Ab diesem Tag stand sie mit dem über Waldsee und Ravensburg sowie über Friedrichshafen vordringenden I. französischen Korps im Kampf[30]. Nach einem kurzen Widerstand an der Leiblach wich der linke Flügel der Division in den Raum nördlich Bregenz in die Linie Jungholz — Lochau — Bäumle aus. Der rechte Flügel der Division schloß sich infolge der Lageentwicklung an und sperrte den Kesselbachabschnitt beiderseits Hub. Die 405. Division hatte jedoch während ihres Zurückschwenkens nach Vorarlberg den Anschluß an die Kampfgruppen Hoffmann und Jurkschat verloren. Diese waren bei Immenstadt angegriffen und abgedrängt worden und versuchten vergeblich, über das Gebirge in Richtung Dornbirn zu gelangen. Für einen Einsatz in Vorarlberg kamen sie nicht mehr in Frage[31].

General Schmidt hielt am frühen Morgen des 28. April in Bregenz auf dem Gefechtsstand des dortigen Kampfkommandanten eine Besprechung über die beabsichtigte weitere Kampfführung und die in Vorarlberg getroffenen Verteidigungsmaßnahmen ab. Schmidt erwartete die Fortsetzung der französischen Angriffe nur zwischen Pfänder und Bregenz und dann in der Rheinebene. Er zog daher vom rechten Flügel der 405. Division Teile zur Verstärkung des Abschnitts südlich der Bregenzer Ache zwischen Kennelbach und Bodensee ab. Die Regimentsgruppe Volk hatte den rechten Abschnitt von Simmerberg bis Scheidegg und die Regimentsgruppe Abele den Abschnitt von Scheidegg über Hergensweiler bis Doberatzweiler zu beziehen[32].

Am Abend des 29. April stand die französische 5. Panzer-Division des Generals Schlesser an der österreichischen Grenze. Den offiziellen französischen Darstellungen und den Kriegstagebüchern zufolge wurde die Grenze schließlich auch bei Hohenweiler am Abend um 20.30 Uhr überschritten, allerdings nur von einer — wahrscheinlich sehr kleinen — Patrouille[33]. Auf diese wenigen Soldaten nahm dann auch die von den Franzosen aufgestellte Tafel Bezug, auf der es hieß: „Ici la première Armée Française est entreé en Autriche le 29 Avril 1945" (Hier betrat die 1. französische Armee am 29. April 1945 Österreich). Doch so einfach machten es sich die Franzosen nicht. Die Patrouille wurde wohl zurückbeordert oder ging nach ihrer Erkundung wieder über die Grenze zurück, denn am darauffolgenden Tag wurde die österreichische Grenze gewissermaßen offiziell überschritten. Das machten aber nicht ein paar Soldaten. Diese historische Tat wurde der französischen Fremdenlegion überlassen, die es schließlich auch für sich in Anspruch nimmt, als erste österreichischen Boden betreten zu haben[34]. Der Grund dafür war ganz einfach: Für die Fremdenlegion ist der 30. April eine Art Feiertag. Alle Fahnen und Standarten der Fremdenlegion tragen die Inschrift „Camerone 1863", mit der die Erinnerung an ein Gefecht im Mexikanischen Krieg und das Datum 30. April 1863 wachgehalten werden soll. Bei dem Sinn der Franzosen für historische Bezüge und geschichtliche Daten konnte es fast nicht ausbleiben, daß einem Regiment der Fremdenlegion die Ehre zuteil wurde, als — scheinbar — erste die österreichische Grenze zu überschreiten. Gab es außerdem eine prachtvollere Geste, als Österreich gerade an einem Gedenktag für ein Gefecht zu betreten, das Teil eines Krieges war, in dem französische und österreichische Soldaten gemeinsam gekämpft hatten? Besonders dann, wenn man die Anstrengungen der 1. französischen Armee, Ulm einzunehmen und damit die Erinnerung an 1805 aufleben zu lassen, sieht, nimmt der 30. April gewissermaßen Gestalt an: Es wurde einige Stunden zugewartet, doch die Fremdenlegionäre und damit Frankreich betraten die künftige Besatzungszone in Österreich am „Camerone-Tag".

Am selben Tag erreichte die französische 5. Panzer-Division Lochau. Die kleine Gruppe der deutschen Verteidiger, die hier von zwei 8,8-cm-Geschützen unterstützt wurde, zog sich nach zweieinhalb Stunden zurück[35].

Bevor es aber noch zu Kampfhandlungen in der Klause nördlich von Bregenz kam, wurde abermals versucht, durch private Initiative die akute Gefahr von Bregenz abzuwenden. Die Franzosen wurden gewarnt, daß sie in der Klause mit Widerstand zu rechnen hätten und eine Umgehung mit Panzern nicht durchführbar sei. Daraufhin stellte jedoch der Kommandant der Vorausabteilung, Oberst Lecoq, ein Ultimatum: Entweder werde die Sperre in der Klause bis 3 Uhr des 1. Mai geräumt, oder Bregenz würde mit Artillerie beschossen und einem Luftangriff ausgesetzt[36]. Oberst Lecoq wollte mit dieser Drohung aber nicht nur klare Verhältnisse schaffen. Er war auch verbittert, da er auf Grund der ihm zugegangenen letzten Informationen offenbar angenommen hatte, Bregenz wäre zur Lazarettstadt erklärt worden. Dennoch war er beschossen worden und hatte es Verluste gegeben, allerdings weit außerhalb von Bregenz[37]. Verständlich jedoch, daß Lecoq jetzt Klarheit haben wollte.

Auf dieses Ultimatum hin versuchten nochmals Militärärzte aus Bregenz, vor allem Oberstabsarzt Dr. Poschacher, die sich auch schon in den Tagen vorher bis aufs äußerste für eine Räumung von Bregenz eingesetzt hatten, jemanden zu finden, der die Sperre in der Klause beseitigen ließ und eine klare Zusage geben konnte, daß die Franzosen bis Bregenz nicht bekämpft würden. Doch es war wie verhext: In den wenigen zur Verfügung stehenden Stunden konnte niemand gefunden werden, der einen Befehl geben konnte[38]. General Schmidt war telefonisch nicht erreichbar, da er gerade ein neues Hauptquartier bezog. Daß die 405. Division ihren Gefechtsstand in Wolfurt hatte[39], wußte offenbar auch niemand. Der Kommandant der „Festung Vorarlberg", Knoblauch, und die regionalen Abschnittskommandanten fühlten sich nicht kompetent. Der Stadtkommandant von Bregenz hatte sich abgesetzt und der Gauleiter und Reichsverteidigungskommissar Franz Hofer meinte sinngemäß, es müßten eben einige Opfer gebracht werden und man solle nicht gleich die Nerven verlieren[40].

Schließlich wurde sogar der verzweifelte Plan ventiliert, die rund 500 gehfähigen Lazarettinsassen von Bregenz zu Marschgruppen zu formieren und den Franzosen entgegenzuschicken, um zu demonstrieren, daß hier kein Widerstand geleistet würde und vor allem Verwundete, Kranke und Zivilpersonen Opfer von Kampfhandlungen und Repressalien würden[41].

Doch die Sperre in der Klause wurde nicht beseitigt, und vom Pfänder her wurden die Franzosen immer wieder beschossen, wobei sich wohl weniger die Soldaten der Division Faulenbach als vielmehr Angehörige der SS-Unterführerschule Radolfzell bemerkbar gemacht haben dürften. Daraufhin machte französische Artillerie am Morgen des 1. Mai den ersten Teil der Drohungen wahr und beschoß Bregenz[42].

311

Ernsthafter Widerstand erwuchs den Franzosen von den ca. 200 Mann, die in der Klause und an der Lehne des Pfänder eingesetzt waren, freilich nicht. Die Sperre allein mußte den Vormarsch hemmen. Schließlich wurde den Franzosen aber ein weiterer Beweis zuteil, wie sehr man in Bregenz und überhaupt in Vorarlberg bemüht war, Kampfhandlungen zu vermeiden und eine rasche Besetzung zu ermöglichen. Wieder fand sich eine Gruppe von Männern unter der Führung von Dr. Paul Pirker bei den Franzosen ein, die sich erbötig machten, eine Kampfgruppe außerhalb der Sperre in der Klause nach Bregenz zu führen. Daraufhin wurde von der französischen 5. Panzer-Division eine solche Kampfgruppe unter der Führung von Oberst Fernand Gambiez gebildet, die Bregenz ohne Widerstand bis zu den Mittagsstunden des 1. Mai erreichte[43].

Während diese Gruppe noch unterwegs war, hörte man bereits die Detonationen von Sprengungen. Sie zeigten an, daß die Brücken über die Bregenzer Ache zerstört worden waren und daß das AOK 24 von sich aus auf einen weiteren Widerstand nördlich von Bregenz verzichtete. Die 405. Division ging zurück. Erst südlich der Bregenzer Ache sollte wieder Front gemacht werden[44]. Zurück blieb ein Bregenz, das von deutschen Truppen nicht verteidigt, aber auch nicht wirklich kampflos übergeben worden war. Ein Bregenz, das weithin sichtbar qualmte und brannte, da die Franzosen schließlich nicht nur Artillerie eingesetzt, sondern Bregenz auch zumindest mit Bordwaffen von Tiefffliegern aus beschossen hatten[45].

Für den Entschluß zum Rückzug des AOK 24 waren mehrere Faktoren ausschlaggebend gewesen. Ein Grund war wohl der, daß abgesehen von einigen Fanatikern niemand mehr daran interessiert war, einen sinnlosen Widerstand zu leisten. Zudem gab es nur sehr wenige wirklich ausgebildete, vorwiegend aber schlecht ausgerüstete Soldaten, die für den Kampf in Vorarlberg kaum eingesetzt werden konnten. Etwas anderes wirkte sich aber noch entscheidender aus, und das war die Lageentwicklung in Tirol.

BEFEHLSWIRRWARR IM ALPENRAUM

In Tirol gab es bis April 1945 keinerlei nach Norden ausgerichtete Verteidigungsanlagen. Das hatte zunächst seinen Grund darin, daß der Blick seit 1943 auf die Ereignisse in Italien gerichtet war und man wegen der hier immer näherkommenden Front auch aus einer gewissen emotionalen Haltung heraus den Befestigungen gegen Süden größere Beachtung schenkte. Die Bedrohung aus dem Süden war auch dadurch augenfälliger, daß Tag für Tag von dort Bomber einflogen und systematisch die Industrie- und Verkehrsziele zerstörten. In Tirol wurde der strategische Luftkrieg auch früher als im übrigen Österreich durch taktische Luftangriffe ergänzt, die sich vor allem gegen die Brennerstrecke und die Verbindungen in den bayrischen Raum richteten[46].

Erst am 2. April 1945 erhielt der Höhere Pionierführer 14, Generalmajor Marcinkiewicz, vom Stellvertretenden Generalkommando XVIII. Armeekorps den Auftrag zu Sperrvorbereitungen nach Norden[47]. Eine langfristige Planung von Sperren in dieser Richtung war wohl auch deshalb für unnötig erachtet worden, weil dies bedeutet

In Westösterreich wußte man bis zuletzt nicht, welche der alliierten Armeen das Rennen um die „Alpenfestung" machen würde. Im Kleinen Walsertal glaubte man wohl, daß es die Amerikaner sein würden. Als schließlich französische Truppen ankamen, wurden sie von einem österreichischen Befreiungskomitee mit einem englischen Transparent begrüßt.

Die französische 5. Panzer-Division — hier ein „Sherman" A-4 — bei ihrem Vormarsch in Vorarlberg (um den 2. Mai). Nach dem Durchzug der Front waren es häufig Kinder, die den ersten Kontakt mit den fremden Soldaten herstellten.

Am 29. April 1945 überschritten Soldaten der amerikanischen 44. Infanterie-Division bei Vils die Tiroler Nordgrenze. Wenn sie auf deutsche Soldaten trafen, die nur mehr den Wunsch hatten zu kapitulieren, wurden diese lediglich entwaffnet und ohne Bewachung nach rückwärts geschickt.

Als die französischen Truppen den Arlberg erreichten, fanden sie die Straße mit Fahrzeugen, Waffen und Geräten verrammelt und den Arlbergtunnel blockiert (links unten). Um sich einen Weg nach Tirol zu bahnen und vor den Amerikanern im westlichen Tirol anzulangen, ließ sich die 2. marokkanische Infanterie-Division von Österreichern über Hochtannberg und Arlberg führen (rechts unten). Die Franzosen kamen dennoch zu spät.

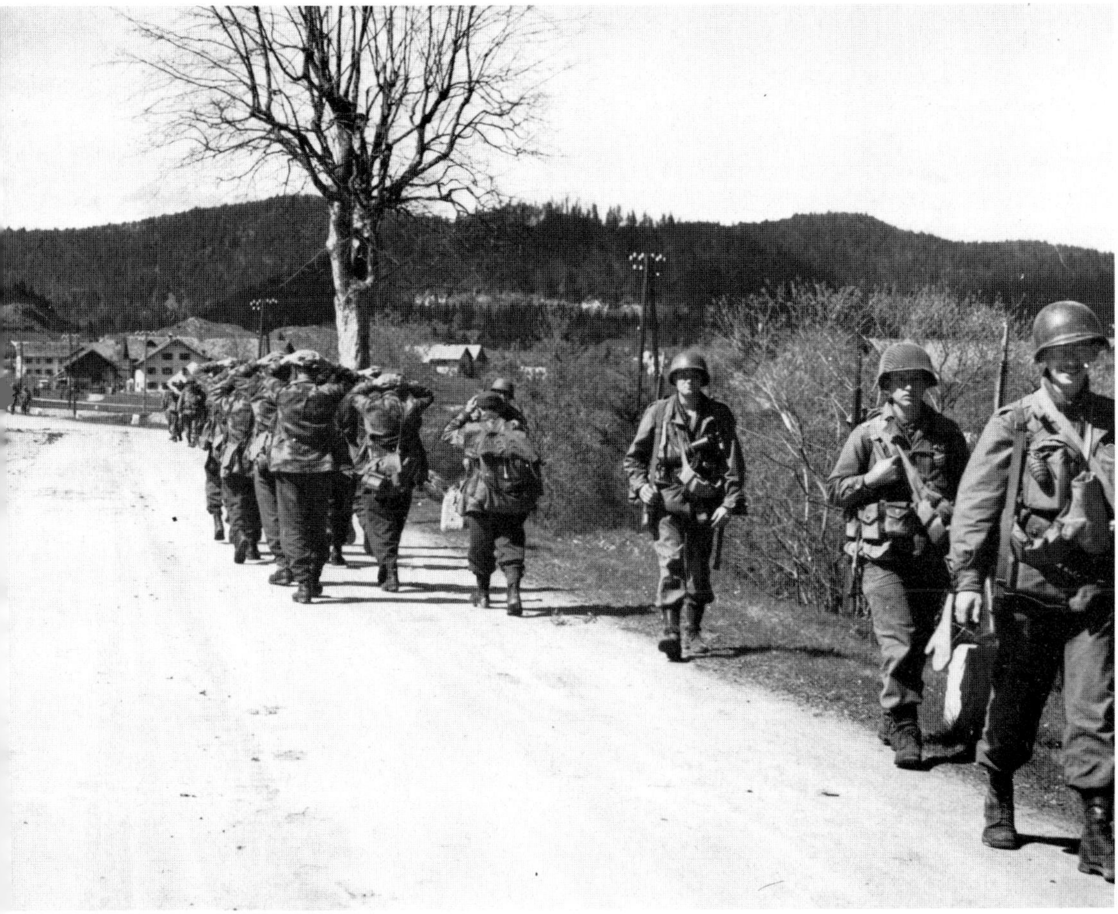

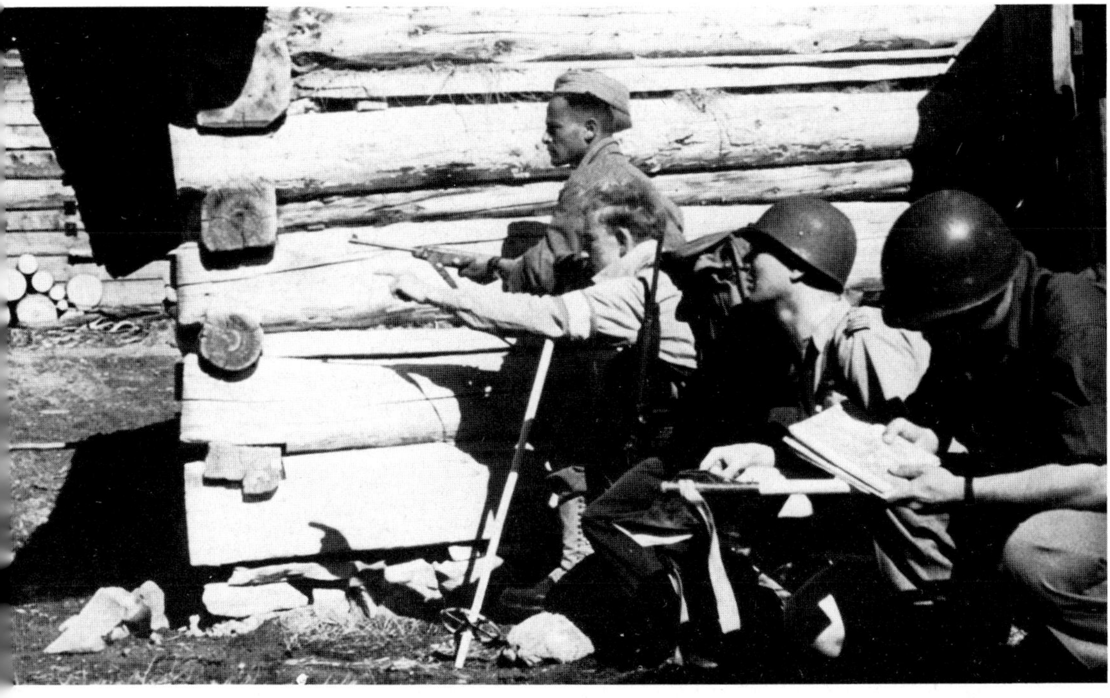

chönwies (Bez. Landeck), Mai 1945. Da Kinder und Ju-endliche im Alter von 10 bis 17 ahren bis zuletzt gekämpft hat-n, mußten sie auch regelrecht apitulieren, wie hier gegenüber oldaten der amerikanischen 44. nfanterie-Division.

ines der letzten Gefechte in Ti-ol spielte sich in der Scharnitzer lause ab (links), wo ein Batail-n der amerikanischen 103. In-nterie-Division am 1. Mai auf en Widerstand einiger deutscher oldaten und Hitlerjungen stieß. ach wenigen Stunden war der ngleiche Kampf zu Ende.

ach der Einnahme von Inns-ruck stießen Verbände der ame-kanischen 103. Infanterie-Divi-on über den Brenner vor und afen bei Sterzing auf die aus Ita-en kommenden amerikanischen ruppen.

Über eine bei Braunau geschlagene Pontonbrücke überquerten Anfang Mai Soldaten der amerikanischen 80. Infanterie Division den Inn. Braunau hatte für sie aber längst keine militärische Bedeutung mehr, sondern war lediglich als Geburt stadt Hitlers von Interesse.

An der Grenze des Mühlviertels zu Bayern kam es am 30. April zu einer Reihe von Gefechten, wie hier bei Oberkapp (rechts oben). Nachdem es der amerikanischen 11. Panzer-Division sehr rasch gelungen war, den Widerstand der deut schen Kampfgruppen zu brechen, stieß sie nach Linz vor. Am 5. Mai zogen die Amerikaner in das nicht verteidigte Li ein (rechts unten).

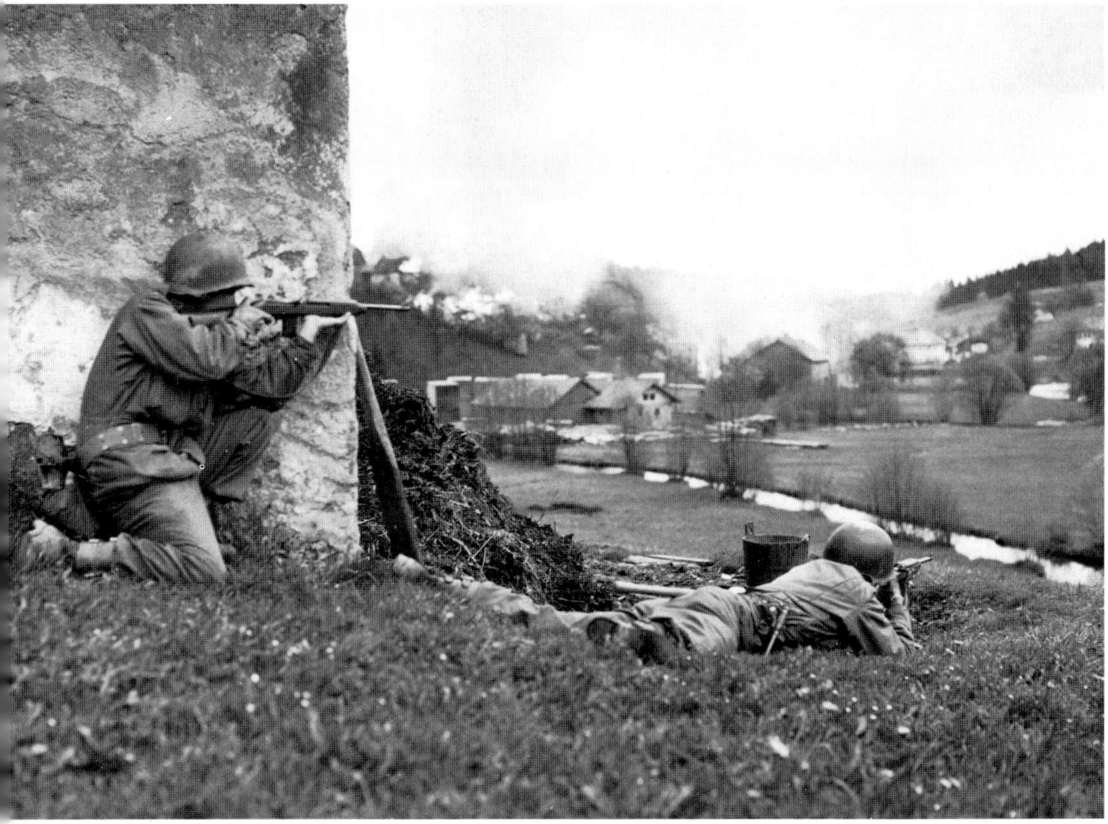

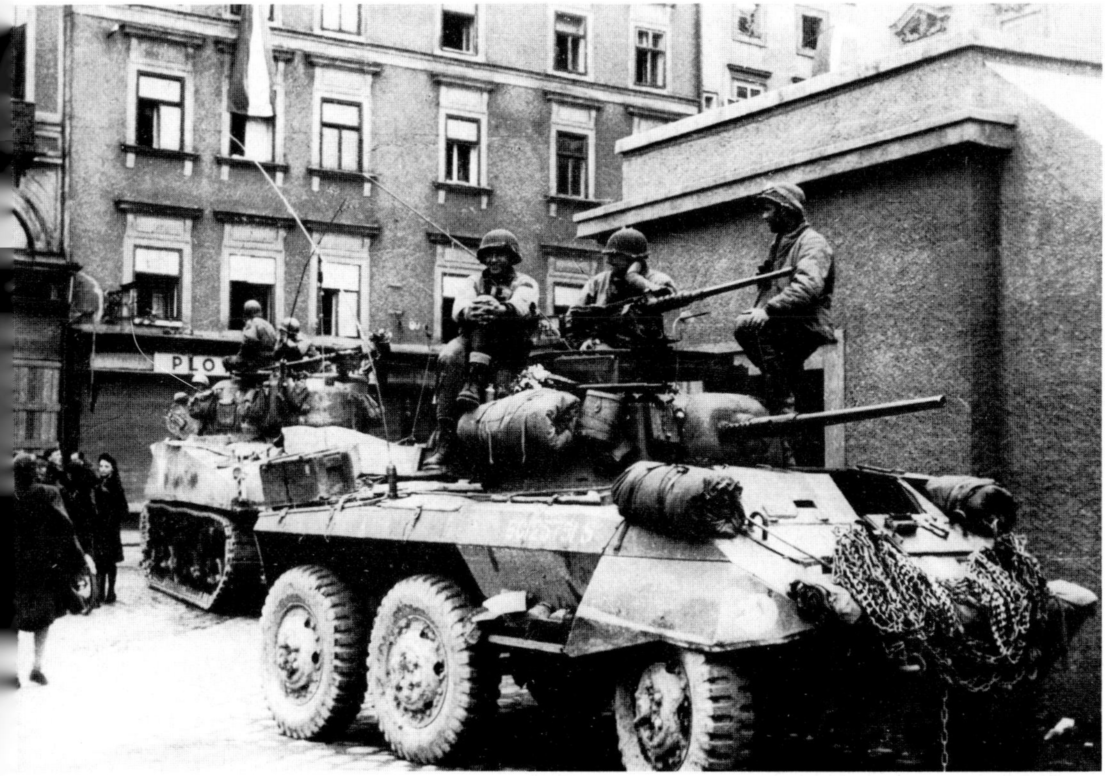

Für Salzburg war das Kriegsende am 5. Mai gekommen, als die amerikanischen Truppen in die nicht verteidigte Stadt einzogen.

Als die amerikanische 11. Panzer-Division am 5. Mai nach Mauthausen kam, war sie nicht auf das Vorhandensein eines Konzentrationslagers vorbereitet. Es dauerte noch Tage und Wochen, ehe das Ausmaß des Schrecklichen, das dort geschehen war, auch nur annähernd erfaßt werden konnte.

hätte, daß man mit der Möglichkeit eines Feindvorstoßes in die zentralen Gebiete Deutschlands rechnete, und da gab es dann nicht mehr viel zu verteidigen. General Marcinkiewicz sollte also alle von Westen und Norden nach Tirol und Vorarlberg führenden Straßen und Pässe für Panzer zur Sperrung vorbereiten. Mehr war in der kurzen noch zur Verfügung stehenden Zeit nicht zu machen. Aber sogar jetzt dauerte es noch zwei Wochen, ehe es zu einer einheitlichen Leitung des Sperrenbaus kam, denn eine der wichtigsten Straßen, nämlich die durch die Scharnitzer Klause über Seefeld nach Innsbruck, lag im Befehlsbereich der Wehrmachtkommandantur Innsbruck (Generalmajor Böhaimb), die gesonderte Aufträge bekommen hatte[48].

Der Schutzbereich der Wehrmachtkommandantur Innsbruck umfaßt das Stadtgebiet und die Kreise Innsbruck und Hall sowie die Landkreise Landeck, Fulpmes und Schwaz, also etwa zwei Drittel von Tirol[49]. Genau zum selben Zeitpunkt, zu dem General Marcinkiewicz seinen Auftrag zur Sperrenvorbereitung bekam, wurde General Böhaimb über Weisung Gauleiter Hofers vom Innsbrucker Kreisleiter Dr. Primbs aufgefordert, an der Erkundung der „Alpenfestung" teilzunehmen. (Offiziell gab es sie zum damaligen Zeitpunkt noch gar nicht.) Böhaimb regt an, als erste Befestigung nach Norden eine Sperre bei Scharnitz und im Leutaschtal (Straße Mittenwald — Innsbruck) auszubauen. Die alten, aus der Zeit vor 1938 stammenden Befestigungen an dieser Straße waren aber nicht mehr vorhanden, und der Ausbau kam überhaupt nicht voran, bis am 13. April eine Vereinheitlichung des Stellungsbaus an der Tiroler Nordgrenze vorgenommen wurde und General Marcinkiewcz auch den bis dahin von der Wehrmachtkommandantur Innsbruck betreuten Abschnitt übernahm[50].

Bis Ende April wurden nördlich von Reutte, am Fernpaß, in der Scharnitzer Klause und am Zirler Berg, im Raum Kufstein und bei Unken einige Panzersperren errichtet[51]. Die Ernennung von Oberst Kemmerich zum „Bevollmächtigten Pionieroffizier beim Gauleiter von Tirol[52]" — wohl eine Folge des offiziellen Befehls zur Bildung der „Alpenfestung" — blieb ohne Auswirkung auf die Sperrmaßnahmen und stellte einen reinen Verwaltungsakt dar.

In Tirol befanden sich bis zum Beginn der Kampfhandlungen weder Heeres- noch SS-Kampfeinheiten. Es waren lediglich die obligaten Alarm- und Sicherungsverbände aus den bodenständigen Truppen aufgestellt worden, die jedoch vom Wehrkreiskommando XVIII Anfang April sukzessive in die Steiermark abtransportiert wurden[53]. Zwei Kompanien des Gebirgsjäger-Ersatz-Bataillons 137 wurden Mitte April von Landeck nach Vorarlberg verlegt. So gab es in den verbliebenen Ersatz- und Ausbildungseinheiten nur Verwundete, Genesene und Rekruten, die vier bis sechs Wochen ausgebildet worden waren. Es fehlte an Gewehren, um alle Soldaten zu bewaffnen; leichte Machinengewehre waren nur wenige, schwere Waffen überhaupt keine vorhanden. Die Panzerjäger-Ersatz-Kompanie 137 in Innsbruck hatte z. B. nur zwei Beute-Pak zu Ausbildungszwecken, und diese ohne Munition. Einen stärkeren Rückhalt konnte wieder nur die Flak bilden, die jedoch meistens ortsfest war[54].

Die Standschützen, die analog dem Volkssturm aufgestellt worden waren und deren Verhältnis zu den militärischen Dienststellen den unmittelbar Betroffenen, etwa General Böhaimb, bis Kriegsende unklar blieb, waren über Eigeninitiative von Gauleiter Hofer im Durchschnitt etwas besser bewaffnet und ausgebildet worden als der übrige Volkssturm. Der Einsatz der Standschützen sollte aber etwa so wie der des Volkssturms erfolgen. Dabei wurde jedoch offen ausgesprochen, daß mit den Standschützen gegenüber Italien ein längerer Widerstand hätte bewerkstelligt werden können, denn dort war ja der „Erbfeind". Nach Norden zu kämpfen ergab für die Standschützen keinen Sinn[55].

Bis zu den Unterredungen Hitlers mit Gauleiter Hofer am 12. April 1945 waren alle Erkundungen und Bauarbeiten, die über die „Alpenstellung" im Süden und über die „Grenzstellung" hinausgingen, mehr oder weniger aus der Eigeninitiative Hofers erwachsen. Nun, da niemand mehr an die Realisierbarkeit der „Alpenfestung" glaubte, erhielt die Sache einen offiziellen Anstrich und wurde mit einer Gründlichkeit in Angriff genommen, als ob noch eine halbe Ewigkeit zur Verfügung gestanden wäre.

Am 20. April 1945 erhielt der General der Gebirgstruppen Georg Ritter von Hengl in Berchtesgaden vom Chef des Stabes des OKW Süd, General Winter, seine Ernennung zum Kommandierenden General der Alpenfront Nordwest. Zum Kommandierenden General der Alpenfront Nordost war der Befehlshaber im Wehrkreis XVIII, General der Gebirgstruppen Julius Ringel, ausersehen worden. Der General Hengl anläßlich seiner Ernennung gegebene Befehl lautete inhaltlich folgendermaßen[56]: Hengl übernimmt als Befehlshaber Alpenfront Nordwest die Verteidigung des Gebirges nach Norden im Abschnitt Lofer, Kufstein, Mittenwald, Arlberg. Rechter Nachbar ist General Ringel in Salzburg. Aus den örtlichen Garnisonen sind sofort Kampfgruppen zu bilden, mit denen die Alpenpässe besetzt werden. — Die zurückgehenden Verbände der 1. und der 19. Armee sind aufzunehmen. Nach dem Einrücken der 1. und der 19. Armee in die „Alpenfestung" übernehmen die zuständigen Truppenführer ihre Abschnitte. Hengl übernimmt dann unter Bildung einer „Korpsgruppe von Hengl" den Abschnitt Lofer, Kufstein, Achenpaß, Innsbruck Nord (ausschließlich). — Einen analogen Befehl erhielt General Ringel. Sein Befehlsbereich sollte sich von der Salzach bis zum Semmering erstrecken[57]. Der Auftrag an General von Hengl bezog sich also ausdrücklich nur auf die Sicherung der Nordgrenze Tirols, stand somit gar nicht mit dem offiziell erst acht Tage später erlassenen Führerbefehl im Einklang, da hier die Linie Tegernsee, Murnau, Füssen als Nordrand der „Alpenfestung" festgelegt wurde. Der Auftrag trug aber den Realitäten wenigstens einigermaßen Rechnung, während der Befehl vom 28. eine Linie festlegte, die von den Amerikanern teilweise bereits überschritten war.

Nachdem also am 20. April 1945 vom OKW mit der Befehlsregelung für die „Alpenfestung" begonnen worden war, sah sich auch der Oberbefehlshaber der Heeresgruppe C, Generaloberst von Vietinghoff, offenbar in Unkenntnis des an General von Hengl ergangenen Befehls, veranlaßt, eine Kompetenzverteilung vorzunehmen. Am 22. April wurde infolgedessen das gesamte Gebiet des Gaues Tirol — Vorarlberg unter einen Verteidigungskommandanten, nämlich General der Infanterie Hans Jordan, gestellt. Unter General Jordan sollten die Generale Schmidt-Hartung für die Westfront und Feurstein für die Nordfront verantwortlich sein[58]. Es mußte also zwangsweise zu Überschneidungen zwischen von Hengl und General der Gebirgstruppen Valentin Feurstein kommen.

Nicht genug damit, übertrug Hitler am 24. April 1945 den Befehl über die gesamte „Alpenfestung" dem Oberbefehlshaber der Heeresgruppe Mitte, Generalfeldmarschall Ferdinand Schörner[59], der aber wieder keinerlei Möglichkeit hatte, in die Kampfführung im Alpenraum einzugreifen. Vielmehr war Feldmarschall Albert Kesselring für den gesamten Südraum verantwortlich.

Die Ernennung der Generale v. Hengl und Schörner besaß freilich noch einen anderen Aspekt. Generalfeldmarschall Schörner war bis zum 15. Mai 1944 Chef des NS-Führungsstabes des Heeres gewesen. General v. Hengl war sein Nachfolger[60]. In ihren Funktionen hatten sie die Aufgabe, die parteipolitische und ideologische Ausrichtung des Heeres mittels der Nationalsozialistischen Führungsoffiziere (NSFO) durchzuführen. Deren Ziel hatte der revolutionäre, weltanschauliche Kampf in seiner letzten Konsequenz zu sein. Diesem Ziel galt der Befehl Hitlers vom 13. März 1945, in dem als vordringliche Aufgabe der NSFO die „politische Aktivierung und Fanatisierung" der Truppen genannt wurde. Die Ernennung Ritter von Hengls und Ferdinand Schörners kam daher nicht von ungefähr, sondern bildete den logischen Abschluß nationalsozialistischer Kriegführung.

Bei den verschiedenen Einsatzbefehlen für die Verteidigung der „Alpenfestung" fällt aber noch etwas anderes auf, daß nämlich das primäre Augenmerk der West- und vor allem der Nordgrenze galt. Den Süden wähnte man im OKW offenbar noch so stark, daß eine Verteidigung der „Alpenstellung" durch die Heeresgruppe C nicht in Zweifel gezogen wurde.

Währenddessen machte aber Gauleiter Hofer offenbar eine Wandlung in seiner Haltung durch. Gewisse bewußt tirolische Tendenzen sowie ganz einfach der Gedanke an eine Kapitulation, bei der er selbst sowie sein Gau möglichst glimpflich davonkommen sollten, scheinen zum Durchbruch gekommen zu sein. Nachdem die „Alpenfestung" nicht mehr rechtzeitig zu realisieren begonnen worden war, dürfte er sich zu dem Standpunkt durchgerungen haben, daß es am besten wäre, Tirol überhaupt aus den Kämpfen herauszuhalten. Es galt, nach seinen eigenen Worten, „Unbesonnenheiten zu vermeiden und die nächsten Tage zu überbrücken[61]". Nach außen hin nahm der Gauleiter jedoch keine klare Haltung ein. Er unterstützte vorsichtig die Sonderkapitulationsverhandlungen in Italien, wollte sich aber genauso mit Kesselring nicht zur Unzeit überwerfen[62]. Die vielen divergierenden Strömungen, Tirol von Truppen freihalten, die Grenze verteidigen, gemeinsam mit dem italienischen Raum kapitulieren und das Einvernehmen mit dem Oberbefehlshaber West nicht trüben zu wollen, das waren unvereinbare Dinge.

Einige Tage hindurch war die Schlüsselfigur in dem Verwirrspiel der General der Gebirgstruppen Valentin Feurstein. Der gebürtige Bregenzer war vor seiner Ernennung zum Verteidigungskommandanten von Nordtirol Generalinspekteur der Standschützen und in gleicher Weise mit den Verhältnissen in Süd- wie in Nordtirol vertraut. Feurstein hatte keinen Grund zur Annahme, daß Tirol nicht voll und ganz in den Befehlsbereich des Oberbefehlshabers Südwest gehörte. Folglich ging er — man kann annehmen, mit dem ausdrücklichen oder stillen Einverständnis Hofers — daran, die Nordgrenze Tirols auch gegen die Truppen der 19. Armee zu sperren.

Zunächst erklärte er dem Oberbefehlshaber der 19. Armee, General Brandenberger, daß er, Feurstein, den Auftrag habe, den Befehl über alle auf die Alpen zurückgehenden Verbände, also auch die 19. Armee, zu übernehmen[63]. Brandenberger dürfte Rücksprache mit dem Oberbefehlshaber West gepflogen haben, denn kurz darauf rief Kesselrings Stabschef, General Westphal, bei Feurstein an und bedeutete ihm, daß ihn die Tiroler Nordgrenze nichts anginge[64]. Da Feurstein aber nicht nachgab, nahm Kesselring an, daß der Kommandant der Alpenfront den Befehl gehabt hätte, die Truppen der 19. Armee nicht über die Grenze zu lassen, damit die Kapitulation der Heeresgruppe C nicht gestört würde[65]. Als am 29. April die Kapitulationsvereinbarung unterzeichnet wurde, erhielt Kesselring, der gerade bei einer Besprechung beim Führungsstab B in Berchtesgaden war, die Verständigung, daß keine Gespräche mit Italien mehr durchgingen und anscheinend vom Oberbefehlshaber Südwest eine totale, auch nachrichtenmäßige Sperre gegenüber dem Oberbefehlshaber West verhängt worden sei. Und wieder glaubte Kesselring, daß Feurstein daran beteiligt war[66].

Daraufhin traf der Oberbefehlshaber West alle Maßnahmen, um Tirol und Vorarlberg aus dem Befehlsbereich von Vietinghoffs herauszulösen. Derjenige, der noch am 29. April Feurstein seine Ablösung durch General Jaschke bekanntgab, war dann Gauleiter Hofer, wohlweislich bemüht, die jeweils starke Hand zu unterstützen. Der bisherige Kommandant der Alpenfront übergab am 30. April sein Amt an General Böhaimb, der mit der Vertretung Jaschkes betraut worden war. Wenige Stunden später gab es jedoch abermals ein Revirement, als General der Gebirgstruppen Ritter von Hengl das ihm ja bereits am 20. April übertragene Kommando übernahm, das Jaschke nicht einmal kurzzeitig hatte ausüben können[67]. Hofer aber hielt am 30. eine Rundfunkansprache, in der er an die Bevölkerung appellierte, nicht die Nerven zu verlieren und in der entscheidenden Stunde zur Heimt zu halten; er sprach vom Frieden in Ehre, Freiheit und Gerechtigkeit, der aber nur dann möglich sei, wenn bis zu einem solchen Frieden die Waffen nicht aus der Hand gegeben würden und in den noch nicht feindbesetzten Gebieten völlige Ruhe und Ordnung herrsche. Nach diesen recht allgemein gehaltenen Worten flocht er noch einen Verteidigungsappell ein, sprach aber nur von der Verteidigung der Grenzen[68].

Der Tiroler Gauleiter war so ziemlich der einzige, der sich noch einiges von der Grundkonzeption der „Alpenfestung", so wie sie von ihm um die Jahreswende 1944/45 entworfen worden war, bewahrt hatte. Insbesondere hielt er persönlich daran fest, daß die „Alpenfestung" letztlich ja gar nicht den Charakter einer verteidigten Festung hätte annehmen sollen, sondern daß sie als ein Faustpfand, als ein Tauschobjekt gedacht war. Nun, die Festung war nie Wirklichkeit geworden, doch es sollte nach dem Willen von Gauleiter Hofer wenigstens in Tirol zu keinen Kampfhandlungen kommen. Und General Feurstein hatte ja nichts anderes versucht, als die Reste der 19. Armee zum Widerstand außerhalb Tirols zu zwingen, und das so lange, bis die Gesamtkapitulation Wirklichkeit geworden wäre. In seiner letzten Rundfunkansprache vom 2. Mai präzisierte Hofer diesen Standpunkt zum erstenmal: „In meiner letzten Rundfunkansprache habe ich bereits zum Ausdruck gebracht, daß das Weiterführen des Kampfes nur den einen Sinn haben kann, den Gegner an den Grenzen des Landes, im Gebirge, zum Stehen zu bringen, damit unserer Heimat das Letzte erspart bleibt[69] . . ." Er enthielt sich jedoch bis zum Schluß jeder absolut bindenden Stellungnahme und ordnete sich beispielsweise der von Kesselring vorgenommenen Neuordnung der Befehlsführung im Südraum widerspruchslos unter[70]. Am 1. Mai erfuhr der Generalfeldmarschall abermals während einer Besprechung beim Führungsstab B, daß sich in Tirol Sonderbestrebungen geltend machten. Der von ihm zur Ablösung von Generaloberst von Vietinghoff nach Recoaro entsandte General Schulz war dort von Vietinghoffs Chef des Stabes, General Röttiger, verhaftet worden, und dem Vernehmen nach soll abermals General Feurstein mit der Absperrung gegen den Oberbefehlshaber West (ab Anfang Mai OB Süd) beauftragt worden sein[71]. Kesselring verstand es jedoch, sich noch einmal durchzusetzen. Die 19. Armee sollte in Tirol ihren Endkampf führen.

Gegen die Absichten des nunmehrigen Oberbefehlshabers Süd, Kesselring, auch noch Tirol zum Kriegsgebiet werden zu lassen, machte sich aber nicht nur die hintergründige Opposition des Gauleiters bemerkbar, der so weit ging, schon Wochen vor der Bedingungslosen Kapitulation Kontakte zu den Amerikanern vorzubereiten; gegen diese Absichten machten sich vor allem auch die Kräfte der Tiroler Freiheitsbewegung stark[72].

Diese Kräfte waren — wie auch im übrigen Österreich — trotz der nationalsozialistischen Verfolgung allmählich erstarkt. Sie blieben allerdings inhomogen und daher schwächer, als sie es ihrer Zahl nach hätten sein müssen. Die Tiroler Freiheitsbewegung war auch im weitesten ein Abbild des Landes, da sie sich in Talschaften gliederte und die einzelnen Täler und Gebiete nur geringen Kontakt hatten. Schließlich kam es aber doch zur Bildung eines sogenannten Siebenerausschusses, und als am 14. März 1945 Dr. Karl Gruber mit der Organisation der Kräfte begann, bereitete sich die Freiheitsbewegung gezielt auf die Tage der Endkämpfe vor. Eine Erhebung sollte primär dazu dienen, Kampfhandlungen zu vermeiden und den Deutschen einen Widerstand in Tirol unmöglich zu machen. Daher war auch alles darauf abgestimmt, daß die deutsche militärische Führung unmittelbar vor dem Ausbruch der Kämpfe ausgeschaltet würde. Was dabei wenig bedacht wurde, war, daß es wie überall im sogenannten Heimatkriegsgebiet eine auf zwei Ebenen spielende Vorbereitung für die Kampfführung gab: die territoriale und längerfristige sowie die Ebene der Frontbefehlshaber, die sich dann sehr kurzfristig bemerkbar machten. Auch hinsichtlich der Effektivität gab es erhebliche Unterschiede. Die Territorialbefehlshaber verfügten meist nur über denkbar unzulängliche Kampfmittel, während die Fronttruppen noch immer besser ausgestattet und kampfkräftiger waren. — Schließlich durfte auch nicht übersehen werden, daß sich eine Truppe, die buchstäblich zwischen zwei Feuer gerät, nach allen Seiten verteidigt.

Die Tiroler Freiheitsbewegung plante die Ausschaltung der territorialen Befehlshaber und die Auflösung der Ersatzformationen. Auf das Verhalten der Fronttruppen, insbesondere jener der 19. Armee, konnte sie jedoch keinen Einfluß nehmen. Die Verhinderung von Zerstörungen und sämtliche Maßnahmen, auf die militärischen Führer einzuwirken, um die Kämpfe abzukürzen, waren legitim. Die militärische Erhebung barg Risken. Daß man sie in Kauf nahm, stand mit der Formulierung der Moskauer Deklaration in Einklang, daß bei der endgültigen Abrechnung der Anteil, den Österreich zu seiner Befreiung selbst leistete, in Rechnung gestellt werden sollte.

Der stellvertretende G 3 des Alliierten Hauptquartiers rief am 30. April, knapp nach Mitternacht, den G 3 der 6. Armeegruppe an und appellierte ein letztes Mal an General Devers, beim Vormarsch gegen die „Alpenfestung" größtmögliche Geschwindigkeit zu entwickeln, um nur ja zu verhindern, daß sich eine größere Anzahl deutscher Soldaten in das Gebirge zurückziehen könne[73]. Zu diesem Zeitpunkt waren die Truppen der amerikanischen 7. Armee aber bereits mehr als 24 Stunden auf Tiroler Boden.

UM DIE ZUGÄNGE NACH TIROL

Am 26. April gab es so gut wie keinen linken Flügel der 19. Armee mehr. Das hier führende Generalkommando LXIV. Armeekorps befehligte noch einige Splitterverbände, die durch geringe Reste der Divisionen des LXXX. Armeekorps ergänzt wurden. Die längs der Linie Mindelheim — Füssen verlaufende Grenze zur 1. Armee war illusorisch geworden.[74].

An diesem 26. April hatte das Generalkommando LXIV. Armeekorps nur wenig Hoffnung mehr, auf die Alpeneingänge zurückweichen zu können. Bildete das VI. US-Korps nur wenige Stoßtrupps, so war es in der Lage, früher die Pässe nach Tirol zu erreichen als die deutschen Soldaten. Die unzähligen zurückhastenden, funktionslosen Stäbe, Flakeinheiten, Marine- und Luftwaffensoldaten verstopften die Straßen, und es gelang nur sehr unvollkommen, die wenigen noch kampfbereiten Truppen durch diese Kolonnen durchzuschleusen[75].

In der Nacht zum 27. April mußte die 19. Armee eine ihrer letzten schwachen Divisionen, die 189. Infanterie-Division, an die 1. Armee abgeben[76]. Daraufhin versuchte das LXIV. Armeekorps mit seinen Restteilen, vorwiegend der wenige hundert Mann starken 257. Volks-Grenadier-Division, in unzusammenhängenden Gruppen zwischen Iller und Wertach die Linie Schlingen — Ottobeuren — Illerbeuren notdürftig zu sperren. Noch am selben Tag wurde diese Linie aber durchbrochen oder umgangen, und die amerikanische 44. Infanterie-Division drang in Kempten ein. Wenn überhaupt, dann war jetzt der Moment gekommen, die Alpeneingänge zu sperren. Das LXIV. Armeekorps erhielt am 27. April den Befehl, mit allen verfügbaren Teilen den Amerikanern den Eintritt bei Reutte zu verwehren[77].

Mit dem Eintritt in die Alpen wurden wiederum einige organisatorische Änderungen wirksam. So wurde der Stab von General Feurstein jenem von General Böhaimb unterstellt[78], und das Höhere Kommando Oberrhein nahm die Festungs-Pionierstäbe 3 und 11 auf und setzte sie am Fernpaß ein. Dort hatte zwar schon am 26. April Oberst Gollé, der Kommandeur des Gebirgsjäger-Ersatz-Bataillons 137, das Kommando übernommen, eine „Kampfgruppe Fernpaß" gebildet und sich alle militärischen Dienststellen im Raum Landeck, Imst und Reutte unterstellt[79]. Doch er wurde wie so viele, die ein Kommando an der Tiroler Nordgrenze übernahmen, nicht gebraucht und einfach beiseitegeschoben. Der Festungspionierstab 14 von General Marcinkiewicz, der weiterhin dem Stellvertretenden Generalkommando XVIII. Armeekorps unterstellt blieb, war zur Sperrung der Zirler Bergstraße vorgesehen[80].

Das LXIV. Armeekorps verlegte seinen Korpsgefechtsstand in der Nacht zum 28. April nach Füssen, um beim Rückführen von Menschen und Fahrzeugen behilflich zu sein. An Menschen mangelte es auch nicht, aber sie hatten keine Waffen mehr. Das Korps, das damit rechnen mußte, daß die amerikanische 44. Division von Kempten über Nesselwang nach Vils und Füssen vorstoßen würde, bemühte sich, dieser Gefahr durch systematische Straßensperren zu begegnen[81].

Am Vormittag des 28. begab sich der Korpsstab nach Wängle (westlich Reutte) und veranlaßte den Aufbau einer Abwehr in der Enge zwischen Musau und Pflach. Bei Vils konnten schwache Restteile des Gebirgsjäger-Ersatz-Bataillons 137 (Landeck) in Stellung gebracht werden[82]. Darüber hinaus setzte das Korps den Stab der 257. Volks-Grenadier-Division, das Standschützen-Bataillon Innsbruck I, eine schlecht bewaffnete Einheit des Reichsarbeitsdienstes (RAD) und zwei 8,8-cm-Flak ein[83]. Diese wenigen Soldaten sollten die Route über den Fernpaß in das Inntal sperren. Andere, ebenso schwache Truppen wurden in der Gegend des Haldensees eingesetzt, um die Straßen nach Hindelang und von Grän nach Pfronten zu sperren[84].

Es gehörte sicherlich nicht sehr viel dazu, um die Situation der deutschen Truppen zu erkennen. Bei der 44. US-Infanterie-Division faßte man sie an diesem Tag folgendermaßen zusammen[85]: „Während des 28. April wurde die vollständige Demoralisierung des Feindes zunehmend bemerkbar. Es wurden so viele Kriegsgefangene gemacht, daß es unmöglich wurde, genügend Wachen abzustellen, um sie zurückzuführen. Sie marschierten meist gebrochen und vollständig demoralisiert die Straßen entlang nach hinten, in geschlossenen Kolonnen, die von ihren eigenen Offizieren und Unteroffizieren geführt wurden. Ebenso überfluteten wahre Ströme von Flüchtlingen die Straßen, unter ihnen Frauen und Kinder sowie viele Männer, die noch die gestreiften Anzüge der Konzentrationslager trugen. Aber trotz der Demoralisierung des Feindes wurden die Brückensprengungen fortgesetzt und Straßensperren gebildet, die in diesem Gelände mit seinen hohen Bergen und tiefen Schluchten zeitraubende Hindernisse darstellten. Um diese Hindernisse zu beseitigen, mußte das 63. Pionier-Bataillon mehr leisten denn je zuvor."

Gerade als deutscherseits erste Maßnahmen getroffen wurden, um sich an den Gebirgseingängen zur Verteidigung einzurichten, überschritt am 28. April um ca. 19.30 Uhr die I-Kompanie des 114. Infanterie-Regiments der 44. US-Infanterie-Division die Tiroler Grenze bei Steinach. Knapp hinter ihr erreichten auch die ersten Panzer der 10. US-Panzer-Division, von Nesselwang kommend, österreichisches Gebiet. Sie fuhren kampflos in Vils ein[86]. Andere Teile des 114. US-Infanterie-Regiments strebten von Wertach aus dem Oberjochpaß zu. Sie hatten damit jene Route erreicht, die an sich den Franzosen zugedacht war, doch das kümmerte die Amerikaner nicht sehr.

Da die 44. US-Division beim Versuch, weiter gegen Reutte vorzurücken, auf Widerstand stieß, warteten die Amerikaner eine Massierung der eigenen Kräfte ab und setzten den Angriff erst am Nachmittag des 29. April fort. Die Amerikaner drängten nicht, sie feuerten. Bald machte sich auf deutscher Seite Munitionsmangel bemerkbar. Die Bevölkerung wurde zunehmend feindseliger und forderte den Rückzug der Verteidiger. Die vor Pflach bei Musau eingesetzten deutschen Einheiten wurden auch nach kurzem Kampf geworfen, und die Amerikaner drangen bis Heiterwang vor. Der amerikanische Vormarsch war nichtsdestoweniger erheblich verzögert worden, denn alle paar Kilometer stießen die US-Truppen auf zerstörte Brücken und abgesprengte Straßenstücke. Wie schon am 28. April wurden die Pioniere die wichtigste Waffengattung[87].

Das LXIV. Korps setzte sich auf den Fernpaß ab. Von Lermoos aus wurde noch Befehl gegeben, mit wenigen Soldaten bei Griesen die Straße nach Garmisch zu sperren[88]. Das geschah vor allem deshalb, da ein amerikanischer Funkspruch mitgehört worden war, der den beschleunigten Durchstoß der amerikanischen 10. Panzer-Division auf Innsbruck befahl[89].

Am Nachmittag des 29. wurde Garmisch kampflos besetzt. In der darauffolgenden Nacht ließ Generalfeldmarschall Kesselring der 19. Armee den Befehl zukommen, daß sie den Abschnitt Garmisch von der 1. Armee zu übernehmen habe. Die

Armeegrenze sollte ostwärts von Innsbruck verlaufen. Damit hatte die 19. Armee eine weitere Einfallspforte gegen das Inntal, nämlich die Scharnitzer Klause, übertragen bekommen, verfügte aber auch nicht um einen Soldaten mehr als vorher. Abgesehen von den Einheiten General Böhaimbs kamen für die Verteidigung dieses Passes nur die Reste der Gebirgsjägerschule Mittenwald in Frage, die jedoch schon nördlich von Garmisch von der amerikanischen 10. Panzer-Division geworfen worden waren und deren Splitter bei Kaltenbrunn stehen sollten[90].

Für Kesselring hatte sich das amerikanische Vorgehen gegen die Alpen anders entwickelt als erwartet. Er hatte damit gerechnet, daß die amerikanische 3. Armee schwerpunktmäßig südlich der Donau Richtung Passau und anschließend über den Inn in Richtung Berchtesgaden — Salzburg angreifen würde, um gleichen Schritt mit den nördlich der Donau vorgehenden Kräften zu halten. Das unerwartet langsame Vorgehen der Amerikaner unmittelbar südlich der Donau und andererseits der rasche Vorstoß der amerikanischen 7. Armee gegen den linken Flügel der deutschen 1. Armee, der durch den fast völligen Ausfall des XIII. Armeekorps der 1. Armee sowie des rechten Flügels der 19. Armee ermöglicht worden war, führten zu einer Zernierung des Alpenraums, noch ehe etwa der Raum zwischen München und Salzburg erreicht war. Dieses Vorgehen konnte nach Kesselrings späterer Auffassung nur den Zweck haben, ein Abdrängen der südlich und östlich von München stehenden deutschen Truppen in die „Alpenfestung" zu vermeiden[91]. Das war auch durchaus der Fall.

Die 1. Armee hatte am 27. und 28. April durch das rasche Verschieben der 17. SS-Panzergrenadier-Division „Götz von Berlichingen" und den Einsatz der SS-Junkerschule Tölz sowie eines Gebirgsjäger-Ersatz-Bataillons versucht, die Lücke an ihrem linken Flügel vom Ammer- über den Würm- zum Walchensee zu schließen. Dadurch konnte zwar das Vorgehen der französischen 1. Panzer-Division durch die Lücke zwischen Ammer- und Würmsee in die Flanke des südlich von München stehenden XIII. SS-Armeekorps verhindert werden. Aber diese wenigen Truppen waren natürlich nicht in der Lage, gleichzeitig den von Norden und Süden und zuletzt auch von Westen erfolgenden Angriffen standzuhalten. Auch die Inn-Stellung, die als Schutz von Reichenhall und Salzburg hätte dienen sollen, bot keinen Rückhalt. Der Umfassung von Süden durch die amerikanische 3. Infanterie-Division und die 1. französische Panzer-Division und dem frontalen Angriff der amerikanischen 20. Panzer-Division sowie der 80. Infanterie-Division waren die Kräfte des deutschen LXXXII. Armeekorps und des rechten Flügels des XIII. SS-Armeekorps nicht gewachsen. Der deutsche Widerstand brach auch hier zusammen[92]. Die 17. SS-Panzergrenadier-Division zog sich gegen das Achental zurück und richtete sich am Achensee zur letzten Verteidigung ein[93]. General von Hengl aber versuchte, das Inntal nördlich von Kufstein zu sperren[94].

Am 30. April begannen sich die Ereignisse zu überstürzen. Der Oberbefehlshaber der 19. Armee erhielt von der Scharnitzer Klause die Meldung, daß Kaltenbrunn offenbar kampflos aufgegeben worden sei und folglich nur mehr die Sperre an der Porta Claudia einen amerikanischen Vorstoß nach Innsbruck zu verhindern vermochte. Vom LXIV. Armeekorps wiederum wurde gemeldet, daß die Sicherungen der 257. Volks-Grenadier-Division durchstoßen worden seien und die amerikanische 44. Division über Lermoos nach Biberwier vordränge[95]. Jetzt ging es nicht mehr um die Zugänge nach Tirol, denn die hatten die Amerikaner ja bereits. Jetzt ging es um die Zugänge zum Inntal und nach Innsbruck.

DER KAMPF UM DEN FERNPASS

Der Kampf der deutschen Deckungstruppen mit dem 71. Infanterie-Regiment der 44. US-Infanterie-Division hatte die Einnahme von Lermoos bis in die Mittagsstunden des 30. April verzögert, doch dann waren die deutschen Soldaten geworfen worden, und die Amerikaner fühlten über das Moos nach Ehrwald vor[96]. Damit waren der 44. US-Infanterie-Division und der 10. US-Panzer-Division die wichtigsten Straßenknoten nördlich der Lechtaler Alpen und im Wetterstein-Gebirge in die Hände gefallen. Doch plötzlich kam den deutschen Truppen ein jahreszeitlich nicht ungewöhnlicher Verbündeter zu Hilfe: der Schnee. Regen, Schnee und Eis behinderten den amerikanischen Vormarsch so, daß er nur mehr schrittweise erfolgen konnte. Die Zerstörungen, die den Amerikanern unheimlichen Berge und wiederum der Schnee führten schließlich auch dazu, daß die 10. US-Panzer-Division ihren Vormarsch überhaupt einstellte. Jetzt hatten nur mehr Fußtruppen eine Chance.

Für das deutsche LXIV. Armeekorps bot sich am Fernpaß die letzte Möglichkeit, an geländemäßig günstiger Stelle einen Widerstand aufzubauen. Als der Korpsstab am 30. April am Fernpaß eintraf, stieß er auf eine Reihe von Stäben, die gerade dabei waren, die Abwehr zu organisieren. Unter diesen Stäben befand sich auch jener der 47. Volks-Grenadier-Division des LXXX. Armeekorps, der sich von der Donau auf recht abenteuerlichen Wegen bis zu den Alpen durchgeschlagen hatte. Dem Kommandierenden General des LXIV. Armeekorps kam dieser Stab gerade recht, um die Abwehr am Fernpaß zu organisieren. Es gelang, ein schwaches Jäger-Bataillon und zwei Marine-Kompanien in Stellung zu bringen, die der Oberbefehlshaber des Marine-Oberkommandos West, Generaladmiral Wilhelm Marschall, zur Verfügung stellte. Ein Zug schwerer Kanonen, eine gemischte Flak-Batterie (vier 8,8-cm- und etwa sechs 2-cm-Geschütze) bildeten den artilleristischen Rückhalt für jene Sperren, die durch das Auslösen von vorbereiteten Sprengungen verteidigungsbereit gemacht werden sollten[97].

Der Oberbefehlshaber West drückte General Brandenberger seine tiefe Besorgnis über den Fernpaß sowie die Scharnitzer Klause und die Zirler Bergstraße aus und befahl, alle Mittel für deren Verteidigung einzusetzen. Außerdem machte er den Oberbefehlshaber der 19. Armee persönlich für diese Punkte verantwortlich[98]. Doch Brandenberger konnte niemanden mehr einsetzen. Gerade zu diesem Zeitpunkt wurde ihm gemeldet, daß sich die Tiroler Freiheitsbewegung in ständigem Wachsen befinde und sich durch Zerstörungen an den ohnehin unzulänglichen Nachrichtenverbindungen bemerkbar mache. Die Standschützen aber, in die Brandenberger auf Grund einer Unterredung mit General Feurstein falsche Hoffnungen gesetzt hatte, begannen sich allenthalben aufzulösen[99].

Das AOK 19 hatte zunächst beabsichtigt, den am Fernpaß durch den Einsatz des Stabes der 47. Volks-Grenadier-Division freigewordenen Rest der 257. Volks-Grenadier-Division an der Zirler Bergstraße einzusetzen. Er nahm davon jedoch Abstand, nachdem bekanntgeworden war, daß Generalfeldmarschall Kesselring diesen Abschnitt General v. Hengl übertragen hatte. Eine Verbindung mit Hengl ließ sich aber seitens der 19. Armee nicht herstellen. So wurde der Stab der 257. Volks-Grenadier-Division für kurze Zeit direkt der Armee unterstellt und erhielt den Auftrag, im Inntal Sicherungen aufzubauen[100].

Nachdem die 47. Volks-Grenadier-Division das Kommando über die Verteidigung des Fernpasses übertragen bekommen hatte, begann der Divisionskommandeur, Oberst von Grundherr, damit, seine Kräfte aufzufüllen. Bei der Artillerie gelang ihm das in bemerkenswerter Weise. Doch das „Auskämmen" der über die Paßhöhe in das Inntal drängenden Stäbe, Trosse und der versprengten Einzelgänger erbrachte nicht allzuviel. Am meisten profitierte Oberst von Grundherr noch von den drei Kompanien, die Oberst Gollé in Stellung gebracht hatte, als er die „Kampfgruppe Fernpaß" aufstellte. Rund die Hälfte dieser Leute waren Volksdeutsche aus der Südsteiermark. Wenn man sich das Gemisch von Menschen ansieht, Gebirgsjäger, Grenadiere, Standschützen aus Imst, Marineangehörige, Reichs-Arbeitsdienst, Luftwaffenangehörige, 30 Offiziere aus der Führer-Reverse der 19. Armee u. a., dann ist man an die 9. Gebirgs-Division am Semmering gemahnt. Es gibt aber noch eine andere Parallele: Dieser „Haufen" am Fernpaß hielt dem Ansturm weit überlegener amerikanischer Truppen erstaunlich lange, nämlich drei Tage, stand und lieferte damit ein Musterbeispiel dafür, wie sich mitten in den Bergen durch geschickte Improvisation militärische Operationen verlangsamen lassen[101].

Da die meisten deutschen Soldaten am Fernpaß über keine Lokalkenntnisse verfügten, mußten sie sich zunächst von Einheimischen einweisen lassen. Insbesondere wurden Erkundigungen hinsichtlich der Begehbarkeit der tief verschneiten Berghänge links und rechts eingezogen. Die Witterung war weiterhin auf seiten der Verteidiger. Nachdem am 30. April die letzten deutschen Kolonnen den Paß passiert hatten, wurden die vorbereiteten Straßensperren aktiviert. Als die Amerikaner vorfühlten, wurden sie beschossen. Die Amerikaner erneuerten am 1. Mai ihren Versuch einer gewaltsamen Aufklärung, diesmal unter Einsatz von Panzern der 10. US-Panzer-Division. Sie wurden abgeschossen. Das ganze spielte sich in einem von Nebel erfüllten Kessel ab. Schließlich überwanden aber die Soldaten des 71. US-Infanterie-Regiments die erste Straßensperre beim Blind-See. Der Nebel behinderte allmählich auch die deutschen Verteidiger, so daß sie nicht bemerkten, daß sie trotz der hohen Schneelage umgangen wurden. Am Nachmittag des 1. Mai drang ein amerikanischer Stoßtrupp überraschend in Fern ein und griff den Gefechtsstand der deutschen Kampfgruppe an. Bei den nachfolgenden Kämpfen, in die auch die amerikanische Artillerie wirkungsvoll eingriff, wurde Oberst von Grundherr getötet. Sein Nachfolger wurde Oberst Langesee.

Obwohl deutscherseits alles versucht wurde, um die Amerikaner wieder aus Fern zu vertreiben, gelang dies nicht. Sie blieben trotz hoher Verluste in einem Teil des Ortes verschanzt. Am 2. Mai wurde von der Kampfgruppe der 47. Volks-Grenadier-Division nochmals versucht, durch Hangabsprengungen die Straße zur Paßhöhe unpassierbar zu machen. Doch die Wirkung blieb aus, und die Amerikaner begannen, sich mit Bulldozern einen Weg zu bahnen. Die Verteidiger waren bereits übermüdet. Sie waren auch entmutigt, und nach und nach desertierte ein Teil der eingesetzten Mannschaften. Noch immer lag dichter Nebel. Daher wurde von der Fernpaßbesatzung auch nicht erkannt, daß sich ein neuerlicher Umgehungsversuch anbahnte. Beim 71. US-Infanterie-Regiment hatten sich, wie es im „Report After Action" der 44. US-Infanterie-Division heißt, ein Leutnant und vier Soldaten, alle in österreichischen (!) Uniformen, eingefunden und sich erbötig gemacht, die Amerikaner auf den Fernpaß zu führen. Die vier Soldaten ließen sich als „Amerikaner" adjustieren, doch der Leutnant wollte in seiner österreichischen Uniform bleiben. Schließlich stiegen unter ihrer Führung rund 300 Mann des I. Bataillons des 71. Infanterie-Regiments zum Wannig auf und brachen überraschend in die deutschen Stellungen ein. Ein Teil der Besatzung des Fernpasses wurde gefangengenommen, ein anderer konnte sich in kleinen Gruppen nach Süden durchschlagen.

Der Beweggrund der wohl für alle überraschend aufgetauchten Österreicher war klar: Sie wollten die Brücke über die Schlucht unterhalb des Fernsteins retten, denn wenn sie gesprengt wurde, gab es keine Verbindung in das Inntal mehr. Die Identität des Leutnants in österreichischer Uniform blieb ungeklärt. Er verschwand so überraschend, wie er gekommen war[102]. Den Amerikanern war der Weg in das Inntal freigegeben.

DIE DIVISIONSGRUPPE „INNSBRUCK-NORD"

Nachdem am 23. April dem Abschnittskommandanten der „Nordalpenstellung Mitte", wie das damals hieß, General Böhaimb, befohlen worden war, vom Südrand des Achensees bis zum Nordrand von Scharnitz eine Verteidigungslinie aufzubauen, bildete er zwei jeweils bataillonsstarke Kampfgruppen: eine für den Achensee, die andere für Scharnitz[103]. Nach und nach trafen einige Verstärkungen ein, und zwar zwei Pionier-Bataillone, ein Nachrichten-Zug, ein Gebirgsgeschütz der Gebirgsjägerschule Mittenwald, acht 8,8-cm-Flaks aus Innsbruck, ein Panzerzerstör-Zug und etwa eine Kompanie Versprengte. Eine verstärkte Kompanie der SS-Gebirgsjägerschule Neustift im Stubaital verweigerte die Unterstellung und kämpfte später auf eigene Faust[104]. Die zwei Pionier-Bataillone erhielten den Befehl, die Straßen Seefeld — Zirl und Seefeld — Telfs zu sperren. Die Straße entlang des Achensees wurde gesprengt, und bei Scharnitz wurde die vom Höheren Pionierführer 14 vorbereitete Sperre bezogen. Am 29. April wurde Böhaimb dann dem „Befehlshaber Alpenfront Nordwest", General von Hengl, unterstellt und seine Truppen in „Divisionsgruppe Innsbruck-Nord" umbenannt. Der Abschnitt dieses Verbandes wurde eingeengt und auf den Raum Mittenwald — Innsbruck beschränkt[105].

Bis zum 30. April waren die Einheiten der Divisionsgruppe Innsbruck-Nord in der Scharnitzer Klause und im Leutaschtal in Stellung gegangen. Sie lagen aber offenbar nicht in vorderster Front, denn noch weiter vorne, in der Porta Claudia, waren 40 Hitlerjungen des HJ-Bannes Innsbruck eingesetzt worden[106]. Am 1. Mai um etwa 9 Uhr vormittags erfolgte bei für diese Jahreszeit ungewöhnlich starkem Schneefall der Angriff der amerikanischen 103. Infanterie-Division bei Scharnitz. Zwei amerikanische Panzer konnten abgeschossen werden. Die Treffer gingen, so scheint es, auf das Konto der Hitlerjungen, die daraufhin heftig beschossen wurden. 28 dieser

15- und 16jährigen wurden getötet. Gleich darauf gerieten die Amerikaner in das Feuer der vorhin erwähnten Wehrmachtseinheiten der Divisionsgruppe Innsbruck-Nord. Nach zwei Stunden hatte der führende amerikanische Verband, die 409. Regiments-Kampfgruppe, den Widerstand überwunden. Zu schaffen machte nur noch das Feuer von Heckenschützen, doch dann lag direktes Artilleriefeuer auf der Sperre und machte jeden weiteren deutschen Widerstand unmöglich. Nachdem der Kampfkommandant von Scharnitz gefallen war, zeigten sich Auflösungserscheinungen, die Sperren wurden geräumt, und die Soldaten fluteten zurück[107].

Da in Seefeld Tausende Verwundete und Flüchtlinge untergebracht waren, beschloß General Böhaimb, diesen Ort nicht zu verteidigen. Er wollte jedoch bei Reith Widerstand leisten. Das Bataillon im Leutaschtal sollte sich absetzen und die Sperre an der Straße Seefeld — Telfs besetzen. Am Nachmittag des 1. Mai fand wieder einmal ein Wechsel in den Befehlsverhältnissen statt, und die Divisionsgruppe Innsbruck-Nord unterstand fortan der 19. Armee[108].

Am darauffolgenden Tag begann die amerikanische 103. Infanterie-Division, die Seefeld und Mösern besetzt hatte, ihren Angriff gegen die neue deutsche Widerstandslinie bei Reith. Als eine verspätete Auflage des Befehlswirrwarrs in Tirol vor dem 29. April zog jedoch das Flak-Regiment Innsbruck, das einer Flak-Division der Italienfront unterstand, plötzlich mit seinen Geschützen ab. Trotzdem hielt die Sperre bei Reith bis etwa 18 Uhr[109]. In Zirl fing dann ein Pionier-Bataillon die zurückgehenden Teile der Kampfgruppe auf und bereitete die Verteidigung der Bergstraße vor. Bis zum Abend waren hier Baumsperren angelegt und ein Teil der Straße abgesprengt worden. Mit dem Einbruch der Dunkelheit begann ein Artillerieduell, das sich bis in die Morgenstunden des 3. Mai hinzog. Schließlich wurde aber auch diese letzte Sperre vor dem Inntal und Innsbruck geräumt[110].

Noch im Verlauf des 2. Mai hatten die Amerikaner Innsbruck ein Ultimatum gestellt: Wenn die Stadt nicht innerhalb von vier Stunden übergeben würde, sollte sie bombardiert und zerstört werden. Es war das in dem Augenblick, als es gesagt wurde, eine leere Drohung. Doch da die Amerikaner zweifellos über die Mittel zu einem vernichtenden Luftangriff verfügten, ließ sich über die Ernsthaftigkeit der Drohung kaum debattieren. Um 17 Uhr traf ein Vertreter General Böhaimbs bei der 103. US-Infanterie-Division ein, um die Übergabebedingungen zu erörtern. Schließlich fuhr der Feindnachrichten-Offizier der Division, Major Bland West, mit dem deutschen Emissär nach Innsbruck[111]. In der Stadt hatte sich an diesem Tag die Freiheitsbewegung erhoben, vorübergehend einige Kasernen besetzt und am Abend auch General Böhaimb auf der Hungerburg gefangengenommen. Die Folge war, daß der amerikanische Offizier niemanden fand, der ihm die Stadt übergeben konnte. Da es die Amerikaner aber gewohnt waren und auch Wert darauf legten, daß ihnen eine Kapitulation von deutschen Offizieren für deren Befehlsbereich angeboten würde, fuhr Major West unverrichteter Dinge zu seiner Division zurück. Für den nächsten Tag wurde die Erneuerung der Mission vorgesehen.

General Brandenberger war es nicht schwergefallen, die Entwicklung der Lage vorauszusehen. Er hatte sich von vornherein über die Verteidigungsmöglichkeiten in der Scharnitzer Klause und am Fernpaß keine falschen Hoffnungen gemacht und stellte schon am 1. Mai in Rechnung, daß es eine Frage von Stunden sein würde, bis sich die Amerikaner den Weg nach Landeck geöffnet hätten. In diesem Fall schien es möglich, daß die amerikanischen Truppen im Rücken des AOK 24 zu stehen kämen, das dann am Arlberg zwischen der 7. amerikanischen und der 1. französischen Armee eingeklemmt worden wäre. Das schien umso eher der Fall zu sein, als der Druck der Franzosen gegen das AOK 24 schwächer war als jener der Amerikaner gegen das LXIV. Armeekorps und daher die Absetzbewegung General Schmidts langsamer vor sich ging als diejenige General Friebes in Tirol. Da der Oberbefehlshaber der 19. Armee aber auch das ihm unterstehende AOK an sich ziehen wollte, erhielt dieses am 1. Mai die Weisung, bei Fortsetzung des hinhaltenden Widerstandes jeden ernsthaften Kampf zu vermeiden und sich auf ein schnelles Absetzen in den Raum Landeck einzustellen[112].

DER RÜCKZUG DES AOK 24

Dem Befehlshaber der 1. französischen Armee, General Lattre de Tassigny, war am 22. April von General Devers avisiert worden, daß er sich bereitzuhalten habe, seinen Vormarsch möglicherweise auf die Einnahme Landecks auszurichten. De Lattre hatte sofort begriffen, daß ihm hier die Möglichkeit geboten wurde, über den Reschenpaß die Verbindung mit den Alliierten in Italien herzustellen. Er setzte, wie bereits erwähnt, die französische 5. Panzer-Division zum Angriff auf Vorarlberg an und dirigierte seine 1. Panzer-Division entlang der Route Biberach — Immenstadt — Oberjoch gegen Westtirol[113]. Die 1. französische Armee brauchte aber länger als erwartet, um den Widerstand des XVIII. SS-Panzerkorps im Schwarzwald zu brechen, und kämpfte außerdem mit Versorgungsschwierigkeiten[114]. Während dieser Zeit stießen die amerikanische 44. Infanterie-Division und die 10. Panzer-Division bis Füssen vor. Durch eine irrige Meldung wähnte de Lattre die Amerikaner am 30. April bereits über den Fernpaß und sah sich daher veranlaßt, bei General Patch, dem Befehlshaber der amerikanischen 7. Armee, zu intervenieren, weil er sich seinen Prestigeerfolg unbedingt sichern wollte: „Ich erwarte, mein operatives Ziel, nämlich Landeck, am Abend des 30. April zu erreichen, um dann die Verbindung mit Ihren Einheiten aufzunehmen. Im Falle, daß Ihre Truppen früher in der Gegend von Landeck eintreffen sollten, erwarte ich, daß, so wie ich mich von Ulm zurückzog, um Ihnen freien Zugang zu Ihrem Gefechtsstreifen zu lassen, . . . nun Sie als Gegenleistung die notwendigen Maßnahmen ergreifen werden, damit der Verkehrsknotenpunkt Landeck und des weiteren die Straße zum Reschenpaß meiner Kontrolle überlassen bleiben[115].“
Aber de Lattre, dessen Spitzenverband am 30. April gerade die österreichische Grenze überschritten hatte, war falsch informiert worden. Die Amerikaner wurden am Fernpaß aufgehalten. Der Zufall wollte es, daß General Patch wenige Stunden vor de Lattres Botschaft eine Weisung vom Hauptquartier der 6. Armeegruppe erhalten hatten, wonach bei der endgültigen Festlegung der Armeegrenze zwischen amerikanischer 7. und 1. französischer Armee Landeck und der Reschenpaß ausdrücklich den Amerikanern zufielen. Da die amerikanischen Divisionen zudem die Straßenverbindungen zwischen Reutte und Lermoos in der Hand hatten, mußte de Lattre, so glaubten die Amerikaner, die Order von General Devers akzeptieren und sein ehrgeiziges Ziel aufgeben[116].

Da zeigte sich für de Lattre plötzlich ein Lichtblick, als er erfuhr, die Amerikaner würden am Fernpaß aufgehalten. Er faßte daraufhin den Entschluß, mit Teilen der 2. marokkanischen Infanterie-Division des Generals de Linares durch das Kleine Walsertal und über den Widderstein nach Warth und von dort über Zürs und Stuben zum Arlberg zu gelangen, um auf diese Weise noch vor den Amerikanern nach Landeck zu kommen[117]. Unter diesen Voraussetzungen mußte es der 1. französischen Armee sogar erwünscht sein, wenn der Rückzug des AOK 24 möglichst langsam vor sich ging, denn nur dann war es möglich, ungestört den Arlberg zu erreichen und den geplanten Wettlauf nach Landeck zu gewinnen. Erst in zweiter Linie ging es dann darum, das AOK 24 in Vorarlberg abzuschneiden.

De Lattre konnte freilich nicht wissen, daß die Weisung General Brandenbergers vom 1. Mai diesem Plan genau zuwiderlief und dem AOK 24 nichts anderes aufgetragen worden war, als möglichst ohne ernsthafte Kämpfe den Rückzug durch Vorarlberg zu bewerkstelligen und das Land auf raschestem Weg zu verlassen.

Die Ersatz- und Ausbildungs-Division 405 wich nach der kampflosen Räumung von Bregenz am 1. Mai auf den Schwarzachbach, nördlich von Dornbirn, aus, von wo sie sich nach kurzem Widerstand ebenfalls absetzte[118]. General Schmidt verzichtete im Einvernehmen mit dem Befehl General Brandenbergers auf jegliche Verteidigung Dornbirns und ließ seine wenigen Einheiten zunächst auf Hohenems und dann auf den Götzis-Riegel ausweichen. Der geringe artilleristische Widerstand und der Einsatz von Panzerfäusten, der aus diesen Stellungen deutscherseits geleistet wurde, verlangsamte wohl den französischen Vormarsch, da die 5. Panzer-Division die Umgehung des Riegels einleiten mußte, forderte jedoch auch die Beschießung beider Orte durch die französische Artillerie heraus[119]. Da die Franzosen dabei über einen Zipfel Schweizer Territorium hinwegschossen, ließ der Schweizer General Guisan die sofortige Feuereinstellung fordern[120]. Dieser Schweizer Protest hatte Erfolg und die französische Artillerie mußte das Feuer einstellen. Götzis konnte aufatmen.

Die deutsche Widerstandslinie wurde noch in der Nacht zum 2. Mai kampflos geräumt, und die 405. Division erhielt den Befehl, ihren Rückzug auf den Arlberg fortzusetzen. General Faulenbach brachte die Aufgabe des Götzis-Riegels durch die ihm unterstehenden Truppen auf den einfachen Nenner, daß die Verteidigung dieser Stellung „ebenso wie die des Riegels von Feldkirch bei der beginnenden Auflösung der ostmärkischen Ersatzeinheiten mit den noch verbleibenden Kräften nicht mehr möglich war[121]". Daß sich zu dem Zeitpunkt schon ganz anderes auflöste als nur „ostmärkische Ersatzeinheiten", wurde bei dieser Feststellung, so scheint es, übersehen. Die nächste Widerstandslinie lag westlich von Bludenz, in der Talenge bei Nüziders[122]. Wo General Schmidt die Möglichkeit hatte, durch Brückensprengungen ein rasches Nachrücken der Franzosen zu verhindern oder wo er die Gelegenheit hatte, noch vorhandene Splitter von territorialen Einheiten einzusetzen, tat er es und verstärkte diese Gruppen meist durch ein paar SS-Soldaten. Auf diese Weise ließ sich der Rückzug des AOK 24 auch verhältnismäßig reibungslos bewerkstelligen. Daß gerade die Brückensprengungen und die oft wirklich sinnlose Zerstörung der Verkehrsverbindungen die Bevölkerung verbitterten, wurde als unabänderlich in Kauf genommen. Diese deutschen Maßnahmen bereiteten aber auch sicherlich den Boden vor, auf dem dann in den Franzosen wirklich nur Befreier gesehen wurden. Auch das Auftauchen von Tausenden marokkanischen Soldaten rief zunächst nur Neugierde hervor.

Dann war auf deutscher Seite von einem Tag auf den anderen ein Sinneswandel zu bemerken. Im Unterland war zumindest noch stellenweise gekämpft worden und fand sich kaum jemand, der darauf verzichtet hätte, Städte zum Faustpfand zu nehmen. Je mehr sich das AOK 24 aber dem Arlberg näherte, umso mehr waren die Kommandeure geneigt, Orte überhaupt nicht mehr in die Verteidigung einzubeziehen. General Faulenbach gab beispielsweise den Bitten der Bevölkerung von Bludenz nach und verzichtete darauf, seinen Soldaten auch diese Stadt als Anhalt für die Verteidigung zu bezeichnen. Er tat es nicht leicht und verwies vor allem darauf, daß ja auch die deutschen Städte verwüstet worden seien[123]. Doch war das wirklich ein Argument?

Durch den von General Brandenberger zwar befürchteten, aber doch schneller als erwartet erfolgten Fall des Fernpasses schwand allerdings immer mehr die Hoffnung, das AOK 24 noch rechtzeitig bis Landeck verschieben zu können. Man konnte nur noch hoffen, daß die Hangabsprengungen am Fernpaß so wirksam sein würden, daß zumindest der Vormarsch von amerikanischen Panzern für einige Tage verzögert würde[124]. In diesem Fall hatte das AOK 24 noch eine Chance, nach Tirol zu kommen.

Am Morgen des 4. Mai wurde vom AOK 24 die Sperre bei Nüziders kampflos geräumt, am Nachmittag desselben Tages bei Bings etwas Widerstand geleistet und schließlich bei Dalaas die letzte Riegelstellung westlich des Arlbergs bezogen. Man begann, alle entbehrlichen Teile durch den Tunnel zu schleusen, der allerdings nur eingleisig befahrbar war. Die Arlbergstraße war angesichts der Schneelage unpassierbar. Am 4. Mai ging General Schmidt nochmals der Befehl zu, alle verfügbaren Kräfte durch den Arlbergtunnel zu schleusen und sie zur Unterstützung der von Nordosten auf Landeck zurückweichenden Truppen des LXIV. Armeekorps zu entsenden[125]. Westlich des Arlbergs sollte nur eine schwache Nachhut der auf Bataillonsstärke zusammengeschmolzenen Kampfgruppe Volk das Nachdringen der Franzosen aufhalten[126]. Am 5. Mai waren diese Bewegungen beendet; das AOK 24 war in Strengen eingetroffen. Mit ihm waren vier schwache Bataillone und eine Panzerspähwagen-Kompanie (mit sechs bis acht Fahrzeugen) in den Raum zwischen Landeck und St. Anton aus der „Festung Vorarlberg" entkommen[127]. Noch in der Nacht zum 6. Mai blockierte eine Gruppe der Tiroler Freiheitsbewegung den Arlbergtunnel, wodurch ein Zug entgleiste und der Schienenweg unpassierbar wurde[128]. Den westlich des Arlbergs verbliebenen deutschen Soldaten war somit der Rückzug abgeschnitten. Daraufhin brachen sie zu Fuß über den Arlberg auf. Doch auch die nachdrängenden Franzosen mußten sich erst einen neuen Weg schaffen, mitten durch den Abfall eines Weltkriegs.

Jene Kolonne der 2. marokkanischen Infanterie-Division, die unter der Führung des 1954 als Verteidiger von Dien Bien Phu zur Berühmtheit gelangten Oberst de Castries über den Hochtannberg zum Arlberg und weiter nach Landeck wollte, war am 4. Mai in Baad im Kleinen Walsertal eingetroffen[129]. Es kam praktisch nirgends zu Kämpfen mit deutschen Soldaten, die von Generalleutnant Ludwig Merker, dem ehemaligen Stadtkommandanten von Wien, zur Verteidigung des Bregenzerwaldes aufgeboten worden waren. Dabei war gerade der Bregenzerwald durchaus keine Gegend, in der es nicht von Soldaten gewimmelt hätte. Ganz im Gegenteil! Außer den Standschützen, die sich aber meist als Kräfte verstanden, die um jeden Preis den Ausbruch von Kämpfen und das Zerstören von lebenswichtigen Gütern verhindern wollten, gab es noch das bereits erwähnte „Freikorps Adolf Hitler", Einheiten der Marine-HJ, normale HJ, SS-Kampfgruppen und zahllose Versprengte[130].

Die französische Kolonne begann im Lauf des 5. Mai auf Schiern den Marsch nach Lech und Zürs zum Arlberg. Sie wurde bereitwillig von Angehörigen der Freiheitsbewegung geführt und war sicherlich eine der kuriosesten Marschkolonnen, die je das Flexengebiet und den Arlberg überquerte. Am Nachmittag des 6. erreichte sie St. Anton, und der Kommandeur der Gruppe benützte die erste Gelegenheit, ein Telefongespräch mit Landeck zu führen. Er erlebte jedoch eine herbe Enttäuschung, denn sein Gesprächspartner sprach englisch: Die amerikanische 44. Infanterie-Division hatte bereits am späten Abend des 5. Mai Landeck erreicht[131].

DAS ENDE IN TIROL

Das VI. US-Korps hatte sich angesichts der Straßensprengungen am Fernpaß, in der Scharnitzer Klause und an der Zirler Bergstraße veranlaßt gesehen, die 10. Panzer-Division aus den Kämpfen herauszuhalten und den endgültigen Stoß in das Inntal der 44. und der 103. Infanterie-Division zu überlassen. Diese waren auch eher dazu imstande, die geländemäßigen Schwierigkeiten zu überwinden[132]. Der Oberbefehlshaber der 19. Armee verfügte seinerseits am 2. Mai über keinerlei Nachrichten über die Lage an der Zirler Bergstraße. Er hatte, nachdem ihm am 1. Mai auch die Verteidigung des Abschnitts Innsbruck übertragen worden war, Kesselring sofort gemeldet, daß er dazu keinesfalls in der Lage sei. Daraufhin war vom Oberbefehlshaber West General Ritter von Hengl eingeschaltet und ihm die Sicherung des Gebirgskammes im Norden des Inntales übertragen worden. Der Befehlshaber der Alpenfront Nordwest, Ritter von Hengl, war aber bereits der 1. Armee unterstellt worden, hatte seinen Gefechtsstand in Wörgl eingerichtet und hatte wohl genauso wenig wie Brandenberger noch eine reale Möglichkeit, Innsbruck zu besetzen und zu verteidigen. General Brandenberger konnte schließlich keine Verbindung mehr zu General Hengl herstellen, und schließlich riß auch die Verbindung zum Oberbefehlshaber West ab[133]. Vielleicht war Brandenberger auch gar nicht mehr so sehr daran interessiert, Verbindung mit Kesselring und von Hengl zu halten. Der einzige noch einigermaßen geschlossene Verband, über den General Brandenberger verfügen konnte, war die 257. Volks-Grenadier-Division, die am 2. Mai den Auftrag bekam, im Inntal von Zirl bis Landeck Sicherungen aufzubauen. Das sah dann so aus, daß an der Brücke von Telfs eine Kampfgruppe von 100 Versprengten, ferner bei Imsterau 300 Mann vom Reichs-Arbeitsdienst sowie einige Marinesoldaten und in Kronburg 80 Flaksoldaten mit zwei 2-cm-Flaks eingesetzt wurden. Da der Stab des LXIV. Armeekorps nach dem Fall des Fernpasses wieder freigeworden war, wurde ihm diese Kampfgruppe der 257. Volks-Grenadier-Division unterstellt[134].

Die amerikanischen und französischen Streitkräfte standen schon tief in dem Gebiet der „Alpenfestung", als noch immer von deutschen Dienststellen Ausführungsbefehle für die Bildung dieses Reduits erlassen wurden. Am 2. Mai erging vom Führungsstab B des Oberkommandos der Wehrmacht an die Befehlshaber der Alpenfront Nordwest und Nordost die Weisung, vorwärts der jeweiligen Hauptkampflinie eine Sperrlinie festzulegen die „den Zuzug aller Personen, Dienststellen, Stäbe und Einheiten in die Alpen verhindern" sollte, „die weder die Kampfkraft stärken noch kampfentscheidende Führungs- oder Versorgungsaufgaben" erfüllen konnten[135].

Im einzelnen war der Eintritt in die Alpen folgenden Personengruppen zu verbieten:

a. Kriegsgefangenen mit Ausnahme britischer und amerikanischer Gefangener.

b. Allen übrigen Ausländern mit Ausnahme der im Kampfeinsatz befindlichen verbündeten Truppen und der zu deutschen Verbänden gehörigen, verbündeten Soldaten.

c. Zivilisten, die nicht im Gebiet der Alpen beheimatet waren.

d. Einzelnen und in kleinen Gruppen marschierenden, nicht erdkampffähigen Angehörigen aller Wehrmachtsteile, Organisationen usw.

e. Erdkampffähigen Angehörigen der Wehrmacht, Organisationen usw., die nicht an Ort und Stelle bewaffnet werden konnten.

f. Einzeln marschierenden Stabshelferinnen, die nicht zu Dienststellen, Stäben usw. in den Alpen gehörten, bzw. die nicht für den Einsatz in der Alpenfront vorgesehen waren.

g. Territorialen Dienststellen.

h. Bodenständigen Lazaretten.

i. Versorgungstruppen nach näherer Anweisung der Oberbefehlshaber-West und -Süd (Oberquartiermeister).

k. Dienststellen von Partei und Staat und deren Angehörigen mit Ausnahme kleinster Stäbe der Obersten Partei- und Reichsbehörden.

An Menschen, die bei einer entsprechenden Entschlossenheit zur Verteidigung der „Alpenfestung" hätten eingesetzt werden können, fehlte es dennoch nicht, denn bis Anfang Mai waren Hunderttausende Militärpersonen in das Gebiet der „Alpenfestung" eingeströmt. Wohl aber mangelte es so ziemlich an allem, was für eine Verteidigung materiell nötig war. Und wie lange hätte dieser aussichtslose Kampf geführt werden sollen?

Die legendären unterirdischen Fabriken beschränkten sich im wesentlichen auf das Heinkel-Flugzeugwerk im Achensee-Tunnel[136]. Nirgends aber gab es eine Erzeugungsstätte für Flugbenzin. Es hätte alles Kriegsmaterial herangebracht werden müssen. Doch nicht nur das! Am 28. April stellte der Bevollmächtigte General der Heeresversorgung B fest: „Bestände der Festung Alpen nur unbedeutend. Umlagerung von Mehl- und Mundportionen aus dem bayrischen und böhmisch-mährischen Raum in die Festung Alpen ist angelaufen. Vorgesehen sind vorläufig rund 70 Züge[137]." Die „Alpenfestung" bot nämlich nur für höchstens zwei bis drei Wochen Nahrung.

Und hier wird wohl der einzige positive Aspekt des oft grotesk anmutenden Schattenspiels um die „Alpenfestung" aufzuzeigen sein: Durch die energischen Befehle, den Alpenraum, in dem ohnehin schon eine erkleckliche Anzahl funktionslos gewordener Stäbe und Parteidienststellen Unterschlupf gefunden hatten, gegen den Zuzug weiterer Menschenmassen zu sperren, kam es zu keiner weiteren Verschärfung des akuten Mangels an Nahrungsmitteln.

So war die „Alpenfestung" also buchstäblich zu einer Existenzfrage geworden. Freilich in einem ganz anderen Sinn, als es ursprünglich geplant war.

Innsbruck, ja mehr noch: Tirol war kapitulationsbereit. Nachdem die Verbindungsaufnahme zwischen den Amerikanern und den für die Kapitulation Innsbrucks zuständigen Militärdienststellen am 2. Mai nicht geklappt hatte, versuchten es die Amerikaner noch einmal. Sie unterstrichen ihre Kapitulationsaufforderung mit der Drohung, Innsbruck unverzüglich einem vernichtenden Luftangriff auszusetzen[138].

Nachdem das amerikanische Ultimatum eingegangen war, trug General Böhaimb die Angelegenheit Gauleiter Hofer vor, der nun offenbar auch seinerseits den Zeitpunkt der Kapitulation gekommen sah und in einer Rundfunkansprache noch vor dem geforderten Termin die Erklärung abgab, daß man sich zwar weiterhin an die Berge krallen werde, Innsbruck aber nicht zu verteidigen gedenke[139].

Der Oberbefehlshaber West rief nach dieser Rede sofort bei Hofer an und reagierte äußerst heftig auf die Erklärung des Tiroler Gauleiters. Schließlich verbat er sich jedes Eingreifen in militärische Belange und wies die 19. Armee an, ihre weiteren militärischen Entscheidungen völlig unbeeinflußt von etwaigen Interventionen Hofers zu treffen[140]. Auf die Entwicklung in Innsbruck konnte General Brandenberger aber gar keinen Einfluß nehmen, da er die Stadt nie in seinen Befehlsbereich einbezogen hatte. Im ganzen Land lösten sich die letzten Standschützeneinheiten auf, und die Sabotageakte gegen die weiterhin kampfbereiten Splitter der Deutschen Wehrmacht und der Waffen-SS mehrten sich.

Schließlich suchte Brandenberger doch wieder den Kontakt zu Generalfeldmarschall Kesselring und fragte noch am 2. Mai an, ob er Kapitulationsverhandlungen einleiten dürfe, denn nun, nach der Kapitulation der Italienarmee, war die Rückendeckung für die 19. Armee in Wegfall gekommen, und es konnte ein rascher Vorstoß der amerikanischen 5. Armee über den Brenner und das Reschenscheideck erwartet werden[141]. Kesselring leitete noch am selben Tag diese Bitte in der Form an den Nachfolger Hitlers, Großadmiral Dönitz, weiter, daß er um die Erlaubnis nachsuchte, die Übergabe der Heeresgruppen G und E mit den Westmächten vereinbaren zu dürfen. Am 3. Mai erteilte Dönitz dem Generalfeldmarschall die Erlaubnis, für seine Truppen zwischen dem Böhmerwald und dem oberen Inn, also die Heeresgruppe G, einen „Waffenstillstand" abzuschließen. Nach diesem prinzipiellen Einverständnis ermächtigte Kesselring General Brandenberger, für die 19. Armee mit den Amerikanern und für das AOK 24 mit den Franzosen Verbindung aufzunehmen[142].

In dem Bewußtsein, daß die Kapitulation der deutschen Truppen in Tirol offenbar eine Frage von Stunden sei, vermieden die amerikanischen Truppen nach Möglichkeit jeden Druck auf die zurückweichenden deutschen Verbände[143]. In den Mittagsstunden des 3. Mai war die Sperre am Zirler Berg geräumt worden, und in den Abendstunden desselben Tages rückten die ersten Verbände der amerikanischen 103. Infanterie-Division in Innsbruck ein[144].

Ein Regiment der 44. US-Infanterie-Division, das noch während der Kämpfe um den Fernpaß von Reutte in das obere Lechtal vorgedrungen war, mühte sich damit ab, von dort den Weg in das Inntal zu finden.

Die 257. Volks-Grenadier-Division ging auf Imsterau zurück und wurde von der 44. US-Division gleichsam nur symbolisch verfolgt. Nichtsdestoweniger kam es noch zu Kampfhandlungen. Am 4. Mai meldete man bereits amerikanische Panzer im Rücken der deutschen Truppen. Das AOK 19 ließ die Straße zum Reschen aber nur durch eine schwache Pioniergruppe sichern und entsandte einen Regimentskommandeur, um die Amerikaner von den eingeleiteten Kapitulationsverhandlungen zu informieren. Diese Mission hatte Erfolg, und die Panzer verhielten auf der Paßhöhe[145].

Der Kommandeur der amerikanischen 103. Infanterie-Division wiederum, General McAuliff, sandte noch in der Nacht vom 3. zum 4. Mai sein 411. Infanterie-Regiment zum Brenner, und von hier fuhr die Patrouille nach Sterzing, wo sie noch am Vormittag die Verbindung mit der 88. US-Infanterie-Division aufnahm[146]. Die alliierte 15. und die 6. Armeegruppe hatten im Herzen der „Alpenfestung" ihre Vereinigung vollzogen.

Mit der Einleitung von Kapitulationsgesprächen seitens der 19. Armee und des AOK 24 wurde die Übergabe des größten Teils der deutschen Truppen im Tiroler und Vorarlberger Raum vorbereitet. Zum Zeitpunkt der Kapitulation dieser Verbände verfügte die 19. Armee (samt AOK 24) allerdings nur mehr über sieben schwache Bataillone mit zusammen etwa 2.000 Mann, sechs Kanonen und 10 Flak-Geschützen verschiedenen Kalibers[147].

Von der Kapitulation der 19. Armee wurde aber nicht das ganze Gebiet Tirols erfaßt, wie sich ja auch die Kampfführung nicht auf die 19. Armee beschränkt hatte. Weiter ostwärts, von Solbad Hall angefangen bis in das Salzburgische, war der Befehlsbereich der deutschen 1. Armee. Und in diesem Bereich vollzog sich einiges anders als im übrigen Tirol. Dafür maßgeblich war vor allem die Entschlossenheit des Befehlshabers der Alpenfront Nordwest, General Ritter von Hengl, weiterhin Widerstand zu leisten[148]. Er hatte seinen Gefechtsstand zunächst in der Kaserne in Wörgl eingerichtet und teilte seine als „Korpsgruppe von Hengl" bezeichneten Kräfte so auf, daß der Divisionsgruppe Buchner mit einem Bataillon der Panzergrenadier-Division „Groß-Deutschland", zwei Polizei-Bataillonen, zwei Infanterie-Bataillonen, einer SS-Kompanie sowie drei Batterien Flak, einer 15-cm-Batterie sowie Pionieren die Sperre der Straße Rosenheim — Kufstein beiderseits des Inn sowie die Sperre der Straße von Schliersee nach Kufstein übertragen wurde. Die Divisionsgruppe Oberst Schirowski sollte mit sehr schwachen Kräften den Achen- und den Valepp-Paß sperren. Und schließlich wurde der Kampfgruppe Oberst Drück in Schwaz die Sperrung des Inntales bei Hall befohlen.

Der Vormarsch der 103. US-Infanterie-Division zwang noch am 2. Mai die Kampfgruppe Drück, aus dem Raum westlich Schwaz zurückzugehen. General Hengl versuchte nun, die auf seinen Verteidigungsbereich ausweichenden deutschen Truppen dazu zu bewegen, stehenzubleiben. Zunächst sollten sich einmal die Reste der zum XIII. Armeekorps gehörenden 212. Volks-Grenadier-Division und Splitter der Division 407 unter Generalmajor Buddenbrock im Raum Schliersee „einigeln". Das gleiche sollten die übrigen Restverbände des XIII. Armeekorps unter General Walther Hahm nördlich des Achenpasses machen[149]. Letzteres galt vor allem für die 17. SS-Panzergrenadier-Division „Götz von Berlichingen". Der Erfolg dieser Maßnahmen mußte aber mehr als zweifelhaft bleiben. Schließlich kamen noch die südlich von Rosenheim und dem Chiemsee zerschlagenen Reste des XIII. SS-Armeekorps in Form der Kampfgruppe von Hobe in den Befehlsbereich General Hengls[150]. Darunter die letzten Teile der 2. Gebirgs-Division, die sich im Raum Kössen — Walchsee zur Verteidigung einrichten sollten[151].

Am 3. Mai fuhr Hengl über die Linien und machte der amerikanischen 36. Infanterie-Division den Vorschlag, Orte, die nicht von deutschen Truppen besetzt seien, nicht zu beschießen[152]. Der Kampf außerhalb der Ortschaften sollte aber weitergehen. Die Amerikaner sollen damit einverstanden gewesen sein. Am selben Tag zeigte sich jedoch, daß sich nicht nur die Hoffnungen General v. Hengls, die Reste des XIII. Armeekorps würden nördlich der Tiroler Grenze stehenbleiben, nicht erfüllten; auch seine eigenen Truppen im Raum des Achenpasses und im Inntal wurden zerrieben. So blieb ihm nur noch die Divisionsgruppe Buchner. In der Nacht auf den 4. Mai räumten die Einheiten von Hengls Kufstein. Jetzt wollte er nur mehr die Straßen von Kufstein nach St. Johann (Kampfgruppe Giehl), Wörgl — Söll (Kampfgruppe Forster) und Wörgl — Kitzbühel (Kampfgruppe Buchner) sperren. Am 4. und am 5. Mai steigerte sich plötzlich nicht nur der Gefechtslärm, auch das Kampfgeschehen wurde plötzlich intensiver. Hengl verlegte seinen Gefechtsstand nach Ellmau. Nördlich von Söll kam es zu einem Gefecht, bei dem zwei amerikanische Panzer und zwei Panzer-Spähwagen abgeschossen wurden. Und schließlich notierte General Hengl in seinem Bericht über die Kampfhandlungen bei seiner Korpsgruppe zum 5. Mai: „1 feindlicher Panzer vor Schloß Itter vernichtet." Hinter dieser lapidaren Eintragung verbarg sich aber ein Stück europäischer Geschichte und eine kleine Tragödie.

Schloß Itter war seit 1943 ein — wenn nicht *das* Prominentengefängnis des Dritten Reichs. Hier wurden die früheren französischen Ministerpräsidenten Daladier und Reynaud, der Präsident der französischen Republik Lebrun, General Gamelin, Verwandte von General de Gaulle und andere, vorwiegend französische Prominente, gefangengehalten[153]. Es ist verständlich, daß diese Gruppe, die bis dahin den Krieg gut überstanden hatte, in dem Augenblick um ihr Leben zu fürchten begann, als bekannt wurde, daß Innsbruck kapituliert hatte, in der Umgebung von Schloß Itter aber plötzlich deutsche Kampftruppen, darunter auch Waffen-SS, auftauchten. Die Gefangenen baten um Schutz durch die Widerstandsgruppe in Wörgl. Der konnte nicht gewährleistet werden. Wohl aber stellte sich der bayrische Major Sepp Gangl mit acht Soldaten zur Verfügung. Sie bezogen Wache im Schloß. Von Wörgl aus nahmen Angehörige der Tiroler Freiheitsbewegung Verbindung mit den Amerikanern auf. Die 36. US-Infanterie-Division sandte daraufhin einen Offizier zur Erkundung nach Itter. Nach seiner Rückkehr wurden ihm für einen weiteren Vorstoß nach Wörgl und Itter einige Panzer mitgegeben. Einer kam noch am Abend des 4. Mai bis zum Schloß. Am nächsten Vormittag eröffneten Einheiten der Kampfgruppe Buchner das Feuer auf Itter. Das Schloß erhielt mehrere Treffer, und schließlich wurde auch der amerikanische Panzer abgeschossen. Gegen Mittag stieß dann die 142. Regiments-Kampfgruppe der 36. US-Infanterie-Division mit gepanzerten Verbänden nach Itter durch und kämpfte den letzten deutschen Widerstand nieder. Den Franzosen war nichts passiert, doch Major Gangl war gefallen.

Am Abend des 5. Mai erfuhr General von Hengl, daß vom Oberbefehlshaber der 1. Armee, General Foertsch, in München eine Kapitulationsurkunde unterzeichnet worden war. Da Hengl zur 1. Armee gehörte, galt diese Übereinkunft auch für ihn. Er nahm Verbindung mit der 36. US-Infanterie-Division auf und vereinbarte die Einzelheiten der Waffenstreckung[154]. Ab dem 6. Mai, 12 Uhr, sollten auch im östlichen Tirol die Waffen schweigen.

12 Das Kriegsende in Salzburg

Als sich das VI. US-Korps an der Monatswende vom April zum Mai 1945 bei Füssen und Garmisch den Zugang nach Tirol erkämpfte, hinkten die beiden übrigen Korps der amerikanischen 7. Armee unter General Patch einige Tage nach, da sie bei ihrer Schwenkung nach Südosten viel weitere Strecken zurücklegen mußten als das VI. Korps[1]. In dem Bestreben, die noch offenen Zugänge zum Inntal möglichst rasch in die Hand zu bekommen, schickte schließlich der Kommandierende General des XXI. US-Korps, Generalmajor Frank Milburn, seine 12. Panzer-Division entlang der Autobahn München — Salzburg in Richtung Rosenheim[2]. Das brachte das XXI. Korps allerdings in die gedachten Vormarschlinien von Generalmajor Wade Haislips XV. Korps, das nach dem Fall von München gerade in diesem Raum hätte weiteroperieren sollen. Ohne eine Korrektur der Korps- beziehungsweise Armeegrenzen würden die zusammenlaufenden Bewegungen des XXI. Korps und des III. Korps der amerikanischen 3. Armee (General Patton), das soeben zum Unterlauf des Inn vorstieß, dem XV. Korps jeglichen Aktionsraum genommen haben[3].

Da gerade am 30. April General Eisenhower die größtmögliche Beschleunigung des Vormarsches nach Österreich forderte, um eventuell noch nicht zerschlagene oder gefangene deutsche Verbände daran zu hindern, die Alpeneingänge zu besetzen, schlug der Oberbefehlshaber der alliierten 6. Armeegruppe, General Devers, Eisenhower vor, die Armeegrenze zwischen der amerikanischen 7. und der 3. Armee so zu verschieben, daß Salzburg in den Bereich des XV. Korps falle. Er argumentierte damit, daß Patton noch sehr viel Infanterie nach vorne bringen müßte, ehe er an einen Stoß nach Salzburg denken könnte, wobei natürlich äußerst wertvolle Zeit verlorengehen würde[4]. Devers stieß mit dieser Argumentation auf den heftigsten Widerspruch Pattons. Der hatte an eben demselben 30. April seinem XX. Korps aufgetragen, Salzburg und Berchtesgaden zu nehmen, und wollte das westlich des XX. Korps vorgehende III. Korps zur Unterstützung dieses Vorstoßes ansetzen und es in der Folge zur Einnahme von St. Johann, Lend und Kitzbühel verwenden[5]. Damit hätte es nicht nur für das XV., sondern auch für das XXI. US-Korps keine Ausweichmöglichkeiten gegeben, und sie wären aus ihren Angriffsstreifen gedrängt worden.

Eisenhower entschied jedoch zugunsten der 7. Armee, und General Patch befahl dem XV. Korps die rascheste Einnahme von Salzburg[6]. Die neue Armeegrenze zwischen 7. und 3. Armee und gleichzeitig zwischen 6. und 12. Armeegruppe verlief nun von Freising ostwärts bis Mühldorf, dann längs des Inn bis zum Zusammenfluß von Inn und Salzach und von hier weiter über Straßwalchen zur Enns[7], die als Demarkationslinie vorgesehen war. Die Neufestlegung der Angriffsstreifen beraubte nun freilich das III. Korps seines vorgesehenen Operationsraums ostwärts des Inn und führte dazu, daß dieses Korps westlich des Inn versammelt blieb und damit seine Teilnahme an den Kämpfen beendete[8]. Die Einnahme von Stadt und Land Salzburg war unbestreitbar der 7. Armee und insbesondere dem XV. Korps zugefallen.

Eisenhowers Entscheidung kann nur so verstanden werden, daß er vermeiden wollte, daß die amerikanische 3. Armee eine generelle Südschwenkung durchführte, um sich dann im Alpenraum zu verlieren. Die dortigen Aufgaben konnte auch die 7. Armee erfüllen. Pattons Armee wünschte er an der Hand zu haben, wenn es vielleicht doch zum Einmarsch amerikanischer Truppen in die Tschechoslowakei kommen sollte. Ohne die 3. Armee wäre dies jedoch so gut wie undurchführbar gewesen und hätte eine womöglich langwierige Umgruppierung der amerikanischen 1. Armee notwendig gemacht. Ob dazu noch Zeit sein würde, mußte aber mehr als zweifelhaft erscheinen.

Patton hatte die anderweitige Verwendung seiner Korps nur ungern zur Kenntnis genommen[9], doch nicht etwa, weil sachliche Erwägungen dagegen gesprochen hätten, sondern weil ihm dadurch der Ruhm genommen wurde, einen beträchtlichen Teil der „Alpenfestung" von seinen Truppen einnehmen zu lassen. Die Enttäuschung darüber, daß es nicht seine Armee war, die noch vor der Kapitulation der deutschen Truppen in den Alpenraum vorstieß, saß tief. Sie saß so tief, daß Patton in seinen Aufzeichnungen die Sache so darstellte, daß er schrieb, seine 3. Armee sei es gewesen, die „mit dem Phantom des Reduits" aufgeräumt habe. Und die 7. US-Armee? Die habe die Alpen in ihrem Abschnitt gesäubert und die Verbindung mit der amerikanischen 5. Armee in Italien aufgenommen[10].

Die tatsächliche Situation der 3. US-Armee stellte sich gegen Ende April so dar, daß das XX. Korps Generalmajor Walton Walkers auf Oberösterreich südlich der Donau beschränkt war und das XII. Korps Generalmajor LeRoy Irwins, auf engstem Raum konzentriert, vor der Grenze des Mühlviertels stand und auf die weitere Vorrückung nördlich der Donau wartete[11]. Die 11. Panzer-Division dieses Korps hatte sogar schon am 26. April einen kurzen Vorstoß bis knapp über die oberösterreichische Grenze gemacht und war somit der erste Verband der westlichen Alliierten, der österreichischen Boden betrat[12]. Aber General Irwin, der nicht auf tschechisches Gebiet vorrücken durfte und auf den schmalen Korridor zwischen Böhmerwald und Donau beschränkt war, zeigte sich über seine lange, offene Nordflanke so beunruhigt, daß ihn Patton ermächtigte, die 11. Panzer-Division wieder etwas zurückzunehmen und einige Tage unmittelbar vor der österreichischen Grenze zur Auffrischung stehen zu lassen[13]. Bis zur Wiederaufnahme des Vormarsches mußte das bereits in Verlegung begriffene V. US-Korps von der 1. zur 3. Armee gewechselt haben und zum Schutz der Nordflanke des XII. Korps bereitstehen. Außerdem mußte eine definitive Entscheidung abgewartet werden, ob den Amerikanern, ohne eine weitere Belastung des Bündnisses mit der Sowjetunion, ein Überschreiten der tschechischen Grenze gestattet würde oder nicht. Das alles rechtfertigte durchaus die Entscheidung General Eisenhowers.

Für das XV. Korps sowie für die amerikanische 3. Armee war die letzte Phase des Vormarsches gegen die österreichische Grenze kein Ringen mit der deutschen 1. Armee mehr, sondern viel eher ein motorisierter Marsch unter taktischen Bedingungen[14]. Der Jahreszeit nicht entsprechende Kälte und schwere Regenfälle, die oft mit Schnee vermischt waren, warfen meist ernstere Probleme auf als die wenigen deutschen Soldaten, die sich noch in Oberbayern zum Kampf stellten. Das schlechte Wetter ließ nur selten eine Luftunterstützung zu. Wenn sie endlich möglich war, wurde sie meist nicht mehr benötigt[15]. Die Amerikaner hatten im großen und ganzen ihr Ziel erreicht, nämlich die deutschen Verbände noch vor Erreichen der österreichischen Grenze zu zerschlagen oder gefangenzunehmen. Mit ernsthaftem Widerstand war nirgends mehr zu rechnen.

DIE ÜBERGABE DER MOZARTSTADT

Nach der Schilderung der improvisierten Abwehrmaßnahmen an der Tiroler Nordgrenze ist es nicht weiter verwunderlich, daß Salzburg mit seiner womöglich noch zentraleren Lage als Tirol vom hektischen Ausbaufieber irgendwelcher Verteidigungsstellungen praktisch unberührt blieb. Und als man im April 1945 fast pflichtschuldig daranging, doch Linien festzulegen, die als Anhalt für einen möglichen militärischen Widerstand ausgebaut werden sollten, da rechnete man noch eher mit dem Herankommen der Russen als mit dem der Amerikaner und richtete sein Augenmerk auf den Widerstand gegen Osten[16].

Am 8. April wurde die Dienststelle eines Kampfkommandanten von Salzburg eingerichtet; mit ihrer Führung wurde Oberst Hans Lepperdinger betraut[17]. Die Ernennung kam vom Kommandanten des Sicherungsbereiches Salzburg — Berchtesgaden — Reichenhall, Oberst Gümbel. Was die Ernennung auslöste, ist dabei bis heute unklar. Sollte damit der Wehrmachtskommandant von Salzburg, Generalmajor Kurt Lange, ausgeschalten werden, und wenn ja, warum? Oder wollte Oberst Gümbel seinen Kriegsschulkameraden Lepperdinger im Salzburger Kommando wissen, weil er ihn kannte und ihm vertraute?

Vorderhand ging es darum, eine Art Sichtung der Verteidigungsmöglichkeiten vorzunehmen und das Hauptproblem von Stadt und Land Salzburg in den Griff zu bekommen. Das Hauptproblem war aber nicht etwa der Sperrenbau. Das Hauptproblem für das Land stellten, abgesehen von den Bombenangriffen, die unzähligen Flüchtlingszüge dar, die aus Ungarn und Niederösterreich anrollten und deren Weiterleitung nach Bayern oft nicht möglich war, weil man ihnen dort die Aufnahme verweigerte[18]. Am 17. April ließ schließlich der Salzburger Gauleiter, Dr. Gustav-Adolf Scheel, Reichsleiter Bormann die Bitte vortragen, daß er ihm in Salzburg den Aufbau einer territorialen Verteidigung ermöglichen solle, da bis dahin noch alle

Voraussetzungen fehlten. Scheel fügte hinzu, er habe etwas von einer angestrebten Sonderregelung für Tirol gehört und plädiere dafür, auch Salzburg eine solche zuzugestehen, da „die Verhältnisse und Notwendigkeiten dort völlig gleichartig mit Salzburg" seien[19]. Zu einer Antwort dürfte es nicht mehr gekommen sein.

Am 20. April nahm Oberst Lepperdinger die Geschäfte des Kampfkommandanten von Salzburg auf und erklärte die Stadt zum „festen Platz". Zur Kampfführung unterstanden ihm[20]:

Gebirgs-Pionier-Ersatz- und Ausbildungs-Kompanie 137
Ausbildungs-Kompanie Nachrichteneinheiten XVIII
4 Marsch-Kompanien z. b. V. der Gebirgs-Nachrichten-Ersatz- und Ausbildungs-Abteilung 18
Wehrmachtkommandantur Salzburg.

Die übrigen militärischen Dienststellen und Einheiten sollten ihm erst ab dem Beginn der Kampfhandlungen unterstehen. Da der Gauleiter am Vortag den Beginn des Stellungsbaues gegen Osten befohlen hatte, legte Lepperdinger eine Hauptkampflinie vom Hochgitzen über den Nockstein zum Gaisberg fest. Der Volkssturm wurde zu Schanzarbeiten befohlen. Es kann aber mit gutem Grund angenommen werden, daß entlang dieser Linie keine wie immer gearteten Hindernisse gegraben wurden, denn gerade in den Tagen nach dem 20. April mußte es klar geworden sein, daß der Gegner nicht aus dem Osten, sondern aus dem Westen zu erwarten war. Vor allem aber wurde deutlich, daß nicht mehr Wochen und Monate, sondern im Grunde genommen nur mehr Tage zur Verfügung standen. In dieser Zeit ließen sich gerade noch ein paar Straßensperren errichten und Brückensprengungen vorbereiten.

War schon im Schreiben Gauleiter Scheels an Reichsleiter Bormann zum Ausdruck gekommen, daß Salzburg in einer gewissen Abhängigkeit von Tirol war und gleichzuziehen versuchte, so wurde dieser Zusammenhang noch deutlicher, als in Salzburg eine Bestandsaufnahme der vorhandenen Waffen durchgeführt wurde: Der Großteil von ihnen war, sofern er nicht bereits für den Einsatz in der Steiermark abgegeben worden war, über Weisung des Wehrkreiskommandos XVIII der „Kampfgruppe Feurstein" in Tirol zur Verfügung gestellt worden. Der Rest reichte nicht einmal aus, um die ohnedies wenigen Soldaten der Stadt und des Landes Salzburg zu bewaffnen[21].

Lepperdinger stellte sich jedoch keineswegs auf den Standpunkt einer Verteidigung um jeden Preis, sondern versuchte in vorsichtig sondierenden Gesprächen mit dem Befehlshaber im Wehrkreis XVIII, General Ringel, und dessen Chef des Stabes, Oberst Anton Glasl, einen Befehl zu erwirken, der Salzburg zur Lazarettstadt erklärte. Zu einer solchen Regelung kam es jedoch nicht, und Lepperdinger mußte sich darauf beschränken, die nach Salzburg hereinströmenden Truppen an der Stadt vorbeizuleiten und in Richtung Paß Lueg zu dirigieren[22].

Es strömten jedoch keine Kampftruppen in das Land Salzburg, sondern vor allem eine Flut von Versprengten, Trossen und rückwärtigen Einheiten. Besonders Reste von Stäben der Heeresgruppe G, der 1. Armee, des Oberbefehlshabers West und des Führungsstabes B des Oberkommandos der Wehrmacht sowie des Oberkommandos der Luftwaffe suchten vom Pinzgau bis in das Salzkammergut Zuflucht.

Die größte Verlegungsaktion lief dabei am 3. Mai an, als das OKW Süd von Berchtesgaden nach Zell am See, der Oberbefehlshaber West nach Alm bei Saalfelden und das Oberkommando der Luftwaffe nach Thumersbach am Zeller See verlegten[23].

Nichts beleuchtet die militärische Situation besser als die Maßnahmen, die zum Schutz dieser Führungsorgane getroffen wurden. Von der 1. Armee konnte dieser Schutz nicht mehr erwartet werden, daher wurde unabhängig von allem, was bei dieser Armee vielleicht noch an taktischen Maßnahmen ergriffen werden sollte, der Schutz der genannten Stäbe Generalmajor Curt von Geitner übertragen[24]. Vordringlich sollten Sicherungen am Paß Thurn, am Gerlospaß und auf den von Norden und Westen nach Saalfelden führenden Straßen aufgebaut werden. Des weiteren sollte ständig in Richtung Kitzbühel und Lofer sowie über Bischofshofen nach Norden aufgeklärt werden. Die Sicherungskompanie des Hauptquartiers des Führungsstabes B wurde vor allem im Raum Mittersill eingesetzt, und generell sollten alle im Bereich dieser Stäbe greifbaren Einheiten des Heeres, der Luftwaffe und der Waffen-SS für die genannten Aufgaben herangezogen werden[25].

Wenn es also im Land Salzburg zu Gefechtsberührung mit alliierten Truppen kam, dann handelte es sich in der Regel um das Geplänkel von Versprengten oder um einen Zusammenstoß mit den Sicherungstruppen der Führungsstäbe.

Noch etwas anderes muß jedoch in Erwägung gezogen werden. Am 3. Mai, an dem Tag, an dem die ersten alliierten Soldaten die Salzburger Grenze überschritten, hatte Kesselring von Großadmiral Dönitz die Erlaubnis zur Kapitulation der Heeresgruppe G erhalten[26]. Es war also wenige Stunden später Deutschen wie Amerikanern klar, daß das Kriegsende unmittelbar bevorstand. Weder der Kommandierende General des XXI. US-Korps noch jener des XV. Korps sahen daher eine Veranlassung, ihre Truppen gewaltsam in letzte Kämpfe zu verwickeln. Es mußte sich ohnehin alles in Kürze von selbst ergeben.

Die deutsche 1. Armee war in der zweiten Aprilhälfte restlos zerschlagen worden. Die Trümmer des LXXXII. und des XIII. SS-Armeekorps sahen sich außerstande, im Raum Wasserburg und Rosenheim den Innübergang des XV. und XX. US-Korps auch nur zu verzögern[27]. Der einzige wenigstens teilmobile Verband der 1. Armee, die 17. SS-Panzergrenadier-Division, war von der amerikanischen 14. Panzer-Division stark dezimiert worden und konnte, gegen das Achental abgedrängt, ebensowenig wie das XIII. Armeekorps (Heer) oder das XIII. SS-Armeekorps noch einmal operativ eingesetzt werden[28]. Von den nach Salzburg zurückgefluteten Splittern der 1. Armee machten offenbar nur mehr die auf österreichischen Boden übergetretenen Einheiten des Wehrkreises VII (München) unter General Max Bork Anstalten, in die Innverteidigung wie in die Verteidigung des Landes Salzburg einzugreifen[29]. Es blieb aber beim Versuch. Von Traunstein her kam zwar auch noch das deutsche LXXXII. Armeekorps des Generals Tolsdorff bis Unken und Lofer. Doch dieses Generalkommando hatte schon sämtliche Truppenkörper verloren und stieß eher zufällig auf die Reste der 352. Volks-Grenadier-Division, mit denen in der Gegend des Steinpasses versucht wurde, noch eine Widerstandslinie aufzubauen[30]. Schließlich war das Generalkommando aber nur mehr bestrebt, den Amerikanern die Kapitulation anzubieten.

Salzburg kam es zugute, daß Gauleiter Dr. Scheel, nachdem er die Unmöglichkeit und die Bedeutungslosigkeit eines auch nur für kurze Zeit währenden Widerstandes eingesehen hatte, Generalfeldmarschall Kesselrings Bemühungen um einen möglichst problemlosen Abschluß von Teilkapitulationen unterstützte. Von ihm waren daher keine Durchhalteparolen zu erwarten. Am 30. April sagte er in einer Rundfunkansprache: „Wir werden dem Feind von uns aus keinen Anlaß geben, seine Geschütze oder Bomben gegen unsere Stadt zu richten. Es geschieht dies in der gleichen Auffassung, die uns bewogen hat, in die Kultur- und Kunststadt Salzburg keine Rüstungsindustrie zu legen[31]." Da jedoch eine längerfristige Erklärung Salzburgs zur „offenen Stadt" nicht möglich war, kam es darauf an, den richtigen Zeitpunkt abzuwarten. Tags darauf, am 1. Mai, flog die 15. US-Luftflotte ihren letzten strategischen Luftangriff — er galt Salzburg[32]. Und zwei Tage später, am 3. Mai, rückten Einheiten der französischen 2. Panzer-Division des Generals Leclerc in Hallein ein[33]. Damit waren französische Truppen zumindest in Salzburg um einige Stunden früher eingedrungen als die Amerikaner. Allerdings gehörte diese französische Panzer-Division zur amerikanischen 7. Armee. Das hinderte sie freilich nicht daran, am Wettlauf teilzunehmen und ehrgeizige Ziele zu verfolgen. Die Franzosen hatten sämtliche amerikanische Gefechtsstreifen kreuzen müssen. Sie waren schließlich im bayrischen Voralpengebiet durch die von den amerikanischen Truppen bereits besetzten Landstriche durchgefahren und hatten das deutsche LXXXII. Armeekorps vor sich hergetrieben. Und anschließend gelangten die Franzosen in den Morgenstunden des 3. Mai nach Hallein. Die dort stationiert gewesenen Reste des SS-Gebirgsjäger-Ausbildungs- und Ersatz-Bataillons 6 waren bereits am Vorabend des Einmarsches in Richtung Golling abgezogen[34].

Im „festen Platz Salzburg" blieb die Einnahme Halleins durch Franzosen offensichtlich unbekannt oder zumindest unbeachtet. Man hatte nämlich andere Sorgen. Gauleiter Scheel hatte die Stadt in Richtung Paß Lueg verlassen. Von jenseits des Passes soll er noch die Auflösung des Volkssturmes bekanntgegeben haben. Auf jeden Fall ermächtigte er Oberst Lepperdinger, Salzburg kampflos zu übergeben[35]. Da tauchte plötzlich in St. Gilgen der schon erwähnte Stab unter dem Kommando des Generalleutnants Max Bork auf, der am späten Nachmittag den Befehl über den Abschnitt Salzburg übernahm. General Bork hatte dazu wohl keine andere Legitimation als die, daß er sich als Kommandierender General der Korpsgruppe Bork, die mit einigen Splitterverbänden des Wehrkreises VII auf Salzburg zurückgewichen war, die territorialen Verbände unterstellen wollte.

Noch ehe man sich im Stab des Kampfkommandanten von Salzburg darüber schlüssig war, wie man reagieren sollte, setzte amerikanischer Artilleriebeschuß ein. Oberst Lepperdinger ließ daraufhin alle Vorsicht fallen und ordnete die Beleuchtung der Stadt an. Er konnte sich bei dem Entschluß zur kampflosen Übergabe Salzburgs auf die Weisungen des Reichsverteidigungskommissars und Gauleiters Scheel sowie auf das Einverständnis des Wehrkreisbefehlshabers, General Ringel, berufen. Die Amerikaner feuerten jedoch weiter, da sie das Licht entweder nicht sahen oder nicht zu deuten wußten. Gegen Mitternacht traf ein geharnischter Befehl General Borks ein, Salzburg unter allen Umständen zu halten. Lepperdinger sandte daraufhin mehrere Parlamentäre aus, um den Amerikanern die rasche Übergabe Salzburgs anzubieten. Als endlich am Morgen des 4. Mai die Verbindungsaufnahme gelang, waren bereits vom Westen Einheiten des 7. Infanterie-Regiments der 3. Infanterie-Division über den Walserberg und das Flughafengelände in die Stadt eingedrungen[36]. In den Mittagsstunden des 4. Mai rollten die ersten Panzer der 106. Kavallerie-Gruppe des XV. US-Korps durch Salzburg, und bereits am Nachmittag desselben Tages führte General Foertsch, der Oberbefehlshaber der deutschen 1. Armee, in der Stadt die ersten Gespräche bezüglich der Kapitulation der Heeresgruppe G[37]. Die Linie Hallein — Ischl blieb die südliche Begrenzung des amerikanischen Vormarsches vor der deutschen Waffenstreckung[38].

Während sich die 3. US-Infanterie-Division und die 106. Kavallerie-Gruppe den Ruhm streitig machten, wer nun Salzburg genommen hatte, überquerte nördlich der Stadt die 20. US-Panzer-Division die Salzach. Sie bildete bei Burghausen einen Brückenkopf, in dem sie aber am 4. Mai durch die zum XV. US-Korps gekommene 86. Infanterie-Division abgelöst wurde. Diese sollte den Flachgau besehen, was sich als problemlos erwies[39]. Tags darauf, am 5. Mai, wurden die Armeegrenzen zwischen 7. US- und 3. US-Armee neu festgelegt, wonach die 7. Armee noch bis Mondsee, Bad Ischl, Schladming und Mauterndorf vormarschieren durfte[40]. Von da an regierte die Armee Patton. Der Pinzgau wurde der von Tirol kommenden 36. US-Infanterie-Division zugeschlagen[41].

Der Krieg hatte — zumindest für die Amerikaner — in diesen Tagen seine sportliche und seine touristische Note erhalten. Salzburg, die Mozartstadt, das war gewiß eine Attraktion. Der „Berghof" Hitlers am Obersalzberg war aber sicherlich eine größere und wurde als „letzter Tempel des Nazismus" angeboten[42]. Kein Wunder, daß die amerikanische 3. Infanterie-Division, die 101. US-Luftlande-Division und die französische 2. Panzer-Division diesem Ziel zustrebten. „Jedermann und sein Bruder" wollten — einer amerikanischen Redewendung zufolge — dort gewesen sein[43]. Kesselring hatte noch knapp vor seiner Abfahrt nach Alm bei Saalfelden versucht, nördlich von Berchtesgaden eine Verteidigung aufzubauen. Sie scheint allerdings nicht sehr wirksam gewesen zu sein[44].

Das bedrohliche Näherrücken der alliierten Fronten im Norden und Westen machte für die deutschen Führungsstäbe eine letzte Verlegung ihrer Refugien notwendig. Der Generalstabschef der Luftwaffe sah für seine Person darin keinen Sinn mehr[45], doch das OKW Süd ordnete noch am 5. Mai die Verlegung seines Hauptquartiers in den Raum Dorfgastein — Hofgastein an[46].

Nun, die Führungsstäbe hatten gerade während der Kapitulation enorme Aufgaben zu bewältigen, da sie als einzige noch funktionierten und die Verbindung zu den deutschen Verbänden aufrechterhalten konnten. Einer Verlegung in das Gasteiner Tal taten sich jedoch ungeahnte Schwierigkeiten auf, da in Badgastein das noch in Deutschland akkreditierte diplomatische Korps Zuflucht gefunden hatte und dessen Doyen zu verstehen gab, es würde im Falle einer Verlegung von militärischen Stäben nach Badgastein sofort in die Schweiz abreisen[47].

Die am 6. Mai für die Heeresgruppe G wirksam gewordene Kapitulation brachte auch hier eine Lösung und befreite die militärischen Führungsgremien, aber auch eine Unzahl von nicht mehr kämpfenden Soldaten, aus dem Dilemma einer weiteren Fortsetzung ihres Rückzugs.

13 Oberösterreich: „Der letzte Hort des Nazismus"

„Hitler will in Österreich Krieg, wenn in Europa schon Frieden ist." Diese auf die „Alpenfestung" gemünzte Parole der Alliierten, die in Zigtausenden Flugblättern verbreitet wurde[1], schien sich wirklich zu bewahrheiten. Und wenn es Gebiete gab, auf die das noch im besonderen zutraf, dann auf jenen Raum, der zwischen den Fronten von Ost und West zu liegen kam. In Niederösterreich und in der Steiermark war das der Fall, wo die Fronten zwar zum Stehen gekommen waren, die Kämpfe aber nie aufhörten. Und es war in Oberösterreich der Fall, im Gau „Oberdonau", der schließlich Kriegsgebiet wurde, als Hitler schon tot war.

Oberösterreich, neben der Steiermark und Kärnten in den Augen des Chefs des Reichssicherheitshauptamtes, Dr. Ernst Kaltenbrunner (eines Oberösterreichers), einer derjenigen Gaue, die bis zum Schluß politisch nicht „angekränkelt" waren[2], hatte die volle Last des Bombenkrieges zu spüren bekommen. Es beherbergte Grundstoff- und Rüstungsindustrien von zentraler Bedeutung für die deutsche Kriegswirtschaft. Durch Oberösterreich führten Verkehrsverbindungen, die zum Schluß zwar primär dazu dienten, die zahllosen Flüchtlingszüge und Verwundetentransporte weiterzubringen, aber auch dazu, den Fronten den letzten Ausstoß von Waffen und Rüstungsgütern zuzuführen. Daher richteten sich auch gegen Oberösterreich immer wieder schwere strategische Luftangriffe, bis hin zu jenem Angriff auf Attnang-Puchheim am 21. April, der diese Stadt mit einem Schlag in der gesamtösterreichischen Verluststatistik prozentuell an die zweite Stelle schnellen ließ[3], und dem letzten großen strategischen Bombardement von Linz am 25. April.

Die harte Hand des Gauleiters und Reichsverteidigungskommissars von Oberdonau, August Eigruber, war sprichwörtlich. Er hatte in all den Jahren der nationalsozialistischen Herrschaft immer wieder mit Grausamkeit anti-nazistische Kräfte verfolgt und regierte schließlich, nachdem ihm die Stadtgerichtsbarkeit übertragen worden war, ab dem 30. März 1945 mit Hilfe der Exekutionskommandos. Eigruber ging freilich nicht nur gegen die Bewohner des Gaues Oberdonau mittels Standgerichten vor. Genauso fanden seine Befehle Anwendung gegen andere. Zum Schluß dürfte auch so etwas wie ein Wien-Haß, zumindest aber ein solcher auf die politische Führung Wiens zum Durchbruch gekommen sein, denn am 9. April ließ Eigruber verlautbaren: „Alle politischen und staatlichen Führer und Amtswalter des Reichsgaues Wien (mit Ausnahme jener, die vom Reichsverteidigungskommissar Wien, Baldur von Schirach, eine Fahrbewilligung oder Kurierbescheinigung haben), welche in einer Auffangstelle in Oberdonau ankommen, sind sofort zu verhaften. Die Gestapo wird von mir angewiesen, alle diese Männer in einem Gebäude zu internieren. Das Standgericht Oberdonau ist mit der Aburteilung dieser flüchtigen politischen und Verwaltungsführer beauftragt[4]".

Tatsächlich schritten dann auch Standgerichte gegen politische Führer und Funktionäre ein, denen die Flucht nach Oberösterreich geglückt war. Ihre Leichen sollten abschreckend wirken und wohl auch verdeutlichen, daß Eigruber gesonnen war, gegen Parteigenossen, die nicht dort blieben, wo sie bis dahin tätig gewesen waren, exemplarisch vorzugehen. — Auf diese Weise verbreitete er zweifellos und bis in die allerletzten Kriegstage Schrecken. Das bewirkte auch, daß sich die allmählich sammelnden anti-nazistischen Kräfte besonders zurückhalten mußten, um bis zum Schluß unentdeckt zu bleiben[5]. Denn wer sonst sollte bei Kriegsende dahin wirken, Zerstörungen und einen Verzweiflungskampf aus dem letzten Schützenloch zu vermeiden?

Auch der Oberbefehlshaber der Heeresgruppe Süd war noch fest auf der „Parteilinie". Als kurz vor dem Zusammenbruch, Ende April, ein Generalstabsoffizier des Generalinspekteurs der Panzertruppen zur Heeresgruppe Süd kam und Generaloberst Dr. Rendulic mit Einverständnis des Rüstungsministers Albert Speer dazu bewegen wollte, den Befehl „Verbrannte Erde" nicht durchzuführen, warf man ihn buchstäblich hinaus[5a].

Am 15. April 1945 betonte die Gauleitung von Oberdonau in einem für den Leiter der Parteikanzlei, Martin Bormann, bestimmten Fernschreiben, daß der Gau seit Monaten darauf vorbereitet sei, zu kämpfen, falls es auf seinem Gebiet zu Kampfhandlungen kommen sollte[6]. Gleichzeitig meldete die Gauleitung aber Bedenken an, ob sich der Gau dann tatsächlich verteidigen ließe. Selbstredend war mit „verteidigungsbereit" die Abwehrbereitschaft gegenüber den sowjetischen Streitkräften gemeint, die damals gerade die Traisenlinie erreicht hatten[7].

Im Rahmen der „Befestigungen Südost" waren die Enns- und die Ybbslinie ausgebaut, der Verteidigungsabschnitt Linz in Angriff genommen und mit der Anlage von Panzersperren und Ortsverteidigungen begonnen worden. Anfang April hatte die Ausbildung der verbliebenen Einheiten des Ersatzheeres im Kampfverfahren in und um Stellungen begonnen. Dabei wurde vor allem in der Ennsstellung geübt. Unterführerausbildung und Panzernahbekämpfung wurden mit Nachdruck gefördert[8]; kurz: Es war das übliche Bild.

Nach der Einnahme Wiens und der Besetzung weiter Gebiete Niederösterreichs war Oberösterreich der einzige Teil des Wehrkreises XVII, der noch nicht von den Endkämpfen berührt worden war, und er bot daher die letzte Ausweichmöglichkeit für die Heeresgruppe Süd. Die unerwartet raschen Fortschritte der amerikanischen Streitkräfte, die in der zweiten Aprilhälfte keinesfalls eine geschlossene deutsche

Westfront nach Osten zurückschoben, sondern eine amorphe Truppenmasse zersprengten und überrannten, ergaben um den 20. April für das Stellvertretende Generalkommando XVII. Armeekorps und die Heeresgruppe Süd die Notwendigkeit, durch gezielte Maßnahmen wenigstens den Versuch zu unternehmen, den nach Osten verteidigenden deutschen Truppen den Rücken freizuhalten[9].

Der Oberbefehlshaber der Heeresgruppe Süd, Generaloberst Dr. Rendulic, befahl daher dem Kommandierenden General im Wehrkreis XVII, General Schubert, mit den noch zur Verfügung stehenden Resten der Ersatztruppen des Wehrkreises in aller Eile den Ausbau einer Stellung zu beginnen, die generell entlang der oberösterreichisch-bayrischen Grenze von Volary (Wallern, nördl. des Böhmerwaldes) bis Braunau verlaufen sollte. Die Führung in dieser Abwehrfront bekam das Stellvertretende Generalkommando XVII. Armeekorps übertragen, das dafür die 487. Ersatz- und Ausbildungs-Division einsetzte. Nur der Abschnitt Volary — Planá (Oberplan) unterstand unmittelbar dem Generalkommando, das nach Norden Anschluß an das LXXXV. Armeekorps der deutschen 7. Armee suchen sollte. Schließlich sollte von Döllersheim noch die 153. Feld-Ausbildungs-Division zugeführt werden[10].

Zahlenmäßig war die 487. Division, in die in der zweiten Aprilhälfte auch die Reste der 417. Division z.b.V. Wien — Niederösterreich aufgegangen waren[11], als verhältnismäßig stark anzusprechen (zirka 10.000 Mann); sie verfügte in fünf Regiments-Gruppen auch über eine ausreichende Bewaffnung[12]. Dazu kamen die Reste einer Heeres-Flak-Abteilung, eine Kraftfahrabteilung und einige neu aufgestellte Panzernahkampfeinheiten, ferner Reichs-Arbeitsdienst und die Zusammenarbeit mit der 7. Flakbrigade, die ihre Geschützstellungen vor allem um Linz und in den Industriegebieten hatte. Und wie überall fügten sich Hitlerjungen und Volkssturmeinheiten in das letzte Aufgebot. Es wiederholte sich aber auch hier, was in den letzten Kriegswochen und -monaten überall anzutreffen war: Ein beträchtlicher Teil der Soldaten waren kaum Genesene oder drei Wochen ausgebildete Rekruten, und so gab der Divisionskommandeur, Generalmajor Paul Wagner, von vornherein die Anweisung, daß Teile der Ausbildungs- und Stammkompanien sowie die Geseneneinheiten in den Kasernen zu verbleiben hätten und sich beim Näherrücken der Front überrollen lassen sollten. Der Rest bezog die angewiesenen Stellungen[13].

Die Heeresgruppe Süd bemühte sich ihrerseits, durch das konsequente Ausscheiden von Reserven einer möglichen Bedrohung aus dem Westen begegnen zu können. Ein Teil der so bereitgestellten Verbände mußte aber wieder an die Heeresgruppe Mitte abgegeben werden, denn das OKW hatte am 27. 4. die Versammlung aller freien Kräfte der Heeresgruppe Süd bei Linz für den Einsatz im Protektorat oder an der Nordfront gefordert[14]. Man wollte aber zumindest durch den mit dem Führungsstab B des Oberkommandos der Wehrmacht abgesprochenen Einsatz der 2. SS-Panzer-Division bei Passau verhindern, daß die amerikanische 11. Panzer-Division auf das Südufer der Donau wechseln konnte. Unstimmigkeiten über den Einsatz dieser SS-Division verhinderten jedoch auch dieses Vorhaben[15], sodaß im Endeffekt von der Heeresgruppe Süd wohl vieles für eine Verteidigung westlich der Enns geplant wurde, jedoch fast nichts zur Ausführung gelangte.

Daran änderte auch ein Befehl von Generaloberst Rendulic nichts, daß ab dem 15. April Mittag jeder Soldat, der nicht bei seiner Einheit angetroffen würde, sofern er nicht verwundet sei, standrechtlich erschossen werden sollte. Ein Versprengtsein gebe es nicht mehr, denn die Front erkenne man am Gefechtslärm. Die Divisionen und Kampfgruppen sollten Streifen einsetzen und im rückwärtigen Heeresgruppenbereich alles, einschließlich der Wohnungen der Zivilbevölkerung, durchsuchen, um Fahnenflüchtige und Versprengte aufzustöbern[16]. Um den Maßnahmen Eigrubers und Rendulic' Nachdruck zu verleihen, aber wohl auch aus der Intention heraus, sich eine Schutztruppe zu halten, stellte der Chef der Sicherheitspolizei, Kaltenbrunner, in Oberösterreich das SS-Sicherheitspolizei-Grenadier-Bataillon 2 auf. Sein Kommandeur wurde der SS-Obersturmbannführer Skorzeny, der seine drei Kompanien auf das Gebiet nördlich und südlich der Donau verteilte[17].

Oberösterreich wurde also wirklich mit aller Macht auf den Endkampf vorbereitet. Hier sollte es Krieg geben, wenn auch schon im Großteil Europas die Waffen schwiegen. Für die Alliierten war das Land ob der Enns eines der interessantesten Ziele in Österreich überhaupt, denn die Frage nach der Besetzung des Mühlviertels hatte sich einige Zeit hindurch als echter Prüfstein der Allianz erwiesen. Eine endgültige Entscheidung war keineswegs gefällt, sondern nur aufgeschoben worden. Das anfängliche Desinteresse der Amerikaner am Mühlviertel hatte sich aus verhandlungstaktischen Gründen in das Gegenteil verwandelt, und dann war es wieder Churchill, der durch einen am 19. April geforderten Vorstoß amerikanischer Truppen nach Linz ein Tauschobjekt für die westlichen Besatzungsrechte in Wien in die Hand bekommen wollte[18]. Er tat dies aber nicht nur im Hinblick auf Österreich, sondern, wie es der britische Außenminister, Sir Anthony Eden, interpretierte, auch mit Rücksicht auf die Tschechoslowakei. Denn, so meinte Eden in einem Schreiben an Churchill, „bestimmt denken Sie immer noch an Prag. Es könnte für die Russen eine gute Lektion sein, wenn die Amerikaner die tschechische Hauptstadt besetzten und dann ohne Zweifel den Sowjetbotschafter einladen würden, sich mit ihnen und uns zusammenzusetzen[19]“. Der Stachel der viele Auslegungen zulassenden Einladung der Russen, doch ein amerikanisches Regiment für den Einmarsch in Wien abzukommandieren, saß also offenbar recht tief[20].

Die Besetzung Oberösterreichs vollzog sich jedoch wesentlich weniger dramatisch, als man es auf Grund der ungeklärten Nachkriegsfragen erwartet haben mochte. In der zweiten Aprilhälfte wurde den Amerikanern klar, daß die Begegnung mit den Russen nicht irgendwo in Österreich, etwa in der Gegend von Salzburg, wie es Eisenhower noch am 15. April angedeutet hatte[21], sondern weiter ostwärts stattfinden würde. Am 30. April schlug Eisenhower den Russen die Enns vor; nördlich der Donau wollten die Amerikaner nur bis zur Straße Linz-Freistadt vorrücken. Der sowjetische Generalstabschef, Marschall Antonov, akzeptierte[22].

Bis in die zweite Aprilhälfte schien also eine Besetzung Oberösterreichs durch die Russen durchaus wahrscheinlich. Die Sowjets hatten allgemein getrachtet, Interessensphären noch vor Kriegsschluß in die Hand zu bekommen. Den Deutschen, aber auch den westlichen Alliierten war dabei verborgen geblieben, daß die Sowjetunion die Besetzung des Mühlviertels zugunsten ihrer „Prager Operation" aufgab. Das bedeutete freilich nicht, daß damit auch die Nachkriegsforderungen auf oberösterreichisches Gebiet aufgegeben worden wären.

Die ungeklärte Lage in der Tschechoslowakei hatte auch auf das amerikanische Vorgehen gegen Oberösterreich deutliche Auswirkungen. Offenbar in dem Bestreben, nichts zu provozieren, hatte es die amerikanische 1. Armee bewußt unterlassen, der deutschen 7. Armee auf tschechischen Boden zu folgen und war im wesentlichen an der Grenze zur Tschechoslowakei stehengeblieben. Das XII. US-Korps der 3. Armee mußte ebenfalls bis Anfang Mai die besondere Situation in diesem Raum beachten und durfte nur durch den schmalen Korridor zwischen Donau und Böhmerwald vorrücken. Kesselring schloß aus dem amerikanischen Verhalten gegenüber der deutschen 7. Armee dann doch, daß die Tschechoslowakei nicht amerikanisches Interessengebiet sei und erkannte auch die Chance, gegen die offene linke Flanke des XII. US-Korps zu operieren. Es fehlte aber an den nötigen Mitteln dazu[23].

Das XII. US-Korps wiederum regte nach einem kurzen Gefecht bei Erreichen der österreichischen Grenze im Raum Breitenberg am 26. April an, den Vormarsch bis zur Klärung der Situation im böhmischen Raum einzustellen[24]. Erst Ende April kamen Eisenhower und Stalin überein, die amerikanische 3. Armee einen begrenzten Stoß in den böhmischen Raum führen zu lassen.

Das Verhalten der Amerikaner im Hinblick auf die Tschechoslowakei steht also in einem deutlichen Gegensatz zu der fast psychotischen Angst der Russen, daß es in Österreich oder in der Tschechoslowakei zum Zusammenstoß mit den Westmächten kommen könnte. Der Stabschef des amerikanischen Heeres, General Marshall, teilte Eisenhower seinen Standpunkt bezüglich eines weiteren Vorgehens über die Elbe-Mulde-Linie hinaus mit und gipfelte in der Feststellung: „Abgesehen von allen logistischen, taktischen oder strategischen Überlegungen bin ich persönlich abgeneigt, mit dem Leben amerikanischer Soldaten für rein politische Ziele zu hasardieren[25]." Eisenhower war sicher, daß die Russen früher in Prag sein würden, als es amerikanische Truppen könnten. Er informierte daher am 30. April den sowjetischen Generalstab auch über die begrenzten Pläne der Amerikaner gegen die deutschen Truppen im Westen der Tschechoslowakei. Die Russen stimmten sofort zu. Am 4. Mai forderte der sowjetische Generalstabschef, General Antonov, erneut die strikte Einhaltung der Endlinie des amerikanischen Vormarsches, nämlich Karlovy Vary (Karlsbad) Plzeň (Pilsen) — České Budějovice (Budweis). Das verhinderte dennoch nicht, daß Aufklärungsabteilungen der amerikanischen 3. Armee bis Prag kamen, dann jedoch auf die vorgesehene Demarkationslinie zurück mußten. Damit waren aber auch endlich die Würfel für den weiteren Vormarsch des XII. US-Korps in das Mühlviertel gefallen.

Südlich der Donau, entlang des Inn, verzögerte sich das Herankommen der Amerikaner ebenfalls, denn das XX. US-Korps der 3. Armee brauchte bis zum 3. Mai, ehe es über die nötigen Brückenköpfe verfügte und seinen Vormarsch in Oberösterreich aufnehmen konnte. Inzwischen hatte jedoch Großadmiral Dönitz am 1. Mai in einem richtungsweisenden Tagesbefehl die Aufgaben des weiteren Kampfes der Deutschen Wehrmacht dahingehend umschrieben, daß der Widerstand gegen Amerikaner und Engländer nur so lange fortgesetzt werden solle, wie es der Kampf im Osten erfordere und bis die Rückführung der deutschen Armeen aus dem Osten hinter die Linien der Westalliierten gelungen sei[26]. Der Führungsstab B des Oberkommandos der Wehrmacht präzisierte am 3. Mai diese Aufgaben für den Südraum dahingehend, daß die 1. und die 7. Armee alle noch vorhandenen und freizumachenden Truppen an die Ostfront werfen sollten. Dadurch trete zwar die Gefahr auf, daß die Amerikaner rasch donauabwärts vorstießen, doch sei es die Aufgabe der Heeresgruppe Süd, durch entsprechende Sicherungen in ihrem Rücken, im Raum Linz, spätestens aber an der Enns, ein Vordringen der Amerikaner in den rückwärtigen Bereich der Heeresgruppe zu verhindern[27].

Daß Kesselring an diesem Tag auch die Gauleiter von Oberdonau und Steiermark angewiesen haben soll, ein letztes Refugium für die Heeresgruppen G, C, E und Süd, also die aus Süddeutschland, Italien, Jugoslawien und Ostösterreich zurückgehenden Heeresgruppen zu schaffen, vor allem den Pötschenpaß zu halten und die im Ausseer Land zusammengedrängten Dienststellen zu schützen, dürfte jedoch eine freie Erfindung sein[28]. Nach dem Inkrafttreten der Kapitulation in Italien, dem Beginn der Kapitulationsverhandlungen der Heeresgruppe G und angesichts der Lage der beiden anderen Heeresgruppen wäre ein solcher Befehl gänzlich unsinnig gewesen.

Mit der Festlegung des Kampfverfahrens im Südraum war eine endgültige Entscheidung über den hinhaltenden Charakter des Kampfs in Oberösterreich gefällt. Generaloberst Rendulic sollte seine Aufgabe durch die Zuführung einiger Verbände erleichtert werden. Dafür vorgesehen waren das Generalkommando LXXXV. Armeekorps, die 11. Panzer-Division (ohne Kampfgruppe Kruse), die Sturmgeschütz-Brigade 553 und die Volks-Werfer-Brigade 8[29].

Abgesehen davon, daß das genannte Generalkommando und die Verbände zu bedeutungslosen Trümmern herabgesunken waren, kam aber eine Verschiebung schon aus zeitlichen Gründen und angesichts der Treibstoffknappheit nicht mehr in Frage.

Die Heeresgruppe Süd oder „Ostmark", wie sie seit 1. Mai offiziell hieß[30], blieb daher ohne Verstärkung. Ihre Armeen waren im Osten gebunden und wurden nun von Bayern her aufs schwerste gefährdet. Und die zum Schutz der Heeresgruppe im Westen eingesetzten Verbände des Wehrkreises XVII mußten genau an dem Tag am Inn den Kampf aufnehmen, da für den gesamten Bereich der südlich anschließenden Heeresgruppe G Kapitulationsverhandlungen eingeleitet wurden. Daß unter diesen Voraussetzungen von den Ersatz- und Ausbildungseinheiten weder große Kämpfe noch der ernsthafte Wille zur Verteidigung zu erwarten waren, lag auf der Hand.

DAS „THIRD ARMY WAR MEMORIAL"

Das Vorfühlen einer schwachen Kampfgruppe der amerikanischen 11. Panzer-Division am 26. April gegen die Stellungen der 487. Division, der erste Schritt westalliierter Truppen auf österreichischen Boden, war für die Verteidiger ein Testfall gewesen, ohne daß daraus jedoch irgendwelche Schlüsse abgeleitet werden konnten, wie sich die Grenze des Mühlviertels gegen einen ernsthaften Angriff würde verteidigen lassen. Es gab kein durchgehendes Grabensystem, sondern nur einige Panzerdeckungslöcher und behelfsmäßige Unterkünfte für die Besatzung. Den Raum von der Donau bis zum Böhmerwald deckten eine Panzerjäger-Abteilung, ein Infanterie-Bataillon und eine schwere Flak-Abteilung mit drei Batterien, die zur Kampfgruppe Oberst Engel gehörten[31].

Am 28. April wurden abermals amerikanische Panzer und Infanterie in Bataillonsstärke vor den deutschen Stellungen gemeldet, und am darauffolgenden Tag entwickelte sich bei Breitenberg und Gegenbach, also knapp vor der österreichischen Grenze, ein Gefecht, das die Panzerjäger-Abteilung zum Rückzug in Richtung Aigen zwang[32]. Am 30. April wurde dann das Infanterie-Bataillon bei Wegscheid von der amerikanischen 11. Panzer-Division zerschlagen, sodaß schließlich kein geordneter Verband auf österreichischem Gebiet ankam. Der deutsche Abschnittskommandant mußte nach sporadischem Widerstand in Peilstein und Oepping das Absetzen hinter die Große Mühl im Abschnitt Aigen — Haslach — Neufelden befehlen[33]. Die nachdrängende amerikanische 11. Panzer-Division konnte jedoch noch am 1. Mai fast kampflos das Ostufer dieses Gewässers besetzen[34]. Ein deutscher Widerstand war erst wieder nördlich von Linz zu erwarten. Die wenigen Kampftage hatten aber nicht nur genügt, die Aussichtslosigkeit des mit denkbar unzulänglichen Mitteln geführten Kampfes zu demonstrieren. Oberösterreich war auch mit einer Eigenart der 3. US-Armee vertraut gemacht worden, die ihr Oberbefehlshaber, General Patton, als „Third Army War Memorial" bezeichnete. Er ließ auch in unverteidigte Orte hineinschießen, um damit, wie er es in seinen Erinnerungen ausdrückte, „künftigen deutschen Generationen den Beweis zu hinterlassen, daß die Dritte Armee durch die Stadt gezogen ist[35]".

Vierundzwanzig Stunden nach dem vorläufigen Abschluß der Kämpfe nördlich der Donau errichtete die amerikanische 13. Panzer-Division bei Braunau einen Brückenkopf am Ostufer des Inn und gab damit den Auftakt zum Überschreiten der österreichischen Grenze durch das XX. US-Korps[36]. Das Korps war regelrecht aufmarschiert und mußte nur die nötigen Übergänge finden oder herstellen, um die Distanz zwischen Inn und Enns gewissermaßen im Sprung zu überwinden. Da der 3. US-Armee der Triumph vorenthalten blieb, die eigentliche „Alpenfestung" zu stürmen, wollten die Angehörigen dieser Armee wenigstens jene sein, die die Vereinigung mit den Russen bewerkstelligten und damit den letzten Akt dieses Krieges in Europa vollziehen. Aber es ging ja in Oberösterreich auch noch um anderes. In Braunau war Hitler geboren worden; in Linz ging er zur Schule. Waren nicht dies die wirklich „letzten Horte des Nazismus"?

Erst am Nachmittag des 1. Mai war der Abschnitt Braunau bis Schärding (ausschließlich) dem Kommando von Major Wilhelm Grünwaldt unterstellt worden, der sich innerhalb eines Tages unter Zuhilfenahme eines über den Inn gekommenen kleinen Luftwaffenstabes die nötigsten Verbindungen legen ließ[37]. Die Innbrücke nach Simbach wurde gesprengt, doch zu einer Verteidigung von Braunau kam es nicht. In den frühen Morgenstunden des 2. Mai begannen Demonstrationen der Zivilbevölkerung. Zuerst kamen Frauen mit Kleinkindern in die Braunauer Kaserne, dann demonstrierende Männer. Alle beschworen den Abschnittskommandanten, Braunau kampflos zu übergeben, weil man — wohl nicht zu Unrecht — einen verheerenden Beschuß durch die amerikanischen Truppen vom bayrischen Ufer des Inn fürchtete. Grünwaldt stand unter mehrfachem Druck: Innerhalb Braunaus unter dem der Zivilbevölkerung; aus Linz aber kamen von Eigruber Befehle, die Stadt unbedingt zu halten, und schließlich machte sich — wie schon im Falle von Salzburg — plötzlich das Generalkommando Bork bemerkbar, das von St. Gilgen aus die Führung im Innabschnitt übernehmen wollte und ebenfalls das Halten von Braunau befahl. Zu diesem Zweck schickte General Bork den General Neumayr nach Braunau, um seinen Absichten den nötigen Nachdruck zu verleihen. Am Vormittag des 2. Mai kam jedoch der Befehl zur kampflosen Räumung. Grünwaldt sandte einen Parlamentär zu den Amerikanern, der ihnen die kampflose Übergabe anbieten sollte. Von wem der Befehl zur Räumung ausgegangen war, läßt sich jedoch nicht mehr feststellen, da der Abschnittskommandant, Major Grünwaldt, ebenso wie der Kommandeur der 487. Division, Generalmajor Wagner, für sich in Anspruch nahmen, diesen Befehl gegeben zu haben[38].

Mit der Kapitulation Braunaus war es für die Amerikaner noch nicht getan. Sie mußten sich erst einen Übergang über den Inn schaffen, ehe sie Truppen übersetzen konnten. Diese Aufgabe fiel zunächst noch der 13. US-Panzer-Division zu, die den gesamten Abschnitt als erste erreichte und mit der „Task Force Smith" auch als erste in Braunau eindrang[39]. Dann aber wurde diese Panzer-Division nicht mehr weiter über den Fluß geschickt, da für die restlichen Operationen in Oberösterreich südlich der Donau die drei Infanterie-Divisionen des XX. US-Korps ausreichend schienen. Im Operations-Journal des XX. Korps wurde das folgendermaßen begründet: „Im Verlauf des 2. Mai war auch die Masse der Infanterie an den Inn herangekommen, während zwei spezielle Kampfgruppen der 13. Panzer-Division Brückenköpfe in Österreich bildeten. Die gegnerischen Kräfte waren nunmehr eine geschlagene, konfuse und sich zurückziehende Masse, so desorganisiert und bar jeder Verbindung, daß die weitere Verwendung gepanzerter Kräfte die Straßen nur noch mehr verstopft hätte[40]".

Die Verteidigungsmöglichkeiten für sechs Bataillone der 487. Division entlang des Inn waren hier schon vom Gelände her ungünstiger als nördlich der Donau. Besonders das flache Ostufer des Inn zwischen Schärding und Braunau bot kaum Deckungsmöglichkeiten[41].

Der im Operations-Journal des XX. US-Korps genannte zweite Brückenkopf am Ostufer des Inn, der noch von der 13. Panzer-Division errichtet worden war, dürfte sich im Raum Aigen-Obernberg befunden haben. Da die Panzer-Division aber am 2. Mai befehlsgemäß ihren Vormarsch einstellte, vergingen noch etliche Stunden, ehe dann die 71. US-Infanterie-Division diesen Übergang nützen konnte[42].

Wohl aber wurde der Raum nördlich davon schon im Laufe des 2. Mai stärker in die Kämpfe einbezogen. Der 65. US-Infanterie-Division machte zunächst in Passau den Widerstand von rund 300 Mann der 2. SS-Panzer-Division und eines ungarischen SS-Pionier-Bataillons[43], die dort zusammen mit Hitlerjungen eingesetzt waren, zu schaffen. Diese amerikanische Division war aber nicht nur bis Passau vorgedrungen, sondern stand auch Schärding gegenüber, allerdings auch in diesem Fall, ohne einen Übergang zu haben, da die Brücke über den Inn gesprengt worden war. Das I. Bataillon des 261. Infanterie-Regiments suchte zunächst die kampflose Übergabe Schärdings zu erreichen. Die Amerikaner schickten einen Offizier, einen amerikanischen Geistlichen sowie drei Bayern, darunter ebenfalls einen Geistlichen, als Parlamentäre mit einer Zille über den Inn[44]. Doch der Kreisleiter von Schärding lehnte die kampflose Übergabe ab. Als nun die Schärdinger Bevölkerung durch eine ähnliche Demonstration wie die Braunauer ein Einlenken des Kreisleiters erreichen wollten, stießen sie auf SS-Wachen, die schließlich einen der Demonstranten erschossen. Die Parlamentäre kehrten nach Neuhaus zurück, und das 261. Infanterie-Regiment, das mittlerweile durch zwei Pionier-Kompanien verstärkt worden war, eröffnete das Feuer auf Schärding. Die Stadt wurde 18 Stunden lang beschossen, sicherlich nicht mit Macht, denn dann wäre sie sehr stark zerstört gewesen. Endlich wurde sie von der Handvoll Männer, die sie zwar nicht verteidigen, aber in ihrer Gewalt halten konnten, freigegeben. Noch im Schutz der Nacht waren amerikanische Soldaten mit Booten über den Inn gekommen, die dann die Stadt in den Morgenstunden einnehmen konnten[45].

Nach der raschen und fast kampflosen Aufgabe der Innlinie sah sich der Kommandeur der 487. Division stärkerer Kritik ausgesetzt. Die Heeresgruppe Ostmark gab ihm ihre Unzufriedenheit über die Räumung Braunaus deutlich zu verstehen, und General Max Bork bedeutete General Wagner überdeutlich, daß die Korps-Gruppe Bork die Verteidigung des Innabschnitts von Passau bis Braunau und nach Osten bis Gmunden übernommen habe[46]. Diese Entscheidung, von der man annehmen kann, daß sie ohne Wissen und Billigung der Heeresgruppe Ostmark getroffen worden ist, blieb jedoch ohne jegliche Auswirkung auf den weiteren Einsatz der 487. Division. Hier hatte man sich nicht mit theoretischen Unterstellungsverhältnissen auseinanderzusetzen, sondern mit der Tatsache, daß das XX. Korps in breiter Front den Inn überschritten hatte und am Morgen des 3. Mai seinen Vorstoß nach Osten mit aller Macht fortsetzte.

Beim XX. US-Korps war erst am 3. Mai die Entscheidung über das weitere Vorgehen gefallen, da bis dahin die Weisung General Pattons vom 30. April Gültigkeit hatte, wonach dieses Korps Salzburg und Berchtesgaden hätte nehmen sollen[47]. Nun aber wurde die Angriffsrichtung nach Osten fixiert und der Vormarsch, bei dem die 65. Infanterie-Division links, die 71. Infanterie-Division in der Mitte und die 80. Infanterie-Division am rechten Flügel ihre Einteilung gefunden hatten, mit dem ausdrücklichen Ziel einer Vereinigung mit den Russen begonnen. Nach den von den Amerikanern bis zu diesem Zeitpunkt gewonnenen Erkenntnissen und auf Grund der von der Luftwaffe geflogenen Aufklärung wußte man, daß die deutschen Truppen keinen geschlossenen Widerstand mehr leisten konnten. Der Inn und die Salzach waren die letzten ernstzunehmenden Hindernisse gewesen.

Am 3. Mai besetzte die 65. Infanterie-Division Schärding und durchkämmte das am Vortag umkämpfte Passau[48]. Schließlich nahm sie den Vormarsch auf und erreichte Waizenkirchen. Die Division begnügte sich jedoch, ein Regiment in der Front einzusetzen. Die beiden anderen Regimenter blieben in Reserve, bzw. wurden mit einigen Einheiten noch Waldstücke in Bayern gesäubert. Die 71. Infanterie-Division stieß mit dem 66. Infanterie-Regiment nach Ried vor und hatte dabei ein kurzes, heftiges Gefecht zu bestreiten, während das 5. Infanterie-Regiment, ohne auf Widerstand zu stoßen, bis Senftenbach und in den Raum um Aspach gelangte. Bei der 80. Infanterie-Division schließlich, die im Raum Braunau verblieb, baute man den ganzen Tag an einer Pontonbrücke. Ein mit unzulänglichen deutschen Kräften des Unterabschnitts um Braunau geführter Angriff sollte wohl mehr eine Alibihandlung sein und die Aufgabe von Braunau ausgleichen, als daß ihm Bedeutung zukam.

Um das Vorgehen der 71. US-Infanterie-Division zu verzögern, setzte Generaloberst Rendulic von Linz aus ein Bataillon in Richtung Lambach in Marsch, doch diese Truppe erreichte nie ihren Bestimmungsort[49]. Am Abend erhielt die 487. Division einen Befehl Kesselrings übermittelt, wonach sie sich in die „Alpenfestung" absetzen sollte. Mit den unbeweglichen Resten dieser Division war dies jedoch nicht mehr möglich. General Wagner entschloß sich vielmehr, mit den wenigen Soldaten, die ihm noch geblieben waren, die Traunlinie zu beziehen und an der Enns nur mehr schwache Sicherungen zu belassen[50].

Am 4. Mai setzte die 65. US-Infanterie-Division ein anderes Regiment, nämlich das 260. Infanterie-Regiment, in der Front ein, das nach einigem verstreuten Widerstand, „äußerst geringfügigem Widerstand", wie man bei der amerikanischen Division notierte, bis Eferding kam[51]. Der geschilderte Widerstand ging auf das Konto jener Teile der ja mittlerweile total aufgesplitterten 2. SS-Panzer-Division, die vorher bei Passau eingesetzt waren. Zieht man die örtlichen Aufzeichnungen von Eferding heran, dann gewinnt man den Eindruck, der „äußerst geringfügige Widerstand" sei doch etwas mehr gewesen, da den ganzen Tag auf den Höhen westlich von Eferding Kämpfe zu beobachten waren, vom Flugplatz Raffelding noch einige deutsche Maschinen in die Kämpfe eingriffen und zum Schluß 14 Gefallene, darunter nur ein Amerikaner, zu beklagen waren. — Es ist fast so wie in dem Roman von E.M. Remarque „Im Westen nicht Neues": Zwischen „äußerst geringfügigem" und gar keinem Widerstand liegen — in unserem Fall — 14 Tote.

Die 71. Infanterie-Division machte einen weiten Vorstoß nördlich des Hausruck von Ried und St. Martin bis Wels und traf dabei nur auf vereinzelten Widerstand. In Wels gelang es auch, die Traunbrücken unzerstört in die Hand zu bekommen. Das 5. Infanterie-Regiment der Division nahm Lambach und das 114. Infanterie-Regiment kam hinter den Kräften des 66. Infanterie-Regiments ebenfalls nach Wels, schwenkte dann aber nach Süden ein. Die 80. Infanterie-Division blieb auch an diesem Tag mit Masse in und um Braunau versammelt und sandte nur das 317. Infanterie-Regiment der 71. Infanterie-Division entgegen. Dieses Regiment stieß aber zwischen Vöcklabruck und Timmelkam auf eine Kampfgruppe, die vor allem aus Kräften der 26. Waffen-Grenadier-Division der SS „Hungaria" und etwas Hitlerjugend bestand.

Die SS-Verbände der Division mit dem Namen „Hungaria" hatten einen weiten Weg hinter sich, der sie von Neuhammer über Oberfranken und Bayern bis Österreich geführt hatte[52]. Zusammen mit der 25. Waffen-Grenadier-Division der SS „Hunyadi" bildete sie das XVII. Waffen-SS-Korps unter Generaloberst Jenö vitéz Ruszkay-Rantzenberger. Die Divisionen waren zwar nicht feldverwendungsfähig, doch infolge der Fluchtbewegungen aus Ungarn und einer systematischen Personalpolitik hatte dieses ungarische Korps über 40.000 Mann erreicht. Die Pionierkompanie der 25. SS-Division war — wie erwähnt — bei Passau eingesetzt worden, der Rest zog sich in Richtung oberösterreichische Seen zurück. Die Ungarn vermittelten auf ihrem Marsch, der allerdings meist in der Nacht vor sich ging, einen geradezu fremdartigen Eindruck: Sie zogen in geschlossener Ordnung dahin und sangen ungarische Lieder. Das war so ganz anders als der Anblick der völlig entmutigten und abgekämpften deutschen Truppen. Die Ungarn hatten jedoch auch ein klares Ziel: Sie sollten auf Befehl ihres Staatsführers Ferenc Szalási den Westalliierten keinen Widerstand leisten. Wohl aber wurde in ihnen jene Streitmacht gesehen, die zusammen mit allen anderen ungarischen Verbänden, die noch auf deutscher Seite kämpften, zur Wiedereroberung Ungarns antreten sollten. Daß es zwischen Timmelkam und Vöcklabruck zu Kämpfen mit den Amerikanern kam, war von den

Ungarn keinesfalls gewollt und nur darauf zurückzuführen, daß die Soldaten der 80. US-Infanterie-Division angriffen. Die ungarische SS leistete Widerstand, setzte dann aber ihren Marsch fort, bis sie sich im Raum Ried — Mondsee — Gmunden mit der Division „Hunyadi" vereinigte. Die Soldaten zogen Zivilkleider an und ließen sich in der Folge bei den Amerikanern als Flüchtlinge registrieren[53].

DER VORSTOSS ZUR ENNS

Für Oberösterreich brach gewissermaßen der letzte „echte" Kriegstag an. Die nächtliche Sprengung von angeblich 350 deutschen Flugzeugen und Bomben sämtlicher Größen am Fliegerhorst Hörsching war eine Art akustische Untermalung dafür[54].

Lange vor Ausbruch der Kämpfe in Oberösterreich hatte man aus geländemäßigen Gründen auf die Anlage von Verteidigungsstellungen im engeren Stadtbereich von Linz verzichtet[55]. Es war lediglich die Sicherung durch Volkssturmeinheiten vorgesehen. An dieser grundsätzlichen Einstellung änderte sich auch nicht viel, und als sichtbarer Beweis dafür, daß man Linz keine weiteren Zerstörungen zumuten wollte, wurden die Donaubrücken, die zur Sprengung vorbereitet waren, noch Ende April entladen. Das schloß allerdings nicht aus, daß der Wehrmachtkommandant von Linz, Generalmajor Alfred Kuzmany, als Kampfkommandant eingesetzt wurde und die Stadt in fünf Kampfabschnitte teilte, deren Sicherung ein Volkssturm-Bataillon ohne Waffen und die in Linz aufgestellten Flakgeschütze der 7. Flakbrigade[56] sowie einige Splitterverbände übertragen bekamen[57]. Der Schwerpunkt einer in Aussicht genommenen Abwehr mußte jedoch außerhalb der Stadt liegen, und hier war seit Ende April, also in knapp einer Woche, die Linie Gallneukirchen — Gramastetten — Ottensheim stützpunktartig ausgebaut worden[58]. Südlich der Donau waren nur Flußsicherungen bis Aschach vorgesehen[59].

Zur Besetzung der genannten Linie wurde neben verhältnismäßig starken Flakkräften, einem Bataillon Reichs-Arbeitsdienst und waffenlosem Volkssturm vor allem eine Regimentsgruppe der 487. Division unter Oberst Eggeling herangezogen. Ihre Aufgabe bestand darin, ein Vorgehen der amerikanischen 11. Panzer-Division auf das für die Verteidigung von Linz ausschlaggebende Höhengelände im Norden zu verzögern[60]. Besonders bei Gramastetten kam es dabei zu heftigen Kämpfen, doch konnte der Abschnitt während des ganzen 3. Mai im wesentlichen gehalten werden[61]. Für den kommenden Tag wurde freilich mit einem amerikanischen Durchbruch gerechnet.

Doch hierin täuschten sich die Verteidiger von Linz. Die Amerikaner setzten sich von Gramastetten ab, und man vermutete, daß sie nun weiter nach Osten ausholen würden, um dann direkt von Norden auf Linz zu stoßen[62]. Eine kleine Kampfgruppe der 11. US-Panzer-Division setzte bei Aschach über die Donau[63]. Gegen Linz setzte Artilleriefeuer ein. Die Generäle Wagner und Kuzmany erörterten nochmals die Lage der Verteidiger und stimmten in ihrer Auffassung überein, daß mit der Handvoll Soldaten, die ihnen zur Verfügung stand, an keinen weiteren Widerstand mehr gedacht werden könne. Jetzt hieß es noch, den Gauleiter von der Aussichtslosigkeit eines Kampfes um Linz zu überzeugen. Es ging eigentlich leichter, als nach der bis dahin von Eigruber gezeigten Haltung zu erwarten gewesen war. Er setzte sich am 4. Mai zu Mittag nach Kirchdorf a. d. Krems ab[64].

Von Linz gingen Parlamentäre ab, die der 11. US-Panzer-Division die Übergabe von Linz anbieten sollten. Bei Rottenegg stießen sie auf die vordersten amerikanischen Linien. Die Amerikaner forderten, daß in Linz weiß geflaggt würde, was durch Aufklärungsflüge beobachtet werden sollte. Der Einmarsch der Amerikaner sollte dann — wenn die Bedingungen erfüllt waren — am Morgen des 5. Mai erfolgen. — Der Kampfkommandant von Linz zögerte noch, ob er auf die Bedingungen zur Räumung eingehen konnte. Doch ein Befehl von Rendulic schuf dann die notwendigen Klarheiten: Die Kampfgruppe Eggeling räumte in der Nacht zum 5. den gesamten Verteidigungsabschnitt im Norden von Linz und setzte sich hinter die Traun bei Ebelsberg ab. Um den Vorgang der Übergabe dramatischer erscheinen zu lassen, kursierte sehr bald das Gerücht, hätte Linz nicht kapituliert, wären von Bayreuth aus 500 amerikanische Bomber gestartet, um die Stadt zu zerstören[65]. Ähnliches war auch in Innsbruck und in Salzburg zu hören gewesen. Doch es war in allen Fällen eine leere Drohung. Erstens verfügte die 3. US-Armee in dem sie unterstützenden XIX. Taktischen Luftkommando nicht annähernd über 500 Maschinen, zweitens handelte es sich dabei vorwiegend um Jäger und Jagdbomber, da das Kommando nur zwei Jagd-Geschwader (Fighter Wings) hatte, und drittens flog das genannte Kommando in dieser Zeit seine Einsätze mit durchschnittlich zehn Maschinen[66]. Aber 500 Bomber klang zweifellos bedrohlicher als irgend etwas anderes. Es rechtfertigte vor allem die Übergabe und deutete an, daß dies im letzten noch möglichen Augenblick geschehen war.

Gedeckt durch das Feuer der Linzer Flak und von gelegentlichen Einschlägen amerikanischer Artilleriegeschoße begleitet, zogen sich die Verteidiger von Linz hinter die Traun zurück. Gegen Mittag des 5. Mai rückte die amerikanische 11. Panzer-Division kampflos in Linz ein. Am Vormittag kam es noch zu einem kurzen Artilleriegefecht im Raum Ebelsberg, in das auch Batterien der 11. Panzer-Division vom Nordufer der Donau bei Steyregg aus eingriffen[67]. Doch die Räumung und Übergabe von Linz war geglückt.

Mit dem allgemeinen Rückzug der deutschen Truppen hinter die Traun trennte das XX. US-Korps nur mehr ein Sprung von jener Linie, bis zu der die Heeresgruppe Ostmark ermächtigt und gewillt war, zurückzuweichen. An der Traun zwischen Ebelsberg und Lambach hatten die Reste der 487. Division und eine kaum regimentsstarke Gruppe der 153. Infanterie-Division Aufstellung genommen[68]. Sie hatten es jedoch bereits aufgegeben, Widerstand zu leisten, da am 4. Mai ein Befehl der Heeresgruppe eingelangt war, der die kampflose Aufgabe der Westfront und das Absetzen nach Osten und Südosten befahl[69].

Am 5. Mai überschritt die amerikanische 71. Infanterie-Division fast unangefochten die Traun bei Wels, das ihr von einer Widerstandsgruppe regelrecht übergeben wurde[70], und beendete ihren Vormarsch mit der Einnahme von Steyr. Die südlich davon anschließende 80. Infanterie-Division, die noch immer mit dem Großteil ihrer Truppen am Inn stand, schickte ein Bataillon per Bahn von Braunau nach Vöcklabruck. Eine weitere regimentsstarke Gruppe schloß nach einem Marsch von etwa 80 Kilometern an der Enns auf. Das 260. Regiment der 65. Infanterie-Division aber löste die 11. Panzer-Division und die mittlerweile ebenfalls herangekommene 26. Infanterie-Division des XII. US-Korps bei der Besetzung von Linz ab und ermöglichte so den weiteren Einsatz dieser Verbände im Mühlviertel bzw. gegen die Tschechoslowakei. Am späten Abend rückte das 261. Infanterie-Regiment der 65. Division in das nicht verteidigte Enns ein[71] und hatte damit die Ende April von General Eisenhower bekanntgegebene Demarkationslinie mit den Russen erreicht.

Der Divisionskommandeur dieser Division, Generalmajor Stanley E. Reinhart, mußte sich von seinem Kommandierenden General jedoch Vorwürfe anhören, warum er nicht früher als die 11. Panzer-Division in Linz gewesen war[72]. Auch bei dieser Frage war wieder persönlicher Ehrgeiz ausschlaggebend und nicht etwa das Bedauern darüber, daß der Besatzung von Linz ein reibungsloser Rückzug über die Traun gelungen war.

Die 487. Ersatz- und Ausbildungs-Division hatte zu bestehen aufgehört, und damit hatte westlich der Enns der letzte geschlossene deutsche Verband kapituliert. Am Morgen des 5. Mai war General Wagner noch wegen Verdachts der Zusammenarbeit mit der österreichischen Widerstandsbewegung der Führung der Division enthoben worden. Sein Stab kapitulierte in den Mittagsstunden desselben Tages bei Waldneukirchen[73]. Das Stellvertretende Generalkommando XVII. Armeekorps stellte ebenfalls seine Arbeit ein und verlegte sein Quartier nach Großraming[74]. Am Westufer der Enns standen nur noch die mittlerweile herangebrachten Reste der 153. Feld-Ausbildungs-Division[75].

Obwohl Generaloberst Rendulic am 6. Mai Verbindung mit den Amerikanern aufnahm, die schließlich zur Kapitulation der Heeresgruppe Ostmark führte[76], verstummten die Kämpfe in Oberösterreich noch nicht. Südlich der Donau zwar, wo die amerikanische 80. Division ohne jeglichen Widerstand nach Micheldorf vorstieß und mit anderen Gruppen gegen die Sicherungen General Söths am Pötschen- und am Pyhrnpaß vorfühlte, gab es so gut wie keine Kampfhandlungen mehr. Die beiden anderen Divisionen des XX. US-Korps setzten lediglich Patrouillen über die Enns, die Kontakt mit den Russen aufnehmen sollten, und führten jene systematische Besetzung durch, die sie auf Grund des raschen Vormarsches zur Enns nicht hatten vornehmen können[77].

Allerdings verhinderten es die Sicherungsverbände der Heeresgruppe Süd bei Ennsdorf und Ernsthofen, daß die Amerikaner mit mehr als Patrouillen über die Enns gehen konnten, da die Heeresgruppe Süd alles tat, um sich nicht von der Enns abschneiden zu lassen. Infolgedessen wurde in den genannten Orten auch noch am 7. Mai gekämpft[78].

Insgesamt verzeichnete das XX. US-Korps mit seinen vier Divisionen in der Zeit vom 1. bis zum 8. Mai 40 Tote[79]. Da das Korps erst am 2./3. Mai österreichischen Boden betrat, ist an dieser Zahl recht gut abzulesen, wie verhältnismäßig gering die Kampfhandlungen in Oberösterreich südlich der Donau waren.

Nördlich der Donau hatten jedoch die Divisionen des XII. US-Korps nicht nur noch einige Kämpfe zu bestehen, die von ihrem Charakter her ganz anders gelegen waren als jene beim XX. US-Korps. Die 11. Panzer-Division des XII. Korps hatte auch die Aufgabe, das Konzentrationslager Mauthausen zu befreien. Interessanterweise war die Division darauf überhaupt nicht vorbereitet und hatte keinerlei Instruktionen mitbekommen[80]. Am 5. Mai drang im Zuge des allgemeinen Vormarsches im Mühlviertel eine Patrouille der 5. Regiments-Kampfgruppe bis Mauthausen vor und meldete dann das Vorhandensein des Lagers. Sie fuhr aber wieder ab. Von ihrem Regiment erhielt darauf die Patrouille den Befehl, umzukehren und mehr Einzelheiten zu melden. Auch das wurde getan. Dann erst fuhr eine größere Einheit in das Lager ein. Mittlerweile hatte dort ein Ausschuß der Lagermannschaft das Kommando übernommen, an der Spitze ein ehemaliger sowjetischer Major, der schließlich mit vorgehaltener Pistole gezwungen werden mußte, das Kommando an die Amerikaner abzutreten. Es dauerte noch bis zum darauffolgenden Tag, ehe die Amerikaner wirklich darangehen konnten, das Lager zu übernehmen und für die rund 18.000 Insassen zu sorgen. Der Schock über das Gesehene hatte sie fast handlungsunfähig gemacht. Das unerwartete Vorfinden des Lagers hatte jedoch auch zur Folge, daß Mauthausen am 7. Mai gewissermaßen offiziell, in Wirklichkeit aber eigentlich zum dritten Mal (wenn nicht sogar zum vierten Mal) befreit wurde.

Im unteren Mühlviertel hatte die 3. SS-Panzer-Division auf Befehl der 6. Panzer-Armee die Deckung des nördlichen Donauufers mit allem Nachdruck aufgetragen bekommen und setzte schließlich den nach Osten vorstoßenden Teilen des XII. US-Korps heftigen Widerstand entgegen. Noch im Verlauf des 5. Mai war die amerikanische 11. Panzer-Division nach kurzem Widerstand in Zell bei Zellhof bis Königswiesen gekommen, wo sie von Einheiten der 3. SS-Panzer-Division aufgehalten wurde. Am 6. Mai griffen die Amerikaner abermals an, konnten jedoch trotz eines beträchtlichen Einsatzes Königswiesen nicht nehmen. Ähnliches spielte sich auch bei Grein ab, wo massiertes Artilleriefeuer nicht zum Erfolg führte. Die 3. SS-Panzer-Division konnte ihre Stellungen auch nach einem heftigen Bombardement von Jagdbombern am Morgen des 7. Mai halten[81].

Der Schlußkampf der 3. SS-Panzer-Division, der durch seine Heftigkeit in einem deutlichen Gegensatz zum Verhalten der Heeresgruppe Ostmark an den anderen Abschnitten ihrer Westfront stand, muß im Zusammenhang damit gesehen werden, daß der Oberbefehlshaber der 6. Panzer-Armee ganz offensichtlich den am 6. Mai von Generaloberst Rendulic zum XX. US-Korps aufgenommenen Kontakt mißbilligte und sich diesbezüglich auch an Kesselring wandte[82]. Der Oberbefehlshaber Süd sandte daraufhin der Heeresgruppe Ostmark den Befehl, nun auch den Amerikanern entscheidenden Widerstand zu leisten. Rendulic lehnte diese Weisung ab[83]. Doch die 3. SS-Panzer-Division erfüllte diesen unverständlichen Befehl buchstabengetreu. Auch die am 7. Mai ausgesprochene allgemeine und bedingungslose Kapitulation der deutschen Streitkräfte beendete die Kampfhandlungen im unteren Mühlviertel noch nicht zur Gänze. Erst am Morgen des 9. Mai fand sich die 3. SS-Panzer-Division zur Waffenniederlegung bereit.

14 Kärnten

Von allen österreichischen Bundesländern bzw. damaligen Gauen des Großdeutschen Reiches hatte Kärnten am frühesten und am längsten den Landkrieg zu spüren bekommen. Nicht freilich in der für das Kriegsende typischen Form, sondern als Partisanenkrieg, der das Wort „Heimatkriegsgebiet" mit dem ihm eigentümlichen Sinn versah.

Träger des Partisanenkriegs waren Kärntner Slowenen, viel mehr aber noch jugoslawische Partisanen[1]. Sie fanden Zulauf von entflohenen Kriegsgefangenen, vor allem Polen und Russen. Zu ihnen stießen Deserteure und ideologische Gegner des Nationalsozialismus, so daß mit Sicherheit nur eines gesagt werden kann: Die auf dem Boden Kärnten operierenden Partisanen waren zum größeren Teil Slowenen aus Jugoslawien, zum kleineren Teil Slowenen aus Kärnten sowie Polen, Russen und alle möglichen anderen Leute. Ende 1944 hatte es den Anschein gehabt, als wären die Deutsche Wehrmacht und die von den verschiedensten Dienststellen und Organisationen gebildeten Verbände zur Partisanenbekämpfung die Sieger im „Heimatkriegsgebiet". Die Partisanen waren dezimiert, abgedrängt in die entlegensten Verstecke und kaum mehr handlungsfähig. Im Frühjahr 1945 zeigte sich aber, daß sie neuen Zuzug erhalten hatten, ihren Krieg wieder aufnehmen konnten und gesonnen waren, in die Endkämpfe der Deutschen Wehrmacht einzugreifen. Dabei wollten sie auch die politische Forderung der slowenischen Partisanen realisieren, nämlich die Abtrennung des südlichen Kärntens und seinen Anschluß an Jugoslawien[2]. Es war, wie es Milovan Djilas 1983 ausdrückte, „ein Versuch"[3].

Der Partisanenkrieg und die sich aus dem absehbaren Zusammenbruch der Deutschen Wehrmacht ergebenden Probleme wirkten sich wie nichts anderes auf die Situation in Kärnten während der letzten Kriegswochen aus. Unzweifelhaft sehnte auch hier die Masse der Bevölkerung das Kriegsende herbei, nur wurde die Ungewißheit, was nach dem Krieg sein würde, noch um die Komponente bereichert, daß man annehmen mußte, Kärnten würde geteilt werden, zumindest aber würde eine Situation wie nach dem 1. Weltkrieg entstehen. Diese Sorge belastete auch die sich im Untergrund sammelnden politischen Gegner des Nationalsozialismus. Sie wollten zwar alles dazutun, um einen möglichst reibungslosen Übergang der Macht zu erreichen, doch sicherlich nicht um den Preis einer Abtrennung Südkärntens. Damit sind die politischen Vorgaben des Kriegsendes in Kärnten umrissen. Die militärischen Vorgaben waren nicht minder kompliziert.

Kärnten war das rückwärtige Gebiet für drei deutsche Heeresgruppen, hatte also mehr militärische Einrichtungen aufzunehmen und mehr zurückflutende Truppen zu gewärtigen als irgend ein anderes Bundesland. Aus Italien drängte die Heeresgruppe C nach Kärnten, aus Jugoslawien die Heeresgruppe E und aus der Steiermark kam die Heeresgruppe Süd (Ostmark). Es bedurfte also einer äußerst diffizilen Regelung, um allein die rückwärtigen Einrichtungen dieser Großverbände unterzubringen und im notwendigen Maß auseinanderzuhalten. Dazu kamen, wie überall in Österreich, die Flüchtlinge, die Verwundeten, die schließlich gar nicht mehr in Krankenhäusern und Lazaretten unterzubringen waren, sondern nach Tunlichkeit in Privathaushalten Aufnahme finden sollten[4]. Zu guter Letzt wurden außer den ohnedies durch die Ungarn-Aktionen nach Kärnten gekommenen Ungarn auch noch jene ungarischen Soldaten dorthin abgeschoben, die auf Grund der bei der Heeresgruppe Süd getroffenen Maßnahmen entwaffnet und aus der Front gezogen worden waren[5].

Am 5. April schilderte der Gauleiter und Reichsverteidigungskommissar von Kärnten, Dr. Friedrich Rainer, in einem Telefongespräch mit einer Münchner Dienststelle der NSDAP die Situation folgendermaßen[6]: „Aus der Luft sehr starke Tieffliegertätigkeit auf Verkehrseinrichtungen . . . Nach Kärnten kommen flüchtende Ungarn. Sie werden ausnahmslos entwaffnet und zum Stellungsbau eingesetzt. Es kommen Tausende von Verwundeten; die Organisierung der Führung versagt total . . . muß mit Transportmitteln und Treibstoff aushelfen. Die Banditen werden von Tag zu Tag aktiver. Starke Zusammenrottungen im Raum beiderseits Unterdrauburg, im Raume Eisenkappel sowie Rosenbach, Leutschach." Rainer bat bei dieser Gelegenheit auch um die Genehmigung, sofort Standgerichte zu errichten, was ihm auch erlaubt wurde. Ferner bat er darum, das „Freikorps Adolf Hitler", also das übliche aus Parteigenossen rekrutierte Aufgebot, einsetzen zu dürfen. Er fügte aber gleich hinzu, daß dessen Aufstellung erhebliche Schwierigkeiten mache, „weil alle Aktivisten gebraucht würden". Rainer erwähnte ferner, daß er angeordnet habe, mit dem Stellungsbau im Osten des Landes zu beginnen. Auch im Landesinneren sei mit dem Ausbau von Verteidigungs- und Sperrstellungen begonnen worden. Die Aufstellung des Volkssturmes liefe planmäßig. Übungskompanien seien bereits an der Grenze eingesetzt. Einige Volkssturmeinheiten, und zwar Panzerjagdkommandos, seien auch Gauleiter Uiberreither in der Steiermark zur Verfügung gestellt worden. Schließlich meinte Rainer noch, daß er über die Werwolfpropaganda entsetzt sei, denn damit begebe man sich genau auf jene Ebene von Partisanen, gegen die nun schon seit drei Jahren gekämpft würde. „Man habe allgemein (in Kärnten) den Eindruck, daß wir die Nerven verloren hätten. Anstelle wirklicher Aktionen kämen wir mit Propagandamätzchen."

Dieses Anfang April gezeichnete Bild veränderte sich auch in den nächsten Tagen und Wochen nicht wesentlich. Obwohl Gauleiter Rainer eine Entscheidung Berlins gefordert hatte, klare Bereichsgrenzen für die rückwärtigen Heeresgruppenbereiche festzulegen, strömten weiterhin aus allen Richtungen Versorgungseinheiten, Reserve- und Ausbildungsverbände und rückwärtige Dienste von drei Heeresgruppen nach Kärnten ein. Ebenso nahm die Zahl der Ungarn zu, von denen Rainer zu berichten wußte, daß sie bestrebt waren, sich wieder zu militärischen Formationen fügen zu lassen. Schließlich war ja in Ruden bei Völkermarkt der Stab des ungarischen V. Korpskommandos und in Klagenfurt das ungarische Luftwaffenkommando untergekommen[7]. Doch Rainer zögerte, diese Bestrebungen zu fördern, da er gehört haben wollte, die Ungarn würden bei militärischen Einsätzen nicht mehr sehr zuverlässig sein. Daher plädierte er dafür, sie weiterhin vorwiegend im Stellungsbau zu verwenden. Einige Einheiten waren aber bewaffnet worden und wurden zur Partisanenabwehr eingesetzt. Erst am 22. April meldete Rainer nach Berlin, daß der Zustrom von Ungarn und von Verwundeten nachgelassen habe[8].

Verglichen mit anderen Gebieten der „Alpenfestung" hatte Kärnten also ähnliche Probleme, nämlich die, daß man irgendwie trachten mußte, der in das Land einströmenden Massen Herr zu werden. Der einzige Unterschied bestand vielleicht darin, daß im Gegensatz zu Tirol, Salzburg oder Oberösterreich in Kärnten nicht die hohen Stäbe und die politische Prominenz Zuflucht suchten, sondern die „gewöhnlichen" Flüchtlinge. Das erleichterte freilich auch in gewisser Weise die Befehlsführung, weil etwas weniger Rücksichten genommen werden mußten und weil zweitens nicht allzu viele hohe Kommandos, die aber keinen Bezug zum Land hatten, in die Befehlsgebung hineinredeten. Es waren dennoch genug. Denn jeder Großverband, sei es Heeresgruppe oder Armee, sandte Kommandos nach Kärnten, die einen reibungslosen Ablauf der letzten Rückzugsbewegungen vorbereiten sollten.

Der Oberbefehlshaber der Heeresgruppe E, Generaloberst Löhr, ernannte Mitte April den SS-Obergruppenführer Rösener zum Kommandanten des rückwärtigen Gebietes der Heeresgruppe E[9]. Rösener war es somit, der die letzte Etappe des — wie man bei der Heeresgruppe noch hoffte — bis Kärnten führenden Rückzugs dieses Großverbandes vorbereiten sollte. (Begonnen hatte der Rückzug ja im September 1944 in Griechenland und im südlichen Jugoslawien.) Rösener richtete sich in Laibach ein, kam aber schließlich auch nach Kärnten. Die 2. Panzer-Armee der Heeresgruppe Süd löste das Generalkommando des XXII. Gebirgskorps aus der Front und beauftragte dessen Kommandierenden General, Hubert Lanz, den Rücken- und Flankenschutz der Armee zu übernehmen[10]. An Kräften standen ihm dazu die Heeres-Sturmgeschütz-Brigade 191, die 16. SS-Panzer-Grenadier-Division und Einheiten der rückwärtigen Dienste zur Verfügung. Lanz verlegte seinen Gefechtsstand nach Völkermarkt. Am 18. April reagierte dann der Wehrmachtführungsstab auf die Forderung nach klareren Grenzziehungen und legte eine neue Trennungslinie zwischen den Heeresgruppen E und Süd fest. Von da an galt die Linie: Verlauf der Drau bis Unterdrauburg — Schwabegg — Griffen — Kamm der Saualpe als Trennungslinie, womit das Lavanttal der 2. Panzer-Armee bzw. der Heeresgruppe Süd zufiel[11]. Allerdings hatten zu diesem Zeitpunkt auch schon rückwärtige Einrichtungen der 6. Armee damit begonnen, sich bis Wolfsberg auszudehnen[12]. Blieb noch die Heeresgruppe C in Italien, die als erste mit ihren rückwärtigen Diensten in Kärnten untergekommen war[13]. Doch deren Rückverlegungen erfuhren nicht nur eine

Einschränkung, sondern endeten schließlich so, daß von Kärnten aus versucht wurde, diese Heeresgruppe, konkret die 10. Armee, auszusperren.

Ruhender Pol in dieser — trotz aller Bemühungen — zunehmend chaotischen Situation war das Divisionskommando z. b. V. 438 unter dem aus Preußen stammenden Generalleutnant Ferdinand Noeldechen in Klagenfurt, dem Kommandanten des „Schutzgebietes Kärnten", der in Zusammenarbeit mit den rückwärtigen Diensten aller nach Kärnten einströmenden Truppen deren Bewegungen zu koordinieren suchte[14]. Bis Ende April waren auch alle Abläufe so einigermaßen geregelt, als schließlich doch die Heeresgruppe C zum Problem wurde. Nicht aber, weil sie noch Teile nach Kärnten bringen wollte, sondern weil durch die Sonderkapitulation dieser Heeresgruppe am 29. April und das Wirksamwerden der Waffenstreckung am 2. Mai plötzlich eine Front wegfiel und der Vorstoß anglo-amerikanischer Verbände nach Kärnten möglich schien.

Sofort kursierte das Gerücht, Kärnten würde ebenfalls in den Kapitulationsbereich fallen und daher kampflos besetzt werden[15]. Die Reaktion der politischen und militärischen Führung in Kärnten auf diese Vorgänge entbehrte zwar nicht einer gewissen Logik; sie trug freilich auch ihre schizophrenen Züge: Es wurde sofort alles getan, um ein mögliches Eindringen von Briten durch das Kanaltal zu verhindern. Das Logische daran war, daß es nach einem Vorstoßen britischer Truppen nach Kärnten und damit in den Rücken der Heeresgruppe E für diese keine Chance mehr gegeben hätte, vom Balkan und damit der jugoslawischen Kriegsgefangenschaft zu entkommen. Das Schizophrene war, daß in Kärnten auch von der nationalsozialistischen Führung und erst recht von allen jenen, die sich auf die „Zeit danach" vorbereiteten, die Briten herbeigesehnt wurden, um nicht Gefahr zu laufen, daß Kärnten von Jugoslawen besetzt würde. Von der NS-Führung Kärntens wurde denn auch Stimmung für einen zweiten Kärntner Abwehrkampf gemacht. Am 3. Mai gab Rainer die aus dem Abwehrkampf 1918 — 1920 bekannte Parole aus: „Kärnten frei und ungeteilt[16]".

DER WETTLAUF VON BRITEN UND JUGOSLAWEN

Am 30. April wurde aus Tarvis berichtet, daß dort Truppen mit und ohne entsprechende Befehle über die Grenze zu ziehen begannen und zum Teil in Villach sammelten, darunter auch Teile des SS-Polizei-Regiments 10. Obergruppenführer Rösener sandte daraufhin ein Fernschreiben an den Kommandanten des Schutzgebietes Kärnten, General Noeldechen, wonach alle diese Truppenteile gesammelt und nach „Prüfung der Papiere und Unschädlichmachung von Deserteuren usw." wieder in der umgekehrten Richtung in Marsch gesetzt werden sollten[17]. Offenbar versprach sich aber Rösener von den Maßnahmen General Noeldechens zu wenig. Schon am nächsten Tag erwirkte er bei der Heeresgruppe E einen Befehl, wonach der SS-Gruppenführer Odilo Globocnik, der Höhere SS- und Polizeiführer in Krain, gebürtiger Kärntner und kurzzeitiger Gauleiter von Wien, die zurückgehenden Teile der 10. Armee und das LXXXXVII. Armeekorps in der Höhe von Gemona auffangen und zum Aufbau einer Verteidigungsstellung bringen sollte[18]. Globocnik sollte sich durch keine wie immer gearteten Maßnahmen des Oberbefehlshabers Südwest, Generaloberst von Vietinghoff, beirren lassen und etwa weiter rückwärts, in den Karnischen Alpen, eine Verteidigungsstellung aufbauen wollen. Globocnik hätte vielmehr klar zum Ausdruck zu bringen, „daß er in jeder Hinsicht als rechter Eckpfeiler des Korps Rösener zu betrachten sei, diese Stellung bis zum letzten Mann hält und sich nicht durch O. B. Südwest oder die 10. Armee vereinnahmen lassen darf". Globocnik bildete daraufhin die Kampfgruppe Harmel, die vor allem aus SS-Ersatzformationen zusammengestellt wurde. General Noeldechen, der Rösener unterstellt wurde, bekam Befehl, eine Kampfgruppe nach Tarvis zu entsenden, mit dem Auftrag, zwischen Bovec (Flitsch) und Kobarid (Karfreit) eine Sperrstellung zu beziehen.

Von der Heeresgruppe E wurde noch mehr getan. Generaloberst Löhr dirigierte zwei Generalkommanden seiner Heeresgruppe, das XXXIV. und das LXIX., nach Villach bzw. nach Ostkärnten, um alle einströmenden Truppenteile aufzufangen, zu reorganisieren und dann mit ihnen eine Abwehrfront entlang der Karawanken und der Karnischen Alpen aufzubauen[19].

Da die Stärke dieser Abwehrfront, die in gleicher Weise gegen Angloamerikaner und Jugoslawen gedacht war, über die Durchführbarkeit der letzten Etappe der Rückführung und über die Möglichkeit, sich bei der Kapitulation nach Norden abzusetzen, entschied, wurde mit allen Mitteln eine Stabilisierung angestrebt. Die Feldkommandantur 197 unter Generalmajor Hahn, die an und für sich die Unterbringung der von der 2. Panzer-Armee zurückströmenden Teile zur Aufgabe hatte[20], wurde am 4. Mai, ebenso wie alle anderen gerade verfügbaren Einheiten, mobilisiert und in taktischer Beziehung der Gruppe des Generalmajors Steyrer unterstellt; sie war mit der Sperrung der Karawankenpässe und der Drauübergänge nach Süden beauftragt[21]. Am darauffolgenden Tag wies Generalleutnant Winter vom Führungsstab B des Oberkommandos der Wehrmacht General Ringel an, in engstem Einvernehmen mit Gauleiter Rainer die „restlose Ausschöpfung der Wehrkraft des Gaues Kärnten zu organisieren[22]". Sämtliche Aktionen mußten auf die Interessen der Heeresgruppen E und Ostmark abgestimmt sein. Als vordringlichste Aufgabe wurde die Sicherung der Südflanke des Raumes Kärnten „gegen Einwirkungen der Anglo-Amerikaner bzw. Titoverbände" angesehen.

Am 7. Mai wurde noch ein Letztes getan und die 2. Panzer-Armee führungsmäßig der Heeresgruppe E unterstellt[23]. Dadurch sollte eine möglichst große Vereinheitlichung der Führung im südlichsten Abschnitt der deutschen Ostfront erzielt werden. Es sollte jedoch unbedingt auf die Bewegungen der Heeresgruppe Ostmark Bedacht genommen werden.

Nicht nur die Deutsche Wehrmacht bereitete sich auf das Kriegsende in Kärnten vor. Dasselbe taten auch die Partisanenverbände Marschall Titos und die britischen Truppen. Dabei hatten die Partisanen zweifellos die besseren Ausgangspositionen, denn sie waren ja schon teilweise in Kärnten[24]. Der Kärntner-Verband (Koroški odred) der jugoslawischen IV. Operationszone unter dem Kommandanten Ivan Uranič hatte im April 1945 vier Partisanen-Bataillone eingesetzt: Das I. operierte westlich der Straße Loiblpaß — Klagenfurt (um Rosegg); das II. zwischen den Straßen von Klagenfurt zum Loiblpaß und von Seeland nach Völkermarkt; das III. Bataillon war ostwärts der Straße Seeland — Völkermarkt um Črna (Schwarzenbach) und Eisenkappel eingesetzt, und das IV. Bataillon, das „nördliche", hatte als Raum das Gebiet nördlich der Drau, vor allem die Saualpe, zugewiesen bekommen. Anfang Mai 1945 stellt der Odredstab ein weiteres, und zwar österreichisches Bataillon auf, in dem vor allem aus der Deutschen Wehrmacht desertierte Soldaten Aufnahme fanden. Dieses Bataillon wurde von einem Polizeileutnant geführt, der zehn Tage vorher zu den Partisanen übergelaufen war.

Bei diesen „Bataillonen" handelte es sich aber nicht um Truppenkörper, die etwa mit Bataillonen der Deutschen Wehrmacht verglichen werden konnten. Die Partisanen-Bataillone waren wesentlich kleiner. Daß sie im April wieder aktiver werden konnten, war nicht nur darauf zurückzuführen, daß sie wieder erstarkt waren und von Jugoslawien aus entsprechend unterstützt wurden, sondern auch darauf, daß die Hauptstreitmacht in der Partisanenbekämpfung, das SS-Polizei-Regiment 13, zum Großteil abgezogen worden war. Zwei Bataillone dieses Regiments kämpften ja im Joglland und im Vorgelände der Fischbacher Alpen und wandten schließlich dort ihre Praxis der rücksichtslosen Bekämpfung von Aufstandsbewegungen an. Die Ungarn boten für die abgezogenen SS-Polizeitruppen keinen Ersatz. Doch im Augenblick, als die Sicherungsverbände der deutschen Heeresgruppen in das Geschehen in Kärnten eingriffen, waren nicht nur wieder Truppen zur Partisanenbekämpfung vorhanden, es wandelte sich auch der Charakter der Kämpfe, und aus dem versteckten wurde ein offener Krieg.

Nach der Kapitulation der Heeresgruppe C befahl der Generalstab der IV. Operationszone dem Kärntner-Verband, sich im Raum Eisenkappel zu sammeln und für den Vormarsch nach Klagenfurt, Völkermarkt und Villach bereitzuhalten. Zusätzlich wollten die Jugoslawen drei Brigaden der 14. Division zuführen[25]. Voraussetzung dazu war aber die Brechung des deutschen Widerstandes im Raum Unterdrauburg. Die deutsche Brigade Steyrer wehrte jedoch diese Angriffe am 3. und 4. Mai ab. Ebenso scheiterten die Versuche der Jugoslawen, sich am 5. und 6. Mai einen Weg über Črna zu öffnen. Eine geringe Möglichkeit bot sich schließlich im Mießtal bei Prevalje. Zusätzlich zu den erwähnten Brigaden der 14. Division und dem Kärntner-Verband machte sich in Vigaun noch der Kokra-Verband (Kokrški odred) zum Vormarsch bereit. Damit hofften die Jugoslawen, genügend Kräfte zusammengezogen zu haben, um die deutschen Linien durchbrechen zu können. Die regulären und die Partisanenverbände standen dabei unter einem erheblichen Zeitdruck, denn waren einmal die Briten in Kärnten, dann bestand kaum eine Chance, das von Jugoslawien beanspruchte Kärntner Gebiet zu besetzen und damit den politischen Forderungen — via facti — Nachdruck zu verleihen. Die Frage war also: Wo blieben die Briten?

Im April hatte die britische 8. Armee unter Generalleutnant Richard L. McCreery Venezia-Giulia erreicht[26]. Den Briten war aber nur zu sehr bewußt, daß sie damit in eine Problemzone eingedrungen waren. Das Gebiet wurde nicht nur noch von deutschen Truppen gehalten, sondern wimmelte auch von italienischen Partisanen. Und war man einmal in den Raum Triest und das Isonzotal vorgedrungen, dann mußte man auch auf jugoslawische Partisanen stoßen. Genauso war es.

Der britische Vormarsch ging also sehr zögernd und regelrecht schleppend vor sich[27]. Größere Distanzen wurden nur selten zügig überwunden. Und schließlich stand das V. Korps der 8. Armee mit zwei Divisionen, der 6. Panzer-Division und der 78. Infanterie-Division, am 1. Mai im Raum Udine und westlich davon. Die 78. Division verharrte für einige Tage im Raum Padua[28], während die 6. Panzer-Division nach Conegliano vorfühlte. Die Division mußte jedoch immer wieder warten, bis ihre Teile aufgeschlossen waren, denn die von den deutschen Truppen angerichteten Zerstörungen waren so nachhaltig, daß sich ein rascheres Vorwärtskommen kaum bewerkstelligen ließ. Am 2. Mai bekam die Division zwar den Befehl, mit leichten, mobilen Verbänden nach Tarvis, Villach und Klagenfurt vorzustoßen, doch das war leichter gesagt als getan. Denn um Ospedaletto stießen die Briten plötzlich auf heftigen Widerstand der SS-Kampfgruppe Harmel und der übrigen von Obergruppenführer Rösener über das Kanaltal herangeführten Einheiten[29]. Jetzt kamen also drei Faktoren zusammen: Der nicht erlahmende deutsche Widerstand, die Zerstörungen der gerade für den Verkehr im Kanaltal äußerst wichtigen Kunstbauten an den Straßen und das Jugoslawenproblem. Zunächst wurde der Isonzo als provisorische Demarkation festgelegt, doch immer wieder tauchten Titopartisanen auf, um zu verhandeln und zu verzögern. Der Kommandeur der britischen 6. Panzer-Division, Generalmajor H. Murray, hatte keinen politischen Berater mitbekommen. Er und sein Stab mußten also selbst verhandeln[30]. Dabei entging den Briten offenbar, was dieses ständige Verzögern der Partisanen für einen Grund hatte: Letztere waren ja nur zu sehr daran interessiert, daß die Briten möglichst spät nach Kärnten kamen. In der Nacht vom 3. auf den 4. Mai wich die SS-Kampfgruppe Harmel von Ospedaletto nach Venzone zurück. Dort wurde wiederum verteidigt. Doch dann, am 6. Mai, kam ein Parlamentär zu den Briten, der ihnen zusicherte, ab 18 Uhr dieses Tages würden die Briten durch die deutschen Linien widerstandslos durchgelassen. Den Briten waren nun auch die deutschen Absichten nicht klar, doch sie vermuteten sehr bald, daß man sie nunmehr rasch in Kärnten haben wollte[31]. Das wurde noch dadurch unterstrichen, daß Gauleiter Rainer am 6. Mai über Drahtfunk Klagenfurt und Villach zu offenen Städten erklärte[32]. Tags darauf übergab er die politischen Geschäfte an eine neue provisorische Kärntner Landesregierung. Die neue politische Führung Kärnten hatte jedoch wie die zurückgetretene vor allem ein Anliegen: Die Briten sollten möglichst rasch einmarschieren. Sie wurden herbeigesehnt! Am Nachmittag des 7. Mai erreichten das 27. Lancier-Regiment als Spitzenverband der britischen 6. Panzer-Division Tarvis. General Harmel sicherte nochmals zu, daß die Briten auf keinen weiteren Widerstand mehr stoßen würden, daß auch keine Kunstbauten mehr zerstört werden sollten und der Weg nach Klagenfurt frei sei. Am Abend kam schließlich auch der Kommandierende General des LXXXXVII. Armeekorps, der mit den Briten über die Kapitulation verhandeln wollte[33]. Alles deutete auf das Kriegsende hin.

Mittlerweile war auch die britische 78. Infanterie-Division wieder in Marsch gesetzt worden und näherte sich dem Plöckenpaß. Beide Divisionen, die 6. Panzer- und die 78. Infanterie-Division, bekamen Befehl, am nächsten Tag, am 8. Mai, die österreichische Grenze zu überschreiten.

15 Die bedingungslose Kapitulation

In den ersten Maitagen des Jahres 1945 glich Österreich einem riesigen Heerlager, in dem Hunderttausende deutsche Soldaten und Wehrmachtsangehörige aller Art Zuflucht gefunden hatten, teilweise noch kämpften, zum Großteil aber warteten. Weitere Hunderttausende, Deutsche, Angehörige von mit Deutschland verbündeten oder verbündet gewesenen Staaten, Flüchtlinge aus dem Ausland und Binnenflüchtlinge strömten noch gegen die Alpen oder standen knapp an der Reichsgrenze. Im Osten Österreichs waren mehr als sieben sowjetische und Teile einer bulgarischen Armee versammelt; daruntergemischt waren rumänische und ungarische Verbände, die auf seiten der Roten Armee kämpften. Im Westen drangen eine französische und zwei amerikanische Armeen ein. Britische Truppen machten sich im Süden zum Sprung nach Österreich bereit. Es war fast ein Wunder, daß die schließlich zu Millionen angewachsenen Truppenmassen überhaupt Platz fanden: Das alles wirkte wie eine gigantisch-gespenstische Inszenierung von »Wallensteins Lager«, wobei Hoffnungen, Weltuntergangsstimmung, Siegesfreude, Gefangenschaft und Tod oft unmittelbar nebeneinander standen.

Kennzeichneten schon die Truppenmassen das Chaotische der Situation, so wird das noch augenfälliger, wenn man sich die durch das Kriegsgeschehen entstandene Zerreißung Österreichs ansieht. Zuerst war der Osten Kampfgebiet geworden. Währenddessen gingen in den übrigen Landesteilen die Luftangriffe weiter. Mit dem Fortschreiten der Ostfront wurden zunächst das Burgenland, dann Teile Niederösterreichs und der Steiermark sowie Wien zu rückwärtigen Frontgebieten der sowjetischen Truppen. Als die Front Mitte April über weite Strecken zum Stehen kam, zog sich quer durch Österreich, vom Weinviertel über das Tullner Feld, dann die Traisen entlang, über Semmering und Wechsel, durch die Oststeiermark, über das Raabtal und bis an die Mur ein Streifen, vielleicht 20 bis 30 km breit, der Kampfgebiet blieb. Schließlich fing Ende April der Krieg im Westen Österreichs an, erreichte zunächst Tirol und Vorarlberg, dann Oberösterreich und Salzburg, sodaß auch diese Länder herausgerissen wurden. Was übrig blieb, sollte im Zuge der bedingungslosen Kapitulation der Deutschen Wehrmacht besetzt werden.

Überall dort, wo die Front durchgezogen war und die Alliierten die Kontrolle übernahmen, entstand Österreich wieder. Überall dort, wo die Front noch nicht durchgekommen war, gehörte das Land noch zum Großdeutschen Reich. Rechnet man den 8. Mai und den Beginn der Besetzung durch die Briten noch mit, dann herrschte in Österreich zeitweilig sechsfaches Recht: Jede der alliierten Armeen errichtete eine eigene Rechtsordnung, es herrschte noch jene des Dritten Reiches, und schließlich versuchte auch das neue Österreich, eine eigene Rechtsordnung zu errichten. Ja vielleicht sollte man noch dazuzählen, daß auch Bulgaren, Jugoslawen und Ungarn Militärherrschaften aufzurichten bemüht waren. Der Zusammenbruch des Deutschen Reiches schuf wohl nirgendwo auf einem vergleichbaren Raum so viele Unterschiede wie gerade in Österreich. Da konnte man schon einmal den Überblick verlieren und nicht mehr genau wissen: Wer bin ich denn?

Als am 27. April Karl Renner in Wien eine provisorische österreichische Regierung bildete und die Unabhängigkeit Österreichs von Deutschland proklamiert wurde, da gab es in den noch von nationalsozialistischen Funktionären und von deutschen Truppen kontrollierten Gebieten die unterschiedlichsten Reaktionen. Von Hohn und Spott über Skepsis bis hin zu nachdenklichen Reaktionen wie etwa der des Oberbefehlshabers der Heeresgruppe Ostmark, Generaloberst Rendulic, der später schrieb: „Eigenartig berührte mich die Nachricht von der Bildung einer provisorischen Regierung in Wien am 27. April, zu einer Zeit also, in der meine Truppen den größten Teil Österreichs noch besetzt hielten, und zwar nicht als Feinde Österreichs, wohl aber als Feinde der Befreier[1]." Die meisten deutschen Offiziere und Soldaten hatten am 1. Mai die Nachricht vom Tod Hitlers mit Gleichmut und ohne jede tiefe Bewegung zur Kenntnis genommen. Die Frage war nur, wie es weitergehen würde, ob es zum Frieden käme, oder ob man nicht doch mit den Westmächten gemeinsam gegen die Russen Front machen könnte. Allen Spekulationen standen Tür und Tor offen, doch letztlich ging der militärische Alltag darüber hinweg.

Nachdem Großadmiral Dönitz die Gewißheit erlangt hatte, daß Hitler tot und er als Reichspräsident dessen legitimer Nachfolger war, entschloß er sich sofort, die Kapitulation der Deutschen Wehrmacht in die Wege zu leiten. Damit stand das „Daß", aber noch nicht das „Wie" einer raschen Kriegsbeendigung unter seiner Regierung fest[2]. Für das Wie wurden aber eine ganze Reihe von Überlegungen maßgeblich. Dönitz' erklärtes Ziel war es, die deutschen Armeen und die vor der Roten Armee flüchtende Bevölkerung aus dem Osten zurückzuführen[3]. Schon im Jänner 1945 waren der deutschen Reichsregierung die von der European Advisory Commission ausgearbeiteten Pläne zur Aufteilung Deutschlands bekanntgeworden[4]. Dönitz besaß also einen konkreten Anhalt dafür, bis zu welcher Linie die Rückführung aus dem Osten notwendig war.

Er entschloß sich ferner zu einer von seiten der Reichsregierung und in seiner Eigenschaft als Oberster Befehlshaber vorzunehmenden Kapitulation und lehnte damit einen von Generalfeldmarschall Keitel und Generaloberst Jodl vertretenen Plan ab, wonach die einzelnen deutschen Truppenteile von sich aus Übergabeverhandlungen beginnen sollten, bis schließlich alle Verbände kapituliert hätten. Auf diese Weise würde es zwar keine Gesamtkapitulation gegeben haben, und die Alliierten wären mit ihrer „unconditional surrender"-Formel buchstäblich ins Leere gestoßen. Doch Dönitz befürchtete, daß in diesem Fall die Alliierten eine deutsche Regierung, die sich selbst der wichtigsten Funktion beraubte, nicht anerkennen würden, und es infolge des Fehlens einer Zentralgewalt zum totalen Chaos kommen könnte[5]. Es war ja denkbar, daß in diesem Fall einzelne Truppenteile länger, andere weniger lang hätten kämpfen wollen, keine geregelte Rückführung stattgefunden hätte und die Alliierten womöglich die vernichtenden Bombardements auf deutsche Städte fortgesetzt hätten. All dem hoffte Dönitz durch eine stufenweise, doch zentral gesteuerte allgemeine Kapitulation begegnen zu können.

DER BEGINN DER TEILKAPITULATIONEN

Noch während sich Dönitz über die Vorgangsweise seiner Regierung klar werden mußte, wurde am 2. Mai die erste Kapitulation einer ganzen Front wirksam. Die Übergabe der Heeresgruppe C in Italien war noch vor seinem Amtsantritt eingeleitet worden, und der Großadmiral erhielt erst durch ein Fernschreiben Feldmarschall Kesselrings nähere Aufschlüsse darüber. Kesselring betonte, daß dieser Waffenstillstand, für den er die Verantwortung auf sich nahm, natürlich schwere Erschütterungen besonders für die an die Italienfront anschließenden Heeresgruppen G (Süddeutschland bis Tirol) und E (Balkan) mit sich bringen würde, meinte aber, daß der in Italien eingeschlagene Weg doch für die gesamte Westfront gangbar wäre und keinerlei Beeinträchtigungen für den Kampf im Osten mit sich bringen würde. Der Oberbefehlshaber Süd empfahl daher den Abschluß von Kapitulationen für seinen gesamten Befehlsbereich und den Balkan[6].

Dönitz teilte diese Auffassung im großen und ganzen, machte aber gleichzeitig deutlich, daß er nur Schritt für Schritt vorgehen und erst das Verhalten der Alliierten gegenüber seinem Kapitulationsverfahren testen wolle. Daher lehnte er auch eine regelrechte Kapitulation der deutschen Westfront ab, weil er befürchtete, sie würde am Widerspruch der Sowjetunion scheitern. Statt dessen ordnete er separate Übergabeverhandlungen des Nordraums (Heeresgruppe Weichsel und 12. Armee) mit den Engländern sowie der Heeresgruppe G mit den Amerikanern an. Für den Südraum, also die Heeresgruppen Mitte, Süd und E, sollte Kesselring wohl Vorverhandlungen mit den Westmächten einleiten, doch ein endgültiges Abkommen wurde dem Oberkommando der Wehrmacht vorbehalten[7].

Am 5. Mai, 8 Uhr morgens, wurde die Kapitulation des Nordraums[8] und am 6. Mai, 12 Uhr, die der Heeresgruppe G wirksam[9]. In dem Augenblick aber, als am 5. Mai Generaladmiral von Friedeburg im alliierten Hauptquartier in Reims eintraf, um im Auftrag von Dönitz über die deutsche Gesamtkapitulation zu verhandeln, hatte man sich deutscherseits der Möglichkeit begeben, weitere Teilkapitulationen zu versuchen. Bevor v. Friedeburg noch in Reims ankam, war General Eisenhower mit dem Sowjetischen Oberkommando übereingekommen, vom deutschen Parlamentär die gleichzeitige Waffenstreckung aller deutschen Streitkräfte zu fordern. Die deutschen Truppen der Ostfront hätten sich dann dem Sowjetischen Oberkommando zu ergeben, während Eisenhower selbst die Übergabe der an der Westfront und in Norwegen stehenden deutschen Streitkräfte entgegennehmen würde[10].

Dönitz hoffte natürlich, die Verhandlungen so führen zu können, daß auch die Rückführung der drei deutschen Heeresgruppen im Südraum hinter die Linien der Westalliierten gelingen würde. Für die in Kurland, in den Niederungen der Weichselmündung und auf der Halbinsel Hela eingeschlossenen deutschen Verbände kam ohnehin nur mehr ein Abtransport über See in Frage[11].

Verallgemeinernd kann man jedoch sagen, daß die Heeresgruppen Mitte, Süd und E dazu ausersehen waren, im Interesse der von Dönitz angestrebten Gesamtkapitulation der Reichsregierung und des Oberkommandos der Wehrmacht auszuharren, um schließlich den substantiellen Hintergrund eines etwas fragwürdigen Staatsakts abzugeben. Mit ihnen sollte bedingungslos kapituliert werden. Alle weiteren direkten Gespräche über Teilkapitulationen im Südraum mußten eingestellt werden, da das Schicksal dieses Kriegsschauplatzes in Reims geregelt werden sollte.

Eisenhower hatte gemäß den alliierten Vereinbarungen gar keine andere Möglichkeit, als v. Friedeburg die Forderung nach bedingungsloser Kapitulation vorzulegen. Er wollte auch gar nichts anderes, denn sein Bestreben ging dahin, das mühsam erhaltene Einvernehmen mit den Russen zu wahren und nicht wegen irgendwelcher deutscher Sonderwünsche zu gefährden. Für Dönitz freilich war die Forderung nach sofortiger bedingungsloser Kapitulation eine kalte Dusche, denn er hatte die Hoffnung nicht aufgegeben, die Ostarmeen geschlossen der Gefangennahme durch die Rote Armee entziehen zu können. Er beauftragte also den Chef des Wehrmachtführungsstabes, Generaloberst Jodl, in neuen Verhandlungen eine Änderung der Eisenhowerschen Bedingungen zu erreichen. Sollte das nicht möglich sein, dann müsse zumindest darauf gedrungen werden, daß die Kapitulation in zwei Etappen vor sich gehe. Zu einem ersten Termin sollten die Kampfhandlungen aufhören, die Truppen jedoch noch Bewegungsfreiheit haben. Erst zu einem zweiten, möglichst großzügig angesetzten Zeitpunkt, mußten die Truppenbewegungen abgeschlossen sein. Bis dahin sollte der Übertritt einzelner Soldaten in die amerikanisch besetzten Gebiete möglich sein[12].

Parallel zur Mission Jodls erging ein Befehl an Kesselring, die weiteren Bewegungen der drei Heeresgruppen im Südraum unverzüglich derart zu steuern, daß die Ostfront so rasch wie nur möglich an den amerikanischen Machtbereich herangeführt werde[13].

Auch Jodl konnte keine Änderung der Bedingungen oder ein Hinausschieben der Kapitulationsfrist erreichen. Eisenhower setzte den 9. Mai, 00.00 Uhr (9. Mai, 01.00 Uhr deutscher Sommerzeit), fest, und Dönitz mußte akzeptieren. Am 7. Mai, 02.41 Uhr, unterzeichnete Generaloberst Jodl das ihm vorgelegte Dokument[14].

Wenige Stunden nach der Unterzeichnung der bedingungslosen Kapitulation erhielten Kesselring und der Führungsstab B des Oberkommandos der Wehrmacht einen im Namen des Großadmirals Dönitz von Keitel gefertigten Befehl, der an die Oberbefehlshaber der Heeresgruppen Mitte, Ostmark und E weitergeleitet werden sollte und in dem es unter anderem hieß: „Es gilt von allen Fronten gegen Ostgegner schnellstens was möglich nach Westen zurückzuführen und notfalls durch Sowjets sich durchzuschlagen. Jede Feindseligkeit gegen Anglo-Amerikaner sofort einstellen und Übergabe an diese durchführen . . . Eisenhower hat Jodl Einstellung der Feindseligkeiten zum 9. Mai 1945, 01.00 Uhr deutscher Sommerzeit zugesagt[15]."

Nun wußte man im Südraum endgültig, woran man war, und der psychologische Druck, daß im Westen kapituliert wurde, im Osten aber weitergekämpft werden sollte, hatte ein Ende[16]. Für den überwiegenden Teil der Heeresgruppe Ostmark schien ein rechtzeitiges Absetzen nach dem Westen durchaus möglich und warf nur das eine Problem auf, ob die Westmächte die Übergabe der Heeresgruppe annehmen würden, denn sie hatte ja fast ausschließlich gegen Osten gekämpft und hätte folglich auch gegenüber den Russen kapitulieren müssen. Für die Heeresgruppen Mitte und E barg der Befehl von Dönitz die Gewißheit, daß sie entweder gar nicht oder nur mit einigen Teilen die angloamerikanischen Linien erreichen würden. Es tauchte daher mehrfach die Forderung zum Weiterkämpfen auf[17]. Hier mußte es sich weisen, welche Autorität die neue Reichsregierung und die obersten militärischen Dienststellen noch besaßen, aber auch die Einsicht der örtlichen Oberbefehlshaber, da sie nicht erwarten konnten, nach einem über die Kapitulation hinaus geführten „Privatkrieg" von den Westalliierten aufgenommen zu werden, von den Russen dann aber noch weniger Pardon zu erhoffen hatten.

Die Problematik der Heeresgruppe Mitte berührte die in Österreich stehenden Armeen nur am Rande, so etwa, wenn sich bei der 8. Armee Tendenzen bemerkbar machten, in Anlehnung an die Heeresgruppe Mitte den Kampf gegen Osten fortzusetzen. Die Kapitulation der Heeresgruppe C in Italien hatte sich im wesentlichen außerhalb von Österreich abgespielt und zeitigte nur mittelbare Auswirkungen auf die Situation in Vorarlberg, Tirol und Kärnten. Generaloberst Löhr hatte schon am 2. Mai betont, daß kaum Aussicht bestehe, die Heeresgruppe E vollständig auf österreichischen Boden überzuführen. Er wolle natürlich sein möglichstes tun[18]. Für die Heeresgruppe G im Westen gab es hingegen keinen Zweifel mehr, daß ihre Kapitulation von den Westalliierten angenommen werden würde.

DIE KAPITULATION DER HEERESGRUPPE G

Am Abend des 29. April hatte das Oberkommando der Heeresgruppe G den Befehl zur Auflösung erhalten[19]. Damit wurde von Kesselring zum einen dem Umstand Rechnung getragen, daß das Heeresgruppenkommando als Führungsstab schon längere Zeit keine Daseinsberechtigung mehr hatte, da es nichts mehr gab, was man hätte führen können. Zum anderen glaubte der Oberbefehlshaber Süd zu diesem Zeitpunkt noch, die Kapitulation der Heeresgruppe C in Italien aufhalten zu können. Er setzt deshalb deren Oberbefehlshaber, Generaloberst v. Vietinghoff, und dessen Chef des Stabes ab und betraute an ihrer Stelle den bisherigen Oberbefehlshaber der Heeresgruppe G, General Schulz, mit der Führung. Da sich jedoch in Italien das Steuer nicht mehr herumreißen ließ und die Entsendung von General Schulz eher negative Auswirkungen zeitigte, da ein Chaos in der Führung auszubrechen drohte, wurde wieder v. Vietinghoff damit betraut, die von ihm eingeleitete Kapitulation auch durchzuführen.

Am 3. Mai erhielt Feldmarschall Kesselring von Dönitz die Bewilligung, die Übergabe der Heeresgruppe G in die Wege zu leiten. Er beorderte daher General Schulz wieder aus Italien zurück und stellte abermals das Oberkommando der Heeresgruppe G auf, damit dieses die Durchführung der Kapitulation im Nordalpenraum lenken konnte[20]. Es war also kein ganz unkomplizierter Vorgang, um auch nur die Voraussetzungen für eine einigermaßen geordnete Waffenstreckung zu schaffen.

Die Heeresgruppe G, die nach dem Übertritt der 7. Armee zur Heeresgruppe Mitte[21] nur mehr aus der 1. und der 19. Armee und dem der 19. Armee unterstellten AOK 24 bestand, sollte ein lokales Kapitulationsübereinkommen treffen. In kaum einem anderen Fall wurde die räumliche Begrenzung der Verhandlungen so betont wie hier, um nur ja nicht den Eindruck einer Gesamtkapitulation der deutschen Westfront zu erwecken. Der Oberbefehlshaber der 1. Armee, General Foertsch, erschien vor der Front der amerikanischen 3. Infanterie-Division, um für die Heeresgruppe G und für seine Armee zu verhandeln[22]. General Brandenberger, der Oberbefehlshaber der 19. Armee, entsandte Major i. G. v. Stülpnagel, um gegenüber der amerikanischen 7. Armee kapitulieren zu können, und beauftragte darüber hinaus General Schmidt, seitens des AOK 24 mit den Franzosen in Verhandlungen zu treten[23].

Ein erstes konkretes Ergebnis erzielte die 19. Armee, da deren Parlamentäre in der Nacht vom 4. auf den 5. Mai die Nachricht überbrachten, daß die Amerikaner grundsätzlich zu einem Waffenstillstand bereit seien und General Brandenberger zum Abschluß der Kapitulation am Nachmittag des 5. Mai in Innsbruck erwarteten[24]. Im Verlauf des 5. Mai beendete auch General Foertsch seine Verhandlungen und unterzeichnete um 14.30 Uhr in Haar bei München die Urkunde über die Kapitulation der Heeresgruppe G sowie der 1. Armee. Eine halbe Stunde später signierte General Brandenberger ein ähnliches Dokument, das die Übergabe der 19. Armee regelte[25]. Was aber war mit dem AOK 24?

Die Parlamentäre dieser kleinen Streitmacht (4 schwache Bataillone) waren am 4. Mai, 9.00 Uhr vormittags, vor den französischen Linien erschienen und hatten um Bekanntgabe eines Zeitpunkts und der Modalitäten für einen Waffenstillstand ersucht[26]. Doch bevor noch die Nachricht vom Eintreffen der Parlamentäre des AOK 24 General de Lattre, den Oberbefehlshaber der 1. französischen Armee, erreicht hatte, war dieser vom Oberbefehlshaber der 6. Armeegruppe, General Devers, aufgefordert worden, einen Parlamentär zu den Verhandlungen mit der 19. Armee zu entsenden. De Lattre folgerte, daß die Franzosen also eingeladen würden, an der Übergabe der 19. Armee teilzunehmen, daß er aber gleichzeitig berechtigt sei, die Übergabe des AOK 24 ausschließlich an die Franzosen anzunehmen[27].

General Schmidts Emissäre kehrten mit diesem Bescheid zurück. Doch mittlerweile war der deutsche General davon in Kenntnis gesetzt worden, daß die gesamte Heeresgruppe G kapitulierte. Er informierte de Lattre davon und fügte hinzu, daß sich nun eine separate Kapitulation des AOK 24 wohl erübrigt habe. Der Oberbefehlshaber der 1. französischen Armee war anderer Meinung, mehr noch: Er war indigniert. Für ihn war das AOK 24 keine Schattenarmee, sondern eine vollwertige Armee, und er wollte sich den Triumph nicht entgehen lassen, die Übergabe eines solchen „Großverbandes" entgegenzunehmen. Er informierte Devers davon, daß die Franzosen die Feindseligkeiten so lange fortsetzen würden, bis wieder deutsche Parlamentäre im französischen Hauptquartier einträfen. Devers konnte dieser Auffassung nicht folgen und antwortete de Lattre, daß die Übergabe der Heeresgruppe G doch auch die des AOK 24 einschließe. Der französische General gab nicht nach und meinte, weder in der Urkunde über die Kapitulation der Heeresgruppe G noch in jener der 19. Armee sei die „24. Armee" namentlich genannt. Er sandte lediglich über Wunsch Devers einen Kurier zu General Brandenberger, damit der das AOK 24 aufforderte, gegenüber den Franzosen zu kapitulieren. Bis dahin würden die Feindseligkeiten fortgesetzt[28].

Beim AOK 24 bzw. bei dessen einzigem Verband, der Ersatz- und Ausbildungs-Division 405, nahm man an, daß ab 5. Mai, 18.00 Uhr, Waffenruhe herrschen würde. Schließlich war das AOK ein Teil der 19. Armee und wußte das auch; aber kurz nach diesem Zeitpunkt wurden die Nachhuten der 405. Division von französischen Soldaten angegriffen. Die Darstellungen über das, was nun geschah, gehen auseinander. General Brandenberger gibt an, daß das AOK 24 vor den angreifenden Franzosen zurückgewichen sei und dabei in der Nacht zum 6. Mai über eine in Innsbruck zwischen Amerikanern und Franzosen vereinbarte, doch weder dem Oberkommando der 19. Armee noch dem AOK 24 und der 405. Division bekannte Demarkationslinie gedrängt worden sei[29]. De Lattre wiederum war der Überzeugung, daß sich die deutschen Soldaten der Gefangennahme durch die Franzosen entziehen wollten und daher in die amerikanische Zone hinüberwechselten. Dies sei, so meinte er, absichtlich geschehen, um ihn um den Ruhm zu bringen, eine Armee gefangen genommen zu haben[30]. Ja, der General meinte sogar, daß der Führer des AOK 24, um der Kapitulation vor einer französischen Armee zu entgehen, seine „Armee" noch am Abend des 4. Mai in jener der 19. Armee habe aufgehen lassen. Das war jedoch keineswegs nötig. Daß die deutschen Soldaten wenig Neigung verspürten, in französische Gefangenschaft zu kommen, war freilich allgemein bekannt. Es wird daher wohl kaum jemanden gegeben haben, der die Rochade zu den Amerikanern nicht auch als das empfand, was es war: Das AOK 24 schlug den Franzosen ein Schnippchen. Die Folge davon war, daß nur ganz wenige Soldaten des AOK 24 in französische, der Großteil jedoch in amerikanische Gefangenschaft geriet. Am Morgen des 6. Mai schwiegen bei der 19. Armee und beim AOK 24 die Waffen.

Vereinzelt versuchten vor allem Splitter von SS-Verbänden bei der 1. Armee, den Kampf auf eigene Faust fortzuführen. Sie setzten die Straßen- und Brückensprengungen fort, was sogar die Rückkehr von General Foertsch nach der Unterzeichnung der Kapitulation verzögerte. Als der General nämlich von München wieder zur 1. Armee zurückwollte, wurde sein Konvoi durch eine Straßensprengung der SS aufgehalten und nur ihm als Einzelperson das Passieren gestattet[31]. Andere Teile der 1. Armee schlossen wiederum überflüssigerweise private Übergabevereinbarungen ab, wie das LXXXII. Armeekorps und das XIII. SS-Armeekorps, die offiziell erst am 8. Mai den Kriegsschluß zur Kenntnis nahmen[32]. Sie wollten damit wohl zum Ausdruck bringen, daß sie erst im Rahmen der von der Reichsregierung ausgesprochenen allgemeinen und bedingungslosen Kapitulation die Waffen streckten, nicht jedoch infolge einer lokalen Übergabevereinbarung. Im großen und ganzen erfolgte die Kapitulation der Heeresgruppe aber ohne weitere Komplikationen.

Es war auch nicht zu erwarten gewesen, daß die Kapitulation der Heeresgruppe G auf nennenswerte Schwierigkeiten stoßen würde, da sie ja erstens die Bedingung erfüllte, gegen die Westalliierten gekämpft zu haben, und zum anderen auf deutscher Seite die physische Erschöpfung, der Mangel an allem und jedem, so groß geworden waren, daß an ein Weiterkämpfen nicht mehr zu denken war.

Zwischen denen, die gegen Westen und jenen, die gegen Osten kämpften, tat sich allerdings eine „Mentalitätskluft" auf, denn eine Gefangennahme durch die Westalliierten wurde zwar als schwerer Schlag, doch letztlich als ein Umstand empfunden, der ein Überleben und baldige Freiheit erwarten ließ. Anders war die Lage der sogenannten „Ostkämpfer". Für sie war Gefangenschaft meist gleichbedeutend mit Sibirien, Hoffnungslosigkeit und der Ungewißheit des Überlebens. Daher das Bestreben, beisammenzubleiben und durchzuhalten, bis sich eine Chance bot, diesem Schicksal zu entrinnen.

Für Feldmarschall Kesselring, der zunächst als Oberbefehlshaber in Italien und dann als Oberbefehlshaber West mit den Verhältnissen der Ostfront in der letzten Kriegsphase nicht mehr vertraut war, stellte es auch eine gewisse Überraschung dar, daß besonders die Heeresgruppe Ostmark eine stabilisierte, durchgehende Front hatte, meist auch über eine ausreichende Bewaffnung verfügte und systematisch Reserven ausscheiden konnte. Das war ein Bild, wie er es von den völlig zerschlagenen deutschen Armeen im Westen nicht mehr kannte[33]. Für die Kapitulation der Großverbände im Osten brachte das jedoch Vor- und Nachteile, da es ja die zumindest theoretische Möglichkeit des Weiterkämpfens gab.

DIE KAPITULATION DER HEERESGRUPPE OSTMARK

Beim Oberkommando der Heeresgruppe Ostmark und den ihr unterstellten Armeeoberkommanden war man Anfang Mai nur sehr allgemein über die tatsächliche Lage auf dem europäischen Kriegsschauplatz informiert. Es fehlte jede Detailkenntnis, und man war vor allem über den Stand der Kapitulationsverhandlungen bis zum Abend des 5. Mai im unklaren. Zur Verwirrung trug noch bei, daß die Führung im deutschen Südraum bis zum 5. Mai infolge der Kompetenzteilung zwischen Feldmarschall Kesselring und dem Führungsstab B zweigleisig war, und Kesselring sich gerade während der Tage der Kapitulation der Heeresgruppen C und G kaum mit den Heeresgruppen im Osten beschäftigte[34]. Sowie aber die Kapitulation der Westfront gesichert war, informierte Großadmiral Dönitz am 4. Mai um 23.00 Uhr den Führungsstab B, daß Feldmarschall Kesselring als „Oberbefehlshaber Süd mit dem Führungsstab B die Führung der Heeresgruppen Mitte, Süd und Südosten übernimmt". Der weitere Kampf sollte so erfolgen, daß Zeit zur Rettung „möglichst großer Teile der deutschen Bevölkerung vor den Sowjets gewonnen wird[35]".

Der letzte Satz war jedoch eher programmatisch und rhetorisch zu verstehen, denn im Süden ging es nur sehr beiläufig um die Rettung der „deutschen Bevölkerung", vor allem aber um die Rückführung dreier Heeresgruppen. Kesselring verstand das offenbar auch so, denn er richtete noch am 5. Mai einen Funkspruch an General Eisenhower, in dem er ihm Verhandlungen über die Kapitulation der drei Heeresgruppen im Südraum anbot. Für den Abend des 5. Mai befahl dann Kesselring die Oberbefehlshaber der Armeen der Heeresgruppe Ostmark oder deren Generalstabschefs sowie den Oberbefehlshaber des Luftwaffenkommandos 4, General der Flieger Deichmann, zu einer Aussprache auf den Flugplatz Zeltweg[36]. Hierbei sollte Klarheit über das weitere Vorgehen gewonnen werden. Der Oberbefehlshaber der Heeresgruppe wurde durch den Oberbefehlshaber der 6. Armee, General Balck, vertreten[37].

In Zeltweg war man vor allem begierig, zu erfahren, ob jene Gerüchte auf Wahrheit beruhten, daß man nun gemeinsam mit den Amerikanern gegen die Russen vorgehen würde. Diese Illusion dürfte Kesselring sehr rasch zerstört haben. Aber auch er wußte zu Beginn der Besprechungen noch nicht, wie sein Verhandlungsangebot von Eisenhower angenommen worden war.

Die Orientierung, die die Vertreter der Armeen dem neuen Oberbefehlshaber Süd gaben, erbrachte folgendes Bild[38]:

1. Eine unmittelbare Gefahr bestand bei keiner Armee. Die Feindoperationen waren im großen und ganzen zum Stillstand gekommen.

2. Kleinere Kräfteverschiebungen und Stellungskorrekturen — Absetzbewegungen — ließen sich zur Festigung der Lage unschwer vollziehen und konnten die Rückwärtsbewegung im ganzen vorbereiten.

3. Die Betrachtung der eigenen Lage war dementsprechend zuversichtlich. Bezüglich der Gesamtlage herrschte verständlicherweise eine gedrückte Stimmung.

4. Großreserven waren nach Zahl, Stärke und Verfassung mehr als zu erwarten vorhanden.

5. Ausstattung gut. Nachschub in einem für Westverhältnisse unbekannt großen Umfang vorhanden.

Die eher optimistische Lagebeurteilung erhielt einen ersten kräftigen Dämpfer, als Kesselring von Eisenhower die Mitteilung bekam, es sei zwecklos, einen Bevollmächtigten des Oberbefehlshabers Süd in das alliierte Hauptquartier nach Reims zu schicken, falls die Kesselring unterstellten Kräfte nicht zur gleichen Zeit vor Angloamerikanern und Russen kapitulierten[39].

Dem konnte und wollte Kesselring nicht entsprechen, da ihm von Dönitz dazu keine Befugnis erteilt worden war, und man auf jeden Fall versuchen wollte, noch rechtzeitig die Linien der Westalliierten zu erreichen. Wenige Stunden später erhielt Kesselring von Dönitz die Weisung, Einzelverhandlungen zu unterlassen, „da Generaloberst Jodl als Bevollmächtigter für Gesamtverhandlungen zu Eisenhower unterwegs" sei[40].

Kurz nach Beginn der Besprechung in Zeltweg erhielt Kesselring einen Anruf von der 6. Panzer-Armee, die ihre Besorgnis darüber zum Ausdruck brachte, daß man beim Heeresgruppenkommando Ostmark offenbar direkte Verhandlungen mit den Amerikanern vorbereitete. Der Oberbefehlshaber Süd telefonierte nach dieser Mitteilung mit Generaloberst Rendulic, der die Richtigkeit der Meldung ganz entschieden bestritt. Das veranlaßte Kesselring wiederum dazu, dem Oberbefehlshaber der Heeresgruppe Ostmark zu sagen, er möge dafür sorgen, daß solche Gerüchte in seinem Befehlsbereich nicht verbreitet würden. Nichtsdestoweniger mochte der Feldmarschall aber doch ahnen, daß die Meldung der 6. Panzer-Armee nicht ganz aus der Luft gegriffen war, und so wich er weiteren diesbezüglichen Diskussionen dadurch aus, daß er den bis dahin gültigen Befehl, den Amerikanern nur hinhaltenden Widerstand zu leisten, solcherart abwandelte, daß man sich bei der Heeresgruppe Ostmark „mit allem Nachdruck gegen ein allzunahes Aufrücken der amerikanischen Divisionen zu wehren" habe[41]. Die Folge dieses Befehls waren beispielsweise die Kämpfe bei Ennsdorf und Ernsthofen sowie auch jene im Mühlviertel, bei denen aber auch noch anderes mitspielte.

Bereits in der Nacht vom 5. auf den 6. Mai wurde der Befehl zum verstärkten Widerstand auch gegen Westen dadurch abgeschwächt, daß Dönitz dem Oberbefehlshaber Süd die Weisung zukommen ließ, „daß die Absetzbewegungen im Osten zu beschleunigen seien[42]". Am frühen Morgen empfingen daher die noch in Zeltweg anwesenden Offiziere der Heeresgruppe Ostmark von Kesselring unmittelbar die Weisung, das Oberkommando der Heeresgruppe von der veränderten Sachlage zu unterrichten. Er fügte aber, durch die Telefonate des Vorabends mißtrauisch gemacht, hinzu, daß, falls der Stab der Heeresgruppe nicht mehr funktionsfähig sei, der Oberbefehlshaber der 6. Panzer-Armee, Oberstgruppenführer Sepp Dietrich, in Personalunion die Führung der Heeresgruppe zu übernehmen habe. Der Oberbefehlshaber des Luftwaffenkommandos 4 und Nachfolger von Generaloberst Deßloch, General der Flieger Paul Deichmann, erhielt den Befehl, alle flugklaren Maschinen der 17. und der 18. Flieger-Division auf die Flugplätze hinter der 1. Armee und später nach München zu überfliegen[43].

Dann eilte Kesselring mit dem Chef des Führungsstabes B, General Winter, zu seiner nächsten Besprechung nach Graz, wo er noch am Vormittag des 6. Mai mit dem Oberbefehlshaber der Heeresgruppe E, Generaloberst Löhr, dem Oberbefehlshaber der 2. Panzer-Armee, General de Angelis, dem Ic der Heeresgruppe Mitte, Oberst Stephanus, dem bisherigen Befehlshaber im Wehrkreis XVIII, General Ringel[44], sowie den Gauleitern der Steiermark, Oberdonaus und Kärntens zusammentraf. Etwas verspätet gesellte sich auch der neue Oberbefehlshaber der deutschen Luftwaffe, Generaloberst Ritter v. Greim, hinzu[45].

Kesselring gewann bei der Unterredung den Eindruck, daß Stärke und Ausstattung der Heeresgruppe Mitte womöglich noch besser waren als jene der Heeresgruppe Ostmark. Er sah daher keine unmittelbare Gefahr für den Bestand dieser Heeresgruppe. Wohl aber befürchtete Kesselring, daß die Armeen Feldmarschall Schörners auch nach der ausgesprochenen Kapitulation weiterkämpfen würden, so wie ihm am Vortag der Oberbefehlshaber der 8. Armee, General Kreysing, versichert hatte, notfalls würde die 8. Armee ins Gebirge ausweichen und dort „bis zum bitteren Ende" weiterkämpfen. Nun, Kreysing hatte der Feldmarschall von der Unsinnigkeit eines solchen Standpunktes überzeugen können. Auf Feldmarschall Schörner konnte er jedoch keinen direkten Einfluß nehmen. Kesselring diktierte also dem Ic-Offizier der Heeresgruppe Mitte den Befehl in das Notizbuch, daß der Verteidigungskampf abzubrechen und der Rückzug beschleunigt anzutreten sei. Ob das seine Wirkung tun würde, mußte sich zeigen[46].

Generaloberst Löhr, der nach wie vor sehr pessimistisch über die Aussicht urteilte, auch nur einen größeren Teil seiner Heeresgruppe aus Jugoslawien herauszuführen, verwies auf die besonderen Schwierigkeiten seines Befehlsbereichs und betonte vor allem die Notwendigkeit, die Bewegungen des rechten Flügels der Heeresgruppe Ostmark mit dem linken Flügel seiner Heeresgruppe abzustimmen. Darum wurde ihm auch am 7. Mai kurzerhand die 2. Panzer-Armee unterstellt[47].

Damit glaubte Kesselring für den Fall der bedingungslosen Kapitulation, so gut es ging, vorgesorgt zu haben. Von der geschilderten Lage und den nun getroffenen Entscheidungen zeigten sich schließlich nur die Gauleiter Uiberreither und Eigruber überrascht und niedergeschlagen. Alle anderen, einschließlich des Gauleiters von Kärnten, Rainer[48], hatten die Dinge irgendwie kommen sehen und sich langsam darauf eingestellt. Man harrte also nur noch der Entscheidung, die in Reims getroffen werden mußte. Dort konnte Generaloberst Jodl bei seinen Verhandlungen mit dem Stabschef Eisenhowers, General Bedell Smith, allerdings eine für den Südraum sehr wichtige, wenngleich informelle Zusage erreichen, wonach die (vor Ablauf der Kapitulationsfrist) über die amerikanischen Linien zurückkommenden deutschen Soldaten als amerikanische Kriegsgefangene behandelt würden[49]. Von all dem wußte man aber bei der Heeresgruppe Ostmark noch nichts.

Generaloberst Rendulic hatte sich, seit am 1. Mai der Befehl ergangen war, daß den Westmächten nur hinhaltender, den Russen jedoch entscheidender Widerstand zu leisten sei, mit dem gerade bei seiner Heeresgruppe viel diskutierten Thema einer „politischen" Beendigung des Krieges auseinandergesetzt und dabei in den Mittelpunkt seiner Überlegungen die Frage gestellt, ob es tatsächlich zu einer Umkehr der Bündnisse kommen würde und der Krieg gegen die Rote Armee womöglich mit Hilfe der Amerikaner geführt werden könnte. Er glaubte, für diese Möglichkeit auch konkrete Anzeichen gefunden zu haben, nur konnte er dafür keine Bestätigung erhalten[50]. Rendulic plante also, am Morgen des 6. Mai den Chef des Generalstabes der 6. Armee, Generalmajor Gaedcke, zu den Amerikanern zu schicken, um endlich Klarheit zu erhalten. Das war dann der konkrete Anlaß für die schon erwähnte Information des Oberkommandos der 6. Panzer-Armee an Kesselring, daß Rendulic bereits Verhandlungen mit den Amerikanern begonnen habe oder aber solche unmittelbar bevorstünden. Der Generaloberst dementierte zwar diese Meldung sofort, erhielt aber dennoch den Befehl, nun auch den Amerikanern entscheidenden Widerstand zu leisten. Wenige Stunden später kam von Keitel wieder ein gegenteiliger Befehl, und die geplante Aktion konnte starten.

General Gaedcke sollte dem Befehlshaber der amerikanischen 3. Armee, General Patton, eine mehr oder weniger belanglose Bitte bezüglich Sanitätsmaterial überbringen. Mündlich aber war Gaedcke aufgetragen worden, um die Ermächtigung anzusuchen, deutsche Truppen, die in Westösterreich standen, durch die amerikanischen Linien hindurch an die deutsche Ostfront zu bringen[51]. Das war als Testfall gedacht und mußte zeigen, ob die Amerikaner einem „renversement des alliances" geneigt waren.

Noch bevor aber General Gaedcke von seiner Mission zurückgekehrt war, hatte Rendulic die erwünschten Aufschlüsse persönlich von einem Offizier der amerikanischen 71. Infanterie-Division bekommen. Am 6. Mai hatten nämlich die Verbände des XX. US-Korps damit begonnen, Patrouillen ostwärts der Enns vorzuschicken, die Kontakte mit den Russen aufnehmen sollten. Die 65. und die 71. Division formierten entsprechende Abteilungen, doch diese stießen, wie etwa bei Ennsdorf, auf einen offenbar unerwartet heftigen deutschen Widerstand, oder aber sie blieben auf den total verstopften Straßen stecken, so daß sie ihr Vorhaben aufgeben mußten, ehe noch vom XX. Korps im Verlauf des 6. Mai generell ein weiteres Vorgehen gegen Osten untersagt wurde[52]. Eine Aufklärungsabteilung der 71. Division kam jedoch am 6. in die Nähe von Waidhofen a. d. Ybbs, wo das Hauptquartier der Heeresgruppe Ostmark einen letzten Unterschlupf gefunden hatte. Panzersperren verhinderten die Weiterfahrt. Doch als Generaloberst Rendulic gemeldet wurde, daß sich Amerikaner in unmittelbarer Nähe befänden, ergriff er die Gelegenheit, ins Gespräch zu kommen, ließ die Panzersperren wegräumen und die amerikanischen Fahrzeuge bis zu seinem Hauptquartier rollen[53].

Dieser Kontakt raubte Rendulic alle Illusionen, noch bevor General Gaedcke aus dem Hauptquartier Pattons zurückkehrte. An eine Umkehr des Bündnisses war nicht einmal zu denken! Als General Gaedcke, nachdem seine Mission bei den Amerikanern nur Kopfschütteln hervorgerufen hatte und gescheitert war, in das Hauptquartier der Heeresgruppe Ostmark zurückkehrte, hatte er den Eindruck, daß infolge der nun gewonnenen Klarheit über die Bedingungslosigkeit der alliierten Forderungen allgemeine Lethargie herrschte[54].

Rendulic war aber an diesem Tag nicht der einzige gewesen, der einen zumindest nachträglich nur als kurios zu bezeichnenden Versuch unternahm, die Bereitschaft der Amerikaner zu testen, die deutschen Truppen den Kampf nach Osten fortsetzen zu lassen. Ein mindestens so merkwürdiges Erlebnis hatte die „Task Force Smythe" der amerikanischen 80. Infanterie-Division, als sie sich am 6. Mai gerade angeschickt hatte, von Kirchdorf a. d. Krems in Richtung Steyrtal vorzustoßen. Sie traf auf Emissäre des Gauleiters Eigruber, der zu Kapitulationsgesprächen nach Windischgarsten einlud[54a]. Eigruber war somit der einzige Gauleiter der „Ostmark" der im direkten Kontakt mit den Amerikanern Kapitulationsverhandlungen führte. Er trug General Smythe die Kapitulation seines Gaues an, verlangte aber, daß man den deutschen Truppen die Fortsetzung des Krieges gegen die Sowjetunion erlauben solle. Der Amerikaner lehnte rundweg ab. Er mußte ganz einfach ablehnen und verlangte die bedingungslose Kapitulation. Daraufhin erbat sich Eigruber vier Stunden Bedenkzeit, in denen er mit Rendulic Kontakt aufnehmen wollte. Als dann am Abend abermals Emissäre Eigrubers zu Smythe kamen, überbrachten sie dem Amerikaner einen negativen Bescheid. Das mußte nun so aussehen, als ob Rendulic nicht bedingungslos kapitulieren wollte. Doch der hatte gar keine andere Wahl und wollte vielleicht nur einer weiteren Einmischung Eigrubers vorbeugen. Der Gauleiter von Oberdonau spielte ja auch in der Folge keine Rolle mehr bei der Kapitulation der Heeresgruppe Ostmark.

Am späten Abend des 6. Mai zog Rendulic die Konsequenz aus der Lage und befahl seiner Heeresgruppe für den 7. Mai, 09.00 Uhr, die Einstellung der Feindseligkeiten an der Westfront und für den Abend desselben Tages den Beginn der Absetzbewegung im Osten. Noch vor dem Anlaufen der partiellen Feuereinstellung war in Reims die bedingungslose Kapitulation der gesamten Wehrmacht unterzeichnet worden und der Befehl von Dönitz eingetroffen, daß es gelte, sich notfalls durch die sowjetischen Linien durchzuschlagen, daß auf jeden Fall aber mit dem Loslösen von der Ostfront begonnen werden müsse[55].

Am Nachmittag des 7. Mai, nachdem schon seit Stunden entlang der gesamten deutsch-amerikanischen Front an der Enns kein Schuß mehr gefallen war, fuhren der Oberbefehlshaber der Heeresgruppe Ostmark und sein Chef des Stabes, Generalleutnant Gyldenfeldt, unter amerikanischem Geleit über Steyr (Hauptquartier der 71. US-Infanterie-Division) nach St. Martin. Sie kamen mit dem Angebot, mehr oder weniger unabhängig von der bereits ausgesprochenen allgemeinen Kapitulation die gesamte Heeresgruppe gegenüber der amerikanischen 3. Armee kapitulieren zu lassen. Nach einem kurzen Telefongespräch zwischen dem Kommandierenden General des XX. US-Korps und dem Oberbefehlshaber der amerikanischen 3. Armee wurde das Kapitulationsangebot angenommen. Rendulic unterzeichnete um 18.00 Uhr ein diesbezügliches Dokument und erhielt von den Amerikanern im Einklang mit den in Reims ausgehandelten Bedingungen zugestanden, daß den Truppen der Heeresgruppe Ostmark bis zum Ablauf der Kapitulationsfrist am 9. Mai, 01.00 Uhr, das Überschreiten der amerikanischen Linien gestattet würde[56].

Der Befehl zum Beginn der Absetzbewegung am Abend des 7. Mai war von der Heeresgruppe bereits am Morgen dieses Tages an die Armeen hinausgegangen. Innerhalb von rund 36 Stunden mußte es sich zeigen, ob die Armeen, Korps und Divisionen darauf vorbereitet waren, ihre Stellungen schlagartig zu räumen und einen oft mehr als 150 Kilometer langen Rückmarsch hinter die Demarkationslinie zu bewerkstelligen.

DER VERLAUF DER ABSETZBEWEGUNG

War bis zu dem Augenblick der Kapitulation der Heeresgruppe Ostmark deren Schicksal einigermaßen überschaubar, so änderte sich das mit dem Abend des 7. Mai schlagartig. Man konnte nun kaum mehr einen Zusammenhalt bemerken. Die Front löste sich in einige nach Westen hastende Heersäulen auf, und man kann nur sehr selten von einer Division, geschweige denn von einem Korps oder einer Armee sagen, sie sei „geschlossen" in die Kriegsgefangenschaft marschiert[57]. Im Grunde genommen hat es so etwas gar nicht gegeben.

Machen wir nochmals eine kurze Bestandsaufnahme der Heeresgruppe Ostmark: Am 7. Mai wurde ihr rechter Flügel, die 2. Panzer-Armee, der Heeresgruppe E unterstellt, damit sie ihre Bewegungen ganz auf diesen Großverband abstimmen konnte. Die 6. Armee nördlich davon hatte ihre Rückmarschlinien nach Kärnten, in das obere Murtal, hauptsächlich aber über die Enns in den Raum Liezen festgelegt. Die 6. Panzer-Armee war mit ihren drei Korps (I. und II. SS-Panzerkorps und Korps Bünau) auch auf den Rückzug vorbereitet bzw. nördlich der Donau, bei der 3. SS-Panzer-Division, bereits mit den Amerikanern in Gefechtsberührung getreten. Die 6. Armee und die 6. Panzer-Armee konnten sich darüber hinaus auf ein ziemlich gutes Straßennetz stützen. Nicht so der linke Flügel der Heeresgruppe. Der 8. Armee machte es sehr zu schaffen, daß sie ausgesprochen schwierige Wegverhältnisse nach Westen vorfand und noch dazu mit ihrem linken Flügel, dem Panzerkorps „Feldherrnhalle", von ostwärts Znojmo bis südlich Brno in heftige Kämpfe mit den Russen verwickelt war[58].

Generell sollte die Absetzbewegung so vor sich gehen, daß sich der Großteil der Heeresgruppe vom Gegner zu lösen hatte, während vor allem motorisierte Kampfgruppen in den Stellungen verbleiben sollten, um den Abzug zu verschleiern. Es zeigte sich aber, daß, offenbar durch den Ausfall wichtiger Nachrichtenverbindungen, besonders bei der 6. Armee, aber auch bei der 8. Armee, der Wortlaut der bedingungslosen Kapitulation und der Befehl zum Absetzen nach Westen erst im Verlauf des 8. Mai bekannt wurden[59]. Nicht zuletzt bauten aber auch Armee- und Korpsstäbe gelegentlich ab, bevor sie noch ihre untergeordneten Verbände ausreichend informiert und deren Rückführung in die Wege geleitet hatten. So traten die Verbände der Heeresgruppe Ostmark den Wettlauf hinter die amerikanischen Linien unter sehr ungleichen Voraussetzungen an, und es nimmt nicht wunder, daß die 8. Armee hier die geringsten Chancen hatte.

Am frühen Nachmittag des 8. Mai erging von Dönitz ein weiterer Befehl an Kesselring, die „Truppenbewegungen im Rahmen der gegebenen Befehle mit allen Mitteln voranzutreiben". Und außerdem wurden er und die ihm unterstellten Heeresgruppen ermächtigt, auch mit den Sowjets selbständige Verhandlungen zu führen[60]. Welchen Zweck dieselben verfolgen sollten, wurde dabei nicht zum Ausdruck gebracht. Da aber bis zum Ablauf der Kapitulationsfrist die Parole galt, so komplett wie möglich nach Westen zu gelangen, kann man ruhig annehmen, daß mit diesen Verhandlungen die Russen hingehalten werden sollten. Zu dem Zeitpunkt, da Kesselring den erwähnten Befehl erhielt, kam ihm jedoch für die Heeresgruppe Ostmark kaum noch Bedeutung zu, da es sich bis dahin ohnehin schon gezeigt haben mußte, ob das Loslösen vom Gegner gelungen war. Das Oberkommando der Heeresgruppe war seit dem Morgen des 7. April praktisch nicht mehr existent und nahm auf den Ablauf des Geschehens keinerlei Einfluß mehr[61].

DIE 6. ARMEE

Am Abend des 7. Mai strahlte der Grazer Sender die Meldung aus, daß die Heeresgruppe Ostmark trotz der allgemeinen Kapitulation den Kampf gegen Osten weiterführen würde[62]. Mit dieser bewußt abgegebenen Falschmeldung wurde die Absetzbewegung in der Steiermark eingeleitet, General Balck hatte nach der Besprechung mit Kesselring am Abend des 5. Mai die letzten Vorbereitungen für das Stichwort „Stabsauflösung", den Befehl zum Anlaufen des Rückzuges, getroffen.

Schon Mitte April hatte General Balck entschieden, daß sich im Falle eines Rückzugs das IV. SS-Panzerkorps nach Kärnten zu den Briten, das III. Panzerkorps über Liezen zu den Amerikanern und die 1. Volks-Gebirgs-Division sowie die damals noch der 6. Armee unterstellte 117. Jäger-Division quer durch die Berge nach Oberösterreich absetzen sollten[63]. Die Straßen wurden im einzelnen festgelegt und vor allem jene nach Kärnten notdürftig ausgebessert. Um einer Gefährdung in der für den Rückzug des III. Panzerkorps wichtigen Zonen zu begegnen, hatte Balck Sicherungskräfte nach Westen verschoben. Sie hatten den Auftrag, die Übergänge am Pyhrn- und Pötschenpaß sowie das Ennstal in der Gegend von Radstadt zu sperren. Die Kräfte standen unter dem Befehl des bisherigen Kommandeurs der 3. Panzer-Division, Generalmajor Söth, und setzten sich aus einer Aufklärungs-Abteilung, schwachen Pionier-, Panzerjäger- und Infanterieeinheiten zusammen — alles in allem etwa ein verstärktes Regiment[64].

Als Balck am Abend des 7. Mai der Befehl zum Loslösen von der Ostfront zuging, trachtete er zunächst, die Zahl der Truppen, die nach Westen zurückfluten sollten, dadurch zu verringern, daß er Befehl gab, die Österreicher aus der Deutschen Wehrmacht zu entlassen und die „Hiwis", die Hilfswilligen, die einen oft sehr beträchtlichen Anteil am Mannschaftsstand hatten, dadurch abzuschieben, daß ihnen aufgetragen wurde, an Ort und Stelle zu verbleiben[65]. Welchen Erfolg diese Maßnahme hatte, läßt sich heute nicht mehr feststellen, doch da bei der 6. Armee nicht allzu viele Österreicher waren und die „Hiwis" meist versuchten, nach Westen

Nach dem Beginn der Teilkapitulationen fuhren immer wieder deutsche Parlamentäre zu den westlichen Alliierten, um die Einzelheiten der Waffenstreckung zu vereinbaren. Hier zwei SS-Offiziere der Divisionsgruppe Hassenstein auf dem Weg in das Hauptquartier der amerikanischen 3. Armee.

In Innsbruck unterzeichnete am 5. Mai nachmittag der Oberbefehlshaber der deutschen 19. Armee, General Brandenberger, die Kapitulation für die Truppen seines Befehlsbereiches.

Nach der bedingungslosen Kapitulation der Deutschen Wehrmacht glich Österreich nicht nur einem Heerlager, son-
auch einem Arsenal. Waffen, Munition, Fahrzeuge und militärische Ausrüstungsgegenstände häuften sich zu Bergen
zu sortieren blieb den Alliierten vorbehalten, wie hier britischen Soldaten in Kärnten.

In der südlichen Steiermark kapitulierten deutsche und ungarische Truppen auch vor bulgarischen Soldaten (rechts o
Waren die Waffen niedergelegt, begann der Marsch in die Gefangenschaft (rechts Mitte, Entbruck in Tirol). Schlie
mußte häufig auf Geheiß der Alliierten das Gepäck vermindert werden, und es wurde aussortiert, was man für eine
leicht jahrelange Gefangenschaft benötigte.

In Amstetten bombardierten am 8. Mai sowjetische Schlachtflieger eine deutsche Truppenansammlung genau in de[m] Augenblick, als ein amerikanisches Vorauskommando auf den Hauptplatz gekommen war. Amerikaner und Deutsch[e] erlitten Verluste.

In Kärnten zogen gleichzeitig mit den britischen auch jugoslawische Truppen ein. Da sie ihre Besatzungsansprüche m[it] territorialen Forderungen koppelten, drohte ein neuer Krieg auszubrechen.

zu gelangen und dadurch das Ihrige zur Verstopfung der Straßen beitrugen, dürfte sich die Gesamtstärke der 6. Armee nur wenig verringert haben.

Sei es nun, daß der Befehl zum Absetzen der 6. Armee unklar gehalten oder vom Armeeoberkommando nicht mehr richtig weitergegeben worden war, sei es, daß sich die Ausführungsbefehle verzögerten oder sonst irgendwie eine Verschleppung eintrat: kurz, es zeigte sich, daß entgegen den Absichten General Balcks, die Bewegungen sofort und gleichzeitig beginnen zu lassen und nur am Semmering etwas länger zu halten, um den Russen ein rasches Nachdrängen zu verwehren, die Divisionen der 6. Armee mit einem zeitlichen Unterschied bis zu 24 Stunden mit dem Absetzen begannen.

Die 3. Panzer-Division des IV. SS-Panzerkorps rollte bereits größtenteils am 7. Mai per Eisenbahntransport Richtung Liezen[66]. Die 5. SS-Panzer-Division desselben Korps soll in der Nacht zum 8. Mai den Befehl bekommen haben, sich bis 12 Uhr mittags im Raabtal vom Gegner zu lösen. Sie kam auch prompt in Schwierigkeiten, da die links von ihr eingesetzt gewesene 3. Panzer-Division bereits herausgelöst worden war[67]. Die 1. Panzer-Division befahl ihren Verbänden in den Morgenstunden des 8. Mai den sofortigen Abmarsch, nachdem festgestellt worden war, daß das Generalkommando des Korps nicht mehr erreichbar war, also offenbar schon das Weite gesucht hatte[68]. Die nördlich von der 1. Panzer-Division im Joglland und im Wechselgebiet eingesetzte 1. Volks-Gebirgs-Division soll am 7. Mai den Befehl bekommen haben, sich am 8. Mai bis 21.00 Uhr hinter die Enns abzusetzen[69]. Tatsächlich räumte aber das Gebirgsjäger-Regiment 99 erst am 9. Mai, 00.00 Uhr, die Stellungen und hatte auch dann noch den Befehl, eine neue Verteidigungslinie auf der Schanz zu beziehen[70]. Dafür räumte die 9. Gebirgs-Division am Semmering offenbar früher als Balck beabsichtigt hatte, nämlich bis etwa 8 Uhr früh des 8. Mai, ihre Stellungen[71] und zwang dadurch die 1. Volks-Gebirgs-Division, am Pfaffensattel und bei Langenwang Sicherungen aufzubauen, da die Sowjets bereits über den Semmering nachgerückt waren[72]. Von Einheitlichkeit und von „oben" gesteuerter Absetzbewegung war somit wirklich nichts zu merken.

Das sowjetische Verhalten gab wieder Anlaß zum Rätseln. An manchen Stellen der steirischen Front kam es zwar zu Nachhutkämpfen oder, wie bei der 1. Volks-Gebirgs-Division, zu äußerst heftigem Artilleriebeschuß[73]. Dort jedoch, wo örtliche Übergabeverhandlungen begonnen worden waren, um Zeit für das Absetzen zu gewinnen, inszenierten die vom Kriegschluß in einen Freudentaumel versetzten Russen Verbrüderungsszenen[74]. Doch nirgends zwischen Raabtal und Semmering unternahmen die Truppen der 3. Ukrainischen Front den Versuch, rasch nachzustoßen oder die deutschen Truppen an der Absetzbewegung zu hindern. Rendulic meinte pauschal, daß das Loslösen der Heeresgruppe Ostmark so gekonnt und unauffällig erfolgt sei, daß die Russen über die wahren Absichten der deutschen Verbände getäuscht worden seien[75]. Das mag vielleicht da und dort der Fall gewesen sein, doch sicher nicht entlang einer Hunderte Kilometer langen Front. Sei dem wie auch immer, jedenfalls rückten die Russen geradezu gemächlich nach, brauchten etwa bis zum späten Nachmittag des 8. Mai, um den Semmering zu überwinden und nach Spital am Semmering zu gelangen[76]. Auch Ilz und Gleisdorf, die 10 bzw. 20 Kilometer hinter der deutschen Front gelegen waren, wurden erst am Nachmittag, einige Stunden nach dem Abzug der deutschen Truppen, besetzt[77]. Es gab praktisch nur

Geplänkel mit den jeweiligen Nachhuten. Sollten sich die Russen etwa darauf verlassen haben, daß die amerikanischen Divisionen die deutschen Soldaten an der Demarkationslinie zurückweisen würden? Rechneten sie mit einer späteren Auslieferung? Oder waren die Soldaten der Roten Armee einfach nicht weiter zu bringen? Die Frage bleibt offen.

Die Hauptschwierigkeiten, denen sich die deutschen Soldaten ausgesetzt sahen, waren also nicht etwa die übermächtigen und vehement nachstoßenden sowjetischen Verbände, etwa das ostwärts des Semmerings versammelte I. Garde-mech. Korps oder das XXX. Schützenkorps, sondern die engen und teilweise steilen Straßen, denen viele Fahrzeuge nicht mehr gewachsen waren, und die totale Verstopfung der Verbindungen durch das Mur- und Mürztal und zur Enns. Die Marschsäulen, in die sich immer neue Kolonnen einzuordnen versuchten, quälten sich mühsam weiter. Beiderseits der Straßen sammelten sich Waffen und Zeughaufen; Fahrzeuge, die nicht mehr weiterkamen, wurden vom Weg gekippt, um nur ja keine weitere Verzögerung herbeizuführen, denn der Zeitpunkt, zu dem alle Bewegungen aufhören sollten, nämlich der 9. Mai, 01.00 Uhr, war nun allgemein bekanntgeworden und rückte unerbittlich näher.

Der Abzug der deutschen Truppen ließ noch einmal die Lage und die Probleme der Zivilbevölkerung deutlich werden. Manche Orte hatten schon einmal eine russische Besetzung mitgemacht. Nun stand sie ein zweites Mal bevor. Grund genug für viele, zu fliehen. Andere sagten sich, daß das Leben weitergehen würde und daß es gelte, sich mit den Sowjets zu arrangieren. Generell war die österreichische Bevölkerung daran interessiert, daß nicht im Verlauf des großen Rückzugs abermals Brükken gesprengt, Straßen und Schienen zerstört würden, und bat daher oft flehentlich darum, ihr nicht das Weiterleben und Ausharren unnötig schwer zu machen und die Zukunft noch mit zusätzlichen Hypotheken zu belasten. Manchmal halfen die Bitten, manchmal nicht. Sehr häufig bereiteten sich irgendwelche Befreiungskomitees auf den Augenblick vor, da die Sowjets einrücken mußten. Dort aber, wo, wie z. B. in Leoben, versucht wurde, durch eine späte Erhebung den deutschen Truppen Schwierigkeiten zu machen, brachen sich diese rücksichtslos Bahn[78]. Trotz der bedingungslosen Kapitulation hatten gerade jene Truppen noch nichts an Macht und Gefährlichkeit eingebüßt, die sich mit ihren Waffen und einigermaßen geordnet zurückzogen.

Als General Balck am 8. Mai bei Liezen an die Enns kam, verhandelte hier bereits General Söth bezüglich der Übergabe an die amerikanische 80. US-Infanterie-Division des XX. Korps, ohne aber bei den Amerikanern auf Verständnis zu stoßen[79]. Diese Division hatte zwar am Vortag bereits 20.000 Mann, vorwiegend Ungarn und jene Soldaten, die von der 6. Armee den amerikanischen Verbänden entgegengeschoben worden waren, gefangengenommen, doch plötzlich machte sich bei der 80. US-Infanterie-Division die Tendenz bemerkbar, der 6. Armee den Übergang über die Enns und damit in die amerikanische Zone zu verwehren. Der Kommandeur der Division, Generalmajor McBride, begründete es damit, daß die 6. Armee gegen die Russen eingesetzt gewesen sei und nicht gegen die Amerikaner gekämpft habe, also gar kein Anlaß dazu bestehe, ihre Übergabe anzunehmen[80]. Das widersprach nun zwar dem von Generaloberst Rendulic am Vortag mit General Walker erzielten Übereinkommen und konnte auf eine bloße Informationslücke zurückzuführen sein. Oder aber die Abmachung war so wenig bindend, daß jeder örtliche Befehlshaber sie umgehen konnte.

General Balck löste das Dilemma in Art des Gordischen Knotens und erklärte dem amerikanischen Kommandeur, daß dann eben die deutsche 6. Armee die 80. US-Infanterie-Division angreifen würde, um der Forderung gerecht zu werden, daß man gegenüber jenem Gegner kapitulieren müsse, gegen den man gekämpft habe. Diese Argumentation wirkte überzeugend, und McBride willigte schließlich ein, die deutschen Truppen über die Enns zu lassen[81].

Bis zum Abend des 8. Mai zählten die Amerikaner 31.211 Mann, die über den Fluß gekommen waren[82], doch es war noch kein Ende des Menschen-, Pferde- und Fahrzeugstroms abzusehen, obgleich hier ohnehin nur ein Teil der 6. Armee die amerikanischen Linien passieren sollte. Das IV. SS-Panzerkorps war ja beispielsweise auf weiter westlich gelegene Rückzugswege, vor allem über Graz, Köflach und Zeltweg in das obere Murtal sowie zu einem geringen Teil auch über die Pack nach Kärnten, angesetzt worden[83].

General McBride hatte schließlich zugesagt, das Überschreiten der Demarkationslinie bis 9. Mai, 8 Uhr morgens zu gestatten[84]. Die 80. US-Infanterie-Division sperrte die Demarkationslinie aber auch nach diesem Zeitpunkt nicht, so daß die 6. Armee weiter in die amerikanische Zone einströmen konnte, wie etwa die 1. Panzer-Division, die dafür bis zum Abend des 9. Mai brauchte[85]. Es war aber durchaus noch nicht der ganzen Armee gelungen, sich in amerikanische Gefangenschaft zu begeben, als am Abend des 9. Mai russische Panzer an der Enns auftauchten und viele Soldaten dazu trieben, den hochwasserführenden Fluß schwimmend zu überqueren[86]. Doch sie waren in amerikanischer Gefangenschaft.

Teile der 1. Volks-Gebirgs-Division waren erst am 8. Mai um 4 Uhr morgens von der Kapitulation informiert worden, da man bis dahin geglaubt hatte, auf der Schanz würde eine neue Widerstandslinie aufgebaut werden. Kurz darauf begann heftiges sowjetisches Artilleriefeuer, gefolgt von Infanterieangriffen, sodaß es den in der Front eingesetzten Teilen der Division nicht möglich war, sich von den Sowjets zu lösen. Erst am Abend trat Ruhe ein. Fahrzeuge zu einem fluchtartigen Rückzug waren kaum vorhanden, die Straßen waren verstopft, und da sowjetische Panzer schließlich das Mürz- und Murtal sperrten, blieb einem beträchtlichen Teil der Division nichts anderes übrig, als in das Fochnitztal abzusteigen und sich den Russen zu ergeben[87]. Wer also bis zum Abend des 9. Mai nicht die amerikanischen Linien erreicht hatte, konnte nur trachten, sich auf eigene Faust durchzuschlagen, wollte er der Gefangennahme durch die Russen entgehen.

Mit der 6. Armee überschritt aber interessanterweise auch die Kampfgruppe Keitel der 37. SS-Kavallerie-Division die Enns. Der Name Keitel elektrisierte die Amerikaner natürlich. Doch es war nur der Bruder des Generalfeldmarschalls. Dafür hatte er den Amerikanern eine beträchtliche Neuigkeit zu bieten, nämlich die, daß der Generaloberst der Waffen-SS Sepp Dietrich noch am Leben war[87a]. Die Russen hatten ihn totgesagt, und damit war er auch für die Amerikaner gestorben gewesen. Nun konnten sie sogar erwarten, ihn gefangenzunehmen.

DIE 6. PANZER-ARMEE

In allen Phasen der bedingungslosen Kapitulation war es fraglich gewesen, ob die Verbände der Waffen-SS den Anordnungen der neuen Reichsregierung Folge leisten würden oder nicht. Es hatte sich denn auch bei der 1. Armee gezeigt, daß kleinere Teile des XIII. SS-Korps Anstalten machten, auch nach der Kapitulation der Heeresgruppe G weiterzukämpfen; doch offenbar sollte damit nur zum Ausdruck gebracht werden, daß erst die allgemeine Kapitulation als bindend empfunden wurde[88]. Die Frage war nun, wie sich die 6. Panzer-Armee mit ihrem Oberbefehlshaber, SS-Oberstgruppenführer Sepp Dietrich, und den zwei SS-Panzerkorps verhalten würde.

Kesselring mag vielleicht angenehm überrascht gewesen sein, daß der Vertreter Sepp Dietrichs bei der Zeltweger Besprechung vorbehaltlos auf die vom Oberbefehlshaber Süd vorgeschlagene Linie einschwenkte. Der Generalfeldmarschall dankte es der 6. Panzer-Armee damit, daß er der Meldung, Generaloberst Rendulic sei dabei, mit den Amerikanern zu verhandeln, Gehör schenkte und Sepp Dietrich mit der Führung der Heeresgruppe für den Fall betraute, daß das dortige Oberkommando nicht mehr handlungsfähig sei.

Das reibungslose Zusammenspiel zwischen dem Oberbefehlshaber Süd und der 6. Panzer-Armee hatte allerdings eine böse Nebenerscheinung, und das war der von der 3. SS-Panzer-Division nördlich der Donau mit allem Nachdruck und bis zum 9. Mai geführte Kampf gegen die amerikanische 11. Panzer-Division[89]. Er resultierte aus dem Befehl, der von Kesselring am Abend des 5. Mai ausgegangen und nur für einige Stunden gültig war, wonach die Heeresgruppe Ostmark nun auch den Amerikanern „entscheidenden Widerstand" zu leisten hatte. Das wurde von der 3. SS-Panzer-Division mehr als buchstabengetreu erfüllt. Im übrigen aber herrschte auch bei der 6. Panzer-Armee und gerade bei den SS-Verbänden der Wunsch vor, noch rechtzeitig die amerikanischen Linien zu erreichen. Und dafür gab es günstige Voraussetzungen: Einmal die in der zweiten Aprilhälfte begonnene Herauslösung von Einheiten des I. SS-Panzerkorps und deren Versammlung westlich der Traisen. Darüber hinaus hatte die von Generaloberst Rendulic auf Befehl des Oberkommandos der Wehrmacht begonnene, aber nicht abgeschlossene Verschiebung vom rechten Flügel und der Mitte der Heeresgruppe zum linken Flügel hin zur Versammlung aller frei werdenden Kräfte zwischen Traisen und Enns geführt[90]. Von entscheidendem Vorteil war auch allgemein die Kürze der Entfernung zu den amerikanischen Linien.

Die Absetzbewegung südlich der Donau (I. SS-Panzerkorps und Korps Bünau) gestaltete sich daher zunächst problemlos. Lediglich kleinere Trupps, die entweder ohne Nachrichtenverbindung oder in einer Höhenstellung waren, die einen rechtzeitigen Abstieg ins Tal nicht mehr gestattete, wurden abgeschnitten[91].

Das Korps Bünau befand sich gerade beim Stellungswechsel in die sogenannte Mank-Melk-Stellung, als am 8. Mai, 4 Uhr morgens, der Armeebefehl eintraf, sofort weiterzumarschieren und die Enns bei Enns und Steyr zu überschreiten. Es bereitete daher keine Schwierigkeiten, den Verbänden des Korps den Weitermarsch zu befehlen. General Bünau und sein Erster Offizier, Major Neumann, nahmen zu Mittag Verbindung mit der amerikanischen 65. Infanterie-Division bei Enns bzw. mit der 71. Infanterie-Division bei Steyr auf, um einen möglichst reibungslosen Ennsübergang sicherzustellen. Die Amerikaner zeigten sich dabei entgegenkommend[92].

Dafür aber ließ das sowjetische XX. Garde-Schützenkorps (General Birjukov) keine Zeit verstreichen und nahm, verstärkt durch die 62. Garde-Schützen-Division (bisher XXI. Garde-Schützenkorps), die Verfolgung der deutschen Truppen auf. Ziel des stürmischen Nachdrängens soll es angeblich gewesen sein, den deutschen Verbänden südlich der Donau das Überschreiten des Stromes zu verwehren, da man seitens der Sowjets befürchtete, das Korps Bünau sei dazu ausersehen, die Heeresgruppe Mitte zu verstärken[93]. Wo ein solcher Übergang über die Donau hätte stattfinden sollen, ist unklar. Es bestanden auch auf deutscher Seite diesbezüglich keinerlei Absichten. Die einzige Brücke, die noch ein Überwechseln über den Strom zugelassen hätte, nämlich jene bei Mautern-Stein, war vom Kampfkommandanten von Krems, Oberst Soche, befehlsgemäß gesprengt worden.

Das rasch zurückweichende Korps Bünau konnte das sowjetische Nachdrängen dadurch entscheidend verzögern, daß nach einem kleinen Nachhutgefecht bei Melk die Brücke über den gleichnamigen Fluß zerstört wurde, ebenso wie jene über die Erlauf. Dennoch kam es zur Gefangennahme von Angehörigen der 710. Infanterie-Division sowie von Jugoslawen, Rumänen und Bulgaren, die mit der 6. Panzer-Armee, größtenteils bei den rückwärtigen Diensten, mitgezogen waren[94].

An den deutschen Verbänden vorbei fuhr eine kleine amerikanische Kolonne des 261. Regiments der 65. US-Infanterie-Division nach Osten, die den Auftrag hatte, Kontakt mit den Russen herzustellen[95]. Sie wußte allerdings nicht, daß südlich von Melk bereits ein amerikanisches Aufklärungsflugzeug mit zwei Offizieren gelandet war, die denselben Auftrag hatten und auch schon mit General Birjukov zusammengetroffen waren[96]. Die amerikanische Vorausabteilung kam während der Mittagsstunden des 8. Mai bis Amstetten, wo ihr von der Bevölkerung ein herzlicher Empfang bereitet wurde. Kurz darauf griffen jedoch sieben sowjetische Tiefflieger den Hauptplatz von Amstetten an und verursachten unter der Zivilbevölkerung und den Amerikanern zahlreiche Verluste[97]. Das Zusammentreffen von Amerikanern und Sowjets in Österreich ging also wohl zunächst nicht so vonstatten, wie man sich das vielleicht gedacht hatte. Sowjetischerseits wurde der Angriff folgendermaßen begründet: „Amstetten erwies sich als der Sammelplatz der deutschen Einheiten, die nach Norden in die Tschechoslowakei zurückweichen wollten. Sie empfingen unsere Vorausabteilungen mit heftigstem Artillerie- und Panzerfeuer. Den unseren half jedoch die Luftwaffe. Ungefähr hundert Schlachtflugzeuge ... versetzten der Ansammlung der faschistischen Truppen einen äußerst heftigen Schlag mit Bomben und Raketen[98]."

Die Vorausabteilung der 65. US-Division zog sich daraufhin nach Westen zurück. Etwa eine Stunde später lieferten die Nachhuten des Korps Bünau der sowjetischen 7. Garde-Luftlande-Division bei Amstetten noch ein heftiges Rückzugsgefecht, ehe sie sich endgültig von den Russen lösen konnten. Der größte Teil des Korps überschritt nach einem Marsch von rund 80 Kilometern die Enns[99].

Ähnlich wie das Korps Bünau konnte auch das I. SS-Panzerkorps gegenüber den Amerikanern kapitulieren. Außer den allgemeinen wurden noch besondere Übergabeverhandlungen gepflegt, wobei man sehen konnte, daß den Amerikanern die Gefangennahme eines SS-Panzerkorps schmeichelte und einen besonderen Aufputz in der Kriegsgefangenenstatistik darstellte. Den deutschen Truppen wurde befohlen, die Handfeuerwaffen noch vor Erreichen der Enns zu entladen und abzulegen. Panzer- und Artilleriemunition sollte auf LKW verladen über die Demarkationslinie transportiert werden. Die wenigen Panzer hatten „Rohr hoch" zu fahren. Und schließlich sollten alle Fahrzeuge weiß geflaggt haben[100]. Letzteres wurde nicht immer befolgt, doch alle anderen Forderungen der Amerikaner wurden wohl im denkbar eigensten Interesse der kapitulierenden Truppen erfüllt.

Schließlich klappte auch das Treffen von Amerikanern und Sowjets. Die Vorhuten des 261. Regiments der amerikanischen 65. Division und jene der sowjetischen 7. Garde-Luftlande-Division trafen sich um 18.45 Uhr in Strengberg[101], wo weit und breit kein deutscher Soldat mehr war und nur die Wracks der Waffen und Fahrzeuge von den vorangegangenen dramatischen Stunden erzählten. Die Generäle Stanley E. Reinhart und Daniil A. Dryčkin schüttelten sich die Hände.

Am 8. Mai, 24.00 Uhr (deutschen Sommerzeit 9. Mai, 01.00 Uhr) wurden die fünf im Bereich des XX. US-Korps über die Enns führenden Brücken für alle weiteren aus dem Osten kommenden deutschen Soldaten gesperrt. Die Gefangenenzählung ergab, daß das XX. Korps vom 1. bis 8. Mai 323.840 Soldaten in Kriegsgefangenschaft genommen hatte[102]. Der größte Teil davon stammte von der Heeresgruppe Ostmark.

Für das II. SS-Panzerkorps, soweit es nördlich der Donau gestanden war, also im wesentlichen für die 3. SS-Panzer-Division und die Führer-Grenadier-Division, unterschied sich der Weg in die amerikanische Gefangenschaft sehr deutlich von dem der übrigen Verbände der 6. Panzer-Armee. Die Loslösung von der russischen Front nordwestlich von Stockerau gelang ziemlich mühelos und wurde auch von den Russen kaum gestört[103]. Ein Überwechseln von Einheiten der 4. Garde-Armee war durch die erwähnte Sprengung der Donaubrücke Stein-Mautern bald nach Mitternacht des 8. Mai unmöglich geworden[104]. Doch die Länge des Rückmarschweges vereitelte ein zeitgerechtes Überschreiten der amerikanischen Demarkationslinie. Der Widerstand der 3. SS-Panzer-Division verhinderte es auch, daß die amerikanische 11. Panzer-Division oder die 26. Infanterie-Division des XII. US-Korps weiter nach Osten und damit den Deutschen entgegenrückten. Der Großteil der vom II. SS-Panzerkorps nördlich der Donau eingesetzten Kräfte kapitulierte daher erst am 9. Mai im Raum Pregarten-Gallneukirchen und fand sich einige Tage später in einem Lager bei Tragwein versammelt, alles in allem rund 30.000 Mann[105].

Feldmarschall Kesselring hatte noch am frühen Nachmittag des 9. Mai ein Telegramm an Sepp Dietrich gerichtet, das die Sorge der Regierung Dönitz darüber zum Ausdruck brachte, ob wohl auch die 6. Panzer-Armee die bedingungslose Kapitulation befolge: „Ich wiederhole den Befehl der Reichsregierung, daß die Waffenstillstandsbedingungen auch für die Truppenteile der Waffen-SS verbindlich sind. Ich füge an, daß es im Interesse jedes SS-Manns wie des ganzen deutschen Volkes unerläßlich ist, diesem Befehl voll zu entsprechen. Das Verhalten der Besatzungsmacht gegenüber dem deutschen Volke und jedem einzelnen wird davon abhängen, ob die Waffenstillstandsbedingungen restlos erfüllt werden und die gesamte Wehrmacht und Waffen-SS ein einwandfrei korrektes Verhalten zeigt. — gez. Kesselring, Gen. Feldm.[106]". Doch seine Besorgnis erwies sich — wie man sah — als grundlos.

DIE 8. ARMEE

Die anfängliche Neigung General Kreysings, den Widerstand an der Ostfront und insbesondere im Bereich seiner Armee über die allgemeine Kapitulation hinaus fortzusetzen, war von Kesselring so überzeugend widerlegt worden, daß der Oberbefehlshaber der 8. Armee als Ergebnis der Zeltweger Besprechung die sofortige Zurücknahme seiner Front in die Wege leitete. Am Morgen des 6. Mai standen das XXXXIII. Armeekorps und das Panzerkorps „Feldherrnhalle" von westlich Karnabrunn (Anschluß an das II. SS-Panzerkorps) über den Ernstbrunner Wald, Gaubitsch, ostwärts Laa a. d. Thaya, Drnholec, Litobratřice, Pohořelice bis südostwärts Ivančice[107]. Im Zentrum und am rechten Flügel der Armee waren die Kämpfe schon seit etwa zwei Wochen zum Erliegen gekommen und beschränkten sich hauptsächlich auf Stoßtrupptätigkeiten im Ernstbrunner Wald. Doch zwischen Drnholec und Pohořelice war das Panzerkorps „Feldherrnhalle" noch immer in zeitweise heftige Kämpfe gegen das XXIV. und Teile des XXVII. Garde-Schützenkorps verwikkelt. Das XII. US-Korps im Rücken der 8. Armee hingegen, zu dessen Beobachtung der Korück der 8. Armee, General Offenbächer, einige motorisierte Gruppen ausgesandt hatte, stellte in keiner Weise eine Beeinträchtigung der Bewegungsfreiheit dar[108], vielmehr gab es letztlich einen idealen Verhandlungspartner ab, um die Übergabe der Armee zu vereinbaren.

Am Morgen des 7. Mai fuhr der Ic der 8. Armee, Major i. G. Lütgendorf, vom damaligen Armeehauptquartier in Theras in das Hauptquartier des XII. US-Korps nach Grafenau in Bayern. Sein Gesprächspartner, der Chef des Stabes des XII. US-Korps, Brigadier R. J. Canine, zeigte sich nicht nur über die vom Alliierten Hauptquartier in der Kapitulationsfrage eingenommene Haltung unvollständig informiert, sondern widersprach auch nicht, als ihm Lütgendorf die Lage der 8. Armee so schilderte, als ob diese mit ihren Hauptkräften den Amerikanern gegenüberläge. Erst bei dieser Besprechung erhielt der deutsche Offizier Kenntnis über den genauen Verlauf der amerikanisch-sowjetischen Demarkationslinie von Budějovice südwärts. Das amerikanische Korpskommando willigte in die Übergabe der 8. Armee ein und soll sogar die Zusage erteilt haben, gegebenenfalls dafür Vorsorge zu treffen, daß die womöglich heftig nachdrängenden sowjetischen Verbände den deutschen Rückzug nicht in ein Chaos verwandelten[109].

Am Abend des 7. Mai wurde der Befehl zum Absetzen gegeben und dürfte, abgesehen von örtlichen Verzögerungen, die Truppen der 8. Armee bald darauf erreicht haben. Das Loslösen gelang auch dort fast reibungslos, wo Deutsche und Russen noch in Gefechtsberührung standen[110].

Es hatte allerdings eine Krise gegeben. Offenbar war auch bei der 8. Armee schon Anfang Mai die „Operation Kriegsende" geplant worden. Doch dann gab es Widerstände, die sich letztlich noch bei der ersten Besprechung Kesselrings in Zeltweg kurz andeuteten. Daraufhin ereignete sich beim Panzerkorps „Feldherrnhalle" so etwas wie eine „Generalsrevolte": Der Kommandeur der Reichsgrenadier-Division „Hoch- und Deutschmeister", General Langhäuser, bat die anderen Divisionskommandeure zu sich und vereinbarte mit ihnen angesichts der Haltung des Kommandierenden Generals des Panzerkorps, General Ulrich Kleemann, daß sie dann selbständig handeln würden, wenn General Kleemann nicht innerhalb von 48 Stunden klare Befehle im Hinblick auf die Kapitulation geben würde[111]. Das war wohl so zu verstehen, daß die Kommandeure einer Fortsetzung des Kampfes im Verband mit der Heeresgruppe Mitte vorbeugen wollten, weil man offenbar annahm, Generalfeldmarschall Schörner würde sich nicht an die Gesamtkapitulation halten und das Panzerkorps „Feldherrnhalle" würde ebenfalls den Krieg nach dem Osten fortführen müssen. Das Ultimatum war jedoch unnötig, da auch die „Feldherrnhalle" am Abend des 7. Mai den Befehl zum Absetzen erhielt und den Weg zu den Amerikanern antrat.

General Kreysing, der Oberbefehlshaber der 8. Armee, hatte sich am 5./6. Mai eindeutig auf die Linie Kesselrings begeben und zugesichert, den Rückzug der 8. Armee gleich dem der Heeresgruppe Ostmark durchzuführen. Dadurch wurde jede Rücksichtnahme auf die Heeresgruppe Mitte fallengelassen, falls diese ihre Absetzbewegung nicht gleichzeitig zum Anlaufen bringen sollte. Das war aber nicht der Fall. Am Morgen des 8. Mai erfuhr man bei der deutschen 6. Panzer-Division, die nördlich Ivančice an das Panzerkorps „Feldherrnhalle" anschloß und den äußersten rechten Flügel der Heeresgruppe Mitte bildete, daß südlich der Division die deutschen Truppen abgerückt seien und die sowjetischen Kräfte ungehindert nach Westen und Nordwesten marschierten. Ein Rückzug war nicht mehr möglich[112].

Obwohl es bei der 8. Armee keinen Befehl gab, daß Österreicher aus der Deutschen Wehrmacht zu entlassen seien, blieb ein Großteil von ihnen in den geräumten Stellungen zurück, legte rot-weiß-rote Armbinden an und ergab sich den Russen[113]. Möglicherweise kam es auch hier zu Maßnahmen, die ein Zurückgehen der „Hiwis" verhindern sollten. Der Effekt war gleich negativ wie bei der 6. Armee: Alle wollten nach Westen.

Anfänglich geordnet, im Verlauf des 9. und 10. Mai mehr und mehr aufgelöst, strömte die 8. Armee zurück und wurde ständig von amerikanischen Aufklärungsmaschinen beobachtet, die jedoch keine wie immer gearteten Demonstrationen gegen nachrückende Russen unternehmen mußten. Die sowjetischen Einheiten begnügten sich mit der völlig kampflosen Besetzung der geräumten Ortschaften und stellten in keiner Phase des Rückzugs eine Gefährdung der 8. Armee dar[114].

Soweit man es heute überblicken kann, erreichte der überwiegende Teil des XXXXIII. Armeekorps und des Panzerkorps „Feldherrnhalle" die amerikanischen Linien und konnte sie bis zum Abend des 10. Mai ungehindert überschreiten[115]. Die 8. Armee führte damit einen weiteren Beweis, daß die Frage, ob und bis wann deutsche Verbände gegenüber den Amerikanern kapitulieren konnten, nicht als bereits in Reims grundsätzlich entschieden angesehen wurde, sondern lediglich von der Haltung des jeweiligen amerikanischen Kommandierenden abhing.

DIE 2. PANZER-ARMEE UND DER RÜCKZUG DER HEERESGRUPPE E

Dem Oberbefehlshaber Südost, Generaloberst Löhr, mußte im Gegensatz zu den beiden anderen Heeresgruppenbefehlshabern des Südraums der Beginn der Absetzbewegung nicht gesondert bekanntgegeben werden, denn er war ja seit Wochen und Monaten bestrebt, die rund 400.000 Mann der Heeresgruppe E gegen die österreichische Grenze zurückzuführen. Es ist schon erwähnt worden, daß Generaloberst Löhr die Aussichten, diese Rückführung noch rechtzeitig zum Abschluß zu bringen, zuletzt am 6. Mai pessimistisch beurteilte. Daher bat er auch Großadmiral Dönitz, mit Feldmarschall Alexander separat verhandeln zu dürfen. Löhr wollte Alexander vorschlagen, daß die Briten das Territorium Österreichs möglichst schnell betreten sollten, um einer „Bolschewisierung" des Landes vorzubeugen[116].

Der gebürtige Österreicher Löhr brachte aber außerdem einen nicht uninteressanten Aspekt ins Spiel. Er schrieb am 5. Mai im Wortlaut etwa folgendes an Dönitz: Den Fall des Großdeutschen Reiches aufzuhalten sei unmöglich, die Schaffung eines österreichischen Staates durch den Gegner unaufhaltsam. Er, Löhr, habe die Absicht, der Etablierung des Bolschewismus in Österreich entgegenzuwirken und plane, Feldmarschall Alexander seine Hilfe bei der Schaffung Österreichs vor allem dadurch anzubieten, daß er ihm die Heeresgruppe E zur Aufrechterhaltung der Ordnung zur Verfügung stelle[117].

Dönitz erteilte dem Oberbefehlshaber Südost unverzüglich Verhandlungserlaubnis[118]. Dieses Anerbieten Löhrs, seine Soldaten als Ordnungsfaktor zur Verfügung zu stellen, war nicht ohne Vorbild, da im Zuge der Sonderkapitulationsverhandlungen der Heeresgruppe C in Italien Generaloberst v. Vietinghoff den Amerikanern etwas ganz ähnliches für Deutschland angeboten hatte. Auch dieser Versuch war gescheitert[119].

Nichtsdestoweniger machten sich mit diesem Telegramm zum ersten und einzigen Mal auf militärischer Seite gewisse „Österreich-Tendenzen" bemerkbar, die aus heutiger Sicht freilich als irreal bezeichnet werden müssen. Sie stellten auch nicht einen gezielten Versuch der Regierung Dönitz dar, sondern gingen auf das persönliche Konto Löhrs, bei dem die Erwägungen, die zu dem zitierten Vorschlag führten, wohl auch nicht so sehr darin zu suchen waren, daß Löhr einer eventuell zu erwartenden „Bolschewisierung" glaubte Einhalt gebieten zu können, sondern wohl darin, daß er in der Einwilligung der Engländer auf seine Vorschläge die letzte Möglichkeit sah, gleichsam unter dem Schutz des Vereinigten Königreichs aus Jugoslawien abzuziehen. Die schließlich gezielten Aufforderungen an die Briten zur beschleunigten Besetzung Triests und Südösterreichs zeitigten jedoch keine unmittelbaren Auswirkungen[120]. Bei der Besprechung in Graz, am 6. Mai, war General Ringel die Kontaktaufnahme mit den Engländern übertragen worden. Eine Gelegenheit dazu hätte sich zwar ergeben, doch Ringel wurde beim englischen Kommandanten nicht einmal vorgelassen[121]. Das Projekt war gescheitert.

Die in Graz am 6. Mai erhobene Forderung nach genau aufeinander abgestimmten rückläufigen Bewegungen des rechten Flügels der Heeresgruppe Ostmark wie der Heeresgruppe E führte am 7. Mai zur sofort in Kraft getretenen Unterstellung der 2. Panzer-Armee unter den Oberbefehl Löhrs. General de Angelis, der Oberbefehlshaber der 2. Panzer-Armee, hatte aber nicht darauf gewartet, sondern unmittelbar nach Ende der Grazer Besprechung den Beginn des Absetzens für seine Armee, insbesondere für deren rechten Flügel, das LXVIII. Armeekorps, befohlen, das den weitesten Weg zurückzulegen hatte[122]. Auch die rückwärtigen Dienste und das Gros der nicht im Einsatz befindlichen Armeeteile sollten auf den schon seit etwa zwei Wochen von Generalleutnant Alois Windisch festgelegten und vorbereiteten Routen möglichst rasch abfließen[123].

Am Abend des 7. Mai, nachdem pro forma der Absetzbefehl an die Verbände der Heeresgruppe E durchgegeben worden war, befahl Generaloberst Löhr dem Kommandierenden General des XXXIV. Armeekorps, General der Flieger Felmy, von Villach aus Übergabeverhandlungen mit den Engländern zu führen, während General de Angelis den Auftrag erhielt, Verbindung mit den Russen aufzunehmen. Den Kontakt zu der jugoslawischen Armee wollte Generaloberst Löhr selbst herstellen[124].

General de Angelis entledigte sich seiner Aufgabe in der Weise, daß er dem deutschen I. Kavalleriekorps befahl, im Namen der Armee mit den Russen Kontakt aufzunehmen. Der Kommandierende General des Korps, General Harteneck, sandte zwar Parlamentäre zu den Russen, aber es bestand auf deutscher Seite durchaus keine Neigung, die Gespräche mit einem anderen Ziel zu führen, als dem, die sowjetische 57. Armee und die 1. bulgarische Armee hinzuhalten und damit die eigenen Absichten zu verschleiern[125]. Da es die Russen ablehnten, mit der Armee Verhandlungen zu führen und dies nur unmittelbar mit den deutschen Divisionen an der Front tun wollten — weil sie hier offenbar schneller konkrete Ergebnisse erwarteten —, ließ de Angelis die Verhandlungen ruhigen Gewissens abbrechen und die Absetzbewegungen in vollem Umfang anlaufen[126].

Das I. Kavalleriekorps war auf die Strecke Wildon — Köflach — Salla — Judenburg, geringstenteils auch auf die über Köflach und die Pack nach Kärnten angewiesen worden[127]. Das XXII. Gebirgskorps sollte mit einem kleineren Teil über Maribor — Leibnitz — Deutschlandsberg — Pack — Wolfsberg, mit dem Gros aber über Maribor und Dravograd in den Raum Völkermarkt — St. Veit/Glan gelangen[128]. Denselben Weg mußte auch die Masse des LXVIII. Armeekorps nehmen, nur hatte es bereits früher mit der Zurücknahme seiner Verbände begonnen[129].

Über die Demarkationslinie zwischen Russen und Briten war nichts zu erfahren gewesen. Beim Kavalleriekorps glaubte man, daß es die Mur sein werde[130], was sich aber als falsch herausstellte. Zeitlich gestaffelt, als letztes das Kavalleriekorps, setzte sich die 2. Panzer-Armee von der Ostfront ab. Die letzten Teile der 23. Panzer-Division und der 3. Kavallerie-Division räumten erst am 8. Mai nach Einbruch der Dunkelheit ihre Stellungen, die im Verlauf dieses Tages mancherorts noch das Ziel heftiger sowjetischer Angriffe gewesen waren[131]. Der Übergang über die Mur verlief dank der nur sehr zögernd nachstoßenden Russen und Bulgaren ziemlich reibungslos. Eine Reihe von Murbrücken wurde gesprengt, was etwa in Wildon der dortige Volkssturm und die Ortsbewohner verhindern wollten[132]. Mittlerweile war den Kolonnen des Kavalleriekorps befohlen worden, ihren Marsch nach Nordwesten unverzüglich fortzusetzen. Auf der Straße von Wildon nach Köflach bot sich dasselbe Bild wie auf den Straßen, die in das Ennstal führten: Eine geschlossene Kolonne zog langsam, aber zunächst unbehelligt dahin.

Am Nachmittag des 9. Mai waren dann motorisierte sowjetische Einheiten über Graz bis Köflach vorgedrungen und verursachten schon durch ihr bloßes Auftauchen eine Panik, die dazu führte, daß die auf der Strecke nach Judenburg infolge der Steigung am Gaberl stockende Fahrzeugkolonne von ihren Fahrern verlassen wurde, wodurch jede weitere Bewegung für einige Zeit überhaupt zum Erliegen kam[133]. Der Angriff sowjetischer Schlachtflieger, der mit Flakfeuer erwidert wurde, trug weiter zur Verwirrung bei. Endlich trafen in der Nacht zum 10. Mai größere

Teile des I. Kavalleriekorps in Unzmarkt ein, von wo aus sie, bereits auf Weisung der Engländer, nach Tamsweg weitermarschieren sollten[134].

In die schon abrückenden Teile des Korps stießen, von Leoben kommend, am Morgen des 11. Mai sowjetische Panzerspitzen hinein, die bis Scheifling vordrangen, in und um Judenburg die Straßen sperrten und die dort marschierenden deutschen Einheiten zum Umdrehen nach Osten zwangen[135]. Auch hier griffen wieder sowjetische Schlachtflieger ein, und erst das Auftauchen britischer Jäger, die Sperre flogen und die Sowjets auf die Demarkationslinie zurückdrängten[136], vermochte dem Kavalleriekorps die Gewißheit zu geben, daß seine Kapitulation von den Engländern angenommen worden sei und daß es nicht im letzten Moment noch in sowjetische Gefangenschaft fallen würde.

Was aber hatte sich mittlerweile beim Rückzug der übrigen zwei Korps der 2. Panzer-Armee sowie bei der Heeresgruppe E abgespielt?

Auch das XXII. Gebirgskorps und das LXVIII. Armeekorps waren in der Regel ohne nennenswerte Komplikationen von der Ostfront losgekommen, wo sie sich in den Kolonnenverkehr Richtung Dravograd und Unterkärnten einreihten. Die 1. bulgarische Armee, die mit zwei Korps von Varaždin bis südlich von Radkersburg der 2. Panzer-Armee gegenübergestanden war, hatte sich zum Ziel gesetzt, bis 8. Mai, 24 Uhr, die Linie Ehrenhausen — Maribor zu erreichen. Sie hinkte aber im Vergleich mit der nördlich davon vorgehenden sowjetischen 57. Armee um etwa einen Tag nach, hatte mit dem rechten Flügel, also dem bulgarischen IV. Korps, einigen Aufenthalt an der Mur und konnte erst am späten Nachmittag des 9. Mai die gesteckten Ziele erreichen. Nichtsdestoweniger wollten die Bulgaren mit ihrer 12. Infanterie-Division noch bis zum Abend des 10. Mai den Raum Völkermarkt, kurz darauf Klagenfurt und Villach erreichen, wo man auf die Engländer zu treffen hoffte[137].

In Verfolgung der Verbände der 2. Panzer-Armee kamen die bulgarischen Truppen aber erst am 11. Mai mit ihren Vorhuten bis Völkermarkt, wo sie auf die Spitzen der bereits zwei Tage vorher eingetroffenen britischen 6. Panzer-Division stießen[138]. Für die über Celje (Cilli) in einem nicht abreißenwollenden Strom nach Norden marschierende Heeresgruppe E, der sich die kroatische Armee unter General Gruić mit 220.000 Mann angeschlossen hatte[139], bedeutete das Auftauchen der Bulgaren an der Drau eine sehr schlimme Überraschung. Das XV. Kosaken-Kavalleriekorps konnte sich mit einigen Teilen gerade noch durchschlagen und über Lavamünd die Straße nach Völkermarkt nehmen[140]. Für die am 13. Mai nachfolgenden Verbände, insbesondere die Kroaten, war aber der Draüübergang unmöglich geworden. Sie mußten in das Mießtal einschwenken, um auf österreichischen Boden zu gelangen. Bei Bleiburg in Kärnten stellten sich ihnen die britische 6. Panzer-Division, die 11. slowenische Brigade sowie die 51. Division der jugoslawischen 3. Armee entgegen und erzwangen von den sich hier versammelnden rund 150.000 bis 160.000 Mann die Waffenniederlegung[141].

Die IV. Operationszone der Jugoslawischen Volksbefreiungsarmee hatte bei Bekanntgabe der bedingungslosen Kapitulation sofort mit zwei Operationen begonnen, deren Ziele ja schon seit längerem feststanden. Einmal galt es, der Heeresgruppe E den Weg über die österreichische Grenze zu verlegen, und zum anderen erhielt die 14. Division, wie bereits geschildert, den Auftrag, in Südkärnten einzudringen[142].

Nachdem die Brigaden der 14. Division zwischen dem 3. und dem 6. Mai bei dem Versuch gescheitert waren, sich bei Črna oder bei Dravograd einen Zugang nach Kärnten zu öffnen, drangen sie am 6. Mai über das Mießtal vor und kamen am Morgen des 8. Mai bis Eisenkappel. Am Nachmittag wurden die Jugoslawen jedoch in heftige Kämpfe mit der 14. SS-Freiwilligen-Division „Galizien" verwickelt, so daß sie einen weiteren Tag aufgehalten wurden. Von den Partisanenverbänden erreichte der Kärntner-Verband am 8. Mai Ferlach und besetzte für kurze Zeit die Draubrücke bei der Hollenburg. Doch das war nur von kurzer Dauer, da sich Tausende von Četniks, Domobrancen, Kroaten und Deutschen, die über die Loiblstraße gekommen waren und den Weg nach Klagenfurt suchten, von den wenigen Partisanen nicht aufhalten ließen. Sie brachen sich Bahn. Die Kämpfe forderten aber vor allem unter den Partisanen viele Tote.

Vom Kanker-Verband waren Teile noch am 7. Mai bis Feistritz bei Rosegg gekommen, wo sie sich mit Einheiten des Kärntner-Verbands vereinigten. Sie requirierten schließlich einen Zug, mit dem sie nach Klagenfurt fuhren. Dort kamen sie am frühen Nachmittag an. Etwas mehr als drei Stunden vor ihnen waren jedoch die Spitzen der britischen 6. Panzer-Division in die Kärntner Landeshauptstadt eingefahren[143]. Die Anwesenheit von Partisanen in Klagenfurt und die in den darauffolgenden Tagen systematisch durchgeführte Besetzung des südlichen Kärnten genügte jedoch, um klarzumachen, daß Jugoslawien, für alle sichtbar, Besatzungsansprüche und territoriale Forderungen anmeldete[144].

Einige Stunden, nachdem die 6. Panzer-Division ihren schon tags zuvor genau geplanten Vormarsch auf österreichisches Gebiet begonnen hatte, überschritt auch die britische 78. Infanterie-Division am Plöckenpaß die österreichische Grenze und begann damit, das obere Gailtal und Osttirol zu besetzen. Am Abend war die Division in Lienz[145].

Noch immer gespensterte freilich das Wort von der „Alpenfestung" im Raum herum. Die Briten waren — vielleicht mentalitätsmäßig bedingt — dieser Schimäre am wenigsten aufgesessen. Doch schließlich kamen noch Bulgaren und Sowjets und reklamierten das Verdienst, die „Alpenfestung" geknackt zu haben, für sich. Wahrscheinlich bezogen sie sich darauf, daß sie um den 12. Mai an den Südrand des Klagenfurter Beckens kamen[146] und mit dem Raum Unterdrauburg ja tatsächlich den Südostzipfel des Reduits betraten.

Die Marschsäulen der Heeresgruppe E waren bei Dravograd und Bleiburg zum Stehen gekommen. Fahrzeug reihte sich an Fahrzeug und staute sich zurück bis Celje. Im Hauptquartier der nach Österreich eingerückten Teile der britischen 8. Armee, in Pörtschach am Wörthersee, versuchte der Chef des Generalstabes der Heeresgruppe E, Generalmajor Erich Schmidt-Richberg, in nochmaligen Verhandlungen eine Änderung der britischen Haltung herbeizuführen und die Engländer zu dem Zugeständnis zu bewegen, die deutsche Heeresgruppe zur Gänze in britische Kriegsgefangenschaft zu überführen. Generaloberst Löhr, der es ausdrücklich abgelehnt hatte, nach Wirksamwerden der Kapitulation den Kampf fortzusetzen, um sich vielleicht gewaltsam den Weg nach Kärnten zu bahnen, stellte sich am Morgen des 15. Mai in Maribor der IV. Operationszone Jugoslawiens als Gefangener zur Verfügung. Anders als so mancher Kommandeur, Kommandierende General oder Oberbefehlshaber verzichtete er darauf, sich selbst in Sicherheit zu bringen und wollte das Schicksal jener rund 150.000 Mann seiner Heeresgruppe teilen, denen der rechtzeitige Übertritt in die britische Besatzungszone nicht mehr geglückt war[147]. Löhr hatte den Tod vor Augen.

16 Schlußbemerkungen

Es ist fast unmöglich, einen genauen Zeitpunkt für das Ende des Krieges in Österreich festzulegen. Eines ist jedoch sicher, daß dieses Datum auf keinen Fall mit dem eher fiktiven Datum der bedingungslosen Kapitulation identisch ist. Besonders in der Südsteiermark und in Kärnten ging auch nach dem 9. Mai, 01.00 Uhr, der Kampf weiter, weil es deutsche Soldaten und ihre Verbündeten nicht wahrhaben wollten, daß sie wenige Stunden vor der österreichischen Grenze oder gar schon diesseits derselben in jugoslawische Kriegsgefangenschaft fallen sollten. Kroaten und Kosaken, die gehofft hatten, daß ihre Übergabe von den Engländern akzeptiert würde und sie so der Auslieferung an Russen und Jugoslawen entgehen könnten, sahen sich in dieser Hoffnung getäuscht. Daraufhin versuchten mehr als 20.000 Kroaten, sich diesem Schicksal durch die Flucht zu entziehen[1]. Es kam zu neuen Kämpfen. Wann also war der Krieg tatsächlich zu Ende?

Mit der Kapitulation des Südraums brachen fast alle Nachrichtenverbindungen ab; der Führungsstab B des Oberkommandos der Wehrmacht wußte am 11. Mai weder über das Schicksal der Heeresgruppe E noch über jenes der Heeresgruppe Mitte Bescheid und stellte lakonisch fest: „Oberkommando Heeresgruppe Ostmark in amerikanischer Hand und nicht mehr führungsfähig[2]". Sonst wußte man auch über die Heeresgruppe Ostmark nichts. Am selben Tag ließ Feldmarschall Kesselring Nachforschungen anstellen, was es mit einer Meldung auf sich habe, daß sich mindestens 200.000 Mann im Anmarsch auf Radstadt befänden[3].

Für alle Alliierten, insbesondere Engländer und Amerikaner, stellten die auf engstem Raum zusammengeballten Hunderttausenden von Kriegsgefangenen ein ernstes Problem dar. Ordnung ließ sich freilich bald herstellen. Mit Hilfe einer vor allem aus deutschen Soldaten gebildeten Ordnungstruppe wurden die Verbände in Sammelräume geleitet und dann möglichst rasch in Lagern zusammengefaßt, wobei auch getrachtet werden mußte, nach Tunlichkeit viele Soldaten aus Österreich hinauszubringen, da die Ernährungssituation in höchstem Maße bedrohlich geworden war.

Der Bevollmächtigte General für die Heeresversorgung im Südraum hatte bereits am 28. April gemeldet, daß Brot bzw. Brotgetreide etwa in Tirol, Vorarlberg und Salzburg, nur mehr für zwei Wochen vorhanden waren. In den anderen Teilen Österreichs war die Lage nicht viel besser[4]. Bis zur Kapitulation konnten die vorhandenen Nahrungsmittel also verbraucht worden sein, und jetzt hieß es, zusätzlich Hunderttausende von Kriegsgefangenen zu ernähren. Da die Verkehrsverbindungen so nachhaltig bombardiert und zerstört worden waren, mußten vor allem die Briten mit Versorgungsflügen beginnen, da sie sonst nicht einmal ihre eigenen, nunmehr befreiten Kriegsgefangenen hätten ernähren können[5].

Die Frage, wieviel Wehrmachtsangehörige in Österreich kapitulierten, läßt sich bestenfalls annäherungsweise bestimmen. Eine gewiß nicht vollständige Stärkemeldung der Verbände, die im Bereich der Heeresgruppe G die Waffen streckten, wußte für den 18. Mai 156.133 Mann zu nennen[6].

Die Heeresgruppe Süd bzw. Ostmark hatte am 20. April eine Gesamtverpflegsstärke von 766.095 Mann und 149.310 Pferden gemeldet[7]. Vier Tage später war in einer Vortragsnotiz für den Chef des Heeres-Verwaltungs-Amtes, SS-Obergruppenführer Frank, die Heeresgruppe Süd mit 618.000 Mann und 128.000 Pferden ausgewiesen worden[8]. Auf diese Angaben stützte sich offenbar auch Generaloberst Jodl bei seiner Besprechung mit Generalleutnant Bedell Smith am 6. Mai in Reims[9]. Generaloberst Rendulic wiederum schätzte die Heeresgruppe vor der Kapitulation auf 800.000 Mann[10].

Das sind nun ziemliche Unterschiede. Aus anderen Angaben über die Stärke der 6. und der 8. Armee[11] läßt sich jedoch ableiten, daß die Zahl von 766.095 Mann der tatsächlichen Stärke am nächsten kommen dürfte, wenngleich sie, da schließlich auch etliche Truppen abgegeben worden waren, für den 8. Mai etwas zu hoch liegen dürfte. Vor allem ist nicht ersichtlich, ob die 2. Panzer-Armee schließlich bei der Heeresgruppe Ostmark oder bei der Heeresgruppe E mitgezählt wurde. Feldmarschall Keitel schätzte, daß die Heeresgruppe Ostmark am 9. Mai, 00.00 Uhr, noch mit 450.000 Mann an der Ostfront stand[12].

Die Heeresgruppe E wird ziemlich übereinstimmend mit 400.000 Mann und 73.000 Pferden angegeben[13]. Davon sollen mindestens 150.000 Mann in jugoslawische Kriegsgefangenschaft gefallen sein[14]. Nehmen wir etwas gerundete und die jeweils niedrigsten Ansätze. Demnach kapitulierten in Österreich[15]:

  600.000 Heeresgruppe Ostmark
  150.000 Heeresgruppe G
  225.000 Heeresgruppe E, also
  975.000 Mann Deutsche Wehrmacht.

Darin sind sicherlich auch etliche „fremdländische" Truppen wie Kosaken und Angehörige von Waffen-Verbänden der SS enthalten. Dazu kommen etwa

  160.000 Kroaten, was zusammen 1,135.000 Mann ergibt.

Da in diesen Angaben aber bei weitem nicht alle Verbände erfaßt sind, zum Beispiel jene nicht, die vor dem 5. bzw. 8. Mai gegenüber Russen und Amerikanern kapituliert hatten, oder die rückwärtigen Teile der Heeresgruppe C, die in Kärnten in englische Kriegsgefangenschaft kamen, wird man die Zahl derer, die in Österreich die Waffen streckten, insgesamt doch um einiges höher ansetzen müssen. Dazu kommen die in dieser Aufstellung wohl größtenteils nicht enthaltenen 158.000 ungarischen Militärpersonen[16], so daß davon ausgegangen werden kann, daß gegen 1,5 Millionen Soldaten der Deutschen Wehrmacht und der mit dem Deutschen Reich verbündet gewesenen Staaten in Österreich die Waffen streckten.

Wie hoch die Zahl der Gefallenen und Verwundeten der auf österreichischem Boden kämpfenden Armeen war, läßt sich auch nicht annähernd bestimmen. Fest steht nur, daß die Verluste in Ostösterreich durch ihre Höhe in gar keinem Verhältnis zum Westen standen. Von sowjetischer Seite gibt es nur die offenbar viel zu hoch gegriffene Angabe, die deutschen Truppen hätten beim Kampf um Wien vom 3. bis 13. April 19.000, die sowjetischen 18.000 Mann an Toten verloren[17]. Insgesamt beziffert die sowjetische Geschichtsschreibung die Verluste der Roten Armee in Österreich mit 26.000 Menschen. Im Vergleich dazu büßte das XX. US-Korps vom 1. bis zum 8. Mai 40 Tote und 231 Verwundete ein[18]. Das französische I. Korps dürfte etwa gleich viel Verluste gehabt haben. — Das kann aber nur ein ungefährer Anhalt sein[19]. Die deutschen Verluste werden hier um einiges höher gewesen sein.

Gleichfalls unbekannt ist die Höhe der Ziviltoten, doch dürfte sie eine sehr traurige Bilanz ergeben. Zwei Vergleichszahlen können als Anhalt dienen: 1937 zählte man in Österreich 90.035 Verstorbene; 1945 waren es 173.767 verstorbene Zivilpersonen[20]. Welcher Prozentsatz derer, die 1945 eine um mehr als 80.000 Tote höhere Gesamtsumme ergaben als 1937, auf die Endkämpfe zurückgeht, läßt sich freilich nicht feststellen. In Wien sollen im Verlauf der Schlacht 2.168 ortsansässige Zivilpersonen das Leben verloren haben[21]. In ganz Österreich rund 4.000 Menschen, was wohl zu niedrig ist.

Für viele der in amerikanische oder britische Kriegsgefangenschaft gekommenen Soldaten trat einige Wochen nach der Kapitulation ein Ereignis ein, das für die Betroffenen den Sinn der Rückführung aus dem Osten und Süden fraglich werden ließ: Sie wurden den Sowjets übergeben. Auch hier lassen sich sehr schwer Zahlen nennen. Die Lager Nesselbach, Gallneukirchen, Freistadt, Aigen und andere wurden von den Amerikanern teilweise oder ganz übergeben. Das betraf vor allem die 3. SS-Panzer-Division, die Führer-Grenadier-Division und Teile der 1. SS-Panzer-Division mit zusammen wahrscheinlich mehr als 30.000 Mann[22]. Von der 8. Armee ereilte etwa 25.000 Mann dasselbe Schicksal[23]. Die 6. Armee dürfte von den Auslieferungen kaum betroffen worden sein. Dafür wurden das XV. Kosaken-Kavalleriekorps mit angeblich 50.000 Mann[24] sowie die kroatische Armee, sofern sie sich nicht im letzten Moment durch die Flucht hatte retten können, mit 120.000 Mann[25] von den Briten an Russen bzw. Jugoslawen übergeben.

Formell leiteten die Westalliierten die Übergabe von Kriegsgefangenen aus der bedingungslosen Kapitulation ab, die festlegte, daß mit dem Wirksamwerden der Kapitulation die Bewegungen der deutschen Truppen eingestellt sein müßten. Darüber hinaus gab es noch die von Eisenhower getroffene Abmachung, daß man gegenüber jener Front zu kapitulieren habe, gegen die man kämpfte. Die Heeresgruppe Ostmark hatte, genauso wie die Heeresgruppen E und Mitte, während der letzten Kriegstage als Großverband zweifelsohne nach beiden Seiten gekämpft. Die einzelnen Armeen keinesfalls. Konsequenterweise hätte also ein Großteil der Heeresgruppen Ostmark und E ausgeliefert werden müssen. Es dürften jedoch auch hier verschiedene Maßstäbe angelegt worden sein, etwa bei der 3. SS-Panzer-Division, die der amerikanischen 11. Panzer-Division so hartnäckig Widerstand geleistet hatte. Für den Entschluß der Engländer, Kosaken und Kroaten auszuliefern, sind wiederum viel mehr politische als emotionale Überlegungen im Vordergrund gestanden.

Noch lange nach Abschluß der deutschen Kapitulation irrten hunderttausende „Displaced persons", also Entwurzelte, Vertriebene, heimatlos Gewordene, in Österreich herum. Russen, Amerikaner, Franzosen und Engländer, vorübergehend auch Ungarn[26], Bulgaren und Jugoslawen, besetzten das Land, dem in der Moskauer Deklaration zugesichert worden war, daß es wieder in Freiheit erstehen würde und das man dazu aufgefordert hatte, seinen Beitrag zur Befreiung zu leisten.

Die seit dem 27. April 1945 im Amt befindliche österreichische provisorische Staatsregierung hatte auf das Kriegsgeschehen keinen Einfluß nehmen können. Was an Widerstand gegen das nationalsozialistische Regime und gegen die Deutsche Wehrmacht geleistet wurde, war auch während der letzten Kriegswochen nicht staatlich gelenkt, sondern kam von jenen Gruppen, die sich im Untergrund und meist auch ohne Verankerung in den früher etablierten Parteien auf die Endkämpfe vorbereitet hatten. Oder aber es fanden sich bei Kriegsende spontan Menschen, die verhindern wollten, daß es zu Kampfhandlungen kam und die vor allem die Zerstörungen beim Durchzug der Front auf ein Minimum reduzieren wollten. Die Motive waren denkbar unterschiedlich, wie auch die Aktionen tausendfache Verschiedenheit aufwiesen.

Für diejenigen, die überlebt hatten und daran gingen, ein neues Österreich aufzubauen, hieß es, Bilanz zu ziehen. Sie konnte vielfältigst gezogen werden. Einmal, indem man sich mit der gesamten nationalsozialistischen Zeit einschließlich ihrer Vorgeschichte beschäftigte und dabei den Stellenwert überdachte, den Österreich in der Anschlußbewegung und dann innerhalb des Großdeutschen Reiches gehabt hatte. Es ließ sich Bilanz ziehen über die Verluste, die Österreich in den sieben Jahren der nationalsozialistischen Herrschaft erlitten hatte, und zwar Verluste in vielerlei Hinsicht: materiell, durch die Ausbeutung der in Österreich lagernden Rohstoffe, durch die Übernahme von österreichischem Besitz in Deutsches Eigentum, vor allem aber auch durch die Zerstörungen des Luft- und des Landkrieges[27]. Wohl viel schlimmer noch als die Bilanz im materiellen Bereich war dann die Bilanz an Menschenleben, die durch die NS-Politik und durch den Krieg zu beklagen waren. 65.000 Menschen sollen Opfer der NS-Rassenpolitik geworden sein, 35.000 fanden den Tod in Konzentrationslagern und Gefängnissen[28]. 247.000 Österreicher aber fielen auf den Schlachtfeldern, starben in den Lazaretten oder sonstwo als Angehörige der Deutschen Wehrmacht oder der Waffen-SS[29]. Hier sind auch jene eingerechnet, die dauernd vermißt blieben. Gegen 600.000 Österreicher wurden kriegsgefangen[30]. Die meisten von ihnen in den letzten Kriegsmonaten und an irgend einer der Fronten, entlang derer die Deutsche Wehrmacht ihren Endkampf geführt hatte. Zu den Verlusten zählten aber auch jene im geistigen Bereich, in dem es besonders große Verwüstungen gegeben hatte. Sie entziehen sich aber wohl für immer einer genaueren Bilanzierung.

Im Zuge der Aufarbeitung der NS-Zeit wurden auch jene Taten und Ereignisse aufgerollt, die im unmittelbaren Zusammenhang mit dem Kriegsende in Österreich standen. Etwa die Massentötungen während und nach dem Bau der Reichsschutzstellung, die Todesmärsche und Deportierungen von Häftlingen, die zunächst noch irgendwo eingesetzt worden waren, um zu schanzen, und die dann liquidiert wurden. Bereits 1945 wurde ein erster Volksgerichtsprozeß gegen die Verantwortlichen eines Judenmassakers in Engerau geführt; weitere folgten[31]. 1945 und 1946 waren die Zeitungen voll von Kriegsverbrecherlisten. Nicht alle freilich, die als Kriegsverbrecher angeklagt worden sind, waren es wirklich. Und überhaupt: Jene, die am ehesten von einem österreichischen Gericht zur Verantwortung hätten gezogen werden sollen, sei es, um ihre Schuld oder ihre Unschuld festzustellen, waren diesen Gerichten entzogen. So wurde z. B. kein einziger Gauleiter in Österreich vor Gericht gestellt.

Der Gauleiter von Wien, Baldur von Schirach, bei Kriegsende 38 Jahre alt, war einer der Angeklagten im Nürnberger Prozeß gegen die Hauptkriegsverbrecher. Seine Rolle in Wien, wo er von 1940 bis 1945 Gauleiter gewesen war, kam zwar zur Sprache. Zur Last gelegt wurde ihm jedoch primär seine Tätigkeit als Reichsjugendführer der Hitlerjugend. Schirach wurde zu 20 Jahren Haft verurteilt.

Der Gauleiter von Niederdonau, Dr. Hugo Jury, aus Südmähren stammend, von Beruf Arzt und bei Kriegsende 58 Jahre alt, verübte am 9. Mai 1945 in Zwettl Selbstmord. August Eigruber, der Gauleiter von Oberdonau, gebürtiger Oberösterreicher, von Beruf Dreher und bei Kriegsende wie Schirach 38 Jahre alt, wurde von den Amerikanern verhaftet, 1946 in München vor Gericht gestellt, im „Mauthausener-Prozeß" zum Tod verurteilt und in Landsberg/Lech hingerichtet.

Der Salzburger Gauleiter, Dr. Gustav Adolf Scheel, ein aus Rosenberg in Ostpreußen stammender Arzt, früher Reichsstudentenführer und seit 1941 Gauleiter von Salzburg, war bei Kriegsende ebenfalls 38 Jahre alt. Er wurde von den Amerikanern einige Zeit gefangen gehalten, dann aber entlassen. Der Gauleiter von Tirol-Vorarlberg, der bei Kriegsende 43jährige Franz Hofer, ein aus Salzburg stammender Kaufmann und seit 1932 führender Funktionär in der österreichischen NS-Bewegung, seit 1938 Gauleiter, wurde von den Amerikanern nach Dachau gebracht, in einem Prozeß jedoch 1947 freigesprochen und deutschen Gerichten übergeben. Der Gauleiter von Kärnten, der Jurist Dr. Friedrich Rainer, gebürtiger Kärntner und bei Kriegsende 42 Jahre alt, der gleichfalls auf eine längere Karriere in der österreichischen NS-Bewegung zurückblicken konnte, hatte sein Amt in Kärnten Ende 1941 übernommen, nachdem er seit Mai 1938 Gauleiter von Salzburg gewesen war. Seine Funktion als Chef der Zivilverwaltung in den besetzten Gebieten Kärntens und der Krain sowie als Oberster Kommissar der Befestigungszone Adriatisches Küstenland zog es nach sich, daß er von den Briten an Jugoslawien ausgeliefert und in Belgrad 1947 zum Tod verurteilt und hingerichtet wurde.

Dem Gauleiter der Steiermark, Dr. Siegfried Uiberreither, mit 37 Jahren bei Kriegsende der jüngste der „ostmärkischen" Gauleiter, wäre wahrscheinlich ein ähnliches Schicksal wie Friedrich Rainer beschieden gewesen, da er außer seiner Funktion in der Steiermark auch die eines Chefs der Zivilverwaltung in der Untersteiermark innegehabt hatte und damit für die Partisanenbekämpfung zuständig gewesen war. Doch Uiberreither kam es zu Gute, daß er mit der Tochter des berühmten Geophysikers Prof. Alfred Wegener verheiratet war, die es — dem Vernehmen nach — zustande brachte, im Tausch gegen noch unveröffentlichte wissenschaftliche Arbeiten ihres Vaters die Flucht ihres Mannes zu erwirken. Uiberreither fand in Südamerika Aufnahme.

Auch von den führenden Militärs wurde vorerst niemand zur gerichtlichen Verantwortung gezogen. Und auch dort, wo das dann im Zuge von in Deutschland, Italien, Jugoslawien oder der Sowjetunion geführten Prozessen geschah, wurde den Generälen nicht die Kriegsführung an sich vorgeworfen — das wäre unsinnig gewesen. Vielmehr wurde versucht, Einzelverfehlungen zu finden und gerichtlich zu ahnden.

Generaloberst Dr. Lothar Rendulic, bei Kriegsende 58jährig und mehrfach Oberbefehlshaber von Heeresgruppen, wurde 1948 in einem der Folgeprozesse des „großen" Nürnberger Prozesses, im sogenannten Prozeß gegen die Süd-Ost-Generale, zu zwanzig Jahren Haft verurteilt. Der Generaloberst wurde 1951 aus der Festung Landsberg entlassen. Sein Vorgänger, General Otto Wöhler, wurde 1948 im „OKW-Prozeß" angeklagt und zu 8 Jahren Haft verurteilt, von denen er jedoch nur einen kleinen Teil verbüßen mußte. General Maximilian de Angelis wurde 1946 von den Amerikanern an Jugoslawien ausgeliefert und im Oktober 1948 zu 20 Jahren Gefangenschaft verurteilt, gleich darauf an die Sowjetunion überstellt, wo das Urteil auf 50 Jahre Gefangenschaft lautete. De Angelis wurde jedoch 1955 aus der Gefangenschaft entlassen. — General Hermann Balck geriet in amerikanische Kriegsgefangenschaft, aus der er 1947 entlassen wurde. Allerdings wurde er dann von einem deutschen Gericht wegen der Erschießung eines Offiziers zu weiteren drei Jahren Haft verurteilt, von denen er die Hälfte absaß. — Der Oberstgruppenführer und Generaloberst der Waffen-SS Sepp Dietrich wurde von den Amerikanern im Malmedy-Prozeß angeklagt und zu lebenslänglicher Haft verurteilt, aus der er schließlich 1959 entlassen wurde. — General der Gebirgstruppen Hans Kreysing gelang es, sich von seinem letzten Hauptquartier in Mähren nach Göttingen durchzuschlagen, wo er in britische Kriegsgefangenschaft geriet. 1948 wurde er freigelassen.

Der ranghöchste unter den mit dem Krieg in Österreich 1945 unmittelbar in Verbindung stehenden deutschen Generalen war Generalfeldmarschall Albert Kesselring. Er war einer der Schöpfer der Deutschen Luftwaffe und befehligte mehrere Luftflotten im Krieg, bis er dann 1943 den Oberbefehl in Italien übernahm. Zuletzt Oberbefehlshaber Süd, geriet der Sechzigjährige zunächst in amerikanische Gefangenschaft, wurde dann an die Briten ausgeliefert und von ihnen 1947 in Venedig vor Gericht gestellt. Die Briten verurteilten ihn vorerst als Kriegsverbrecher wegen Partisanenerschießungen zum Tode, setzten die Strafe dann auf lebenslängliche Haft herab und entließen Kesselring 1952. — Der Oberbefehlshaber der 19. Armee, General Erich Brandenberger, war bei Kriegsende 53 Jahre alt. Nach mehreren Verwendungen an der Ostfront hatte er 1944 die deutsche 7. und anschließend die 19. Armee geführt. Er wurde von den Amerikanern, die ihn gefangennahmen, bis 1952 inhaftiert. — Der Oberbefehlshaber der 1. Armee schließlich, General Hermann Foertsch, hatte Kommanden im Westfeldzug 1940, am Balkan, in Kurland und schließlich wiederum im Westen über gehabt, wo er dann auch Ende März 1945 mit der Führung der 1. Armee betraut wurde. Er wurde wie Rendulic und de Angelis 1948 im Prozeß gegen die Süd-Ost-Generale angeklagt, jedoch freigesprochen.

In einer ganzen Reihe von Fällen hatten aus Österreich stammende Heeres- und Truppenführer genauso wie politische Funktionäre auch dann eine Anklage zu erwarten, wenn sie zunächst durch Kriegsgefangenschaft oder Haft im Ausland der österreichischen Gerichtsbarkeit entzogen waren. Es ging dabei aber nicht nur darum, das Maß der Schuld oder Unschuld festzustellen: Für die Zweite Republik war vor allem einmal wichtig, daß diejenigen Rechenschaft abgaben, die in der nationalsozialistischen Zeit handelnde Personen gewesen waren.

Jetzt ließe sich natürlich noch über die Kommandierenden Generäle, die Kommandeure, Führer und ganz allgemein über Offiziere, Unteroffiziere und Soldaten berichten, die das Kriegsende mitgemacht haben. Jeder einzelne hatte ein Schicksal, das ihn als Individuum ausweist. Und dennoch kann man ihr Handeln wie auch dasjenige der den Krieg erlebenden und erleidenden Bevölkerung nur skizzieren und zu großen Bildern zusammenfassen — so wie es in diesem Buch geschehen ist.

Anmerkungen

1. Vom Ende der „Ostmark"

[1] Winston S. *Churchill,* Der Zweite Weltkrieg, Bd.5/2: Von Teheran bis Rom (Stuttgart 1954), S. 147.
[2] Über die Entstehung der Moskauer Deklaration gibt es mehrere sehr informative Arbeiten, besonders die Dissertation von Guy D. *Stanley,* Great Britain and the Austrian Question (London 1973) und Reinhold *Wagnleitner,* Großbritannien und die Wiedererrichtung der Republik Österreich, phil.Diss. (Salzburg 1975).
[3] Churchill, Weltkrieg, Bd.5/2, S. 95.
[4] Zur allmählichen Reduktion dieser weitgesteckten Ziele und den Auswirkungen dieser Revision der britischen Politik vgl. Manfried *Rauchensteiner,* Der Sonderfall. Die Besatzungszeit in Österreich 1945—1955 (Graz 1979), S. 15—45.
[5] Ebenda, S. 21—35.
[6] *Churchill,* Weltkrieg, Bd.6/1, S. 130.
[7] Ebenda, S. 190.
[8] Cary R. *Grayson,* Austria's International Position 1938—1953 (Genf 1953), S. 63f.
[9] Fritz *Fellner,* Die außenpolitische und völkerrechtliche Situation Österreichs 1938. Österreichs Wiederherstellung als Kriegsziel der Alliierten. In: Österreich. Die Zweite Republik, hg.v. E. Weinzierl und K. Skalnik, Bd.1 (Graz 1972), S. 75.
[10] *Rauchensteiner,* Sonderfall, S. 25f.
[11] Foreign Relations of the United States 1945, Bd.1 (Washington 1968), S. 471.
[12] *Rauchensteiner,* Sonderfall, S. 33.
[13] Ebenda, S. 34f.
[14] Ebenda, S. 39. Über die französische Österreichpolitik 1943-1946 informiert eingehend die gleichnamige Salzburger Disseration von Lydia *Lettner* (1980), bes. S. 113—137.
[15] Foreign Relations of the United States 1945: The Conferences of Malta and Jalta, 2 Bde (Washington 1955).
[16] Charles de *Gaulle,* Memoiren 1942—1946 (Gütersloh o. J.), S. 357.
[17] *Rauchensteiner,* Sonderfall, S. 29.
[18] *Churchill,* Weltkrieg, Bd. 6/2, S. 285. Über die sowjetische Österreichpolitik 1943—1945 informiert eingehend die gleichnamige Wiener Dissertation von Wilfried *Aichinger* (1977).
[19] *Rauchensteiner,* Sonderfall, S. 34.
[20] Geschichte des Großen Vaterländischen Krieges, Bd. 5: Die siegreiche Beendigung des Krieges mit dem faschistischen Deutschland. Die Niederlage des imperialistischen Japans (Berlin 1967), S. 41 und S. 224.
[21] Dazu Reimer *Hansen,* Das Ende des Dritten Reiches. Die deutsche Kapitulation 1945 (= Kieler Historische Studien, Bd. 2, Stuttgart 1966), S. 71ff; Keesing's Archiv der Gegenwart, XV. Jahrg. 1945 (Wien 1949), S. 208ff, sowie Karl *Stuhlpfarrer,* Die Operationszonen „Alpenvorland" und „Adriatisches Küstenland" 1943—1945 (= Publikation des Österreichischen Instituts für Zeitgeschichte 7, Wien 1969), S. 118—134.
[22] Franz *Goldner,* Flucht in die Schweiz. Die neutrale Schweiz und die österreichische Emigration 1938—1945 (Wien 1983), S. 116—125.
[23] Peter *Gosztony,* „Aber Churchill, dem traue ich alles zu". In: Der Spiegel, 23. Jahrg., Nr. 47 (Hamburg, 17. November 1969), S. 175ff.
[24] Näheres dann in Kapitel 4: Der Beginn der „Wiener Angriffsoperation".
[25] Keesing's Archiv 1945, S. 209.
[26] Correspondence between the Chairman of the Council of Ministers of the U.S.S.R. and the Presidents of the U.S.A. and the Prime Ministers of Great Britain during the Great Patriotic War of 1941-1945, Bd. 2 (Moskau 1957), S. 200ff.
[27] Erich *Murawski,* Der deutsche Wehrmachtsbericht 1939—1945 (= Schriften des Bundesarchivs 9, Boppard/Rhein 1969), bes. S. 123f, bezeichnet den Wehrmachtsbericht der letzten Kriegsmonate als „nüchternen Liquidationsbericht", der zwar nach wie vor zutreffend war, Mißerfolge aber zunehmend beschönigte, verschleierte oder auch ganz verschwieg. Die Tagespresse ging in der propagandistischen Umwertung aber noch einen erheblichen Schritt weiter.
[28] Zur Feststellung der tendenziellen Abstufung der Propaganda genügt es, einige Dutzend Nummern etwa des „Völkischen Beobachters" durchzusehen. Über die auch verbale Radikalisierung informiert

Karl R. *Stadler,* Österreich 1938—1945 im Spiegel der NS-Akten (= Das einsame Gewissen 3, Wien 1966). Über die Einzelschicksale derer, die sich dem NS-Staat zu verweigern suchten, geben die Bände der vom Dokumentationsarchiv des Widerstandes herausgegebenen Serie Widerstand und Verfolgung 1934—1945 beredt Auskunft.

29 Zur Rüstungsindustrie informiert umfassend die gedruckte Dissertation von Norbert *Schausberger,* Rüstung in Österreich 1938—1945 (= Publikationen des Österreichischen Instituts für Zeitgeschichte 8, Wien 1970). Hervorragende Regionaluntersuchungen sind die Arbeiten von Stefan *Karner,* Kärntens Wirtschaft 1938—1945 (= Wissenschaftliche Veröffentlichungen der Landeshauptstadt Klagenfurt 2, Klagenfurt 1976) und vom selben Autor die als Habilitationsschrift an der Universität Graz eingereichte Arbeit: Die Steiermark im Dritten Reich 1938—1945.

30 Militärgeschichtliches Forschungsamt Freiburg i. Br. (MGFA) Studie B-225, Gottlob Berger, Alpenfestung. Die Einsichtnahme in die einzigartige Manuskriptsammlung der „Foreign Military Studies 1945 — 1954" wurde dem Verfasser zunächst von der Historical Division der U.S.Army in Heidelberg ermöglicht. Mittlerweile kann auf die im MGFA liegenden deutschsprachigen Fassungen zurückgegriffen werden, wofür den Kollegen und Freunden im MGFA auch an dieser Stelle sehr zu danken ist.

31 Peter *Gosztony,* Endkampf an der Donau 1944/45 (Wien 1969), S. 212f; Hermann *Neubacher,* Sonderauftrag Südost 1940 — 45. Bericht eines fliegenden Diplomaten (Seeheim 1966), S. 191f, und Fritz M. *Rebhann,* Finale in Wien. Eine Gaustadt im Aschenregen (= Das einsame Gewissen 4, Wien 1969), S. 104 und 131.

32 Vgl. dazu Manfried *Rauchensteiner,* A második világháború vége Ausztriában, különös tekintettel a magyar kiraly honvédség sorsára (Das Ende des Zweiten Weltkriegs in Österreich und das Schicksal der königl. ungarischen Honvéd). In: Hadtörténelmi Közlemények (Budapest), Nr. 2/1974, S. 306 — 332.

33 Studie Berger, Alpenfestung.

34 Vgl. dazu Ludwig *Jedlicka,* Der 20. Juli 1944 in Österreich (= Das einsame Gewissen 2, Wien 1966).

35 Manfried *Rauchensteiner,* 1945. Entscheidung für Österreich (Graz 1975), S. 13.

36 *Stadler,* Österreich, S. 396, und Ludwig *Jedlicka,* Ein unbekannter Bericht Kaltenbrunners über die Lage Österreichs im September 1944. In: Österreich in Geschichte und Literatur 2/1960, S. 95—98.

37 *Stadler,* Österreich, S. 400.

38 Institut für Zeitgeschichte München, Parteikanzlei, Fasz. 19, Bl. 1507—1527.

39 *Stadler,* Österreich, S. 341.

40 Manuskript zu Bd. 3 von: Ein General im Zwielicht. Die Erinnerungen Edmund Glaises von Horstenau, Kapitel XX, K 714 — 719. Für die Möglichkeit, dieses Manuskript noch vor Drucklegung einsehen zu können, bin ich Dr. Peter Broucek, dem Herausgeber der Erinnerungen Glaise-Horstenaus, sehr zu Dank verpflichtet.

2. Der Luftkrieg

1 USAFAC (United States Air Force Academy, Colorado Springs) D 790.A3 15th U 580, Operations in Southeastern Europe, 23 Dec 44 — 18 Mar 45. Ergänzend dazu AFSHRC (Albert F. Simpson Historical Research Center, Alabama) 670.04-1, Bombs by Russian Request.— Mit diesem Kapitel soll ein weiteres Ergebnis der Forschungen zur Geschichte des Luftkriegs gegen Österreich im Zweiten Weltkrieg vorgelegt werden. Dabei wird für die Darstellung der amerikanischen Seite primär auf die Akten der National Archives, Washington (NA), des National Records Center, Suitland, des AFSHRC und ergänzend auf einige Stücke aus der Bibliothek der US Air Force Academy zurückgegriffen. Die Benützung dieser Unterlagen erfolgte im Verlauf eines Forschungsaufenthaltes 1982 und einer Vortragsreise 1983. Da ein Teil der in Alabama liegenden Unterlagen erst im Verschlußgrad herabgesetzt werden mußte, war mit der Benützung der Akten ein erheblicher Arbeitsaufwand der Archivare verbunden, wofür insbesondere Dr. Richard Morse vom AFSHRC auch an dieser Stelle gedankt werden soll.

2 An einführender Literatur kann herangezogen werden: Johann *Ulrich,* Der Luftkrieg über Österreich 1943 — 1945 (= Militärhistorische Schriftenreihe 5/6, Wien 1967); Wesly F. *Craven* und James L. *Cate,* The Army Air Forces in World War II, 6 Bde (Chicago 1948 — 1958), hier bes. Bd. 3. Sir James *Butler* und Noble *Frankland,* The Strategic Air Offensive Against Germany 1939 — 1945, 4 Bde (London 1961).

3 AFSHRC History of the Fifteenth Air Force, 1 Oct — 31 Dec 1944 und 1 Jan — 1 May 1945 (= Manuskripte 670.01 — 3D und 3E). Ferner zur Statistik NA Record Group 234, US Strategic Bombing Survey, The Statistical Story of the Fifteenth Air Force.

4 Einzelheiten dazu und vor allem die Gliederungen, Stellenbesetzungen und die Dislokation der Bomber-Geschwader und -Gruppen in Maurer *Maurer,* Air Force Combat Units of World War II (New York 1963) und Maurer *Maurer,* Combat Squadrons of the Air Force World War II (Washington 1969).

5 History 15 AAF, Oct — Dec 1944, S. 3.

6 Ebenda. Die nachfolgenden Angaben auf den Seiten 3—15.

7 Ebenda, S. 7f.

8 Manfried *Rauchensteiner,* Der Luftangriff auf Wiener Neustadt am 13. August 1943 (= Militärhistorische Schriftenreihe 49, Wien 1983).

9 Über den deutschen Luftschutz informiert umfassend das Buch von Erich *Hampe,* Der Zivile Luftschutz im Zweiten Weltkrieg. Dokumentation und Erfahrungsberichte über Aufbau und Einsatz (Frankfurt a. M. 1963). Die im nachfolgenden gegebene Darstellung der deutschen Luftverteidigungsmaßnahmen stützt sich zusätzlich auf die im Rahmen der Studiengruppe Geschichte des Luftkrieges erarbeiteten Studien LW 7: Walter Grabmann, Der Einsatz der deutschen Luftwaffe zur Reichsverteidigung 1943—1945, Bde 5 u. 6; LW 11: Walter Grabmann, Geschichte der deutschen Luftverteidigung 1933—1945, 7 Bände; LW 25: Gen.Lt.Schwabedissen, Mehrfrontenluftkrieg; LW 29: Andreas Nielsen, Die anglo-amerikanische Technik des strategischen Luftkrieges; LW 34: (Georg) Jacob: Der deutsche Luftschutz, bes. Kapitel IIIc und IVa und c. Für Österreich weitgehend unergiebig sind die von David MacIsaac herausgegebenen Bände: The United States Strategic Bombing Survey (New York-London 1976). Für die Möglichkeit zur Einsicht in die Studien der Studiengruppe Geschichte des Luftkriegs darf auch an dieser Stelle dem Amtschef des Militärgeschichtlichen Forschungsamtes, Oberst i. G. Dr. Othmar Hackl, sehr herzlich gedankt werden.

10 Über den Warn- und Nachrichtendienst der Luftwaffe informiert in vorbildlicher Weise Karl Otto *Hoffmann,* Ln — Die Geschichte der Luftnachrichtentruppe, Bd. II: Der Weltkrieg, 2 Teile (Nekkargemünd 1968).

11 Dazu wieder Manuskript Grabmann, Luftverteidigung, Bd. 6. Ferner als Überblickswerk Horst-Adalbert *Koch,* Flak. Die Geschichte der deutschen Flakartillerie und der Einsatz der Luftwaffenhelfer, 2. Aufl. (Bad Nauheim 1965). Eine wirklich eingehende Darstellung der Luftabwehr im österreichischen Raum fehlt noch immer. Lediglich für Wien und Linz sind einigermaßen befriedigende bis wirklich gute Arbeiten entstanden, vor allem Gustav *Holzmann,* Der Einsatz der Flak-Batterien im Wiener Raum 1940 — 1945 (= Militärhistorische Schriftenreihe 14, Wien 1970) und Richard *Kutschera,* Die Fliegerangriffe auf Linz im Zweiten Weltkrieg. In: Historisches Jahrbuch der Stadt Linz 1966 (Linz 1967), S. 199—348. Alles andere hat lediglich chronikalischen Charakter.

12 Zur Gliederung vgl. Georg *Tessin,* Verbände und Truppen der Deutschen Wehrmacht und Waffen-SS im Zweiten Weltkrieg 1939—1945, Bd. 14 (Osnabrück 1980), S. 466, 474f und 477).

13 Die technische und einsatzmäßige Beschreibung der gebräuchlichsten deutschen Funkmeßgeräte bei *Hoffmann,* Luftnachrichtentruppe, S. 450—461.

14 *Koch,* Flak, S. 286—323.

15 Die Zahlen für die 24. Flak-Division aufgeschlüsselt bei *Holzmann,* Einsatz, S. 74.

16 Zu diesem Abschnitt besonders instruktiv das Manuskript des ehem. Chefs des Generalstabes der Luftflotte Reich, Gen. Lt. Andreas Nielsen, Darstellung über Aufgaben, Tätigkeit und Entwicklung des Luftwaffenbefehlshabers Mitte, später Luftflotte Reich und deren Änderung bis zum Zeitpunkt der Kapitulation, verfaßt 1945. Ein Exemplar in der Studiensammlung des Heeresgeschichtlichen Museums/Militärwissenschaftliches Institut Wien (MWI) 1945/13-M.

17 Zur 8. Jagddivision vgl. *Ulrich,* Luftkrieg, S. 35f und *Tessin,* Bd. 14, S. 379.

18 Das US-Angriffsverfahren ausführlich dargestellt im Manuskript Nielsen (LW 29) sowie bei *Craven — Cate,* Army Air Forces, Bd. VI: Men and Planes.

19 In den Intelligence and Operational Summaries (Intops Summaries) der 15. Luftflotte finden sich in regelmäßigen Abständen die entsprechenden Belegungszahlen. Alle Intops Summaries im AFSHRC. Bei diesen Zusammenfassungen handelt es sich um eine Quelle ersten Ranges.

20 Gendarmeriepostenkommando Hörsching, Bez. Linz-Land, Postenchronik zum 4. Mai 1945.

21 AFSHRC 373.2 missions. Tactical Mission Report 16 March 1945.

22 History 15 AAF, Oct — Dec 1944, S. 28f.

23 AFSHRC 670.430-3 Feb 1945, 15 AAF Op „Clarion": General Plan for Maximum Effort Attack Against Transportation Objectives, 17 Dec. 1944.

24 AFSHRC History of MAF (Mediterranean Air Forces), chapt. XVII, Relations with Russia 1 Sept. 1944 — 9 May 1945, S. 1—14.

25 Die Einzelheiten der amerikanischen Angriffe in diesem Monat sind überwiegend den Intops Summaries 536 — 559 entnommen.

26 Einzelheiten der Luftangriffe auf Wien sind in dem Manuskript von Leopold Grulich, Bomben auf Wien vom 12. IV. 1944 — 23. III. 1945, enthalten (MWI 1945/8-E). Allerdings ist das Manuskript

lückenhaft. Weitere Einzelheiten bei *Ulrich,* Luftkrieg und *Holzmann,* Einsatz. Interessante Details sind einer Unzahl von Berichten zu entnehmen gewesen, die anläßlich von zwei Sammelaktionen des Wiener Stadt- und Landesarchivs sowie bei der Vorbereitung der ORF-Fernsehserie „Österreich II" eingeschickt worden sind. Da teilweise Anonymität ausbedungen worden ist, wird im nachfolgenden darauf verzichtet, eine namentliche Nennung vorzunehmen.

[27] Dazu wieder *Kutschera,* Fliegerangriffe, bes. S. 310—331.

[28] History 15 AAF Jan — May 1945, S. 1.

[29] NA Record Group 243, 201: Rail Operations Over the Brenner Pass. Final Report, bes. S. 7—10.

[30] Über den einzigen strategischen Luftangriff auf Vorarlberg informiert Manfred *Bauer,* Der Bombenabwurf in Feldkirch 1943 und die Luftkämpfe in der Schweiz. In: Kulturinformationen Vorarlberger Oberland, hg. von der Rheticus-Gesellschaft (Feldkirch) 1/1984, S. 1—10.

[31] Die Einzelheiten der amerikanischen Angriffe in diesem Monat sind den Intops Summaries 560—587 entnommen.

[32] Über die Reaktion der Presse neutraler Staaten zum Angriff auf Dresden informiert: Der Luftkrieg über Deutschland 1939—1945. Deutsche Berichte und Pressestimmen des neutralen Auslands (München dtv 1963), S. 257 — 265.

[33] History 15 AAF, Jan — May 1945, S. 6, Policy Statement from CG, 20 Feb 45.

[34] Ebenda.

[35] Intops Summaries 589—617.

[36] Bombs by Russian Request (vgl. Anm. 1 in diesem Kapitel), Kapitel IV: The Effects.

[37] Zu den Angriffen dieses Monats die Intops Summaries 619—648.

[38] Intops Summary 649.

[39] History 15 AAF, Jan — May 1945, S. 5.

[40] AFSHRC C 127D, 381: Plan For Operation „Doldrums".

[41] Die statistischen Angaben sind weitgehend dem Österreichischen Jahrbuch 1945 — 1946 (Wien 1947) entnommen. Auszugsweise wiedergegeben und mit anderem statistischen Material ergänzt bei *Ulrich,* Luftkrieg, S. 57—64.

[42] Manuskript Jacob, Luftschutz (LW 34), S. 503f.

3. Landesbefestigung und letztes Aufgebot

[1] Manfried *Rauchensteiner,* Vom Limes zum Ostwall (= Militärhistorische Schriftenreihe 21, Wien 1972).

[2] Hans *Kissel,* Der Deutsche Volkssturm 1944/45 (= Beiheft 16/17 der Wehrwissenschaftlichen Rundschau, Frankfurt/Main 1962), S.16.

[3] Heinz *Guderian,* Erinnerungen eines Soldaten (Heidelberg 1951), S. 326ff.

[4] *Kissel,* Volkssturm, Anhang 1, S. 96.

[5] MWI 1945/1-U, Stellv. Gen. Kdo. XVII. A. K. (Wehrkreiskommando XVII) Ic-Ia/Pi-Ia/Eins. Nr. 1346/44, Wien, 9. 9. 1944.

[6] Freundliche Mitteilung des ehem. Kommandeurs des Landesschützen-Bataillons 866, Regierungsrat Otto Schick, an den Verfasser, vom 6. 11. 1968.

[7] MGFA Studie B-133, Generalmajor Josef Punzert, Bericht über die deutsche „Nationale Gebirgsstellung".

[8] Landesgericht für Strafsachen, Wien, Vg 2d Vr 6137/46. Aussage des ehem. Chefs des Generalstabs im Wehrkreis XVII, Oberst i. G. Josef Bachmayer, vor dem Volksgerichtshof in Wien am 26. 9. 1947.

[9] MGFA Studie T-123, GFM Albert Kesselring, Geschichte des OB West, Teil III, Anlage 22: Gen. d. Pi. Alfred Jacob, Arbeitsorganisation beim Ausbau von Stellungen.

[10] Fernschreiben des Gaustabsamtsleiters von Niederdonau, Ifland, an Martin Bormann, Wien, 8. September 1944. Dr. Jury war an Lungen- und Rippenfellentzündung erkrankt gewesen und laborierte außerdem an einem Herzleiden. Über das Ende Jurys informiert die philosophische Dissertation von Karl *Merinsky,* Das Ende des Zweiten Weltkriegs und die Besatzungszeit im Raum Zwettl in Niederösterreich (Wien 1966), S. 8ff.

[11] MWI 1945/1-U, FS Helmuth Friedrichs an Reichsleiter Bormann, 23. 9. 1944. Dieses Fernschreiben ergänzt eines vom 21. 9., das vor allem die Äußerungen Jurys wiedergibt. Im FS vom 23. 9. kommt Schirach zu Wort. Über Schirachs Ablehnung des Baues der Reichsschutzstellung sagte der ehem. Ib/Org im Wehrkreiskommando XVII, Major Carl Szokoll im Prozeß gegen Bachmayer (Anm. 8) aus.

[12] Aussage Bachmayers vor dem Volksgerichtshof Wien, a. a. O.

[13] *Schausberger,* Rüstung, S. 160, Anm. 31.

14 Vgl. den vollen Wortlaut des „Kaltenbrunnerberichts" in der von Ludwig *Jedlicka* besorgten und kommentierten Fassung.

15 Steiermärkisches Landesarchiv, Graz, OT-Stellungsbau GZ. 11-15/I Oa 7-1944/52, „Allgemeine Personalangelegenheiten" beim Bau der Reichsschutzstellung in der Steiermark.

16 Kriegstagebuch des Oberkommandos der Wehrmacht (Wehrmachtführungsstab) 1940 — 1945, hg. v. Percy Ernst Schramm, Bd. IV/2 (Frankfurt a. M. 1962), S. 595.

17 Kriegsarchiv Wien Nachlaß B/673, Nr. 2, Tagebuchaufzeichnungen von Oberst i. G. Hans Hartl über das „Kommando Festungsbereich Südost", sowie ein Gesprächsprotokoll, das der Verfasser am 2. 2. 1972 mit Oberst Hartl aufgenommen hat.

18 MWI 1945/13-B, Bericht von Generalleutnant Gustav Adolph-Auffenberg-Komarów über den Festungsabschnitt Niederdonau, sowie 1945/13-A, Bericht des Ia des Unterabschnitts Nord des Festungsabschnitts Steiermark, Major Dr. Josef Sutter, über die Vorbereitungen der Kampfführung und die Kampfführung in der Steiermark, vom 25. 4. 1945 (Abschrift).

19 MGFA Studie B-206, Albrecht Schubert, Wehrkreis XVII, Organisation.

20 Steiermärkisches Landesarchiv Graz, OT-Stellungsbau, Mappe B. Die technische Durchführung von militärischen Bauarbeiten im rückwärtigen Operationsgebiet oblag während des Zweiten Weltkriegs im allgemeinen der Organisation Todt (OT), die streng zentral geleitet wurde. Dem jeweiligen Bereich einer Heeresgruppe entsprach meist auch der Bereich einer OT-Einsatzgruppe. Den Erfordernissen entsprechend, waren solche Einsatzgruppen in mehrere OT-Oberbauleitungen unterteilt. Darüber hinaus gab es für bestimmte Bauvorhaben OT-Sonderbauleitungen, die den OT-Oberbauleitungen übergeordnet waren. Als nach der Ernennung der Gauleiter zu Reichsverteidigungskommissaren diese alle Vollmachten für den Stellungs- und Sperrenbau in ihren Gauen erhielten, unterstand ihnen auch die OT. Nur die taktische Planung blieb weiterhin in den Händen Höherer Pionierstäbe der jeweiligen Stellv. Gen. Kden. Diese ließen durch besondere Erkungsstäbe die günstigsten Örtlichkeiten für Sperren und Kampfstände festlegen und übertrugen dann die Bestimmung der Bautypen Pionier- und Einweisungsstäben. Die endgültigen Erkundungsergebnisse wurden mit Pflocknummern und Einweisungsprotokollen der OT zur technischen Durchführung übergeben, und hier schalteten sich dann als Stellvertrete der Reichsverteidigungskommisare die Kreisleiter als „Abschnittsleiter" ein.

21 Freundl. Mitteilung von Dipl.-Ing. Dr. Liepold, seinerzeit in der OT-Einsatzgruppe Süd-Ost, an den Verfasser, vom 17. 2. 1969.

22 Leopold *Banny*, Krieg im Burgenland, Bd. 1: Warten auf den Feuersturm (Eisenstadt 1983), S. 257—261.

23 Kriegstagebuch OKW, Bd. IV/1, S. 295f.

24 Tagebuchaufzeichnungen Hartl.

25 Aussage Szokolls im Verfahren gegen Bachmayer, a. a. O.

26 Über die Zahl der im gesamten Bereich der Reichsschutzstellung eingesetzten Juden, die das Hauptkontingent der Arbeitskräfte ausmachten, fehlen alle genauen Angaben. Am 20. November 1944 rechnete der deutsche Reichsbevollmächtigte für Ungarn, Gesandter Edmund Veesenmayer, daß etwa 30.000 männliche Juden zum Arbeitseinsatz in das Reichsgebiet transportiert werden könnten, statt wie gefordert 50.000. Am 21. November wurde Himmler gemeldet, daß sich 24.000 Juden auf dem Fußmarsch nach Wien befänden. Am 26. November gelang es endlich, für die physisch schon total erschöpften Menschen Eisenbahnzüge zu beschaffen, und am selben Tag äußerte Eichmann, daß „38.000 arbeitsfähige Deportierte" über die Grenze gebracht worden seien. Für den Arbeitseinsatz in der Reichsschutzstellung wurden in Balf, Fertőrákos und in der Umgebung Soprons zentrale Lager geschaffen. Ende März 1945 wurden die Marschunfähigen getötet und der Rest nach Mauthausen geführt, wo nur mehr 17.000 Juden anlangten. Vgl. dazu: Jenö *Lévai*, Eichmann in Ungarn (Budapest 1961).

27 *Banny*, Feuersturm, S. 235.

28 Widerstand und Verfolgung im Burgenland 1934 — 1945. Eine Dokumentation (Wien 1979), S. 336.

29 *Banny*, Feuersturm, S. 221.

30 Bereits im November 1944 wurde die eine und andere Heimat-Flakbatterie in die Reichsschutzstellung abgezogen, doch handelte es sich dabei vorwiegend um minderwertige Beutegeschütze. (Freundl. Mitteilung von Dr. Gustav Holzmann, an den Verfasser). Die Durchgabe des Stichworts „Kahlenberg" sollte dann die Verlegung von 5 bis 6 Flakbatterien und 2 Luftwaffen-Feld-Divisionen in die Reichsschutzstellung auslösen. (Aussage Bachmayer, a. a. O.)

31 Freundl. Mitteilung von Herrn Josef Gabitzer, ehem. Ia beim Festungskommandanten von Niederdonau, an den Verfasser, vom 17. 3. 1969.

32 Studie Schubert, Organisation W. K. XVII.

33 Stellv. Gen. Kdo. XVII. A. K. (Wehrkreiskommando XVII) Ia/Eins. Nr. 2285/44 g. Kdos., vom 28. 10. 1944 (Beweisstück im Verfahren gegen Bachmayer vor dem Volksgerichtshof Wien, a. a. O.).

[34] Der „Brückenkopf Wien" des Ersten Weltkrieges war nicht etwa wegen der bedrohlichen Lage an der galizischen Front zur Ausführung gekommen. Bereits in den Jahren 1904 bis 1908 hatte man detaillierte Pläne zur Befestigung Wiens ausgearbeitet, deren Realisierung automatisch mit Beginn der Mobilisierung einsetzte. — Vgl. dazu den Aufsatz von Erich *Hillbrand,* Die Befestigung des Bisamberges in den letzten 100 Jahren, 2. Teil. In: Heimatbuch rund um den Bisamberg, hrsg. vom Museumsverein Langenzersdorf, Bd. 3 (Langenzersdorf 1966).

[35] Stellv. Gen. Kdo. XVII. A. K. (Wehrkreiskommando XVII) Ia/Eins. Nr. 2285/44, a. a. O.

[36] Bis zum 20. Juli 1944 war Oberst i. G. Heinrich Kodré Chef des Generalstabes im W. K. XVII. Er wurde als Hauptschuldiger der Vorgänge dieses Tages in Wien angesehen und kam ins KZ. Sein Nachfolger, Oberst i. G. Bachmayer, kam am 28. Juli 1944 zur Einführung in den Dienst nach Wien, doch wurde er erst im September definitiv bestellt. Bachmayer galt als kompromißloser, aber durchaus korrekter Offizier. Von Carl Szokoll wurden allerdings im Volksgerichtsprozeß gegen Bachmayer dessen militärische Fähigkeiten angezweifelt.

[37] Rot-Weiß-Rot-Buch. Gerechtigkeit für Österreich, Teil 1 (Wien 1946), S. 151.

[38] Eine Erklärung Schirachs, „daß die österreichische Hauptstadt ebenso wie Budapest bis zum letzten Haus verteidigt werden würde", soll Anlaß dafür gewesen sein, daß er zahlreiche Drohbriefe erhielt. (Rot-Weiß-Rot-Buch, S. 179).

[39] Günther *Hoy,* Ausschnitte aus der Schlußphase des Krieges 1945 auf österreichischem Boden. (Der Kampf gegen die östlichen Alliierten), 2 Halbbde (als Manuskript gedruckt, Wien 1962), Bd. 1, S. 67.

[40] Steiermärkisches Landesarchiv, OT-Akten, a. a. O., Mappe Ste.

[41] Heinz *Karpf,* Bedrohte Heimat. Die Kampfhandlungen in der Steiermark 1945. In: Steiermark, Land, Leute, Leistungen (Graz 1956), S. 401.

[42] Daß diese Arbeiten nicht weit gediehen sein konnten, ist unter anderem daraus zu entnehmen, daß Anfang April 1945 ein Offizier der gerade in Neuaufstellung begriffenen 10. Fallschirmjäger-Division den Auftrag erhielt, dem Reichsverteidigungskommissar der Steiermark beim Aussuchen und beim Anlegen der Feldbefestigungen auf dem Höhenrücken zwischen Wildon und Hausmannstätten behilflich zu sein und die Durchführung der Schanzarbeiten nach taktischen Gesichtspunkten zu überwachen. Dazu MWI 1945/2-6, Bericht von Dr. Rüdiger Zimburg über die 10. Fallschirmjäger-Division und ihren Einsatz in Österreich im Frühjahr 1945.

[43] *Karpf,* Steiermark, S. 401.

[44] Steiermärkisches Landesarchiv, OT-Akten, Mappe Ste.

[45] Ebenda, Mappen A — Z. Infolge der 1945 und 1946 von der Landeshauptmannschaft Graz durchgeführten Aktion zur Erfassung der finanziellen Forderungen, die auf Grund des Stellungsbaus erhoben werden konnten, ist man in der Lage, als ungefähren Richtwert für die Kosten des Baues der Reichsschutzstellung in den steirischen Abschnitten die Summe von rund 8 Mill. Reichsmark anzugeben.

[46] *Steinbrenner,* Über Mur und Drau zum Engländer. Der letzte Einsatz der 71. Infanterie-Division. In: Alte Kameraden, 13. Jg. (Karlsruhe — Stuttgart 1965), Nr. 10, S. 31f und freundliche Mitteilung des ehemaligen IVa im Unterabschnitt Nord, General i. R. Erich Kasimir, an den Verfasser, vom 11. 11. 1968.

[47] *Karpf,* Steiermark, S. 401.

[48] *Banny,* Feuersturm, S. 235.

[49] Mitteilung Kasimir.

[50] Kriegstagebuch OKW, Bd. IV/2, S. 1305.

[51] Bericht Sutter, Unterabschnitt Nord.

[52] Das Bauvorhaben der Grenzstellung darf nicht mit der Alpenstellung oder der „Alpenfestung" verwechselt werden. Vgl. dazu S. 285 — 294.

[53] MGFA Studie B-187, Generalmajor Marcinkiewicz, Bericht über Erkundung, Ausflockung und teilweisen Ausbau einer Kampfstellung an der Vorarlberger West- und Tiroler Südgrenze im Jahre 1944/45. Sperrung der Nordgrenze von Vorarlberg und Tirol gegen Panzerangriffe aus dem Norden im Jahre 1945. Die deutsche „Nationale Gebirgsstellung" oder „Alpenfestung".

[54] Georg *Schelling,* Festung Vorarlberg, 2. Aufl. (Bregenz 1980), S. 13 — 31. Über die an den Gau Tirol-Vorarlberg anschließenden Befestigungsarbeiten informiert *Stuhlpfarrer,* Operationszonen, bes. S. 109—117.

[55] *Schelling,* Festung, S. 17f.

[56] Tagebuchaufzeichnungen Hartl.

[57] Studie Marcinkiewicz, Ausbau Kampfstellung.

[58] *Schelling,* Festung, S. 19ff. Vgl. dazu auch die Bemerkung zum AOK 24, auf S.296.

[59] Tagebuchaufzeichnungen Hartl.

[60] Studie Marcinkiewicz, Ausbau Kampfstellung.

[61] Ebenda.
[62] Ein Kugelbunker soll noch im Neusiedler See liegen.
[63] Studie Marcinkiewicz, Ausbau Kampfstellung.
[64] MGFA Studie B-458, Franz Hofer, Alpen-Stellung, Alpen-Festung I. Teil: Entwicklungsgeschichte.
[65] Studie Marcinkiewicz, Ausbau Kampfestellung. Vgl. dazu auch S.323.
[66] Ebenda.
[67] MGFA Studie B-461, Gen. d. Geb. Tr. Ritter von Hengl, Zusammenfassender Bericht über die Alpenfestung. Der Befehl für diese Bauvorhaben datierte allerdings auch schon vom Juni 1944, und das OKW regelte mit Befehl vom 24. 7. 1944 den genauen Verlauf und die Bauarbeiten. Die Abnahme der Alpen-Vor-Stellung in fertigem Zustand erfolgte durch die Wehrmacht im Jänner 1945.
[68] Tagebuchaufzeichnungen Hartl.
[69] Kriegstagebuch OKW, Bd. IV/1, S. 596.
[70] Aktenvermerk eines Ferngespräches von Gauleite Scheel mit Dienstleiter Hund (Kanzlei Bormann) vom 17. 4. 1945 (Photokopie im MWI 1945/1-St).
[71] Stadtarchiv Linz, Generalmajor Paul Wagner, Tätigkeit und Kämpfe der Division 487 vom 22. 3. bis 5. 5. 1945. Der Bericht ist ident mit MGFA Studie B-216.
[72] Ebenda.
[73] MWI 1945/1-U, Stellv. Gen. Kdo. XVII. A. K. (Wehrkreiskommando XVII) Ic-Ia/Pi.-Ia/Eins. Nr. 1346/44 g. Kdos, vom 9. September 1944.
[74] Bericht Adolph-Auffenberg-Komarów, Niederdonau und Auskunft von Dr. Alexander Globocnik-Vojka, ehem. in der Nachrichtenabteilung des Festungskommandos Niederdonau.
[75] Stellv. Gen. Kdo. XVII (Wehrkreiskommando XVII) Ib/Org.-Ia/Eins. Nr. 2188/44 vom 25. 10. 1944, betr. Sicherungsmaßnahmen unter den Stichworten „Gneisenau und Kahlenberg" (Beweisstück im Verfahren gegen Josef Bachmayer vor dem Volksgerichtshof Wien, a. a. O.).
[76] MGFA Studie B-208, Gen. Lt. Adalbert Mikulicz, 417. Division z. b. V. (1944 — 1945). Zu den Ersatz-, Ausbildungs- und Territorialformationen generell Othmar *Tuider,* Die Werkreise XVII und XVIII 1938 — 1945 (= Miltärhistorische Schriftenreihe 30, Wien 1976).
[77] Studie Mikulicz, 417. Division. Bis zum 30. November 1944 war ein weiterer Verband der 417. Div., das Eisenbahntransportregiment Wien, welches während des Jahres 1944 in Italien, Ungarn, am Balkan und in Rumänien eingesetzt war, bereits aus der Division ausgeschieden. — Militärarchiv (=MA) Freiburg WK. XVII/5.
[78] Beweiserhebung Josef Bachmayers im Prozeß vor dem Volksgerichtshof Wien, a. a. O.
[79] Friedrichs an Bormann, 21. 9. 1944.
[80] *Kissel,* Volkssturm, S. 23.
[81] MWI 1945/2-5K, Bericht des ehem. Führers des Volkssturmbataillons Eisenstadt, Ernst Löger.
[82] *Kissel,* Volkssturm, S. 59.
[83] Tagebuchaufzeichnungen und Gesprächsnotiz Hartl.
[84] Ebenda, S. 59f.
[85] Bericht Löger, Eisenstadt, und Protokoll einer Besprechung beim Wehrkreis XVII am 25. 3. 1945. In: *Kissel,* Volkssturm, Anlage 19, S. 143.
[86] Ebenda, S. 60 und Anlage 19, S. 143. Über die Entlassungen in der Steiermark informiert der Bericht Sutter, Unterabschnitt Nord.
[87] *Kissel,* Volkssturm, S. 60 und 143.
[88] Bericht Sutter, Unterabschnitt Nord.
[89] Ebenda.
[90] Ebenda.
[91] Ebenda. Eine längerfristige Verbindungsaufnahme zur 6. Armee war wohl auch nicht beabsichtigt, da sie ja zunächst an die Donau angelehnt kämpfte und für ein Zurückgehen auf die Steiermark nicht vorgesehen war. Erst durch einen Wechsel in der Befehlsführung wurde die 6. Armee am 19. März für einen Befehlsbereich zuständig, der sie in die Steiermark führte.
[92] *Kissel,* Volkssturm, S. 60.
[93] Internationales Militärtribunal Nürnberg, Prozeß gegen die Hauptkriegsverbrecher, Bd. XIV (16. 5. 1946 — 28. 5. 1946), (Nürnberg 1948).
[94] Bericht Adolph-Auffenberg-Komarów, Niederdonau.
[95] *Kissel,* Volkssturm, S. 60.
[96] Ebenda, Anlage 19, S. 143.
[97] Aussage Bachmayers vom 26. 9. 1947 in dem gegen ihn geführten Volksgerichtsprozeß.
[98] Ebenda.
[99] Aussage Bachmayer, a. a. O. Vgl. dazu auch S.128.
[100] Bericht Adolph-Auffenberg-Komarów, Niederdonau.
[101] Ebenda.

[102] Bericht Sutter, Unterabschnitt Nord.
[103] Ebenda.
[104] Miltärarchiv Freiburg, III W/101 (alte Sign.), WFSt/Qu 2 (II) Nr. 01978/45 geh.
[105] Ebenda, WFSt/Qu 2, Nr. 02012/45g.
[106] Ebenda.
[107] MGFA Studie B-207, Gen. d. Inf. Albrecht Schubert, 2. Bericht über Einsatz des Wehrkreiskommandos XVII (Stellv. Gen. Kdo. XVII. A. K.) nach Unterstellung unter H. Gr. Süd ab 27. 3. 1945.

4. Der Beginn der „Wiener Angriffsoperation"

[1] Lothar *Rendulic,* Die Rückwirkungen der Ardennenoffensive auf die Ostfront. In: Wehrwissenschaftliche Rundschau, 10. Jahrg. (Berlin — Frankfurt/Main 1960), S. 497ff. An allgemeiner Literatur zum Zweiten Weltkrieg, in der auch die historischen Rahmenbedingungen des Kriegsendes in Österreich behandelt werden, seien genannt: Hellmuth Günther *Dahms,* Die Geschichte des Zweiten Weltkrieges (München 1983); United States Army in World War II (Washington 1950 — noch nicht abgeschlossen); History of the Second World War. United Kingdom Military series, ed. by Sir James Butler (London 1953 — noch nicht abgeschlossen); Geschichte des Großen Vaterländischen Krieges der Sowjetunion, 6 Bde. und 1 Kartenband (Berlin 1962 — 68), hier ausschließlich Bd. 5. Für weitere Literaturhinweise ist auf die Jahresbibliographien der Bibliothek für Zeitgeschichte zu verweisen.
[2] Peter *Gosztony,* Der Kampf um Budapest 1944/45. In: Wehrwissenschaftliche Rundschau, 14. Jahrg. (Frankfurt/Main 1964), S. 100.
[3] Geschichte des Großen Vaterländischen Krieges, S. 224.
[4] Ebenda, S. 223f.
[5] Militärarchiv Freiburg, H3/196 (alte Sign.), Generalstab des Heeres, Abt. Fremde Heere Ost, Nr. 45/45, g. Kdos, Chefs., H. Qu., vom 25. 2. 1945.
[6] Ebenda.
[7] *Guderian,* Erinnerungen, S. 357.
[8] MGFA Studie P-114c, Gen. d. Art. Wilhelm Hauck, Die Kämpfe der Heeresgruppe Süd in Westungarn und Österreich, März bis Mai 1945 (VIII/1, Kapitel 2), S. 114.
[9] Militärarchiv Freiburg, Kriegstagebuch (KTB) der Heeresgruppe Süd, vom 2. 3. 1945. Das Ia-KTB der H. Gr. Süd vom 1. 3. bis 31. 3. 1945 erliegt unter den Signaturen 75126/58, 59, 60, 61, 62 und 68. Es ist für den April jedoch nur sehr bruchstückhaft.
[10] Kriegstagebuch OKW, Bd. IV/2, S. 1307.
[11] MWI 1945/12-D, Tagebuch Hermann Balck, zum 19. 2. 1945 (Abschrift). General Balck hat bereits 1969 dem MWI seine Aufzeichnungen zur Verfügung gestellt und kam zudem zu einer längeren Befragung nach Wien.
[12] Correspondence between the Chairman, S. 208f.
[13] Geschichte des Großen Vaterländischen Krieges, S. 227f. Die ersten nicht zutreffenden Informationen aus westlichen Quellen blieben für die Russen zwar ohne Folgen, boten Stalin aber die Gelegenheit, die Güte seiner eigenen Gewährsleute hervorzustreichen, und das vor allem im Hinblick auf die Sonderkapitulationsverhandlungen in der Schweiz, von denen Stalin glaubte, daß sie schon viel weiter fortgeschritten seien, als es von seinen Bündnispartnern zugegeben wurde.
[14] Sergei Matwejewitsch *Schtemenko,* Im Generalstab, Bd. 2 (Berlin 1975), S. 315.
[15] Geschichte des Großen Vaterländischen Krieges, S. 227.
[16] *Schtemenko,* Generalstab, Bd. 2, S. 317.
[17] Kyrill Dimitriewitsch *Kalinow,* Sowjetmarschälle haben das Wort (Hamburg 1950), S. 301ff.
[18] P. G. *Kuznecov,* Maršal Tolbuchin, Moskau 1966, S. 237.
[19] Ebenda.
[20] Geschichte des Großen Vaterländischen Krieges, S. 239.
[21] *Schtemenko,* Generalstab, Bd. 2. S. 345.
[22] MWI 1945/4-Z, Manuskript von Wolfgang Lange, Heeresgruppe Südukraine und Süd (bisher A) in Rumänien, Ungarn und Österreich, Anhang B V/26.
[23] Geschichte des Großen Vaterländischen Krieges, S. 239. Bei der Beurteilung der sowjetischen Ist-Stärken muß berücksichtigt werden, daß die Nennung von Regimentern, Divisionen, Korps etc. andere zahlenmäßige Grundlagen hat, als dies beim deutschen Heer der Fall war. Eine kriegsstarke sowjetische Schützen-Division hatte ca. 9.300 Mann; die Panzer- und mechanisierten Korps waren im wesentlichen Gegenstücke zu den Panzer- und Panzergrenadier-Divisionen der deutschen Armeen. So umfaßte beispielsweise 1 sowjetisches Panzerkorps (kriegsstark) 200 Panzer (T 34); 1 selbständige Panzer-Brigade hatte 65 Panzer und 1 selbständiges Panzer-Regiment 41 Panzer. Da es den

Russen dank ihrer Menschenreserven und ihrer Materialüberlegenheit möglich war, die Verbände aufzufüllen, können die genannten Zahlen, wenn sie nicht in der Folge eine Detaillierung erfahren, als Anhalt für die tatsächliche Stärke der sowjetischen Einheiten genommen werden.

[24] *Kuznecov,* Tolbuchin, S. 238.

[25] Zusammenfassende Beurteilung der Lage durch die Heeresgruppe am 15. 3. 1945, Anlage zum KTB der Heeresgruppe Süd.

[26] Manuskript Lange, Heeresgruppe Süd, S. 239. Das I. Kavalleriekorps konnte allerdings nicht herausgelöst werden.

[27] Ebenda, S. 239.

[28] Das Oberkommando des Heeres wurde sich erst am 29. März über die Identität der 9. Garde-Armee schlüssig und deutete sie als die ehemalige 7. Armee, die früher an der Finnland-Front war.

[29] Feindbild der Heeresgruppe am 19. 3. 1945, KTB Heeresgruppe Süd.

[30] G. T. *Zavizion* und P. A. *Kornjušin,* I na Tichom Okeane (Und am Stillen Ozean = Kriegsgeschichtlicher Abriß über den Kampfweg der 6. Garde-Panzer-Armee, Moskau 1967), S. 165.

[31] MA Freiburg, Kriegstagebuch Heeresgruppe Süd, Führerbefehl vom 20. 3. 1945.

[32] MA Freiburg, Kriegstagebuch Heeresgruppe Süd, vom 21. 3. 1945.

[33] Fernschreiben des OB der Heeresgruppe an Generaloberst Guderian vom 23. 3. 1945, Anlage zum Kriegstagebuch Heeresgruppe Süd.

[34] Anlage zum Kriegstagebuch Heeresgruppe Süd, vom 23. 3. 1945.

[35] MWI 1945/12-D, Ausarbeitung General Balcks über das Kriegsgeschehen in seinem Befehlsbereich, III/286f. Obwohl diese Ausarbeitung mittlerweile gedruckt worden ist (Hermann *Balck,* Ordnung im Chaos, Osnabrück 1980 und 2. Aufl. 1981) wird weiterhin primär nach dem Manuskript der Ausarbeitung zitiert, da diese in den Druckausgaben so verändert wurde, daß sie teilweise das Authentische verloren hat.

[36] MA Freiburg, Kriegstagebuch Heeresgruppe Süd, vom 21. 3. 1945.

[37] Ebenda. Mittlerweile wurde von ehem. SS-Offizieren der hier kämpfenden Divisionen eine umfangreiche Gegendarstellung verfaßt, die auch im MWI (1945/23) aufliegt.

[38] Manuskript Lange, Heeresgruppe Süd, S. 243.

[39] *Kuznecov,* Tolbuchin, S. 240.

[40] Tagebuch Balck. Bei diesen Kämpfen fiel der Divisionskommandeur, Generalleutnant Hans-Günther von Rost.

[41] *Kuznecov,* Tolbuchin, S. 240.

[42] Tagebuch Balck.

[43] Eddy *Bauer,* Der Panzerkrieg, Bd. 2 (Bonn 1965), S. 279.

[44] OKH-Befehl vom 23. 3. im KTB Heeresgruppe Süd, vom 23. 3. 1945.

[45] Ebenda, vom 24. 3. 1945 und Auszug aus der Wochenmeldung der Heeresgruppe vom selben Datum.

[46] Manuskript Lange, Heeresgruppe Süd, S. 245.

[47] Tagebuch Balck.

[48] *Dálnoki-Veress,* Lajos, Magyarország honvédelme a II. világháború elött és alatt 1920 — 1945 (München 1974), S. 271f.

[49] MA Freiburg, Kriegstagebuch Heeresgruppe Süd, vom 25. 3. 1945.

[50] *Kuznecov,* Tolbuchin, S. 241.

[51] Geschichte des Großen Vaterländischen Krieges, S. 242.

[52] Ebenda, S. 241.

[53] Manuskript Lange, Heeresgruppe Süd, S. 248.

[54] MA Freiburg, Kriegstagebuch Heeresgruppe Süd, vom 24. 3. 1945.

[55] Ebenda. General Wöhler betonte in einem Telefonat mit Generaloberst Guderian, daß die deutschen Truppen ohne Frage zäh kämpften, worauf Guderian erwiderte, daß er am guten Kämpfen der Truppen an sich nicht zweifle, wohl aber an der guten Qualität der Führer.

[56] MA Freiburg, H 16-503/1, Gefechtsbericht über die Kämpfe der 3. Kavallerie-Division vom März 1945 bis zum Kriegsende.

[57] MA Freiburg, Kriegstagebuch Heeresgruppe Süd, vom 16. 3. 1945.

[58] Geschichte des Großen Vaterländischen Krieges, S. 243.

[59] MA Freiburg, Kriegstagebuch Heeresgruppe Süd, vom 26. 3. 1945 und Manuskript Lange, Heeresgruppe Süd, S. 253.

[60] MA Freiburg, Kriegstagebuch Heeresgruppe Süd, vom 26. 3. 1945.

[61] Ebenda.

[62] MA Freiburg, Gefechtsbericht 3. Kavallerie-Division.

[63] Geschichte der 3. Panzer-Division Berlin-Brandenburg 1939 — 1945, hrsg. v. Traditionsverband der Division (Berlin 1967), S. 472.

64 MA Freiburg, Lagekarten der Kriegsgeschichtlichen Abteilung des Heeres vom 1. 12. 1944 — 14. 4. 1945 (= OKH Lagekarten), hier vom 29. 3. 1945.
65 MA Freiburg, Kriegstagebuch Heeresgruppe Süd, vom 24. 3. 45. Die Zuführung der letzteren erfolgte anscheinend nur mit Teilen, da eine beträchtliche Zahl von Angehörigen dieser Division vorher entwaffnet werden mußte.
66 Ebenda, vom 25. 3. 1945.
67 MA Freiburg, H 3/218, Oberkommando des Heeres/Abt. Fremde Heere Ost (I), g. Kdos., Lagebericht Ost Nr. 1386, vom 1. 4. 1945.
68 Der Personalstand der Heeresgruppe Süd läßt sich nur annähernd bestimmen. Als einigermaßen verbindlich können lediglich zwei Zahlen angesehen werden: Am 2. Mai 1945 erging an die Abt. IV a des OKH/Gen. Qu. eine Verpflegsstärkemeldung, wonach die Heeresgruppe Süd mit Stand vom 20. 4. 1945 einen Verpflegsstand von über 766.000 Personen und gegen 150.000 Pferde hatte (MA Freiburg OKW/1544). In einer Vortragsnotiz für den Chef des Heeres-Verwaltungsamts, SS-Obergruppenführer Frank, vom 24. April 1945, ist die Heeresgruppe Süd für diesen Tag mit 618.000 Mann und 128.000 Pferden angeführt (MA Freiburg OKW/1544). Es bleibt die große Differenz von fast 150.000 Mann. Man wird vielleicht eine mittlere Zahl annehmen können.
69 MA Freiburg, Kriegstagebuch Heeresgruppe Süd, vom 27. 3. 1945.
70 Ebenda.
71 Morgenmeldung der Heeresgruppe Süd, vom 28. 3. 1945.
72 MGFA Studie B-138, Gen. Mj. Ulrich Bormann, Feldkommandantur 198.
73 Ausarbeitung Sutter, Unterabschnitt Nord.
74 MGFA Studie B-139, Gen. Lt. Walther Krause, Einsatz in Westungarn und der Ost-Steiermark im Rahmen der 6. Armee in der Zeit vom 25. 3. bis 8. 5. 1945.

5. Die „große Linie" wird überschritten

1 Aleksej *Želtov,* Političeskaja rabota v Venskoj nastupatel'noj operacii (Die politische Arbeit während der Wiener Angriffsoperation). In: Voenno-istoričeskij žurnal 2/1966, S. 17 — 28.
2 Am 29. 1. 1945 sprangen in der Nähe von Rattersdorf an der ungarischen Grenze vier sowjetische Fallschirmspringer ab, die im Verlauf einer Schießerei getötet wurden (MWI 1945/7, Gemeindeberichte Burgenland 6). Datum und Wahl des Absprungortes schließen die Möglichkeit nicht aus, daß es sich bei den Fallschirmspringern um einen Trupp handelte, der den Verlauf und Ausbauzustand der Reichsschutzstellung erkunden sollte. Es wäre denkbar, daß noch andere Gruppen absprangen und mit mehr Erfolg agierten. Die Bedeutung dieses und ähnlicher Frontaufklärungstrupps war aber wohl bei weitem geringer als dies Leopold *Banny,* Feuersturm, S. 327 — 382 herausarbeitet. Im Grunde genommen handelte es sich um ein Routineverfahren, mit dem lokale Erkenntnisse gewonnen werden sollten. Die Luftaufklärung erbrachte sehr viel mehr Details z. B. über die Reichsschutzstellung als die Frontaufklärung.
3 Geschichte des Zweiten Weltkieges 1939 - 1945, Bd. 10: Die endgültige Zerschlagung des faschistischen Deutschland (Berlin 1982), S. 233.
4 *Ulrich,* Luftkrieg, S. 33.
5 *Voroncov* T. F. (u. a.), Ot Volžskich stepej do Avstrijskich Alp (Von den Steppen der Wolga zu den Österreichischen Alpen = Geschichte der 4. Garde-Armee, Moskau 1970), S. 198f.
6 *Zavizion-Kornjušin,* Tichom Okeane. S. 172.
7 MA Freiburg, Kriegstagebuch Heeresgruppe Süd, vom 29. 3. 1945.
8 Ebenda.
9 N. I. *Birjukov,* Trudnaja nauka pobeždat (Die schwere Wissenschaft des Siegens, Moskau 1968), S. 238.
10 Bericht Adolph-Auffenberg-Komarów, Niederdonau. Die Ungarn waren Teil eines Verbandes, der zum Schutz der auf österreichisches Gebiet geflüchteten ungarischen Regierung hierher verlegt worden war. Diese Regierung hatte am frühen Morgen des 29. März Köszeg unter Bedeckung eines Garde-Bataillons verlassen.
11 Studie Hauck, Kämpfe VIII/1, S. 156.
12 MA Freiburg, Kriegstagebuch Heeresgruppe Süd, vom 29. 3. 1945.
13 Ebenda.
14 Ebenda. Nach diesem Gespräch verabschiedete sich Generaloberst Guderian, weil er aus „Gesundheitsgründen" einen sechswöchigen Urlaub antrat. Sein Nachfolger wurde Gen. d. Inf. Hans Krebs.
15 MWI 1945/7, Gemeindeberichte Burgenland 6 und Bericht Adolph-Auffenberg, Niederdonau.
16 Kommandeur: Oberstleutnant Witte. 350 Mann Volkssturm aus Scheibbs und Lilienfeld, die gänzlich ohne Waffen dastanden, verweigerten in der prekären Situation den Gehorsam.
17 Bericht Adolph-Auffenberg-Komarów, Niederdonau.

[18] *Zavizion-Kornjušin,* Tichom Okeane, S. 173.

[19] MA Freiburg, KTB Heeresgruppe Süd, vom 30.3. 1945.

[20] MGFA Studie B-160, Gen. d. Inf. Rudolf von Bünau, Kriegsgeschichtlicher Bericht über die Kämpfe um und in Wien vom 29. 3. bis 16. 4. 1945.

[21] MWI 1945/7, Gemeindeberichte Burgenland 4 und 6.

[22] Bericht Adolph-Auffenberg-Komarów, Niederdonau.

[23] Im Februar 1945 sollte als Infanterie-Division 34. Aufstellungs-Welle die Inf. Div. „Weichsel" aufgestellt werden. Diese Aufstellung entfiel, dafür wurde durch das Wehrkreiskommando XVII das Grenadier-Regiment „Wien" aufgestellt, das laut Organisationskalender in der 356. Inf. Div. der Heeresgruppe Süd aufging. Vgl. dazu Wolf *Keilig,* Deutsches Heer, 101/VI/10 und *Tessin,* Verbände, Bd. 9, S. 275f.

[24] MA Freiburg, Kriegstagebuch Heeresgruppe Süd, vom 30. 3. 1945. Zur 37. SS-Kav. Division: K. H. *Klietmann,* Die 37. SS-Freiwilligen-Kavallerie-Division „Lützow". In: Feldgrau 1/1969, S. 7f. Ferner Hanns *Bayer,* Die Kavallerie der Waffen-SS (Heidelberg, Selbstverlagert 1980), S. 389 — 396. Die Gliederung der Kampfgruppe Keitel hat sehr stark gewechselt. Ursprünglich hatte Sturmbannführer Karl-Heinz Keitel den Auftrag, die SS-Freiwilligen-Kavallerie-Division in der Nähe von Wien aus den Resten der 8. SS-Kavallerie-Division „Florian Geyer" und der 22. SS-Freiwilligen-Kavallerie-Division aufzustellen. Diese Aufstellung wurde durch die Ereignisse Ende März unterbrochen und die Teile, die damals kampffähig waren, gingen als „Kampfgruppe Keitel" in den Einsatz. Im einzelnen waren dies das nicht vollständig aufgestellte SS-Freiwilligen-Kavallerie-Regiment 92, die SS-Artillerie-Abteilung 37, das SS-Pionier-Bataillon 37 und wahrscheinlich das SS-Feld-Ersatz-Bataillon 37. (Schriftl. Mitteilung von Herrn Karl-Heinz Keitel an das MWI, vom 10. September 1968).

[25] MA Freiburg, Kriegstagebuch Heeresgruppe Süd, vom 30. 3. 1945.

[26] Ebenda.

[27] Ebenda, vom 25. 3. 1945.

[28] *Rauchensteiner,* A Második világháboru, S. 306 — 332.

[29] MA Freiburg, Kriegstagebuch Heeresgruppe Süd, vom 30. 3. 1945. Zum Schicksal der Ungarn vgl. auch S.238f und 254f.

[30] Eine ungefähre Stärkeangabe für das Korps ist nur sehr schwer zu geben, da kaum exakte Zahlen für diesen Zeitraum vorligen. Mannschaftsmäßig kann das I. SS-Panzerkorps Ende März/Anfang April mit zusammen 15.000 bis 20.000 Mann an Kampftruppen angenommen werden.

[31] Hubert *Meyer,* Kriegsgeschichte der 12. SS-Panzer-Division „Hilterjugend", Bd. 2 (Osnabrück 1982), S. 522.

[32] MWI 1945/7, Gemeindeberichte Burgenland 6.

[33] Zu diesem Zeitpunkt wurde Generalleutnant Adolph-Auffenberg-Komarów zum Oberkommando der 6. Panzer-Armee nach Hof a. Leithageb. befohlen und ihm aufgetragen, mit seinem Stab nach Wien abzurücken, da die 6. Panzer-Armee für den gesamten Bereich die Befehlsgewalt übernommen habe. (Bericht Adolph-Auffenberg-Komarów, a. a. O.) Das Oberkommando der 6. Panzer-Armee befand sich in Hof a. Leithageb. und nicht, wie Auffenberg meinte, in Höflein.

[34] Vgl. dazu S.126.

[35] MWI 1945/10, Gemeindeberichte Niederösterreich 19.

[36] Theodor *Rossiwall,* Der sowjetische Vorstoß in das Steinfeld vom 29. März bis 1. April 1945. In: Österreichische Militärische Zeitschrift 3/1967, S. 202.

[37] *Zavizion-Kornjušin,* Tichom Okeane, S. 173.

[38] MWI 1945/7, Gemeindeberichte Burgenland 4.

[39] Ebenda, ergänzt durch OKH-Lagekarte vom 31. 3. 1945 und freundliche Mitteilung des ehemaligen Kampfkommandanten von Wiener Neustadt, Johann Hofer, an den Verfasser.

[40] Der Gemeindebericht von Mattersburg nennt 7 Panzer, jener von Marz „etwa" 10.

[41] Interessehalber muß angemerkt werden, daß seit dem Spätsommer 1944 der berühmte Soldatensender Belgrad unter den Namen „Prinz Eugen" bzw. „Lili Marleen" und „Sender Südost" bis knapp vor dem sowjetischen Einmarsch in Sauerbrunn seinen Sendebetrieb aufrechthielt. Danach übersiedelte er in das Sendehaus in Wien IV., Argentinierstraße.

[42] Zur Geschichte des sowjetischen XX. Garde-Schützenkorps sowie der 4. Garde-Armee vgl. die einschlägigen Kapitel bei *Birjukov,* Nauka und *Voroncov,* Volžskich stepej, bes. S. 200 f.

[43] MA Freiburg, Lagebericht Ost, Nr. 1386, vom 1. 4. 1945.

[44] Sehr anschaulich finden sich Einzelheiten und Erinnerungen dieses Vorstoßes im Gedenkraum 1945 in Hochwolkersdorf.

[45] Gliederungen und Stellenbesetzung im Anhang, S. 506.

[46] *Rossiwall,* Vorstoß, S. 205. Über die Begegnung der Sowjets mit dem ehemaligen und zukünftigen Staatskanzler Dr. Renner informiert sehr anschaulich *Schtemenko,* Generalstab, Bd. 2, S. 403 — 406. Die von Schtemenko geschilderten Zusammenhänge wurden vom Autor dieses Buches bereits in

der ÖMZ 6/1972 wiedergegeben. Jüngst noch ausführlicher: Siegfried Nasko, April 1945: Renners Ambitionen trafen sich mit Stalins Absichten. In: Österreich in Geschichte und Literatur 6/1983, S. 336 — 346.

[47] Studie Bormann, Feldkommandantur 198.

[48] Es gab eine Lehrgruppe für Infanterie und eine für Jäger, von denen jede 3 Schützenkompanien und eine schwere Kompanie mit zusammen zirka 500 Mann umfaßte. Dazu *Tessin,* Verbände, Bd. 2, S. 104.

[49] Mitteilung Hofer, Wiener Neustadt.

[50] OKH-Lagekarten vom 31. 3. und 1. 4. 1945.

[51] Intops Summary 617.

[52] Schriftl. Mitteilung von Herrn Wolfgang Vopersal an das MWI, vom 10. 10. 1969. Das SS-Pz. Rgt. 3 war im Zuge der Nordverschiebung der 3. SS-Panzer-Division bis in den Raum Wiener Neustadt-Lanzenkirchen gekommen.

[53] Mitteilung Hofer, Wiener Neustadt.

[54] *Zavizion-Kornjušin,* Tichom Okeane, S. 173. Vgl. S. 133.

[55] MA Freiburg, Kurze Beurteilung der Feindlage, vom 1. 4. 1945.

[56] *Meyer,* Kriegsgeschichte, S. 527.

[57] OKH-Lagekarte vom 1. 4. 1945; MWI 1945/7, Gemeindeberichte Burgenland 4 und Birjukov, Nauka, S. 239 f.

[58] Bericht Löger, Eisenstadt. Gen. Birjukov, der Kommandant des sowjetischen XX. Garde-Schützen-korps, erwähnt in seinem Buch über dieses Korps, daß es gemeinsam mit dem XXIII. Panzerkorps nach Überschreitung der österreichischen Grenze auf Eisenstadt vorrückte *(Birjukov,* Nauka, S. 239). Es kann sich dabei aber nur mehr um die letzten Teile dieses Panzerkorps gehandelt haben, da es zu diesem Zeitpunkt bereits ostwärts des Neusiedler Sees zur 46. Armee der 2. Ukrainischen Front verschoben wurde, um in der Brucker Pforte eingesetzt zu werden.

[59] Bericht Löger, Eisenstadt.

[60] Ebenda.

[61] MWI 1945/7, Gemeindeberichte Burgenland 1.

[62] Ebenda und *Ulrich,* Luftkrieg, S. 33.

[63] Mitteilung Hofer, Wiener Neustadt.

[64] Einzelheiten dazu im Verfahren gegen den ehem. Chef des Stabes im Wehrkreis XVII, Oberst i. G. Bachmayer und den Ia des Wehrkreises, Major i. G. Neumann, vor dem Volksgerichtshof in Wien, Landesgericht für Strafsachen, Wien, Vg 2d Vr 6137/46.

[65] Intops Summary 620.

[66] MA Freiburg, Lagebericht Ost Nr. 1387, vom 2. 4. 1945.

[67] Geschichte des Großen Vaterländischen Krieges, S. 245.

[68] *Kuznecov,* Tolbuchin, S. 243f.

[69] MA Freiburg, Kriegstagebuch Heeresgruppe Süd, vom 29. 3. 1945.

[70] Ebenda, vom 30. 3. 1945.

[71] Das XXIII. Panzerkorps war vorher bei der 6. Garde-Panzer-Armee. Vgl. den vollen Wortlaut des Befehls im Anhang, S. 490.

[72] Auf Grund der OKH-Lagekarten vom 1. und 2. April 1945 läßt sich mit großer Wahrscheinlichkeit sagen, daß es sich bei den in Andau und Halbturn einrückenden sowjetischen Verbänden um die 109. Garde- und die 317. Schützen-Division des XVIII. Garde-Schützenkorps handelte.

[73] Paul *Stahl,* Kämpfe der 6. Panzer-Division zwischen 1. 4. und 8. 5. 1945 (Österreich, Wien und Lauenbrunn). In: Nachrichtenblatt Kameradschaftsbund 6. Panzer-Division 4/1969, S. 2.

[74] Bericht Adolph-Auffenberg-Komarów, Niederdonau.

[75] Freundl. Mitteilung des ehem. Kommandeurs der Aufkl. E. u. A. Abt. 11, Oberst Bédé-Kraut, an den Verfasser, vom 22.4.1969. Die Abteilung setzte sich aus 2 Schwadronen, 1 Marschbataillon „Heidelberg" und etwa 20 Reserveoffiziersbewerbern zusammen.

[76] Schriftl. Mitteilung des ehem. Kammandeurs des SS-Pz.Gren. Rgts. 3 „Deutschland", Günther-Eberhardt Wisliceny, an das MWI, vom 15. 11. 1968.

[77] Otto *Weidinger,* Division „Das Reich", Bd. V: 1943 — 1945 (Osnabrück 1982), S. 485 — 488.

[78] Ebenda und Mitteilung Wisliceny.

[79] *Stahl,* 6. Panzer-Division, S. 2.

[80] Geschichte des Großen Vaterländischen Krieges, S. 355; A. Ja. *Pyškin,* Po veleniju dolga (Im Auf-trag der Pflicht), (Moskau 1967), S. 154, nennt das XXIII. Schützenkorps der 7. Garde-Armee als jenes, das zuerst Bratislava erreichte.

[81] Dem Festungskommandanten von Bratislava waren lt. Anhang zur OKH-Lagekarte vom 2. 4. 1945 (Militärarchiv Freiburg) folgende Truppen unterstellt: Landesschützen (LS) Btl. 982, LS Btl. 317, Pz. Pi. E. u. A. Kp. 80, V. St. Btl. 41/2, V. St. Btl. 41/7, V. St. Btl. 41/6, Fest. Pi. Kp. 59, 1 Uffz.

410

Lehr. Kp., Fest. Art. Abt. 1130, Fest. Art. Abt. 1131, Fest. Art. Abt. 3086, Fest. Inf. Btl. 14/7, Fest. Inf. Btl. 14/51, Fest. MG. Btl. 87, Fest. Nachr. Kp. 780. Auf Grund der Gaunummer 41 kann festgestellt werden, daß es sich bei den in Bratislava eingesetzten Volkssturmbataillonen um Wiener Bataillone handelte. Das Volkssturmbataillon 41/2 wurde allerdings erst am 31. März aufgerufen. Sein Einsatz muß daher als fraglich gelten (vgl. Völkericher Beobachter, Wien, vom 31. 3. 1945). Dafür verlegte das Volkssturmbataillon 41/94 (Wien) ebenfalls nach Bratislava, wurde dort einge- setzt und machte den Rückzug nördlich der Donau bis Wien mit, wo es aufgelöst wurde. (Schriftl. Mitteilung von Herrn Hans Rödhammer, Linz, an das MWI, vom 9. 12. 1968). Das Kriegstagebuch des OKW (Bd. IV/2, S 1225) erwähnt, daß in Bratislava 60 Rohre Artillerie in der Festung zur Verfü- gung standen. Hartwig *Pohlman,* Geschichte der 96. Infanterie-Division (Bad Nauheim 1959), S. 383, nennt hingegen 100 Geschütze. Dies dürfte aber nur eine Schätzung sein.

[82] Geschichte des Großen Vaterländischen Krieges, S. 355. Die übrigen Verbände der 46. Armee blie- ben südlich der Donau. Vgl. dazu die eingehende Schilderung von Gábor *Nagy,* A 46. hadsereg tevé- kenysége 1945. március 16-április 4ig a Bécsi támadó hadmüveletben (Die Tätigkeit der 46. Armee vom 14. 3. — 4. 4. 1945 während der Wiener Angriffsoperation). In: Hadtörténelmi Köszlemények 1/1970.

[83] *Pyškin,* Po veleniju, S. 154.

[84] Die Aufkl. E. u. A. Abt. 11 wurde am 3. oder 4. April, auf jeden Fall noch vor dem sowjetischen Angriff auf den nördlichsten Abschnitt des Festungsbereiches Niederdonau, herausgezogen und nach Wien in Marsch gesetzt, um von hier nach Oberösterreich zu verlegen. Möglicherweise wurden alle Territorialverbände und Volkssturmeinheiten vom II. SS-Panzerkorps aus ihren Stellungen her- ausgelöst und durch Panzergrenadiere der 6. Panzer-Division ersetzt, da der Kampfwert dieser Ein- heiten denkbar gering war. — Mitteilung Bédé-Kraut.

[85] *Stahl,* 6. Panzer-Division, S. 6.

[86] MWI 1945/10, Gemeindeberichte Niederösterreich 14. Am 1. April verwehrte man z. B. ungarischen Flüchtlingen den Marsch über den Semmering nach Mürzzuschlag. Sie mußten über das Preiner Gscheid ausweichen. — Die über die ungarischen Flüchtlinge wie über die kgl.-ung. Honvéd und ungarische Waffen SS-Verbände gemachten Angaben stützen sich auf eine jahrelange Korrespon- denz mit dem Herrn Paul Dárnóy und A. v. G. Payer, denen sich der Autor sehr verpflichtet fühlt.

[87] Liebenswürdige Zuschrift von OTL Martin Voggenreiter an den Verfasser.

[88] Freundl. Mitteilung von Brigadier Karl Lütgendorf an den Verfasser.

[89] Die Stavka-Weisung an die 2. und 3. Ukrainische Front im Anhang, S.491.

[90] Kleine Zeitung, Graz, 9. 4. 1965, sowie Elisabeth *Kruml,* General Fritz Franek. Eine Biographie, phil. Diss. (Wien 1983), bes. S. 171 — 245.

[91] OKH-Lagekarte vom 2. 4. 1945. Die 3. SS-Panzer-Division unterstand zu diesem Zeitpunkt noch dem I. SS-Panzerkorps, wurde aber nach dem 2. April dem II. SS-Panzerkorps unterstellt.

[92] Studie Bünau, Wien. Der Einsatz muß jedoch im Gegensatz zu Bünau schon für den Abend des 2. 4. 1945 angenommen werden.

[93] Mitteilung Wisliceny.

[94] *Weidinger,* Das Reich, S. 490.

[95] *Zavizion-Kornjušin,* Tichom Okeane, S. 175.

[96] Studie Bünau, Wien.

[97] Rodion Ja. *Malinovskij,* Budapešt-Vena-Praga (Budapest-Wien-Prag, Moskau 1965), S. 268, sowie *Voroncov,* Volžskich stepej, S. 204.

[98] Alois *Schabes,* Der Markt Leobersdorf (Leobersdorf o. J.), S. 229.

[99] Freundliche Mitteilung von Dr. Ragas, Wien, an den Verfasser, vom 22. 4. 1969.

[100] Studie Bünau, Wien, und freundliche Mitteilung von Oberst dG Scholik an den Verfasser, vom 25. 10. 1968.

[101] Intops Summary 620.

[102] Das war bei Budapest der Fall und auch bei Preßburg, um nur zwei Beispiele gegen Kriegsende her- auszugreifen.

[103] *Kuznecov,* Tolbuchin, S. 243 f.

[104] Zu den Vorgängen um die Mission von F. Käs und die Rolle der militärischen Widerstandsbewegung beim Kampf um Wien informiert vor allem Ferdinand *Käs,* Wien im Schicksalsjahr 1945 (= Mono- graphien zur Zeitgeschichte, Wien 1965).

[105] Von sowjetischer Seite existieren ebenfalls mehrere Darstellungen. Vgl. dazu z. B. V. N. Želanov, Vzaimodejstvie sil Avstrijskogo dviženija soprotivlenija s vojskami Krasnoj Armii v bojach osvo- boždenie Avstrii aprel 1945 g. (Zusammenwirken der Kräfte der Österreichischen Widerstandsbewe- gung mit der Roten Armee im Kampf um die Befreiung Österreichs, April 1945). In: Vtoraja mirova- ja vojna, Bd. 3 (Moskau 1966), S. 118. Darin steht wörtlich: „Am 2. April 1945 trafen im Gebiet von Gloggnitz beim Stab der 9. Garde-Armee zwei Vertreter der Widerstandsorganisation von Wien ein,

und zwar Ferdinand Käs und sein Fahrer, der Gefreite Johann Reif. Sie informierten Generaloberst Glagolev über die Vorbereitungen zum bewaffneten Aufstand in Wien und legten weiters wertvolle Berichte betreffend das deutsche Verteidigungssystem von Wien vor". Ebenso *Schtemenko,* Generalstab, S. 407 f.

[106] MWI 1945/9 und 10, Gemeindeberichte Niederösterreich 2 und 20.

[107] Richard *West* (Kurfürst). Als Wien in Flammen stand. Der große Elebnisbericht über die Apriltage von 1945 (= Aktuelle Probleme unserer Zeit Nr. 7/8, Wien 1960), S. 32 ff. Ferner „Tätigkeitsbericht über die militärischen Planungen und den Einsatz zur Beschleunigung der Befreiung Österreichs", Beilage zum Akt des Volksgerichtshofs Wien Vg 2d Vr 6137/4.

[108] Geschichte des Großen Vaterländischen Krieges, S. 224. Der Einfluß Marschall Timošenkos auf die Westumfassung Wiens geht auch aus einer Stelle in der Geschichte der 6. Garde-Panzer-Armee hervor *(Zavizion-Kornjušin,* Tichom Okeane, S. 176 f), wo es heißt, daß die von General Kravčenko am 4. und 5. April eingeleitete Bewegung durch den Wienerwald westlich von Wien nachträglich „vom Vertreter des Oberkommandos, Marschall Timošenko, gutgeheißen" wurde. Diese Stelle ist aber auch eine zusätzliche Bestätigung dessen, daß die Westumfassung bereits am 4. April voll im Gang war.

[109] *Malinovskij,* Budapešt, S. 276.

[110] Das geht aus Aufklärungsergebnissen der Luftwaffe hervor und gilt besonders für den 5. April. Vgl. dazu das Einsatzbuch des dem I. deutschen Fliegerkorps unterstellten kgl. -ung. 101. Honvéd Jagd-Geschwaders vom 20. 2. — 7. 5. 1945. — Hadtörténelmi Levéltár (Ungar. Kriegsarchiv) Budapest.

[111] *Malinovskij,* Budapešt, S. 276.

[112] *Zavizion-Kornjušin,* Tichom Okeane, S. 178. Die Verlegung dieses Panzerkorps war dem deutschen Generalstab des Heeres/Abteilung Fremde Heere Ost schon am 6. April klar geworden. (Kurze Beurteilung der Feindlag, vom 6. 4. 1945). — Der Abzug des XVIII. Panzerkorps aus dem Raabtal ermöglichte der deutschen 6. Armee die Konsolidierung der Lage im Raum Feldbach. Vgl. dazu S. 252.

[113] Kurze Beurteilung der Feindlage, vom 6. — 8. 4. 1945.

[114] MWI 1945/9, Gemeindeberichte Niederösterreich 3 und OKH-Lagekarte vom 11. 4. 1945.

[115] Ivan Il'ič *Loktionov,* Dunajskaja flotilija v Velikoj Otečestvennoj vojne 1941 — 1945 gg. (Die Donauflottille im Großen Vaterländischen Kriege 1941 — 1945, Moskau 1962), S. 258. Die Angabe in der Geschichte des Großen Vaterländischen Krieges, S. 248, daß die 46. Armee bei Bratislava auf das linke Donauufer übersetzte und die March überwand, ist nicht ganz zutreffend. Nur das XXIII. Garde-Schützenkorps der 46. Armee, das für den Angriff auf Bratislava abgegeben worden war, griff über die March an; es war jedoch der 7. Garde-Armee unterstellt worden.

[116] *Loktionov,* Dunajskaja flotilija, S. 259.

[117] OKH-Lagekarte vom 11. 4. 1945.

[118] OKH-Lagekarte vom 14./15. 4. 1945 und *Bayer,* Kavallerie, S. 392.

[119] *Malinovskij,* Budapešt, S. 277.

[120] *Loktionov,* Dunajskaja flotilija, S. 262. Die 86. Schützen-Division gehörte zum X. Garde-Schützenkorps.

[121] Sowjetischen Angaben zufolge *(Loktionov,* Dunajskaja flotilija, S. 263) will das 260. Schützen-Regiment bei den Kämpfen um Mannsdorf und Orth 300 deutsche Soldaten „vernichtet" und 235 Mann gefangen haben, darunter 3 Generäle und 21 Offiziere des Stabes einer SS-Division. Das scheint unerklärlich, da derart schwere Kämpfe in irgendwelchen lokalen Berichten ihren Niederschlag gefunden haben müßten. In Mannsdorf fielen 34 Soldaten, in Orth keiner.

[122] Haslau a. d. Donau, Regelsbrunn und Scharndorf. — MWI 1945/9, Gemeindeberichte Niederösterreich 3.

[123] *Loktionov,* Dunajskaja flotilija, S. 260. Allein in der Zeit vom 9. bis 11. April sind im Gebiet von Hainburg bis Haslau a. d. Donau durch die Donauflottille 45.803 Soldaten, 138 Panzer, 738 Geschütze und Minenwerfer, 371 Maschinengewehre, 542 Kraftfahrzeuge, 1.032 Tonnen anderes Kriegsmaterial, 305 Tonnen andere Ladung, 870 Wagen und Küchenwagen sowie 2.200 Pferde an das Norduferr transportiet worden.

6. Die Schlacht um Wien

[1] Studie Bünau, Wien, und Tagebuch Bünau (MA Freiburg).

[2] Stellenbesetzung höherer Kommandobehörden, Mai 1945. Herausg. vom OKH/HPA/A am 10. Mai 1945, 2 Bände (MA Freiburg, Bücherei 24/65, A VII R8) sowie *Keilig,* Das deutsche Heer, Bl. 211/49.

[3] Tagebuch Bünau, vom 3. 4. 1945 und Aussage Szokolls im Verfahren gegen Bachmayer, a. a. O.

4 Landesgericht für Strafsachen, Wien, Vg 3c Vr 7862/47. Zeugenaussage des ehem. Adjutanten der Wehrmachtskommandantur (Stadtkommando) Wien, Major Carl Mlikowsky-Lhota, im Verfahren gegen Baldur von Schirach vor dem Volksgerichtshof Wien.
5 Ebenda, Zeugenaussage des ehem. Stabsoffiziers für Artillerie beim Kampfkommandanten von Wien, Oberstleutnant Richard Caminada.
6 Kriegstagebuch OKW, Bd. IV/2, S. 1304. Damit ist wohl auch die Streitfrage geklärt, ob Wien „Festung" war oder nicht. Der Unterschied zum „Verteidigungsbereich" war nicht nur terminologisch, sondern lag vor allem darin, daß Wien keine baulichen Anlagen hatte, die es zur Festung hätten werden lassen. Der Auftrag war in beiden Fällen derselbe.
7 Das Wehrkreiskommando XVII verlegte, wie bereits auf S. 102 erwähnt, in der Zeit vom 2. bis 4. 4. 1945 nach Freistadt in Oberösterreich. Die Führungsstaffel (engster Arbeitsstab des Wehrkreiskommandanten) zog als letzte von Wien ab, kam am 5. 4. nach Dürnstein, am 8. 4. auf den Truppenübungsplatz Döllersheim und erreichte am 10. 4. Freistadt
8 Studie Bünau, Wien.
9 MWI 1945/1 — S, Lagebericht des Kreisleiters Arnhold über die Lage in den Reichsgauen Wien und Niederdonau, gefertigt München, 6. April 1945.
10 Tagebuch Bünau, vom 4. 4. 1945.
11 Craven-Cate, Army Air Forces, Bd. 3, S. 731.
12 Vgl. dazu S. 72.
13 Aussagen Szokolls und Bachmayers im Verfahren gegen Bachmayer vor dem Volksgerichtshof Wien, a. a. O.
14 Vgl. dazu S. 86.
15 Landesgericht für Strafsachen, Wien, Vg 3c Vr 7862/47, Aussage Blaschkes vor dem Volksgerichtshof Wien.
16 Genaueres dazu bei Holzmann, Einsatz, bes. S. 6 — 16.
17 S.P. Ivanov, Bitva za Venu (Der Kampf um Wien). In: Izvestija, 13. 4. 1955, ebenso wie M. K. Ševčuk, Inženernye vojska sovetskoj armii v važnejših operacijach Otečestvennoj Vojny (Die Pioniertruppen der Sowjetarmee in den wichtigsten Operationen des Vaterländischen Krieges, Moskau 1958), S. 271, oder V. N. Beleckij, Sovetskij Sojuz i Avstrija (Die Sowjetunion und Österreich, Moskau 1962), S. 62, und SSSR v borbe za nezavisimost' Avstrii (Die UdSSR im Kampf um die Unabhängigkeit Österreichs, Moskau 1965), S. 59.
18 Zu den Flaktürmen vgl. Manfried Rauchensteiner und Erwin Pitsch, Die Stiftskaserne in Krieg und Frieden (= Die Kasernen Österreichs 1, Wien 1977), S. 68 — 73.
19 Völkischer Beobachter, Wien, 3. 4. 1945.
20 Ebenda, 31. 3. 1945.
21 Ebenda.
22 Stadler, Österreich, S. 402.
23 Lagebericht Kreisleiter Arnholds, vom 6. 4. 1945, a. a. O.
24 Studie Bünau, Wien.
25 Kriegstagebuch OKW, Bd. IV/2, S. 1305.
26 Studie Bünau, Wien.
27 Tagebuch Bünau, a. a. O.
28 Aussage Bachmayers vor dem Volksgerichtshof Wien a. a. O., und freundliche Mitteilung des ehem. Adjutanten von General Bünau, Dr. Wolfgang Graf, Linz, an den Verfasser, vom 4. 11. 1968. Der Stab bestand im wesentlichen aus: Ia Major i. G. Albrecht Neumann, Ib Major Carl Szokoll, Ic Major Karl Stephani und StOArt. ObstLt. Richard Caminada.
29 Mitteilung Dr. Graf.
30 Mitteilung Wislicheny. Floridsdorf liegt bekanntlich nördlich der Donau.
31 Mitteilung Dr. Graf. Der analoge Fall dafür war das Schicksal des Kampfkommandanten von Königsberg und jenes des Kampfkommandanten von Preßburg.
32 Studie Bünau, Wien, und Tätigkeitsbericht Szokoll, a. a. O.
33 Studie Bünau, Wien.
34 Ebenda.
35 Ebenda und Aussage Bachmayer, a. a. O.
36 MWI 1945/18-U, Manuskript von General Dietrich Volkmann, Luftkriegsschule (LKS) 7 Tulln. Ergänzend dazu das Manuskript von Oberst Robert Kneifel, Die Luftkriegsschule 7 im März — Mai 1945.
37 Mitteilung Scholik.
38 Archiv der Stadt Wien, HA Akten — Kleine Bestände, 2. Weltkrieg, Kriegsmaßnahmen II, Nr. 83 — 2/67/56 und 70/56.
39 Helmut Spaeter, Die Geschichte des Panzerkorps Großdeutschland, Bd. 3 (Bielefeld 1958), S. 684 f.

[40] Für die Führung des Korps auf der unteren Ebene stellte es eine gewisse Erleichterung dar, daß von einem Reserveoffiziersbewerber-Lehrgang in Znaim 100 Fahnenjunker nach Wien abkommandiert und vorwiegend der 2. SS- und der 6. Panzer-Division zugeführt worden waren.

[41] Unterstellt waren die Aufklärungs-Abteilungen der 2. und der 9. SS-Panzer-Division.

[42] Unterstellt waren eine Kampfgruppe der 2. ung. Panzer-Division (2 bis 3 Kompanien dieser Division waren auch bei Fürstenfeld eingesetzt), 1 Bataillon 20. ung. Inf. Div., Bataillon „Danmark" (wahrscheinlich nur Teile) und 1 Bataillon „SS-Regiment Ney" (ein weiteres Bataillon dieses Regiments war beim III. Panzerkorps in der Steiermark eingesetzt).

[43] Studie Bünau, Wien. Die von Major Szokoll in seinem Tätigkeitsbericht, a. a. O., sowie die von Ferdinand *Käs* in seiner Darstellung Wien im Schicksalsjahr 1945, S. 9. und 12 gemachten Angaben halten — wie schon erwähnt — einer quellenkritischen Durchleutung nicht stand. Szokoll berichtet, daß zwei SS-Divisionen unter den Stichworten „Bernstein" und „Diamant" in Eiltransporten in den Kampfraum Wien gebracht werden sollten und ergänzt diese Angabe noch dahingehend, daß es sich hierbei um SS-Divisionen von der „noch ruhigen Oderfront" gehandelt habe. Durch Gleissprengungen von „Greiftrupps" der Österreichischen Widerstandsbewegung im Raum nördlich von Lundenburg sei die Antransport dieser Verbände unmöglich gemacht worden. Es ist jedoch mit Sicherheit anzunehmen, daß von der „noch ruhigen Oderfront" kein SS-Verband nach Wien abgezogen wurde. Wahrscheinlich liegt eine Verwechslung mit der Führer-Grenadier-Division vor, die sehr wohl in zwei Transportbewegungen herangeführt und auch tatsächlich eingesetzt wurde. Käs führt in seiner Darstellung auch die 2. SS-Panzer-Division „Der Führer" als extra „aus der Reserve des Oberkommandos der Wehrmacht" auf Befehl Hitlers zugeführt an. Die 2. SS-Panzer-Division war aber seit Mitte Februar in Ungarn eingesetzt und kämpfte sich im Verband des II. SS-Panzerkorps auf die österreichische Grenz zurück. Eventuell war beabsichtigt, den Antransport der 25. Panzer-Division zu stören. Sie kam dann auch aus Zeitgründen für einen Einsatz in Wien nicht mehr in Frage. — Einen Irrtum stellte auch die Angabe dar, daß für die Schlacht um Wien die 701. Infanterie-Division aus Italien herangeführt worden sei. Eine Division dieser Nummer hat es nie gegeben. Hier liegt eine Verwechslung mit der 710. Infanterie-Division vor, die aber nicht in Wien zum Einsatz kam.

[44] Zu den SS-Werfer-Abteilungen 501, 502 und 512 vgl. Der Freiwillige 6 und 7/1965.

[45] Zum Einsatz dieses Bataillons die vorgeblichen Tagebuchaufzeichnungen — tatsächlich aber erst nach 1970 verfaßten Abschnitte — in Ralf Roland *Ringler,* Illusion einer Jugend. Hitler-Jugend in Österreich (St. Pölten 1977), S. 147 — 219.

[46] Freundl. Mitteilung des ehem. Kommandeurs der 2. SS-Panzer-Division, Rudolf Lehmann, an den Verfasser.

[47] Baldur von *Schirach,* Ich glaubte an Hitler (Hamburg 1967), S. 310.

[48] Anhang zur OKH-Lagekarte vom 25. 4. 1945, Stand vom 5. 4. 1945.

[49] Geschichte des Zweiten Weltkrieges, Bd. 10, S. 237.

[50] *Holzmann,* Einsatz, S. 20 und *Schausberger,* Rüstungsindustrie, S. 205.

[51] Freundl. Mitteilung Dr. Holzmann und Studie Bünau, Wien.

[52] Ebenda sowie MWI 1945/10, Gemeindeberichte Niederösterreich 21 und OKH-Lagekarte vom 14./15. 4. 1945.

[53] MWI 1945/10, Gemeindeberichte Niederösterreich 21 und *Stahl,* 6. Panzer-Division, S. 3.

[54] *Ivanov,* Bitva za Venu, hebt hervor, daß die Kämpfe im Raum Mödling „fließend und doch sehr heftig" waren.

[55] Diese Abteilung war tags zuvor aus der Reichsschutzstellung nördlich von Prellenkirchen herausgelöst und nach Wien in Marsch gesetzt worden. Hier trafen die Schwadronen allerdings nicht mehr vollzählig ein, da es ein Teil der Soldaten vorgezogen hatte, sich mit fingierten Marschbefehlen nach Grünburg a. d. Steyr abzusetzen.

[56] Eine weitere Kompanie dieses Bataillons war dem Festungskommandanten von Bratislava unterstellt gewesen.

[57] Mitteilung von Herrn Otto Hauck, Wien, an den Verfasser.

[58] Studie Bünau, Wien.

[59] Mödling bis Rauchenwarth. Vgl. dazu: A.*Ryžakov,* Osvoboždenie Veny (Die Befreiung Wiens). In: Voenno-istoričeskij žurnal (Moskau 1965), Nr. 4, S. 121 — 124. Ferner *Voroncov,* Ot Volžskich, S. 204 ff.

[60] *Ryžakov,* Osvoboždenie, S. 122 und *Malinovskij,* Budapešt, S. 274. Die 100. Garde-Schützen-Division traf erst am 3. 4. 1945, aus Ercsi kommend, im Raum südlich von Wien ein. Aus der Stärke des 304. Garde-Schützen-Regiments (je Kompanie 140 Mann) läßt sich schließen, daß die Division personell voll aufgefüllt war.

[61] Studie Bünau, Wien.

[62] *Malinovskij,* Budapešt, S. 275 f.

[63] Studie Bünau, Wien.

[64] MWI 1945, Gemeindeberichte Niederösterreich 21.

[65] Vgl. S. 148 ff.

[66] *Zavizion-Kornjušin*, Tichom Okeane, S. 176. Wie sehr sich auch auf sowjetischer Seite der Stand an Panzern verringert haben mußte, läßt sich an Hand der 46. Garde-Panzer-Brigade erkennen, die am 6. 4. 1945 nur über 13 Panzer und 4 Sturmgeschütze (SU — 76) verfügte statt über 65 Panzer.

[67] Aussage Blaschkes im Verfahren gegen Schirach, a. a. O.

[68] Studie Bünau, Wien.

[69] *Weidinger,* Das Reich, S. 489 f.

[70] Stadtarchiv Wien, Kleine Bestände, 83 — 1/1.

[71] Studie Bünau, Wien.

[72] Aussage des ehem. Ia des Kampfkommandanten von Wien, Major i. G. Albrecht Neumann, vor dem Volksgerichtshof Wien (Landesgericht für Strafsachen, Wien, Vg 2d Vr 6137/46) und Želanov, Vzaimodestvie, S. 118 f. Zum geplanten Ablauf und zum Scheitern des Wiener Aufstandsplanes vgl. *Molden,* 05, S. 232 ff.

[73] Mitteilung Dr. Graf, a. a. O.

[74] *Želanov,* Vzaimodejstvie, S. 118. Besonders die Nennung von 20.000 Wienern ist eine heute nicht mehr kontrollierbare Schätzung.

[75] Reno *Trippelsdorf,* Die letzten Monate der kroatischen Ausbildungs-Brigade. In: Franz Schraml, Kriegsschauplatz Kroatien (Neckargemünd 1962), S. 288.

[76] Aussage Szokolls im Verfahren gegen Bachmayer, a. a. O.

[77] Dokumentationsarchiv des Österreichischen Widerstandes, Arch. Nr. 4623.

[78] *Želanov,* Vzaimodejstvie, S. 119.

[79] *Molden,* 05, S. 245.

[80] Lagebericht Kreisleiter Arnholds, vom 6. 4. 1945, a. a. O.

[81] Mitteilung Dr Graf.

[82] Generalleutnand N. Welikolepow. Der Alpenfrühling 1945. Manuskript TASS-APN, 18 Seiten, Wien 1975.

[83] Lagebericht Kreisleiter Arnholds vom 6. 4. 1945, a. a. O., *Weidinger,* Das Reich, S. 497 ff und *Voroncov,* Ot Volžskich, S. 205.

[84] *V. Antonov,* Boi za stolicu Avstrii (Der Kampf um die Hauptstadt Österreichs). In: Izvestija 14. 4. 1945; ferner Studie Bünau, Wien, sowie Mitteilung Vopersal.

[85] *Antonov,* Boi, a. a. O.

[86] *Birjukov,* Nauka, S. 246 und Studie Bünau, Wien.

[87] SSSR v bor'be za nezavisimost' Avstrii, S. 63.

[88] *Stahl,* 6. Panzer-Division, S. 3.

[89] Studie Bünau, Wien. Die im Arsenal untergebrachten und zum Einsatz bestimmten Kampfeinheiten des Kroatischen Ersatz- und Ausbildungs-Regiments kamen nicht zum Einsatz, da sie von der österreichischen militärischen Widerstandsbewegung für den Aufstand in Wien vorgesehen waren und ihre Haltung nach dem Scheitern des Aufstandsplanes einen zu großen Unsicherheitsfaktor darstellte.

[90] *Birjukov,* Nauka, S. 246.

[91] Stadtarchiv Wien, Kleine Bestände, 83 — 2/67/56.

[92] Stadtarchiv Wien, Sammlung 1945, Bericht Kurt Diemann; ferner Adolf *Schärf,* April 1945 in Wien (Wien 1948), S. 15 f.

[93] Mitteilung Graf.

[94] *Schärf,* April 1945, S. 19.

[95] Stadtarchiv Wien, Sammlung 1945 (mehrere Berichte).

[96] *Stahl,* 6. Panzer-Division, S. 3.

[97] Ebenda.

[98] Wiener Feuerwehr, Verwaltungsbericht 1945.

[99] *Zavizion-Kornjušin,* Tichom Okeane, S. 178.

[100] Studie Bünau, Wien.

[101] Mitteilung von Herrn Alfred Borth, Wien, an den Verfasser.

[102] Studie Bünau, Wien.

[103] *Spaeter,* Panzerkorps Großdeutschland, S. 687.

[104] Ebenda und Lothar *Rendulic,* Soldat in stürzenden Reichen (München 1965), S. 401. — In der Geschichte des Panzerkorps Großdeutschland und bei Rendulic wird erwähnt, daß im Gefolge der Führer-Grenadier-Division die Wiener Feuerwehr 3000 Verwundete und Gefangene geborgen und zurücktransportiert hat. Im Archiv der Feuerwehr der Stadt Wien findet sich zwar diesbezüglich nicht der geringste Hinweis, doch war die Möglichkeit durchaus gegeben, da die Feuerwehr erst in der Nacht vom 6. auf den 7. April aus Wien abgezogen wurde.

[105] *Spaeter,* Panzerkorps Großdeutschland, S. 687.
[106] Studie Bünau, Wien, und *Weidinger,* Das Reich, S. 502.
[107] Studie Bünau, Wien, und MA Freiburg, Tagesmeldung des Ic der 6. Panzer-Armee vom 10. 4. 1945. — Beim Heeresgeschichtlichen Museum war die 1. Garde-mech. Brigade des I. Garde-mech. Korps eingesetzt.
[108] Studie Bünau, Wien.
[109] Josef *Goebbels,* Tagebücher 1945. Die letzten Aufzeichnungen (Hamburg 1977), S. 438 f.
[110] Kriegstagebuch OKW, Bd. IV/2, S.1229.
[111] Geschichte des Großen Vaterländischen Krieges, S. 248.
[112] MA Freiburg, Ic Tagesmeldung der 6. Panzer-Armee vom 15. 4. 1945.
[113] Der Wortlaut des diesbeüglichen Befehls im Anhang auf S.491. Dieser Befehl wurde auch an die Truppen weitergeleitet, wie einer Ic Tagesmeldung der 6. Panzer-Armee vom 18. 4. zu entnehmen ist.
[114] *Zavizion-Kornjušin,* Tichom Okeane, S. 179.
[115] Ebenda. — Die dritte Garde-Panzer-Brigade des Korps, nämlich die 21. Garde-Panzer-Brigade, drang am 8. April in Tulln ein, übergab aber ihren Angriffsbereich dem XXXVIII. Garde-Schützen-korps und folgte dann den übrigen Teilen des V. Garde-Panzerkorps, in dessen Rahmen sie noch am 8. 4. in die Kämpfe im XIX. Wiener Bezirk eingriff.
[116] Studie Bünau, Wien.
[117] *Speater,* Panzerkorps Großdeutschland, S. 688.
[118] Studie Bünau, Wien.
[119] Ebenda und *Birjukov,* Tichom Okeane, S. 247.
[120] *Voroncov,* Ot Volžskich, S. 211 f.
[121] Hadtörténelmi Levéltár, Budapest, Einsatztagebuch des ung. 101. Jagdgeschwaders für die Zeit vom 5. bis 13. April 1945.
[122] Kriegstagebuch OKW, Bd. IV/2, S. 1229.
[123] Studie Bünau, Wien.
[124] Lothar *Rendulic,* Gekämpft, gesiegt, geschlagen (Wels 1957), S. 368.
[125] Bericht Adolph-Auffenberg-Komarów, Niederdonau (vgl. S. 100) und — als Beispiel — der Lagebe-richt Kreisleiter Arnholds vom 6. 4. 1945, a. a. O.
[126] *Rendulic,* Gekämpft, S. 368.
[127] Ebenda, S. 370.
[128] Studie Bünau, Wien.
[129] *Zavizion-Kornjušin,* Tichom Okeane, S. 177.
[130] Studie Bünau, Wien.
[131] Stadtarchiv Wien, Kleine Bestände, 83 — 2/67/56, und Johann Hartinger, Wie es war. Zur Erinne-rung an die Geschehnisse während der Kampftage im Bereich der Wiener Hofburg im April 1945 (als Manuskript vervielfältigt).
[132] Studie Bünau, Wien.
[133] Izvestija, 14. 4. 1945.
[134] *Zavizion-Kornjušin,* Tichom Okaene, S. 179.
[135] Studie Bünau, Wien.
[136] MA Freiburg, Lagebericht Ost Nr. 1393, vom 8. 4. 1945.
[137] *Rendulic,* Gekämpft, S. 371.
[138] Ebenda, S. 371 f., und MA Freiburg, OKH-Lagekarte vom 14./15. 4. 1945.
[139] Studie Bünau, Wien, und *Schärf,* April 1945, S. 16.
[140] Generalmajor Wessely fiel eine Woche später bei den Kämpfen um Manhartsbrunn.
[141] Studie Bünau, Wien, und Mitteilung Dr. Graf. Wessely blieb vielen deutschen Offizieren unaus-löschlich in Erinnerung. Dem Kommandeur der 2. SS-Panzer-Division etwa, den er dazu bewegen konnte, die noch in Wien gebliebenen Lipizzanerhengste der Spanischen Hofreitschule aus der Stadt zu bringen.
[142] *Zavizion-Kornjušin,* Tichom Okeane, S. 177 und *Weidinger,* Das Reich, S. 504 ff.
[143] *Malinovskij,* Budapešt, S. 280.
[144] *Birjukov,* Nauka, S. 250.
[145] Aussage Blaschkes vor dem Volksgerichtshof Wien, a. a. O.
[146] Hartinger, Bericht Hofburg; Bericht Dr. Graf und freundl. Mitteilung von Frau Gertraud Lessing, ehem. Sekretärin Schirachs. — Graf und Lessing stimmen darin überein, daß Schirach so gut wie keine militärischen Entscheidungen während des Kampfes in Wien traf. Zur weiteren Rolle *Schi-rachs* seine Selbstdarstellung, Ich glaubte, S. 314 f, sowie seine Aussage in Nürnberg, Internationales Militärtribunal, Bd. XIV, S. 453 — 589.
[147] Studie Bünau, Wien.

[148] Ebenda.

[149] Ebenda.

[150] Ebenda. *Rendulic,* Gekämpft, S. 373 f., betont, daß die Wiener Brücke der „Ingerenz" der Heeresgruppe Süd entzogen waren. Das steht zwar in einem gewissen Gegensatz zum Bericht Bünaus, wonach der Schutz der Donaubrücken seit 25. März der Heeres-Pionier-Brigade 127 der Heeresgruppe Süd übertragen worden war, doch kann durchaus ein eigener Befehl des OKW bezüglich der Wiener Brücken vorgelegen sein. Die Nordbahnbrücke, so Bünau, sei auf besonderen Befehl des OKW gesprengt worden, da sie für den eigenen Zweck „nicht mehr gebraucht wurde, über kurz oder lang der Sprengung doch anheimfallen mußte, und die dort eingesetzten Pioniereinheiten ohne die Möglichkeit des Ersatzes durch eigene Kräfte anderweitig dringend benötigt wurden". Aus dieser Formulierung geht jedoch eher hervor, daß kein besonderer Befehl des OKW für die Sprengung vorlag, sondern nur ein allgemeiner, und die Sprengung entweder vom Kampfkommandanten oder vom Kommandierenden General des II. SS-Panzerkorps veranlaßt wurde.

[151] *Antonov,* Boi, a. a. O.

[152] *Loktionov,* Dunajskaja flotilija, S. 265.

[153] *Malinovskij,* Budapešt, S. 281 und MWI 1945/9, Gemeindeberichte Niederösterreich 4.

[154] ORF Sammlung Österreich II, Bericht Macku.

[155] Studie Bünau, Wien.

[156] *Hartinger,* Bericht Hofburg. Artilleriefeuer auf die anrückenden Russen war schon während der vorangegangenen Tage besonders im 3. Bezirk zu spüren gewesen, da die Artillerie der Führer-Grenadier-Division vom Prater aus Störfeuer schoß. Nun wurde diese Artillerie von den Abteilungen der 2. und 3. SS-Panzer-Division verstärkt.

[157] *Zavizion-Kornjušin,* Tichom Okeane, S. 180 und *Ryžakov,* Ozvobždenie, S. 123.

[158] Freundl. Mitteilung von Dr. Hans Peter Klettenhammer-Tischina, Wien, ehem. Arzt dieses Alarmbataillons, an den Verfasser.

[159] *Weidinger,* Das Reich, S. 511, und Mitteilung Vopersal.

[160] Studie Bünau, Wien.

[161] *Pohlman,* 96. Infanterie-Division, S. 396.

[162] MWI 1945/9, Gemeindeberichte Niederösterreich 4. Zwischen Raasdorf und Markgrafneusiedl wurden dabei 13 sowjetischer Panzer abgeschossen. Die sowjetischen Darstellungen erwähnen nur, daß der deutsche Widerstand südostwärts von Wien so stark war, daß der Angriff der 46. Armee südlich von Groß-Enzersdorf aufgehalten wurde, sodaß es nicht gelang, Wien von dieser Seite her zu erreichen *(Loktionov,* Dunajskaja flotilija, S. 265). Etwas fragwürdig sind die Angaben von Ševčuk, Inženernye vojska, S. 270, wonach das 149. mech. Pionier-Bataillon, das der beweglichen Sperrabteilung der 3. Ukrainischen Front zugeteilt war, in Zusammenwirkung mit der 22. Panzer-Abwehr-Brigade am 10. und 11. April die deutschen Gegenangriffe im Raum Raasdorf-Glinzendorf zum Erliegen brachte, wobei durch Artilleriefeuer und durch Minen der Pioniere 20 Panzer und 2 Schützenpanzer vernichtet wurden.

[163] *Malinovskij,* Budapešt, S. 281.

[164] *Schtemenko,* Generalstab, S. 401.

[165] *Loktionov,* Dunajskaja flotilija, S. 265. Um die Operationen der 4. Garde-Armee und der sowjetischen Donauflottille zu koordinieren, war dem Kommandanten der 2. Brigade der Flußschiffe der Befehl erteilt worden, sein Kommando im Angriffsraum der 4. Garde-Armee einzurichten, während der Kommandant der 1. Brigade die Aktion an Ort und Stelle leitete.

[166] Ebenda.

[167] Studie Bünau, Wien.

[168] Ebenda.

[169] *Malinovskij,* Budapešt, S. 282 und Mitteilung Schick, a. a. O.

[170] Stadtarchiv Wien, Kleine Bestände, 83 — 2/70/56.

[171] Mitteilung Dr. Klettenhammer.

[172] *Kuznecov,* Tolbuchin, S. 247 und MA Freiburg, Ic Tagesmeldung der 6. Panzer-Armee, vom 12. 4. 1945. Die 100. Garde-Schützen-Division wurde mit dem 304. Garde-Schützen-Regiment beim Finanzamt in der Zollamtsstraße festgestellt. Das XXXIX. Grade-Schützenkorps wurde jedoch nicht länger in Wien gelassen, sondern nach Westen verlegt, um am Angriff Richtung St. Pölten teilzunehmen. Vgl. dazu S. 229.

[173] Victor *Flieder* und Franz *Loidl,* Stephansdom. Zerstörung und Wiederaufbau (= Veröffentlichungen des Kirchenhistorischen Instituts der Katholisch-theolog. Fakultät der Universität Wien 3, Wien 1967), S. 35 — 41.

[174] ORF Sammlung Österreich II, Bericht Höpken.

[175] Österreichische Zeitung, 14. April 1955, S. 3.

[176] ORF Sammlung Österreich II, Bericht Klinkicht.

[177] *Loktionov,* Dunajskaja flotilija, S. 282, und *Kuznecov,* Tolbuchin, S. 247.
[178] MA Freiburg, Ic Tagesmeldung der 6. Panzer-Armee, vom 12. 4. 1945.
[179] Ebenda.
[180] Mitteilung Dr. Graf und Tagebuch Bünau, a. a. O.
[181] MA Freiburg, Wesentliche Merkmale des Feindbildes, vom 10. und 11. 4. 1945.
[182] *Loktionov,* Dunajskaja flotilija, S. 260.
[183] *Birjukov,* Nauka, S. 252 f.
[184] Auskunft Dr. Holzmann.
[185] *Birjukov,* Nauka, S. 253.
[186] MA Freiburg, Ic Tagesmeldung der 6. Panzer-Armee, vom 18. 4. 1945, Ic Tagesmeldung der 8. Armee, vom 14. 4. 1945 und Lagebericht Ost, Nr. 1396, vom 11. 4. 1945.
[187] MWI 1945/9, Gemeindeberichte Niederösterreich 4.
[188] *Loktionov,* Dunajskaja flotilija, S. 260. Von den angreifenden Kanonenbooten (KTB/OKW, Bd. IV/2, S. 1236, nennt sechs) sollen vier vernichtet worden sein.
[189] MA Freiburg, Lagebericht Ost, Nr. 1396, vom 11. 4. 1945. In diesem Zusammenhang ist eine interessante Feststellung zu machen. Die einschlägigen sowjetischen Werke über die Donauflottille sowie alle gängigen Darstellungen über die Kämpfe in Wien — mit Ausnahme der Werke von *Malinovskij* und *Birjukov* — geben an, daß die Reichsbrücke um die Mittagszeit des 11. April von zirka 100 Mann der 80. Garde-Schützen-Division, die am Wasserweg herangebracht worden waren, handstreichartig in Besitz genommen wurde. Diese Schilderungen decken sich in keiner Weise mit den vorhandenen deutschen Unterlagen und lassen sich auch durch Augenzeugenberichte nicht erhärten (Bericht von Paul Peschek, MWI 1945/8 — A). Noch dazu wollen diese 100 Mann *(Loktionov,* Dunajskaja foltilija, S. 267) die Brücke zwei Tage gehalten haben *(Kuznecov,* Tolbuchin, S. 247). Trotz der exakten russischen Angaben bes. bei *Loktionov* und *Pyškin,* Po veleniju, S. 158 ff., liegt hier zweifellos eine Verwechslung des Datums vor, da der erfolgreiche Stum auf die Reichsbrücke nach den vielen Fehlschlägen erst am 13. April morgens stattfand.
[190] Mitteilung Dr. Stahl an den Verfasser, vom 15. 10. 1969.
[191] MWI 1945/9, Gemeindeberichte Niederösterreich 4 und 12.
[192] MA Freiburg, Ic Tagesmeldung der 6. Panzer-Armee, vom 17. 4. 1945.
[193] *Pohlman,* 96. Infanterie-Division, S. 396.
[194] MA Freiburg, Ic Tagesmeldung der 6. Panzer-Armee, vom 18. 4. 1945, Mitteilungen Vopersal und Dr. Stahl.
[195] Schriftl. Mitteilung des ehem. Chefs des Stabes der Heeresgruppe Süd, Generalleutnant a. D. Heinz Gyldenfeldt, an das MWI, vom 7. 4. 1961.
[196] Sudie Bünau, Wien.
[197] Sowjetischen Darstellungen zufolge *(Malinovskij,* Budapešt, S. 283 f., und A. *Kuzmičev,* Noč nad Dunaem (Nacht über der Donau), Krasnaja zvezda, 40. Jg., 1963, Nr. 93, vom 19. April) hatte ein russisches Einsatzkommando die Zündkabel durchgeschnitten und die Sprengladung in den Strom fallenlassen. Diese Darstellung deckt sich mit einer Mitteilung Paul Pescheks, a. a. O., der zu den Brückensicherungen gehörte und in der Nacht klatschende Geräusche vernommen haben will, so, als ob etwas in den Fluß geworfen würde.
[198] Dokumentationsarchiv des österreichischen Widerstandes, Tätigkeitsbericht Szokoll.
[199] Vgl. dazu Anmerkung 189 in diesem Kapitel.
[200] Die verschiedenen und insgesamt mindestens 12 Versionen über die Erhaltung der Reichsbrücke wurden vom Verfasser 1975 in einer nicht veröffentlichen Studie untersucht.
[201] Studie Bünau, Wien.
[202] Mitteilung Dr. Graf und *Weidinger,* Das Reich, S. 517.
[203] Erich *Kuby,* Das Ende des Schreckens. Dokumente des Untergangs, Januar bis Mai 1945 (München 1957), S. 104.
[204] Mitteilung Dr. Graf.
[205] Geschichte des Großen Vaterländischen Krieges, S. 249, *Kuznecov,* Tolbuchin, S. 248, und andere.
[206] *Weidinger,* Das Reich, S. 518 — 524.
[207] Studie Bünau, Wien.
[208] MA Freiburg, Lagebericht Ost, Nr. 1398, vom 13. 4. 1945.
[209] *Pohlman,* 96. Infanterie-Division, S. 396 f; MA Freiburg, Ic Tagesmeldungen der 6. Panzer-Armee, vom 15., 16. und 18. 4. 1945, sowie MWI 1945/9, Gemeindeberichte Niederösterreich 8 und 12.
[210] Dem XX. Garde-Schützenkorps gelang es zwar, unter einem Rauchverhang über die unter deutschem Artilleriefeuer liegende Reichsbrücke Infanterie und Artillerie der 80. Garde-Schützen- und der 7. Garde-Luftlande-Division auf das Nordufer zu bringen, doch geschah das nicht mehr früh genug und mit zu geringen Kräften. Nach der Einnahme der Brücke über die Alte Donau stießen die ersten Verbände des XX. Garde-Schützenkorps in Richtung Donaufeld und Floridsdorf vor.

[211] MA Freiburg, Ic Tagesmeldung der 6. Panzer-Armee, vom 15. 4. 1945 und Studie Bünau, Wien.
[212] Studie Bünau, Wien.
[213] *Malinovskij,* Budapešt, S. 286 ff. In seiner bereits mehrfach zitierten schriftlichen Mitteilung betont Wolfgang Vopersal, daß von der Einschließung größerer Verbände, beispielsweise der 3. SS-Panzer-Division, nicht die Rede sein könne.
[214] *Spaeter,* Panzerkorps Großdeutschland, S. 697.
[215] Studie Bünau, Wien.
[216] ORF Sammlung Österreich II, Materialerhebung Förstergasse.
[217] Mitteilung Gyldenfeldt.
[218] Vgl. dazu den vollen Wortlaut der Tagesmeldung im Anhang auf S. 479.
[219] *Malinovskij,* Budapešt, S. 288.
[220] *Beleckij,* Sovetskij sojuz, S. 64.
[221] Ebenda, S. 66. Im Rahmen der Gesamtoperation sollen 130.000 Deutsche gefangen, 1.345 Panzer bzw. Sturmgeschütze und 2.250 Feldgeschütze vernichtet oder erbeutet worden sein. — Die Zahlen scheinen allerdings zu hoch gegriffen. Von deutscher Seite liegen leider keine Angaben vor. Darüber hinaus wurden die sowjetischen Zahlen schon am Tage nach dem Ende der Schlacht veröffentlicht und erfuhren seither keinerlei Berichtigung, obwohl eine solche höchstwahrscheinlich angebracht wäre.
[222] 2 Monate Aufbauarbeit in Wien (= Sozialistische Hefte 2, Wien 1945).
[223] *Ryžakov,* Ozvoboždenie, S. 124.
[224] Zum Verlauf des Warschauer Aufstandes vgl. Hanns v. *Krannhals,* Der Warschauer Aufstand 1944 (Frankfurt/Main 1962).
[225] H. C. *Butcher,* Drei Jahre mit Eisenhower (Bern 1946), S. 803 ff.

7. Marchfeld und Weinviertel

[1] MA Freiburg, Kriegstagebuch Heeresgruppe Süd, vom 23. 3. 1945.
[2] Geschichte des Großen Vaterländischen Krieges, S. 242 f.
[3] Manuskript Lange, Heeresgruppe Süd, S. 253.
[4] Geschichte des Großen Vaterländischen Krieges, S. 350, und MA-Freiburg, OHK-Lagekarte vom 26. 3. 1945.
[5] Geschichte des Großen Vaterländischen Krieges, S. 350.
[6] Auszug aus der Wochenmeldung der Heeresgruppe Süd, Stand 24. 3. 1945, im Manuskript Lange, Heeresgruppe Süd, S. 252. — Lt. Verpflegsmeldung vom 20. 4. 1945, hatte die 8. Armee an diesen Tag 157.000 Mann und 36.000 Pferde zu verpflegen.
[7] MA Freiburg, Kriegstagebuch Heeresgruppe Süd, vom 25. 3. 1945, und František *Nesvadba*-Josef *Pluhař,* Die Befreiung der südwestlichen Slowakei und Südmährens durch die 2. Ukrainische Front im Frühjahr 1945 (tschechisch). In: Historie a vojenství, Prag, Nr. 1/1962, S. 39. Am 6. und 7. April lief fast die gesamte ungar. 24. Inf. Div. zu den Sowjets über.
[8] *Nesvadba-Pluhař,* Befreiung, S. 33 ff.
[9] Ebenda, S. 46 f. Marschall Malinovskij hatte bestimmt, daß der Hron von den Hauptkräften der 7. Garde-Armee in einem 12 Kilometer breiten Abschnitt zwischen den Orten Hor. Seč und Žemliary überschritten werden sollte.
[10] MA Freiburg, Morgen- und Tagesmeldungen der Heeresgruppe Süd, 26. — 28. 3. 1945.
[11] MA Freiburg, OKH-Lagekarten vom 26., 27. und 28. 3. 1945.
[12] MA Freiburg, Morgenmeldung der Heeresgruppe Süd, vom 28. 3. 1945.
[13] Geschichte des Großen Vaterländischen Krieges, S. 243.
[14] MA Freiburg, OKH-Lagekarte vom 29. 3. 1945 und Manuskript Lange, Heeresgruppe Süd, S. 254.
[15] MA Freiburg, Anlage zum Kriegstagebuch Heeresgruppe Süd, vom 23. 3. 1945.
[16] Manuskript Lange, Heeresgruppe Süd, S. 255.
[17] MA Freiburg, OKH-Lagekarte, vom 30. 3. 1945.
[18] Manuskript Lange, Heeresgruppe Süd, S. 256.
[19] MA Freiburg, Kriegstagebuch Heeresgruppe Süd, vom 30. 3. 1945.
[20] Diplomatisches Archiv des Außenministeriums der Sowjetunion, Nr. 11051. Die Übersetzung im Anhang auf S. 490.
[21] MA Freiburg, Lagebericht Ost, Nr. 1386, vom 1. 4. 1945 und OKH-Lagekarte vom 1. 4. 1945. Ferner Geschichte des Großen Vaterländischen Krieges, S. 355, und Rudolf *Grube,* Unternehmen Erinnerung. Eine Chronik über den Weg und den Einsatz des Grenadier-Regiments 317 in der 211. Infanterie-Division 1939—1945 (Bielefeld 1961), S. 158 f.
[22] *Grube,* Unternehmen, S. 159.

23 P. G. *Dobiš*, Staatspräsident Dr. Josef Tiso in Oberösterreich, 3. Aufl. (Selbstverlag, Linz 1982), S. 42 und Harry *Slapnicka,* Das Stift Kremsmünster als letzter Sitz der slowakischen Staatsregierung. In: Zeitgeschichte, März 1977, S. 195—203.

24 Geschichte des Großen Vaterländischen Krieges, S. 244.

25 *Nesvadba-Pluhař,* Befreiung, S. 50. An der Einnahme Bratislavas waren die sowjetischen 27. Panzer-Brigade und das 2. rumänische Panzer-Regiment hervorragend beteiligt.

26 *Pohlman,* 96. Infanterie-Division, S. 388 f.

27 MA Freiburg, Lagebericht Ost, Nr. 1387, vom 2. 4. 1945.

28 Ebenda, Nr. 1388, vom 3. 4. 1945.

29 MA Freiburg, Kurze Beurteilung der Feindlage, vom 3. 4. 1945.

30 MWI 1945/9, Gemeindeberichte Niederösterreich 4.

31 Vgl. dazu die diesbezüglichen Bemerkungen auf S. 85 f.

32 Kriegstagebuch OKW, Bd. IV/2, S. 1605.

33 Gregor *Janssen,* Das Ministerium Speer. Deutschlands Rüstung im Krieg (Berlin 1968), S. 317.

34 Diesbezügliche Angaben bei *Ulrich,* Luftkrieg, S. 30, sind nicht zutreffend. Die Intops Summaries nennen auch keinen einzigen Angriff.

35 Studie Mikulicz, 417. Division.

36 H. K. G. *Rönnefarth,* Die 44. Reichsgrenadier-Division „Hoch- und Deutschmeister". In: Feldgrau Nr. 5/1956, S. 135.

37 *Klietmann,* Waffen-SS, S. 329. Aus der Dokumentation Klietmanns läßt sich nirgends ableiten, daß die SS-Brigade „Böhmen" im Raum Korneuburg war, wie dies Malinovskij etwas unklar angibt. Aus dem Hinweis Malinovskijs, daß es eine „Freiwilligen-Einheit" gewesen sei, läßt sich jedoch folgern, daß eine Verwechslung mit der 37. Freiwilligen-Kavallerie-Division „Lützow" vorliegt. Die SS-Brigade „Böhmen" der nicht mehr aufgestellten SS-Division „Böhmen und Mähren" war nur im Rahmen der 8. Armee eingesetzt, während die SS-Brigade „Mähren" beim Korps Bünau (vgl. S. 231) war. Die Terminologie verschwimmt sogar auf den OKH-Lagekarten, wo nur die Bezeichnungen Trabandt 1,2 und 3 aufscheinen.

38 MWI 1945/9, Gemeindeberichte Niederösterreich 4.

39 *Loktionov,* Dunajskaja flotilija, S. 259. Die Donaufähre war allerdings nicht verwendbar, da sie durch einen Artillerietreffer zerstört worden war.

40 MWI 1945/9, Gemeindeberichte Niederösterreich 4 und *Malinovskij,* Budapešt, S. 343.

41 MWI 1945/9, Gemeindeberichte Niederösterreich 4 und MA Freiburg, Lagebericht Ost, Nr. 1391, vom 6. 4. 1945.

42 Zentrum für militärgeschichtliche und militärtheoretische Studien und Forschungen, Bukarest, Dokumentarbericht über die Gefechtshandlungen rumänischer Truppen in Österreich 1945, S. 2. Das 2. rumänische Panzer-Regiment wurde während des Marchübergangs mehrfach von Maschinen der Deutschen Luftwaffe angegriffen.

43 Die 101. Jäger-Division war ohne ihr 1. Regiment im Einsatz.

44 Sergej A. *Andrjuščenko,* Nacinali my na Slavutiče . . . (Wir begannen auf Slavutiče, Moskau 1979), S. 214.

45 MA Freiburg, OKH-Lagekarte vom 11. 4. 1945 und Lagebericht Ost, Nr. 1392, vom 7. 4. 1945.

46 Günter Weber, Geschichte der 357. Infanterie—Division (Manuskript) und Günter Haake—Philipp Klauer, Der Abwehrkampf unserer 6./Artillerie-Regiment 357 im Osten 1944—1945 (als Manuskript vervielfältigt, 1970).

47 Lagebericht Kreisleiter Arnholds, a. a. O., vom 6. 4. 1945.

48 Ebenda.

49 1945/9, Gemeindeberichte Niederösterreich 4.

50 MA Freiburg, Lagebericht Ost, Nr. 1394, vom 9. 4. 1945.

51 Manuskript Weber, 357. Inf. Div.

52 Bei Dürnkrut 1 Rgt. 48. V. Gr. Div. und bis in den Raum Jedenspeigen 211. V. Gr. Div., bei Hohenau 357. Inf. Div., im Raum Bernhardsthal — Lanžhot die Pz. Div. „Feldherrnhalle 2". Zu den Kriegsereignissen in Dürnkrut vgl. Gustav *Holzmann,* Dürnkrut. Die Entwicklung einer Marktgemeinde (Dürnkrut 1968).

53 MA Freiburg, OKH-Lagekarte vom 14./15. 4. 1945.

54 MA Freiburg, Lagebericht Ost, Nr. 1394, vom 9. 4. 1945.

55 MA Freiburg, Wesentliche Merkmale des Feindbildes, vom 11. 4. 1945.

56 Ebenda, vom 10. 4. 1945.

57 Manuskript Lange, Heeresgruppe Süd, S. 261.

58 MA Freiburg, OKH—Lagekarte vom 11. 4. 1945.

59 MA Freiburg, Lagebericht Ost, Nr. 1395, vom 10. 4. 1945.

60 MWI 1945/9, Gemeindeberichte Niederösterreich 4.

61 Manuskript Weber, 357. Inf. Div.
62 MA Freiburg, OKH—Lagekarte vom 14./15. 4. 1945 und Willi *Weinmann,* Die 101. Jäger—Division (Marbach a. N. 1966), S. 643. Die 25. Panzer-Division war ursprünglich für den Kampf in Wien vorgesehen, konnte ihre Verschiebung aber nicht mehr rechtzeitig durchführen. Vgl. S. 414, Anm. 43.
63 MA Freiburg, OKH—Lagekarte vom 14./15. 4. 1945, sowie Ic Tagesmeldung der 8. Armee, vom 13. 4. 1945, und MWI 1945/9, Gemeindeberichte Niederösterreich 4.
64 MWI 1945/9, Gemeindeberichte Niederösterreich 4.
65 MA Freiburg, Lagebericht Ost, Nr. 1397, vom 12. 4. 1945.
66 Vgl. S. 19 f.
67 Es sei hier nochmals auf den Artikel von *Gosztony,* Aber Churchill . . ., hingewiesen.
68 Diplomatisches Archiv des Außenministeriums der Sowjetunion, Nr. 11068. Die Übersetzung davon im Anhang auf S. 492.
69 Schriftliche Mitteilung des ehem. Chefs des Stabes der 8. Armee, Generalmajor Karl Klotz, an das MWI, vom 3. 3. 1961.
70 MA Freiburg, Lagebericht Ost, Nr. 1398, vom 13. 4. 1945, Ic Tagesmeldung der 8. Armee, vom 13. 4. 1945, und *Nesvadba—Pluhař,* Befreiung, S. 55 f.
71 MA Freiburg, Lagebericht Ost, Nr. 1397, vom 12. 4. 1945.
72 MWI 1945/9, Gemeindeberichte Niederösterreich 4.
73 MA Freiburg, Wesentliche Merkmale des Freinbildes, vom 12. 4. 1945.
74 Ebenda, vom 13. 4. bis 16. 4. 1945.
75 Tatsächlich war das XVIII. Panzerkorps zumindest vorläufig in die Reserve gegangen, da es am 11. April der 9. Garde-Armee unterstellt worden war, die in ihrer Gesamtheit aus der Kampffront gezogen wurde. — *Zavizion-Kornjušin,* Tichom Okeane, S. 180.
76 MA Freiburg, Wesentliche Merkmale des Freindbildes, vom 17. 4. 1945.
77 MA Freiburg, Ic Tagesmeldung der 8. Armee, vom 19. 4. 1945.
78 MA Freiburg, Lagebericht Ost, Nr. 1400, vom 15. 4. 1945, und Ic Tagesmeldungen der 8. Armee vom 14. und 15. 4. 1945. Die Garde-Luftlande-Schützen-Regimenter 9 und 14 der 4. Garde-Luftlande-Division sollen bei Höhe 272, SSO von Mistelbach, schwere Verluste erlitten haben.
79 MA Freiburg, Lagebericht Ost, Nr. 1400, vom 15. 4. 1945 und MWI 1945/9, Gemeindeberichte Niederösterreich 4.
80 MA Freiburg, Lagebericht Ost, Nr. 1400, vom 15. 4. 1945.
81 *Pohlman,* 96. Infanterie-Division, S. 397.
82 MA Freiburg, Ic Tagesmeldung der 8. Armee, vom 17. 4. 1945.
83 Zentrum Bukarest, Dokumentarberichte, S. 3 f.
84 MA Freiburg, OKH—Lagekarte vom 19. 4. 1945.
85 MA Freiburg, Lagebericht Ost, Nr. 1402, vom 17. 4. 1945.
86 *Pohlman,* 96. Infanterie-Division, S. 398 f.
87 MWI 1945/9, Gemeindeberichte Niederösterreich 4 und MA Freiburg, Ic Tagesmeldungen der 8. Armee, vom 13. bis 17. 4. 1945. Wirkungsvolle Panzerunterstützung scheint dem XXV. Garde-Schützenkorps hingegen gefehlt zu haben, da es selbst über keinen geschlossenen Panzerverband verfügte und die einzige disponible Panzerstreitmacht der 7. Garde-Armee, nämlich die 27. Garde-Panzer-Brigade, zu diesem Zeitpunkt nördlich von Groß-Schweinbarth eingesetzt war.
88 *Grube,* Unternehmen, S. 160.
89 MWI 1945/13—L, Unterstellungen und Kampfgruppen der Heeresgruppe Süd, Stand: 18. 4. 1945.
90 MA Freiburg, Ic Tagesmeldungen der 8. Armee, vom 15. — 17. 4. und MWI 1945/9, Gemeindeberichte Niederösterreich 12.
91 Manuskript Weber, 357. Inf. Div. und Gemeindebericht Altlichtenwarth, vom 22. 2. 1961.
92 *Andrjuščenko,* Slavutiče, S. 276.
93 MA Freiburg, Lagebericht Ost, Nr. 1403 , vom 18. 4. 1945.
94 *Weinmann,* 101. Jäger—Division, S. 643.
95 MA Freiburg, Lagebericht Ost, Nr. 1404, vom 19. 4. 1945, und Ic Tagesmeldung der 8. Armee, vom 19. 4. 1945.
96 Freundl. Mitteilung von Brigadier Lütgendorf an den Verfasser.
97 Mitteilung Klotz.
98 Ebenda und MA Freiburg, OKH—Lagekarten vom 19. und 20. 4. 1945.
99 MA Freiburg, Lagebericht Ost, Nr. 1405, vom 20. 4. 1945.
100 Ebenda sowie Ic Tagesmeldungen der 8. Armee, vom 18. und 19. 4. 1945, und *Pohlman,* 96. Infanterie—Division, S. 399.
101 MWI 1945/9, Gemeindeberichte Niederösterreich 12.
102 MA Freiburg, Lagebericht Ost, Nr. 1406, vom 21. 4. 1945.
103 Vgl. dazu die Tagesmeldung der Heeresgruppe vom 21. 4. 1945 im Anhang auf, S. 488. Der Kom-

mandeur des Panzergrenadier-Regiments 114 der 6. Panzer—Division, Oberst Paul Stahl, faßte 1969 die Geschehnisse folgendermaßen zusammen: „Am 19. und 20. April 1945 kam es dann zu einer großen Panzerschlacht im Raum um Staatz, bei der mit nur ganz geringen Eigenverlusten über siebzig Feindpanzer, die mit Schwerpunkt nach Nordwest durchzubrechen versuchten, abgeschossen wurden."

[104] Tagesmeldung der Heeresgruppe Süd, 21. 4. 1945.
[105] MWI 1945/9, Gemeindeberichte Niederösterreich 12.
[106] Manuskript Weber, 357. Inf. Div.
[107] MA Freiburg, Wesentliche Merkmale des Freindbildes, vom 23. 4. 1945.
[108] Mitteilung Dr. Stahl.
[109] Manuskript Weber, 357. Inf. Div.
[110] MA Freiburg, Lageberichte Ost, Nr. 1408 bis 1413, vom 23. bis 28. 4. 1945.
[111] MA Freiburg, Wesentliche Merkmale des Feindbildes, vom 24. 4. 1945.
[112] Mitteilung Dr. Stahl.
[113] Tagesmeldung der Heeresgruppe Süd, vom 26. 4. 1945 und *Rönnefarth,* Hoch- und Deutschmeister, S. 135. Diese Division war vorher in der Steiermark eingesetzt gewesen.
[114] MA Freiburg, Wesentliche Merkmale des Feindbildes, vom 28. 4. 1945.
[115] MWI 1945/9, Gemeindeberichte Niederösterreich 4, 8 und 12, MA Freiburg, OKH-Lagekarte vom 26. 4. 1945 und vermutete Feindlage vor der 8. Armee, vom 5. 5. 1945 (Donation Lütgendorf).
[116] Bericht Volkmann, LKS 7. Eine Klärung der Identität dieses Stabes war auch mit Hilfe des 8. Bandes *Tessin,* Verbände, nicht möglich.
[117] Československý Vojenský´ Atlas (Prag 1965), S. 357.
[118] MGFA Studie B—167, Generalleutnant Konrad Offenbächer, Rückwärtiges Gebiet der 8. Armee, Oktober 1943 bis 8. Mai 1945.
[119] Ebenda.

8. Zwischen Semmering und Donau

[1] MWI 1945/10, Gemeindeberichte Niederösterreich 14 (vgl. S. 135).
[2] MA Freiburg, Ic Tagesmeldung der 6. Panzer-Armee, vom 12. 4. 1945. Die Bezeichnung „Svirj" läßt den Schluß zu, daß dieses Korps aus dem XXXVII. Luftlandekorps „Svirj" hervorgegangen ist.
[3] Vgl. S. 135 ff.
[4] *Keilig,* Deutsches Heer, 103/VI/51 — 62. In dieser neuen, nach dem 25. 3. 1945 eingeführten Gliederung, war die Zahl der Panzer auf ein Drittel (54 Fahrzeuge) reduziert.
[5] Die Angaben über die räumliche Verteilung des I. SS-Panzerkorps sind den OKH-Lagekarten vom 1., 2., 19., 20., 25. und 26. 4. 1945 und dem Kartenatlas III H 73 K/14 (8., 11. und 14./15. 4. 1945) entnommen. — Alle Militärarchiv Freiburg.
[6] Der Führer dieser Kampfgruppe war SS-Obersturmbannführer Martin Gross.
[7] Zu dieser Division und ihrem Einsatz im westlichen Wienerwald wieder *Meyer,* Kriegsgeschichte, bes. S. 527 — 547.
[8] MA Freiburg, Anhang zu den OKH-Lagekarten vom 2. und 25. 4. 1945.
[9] MA Freiburg, OKW/1544.
[10] Schematische Kräftegegenüberstellung der Heeresgruppe Süd und der sowjetischen Armeen (Anfang April) im Manuskript Lange, Heeresgruppe Süd, S. 259 f.
[11] MWI 1945/10, Gemeindeberichte Niederösterreich 14 und 19.
[12] Ebenda.
[13] MWI 1945/10, Gemeindeberichte Niederösterreich 14.
[14] Für Erläuterungen zur Rolle von V. Henriquez bin ich seinem Sohn, Oberst a. D. Anton Henriquez, zu Dank verpflichtet.
[15] MWI 1945/10, Gemeindeberichte Niederösterreich 14.
[16] Zum Kampf im Semmering- und Wechselgebiet gibt es mittlerweile nicht nur eine reichhaltige Literatur, sondern auch erfreulich viele Zusatzinformationen, die dem Verfasser zugegangen sind. Das Nachfolgende stützt sich vor allem auf: MWI 1945/2 — 4F, Berichte von Heribert Raithel, Erwin Starkl und Karl Dittrich über die Kampfgruppe Semmering bzw. die 9. Gebirgs-Division. Ergänzend dazu 1945/19-P, Bericht von Helmut Pulko. Ferner Karl *Pölzl,* Letzter Kampf am Semmering. In: Die Gebirgstruppe 6/1961, S. 42 — 52 und Horst *Grunwald,* Gebirgsjäger der Waffen-SS im Kampf um den Semmering (Selbstverlag, Heidelberg 1978).
[17] Mitteilung von A. v. G. Payer an den Verfasser.
[18] MWI 1945/10, Gemeindeberichte Niederösterreich 14.
[19] MA Freiburg, Kurze Beurteilungen der Feindlage, vom 2. und 3. 4. 1945.

[20] MWI 1945/10, Gemeindeberichte Niederösterreich 14 und 19.
[21] MA Freiburg, Lageberichte Ost, Nr. 1388 und 1389, vom 3. und 4. 4. 1945, sowie MWI 1945/10, Gemeindeberichte Niederösterreich 14 und 19. Die beiden Lehrgruppen der Fahnenjunkerschule kämpften bis etwa 15. April im Rahmen der K. Gr. 356. Inf. Div. bzw. bei der 1. SS-Panzer-Division, wurden dann herausgelöst und nach Persenbeug in Marsch gesetzt, wo die Kriegsschule offiziell aufgelöst wurde.
[22] Zum Ablauf und den Einzelheiten des Gefechtsgeschehens vgl. vor allem *Meyer*, Kriegsgeschichte, S. 527 — 544.
[23] MWI 1945/9, Gemeindeberichte Niederösterreich 2; MA Freiburg, OKH-Lagekarten vom 8. und 11. 4. 1945, sowie *Meyer*, Kriegsgeschichte, S. 527 ff.
[24] Vgl. dazu S. 143 — 150.
[25] Hier hatten sich auch jene Kräfte der „Legion Condor" zur Verteidigung eingerichtet, die uns bereits bei Mattersburg und Wiener Neustadt begegnet sind.
[26] MGFA Studie B-161, Oberstleutnant i. G. Hans Greiner, Kriegsgeschichte des Korps von Bünau.
[27] MWI 1945/10, Gemeindeberichte Niederösterreich 15 und 17.
[28] Ebenda.
[29] MA Freiburg, Ic Tagesmeldung der 6. Panzer-Armee, vom 9. 4. 1945.
[30] *Malinovskij*, Budapešt, S. 279.
[31] Zur Gliederung vgl. im Anhang S. 505.
[32] *Zavizion-Kornjušin*, Tichom Okeane, S. 179.
[33] Mitteilung Hofer, Wiener Neustadt.
[34] MA Freiburg, Ic Tagesmeldungen der 6. Panzer-Armee, vom 10. bis 17. 4. 1945.
[35] MA Freiburg, Lageberichte Ost, Nr. 1392 und 1393, vom 7. und 8. 4. 1945.
[36] Bericht Volkmann, LKS 7. Vom Nordufer der Donau wurde in der Zeit vom 9. 4. bis 3. 5. 1945 ein zeitweise sehr lebhaftes Artilleriefeuer gegen das von sowjetischen Truppen besetzte Tulln unterhalten.
[37] Otto *Biack* — Anton *Kerschbaumer*, Geschichte der Stadt Tulln (Tulln 1966), S. 66.
[38] Bericht Volkmann, LKS 7 und Bericht Kneifel.
[39] Im Laufe des 7. April sollen durch das Feuer der um Tulln konzentrierten Flakbatterien zehn sowjetische Panzer abgeschossen worden sein.
[40] Studie Greiner, Korps Bünau.
[41] MA Freiburg, Kurze Beurteilung der Feindlage, vom 7. 4. 1945.
[42] Studie Greiner, Korps Bünau.
[43] MA Freiburg, Wesentliche Merkmale des Feindbildes, vom 10. 4. 1945.
[44] Ebenda.
[45] Studie Greiner, Korps Bünau.
[46] MWI 1945/10, Gemeindeberichte Niederösterreich 15 und 17.
[47] Ebenda.
[48] Studie Greiner, Korps Bünau.
[49] MGFA Studie B-134, Generalmajor Walter Gorn, Bericht der 710. Infanterie-Division für die Zeit vom 23. 4. bis 8. 5. 1945.
[50] Studie Greiner, Korps Bünau.
[51] MWI 1945/10, Gemeindeberichte Niederösterreich 15 und freundliche Mitteilung Dr. Holzmanns an den Verfasser.
[52] Studie Greiner, Korps Bünau.
[53] MWI 1945/10, Gemeindeberichte Niederösterreich 15.
[54] MA Freiburg, Wesentliche Merkmale des Feindbildes, vom 12. 4. 1945.
[55] Studie Greiner, Korps Bünau.
[56] MWI 1945/10, Gemeindeberichte Niederösterreich 15 und MA Freiburg, Ic Tagesmeldungen der 6. Panzer-Armee, vom 12. und 16. April 1945.
[57] MWI 1945/10, Gemeindeberichte Niederösterreich 15.
[58] Studie Greiner, Korps Bünau.
[59] Ebenda.
[60] Ebenda.
[61] *Ulrich*, Luftkrieg, S. 32, und Hadtörténelmi Levéltár, Budapest, Einsatzbuch des kgl.ung. 101. Honvéd Jagdgeschwaders.
[62] MWI 1945/10, Gemeindeberichte Niederösterreich 15.
[63] Ebenda; MA Freiburg, OKH-Lagekarte vom 19. 4. 1945 und Studie Greiner, Korps Bünau.
[64] MA Freiburg, Lagebericht Ost, Nr. 1401, vom 16. 4. 1945.
[65] Tagebuch Bünau, a. a. O.
[66] Diese Linien ergeben sich aus den Besetzungsdaten, die in den Gemeindeberichten Niederösterreich 2 und 15 genannt werden.

[67] MA Freiburg, Kurze Beurteilung der Feindlage, vom 17. 4. 1945.

[68] MGFA Studie B-328, Generaloberst a. D. Dr. Lothar Rendulic, Die letzten Operationen (3. US-Armee — deutsche Heeresgruppe Süd).

[69] Auf der OKH-Lagekarte vom 19. 4. 1945 ist allerdings erst die Verlegung der 9. SS-Panzer-Division eingezeichnet.

[70] Von der 2. SS-Panzer-Division kam der Großteil in den Raum Dunkelsteinerwald, um hier einer neuen Verwendung zugeführt zu werden. Die Division wurde jedoch allmählich zerrissen, da zunächst einmal kleinere Teile im Raum Wien verblieben, andere wieder ostwärts von Dresden eingesetzt werden sollten. Die Verwerfung ging jedoch weiter, so daß schließlich die Aufklärungsabteilung und das 3. Regiment bei Passau und das verstärkte 4. Regiment in Prag Verwendung fanden. Vgl. dazu *Weidinger*, Das Reich, S. 532 — 553.

[71] MWI 1945/2 —6, Bericht Rüdiger Zimburg über die 10. Fallschirmjäger-Division. Die Aufstellung dieser Division war im März 1945 angeordnet worden. Den Stamm sollten Einheiten des I. Fallschirmjägerkorps bilden, die im Apennin im Raum Bologna-Imola eingesetzt gewesen waren.

[72] Anfang Mai wurde das Generalkommando durch das Panzer-AOK 6 dahingehend informiert, daß die Masse der 12. SS-Panzer-Division am Ostufer der Enns bereits mit Erkundungs-, Ausbau- und Sicherungsmaßnahmen gegen die Amerikaner beschäftigt sei. — Studie Greiner, Korps Bünau.

[73] Studie Greiner, Korps Bünau und MA Freiburg, Ic Tagesmeldung der 6. Panzer-Armee, vom 16. April 1945.

[74] MA Freiburg, OKH-Lagekarten vom 19. 4. 1945 und den folgenden Tagen.

[75] Studie Greiner, Korps Bünau.

[76] MWI 1945/3-A, Berichte von Fregattenkapitän Eduard Helleparth über die 1. und die 2. Donauflottille.

[77] MA Freiburg, Anhang zur OKH-Lagekarte vom 25. 4. 1945 und Studie Greiner, Korps Bünau.

[78] *Rendulic*, Gekämpft, S. 376.

[79] MA Freiburg, Lageberichte Ost, Nr. 1401 bis 1403, vom 16. — 18. 4. 1945, und MWI 1945/10, Gemeindeberichte Niederösterreich 15.

[80] Bericht Zimburg, 10. Fallschirmjäger-Division. Es war dies das Fallschirmjäger-Regiment 30.

[81] MA Freiburg, Lagebericht Ost, Nr. 1404, vom 19. 4. 1945.

[82] Allein die hier eingesetzten Fallschirmjäger sollen innerhalb von 10 Tagen 30 sowjetische Panzer vernichtet haben.

[83] MA Freiburg, Wesentliche Merkmale des Feindbildes, vom 23. 4. 1945.

[84] MA Freiburg, Lagebericht Ost, Nr. 1404, vom 19. 4. 1945 und OKH-Lagekarten vom 20. und 26. April. Über die Neugliederung der Verbände informiert vor allem auch *Voroncov*, Ot Volžskich, S. 222 ff.

[85] Lagebericht der Gauleitung Niederdonau, 19. 4. 1945, 23.00 Uhr, a. a. O. und MWI 1945/9 und 10, Gemeindeberichte Niederösterreich 2, 14, 15 und 19.

[86] MA Freiburg, Lagebericht Ost, Nr. 1405, vom 20. 4. 1945.

[87] Handschriftl. Eintragungen auf der OKH-Lagekarte vom 20. 4. 1945.

[88] MA Freiburg, OKH-Lagekarten vom 19. bis 26. 4. 1945.

[89] MWI 1945/9 und 10, Gemeindeberichte 2, 14, 15 und 19. Auf Grund der Gemeindeberichte läßt sich zwar datumsmäßig kein einwandfreies Bild zeichnen, jedoch lassen sich die Bewegungen deutlich verfolgen.

[90] MA Freiburg, Lagebericht Ost, Nr. 1407, vom 22. 4. 1945.

[91] Ebenda, Nr. 1408, vom 23. 4. 1945.

[92] Ebenda, Nr. 1410, vom 25. 4. 1945.

[93] Kriegstagebuch OKW, Bd. IV/2, S. 1441.

[94] MA Freiburg, Lageberichte Ost, Nrn. 1411 bis 1415, vom 26. — 30. 4. 1945.

[95] MA Freiburg, Wesentliche Merkmale des Feindbildes, vom 23. 4. 1945.

[96] Ebenda.

[97] Ebenda, vom 24. und 27. 4. 1945.

[98] Tagebuch Bünau, a. a. O.

[99] Ebenda und *Weidinger*, Das Reich, S. 535.

[100] Über die letzten Einsätze der 2. SS-Panzer-Division informieren das Kriegstagebuch OKW, Bd. IV/2. S. 1441 ff., Karl *Koller*, Der letzte Monat. Die Tagebuchaufzeichnungen des ehem. Chefs des Generalstabes der Luftwaffe vom 14. April bis zum 27. Mai 1945 (Mannheim 1949), S. 54 f., *Weidinger*, Das Reich, S. 532 — 553, sowie die Studie Rendulic, Letzte Operationen. — Die 2. SS-Panzer-Division war zu diesem Zeitpunkt voll augefrischt und verfügte über 65 Panzer IV, V und VI und 105% ihres personellen Sollstandes.

[101] Kriegstagebuch OKW, Bd. IV/2, S. 1446.

[102] Studie Gorn, 710. Infanterie-Division.

424

103 Kriegstagebuch OKW, Bd. IV/2, S. 1441 f.
104 Ebenda, S. 1448. Die Reste der 9. SS-Panzer-Division kamen bis Bruck a. d. Mur, von wo ein Teil nach Klagenfurt und der andere in den Raum St. Pölten gelangte.
105 Kriegstagebuch OKW, Bd. IV/2, S. 1450.
106 Studie Greiner, Korps Bünau und *Rendulic,* Gekämpft, S. 376.
107 Ebenda.
108 Peter *Gosztony* führt dies in seinem Buch Endkampf an der Donau, S. 266 f. und in seinem Artikel „Aber Churchill . . ." besonders an.
109 General Balck nannte in mehreren Mitteilungen an das MWI eine ganze Reihe von Vorfällen, auf Grund derer er wie viele andere hohe Offiziere zu dem Schluß kam, daß an den Gerüchten über eine Umkehr der Bündnisse etwas Wahres sei. Der Ausgangspunkt für diese Spekulationen war der Einsatz der deutschen 6. Panzer-Armee in der Plattenseeoffensive, da man der Meinung war, diese Armee könnte nur deshalb aus dem Westen abgezogen worden sein, weil es so etwas wie ein Stillhalteabkommen gäbe.
110 Zu den Vorfällen in absehbarer Zeit die Dokumentation Widerstand und Verfolgung in Niederösterreich. Einzelheiten in der ORF-Sammlung Österreich II.
111 Christian *Broda,* Ried im Innkreis, Mai 1945. In: Zeitgeschichte, Mai 1975, S. 162 f.
112 *Stadler,* Österreich, S. 404 f.
113 Tagebuch Gyldenfeldt zum 20. 4.
114 Das Dokument wurde dem Verfasser freundlicherweise von A. v. G. Payer zur Verfügung gestellt und ist in dessen ungedrucktem Manuskript „Audiatur et altera pars" enthalten.
115 Studie Greiner, Korps Bünau.
116 Ebenda.
117 Mitteilung von Med. R. Dr. Ernst Zyhlarz, der bei dieser Abteilung eingesetzt war, an HR Dr. Allmayer-Beck (Gedächtnisnotiz).
118 Studie Greiner, Korps Bünau.
119 Ebenda. — Das Absetzen der 232. Panzer-Division stieß auf große Schwierigkeiten und endete mit der Gefangennahme eines großen Teils der diesem Kommando unterstellten Truppen durch die Sowjets.

9. Die Kämpfe im südlichen Burgenland und in der Steiermark

1 *Rauchensteiner,* Sonderfall, S. 21. Die weitere Entwicklung der Diskussion auf S. 21 — 45.
2 MA Freiburg, Kriegstagebuch Heeresgruppe Süd, vom 29. 3. 1945. Vgl. S. 127.
3 MA Freiburg, OKH-Lagekarte vom 28. 3. 1945.
4 *Malinovskij,* Budapešt, S. 275. Vgl. auch S. 217.
5 S. *Ivanov,* Na Venskom napravlenii (An der Wiener Front). In: Vojenno-istoričeskij žurnal, Nr. 6/1969, S. 32.
6 Manuskript Lange, Heeresgruppe Süd, S. 254.
7 MA Freiburg, Kurze Beurteilung der Feindlage, vom 29. 3. 1945 — 1. 4. 1945.
8 MA Freiburg, Kriegstagebuch Heeresgruppe Süd, vom 29. 4. 1945.
9 MA Freiburg, OKH-Lagekarte vom 28. 3. 1945.
10 Die Verpflegsstärke der 6. Armee betrug am 20. April 1945 rund 219.000 Personen und 52.000 Pferde.
11 Über die Stärke der sowjetischen Verbände gelten die auf S. 406 ff, Anmerkung 23, gemachten Bemerkungen.
12 OKH-Befehl vom 29. 3. 1945 (= Anlage zum Kriegstagebuch Heeresgruppe Süd, zitiert nach Lange, Heeresgruppe Süd, S. 166).
13 MA Freiburg, Kriegstagebuch Heeresgruppe Süd, vom 29. 3. 1945.
14 MWI 1945/7, Gemeindeberichte Burgenland 7. Zum Volkssturm läßt sich generell sagen, daß etwa die Hälfte der Volkssturmpflichtigen aufgeboten wurde und zum Einsatz kam, das waren im Burgenland etwas über 6.000 Männer.
15 Zum Ausbau der Reichsschutzstellung vgl. die entsprechenden Abschnitte in Kapitel 3.
16 Die Besetzung der Reichsschutzstellung im Bericht Sutter, Unterabschnitt Nord.
17 Studie Krause, Einsatz.
18 Studie Bormann, Feldkommandantur 198.
19 MA Freiburg, OKH-Lagekarten vom 28. 3. bis 6. 4. 1945.
20 Bericht Sutter, Unterabschnitt Nord.
21 Ebenda und MWI 1945/7, Gemeindeberichte Burgenland 7.
22 Studie Krause, Einsatz, sowie Kampfgruppen und Unterstellungen Heeresgruppe Süd, Stand 30. 3. 1945 (= Beilage zur OKH-Lagekarte desselben Tages).

[23] Studie Krause, Einsatz. Damit ist wohl auch die immer wieder aufgeworfene Frage, wann und wo der erste sowjetische Soldat österreichisches Gebiet betreten habe, geklärt. Das Kriegstagebuch der Heeresgruppe Süd gibt den Übertritt der ersten Russen präzise bei Klostermarienberg am 29. März, 11.05 Uhr, an. die Geschichte des Großen Vaterländischen Krieges, Bd. 5, S. 243, nennt ebenfalls den 29. März. Aber auch der genaueste zeitgenössische Bericht, nämlich jener über die Kampfführung des Unterabschnitts Nord des Festungsabschnitts Steiermark (Sutter), schildert den fraglichen Vorfall am 29. Die manchmal für den 28. März geschilderte Erreichung von Schachendorf hätte bedeutet, daß sowohl die A- als auch die B-Linie der Reichsschutzstellung durchstoßen worden wären. Da aber erwiesen ist, daß die Telefonverbindung zu den Stellungen bis 30. März ausgezeichnet funktionierte, kann auch nicht mangelnde Nachrichtenübermittlung geltend gemacht werden, um das Datum des 28. zu untermauern. Erst nachdem das Volkssturm-Bataillon Oberwart in den Abendstunden des 29. seine Stellung geräumt hatte, konnten die als von Nordosten kommend beschriebenen Russen mit den vor Schachendorf liegenden Angehörigen des Volkssturm-Bataillons Leoben in Gefechtsberührung treten. Der Ort selbst blieb, wie die oben zitierten Berichte und der Bericht Bormann ausführen, auch den 30. März über zumindest teilweise in deutschem Besitz und befand sich erst am Abend dieses Tages wirklich in russischen Händen.

[24] Bericht Sutter, Unterabschnitt Nord; Studie Krause, Einsatz, sowie Anhang zu den OKH-Lagekarten vom 31. 3. bis 2. 4. 1945 (MA Freiburg).

[25] Bericht Sutter, Unterabschnitt Nord.

[26] Studie Krause, Einsatz.

[27] MA Freiburg, H 16-503/1, Gefechtsbericht über die Kämpfe der 3. Kavallerie-Division vom März 1945 bis Kriegsende.

[28] *Stoves,* 1. Panzer-Division, S. 770.

[29] Ebenda, S. 776.

[30] Oskar *Munzel,* Gekämpft, gesiegt, verloren. Die Geschichte des Panzer-Regiments 6 (Herford 1980), S. 183.

[31] Tagebuch und Ausarbeitung, Balck. Zum Vergleich: *Balck,* Ordnung, S. 628 f.

[32] MA Freiburg, H 14-78/1, General der Kavallerie Gustav Harteneck, Das deutsche Kavalleriekorps (ungedr.).

[33] MA Freiburg, Kriegstagebuch Heeresgruppe Süd, vom 29. 3. 1945.

[34] Ausarbeitung Balck III/291 und handschr. Ergänzung.

[35] *Ivanov,* Na Venskom, S. 32.

[36] Es wurde deutscherseits geschätzt, daß das sowjetische XVIII. Panzerkorps etwa 150 Panzer im Einsatz hatte. — OKH-Lagekarte vom 31. 3. 1945.

[37] MA Freiburg, Gefechtsbericht 3. Kavallerie-Division.

[38] Ebenda und Ernst *Rebentisch,* Zum Kaukasus und zu den Tauern. Die Geschichte der 23. Panzer-Division 1941 — 1945 (Esslingen a. N. 1963), S. 500 f., sowie MA Freiburg, Kriegstagebuch Heeresgruppe Süd, vom 30. 3. 1945.

[39] Peter *Strassner,* Europäische Freiwillige. Die Geschichte der 5. SS-Panzer-Division „Wiking" (Osnabrück 1968), S. 344.

[40] Geschichte der 3. Panzer-Division Berlin-Brandenburg 1935 — 1945 (herausg. vom Traditionsverband der Division, Berlin 1967), S. 473.

[41] Das Generalkommando IV. SS-Panzerkorps soll sich, ohne die Divisionen verständigt zu haben, abgesetzt und daher die Verbindung verloren haben (Geschichte der 3. Panzer-Division, S. 473). Ein solcher Fall dürfte aber nicht vereinzelt dagestanden sein, da etwa zur selben Zeit das Gen. Kdo. XXII. Geb. A. K. vorübergehend den Kontakt zu seinen Verbänden verloren hatte und daher das I. Kavalleriekorps kurzfristig die Führung übernahm. (Harteneck, Das deutsche Kavalleriekorps).

[42] Geschichte der 3. Panzer-Division, S. 473.

[43] Ebenda.

[44] MWI 1945/7, Gemeindeberichte Burgenland 3.

[45] Ebenda.

[46] MWI 1945/11, Gemeindeberichte Steiermark 3.

[47] Ebenda und Bericht Sutter, Unterabschnitt Nord.

[48] MA Freiburg, Kurze Beurteilung der Feindlage, vom 30. 3. 1945.

[49] Ebenda.

[50] Diplomatisches Archiv des Außenministeriums der Sowjetunion, Nr. 11052. Die Übersetzung des Dokuments auf S. 490.

[51] Bericht Sutter, Unterabschnitt Nord.

[52] MWI 1945/11, Gemeindeberichte Steiermark 3.

[53] MWI 1945/7, Gemeindeberichte Burgenland 3.

[54] Bericht Sutter, Unterabschnitt Nord.

426

[55] Ebenda und MWI 1945/11, Gemeindeberichte Steiermark 3.

[56] MWI 1945/2 — 7, Manuskript „Ostern in Feldbach" (Sammlung Batthyány).

[57] MWI 1945/2 — 4H, Ernst Mayer, Kriegstagebuch 1945 der Fahr-Ersatz- und Ausbildungs-Abteilung 18.

[58] *Stoves,* 1. Panzer-Division, S. 779 f.

[59] Manuskript Mayer, Kriegstagebuch.

[60] MWI 1945/2 — 10 Sch, Bericht Zimburg und Befehle I. Fallschirmjägerkorps an 10. Fallschirmjäger-Division.

[61] MWI 1945/11, Gemeindeberichte Steiermark 3. Frei gewordene und neu zugeführte Einheiten des Unterabschnitts Nord riegelten die Straßen Hatzendorf — Fürstenfeld und Riegersburg — Breitenfeld — Ilz ab. In einem zusammengeschossenen russischen Führungspanzer soll eine Karte gefunden worden sein, die den Ansatz des XVIII. Panzerkorps aus dem Raum Feldbach mit zwei Angriffsgruppen nach Norden in Richtung Aspang Markt und mit einer Gruppe auf Graz zeigte. (Kurze Beurteilung der Feindlage, vom 3. 4. 1945 und Bericht Sutter, Unterabschnitt Nord).

[62] MA Freiburg, Kurze Beurteilung der Feindlage, vom 4. 4. 1945.

[63] Vgl. dazu S. 223.

[64] Ausarbeitung Balck, III/291 ff.

[65] MWI 1945/1-T, FS Uiberreither an Bormann, 9. 4. 1945.

[66] So die Darstellung bei *Balck,* Ordnung, S. 624 — 628. Die hier gewählten Formulierungen stehen im Gegensatz zu jenen, die noch in der 1. Auflage zu lesen waren und im besonderen auch zu den Tagebuchaufzeichnungen Balcks, die zwar subjektiver waren, doch die unmittelbaren Beurteilungen und Empfindungen wesentlich besser wiedergaben. Das Umschreiben seiner Erinnerungen hatte denn auch nichts mit einer geänderten Erinnerung Balcks zu tun, sondern war das Ergebnis massiver Interventionen von seiten der ehemaligen Angehörigen der Waffen-SS und exilungarischer Kreise, die sich gegen die erhobenen Vorwürfe zur Wehr setzten. Will man Balcks ursprüngliche Aussagen lesen, bleibt somit nur der Griff zu seinem Nachlaß.

[67] Das Schreiben zusammen mit weiteren Unterlagen über das deutsch-ungarische Verhältnis wurde dem Autor in besonders großzügiger und dankenswerter Weise von Hauptmann a. D. Paul Dárnoy zur Verfügung gestellt.

[68] MA Freiburg, Lagebericht Ost, Nr. 1389, vom 4. 4. 1945 und Tagebuch Balck.

[69] MA Freiburg, Kurze Beurteilung der Feindlage, vom 7. 4. 1945.

[70] Ebenda, vom 8. und 9. 4. 1945.

[71] General Krause, Einsatz, erwähnt, daß der Gegner, der nach dem 7. April das Lafnitztal erreichte, auf ein Kavalleriekorps geschätzt wurde. Der Lagebericht Ost, Nr. 1394, vom 9. 4. meldete dann an diesem Tag, daß das sowjetische V. Garde-Kavalleriekorps in die frontnahe Reserve der 3. Ukrainischen Front geführt wurde. Die Zusammenstellung der wesentlichen Merkmale des Feindbildes stellte daraufhin am 10. April den Einsatz dieser Korps in Rechnung.

[72] MA Freiburg, III W/101 (alte Signatur), Fernschreiben des WFSt/Op (H) Südost/Qu. 2(II), vom 3. 4. 1945.

[73] Studie Bormann, Feldkommandantur 198.

[74] Bericht Sutter, Unterabschnitt Nord, und MWI 1945/2 — 4B, Manuskript von Oberstleutnant Heinz Groth über die Rückzugskämpfe des Gebirgsjäger-Regiments 99 im Verband der 1. Gebirgs-Division.

[75] Studie Krause, Einsatz.

[76] Manuskript Groth, Gebirgsjäger-Regiment 99.

[77] MWI 1945/7, Gemeindeberichte Burgenland 2.

[78] Die Bezeichnung „SS-Regiment Ney" ist eigentlich unzutreffend, da es sich um vier nicht geschlossen eingesetzte Bataillone handelte, die zu zwei Regimentern gehörten. Die Bezeichnung „SS-Brigade Ney" wäre also zutreffender. Ihrer Herkunft nach waren es Ungarn, die zur 22. SS-Freiwilligen-Kavallerie-Division „Maria Theresia" (ung. Nr. 1) gehört hatten und dem Untergang dieser Division entgangen waren. Für Erläuterungen zur Person Neys und der Gliederung seiner Truppenkörper bin ich Herrn A. v. G. Payer sehr zu Dank verpflichtet.

[79] Bericht Sutter, Unterabschnitt Nord; Studie Krause, Einsatz, und Anhang zur OKH-Lagekarte vom 1. 4. 1945.

[80] Studie Krause, Einsatz.

[81] Ebenda. Tatsächlich war Bernstein jedoch schon am 1. April von den Russen genommen worden.

[82] Manuskript Groth, Gebirgsjäger-Regiment 99; Bericht Sutter, Unterabschnitt Nord und Studie Krause, Einsatz.

[83] Groth war im übrigen einer jener Männer, die 1942 den Elbrusgipfel erstiegen und dort die deutsche Reichskriegsflagge gehißt hatten, ein Unternehmen, das von Hitler als unnötig empfunden wurde.

[84] Studie Krause, Einsatz.

[85] Die deutschen wie die sowjetischen Verluste in Rechnitz konnten nach Ende der Kämpfe nur geschätzt werden. Sie beliefen sich jeweils auf rund 300 — 400 Mann.

[86] Manuskript Groth, Gebirgsjäger-Regiment 99.

[87] MA Freiburg, Lagekarte vom 11. 4. 1945 und freundl. Mitteilung von General Dr. Forenbacher, ehem. Ia des „Korps Ringel", an das MWI, vom 27. 9. 1967.

[88] MA Freiburg, OKH-Lagekarte vom 19. 4. 1945, sowie Kampfgruppen und Unterstellungen Heeresgruppe Süd, vom 18. 4. 1945. Dem SS-Polizei-Regiment 13 bzw. „Sperrverband Motschmann", waren unterstellt: Stb. Geb. Ers. Btl. 36, 1 Na-Zug, 1 Pz. Zerst. Zug., 1 Radf. Schwadron, Geb. Pi. E. u. A. Btl. 83.

[89] MWI 1945/7, Gemeindeberichte Burgenland 7.

[90] Studie Krause, Einsatz.

[91] Manuskript Groth, Gebirgsjäger-Regiment 99.

[92] Der Befehl vollinhaltlich bei Groth, Gebirgsjäger-Regiment 99.

[93] MWI 1945/2 — 7, Manuskript Forenbacher und Erläuterungen dazu.

[94] Ausarbeitung Balck und *Balck,* Ordnung, S. 634.

[95] Studie Krause, Einsatz.

[96] Die neue „Divisionsgruppe Krause" bestand aus dem Gebirgsjäger-Regiment 98 mit 2 eigenen und 1 Bataillon Gebirgsjäger-Regiment 99 (alle 1. V. Geb. Div.), 1 Werfer Brigade, 2. V. St. Btl. und 2 leichten und 1 schweren Abteilung des Artillerie-Regiments der 1. V. Geb. Div.

[97] Die Kampfgruppe des Arko 3 setzte sich wie folgt zusammen: 1 Bataillon SS-Regiment Ney, Bau-Pionier-Bataillon 504, SS-Gebirgs-Ersatz-Bataillon 18 (Graz), Panther Abt. I/24 und Sturmgesch. Brigade 303. Besonders das SS-Bataillon dürfte aber nur mehr aus Splittern bestanden haben.

[98] MWI 1945/11, Gemeindeberichte Steiermark 6.

[99] MA Freiburg, Wesentliche Merkmale des Feindbildes, vom 7. bis 30. 4. 1945.

[100] Vgl. dazu S. 219 — 222.

[101] *Pölzl,* Letzter Kampf, S. 45, Mitteilung Raithel und MA Freiburg, OKH-Lagekarten vom 8. und 11. 4. 1945. Für Anfang Mai gab Oberst Raithel folgende Gliederung der 9. Gebirgs-Division an: 2 Jäger-Regimenter (154 und 155), Gebirgs-Artillerie-Regiment 56, 1 Pionier-Kompanie. Die Einsatzstärke soll auf 10.000 Mann angewachsen sein. Die Benennung erfolgte in den letzten Apriltagen. Sie beruhte auf einem Irrtum des Ia des Stabes Ringel, da es bereits eine 9. Gebirgs-Division gab.

[102] Studie Krause, Einsatz.

[103] Manuskript Groth, Gebirgsjäger-Regiment 99. Der 1957 von Kotezicken abgefaßte Gemeindebericht nennt als Besetzungsdatum schon den 6. April.

[104] Zu den Kämpfen im Joglland ist als Übersichtsdarstellung heranzuziehen: Othmar *Tuider,* Die Kämpfe im Vorgelände der Fischbacher Alpen (= Militärhistorische Schriftenreihe 17, Wien 1971). Ferner Leopold *Hohenecker,* Das Kriegsende 1945 im Raum Fischbach. In: Österreich in Geschichte und Literatur 4/1975, S. 193 — 225, sowie die in den folgenden Anmerkungen angeführten Quellen.

[105] Aufzeichnungen des Abtes von Vorau, Gilbert Prenner, für die Pfarrchronik von Waldbach, 1. 3. bis 15. 9. 1945 (Kopie im MWI 1945/6-Sch).

[106] Das Eichenblatt. Mitteilungsblatt des Kameradschaftsbundes der 1. Panzer-Division, 14. Jahrgang, Offenbach/Main 1969, Nr. 62, S. 26 und *Stoves,* 1. Panzer-Division, S. 783.

[107] Pfarrchronik Waldbach, a. a. O.

[108] *Stoves,* 1. Panzer-Division, S. 783.

[109] Ebenda.

[110] Manuskript Groth, Gebirgsjäger-Regiment 99.

[111] Kriegstagebuch OKW, Bd. IV/2, S. 1236.

[112] Studie Krause, Einsatz.

[113] *Stoves,* 1. Panzer-Division, S. 784.

[114] Studie Krause, Einsatz.

[115] Ebenda. Ferner H. J. *Neufeld,* J. *Huck,* G. *Tessin,* Zur Geschichte der Ordnungspolizei 1936 — 1945 (= Schriften des Bundesarchivs 3, Koblenz 1957), Teil II, S. 91.

[116] Diplomatisches Archiv des Außenministeriums der Sowjetunion, Nr. 11068. Die Übersetzung im Anhang auf S. 492.

[117] Vgl. dazu die Tagesmeldungen der Heeresgruppe Süd vom 13. und 14. 4. 1945, sowie die OKH-Lagekarte vom 19. 4. 1945.

[118] Manuskript von Rudolf Frühwirth, 1945 in Fischbach (Kopie im MWI 1945/2 — 4J). Die Details ergeben sich aus den Ic Tagesmeldungen der 6. Armee vom 16. bis 19. 4. Ergänzend dazu MWI 1945/11, Gemeindeberichte Steiermark 6 und 16, sowie die besonders wertvollen Pfarrchroniken des Jogllandes.

[119] Peter *Gosztony,* Die Kavallerie der Roten Armee im Zweiten Weltkrieg. In: Österreichische Militärische Zeitschrift 6/1969, S. 488. Zu korrigieren ist dahingehend, daß das Korps nur zur Auffrischung

aus der Front gezogen worden war, nunmehr aber wieder eingesetzt wurde. Es war also nicht aufgelöst worden.

[120] MA Freiburg, Wesentliche Merkmale des Feindbildes, vom 13. 4. 1945.

[121] MA Freiburg, Ic Tagesmeldung der 6. Armee, vom 18. 4. 1945.

[122] MA Freiburg, Wesentliche Merkmale des Feindbildes, vom 15. 4. 1945.

[123] Studie Krause, Einsatz.

[124] Die endgültige Einstellung des Angriffs dürfte erst am 14. erfolgt sein, obwohl General Krause sie noch für den 13. April schildert. Zur Klärung der Datenfrage tragen vor allem die Tagesmeldungen der Heeresgruppe und die Chronik des Chorherrenstiftes Vorau bei.

[125] *Karpf,* Bedrohte Heimat, S. 405, und FS Uiberreither an Bormann, vom 14. 4. 1945, 19.15 Uhr. Die Heimatflak Wiener Neustadt war in Richtung Semmering abgezogen und offenbar den Kräften im Joglland zugeführt worden.

[126] Kriegstagebuch OKW, Bd. IV/2, S. 1240.

[127] Ausarbeitung Balck, III/292 ff.

[128] Keine einzige der bisher erschienenen sowjetischen Publikationen nimmt dazu Stellung, auch nicht das Buch über die sowjetische 57. Armee (M. N. *Šarochin* und V. S. *Petruchin,* Put' k Balatonu, Moskau 1966), von dem das ebentuell zu erwarten gewesen wäre. Die vorhandenen Dokumente geben gleichfalls keinen Aufschluß.

[129] Um diese Behauptung, die Balck in einem Interview aufstellte, gab es eine lebhafte Kontroverse.

[130] MA Freiburg, Lagebericht Ost, Nr. 1400, vom 15. 4. 1945.

[131] Es war dies das Bataillon von Oberstleutnant Ihssen. Über die Einzelereignisse informieren der Bericht von Erwin Starkl, sowie MWI 1945/11, Gemeindeberichte Steiermark 16.

[132] Kleine Zeitung, Graz, vom 8. 5. 1965. Bei der Abwehr der sowjetischen Kavallerie zeichnete sich besonders der Hitlerjugend-Bann Hartberg aus. Vgl. dazu auch den Bericht Frühwirth über Fischbach, a. a. O. Die endgültige Abwehr des Angriffes war auf persönliches Eingreifen von Oberst Raithel zurückzuführen.

[133] Berichte Heribert Raithel über die 9. Gebirgs-Division sowie die auf S. 422, Anmerkung 16, genannten Quellen.

[134] *Stoves,* 1. Panzer-Division, S. 786.

[135] MA Freiburg, Ic Tagesmeldung der 6. Armee, vom 16. 4. 1945.

[136] Studie Krause, Einsatz.

[137] MWI 1945/2 — 10St, Bericht von Generalmajor Friedrich Brunner über den Einsatz der 117. Jäger-Division im Joglland.

[138] *Stoves,* 1. Panzer-Division, S. 787 f.

[139] FS Uiberreither an Bormann, vom 17. 4. 1945, a. a. O.

[140] *Stoves,* 1. Panzer-Division, S. 788 ff.

[141] MWI 1945/11, Gemeindeberichte Steiermark 16 und Studie Krause, Einsatz.

[142] MA Freiburg, Ic Tagesmeldung der 6. Armee, vom 17. 4. 1945.

[143] MA Freiburg, Lageberichte Ost, Nr. 1403 und 1404, vom 18. und 19. 4. 1945.

[144] FS Uiberreither an Bormann, vom 20. 4. 1945, a. a. O.; MA Freiburg, Lagebericht Ost, Nr. 1405, vom 20. 4. 1945 und Tagesmeldung Heeresgruppe Süd, 20. 4. 1945.

[145] General Balck schreibt in seiner Ausarbeitung (III/294) über den Gesamterfolg des deutschen Gegenangriffs: „Am 27. 4. war die Operation beendet. Drei russische Divisionen im Raum Vorau eingeschlossen und vernichtet, der Rest flutete zurück." Das ist jedoch angesichts der Tatsache, daß es den Russen gelang, ihre Korps geordnet zurückzuführen, eine ziemliche Überschätzung des deutschen Erfolgs. Zum Ablauf noch FS Uiberreither an Bormann, vom 22. 4. 1945, *Stoves,* 1. Panzer-Division, S. 790 f., ferner die Chronik Vorau und die Tagesmeldungen der Heeresgruppe Süd.

[146] Chronik Vorau.

[147] MA Freiburg, Wesentliche Merkmale des Feindbildes, vom 23. 4. 1945.

[148] Ebenda, vom 24., 27. und 30. 4. 1945.

[149] Ausarbeitung Balck, III/293. Vgl. dazu auch in diesem Kapitel die Seiten 247 — 253.

[150] MWI 1945/2 — 3, Studie von General der Artillerie Maximilian de Angelis, Die letzte Phase des Krieges 1945 auf dem Boden Österreichs im Bereich der 2. Panzer-Armee — Südsteiermark.

[151] MA Freiburg, H 22/390 b, 2.

[152] Bericht Sutter, Unterabschnitt Nord und Anhang zur OKH-Lagekarte vom 2. 4. 1945.

[153] Ebenda.

[154] *Munzel,* Gekämpft, S. 183.

[155] Manuskript Groth, Gebirgsjäger-Regiment 99.

[156] *Stoves,* 1. Panzer-Division, S. 780.

[157] Geschichte der 3. Panzer-Division, S. 474 f.

[158] Mitteilung General Balck.

[159] Das Verhältnis dieser beiden Divisionen zueinander ist etwas verworren. Die 14. Waffen-Grenadier-Division der SS, die vom Balkan abgezogen wurde, sollte lt. „Führerbefehl" vom 3. April 1945 den Rahmen zur Aufstellung der 10. Fallschirmjäger-Division abgeben. Dieser Befehl kam jedoch nicht zur Durchführung. Die SS-Division blieb bestehen, und die 10. Fallschirmjäger-Division wurde unabhängig davon aufgestellt und eingestzt. Vgl. dazu Wolf-Dietrich *Heike,* Sie wollten die Freiheit. Die Geschichte der Ukrainischen Division 1943 — 1945 (Dorheim/H., o. J.) und Manuskript Zimburg, 10. Fallschirmjäger-Division.

[160] MA Freiburg, Gefechtsbericht 3. Kavallerie-Division, sowie Lagekarten vom 11. und 14./15. 4. 1945 und Lagebericht Ost, Nr. 1389, vom 4. 4. 1945.

[161] Mauskript Mayer, Kriegstagebuch.

[162] MA Freiburg, Gefechtsbericht 3. Kavallerie-Division und *Heike,* Sie wollten, S. 210 f. Die Kavallerie-Division war über die ihr zugedachte Rolle nicht sehr glücklich, da ihre Soldaten fallweise in Reithosen und -stiefeln einen Berg wie den Stradner Kogel zurückgewinnen sollten.

[163] Die ukrainische SS-Division richtete auch immer wieder eine in ukrainischer Sprache gehaltene Lautsprecherpropaganda gegen die sowjetische Front, die von den Sowjets — allerdings mit wesentlich mehr Wirkung — erwidert wurde.

[164] MWI 1945/7, Gemeindeberichte Burgenland 3.

[165] MA Freiburg, Lageberichte Ost, Nrn. 1392 und 1393, vom 7. und 8. 4. 1945.

[166] So z. B. in der Geschichte des Großen Vaterländischen Krieges, S. 246, oder Geschichte des Zweiten Weltkrieges, Bd. 10, S. 236. Der 4. April ist aus diesem Grund auch ungarischer Staatsfeiertag.

[167] MWI 1945/7, Gemeindeberichte Burgenland 2 und 3.

[168] Geschichte der 3. Panzer-Division, S. 476.

[169] MA Freiburg, Lagebericht Ost, Nr. 1395, vom 10. 4. 1945, ferner Geschichte der 3. Panzer-Division, S. 476, und OKH-Lagekarte vom 19. 4. 1945.

[170] Mitteilung Balck und Kriegstagebuch OKW, Bd. IV/2, S. 1236.

[171] Mauskript Groth, Gebirgsjäger-Regiment 99.

[172] Ebenda und OKH-Lagekarte vom 19.4. 1945.

[173] Manuskript Groth, Gebirgsjäger-Regiment 99 und Hubert *Lanz,* Gebirgsjäger. Die 1. Gebirgs-Division 1935 — 1945 (Bad Nauheim 1954), S. 293 ff, sowie schriftl. Mitteilung des ehem. Ia der 1. Gebirgs-Division, Anton Leeb, an das MWI über die Abschlußkämpfe dieser Division im April/Mai 1945.

[174] MA Freiburg, Lagebericht Ost, Nr. 1397, vom 12. 4. 1945.

[175] *Stoves,* 1. Panzer-Division, S. 784. Die Kampfgruppen blieben weit unter den Anforderungen der Panzer-Division 45 und hatten z. B. am 5. 4. (lt. Anhang zur OKH-Lagekarte vom 25. 4. 1945) gemeinsam einen Stand von 23 intakten Panzern gemeldet. Bis Monatsmitte dürfte sich die Panzerlage eher etwas gebessert haben. Der 1. Panzer-Division unterstanden außerdem noch die Sturm-Pz. Abt. 219 und Restteile der 24. Panzer-Division.

[176] *Strassner,* Freiwillige, S. 344.

[177] MWI 1945/7, Gemeindeberichte Burgenland 3; *Stoves,* 1. Panzer-Division, S. 476 f., und MA Freiburg, Lagebericht Ost, Nr. 1399, vom 14. 4. 1945.

[178] *Stoves,* 1. Panzer-Division, S. 786.

[179] Mitteilung Balck.

[180] Geschichte der 3. Panzer-Division, S. 478, und Hans *Pirchegger—* Sepp *Reichel,* Geschichte der Stadt und des Bezirkes Fürstenfeld (Fürstenfeld 1952), S. 286 f.

[181] MA Freiburg, Lageberichte Ost, Nr. 1401 — 1403, vom 16. bis 18. 4. 1945.

[182] Das Bataillon war vorher schon in der Semmeringverteidigung eingesetzt gewesen.

[183] MA Freiburg, OKH-Lagekarten, vom 19. bis 26. 4. 1945, und *Pirchegger-Reichel,* Fürstenfeld, S. 288.

[184] FS Uiberreithers an Bormann, vom 7. bis 12. 4. 1945, a. a. O.

[185] *Rebentisch,* Kaukasus, S. 507.

[186] Mitteilung Balck.

[187] MA Freiburg, OHK-Lagekarten vom 19. bis 26. 4. 1945.

[188] *Rebentisch,* Kaukasus, S. 506.

[189] Ebenda, S. 507.

[190] Ebenda, S. 509.

[191] Gefechtsbericht 3. Kavallerie-Division.

[192] FS Uiberreither an Bormann, vom 14. 4. 1945.

[193] MWI 1945/11, Gemeindeberichte Steiermark 14.

[194] MA Freiburg, Ic Tagesmeldung der 2. Panzer-Armee, vom 14. 4. 1945, und OKH-Lagekarte vom 19. 4. 1945.

[195] Zusammengestellt nach dem Heimatbuch Radkersburg von Otto *Grieb,* der Stadtchronik, Gendarmerie-Postenchronik und den Tagesmeldungen der Heeresgruppe Süd.

[196] MA Freiburg, Gefechtsbericht 3. Kavallerie-Division. Die Sturm-Brigade v. Rudno setzte sich aus Stu. Btl. Pz. AOK 2, 1 Pi. Btl., 1. Pi. Spähzug, Pi. Btl. (mot) 41 und 1 Rgt. 16. SS-Pz. Gren. Div. zusammen.

[197] MA Freiburg, Gefechtsbericht 3. Kavallerie-Division.

[198] Fritz *Posch,* Geschichte des Verwaltungsbezirkes Hartberg, 1. Teil, Bd. II (Graz — Hartberg 1978), S. 118—145. Das „Nachbeben" dieser Vorgänge ist in der Bevölkerung um Hartberg bis heute zu spüren.

[199] Ausarbeitung Balck und *Balck,* Ordnung, S. 629.

[200] Studie Krause, Einsatz, und Studie Bormann, Feldkommandantur 198.

[201] Ausarbeitung Balck, III/297.

[202] MA Freiburg, Wesentliche Merkmale des Feindbildes, vom 25. 4. 1945.

[203] MA Freiburg, Lagebericht Ost, Nr. 1410, vom 25. 4. 1945.

[204] MA Freiburg, OKH-Lagekarte vom 25. 4. 1945.

[205] *Stoves,* 1. Panzer-Division, S. 792. Ferner F. M. v. *Senger und Etterlin jr.,* Die 24. Panzer-Division, vormals 1. Kavallerie-Division 1939—1945 (Neckargemünd 1962), S. 311, ferner MA Freiburg, Lagebericht Ost, Nr. 1410, vom 25. 4. 1945, und OKH-Lagekarte desselben Tages.

[206] Der Rest der Werfer Brig. 17 und 19, Kampf Btl. Schenkendorf, Btl. Hormann, Btl. Arndt.

[207] *Karpf,* Bedrohte Heimat, S. 407.

[208] Mitteilung Balck.

[209] Manuskript Groth, Gebirgsjäger-Regiment 99.

[210] *Stoves,* 1. Panzer-Division, S. 792.

[211] Diese und alle weiteren Angaben über das Gebirgsjäger-Regiment 99 bei Groth, a. a. O. Zur Ablösung der 117. Jäger-Division das Manuskript Brunner.

[212] Manuskript Groth, Gebirgsjäger-Regiment 99.

10. Der Sturm auf die „Alpenfestung"

[1] Zur allgemeinen militärischen Situation vgl. die auf S. 406, Anmerkung 1, genannten wichtigsten Werke über den Zweiten Weltkrieg. Zur Ardennenoffensive siehe Hugh M. *Cole,* The Ardennes: Battle of the Bulge (= United States Army in World War II. The European Theatre of Operations, Washington D. C. 1965). Ferner Hasso von *Manteuffel,* Die Ardennenoffensive. In: Entscheidungsschlachten des Zweiten Weltkriegs, herausg. von Hans-Adolf Jacobsen (Frankfurt/Main 1960), und Martin Voggenreiter, Frühjahrsoffensive 1918 und Ardennenoffensive 1944. In: Wehrwissenschaftliche Rundschau 12/1964 und 1/1965. Die Arbeit von H. M. *Cole* wurde fortgesetzt von Charles B. *MacDonald,* The Last Offensive (= United States Army in World War II. The European Theatre of Operations, Washington D. C. 1973). An Spezialuntersuchungen, die auch für Österreich von grundlegender Bedeutung sind, müssen vor allem herangezogen werden: MGFA Studie T-123, Feldmarschall Albert Kesselring, Geschichte des Oberbefehlhabers West, 3 Teile, und Studie B-703, Oberst i.G. a.D. Horst Wilutzky, Der Kampf der Heeresgruppe „G" im Westen. Abschlußkämpfe in Mittel-und Süddeutschland bis zur Kapitulation (22. 3. 1945 — 6. 5. 1945).

[2] Walter Bedell *Smith,* General Eisenhowers sechs große Entscheidungen (Bern 1956), S. 231.

[3] Ebenda, S. 237 f.

[4] *Gosztony,* „Aber Churchill", S. 179.

[5] *Smith,* Eisenhower, S. 236.

[6] Ebenda, S. 239.

[7] Vgl. dazu die nicht uninteressanten Überlegungen von Olaf *Groehler,* Zur Offensive der Anglo-Amerikaner 1945. In: Zeitschrift für Militärgeschichte 3/1963, S. 295 ff.

[8] *MacDonald,* Last Offensive, Kapitel XVIII: The Myth of the Redoubt, bes. S. 407 f.

[9] Zu dem ganzen Fragenkomplex außer *MacDonald* und der erwähnten Arbeit von *Stuhlpfarrer,* Operationszonen, noch der Aufsatz des Verfassers, Die „Alpenfestung". In: Truppendienst 3/1973, S. 238 — 242 und 4/1973, S. 325 — 329. Ferner Rodney G. *Minott,* The Fortress That Never Was (New York 1964) und folgende im MGFA liegende Studien: B-133, Gen. Mj. Josef Punzert, Bericht über die deutsche „Nationale Gebirgsstellung"; B-140, Gen. d. Waffen-SS Otto Hoffmann, „Alpenfestung"; B-325, Gen. d. Geb. Tr. Julius Ringel, Zum Bericht von Gen. Mj. Glasl über die sogenannte „Alpenfestung"; B-459 und B-460, Franz Hofer, Alpen-Stellung, Alpen-Festung und Entwicklungsgeschichte; sowie die bereits genannten Studien von Marcinkiewicz, Ausbau Kampfstellung, und Berger, Alpenfestung.

[10] Ebenda, die genannten Studien.

431

[11] Studie Berger, Alpenfestung.
[12] Zum Schweizer Réduit vgl. Jon *Kimche,* General Guisans Zweifrontenkrieg (Berlin 1962), und General Henri *Guisan,* Bericht an die Bundesversammlung über den Aktivdienst 1939 — 1945 (Lausanne 1946).
[13] Studie Berger, Alpenfestung.
[14] Studie Hofer, Alpen-Stellung.
[15] Ebenda.
[16] Kriegstagebuch OKW, Bd. IV/1, S. 591 ff.: Der Stellungsbau im rückwärtigen Gebiet (mit Einschluß der Reichsgrenze im Südosten).
[17] Studie Marcinkiewicz, Ausbau Kampfstellung.
[18] Studie Hofer, Alpen-Stellung.
[19] Ebenda. General Boetticher war bis 1941 Militärattaché in Washington gewesen. Er war also wohl besonders dazu geeignet, die Berichte der amerikanischen Presse wertend zu lesen.
[20] Ebenda.
[21] Zum Folgenden die Studie Marcinkiewicz, Ausbau Kampfstellung.
[22] Ebenda.
[23] Studie Hofer, Alpen-Stellung.
[24] Das geht aus der MGFA Studie B-158, Gen. Mj. Hans Böheimb, Wehrmachtskommandantur (Schutzbereich) Innsbruck, hervor.
[25] *Stuhlpfarrer,* Operationszonen, S. 261.
[26] Kriegstagebuch OKW, Bd. IV/2, S. 1447.
[27] Hitlers letzte Lagebesprechung. In: Der Spiegel Nr. 3/1966.
[28] *Minott,* Fortress, S. 58 f.
[29] *MacDonald,* Offensive, S. 409.
[30] Ebenda.
[31] *Minott,* Fortress, S. 88.
[32] Um das zu verhindern, war ja die Formel von der „bedingungslosen Kapitulation" ins Spiel gebracht worden. Sie stammte aus dem Amerikanischen Bürgerkrieg.
[33] *MacDonald,* Offensive, S. 409.
[34] Ebenda.
[35] Ebenda.
[36] Ebenda.
[37] Studie Kesselring, Geschichte des OB West.
[38] MGFA Studie B-583, Gen. d. Inf. Friedrich Schulz, Bericht über Lage, Auftrag und Maßnahmen (im großen) der Heeresgruppe G im April 1945.
[39] Studie Wilutzky, Heeresgruppe G. General Schulz war bis zu diesem Zeipunkt Oberbefehlshaber der deutschen 17. Armee in Schlesien gewesen.
[40] Ebenda. Zu den Kämpfen der 1. französischen Armee vgl. besonders General de *Lattre de Tassigny,* Histoire de la Première Armée Française. Rhin et Danube (Paris 1949).
[41] MGFA Studie B-500, Oberst Kurt Brandstätter, Verteidigung der Oberrheinfront im Abschnitt Karlsruhe-Basel und Rückzugskämpfe der 19. Armee auf die Alpen bis zur Kapitulation vom 22. 3. 1945 bis 5. 5. 1945 (3 Teile). Zu den Kämpfen der 19. Armee vgl. ferner Studie B-745, Gen. d. Pz. Tr. Erich Brandenberger, Schlußkampf der 19. Armee vom 1. April bis 5. Mai 1945.
[42] Studie Wilutzky, Heeresgruppe G.
[43] Studie Brandstätter, Oberrheinfront.
[44] Ebenda. Die Stärke der alliierten Verbände läßt sich wohl auch nur annähernd feststellen. Nach der Gliederung von 1943 war eine amerikanische Infanterie-Division etwa 14.000 Mann stark. Die Panzer-Division war mit 11.000 Mann etwas schwächer; sie verfügte über 195 mittlere und 77 leichte Kampfpanzer. Die Gesamtstärken der Armeen waren sehr beträchtlich. So gibt Patton die Stärke der amerikanischen 3. Armee im April 1945 mit rund 420.000 Mann an (General *Patton,* Krieg, wie ich ihn erlebte, Bern 1950, S. 223). Nach dem 5. Mai erreichte die 3. Armee durch die zusätzliche Unterstellung des V. US-Korps sogar eine Stärke von 540.000 Mann (*Patton,* Krieg, S. 230). Daraus läßt sich wiederum ableiten, daß ein Korps über rund 120.000 Mann verfügte. Die Division wird samt Trossen mit 30.000 Mann gerechnet.
[45] *MacDonald,* Offensive, S. 29 f.
[46] Studie Kesselring, Geschichte des OB West. Der neue Befehlsstand des OB West war Hirschau in der Oberpfalz.
[47] Ebenda.
[48] Studie Wilutzky, Heeresgruppe G. Vgl. zur deutschen 1. Armee auch die MGFA Studie B-348, Generalmajor Wolf-Rüdiger Hauser, Bericht über die Kampfhandlungen im Bereich der 1. Armee in der Zeit vom 24. 3. bis 8. 5. 1945.

[49] Bei der Heeresgruppe G sah man das Aufbrechen der Front in kausalem Zusammenhang damit, daß Kesselring durch die direkte Unterstellung der 19. Armee unter den Befehl des OB West die einheitliche Führung von 1. und 19. Armee beseitigt hatte.

[50] *MacDonald,* Offensive, S. 421.

[51] Ebenda. Sollte die dieser Weisung zugrunde liegende Auffassung der weiteren militärischen Entwicklung in Österreich vollinhaltlich zutreffen, dann muß General Eisenhower noch am 15. April damit gerechnet haben, daß die Russen ihren Angriff westlich von Wien so lange fortsetzen würden, bis sie eben im Raum Salzburg auf amerikanische Truppen stießen. Über die sowjetischen Ziele in der Tschechoslowakei war sich Eisenhower offenbar noch längere Zeit im unklaren.

[52] Ebenda, S. 422.

[53] Ebenda, S. 427 — 430.

[54] General Devers war der Ansicht, daß der französische Erfolg (28.000 deutsche Gefangene bei einem Verlust der Franzosen von 157 Mann) noch wesentlich größer ausgefallen wäre, wenn General de Lattre den amerikanischen Plan befolgt hätte.

[55] *MacDonald,* Offensive, S. 430 f.

[56] Ebenda, S. 431 f.

[57] Ebenda und Dwight D. *Eisenhower,* Kreuzzug in Europa (Amsterdam, o. J.), S. 473 f.

[58] *De Lattre,* Histoire, S. 558 f.

[59] Studie Brandstätter, Oberrheinfront und *MacDonald,* Offensive, S. 433.

[60] Studie Brandstätter, Oberrheinfront. Über die Kampfhandlungen im Gebiet nördlich des Bodensees informiert der Aufsatz von H. *Ehmer,* Die Besetzung Badens im April 1945. In: Hansmartin Schwarzmaier, Landesgeschichte und Zeitgeschichte: Kriegsende 1945 und demokratischer Wiederbeginn am Oberrhein (= Oberrheinische Studien 5, Karlsruhe 1980), S. 35 — 58.

[61] Studie Brandstätter, Oberrheinfront.

[62] Ebenda.

[63] MGFA Studie B-103, Gen. d. Inf. Hans Schmidt, Kämpfe der dem AOK 24 unterstellten Truppen im Allgäu und in Vorarlberg ab 26. 4. 1945.

[64] Studie Brandstätter, Oberrheinfront.

[65] MGFA Studie B-191, Generalleutnant Hans Friebe, Das LXIV. A. K. in der Zeit vom 21. 4. 1945 bis 5. 5. 1945.

[66] *MacDonald,* Offensive, S. 425 f.

[67] Ebenda und *Patton,* Krieg, S. 216 f.

[68] *MacDonald,* Offensive, S. 426.

[69] Ebenda, S. 434, und Studie Kesselring, Geschichte des OB West. Was noch an Treibstoff vorhanden war, soll der Oberbefehlshaber der Heeresgruppe Mitte, Generalfeldmarschall Schörner, für seine Heeresgruppe beschlagnahmt haben. Dadurch kam eine Verschiebung nicht mehr in Frage.

[70] Studie Kesselring, Geschichte des OB West, und Studie Wilutzky, Oberrheinfront.

[71] Ebenda.

[72] Studie Gen. d. Geb. Tr. August Winter, Der Führungsstab B/Außenstelle OKW Süd (= Anlage 25 zur Studie Kesselring, Geschichte des OB West, Teil III).

[73] *MacDonald,* Offensive, S. 434 f.

[74] Über das Tauziehen um den Einsatz der 2. SS-Panzer-Division vgl. S. 214 f.

[75] *MacDonald,* Offensive, S. 434.

[76] Studie Kesselring, Geschichte des OB West.

[77] *MacDonald,* Offensive, S. 435.

[78] Ebenda, S. 437.

[79] Ebenda, S. 437 f.

[80] *De Lattre,* Histoire, S. 574 f.

11. Vorarlberg und das Ende in Tirol

[1] Studie Brandenberger, 19. Armee.

[2] Ebenda.

[3] MA Freiburg, H 12-19/212, AOK 19, g. Kdos, vom 18. 4. 1945.

[4] Kriegstagebuch OKW, Bd. IV/2, S. 1385.

[5] Studie Marcinkiewicz, Ausbau Kampfstellung.

[6] Vgl. dazu das Kapitel „Der Luftkrieg" und S. 402, Anmerkung 30.

[7] Dietlinde *Löffler-Bolka,* Vorarlberg 1945. Das Kriegsende und der Wiederaufbau demokratischer Verhältnisse in Vorarlberg im Jahre 1945 (Bregenz 1975), S. 37 f.

[8] Vgl. S. 90.

[9] Oberstleutnant Knoblauch war bis zu seiner Ernennung zum Festungskommandanten von Vorarlberg Kommandant der Garnison Bludenz gewesen. Vgl. *Schelling,* Festung, S. 14.

[10] *Schelling,* Festung, S. 22.

[11] Ebenda, S. 14.

[12] Kriegstagebuch OKW, Bd. IV/2, S. 1296.

[13] Vgl. dazu Kapitel 3, S. 101 f.

[14] General Feurstein arbeitete als Inspekteur der Standschützen und nach dem 22. 4. als Kommandant der Alpenfront eng mit der Heeresgruppe C in Italien zusammen, ebenso wie der Oberste Kommissar und Gauleiter Hofer. Schelling erwähnt die taktische Unterstellung ausdrücklich (S. 13), gibt aber leider keine Belegstelle an.

[15] Vgl. dazu S. 302.

[16] Studien Brandstätter, Oberrheinfront und Brandenberger, 19. Armee.

[17] Zu Schmidt vgl. *Keilig,* Das deutsche Heer, 211/299.

[18] Studie Schmidt, AOK 24.

[19] Ebenda. Gefechtsstände des AOK 24 waren: Eglofs (26. 4.), Haselstauden (28. u. 29. 4.) und Satteins (30. 4. bis 2. 5.).

[20] Oberstleutnant Knoblauch soll Gauleiter Hofer den Vorschlag gemacht haben, erst am Arlberg Stellung zu beziehen. Hofer wies dies jedoch als indiskutabel zurück. Vgl. *Schelling,* Festung, S. 22.

[21] *Löffler-Bolka,* Vorarlberg, S. 27 — 47.

[22] Valentin *Feurstein,* Irrwege der Pflicht 1938 — 1945 (Wels o. J.), S. 305. Feurstein datiert seine Bemühungen bezüglich Bregenz und Feldkirch mit dem 26. April. Er dürfte sich hier jedoch irren, da diese Frage nach anderen übereinstimmenden Angaben erst am 27. an ihn herangetragen worden ist. Das Vordatieren hatte wohl den Zweck, zu beweisen, daß sich Feurstein korrekt verhalten hatte.

[23] *Feurstein,* Irrwege, S. 306, und *Löffler-Bolka,* Vorarlberg, S. 42.

[24] *Feurstein,* Irrwege, S. 306.

[25] *Löffler-Bolka,* Vorarlberg, S. 44 f.

[26] *Schelling,* Festung, S. 52, *Feurstein,* Irrwege, S. 307, und *MacDonald,* Offensive, Kapitel XIX: „Götterdämmerung", S. 464. MacDonald schreibt in diesem Zusammenhang: „Die Kapitulation wurde am 2. Mai, 09.00 Uhr wirksam und schloß die österreichischen Bundesländer Vorarlberg, Tirol, Salzburg und einen Teil Kärntens ein, jene Gebiete also, gegen die gerade die Truppen der 6. Armeegruppe vorgingen". MacDonald stützt sich dabei auf Forrest C. *Pogue,* The Supreme Command (= United States Army in World War II, Washington D. C. 1954), S. 478. Dieser Auffassung muß jedoch widersprochen werden. Generaloberst v. Vietingshoffs Bevollmächtigte unterzeichneten am 29. April einen „Dokumentsentwurf für die lokale Kapitulation der deutschen und anderen unter dem Befehl oder der Kontrolle des deutschen Obersten Befehlshabers Südwest stehenden Streitkräfte". Dadurch aber, daß Kesselring noch vor Wirksamwerden der Kapitulation der Heeresgruppe C (2. Mai) Tirol, Vorarlberg und Salzburg taktisch der Heeresgruppe G bzw. der 1. und 19. Armee unterstellte, konnte sich die von Vietinghoff eingeleitete Kapitulation gar nicht auf diese Gebiete erstrecken. Die Kapitulation in Italien war zudem eine örtliche Vereinbarung zwischen dem OB Südwest und der 15. Armeegruppe. Sie hatte also de facto keine Auswirkungen auf die Kämpfe zwischen der Heeresgruppe G und der alliierten 6. Armeegruppe. Die österreichischen Alpenländer waren damit weiterhin Kriegszone. Auch die Behauptung von General *Béthouart* (Die Schlacht um Österreich [Wien 1966], S. 280 f.): „In Vorarlberg stand meinem Armeekorps General Schmitt (sic!), der Befehlshaber der 24. deutschen Armee (!), gegenüber, der am 28. April hier einrückt und auf diese Weise in den Befehlsbereich der Heeresgruppe Italien gekommen war . . ." ist aus denselben Gründen nicht zutreffend.

[27] *Löffler-Bolka,* Vorarlberg, S. 45.

[28] Faksimile bei *Schelling,* Festung, S. 58.

[29] *Schelling,* Festung, S. 33 f.

[30] Studie Schmidt, AOK 24 und Les Grandes Unités Françaises. Historique succincts. Campagne de France et d'Allemagne (1944 — 1945), 3. Teil (Paris 1976), S. 773 — 800, und MGFA Studie B-110, Gen. Lt. Karl Faulenbach, Die Division Nr. 405 (E. u. A.) 22. 3. — 6. 5. 1945.

[31] Studie Brandenberger, 19. Armee.

[32] Ebenda.

[33] Les Grandes Unités, 2. Teil, S. 1401 — 1405 und *Löffler-Bolka,* Vorarlberg, S. 68. Die von Löffler-Bolka gegebene Darstellung hinsichtlich der Fremdenlegion irrt bezüglich des Tages. Der kurze Erkundungsvorstoß am Abend des 29. April ist auch durch örtliche Quellen belegt. Die Identität der französischen Truppen läßt sich aber nur annähernd feststellen.

[34] In diesem Zusammenhang heißte es in dem Buch Le Livre d'Or de la Légion Etrangère (1831 — 1976) von Jean *Brunon*-Georges R.*Manue*-Pierre *Carles* (Paris 1976) auf S. 279: „Camerone 1945! La 2e section de la 5e compagnie du R. M. L. E. fête le grand anniversaire avec éclat: elle est la première de toutes les unités françaises á entrer en territoire autrichien."

434

[35] *Schelling,* Festung, S. 62.

[36] *Löffler-Bolka,* Vorarlberg, S. 72, und Les Grandes Unités, 3. Teil, S. 783 f.

[37] *Löffler-Bolka,* Vorarlberg, S. 72.

[38] *Schelling,* Festung, S. 61.

[39] Studie Faulenbach, 405. Division.

[40] *Schelling,* Festung, S. 70.

[41] Ebenda, S. 71.

[42] Les Grandes Unités, 2. Teil, S. 1405. Ausführlich auch bei *Schelling,* Festung, S. 71 — 76 und *Löffler-Bolka,* Vorarlberg, S. 75.

[43] *Löffler-Bolka,* Vorarlberg, S. 75 und Les Grandes Unités, 2. Teil, S. 1405.

[44] Studien Brandenberger, 19. Armee, Schmidt, AOK 24 und Faulenbach, 405. Division.

[45] Les Grandes Unités, 2. Teil, S. 1405 spricht nur von einem „massiven Beschuß", dem Bregenz ausgesetzt war. Es finden sich jedoch weder in den Aufzeichnungen für das I. Korps noch in jenen der 5. Panzer-Division Hinweise über einen Tieffliegerangriff. Daß ein solcher erfolgt ist, steht aber zweifelsfrei fest. Er wurde jedoch von *Löffler-Bolka,* Vorarlberg, S. 76 f hinsichtlich seiner Stärke und Wirkung erheblich relativiert.

[46] Vgl. dazu S. 51.

[47] Studie Marcinkiewicz, Ausbau Kampfstellung.

[48] Studie Böhaimb, Wehrmachtskommandantur Innsbruck.

[49] R. *Mackowitz,* Kampf um Tirol. Entscheidende Taten zur Befreiung Innsbrucks im Frühjahr 1945 (Innsbruck o. J.), S. 41, bezeichnet General Böhaimb irrtümlich als den Verteidigungskommandanten von Tirol. Zu dem von Mackowitz genannten Zeitpunkt (2. Mai) befehligte Böhaimb die „Divisionsgruppe Innsbruck Nord" und unterstand dem Befehlshaber der Alpenfront Nordwest, General v. Hengl.

[50] Studie Böhaimb, Wehrmachtskommandantur Innsbruck.

[51] Studie Marcinkiewicz, Ausbau Kampfstellung.

[52] Kriegstagebuch OKW, Bd. IV/2, S. 1441.

[53] Studie Böhaimb, Wehrmachtskommandantur Innsbruck.

[54] Ebenda.

[55] Ebenda.

[56] Studie Hengl, Alpenfestung.

[57] Studie Ringel, Zum Bericht Glasl.

[58] *Feurstein,* Irrwege, S. 301.

[59] *Minott,* Fortress, S. 101.

[60] Manfred *Messerschmidt,* Die Wehrmacht im NS-Staat (= Truppe und Verwaltung 16, Hamburg 1969), S. 459 ff.

[61] Studie Hofer, Alpen-Stellung.

[62] Ebenda.

[63] Studie Brandenberger, 19. Armee.

[64] *Feurstein,* Irrwege, S. 306.

[65] Studie Kesselring, Geschichte des OB West.

[66] Ebenda.

[67] Studie Böhaimb, Wehrmachtskommandantur Innsbruck.

[68] Studie Hofer, Alpen-Stellung.

[69] Hofer hatte noch für den 5. Mai eine Rundfunkansprache vorbereitet, kam aber nicht mehr dazu, sie zu halten.

[70] Studie Kesselring, Geschichte des OB West. Zur recht mysteriösen Rolle Hofers während dieses Zeitraums vgl. auch *Stuhlpfarrer,* Operationszonen, S. 127 — 134.

[71] Ebenda.

[72] Zum Widerstand in Tirol vgl. *Molden,* Ruf des Gewissens, *Mackowitz,* Kampf um Tirol, und die unveröffentlicht gebliebene Dissertation von Wolfgang Pfaundler, Widerstand eines Tiroler Tales. Jüngst auch die Dokumentation Widerstand und Verfolgung in Tirol 1934 — 1945.

[73] Ralph E. *Pearson,* Enroute to the Redoubt (Washington 1958), S. 201.

[74] Studie Brandenberger, 19. Armee.

[75] Ebenda.

[76] Die 189. Infanterie-Division sollte sich nach Südosten (Buchloe) absetzen, traf aber nicht mehr bei der 1. Armee ein, da sie von den Amerikanern überholt und zur Waffenstreckung gezwungen wurde.

[77] Studien Brandenberger, 19. Armee und Friebe, LXIV. A. K.

[78] Studie Böhaimb, Wehrmachtskommandantur Innsbruck.

[79] MWI 1945/14-Qu. Der Schlußsatz in dem Befehl lautet: „Wir tun hundertprozentig ohne zu fragen unsere Pflicht; es geht um unser Land!"

[80] Studien Brandenberger, 19. Armee und Marcinkiewicz, Ausbau Kampfstellung. Der Festungspionier-Stab 4, der ebenfalls dem Höheren Kommando Oberrhein unterstellte werden sollte, stand isoliert in der Gegend von Feldkirch und unterstand damit de facto dem Befehl des AOK 24.

[81] Studie Friebe, LXIV. A. K.

[82] J. *Wechselberger,* Das letzte Gefecht an der Grenze Tirols, 28. — 30. April 1945. In: Die Gebirgstruppe 3 u. 4/1962, S. 90 f. — Jene Teile des Gebirgsjäger-Ers. Batl. 137, die nicht nach Vorarlberg verlegt worden waren, kamen am 27. April in die Gegend von Vils. Wechselberger schildert das Herankommen der Amerikaner erst für den 30. April, erliegt damit aber einem Irrtum, da sich nicht nur aus der zusammenhängenden Schilderung von Friedrich *Mader,* Kampftage im Außerfern am Ende des Zweiten Weltkrieges. In: Außerferner Buch (= Schlern-Schriften Bd. 111, Innsbruck 1955), S. 157 ff., ein Überschreiten der Tiroler Grenze schon für den 28. April ergibt; auch der After Action Report der 44. Infanterie-Division läßt am Zeitpunkt des Überschreitens keinen Zweifel.

[83] Studie Friebe, LXIV. A. K. und Tagesberichte des Standschützen-Bataillons Innsbruck I (MWI 1945/2-80).

[84] Das war der von General Devers der 1. französischen Armee eingeräumte Übergang nach Tirol.

[85] National Archives (= NA) Washington, Record Group 407, Report After Action 44th Infantry Division 26 — 30 April 1945.

[86] Ebenda.

[87] Ebenda.

[88] Studie Friebe, LXIV. A. K. und Tagesberichte Standschützen-Bataillon Innsbruck.

[89] Studie Brandenberger, 19. Armee.

[90] Studie Kesselring, Geschichte des OB West.

[91] Ebenda.

[92] Ebenda.

[93] H. J. E. *Stöber,* Die eiserne Faust. Bildband und Chronik der 17. SS-Panzergrenadier-Division „Götz von Berlichingen" (Neckargemünd 1966), S. 80 ff.

[94] Studie Kesselring, Geschichte des OB West.

[95] Studie Brandenberger, 19. Armee.

[96] After Action Report 44th Infantery Division, 1 — 8 May 1945 und Mario *Duić,* Die Verteidigung des Fern-Passes 1945. In: Landesverteidigung. Österreichische Militärische Zeitschrift 3/1960 — 61, S. 107 f.

[97] Studien Friebe, LXIV. A. K., und Brandenberger, 19. Armee. *Duić,* Verteidigung, S. 106, bezeichnet Generaladmiral Marschall nicht ganz zutreffend als „Befehlshaber der Atlantikfestungen". Marschall hatte zwar die Führung der eingeschlossenen Festungen an den Küsten der Biskaya und im Englischen Kanal über. Sein Befehlsstand befand sich aber bemerkenswerterweise in Lindau am Bodensee. Er stellte für die Verteidigung des Fernpasses Soldaten folgender Truppenkörper zur Verfügung: Flugzeug-Beladungs- und Verwaltungszug für Festungsmaterial, den Funkzug der Marine-Peilstelle Hohenargen am Bodensee und den Funkzug einer Marineeinheit, die aus Italien zu ihm gestoßen war.

[98] Studie Kesselring, Geschichte des OB West.

[99] Studie Brandenberger, 19. Armee.

[100] Ebenda.

[101] Das Folgende nach *Duić,* Verteidigung, Studie Friebe, LXIV. A. K., und dem Report After Action 44th Infantry Division.

[102] Report After Action 44th Infantry Division. Zu erwähnen wäre, daß zu dem Zeitpunkt, als die Amerikaner am Fernpaß bereits in Kämpfe verwickelt waren, auch die französische 1. Panzer-Division dort anlangte. Da sie jedoch nicht benötigt wurde, wurde sie am 2. Mai herausgezogen.

[103] Studie Böhaimb, Wehrmachtskommandantur Innsbruck. Kampfgruppe Achensee: K. Kdt. Kdr. Ers. Btl. Schwaz (später Oberst Schirowski), 3 Kp. Geb. Ers. und Ausb. Btl. 83 (Schwaz); Kampfgruppe Scharnitz: K.Kdt. Kdr. Geb. Fla Ers. und Ausb. Abt. 700 (Hall), zunächst Hptm. Pederotti, 2 Kp. Geb. Fla-Ers. und Ausb. Abt. 700 und 1 Btl. (3 Kp.) Gebirgsjäger eines Aufstellungsstabes in Innsbruck.

[104] Böhaimb nennt sie die Schule Fulpmes. Laut *Klietmann,* Waffen-SS, S. 403, kann es sich aber nur um die Schule Neustift gehandelt haben, die im April 1945 von Gauleiter Hofer im Raum Scharnitz-Seefeld eingesetzt wurde und am 3. Mai gegenüber den Amerikanern kapitulierte.

[105] Studie Böhaimb, Wehrmachtskommandantur Innsbruck.

[106] MWI 1945/22-St, Bericht von Hans W. Stoermer, München, über das Gefecht bei Scharnitz.

[107] Ebenda und Norbert *Prantl,* Heimat Zirl. Ein Heimatbuch im Auftrag der Gemeinde Zirl (= Schlern-Schriften Bd. 212, Innsbruck 1960), S. 158 f.

[108] Studie Böhaimb, Wehrmachtskommandantur Innsbruck.

[109] Ebenda.

436

110 Ebenda und *Prantl,* Heimat Zirl, S. 158 f. In letzterem wird erwähnt, daß in Zirl und an der Berg-straße die SS-Brigade „Wallonien" Stellung bezogen habe. Bei Klietmann läßt sich dafür keine Belegstelle finden. Wohl aber liegt die Vermutung nahe, daß es sich bei dieser SS-Einheit um die von General Böhaimb erwähnte SS-Gebirgsjäger-Schule Fulpmes (recte: Neustift) gehandelt hat.

111 NA Washington, Record Group 407, After Action Report 103rd Infantry Division 1 — 9 May 1945.

112 Studie Brandenberger, 19. Armee.

113 *De Lattre,* Histoire, S. 575 und Les Grandes Unités, 3. Teil, S. 784.

114 Die Versorgungsbasis der 1. französischen Armee, Offenburg, war in der zweiten Aprilhälfte bald 400 km von den Einsatztruppen entfernt. Das führte zu einem ernsten Engpaß auf dem Treibstoff-sektor, der selbst durch eine am 17. 4. anlaufende Luftbrücke der amerikanischen Luftwaffe in den neuen Versorgungsraum der Franzosen (Mengen, südlich von Sigmaringen) nicht behoben werden konnte. Das war mit ein Grund, warum die französischen Bewegungen bis zum 28. 4. langsamer ablaufen mußten als geplant.

115 *MacDonald,* Offensive, S. 438 und Les Grandes Unités, 3. Teil, S. 784.

116 *MacDonald,* Offensive, S. 438.

117 *De Lattre,* Histoire, S. 580.

118 Studien Brandenberger, 19. Armee und Schmidt, AOK 24.

119 *Schelling,* Festung, S. 104 ff.

120 Ebenda, S. 119 — 131 und Les Grandes Unités, 2. Teil, S. 1409 — 1413. Hier auch die genaue fran-zösische Truppenverteilung.

121 Studie Faulenbach, 405. Division.

122 Studie Brandenberger, 19. Armee.

123 Studie Faulenbach, 405. Division und ORF-Sammlung Österreich II, Bericht Max Troppmayr, Blu-denz, vom 31. 1. 1946.

124 Studie Brandenberger, 19. Armee.

125 Ebenda.

126 Ebenda.

127 Studie Schmidt, AOK 24.

128 Studien Faulenbach, 405. Division und Schmidt, AOK 24. Unter den für die Sprengung verantwort-lichen Angehörigen der Tiroler Freiheitsbewegung war auch der bekannte Rennfahrer Hans von Stuck.

129 *De Lattre,* Histoire, S. 581 und Les Grandes Unités, 3. Teil, S. 543 ff.

130 *Schelling,* Festung, S. 222, bezeichnet den Verteidigungskommandanten des Bregenzerwaldes fälsch-lich als „Generaloberst Merkl".

131 *De Lattre,* Histoire, S. 581, *MacDonald,* Offensive, S. 439 und Les Grandes Unités, 2. Teil, S. 547.

132 *MacDonald,* Offensive, S. 467 f.

133 Studie Brandenberger, 19. Armee.

134 Ebenda und freundl. Mitteilung von OTL. i. G. W. Gerhardt, Hamburg, aus dem Jahr 1971.

135 MA Freiburg, OKW/16, OKW Fü. St. B., H. Qu. Nr. 20306/45 g. Kdos.

136 *Schausberger,* Rüstung, S. 173.

137 MA Freiburg, OKW/1544, Bev. Gen. f. die Heeresversorgung B, Nr. 101/45 g. Kdos.

138 Studie Böhaimb, Wehrmachtkommandantur Innsbruck. *Feurstein,* Irrwege, S. 312, schreibt dazu etwas abweichend: Der Anruf und das Ultimatum der Amerikaner sollen beim Stadtkommandanten von Innsbruck, Oberst Heinzle, eingelangt sein. Der konnte General Böhaimb nicht erreichen und wandte sich hierauf an Hofer, der seinerseits Kontakt mit Böhaimb aufnahm.

139 Studie Hofer, Alpen-Stellung.

140 Ebenda und Studie Kesselring, Geschichte des OB West.

141 Studie Brandenberger, 19. Armee.

142 Ebenda und *Hansen,* Das Ende, S. 134 f. Kesselring ließ, aus welchen Gründen ist nicht ganz ersicht-lich, die Kapitulationsverhandlungen für die Heeresgruppe G von General Foertsch, dem OB der 1. Armee, sowie den Bevollmächtigten General Brandenbergers und General Schmidts führen. Da zu diesem Zeitpunkt die 7. Armee bereits zur Heeresgruppe Mitte gewechselt hatte, führte somit jeder Teil der Heeresgruppe G separate und General Foertsch allgemeine Kapitulationsverhandlungen. Hansen irrt in bezug auf die Aufnahme der Gespräche seitens der 19. Armee (er nennt den 5. Mai). Auch hier wurden die Verhandlungen am 3. 5. begonnen. Über die vermeintliche Sonderstellung des AOK 24 vgl. S. 296.

143 Studie Brandenberger, 19. Armee.

144 *MacDonald,* Offensive, S. 468, schildert den Einmarsch erst für den Morgen des 4. Mai, doch stim-men *Feurstein,* Irrwege, S. 315 und *Mackowitz,* Kampf, S. 3, darin überein, daß das Ereignis bereits in den Abendstunden des 3. Mai stattfand.

145 Studie Brandenberger, 19. Armee.

146 *MacDonald,* Offensive, S. 469.
147 Studie Brandstätter, 19. Armee.
148 MGFA Studie B-326, Gen. d. Geb. Tr. Ritter von Hengl, Kampf um die Alpen Festung Nord.
149 MGFA Studie B-173, Mj. Wolfgang Gaebelein, XIII. Armeekorps (21. 3. — 2. 5. 1945).
150 MGFA Studie B-737, Ekkehard Albert, Einsatz des XIII. SS — A. K. zwischen Rhein und Alpen (26. 3. bis 6. 5. 1945).
151 Mathias *Kräutler*-Karl *Springenschmid,* Es war ein Edelweiß. Schicksal und Weg der 2. Gebirgs-Division (Graz 1962), S. 471 f.
152 Studie Hengl, Kampf.
153 Die Wahrheit über Schloß Itter. In: Mitteilungen des Bundes der Tiroler Freiheitskämpfer 1/1949.
154 Studie Hengl, Kampf.

12. Das Kriegsende in Salzburg

1 *MacDonald,* Offensive, S. 437.
2 Ebenda.
3 Ebenda.
4 Ebenda, S. 439 f.
5 NA Washington, Record Group 407, Third U. S. Army Operations March — May 1945.
6 *MacDonald,* Offensive, S. 440.
7 *Patton,* Krieg, S. 228.
8 *MacDonald,* Offensive, S. 440.
9 *Patton,* Krieg, S. 228.
10 Ebenda, S. 221.
11 Third Army Operations.
12 Ebenda.
13 *Patton,* Offensive, S. 441.
14 *MacDonald, Offensive, S. 441.*
15 Ebenda.
16 Vgl. dazu S. 315.
17 Ilse *Lackerbauer,* Das Kriegsende in der Stadt Salzburg im Mai 1945 (= Militärhistorische Schriftenreihe 35, Wien 1977), S. 15—17.
18 MWI 1945/1-St, Lageberichte der Gauleitung Salzburg vom 10., 14., 15. und 17. 4. 1945.
19 Ebenda, vom 17. 4. 1945.
20 MA Freiburg, WK XVIII/17, Kampfkommandant Salzburg IIa, g. Kdos, Nr. 19/45, vom 20. 4. 1945.
21 *Lackerbauer,* Kriegsende, S. 20.
22 Ebenda, S. 21 f.
23 Studie Kesselring, Geschichte des OB West und Karl *Koller,* Der letzte Monat. Die Tagebuchaufzeichnungen des ehemaligen Chefs des Generalstabes der deutschen Luftwaffe vom 14. April bis zum 27. Mai 1945 (Mannheim 1949), S. 84.
24 MA Freiburg, OKW/16, OKW/FüSt. B/Op.Abt.(H) Ia, Nr. 25339/45, geh., vom 4. 5. 1945.
25 Ebenda.
26 Vgl. dazu S. 330.
27 Studie Kesselring, Geschichte des OB West.
28 Vgl. dazu S. 331.
29 In Memoriam Generalleutnant a. D. Max H. Bork (als Manus. vervielfältigt, o. O., 1973). Hinsichtlich der unterstellten Verbände herrscht mittlerweile Klarheit. Vgl. dazu die Kriegsgliederung der 1. Armee im Anhang auf S. 510.
30 MGFA Studie B-183, Oberst i. G. Ludwig Graf von Ingelheim, Kampfhandlungen des LXXXII. A. K. in der Zeit vom 27. 3.—6. 5. 1945. Generalleutnant Theodor Tolsdorff hatte wohl eine der steilsten Karrieren der Deutschen Wehrmacht durchlaufen und stieg innerhalb eines Jahres vom Major zum Generalleutnant mit 36 Jahren auf. Vgl. dazu auch die Bemerkungen von *Georg Meyer,* Zur Situation der deutschen militärischen Führungsschicht . . .1945—1950/51. In: Anfänge westdeutscher Sicherheitspolitik 1945—1956, Bd. 1 (München 1982), S. 593.
31 *Lackerbauer,* Kriegsende, S. 25.
32 Vgl. dazu S. 75.
33 Mitteilung der Stadtgemeinde Hallein an das MWI, vom 14. 2. 1961. Interessanterweise ist dieser Vorstoß in den Grandes Unités nicht erwähnt. Es kann sich jedoch — da einwandfrei Franzosen festgestellt worden sind — nur um die 2. Panzer-Division gehandelt haben.

[34] Ebenda.
[35] Zum Folgenden *Lackenbauer,* Kriegsende, S. 27—31.
[36] NA Washington, Record Group 407, Narrative Account of the 7th Infantry Operations for Perior 15 Mar to 10 May 1945. Zur weiteren Entwicklung aus dem selben Bestand Report After Action XV Corps 1—10 May 1945.
[37] Studie Kesselring, Geschichte des OB West.
[38] Ebenda.
[39] Report After Action XV Corps.
[40] Third Army Operations.
[41] NA Washington, Record Group 407, After Action Report 36th Infantry Division 1—8 May 1945.
[42] *MacDonald,* Offensive, S. 442.
[43] Ebenda.
[44] Studie Kesselring, Geschichte des OB West.
[45] *Koller,* Letzter Monat, S. 86.
[46] MA Freiburg, OKW/16, OKW/Führ. Stab B/Op.Abt.(Ia), Nr. 20341/45, g. Kdos., vom 5. 5. 1945.
[47] *Koller,* Letzter Monat, S. 88.

13. Oberösterreich: „Der letzte Hort des Nazismus"

[1] Abbildung in Truppendienst 4/1973, S. 325.
[2] Bericht Kaltenbrunner an Bormann, a. a. O., vom 14. 9. 1944.
[3] Vgl. dazu S. 74.
[4] Harry *Slapnicka,* Oberösterreich, als es „Oberdonau" hieß, 1938—1945 (Linz 1978), S. 332 f.
[5] Widerstand und Verfolgung in Oberösterreich 1934—1945. Eine Dokumentation, Bd. 2 (Wien 1982), S. 341—508.
[5a] *Meyer,* Zur Situation, S. 591.
[6] MWI 1945/1-Sch, Lagebericht der Gauleitung Oberdonau, vom 15. 4. 1945.
[7] Vgl. dazu S. 229. Zu dem Faktum, daß man während der letzten Kriegswochen vor allem ein Herankommen der Russen in Rechnung stellte, liefert Gabriele *Hindinger,* Das Kriegsende und der Wiederaufbau demokratischer Verhältnisse in Oberösterreich im Jahre 1945 (= Publikationen des Österreichischen Institus für Zeitgeschichte 6, Wien 1968), S. 10 f. und S. 53 einige konkrete Hinweise. So etwa über den Bau der Ennsstellung (mit dem „befestigten Stützpunkt" Enns), die dann umfunktioniert werden mußte, um auch nach Westen abwehrbereit zu sein.
[8] Ebenda.
[9] Die Armeen der Heeresgruppe Süd bekamen davon unabhängig die Weisung, Sicherungen gegen Westen aufzubauen.
[10] Studie Schubert, Wehrkreis XVII.
[11] Studie Mikulicz, 417. Division.
[12] MGFA Studie B-216, Gen. Mj. Paul Wagner, Tätigkeit und Kämpfe der 487. E. u. A. Division. (Auszugsweise wiedergegeben bei Rudolf Walter *Litschel,* Lanze, Schwert und Helm. Beiträge zur oberösterreichischen Wehrgeschichte (Linz 1968), S. 133 ff.
[13] Ebenda. Beim XX. Korps beurteilte man nach Abschluß der Operationen die Kämpfe in Oberösterreich so, daß sie nur von versprengten Truppen geführt worden seien, die keinerlei Kenntnis der Gesamtlage gehabt hätten. Bei den Deutschen habe sich der Mangel an Kommunikationsmitteln und weiters das fast völlige Fehlen von Artillerie entscheidend ausgewirkt.
[14] Kriegstagebuch OKW, Bd. IV/2, S. 1445. Vgl. S. 236.
[15] Vgl. S. 424, Anmerkungen 70 und 100.
[16] *Slapnicka,* Oberösterreich, S. 334.
[17] Ebenda, S. 335.
[18] *Churchill,* Zweiter Weltkrieg, Bd. 6/2, S. 197.
[19] Ebenda.
[20] Vgl. S. 192.
[21] *MacDonald,* Offensive, S. 421 f.
[22] *Pogue,* Supreme Command, S. 469.
[23] Studie Kesselring, Geschichte des OB West.
[24] Vgl. S. 301.
[25] *MacDonald,* Offensive, S. 466, und *Pogue,* Supreme Command, S. 469. Bei der Beurteilung der amerikanischen Haltung gegenüber den Russen zu Kriegsende muß man berücksichtigen, daß die Amerikaner hofften, die Russen würden nach Abschluß des Krieges in Europa in den Krieg gegen Japan eintreten, und dem maßen amerikanische Militärs zu diesem Zeitpunkt (Frühj. 1945) noch große Bedeutung bei.

26 *Hansen,* Das Ende, S. 127.
27 MA Freiburg, OKW/16, OKW/Führ.Stab B/Op.Abt.(Ia), Nr. 20323/45, g. Kdos., vom 3. 5. 1945.
28 *Slapnicka,* Oberösterreich, S. 328.
29 MA Freiburg, OKW/16, OKW/Führ.Stab B/Op.Abt.(Ia), Nr. 20323/45, g. Kdos., vom 3. 5. 1945.
30 Eine einheitliche Benennung der ab 1. Mai zur „Heeresgruppe Ostmark" gewordenen Heeresgruppe Süd kam nicht mehr zustande. Bis zur Kapitulation liefen beide Bezeichnungen parallel, häufiger wurde jedoch noch Heeresgruppe Süd verwendet. Ein Terminus wie „Heeresgruppe Österreich" (*Rossiwall,* Die letzten Tage, S. 265) wurde freilich nie geprägt.
31 Studie Wagner, 487. Division; Third Army Operations, und *Patton,* Krieg, S. 225, geben übereinstimmend an, daß die 11. Panzer-Division am 26. 4. knapp über die österreichische Grenze kam.
32 Studie Wagner, 487. Division.
33 Ebenda. Abschnittskommandant war Oberst Engel. Bei Oberkappel wurde noch geringer Widerstand geleistet. Vgl. dazu auch *Litschel,* Lanze, S. 136.
34 Studie Wagner, 487. Division und *Litschel,* Lanze, S. 136. Letzterer erwähnt, daß der Kampf in Aigen bis zum 3. Mai gedauert habe. Dies scheint jedoch ausgeschlossen.
35 *Patton,* Krieg, S. 213.
36 NA Washington, Record Group 407, Report of Combat Operations XX Corps, 1—8 May 1945.
37 ORF-Sammlung Österreich II, Berichte von Wilhelm Grünwaldt, Generaldechant Ludwig und Hans Fink. Ferner „Neue Warte am Inn", 1. 11. 1945—23. 5. 1946.
38 Bericht Grünwaldt und Studie Wagner, 487. Division.
39 NA Washington, Record Group 407, Report of Combat Operations XX Corps, sowie aus demselben Bestand der After Action Report 13th Armored Division („The Bavarian Operation") 26 April— 4 May 1945.
40 Ebenda.
41 Studie Wagner, 487. Division. — Es waren dies 2 Infanterie-, 1 Pionier-Ausbildungs- und 3 Volkssturm-Bataillone, Teile des Standorts Ried sowie 6 Flakbatterien, die vor allem um Braunau konzentriert waren. (Genaue Verteilung bei *Litschel,* Lanze, S. 138).
42 Report XX Corps.
43 NA Washington, Record Group 407, After Action Report 65th Infantry Division, 1—8 May 1945. Zur Identität des ungarischen Bataillons vgl. S. 350.
44 Ebenda, sowie MWI 1945/17-B, Berichte Oberösterreich, Auszug aus der Gendarmerie-Postenchronik Schärding für den Zeitraum 14. 4.—24. 4. 1945 und MWI 1945/2-8P, Bericht Dr. Heinrich Ferihumer, Der Umbruch in Schärding im Jahre 1945.
45 Report XX Corps und After Action Report 65th Infantry Division, sowie Bericht Ferihumer, Umbruch in Schärding.
46 Studie Wagner, 487. Division.
47 Vgl. dazu S. 303.
48 Auch zum Folgenden: Report XX Corps.
49 Studie Wagner, 487. Division.
50 Ebenda.
51 Report XX Corps.
52 A. v. G. Payer, Manuskript zu „Audiatur et altera pars" sowie der Inhalt einer vieljährigen Korrespondenz mit dem Verfasser. An dieser Stelle soll Herrn Dipl. Ing. Payer nochmals sehr herzlich für seine wertvollen Informationen gedankt werden.
53 Am 3. Mai nahm das XX.US-Korps „Massen von ungarischen Truppen" gefangen (Report XX Corps).
54 Vgl. dazu S. 42.
55 Studie Wagner, 487. Division.
56 Zur Flak im Raum Linz vgl. den in Kapitel 2 (Anmerkung 11) zitierten Aufsatz von Richard *Kutschera,* Die Fliegerangriffe auf Linz im zweiten Weltkrieg.
57 MGFA Studie B-107, Alfred Kuzmany, Bericht über die Kampfhandlungen im Raum Linz/Stadt und Linz/Land (28. 3.—11. 5. 1945).
58 Studie Wagner, 487. Division.
59 Studie Rendulic, Letzte Operationen.
60 Am Lichtenberg (Höhe 926) waren beispielsweise 3 Flakbatterien mit 24 schweren und 24 leichten Geschützen eingesetzt.
61 Studie Wagner, 487. Division.
62 Ebenda.
63 Studie Rendulic, Letzte Operationen.
64 *Slapnicka,* Oberösterreich, S. 338, ferner *Hindinger,* Kriegsende, S. 43. Zu den Einzelheiten um die Verhandlungen zur Räumung von Linz siehe Hanns *Kreczi,* Fünf Minuten vor und nach zwölf.

Rückschau auf die historischen Maitage 1945. In: Oberösterreichische Nachrichten, Linz, vom 23. 4. bis 21. 5. 1960.

[65] *Hindinger,* Kriegsende, S. 45.

[66] Extract Third Army Operations.

[67] Studie Rendulic, Letzte Kämpfe.

[68] Ebenda und Studie Wagner, 487. Division. Der Kommandeur der 153. Division war zum damaligen Zeitpunkt Generalleutnant Karl Edelmann. Diese Division war mit den noch vorhandenen Einheiten von Döllersheim nach Oberösterreich verlegt worden. Vgl. dazu auch die Angaben bei Burkhart *Müller-Hillebrand,* Das Heer 1939—1945, Bd. 3, Der Zweifrontenkrieg (Frankfurt/Main 1969), S. 291.

[69] Studie Schubert, Wehrkreis XVII.

[70] Report XX Corps und *Hindinger,* Oberösterreich, S. 21 f. und 53.

[71] Report XX Corps und *Patton,* Krieg, S. 231.

[72] Extrakt eines Interviews mit dem G3 der 65. Division, vom 5. Juni 1945. — Kopie im MWI.

[73] Studie Schubert, Wehrkreis XVII.

[74] Ebenda.

[75] Studie Rendulic, Letzte Operationen.

[76] Vgl. dazu S. 373 f.

[77] Report XX Corps. Ferner NA Washington , Record Group 407, After Action Report 80th Infantry Division, G-3 Section, May 1945. Für die Beschaffung dieser sowie weiterer Unterlagen über die 3. US-Armee in Oberösterreich im Mai 1945 bin ich Herrn Dr. Reinhold Wagnleitner, Salzburg, und Vizeleutnant Gunther Fritz vom Büro des österreichischem Militärattachés in Washington zu besonderem Dank verpflichtet.

[78] *Hindinger,* Kriegsende, S. 54.

[79] Report XX Corps.

[80] ORF-Sammlung Österreich II, Bericht (engl.) von Col(ret.) Richard R. Seibel über die Befreiung Mauthausens, vom 20. Mai 1980. Der Bericht Seibels differiert von der Darstellung Hans*Maršáleks,* Die Geschichte des Konzentrationslagers Mauthausen (Wien 1974), S. 267—269.

[81] *Litschel,* Lanze, S. 146. Als irrig muß die Erwähnung Litschels bezeichnet werden, daß die 3. SS-Panzer-Division noch knapp vor Ausbruch der Kämpfe mit 65 fabriksneuen Panzern ausgestattet worden sei. *Rendulic,* von dem diese Zahl offenbar stammt (Gekämpft, S. 337), präzisiert diese Angaben in seiner Studie, Letzte Operationen, dahingehend, daß die Panzer für die 2. SS-Panzer-Division südlich der Donau und noch vor der Aufsplitterung dieser Division bestimmt waren. Die 3. SS-Panzer-Division war ganz im Gegenteil äußerst schwach. Das SS-Panzer-Regiment 3 beispielsweise hatte als Ersatz nur einige Luftwaffenangehörige bekommen. Seine Streitmacht wurde durch die Kampfgruppe Neff verkörpert, die 2 „Panther" und 2 Panzer IV besaß (Mitteilung Vopersal).

[82] Studie Kesselring, Geschichte des OB West.

[83] Ebenda.

14. Kärnten

[1] Über den Partisanenkrieg informiert umfassend Josef *Rausch,* Der Partisanenkampf in Kärnten im Zweiten Weltkrieg (= Militärhistorische Schriftenreihe 39/40, Wien 1979).

[2] Zur Entwicklung der Abtrennungsfrage bzw. der jugoslawischen Gebietsforderungen nach 1945 vgl. *Rauchensteiner,* Sonderfall, bes. S. 85—91, 200 f und 268. Über die Gestaltung des österreichisch-jugoslawischen Verhältnisses bereitet der Verfasser eine Studie vor.

[3] „Unser Einfall in Österreich war ein Versuch": Interview Gustav Chalupa mit Milovan Djilas. In: Kleine Zeitung, Klagenfurt, 13. 12. 1983, S. 3 f.

[4] Kärntner Zeitung, 1. 5. 1945.

[5] *Rauchensteiner,* Die königlich-ungarische Honvéd. Vgl. dazu auch S. 131 f.

[6] MWI 1945/1-R, Gauleiterberichte Kärnten, Februar — Mai 1945.

[7] Archiv des Militärgeschichtlichen Instituts der JVA, Belgrad, FS OB Südost Ia/f, Nr. 551, vom 22. 4. 1945.

[8] Bericht Gauleitung Kärnten, vom 22. 4. 1945.

[9] Erich *Schmidt-Richberg,* Das Ende auf dem Balkan (Heidelberg 1955), S. 139 f.

[10] MWI 1945/2—3, Tagebuchbericht (samt Korrespondenz) Gen. d. Art. Maximilian de Angelis.

[11] MA Freiburg, III W/101, OKW/WFSt/Qu 2(II), Nr. 02322/45 geh.

[12] Der Gauleiter der Steiermark hatte schon in einem Fernschreiben an Bormann am 7. April dagegen protestiert, daß rückwärtige Teile der 2. Panzer-Armee und der 6. Armee bis Wolfsberg verlegt worden waren.

[13] Der OB Südwest war am 29. 3. 1945 mit OKW/WFSt/Qu 2, Nr. 02012/45 geh. (MA Freiburg, III W/101) auf die Unterbringung in Kärnten mit-angewiesen worden.
[14] *Schmidt-Richberg,* Ende, S. 140, ferner MWI 1945/2—4E und 3M, Berichte Anton Leeb und Hubert Lanz, sowie *Keilig,* Deutsches Heer, 173/3.
[15] Kärntner Zeitung, 4. 5. 1945.
[16] Ebenda.
[17] Archiv JVA, Korück H. Gr. E., Tgb. Nr. L 1920/45 g, ssd, gez. Hartmann.
[18] Ebenda, Korück H. Gr. E. Ia-34/45 g. Kdos, Laibach 1. 4. 1945.
[19] *Schmidt-Richberg,* Ende, S. 140.
[20] MGFA Studie B-143, Gen. Mj. Johannes Hahn, Einsatz der Feldkommandantur 197 in der Zeit vom 22. 3. bis 8. 5. 1945.
[21] Generalmajor Ludwig Steyrer war seit Wochen der Führer eines nach ihm benannten Sperrverbandes. Zur Sperrung standen vor allem SS-Truppen zur Verfügung. Sie wurden teilweise herausgezogen und dann zur Kampftruppe Harmel zusammengefaßt, die in das Kanaltal verlegt wurde.
[22] MA Freiburg, OKW/16, FS OKW/FüStb B/Op. Abt. Ia, Nr. 20340/45 g. Kdos.
[23] Ebenda, o. Zl. gez. Kesselring.
[24] Manuskript von Tone Ferenc, Die Einheiten der jugoslawischen Armee in Österreich (im Besitz des Verfassers) und *Rausch,* Partisanenkampf, bes. S. 79—82.
[25] Zur Kriegsführung der westlichen Alliierten in Italien während der letzten Kriegsphase ist vor allem aus der britischen Serie History of the Second World War der Band VI der Grand Strategy von John *Ehrmann* erwähnenswert (London 1956). Der entsprechende Band aus der Serie Mediterranian and the Middle East ist noch immer nicht erschienen. Wohl aber ist aus der Reihe United States Army in World War II, The Mediterranian Theater of Operations, der Band von Ernest F. *Fisher,* Cassino to the Alps (Washington 1977) heranzuziehen.
[26] Public Records Office, London (PRO), WO 170/4183, War Diaries 8th Army, May 1945. Sehr viel detaillierter und daher informativer noch WO 170/4337, War Diary 6th Armored Division.
[27] Ebenda.
[28] WO 170/4388, War Diary 78th Infantry Division, May 1945.
[29] Vgl. dazu oben, Anm. 18.
[30] PRO War Diary 6th Armored Division.
[31] Ebenda.
[32] Kärntner Zeitung 7. 5. 1945.
[33] PRO War Diary 6th Armored Division.

15. Die bedingungslose Kapitulation

[1] *Rendulic,* Soldat in stürzenden Reichen (München 1965), S. 406.
[2] *Hansen,* Das Ende, S. 113.
[3] Vgl. dazu auch Walter *Lüdde-Neurath,* Regierung Dönitz. Die letzten Tage des Dritten Reiches, 3. Aufl. (Göttingen 1964).
[4] *Hansen,* Das Ende, S. 126.
[5] Ebenda, S. 128 f.
[6] Ebenda, S. 134 f. Ferner Studie Kesselring, Geschichte des OB West, und Marlis G. *Steinert,* Die 23 Tage der Regierung Dönitz (Düsseldorf 1967), S. 187 f.
[7] *Hansen,* Das Ende, S. 134, *Steinert,* 23 Tage, S. 188 f., und Kriegstagebuch OKW, Bd. IV/2, S. 1472.
[8] Kriegstagebuch OKW, Bd. IV/2, S. 1473.
[9] *Hansen,* Das Ende, S. 135.
[10] Ebenda, S. 147.
[11] Über den Abtransport dieser Verbände vgl. Ingrid *Bildingmaier,* Entstehung und Räumung der Ostseebrückenköpfe 1945 (= Die Wehrmacht im Kampf 33, Neckargemünd 1962).
[12] *Steinert,* 23 Tage, S. 196 f.
[13] Ebenda, S. 197.
[14] Kriegstagebuch OKW, Bd. IV/2, S. 1675 ff.
[15] Ebenda, S. 1483, und *Steinert,* 23 Tage, S. 384, Anmerkung 140.
[16] Zur psychologischen Situation des deutschen Kampfs im Osten und im Westen vgl. Walter *Lüdde-Neurath,* Das Ende auf deutschem Boden. In: Bilanz des zweiten Weltkriegs (Oldenburg 1953), S. 425 ff.
[17] Vgl. dazu in diesem Kapitel S. 372.

[18] *Steinert,* 23 Tage, S. 189, und Studie Kesselring, Geschichte des OB West.

[19] Studie Wilutzky, Heeresgruppe G.

[20] Ebenda.

[21] 2. Mai 1945.

[22] *MacDonald,* Offensive, S. 471 f. Hier wird die Ansicht vertreten, General Foertsch habe nicht gewußt, daß Brandenberger auch verhandeln würde. Das mag vielleicht zutreffen, doch ändert es nichts daran, daß die Parallelität der Verhandlungen von Dönitz und Kesselring gewollt war.

[23] Studie Brandenberger, 19. Armee.

[24] Ebenda.

[25] Die Übergabe der 19. Armee wurde noch am 5. Mai, 18 Uhr, wirksam, die der Heeresgruppe am 6. Mai, 12 Uhr.

[26] *MacDonald,* Offensive, S. 472 f., und *De Lattre,* Histoire, S. 583 ff.

[27] Ebenda. Bei der an eine Groteske grenzenden und hochgespielten Problematik um das AOK 24 darf nicht außer Acht gelassen werden, daß durch die französische, amerikanische, aber auch deutsche Literatur (z. B. *Hansen,* Das Ende, S. 135) immer wieder die Bezeichnung „24. Armee" geistert, und das in völliger Verkennung dessen, daß es sich hier um eine Tarnbezeichnung handelte. Vgl. dazu auch S. 296.

[28] *MacDonald,* Offensive, S. 473.

[29] Studie Brandenberger, 19. Armee.

[30] *De Lattre,* Histoire, S. 592. Der Oberbefehlshaber der 1. französischen Armee war der Meinung, daß General Schmidt, um der Kapitulation vor einer französischen Armee zu entgehen, seine „Armee" noch am Abend des 4. Mai in der 19. Armee habe aufgehen lassen.

[31] *MacDonald,* Offensive, S. 474.

[32] Ebenda.

[33] Studie Kesselring, Geschichte des OB West.

[34] Auf die Nachteile der bis zum 4. Mai bestehenden Befehlsverhältnisse wies besonders General Winter immer wieder hin (Studie Winter, Führungsstab B, a. a. O.). Daß die Probleme der Ostfront bis zu diesem Zeitpunkt in Kesselrings Denken nur wenig Platz fanden, ist nicht so sehr verwunderlich und geht am besten aus der Geschichte des OB West selbst hervor.

[35] Kriegstagebuch OKW, Bd. IV/2, S. 1474.

[36] Studie Kesselring, Geschichte des OB West.

[37] Ebenda und Ausarbeitung Balck, III/308. Balck irrt sich jedoch im Ort und im Datum geringfügig. Die erste Besprechung, am 5. Mai, war in Zeltweg. Die zweite, am 6. Mai, in Graz—Maria Grün.

[38] Studie Kesselring, Geschichte des OB West.

[39] Kriegstagebuch OKW, Bd. IV/2, S. 1478.

[40] Ebenda.

[41] Studie Kesselring, Geschichte des OB West, und Ausarbeitung Balck, III/308. Balck war Zeuge des Telefongesprächs. — Beim Oberkommando der Heeresgruppe wurde die Weisung, nun auch den Amerikanern entscheidenden Widerstand zu leisten, mit ziemlicher Bedrückung aufgenommen (Tagebuch Gyldenfeldt vom 6. und 7. Mai). *Rendulic,* Gekämpft, S. 378, will von dem Telefonat nur den Eindruck gewonnen haben, daß das OKW Süd und Kesselring über die Lage im Großen genausowenig informiert waren wie er selbst. Auf den Inhalt des Gesprächs geht er leider nicht ein.

[42] Studie Kesselring, Geschichte des OB West.

[43] Ebenda. Was mit dem Überfliegen der Maschinen bezweckt werden sollte, ist unklar. Am ehesten wird man noch annehmen können, daß Kesselring das gesamte fliegerische Material in unbeschädigtem Zustand den Amerikanern übergeben wollte.

[44] Am 5. 5. 1945 wurde General Ringel vom Führungsstab B angewiesen, die Führung des Stellvertretenden Gen. Kdos XVIII. A. K. an General d. Geb. Tr. Versock (bis 20. 4. 1945 Komm. Gen. des XXXXIII. A. K. bei der 8. Armee) zu übergeben. Von diesem Zeitpunkt an unterstand Ringel unmittelbar dem OKW/Fü. Stab B und erhielt ausschließlich von diesem seine Weisungen. Er sollte die „restlose Ausschöpfung der Wehrkraft der Gaue Kärnten und Steiermark" organisieren.

[45] Studie Kesselring, Geschichte des OB West, sowie Tagebuchbericht de Angelis und Mitteilung Forenbacher.

[46] Studie Kesselring, Geschichte des OB West. Zum Ende der Heeresgruppe Mitte vgl. Werner *Haupt,* Heeresgruppe Mitte 1941—1945 (Bad Nauheim 1968) und Geschichte des Großen Vaterländischen Krieges, Bd. 5, S. 345 ff.

[47] MA Freiburg, OKW/16, Kr-Blitz Fernschreiben, im Entw. gez. Kesselring, vom 7. 7. 1945.

[48] Studie Kesselring, Geschichte des OB West. Trotz der in Graz gezeigten Einsicht verweigerte Rainer am darauffolgenden Tag seinen Rücktritt und resignierte erst am Abend des 7. Mai. Über die dramatischen Vorgänge im Klagenfurter Landhaus und in der Burg vgl. Adolf *Schärf,* Österreichs Erneuerung 1945—1955. Das erste Jahrzehnt der 2. Republik (Wien 1955), S. 42 f., und *Rauchensteiner,* Sonderfall, S. 85—88.

[49] Kriegstagebuch OKW, Bd. IV/2, S. 1481. Eisenhower hatte dagegen offenbar keinen Einwand erhoben, da ausdrücklich betont wurde, daß nur im Falle der Nichtannahme der Kapitulation „die englischen und amerikanischen Linien für alle aus dem Osten kommenden Deutschen dicht gemacht" würden.

[50] Studie Rendulic, Letzte Operationen, und *Rendulic,* Gekämpft, S. 376 f.

[51] Studie Rendulic, Letzte Operationen.

[52] Report XX Corps.

[53] Studie Rendulic, Letzte Operationen, und Tagebuch Gyldenfeldt zum 6. 5. 1945. Lange, Heeresgruppe Süd, S. 262, schreibt in diesem Zusammenhang: „Als der Entschluß, den Kampf einzustellen, bereits gefaßt war, ist eine amerikanische gepanzerte Aufklärungsabteilung mit einigen Fahrzeugen über die Enns zum Hauptquartier des Oberkdos. der Heeresgruppe in Waidhofen an der Ybbs gelangt". Das dürfte aber insofern nicht ganz zutreffen, als zu diesem Zeitpunkt die Heeresgruppe mit einem Weiterkämpfen gegen Osten, nicht aber mit der Kapitulation rechnete.

[54] Ausarbeitung Balck, III/308.

[54a] After Action Report 80th Infantry Division.

[55] Kriegstagebuch OKW, Bd. IV/2, S. 1482.

[56] Studie Rendulic, Letzte Operationen, Tagebuch Gyldenfeldt zum 7. 5. 1945 und Report XX Corps.

[57] Das ist eine Redewendung, die in zahlreichen der bereits zitierten Divisionsgeschichten gebraucht wird. Weder die Heeresgruppe noch eine ihrer Armeen oder Divisionen kam vollzählig, geschweige denn „geschlossen", hinter die Linien des Westalliierten.

[58] Vgl. zur Lage der Armeen der Heeresgruppe Ostmark jeweils das Ende der Kapitel 7, 8 und 9.

[59] *Steinert,* 23 Tage, S. 206. Das Problem der Benachrichtigung der deutschen Truppen über den Abschluß der Kapitulation bildete einen der wichtigsten Punkte der Besprechungen in Reims. Schließlich wurde überhaupt die Frist vom Abschluß bis zum Wirksamwerden der Kapitulation damit begründet, daß man einen gewissen Zeitraum brauchte, um sämtliche Truppen zu benachrichtigen.

[60] Kriegstagebuch OKW, Bd. IV/2, S. 1484.

[61] Das wurde besonders von Kesselring kritisiert. Welche Maßnahmen das Heeresgruppenkommando noch hätte ergreifen können, ist freilich fraglich.

[62] *Stoves,* 1. Panzer-Division, S. 797.

[63] Ausarbeitung Balck, III/310.

[64] Studie Rendulic, Letzte Operationen.

[65] Ausarbeitung Balck, III/309. Das Gebirgsjäger-Regiment 99 der 1. Volks-Gebirgs-Division zählte z. B. vor der Kapitulation 56 Offiziere, 275 Unteroffiziere, 1501 Mann, 38 Ungarn und 1.688 „Hiwis". — Manuskript Groth, Gebirgsjäger-Regiment 99.

[66] Geschichte der 3. Panzer-Division, S. 481.

[67] *Strassner,* Freiwillige, S. 346 ff, und Geschichte der 3. Panzer-Division, S. 481. *Stoves,* 1. Panzer-Division, S. 799, schreibt hingegen an, Teile der 3. Panzer-Division hätten am 8. Mai noch ostwärts von Kaindorf einen Angriff durchführen müssen.

[68] *Stoves,* 1. Panzer-Division, S. 799.

[69] *Lanz,* Gebirgsjäger, S. 295. *Stoves,* 1. Panzer-Division, S. 799, schreibt, die 1. Gebirgs-Division habe gar keinen Absetzbefehl erhalten, da der Korpsstab des III. Panzerkorps noch vor Durchgabe des Kapitulationsbefehls „abgebaut" habe.

[70] Manuskript Groth, Gebirgsjäger-Regiment 99.

[71] *Pölzl,* Letzter Kampf, S. 59 und Mitteilung Starkl.

[72] *Lanz,* Gebirgsjäger, S. 394 f.

[73] Maunskript Groth, Gebirgsjäger-Regiment 99.

[74] *Rebentisch,* Kaukasus, S. 513.

[75] *Rendulic,* Gekämpft, S. 379.

[76] MWI 1945/11, Gemeindeberichte Steiermark 12.

[77] Ebenda, Gemeindeberichte Steiermark 4 und 16.

[78] *Balck,* Ordnung, S. 648.

[79] Ausarbeitung Balck, III/310.

[80] Report XX Corps und Ausarbeitung Balck, III/311.

[81] Ausarbeitung Balck, III/311.

[82] Report XX Corps.

[83] Vgl. S. 280.

[84] Ausarbeitung Balck, III/311.

[85] *Stoves,* 1. Panzer-Division, S. 803.

[86] Die Tragödie an der Enns. In: Kleine Zeitung, Graz, 30. 4. 1965.

[87] Manuskript Groth, Gebirgsjäger-Regiment 99.

[87a] After Action Report 80th Infantry Division.
[88] Vgl. dazu S. 369.
[89] Vgl. dazu S. 294 f.
[90] Kriegstagebuch OKW, Bd. IV/2, S. 1446.
[91] So vor allem im Raum Lilienfeld.
[92] Studie Greiner, Korps Bünau.
[93] *Birjukov,* Nauka, S. 260 f.
[94] Ebenda, S. 261 und 264.
[95] Report XX Corps und After Action Report 71st Infantry Division.
[96] *Birjukov,* Nauka, S. 262.
[97] MWI 1945/9, Gemeindeberichte Niederösterreich 1. In den Reports des XX US-Korps und der 65. Division wird dieser Zwischenfall mit keinem Wort erwähnt. Birjukov, a. a. O., S. 264, gibt jedoch für den Luftangriff eine, wenngleich anfechtbare, Begründung: „Amstetten erwies sich als der Sammelplatz der deutschen Einheiten, die nach Norden in die Tschechoslowakei zurückweichen wollten. Sie empfingen unsere Vorausabteilungen mit heftigstem Artillerie- und Panzerfeuer. Den Unseren half jedoch die Luftwaffe. Ungefähr hundert Schlachtflugzeuge . . .versetzten der Ansammlung der faschistischen Truppen einen äußerst heftigen Schlag mit Bomben und Raketen."
[98] *Birjukov,* Nauka, S. 264.
[99] Studie Greiner, Korps Bünau.
[100] *Meyer,* Kriegsgeschichte, S. 545 f.
[101] Report XX Corps.
[102] Ebenda.
[103] *Spaeter,* Panzerkorps Großdeutschland, S. 699.
[104] Wiener Kurier, vom 17. 5. 1946. Gegen Oberst Soche wurde wegen dieser Sprengung im Mai 1946 ein Volksgerichtsprozeß geführt.
[105] *Spaeter,* Panzerkorps Großdeutschland, S. 700.
[106] MA Freiburg, OKW/16.
[107] Ic Lagekarte der 8. Armee für die Zeit vom 5. bis 10. Mai 1945 (Donation Lütgendorf).
[108] Studie Offenbächer, Rückwärtiges Gebiet der 8. Armee.
[109] Mitteilung Lütgendorf.
[110] Ebenda. *Grube,* Erinnerung, S. 162, gibt an, daß beim 317. Regiment der 211. Inf. Div. erst am 8. 5., 23 Uhr, der Absetzbefehl gegeben wurde. Bei der 44., 96. und 101. Inf. Div. erfuhr man früher davon.
[111] *Rönnefarth,* Reichsgrenadier-Division, S. 135.
[112] Mitteilung Dr. Stahl.
[113] Mitteilung Lütgendorf.
[114] Ebenda und MWI 1945/9 und 10, Gemeindeberichte Niederösterreich 5, 6, 7, 18, 21.
[115] Mitteilung Lütgendorf, sowie die bereits mehrmals zitierten Druckwerke über Verbände der 8. Armee.
[116] *Steinert,* 23 Tage, S. 189.
[117] SSSR v bor'be za nezavisimost' Avstrii, S. 67.
[118] *Steinert,* 23 Tage, S. 190.
[119] Dulles — Schulze-Gaevernitz, Unternehmen „Sunrise", S. 173.
[120] *Schmidt-Richberg,* Ende, S. 155.
[121] Hoy, Ausschnitte, Teil 1, S. 127, dem eine schriftliche Mitteilung Ringels aus dem Jahre 1961 vorlag. Wo diese Kontaktaufnahme jedoch scheiterte, ist unklar. Ringel schrieb, daß dies in Liezen gewesen sei, doch dort konnte er unmöglich mit Engländern zusammengetroffen sein. Auch eine Verschreibung aus Lienz ergibt keine Erklärung, da die Engländer laut Chronik des dortigen Bezirksgendarmeriekommandos erst am 8. Mai (nachm.) in diese Stadt einzogen.
[122] Tagebuchbericht de Angelis, 2. Panzer-Armee und H. *Lamey,* Der Weg der 118. Jäger-Division (Selbstverlag, Augsburg 1965), S. 65.
[123] Tagebuchbericht de Angelis. Generalleutnant Windisch gehörte zu den wenigen Offizieren, die sowohl Ritter des Maria-Theresien-Ordens als auch Träger des Ritterkreuzes des Eisernen Kreuzes waren.
[124] *Schmidt-Richberg,* Ende, S. 156.
[125] MA Freiburg, Bericht Harteneck, Das deutsche Kavalleriekorps.
[126] Tagebuchbericht de Angelis.
[127] MA Freiburg, Bericht Harteneck, Das deutsche Kavalleriekorps und Gefechtsbericht 3. Kav. Div.
[128] Bericht Lanz, a. a. O.
[129] Lamey, Der Weg, S. 65.
[130] MA Freiburg, Gefechtsbericht 3. Kav. Div.

[131] Ebenda, sowie *Rebentisch,* Kaukasus, S. 512 ff, und MWI 1945/11, Gemeindeberichte Steiermark 14.

[132] MA Freiburg, Gefechtsbericht 3. Kav. Div.

[133] Ebenda und *Rebentisch,* Kaukasus, S. 516.

[134] Ebenda.

[135] General de Angelis macht in seinem Tagebuchbericht das Aufreißen der Front bei der 6. Armee für den Vorstoß sowjetischer Panzer nach Judenburg verantwortlich. Das scheint jedoch ungerechtfertigt, da er füglich nur bis zum 9. Mai, 01.00 Uhr, volle Übereinstimmung der Operationen erwarten konnte und die 6. Armee bei ihrem Rückzug über die Enns das Murtal ja einmal freigeben mußte.

[136] *Rebentisch,* Kaukasus, S. 516.

[137] Otečestvenata vojna na Bulgarija 1944—1945 (Der Vaterländische Krieg Bulgariens 1944—1945), Bd. 3 (Sofia 1966), S. 258.

[138] Ebenda, S. 260.

[139] Generaloberst Löhr legte am 7. Mai den Oberbefehl über die Kroaten zurück und überließ die Entscheidung über deren weiteres Schicksal dem „Poglavnik" Ante Pavelić. Zum Schicksal der Kroaten vgl. La tragedia de Bleiburg (= Studia Croatica, Buenos Aires 1963), sowie Rudolf *Kiszling,* Die Kroaten. Der Schicksalsweg eines Südslawenvolkes (Graz 1956), insbesondere die Seiten 220 ff., sowie das bereits genannte Buch von *Schraml,* Kriegsschauplatz Kroatien.

[140] Erich *Kern,* General Pannwitz und seine Kosaken (Neckargemünd 1963), S. 160.

[141] *Schraml,* Kriegsschauplatz, S. 293, *Kiszling,* Kroaten, S. 221, und Petar *Brajovič,* Četvrta operativna zona NOV i PO Slovenije u završnim operacijama 1945. godine. (Die 4. operative Zone der Volksbefreiungsarmee und die Partisanenabteilungen in den Abschlußoperationen des Jahres 1945.) In: Vojnoistorijski glasnik (Belgrad) 3/1964, S. 51 f.

[142] Zum Folgenden wieder das Manuskript von T. Ferenc, sowie Brajovič, Četvrta operativna zona.

[143] PRO War Diary 6th Armored Division. Die 6. Panzer-Division langte rund einen halben Tag früher in Kärnten ein als die über den Plöcken-Paß anrückende 78. Infanterie-Division. Der Vormarsch der 6. Panzer-Division führte die Briten an noch schanzenden Angehörigen des Deutschen Volkssturms vorbei, für die das Kriegsende offenbar überraschend gekommen war.

[144] *Rauchensteiner,* Sonderfall, S. 87 f.

[145] PRO War Diary 78th Infantry Division.

[146] Geschichte des Großen Vaterländischen Krieges, S. 251.

[147] *Schmidt-Richberg,* Ende, S. 146, 153 und 157, sowie Günther *Hoy* —Anton *Legler* Schlußphase des Krieges im Bereich der Heeresgruppe E. In: Landesverteidigung. Österreichische Militärische Zeitschrift 3/1962, S. 107—116.

16. Schlußbemerkungen

[1] *Kiszling,* Kroaten, S. 222.

[2] MA Freiburg, OKW/16, OKW/FüStab B, Nr. 05/45.

[3] Ebenda, FS HMEX 1787, vom 11. 5. 1945.

[4] Ebenda, OKW/1544.

[5] Intops Summary Nr. 659, vom 11. 5. 1945. Die Briten führten Versorgungsflüge primär für die Kriegsgefangenenlager in Wolfsberg und Spittal/Drau durch.

[6] MA Freiburg, OKW/1544.

[7] Bis zum 18. Mai waren 41.300 Angehörige der 2. Panzer-Armee in den Kapitulationsbereich der Heeresgruppe G zurückgeführt worden.

[8] Ebenda.

[9] Kriegstagebuch OKW, Bd. IV/2, S. 1480.

[10] *Rendulic,* Gekämpft, S. 379 f.

[11] Mitteilungen von Balck und Lütgendorf an den Verfasser.

[12] Kurt W. *Böhme,* Die deutschen Kriegsgefangenen in sowjetischer Hand. Eine Bilanz. (= Zur Geschichte der deutschen Kriegsgefangenen des Zweiten Weltkrieges, hrsg. von Erich Maschke, Bd. VII, München 1966), S. 47 f., Anmerkung 91.

[13] MA Freiburg, OKW/1544, Vortragsnotiz für General Troppe, sowie die Angaben Jodls in Kriegstagebuch OKW, Bd. IV/2, S. 1480 und Kurt W. *Böhme,* Die deutschen Kriegsgefangenen in Jugoslawien 1941—1949. (= Zur Geschichte der deutschen Kriegsgefangenen des Zweiten Weltkrieges, hrsg. von Erich Maschke, Bd. I/1, München 1962), S. 42 ff.

[14] *Schmidt-Richberg,* Ende, S. 153. *Böhme,* Jugoslawien, S. 44, kommt zu einer um 25.000 Mann höheren Zahl.

[15] Unberücksichtigt bleibt der Unterstellungswechsel der 2. Panzer-Armee.

[16] Manuskript Payer, Audiatur et altera pars.

[17] *Belecki,* Sovetskij sojuz, S. 66 und Geschichte des Zweiten Weltkrieges, Bd. 10, S. 241.

[18] Report XX Corps.

[19] Les Grandes Unités, 3. Teil, S.799. Im Zeitraum vom 15. April bis 8. Mai fielen 602 Franzosen, die Masse davon aber noch in Deutschland.

[20] Österreichisches Jahrbuch 1945—1946. Nach amtlichen Quellen hrsg. vom Bundespressedienst, 18. Folge (Wien 1947), S. 41.

[21] Ebenda, S. 404.

[22] *Böhme,* Sowjetunion, S. 56, und *Spaeter,* Panzerkorps Großdeutschland, S. 700, sowie *Klietmann,* Waffen-SS, S. 81 und 115.

[23] Mitteilung von Dr. Fritz Wiener.

[24] *Kern,* Pannwitz, S. 188.

[25] *Kiszling,* Kroaten, S. 222.

[26] *Mucs* Sándor, A Magyar Néphadsereg megszervezése 1944. december 21-1945. május 8 (Der Aufbau der ungarischen Volksarmee 21. Dez. 1944—8. Mai 1945, Budapest 1960), S. 44 und 47.

[27] Ein derartiger Versuch, die materiellen Schäden zu bewerten , wurde bereits 1946/47 für das Rot-Weiß-Rot-Buch (Wien 1946) vorgenommen. Im Rahmen der ersten Staatsvertragsrunde 1947 bezifferte die österreichische Delegation bei der Londoner Vorkonferenz die Gesamtschäden mit der damals unvorstellbaren Summe von 64,296 Milliarden Schilling. Vgl. dazu Waltraud *Brunner,* Das Deutsche Eigentum und das Ringen um den österreichischen Staatsvertrag 1945—1955, phil. Diss. (Wien 1976), S. 6.

[28] Die Zahlen zuletzt bei Herbert *Steiner,* Die Todesstrafe — entscheidender Bestandteil der Struktur des nationalsozialistischen Machtsystems 1938 bis 1945. In: 25 Jahre Staatsvertrag. Protokolle des wissenschaftlichen Symposions „Justiz und Zeitgeschichte" 24. und 25. Oktober 1980 (Wien 1981), S. 81.

[29] Die Bevölkerungsverluste Österreichs während des Zweiten Weltkriegs. In: Österreichische Militärische Zeitschrift 3/1974, S. 219 f.

[30] Das Buch des österreichischen Heimkehrers, herausg. vom Bundesministerium für Inneres, Wien 1949.

[31] Dazu die Dokumentation Volks-Gerichtsbarkeit und Verfolgung nationalsozialistischer Gewaltverbrechen in Österreich (1945 bis 1972), herausg. vom Bundesministerium für Justiz (als Manus. gedruckt, Wien 1977).

Anhang

1. Die Tagesmeldungen der Heeresgruppe Süd vom 29. März bis 22. April 1945*

Vorbemerkungen: Mit den seit einiger Zeit zugänglichen und hier erstmals in den wesentlichen Teilen zum Abdruck gebrachten Tagesmeldungen der Heeresgruppe Süd liegt eine erstrangige Quelle für das Kriegsgeschehen im Osten Österreichs vor. Der Zeitraum umfaßt die Periode vom Überschreiten der österreichischen Grenze durch die Rote Armee bis zum Abschluß der Operationen. Für die Zeit nach dem 22. April ist keine derartige Meldung erhalten geblieben. Wahrscheinlich wurden die Tagesmeldungen auch nicht mehr zusammengestellt, denn bereits die Tage vor dem 22. April zeigen eine rapide Abnahme des Umfangs der Meldungen an.

Trotz der präzisen Angaben von Örtlichkeiten und Ereignissen und der an die Meldenden gerichteten Forderung, absolut zutreffend zu berichten, wohnt den Tagesmeldungen eine Tendenz inne: Die Meldungen sind immer um abschließende positive Aussagen über die Entwicklung der Lage bemüht. Die deutschen Truppen werden durchwegs als zäh kämpfend dargestellt. Sollte es aber einmal ein Versagen gegeben haben, dann wurde gemeldet, wie die Schuldigen exemplarisch bestraft wurden. Das Versagen wird auch vornehmlich den nicht-deutschen Truppen zugeschrieben. Es sollte also immer zum Ausdruck kommen, daß die Armeen das Gesetz des Handelns nicht verloren hatten und noch immer in der Lage waren, eigene Entschlüsse zu fassen und umzusetzen. Vorsicht ist sicherlich auch bei den Abschußzahlen angebracht; sie dürften generell zu hoch angesetzt worden sein, um den Erfolg der deutschen Anstrengungen zu unterstreichen.

Die Tagesmeldungen werden so ediert, daß der Quellencharakter erhalten bleibt. Lediglich bei den Ortsnamen wurde stärker korrigierend eingegriffen, da sie zu einem sehr großen Teil verstümmelt oder verschrieben worden sind. Zum Abdruck gelangen die erzählenden Teile.

29. 3. 1945

Bei 2. Pz.Armee griff der Feind wie erwartet mit stärkeren Kräften beiderseits Nagybajom an und drückte den vorgeschobenen Frontbogen um einige Kilometer zurück. Der erstrebte Durchbruch wurde verhindert.

Im Abschnitt zwischen Plattensee und Raab brach der Gegner mit Pz.-Kräften über Zalaegerszeg tief nach Südwesten ein und riß den Zusammenhang der Front auf. Schließung der Lücke mit herangeführten Kräften der 2. Pz.Armee ist beabsichtigt. Westl. der Raab stieß der Feind mit schnellen Kräften über Steinamanger gegen die Reichsgrenze vor. Nördl. davon gewann er den Raum um Güns und steht an einigen Stellen in der von nur schwachen Sicherungskräften besetzten Grenzstellung. Zuführung neuer eigener Kräfte in diesen Abschnitt wird sich voraussichtlich ab 30. 3., nachmittags, auszuwirken beginnen. Der Frontbogen südwestl. Kapuvár sowie die Abriegelungsfront westl. Raab hielten mehreren Feindangriffen stand. Am 30. 3. ist hier mit einem erneuten Durchbruchsversuch des Feindes in Richtung Ödenburg zu rechnen.

Nördl. der Donau lag der Schwerpunkt der Kämpfe nordwestl. Neuhäusl, wo es dem Feind gelang, über die Neutra nach Westen Boden zu gewinnen. Angriff gegen den Brückenkopf Stadt Neutra wurde abgewehrt. Bei Neusohl lebte die Angriffstätigkeit des Feindes mit Schwerpunkt westl. der Stadt wieder auf.

* Die Tagesmeldungen sind zusammengesetzt aus: Bundesarchiv/Militärarchiv Freiburg i. Br. RH V/70, KTB OKH Gen. St. d. H. op Ia (29. — 31. 3. 1945); Msg 130/25, KTB WFSt (1. 4. 1945); RH 2/v. 325, KTB OKH (2. — 8. 4. 1945); RH 2/v. 326, KTB OKH (9. — 15. 4. 1945); RH 2/v. 500, KTB OKH (16. 4. 1945) und RH 2/v. 501, KTB OKH (17. — 22. 4. 1945).

Im einzelnen:

2. Pz.Armee:

LXVIII. A.K.: Während des ganzen Tages im Abschnitt Háromfa und südwestl. btl.-starke Angriffe. Mehrere Einbrüche im Nahkampf bereinigt. Gegen erneut eingebrochenen Feind Kämpfe im Gange. Gegner nahm am Nachmittag im gesamten Abschnitt 71. I.D. seine Angriffstätigkeit auf. Beleg und Kutas gingen nach mehreren rgt.-starken, von Pz. unterstützten Feindangriffen verloren. Einbrüche mit letzten Reserven abgeriegelt. Starke Bereitstellungen vor Ötvös u. Angriffe nördl. Kutas zerschlagen. Laufende Feindverstärkungen beobachtet. XXII. Geb.A.K.: Nagybajom ging verloren. Mehrere btl.-starke Angriffe nordwestl. des Ortes sowie südostw. Mestegnyö wurden wurden abgewiesen. Vor 16. SS-Pz.Gren.Div. zahlreiche Stoßtrupps sowie mehrere btl.-starke Angriffe auf Csömend abgewiesen.

6. Armee:

I. Kav.Korps: Feind drängte entlang des Plattensee-Ufers und aus Raum Zalaszentlászló scharf nach. Keszthely ging zunächst verloren. Eigene Kräfte brachen im Gegenangriff wieder in den Ort ein. Mehrere örtliche Einbrüche abgeriegelt. IV. SS-Pz.Korps: Feind setzte mit zahlreichen Panzern seinen Angriff in südwestl. Richtung im Zuge Straße nach Zalaegerszeg fort und nahm den Ort. Der Feind führte mehrere btl.- und rgt.-starke Angriffe, z. T. von Panzern unterstützt, gegen die Front der 5. SS-Pz.Div. „W". Nach Abwehr der heutigen Angriffe steht das Korps in der Linie Südrand Gerse(karát) — Westrand Györvár — Westrand Oloszka — Ostrand Felsöoszkó. III. Pz.Korps: Die ostw. der Raab eingesetzten Teile der l. V.Geb.Div. mußten sich nach Abwehr mehrerer frontal geführter Inf.-Angriffe und auf Grund südl. umfassendem von Pz. unterstütztem Angriff bis zur Linie Csehy (ausschl.) — Ujlak (einschl.) zurückkämpfen. Aus Brückenkopf Sarvar mit starken Inf.- und Pz.-Kräften in allgemein westl. Richtung angreifender Feind konnte die hier eingesetzten Alarmeinheiten und ung. Fest. Btle. zurückwerfen und gegen Mittag Steinamanger nehmen. Auf Güns vorstoßendem Feind gelang es, die Stadt zu nehmen. Der Angriff eines Rgts. 1. V.Geb.Div. aus Raum nördl. Rum in nordnordostw. Richtung mußte infolge Lageentwicklung im Raum Steinamanger eingestellt werden. Das im Raum Kenez eingeschlossene II./Jg.Rgt. 98 trat zum Angriff nach Südwesten an, um sich zu den eigenen Linien durchzukämpfen.

6. Pz.Armee:

I. SS-Pz.Korps: Auf dem Ostufer der Rabnitz bei Dük und Lócs während des Tages starker Kolonnenverkehr beobachtet. Mehrere Feindvorstöße beiderseits Felsöság und Iván wurden abgewehrt. Im Abschnitt Felsöság — westl. Mihály trat Gegner in etwa Div.-Stärke zum Angriff an. Nach wechselvollem Kampf drang Feind mit 14 Pz. am Nachmittag in Gyoro und Cirák von Süden und Norden ein. Zur Besatzung von Dénesfa besteht keine Verbindung. Eine Höhe 3 km westl. Gyoro ging durch gleichzeitigen Pz.-Angriff von Süden und Osten verloren. Im Waldgelände südostw. Csapod Kämpfe mit btl.-starkem Feind, dabei Pz., im Gange. 232. Pz.Div.: Restteile mit insgesamt etwa 60 Mann als Kampfgruppe im Abschnitt Gyoro eingesetzt. Div. Kdr., Gen. Maj. Back, in den harten Kämpfen am 28. 3. beim Gegenstoß schwer verwundet.

II. SS-Pz.Korps: Btl.-starke Feindangriffe bei Himod und Hövej abgewiesen. Südl. Kapuvár in Waldstück südl. Vitnyed eingebrochener Feind im Gegenstoß zurückgeworfen. 1. ung.Geb.Brig.: Bösárkány blieb nach mehreren Feindvorstößen in eigener Hand. Enese und Rábapatona gingen verloren. Aus Brückenkopf Rábapatona nach Nordosten gegen 6. Pz.Div. angreifender Feind drückte rechten Flügel der Div. gegen Bahnlinie nördl. Ikrény zurück. Am Südwestausgang v. Raab setzte Gegner bei Einbruch der Dunkelheit in Kp.-Stärke über. Gegenmaßnahmen im Gange. In mindestens Rgt.-Stärke geführter Feindangriff drückte eigene schwache Sicherungen bis Alsovámos und Nagy Bajcs zurück. Brücke Medve gesprengt.

8. Armee:

XXXXIII. A.K.: Brückenkopf Komorn auf Ostrand der Stadt zurückgedrückt. Im Abschnitt 211. V.G.D. gelang es Feind, nach laufenden, von einzelnen Pz. unterstützten Angriffen in den Nordteil Neuhäusl einzudringen. Nach erfolgreichem eigenen Gegenstoß erzielte der Gegner am Nachmittag einen erneuten Einbruch. Aus Ban. Készi stießen Gegner nach Westen bis auf die Nordsüdrollbahn vor. Durch Luftbild starke Fahrzeugansammlungen nördl. und nordostw. Neuhäusl festgestellt.

450

Pz.Korps Feldherrnhalle:

K.G.Pape: Nach wechselvollen Kämpfen in Nagy Surány stieß Feind in Richtung Totmegyer bis zur Bahn vor. Über Komját stieß Feind in Btl.-Stärke bis Kesov und Höhen nordostw. davon vor. Weiter nördl. gelang es dem Gegner, Urmin zu nehmen und von dort aus nach Südwesten und Nordwesten vorzustoßen. Eigener Gegenangriff mit Pz.-Unterstützung verhinderte weiteren Vorstoß des Feindes. Cabaj Čapor vorübergehend wiedergenommen. In den Nachmittagsstunden Gegner erneut in der Ortschaft.

357. I.D.: Kp.- und btl.-starke Feindangriffe auf Veliky Janikovce und bei Pogranice erzielten Einbrüche. Gegenmaßnahmen im Gange. Bei Žirany stieß Gegner in etwa Btl.-Stärke auf Ladice vor. Abwehrfront mit schwachen, beschleunigt herangeführten Reserven im Aufbau.

LXXII. A.K.:

153. I.D.: Mehrfache, bis zu rgt.-starke Feindangriffe mit heftiger Feuerunterstützung auf Skycov abgewiesen. Schwache Feindkräfte drangen nordwestl. davon bis zur Straße etwa 4 km nordwestl. des Ortes vor.

XXIX. A.K.:

Im Abschnitt 8. Jg.Div. und K.G. 76. I.D. wurden kp.-starke Vorstöße westl. Železna Breznica sowie gegen linken Korpsflügel abgewiesen. K.G. 101. Jg.Div.: Kraliky ging im Laufe des Tages verloren, kp.-starke Vorstöße nach Norden wurden abgewiesen. Feindvorstöße aus Tajov zur Entlastung der Restteile der feindl. Kampfgruppe in Riecka scheiterten. Btl.-starker Gegner in Sv. Jakub erzielte nördlich der Ortschaft örtlichen Einbruch. Ostw. Spania Dolina wurde kp.-starker, nordw. btl.-starker Feindangriff abgewiesen.

Luftlage:

Fdl. Luftwaffe setzte zahlreiche Jagd-, Kampf- u. Schlachtflugzeuge mit Schwerpunkt vor 6. Armee u. Granfront ein. Verbände der Luftflotte 4, durch Verlegung der Bodeneinheiten weiterhin stark behindert, bekämpften mit Schwerpunkt starke Feindkolonnen, Panzeransammlungen u. Bereitstellungen im Raum Kapuvár — Csorna in insgesamt etwa 120 Einsätzen. 7 Pz., etwa 100 mot.- u. besp. Fahrzeuge sowie 4 Pak wurden vernichtet, außerdem Brände und Explosionen erzielt. In der vergangenen Nacht wurden Bewegungen u. Bereitstellungen des Feindes in den Räumen Kl. Zell u. ostw. Neuhäusl — Neutra in insgesamt 80 Nachtschlachtfliegereinsätzen mit Bomben belegt.

30. 3. 1945

Bei 2. Pz.Armee erzwang der Feind durch Ausweitung seiner tiefen Einbrüche am Südflügel und im Raum Nagybajom das Beziehen der Margarethen-Stellung, um den Zusammenhang der Front zu wahren. Ein starker Panzerstoß westl. Nagybajom wurde aufgefangen. Westlich des Plattensees griff der Feind, weit nach Westen ausholend, die tiefe Flanke der Armee an und drang an einigen Stellen nach Süden vor.

Südostwärts Steinamanger wurden die Kräfte der 6. Armee auf das Nordufer der Raab zurückgedrängt. Verlängerung des rechten Flügels nach Südwesten ist im Gange. Westlich Steinamanger konnte der Gegner infolge seiner Überlegenheit an Menschen und Material in die Grenzstellung eindringen, ebenso gewann er im Raum nordwestl. Güns Boden, wurde aber durch herangeführte Sperrverbände aufgefangen. Südostwärts des Neusiedler Sees wurden starke Infanterie- und Panzer-Angriffe durch die hervorragend kämpfende Truppe in zäher Abwehr im wesentlichen abgewehrt.

Nördlich der Donau setzte der Feind seinen Großangriff mit Schwerpunkt im Abschnitt Neutra und südwestlich fort und drang einige Kilometer nach Nordwesten vor. Eigener Gegenangriff im Gange. An der Gebirgsfront wurden örtliche Feindangriffe abgewiesen.

Im einzelnen:

LXVIII. A.K.:

13. SS-Div. „Handschar" erreichte nach Abwehr mehrerer Feindangriffe zwischen Drau und Háromfa neue verkürzte Stellungen. Trotz hartnäckigen Widerstandes durchstieß überlegener Gegner in der Nacht die Abriegelungsfront des Einbruchsraumes Beleg — Kutas. Durchbruch einer feindlichen mot- und Panzergruppe wurde bei Inke aufgefangen. Dicht auffolgender Gegner drückte eigene Nachtruppen auf die jetzige HKL zurück. Gegen Abend btl.-starker Angriff gegen neue Stellungen westl. Inke abgewehrt.

451

XXII. Geb.A.K.:

Nach Einbrüchen nordwestl. Nagybajom und am Plattensee-Ufer vollzogen sich die Bewegungen des Korps im allgemeinen planmäßig. Nachtruppen wurden im Laufe des Vormittags von starkem panzerunterstützten Feind zurückgeworfen. In Ausnutzung eines tiefen Einbruchs an der Plattensee-Uferstraße brach der Gegner in Sármellék ein. Gegenmaßnahmen eingeleitet.

I. Kav.Korps:

Gegen gesamte Front führte der Gegner mehrfach rgt.-starke Angriffe, die am rechten Flügel bis auf einen inzwischen abgeriegelten Einbruch westl. Alsópáhok abgewiesen wurden. 3. K.D. warf zunächst im Angriff Feind aus Bucsa, wurde dann durch überlegenen Inf.-Feind bis zur Linie Nemesrádó — Ortschaft südwestl. — 4 km westl. davon zurückgeworfen. Sich ständig verstärkender Feind durchstieß, von Panzern unterstützt, die schwache Sperrfront und nahm das Wald- und Weinberggelände nördl. Zalaszentmihály. Kämpfe noch im Gange.

Teilen 297. I.D. gelang es, aus Zalaegerszeg nach Süden und Südwesten vordringenden Gegner aufzufangen.

In die 25 km breite Frontlücke zwischen I. Kav.Korps und IV. SS-Pz.Korps stieß Feind über Zalalövö nach Süden und Westen vor, drückte in harten Kämpfen vorgeworfenes Sturm-Btl. auf Höhen 5 km südl. Zalalövö zurück. Verstärkung dort in Zuführung. Weiter nach Westen vordringender Gegner erreichte Öriszentpéter.

6. Armee:

IV. SS-Pz.Korps: Aus der Lücke zwischen 2. Pz.Armee und 6. Armee vorgehend, erreichte Feind im Abschnitt Nagycsakány — Nagymizdó die Raab, überschritt sie bei Rabadorosló mit 2 Panzern und etwa 200 Mann und ist im weiteren Vorgehen nach Westen.

Rechter Flügel des Brückenkopfes Eisenburg wurde über Gersekarát bis Döröske eingedrückt.

Aus Raum Oszkó gegen den linken Flügel des Brückenkopfes antretend, brach Feind in Eisenburg ein und wurde im Gegenangriff wieder geworfen. Ort ging bei erneutem Angriff wieder verloren. Räumung des Brückenkopfes ist im Gange.

III. Pz. Korps: Bei Kisbalogfa wurde kp.- bis btl.-starker Feindangriff abgewiesen. Feind nahm Bucsu und nach zweimaligem Angriff Rechnitz und gewann im weiteren Angriff die Straße Schachendorf, Rechnitz. Aus Raum Güns stieß Feind mit 40 — 60 Panzern aus Lockenhaus bis Kirchschlag vor.

6. Pz.Armee:

I. SS-Pz.Korps: Spitze der aus Raum Güns nach Norden vorgehenden feindlichen Panzergruppe stieß über Oberpullendorf nach Nordwesten vor und wurde in den Nachmittagsstunden nördl. und ostw. zum Stehen gebracht. Südl. Nikitsch btl.-starker Feindangriff abgewiesen. Gegen den rechten Flügel 1. SS-Pz.Div. bei Ujkér umfassend und aus Csapod mit 26 Panzern nach Westen und Nordwesten angreifend, drückte Gegner die zäh kämpfende Truppe in Linie Kislédec — Lövö — Röjtök zurück. Hier wurden alle weiteren Feindangriffe abgewiesen.

Bei 3. SS-Pz.Div. brach Panzerfeind nach hartem wechselvollem Kampf in Röjtök ein und konnte in weiterem Vorstoß nach Nordwesten und Nordosten Südteil Szt. Miklós und Waldgelände ostw. Pinnye nehmen. 3 Feindpanzer durch Artl. in direktem Beschuß vernichtet. II. SS-Pz.Korps: Mehrere entlang der Rollbahn nach Westen und auf Fetöendréd geführte feindliche Panzerangriffe wurden erfolgreich abgewiesen. Nach bisherigen Meldungen 9 Feindpanzer vernichtet. Bei starken, auf ganzer Div.-Front vorgetragenen feindlichen Angriffen konnte feindl. Brückenkopfbildung ostw. Süttör nicht verhindert werden. Mehrere feindl. Übersetzversuche bei Tárnokreti und ostw. Györsönenyház wurden abgewiesen. Gegen kleine Feindbrückenstelle westl. Tárnokreti eigene Gegenmaßnahmen im Gange. Eigene Kräfte wurden in die Riegelstellung beiderseits Abda zurückgedrängt. Von Nordwesten geführter Gegenangriff warf in Jánosmájor und Ásvanyráno eingedrungenen Feind zurück.

8. Armee:

XXXXIII. A.K.: Der bei Örs Ujfalu gelandete Gegner nahm die Ortschaft. Einbruch ist abgeriegelt. Brückenkopf Gutta wurde durch überlegenen Feindangriff eingedrückt.

Pz.Korps „Feldherrnhalle": Westl. Magyar Sók konnte Gegner auf das Westufer der Waag übersetzen. Übergangsstellen örtlich abgeriegelt. Starke Feindangriffe gegen Tornocz führten zum Verlust der Ortschaft. Gegner stieß weiter bis Vag Vecse vor. Feind nahm weiter nördl. Cabaj Čapor und Mocsonok. Gegenangriff der 46. V.G.D. im Gange. Im Raum Neutra griff Feind von Süden die Ortschaft an und nahm das Bahnhofsgelände. Angriff von Osten in Rgt.-Stärke führte zum Verlust von Tormos und Zubor. Ebenso ging Dražovce verloren. Bei Szalakuz noch eigener Brückenkopf.

LXXII. A.K.: Gegner drang in Lapantovce und Oponice ein und nahm Zeladince und Nitrianska Streda. Westl. Janova Ves nahm Gegner eine Höhe. Feindvorstoß in Kp.-Stärke auf Skycov abgewehrt. Südl. Paulisch örtlicher Einbruch.

XXIX. A.K.: Gegen btl.-starken Angriff gingen Trnava Hora, Ladno und Häusergruppe ostw. Klhazany verloren.

Bei Kraliky Zuführung von Verstärkungen, Feindvorstoß aus Tajov nach Norden und Westen abgewiesen. Aus Neusohl führte der Gegner mehrere erfolglose kp.- bis btl.-starke Aufklärungsvorstöße und schoß auffällig starkes Feuer in die Tiefe des H.K.F.

Luftlage:

Starker feindlicher Kampf-, Jagd- und Schlachtfliegereinsatz an den Angriffsschwerpunkten.

31. 3. 1945

Bei 2. Pz.Armee stieß der Feind unter anhaltendem starken Druck gegen die Ostfront in die tiefe Nordflanke der Armee hinein und konnte weit nach Süden Boden gewinnen. Die Lücke zur 6. Armee riß weiter auf.

Im Abschnitt St. Gotthard bis nordwestl. Steinamanger gelang es der 6. Armee trotz eines feindlichen Einbruchs infolge des Überganges eines ung. Verbandes zum Feinde, die Grenzstellung im wesentlichen zu besetzen und zu halten. Am Südflügel der Armee ist ein eigener Angriff zur Abriegelung der Raab-Süduferstraße noch im Gange.

Die Lage im Raum südl. Wiener Neustadt und südwestl. des Neusiedler Sees hat sich erheblich verschärft. Pz.-Spitzen des Feindes wurden südl. Wiener Neustadt aufgefangen. Ein tiefer Einbruch starker Panzerkräfte entlang des Westufers des Neusiedler Sees bildet eine ernste Gefahr für die Sperrfront beiderseits Ödenburg. Wesentliche eigene Kräfte zur Bereinigung stehen z. Zt. nicht zur Verfügung.

Nördl. der Donau griff der Feind mit Stoßrichtung Nordwest weiter an und konnte westl. der Waag die eigene Abwehrfront durchbrechen. Schnell umgruppierte eigene Kräfte fingen ihn in der Tiefe auf. Die Bewegung des eigenen rechten Flügels verliefen bisher planmäßig.

Im einzelnen:

2. Pz.Armee:

Neue zahlreiche abgewehrte Feindangriffe in Btl.- bis Rgt.-Stärke und erfolgreiche Gegenstöße, tiefe Einbrüche vom Feind mit starker Panzerunterstützung westl. Csicso, aus Raum nördl. Inke bis Sand-Miháld und bei Esztergály. Durchbruch starken Kav.-Feindes aus Raum westl. Zalaegerszeg über Nova bis Bahn Lenti, Bak bei hervorragender Leistung eigener Truppe. Kampf erschwert durch zunehmendes Überlaufen von Ungarn und Mangel an Artl.-Munition.

6. Armee:

Bei IV. SS-Pz.Korps verlief die Räumung des Brückenkopfes Eisenburg in der Nacht vom 30./31. 3. trotz starken Feinddrucks planmäßig. Der Marsch der Divisionen in den neuen Abschnitt verzögerte sich infolge Straßenverstopfungen. Von Osten mit Pz.-Unterstützung angreifendem Feind gelang es, den schwach besetzten Brückenkopf St. Gotthard einzudrücken und den Ort zu nehmen. Ferner ging Neumarkt verloren. Auch konnte der Feind bei Weichselbaum die Raab nach Norden überschreiten. 5. SS-Pz.Div. „W" soll aus dem Raum südostw. Fürstenfeld Neumarkt wiedernehmen. Ostw. davon stieß der Feind mit Inf. u. 15 Pz. bis vor die Grenzschutzstellung ostw. Heiligenkreuz vor, konnte dort aber zum Stehen gebracht werden. Aus dem Brückenkopf Nagycsákány nach Westen vorstoßender Feind nahm die Orte an der Straße nach Heiligenkreuz. Eine Angriffsgruppe der 1. Pz.Div. ist angesetzt, um im Angriff aus Inzenhof nach Süden die Straße nördl. der Raab zu unterbrechen. Ein Angriff der 3. Pz.Div. gegen den Brückenkopf Nagycsákány blieb nach Wiedergewinnung von Rábadoroszló vor Nagycsákány liegen.

Bei III. Pz.Korps verliefen die Bewegungen auf dem rechten Flügel des Korps zur Einnahme der neuen HKL trotz starken Feinddrucks ebenfalls planmäßig. Im Laufe des Vormittags lief die Masse der im Abschnitt Egyházásrádóc — Ják eingesetzten Teile der ung. Div. Szt. László zum Feind über und schloß sich dem in die entstandene Lücke geführten Feindangriff an. Der Feind konnte Egyházásrádóc nehmen und bis an den Westrand des Waldes ostw. Prostrum [Szentpéterfa] vorstoßen. Dort brachte ihn das Geb.Jg.Rgt.99, das sich auf dem Marsch zum linken Flügel des Korps befand, zum Stehen. Auf Grund dieses tiefen Einbruchs wurden der weit vorgestaffelte rechte Flügel u. die Mitte des Korps auf die Grenzschutzstellung zurückgenommen. Weiter nördl. gingen in der Nacht vom 30./31. 3. durch Feindangriffe Klein Nahring [Kisnarda], Schandorf u. Schachendorf verloren. Schandorf konnte wiedergewonnen werden.

6. Pz.Armee:

Bei I. SS-Pz.Korps nahmen Teile der Kriegsschule Wiener Neustadt gegen schwachen Feind Erlach wieder. Südostw. Wiener Neustadt wurden nach noch nicht bestätigten Meldungen 17 Feindpanzer durch Nahkampfmittel abgeschossen. Über Sieggraben nach Norden vorgestoßener fdl. Pz.-Verband durchstieß die Sicherungslinie des Rgt. Linz u. von Teilen des Rgt. 557 u. nahm Marz u. Mattersburg, 2 Feindpanzer abgeschossen. Im Raum Ödenburg konnte der Gegner, nachdem die Reste der 1., 12. u. 3. SS-Pz.Div. alle mit zahlreichen Pz. geführten fdl. Pz.-Angriffe gegen die Linie Deutschkreutz — Nagycenk — Fertöboz abgewiesen hatten, die seit über 3 Wochen in schwersten Kämpfen stehenden kleinen Kampfgruppen am linken Flügel durchbrechen u. nach Ödenburg u. ostw. davon bis in den Raum südl. Mörbisch durchstoßen. Kampf noch in vollem Gange. Bei Fertöboz 60 Feindpz. erkannt. Die in Deutschkreutz eingeschlossenen Teile der 12. SS-Pz.Div. sind dabei, sich in Richtung Nordwesten durchzuschlagen.

Bei II. SS-Pz.Korps wurde beiderseits Szarröld eine Abriegelungsfront gebildet. Nördl. Bösárkány gelang dem Feind die Bildung eines Brückenkopfes über den Kanal. Mehrere btl.- bis rgt.-starke Angriffe aus dem Brückenkopf konnten aber hart südostw. St. Peter unter Abschuß von 21 Feindpanzern abgewiesen werden. Vorübergehend bis Lébény vorgestoßener Feind wurde zurückgeworfen u. die Brücke nördl. Lébény gesprengt. Laufende starke Feindangriffe im Abschnitt Asvanyráno hatten keinen Erfolg.

8. Armee:

Bei XXXXIII. A.K. Bewegungen am rechten Flügel planmäßig. Umgruppierung der 211. V.G.D. in den Raum Jóka — Wartberg, um erwarteten Stoß von Diószeg auf Preßburg aufzufangen, im Gange.

Bei Pz. Korps „F.H." durchbrachen überlegene Feindkräfte mit Pz.-Unterstützung die eigene Sicherungslinie und stießen bis Hidas-Kürt-Diószeg-Galanta vor. Angriffe von Diószeg nach Norden und Nordosten wurden durch herangeführte Teile Pz.Div. Feldherrnhalle abgewiesen. Abriegelung in der Linie Kis Macsad — Nagy Macsad — Barakoň im Aufbau. Ostw. der Waag ging Šoporňa nach erbittertem Kampf verloren. Westl. und ostw. Ujlak griff Feind mit Panzerunterstützung nach Nordwesten an. Alle Angriffe auf Ujlak wurden abgewiesen, Maly Báb wurde im Gegenangriff wiedergewonnen. Prihota ging verloren, und in Neutra konnte der Feind eindringen und bis zum Nordrand Sarluska durchstoßen. Ostw. der Neutra wurde schwache eigene Sicherung durch überlegenen Feindangriff auf das Westufer der Neutra zurückgedrückt. Bei LXXII. A.K. gelang dem Feind durch rgt.-starke Angriffe Bildung von Brückenköpfen bei Lovasovce und Dvorany. Btl.-starker Angriff aus Brückenkopf Dvorany nach Norden und 3 btl.-starke Feindangriffe gegen Janova Ves und ostw. davon wurden abgewiesen.

Bei XXIX. A.K. verliefen die Bewegungen am rechten Flügel planmäßig. Zu besonderen Kampfhandlungen kam es nicht.

Luftlage:

Geringe feindliche Fliegertätigkeit bei 6. Armee und stärkere feindliche Fliegertätigkeit bei 8. Armee. Unterstützung der Kämpfe im Raum zwischen Güns und Wiener Neustadt sowie an der Nordfront der 2. Pz.Armee durch die eigene Luftwaffe. Nach bisherigen Meldungen südl. Wiener Neustadt 5 Feindpanzer vernichtet. In der Nacht vom 30./31. 3. Einsatz eigener Nachtschlachtflugzeuge in den Räumen Steinamanger und Csorna.

1.4.1945*

Heeresgruppe Süd:

Die Verbindung des Pz.-AOK 2 zum Plattensee ist abgerissen. Der Feind brach an 5 Stellen in die eigene Front ein; Brennpunkt auf dem linken Flügel, wo der Gegner in den Rücken der eigenen Kräfte stieß. Auf der Armeenaht stieß er nach Westen durch. Über Feldbach sollen 20 Panzer nach Westen rollen. Die eigenen Kräfte wurden zurückgedrängt; Ungarn liefen auf die Feindseite über und kämpften auf dieser gleich weiter. Der Neusiedler See wurde preisgegeben. Westlich bedroht der Gegner Wien von Süden. In Ödenburg Straßenkämpfe. Nördlich der Donau wurde der Feind abgewiesen. Ferner Kämpfe in der Linie Hochwiesen südlich Kremnitz. Der deutsche Befehlshaber hat sich in den Westzipfel der Slowakei begeben.

2. 4. 1945

Bei 2. Pz. Armee setzte der Feind seine starken Angriffe gegen die Ost- und Nordfront fort, erzielte breite und tiefe Einbrüche und zwang unter gleichzeitiger Umfassung des linken Flügels zu einem Neuaufbau der Front in einer verkürzten Sehnenstellung. Rechter Flügel wird an der Mur-Mündung festgehalten.

Am Südflügel der 6. Armee ist der Verbleib der feindl. Panzerkräfte ungeklärt. Mit einem Vorstoß nach SW zur Gewinnung der Straße im Mur-Tal muß gerechnet werden. O Heiligenkreuz gewann Angriffsgruppe die Raab-Norduferstraße und sperrt sie. Mehrere Feindangriffe gegen die Ostfront der Armee wurden abgewiesen.

Im Kampfraum S Wien hielten die schweren Abwehrkämpfe gegen den weit überlegenen Feind an. Während die auf dem rechten Flügel der 6. Pz.Armee kämpfenden Sperrverbände unter Verlust von Wiener Neustadt die feindl. Angriffe am O-Rand des Gebirges auffangen konnten, gelang dem mit Schwerpunkt Richtung Wien angreifenden Feind ein tiefer Einbruch bis in den Raum Münchendorf und am W-Rand des Leitha-Gebirges bis Hof. Die Panzerspitzen des Feindes wurden durch eigene Gegenstöße aufgefangen. Die Grenzstellung zwischen Neusiedler See und O Preßburg wurde gegen starke Angriffe gehalten. Bei der 8. Armee lag der Schwerpunkt der Abwehrkämpfe an der Paßstraße über die Kleinen Karpaten, wo der Feind von eigenen Kampfgruppen nach geringem Bodengewinn aufgefangen wurde. O der Waag anhaltender Feinddruck. In den Abschnitten Kremnitz und Neusohl lebte die Angriffstätigkeit des Feindes auf. Einbrüche wurden abgeriegelt.

Im einzelnen:

2. Pz.Armee:

Südl. Mur neue Front im Aufbau in Linie Donja Dubrava — Kotoriba — Mur bis S Letenye. N des Flusses gelang es Feind gegen erbitterten eigenen Widerstand und trotz erfolgreicher eigener Gegenstöße Front in 12 km Breite zu durchbrechen und LXVIII. A.K. auf 2 Brückenköpfe N und NO Kotoriba und um Letenye zurückzuwerfen. Dort Kämpfe noch im Gange.

XXII. Geb.A.K. ist unter starkem Feinddruck im Zurückkämpfen auf Linie Borsfa — Bánokszentgyörgy — Ort 3 km O Pördefölde.

Kav. Korps nimmt im Laufe der Nacht 2./3. 4. [?] Anschluß an XXII. Geb.A.K. in Linie Csömoder — Höhe N Iklodbördöce — Ort 1,5 km NO Lenti — Lentikapolna — Resznek und schützt in angriffweiser Kampfführung offene W-Flanke, wo Gegner im NO bis 15.30 Uhr Fokovci (12 km NO Murska Sobota) erreichte. Durchbruch Armeefront wurde unter rücksichtslosem Einsatz von Führern und Truppe, trotz starker materieller und personeller Überlegenheit des Feindes, auch heute unter Einsatz letzter Reserven und Anwendung schärfster Mittel (Erschießen auf dem Gefechtsstand) verhindert.

Auswirkung angekündigter Verstärkungen nicht vor 6. 4. zu erwarten.

---

* Außer dieser Zusammenfassung ist von diesem Tag keine Tagesmeldung erhalten geblieben oder auch nie vorgelegt worden. Die Zusammenfassung ist dem KTB des Wehrmachtführungsstabes entnommen.

6. Armee:

IV. SS-Pz.K.: Bei K.Gr. Wolf im Raum Feldbach keine Kampfhandlungen. In Feldbach feindl. Brükkenschlag über die Raab. 04.30 Uhr traten 5. SS-Pz.Div. „W", 1. und 3. Pz.Div. zum Angriff in allgemein südl. Richtung an. Jennersdorf, Weichselbaum und Minihof wurden genommen. Rax und Mogersdorf noch in Feindeshand. Der Angriff der 1. Pz.Div. stieß im Raum Rábafüzes in feindl. Bereitstellungen von Teilen von 3 Schtz.Div. und erzielte in harten Kämpfen geringen Bodengewinn. Linker Flügel 1. Pz.Div. und Teile 3. Pz.Div. nahmen Felsö- und Alsö-Rönök. Die gep. Gruppe der 3. Pz.Div. stieß über Vasszentmihály vor und wehrte am Nachmittag feindl. Gegenangriff in Btl. Stärke aus Csörötnek ab. Nach O eingedrehte Teile der gep. Gruppe nahmen Rátót. D. Bieling, das am Vormittag genommen worden war, ging am Nachmittag durch feindl. Gegenangriff wieder verloren. Die beherrschende Höhe W des Ortes konnte behauptet werden.

III. Pz.K.: Im Abschnitt des Korps gegenüber den Vortagen geringere Gefechtstätigkeit. Bei 1. V.Geb.Div. wurden O Heiligenkreuz, SW und W Pinkamindszent und Edlitz kp.- bis btl.-starke Feindangriffe abgewiesen. Am Nachmittag wurden aus Raum Pinkamindszent in SO Richtung rückläufige Feindbewegungen in Stärke von 1 Btl. und einigen Pak festgestellt. Wahrscheinlich Umgruppierung vor das IV. SS-Pz.Korps.

Bei K. Gr. Krause drang Feind N Eisenberg durch eine Lücke in der HKL in 800 m Breite in die Grenzschutzstellung ein. Ein Angriff zur Wiederinbesitznahme der Grenzschutzstellung ist im Gange. Schachendorf weiterhin vom Feinde stark besetzt. Eigene Stoßtrupps, die in der Nacht vom 1./2. 4. in den Ort eingebrochen waren, wurden zurückgeworfen. Auf Lockenhaus angesetzte eigene Aufklärung stieß bis Langeck und Grüneck vor und sichert dort. Lockenhaus ist stark feindbesetzt. Aus Redlschlag stieß rgt.-starker Feind nach SSW vor. Das schwach besetzte Bernstein ging verloren. Die eigenen Sicherungen stehen hart S des Ortes. Gegenmaßnahmen eingeleitet.

6. Pz.Armee:

I. SS-Pz.K.: Sperrverband A.A.1 im Raum N Gloggnitz — Neunkirchen. Sperrfront im Aufbau.

K.Gr.Keitel: Sicherungslinie O-Rand Winzendorf und S hergestellt. Fahnenjunkerschule Wiener Neustadt und Teile der 356. I.D.: Während aus Linie Schwarzau — Neudörfl über Weigelsdorf angreifender Panzerfeind an den Gebirgshängen zum Stehen gebracht werden konnte, gelang es ihm, über Wiener Neustadt nach N eindrehend, in Felixdorf und Sollenau einzudringen. Lage bei K.Gr. 1. SS.Pz.Div. z.Zt. noch ungeklärt.

II. SS-Pz.K.: Gegner stieß noch in der Nacht durch die dünne Sperrlinie zwischen Ebenfurth und Hornstein sowie aus Eisenstadt in den Raum N des Leitha-Gebirges vor. Aus Raum N Mannersdorf vorgetragene Angriffe der 2. SS-Pz.Div., die bis Hof und Seibersdorf vordringen konnten, kamen infolge Vordringens starker feindl. Panzer- und Inf.-Kräfte entlang der Straße und Eisenbahn nach NW bis in den Raum Mitterndorf — Münchendorf nicht zur Auswirkung. Ein weiterer Angriff der 2. SS-Pz.Div. aus dem Raum Ebersgassing über Velm legte sich dem vordringenden Feind vor. Warf den Feind auf Mitterndorf und Moosbrunn, sowie mit herangeführten Alarm-Btlen von Panzern unterstützten Feind aus Münchendorf nach S zurück. 9 Fd.-Panzer abgeschossen. Reste 3. SS-„T" wiesen den in mehreren Angriffswellen Oggau und Schützen angreifenden, von 2 Pz. unterstützten Feind erfolgreich ab, gewannen das vorübergehend verlorengegangene Jagdschloß 2 km NW Schützen im Gegenstoß zurück und verhinderten unter Abschuß von 16 Feindpanzern den vom Feind versuchten Durchbruch entlang der See-Straße nach N. O Parndorf mit 25 Panzern angreifender Feind erzielte einen geringfügigen Einbruch, der abgeriegelt werden konnte.

Weiterer rgt.-starker Feindangriff beiderseits der Bahnlinie wurde erfolgreich abgewiesen. 6 Feindpanzer abgeschossen, davon 3 Stalinpanzer. Starke Feindbereitstellungen S Kittsee durch Artl. bekämpft.

8. Armee:

Wird nachgemeldet. (Nicht vorhanden.)

Luftlage:

Über 6. Armee Überflug von 200 Bombern mit Jagdschutz. Eigene Schlachtflieger unterstützten die Kämpfe in den Räumen Groß-Kanischa und NO Wiener-Neustadt in insgesamt etwa 70 Einsätzen.

5 Panzer und 50 mot. und besp. Fahrzeuge wurden als vernichtet gemeldet.

Rege eigene Aufklärungsfliegertätigkeit. Über Einsatz eigener Jäger und der Verbände N der Donau liegen noch keine Meldungen vor.

456

3. 4. 1945

Bei 2. Pz.Armee erzielte überlegener Feind beiderseits der Mur auch heute mehrere Einbrüche und versuchte, den linken Flügel der Armee mit schnellen Kräften zu umfassen.

6. Armee fing im Raum N und NO Feldbach von Pz. unterstützte Angriffe aus dem Raabtal nach N auf und wehrte Angriffe gegen ihren linken Flügel ab.

Der Schwerpunkt der Abwehrkämpfe lag auch heute im Raum S Wien. Im Raum W Wiener-Neustadt drückte der Gegner die eigenen Stützpunkte in die Ostausläufer des Gebirges zurück, drang, mit überlegenen Kräften angreifend, in Bad Vöslau und Baden ein und griff mit zusammengefaßten Kräften über die Linie Münchendorf — Gramatneusiedl nach N an. In erbitterten Kämpfen, in denen eigene Kampfgruppen bis zum letzten Mann hielten, wurde der Durchbruchsversuch auf die Stadt unter geringem Geländeverlust abgewehrt. Eine größere Anzahl Panzer wurde vernichtet. Zwischen Neusiedler See und Donau verstärkte der Feind seine von Pz. unterstützten Angriffe u. wurde in der Tiefe des Stellungssystems aufgefangen.

N der Donau wurde um Preßburg hart gekämpft. Einbrüche des zahlenmäßig weit überlegenen Gegners in den inneren Ring konnten nicht verhindert werden. Im Zuge der Paßstraße der Kleinen Karpaten griff der Gegner auch heute mit starken Kräften an. Eigene Gegenangriffe warfen ihn an einigen Stellen wieder zurück. Anhaltender Feinddruck beiderseits der Waag, NW des Neutra-Gebirges sowie bei Kremnitz und Neusohl.

Im einzelnen:

2. Pz.Armee:

LXVIII. A.K.:
Überlegener Feind drängte 13. SS.Geb.Div. „Handschar" auf die Linie Mihaljovec — Murknie S Letenye zurück. Stark nachdrängender Gegner von Letenye auf Muratka.
XXII. Geb.A.K. u. Kav.K.:
Nachdem dem Feind während des Tages mehrere Einbrüche gelungen waren, ist neue Abwehrfront auf den Höhen W des Kerka-Abschnittes und von Lenti bis Radmožanci im Aufbau. Die Stadt ist seit dem Nachmittag in Feindeshand. Brücken über die Lendava gesprengt.

6. Armee:

K.Gr.Wolf:
Feind, der am Vortage mit 18 Pz. in Riegersburg eingedrungen war, drehte vor gesprengter Brücke nach O ab und erreichte Unterstang.
IV. SS-Pz.Korps:
Feindangriff gegen Brunn abgewiesen. 2 Pz. durch Nahkampfmittel vernichtet, 2 erbeutet. Von O.-Lamm bis Häusergruppe 2 km NO des Ortes vorstoßender Feind im Gegenangriff zurückgeworfen.
Kampf-Gr.5. SS-Div. „Wiking" nahm Weinberg und Rax und erreichte im Angriff Waldrand N Mogersdorf. Aus Raum Inzenhof nach S angreifende Teile der K.Gr.1. Pz.Div. drangen bis hart N Straße Rabafüzes, Jakabháza vor.
III. Pz.Korps:
Durch am Vortage vorgetragene btl.-starke Feindangriffe wurde O Schachendorf örtl. Einbruch erzielt und Straße Dürnbach — Rechnitz unterbrochen.

6. Pz.Armee:

I.SS-Pz.Korps:
Sicherungen brachten Feindspitzen bei Payerbach (4 km W Gloggnitz) und 4 km SO Puchberg zum Stehen. Der aus Neunkirchen und N davon nach NW angreifende Feind warf eigene schwache Teile auf Schrattenbach — Willendorf zurück, drückte beiderseits Muthmannsdorf die hier stehenden Stützpunkte gegen die Hohe Wand und trieb Aufklärung bis Höhe 905 vor.
2 aus Dreistetten nach S angesetzte eigene Angriffe stießen auf aus Muthmannsdorf mit Pz. Unterstützung angreifenden Feind und warfen ihn zurück. Mit 25 Pz. auf Wiener Neustadt angreifend, nahm Gegner nach wechselvollen Kämpfen Bad Fischau und Wöllersdorf. Der aus Hölles und Enzesfeld nach W vorgehende Feind wurde auf die Ausgangsstellung zurückgeworfen.

II. SS-Pz.Korps:

Nach Heranführung starker Feindkräfte aus der Tiefe ging nach Abwehr mehrerer Feindangriffe Bad Vöslau und O-Teil Baden in den späten Nachmittagsstunden verloren. Der aus Guntramsdorf auf Möllersdorf und Traiskirchen geführte eigene Angriff schlug infolge starker von O geführter fdl. Flankenangriffe nicht durch. Um Münchendorf wurde erbittert gerungen. Das II./„Adolf Hitler" kämpfte im Schwerpunkt der Abwehr mit heldenhafter Standhaftigkeit bis zum letzten Mann. Erst als das Btl. aufgerieben war, fiel der Ort in Feindeshand. Auch über Velm konnte der Gegner erst nach erbitterten Kämpfen die immer wieder angreifenden eigenen Kampfgruppen in den Abendstunden bis in den Raum Himberg zurückdrücken. Alle Angriffe auf Götzendorf wurden abgewiesen, Feindeinbruch über Gramatneusiedl bis Ebergassing konnte nicht verhindert werden. Gegner versucht, zwischen den eigenen Stützpunkten Wienerherberg und Himberg nach N durchzusickern. Auf Mannersdorf mit Pz. Unterstützung geführter Angriff abgewiesen. 2 Feindvorstöße im Leitha-Gebirge im wesentlichen abgewiesen. Nach Wegnahme von Parndorf unter Einsatz von 25 Pz. auf breiter Front zwischen Neusiedl und Pellendorf antretend, erzielte Gegner mehrere tiefe Einbrüche, die [bis] auf das Höhengelände 2 km S und O Bruck an der Leitha, O Pachfurth und bei Schönabrunn abgeriegelt wurden.

8. Armee:

XXXXIII. A.K.:

Laufend starke Feindangriffe gegen NO-Teil der Festung Preßburg von O und N führten z. T. zu tiefen Einbrüchen im inneren Ring. Lage infolge mangelnden Kampfwertes der Besatzung sehr gespannt. Im Raum NW Bösing ging nach wechselvollen Kämpfen die Höhe 709 verloren. Gegenangriff zur Wiedergewinnung der Paßhöhe eingeleitet.

Pz.K. „FH":

Überlegener Feind mit Pz. nahm Daubing, Schattmannsdorf und Ottenthal. Anhaltend schwere Abwehrkämpfe um den Gebirgsübergang NW Obr. Nußdorf. Stärkere Angriffe gegen St. Nikolaus und Blasenstein im Gegenangriff abgewiesen. Höhe Wetterling auch nach vorübergehendem Verlust wieder genommen. Feindvorstoß auf Straßenknick 3 km O Scharfenstein, Gegenangriff im Gange. Inf.Angriff in Rgt.Stärke gegen Vittens konnte abgewehrt werden.

LXXII. A.K.:

Anhaltender Feinddruck W der Raab, örtl. Einbrüche bereinigt. Br.Kopf Pistyan wurde bis zum Abend gegen starke Feindangriffe gehalten. Nemecky und Rybany gingen verloren. Abriegelungsfront W der Orte aufgebaut.

XXIX. A.K.:

NW Kremnica gelang dem Feind ein tiefer Einbruch über Huneschhaj. Schwache Reserven zum Gegenangriff angesetzt. 2 km tiefer Feindeinbruch NW Neusohl zwingt zur örtl. Begradigung der Front.

Luftlage:

Anhaltend heftiger Schlacht- und Jagdfliegereinsatz im Raum Wien und in den Angriffspunkten N der Donau. Eigener Lw.Einsatz mit etwa 100 Schlacht- u. Jagdflugzeugen gegen fdl. Panzer, Fahrzeugkolonnen u. Bereitstellungen im Raum S und SO Wien.

4. 4. 1945

Bei 2. Pz.Armee wehrten die eigenen Verbände im stark verkleinerten Br.Kopf nördl. der Mur heftige Feindangriffe ab. Aufgabe des Br.Kopfes und beschleunigte Umgruppierung der freiwerdenden Kräfte in den Abschnitt Radkersburg und nördl., gegen den der Feind aufschließt, sowie angriffsweise Schließung der Frontlücke zur 6. Armee sind eingeleitet.

6. Armee griff auf ihrem S-Flügel den Feind im Raab-Tal konzentrisch an, nahm Feldbach und Fehring und schnitt eine fdl. Kräftegruppe von ihren Verbindungen ab. Am N-Flügel der Armee führten stärkere Inf.-Angriffe des Feindes zu mehreren Einbrüchen.

Bei 6. SS-Pz.Armee hielt die Abwehrschlacht an. Während dem Feind der angestrebte Durchbruch auf Wien auch heute versagt blieb, konnte er nördl. Baden einige Kilometer in das Gebirge eindringen. Infolge Ausweichbefehls des im Abschnitt Bruck/Leitha befehligenden Kdr., der erschossen wurde, konnte der Feind in die Stadt eindringen. Kämpfe zur Wiedergewinnung noch im Gange. Weiter nördl. einbrechender Feind wurde aufgefangen.

Bei 8. Armee wird im Innenring der Festung Preßburg gekämpft. Es gelang dem Feind, seinen Einbruch über die kleinen Karpaten erheblich zu verbreitern. Gegen weitere überlegene Feindangriffe ging trotz zäher Gegenwehr Bad Pistyan verloren. Die lebhafte Angriffstätigkeit des Feindes gegen den eigenen linken Flügel hielt an.

Im einzelnen:

2. Pz.Armee:

Bei LXVIII. A.K. schloß der Feind gegen hartnäckig kämpfende Nachtruppen im Laufe des Nachmittags gegen die neue Abwehrfront auf. Ein Gegenangriff warf ein westl. Podturen über die Mur gesetztes Feind-Btl. nach O zurück.

Bei I. Kav.Korps wurden Angriffe überlegener fdl. Inf.- und Pz.Kräfte beiderseits der Straße Dobri nach W in harten Kämpfen bei Pince aufgefangen. Gegen einen rgt.-starken Einbruch beweglicher Feindkräfte, die bis an den Ort Nd.Lendava und Weinbergabhänge ostw. davon vorstießen, wurde ein Gegenangriff von Teilen der 3. K.D. angesetzt.

Bei Gruppe Böttcher wurde ein btl.-starker Feindangriff gegen Brückenstelle Verzej vom Volkssturm abgewiesen. Weitere Feindangriffe gegen die Reichsschutzstellung im Abschnitt nordostw. Radkersburg — Murska Sobota — Cankova hatten ebenfalls keinen Erfolg, während nördl. davon der Feind einen Einbruch von etwa 3 km Breite und 2 km Tiefe erzielte.

6. Armee:

K.Gr.Wolf trat aus Raum Kirchberg beiderseits der Raab in südostw. Richtung zum Angriff an, nahm Unterweißenbach und die Höhe 1,5 km nordwestl. Feldbach. Feldbach selbst wird durch Gegner noch stark verteidigt. Eigene Stoßtrupps unterbrachen mehrmals die Straße Riegersburg, Feldbach und stellten auf ihr Bewegungen in Richtung Feldbach fest.

Bei IV. SS-Pz.K. trat K.Gr.1. Pz.Div. nach Versammlung im Raum Oberhatzendorf um 17.00 Uhr zum Angriff nach S an. Die K.Gr.5. SS-„W" nahm, aus Weinberg angreifend, Hohenbruck und befand sich am Abend im weiteren Vorstoß auf Jennersdorf.

Bei III. Pz.K. trat der Feind im Abschnitt des Korück 593 zwischen Deutsch-Großdorf und Rechnitz mit starker Infanterie, bei Dürnbach mit einzelnen Panzern, auf breiter Front zum Angriff an. Die in diesem Raum eingesetzten behelfsmäßig zusammengestellten Alarm-Einheiten hielten dem Angriff nicht stand, entglitten ihrer Führung und wichen nach W aus. Die als Rückhalt in dem Abschnitt stehenden Kräfte des Flak-Rgt.40 kämpften bis zum letzten, Schachendorf, Burg und Woppendorf gingen verloren. Der Feind erreichte den SO-Rand Mannersdorf und drang, über Dürnbach vorstoßend, in das Waldgelände nordostw. Welgersdorf ein. Ferner nahm er Zuberbach und erreichte den Waldrand 1 km südostw. Weiden.

6. Pz.Armee:

Bei I. SS-Pz.K. drückte der Feind die ostw. Reichenau stehenden Sicherungen auf den O-Rand Reichenau zurück. Ein btl.-starker Feindangriff aus Höflein nach W wurde abgewiesen. Die Höhe 905 (Hohe Wand) wurde wiedergenommen. Im Abschnitt der K.Gr.1. SS.-Pz.Div. blieben wiederholte von SO auf Dreistetten sowie von SO auf U.-Piesting geführte Feindangriffe ohne Erfolg. Ebenso wurde Wöllersdorf gegen mehrere Feindvorstöße gehalten. Gegen den in das Feldgelände nördl. Wöllersdorf eingesickerten Feind Gegenstoß im Gange. Im Abschnitt der K.Gr.12. SS-Pz.Div. ging Enzesfeld verloren. Der in St. Veit eingebrochene Feind wurde im sofortigen Gegenstoß geworfen. Die eigenen schwachen, in Großau stehenden Teile wurden in den Wald westl. U auf Wegegabel 1 km nordwestl. davon zurückgedrückt.

Bei II. SS-Pz.K. griff der Feind im Abschnitt der 2. SS-Pz.Div. nach Wegnahme von Gumpoldskirchen in Btl.-Stärke beiderseits Baden nach NW an, umging die im Zuge der Talenge aufgebauten Sperren angeblich unter Führung von Zivilisten und gewann gegen 19.00 Uhr die Linie Sattelbach — Heiligenkreuz — Sittendorf. Eine beiderseits Alland aufgebaute Kampfgruppe wurde gegen diesen Feind eingesetzt. Kämpfe noch im Gange. Der westl. Laxenburg über den Kanal vorgestoßene btl.-starke Feind wurde im Gegenangriff zurückgeworfen. Wiederholte mit Panzern geführte Feindangriffe bei Guntramsdorf und Achau scheiterten. Im Abschnitt Maria Lanzendorf — Himberg wurden ebenfalls alle Feindangriffe zerschlagen, wobei die Kriegsmarine die Abwehr durch Feuer ihrer Donau-Monitore unterstützte.

Im Abschnitt der K.Gr. 3. SS-Pz.Div. wurde das im Gegenangriff wiedergewonnene Rauchenwarth gegen alle Feindangriffe gehalten. Feindeinbruch in Götzendorf wurde beim Bhf. abgeriegelt. Wilfleins-dorf wechselte zweimal den Besitzer, blieb jedoch am Abend in Feindeshand. Der Ia der hier kämpfenden K.Gr. der 232. Pz.Div. fiel beim Gegenstoß. In Bruck, das vorübergehend verloren ging, war am Abend mit dem erneut von S und SO eingedrungenen Feind Kampf im Gange. Im Abschnitt der 6. Pz.Div. erziel-te der auf ganzer Front in Btl.- bis Rgt.-Stärke, von starken Pz.-Rudeln unterstützte angreifende Feind mehrere tiefe Einbrüche beiderseits Pachfurth und Rohrau sowie nördl. Prellenkirchen und in Edelstal, die er trotz wiederholter Gegenstöße und tapferem Widerstandes bis in den Raum südl. Petronell — Deutsch Altenburg — Wolfsthal erweitern konnte. In Pachfurth wurde am Abend noch gekämpft.

8. Armee:

Bei XXXXIII. A.K. stammen die letzten Meldungen aus dem Raum Preßburg vom Vormittag. Danach stieß Gegner von N her gegen die Stadt vor und erreichte den N-Rand. Lage im O-Teil ungeklärt. Im Abschnitt der 96. I.D. gelang es dem Feind, Blumenau, Franzhof, Bisternitz und Marienthal zu neh-men. Kp.-starke Vorstöße gegen Stampfen wurden abgewiesen. Im Abschnitt der K.Gr.211. V.G.D. konnte der Feind sich in den Mittagsstunden, unterstützt von Panzern, durch rgt.-starken Angriff in den Besitz von Apfelsbach setzen und auf Lozorno vorstoßen. Abriegelungsfront aufgebaut. Gegen von Per-neck nach NO vorstoßenden Feind Gegenangriff angesetzt. Nachdem Rohrbach gegen überlegenen Feindangriff verlorengegangen war, stieß der Feind im Zuge der Straße weiter nach W vor. Eigener Gegenangriff warf den Feind erfolgreich zurück.

Pz.Korps „F.H.":

711. I.D. wehrte gegen SO-Rand Breitenbrunn geführte Angriffe ab. Im Abschnitt der 46. V.G.D. wurde gegen in Blasenstein-St.Nikolaus eingebrochenen Feind Gegenangriff angesetzt, ebenso Gegen-stoß mit St.Gesch. gegen Feind bei Blasenstein-St. Peter. Wegegabel 8 km ostw. Blasenstein-St. Peter wechselte mehrfach den Besitzer, war aber zuletzt in eigener Hand. Pz.Div. „F" wies Feindangriff in Rgt.-Stärke auf Rohrbrunn ab. In den Nachmittagsstunden gelang dem Feind jedoch ein Einbruch in die Ortschaft. Gegenstoß ist im Gange. Im Abschnitt der 182. I.D. örtl-Einbruch ostw. Naháč in Bereini-gung. Dechtice vom Feind genommen. Abriegelungsfront nördl. davon aufgebaut.

Bei LXXII. A.K. griff der Feind im Abschnitt der 271. V.G.D. in den Nachmittagsstunden westl. der Waag mit etwa 2 Div. nach N an. Es gelang ihm, Ostrov Maly zu nehmen und bis in Höhe von Basovce vorzudringen. Pistyan ging verloren. Im Abschnitt der 153. I.D. griff der Feind mehrfach in Btl.-Stärke an und nahm Maly Hoste und eine Höhe hart südostw. Banovce.

Bei XXIX. A.K. fühlte der Feind im Abschnitt der 8. Jg.Div. auf Skačany und Zem.Kostol'any vor. Außerdem konnte er bis zum S-Rand Priewitz vorstoßen. Im Abschnitt der K.Gr. 76.I.D. konnte der Feind nördl. Krickerhäu im Zuge der Rollbahn einen Einbruch erzielen. Lage dort ungeklärt. Ferner griff er nordwestl. Kremnica vorstoßend an. Der Vorstoß konnte südl. Glaserhay aufgefangen werden. Im Abschnitt der Div.-Gruppe Laengenfelder ging durch Feindangriff in Btl.-Stärke Hermanec verloren.

Luftlage:

Geringe fdl. Fliegertätigkeit. Unterstützung der Kämpfe südl. Wien und nördl. Preßburg durch die eigene Luftwaffe.

5. 4. 1945

2. Pz.Armee:

Angriffe gegen rechten Flügel abgewiesen. Mur-Stellung bezogen. N Radkersburg Feindangriffe mit örtlichen Einbrüchen, Gegenstöße laufen.

6. Armee:

Günstiger Fortgang der Säuberung im Raum Feldbach — Fehring. Überlegene Feindangriffe gegen schwachen linken Flügel mit 8 km Geländeverlust.

6. Pz.Armee:

Schwächere Angriffe gegen rechten Flügel abgewiesen. Vertiefung des Feindeinbruchs NW Baden bis in den Raum Preßbaum. Angriffe gegen Feindflanken von SO und NO angesetzt. Tiefer Einbruch scharf zusammengefaßter Feindkräfte von S bis SW Schwechat.

Gegenangriff mit Führer-Gen.Div. beabsichtigt. Linker Armeeflügel zwischen Bruck und Donau mehrfach tief durchstoßen.
Aufbau neuer Abwehrfront im Höhengelände SO Fischamend.

8. Armee:

Schwerpunkt der Abwehrkämpfe W der Kleinen Karpaten. Feindspitzen Thebenerkogel — Theben-Neudorf — Laab — Jakobshof — NW Malacky — Groß-Schützen — Závod — Schloßberg. Scharfenstein und Rohrbrunn verloren. Weitere Einbrüche S Gutenbrunn, im Waagtal und N Priewitz bis Zeche. Abriegelung im Aufbau. Lage rechter Flügel äußerst gespannt. Ernste Gefahr für March-Stellung.

6. 4. 1945

Bei 2. Pz.Armee fiel die am rechten Flügel eingesetzte fremdländische Freiwilligendivision durch hohe Verluste des deutschen Rahmenpersonals in ihrem Abschnitt aus. Nachdrängender Feind zwang zum Aufbau einer neuen HKL. des rechten Armeeflügels NW Warasdin. Am linken Flügel konnte durch Angriff zum AOK 6 eine lose Verbindung hergestellt werden. 6. Armee setzte die Säuberung S Feldbach und Fehring durch Angriff fort. Auf breiter Front den linken Armeeflügel angreifender Feind konnte den Pinka-Abschnitt überschreiten und bis in den Raum Neustift-Feldbach vordringen. Umgruppierung von Kräften der Armee an den N-Flügel eingeleitet.
Bei 6. Pz.Armee erweiterte Feind im Wienerwald durch Angriff in breiter Front seinen Einbruchsraum nach W, konnte aber nach wenigen Kilometern Bodengewinn durch eigene Kampfgruppen aufgefangen werden. Schwerpunkt der mit zusammengefaßten Kräften geführten Feindangriffe lagen S Wien und im Abschnitt S Fischamend. Mödling ging durch konzentrischen Angriff überlegener Kräfte verloren. In den Südostteil der Stadt konnte der Feind mit einer Panzerspitze eindringen. Gegenangriff im Gange.
N der Donau gewann der Feind auf breiter Front die March und konnte am Unterlauf mehrere kleine Br.K. bilden, die schwach abgeriegelt wurden. Mit stärkeren Feindangriffen über die March muß am 7. 4. gerechnet werden. Ostwärts der March wurde der Eckpfeiler Kuty gegen mehrere starke Feindangriffe gehalten. An der übrigen Front griff der Feind an zahlreichen Stellen unter Bildung eines Schwerpunktes im Raum Apfelsdorf an und erzielte Einbrüche. Der Zusammenhang der Front blieb gewahrt.

Im einzelnen:

2. Pz.Armee:

Vorübergehender Ausfall der 13. SS-Div. „Handschar" (nach Ausfall deutschen Rahmenpersonals) erforderte Absetzen Mitte und N-Flügel LXVIII. A.K. auf die Linie Pretinen — Ort 3 km W Mursko Srediśće unter Sperrung der dazwischen liegenden Gebirgseingänge. Bei Veržej Kampf gegen über den Fluß angreifenden Feind. Im Zuge der Straße Gleichenberg — Feldbach zunächst nur lose Verbindung mit rechtem Flügel AOK. 6 gebildet.

6. Armee:

Auf dem rechten Flügel der Armee wurde von Feldbach eine lose Verbindung zum linken Flügel der 2. Pz.-Armee aufgestellt. Angriff der K.Gr.1. Pz.Div. aus dem Raum Fehring nach S schlug gegenüber überstarkem Feindwiderstand nicht durch.
Auf dem linken Flügel setzte der Feind seine starken Angriffe fort und konnte in breiter Front den Pinka-Abschnitt überschreiten. Eine schwache Sicherungsfront am Abend in der Linie Mischendorf — Oberdorf — Kemeten — Mkt. Allhau — Buchschachen im Aufbau. Nördlich davon stieß der Feind bis zur Linie Neustift — Friedberg vor.

6. Pz.Armee:

I. SS-Pz.Korps:
Im rechten Korpsabschnitt Kampf mit Partisanengruppen auf dem Schwarzenberg (6 km N Reichenau). Btl.-starker Feindangriff auf Grünbach und NW Höflein unter blutigen Verlusten für den Feind abgewiesen. Im gesamten Abschnitt der 356. I.D. erfolglose feindliche Stoßtrupptätigkeit. Im Waldgelände NW

Dreistetten in Btl.Stärke eingebrochener Feind stand am Abend von N her im Angriff auf Dreistetten. Mehrere kp.- bis btl.-starke Feindangriffe an und gegen Straße N (Unter)Piesting wurden abgewehrt. W Hirtenberg in Rgt.-Stärke durchgebrochener Feind von eigenem Gegenstoß hart ostwärts Kleinfeld zum Stehen gebracht. Weitere rgt.starke Angriffe führten südostwärts Kleinfeld zu einem Feindeinbruch.

Kampfgruppe 12. SS-Pz.Div. schloß im Angriff aus Raum Pottenstein nach N gegen stellenweise zähen Feindwiderstand die zwischen NW Großau und hart ostwärts Groißbach bestehende Lücke und brachte die Höhe hart ostwärts der Straße Gainfarn, Raisenmarkt in eigene Hand. Die W Heiligenkreuz und bei Mayerling stehenden Sicherungskräfte wurden durch überlegenen Feind auf Ostrand Alland sowie Höhen N und S davon zurückgedrückt.

II. SS-Pz.Korps:

Aus Raum Hochrotherd und S in Rgt. Stärke angreifend, drückte Gegner die zähen Widerstand leistenden eigenen Kampfgruppen 2 km nach W zurück. Die gestern nach Preßbaum vorgeworfenen, aus Alarmeinheiten zusammengesetzten K.Gr. leisteten den ganzen Vormittag dem mit mindestens 10 Panzern angreifenden Feind tapferen Widerstand und schossen 2 Feindpanzer ab, wurden jedoch von 9 Panzern durchbrochen und auf Westrand Rekawinkel zurückgeworfen. Ostwärts Ried am Rieder Berg, an Straße Wien — St. Pölten, verstärkte Feind seine vorgeworfenen Teile und besetzte Tulbing. Mit einzelnen Panzern bei St. Andrä und Wördern nach N vorgestoßener Feind wurde abgewiesen. Feind zog sich auf Unterkirchbach zurück.

Die südl. Laab — N-Rand Kaltenleutgeben und auf den Höhen südwestl. Pöschelsdorf stehenden Sicherungen hielten bisher dem Feinddruck stand. Durch zangenförmigen Angriff gelangen Feind von W, S und O her tiefe Einbrüche im Ort Mödling. In dem kräftezehrenden, starken, erbitterten Kampf wurden die eigenen Kräfte durch den überlegenen Feind auf Vösendorf trotz erbitterter Gegenwehr zurückgeworfen. Einbruch in Vösendorf im Gegenangriff bereinigt. Der Laaer Berg wechselte mehrfach den Besitzer, blieb am Nachmittag nach Abschuß von 12 Panzern in eigener Hand.

Kaiserebersdorf wurde nach vorübergehendem Verlust wieder freigekämpft. Feindeinbruch in Simmering und Schwechat unter Beteiligung von Teilen deutscher Zivilbevölkerung. Durch Gegenangriff wurden Einbrüche wieder bereinigt. Durch Feindeinbrüche bei Rauchenwarth nach N und NW sowie nach starkem Panzervorstoß von Fischamend entlang Donau-Straße nach W wurden eigene schwache Teile gegen rasch weiter vorstoßenden Feind aufgespalten und auf Südrand Mannswörth zurückgeworfen. In den Abendstunden Feindeinbruch in den Südteil Schwechats. Bereinigung im Gange. Zwischen Orth — Hainburg Sicherungslinie am N-Ufer der Donau aufgebaut. Mehrere fdl. Übersetzversuche bei Deutsch Altenburg wurden vereitelt.

8. Armee:

XXXXIII. A.K.:

Gegen schwache Sicherungen setzte Feind bei Hainburg unter Vernebelung über die Donau und stieß über Engelhartstetten vor. Markthof ging gegenüber btl.starkem Feindangriff verloren. N Markthof konnte eigener Gegenangriff eine Häusergruppe wieder nehmen. Über Kämpfe gegen übergesetzten Feind bei Eisenbahnbrücke O Breitensee und Flußschleife SO Marchegg stehen Meldungen noch aus. Feindangriffe gegen Br.Kopf Ungeraiden wurden abgewiesen. Der Br.Kopf Dimburg wurde vom Feind im Laufe des Nachmittags nach heftigem Kampf eingedrückt. Brücke gesprengt.

Pz.K. „FH":

Pz.unterstützer Angriff gegen Kuty und Brodské konnte in schweren Kämpfen abgewiesen werden; dabei Abschuß von 8 Pz. Cary ging verloren. Nach Abwehr mehrfacher, durch Panzer unterstützter Feindvorstöße über Schloßberg und Wachdorf an der Myjava ging die Höhe 256 in den Mittagsstunden verloren. Abriegelungsfront im Aufbau. Gegenstoß gegen mit Panzern in Tschependorf eingebrochenen Feind gewann die Ortschaft wieder zurück.

Rgt.-starker Feind konnte bei Valcha-Mühle mit Panzern Einbruch erzielen und die Höhe 234 gewinnen. Gleichzeitig gelang es dem Feind, Apfeldorf zu nehmen und auf Hlboké vorzustoßen. Weitere Zuführungen erkannt. Hradište ging verloren.

LXXII. A.K.: am rechten Korpsabschnitt griff Feind auf breiter Front bis zu Btl.-Stärke die Sicherungslinie an und konnte, durch Banden unterstützt, im Rücken der eigenen Truppe Erfolge erzielen. Um Krajné in den Nachmittagsstunden Kampf. S Waag-Neustadt wurde blt.-starker Feind abgewiesen. Bei Kálnica fühlte Feind vor.

XXIX. A.K.: Am rechten Korpsabschnitt ging Podluzany verloren. Aus dem Raum Stitná fühlte Feind von S gegen Kšinná und im Zuge des Nitrica-Tales gegen Sicherungslinie bei Nitrianske Rudno vor.

Im linken Korpsabschnitt umging Feind eigene Sicherungen von SO und konnte gegen Cávoj vorgehen. Er wurde dort abgewiesen. N davon Banden festgestellt. Örtlich zusammengefaßten russ. Kräften gelang es, im Zuge des Neutra-Tales Deutsch-Proben zu nehmen. Abriegelungsfront N Deutsch-Proben aufgebaut. Bei Ober-Stuben btl.-starker Feindangriff mit Einbruch. Lage dort noch ungeklärt.

7. 4. 1945

2. Pz.Armee zerschlug einen rgt.-starken Übersetzversuch über die Mur unter hohen Feindverlusten und wehrte mehrere Angriffe im Abschnitt nördl. Radkersburg ab.

Bei 6. Armee setzte der Feind seine Angriffe gegen linken Flügel auf breiter Front fort und wurde, z. T. im Gegenangriff, abgewehrt bzw. nach geringem Geländeverlust aufgefangen.

Schwerpunkt der Abwehrkämpfe lag auch heute im Raum Wien. Nordwestl. Neunkirchen und Wiener Neustadt griff der Feind im Zuge der in das Gebirge führenden Straßen unter Einsatz stärkerer Pz.-Kräfte an, blieb jedoch bald vor den zäh kämpfenden eigenen Stützpunkten liegen. Gegen die schwache Sicherungslinie Alland —Neulengbach führte der Feind starke Angriffe, die erst nach tiefen Einbrüchen unter Aufbietung aller Kräfte aufgefangen werden konnten. Im Raum Tulln wurden die eigenen Sicherungen auf eine Br.Kopf-Stellung zurückgedrängt. Gegen den Verteidigungsbereich Wien schloß der Feind von W her auf und setzte mit Schwerpunkt von SW und S seine schweren Angriffe fort. In den südl. Vorstädten wird erbittert gekämpft. Der Abwehrkampf der Truppe wird durch weitgehende Beteiligung der Zivilbevölkerung auf der Feindseite erheblich erschwert.

Bei 8. Armee konnte der Feind seinen Br.Kopf am Unterlauf der March an einer Stelle geringfügig erweitern. In breiter Front weiter nördl. über die March angreifender Feind wurde im wesentlichen abgewiesen. An der Front ostw. der March konnten erneute Durchbruchsversuche der Armee Plijew auf Holič verhindert werden.

Im einzelnen:

2. Pz.Armee:

LXVIII. A.K.:
13. SS-Div. „Handschar", beiderseits eingerahmt und abgestützt von 71. und 197. I.D..
XXII. Geb.A.K.:
Fdl.Br.Kopf nordostw. Veržej wurde in harten Kämpfen beseitigt. Feind verlor 130 Gefangene, zahlreiche Tote, mehrere Fähren und Schlauchboote.
I. Kav.Korps:
Eigener Angriff auf Cankova schlug nicht durch. Gegen Abschnitt Klöch — Gleichenberg vorgetragene, bis rgt.-starke Feindangriffe führten zu mehreren, teils tiefen Einbrüchen. Kämpfe nordwestl. Klöch, bei Grössing und am Stradner Kg. noch im Gange.

6. Armee:

K.Gr.Wolf: HKL wurde im Angriff bis 1 km südl. Feldbach vorverlegt. In verlustreichen Angriffen gegen zähen Feind wurden Mühlbach und Höhe 470 genommen.
IV. SS-Pz.K.:
Feindvorstöße aus Hohenbrugg nach N und W wurden abgewiesen. In Heiligenkreuz drang Feind mit 2 Btl. ein. Gegenangriff 3. Pz.Div. mit 4 Pz. und 20 SFW begonnen. Örtl. Einbruch südl. Reinersdorf bereinigt.
III. Pz.K.:
Örtl. Einbrüche bei Kohfidisch bereinigt. Kp.-starker Vorstoß aus Kotezicken abgewiesen. Durch Frontlücke zwischen Rohrbach a. d. T. und Oberdorf mit Inf. und einigen Pz. angreifender Feind stieß am N-Rand von (Ober)Neuberg auf eigene Sicherungen. Oberdorf ging verloren. Tle. 1. Pz.Div. gewannen Olbendorf zurück. Btl.-starke Angriffe ostw. und nördl. Kemeten wurden abgewiesen. Buchschachen wurde gegen zahlreiche Feindvorstöße gehalten. Rohrbach an der Lafnitz wurde wiedergenommen.

6. Pz.Armee:

I. SS-Pz.Korps:
Mehrere btl.-starke Feindangriffe auf Grünbach abgewiesen, Feindeinbruch bei Dreistetten im Gegen-

angriff abgeriegelt. K.Gr.1. SS-Pz.Div. wies den mit 38 Panzern über Linie Hirtenberg — Gainfarn angreifenden Feind unter Abschuß von mindestens 11 Panzern im wesentlichen ab. Feindeinbruch nordostw. Pottenstein abgeriegelt. K.Gr.12. SS-Pz.Div. nahm gegen zähen Feindwiderstand Schloß 5 km nordwestl. Gainfarn und Hohen-Lind-Kogel. In und nördl. Alland stehende Alarmeinheiten wurden von 1 — 2 rgt.-starkem Feind überrannt, ihre Reste auf Höhe 580 (3 km ostw. Laaben) zurückgeworfen.

II. SS-Pz.Korps:

Feind durchstieß mit 13 Pz., darunter einige Stalin-Pz., die tapfer kämpfende K.Gr. in Rekawinkel und drückte sie im Kampf unter Verlust von 3 Feind-Pz. bis auf Br.Kopf Neulengbach zurück. Aus Raum Eichgraben nach SW vorgehende starke fdl. Inf. wurde durch Alarmgruppen im Gegenstoß nordostw. Mannersdorf und Altlengbach aufgefangen. Aus Raum Ried vorstoßender starker Pz.-Feind gewann nach Brechen des Widerstandes hier eingesetzter Flak-Kräfte Michelhausen und über Judenau mit 16 Pz. Langenrohr. 4 Feindpanzer abgeschossen. Feinddurchstoß auf Tulln unter Abschuß von 8 Feind-Pz. abgeriegelt. Nach Wegnahme von Langenlebarn drehte Inf.- und Pz.-Feind entlang der Donau nach O ein. Südl. Staasdorf Feindbereitstellung von 40 — 50 Panzern und Sturmgeschützen. Lage im N-Teil von Wien ungeklärt. Mit Pz. von W angreifendem Feind gelang tiefer Einbruch zwischen Neuwaldegg und Mariabrunn. Gegen von St. Veit auf Schönbrunn angreifenden Feind Gegenstoß im Gange. Konzentrische Feindangriffe gegen nach S vorgeschobenen Frontbogen wurden bis auf einen Einbruch bis Mitte Kalksburg im wesentlichen abgewiesen. In Vösendorf und Inzersdorf Kämpfe. Westl. des Wienerberges nach W angreifender Gegner konnte in hin und her wogenden Kämpfen an Eisenbahn Atzgersdorf — Wien zum Stehen gebracht werden. 3. SS-Pz.Div. gewann in erbitterten Häuserkämpfen Ostbahnhof und Arsenal um Museumsgelände unter hohen Verlusten für den Feind zurück. Südbahnhof feindbesetzt. 6. Pz.Div.: Ostw. Wienerberg mit starker Pz.-Kampfgruppe nach N angreifend, drang Gegner erneut in Simmering ein, wurde jedoch in wechselvollen erbitterten Kämpfen in der Ortsmitte zum Stehen gebracht. Von W beiderseits der Bahnlinie angreifender Feind konnte infolge tapferen Widerstandes der Truppe nur langsam an Boden gewinnen. Starker Feinddruck gegen Ostbahnbrücke über Donau-Kanal nordostw. Simmering hielt weiterhin an. Eigene auf den Wiener Bergen noch eingeschlossene Kampfgruppen hielten sich weiter gegen von allen Seiten angreifenden Feind. Zivilbevölkerung und zahlreiche Personen in deutschen Uniformen beteiligten sich am Kampf, besonders im Rücken der Front. Eigene Kampfführung ist hierdurch erheblich erschwert. Die Versorgung in einzelnen Abschnitten in Frage gestellt.

8. Armee:

XXXXIII. A.K.:

Nach unbestätigter Meldung setzte Feind bei Schönau über die Donau. Auf Donau-S-Uferstraße reger Feindverkehr nach W. Angriffe auf Witzelsdorf und in Btl.-Stärke auf Engelhartstetten und Groißenbrunn wurden abgewiesen. Eigener Gegenangriff gewann nordostw. Breitensee Boden. Mit schwachen Kräften geführter Stoß um Marchegg schlug gegenüber starker Art. und fdl. Gegenangriffen nicht durch. Fdl. Br.Kopf bei Baumgarten wurde abgeriegelt. Gegen bei Angern übergesetzten Feind Gegenangriffe angesetzt. Übersetzversuche bei Stillfried und südwestl. Dürnkrut wurden abgewiesen. Bei Jedenspeigen überraschend gebildeter Feind-Br.Kopf in Btl.-Stärke wurde an der Bahn abgeriegelt.

Pz.Korps „F.H.“:

Gegen btl.-starken Feind-Br.Kopf Hohenau und kp.-starken bei Eisenbahnbrücke südostw. Landshut Gegenangriff angesetzt. In Brodské drang Feind nach Verlust von 2 Panzern und 6 s.Pak ein. Brücke westl. Brodské zündete durch Art.-Volltreffer selbständig. Adamhof wurde wiedergewonnen. Btl.-starker Angriff abgesessener Kav. aus Smolinské auf Gbely[?] wurde abgewiesen. Rgt.-starker, mit 12 Pz. angreifender Feind drang in Unin ein. Er verlor dabei 6 Pz. Čáčov und Senica sowie Höhen hart nördl. davon gingen durch mit 12 Pz. unterstützten Feindangriff verloren. Feind nahm Brezová. Bukoveč und Wald nordostw. davon.

LXXII. A.K.:

Heftige Kämpfe südl. Myava. Nach Wegnahme von Krajné drückte Feind eigene Kräfte auf Höhen hart nördl. Kostolne und Vadovce zurück. Rgt.-starker Feindangriff auf Höhe hart nordwestl. Čachtice. In tiefer Flanke des Korps nahm Feind im Angriff Beckov.

XXIX. A.K.:

Dizerice wurde gegen Feindangriff gehalten, O-Teil Cávoj ging verloren. Aus Deutsch-Proben angreifender Feind nahm nach schweren Kämpfen unter Einbuße von 300 gezählten Toten Gaidel. Feindvorstöße auf Rudno wurden abgewiesen. Restteile 24. ung.I.D. wurden entwaffnet.

Luftlage:

Vereinzelte fdl. Einflüge bei der Pz.Armee. Bei 8. Armee starke Jagdsperre bei Hainburg, Jägerangriffe an der unteren March und bei Lundenburg. Normale eigene Aufkl.-Fliegertätigkeit. Nachmittags laufender eigener Schlachtfliegereinsatz auf Pontonbrücke Hainburg (2 Volltreffer) und Feindbereitstellungen Hundsheimer Berg.

8. 4. 1945

Bei 2. Pz.Armee wechselten N Radkersburg und beiderseits Gleichenberg stärkere örtliche Feindangriffe mit eigenen Gegenstößen. Bei 6. Armee versuchte der Gegner seine kleinen Brückenköpfe N der Raab zu erweitern und am linken Flügel der Armee den Zugang zum Semmering S umfassend zu erzwingen. Eigene Angriffe stießen in seine rückwärtigen Verbindungen.

Bei 6. SS-Pz.Armee griff der Feind auch heute NW Neunkirchen und Wiener Neustadt ohne Erfolg an. Im Einbruchsraum W Wien griff er mehrmals nach W und gegen Brückenkopf Tulln an und wurde hier von den zäh haltenden eigenen Stützpunkten im wesentlichen abgewiesen. An der Front des Verteidigungsbereichs Wien lag der Schwerpunkt der Abwehrkämpfe in der Gegend des West-Bahnhofs und in den südl. Stadtteilen. Die Versuche des Gegners, den Durchbruch in Richtung auf die Donaubrücken zu erzielen, wurden in erbitterten Kämpfen unter Einsatz der Führer-Gren.Div. vereitelt.

Bei 8. Armee konnte Ausweitung des feindl. Brückenkopfes zwischen Donau und Unterlauf der March um einige km nicht verhindert werden. In den Abschnitten N Brodské — S Holič, am S-Rand der Weißen Karpaten, S Trenčin und bei Deutsch-Proben entwickelten sich heftige Abwehrkämpfe, in denen der Feind einzelne Einbrüche erzielte. Die Schwerpunktabschnitte NW Hainburg und S Holič sowie S Trenčin werden unter Entblößung übriger Frontabschnitte weiterhin verstärkt.

Im einzelnen:

2. Pz.Armee:

Während der Feind zwischen Drau und Mur nur einzelne Aufkl. Vorstöße führte und sich an der Mur-Front ruhig verhielt, setzte er seine Angriffe gegen die Front des Kav.Korps fort und erzielte in wechselvollen Kämpfen Einbrüche bei Pölten und N Klöch. Kämpfe um einen weiteren btl.-starken Einbruch am Stradner Kg. noch im Gange.

6. Armee:

K.Gr.Wolf: Nach wechselvollen Kämpfen blieb Mühldorf in eigener Hand. Höhe 470 SO davon ging verloren.

IV. SS-Pz.K.: nach starken nächtlichen Feindangriffen ging der Brückenkopf Fehring bis auf die Brückenteile verloren. Feind drang aus seinem Brückenkopf Hohenbrugg nach N bis W Magland vor, gleichzeitig nahm er durch rgt.-starken Angriff Jennersdorf und erreichte im Vorstoß Grieselstein. Kp.-starker Vorstoß aus Mogersdorf nach N abgewiesen. Angriff der 3. Pz.Div. zur Wiederinbesitznahme von Heiligenkreuz im Gange.

III. Pz.K.: Örtliche Angriffe bei Gaas und Edlitz wurden abgewiesen, Moschendorf und Großbachselten zurückgewonnen. Angriff der 1. Pz.Div. erreichte den Raum N Olbendorf und W Oberdorf. Feindeinbruch in Rohrbach. Die Straße im Oberen Lafnitz-Tal wurde bei Reinberg und gegen Feindwiderstand in Bruck gesperrt. Feindangriff gegen Bruck im Gange. Gegner ist nach W über Waldbach mit Inf. und etwa 12 Geschützen vorgegangen, eine Feindgruppe ist zwischen Reinberg und Bruck eingeschlossen und sieht der Vernichtung entgegen.

Korpsgruppe Semmering: Feind ging durch das Otter[bach]-Tal in Rgt.-Stärke in Richtung Rettenegg vor. Durch eigenen Angriff am Fröschnitz-Sattel und bei Trattenbach wurde die Straße unterbrochen und eine Feind-Bttr. vernichtet. Feindvorstoß am Otter wurde abgewiesen.

6. Pz.Armee:

I. SS-Pz.K.: Eine Angriffsgruppe stieß überraschend auf Sieding vor, erbeutete mehrere Pak und hob einen Kp.-Gefechtsstand aus. Wiederholte btl.-starke Feindangriffe gegen Grünbach wurden abgewiesen. Rege feindl. Stoßtruppätigkeit gegen Hohe Wand. Im Abschnitt Berndorf-Pottenstein und N wurden mehrere bis btl.-starke Feindangriffe abgewiesen. 2 Panzer durch Nahkampfmittel vernichtet. 12. SS-Pz.Div. gewann im Angriff Höhen hart SO Raisenmarkt und das Höhengelände hart S und 1 km W Alland. 5 Feindpanzer vernichtet. Eigener Angriff entsetzte eine Kampfgruppe eines Alarm-Verbandes, die sich den ganzen Tag über gegen alle Feindangriffe NW Klausen-Leopoldsdorf gehalten hatte und steht z. Zt. noch im Kampf 1 km W der Ortschaft. Eine Frontlücke wurde geschlossen.

II. SS-Pz.K.: Starker Feind drückte eigene Sicherungskräfte aus Altlengbach und Mannersdorf nach W. Von S, O und NO gegen Brückenkopf Neulengbach angreifender Feind wurde unter Anspannung aller Kräfte abgewiesen und erlitt empfindliche Verluste: 6 Pak 7,62 vernichtet, 150 Feindtote. Gegen den über St. Christophen auf dem W-Ufer des Bachabschnittes nach N vorgehenden Feind Gegenstoß im Gange. Die zwischen Muckendorf und Brückenkopf Tulln bestehende Lücke ausnutzend, schob sich Feind, von einzelnen Panzern unterstützt, über Großgraben bis in den Raum Würmla vor. Nach Verlust von Nitzing griff Gegner mit 2 Rgt. und über 30 Pz. und 14 Stu.Gesch. hart N sw gegen den verengten Brückenkopf Tulln an und drückte ihn ein. Brücke 20,15 gesprengt. Einzelne Kampfgruppen noch auf dem S-Ufer. Sicherung des N-Ufers durch Alarmtruppen und Trosse der unterstellten Div. eingeleitet. In den heutigen erbitterten Kämpfen wurden mindestens 35 Feindpanzer, zumeist im Nahkampf, abgeschossen.

Verteidigungsbereich Wien: Feind mit über 40 Panzern aus Kierling in Klosterneuburg eingedrungen. Bisher 5 Panzer abgeschossen. Von dort auf breiter Front angreifend, stieß er beiderseits des Kahlenberges über Leopoldsberg, Grinzing und Sievering tief in das Stadtgebiet vor und konnte erst am Franz-Josefs-Bahnhof in Gegend des Donau-Kanals zum Stehen gebracht werden. Bei Nußdorf übergesetzter Feind wurde zurückgeschlagen. Seit Morgengrauen erhebliche Angriffe gegen ganze Front der 2. SS-Pz.Div. In der schwachen W-Front O Mariabrunn, bei St. Veit und Mauer erzielte der Feind in den Nachmittagsstunden tiefe Einbrüche. Kämpfe noch im vollen Gange. In schweren, wechselvollen Kämpfen wurden Mitte Kalksburg, Perchtoldsdorf und W-Rand Inzersdorf gehalten. Verluste auf beiden Seiten erheblich. 5 Feindpanzer abgeschossen, davon 2 im Nahkampf. Starkem Panzerfeind gelang es, durch Vorstoß aus Westbahnhof nach S und durch Angriff aus seinem im V. Bezirk gewonnenen Raum nach N die Div. abzuschnüren. Aus dem VII. Bezirk nach W geführter Angriff der gep. Teile der Führer-Gren.-Div. schlug gegen starken Inf.- und Panzerfeind beiderseits des Ostbahnhofs [wohl richtig: Westbahnhofs] nicht durch. Z. Zt. Gegenangriff nach SO im Zusammenwirken mit den aus Meidling nach NO angreifenden Teilen 2. SS-Pz.Div. zur Wiederherstellung der Verbindung im Gange.

3. SS-Pz.Div. stand den ganzen Tag über im schweren Häuser- und Straßenkampf. Im Gelände des Süd- und Ostbahnhofs, im Arsenal und Museumsgelände konnte der Gegner trotz Einsatz starker Panzerkräfte nur unwesentlich Gelände gewinnen. Mit zahlreichen Panzern aus der Simmeringer Heide und Freudenau nach NW angreifender Feind drückte zäh kämpfende eigene Teile auf Eisenbahn Simmering, Stadlau und S-Teil Freudenau zurück und drang entlang der Simmeringer Straße tief in den Stadtteil ein. In Wien meldet Truppe Teilnahme von Zivilisten mit roten Armbinden auf Seiten der Russen.

8. Armee:

XXXXIII. A.K.: Feind griff mit Schwerpunkt und mit starker Artl.-Unterstützung aus dem Raum Fischamend — Hainburg über die Donau nach N und aus dem Raum Theben-Neustadt nach W beiderseits an und konnte bis zum Abend über die Linie Schönau — Orth über Wagram — Loimersdorf — Groißenbrunn — Marchegg nach NW und W vordringen.

Pz.K."F.H.": Eigener Gegenangriff gegen Feindbrückenkopf W Brodské schlug nicht durch. Mehrere Feindangriffe im Raum S Holič im wesentlichen abgewiesen.

LXXII. A.K.: Feind drang in die eigene schwache HKL an mehreren Stellen tief ein. Myava ging verloren.

XXIX. A.K.: Anhaltender Feinddruck S Trenčín und N Deutsch-Proben.

Luftlage:

Starker feindl. Luftwaffeneinsatz im Raum Wien und über dem Marchfeld. Eigene Schlachtflieger unterstützten wirksam den Abwehrkampf der Truppe.

9. 4. 1945

Bei 2. Pz.Armee setzte der Feind seine Angriffe im Abschnitt zwischen Radkersburg und der Raab fort. Seine Versuche, in Richtung auf das Murtal durchzubrechen, blieben erfolglos. Bei 6. Armee verfolgte der Gegner das Ziel, die Armee von Süden und von Nordosten zu umfassen. Seine Angriffe aus dem Br.K. N der Raab wurden nach geringem Geländegewinn aufgefangen. Gegen die bis in den Raum bei und südlich St. Jakob vorgedrungene Angriffsspitze, wahrscheinlich eines schnellen Verbandes, sind Gegenangriffe im Gange. Bei 6. SS-Pz.Armee hat sich die Lage im Abschnitt ostw. St. Pölten durch Zuführung neuer Kräfte zunächst gefestigt. Mit Fortsetzung der feindlichen Durchbruchsversuche beiderseits Neulengbach in Richtung St. Pölten ist jedoch in Kürze zu rechnen. Der Schwerpunkt der Abwehrkämpfe lag in Wien, dessen Stadtkern der Feind mit starken Kräften konzentrisch angriff. Die vorübergehend in der südwestlichen Vorstadt eingeschlossene 2. SS-Pz.Div. „Das Reich" konnte sich nach NO zur Besatzung des Verteidigungsbereiches durchschlagen. Erbitterte Straßenkämpfe dauern an. N der Donau führte der Feind weitere Kräfte in seinen Br.K. zwischen Donau und March nach und konnte trotz zähen Widerstandes einige Kilometer Boden nach Nordwesten gewinnen. Für den 10. 4. ist mit verstärkter Fortsetzung des feindlichen Durchbruchangriffes unter Einsatz starker Panzerkräfte zu rechnen. Auch im feindlichen Br.K. Landshut deutet starkes Nachführen von Kräften auf Bildung eines Angriffsschwerpunktes in Richtung Lundenburg hin. Umgruppierung eigener Kräfte in diesem Abschnitt ist eingeleitet. Vor Mitte und linkem Flügel der Armee hielt der Druck des Feindes mit Schwerpunkten S Holič, bei Myava und bei Trenčin an. Einzelne Einbrüche wurden abgeriegelt.

Im einzelnen:

2. Pz.Armee:

Bei LXVIII. A.K. wurden zwischen Drau und Mur kp. bis btl.starke, von einzelnen Panzern unterstützte Feindangriffe unter Abschuß von 2 Panzern abgewiesen.

Bei XXII. Geb.A.K. kam es zu keinen besonderen Kampfhandlungen. Bei I. Kav.Korps setzte der Feind seine btl. bis rgt.starken Angriffe mit Schwerpunkt in dem unübersichtlichen Waldgelände des Stradner Kg. fort. Er konnte Klöch nehmen. Ein Angriff aus Klöch heraus nach SW wurde aber abgewiesen. Weiter N setzte der Feind sich durch Versagen der Ukr. Bataillone der 14. SS-Gren.Div. in etwa 5 km Breite in den Besitz des Höhenkammes 607 und SW. Die 3. K.D. wurde zum Gegenangriff angesetzt.

6. Armee:

Bei K.Gr.Wolf keine besonderen Kampfhandlungen.

Bei IV. SS-Pz.Korps konnte der Feind W. Brunn einen Br.K. über die Raab bilden, nach wechselvollen Kämpfen Johnsdorf nehmen und bis zur Höhe 365 vorstoßen. Die Einbruchsstelle wurde abgeriegelt. Gegenangriff zur Bereinigung des Einbruches ist angesetzt. Ferner konnte der Feind aus dem Br.K. Hohenbrugg — Jennersdorf nach W Raum gewinnen und Unterlamm sowie Magland nehmen.

Bei III. Pz.-Korps wurden örtliche Feindangriffe W Oberdorf und W Rotenturm abgewiesen. Auf dem linken Flügel der Armee konnte der Feind die in Vorau stehende Kampfgruppe Motschmann auf Kreuzwirt zurückwerfen und mit vordersten Teilen die Straße Tafern [gemeint vielleicht: Safer] — Vorau erreichen. Das in Kreuzwirt eingetroffene Btl. I/113 der 1. Pz.Div. ist zum Angriff gegen den dortigen Feind angesetzt.

Bei Gruppe Semmering griff der Feind den im Schwarza-Tal stehenden linken Flügel der Kampfgruppe an. Die Lage in Reichenau ist unklar. Gegenangriff von S ist angesetzt.

6. Pz.Armee:

Bei I. SS-Pz.Korps schlug die Kampfgruppe Keitel kp.starken Feindvorstoß gegen die Wegegabel 3 km südostwärts Puchberg und gegen Grünbach ab. Im Abschnitt der 356. I.D. ging durch btl.starken Feindangriff die „Hohe Wand" verloren. Weiter N konnte der Feind im Abschnitt der K.Gr. 12. SS-Pz.Div., von Panzern unterstützt, Schwarzensee nehmen, während ein eigener Angriff die HKL. zwischen Alland und Klausen-Leopoldsdorf weiter vordrückte und festigte. Bei Gruppe Staudinger wurde der rechte Flügel auf die Höhen S und W Hochstraße durch eigenen Angriff vorgedrückt. In den Abschnitt zwischen Altlengbach und Tulln führte der Feind Verstärkungen aller Art nach und griff im Raum Neulengbach den ganzen Tag über an. Die Angriffe wurden jedoch abgewiesen und Einbrüche durch Gegenangriffe wieder bereinigt. Mit in Moosbierbaum eingedrungenen Feindkräften waren am Abend Kämpfe noch im Gange. Aus dem Br.K. Tulln, der am 8. 4. abends nach schweren Kämpfen, bei denen 35 Feindpanzer meist im Nahkampf abgeschossen wurden, verlorengegangen war, wurden heute die letzten Kampfgruppen nach Sprengung der Brücke auf das N-Ufer der Donau zurückgenommen.

Bei II. SS-Pz.Korps übernahm der Sperrverband Volkmann die Sicherung des N-Ufers der Donau zwischen Kollersdorf und Langenzersdorf. In Wien (Ortsangabe nach dem Stadtplan) wurden weitere Stadtteile von den Russen genommen. Im N-Teil der Stadt faßte der Feind auf der Nordstraße der kleinen Donauinsel [= Nußdorfer Spitz] Fuß, wurde aber von der Kampfgruppe 2. SS-Pz.Div. zwischen Schiffsbautechnischer Versuchsanstalt und Kanal zum Stehen gebracht. Diese wies auch einen von 19 Panzern unterstützten Feindangriff gegen den Franz-Josefs-Bahnhof ab. Im Westteil der Stadt schlug die „Führ. Gren.Div." mehrere von Panzerrudeln unterstützte btl. starke Feindangriffe beiderseits des Westbahnhofs unter Abschuß von 4 Panzern ab. Die Stadtteile W des Gürtels gingen verloren. Im Südteil der Stadt griff der Feind wiederholt aus dem Süd- und Ostbahnhofsgelände sowie aus dem Arsenalgelände heraus mit starken Kräften nach N an, wurde aber auch heute, ohne wesentlichen Geländegewinn zu erzielen, von der Kampfgruppe 3. SS-Pz.Div. blutig abgewiesen. Nur W des Südbahnhofs konnte er in den Abendstunden im Abschnitt eines Volkssturmbataillons und einer Alarmeinheit einen tiefen Einbruch erzielen und in den Rücken der Division bis in die Gegend der Erziehungsanstalt und der Wiener Verkehrsbetriebe vorstoßen. Die Kämpfe waren dort am Abend noch im vollen Gange. Weiter ostwärts führte der Feind gegen die Front der 6. Pz.Division den ganzen Tag über von zahlreichen Schlachtfliegern unterstützte heftige Angriffe. Gegenüber den überlegenen Feindkräften konnte die Division ein Eindringen des Feindes in den unteren Prater und ein Zurückdrücken ihres rechten Flügels bis Erdberger Mais nicht verhindern. Bei den Kämpfen wurden mehrere Feindpanzer im Nahkampf abgeschossen. Der am 8. 4. bei Fischamend Markt über die Donau gesetzte Feind konnte heute im raschen Vorstoß nach N und NW Mühlleiten nehmen. In der unteren Lobau schwache eigene Kräfte zwischen Donau und Großenzersdorf. Die 3 Eisenbahnbrücken über die Donau wurden gesprengt.

8. Armee:

*Bei XXXXIII. A.K. griff der Feind in den frühen Morgenstunden die neu bezogene Stellung an und erzielte einen Einbruch in Leopoldsdorf und Untersiebenbrunn. Ferner konnte er einen Einbruch im Raum Schönfeld nach W ausweiten und die Front in Richtung Oberweiden aufrollen. Ebenso gelang ihm die Ausweitung eines Einbruches N Oberweiden bis Stripling und Zwerndorf. Btl.starke Feindangriffe gegen die Front der 211. V.G.Div. wurden abgewiesen.

Bei Pz.Korps „F.H." scheiterten btl.starke Feindangriffe aus dem Br.K. Hohenau. Dagegen gelang es dem Feind nach Zuführung von Kräften die Erweiterung seines Br.K. vor Landshut nach S bis in den Raum 6 km SW Landshut und nach N bis an den Ostrand Týnec. Wiederholte btl. starke Feindangriffe gegen Landshut, Tvordonice und Týnec und im Raum Holíč aus Radimov heraus sowie im Raum Stinkenstein und Klein-Nußdorf hatten keinen Erfolg.

Bei LXXII. A.K. gelang es dem Feind unter Einsatz massierter Kräfte, im Raum Myava — St. Turá die Front aufzureißen, die dort eingesetzten eigenen Kräfte zu zersprengen und tiefe Einbrüche zu erzielen. Schwache eigene zusammengeraffte Kräfte konnten den feindlichen Vorstoß S der Höhen 632, 618, 742 und 538 sowie am Südrand Suchov auffangen.

Bei XXIX. A.K. durchstieß der Feind die schwachen Sicherungen am rechten Flügel und konnte von Krivoszud nach NW über die Waag setzen, Melčice nehmen und auf der Straße nach NO bis Velčice(?) vorstoßen. S Trenčin arbeitete sich der Feind bis an den Südrand Trenčins hin (sic!) und stieß nordostwärts davon bis zum Südrand Kubra vor. Feind nahm unter Umgehung der eigenen Sicherungen NW Trenč.Teplice Kolačin. Ostwärts Valaská — Belá und ostwärts Gajdel stießen Feindkräfte nach N vor.

Luftlage:
Rege beiderseitige Fliegertätigkeit.

10. 4. 1945

Zwischen Radkersburg und der Raab sowie aus seinen B.Köpfen nördl. der Raab setzte der Feind seine Angriffe nach W bezw. N fort und konnte an mehreren Stellen in das HKF einbrechen, ohne jedoch zum angestrebten Durchstoß zu kommen. Lebhafte Bewegungen von SO nach NW und Fahrzeugansammlungen deuten auf eine fdl. Kräfteverschiebung vor dem linken Flügel der 6. Armee hin. Ein eigener Angriff warf den Gegner aus seinem Einbruchsraum südl. des Semmering-Massivs nach NO zurück. Bei 6. Pz. Armee blieben stärkere Feindangriffe gegen den rechten Armeeflügel im Zuge der Talstraßen erfolglos. Dagegen konnte der Gegner, beiderseits Neulengbach bis zu Rgt.-Stärke mit Panzern angreifend, mehrere tiefe Einbrüche erzielen. Kämpfe noch im Gange. In Wien wurden die eigenen Verbände in schweren Straßenkämpfen weiter zusammengedrängt. Sie wurden auf den Donau-Kanal zurückgeworfen. Gegen den nördl. der Donau in Richtung auf die Brücken vorstoßenden Feind wurden Teile der Führer-Gren.-Div. erfolgreich zur Abriegelung und zum Gegenangriff angesetzt. Die Abwehrschlacht im Donau-March-Winkel nahm an Heftigkeit zu. Es gelang dem Feind, die eigenen Kampfgruppen trotz zäher Gegenwehr unter Einsatz eines schnellen Korps weiter nach NW und N zurückzudrücken. Eigener Gegenangriff wird vorbereitet. An der March-Front wurden 2 kleine Feindbrückenköpfe bereinigt und der Br.Kopf Landshut eingeengt. Ostw. der March griff der Feind auch heute mit Schwerpunkt in den Abschnitten Holič und Trenčin an.

Im einzelnen:

2. Pz.Armee:

LXVIII. A.K.:
Während der Nacht und des ganzen Tages kp.- bis btl.-starke Feindangriffe mit Schwerpunkt gegen die Front ostw. Sv.Miklavž und beiderseits Strigova. Mehrere Einbrüche in harten Kämpfen bereinigt. Um einige örtl. Einbrüche im Abschnitt der Div. „Handschar" noch Kampf im Gange (Ausfall mehrerer deutscher Führer!). Nördl. Strigova hat Feind seinen Einbruch auf 2 km Breite erweitert und versucht mit Kräften in Stärke von mindestens 2 Btl., die eigene Front nach beiden Seiten aufzurollen. Eigener Gegenangriff im Gange.

XXII. Geb.A.K.:
Keine Kampfhandlungen.

Kav.Korps:
Im Abschnitt Korovci — Pölten 4 Feindeinbrüche, z. T. hervorgerufen durch Ausweichen von 2 ung. Btl., im Gegenangriff bereinigt. Südl. Klöch mehrere Angriffe abgewiesen. Nördl. Klöch heftige Kämpfe mit überlegenem Gegner. Pichla ging verloren. In heftigen Kämpfen und trotz mehrfacher Gegenangriffe von Teilen 4. und Masse 3. K.D. gelang es dem Feind, das gesamte Bergmassiv des Stradner Kg. zu nehmen. Ursache für diesen Geländeverlust liegt in dem Versagen der ukrainischen Verbände der 14. SS-Div., die im Kampf Ukrainer gegen Ukrainer nach härtesten Maßnahmen aufgefangen und zum Halten gebracht werden konnten. Aufbau neuer HKL unter Einsatz gesamter 3. K.D. und Teilen 4. K.D. zur Abstützung der ukrainischen Verbände in allg. Linie Frutten Süd — Dirnbach Ost — Bachabschnitt Gleichenberg Nord im Gange.

6. Armee:

K.Gr.Wolf:
Keine besonderen Kampfhandlungen.

IV. SS-Pz.K.:
Feind nahm durch Angriff aus seinem Br.Kopf Johnsdorf nach W Lödersdorf und drang darüber hinaus bis ostw. Raabau und 2 km nach N vor. Eigene Gegenangriffe mit schwachen Kräften sind angesetzt. Durch starke Angriffe aus dem Br.Kopf Hohenbrugg und Grieselstein ging eine Höhe am NO-Rand von Unterlamm und Höhe 355 nordostw. Rax verloren. Einbruchsstellen wurden notdürftig abgeriegelt. Heiligenkreuz wurde in den Mittagsstunden durch rgt.-starken Feind genommen. Ostw. Heiligenkreuz erzielte der Feind mit Unterstützung einiger Panzer mehrere tiefe Einbrüche. Er erreichte die Linie S-Rand Neuberg — Neustift — S-Rand Inzenhof. Der Einbruch konnte noch nicht abgeriegelt werden. Bei den schweren Kämpfen macht sich erneut der außerordentliche Munitionsmangel bemerkbar.

III. Pz.Korps:
Feindvorstöße gegen Lafnitz von O und SO blieben erfolglos. Durch Angriff der Gruppe Motschmann und des Pz.Gren.Rgt.113 der 1. Pz.Div. aus Raum Vorau wurde der Feind aus seinem Einbruchsraum zurückgeworfen. Gruppe Motschmann gewann die Höhe dicht westl. Reinberg, Teile des Rgt.113 SW-Rand von Bruck sowie Waldbach und Wenigzell.

Gruppe Semmering:
Gegen Trattenbach läuft ein eigener Angriff. Südl. Reichenau nahm der Feind durch btl.starken Angriff eine Höhe. Gegenmaßnahmen eingeleitet.

6. Pz.Armee:

I. SS.Pz.Korps:

Feind setzte mit überlegenen Kräften beiderseits des Sierning-Tales sowie gegen Grünbach seine Angriffe fort und konnte die stützpunktartig besetzte Sperrlinie 3 km südostw. Puchberg durchstoßen und bis hart südwestl. Puchberg Boden gewinnen. Schwacher Sperriegel zwischen Puchberg und Grünbach aufgebaut. Von O geführte btl.-starke Feindangriffe auf Höflein wurden abgewiesen. Feind umfaßte eigene Sicherungen bei Schrattenbach und konnte bis in Höhe hart südl. Grünbach vorstoßen. Hier neue Sicherungslinie im Aufbau. Eigene Gegenangriffe gegen Feindeinbrüche auf die Hohe Wand schlugen nicht durch. Nach Verstärkung seiner Stützpunkte griff Feind nach W an und konnte die Hohe Wand in Besitz nehmen. Gegen Feindeinbruch südwestl. Oberpiesting läuft z. Zt. aus Wopfing Gegenangriff. Feind griff erneut im Abschnitt Berndorf — Pottenstein und nördl. auf breiter Front nach NW an und errang einen Einbruch bis in Gegend Pöllau, Radling(?) und südostw. Fahrafeld, gegen den z. Zt. noch Gegenangriffe laufen. 12. SS-Pz.Div. gewann im Gegenangriff Groisbach und Höhe 1 km ostw. davon zurück und wies mehrere im ganzen Abschnitt geführte Vorstöße erfolgreich ab.

Gen.Kdo. Schulz griff Feind auf breiter Front zwischen Altlengbach und Donau, z. T. mit Pz.-Unterstützung, gegen die aus Alarm- und Versprengten-Einheiten aufgebaute Sicherungsfront bis in Kp.-Stärke an und erzielte vor allem entlang den Hauptstraßen nach St. Pölten mehrere tiefe Einbrüche, die durch Heranführung von Teilen des Sperrverbandes 710 und eines weiteren rasch vorgeworfenen Alarm-Btl. im wesentlichen wieder zusammenhängend in der allg. Linie Ollersbach — Würmla aufgebaut werden konnten. Durch zusammengefaßtes Feuer der Artillerie wurde eine stärkere Bereitstellung in Altlengbach wirkungsvoll bekämpft. Vermutlich stromaufwärts hinter dem Rücken des linken Flügels mit schwächeren Kräften vorgestoßener Feind wurde im Gegenstoß zurückgeworfen.

II. SS-Pz.Korps:

Lebhaftes fdl. Art.-Feuer auf Raum westl. [wohl richtig: nördlich] Klosterneuburg, vornehmlich auf Korneuburg und Raum südostw. davon. K.Gr.2. SS-Pz.Div. warf den am 9. 4. auf N-Spitze Donauinsel eingedrungenen Feind im Gegenangriff wieder zurück und wies gegen die W-Front geführte, von einzelnen Panzern unterstützte Angriffe erfolgreich ab. Während der Feind seinen Angriff im Abschnitt 3. SS-Pz.Div. vermutlich infolge seiner in den gestrigen erbittert geführten Häuserkämpfen erlittenen Verluste nicht wieder fortsetzte, griff er weiter mit starker Schlachtflieger-Unterstützung gegen den linken Flügel der K.Gr.6. Pz.Div. im unteren Prater-Gelände an. Nach Abwehr mehrerer Feindangriffe, wobei 4 Panzer im Nahkampf abgeschossen wurden, konnte Feind in den Nachmittagsstunden mit 10 Sherman einen tiefen Einbruch in die Gegend Blinden-Schule erzielen. Gegenangriff zur Vernichtung des durchgebrochenen Feindes z. Zt. noch im Gange. Durch rasches Heranführen freigemachter Teile der Führer-Gren.-Div. konnte der schnell in der Lobau vordringende Feind am N-Rand der Lobau hart südl. Großenzersdorf und westl. Deutsch Wagram zum Stehen gebracht werden. Eigener Gegenangriff drang gegen schweren Feindwiderstand bis in Mitte Deutsch Wagram vor. Durch Einsatz weiterer Teile der Div. konnte nordostw. Deutsch Wagram Verbindung zum linken Nachbarn hergestellt werden.

8. Armee:

XXXXIII. A.K.:

Feind griff mit überlegenen Inf.-Kräften, unterstützt von einzelnen Pz.-Gruppen, und mit starkem Schlacht-Flieger- und Art.-Einsatz aus seinem Br.Kopf im Donau-March-Winkel nach NO und N weiter an. Es gelang ihm, die schwache eigene Stützpunktlinie zu durchbrechen und Markgrafneusiedl, Deutsch Wagram, Straßhof, Gänserndorf, Prottes und Ollersdorf zu nehmen und durch das Waldgebiet nördl. Ollersdorf bis Ebenthal vorzudringen und von O her in Grub einzudringen. Rgt.-starke Angriffe gegen Großhofen und Schönkirchen wurden abgewiesen. Feind führte Kräfte aus der Linie Gänserndorf — Angern nach N vor. Btl.- und rgt.-starke Angriffe aus den Br.Köpfen südwestlich Dürnkrut scheiterten.

Pz.Korps „F.H.":

In schwungvollem Gegenangriff gelang es, die Br.Köpfe Drösing und Hohenau unter hohen Feindverlusten zu beseitigen. Angriff örtl. Reserven führte zur Einengung des Br.Kopfes südl. Landshut. Wiederholte btl.-starke Feindangriffe gegen Landshut wurden unter Abschuß von 4 Panzern, dabei 1 Joseph Stalin, abgewiesen. 4 btl.-starke Angriffe gegen Kostitz und Tvordonice[?] scheiterten. Nach Abwehr zweier btl.-starker Angriffe gelang Feind Einbruch in Kopčany, der abgeriegelt wurde. Überlegener Feind durchbrach Sicherungslinie der K.Gr.182. I.D., drang in Mokry Haj ein und stieß bis Skalica durch. Kämpfe noch im Gange. Lage ostw. und südostw. Mokry Haj ungeklärt.

470

LXXII. A.K.:
Kp.-starke Aufklärungsvorstöße entlang Straße Sobotište — Vrbovce und ostw. davon, nördl. Myava und gegen Viliky-Höhe wurden abgewiesen. Feind führte weitere Kräfte in den Raum Myava und schiebt sich an die HKL heran.

XXIX. A.K.:
Eigener Gegenangriff nahm Škodák und Chocholna[?]. Btl.-starke Angriffe von S gegen Dobra und aus Trenč. Teplice nach Trenč.Teplá abgewiesen. Eigener Gegenangriff gewann Höhe 494, 2 km nördl. Trenč.Teplice und führte zur Einschließung schwächerer fdl. Kräftegruppe hart nördl. davon. Kp.-starker Angriff von Missen nach NW und 2 btl.-starke Angriffe gegen Zliechov abgewehrt. 2 btl.-starke Angriffe entlang der Straße Gajdel — Fačkov abgewiesen.

Luftlage:

Einsatz fdl. Luftwaffe vor allem bei 8. Armee. Eigene Luftwaffe ebenfalls mit Schwerpunkt bei 8. Armee eingesetzt (insgesamt 280 Einsätze). Erfolgsmeldungen stehen noch aus. Am gestrigen Tag insgesamt 260 Einsätze, 6 Feindflugzeuge abgeschossen sowie 65 Kfz. und 4 Flak-Bttr. vernichtet.

11. 4. 1945

Bei 2. Pz.Armee setzte der Feind mit zusammengefaßten Inf.-Kräften seine Angriffe mit Schwerpunkt im Abschnitt Pölten — Gleichenberg fort. Durch kampfloses Ausweichen eines fremdländischen Freiwilligenverbandes gelangen dem Gegner tiefe Einbrüche, um deren Abriegelung noch gekämpft wird.

N Heiligenkreuz erzielte der Feind einen örtlichen Einbruch. Bei 6. SS-Pz.Armee wurden panzerunterstützte Angriffe im Zuge der Straßen nach St. Pölten aufgefangen. Stärkere Feindbewegungen im Raum SW Tulln. Zuführung eines Pz. Korps von S und die beginnende Umgruppierung der 6. Gde.Pz.Armee deuten auf Bildung eines starken Angriffsschwerpunktes hin, dem sowohl beiderseits St. Pölten wie auch N der Donau nur unzureichende Kräfte entgegengestellt werden können. Starke Angriffe der 4. Gde. Armee gegen den Abschnitt S der Donau des Verteidigungsbereichs Wien wurden im wesentlichen abgewehrt. Im Donau-March-Winkel greift der Feind nunmehr mit rund 20 Schtz.-Div. und 2 schn.Korps nach NW und N gegen 5 z. T. stark zusammengeschmolzene eigene Verbände an. Tiefe Einbrüche konnten nicht verhindert werden. Die aus dem Feindbrückenkopf SO Lundenburg von der Armee Plijew geführten starken Angriffe wurden in harten Kämpfen unter geringem Geländeverlust abgewehrt. Mit einer weiteren Verstärkung der Feindkräfte N der Donau muß gerechnet werden. Ziel des Feindes ist der Durchbruch nach NW über die Linie Brünn — Znaim.

Im einzelnen:

2. Pz.Armee:

LXVIII. A.K.: Feindeinbrüche N Kog und NO Strigova bisher nicht beseitigt. Schwere Kämpfe im neuen Einbruchsraum bei Höhe 339 (SW Robadje) im Gange.

XXII. Geb.A.K.: Keine Kampfhandlungen.

Kav.Korps: Zwischen Pölten und Gleichenberg erzielte Feind mit btl.- bis rgt.-starken Angriffen mehrere Einbrüche, die durch sofortige Gegenangriffe zunächst bereinigt wurden. Bei erneuten Angriffen gelang dem Feind die Wegnahme von Größing, Stainz (Ort 600 m S Dirnbach) und Trautmannsdorf. Durch Feindvorstoß von Trautmannsdorf nach N bahnt sich Umfassung des noch W und N Bad Gleichenberg haltenden linken Flügels der 14. SS-Pz.Div. und damit unmittelbare Bedrohung der Raab-Enge bei Feldbach an. Maßnahmen zur Schaffung neuer Reserven und weiterer Schwächung der Mur-Front und des Abschnitts N und NO Radkersburg, trotz sich auch hier abzeichnender Angriffsvorbereitungen, eingeleitet. Auswirkungen nicht vor 12. 4. nachmittags.

6. Armee:

K.Gr.Wolf: Keine Kampfhandlungen.

IV. SS-Pz.K.: Feindvorstoß mit Panzerunterstützung aus Raum Heiligenkreuz nach N und NW drang über Gerersdorf bis Sulz vor. Weitere Angriffsspitzen 2 km SW Güssing und am SW-Rand von Großmürbisch aufgefangen. Angriff der K.Gr.1. Pz.Div. zur Einengung des Einbruchsraumes schlug gegen zähen Feindwiderstand nicht durch.

III. Pz.K.: Kp.-starke Feindvorstöße O Kemeten scheiterten. Feind drang in dem Waldgelände O Mkt. Allhau an Straße Oberwart — Mkt.Allhau vor. Gegenangriff zur Wiederinbesitznahme der Höhe 507 NO Neustift angelaufen.

K.Gr.Semmering: Hinter dem Feind bei Pkt. 600 W Schottwien HKL durch Angriff geschlossen.

6. Pz.Armee:

I. SS-Pz.K.: Höhen 2 km S und SW Puchberg gingen erneut verloren. Kampfstarke Stoßtrupps des Feindes drangen bis hart S Puchberg vor. Gegenstoß angesetzt. Hohe Wand mit Höhe 905 im wesentlichen wiedergewonnen. Angriff gegen Feindstützpunkte im S-Teil des Gebirges schlug nicht durch. Bis O Dürnbach vorgedrungener Feindspähtrupp zurückgeworfen. Gegen den erneut bei Wopfing eingebrochenen Feind Gegenangriff im Gange. Eigene Artl. wurde erstmalig von feindl. Artl. bekämpft. Feuer schwerer Waffen.

Gen.Kdo.Schulz: Feindl. Aufklärung mit Schwerpunkt beiderseits der Straße Neulengbach, Böheimkirchen. Kp.-starke Feindvorstöße wurden abgewiesen. Starke Bewegungen im feindl. HKF deuten auf Heranführen und Umgruppierung von Feindkräften hin.

II. SS-Pz.K.: Im Abschnitt der 2. und 3. SS-Pz.Div. laufend Feindvorstöße und Angriffe unter Einsatz von Nebel. Einbrüche an der Brigittenauerbrücke und Augartenbrücke im Gegenstoß bereinigt. Z. Zt. läuft Feindangriff aus dem Raum N Franz-Josefs-Bahnhof. 6. Pz.Div. konnte heftige Feindangriffe entlang der Hauptstraße und des Handelskais nach N gegen Reichsbrücke unter beiderseitigen empfindlichen Verlusten abwehren. Nachmittags landete der Gegner unter Einsatz von Kanonenbooten 1 km O und SO der Reichsbrücke auf dem S-Ufer der Donau im Rücken der Front. Gleichzeitig starke Panzerangriffe gegen das Messegelände. Die Kämpfe um die aufgerissene Front sind noch im Gange. Unter Einsatz aller Reserven Feindeinbruch am N-Ufer der Donau am Kaisermühlendamm abgeriegelt. Von O angreifende rgt.-starke feindl. Kampfgruppen, die von je 20 Pz. unterstützt wurden, nahmen in den Abendstunden Pysdorf und Aderklaa. In den heftigen Kämpfen des heutigen Tages wurden nach vorliegenden Meldungen 25 Pz. abgeschossen. Nach letzten Meldungen soll Feind aus Raum O Seyring bis Eibesbrunn vorgestoßen sein.

8. Armee:

XXXXIII. A.K.: Btl.-starker Angriff an Straße Deutsch Wagram, Bockfließ und schwächere Angriffe O davon wurden abgewiesen. Kp.- bis btl.-starke Angriffe beiderseits Straße Schönkirchen, Reyersdorf abgewiesen. Zweimalige Angriffe und Einbruch in Matzen im Gegenstoß bereinigt. Im Waldgebiet NO des Ortes Bereitstellung in Stärke von 300 bis 400 Mann. Angriff 25. Pz.Div. gewann Prottes, konnte jedoch gegen heftige Feindabwehr weitergestecktes Ziel nicht erreichen. Feindvorstoß mit 12 Panzern nahm Hohenruppersdorf, Martinsdorf und Gaweinstal. Eigener Gegenangriff mit Sturmgeschützen und Artl. in direktem Beschuß warf Gegner auf Hohenruppersdorf zurück. Eigener Angriff von Großschweinbarth nach N gewann Höhe 264.

Pz.K. „F.H.": Landshut ging gegen starken Inf.-Feind, unterstützt von Panzern und Schlachtfliegern, verloren. Im Kampfgebiet der Thaya-Niederung erzielte Gegner geringen Geländegewinn. Hier 6 Div. festgestellt. SO Göding Angriff in unbekannter Stärke abgewiesen. LXXII. A.K.: N-Teil Skalica und eine Höhe hart N des Ortes vom Feind genommen. Rgt.-starke Angriffe SO Sudoměřice abgewiesen. Ein geringer Einbruch abgeriegelt. W Vrbovce btl.-starker Feindangriff abgewehrt. Eigenes Angriffsunternehmen S Höhe 632 brachte 90 Gefangene ein.

Luftlage:

Feindl. Jagd- und Schlachtfliegertätigkeit mit Schwerpunkt im Raum NO Wien, mit Teilkräften gegen St. Pölten. Eigene Luftwaffe führte erfolgreiche Angriffe mit Jagd-, Schlacht- und Bombenflugzeugen mit Schwerpunkt im Abschnitt 6. Pz.Armee und 8. Armee. Gute Trefferlage in Fahrzeugansammlungen und Bereitstellungen. Abschüsse mehrere Panzer und Sturmgeschütze wurden erzielt.

12. 4. 1945

Nördl. der Mur griff der Feind mit zusammengefaßten Inf.-Kräften an mehreren Stellen an und drängte die eigene Front auf den Abschnitt beiderseits Straden zurück. Umgruppierung von Kräften zum Gegenangriff gegen den Einbruchsraum Trautmannsdorf im Gange.

Bei 6. Armee verliefen die zur Freimachung von Kräften eingeleiteten Bewegungen im Abschnitt der 3.

Pz.Div. und 1. V.Geb.Div. planmäßig. In den fdl. Br.-Köpfen nördl. der Raab örtl. Abwehrkämpfe.

Im Abschnitt der 6. Pz.Armee griff der Feind bei Fortsetzung seiner Angriffe im Abschnitt des I. SS-Pz.Korps mit Schwerpunkt ostw. St. Pölten und gegen den Br.Kopf Wien an. Ostw. St. Pölten erzielte er einen mehrere Kilometer tiefen Einbruch, dessen Abriegelung noch nicht abgeschlossen ist. Mit Verstärkung der Feindangriffe in diesem Abschnitt mit dem Ziel eines Durchbruchs nach W ist zu rechnen. In dem Br.Kopf Wien brach der Feind ebenfalls an mehreren Stellen tief ein, zerriß den Zusammenhang der Abwehrfront und steht kurz vor der nicht zur Zerstörung vorbereiteten Reichsbrücke.

Nördl. der Donau hat sich die Lage zwischen Donau und March sowie im Abschnitt Göding weiter verschärft. Tiefe Feindeinbrüche nach NW und N gefährden den Zusammenhang zwischen 6. Pz.Armee und 8. Armee und erreichten den Raum von Zistersdorf. Gegenangriffe gegen die Flanken des eingebrochenen Feindes sind an mehreren Stellen im Gange. Bei Göding konnte der Feind unter Zusammenfassung seiner Kräfte zwei Br.-Köpfe auf dem W-Ufer der March bilden.

Im einzelnen:

2. Pz.Armee:

LXVIII. A.K..
Mehrere Feindvorstöße in Zug- bis Kp.-Stärke mit Schwerpunkt im linken Abschnitt abgewiesen. Gegenangriff zur Bereinigung des Feindeinbruchs nördl. Kog schlug nicht durch. Abriegelung durchgeführt.

XXII. Geb.A.K.:
An Mur-Front Ruhe. Die durch Abziehen von Kräften am linken Flügel geschwächte Front wurde vom Feind unter Halten eines Br.Kopfes bei Radkersburg hinter die Mur zurückgedrängt.

Kav.Korps:
Nach Herauslösung 4. Kav.Div., die im Laufe des Tages im Raum Gnas bereitgestellt wurde, griff der Feind mit starken Kräften an und durchbrach die HKL insbesondere im Abschnitt der K.Gr.„H.u.D." an mehreren Stellen. In heftigen Waldkämpfen wurde der Feind zwischen Purkla und Gleichenberg aufgefangen. Nachstoßender Feind erzielte hier mehrere Einbrüche, insbesondere in Straden, die abgeriegelt werden konnten. Einbruchsraum Trautmannsdorf wurde im Gegenangriff eingeengt.

6. Armee:

IV. SS-Pz.Korps:
Nordwestl. Magland griff der Feind nach O, N und NO jeweils in Btl.-Stärke an und konnte dabei nur im Angriff nach NO eine Höhe nehmen und 1 km Boden gewinnen. Gegen einen örtl. Einbruch westl. Kukmirn Gegenangriff eingeleitet.

III. Pz.Korps:
Örtl. Feindeinbruch ostw. Mkt. Allhau abgeriegelt. Mönichwald wurde durch Angriff des SS-Pol. Rgt. 13 wiedergewonnen.

Gruppe Semmering: Keine besonderen Ereignisse.

6. Pz.Armee:

I. SS-Pz.Korps:
Im Abschnitt Puchberg mehrere bis zu Kp.-starke geführte fdl. Vorstöße abgewiesen. Hohe Wand bis auf 2 fdl. Stützpunkte in eigener Hand. Bis in Gegend Waldegg durchgesickerter Feind geworfen und Feindvorstoß auf Wopfing abgeschlagen. Beiderseits Berndorf in Rgt.-Stärke auf Straße Pottenstein, Pernitz durchgestoßener Feind bei Waxeneck und auf Höhe 2 km nordwestl. Pöllau aufgefangen. Eigene Gegenmaßnahmen zur Bereinigung des Einbruchs im Gange. Feindangriff auf breiter Front mit Schwerpunkt beiderseits Alland — Klausen-Leopoldsdorf in Richtung SW warf eigene Stützpunkte auf die Linie Dörfl — nördl. Groß Hollerberg zurück.

Gen.Kdo.Schulz:
Feind sickerte im Laufe der vergangenen Nacht durch die stützpunktartige Sicherungslinie durch, faßte den rechten Flügel im Rücken und drückte ihn in das Waldgelände 2 km ostw. Hochgschaid — 1,5 km westl. Mannersdorf zurück. Eine Frontlücke wird z. Zt. geschlossen. Nach Zuführung weiterer Verstärkungen und nach stärkerer Art.- und Gr.W.-Feuervorbereitung erzielte Feind im Laufe des Nachmittags zwischen Ollersbach und Würmla einen tiefen Einbruch, der in Linie 2 km westl. Ollersbach — Winkling — Murstetten — hart nordwestl. Würmla abgeriegelt wurde. Die im Wald südl. Winkling bestehende Lücke z. Zt. durch Teile Pz.A.A. 3 geschlossen.

II. SS-Pz.A.K.:

Den ganzen Tag über laufende, mit starkem Art.- und rollendem Schl.-Flieger-Einsatz geführte konzentrische Feindangriffe gegen die Front Wien. Nach Abwehr mehrerer Feindangriffe und Bereinigung verschiedener Einbrüche konnte tiefer Feindvorstoß entlang der Wallenstein-Straße bis zum NW-Bahnhof und von SO entlang der Hauptallee über den Praterstern bis zum S-Rand des NW-Bahnhofs nicht verhindert werden. K.Gr. 3. SS-Pz.Div. z. Zt. eingeschlossen. In Messegelände und Volksprater halten die mit äußerster Erbitterung geführten wechselvollen Kämpfe an. Die Standhaftigkeit der hier kämpfenden Truppe vereitelte bei hohen eigenen Verlusten einen Durchbruch des Feindes auf breiter Front in Richtung Reichsbrücke. Bis gegen Mittag wurden am W-Ufer der Donau 1 km südl. der Reichsbrücke über 15 Feindpanzer vernichtet. Die hin und her wogenden Kämpfe halten noch an. Führer-Gren.Div. verhinderte den vom Feind erstrebten Durchstoß von O nach W und wies bis auf den Verlust von Seyring alle Feindangriffe ab. Über Großebersdorf verlängerter linker Flügel erstrebt Anschluß an linken Nachbarn.

8. Armee:

XXXXIII. A.K.:

Nachdem in den Morgenstunden dem Feind die Inbesitznahme von Pillichsdorf — Großengersdorf und Bockfließ gelungen war, konnte er in den Nachmittagsstunden Eibesbrunn nehmen und auf Großebersdorf vorstoßen. Einbruch in Wolkersdorf wurde bereinigt. In den Abendstunden erneuter Einbruch in den Ort. In den Wald nordostw. Wolkersdorf vorgedrungener Feind fühlte gegen Großschweinbarth von W her vor. Btl.-starker Angriff gegen Großschweinbarth zunächst abgewehrt. In den Nachmittagsstunden Kämpfe in der Ortschaft. 25. Pz.Div. nahm in hartem Kampf Hohenruppersdorf. Vorstoß auf Niedersulz zur Abschneidung und Vernichtung des Feindes im Raume Martinsdorf im Gange. Loidesthal ging gegen Angriff in unbekannter Stärke verloren. Angriff zur Wiederinbesitznahme von Eichhorn schlug nicht durch.

Pz.Korps „F.H.":

Rgt.-starker Feind nahm Niederabsdorf und Ringelsdorf. Gegen auf Hohenau vorgestoßenen Feind Gegenangriff im Gange. Feindeinbruch mit starker Schlachtflieger- und Art.-Unterstützung nordwestl. Landshut konnte abgeriegelt werden. 4 Panzer abgeschossen. Starke Zuführungen in den Br.Kopf erkannt. Gegenüber schwacher Sicherungslinie drang Feind in Göding ein, konnte Rohatec nehmen und brachte Kräfte in Stärke von 1 — 2 Rgt. auf das W-Ufer. Abriegelungsfront am S-Rand Doubrava-Wald im Aufbau.

LXXII. A.K.:

Btl.-starker Angriff, von starkem Art.-Feuer unterstützt, führte zu Feindeinbruch in Richtung auf Straßnitz. Abriegelungsfront aufgebaut.

Luftlage:

Starker fdl. Schlachtfliegereinsatz im Raum Wien und in den Schwerpunkträumen nördl. der Donau.
Eigene Jagd- und Schlachtflieger unterstützten 8. Armee in etwa 90 Einsätzen im Laufe des Vormittags. Am Nachmittag Wetterverschlechterung.

13. 4. 1945

Gegen den linken Flügel der 2. Pz.Armee setzte der Feind seine Angriffe bis zu Rgt.Stärke fort und wurde bis auf geringe örtliche Einbrüche abgewiesen.

In Abschnitt der 6. Armee wurde der Einbruchsraum um Magland gegen zähen Feindwiderstand durch Angriff eingeengt. Dagegen erzielte Feind N Fürstenfeld mit etwa 2 Div. einen breiten und tiefen Einbruch und stieß zwischen Bruck und dem Wechsel-Massiv unter Einsatz eines schnellen Korps tief nach W durch. Abriegelung des Einbruchsraumes N Fürstenfeld ist im Gange. S des Wechsel-Massivs wird ein Stoß in die Flanke der nach W durchgebrochenen Feindkräfte vorbereitet.

S der Donau trat der Gegner auf breiter Front mit starker Panzerunterstützung zum Angriff an und erzielte beiderseits des Perschling-Abschnittes einen Einbruch bis in das Waldgelände O St. Andrä. Mit Fortsetzung und Verstärkung des Durchbruchsversuches auf den Traisen-Abschnitt ist zu rechnen. Im Brückenkopf Wien ging in erbitterten Straßenkämpfen das Gelände SO der Reichsbrücke verloren. N der Donau setzte der Feind mit Schwerpunkten im Raum zwischen Donau und March sowie im Brückenkopf

SO Lundenburg seine Durchbruchsangriffe in Angriffsgruppen bis zu einer Stärke von 4 Div. fort. Trotz angespanntester Munitionslage, die hier, wie im gesamten H.Gr.-Bereich, die erfolgreiche Führung des Abwehrkampfes bedroht und für die Truppe eine zusätzliche starke Belastung bedeutet, konnte der vom Gegner angestrebte Durchbruch verhindert und der Zusammenhang der Front gewahrt werden. Der Feind wird am 14. 4. seinen Großangriff in bisherigen Stoßrichtungen fortsetzen.

Im einzelnen:

2. Pz.Armee:

Bei LXVIII. A.K. außer einzelnen erfolglosen Feindvorstößen keine Kampfhandlungen.

Bei XXII. Geb.A.K. an der Mur-Front Ruhe. Während der Nacht in Radkersburg in Btl.-Stärke eingedrungener Feind im Gegenangriff geworfen.

Im Abschnitt des Kav.Korps blieb Purkla nach vorübergehender Wiedernahme durch eigenen Gegenangriff in Feindeshand. Aus Purkla heraus in etwa Rgt.-Stärke mit Unterstützung von 10 Panzern angreifender Feind erzielte in SW Richtung einen Einbruch, der abgeriegelt ist. Den Einbruchsraum bei Straden konnte der Feind nach SW geringfügig erweitern, während seine Angriffe nach W und NW abgewiesen wurden. Der Angriff der 4. Kav.Div. zur Bereinigung des Einbruchsraumes bei Trautmannsdorf führte nach wechselvollen Kämpfen bei eigenen hohen Verlusten zur Gewinnung einer geschlossenen Front. Im übrigen wurden zahlreiche Feindangriffe abgewiesen.

6. Armee:

Bei IV. SS-Pz.K. wurden bei Rittschein und Königsdorf kp.- bis btl.-starke Feindangriffe abgewiesen. Der Angriff der K.Gr. 1. Pz.Div. aus dem Raum Loipersdorf erreichte gegen zähen Feindwiderstand den NO-Rand Magland und die Gegend 1 km O Oberlamm. Der Angriff war am Abend in weiterem langsamen Fortschreiten. W Zahling erzielte kp.- bis btl.-starker Feind einen örtlichen Einbruch. Eigener Gegenangriff zu seiner Bereinigung ist im Gange.

Bei III. Pz.K. trat der Feind im Abschnitt Kukmirn — Stegersbach mit 3 — 4 Rgt. und insgesamt etwa 20 Panzern zum Angriff an und erzielte einen 10 km breiten und 5 km tiefen Einbruch, der bisher nicht abgeriegelt werden konnte. Die eigene Kampfführung wurde durch Munitionsmangel sehr erschwert. Die Truppe mußte z. T. nach Verschuß der letzten Munition die Stellung aufgeben. Weiter N wurden bei Mkt. Allhau und O Wagendorf feindl. Aufkl.-Vorstöße abgewiesen. Im oberen Lafnitz-Tal stieß Feind, der in der Nacht vom 12./13. 4. Mönichwald und Waldbach genommen hatte, mit Inf. und einzelnen Panzern, Pak auf Sfl. und SPW weiter nach W vor, nahm Wenigzell und St. Jakob und war am Abend mit Inf. und einzelnen Panzern im weiteren Angriff auf Strallegg und im Vorgehen O Ratten. Im Raum Waldbach wurden bisher insgesamt 25 Feindpanzer festgestellt. Bei Gruppe Semmering SO Fröschnitz-Sattel eigener Angriff noch im Gange.

6. Pz.Armee:

Bei I. SS-Pz.K. wurden im Abschnitt der K.Gr.Keitel zug- bis kp.-starke Feindvorstöße abgewiesen. Im Abschnitt der 356. I.D. erweiterte der Feind nach weiterer Verstärkung seiner auf die Hohe Wand vorgedrungenen Kräfte seine Einbrüche nach S, W und NW. Der Kamm der Hohen Wand ging verloren. Die K.Gr. 1. SS-Pz.Div. war nach Festigung der eigenen Abriegelungsfront am Abend gegen den NW Berndorf bis zur Straße Pottenstein, Pernitz eingebrochenen Feind noch im fortschreitenden Angriff zur Wiederherstellung der alten HKL. Im Abschnitt der 12. SS-Pz.Div. wurden mehrere aus Linie Alland — Klausen-Leopoldsdorf nach SW vorgetragene kp.- bis btl.-starke Feindangriffe nach geringfügigen Anfangserfolgen abgeschlagen. Der in Rgt.-Stärke S Hochstraß durch das unübersichtliche Waldgelände nach S vorstoßende Feind nahm St. Corona. Hier sowie mit dem aus Neustift und N stark nach NW angreifenden Feind sind die Kämpfe noch im Gange.

Bei Gen.Kdo. Schulz konnte der zwischen W Neustift und Ollersbach auf breiter Front angreifende Feind in Linie Wegegabel 3 km SO Kasten — Kirchstetten zum Stehen gebracht und Kirchstetten im Gegenangriff wiedergewonnen werden. Zwischen Winkling und dem Perschling-Bachabschnitt erzielte der Feind, mit über 30 Panzern nach W angreifend, einen tiefen Einbruch. Der Einbruch wurde auf dem O-Ufer des Bachabschnittes zwischen Böheimkirchen und Kapelln abgeriegelt. Zur Schließung der NO Böheimkirchen bestehenden Frontlücke und Einengung des Einbruchsraumes läuft z. Zt. von S auf Winkling ein Angriff. N des Perschling-Baches konnte der Feind, dort ebenfalls mit über 30 Panzern und Sturmgeschützen angreifend, die dortigen Kräfte gegen die Straße 2 km S Sitzenberg zurückwerfen und beiderseits Gutenbrunn eine Lücke aufreißen, die z. Zt. durch die bei St. Andrä stehende Artl. und wie-dervorgeführte Kp. im Waldgelände O Andrä geschlossen wird. Trasdorf ging verloren.

Weitere Feindangriffe W Zwentendorf wurden abgewiesen.

Bei II. SS-Pz.Korps wurde an der Donau-Front Bereitstellung von Übersetzgerät bei Tulln durch zusammengefaßtes Feuer aller Waffen bekämpft. In Wien führte der Feind, von starker Artl. und rollenden Bomben- und Tiefangriffen unterstützt, konzentrische Angriffe gegen die Front der K.Gr. 2. SS-Pz.Div., 3. SS-Pz.Div. und 6. Pz.Div. Die Front wurde an mehreren Stellen tief durchstoßen. Die Restteile K.Gr. 2. SS-Pz.Div. kämpfen am S-Rand der Floridsdorfer Brücke. Die 6. Pz.Div. wur-de fast völlig aufgerieben. Zahlreiche Stützpunkte kämpfen noch unabhängig voneinander im Stadt-gebiet.

Auf dem O-Ufer der Donau wurde in Aspern und S Breitenlee eingebrochener Feind im Gegenstoß zurückgeworfen. Gegen Breitenlee, Süßenbrunn und Gerasdorf angreifender btl.- bis rgt.-starker Feind nach wechselvollem Kampf abgewiesen. Aus Raum Gr. Ebersdorf nach SW und W mit starken, von Panzern unterstützten Kräften angreifend, warf der Feind die eigenen Kräfte auf Hagenbrunn zurück. Gegenüber dem in Königsbrunn, Enzersfeld und im Waldgebiet O Seebarn eingedrungenen Feind ist eine neue Sicherungslinie auf der Höhenstufe W Hagenbrunn — W Enzersfeld im Aufbau.

8. Armee:

Bei XXXXIII. A.K. konnte der Feind Enzersfeld, Putzing und Münichsthal nehmen und stieß in den späten Nachmittagsstunden gegen Pfösing vor. Wirksame Bekämpfung in Bereitstellung befindlicher feindl. Verstärkungen wegen Mun.-Mangel nicht möglich. Kp.-starke Feindvorstöße gegen Ulrichskir-chen wurden abgewiesen und ein btl.starker Feindangriff über die Straße Eibesbrunn, Bad Pirawarth hart W der Straße O Traunfeld aufgefangen. Eigene schwache Sicherungen S und O Großschweinbarth wurden durch btl.-starken Feind nach W gegen Pirawarth zurückgedrängt und ein Feindangriff Richtung gegen Bad Pirawarth unter Abschuß von 5 Feindpanzern aus SO abgeschlagen.

Bei Pz.K. „F.H." wurden Feindangriffe in Btl.-Stärke aus dem Raum N Martinsdorf gegen Schrick und aus Niedersulz bis zur Ortsmitte Obersulz im Gegenstoß abgewiesen. Z. Zt. erneuter Angriff auf Obersulz im Gange. Ein btl.-starker Feindangriff gegen Gr.-Inzersdorf wurde zerschlagen und örtlicher Einbruch abgeriegelt. S Hohenau gewann der Feind gegen Dobermannsdorf trotz heftigen Widerstandes Boden. Hohenau wurde durch den Angriff einer gep. Gruppe zurückerobert. Im Raum Lundenburg konnte der Gegner trotz massierter Kräfte (nach V-Meldung 4 Div.) und trotz Unterstützung durch star-ke Schlachtfliegerkräfte und 22 Pz. keine wesentlichen Erfolge erzielen. Eigenen Kräften gelang es, den Angriff des Feindes nach geringen Anfangserfolgen unter Abschuß von 10 Panzern S der Bahnlinie Lun-denburg, Birnbaum aufzufangen. Ein btl.-starker Feindangriff gegen Miculčice wurde abgewiesen, ein Einbruch hart W Lužice abgeriegelt und ein weiterer btl.-starker Feindangriff NW Göding in den Wald bei Sandteich durch Gegenstoß einer Kp. zum Stehen gebracht.

Bei LXXII. A.K. wurde ein Feindangriff aus Rohatec nach W abgewiesen. S Rohatec vorgestoßener Feind konnte in das Waldgelände W Rohatec eindringen. Gegenstoß im Gange. Petrov und Zwolenan wurden in den frühen Morgenstunden durch btl.-starken Feind genommen. Ein Feindvorstoß aus Petrov nach W gegen Stražnice scheiterte. Ein Angriff aus dem Raum Tvarpžná — Lhota drang in Kněždub ein, konnte am N-Rand Kněždub aber abgeriegelt werden.

Luftlage:

Laufender feindl. Schlachtfliegereinsatz im Kampfraum Wien.

14. 4. 1945

Zwischen Drau und Mur sowie im Abschnitt Fürstenfeld wurden stärkere Feindangriffe abgewiesen. Südl. der Donau griff der Feind auch heute mit überlegenen, von Panzern unterstützten Kräften an und konnte bei Herzogenburg mit Infanterie den Traisen-Abschnitt überschreiten. Gegenangriffe zur Berei-nigung des Feindbrückenkopfes sind im Gange. Bei Korneuburg über die Donau gegangener Feind konn-te einen Br.Kopf bilden und diesen im Laufe des Tages verstärken. Die Reste der auf engen Raum zusam-mengedrängten Divisionen im Br.Kopf Wien wurden in schweren Kämpfen auf das O-Ufer des Flusses geworfen. Hart nördl. der Donau wurde der von O angreifende Feind zum Stehen gebracht. Im Abschnitt der 8. Armee gelang es der zäh haltenden Truppe, im Raum südwestl. und bei Zistersdorf alle

Feindangriffe im wesentlichen abzuwehren. Dagegen erzielte der Feind nordostw. Lundenburg und nördl. Göding tiefe Einbrüche, die noch nicht voll abgeriegelt werden konnten. Gegen den bei Lundenburg sich abzeichnenden Feinddurchbruch auf Brünn ist Gegenangriff mit einer zugeführten Pz.Div. in Vorbereitung.

Im einzelnen:

2. Pz.Armee:

LXVIII. A.K.:
Nach einstündiger, sehr starker Feuervorbereitung hat Feind gegen den Abschnitt Div. „Handschar" und 297. I.D. in mehreren Btl.- bis Rgt.-Gruppen, unterstützt von einzelnen Panzern, angegriffen. In sehr harten und beiderseits verlustreichen Kämpfen (auf einer Höhe 80 gezählte Feindtote) wechselten einzelne Höhen bis zu 6 Mal den Besitzer. Eigene Truppe, insbesondere auch Div. „Handschar", hat sich heute trotz vielfacher fdl. Materialüberlegenheit erneut hervorragend geschlagen. Gegen Abend war die HKL bis auf einen Einbruch ostw. Sv. Miklavž und nördl. Strigova fest in eigener Hand. Kämpfe halten an. 1 Feindpanzer abgeschossen.

XXII. Geb.A.K.:
Mur-Front ruhig. Gegen überlegenen Angriff von 1 bis 2 Rgt. und Eindringen fdl. Stoßtruppen in deutscher Uniform und Zivil durch Kanalisation bis in Stadtmitte Radkersburg hielt die tapfere Besatzung in schweren Häuserkämpfen immer noch den verengten Br.Kopf.

Kav.Korps:
Fdl. Einbruch beiderseits Purkla im Gegenangriff abgeriegelt. In übriger Front mehrere bis btl.-starke Feindangriffe unter Bereinigung bzw. Abriegelung einzelner Einbrüche abgewiesen. Am 13. 4. 3 Panzer abgeschossen.

6. Armee:

IV. SS-Pz.Korps:
Der Angriff der 1. Pz.Div. bei Magland und nördl. davon erzielte gegenüber zähem Feindwiderstand nur geringen Geländegewinn. Von einzelnen Panzern unterstützte, rgt.-starke Gegenangriffe aus Raum Grieselstein nach N in die Flanke der 1. Pz.Div. zwang zur Einstellung des eigenen Angriffs. Im Zuge der Straße Heiligenkreuz, Fürstenfeld und nördl. davon trat Feind in Rgt.-Stärke, von etwa 10 St.Gesch. unterstützt, zum Angriff an, brach ein und wurde am O-Rand Dobersdorf und nördl. davon zum Stehen gebracht.

III. Pz.Korps:
Ostw. Kaltenbrunn und ostw. Burgau wurden je btl.-starke Feindangriffe abgewiesen. Angriff des II./Jg.Rgt. 99 aus Deutsch Kaltenbrunn nach N zur Schließung der Frontlücke beiderseits Vogelberg ist im Gange. Nur mit etwa 200 Mann ostw. Wagendorf eingebrochener Feind wurde zum Stehen gebracht. Gegenangriff zur Bereinigung des Feindeinbruchs ist eingeleitet. Von Limbach und Reinberg trat Feind je in Btl.-Stärke zum Angriff nach W und S an, nahm Lebing (1,5 km s. Reinberg) und erreichte Straße Reinberg, Vorau 3 km ostsüdostw. Vorau. II./SS-Pol.Rgt. 13 ist zum Gegenangriff angetreten. Aus Friedberg wurde Feindzuführung von 1 Inf.-Rgt. und 1 Art.Abt. in den Raum Limbach beobachtet. Der Angriff des SS-Pol. Rgt. 13 erzielte nur geringen Geländegewinn und erreichte Bachgrund westl. Mönichwald. III./13 sperrt Straße Mönichwald, [Wald]bach durch Feuer. Am Nachmittag wurden Feindbewegungen aus Stralegg und Fischbach nach S beobachtet.

K.Gr.Oberst Raithel:
Am Vormittag wurde kp.- bis btl.-starker Feind, der auf die Schanz vorstieß, im Gegenangriff auf Fischbach zurückgeworfen und btl.-starker Feindangriff auf St. Kathrein abgewiesen.
Von 117. Jg.Div. wurden 2 Btl. nach Rettenegg vorgeführt.

6. Pz.Armee:

I. SS-Pz.Korps:
Feindangriff gegen ganze Front im Abschnitt Puchberg — Grünbach abgewiesen. Gegen südl. Grünbach eingesickerten Feind Gegenmaßnahmen im Gange. 356. I.D. gewann im Gegenangriff wichtige Stützpunkte auf dem Kamm der Hohen Wand wieder zurück. Angriff wird fortgesetzt. 1. SS-Pz.Div. bereinigte das Waldgelände westl. Pöllau von den durch eigenen Gegenangriff abgeschnittenen fdl. Kräften. Nach Wegnahme von Schwarzensee gelang es Feind, im weiteren Angriff bis an die Straße Neuhaus,

Nöstach vorzustoßen. Aus dem Raum westl. Neuhaus sofort eingesetzter Gegenangriff noch im Gange. Nördl. St. Corona gelang es dem Feind im Vorstoß nach W, südl. Schöpfl die Höhe hart ostw. der Straße Wöllersdorf, Hainfeld zu gewinnen. Neue Sicherungslinie mit schwachen Kräften beiderseits Brand-Laaben und Stössing aufgebaut.

Gen.Kdo.Schulz:

Unter Ausnutzung seines im Lauf der Nacht gelungenen Durchbruches auf den Traisen-Abschnitt beiderseits Herzogenburg griff Feind aus dem Raum Kapelln mit einer von starker Infanterie begleiteten Panzer-K.Gr. nach NW auf Herzogenburg und mit einer weiteren nach SW über Pottenbrunn in Richtung auf St. Pölten an. Er konnte die in diesem Abschnitt kämpfenden unorganischen Verbände trotz Einsatzes aller verfügbaren Kräfte zwischen St. Pölten und Traismauer auf das W-Ufer der Traisen zurückwerfen und einen Br.Kopf westl. Herzogenburg bilden.

Ein gleichzeitig beiderseits der Straße Böheimkirchen, St. Pölten geführter Feindangriff drückte die in diesem Abschnitt stehende K.Gr. in die allg. Linie nordostw. Pyhra — 3 km nordostw. St. Pölten zurück. Die eigenen von S und W, NW und N geführten Vorstöße zur Bereinigung des Feindbrückenkopfes Herzogenburg schlugen nicht durch. Vordrücken des rechten Flügels aus Gegend südl. Reichersdorf zur Schließung der zum rechten Nachbarn bestehenden Lücke z. Zt. noch im Gange. Schwache Feindteile sollen südl. Reichersdorf in das Waldgelände westl. davon eingesickert sein. Auf dem bei Traismauer befindlichen eigenen Br.Kopf lag starkes Feuer schwerer Waffen.

II. SS-Pz.Korps:

Gegen den auf das N-Ufer der Donau zwischen Bisamberg und Korneuburg übergesetzten, in Korneuburg eingedrungenen Feind konzentrischer Angriffe im Gange. K. Gr. 2. SS-Pz.Div. und 6.Pz.-Div. wiesen mehrere Versuche des Feindes, auf der Floridsdorfer Brücke und über die Reichsbrücke das N-Ufer der Donau zu gewinnen, erfolgreich ab. Laufende, seit 6.00 Uhr im Abschnitt Süßenbrunn bis zu Rgt.-Stärke geführte Feindangriffe wurden im wesentlichen abgewiesen. Ein Einbruch in Süßenbrunn im Gegenstoß bereinigt. Gegen den nordwestl. Stammersdorf und in Hagenbrunn eingebrochenen Feind läuft z. Zt. Gegenangriff. Manhartsbrunn und Höhe 354 gingen in den Abendstunden wieder verloren.

8. Armee:

XXXXIII. A.K.:

Mehrere bis btl.-starke Feindangriffe aus Manhartsbrunn und aus Pfösing heraus wurden abgewiesen. Von Panzern unterstützt, konnte Feind bis auf Höhenrücken Wolfpassing vorstoßen und gleichzeitig im Abschnitt der 101. Jg.Div. aus Kollnbrunn antretend, gegen Höhe 281 vorfühlen. Gaweinstal gegen rgt.-starken Feind verloren.

Pz.Korps „F.H.":

Feindangriff auf Schrick in Stärke von 2 Btl., unterstützt von 10 Pz., wurde durch Gegenangriff von Teilen der 25. Pz.Div. südostw. der Ortschaft aufgefangen. Angriff in Btl.-Stärke gegen N-Teil Obersulz abgewiesen. Einbrüche bei Groß-Inzersdorf sowie im Zuge der Bahn aus Eichhorn wurden von Teilen der 25. Pz.Div. bereinigt. Hohenau ging nach schweren Kämpfen verloren. Abriegelungsfront aufgebaut. Feindeinbruch in Lundenburg durch Gegenstoß bereinigt. Starke Bereitstellungen südostw. Lundenburg erkannt. Bei Feindangriffen nördl. Lundenburg 7 Panzer abgeschossen.

LXXII. A.K.:

Mit starken Inf.-Kräften, unterstützt von 8 — 10 Panzern, nahm Feind Žižkov, Prušánky und Josefov. Im Laufe des Nachmittags griff der Feind, von der stark angeschlagenen 711. I.D. nur wenig behindert, mit vordersten Teilen über die Straße Velké Bilovice, Čejkovice an und nahm Höhe 262 und Nový Podvorov. Schwache Abriegelungsfront im Aufbau.

Trotz des tiefen Feindeinbruches bei rechtem Nachbarn hielt 46. I.D. den rechten Flügel im Raum Unt. Bojanovice und verhinderte ostw. Nutienitz[?] einen Feindvorstoß nach W. Eigener Gegenangriff der Pi.-Kp. nahm Dubvany wieder. Feindvorstoß in Richtung Ratiškovice abgewehrt. Ostw. Stražnice wurde Feind in unbekannter Stärke abgewiesen.

Luftlage:

Schwerpunkt der fdl. Luftwaffe lag auch heute wieder im Raume Wien—Korneuburg. Verbände der Lfl. 4, dabei ung. Jagd- und Schlacht-Flieger, unterstützten schwerpunktmäßig Abwehrkampf am linken Flügel 6. Pz.Armee, mit Teilkräften am rechten Flügel 8. Armee in insgesamt 270 Einsätzen mit guter Wirkung. 7 Pz., 1 St.Gesch., 1 SPW, 30 Kfz. und 8 Gr.W. wurden vernichtet. Auf 16 weiteren Panzern und 2 St.Gesch. wurde gute Trefferlage erzielt. 6 Feindflugzeuge, davon 3 durch ung. Jäger, wurden abgeschossen.

15. 4. 1945

Bei 2. Pz.Armee beschränkte sich die Kampftätigkeit auf Feindangriffe mit örtlich zusammengefaßten Kräften, die S der Mur zu einem Einbruch führten.

Gegen den linken Flügel der Front an der Lafnitz griff der Feind in breiter Front an, versuchte die eigenen Stellungen von N her aufzurollen und wurde nach wenigen km Bodengewinn aufgefangen. Den eigenen Angriffen zur Verengung des Einbruchsraumes S St. Kathrein setzte der Feind zähen Widerstand entgegen.

Bei 6. Pz.Armee lag der Schwerpunkt der feindl. Angriffe im Traisen-Abschnitt zwischen Wilhelmsburg und der Donau. Mit den scharf zusammengefaßten Kräften eines Pz.Korps und eines Schtz.Korps konnte Feind in St. Pölten eindringen. Eigene Gegenstöße verhinderten die Versuche des Feindes, weiter nach W durchzustoßen. N der Donau drängte der Feind im Höhengelände SO Korneuburg, von stärkstem Feuer unterstützt, scharf nach. Panzeransammlungen S Korneuburg lassen einen Durchbruchsversuch in Richtung Stockerau vermuten. Bei 8. Armee führte der Feind zahlreiche Angriffe bis zu Rgt.-Stärke mit Schwerpunkt im Abschnitt Zistersdorf. Einbrüche wurden im wesentlichen bereinigt. Die Kämpfe im Stadtgebiet von Wien sind abgeschlossen. Ein mit weit überlegenen Inf.- und Panzerkräften anrennender Gegner wurde von den bereits seit Wochen in schweren Angriffs- und Abwehrkämpfen stehenden Verbänden der Waffen-SS und des Heeres tagelang gebunden und erlitt sehr hohe Verluste an Menschen und Material. Die in diesem Kampf auf sich allein gestellte Truppe, von Teilen der Zivilbevölkerung durch feindselige Haltung im Rücken bedroht, hat ihr Letztes gegeben und, um jedes Haus und jede Straße ringend, nach besten Kräften tapfer gekämpft und gehalten.

Im einzelnen:

2. Pz.Armee:

LXVIII. A.K.: Im rechten Abschnitt des Korps feindl. Aufklärungsvorstöße abgewiesen. Gegen 13. SS-Div. „Handschar" und 197. I.D. nahm der Feind, von starker Artl., Panzern und Sturmgesch. unterstützt, das beherrschende Höhengelände 339 und S und stieß bis über die Straße Hermanci, Strocja vas vor. Letzten Reserven der Korps gelang Zurücknahme einer Höhe. Schwere Kämpfe im Gange, Lage ungeklärt. Feindeinbrüche N Strigova abgeriegelt.

XXII. Geb.A.K.: Feind stieß in Radkersburg bis über die Mur-Brücke vor. Reste der heldenhaft kämpfenden SS-Ausb.Abt. 9 kämpften sich nach Sprengung der Brücke mit Floßsäcken auf das S-Ufer zurück.

Kav.Korps: Fortsetzung der Feindangriffe im Raum Purkla in etwa Rgt.-Stärke mit Panzerunterstützung. In den übrigen Abschnitten, mit Schwerpunkt im Raum Muggendorf, Feindeinbrüche bis zu Btl.-Stärke, die bereinigt bzw. abgeriegelt werden konnten. Weitere Zuführungen von Feindkräften im Raum Muggendorf lassen auf schwerpunktmäßige Fortsetzung des Feindangriffs in diesem Abschnitt schließen.

6. Armee:

IV. SS-Pz.K.: Aufkl.-Vorstöße bei Raabau, Hatzendorf und O Fürstenfeld in Kp.-Stärke abgewiesen. Btl.-starker Feind erzielte SO Fürstenfeld örtlichen Einbruch, der im Zuge der Bahnlinie abgeriegelt wurde. SPW-Btl.K.Gr. 3. Pz.Div. zum Gegenangriff angesetzt.

III. Pz.K.: Btl.-starker, von 5 Panzern unterstützter Feindangriff bei D. Kaltenbrunn über den Lafnitz-Grund nach W abgewiesen.

Im übrigen Abschnitt der 1. V.Geb.Div. Heranschieben des Feindes an die HKL mit Inf.- und schweren Waffen. Kp.-starke Feindvorstöße bei Burgau abgewiesen. Bei Wagendorf konnte Feind seinen Einbruch bis N-Rand Unterlungitz und die O-Ränder von Seibersdorf und Grafendorf erweitern. Eigener Gegenangriff stieß in erneuten Feindangriff von N auf Grafendorf. Bei SS-Ers.u.Ausb.Btl. Graz beiderseits Lafnitz Lage derzeit ungeklärt, Offz.-Spähtrupp angesetzt. Feind in Stärke von etwa 4 Rgt. trat im Abschnitt Bruck — Waldbach zu Angriff nach S an, warf SS-Pol.Rgt. 13 auf O- und N-Rand Vorau zurück, umging den linken Flügel der K.Gr. Krause und überschritt in Stärke von 2 Btl. Straße Vorau, Kreuzwirt. Kreuzwirt ging verloren. Vorderste Teile des Feindes erreichten Straßengabel 2 km S Kreuzwirt und O-Rand Miesenbach. In diesem Abschnitt starke Überlegenheit des Feindes mit schweren Waffen.

K.Gr.Semmering: Bei Fischbach kp.- bis btl.-starker Feindangriff abgewiesen. Teile 117. Jg.Div. nahmen, aus NW Richtung zum Angriff antretend, Landauer und stehen hart S Straßengabel 2,5 km SO St. Kathrein im Kampf mit Feind, der die Straße nach Falkenstein sperrt. Am Fröschnitz-Sattel, W Trattenbach und W Schottwien lebhafte Stoßtrupptätigkeit und verstärktes Artl.- und Gr.W.-Feuer.

6. Pz.Armee:

K.Gr.Keitel: Eigener Gegenangriff zur Wiedergewinnung des Höhengeländes SO Puchberg schlug nicht durch. Angriff im Abschnitt 356. I.D. zur Wiedergewinnung der Hohen Wand gewann im schwierigen Waldgelände wenig Boden. Der Angriff wird fortgesetzt.

Im Abschnitt K.Gr. 1. SS-Pz.Div. wird nach Wiedergewinnung der alten HKL im Abschnitt W Berndorf — Pottenstein das Gelände W Pottenstein von dort eingeschlossenen Feindkräften gesäubert. Aufklärungsvorstöße des Feindes im Abschnitt K.Gr. 12. SS-Pz.Div. scheiterten. Von Wilhelmsburg nach N in die Flanke des über die Eisenbahnlinie St. Pölten nach W vorgedrungenen Feindes geführter eigener Gegenangriff drang in St. Georgen ein. Der Ort ist fest in eigener Hand.

Gen.Kdo.Schulz: St. Pölten ging trotz erbitterter Gegenwehr und wiederholter Gegenstöße gegen aus Raum Pottenbrunn mit 2 Pz.Brig. und einer mot.Brig. nach SW vorstoßenden Feind verloren. Die Bahnlinie S davon konnte der Feind in breiter Front nach W überschreiten. Durch Einsatz aller verfügbaren Offz. wurden die in diesem Abschnitt eingesetzten Alarm- und Wach-Btl. wieder zum Angriff geführt und der Feind auf Linie Gattmannsdorf — Pummersdorf — Afing — Waitzendorf zurückgeworfen. Höhe 1 km SO Obermamau wechselte mehrfach den Besitzer und blieb am Abend schließlich in eigener Hand. Starke Feindangriffe zwischen Herzogenburg und Traismauer wurden auf den Höhen W des Traisen-Abschnittes zum Stehen gebracht.

Nußdorf und Hollenburg wurden im Gegenstoß zurückgewonnen.

II. SS-Pz.K.: Starke, von SO und O gegen Bisamberg und Enzersfeld nach W von zahlreichen Feindpanzern unterstützte Angriffe stießen wiederholt in die eigenen Bewegungen hinein. Durch zahlreiche Gegenstöße und wiederholte Gegenangriffe gelang Aufbau neuer HKL am O-Rand des Waldes W Korneuburg — S Tresdorf bis Mollmannsdorf.

8. Armee:

XXXXIII. A.K.: Feindangriffe gegen Manhartsbrunn, Schleinbach und Wolfpassing. Örtlicher Einbruch in Schleinbach bereinigt. Feindvorstoß in Btl.-Stärke von Gaweinstal nach NW entlang der Bahnlinie erreichte Bahnhof Atzelsdorf. Gegenstoß mit Sturmgeschütz im Gange.

Pz.K. „F.H.": Örtlicher Einbruch O Schrick bereinigt. Schwache, durchgesickerte Feindkräfte vermutlich im Waldgebiet N Obersulz. Feindeinbruch von Eichhorn nach W gegen Zistersdorf und W Hohenau gegen Hausbrunn in Bereinigung. Einbruch im S-Teil Rabensburg abgeriegelt. Kostel ging gegen überlegenen Feindangriff verloren. Mehrere Angriffe gegen Rakwitz abgewiesen, dabei 2 Panzer abgeschossen. Pawlowitz ging am späten Nachmittag durch Angriff von etwa 800 Mann und 15 Pz. verloren.

Luftlage:

Feindl. Fliegertätigkeit, teilweise behindert durch Schlechtwetterlage, mit Schwerpunkt im Kampfraum St. Pölten sowie bei Lundenburg und W durch Einsatz stärkerer Schlachtfliegerverbände.

Eigene Luftwaffe, durch Betriebsstofflage stark behindert (Ausfall eines Betriebsstoffzuges durch Luftangriff), unterstützte die Kämpfe mit Schwerpunkt im Raum St. Pölten und Lundenburg in insgesamt 180 Einsätzen.

16. 4. 1945

Südl. der Mur setzte der Feind seine Angriffe fort und konnte seinen Einbruchsraum bei erheblicher Materialüberlegenheit nach W und N erheblich erweitern. Gegenangriff mit von der Mur-Front herangeführten Kräften eingeleitet. Südl. des Semmering-Massives gewannen konzentrische Angriffe gegen den in den Vortagen tief nach W eingebrochenen Feind gegen zähen Widerstand Boden. Gegen die Front auf dem Semmering führte der Feind zahlreiche erfolglose Vorstöße. Südl. der Donau griff der Feind auch heute schwerpunktmäßig im Abschnitt nördl. Wilhelmsburg (hier Auftreten des XVIII. Pz.K.) und westl. Herzogenburg an, wurde bei Wilhelmsburg im wesentlichen abgewehrt und westl. Herzogenburg nach einem tiefen Einbruch wieder einige km nach O zurückgeworfen. Der Feind verlor bei den bisherigen Kämpfen beiderseits St. Pölten mindestens 30 Panzer. Nördl. der Donau trat der Feind nach heftiger Art.-Vorbereitung gegen den rechten Flügel der 8. Armee und beiderseits Zistersdorf erneut zu starken Angriffen an und erzielte südwestl. und nordostw. Zistersdorf Einbrüche, deren Abriegelung noch im Gange ist. Zuführung von Kräften aus dem Abschnitt der 6. Pz.Armee ist eingeleitet.

Im einzelnen:

2. Pz.Armee:

Zwischen Drau und Mur setzte der Feind gegen Mitte und linken Flügel des LXVIII. A.K. seine Angriffe fort und erzwang lediglich auf Grund seiner erheblichen Materialüberlegenheit gegenüber den tapfer kämpfenden, aber stark abgekämpften Div. „Handschar" und 297. I.D. geringe Ausweitung seines Einbruchsraumes Sv. Urban und Robadje nach N und W. Einbruchsraum nur stützpunktartig abgeriegelt. Gegenangriffe zusammengefaßter Reserven LXVIII. A.K. aus Raum Hermanci konnten vorübergehend Boden gewinnen, wurden aber durch fdl. Gegenangriffe wieder zurückgeworfen. Gegenangriff Jg.Rgt. 750 von N gewann in zähem Kampf Höhen 1 km nördl. und 339. Btl.-starke Angriffe mit Pz.-Unterstützung bei Vitan und westl. Gibina im Gegenstoß abgewiesen. Über die Mur-Front gesetzte fdl. Stoßtrupps wurden zerschlagen. Mur-Front ruhig. Im Abschnitt Kav. Korps auf Grund erfolgreicher eigener Abwehr Abflauen fdl. Angriffstätigkeit. Ostw. Karla blieben Höhen nach hin und her wogenden Waldkämpfen gegen btl.-starken Feind in Feindeshand. Eigener Gegenangriff angelaufen.

6. Armee:

IV. SS-Pz.Korps:

Bei Rittschein wurde von 4 Panzern unterstützter kp.- bis btl.-starker Feindangriff nach Verlust des Ortes durch eigenen Gegenstoß zum Stehen gebracht. Westl. Übersbach erzielte kp.-starker Feind geringfügigen Einbruch. Ostw. Altenmarkt wurde von 4 Panzern unterstützter kp.- bis btl.-starker Feindangriff unter Abschuß eines Feindpanzers abgewiesen.

III. Pz.Korps: Aus Unterlungitz erreichte St.Gesch. Brig. 303 Oberlungitz und Wagendorf und ist im weiteren Angriff nach N. Nach Abzug der St.Gesch. Brig. 303 aus Grafendorf brach der Feind von O in den Ort ein. 2 eigene Gegenstöße waren ohne Erfolg. Erneuter Gegenangriff im Zusammenwirken mit St.Gesch.Brig. 303 beabsichtigt. Das im Raum Vorau eingesetzte SS-Pol.Rgt. 13 wurde am Vortag und in der Nacht 15./16. 4. durch überlegenen Feind unter erheblichen eigenen Ausfällen und Verlust der Masse der schweren Waffen bis in Linie Masenberg — Tafern[?] zurückgeworfen. Nach Abwehr fdl. Angriffe aus SW und N auf Kreuzwirt trat 1. Pz.Div. mit Pz.Brig. 113 aus Kreuzwirt zum Angriff nach O und N an und erzielte gegen zähen Feindwiderstand in beiden Richtungen 1 — 2 km Geländegewinn. Die aus Birkfeld angreifenden Teile der K.Gr. Krause nahmen Strallegg und erreichten im Zuge der Straße Birkfeld, Falkenstein vorstoßend, Gegend Höhe 622.

Div.Gruppe 117. Jg.Div.: II. und III./Jg.Rgt. 737 und III./Rgt. 749 nahmen, aus Raum Landauer und ostw. davon nach S angreifend, in harten Kämpfen Falkenstein, gegen das der Feind nach letzter Meldung aus südl. Richtung, von 5 Panzern unterstützt, btl.-starken Gegenangriff führt. Rettenegg ging, nachdem es mehrfach den Besitzer gewechselt hatte, verloren.

K.Gr. Semmering meldet im gesamten Abschnitt verstärktes fdl.Gr.W.-, Pak- und Art.-Feuer und lebhafte Stoßtrupptätigkeit. Am Fröschnitz[sattel] und gegen Höhe 925 nordwestl. Klamm führte Feind zahlreiche kp.-starke, stoßtruppartige Angriffe, die z. T. im Gegenstoß abgewiesen wurden. Durch starkes Gr.W., Pak- und Art.-Feuer unterstützt, führte der Feind mehrere kp.-starke Vorstöße gegen die eigenen Sicherungen auf den Höhen nordwestl. Schottwien, zerschlug sie und stellte die Verbindung mit der auf dem Höhepunkt 2 km südl. Klamm eingeschlossenen fdl. Kräftegruppe her.

6. Pz.Armee:

I. SS-Pz.Korps:

K.Gr. Keitel wies mehrere Feindvorstöße erfolgreich ab. 356. I.D. gewann 2 Stützpunkte im N-Teil der Hohen Wand zurück.

K.Gr. 1. SS-Pz.Div.: Wiederholte, in Btl.-Stärke geführte Feindangriffe gegen Höhe 1 km nördl. Neuhaus erzielten einen geringfügigen Einbruch, der an Straßengabel 500 m nördl. Neuhaus abgeriegelt wurde. K.Gr. 12. SS-Pz.Div. schlug 2 Feindangriffe in Btl.-Stärke nördl. Nöstach erfolgreich ab.

K.Gr.Peiper: Während 2 Feindangriffe von O gegen den Schöpfl abgewiesen wurden, konnte Feind nördl. davon in unbekannter Stärke bis 2 km ostw. Wöllersdorf vordringen. Gegenstoß angesetzt. Aufklärung stellte Neustift feindfrei fest. Nach Aussagen der Bevölkerung 500 Mann starker Feind mit Artillerie und Panzern in den Vormittagsstunden aus Gegend westl. Fahrafeld im Marsch nach W. Wiederholte Feindangriffe aus Ochsenburg nach S und SO abgeschlagen. Ein in den Vormittagsstunden aus St. Georgen geführter Feindangriff nach S unter Abschuß von 2 Sherman und 1 St.Gesch. abgewiesen. In den Abendstunden erneut in Rgt.-Stärke mit 7 Panzern aus St. Georgen entlang der Straße nach S angreifender Feind konnte bis N-Rand Wilhelmsburg vorstoßen. Gegenstoß im Gange. Bisher 2 Feindpanzer abgeschossen.

Gen.Kdo.Schulz: 710. I.D.: Der Feind tastete in den Vormittagsstunden die ganze Front der Div. ab und konnte unter Ausnutzung einer Frontlücke seinen Einbruchsraum nordwestl. Herzogenburg bis Obritzberg und Oberwölbling ausweiten. Über Ambach nach NW vorstoßender Feind wurde zurückgeworfen. Nach Einbruch der Dunkelheit griff Feind mit mehreren btl.- bis rgt.-starken, von Panzerrudeln unterstützten Kampfgruppen im Abschnitt St. Pölten nach W an und konnte eigene Kräfte trotz wiederholter Gegenstöße in die allg. Linie westl. Gattmannsdorf — ostw. Gerersdorf — nördl. davon zurückdrücken. Um die Straßengabel 5 km westl. St. Pölten wird z. Zt. gekämpft. Obritzberg, das am Nachmittag wiedergewonnen wurde, ging nach letzten Meldungen erneut verloren. Unter- und Oberwölbling wiedergewonnen. H.Pz.Jg.Brig. 2: Die auf breiter Front zwischen Getzersdorf und Hollenburg auf das Höhengelände in Richtung Krems vorstoßenden Feindkräfte wurden durch Teile der rasch herangeführten SS-Kampfgruppe „Mähren" wieder auf die Ausgangsstellung zurückgeworfen. S- und O-Rand des Höhengeländes sind wieder fest in eigener Hand.

II. SS-Pz.Korps: K.Gr. Volkmann: Seit 20.00 Uhr setzt Feind unbekannter Stärke ostw. Hollenburg (6 km südostw. Krems) über die Donau, Gegenmaßnahmen eingeleitet. Feindbereitstellungen im Raum Zwentendorf (10 km westl. Tulln) erkannt. Lebhafte fdl. Schlacht- und Jagdfliegertätigkeit mit Bomben und Bordwaffenbeschuß vornehmlich im Raum Stockerau und ostw.

Führer-Gren.Div.: Feind konnte nordwestl. Korneuburg in der Donau-Niederung eigene Teile 2 km nach NW zurückdrücken. Aus Korneuburg entlang der Straße nach NW mit 4 Panzern angreifender Feind wurde unter Abschuß eines Panzers zurückgeschlagen. Im NW-Teil Korneuburgs starke Feindansammlungen (dabei 15 Panzer) erkannt. Btl.-starker Feindangriff konnte eigene Gefechtsvorposten von Stetten auf S-Rand Tresdorf zurückdrücken. K.Gr. 6. Pz.Div.: Kp.-starke Aufklärungsvorstöße gegen Seebarn wurden abgewiesen. Versuche des Feindes, in das Waldgebiet ostw. davon einzusickern, wurden vereitelt.

K.Gr. 2. SS-Pz.Div.: Im Raum Neuaigen — Bierbaum — Absdorf in Neugliederung. Gep. Gruppe seit 15.00 Uhr auf dem Marsch in neuen Versammlungsraum. K.Gr. 3. SS-Pz.Div.: Im Raum Stockerau — Leitzersdorf — Wiesen bei Eingliederung des Nachersatzes und in Umgliederung.

8. Armee:

XXXXIII.A.K.:

Nach trommelfeuerartigem Vorbereitungsfeuer Angriff und Einbruch in Schleinbach abgeriegelt am SO-Rand Glockenberg (363) — südl. Unterolberndorf. In den Nachmittagsstunden Vorstoß aus dem Einbruchsraum gegen Unterolberndorf. Kämpfe noch im Gange. Mehrere btl.-starke Angriffe aus Kronberg und gegen Traunfeld wurden abgewiesen. Erneute Angriffe am Spätnachmittag gegen Traunfeld brachten den Feind in den Besitz der Ortschaft. Btl.-starker Angriff mit starker Art.-Unterstützung gegen Wolfpassing abgewiesen.

Pz.K. „F.H.": Nach heftiger Art.-Feuervorbereitung unterstützt von Schlachtfliegern und 12 Panzern gelang Feind die Wegnahme von Schrick und Vorstoß ostw. Schrick nach N bis in das Waldgebiet ostw. Obersulz. Vorderste Teile erreichten am Spätnachmittag Försterei 5 km südl. Kettlasbrunn. Kp.-starker Vorstoß aus Obersulz wurde am Waldrand nördl. Obersulz abgeriegelt. 2 btl.-starke Angriffe gegen Groß-Inzersdorf bis auf örtl. Einbruch abgewiesen. Angriff in Btl.-Stärke aus dem Raum Eichhorn gegen Gösting führte zum Verlust der Ortschaft. Feind gelang Vorstoß über die Straße Gösting, Palterndorf nach W und Wegnahme von Palterndorf. Nordwestl. Hohenau wurde durch Überlaufen schwacher ung. Kräfte (etwa 80 Mann) eine Frontlücke aufgerissen, durch die der Feind in Kp.-Stärke vorstieß. Abriegelung im Gange. An der Thaya-Front und im Abschnitt Lundenburg keine Kampfhandlungen. Nördl. Neumühl über die Thaya gesetzte schwächere Feindkräfte griffen eigenen Stützpunkt Neumühl an. Stützpunkt Neumühl fest in eigener Hand.

Luftlage:

Bei 2. Pz.Armee normale, bei 6. Armee rege fdl. Aufklärungsfliegertätigkeit. Bei 8. Armee lebhafte fdl. Schlachtfliegertätigkeit über XXXXIII. A.K. und am rechten Flügel Pz.Korps „F.H." Eigene Luftwaffe, durch amerikanische Jagdangriffe auf Einsatzhäfen behindert, war in den Räumen St. Pölten und Lundenburg und mit schwächeren Kräften südostw. Mürzzuschlag mit insgesamt 180 deutschen und ung. Flugzeugen bei starker Flak- und Jagdabwehr über dem Gefechtsfeld eingesetzt. Jäger griffen hierbei zumeist Erdziele an. In der vergangenen Nacht wurden Feindbewegungen in den Räumen Wien, Tulln und Lundenburg durch insgesamt 90 Nachtschlachtflugzeuge angegriffen.

17. 4. 1945

Bei 2. Pz.Armee nur Kämpfe örtlicher Bedeutung. Im Abschnitt der 6. Armee scheiterten stärkere Feindangriffe beiderseits Fürstenfeld bis auf einen örtlichen Einbruch. Den eigenen Angriffsgruppen im Einbruchsraum S des Semmering setzt der Feind verstärkten Widerstand entgegen.

S der Donau gelang es, beiderseits St. Pölten in der Nacht verlorengegangenes Gelände, dabei Wilhelmsburg, wiederzunehmen und den Zusammenhang der Abwehrfront wiederherzustellen.

Der Schwerpunkt der Kämpfe lag im Abschnitt der 8. Armee, wo es dem Feind unter Ausnutzung der durch starke Nachtangriffe erreichten Erfolge gelang, tiefe Einbrüche bis zum Zaya-Abschnitt beiderseits Mistelbach und über Zistersdorf hinaus zu erzwingen. Weitere im Laufe des Tages geführte Angriffe mit Panzerunterstützung konnten in harten Kämpfen im wesentlichen abgewehrt werden. Der vom Feind beabsichtigte Durchbruch nach NW wurde verhindert.

Im einzelnen:

2. Pz.Armee:

Am N-Flügel des LXVIII. A.K. drang Gegenangriff 118. Jg.Div. unterstützt durch Teile 13. SS-Div. „Handschar" bis Straße Sv.Miklavz, Scrocja[?] vor. Feindl. Entlastungsangriffe gegen Vitan wurden abgewiesen.

Im Abschnitt des Kav.Korps führten Feindangriffe beiderseits Straden zu 2 örtlichen Einbrüchen, die abgeriegelt wurden. Gegenmaßnahmen eingeleitet.

6. Armee:

Beiderseits Fürstenfeld führte der Feind nach starker Feuervorbereitung 6 jeweils kp.- bis btl.-starke Angriffe, die bis auf örtlichen Einbruch SW des Ortes abgewiesen wurden.

Bei K.Gr. Semmer (Arko 3) gewinnt der eigene Angriff aus Wagendorf Richtung Bf. Grafendorf gegen zähen Feindwiderstand nur langsam Boden. Teile 1. Pz.Div. erreichten im Angriff Gegend 2 km SW Puchegg und wiesen O Kreuzwirt einen rgt.- und einen btl.-starken Feindangriff ab. Ein weiterer rgt.-starker Feindangriff noch im Gange. Andere Teile 1. Pz.Div. nahmen, aus Kreuzwirt angreifend, Presenkogel (1256) und befinden sich im weiteren Angriff nach N. Von O angreifender Feind warf die eigenen Sicherungen in Strallegg bis 3 km W des Ortes zurück. Feind in Rgt-Stärke über Strallegg gegen Abend bis 2 km N Birkfeld vorgedrungen. Div. Gruppe 117. Jg. Div. steht aus Raum W Fischbach in nördl. umfassendem Angriff gegen Feind auf den Höhen S Falkenstein und aus Raum Falkenstein im Angriff nach O. Bisher 1 — 2 km Geländegewinn. SW Ratten wurden btl.-starke Feindangriffe abgewehrt.

Bei K.Gr. Semmering ruhiger Tagesverlauf.

6. Pz.Armee:

I. SS-Pz.K.: Wiederholte Feindangriffe gegen die Höhen O und NO Neuhaus wurden z. T. im Gegenstoß abgewiesen. Stärkere feindl. Panzerkolonnen von Heiligenkreuz in Richtung Alland. Mehrere Feindvorstöße gegen St. Corona abgewiesen. Am linken Flügel des Korps trat Feind mit starken, von Panzerrudeln unterstützten Inf.Gruppen auf breiter Front zum Angriff nach S an. Der Schöpfl wechselte mehrfach den Besitzer und blieb in eigener Hand. S. Fahrafeld Kämpfe noch im Gange. Btl.-starker Feind mit Panzern stieß aus Gegend Wald nach S und drehte im Rücken der noch beiderseits Perschenegg stehenden eigenen Sicherungen nach O ein. Gegenangriff angesetzt. Höhe 4 km SW Wald ging gegen überlegenen Feind verloren. Gegen das in den Vormittagsstunden im Gegenangriff wiedergewonnene Wilhelmsburg (hier 11 Feindpanzer abgeschossen) greift Panzerfeind seit Einbruch der Dunkelheit erneut an und konnte in den N-Teil des Ortes eindringen. Gegenstoß im Gange.

Gen.Kdo v. Bünau: Bei Völtendorf und aus Gerersdorf geführte 1 — 2 kp.-starke Feindvorstöße wurden abgewiesen. Straßengabel 3 km SO Meidling wiedergenommen. Reger Verkehr aus Raum Böheimkirchen nach St. Pölten deutet auf Zuführungen von Feindverstärkungen hin. Eigener Gegenangriff gewann Wegeknie 1 km N Schweinern und konnte bis Ortsmitte am Bach vordringen. Gegenangriff auf Oberwölbling, gegen Nußdorf und Höhe 408, die in den Morgenstunden verlorengingen, z. Zt. noch im Gange. Feindvorstöße gegen Hollenburg wurden abgewiesen.

II. SS-Pz.K.: Rege feindl. Bewegungen bei Tulln und Höflein durch Artl. wirksam bekämpft. Mehrere Feindvorstöße entlang der Eisenbahn und gegen S-Rand Leobersdorf wurden abgewiesen. Panzeransammlungen in Korneuburg durch Artl. bekämpft. Mit Panzerunterstützung aus Raum Stetten nach N vorstoßender Feind warf nach hartem Kampf eigene Gefechtsvorposten aus Tresdorf und Seebarn auf die HKL bei Rückersdorf und W Kleinrötz.

8. Armee:

XXXXIII. A.K.: Massierte Angriffe von S, O und N gegen die Höhe 1 km O Kleinrötz wurden abgewiesen. Angriffe in über Rgt.-Stärke gegen Großrußbach und Niederkreuzstetten führten zum Einbruch auf Höhe 1 km SO Großrußbach. Einbruch in Niederkreuzstetten wurde im Gegenstoß bereinigt. Im Abschnitt Streifing — Paasdorf kp.-starke Feindvorstöße abgewiesen.

Pz.K. „F.H.": Mehrfache btl.-starke Feindvorstöße gegen Höhen 269 und 248 wurden zerschlagen. 2 Gegenstöße aus Wilfersdorf gegen Feindbrückenkopf 2 km O Mistelbach scheiterten, dritter Gegenangriff mit Unterstützung von Sturmgeschützen noch im Gange. Btl.-starke Vorstöße aus Kettlasbrunn, Maustrenk und Gösting nach N wurden abgewiesen. Btl.-starker Feindangriff gegen Dobermannsdorf erzielte Einbruch. Gegenstoß im Gange. Kp.-starke Vorstöße auf Hohenau abgewiesen. Geringer Einbruch bei Lundenburg abgeriegelt. Eingebrochener Feind bei Altenmarkt im Gegenstoß geworfen.

Luftlage:

Starker feindl. Jagd- und Schlachtfliegereinsatz N der Donau. Einsatz 70 eigener Flugzeuge im Raum SO Brünn und 1 Staffel Schlachtflugzeuge vor rechtem Flügel 6. Armee.

18. 4. 1945

Bei 2. Pz.Armee ruhiger Tagesverlauf.

Im Abschnitt der 6. Armee griff der Feind bei Fürstenfeld ohne Erfolg an. Im Frontbogen südl. des Semmering wechselten eigene örtl. Angriffe mit der Abwehr stärkerer Feindvorstöße.

Bei 6. Pz.Armee setzte der Feind ostw. der Traisen und bei Wilhelmsburg auf breiter Front seine Angriffe nach S fort und wurde von eigenen Stützpunkten in der Tiefe des HKF aufgefangen. Mit Fortsetzung dieser Angriffe mit dem Ziel der Gewinnung der Talstraße Hainfeld, St. Veit muß gerechnet werden.

Nördl. der Donau hielt der Großkampf im Abschnitt der 8. Armee an. Mit zusammengefaßten Kräften und mit Schwerpunkt beiderseits Rußbach, beiderseits Mistelbach und nordostw. Zistersdorf angreifend, konnte der Feind trotz zähen Widerstandes der Truppe auch heute tiefe Einbrüche erzielen. Der Kräftebedarf der 8. Armee wächst außerdem durch die Aufgabe des Schutzes der tiefen linken Flanke. Hier erreichte der Feind heute mit Angriffsspitzen den Raum südostw. Eibenschitz.

Im einzelnen:

2. Pz.Armee:

Außer der Abwehr fdl. Aufklärungsvorstöße im Abschnitt des LXVIII. A.K. und außer Bereinigung der Feindeinbrüche beiderseits Straden im Abschnitt des Kav.Korps keine Kampfhandlungen von Bedeutung.

6. Armee:

Bei IV. SS-Pz.Korps wurden schwächere Feindangriffe nordwestl. Ebersbach sowie südwestl. und westl. Fürstenfeld im wesentlichen abgewiesen. Kämpfe zur Bereinigung eines örtl. Einbruchs südwestl.

Fürstenfeld sind noch im Gange. Ein fdl. St.Gesch. wurde abgeschossen. Bei III. Pz.Korps wehrte 1. V.Geb.Div. einen von 8 Panzern unterstützten fdl. Angriff gegen ihren rechten Flügel unter Abschuß eines Panzers und weitere kp.- bis btl.-starke Feindangriffe nordwestl. Speltenbach, südwestl. und westl. Deutsch Kaltenbrunn sowie südwestl. Rohrbrunn ab. Im Abschnitt der K.Gr. 1. Pz.Div. wurden mehrere Feindangriffe gegen Sebersdorf, südostw. Kreuzwirt und gegen Kreuzwirt abgewiesen. Der Angriff des II./Pz.Gren.Rgt. 1 aus dem Raum Kreuzwirt in nordnordwestl. Richtung gewann zunächst Boden. Das Btl. wurde dann aber durch fdl. Gegenangriff auf die Ausgangsstellung zurückgeworfen.

117. Jg.Div. nahm Ratten, den Ochsenkopf und den Eckberg und war am Abend im weiteren Angriff auf St. Jakob. Bei K.Gr. Semmering ruhiger Verlauf des Tages.

6. Pz.-Armee:

Bei I. SS-Pz.Korps setzte der Feind auf dem linken Korpsflügel, während es an der übrigen Front nur zu örtl. Vorstößen kam, aus der Linie Fahrafeld — Wald — Wilhelmsburg mit starken Inf.-Kräften, unterstützt durch 1 Pz.Korps, seine Angriffe in südl. Richtung fort, gewann mit 38 Panzern den Raum um Michelbach und war am Abend im weiteren Vorstoß einmal in Richtung Stollberg und zum anderen auf die Höhen 779 und 774. Weiter westl. ging Schwarzenbach verloren, konnte aber im Gegenstoß wiedergenommen werden. Der Feind ging daraufhin unter Umgehung von Schwarzenbach weiter in südostw. Richtung vor. Eigener Gegenangriff von dem Höhengelände nordwestl. Hainfeld nach N und NW war am Abend noch im Gange. Die im S-Teil von Wilhelmsburg kämpfende Kampfgruppe Kling wurde eingeschlossen. Teile des Fsch.Jg.Rgt. 30 waren am Abend im Kampf mit beiderseits Wilhelmsburg nach S angreifenden 30 Feindpanzern. Zur angriffsweisen Schließung der Lücke zum Gen.Kdo.v. Bünau wurden alle verfügbaren Kräfte eingesetzt. Bei Gen.Kdo.v. Bünau wurden wiederholte Feindvorstöße nordostw. Obergrafendorf abgewiesen. Bei Einbruch der Dunkelheit trat der Feind zu starken Angriffen aus Gerersdorf und vom Wachtberg herab an. Weiter nördl. ging Ambach verloren, und nördl. Kuffern konnte der Feind mit 8 Panzern einen etwa 1 km tiefen Einbruch erzielen. Meldung über den Erfolg des eigenen Angriffs zur Wiedergewinnung von Nußdorf lag am Abend noch nicht vor. Bei II. SS-Pz. Korps wurden an der Donau-Front Übersetzvorbereitungen erkannt. Nördl. der Donau wies Führer-Gren.Div. einen btl.-starken Feindangriff nordwestl. Tresdorf sowie einen kp.-starken Feindvorstoß westl. Mollmannsdorf ab.

8. Armee:

Bei XXXXIII. A.K. brachte rgt.-starker, von Panzern unterstützter Angriff den Feind in den Besitz von Hetzmannsdorf, Weinsteig und Wetzleinsdorf. Btl.-starke Feindangriffe gegen Kipplinger Heide[?] und ostw. davon wurden beiderseits Hipples und auf der Höhe 307 aufgefangen. Bei Pz.Korps „F.H." nahm der Feind, in Btl.-Stärke und von 5 Panzern unterstützt angreifend, Hüttendorf. Ferner konnte er in Mistelbach eindringen, während ostw. Mistelbach Angriffe gegen Eibesthal und von Kettlasbrunn nach N abgewiesen werden konnten. Massierter Feindangriff gegen die Front bei Dobermannsdorf und ostw. davon führten zum Verlust von Dobermannsdorf und Altlichtenwarth. Hausbrunn dagegen konnte gehalten werden. Weiter nördl. davon ging Rabensburg verloren, da die dort eingesetzten Landesschützen und Slowaken nicht hielten. Ein aus Lundenburg heraus geführter Feindvorstoß nach NW gegen Oberthemenau wurde abgewiesen und ein Brückenschlag über die Iglau beiderseits Pohrlitz verhindert.

Luftlage:

Starke Feindfliegertätigkeit über linkem Flügel XXXXIII. A.K. und rechtem Flügel des Pz.Korps „F.H.". Nur geringer eigener Luftwaffeneinsatz infolge Betriebsstoffmangel und amerikanischer Jagdfliegertätigkeit gegen Einsatzhäfen.

19. 4. 1945

Im Frontbogen S des Semmering brachten eigene Angriffe gegen harten Feindwiderstand Geländegewinn. Im Abschnitt SO St. Pölten setzte der Feind auch heute auf breiter Front seine Angriffe nach S fort und konnte bei St. Veit die Talstraße erreichen. Eigener Gegenangriff läuft. W. St. Pölten muß nach Gefangenenaussagen mit dem angriffsweisen Einsatz eines neuen Schtz.Korps gerechnet werden. Übersetzversuche zwischen Hollenburg und Donauknie N Klosterneuburg lassen weiterhin die Möglichkeit eines feindl. Donau-Übergangs auf breiter Front zu. N der Donau lag der Schwerpunkt der Abwehrschlacht beiderseits Mistelbach, wo dem Feind mit scharf zusammengefaßten Inf.- und starken Panzerkräften, wahrscheinlich unter Einsatz erster Teile der 6. Gde.Pz.Armee, ein tiefer Einbruch bis an die Straße Staatz, Poysdorf gelang. Weitere starke Angriffe NW Kreuzstetten und NW Zistersdorf führten zu weiteren, in ihrem Ausmaße jedoch geringeren Einbrüchen. Die Kräftezuführungen des Gegners, in deren Rahmen auch mit dem Nachführen der 4. Gde.Armee gerechnet werden muß, lassen Schwerpunktverlegung des Feindes in den Raum N der Donau mit Stoßrichtung Protektorat klar erkennen. Die 8. Armee bedarf zur erfolgreichen Durchführung ihres Abwehrkampfes der schnellen Zuführung weiterer Kräfte, die der H.Gr. nur im Raum S der Donau zur Verfügung stehen, außer der 48. I.D., um deren Unterstellung gebeten wird.

Im einzelnen:

2. Pz.Armee:

Außer geringem feindl. Störungsfeuer ruhiger Verlauf des Tages. Bei eigenen Stoßtruppunternehmen auf N-Ufer Mur bei Radkersburg 2 Feindpanzer zerstört.

Eigener Gend.Posten in Kapla (21 km WNW Marburg) von Bande (Stärke angeblich 600 Mann) eingeschlossen. Gegenmaßnahmen im Gange.

6. Armee:

IV. SS-Pz.K.: Außer beiderseitiger Spähtrupptätigkeit und geringem Störungsfeuer keine Kampfhandlungen.

III. Pz.K.: Bei 1. V.Geb.Div. und Arko 3 ruhiger Tagesverlauf. SW des Peilstein Angriff zur Schließung der Lücke zwischen Arko 3 und K.Gr. 1. Pz.Div. im Gange. K.Gr. 1. Pz.Div. wird nach Abschluß der Angriffsvorbereitungen voraussichtlich um 18.00 Uhr aus Raum Kreuzwirt in N Richtung zum Angriff antreten. Eigener Gegenangriff aus Birkfeld in NO Richtung erzielte 2 km Geländegewinn und wies feindl. Gegenangriffe ab. Eigene Kampfgruppe nahm Fischbach im umfassenden Angriff und befindet sich im weiteren Vorstoß auf Falkenstein. 117. Jg.Div. trat aus Raum Falkenstein — Ratten in allgemein O — SO — Richtung zum Angriff an und gewann den Raum 4 km SO Falkenstein und 2 km NO St. Jakob. Feindl. Gegenangriffe gegen S-Flanke der Div. wurden abgewehrt. Die Div. befindet sich im weiteren Angriff auf Waldbach.

K.Gr. Semmering: Teile K.Gr. Semmering traten aus Rettenegg in SO Richtung zum Angriff an. Bei Reithbauer wurde feindl. Stützpunkt an Straße Rettenegg, Steinhaus ausgehoben. Im übrigen Abschnitt der K.Gr. Semmering ruhiger Tagesverlauf.

6. Pz.Armee:

I. SS-Pz.K.: Im rechten Korpsabschnitt keine besonderen Kampfhandlungen. Vor Korpsmitte wurden mehrere Feindvorstöße erfolgreich abgewehrt bzw. im Gegenstoß bereinigt. Auf linkem Korpsflügel schwerer Abwehrkampf gegen den auf breiter Front mit starken Kräften angreifenden Feind. Durch zangenförmigen Angriff Brand—Laaben verloren.

Lage bis Höhe 627 N Stollberg z. Zt. noch ungeklärt.

Aus dem Raum S Stössing und Michelbach nach SO gegen eigene Sperrstellung beiderseits Stollberg geführte starke Feindangriffe wurden erfolgreich abgeschlagen, dabei 9 Pak und zahlreiche mot. und gep. Fahrzeuge vernichtet. Trotz wiederholter erfolgreicher eigener Gegenstöße wurden die beiderseits der Höhe 779 stützpunktartig kämpfenden eigenen Teile durch andauernde Umfassung nach SO und auf Eisenbahnlinie W Rohrbach zurückgedrückt. Zwischen Stollberg und Höhe 2 km O Rohrbach Sicherungslinie zum Schutz der Straße Wöllersdorf — Hainfeld im Aufbau. Ein mit 6 Sturmgeschützen geführter Feindangriff gegen Höhen 2 km O Rohrbach wurde unter Abschuß von 2 Sturmgeschützen abgewiesen. NO Rohrbach Heranführen weiterer Feindverstärkungen beobachtet. Der zweite eigene Gegenangriff gegen die vom Feind besetzten Orte St. Veit und Kropfsdorf schlug durch. Säuberung der Ortschaften vom Feind noch im Gange. Schwarzenbach ging in den Abendstunden verloren. Beiderseits der Straße Wilhelmsburg — Rotheau nach S angreifender Feind konnte die in diesem Abschnitt eingesetzten Teile nur W der Straße geringfügig zurückdrücken.

Gen.Kdo.v. Bünau: Im Abschnitt 710. I.D. wurden mehrere Feindvorstöße erfolgreich abgewehrt. Eigener Gegenangriff N Kuffern drang bis zum N-Rand des Ortes vor. Gegenangriff auf Nußdorf schlug infolge starker feindl. Feuerwirkung von den Höhen N davon nicht durch.

II. SS-Pz.K.: An der Donau-Front keine besonderen Kampfhandlungen. Aus Raum Rückersdorf —

Mollmannsdorf geführte Feindvorstöße wurden abgewehrt. Von Korneuburg bis Mollmannsdorf stärkerer Kolonnenverkehr als an den Vortagen mit Vorzugsrichtung S-N, darunter Panzer und Pak, beobachtet.

8. Armee:

XXXXIII. A.K.: Von einzelnen Panzern unterstützt, setzte Feind seine Angriffe im Abschnitt Wetzleinsdorf — Herrnleis und aus Ladendorf und Hüttendorf fort. Kleinebersdorf und Helfens gingen verloren. Nach Abwehr mehrerer Angriffe wurde Asparn in den Abendstunden von NO her genommen.

Pz.K. „F.H.": Unter Einsatz von etwa 60 Feindpanzern (Truppenmeldung) und starker Schlachtfliegerunterstützung konnte Gegner im Raum Mistelbach unter Inbesitznahme von Siebenhirten und Hörersdorf einen tieferen Einbruch bis Asparn — Hörersdorf und den N-Rand des Waldes NO Siebenhirten — Eibesthal erzielen. Lage bei Altmanns ungeklärt. In Kleinhadersdorf und Wilhelmsdorf eingedrungener Feind wurde durch Gegenangriff geworfen. Nach bisherigen Meldungen dabei 9 Feindpanzer abgeschossen. Rgt.-starker Feindangriff N Maustrenk erzielte einen Einbruch. Eigener Gegenangriff gewann Altlichtenwarth und Höhe SO zurück. An der Thaya — Jglawa-Front keine besonderen Kampfhandlungen. Kanitz in schneidig geführtem Angriff wiedergenommen.

Luftlage:

Feindl. Schlachtfliegertätigkeit im Abschnitt 6. Pz.Armee und 8. Armee. Eigener Luftwaffeneinsatz in den Räumen S Brünn und Mistelbach. In der vergangenen Nacht wurden Feindbewegungen im Raum Lundenburg durch eigene Nachtschlachtflugzeuge angegriffen.

20. 4. 1945*

Eigener Angriff im Raum Birkfeld — Waldbach machte gegen zähen Feindwiderstand Fortschritte. Im Raum S St. Pölten griff Feind weiter an und drang in Hainfeld ein. Im Raum NNW Mistelbach gingen 2 Dörfer verloren.

Im einzelnen:

2. Pz.Armee:

Ruhiger Verlauf der Nacht.

6. Armee:

IV. SS-Pz.K.: Keine wesentlichen Kampfhandlungen.

III. Pz.K.: Feindvorstoß gegen Loipersdorf abgewiesen. Angriffe der 1. Pz.Div. und 117. Jg.Div. im Raum Birkfeld — Waldbach brachten gegen zähen Feindwiderstand weitere Fortschritte. Die Höhe 2 km SW Wenigzell, Ortschaft 4 km NO Birkfeld und der Ort 1,5 km N Waldbach wurden genommen. Feindangriffe in Stärke von 2 Btl. mit starker Artl. und Gr.W.-Unterstützung auf Höhe 1070 unmittelbar, 4 km OSO Falkenstein und Angriff mit 2 Panzern gegen N Abwehrfront O des Ochsenkopfes abgewiesen.

6. Pz.Armee:

I. SS-Pz.K.: Am linken Korpsflügel griff Feind während der Dunkelheit in dem unübersichtlichen Wald- und Gebirgsgelände gegen die nur stützpunktartig besetzte Widerstandslinie an und konnte mit Panzern bei gleichzeitigem Angriff aus Raum Brand—Laaben Sperrstellung beiderseits Stollberg nach S durchstoßen. Hier Lage im einzelnen ungeklärt. Gegner drang in Kp.-Stärke von N in Hainfeld ein. Gegenstoß angesetzt. Aus Raum Göblasbruck trieb Feind Aufklärung über Höhe 621 bis zur Straßengabel 2,5 km WNW Plambach vor.

Gen.Kdo.v. Bünau: Ruhiger Nachtverlauf.

II. SS-Pz.K.: An Donau-Front an den vermuteten Übersetzstellen Holzschlag und Schanzarbeiten. Im Abschnitt Führer-Gren.Div. rege feindl. Stoß- und Spähtrupptätigkeit. Befohlene Abschnittsübernahme am linken Flügel planmäßig verlaufen.

* Morgenmeldung, da keine Tagesmeldung vorhanden.

8. Armee:

XXXXIII. A.K.: Nächtliche Angriffe aus Einbruchsraum Klein-Ebersdorf—Hipples abgewehrt. Lage bei Hagenberg[?] ungeklärt.

Pz.K."F.H.": Feind setzte im Raum S Staatz seine Angriffe fort und konnte in Frättingsdorf und Ernsdorf eindringen. Gegenmaßnahmen im Gange. Frontaufbau am Poisbach noch nicht abgeschlossen.

Im Waldgelände S Lundenburg feindl. Bereitstellungen.

Unternehmen des linken Nachbarn auf Kanitz für 20. 4., 5.00 Uhr vorgesehen.

21. 4. 1945

2. Pz.Armee:

Ruhiger Tagesverlauf.

6. Armee:

S-Flügel und Mitte ruhiger Tagesverlauf.

Eigener Angriff im Frontbogen S des Semmering gewann gegen sich verstärkenden feindl. Widerstand nur wenig Boden bis in die Gegend O Wenigzell und Waldbach. Abwehr zahlreicher Gegenstöße.

6. Pz.Armee:

Ausdehnung der fdl. Angriffe auf weiteren Abschnitt des I. SS-Korps. Feindangriff aus Berndorf nach SW noch im Gange. Weitere Bereitstellungen SW Alland. Feindeinbruch S St. Corona in 2 km Tiefe. Kämpfe noch im Gange. Feindangriffe über die Straße Hainfeld — Traisen wurden nach S abgewehrt. Eigener Angriff gewann Eschenau zurück.

Bei Korps v. Bünau Oberwölbling vom Feind gesäubert. Nachstoß im Gange. An der Donaufront keine besonderen Vorkommnisse.

Zwischen Korneuburg und linker Armeegrenze Abwehr mehrerer btl.-starker Angriffe. Obergänserndorf ging verloren.

8. Armee:

Schwerpunkt der Abwehrkämpfe im Abschnitt der 8. Armee.

Feindeinbruch in Richtung Laa unter Abschuß von 41 Pz. verhindert. Bei XXXXIII. A.K. Einbruch S Simonsfeld und im Waldgelände bds. Klement. Pyhra und Gnadendorf gingen verloren. Schwerpunkt d. Angriffe in Richtung Laa in der Linie Baumgarten, Ungerndorf, Staatz aufgefangen. 41 Pz. abgeschossen. Feindeinbruch über Alt Ruppersdorf nach NW. Weitere tiefe Einbrüche in stark geschwächter Front N Poysdorf, NW Herrnbaumgarten über Feldsberg bis S Voitelsbrunn und in Eisgrub. Etwa 15 Feindpz. in Gegend S Neusiedl durchgebrochen. Bisher 6 Pz. abgeschossen.

An der Thaya-Front keine besonderen Vorkommnisse.

Verbindung zur H.Gr.Mitte bei Damitz vorhanden.

Im Abschnitt der Armee Umgruppierung weiterer Kräfte von linkem Flügel gegen Abschnitt bds. Laa, da hier weiterer Durchbruchsversuch erwartet wird.

22. 4. 1945*

2. Pz.Armee:

Ruhig.

6. Armee:

Fortschreiten eigener Angriffe bds. Waldbach gegen zähen Feindwiderstand.

6. Pz.Armee:

Feindangriffe zwischen Altenmarkt — Traisen.

Einbrüche bei Klein Mariazell — O Kaumberg und 5 km W Hainfeld abgeriegelt.

* Morgenmeldung.

8. Armee:

Anhaltende Abwehrschlacht in den alten Schwerpunkten.

Feindeinbrüche W Ernstbrunn, bds. Eichenbrunn und ein tiefer Einbruch bis zur Thaya SW Neu Prerau. Kämpfe noch im Gange. Feindangriff gegen Nikolsburg.

Am 21. 4. 52 Pz. abgeschossen, davon durch I. Pz.Gren.Rgt. „F.H." 2, 12 durch Pz.-Faust.

2. Die wichtigsten Befehle des sowjetischen Oberkommandos (Stavka) für die Kriegsführung in Österreich

BEFEHL DES SOWJETISCHEN OBERKOMMANDOS AN DIE 2. UKRAINISCHE FRONT VOM 1. APRIL 1945 (Übersetzung)
Diplomatisches Archiv des Außenministeriums der UdSSR, Nr. 11051

Persönlich

An den Truppenkommandanten der 2. Ukrainischen Front
Kopie an Marschall Timošenko

Das Hauptquartier des Oberkommandos befiehlt:
1. Die Truppen der Front haben, indem sie mit den Hauptkräften den Angriff nördlich der Donau in der allgemeinen Richtung auf Malacky-Jihlava fortsetzen, nicht später als am 5./6. 4. 1945 Bratislava einzunehmen und auf die Linie Nové Město — Jablonica — Malacky — Morava vorzurücken. Weiters sind Brno, Znojmo und Stockerau einzunehmen. Die Garde-Kavallerie-mechanisierte Gruppe Plijev ist für den Angriff auf Brno zu verwenden.
Mit den Kräften der 46. Armee, dem II. Garde-mech.Korps und dem XXIII. Panzerkorps, ist in der allgemeinen Richtung auf Bruck — Wien anzugreifen, wobei sie die Aufgabe haben, zusammen mit den Truppen der 3. Ukrainischen Front die Stadt Wien einzunehmen.
2. Ab 1. April d. J. um 24.00 Uhr ist folgende Trennungslinie zwischen der 2. und 3. Ukrainischen Front festzulegen: Bis Pamhagen wie früher, weiters entlang dem östlichen Ufer des Neusiedler Sees — Weiden — Rauchenwarth. Alle Punkte für die 2. Ukrainische Front einschließlich.
3. Über die getroffenen Anordnungen ist zu berichten.
Das Hauptquartier des Oberkommandos

J. Stalin
Antonov

. . . April 1945
. . . Uhr . . . Min

BEFEHL DES SOWJETISCHEN OBERKOMMANDOS AN DIE 3. UKRAINISCHE FRONT VOM 1. APRIL 1945 (Übersetzung)
Diplomatisches Archiv des Außenministeriums der UdSSR, Nr. 11052

Persönlich

An den Kommandanten der 3. Ukrainischen Front
Kopie an Marschall Timošenko

Das Hauptquartier des Oberkommandos befiehlt:
1. Die Truppen der Front haben, indem sie den Angriff fortsetzen, mit dem rechten Flügel, nämlich der 4. und 9. Garde-Armee und der 6. Garde-Panzer-Armee, die Stadt Wien einzunehmen und nicht später als bis 12./15. 4. 1945 zur Linie Tulln — St. Pölten — Lilienfeld vorzurücken.
Mit den Kräften der 26., 27., 57. und der bulgarischen Armee nicht später als bis 10./12. 4. 1945 Gloggnitz, Bruck, Graz, Maribor einzunehmen und sich an der Linie der Flüsse Mürz, Mur und Drau festzusetzen.
2. Vom 1. April d. J. um 24.00 Uhr an ist die folgende Trennungslinie zwischen der 2. und 3. Ukrainischen Front festzulegen:

Bis Pamhagen wie früher, weiter entlang dem Ostufer des Neusiedler Sees — Weiden — Rauchenwarth. Alle Punkte für die 2. Ukrainische Front einschließlich.

3. Über die getroffenen Anordnungen ist zu berichten.

Das Hauptquartier des Oberkommandos

J. Stalin
Antonov

... April 1945
... Uhr ... Min.

BEFEHL DES SOWJETISCHEN OBERKOMMANDOS AN DIE 2. UND 3. UKRAINISCHE FRONT VOM 2. APRIL 1945 (Übersetzung)
Diplomatisches Archiv des Außenministeriums der UdSSR, Nr. 11055

An die Truppenkommandanten und die Mitglieder der Kriegsräte der 2. und 3. Ukrainischen Front

In Verbindung mit dem Betreten österreichischen Territoriums durch die Truppen der 2. und 3. Ukrainischen Front befiehlt das Hauptquartier des Oberkommandos:

Die Truppenkommandanten der 2. und 3. Ukrainischen Front haben an die Bevölkerung Österreichs einen Aufruf folgenden Inhalts zu richten:

a) Sie haben zu erklären, daß die Rote Armee gegen die deutschen Okkupanten und nicht gegen die Bevölkerung Österreichs kämpft, und die Bevölkerung aufzurufen, auf ihren Plätzen zu bleiben, ihre friedliche Arbeit fortzusetzen und das Kommando der Roten Armee zu unterstützen und bei der Aufrechterhaltung der Ordnung und bei der Gewährleistung einer normalen Arbeit der industriellen, Handels-, kommunalen und anderen Unternehmen mitzuwirken.

b) Der Bevölkerung ist zu erklären, daß die Rote Armee nicht mit dem Ziel der Eroberung österreichischen Territoriums das Gebiet Österreichs betreten habe, sondern ausschließlich mit dem Ziel der Vernichtung der feindlichen deutsch-faschistischen Truppen und zur Befreiung Österreichs von deutscher Abhängigkeit.

c) Es ist zu erklären, daß die Rote Armee auf dem Standpunkt der Moskauer Deklaration der Alliierten über die Unabhängigkeit Österreichs steht und zur Wiederherstellung der Ordnung, die in Österreich bis 1938 existierte, d. h. bis zum Eindringen der Deutschen nach Österreich, beitragen wird.

d) Die Gerüchte, daß die Rote Armee alle Mitglieder der Nationalsozialistischen Partei liquidiert, sind zu widerlegen und es ist zu erklären, daß die Nationalsozialistische Partei aufgelöst wird, daß aber gewöhnliche Mitglieder der Nationalsozialistischen Partei nicht angetastet werden, falls sie Loyalität gegenüber den sowjetischen Truppen beweisen.

Abgesehen von dem Aufruf an die Bevölkerung Österreichs auf dem von unseren Truppen besetzten Territorium sind Flugblätter desselben Inhalts herauszugeben, die hinter der Frontlinie abzuwerfen sind.

Den Truppen, die auf österreichischem Territorium agieren, ist Anordnung zu geben, die Bevölkerung Österreichs nicht zu beleidigen, sich korrekt zu benehmen und die Österreicher nicht mit den deutschen Okkupanten zu verwechseln.

In den Orten sind militärische Kommandanten zu bestimmen, die zur Ausübung der Funktionen der zivilen Behörden provisorische Bürgermeister und Älteste aus der örtlichen österreichischen Bevölkerung zu bestimmen haben.

Das Hauptquartier des Oberkommandos

J. Stalin
Antonov

2. April 1945

BEFEHL DES SOWJETISCHEN OBERKOMMANDOS AN DIE 2. UND 3. UKRAINISCHE FRONT VOM 6. APRIL 1945 (Übersetzung)
Diplomatisches Archiv des Außenministeriums der UdSSR, Nr. 11063

An den Truppenkommandanten der 2. Ukrainischen Front
An den Truppenkommandanten der 3. Ukrainischen Front

Das Hauptquartier des Oberkommandos befiehlt:
1. Der Truppenkommandant der 2. Ukrainischen Front hat die 46. Armee mit dem XXIII. Pz.Korps und dem II. Garde-mech. Korps für die Aktion zur Umgehung Wiens vom Norden auf das nördliche Donauufer überzusetzen.
2. Ab 6. 4., 6.00 Uhr, ist folgende Trennungslinie zwischen der 2. und 3. Ukrainischen Front herzustellen: Bis Rauchenwarth die frühere, Albern für die 3. Ukrainische Front einschließlich, und weiter die Donau entlang.
3. Über die getroffenen Anordnungen ist zu berichten.
Das Hauptquartier des Oberkommandos

J. Stalin
Antonov

... Uhr ... Min
6. April 1945
Genossen Stalin berichtet und von ihm bestätigt

Štemenko

BEFEHL DES SOWJETISCHEN OBERKOMMANDOS AN DIE 2. UND 3. UKRAINISCHE FRONT VOM 13. APRIL 1945 (Übersetzung)
Diplomatisches Archiv des Außenministeriums der UdSSR, Nr. 11068

An den Truppenkommandanten der 3. Ukrainischen Front
An den Truppenkommandanten der 2. Ukrainischen Front
Kopie an Marschall Timošenko

Das Hauptquartier des Oberkommandos befiehlt:
1. Der rechte Flügel der (3. Ukrainischen) Front hat an den Traisen-Fluß vorzurücken, St. Pölten einzunehmen und sich an der angegebenen Linie festzusetzen.
2. Das Zentrum und der linke Flügel der Front haben zur festen Verteidigung an den erreichten Linien überzugehen, mit Ausnahme des Raumes Fischbach, der unverzüglich zu besetzen ist. Nur falls sich der Feind vor dem rechten Flügel und dem Zentrum der Front als schwach erweist und den Rückzug beginnt, haben die Truppen der Front sogleich zum Angriff überzugehen und zur Linie Große Erlauf (Fluß) — Graz vorzurücken, wo sie sich festzusetzen haben.
3. Die 9. Garde-Armee ist nach der Einnahme von St. Pölten in die Reserve der Fronten herauszuziehen und in den Wäldern westlich und südwestlich von Wien aufzustellen.
4. Die 6. Garde-Panzer-Armee in der Stärke von zwei Korps (V. Garde-Panzerkorps und IX. Garde-mech.Korps) und einer Brigade von Selbstfahrgeschützen SU-100, ergänzt auf 40 Einheiten, ist bis zum 16. April 24.00 Uhr in den Bestand der Truppen der 2. Ukrainischen Front zu übergeben. Die Armee ist mit allen Verstärkungseinheiten der Armee, mit den rückwärtigen Truppen und Einrichtungen und den verfügbaren Beständen zu überstellen.
5. Die Trennungslinie mit der 2. Ukrainischen Front ist wie früher.
6. Über die getroffenen Anordnungen ist zu berichten.
Das Hauptquartier des Oberkommandos

J. Stalin
Antonov

... April 1945
... Uhr ... Min.

3. Stellenbesetzung der wichtigsten territorialen Dienststellen in den Wehrkreisen XVII und XVIII

(Stand: März/April 1945)

Stellvertretendes Generalkommando (Wehrkreiskommando) XVII. A.K. (Wien)
  Stellv. Komm. General und Wehrkreisbefehlshaber: Gen.d.Inf. Albrecht Schubert
  Chef des Generalstabes: Oberst i.G. Josef Bachmayer (Aug. 1944—9. 4. 1945)
  Oberst i.G d.Res.v. Wissmann (10. 4. 1945 — Ende)
  Nationalsozialistischer Führungsoffizier (NSFO): Major Reschny
  Ia (Ausb., Einsatz, Sicherung, allg.): Major i.G. Neumann
  Ib (Ersatzheer): Oberst Marx
  IIa (Adjutantur): Oberst Dyes
  Kdr.d. Kraftfahrtruppen XVII: Oberst Wittig
  Festungs-Pionierkommandeur: Generalmajor Mirow
  Kdr.d.Nachr.Tr. XVII: Oberst Woitun
  Höh.Art. Führer: Oberst Engel

Stellvertretendes Generalkommando (Wehrkreiskommando) XVIII. A.K. (Salzburg)
  Stellv.Komm.General und Wehrkreisbefehlshaber: Gen.d.Geb.Tr. Julius Ringel
  Chef des Generalstabes: Generalmajor Anton Glasl
  NSFO: Hauptmann Mairhofer
  Ia: Major i.G. Reicheneder
  Ib: Oberst Dr. Hebensperger
  IIa: Oberst v. Taysen
  Kdr.d. Kraftfahrtruppen XVIII: Oberstleutnant Kirchgessner
  Stabsoffizier d. Pioniere: Oberst Munker
  Kdr.d.Nacht.Tr. XVIII: Oberst Zieglmaier

Luftgaukommando XVII (Wien)
  Komm.General: Gen.d. Flieger Egon Doerstling
  Chef des Generalstabes: Oberst i.G. Herbert Körner
  Kommandeur 24. Flak-Division: Generalmajor Grieshammer
  Kommandeur 7. Flak-Brigade: Generalleutnant Wagner

Wehrmachtkommandantur Wien
  Stadtkommandant: Generalleutnant Ludwig Merker
  Ia: Oberst Schleglhofer
  IIa: Major Mlikowsky-Lhota

Festungsbereich Südost (Heiligenkreuz, N.Ö.)
  Kommandant: Gen.d.Pz.Tr. Nikolaus v. Vormann
  Chef des Generalstabes: Oberst i.G. Hans Hartl
  Ia: Oberstleutnant Michaelis
  IIa: Oberstleutnant v. Pigenot
  Stabsoffz.f. Art.: Oberst Auer
  Stabsoffz.f. Panzer: Oberst Küchler
  Höh.Pi. Führer: Generalleutnant Kliszcz
  Kommandant Festungsabschnitt Niederdonau:
  Generalleutnant Gustav Adolph-Auffenberg-Komarów
  Kommandant Festungsabschnitt Steiermark:
  Generalmajor Kurt Jesser

4. Kriegsgliederung des Ersatzheeres mit Wehrkreisverwaltung und territorial unterstellten Einheiten und Dienststellen im Wehrkreis XVII

(Stand: 30. November 1944)*
(nicht vollständig wiedergegeben)

(M) = Magenkranke, (O) = Ohrenkranke, (GrW) = Granatwerfer

177. Division	Wien
Gren.Ers.u.Ausb.Rgt. 131	Brünn
Gren.Ers.Btl. I/134	Brünn
Inf.Ers.u.Ausb.Btl. II/486	Kremsier
Gren.Ers.u.Ausb.Btl. „H.u.D."	Wien-Strebersdorf
Ers.u.Ausb.Btl. (M) 287	Wien-Kaiserebersdorf
Inf.Nachr.Ausb.Kp. 131	Brünn
Inf.Pi.Ers.u.Ausb.Kp. 131	Kremsier
Inf.Ers.u.Ausb.Rgt. 262	Znaim
Inf.Ausb.Btl. I/462	Neusiedl/Zaya
Inf.Ers.Btl. I/462	Znaim
Inf.Ers.u.Ausb.Btl. I/482	Nikolsburg
Inf.Gesch.Ausb.Kp.44	Lundenburg
Inf.Gesch.Ers.u.Ausb.Kp. 262	Znaim
Pz.Jäg.Ers.u.Ausb.Kp 262	Retz
Nachr.Ers.u.Ausb.Kp. 44	Lundenburg
Inf.Ausb.Kp. (GrW) 262	Mistelbach
Inf.Ers.u.Ausb.Kp. (GrW) 131	Mistelbach
Pz.Pi.Ers.u.Ausb.Btl. 80	Wien-Klosterneuburg
Eisb.Pi.Ers.u.Ausb.Btl. 2	Klosterneuburg
Ld.Pi.Btl. 527	Wien (1.u.3.Kp.)
	Melk (2.Kp.)
	Linz (4.Kp.)
Fest.Pi.Ers.u.Ausb.Btl. 17	Engerau
Brückenbau Ers.u.Ausb.Btl.	Hainburg
FahrErs.u.Ausb.Abt. 17	Göding
Aufkl.Ers.u.Ausb.Abt. (Radf.)11	Wien-Rennwegkaserne
Beob.Ers.u.Ausb.Abt. 44 (mot)	Olmütz
Verw.Ers.u.Ausb.Btl. 3	Wien-Roßauerkaserne
Feldkoch-Ers. und Ausb.Kp. 17	
487. Division (Ers. und Ausb.)	Linz
Inf.Ers.Rgt. 557	Gmunden
Inf.Ers.Btl. I/486	Gmunden
Jäg.Ers.u.Ausb.Btl. II/482	Braunau
Inf.Gesch.Ers.u.Ausb.Kp. 462	Linz
Pz.Jäg.Ers.u.Ausb.Kp. 462 (mot)	Linz
Nachr.Ers.u.Ausb.Kp. 45	Linz
Pz.Jäg.Ausb.Kp. 130	Steyr

* Stellv.Gen.Kdo. XVII. A.K. Ib/Org.Nr. 2630 g. Kdos.v.1. 12. 1944, Anl. 1.-Bundesarchiv/Militärarchiv Freiburg i.B. WK XVII/92. (Die Verbände der Waffen-SS, der Luftwaffe und der Kriegsmarine scheinen hier nicht auf.)

Inf.Ers.u.Ausb.Rgt. 587	Linz
Inf.Ers.u.Ausb.Kp. (Gr.W) 587	Linz
Inf.Ers.Btl. I/130	Krumau/M.
Inf.Ers.Btl. II/462	Krumau/M.
Inf.Ers.Btl. I/133	Linz
Inf.Ers.Btl. II/130	Steyr
Inf.Pi.Ers.u.Ausb.Kp. 130	Linz
Heimat-Flak Ers.u.Ausb.Abt. 277 (mot)	Ried i.I.
Kraftfahr-Ers.u.Ausb.Abt. 17	Enns
Pi.Ers.u.Ausb.Btl. 86	Krems
Heimatpionierpark	Krems
2 Pi.Parkkp.	Krems
Brückenbaukp.	Krems
182. Reservedivision	Neutra
Res.Rgt. 79	Topoltschau
Res.Btl. 212	Simonovany
Res.Btl. 208	Banovce
Res.Rgt. 112	Schemnitz
Res.Btl. 110	Schemnitz
Res.Btl. 438	Heiligenkreuz
Res.Rgt. 342	Priwitz
Res.Btl. 321	Krickerhäu
Res.Btl. 698	Novotky
Res.Inf.Gesch.Kp. 1082	Bojnice
Res.Inf.Pz.Jäg.Kp. 1082	Vel.Causa
Res.Inf.Pi.Kp. 1082	Heiligenkreuz
Res.Inf.Nachr.Kp. 1082	Drazovce
Res.Aufkl.Kp. 1082	Topoltschau
Res.Art.Abt. 1082	Deutschproben
1 le Haubitzbatt.	Gaidel
1 le Haubitzbatt.	Nedozeri
1 le Haubitzbatt.	Deutschproben
Res.Pi.Kp. 1082	Heiligenkreuz
Nachschub Btl. 1082	Neutra
Verw.Kp. 1082	Neutra
San.Kp. 1082	Neutra
San.Nachsch.Kp. 1082 (mot)	Krskany Dolni
Kfz. Instandsetzungs Kp. 1082	Neutra
Ausb. Brigade Stockerau (kroat.)	Stockerau
Musik, San.Kp., Schlächterei- u. Bäckerei Kp.	Stockerau
Ausb.Btl. I	Stockerau-Senningerlager
Ausb.Btl. II	Stockerau-Senningerlager
Ausb.Btl. III	Hollabrunn
Ausb.Btl. IV Offz. u. Uffz. Sch.	Neusiedl/See
Freiw.Ausb.Btl. (span).,	Stockerau-Senningerlager
Art.Ausb.Abt. mit Meß- und Nachr. Zug	Stockerau
Aufkl.Abt.	Stockerau
2 Ausb.Pi.Kpn. (davon eine Inf.Pi.Kp.)	Tulln
Ausb.Fernsprechkp.	Korneuburg
Ausb.Funkkp.	Korneuburg
Ausb.Nachr.Kp.	Korneuburg
Ers.Rgt. mit 1 Marschkp.	Stockerau
Ers.Btl. 369	

Ers.Btl. 373
Ers.Btl. 392
Kroat.Btl. XVII
Freiw.Ers.Btl. (span.)   Hollabrunn
Ers.Kp.d.Deutsch-Arab.Inf.Btls. 845   Lager Zwettl

Panzerbrigade XVII   Wien
Fahrausb. Kdo-Btl.   Großschweinbarth
  2 Pz.Kpn.
  1 Pz.Werkst.Kp.

Pz.Gren.Ers.u.Ausb.Rgt. 82
  Pz.Gren.Ers.u.Ausb.Btl. 2   Mährisch-Weißkirchen
  Pz.Gren.Ers.u.Ausb.Btl. 10   Friedek-Friedberg
  Pz.Gren.Ers.u.Ausb.Kp. 82 (mot)   Mährisch-Weißkirchen
  Pz.Gren.Pi.Ers.u.Ausb.Kp. 82 (mot)   Kremsier
  Pz.Gren.Ers.u.Ausb.Nachr.Kp. 82   Friedek-Friedberg
  Pz.Ers.u.Ausb.Btl. 4 mit Nachr.Zg.   Wien-Mödling
  Pz.Ers.u.Ausb.Btl. 33 mit Nachr.Zg.   St. Pölten
  Pz.Jäg.Ers.u.Ausb.Abt. 17   Freistadt
  Pz.Jg.Ers.u.Ausb.Abt. 48   Cilli

Art.Führer i.W.K. XVII
Art.Ers.u.Ausb.Rgt. 44   Wels
Art.Ers.u.Ausb.Abt. 96   Wels
Art.Ers.u.Ausb.Abt. II/262   Wels
Art.Ers.u.Ausb.Abt. 102 (mot.)   Olmütz
Art.Ers.u.Ausb.Abt. 109 (mot.)   Amstetten
Beob.Ers.u.Ausb.Abt. 44 (mot.)   Olmütz

Landesschützen (Ls) Division z.b.V. 417   Wien
  Ls.Ausb.Btl. II/17   Trifail
  Ls.Ers.Btl. II/17   Znaim
  Ls.Ausb.Btl. I/17   Ung.Hradisch
  Ls.Ers.Btl. I/17   Hainburg/Donau
  Auffangst. 417   Wien-Strebersdorf
  Ls.Btl. 851   Payerbach
  Ls.Btl. 858   Wien
  Ls.Btl. 866 (O)   Wien
  Ls.Btl. 872   St. Pölten
  Ls.Btl. 897   St. Ulrich

Kommandeur der Nachrichtentruppen XVII   Wien
  Nachr.Ers.u.Ausb.Abt. 17   Wien-Breitensee
  Ausb.Kdo.f.Trp.Nachr.Einh.XVII
  Blindenführerhunde-Ers.u.Ausb. Staffel
  N.H.Ausb. Bereitschaft XVII
  Feste Funkstelle Wien   Wien
  Standortfunkstelle Linz   Linz
  Funkstelle Hauskirchen   Hauskirchen
  Feste Brieftaubenstelle   Wien
  Feste Brieftaubenstelle   Mistelbach
  Blindenführerhundestaffel   Dietrichstein
  Werkstatt Ers.u.Ausb.Abt. 17   Eggenburg
  Nachschubkp. 1229 (Kfz)   Inzersdorf

Kraftfahrpark Wien, mit Zweigstellen Krems, Wr. Neustadt, Horn   Wien
Kraftfahrpark Linz, mit Zweigstelle Wels   Linz
Ausb.Werkst.Kp. 117   St. Pölten/Spratzern
Zentr. Ersatzteillager 17
Gleiskettenlager 17 (f. ZgKW)
Waffenprüfstelle 17

Dem Pz.Fz.Kdo. Königsborn — Magdeburg unterstellt
Heerespanzerwerkstatt   Wien, Arsenal
Werkst. Ers.u.Ausb.Abt. 17

Kdo.d. Feldzeugtruppen XVII
Heereszeuganstalt   Wien
Heeresbekleidungsanstalt   Brunn am Gebirge
Heeres Munitionsanstalt   Lundenburg
Heeres Munitionsanstalt   Groß-Mittel
Heeresnebenzeuglager   Wien-Strebersdorf
Heeresnebenzeuglager   Herzogenburg
Heimatfeldzeug Btl.   Wien

5. Ersatznachweiser für den Wehrkreis XVIII

(Stand: 1. März 1945)*

Geb.Jg.Ers.Btl. 136	Wolfsberg
Geb.Jg.Ers.Btl. 139	Klagenfurt
Geb.Jg.Nachr.Ers.u.Ausb.Kp. 139	Klagenfurt
Geb.Jg.Pi.Ers.u.Ausb.Kp. 139	Villach
Pz.Jg.Ers.u.Ausb.Kp. 139	Klagenfurt
I.(Geb)/Art.Ers.u.Ausb.Rgt. 112	Villach
III. (s.mot)/Art.Ers.u.Ausb.Rgt. 112	Villach
Landes Sch.Ers.Btl. I/18	Lienz
Landes Sch.Ers.Btl. II/18	Eberndorf
Geb.Ers.Btl. 319	Veldes
Geb.Jg.Pi.Ers.u.Ausb.Abt. 137	Salzburg
Geb.Jg.Ers.u.Ausb.Btl. 82	Salzburg
Geb.Pi.Ers.u.Ausb.Btl. 82	Salzburg
Geb.San.Ers.u.Ausb.Abt. 18	Saalfelden
Hunde Ers.u.Ausb. Staffel 18	Salzburg
Geb.Jg.Ers.Btl. 138	Leibnitz
Jg.Ers.Btl. 499	Radkersburg
Kraftf. Park Ers.u.Ausb.Abt. 18	Graz
Fahr Ers.u.Ausb.Abt. 18	Graz
Ers.u.Ausb.Btl. (M) 298	Edlingen (Zagorje)
Pz.Jg.Ers.u.Ausb.Abt. 48	Cilli
II. (Geb)/Art.Ers.u.Ausb.Rgt. 112	Marburg
Aufkl.Ers.u.Ausb.Abt. 2	Windischgraz
Geb.Jg.Ers.Btl. 137	Landeck
Geb.Jg.Nachr.Ers.u.Ausb.Kp. 137	Innsbruck
Pz.Jg.Ers.Kp. 137	Innsbruck
Geb.Pi.Ers.u.Ausb.Btl. 83	Schwaz/Tirol
Geb.Fla.Ers.u.Ausb.Abt. 700 (mot)	Hall/Tirol
s.Geb.Jg.Ers.u.Ausb.Btl. XVIII	Kufstein
Geb.Veter.Ers.u.Ausb.Abt. 18	Hall/Tirol
Kraftf.Ers.u.Ausb.Abt. 18	Bregenz
Geb.Nachr.Ers.u.Ausb.Abt. 18	Bludenz

* Zusammenstellung nach Stellv.Gen.Kdo.Ib/Org.Nr. 400/45g.Kdos., vom 1. 3. 1945.-Bundesarchiv/ Militärarchiv Freiburg i.B. WK XVIII/17.

6. Besatzung der Reichsschutzstellung Festungsabschnitt Steiermark Unterabschnitt Nord

(Stand: Ende März 1945)

Kampfabschnitt	Eingesetzte Kampftruppen	Sperrtruppen	Kommandant
Kalch	Einweisungs-Abt.1./1132 (15 Mann) Einweisungs-Abt.4./1132 (16 Mann) V.St.Btl. Murau	Teile des V.St.Btl. Jennersdorf (2.Aufgebot)	Hptm. Zühlke
Raabtal	Zollgrenzschutzkompanie Jennersdorf (ca. 60—70 Mann) Einweisungs-Abt.2./1132 (12 Mann) Einweisungs-Abt.3./1132 (12 Mann) Flakkampfgruppe III./10957 Rax Ausbilder der Geb.Pz.Jg.Ausb.Kp.137 (10 Mann) mit 2 Pak V.St.Btl. Feldbach V.St.Btl. Graz Land V.St.Btl. Liezen	2 Züge Sperrpioniere und Teile des V.St.Btl. Jennersdorf (2. Aufgebot)	Hptm. Lepin
Lafnitztal	Zollgrenzschutzkompanie Heiligenkreuz (ca. 60—70 Mann) Einweisungs-Abt.1./1133 Bau Pi.Kp.4/730 (mit 20 Deutschen, Rest Letten) Flakkampfgruppe I./10957 Eltendorf mit 2 Gesch. 8,8cm Flakkampfgruppe II./10957 Poppendorf mit 2 Gesch. 8,8cm V.St.Btl. Fürstenfeld V.St.Btl. Mürzzuschlag	V.St.Kp. Heiligenkreuz (2. Aufgebot) Bau Pi.Kp.4./730 (Letten)	Lt. Gielleler
Güssing	Zollgrenzschutzkompanie Güssing (ca. 60—70 Mann) Einweisungs-Abt.3./1133 (12 Mann) Einweisungs-Abt.2./1133 (12 Mann)	1 Zug Sperr-Pioniere V.St.Kp.31/46/3 V.St.Kp.31/46/2	Hptm. Jung
Kohfidisch	3.Kp./Bau Pi.Btl. 730 (2 Züge) Zollgrenzschutzkompanie Eberau (ca. 60 Mann) Einweisungs-Abt.4./1130 (12 Mann) V.St.Btl. Weiz 31/201	Teile V.St.Kp. 31/184/4 (2. Aufgebot) V.St.Kp. 31/46/3 (2. Aufgebot)	Oblt. Groß
Rechnitz	1.Kp./Bau Pi.Btl.730 (2 Züge) 2.Kp./Bau Pi.Btl.730 (2 Züge) Zollgrenzschutzkompanie Rechnitz (ca. 60 Mann) Flakkampfgruppe I./10/XVII bei Dürn- bach mit 2 Gesch. 8,8cm, 3 Gesch. 3,7cm Flakkampfgruppe II./10/XVII Hannersdorf mit 2 Gesch. 8,8cm, 3 Gesch. 3,7cm Flakkampfgruppe III./10/XVII Neuhodis mit 2 Gesch. 8,8cm, 3 Gesch. 3,7cm V.St.Btl. Oberwart 31/181 V.St.Btl. Bruck/M. 31/1 V.St.Btl. Leoben 31/131	1 Sperrzug des Bau Pi.Btl. 730 und V.St.Btl. 31/185 (2. Aufgebot)	Hptm. Osterroth

7. Besatzung der Reichsschutzstellung Festungsabschnitt Niederdonau

(Stand: Ende März 1945)

Kampfabschnitt	Einheiten	in Zuführung
Köszeg (Güns)	1 Einweisungs-Abt. 47 Mann Zollwache 500 Ungarn Ortskommandantur I./453 V.St.Btl. Lilienfeld	2.Kp.I./133
Nikitsch	1 Einweisungs-Abt. 2 Kp (Troß) Pz.Gren. Rgt. 6 K.Gr. Mittelmaier 2 2cm Selbstfahrlaf. 2 Pak Gr.W. (12.SS-Pz.Div.) 1 Kp.I./133 180 Mann Zollwache Honvéd Inf.Rgt. 26 (?) V.St.Btl. Wr. Neustadt	
Kópháza (Kohlnhof)	Pi.Ausb.Kp.130 1 ung. Abteilung 1 Kp.Zollwache 2 Zge Pi.Btl.552 V.St.Btl.Neunkirchen	Tle I./133 Tle II./130
Mörbisch	V.St.Btl.Tulln	
Neusiedl a. See	V.St.Btl.Baden	
Parndorf	V.St.Btl.Melk	
Prellenkirchen	V.St.Btl.Krems	

8. Kriegsgliederung und Stellenbesetzung der Heeresgruppe Süd
(Stand: 1. April 1945)

Oberbefehlshaber: General der Infanterie Otto Wöhler
   Chef des Generalstabes: Generalleutnant Heinz v. Gyldenfeldt
   Ia (1. Generalstabsoffizier): Oberstleutnant i. G. Bang
   Ic (Feindnachrichten u. Abwehr): Oberstleutnant i. G. Nette
   Id (Ausbildung): Major i. G. Schultzendorff
   Oberquartiermeister: Oberst i. G. Klasing
   General d. Pioniere: Generalleutnant Meyer
   Stabsoffizier d. Artillerie: Oberst v. Scotti
   Chef d. Transportwesens: Oberstleutnant i. G. v. Rieben

2. Panzer-Armee (Gen.d.Art.Maximilian de Angelis; Chef d.Gen.St.: Oberst i.G. Graf Nostitz) K.Gr.v.Rudno Stu.Btl.Pz.AOK 2 1 Pi.Btl. 1 Pi.Spähzug Pi.Btl.(mot) 41 1 Rgt. 16.SS-Pz.Gren.D.	LXVIII.A.K. (Gen.d.Geb.Tr. Rudolf Konrad)	71.Inf.D. ung.Rgt.Bakony ung.Fest.I.B. 274, 213 A.A. 118.Jg.D. 1 Btl.118.Jg.D.
		4.Kav.D.
		13.SS-Geb.D. „Handschar" ung.Fest. MG Btl. 215, 218
	XXII.Geb.A.K. (Gen.d.Geb.Tr. Hubert Lanz)	118.Jg.D. ung.Fest.I.B. 211
		Div.Szent László
		K.Gr.16.SS-Pz.Gren.D. 3 Btl.Pol.Rgt. 6 Fest.I.B. 1110 ung.A.A. 24 ung.Fest.MG Btl. 216 Fest I.B. 1011 ung.Fest.I.B. 212 ung.Gend.Btl.
		K.Gr.9.SS-Pz.D.

	I.Kav.K.
	(Gen.d.Kav.
	Gustav Harteneck)
	  Pz.Zug 18
	  ung.St.G.Abt. 20
	  Sperr Vbd.Steyrer
	
	Fest.I.Stb.35 u. 37
	K.Gr. „H.u.D."
	F.E.Btl.1.V.Geb.D.
	Pz.Abt.16.SS-Pz.D.
	Fest.Pak Kp.11/IX
	Fest.Pak Kp.12/IX
	II.ung.A.K.
		297.Inf.D.
		verst.A.A.16.SS-Pz.D.
		Korück 582

		23.Pz.D. 25.ung.J.D. (o. 1 Rgt.) 2 Btl. 20. ung.I.D. Rest Div.Szent László
		K.Gr. 44.R.Gren.D. „H.u.D."
		14.SS-Pz.Gren.D.
		3.Kav.D. 1 Rgt. 25.ung.Inf.D. A.A.25.ung.Inf.D. 1 ung. Hetzer Abt.
		117.Jg.D.

6. Armee (Gen.d.Pz.Tr. Hermann Balck; Chef d.Gen.St.: Gen.Mj. Gaedcke)	IV.SS-Pz.K. (SS-Obergruppenführer Herbert Gille) Fest.Pak Vbd. IX o.2 Kpn.	K.Gr.1.Pz.D. Stu.Pz.Abt.219 Pz.Flamm Kp.351
		K.Gr.3.Pz.D.
		K.Gr.5.SS-Pz.D. Btl.Norge
	III.Pz.K. (Gen.d.Pz.Tr. Hermann Breith) V.Werfer Br. 17 u. 19 St.Art.Br.303 H.Art.Abt.171 Tiger Abt.509	K.Gr.Gottwald Btl.Büttner(?), Al. Einh. V.W.Rgt.24 Beob.Abt.34, V.St. F.E.Btl.75 (1.Pz.D.)
		K.Gr.Siegers Geb.E.u.A.Btl.Graz Geb.Jg.Al.Einh. Al.Einh.V.W.Rgt.24, V.St.
		K.Gr.Schweitzer SS-E.u.A.Btl.Graz SS-Rgt.Ney
		K.Gr.Korück 593 Gren.Btl.Büttner (?) Geb.E.u.A.Btl.Graz SS-E.u.A.Btl.Graz
		1.Volks-Geb.D. Unt.Stb.Nord 7 ung.Fest.Btl. F.E.Btl.1.u.3.Pz.D. Tle.SS-Rgt.Ney
6. Panzer-Armee (SS-Oberstgruppenführer Sepp Dietrich; Chef d.Gen.St.: SS-Gruppenführer Kraemer) AOK 1.ung.A. Rest 2.ung.Pz.D. Rest 1.ung.Kav.D.	I.SS-Pz.K. (SS-Brigadeführer Hermann Priess) Fhj.S.Wr.Neustadt 1 Rgt.37.SS-Kav.D. V.Art.Kps.403 H.Art.Br.959	K.Gr.1.SS-Pz.D.
		K.Gr.3.SS-Pz.D. K.Gr.232.(Ausb.)Pz.D. K.Gr.2.ung.Pz.D. 1 Btl.20.ung.Inf.D. Btl.Danmark 1 Btl.SS-Rgt.Ney
		K.Gr.12.SS-Pz.D.
		K.Gr.356.Inf.D.
	II.SS-Pz.K. (SS-Obergruppenführer Wilhelm Bittrich) H.Btl.587 Gren.Btl.I./133 Pz.Zerst.Btl.587, 130 Inf.Na.Kp.130, 557 Gren.Btl.230 s.Btl.557, I/486 Jg.Btl.II./482 H.Flak A.Abt.277 Art.A.Abt.96 Art.A.Abt.III/265 1.E.u.A.Btl.II./412 1.ung.Geb.Br.	2.SS-Pz.D. A.A.1.Pz.D.
		6.Pz.D. A.A.2.SS-Pz.D. A.A.9.SS-Pz.D.

		K.Gr.711.Inf.D.

8. Armee
(Gen.d.Geb.Tr.
Hans Kreysing;
Chef d.Gen.St.:
Gen.Mj.Klotz)
 	
Stu.G.Br.325
Stu.Art.Br.239
	XXXXIII.A.K.
	(Gen.d.Geb.Tr.
	Kurt Versock)
		96.Inf.D.
		  Gr.Ameiser
		    1 Rgt.37.SS-Kav.D.
		    M.G.Btl.Mark
		    1 Btl.6.Pz.D.
		    1 ung.Btl.
		    Rst.711.Inf.D.

		13.Pz.D.

	Panzerkorps
	"Feldherrnhalle"
	(Gen.d.Pz.Tr.
	Ulrich Kleemann)
	Pz.D."FH" 2
	Tle.182.Inf.D.
	H.Pz.Jg.Abt.721
	St.G.Abt.228
	s.Pz.Jg.Abt.662
		K.Gr.211.V.Gren.D.
		  1 Btl. "FH" 2
		  Pz.Jg.Abt. "FH" 2
		  2 Btl.711.Inf.D.
		Pz.D. "Feldherrnhalle" 1
		  I./166 ("FH" 2)
		  Tle.182.Inf.D.

		46.V.Gren.D.
		  3 Btl.20.ung.Inf.D.
		  Stu.Gesch.Br.286

	LXXII.A.K.
	H.Pi.Br.52
		357.Inf.D.
		  MG Btl.404
		  Füs.Btl.271.V.Gren.D.
		  Tle.182.Inf.D.

		153.Inf.D.

		K.Gr.271.V.Gren.D.
		  L.S.Btl.917
		  L.S.Btl.876

	XXIX.A.K.
	ung.Neb.Werfer
	Abt.151
		8.Jg.D.
		  Sich.Btl.1003
		  Sich.Btl.465
		  1 MG Btl.

		K.Gr.76.Inf.D. A.A.8.Jg.D.

		Div.Gr.101.Jg.D.
		  1 Rgt.15.Inf.D.
		  2 Btl.15.Inf.D.
		  MG Btl.429

		Div.Gr.15.Inf.D.
		  24.ung.D.
		  2 Btl.5.ung.Ers.D.
		  A.A.101.Jg.D.
		  F.E.Btl.101.Jg.D.
		  Stu.Btl.AOK 8

9. Kriegsgliederung und Stellenbesetzung der 3. Ukrainischen Front
(Stand: 1. April 1945)

Truppenbefehlshaber: Marschall d.SU. F.I.Tolbuchin
  Mitglieder d. Kriegsrates: Generaloberst A.S. Želtov
                               Generalmajor V.M. Lajok
    Chef des Stabes: Generalleutnant S.P. Ivanov
    Chef der polit.Verwaltung: Generalleutnant I.A. Anošin
    Chef operat. Führung: Generalleutnant A.P. Tarasov
    Chef Aufkl.: Generalmajor A.S. Rogov
    Kommandant Art.: Generaloberst M.I. Nedelin
    Kommandant Pz.u.mech.Tr.: Generalleutnant F.V. Suchoručkin
    Kommandant Tel.: Generalleutnant J.F. Korolev
    Kommandant Pion.: Generaloberst L.Z. Kotljar

Auf Zusammenarbeit angewiesen:
Kommandant der 17. Luftarmee: Generaloberst V.A. Sudec
  Chef d. Stabes: Generalleutnant N.M. Korsakov
Kommandant der Donauflottille: Konteradmiral G.N. Cholostjakov
  Chef d. Stabes: Kapitän 1. Ranges A.V. Sverdlov

Direkt unterstellt oder Frontreserve
                    1059. St.G.Rgt.
                    1057. St.G.Rgt.
                    1068. St.G.Rgt.
                    1441. St.G.Rgt.
                    1953. St.G.Rgt.

1.bulg.Armee (Gen.Lt.V.Stojčev, Mitgl.d.Kriegsrates Gen.Mj.Š.Atanosov, Chef d.St.Obst.P. Chadživanov)	III.bulg.S.K. (Gen.Lt.T.Tošev) IV.bulg.S.K. (Gen.Lt.S. Trendafilov)	
57.Armee (Generaloberst M.N. Šarochin, Mitgl.d. Kriegsrates Gen.Mj. L.P.Bočarov, Chef d.St.Gen.Mj. P.M.Vercholovič)	VI.Gd.S.K. (Gen.Mj.N.M. Drejer) ? 299.S.D.	20.Gd.S.D. 61.Gd.S.D. 113.S.D. 864.St.G.Rgt.
	LXIV.S.K. (Gen.Lt.I.K. Kravcov)	10.Gd.LL.D. 73.Gd.S.D. 104.S.D. 32.Gd.mech.Br. 52.Pz.Rgt.
	CXXXIII.S.K. (Gen.Mj.P.A. Artjušenko)	84.S.D. 122.S.D.

	XVIII.Pz.K. (Gen.Lt.P.D. Govorunenko)	110.Pz.Br. 170.Pz.Br. 181.Pz.Br. 32.mech.Br. 1438., 1453., 1479., 1894.St.G.Rgt.
27. Armee (Generaloberst S.G. Trofimenko, Mitgl.d. Kriegsrates Gen.Mj. P.V.Sevast'janov, Chef d.St.Gen.Mj. G.M.Bragin)	V.Gd.Kav.K. (Gen.Lt.S.I. Gorškov)	11.Gd.Kav.D. 12.Gd.Kav.D. 63.Kav.D. 57., 60., 71.Pz.Rgt. 150.Gd., 1896.St.G.Rgt.
	XXXV.Gd.S.K. (Gen.Lt.S.G. Gorjačev)	78.S.D. 163.S.D. 202.S.D. 1691.St.G.Rgt.
	XXXIII.S.K. (Gen.Mj.A.I. Semenov)	337.S.D. 206.S.D. 3.Gd.LL.D.
	XXXVII.S.K. (Gen.Mj.F.S. Kolčuk)	108.Gd.S.D. 316.S.D. 320.S.D. 1011.St.G.Rgt.
26.Armee (Generalleutnant N.A. Gagen, Mitgl.d. Kriegsrates Gen.Mj. V.I.Družinin,Chef d.St.Gen.Mj.B.A.Fomin) LXXV.S.K.	CXXXV.S.K. (Gen.Mj.I.V. Gnedin)	74.S.D. 151.S.D. 155.S.D.
	XXX.S.K. (Gen.Mj.G.S. Laz'ko)	36.Gd.S.D. 68.Gd.S.D. 74.S.D.
	CIV.S.K. (?)	66. Gd.S.D. 93.S.D. 233.S.D.
9.Garde-Armee (Generaloberst V.V. Glagolev, Mitgl.d. Kriegsrates Gen.Lt. G.P.Gromov, Chef d. St.Gen.Mj. S.E. Roždestvenskij)	XXXVII.Gd.S.K. (Gen.Lt.P.V. Mironov)	98.Gd.S.D. 99.Gd.S.D. 103.Gd.S.D.
	XXXVIII.Gd.S.K. (Gen.Lt.A.I. Utvenko)	104.Gd.S.D. 105.Gd.S.D. 106.Gd.S.D.
	XXXIX.Gd.S.K. (Gen.Lt.M.F. Tichonov)	100.Gd.S.D. 107.Gd.S.D. 114.Gd.S.D.

		20.Gd.Pz.Br. 21.Gd.Pz.Br. 22.Gd.Pz.Br. 6.Gd.mech.Br. 48.Gd.Pz.D.Rgt. 1458., 1462., 1484.St.G.Rgt.
6.Garde-Panzer-Armee (Generaloberst A.G. Kravčenko, Mitgl.d. Kriegsrates Gen.Mj. G.L.Tumanjan, Chef d.St.Gen.Mj.A.I. Štromberg) ? 6.St.G.Br.	V.Gd.Pz.K. (Gen.Mj.M.I. Savel'ev)	
	IX.Gd.mech.K. (Gen.Lt.M.V. Volkov)	18.Gd.mech.Br. 30.Gd.mech.Br. 31.Gd.mech.Br. 46.Gd.Pz.Br. 83., 84., 85.Gd., 252.Pz.Rgt.
4.Garde-Armee (Generaloberst N.D. Zachvataev, Mitgl.d. Kriegsrates Oberst D.T.Šepilov, Chef d.St.Gen.Mj.K.N. Derevjanko) 18., 30., 1202 St.G.Rgt.	XX.Gd.S.K. (Gen.Mj.N.I. Birjukov)	5.Gd.LL.Div. 7.Gd.LL.Div. 80.Gd.S.D.
	XXI.Gd.S.K. (Gen.Mj.S.A. Kozak)	69.Gd.S.D. 62.Gd.S.D. 41.Gd.S.D.(?)
	XXXI.Gd.S.K. (Gen.Mj.S.A. Bobruk)	4.Gd.S.D. 40.Gd.S.D. 34.Gd.S.D.
	I.Gd.mech.K. (Gen.Lt.I.N. Russijanov)	1.Gd.mech.Br. 2.Gd.mech.Br. 3.Gd.mech.Br. 9.Gd.Pz.Br. 207.Pi.Br. 17., 18., 19., 20.Gd.Pz.Rgt. 1544.St.G.Rgt.

10. Kriegsgliederung und Stellenbesetzung der 2. Ukrainischen Front
(Stand: 1. Mai 1945)

Truppenbefehlshaber: Marschall d.SU. R.Ja.Malinovskij
  Mitglieder des Kriegsrates: Generalleutnant A.N. Tevčenkov
                                Generalleutnant M.M. Stachurskij
  Chef des Stabes: Generaloberst M.V. Zacharov
  Chef der polit. Verwaltung: Generalmajor K.A. Zykov
  Chef operat. Führung: Generalmajor N.O. Pavlovskij
  Chef Aufkl.: Generalmajor F.F. Povetkin
  Kommandant Art.: Generaloberst N.S. Fomin
  Kommandant Pz.u.mech.Tr.: Generaloberst A.V. Kurkin
  Kommandant Tel.: Generalleutnant A.I. Leonov
  Kommandant Pion.: Generalleutnant A.D. Cirlin

Auf Zusammenarbeit angewiesen:
Kommandant der 5. Luftarmee: Generaloberst S.K. Gorjunov
  Chef des Stabes: Generalleutnant N.G. Seleznev
Kommandant der Donauflottille: Konteradmiral G.N. Cholostjakov
  Chef des Stabes: Kapitän 1. Ranges A.V. Sverdlov

Direkt unterstellt oder Frontreserve
  208. St.G.Br.
  2. Pz.Jg.Br.
  26. Art.D.
  1059. St.G.Rgt.
  1067. St.G.Rgt.
  1068. St.G.Rgt.

13.Gd.mech.Br. 14.Gd.mech.Br. 15.Gd.mech.Br. 36.Gd.Pz.Br. 252.Gd., 1828.St.G.Rgt.	IV.Gd.mech.K.
3. Pz.Br. 39.Pz.Br. 135.Pz.Br. 56.mech.Br. 1453.St.G.Rgt.	XXIII.Pz.K.

4.rum.Armee (Gen.N.Déskéleski)		
40.Armee (Gen.Lt.F.F.Žmačenko)		
1.rum.Armee (Gen.V.Atanasiu)		
53.Armee (Gen.Lt.I.M.Managarov, Mitgl.d.Kriegsrates Gen.Lt.P.I.Gorochov, Chef.d.Stabes Gen.Mj. A.E.Jakovlev) 7.Art.D. 11.Art.D. 31.Pz.Jg.Br. 30.Art.D.	L.S.K. (Gen.Mj.N.T. Tavartkiladze)	6.S.D. 42.Gd.S.D. 243.S.D.
	XXXIX.S.K.(?)	227.S.D. 228.S.D.
	XVIII.Gd.S.K. (Gen.Mj.I.M. Afonin)	52.S.D. 109.Gd.S.D. 317.S.D.
1.Garde-Kavallerie- mechanisierte Gruppe (Gen.Lt.I.A.Pliev, Mitgl.d.Kriegsrates Obst.I.F.Griščenko, Chef d.Stabes Gen.Mj. N.A.Pičugin)	VII.mech.K. (Gen.Mj.F.G. Katkov)	16.mech.Br. 63.mech.Br. 64.mech.Br. 41.Gd.Pz.Br. 84., 177., 337., 240.Pz.Rgt. 1440., 1821.St.G.Rgt.
	VI.Gd.Kav.K. (Gen.Mj.I.F.Kuc)	8.Kav.D. 8.Gd.Kav.D. 13.Gd.Kav.D. 136., 154., 250.Pz.Rgt. 1813.St.G.Rgt.
	IV.Gd.Kav.K. (Gen.Lt.F.V. Kamkov)	9.Gd.Kav.D. 10.Gd.Kav.D. 30.Kav.D. 128., 134., 151.Pz.Rgt. 1815.St.G.Rgt.
6.Garde-Panzer-Armee (Gen.Obst.A.G. Kravčenko,Mitgl.d.Kriegsrates Gen.Lt.G.L.Tumanjan, Chef d.Stabes Gen.Lt. A.I.Štromberg) 6.St.G.Br. 1484.St.G.Rgt.	IX.Gd.mech.K. (Gen.Lt.M.V. Volkov)	18.Gd.mech.Br. 30.Gd.mech.Br. 31.Gd.mech.Br. 46.Gd.Pz.Br. 83., 84., 85.Gd. 252.Pz.Rgt.
	II.Gd.mech.K. (Gen.Lt.K.V. Sviridov)	4.Gd.mech.Br. 5.Gd.mech.Br. 6.Gd.mech.Br. 37.Gd.Pz.Br. 22., 23., 24., 25.Gd.Pz.Rgt. 251.Gd.St.G.Rgt.
	V.Gd.Pz.K. (Gen.Lt.M.I. Savel'ev)	20.Gd.Pz.Br. 21.Gd.Pz.Br. 22.Gd.Pz.Br. 6.Gd.mech.Br. 48.Gd.Pz.D.Rgt. 1458., 1462.St.G.Rgt.

7.Garde-Armee (Gen.Obst.M.S.Šumilov, Mitgl.d.Kriegsrates Gen.Mj.A.V.Muchin, Chef d.Stabes Gen.Mj. G.S.Lukin) 5.Art.D. 16.Art.D. 27.Gd.Pz.Br. ? 43.Pz.Rgt.	XXVII.Gd.S.K. (Gen.Mj.A.I. Losev)	93.Gd.S.D. 141.S.D. 375.S.D.
	XXV.Gd.S.K. (Gen.Lt.F.A. Ostašenko)	4.Gd.LL.D. 25.Gd.S.D. 409.S.D.
	XXIV.Gd.S.K. (Gen.Mj.A.Ja. Kruze)	6.Gd.LL.D. 72.Gd.S.D. 81.Gd.S.D. 303.S.D.
46.Armee (Gen.Lt.A.V.Petruševskij, Mitgl.d.Kriegsrates Gen.Lt.P.G.Konovalov, Chef d.Stabes Gen.Mj. M.Ja.Birman) 5.Gd.Art.D. 22.Art.D. 83.Mar.Br. 1505.St.G.Rgt.	? LXXV.S.K. (Gen.Mj.A.Z. Akimenko)	223.S.D.
	LXVIII.S.K. (Gen.Mj.N.N. Škodunovič)	53.S.D. 59.Gd.S.D. 297.S.D.
	XXIII.S.K. (Gen.Mj.M.F. Grigorovič)	19.S.D. 99.S.D. 252.S.D.
	X.Gd.S.K. (Gen.Lt.I.A. Rubanjuk)	49.Gd.S.D. 86.Gd.S.D. 180.S.D.

11. Gliederung und Stellenbesetzung der deutschen 1. und der 19. Armee

(Stand: 30. April 1945)

	Korpsgruppe Bork (Gen.Lt.Max Bork)	Div.Gr.Hassenstein Ers.u.Ausb.Div.467
1.Armee (Gen.d.Inf.Hermann Foertsch m.d.F.b., Chef d.Gen.Stabes: Gen.Mj.Wolfgang Hauser)	LXXXII.A.K. (Gen.Lt.Theodor Tolsdorff)	36.Volks-Gren.D. 416.Volks-Gren.D.
	XIII.SS-A.K. (SS-Gruppenführer Max Simon)	38.SS-Pz.Gren.D. 2.Geb.D. K.Gr.v.Hobe 352.Volks-Gren.D. Flak-Rgt.42
	XIII.A.K. (Gen.d.Inf.Walther Hahm)	K.Gr.Buddenbrock 17.SS-Pz.Gren.D.
	K.Gr.v.Hengl	
19.Armee (Gen.d.Pz.Tr. Erich Brandenberger, Chef d.Gen.Stabes: Oberst Kurt Brandstätter)	AOK 24 (Gen.d.Inf.Hans Schmidt, Chef d.Stabes: Obstlt.i.G. d.Res.Seitzinger)	405.E.u.A.D. 465.E.u.A.D.
	LXIV.A.K. (Gen.Lt.Hans Friebe m.d.F.b.)	47.Volks-Gren.D. 257.Volks-Gren.D.

12. Gliederung und Stellenbesetzung der alliierten 6. Armeegruppe sowie der 3. Armee der 12. Armeegruppe

(Stand: 30. April 1945)

Oberbefehlshaber der 6. Armeegruppe: General Jacob L. Devers
Chef des Stabes: Generalmajor David G. Barr
13. Luftlande-Division (in Reserve)

7.Armee (Gen.Lt.Alexander M.Patch, Chef d.Stabes: Gen.Mj. Arthur A.White)	VI.US-Korps (Gen.Mj.Edward H.Brooks)	10.Pz.D. 44.Inf.D. 103.Inf.D. 101.Luftlande D.
	XXI.US-Korps (Gen.Mj.Frank W.Milburn)	12.Pz.D. 2.frz.Pz.D. 4.Inf.D. 36.Inf.D.
	XV.US-Korps (Gen.Mj.Wade H.Haislip)	20.Pz.D. 106.Kav.Gr. 3.Inf.D. 42.Inf.D. 45.Inf.D.
1.französische Armee (Gen.Jean de Lattre de Tassigny, Chef d.Stabes: Oberst Demetz) 27.Geb.D. 10.Inf.D.	I.franz.Korps (Gen.Lt.Emile Marie Béthouart)	1.Pz.D. 5.Pz.D. 4.marokk.Geb.D. 2.marokk.Inf.D.
	II.franz.Korps (Gen.Lt.Goislard de Montsabert)	14.Inf.D. 3.alg.Inf.D. 9.Kolonial-Inf.D. 1.Inf.D. (territ.)

3.Armee (Gen.George S.Patton, Chef d.Stabes: Gen.Mj. Hobart R.Gay) 16.Pz.D. 70.Inf.D. 474.Inf.Rgt.	III.US-Korps (Gen.Mj.James A. Van Fleet)	14.Pz.D. 86.Inf.D. 99.Inf.D.
	XX.US-Korps (Gen.Lt.Walton H. Walker)	13.Pz.D. 3.Kav.Grp. 65.Inf.D. 71.Inf.D. 80.Inf.D.
	XII.US-Korps (Gen.Mj.S.LeRoy Irwin)	11.Pz.D. 5.Inf.D. 26.Inf.D. 90.Inf.D.

13. Kriegsgliederung der Heeresgruppe E
(Stand: 7. Mai 1945)

Oberbefehlshaber: Generaloberst Alexander Löhr
Chef des Generalstabes: Generalmajor Erich Schmidt-Richberg

	XXXIV. A. K. (Gen.d. Fl. Felmy)	
	LXXXXVII. A. K. (Gen.d.Geb.Tr. Kübler)	237.Inf.D. 188.Geb.D. Reste 392.kroat.D.
	Stab Freiwilligen- Korps (serb.) (Gen.Musicki)	
	LXXXXI.A.K. z.b.V. (Gen.d.Inf. v.Erdmannsdorf)	104.Jg.D. 13.kroat.D. 4.kroat.D.
	XV.Geb.Korps (Gen.d.Pz.Tr. Fehn)	15.kroat.D. 373.kroat.D. Sich.Rgt.639 41.Inf.D.
	LXIX.A.K.z.b.V. (Gen.d.Inf. Auleb)	3.kroat.D. 181.Inf.D. 7.SS-Geb.D.„Prinz Eugen" 8.kroat.Geb.D. 7.kroat.Geb.D.
	XXI.Geb.Korps (Gen.Lt. v.Ludwiger)	9.kroat.D. 369.kroat.D. 1.kroat.Sturm-D.
	XV.SS-Kos.Kav.Korps (Gen.Lt.Helmuth v.Pannwitz)	22.V.Gren.D. 11.Lw.Feld-D. 1.Kos.Kav.D. 2.Kos.Kav.D.
2.Panzer-Armee (Gen.d.Art. Maximilian de Angelis)	LXVIII.A.K. (Gen.d.Geb.Tr. Rudolf Konrad)	71.Inf.D. Reste 13.SS-Geb.D. „Handschar" 118.Jg.D.
	XXII.Geb.K. (Gen.d.Geb.Tr. Hubert Lanz)	Div.„Szent László" (ung.) 297.Inf.D.
	I.Kav.K. (Gen.d.K. Gustav Harteneck)	23.Pz.D. 4.Kav.D. 16.SS-Pz.Gren.D.„RF SS" 3.Kav.D.

Bibliographie

Aichinger, Wilfried, Sowjetische Österreichpolitik 1943—1945, phil. Diss. (Wien 1977).

Alekseev, M., Zaveršajuščaja kampanija Velikoj Otečestvennoj vojiny v Evrope. In: Voenno-istoričeskij žurnal (Moskau 1966), Nr. 5.

Allmayer-Beck, Joh. Christoph, Die Österreicher im Zweiten Weltkrieg. In: Unser Heer. 300 Jahre österreichisches Soldatentum in Krieg und Frieden (Wien 1963).

Andrjuščenko, Sergej A., A Duna hullámai. In: Hadtörténelmi Köszlemények (Budapest), Nrn 4/1965 und 1/1966.

Derselbe, Načinali my na Slavutiče . . . (Moskau 1979).

Anfänge westdeutscher Sicherheitspolitik 1945—1956, Bd. 1: Von der Kapitulation bis zum Pleven-—Plan (München 1982).

Anošin, I., V bojach za Venu. In: Krasnaja zvezda (Moskau), 12. April 1970.

Antonov, V., Boi za stolicu Avstrii. In: Izvestija (Moskau), 14. April 1945.

Bader, William B., Austria Between East and West 1945—1955 (Stanford 1966).

Balck, Hermann, Ordnung im Chaos, 2. Aufl. (Osnabrück 1981).

Banny, Leopold, Krieg im Burgenland, Bd. 1: Warten auf den Feuersturm (Eisenstadt 1983).

Bantea, Eugen — Nicolae, Constantin, Podil rumunské armády na osvobozováni Československa. In: Historie a vojenstvi (Prag 1970), Nr. 2.

Bauer, Eddy, Der Panzerkrieg. Die wichtigsten Panzeroperationen des Zweiten Weltkriegs in Europa und Afrika, 2 Bde. (Bonn 1965).

Bauer, Manfred, Der Bombenabwurf in Feldkirch 1943 und die Luftkämpfe in der Schweiz. In: Kulturinformationen Vorarlberger Oberland (Feldkirch), Nr. 1/1984.

Baum, Walter, Der Zusammenbruch der obersten deutschen militärischen Führung 1945. In: Wehrwissenschaftliche Rundschau. Zeitschrift für die europäische Sicherheit, hrsg. vom Arbeitskreis für Wehrforschung (Berlin 1960), Nr. 5.

Bayer, Hanns, Die Kavallerie der Waffen-SS (Heidelberg 1980).

Beleckij, V. I., Sovjetskij Sojuz i Avstrija. Bor'ba Sovetskogo Sojuza za vozroždenie nezavisimosti demokratičeskoj Avstrii i ustanovlenie s nej družeskich otnešenij (1938—1960 gg.), (Moskau 1962).

Béthouart, General Emile-Marie, Die Schlacht um Österreich (Wien 1967).

Biack, Otto — Kerschbaumer, Anton, Geschichte der Stadt Tulln (Tulln 1966).

Bilanz des zweiten Weltkriegs. Erkenntnisse und Verpflichtungen für die Zukunft (Oldenburg 1953).

Birjukov, N. I., Trudnaja nauka pobeždat' (Moskau 1968).

Böhme, Kurt W., Die deutschen Kriegsgefangenen in Jugoslawien 1941—1949, Bd. I/1 (München 1962).

Derselbe, Die deutschen Kriegsgefangenen in sowjetischer Hand. Eine Bilanz (= Zur Geschichte der deutschen Kriegsgefangenen des zweiten Weltkrieges, herausg. v. E. Maschke, Bd. VII, München 1966).

Braham, Randolph L., The Destruction of Hungarian Jewry. A documentary account, 2 Bde (New York 1963).

Brajovič, Petar, Četvrta operativna zona NOV i PO Slovenije u završnim operacijama 1945. godine. In: Vojnoistorijski glasnik (Belgrad 1964), Nr. 3.

Broda, Christian, Ried im Innkreis, Mai 1945. In: Zeitgeschichte, Mai 1975.

Brunner, Waltraud, Das Deutsche Eigentum und das Ringen um den österreichischen Staatsvertrag 1945—1955, phil. Diss. (Wien 1976).

Brunon, Jean — Manue, Georges R. — Carles, Pierre, Le Livre d' Or de la Légion Étrangère (1831—1976), (Paris 1976).

Butler, Sir James — Franklan, Noble, The Strategic Air Offensive Against Germany, 4 Bde (History of World War II, ed. by J. R. M. Butler, London 1961).

Chadžiivanov, Petär: Dejstvijata na sbornija konen polk prez vtorija period na Otečestvenata Vojna 1944—1945 g. In: Izvestija na voennoistoričeskoto naučno družestvo (Sofia 1967), Nr. 3.

Cholpov, Georgij, Glavnyj most. In: Pravda (Moskau), 22. März 1970.

Churchill, Sir Winston S., Der zweite Weltkrieg, Bde 5 und 6 (Bern 1953/54).

Clark, Mark W., Mein Weg von Algier nach Wien (Velden a. W. 1954).

Cole, Hugh M., The Ardennes. Battle of the Bulge (= United States Army in World War II, Washington 1965).

Correspondence between the Chairman of the Council of Ministers of the U.S.S.R. and the U.S.A. and the Prime Ministers of Great Britain during the Great Patriotic War of 1941—1945, 2 Bde (Moskau 1957).

Craven, Wesley F. — Cate, James L., The Army Air Forces in War II, 6 Bde (Chicago 1948—1958).

Czesany, Maximilian, Nie wieder Krieg gegen die Zivilbevölkerung (Graz 1961).

Dahms, Hellmuth Günther, Die Geschichte des Zweiten Weltkrieges (München 1983).

Dallin, David J., Stalin, Renner und Tito. Österreich zwischen drohender Sowjetisierung und den jugoslawischen Gebietsansprüchen im Frühjahr 1945. In: Europa-Archiv (Bonn 1958), Nr. 13.

Dálnoki-Veress, Lajos, Magyarország honvédelme a II világháboru elött és alatt 1920—1945 (München 1974).

Das Buch des Österreichischen Heimkehrers, herausg. vom Bundesministerium für Inneres (Wien 1949).

De Gaulle, Charles, Memoiren 1942—1946 (Gütersloh o. J.).

Der Luftkrieg über Deutschland 1939—1945. Deutsche Berichte und Pressestimmen des neutralen Auslands (München 1963).

Deutschlands Rüstung im Zweiten Weltkrieg. Hitlers Konferenzen mit Albert Speer 1942 bis 1945, herausg. von Willi A. Boelcke (Frankfurt/M. 1969).

Diakow, Jaromir, Generaloberst Alexander Löhr (Freiburg i. B. 1964).

Die Bevölkerungsverluste Österreichs während des Zweiten Weltkriegs. In: Österreichische Militärische Zeitschrift 3/1974.

Die 44. Infanterie-Division. Tagebuch der Hoch- und Deutschmeister, herausg. vom Kameradschaftsbund der 44. I. D. (Wien 1969).

Die Wahrheit über Schloß Itter. In: Mitteilungen des Bundes der Tiroler Freiheitskämpfer (Innsbruck 1949), Nr. 1.

Dobiš, P. G., Staatspräsident Josef Tito in Oberösterreich, 3. Aufl. (Linz 1982).

Dollinger, Hans, Die letzten hundert Tage (München 1965).

Duić, Mario, Die Verteidigung des Fern-Passes 1945. In: Landesverteidigung. Österreichische Militärische Zeitschrift (Wien 1960/61), Nr. 3.

Dulles, Allen — Schulze-Gaevernitz, Gero v., Unternehmen „Sunrise". Die geheime Geschichte des Kriegsendes in Italien (Düsseldorf 1967).

Du Rhin au Danube. L'armée française dans la guerre (Paris 1945).

Ehrmann, John, Grand Strategy, Bd. VI (= History of the Second Word War, London 1956).

Eisenhower, Dwight D., Kreuzzug in Europa (Amsterdam 1948).

Ellis, L. F. — Warhurst, A. E., Victory in the West. Vol. II: The Defeat of Germany (= History of the Second World War, United Kingdom Series, ed. Sir James Butler, London 1968).

Entscheidungsschlachten des Zweiten Weltkrieges, herausg. von Hans-Adolf Jacobsen und Jürgen Rohwer (Frankfurt/M. 1960).

Fank, Pius, Das Chorherrnstift Vorau (Vorau 1959).

Fellner, Fritz, Die außenpolitische und völkerrechtliche Situation Österreichs 1938. Österreichs Wiederherstellung als Kriegsziel der Alliierten. In: Österreich. Die Zweite Republik, herausg. von E. Weinzierl und K. Skalnik, Bd. 1 (Graz 1972).

Feurstein, Valentin, Irrwege der Pflicht 1938—1945 (München o.J.)

Fisher, Ernest F., Cassino to the Alps (= United States Army in World War II. The Mediterranean Theatre of Operations, Washington 1977).

Foreign Relations of the United States 1945, Bd. 1 (Washington 1968) und Sonderbände: The Conferences of Malta and Jalta, 2 Bde (Washington 1955).

Friessner, Hans, Verratene Schlachten (Hamburg 1956).

Geschichte des Großen Vaterländischen Krieges der Sowjetunion, 6 Bde. und 1 Kartenband (Berlin 1962—1968).

Geschichte des Zweiten Weltkrieges 1939—1945, Bd. 10. Die endgültige Zerschlagung des faschistischen Deutschland (Berlin 1982).

Goebbels, Josef, Tagebücher 1945. Die letzten Aufzeichnungen (Hamburg 1977).

Goldinger, Walter, Geschichte der Republik Österreich (Wien 1962).

Goldner, Franz, Flucht in die Schweiz. Die neutrale Schweiz und die österreichische Emigration 1938—1945 (Wien 1983).

Gosztony, Peter, Der Kampf um Budapest 1944/45. In: Wehrwissenschaftliche Rundschau (Frankfurt/M. 1963), Nrn. 10, 11, 12 und 1/1964.

514

Derselbe, Endkampf an der Donau 1944/45 (Wien 1969).

Derselbe, „Aber Churchill, dem traue ich alles zu!". In: Der Spiegel (Hamburg 1969), Nr. 47.

Derselbe, Die Kavallerie der Roten Armee im Zweiten Weltkrieg. In: Österreichische Militärische Zeitschrift 6/1969.

Grayson, Cary R. Jr., Austria's International Position 1938—1953 (Genf 1953).

Groehler, Olav, Zur Offensive der Anglo-Amerikaner im Frühjahr 1945. In: Zeitschrift für Militärgeschichte (Berlin 1963), Nr. 3.

Grube, Rudolf: Unternehmen Erinnerung. Eine Chronik über den Weg und Einsatz des Grenadier Regimentes 317 in der 211. Infanterie-Division (1939—1945), (Bielefeld 1961).

Grunwald, Horst, Gebirgsjäger der Waffen-SS im Kampf um den Semmering (Heidelberg 1978).

Gschaider, Paul, Das österreichische Bundesheer 1938 und seine Überführung in die deutsche Wehrmacht, phil. Diss. (Wien 1967).

Guderian, Heinz, Erinnerungen eines Soldaten (Heidelberg 1951).

Guisan, Henri, Bericht an die Bundesversammlung über den Aktivdienst 1939—1945 (Lausanne 1946).

Gutkas, Karl, Geschichte des Landes Niederösterreich, Bd. 3 (Wien 1959).

Hagen, Walter, Die geheime Front (Linz 1950).

Hampe, Erich, Der Zivile Luftschutz im Zweiten Weltkrieg. Dokumentationsbericht über Erfahrung und Einsatz (Frankfurt/M. 1963).

Hansen, Reimer, Das Ende des Dritten Reiches. Die deutsche Kapitulation 1945 (= Kieler Historische Studien 2, Stuttgart 1966).

Haupt, Werner, Heeresgruppe Mitte 1941—1945 (Dorheim 1968).

Hausser, Paul, Waffen-SS im Einsatz, 4. Aufl. (Göttingen 1963).

Heiber, Helmut, Hittlers Lagebesprechungen (Stuttgart 1962).

Heike, Wolf-Dietrich, Sie wollten die Freiheit. Die Geschichte der Ukrainischen Division 1943—1945 (Dorheim, o.J.).

Heute vor 20 Jahren. (Das Kriegsende in der Steiermark). In: Kleine Zeitung (Graz), 28. März bis 8. Mai 1965.

Hillbrand, Erich, Die Befestigung des Bisamberges in den letzten 100 Jahren, 2. Teil. In: Heimatbuch rund um den Bisamberg, herausg. vom Museumsverein Langenzersdorf, Bd. 3 (Langenzersdorf 1966).

Hindinger, Gabriele, Das Kriegsende und der Wiederaufbau demokratischer Verhältnisse in Oberösterreich im Jahre 1945 (= Publikationen des Österreichischen Instituts für Zeitgeschichte 6, Wien 1968).

Hiscocks, Richard, Österreichs Wiedergeburt (Wien 1954).

Hitlers letzte Lagebesprechung. In: Der Spiegel (Hamburg 1966), Nr. 3.

Hoffmann, Karl Otto, Ln — Die Geschichte der Luftnachrichtentruppe, Bd. II: Der Weltkrieg (Neckargemünd 1968).

Hohenecker, Leopold, Das Kriegsende 1945 im Raum Fischbach. In: Österreich in Geschichte und Literatur 4/1975.

Holzmann, Gustav, Dürnkrut. Die Entwicklung einer Marktgemeinde (Dürnkrut 1968).

Derselbe, Der Einsatz der Flak-Batterien im Wiener Raum 1940—1945 (= Militärhistorische Schriftenreihe 14, Wien 1970).

Hoy, Günther, Ausschnitte aus der Schlußphase des Krieges 1945 auf österreichischem Boden (Der Kampf gegen die östlichen Alliierten), 2 Halbbde (als Manuskript gedruckt, Wien 1962).

Hoy, Günther — Legler, Anton, Schlußphase des Krieges im Bereiche der Herresgruppe E. In: Landesverteidigung. Österreichische Militärische Zeitschrift (Wien 1962), Nr. 3.

Hubatsch, Walter, Hitlers Weisungen für die Kriegsführung 1939—1945 (Frankfurt/M. 1962).

Internationales Militärtribunal Nürnberg, Prozeß gegen die Hauptkriegsverbrecher XIV (16. 5. 1946—28. 5. 1946), (Nürnberg 1948).

Ivanov, S. P., Bitva za Venu. In: Izvestija (Moskau), 13. April 1955.

Derselbe, Na Venskom napravlenii. In: Voenno-istoričeskij žurnal (Moskau 1969), Nr. 6.

Ivolgin, A. I., Sapery v bojach za Venu. Voennye epizody (Moskau 1946).

Jacobsen, Hans-Adolf, 1939—1945. Der zweite Weltkrieg in Chronik und Dokumenten, 5. Aufl. (Darmstadt 1961).

Janssen, Gregor, Das Ministerium Speer. Deutschlands Rüstung im Krieg (Berlin 1968).

Jedlicka, Ludwig, Der 20. Juli 1944 in Österreich, 2. Aufl. (= Das einsame Gewissen 2, Wien 1966).

Derselbe, Ein unbekannter Bericht Kaltenbrunners über die Lage in Österreich im September 1944. In: Österreich in Geschichte und Literatur (Wien 1960), Nr. 2.

Kalinov, Kiril Dimitrievič, Sowjetmarschälle haben das Wort (Hamburg 1950).

Karner, Stefan, Kärntens Wirtschaft 1938—1945 (= Wissenschaftliche Veröffentlichungen der Landeshauptstadt Klagenfurt 2 (Klagenfurt 1976).

Käs, Ferdinand, Wien im Schicksalsjahr 1945 (= Monographien zur Zeitgeschichte. Schriftenreihe des Dokumentationsarchivs des österreichischen Widerstandes, Wien 1965).

Keesing's Archiv der Gegenwart, Jahrg. XV/1945 (Wien 1949).

Keilig, Wolf, Rangliste des deutschen Heeres 1944/45 (Bad Nauheim 1955).

Derselbe, Das deutsche Heer 1939—1945. Gliederung, Einsatz, Stellenbesetzung (Loseblattausgabe, Bad Nauheim 1956 ff).

Kern, Erich, General Pannwitz und seine Kosaken (Neckargemünd 1963).

Kesselring, Albert, Soldat bis zum letzten Tag (Bonn 1953).

Derselbe, Gedanken zum zweiten Weltkrieg (Bonn 1955).

Kissel, Hans, Der Deutsche Volkssturm 1944/45 (= Beiheft 16/17 der Wehrwissenschaftlichen Rundschau, Frankfurt/M. 1962).

Kiszling, Rudolf, Die Kroaten. Der Schicksalsweg eines Südslawenvolkes (Graz 1956).

Klietmann, Kurt Gerhard, Die Waffen-SS. Eine Dokumentation (Osnabrück 1965).

Derselbe, Die 37. SS-Freiwilligen-Kavallerie-Division „Lützow“. In: Feldgrau (Berlin 1969), Nr. 1.

Koch, Horst Adalbert, Flak. Die Geschichte der deutschen Flakartillerie 1935—1945, 2. Aufl. (Bad Nauheim 1965).

Koller, Karl, Der letzte Monat. Die Tagebuchaufzeichnungen des ehemaligen Chefs des Generalstabes der deutschen Luftwaffe vom 14. April bis 27. Mai 1945 (Mannheim 1949).

Krannhals, Hanns v., Der Warschauer Aufstand 1944 (Frankfurt/M. 1962).

Kräutler, Mathias — Springenschmid, Karl, Es war ein Edelweiß. Schicksal und Weg der 2. Gebirgs-Division (Graz 1962).

Kreczi, Hanns, Fünf Minuten vor und nach zwölf. Rückschau auf die historischen Maitage 1945. In: Oberösterreichische Nachrichten (Linz), April/Mai 1960.

Kriegstagebuch des Oberkommandos der Wehrmacht (Wehrmachtführungsstab) 1940—1945, herausg. von Percy Ernst Schramm, Bde. IV/1 und 2 (Frankfurt/M. 1961).

Kronika osvobozdenie Břeclavska. Zbornik k 20. výroci ozvobozdenie ČSSR (Břeclav 1965).

Kruml, Elisabeth, General Fritz Franek, eine Biographie, phil. Diss. (Wien 1983).

Kuby, Erich, Das Ende des Schreckens. Dokumente des Untergangs, Januar bis Mai 1945 (München 1957).

Kühnrich, Heinz, Der Partisanenkrieg in Europa 1939—1945 (Berlin 1965).

Kutschera, Rudolf, Die Fliegerangriffe auf Linz im Zweiten Weltkrieg. In: Historisches Jahrbuch der Stadt Linz 1966 (Linz 1967).

Kuzmičev, A., Noč nad Dunaem (Nacht über der Donau). In: Krasnaja zvezda (Moskau), 19. April 1963.

Kuznecov, P. G., Maršal Tolbuchin (Moskau 1966).

Lackerbauer, Ilse, Das Kriegsende in der Stadt Salzburg im Mai 1945 (= Militärhistorische Schriftenreihe 35, Wien 1977).

Lamey, H., Der Weg der 118. Jäger-Division (Selbstverlag, Augsburg 1956).

Lanz, Hubert, Gebirgsjäger. Die 1. Gebirgs-Division 1935—1945 (Bad Nauheim 1954).

La tragedia de Bleiburg. Dokumentos sobre las matanzas en masa de los Croatas en Jugoeslavia comunista en 1945 (= Studia Croatica, Buenos Aires 1963).

Lattre de Tassigny, Jean de: Histoire de la Première Armée Française. Rhin et Danube (Paris 1949).

Les Grandes Unités Françaises. Historique succincts. Campagne de France et d'Allemagne (1944 — 1945), 2. und 3. Teil (Paris 1975 und 1976).

Lettner, Lydia, Die französische Österreichpolitik 1943—1946, phil. Diss. (Salzburg 1980).

Lévai, Jenö, Eichmann in Ungarn (Budapest 1961).

Litschel, Rudolf Walter, Lanz, Schwert und Helm. Beiträge zur oberösterreichischen Wehrgeschichte (Linz 1968).

Löffler-Bolka, Dietlinde, Vorarlberg 1945. Das Kriegsende und der Wiederaufbau demokratischer Verhältnisse in Vorarlberg im Jahre 1945 (Bregenz 1975).

Loktionov, I. I., Dunajskaja flotilija v Velikoj Otečestvennoj Vojne 1941-1945 gg. (Moskau 1962).

Lüdde-Neurath, Walter, Regierung Dönitz. Die letzten Tage des Dritten Reiches, 3. Aufl. (= Göttinger Beiträge für Gegenwartsfragen 2, Göttingen 1954).

MacDonald, Charles B., The Last Offensive (= United States Army in World War II. The European Theatre of Operations, Washington D. C. 1973).

Mackiewicz, Joseph, Tragödie an der Drau oder Die verratene Freiheit (München 1957).
Mackowitz, R., Kampf um Tirol. Entscheidende Taten zur Befreiung Innsbrucks im Frühjahr 1945 (Innsbruck 1945).
Mader, Franz, Die letzten Tage des II. Batl./G. J. R. 98. In: Die Gebirgstruppe 2/1979.
Mader, Friedrich, Kampftage im Außerfern am Ende des Zweiten Weltkrieges. In: Außerferner Buch (= Schlern-Schriften herausg. von R. Klebelsberg 111, Innsbruck 1955).
Malachov, M. M., Ot Balatona do Veni (Moskau 1959).
Derselbe, Osvoboždenie Vengrii i vostočnoj Avstrii (Moskau 1965).
Malinovskij, R. Ja, Budapešt—Vena—Praga (Moskau 1965).
Maršálek, Hans, Die Geschichte des Konzentrationslagers Mauthausen (Wien 1974).
Maurer, Maurer, Air Force Combat Units of World War II (New York 1963).
Derselbe, Combat Squadrons of the Air Force World War II (Washington 1969).
Merinsky, Karl, Das Ende des Zweiten Weltkrieges und die Besatzungszeit im Raum von Zwettl in Niederösterreich, phil. Diss. (Wien 1966).
Messerschmidt, Manfred, Die Wehrmacht im NS-Staat. Zeit der Indoktrination (Hamburg 1969).
Meyer, Georg, Zur Situation der deutschen militärischen Führungsschicht im Vorfeld des westdeutschen Verteidigungsbeitrages 1945—1950/51. In: Anfänge westdeutscher Sicherheitspolitik 1945—1956, Bd. 1 (München 1982).
Meyer, Hubert, Kriegsgeschichte der 12. SS.Panzer-Division „Hitlerjugend", Bd. 2 (Osnabrück 1982).
Meyer, Kurt, Grenadiere (München 1957).
Minott, Rodney G., The Fortress That Never Was (New York 1964).
Molden, Otto, 05. Der Ruf des Gewissens. Der österreichische Freiheitskampf 1938—1945, 3. Aufl. (Wien 1970).
Mucs, Sándor, A Magyar Néphadsereg megszervezése 1944. december 21-1945. május 8 (Budapest 1960).
Mueller, Ralph — Turk, Jerry, Report After Action. The story of the 103rd Infantry Division (Innsbruck 1945).
Müller-Hildebrand, Burkhart, Das Heer 1939—1945, Bd. 3: Der Zweifrontenkrieg (Frankfurt/M. 1969).
Munzel, Oskar, Gekämpft, gesiegt, verloren. Geschichte des Panzer-Regiments 6 (Herford 1980).
Murawski, Erich, Der deutsche Wehrmachtsbericht 1939—1945 (= Schriften des Bundesarchivs 9, Boppard/Rhein 1969).
Nagy, Gábor, A 46. hadsereg tevékensége 1945. március 16-április 4ig a Bécsi támadó hadmüveletben. In: Hadtörténelmi Közlemények (Budapest 1970), Nr. 1.
Nasko, Siegfried, April 1945: Renners Ambitionen trafen sich mit Stalins Absichten. In: Österreich in Geschichte und Literatur 6/1983.
Nesvadba, František — Pluhař, Josef, Osvobozeni jihozápadniho Slowenska a jižni Moravy 2. ukrajinskÿm frontem na jarě r. 1945. In: Historie a vojenstvi (Prag 1962), Nr. 1.
Neubacher, Hermann, Sonderauftrag Südost 1940—1945. Bericht eines fliegenden Diplomaten (Seeheim 1966).
Neue Warte am Inn (Braunau), April/Mai 1955.
Neufeld, H. J. — Huck, J. — Tessin, G., Zur Geschichte der Ordnungspolizei 1936—1945 (= Schriften des Bundesarchivs 3, Koblenz 1957).
Niederösterreich im Jahre „Null". In: Niederösterreichische Monatsschrift für Wirtschaft und Kultur (Wien 1955), Nr. 4.
Olschewski, Malte, Die psychologische Kriegsführung und Propaganda der Titopartisanen in Kärnten und Slowenien, phil. Diss. (Wien 1966).
Oslobodilački rat naroda Jugoslavije, 2 Bde (Beograd 1957/58).
Österreichisches Jahrbuch 1945—1946. Nach amtlichen Quellen herausg. vom Bundespressedienst, 18. Folge (Wien 1947).
Otečestvenata Vojna na Bulgarija 1944—1945, Bd. 3 (Sofia 1966).
Patton, General George S. jr., Krieg wie ich ihn erlebte (Bern 1950).
Paul, Wolfgang, Brennpunkte. Die Geschichte der 6. Panzer-Division 1937—1945 (Krefeld 1977).
Pearson, Ralph E., Enroute to the Redoubt (Washington 1958).
Petek, France, Koroška v borbi (Klagenfurt 1951).
Pirchegger, Hans — Reichl, Sepp, Geschichte der Stadt und des Bezirkes Fürstenfeld (Fürstenfeld 1952).
Pirker, Paul, Citadelle Bregenz (Bregenz 1946).
Piterskij, N. A., Die Sowjetflotte im Zweiten Weltkrieg (Oldenburg 1966).

517

Pogue, Forrest C., The Supreme Command (= United States Army in World War II. The European Theatre of Operations, Washington 1954).

Pohlman, Hartwig, Geschichte der 96. Infanterie-Division 1939—1945 (Bad Nauheim 1959).

Poltavskij, M. A., Ob osobennostjach dviženija soprotivlenija v Avstrii. In: Novaja i novejšaja istorija (Moskau 1965), Nr. 2.

Posch, Fritz, Geschichte des Verwaltungsbezirkes Hartberg, 1. Teil, Bd. II (Graz-Hartberg 1978).

Prantl, Norbert, Heimat Zirl (= Schlern-Schriften, herausg. von R. Klebelsberg 212, Innsbruck 1960).

Pyškin, A. Ja., Po veleniju dolga (Moskau 1967).

Raggenbass, Otto, Trotz Stacheldraht. 1939—1945 Grenzland am Bodensee und Hochrhein in schwerer Zeit (Konstanz 1964).

Rauchensteiner, Manfried, Vom Limes zum „Ostwall" (Militärhistorische Schriftenreihe 21, Wien 1972).

Derselbe, A második világháború vége Ausztriában, különös tekintettel a magyar kiraly honvédség sorsára. In: Hadtörténelmi Köszlemények (Budapest) 2/1974.

Derselbe, 1945. Entscheidung für Österreich (Graz 1975).

Derselbe, Der Sonderfall. Die Besatzungszeit in Österreich 1945—1955 (Graz 1979).

Derselbe, Der Luftangriff auf Wiener Neustadt am 13. August 1943 (= Militärhistorische Schriftenreihe 49, Wien 1983).

Rausch, Josef, Der Partisanenkampf in Kärnten im Zweiten Weltkrieg (= Militärhistorische Schriftenreihe 39/40, Wien 1979).

Rebentisch, Ernst, Zum Kaukasus und zu den Tauern. Die Geschichte der 23. Panzer-Division 1941—1945 (Esslingen a. N. 1963).

Rebhann, Fritz M., Finale in Wien. Eine Gaustadt im Aschenregen (= Das einsame Gewissen 4, Wien 1969).

Rendulic, Lothar, Gekämpft, gesiegt, geschlagen (Wels 1957).

Derselbe, Die Rückwirkungen der Ardennenoffensive auf die Ostfront. In: Wehrwissenschaftliche Rundschau (Berlin 1960), Nr. 9.

Derselbe, Soldat in stürzenden Reichen (München 1965).

Ringler, Ralf Roland, Illusion einer Jugend. Hitler-Jugend in Österreich (St. Pölten 1977).

Rönnefarth, H. K. G., Reichsgrenadier-Division „Hoch- und Deutschmeister". In: Feldgrau. Mitteilungen einer Arbeitsgemeinschaft (Burgdorf 1956), Nr. 5.

Rossiwall, Theo(dor), Der sowjetische Vorstoß in das Steinfeld vom 29. März bis 1. April 1945. In: Österreichische Militärische Zeitschrift, Nr. 3/1967.

Derselbe, Die letzten Tage. Die militärische Besetzung Österreichs 1945 (Wien 1969).

Rot-Weiß-Rot-Buch. Gerechtigkeit für Österreich. — Darstellungen, Dokumente und Nachweise zur Vorgeschichte und Geschichte der Okkupation Österreichs, Teil 1 (Wien 1946).

Ryžakov, A., Osvoboždenie Veny. In: Voenno-istoričeskij žurnal (Moskau 1965), Nr. 4.

Šarochin, M. N. — Petruchin, V. S., Put' k Balatonu (Moskau 1966).

Schabes, Alois, Der Markt Leobersdorf (Leobersdorf o. J.)

Schärf, Adolf, April 1945 in Wien (Wien 1948).

Derselbe, Österreichs Erneuerung 1945—1955. Das erste Jahrzehnt der 2. Republik (Wien 1955).

Schausberger, Norbert, Rüstung in Österreich 1938—1945 (= Publikationen des Österreichischen Instituts für Zeitgeschichte 8, Wien 1970).

Schelling, Georg, Festung Vorarlberg, 2. Aufl. (Bregenz 1980).

Schirach, Baldur v., Ich glaubte an Hitler (Hamburg 1967).

Schmidt, Gerhard, Regimentsgeschichte des Panzer-Artillerie-Regiments 73 (Bremen o. J.).

Schmidt-Richberg, Erich, Das Ende auf dem Balkan (Heidelberg 1955).

Schraml, Franz, Kriegsschauplatz Kroatien (Neckargemünd 1962).

Schtemenko, Sergei Matwejewitsch, Im Generalstab, 2 Bde (Berlin 1975).

Schultz, Joachim, Die letzten 30 Tage (Stuttgart 1951).

Senger und Etterlin, F. M. v. Jr., Die 24. Panzer-Division; vormals 1. Kavallerie-Division 1939—1945 (Neckargemünd 1962).

Ševčuk, M. K., Inženernye vojska sovetskoj armii v važnejšich operacijach Otečestvennoj Vojny (Moskau 1958).

Shilin, P. A., Die wichtigsten Operationen des Großen Vaterländischen Krieges 1941—1945 (Berlin 1958).

Slapnicka, Harry, Oberösterreich, als es „Oberdonau" hieß, 1938—1945 (Linz 1978).

Smith, Walter Bedell, General Eisenhowers sechs große Entscheidungen. Europa 1944—1945 (Berlin 1956).

Spaeter, Helmuth, Die Geschichte des Panzerkorps Großdeutschland, Bd. 3 (Duisburg—Ruhrort 1958).
Spiwoks, Erich — Stöber, Hans, Endkampf zwischen Mosel und Inn. XIII. SS-Armeekorps (Osnabrück 1975).
SSSR v bor'be za nezavisimost' Avstrii (Moskau 1965).
Stadler, Karl, Österreich im Spiegel der NS-Akten 1938—1945 (= Das einsame Gewissen 3, Wien 1966).
Stahl, Paul, Kämpfe der 6. Panzer-Division zwischen 1. 4. und 8. 5. 1945 (Österreich, Wien und Lauenbrunn). In: Nachrichtenblatt Kameradschaftsbund 6. Panzer-Division, 4/1969.
Stanley, Guy D., Great Britain and the Austrian Question, Diss. (London 1973).
Stearman, Willam Lloyd, Die Sowjetunion und Österreich 1945—1955 (Bonn 1962).
Steinbrenner (Prof.), Über Mur und Donau zum Engländer. Der letzte Einsatz der 71. Infanterie-Division. In: Alte Kameraden (Karlsruhe 1965), Nr. 10.
Steiner, Herbert, Die Todesstrafe — entscheidender Bestandteil der Struktur des nationalsozialistischen Machtsystems 1938 bis 1945. In: 25 Jahre Staatsvertrag. Protokolle des wissenschaftlichen Symposions „Justiz und Zeitgeschichte" 24. und 25. Oktober 1980 (Wien 1981).
Steinert, Marlis G., Die 23 Tage der Regierung Dönitz (Düsseldorf 1967).
Stöber, H. J. E., Die eiserne Faust. Bildband und Chronik der 17. SS-Panzergrenadier-Division „Götz von Berlichingen" (Neckargemünd 1966).
Stoves, Rolf O. G., 1. Panzer-Division 1935—1945 (Bad Nauheim 1961).
Straßner, Peter, Europäische Freiwillige. Die 5. SS-Panzer-Division „Wiking" (Osnabrück 1968).
Strong, Sir Kenneth, Geheimdienstchef in Krieg und Frieden (Wien 1969).
Stuhlpfarrer, Karl, Die Operationszonen „Alpenvorland" und „Adriatisches Küstenland" (= Publikationen des Österreichischen Instituts für Zeitgeschichte 7, Wien 1969).
Tessin, Georg, Verbände und Truppen der Deutschen Wehrmacht und Waffen-SS im Zweiten Weltkrieg 1939—1945, 14 Bde (Frankfurt/M. und Osnabrück 1965—1980).
The Alexander Memoirs 1940—1945, ed. John North (London 1962).
The Furnace and the Fire. The Story of a Regiment of Infantry (Wien 1945).
The History of 61 Infantry Brigade, May 1944—June 1945 (Klagenfurt o. J.).
Toland, John, Das Finale. Die letzten hundert Tage (München 1968).
Tuider, Othmar, Die Kämpfe im Vorgelände der Fischbacher Alpen (= Militärhistorische Schriftenreihe 17, Wien 1971).
Derselbe, Die Wehrkreise XVII und XVIII 1938—1945 (= Militärhistorische Schriftenreihe 30, Wien 1976).
Derselbe, Bibliographie zur Geschichte der Felddivisionen der Deutschen Wehrmacht und Waffen-SS 1939—1945, Teil II, 2 Bde (als Manuskript gedruckt, Wien 1984).
Ul'janov, A., Osvoboždenie Veny. In: Voennie znanija (Moskau 1955), Nr. 4.
Ulrich, Johann, Der Luftkrieg über Österreich (= Militärhistorische Schriftenreihe 5/6, Wien 1967).
Unterrichter, Johann, Die Luftangriffe auf Nordtirol im Kriege 1939—1945. In: Veröffentlichungen des Museum Ferdinandeum in Innsbruck, Bd. 26/29 (Innsbruck 1949).
Voggenreiter, Martin, Frühjahrsoffensive 1918 und Ardennenoffensive 1944. In: Wehrwissenschaftliche Rundschau (Berlin), Nrn 12/1964 und 2/1965.
Volks-Gerichtsbarkeit und Verfolgung nationalsozialistischer Gewaltverbrechen in Österreich (1945 bis 1972), herausg. vom Bundesministerium für Justiz (als Manuskript gedruckt, Wien 1977).
Voroncov, T. F. u. a., Ot Volžskich stepej do Avstrijskich Alp. Boevoj put 4-j gvardejskoj armii (Moskau 1970).
Vyrodov, I. — Gurkin, V., Pražskaja nastupatel'naja operacija, fakty i cifry. In: Voenno-istoričeskij žurnal (Moskau 1970), Nr. 5.
Wagnleitner, Reinhold, Großbritannien und die Wiedererrichtung der Republik Österreich, phil. Diss. (Salzburg 1975).
Warlimont, Walter, Im Hauptquartier der Deutschen Wehrmacht 1939—1945 (Frankfurt/M. 1962).
Wechselberger, J., Das letzte Gefecht an der Grenze Tirols, 28.—30. April 1945. In: Die Gebirgstruppe (München 1962), Nr. 3/4.
Weidinger, Otto, Kameraden bis zum Ende. Der Weg des SS-Panzergrenadier-Regiments 4 „DF" 1939—1945 (Göttingen 1962).
Derselbe, Division „Das Reich", Bd. 5: 1943—1945 (Osnabrück 1982).
Weinmann, Willi, Die 101. Jäger-Division (Marbach a. N. 1966).
West (Kurfürst), Richard, Als Wien in Flammen stand. Der große Erlebnisbericht über die Apriltage von 1945 (= Aktuelle Probleme unserer Zeit 7/8, Wien 1960).

519

Widerstand und Verfolgung im Burgenland 1934—1945. Eine Dokumentation (Wien 1979).
Widerstand und Verfolgung in Oberösterreich 1934—1945. Eine Dokumentation, 2 Bde (Wien 1982).
Widerstand und Verfolgung in Tirol 1934—1945. Eine Dokumentation, 2 Bde (Wien 1984).
Wien 1945 . . . Gespräch mit dem ersten sowjetischen Stadtkommandanten von Wien. In: Sowjetunion heute (Wien 1970), Nr. 6.
Wie Wien wieder Wien wurde (Wien 1945).
Willis, F. Roy, The French in Germany 1945—1949 (Stanford 1962).
Wilmot, Chester, Der Kampf um Europa (Frankfurt/M. 1954).
Zacharov, M., Vena god 1945. In: Pravda (Moskau), 12. April 1970.
Zavizion, G. T. — Kornjušin, P. A., I na Tichom Okeane (Moskau 1967).
Želtov, Aleksej, Političeskaja rabota v Venskoj nastupatel'noj operacii. In: Voenno-istoričeskij žurnal (Moskau 1966), Nr. 2.
Želanov, V. I., Vzaimodejstvie sil Avstrijskogo dviženija soprotivlenija s vojskami Krasnoj Armii v bojach za osvoboždenie Avstrii, aprel 1945 g. In: Vtoraja mirovaja vojna 3 (Moskau 1966).
Ziemke, Earl F., Stalingrad to Berlin: The German Defeat in the East (= Army Historical Series, Washington 1968).

Register

1. Personennamen

Franek, Fritz, Dr., deutscher Generalleutnant (sowjet. Kriegsgefangenschaft) 143,

Frank, August, SS-Obergruppenführer, Chef des Heeres-Verwaltungs-Amtes 392.

Frauenfeld, Alfred Eduard, ehem. Gauleiter und Generalkommissar der Krim 24.

Frauenfeld, Eduard, Leiter des Gaupropaganda-Amtes Wien 25.

Friebe, Hans, Generalleutnant, Kommandierender General des deutschen LXIV. Armeekorps 301, 325, 510.

Friedeburg, Hans-Georg von, deutscher Generaladmiral 365, 366.

Friedrichs, Helmuth, Oberbefehlsleiter 402.

Gaedcke, Heinz, Generalmajor, Chef des Generalstabes der deutschen 6. Armee 373, 374, 502.

Gagen, N. A., Generalleutnant, Oberbefehlshaber der sowjetischen 26. Armee 109, 264, 505.

Gambiez, Fernand, französischer Oberst 312.

Gamelin, Maurice-Gustave, General, ehem. französischer Generalissimus 332.

Gangl, Sepp, deutscher Major 332.

Gargolin, sowjetischer Hauptmann 190.

Gay, Hobart R., Generalmajor, Chef des Stabes der amerikanischen 3. Armee 511.

Geitner, Curt von, Generalmajor d. Res., Kommandant des Hauptquartiers des OKW/Süd 337.

Giehl, Johann, deutscher Oberstleutnant 332.

Gielleler, Leutnant, Kommandant Kampfabschnitt Lafnitztal 499.

Gille, Herbert, SS-Obergruppenführer, Kommandierender General des deutschen IV. SS-Panzerkorps 248, 253, 502.

Glagolev, V. V., Generaloberst, Oberbefehlshaber der sowjetischen 9. Garde-Armee 146, 147, 165, 166, 412, 506.

Glaise-Horstenau, Edmund, ehem. Bevollmächtigter General in Kroatien 27, 400.

Glasl, Anton, Generalmajor, Chef des Generalstabes im Wehrkreis XVIII 336, 493.

Globocnik Odilo, Höherer SS- und Polizeiführer in Krain 358, 359.

Gnedin, I. V., Generalmajor, Kommandant des sowjetischen CXXXV. Schützenkorps 505.

Goebbels, Dr. Josef, deutscher Reichsminister für Volksaufklärung und Propaganda 171, 292.

Gollé, deutscher Oberst, Kampfgruppenkommandeur Fernpaß 318, 322.

Gontard, Christian, SS-Sturmbannführer 289.

Göring, Hermann, Reichsmarschall, Oberbefehlshaber der deutschen Luftwaffe 36.

Gorjačev, S. G., Generalleutnant, Kommandant des sowjetischen XXXV. Garde-Schützenkorps 505.

Gorjunov, S. K., Generaloberst, Kommandant der sowjetischen 5. Luftarmee 195, 507.

Gorn, Walter, Generalmajor, Kommandeur der deutschen 710. Infanterie-Division 423.

Gorochov, P. I., Generalleutnant, Mitglied des Kriegsrates der sowjetischen 53. Armee 508.

Gorškov, S. I., Generalleutnant, Kommandant des sowjetischen V. Garde-Kavalleriekorps 243, 255, 505.

Gottwald, deutscher Major, Kampfgruppenkommandant 257, 502.

Govorunenko, P. D., Generalleutnant, Kommandant des sowjetischen XVIII. Panzerkorps 150, 247, 248, 249, 252, 505.

Greim, Robert, Ritter von, Generaloberst, letzter Oberbefehlshaber der deutschen Luftwaffe 372.

Grieshammer, Fritz, deutscher Generalmajor 493.

Grigorovič, M. F., Generalmajor, Kommandant des sowjetischen XXIII. Schützenkorps 211, 509.

Grimmeiß, Max, General der Artillerie, Kommandierender General des deutschen LXIV. Armeekorps 298.

Griščenko, I. F., Oberst, Mitglied des Kriegsrates der sowjetischen 1. Garde-Kavallerie-mechanisierten Gruppe 508.

Grolmann, Helmuth von, Generalleutnant, Chef des Generalstabes der Heeresgruppe Süd (bis 25. 3. 1945) 111, 114.

Gromov, G. P., Generalleutnant, Mitglied des Kriegsrates der sowjetischen 9. Garde-Armee 506.

Gross, Martin, SS-Sturmbannführer, Kampfgruppenkommandeur 218, 422.

Groß, deutscher Oberleutnant, Kommandant Kampfabschnitt Kohfidisch 219, 499.

Groth, Heinz, deutscher Oberstleutnant, Kommandeur des Gebirgsjäger-Regiments 99 257, 258, 427, 428.

Gruber, Dr. Karl 317.

Gruić, kroatischer General 387,

Grundherr, Alexander von, Oberst, Kommandeur der deutschen 47. Volks-Grenadier-Division 322.

Grünwaldt, Wilhelm, deutscher Major 347, 348.

Guderian, Heinz, Generaloberst, Chef des Generalstabes des Heeres (bis 29. 3. 1945) 80, 96, 98, 105, 111, 112, 114, 118, 119, 127, 128, 276, 407, 408.

Guisan, Henri, Schweizer General 326.

Gümbel, deutscher Oberst 335.

Gutmann, Joachim, deutscher Oberst 154.

Gyldenfeldt, Heinz von, Generalleutnant, Chef des Generalstabes der Heeresgruppe Süd (Ostmark) ab 25. 3. 1945 118, 130, 374, 418, 443, 501.

Hahm, Walther, General der Infanterie, Kommandierender General des deutschen XIII. Armeekorps 331, 510.

Hahn, Johannes, Generalmajor, Kommandant der Feldkommandantur 197 359, 442.

Haislip, Wade H., Generalmajor, Kommandierender General des XV. US-Korps 301, 302, 333, 511.

Harmel, Heinz, SS-Brigadeführer, Kampfgruppenkommandeur 359, 361, 442.

Harrendorf, Hermann, Generalmajor, Kommandeur der 96. Infanterie-Division 201.

Kodré, Heinrich, deutscher Oberst i. G., Chef des Stabes im Wehrkreis XVII (bis. 22. 7. 1944) 404.

Koelitz, Hans, deutscher Generalmajor, Kommandeur der Panzertruppen im Wehrkreis XVII 153, 154, 158, 215.

Kolčuk, F. S., Generalmajor, Kommandant des sowjetischen XXXVII. Schützenkorps 505.

Konev, Ivan S., Marschall der Sowjetunion, Truppenbefehlshaber der 1. Ukrainischen Front 236.

Konovalov, P. G., Generalleutnant, Mitglied des Kriegsrates der sowjetischen 46. Armee 509.

Konrad, Rudolf, General der Gebirgstruppen, Kommandierender General des deutschen LXVIII. Armeekorps 501, 512.

Köppel, deutscher Oberst 96.

Körner, Herbert, deutscher Oberst i. G., Chef des Generalstabes im Luftgau XVII 493.

Körner, Theodor, General a. D. 191.

Korolev, J. F., Generalleutnant, Chef des Tel.-Wesens der 3. Ukrainischen Front 504.

Korsakov, N. M., Generalleutnant, Chef des Stabes der sowjetischen 17. Luftarmee 504.

Kotljar, L. Z., Generaloberst, Chef der Pioniere der 3. Ukrainischen Front 504.

Kovacs, vitéz, ungarischer General 254

Kozak, S. A., Generalmajor, Kommandant des sowjetischen XXI. Garde-Schützenkorps 167, 506.

Kozut, sowjetischer Major 190.

Kraemer, Fritz, SS-Gruppenführer, Chef des Generalstabes der deutschen 6. Panzer-Armee 130, 502.

Krause, Walther, Generalleutnant, Kommandant des rückwärtigen Armeegebietes der deutschen 6. Armee 122, 246, 256, 257, 260, 261, 262, 263, 280, 405, 408, 427.

Kravčenko, A. G., Generaloberst, Oberbefehlshaber der sowjetischen 6. Garde-Panzer-Armee 109, 125, 146, 206, 414, 506, 508.

Kravcov, I.K., Generalleutnant, Kommandant des sowjetischen LXIV. Schützenkorps 505.

Krebs, Hans, deutscher General der Infanterie, Chef des Generalstabes des Heeres (ab 1. 4. 1945) 130, 276, 408.

Kreysing, Hans von, General der Gebirgstruppen, Oberbefehlshaber der deutschen 8. Armee 107, 194, 197, 207, 211, 215, 239, 383, 384, 396, 503.

Kruze, A. Ja., Generalmajor, Kommandant des sowjetischen XXIV. Garde-Schützenkorps 509.

Kübler, Ludwig, General der Gebirgstruppen, Kommandierender General des deutschen LXXXXVII. Armeekorps 512.

Kuc, I. F., Generalmajor, Kommandant des sowjetischen VI. Garde-Kavalleriekorps 508.

Küchler, deutscher Oberst, Stabsoffizier für Panzer beim Festungsbereich Südost 493.

Kukin, sowjetischer Garde-Leutnant 182.

Kullmer, Arthur, Generalleutnant, Kommandierender General des deutschen XXXXIII. Armeekorps (ab 30. 4. 1945) 212.

Kurkin, A. V., Generaloberst, Kommandant der Panzer- und mechanisierten Truppen der 2. Ukrainischen Front 507.

Kuzmany, Alfred, deutscher Generalmajor, Wehrmachtskommandant und Kampfkommandant von Linz 351.

Lahousen, Erwin (Edler von Vivremont), deutscher Generalmajor 83.

Lajok, V. M., Generalmajor, Mitglied des Kriegsrates der 3. Ukrainischen Front 504.

Lange, Kurt, deutscher Generalmajor 335.

Langesee, Karl, Oberst, Führer der deutschen 47. Volks-Grenadier-Division 322.

Langhaeuser, Rudolf, Generalmajor, letzter Kommandeur der deutschen 44. Infanterie-Division „Hoch- und Deutschmeister" 384.

Lanz, Hubert, General der Gebirgstruppen, Kommandierender General des deutschen XXII. Gebirgskorps 357, 501, 512.

Laszlo, Dezsö vitéz, ungarischer Generaloberst 115.

Lattre de Tassigny, Jean de, General, Oberbefehlshaber der 1. französischen Armee 298, 299, 303, 325, 326, 368, 369, 432, 433, 511.

Laval, Pierre, ehem. französischer Ministerpräsident 298.

Laz'ko, G. S., Generalmajor, Kommandant des sowjetischen XXX. Schützenkorps 505.

Lebrun, Albert, ehem. französischer Staatspräsident 332.

Leclerc, Philippe, französischer General 338.

Lecoq, Oberst, Kommandant der Vorausabteilung der französischen 5. Panzer-Division 311.

Lehmann, Rudolf, SS-Standartenführer, Kommandeur (m. d. F. b.) der 2. SS-Panzer-Division 188, 413.

Leonov, A. I., Generalleutnant, Kommandant der Tel.-Truppen der 2. Ukrainischen Front 507.

Lepin, deutscher Hauptmann, Kommandant Kampfabschnitt Raabtal 499.

Lepperdinger, Hans, deutscher Oberst, Kampfkommandant von Salzburg-Stadt 335, 336.

Ley, Robert, deutscher Reichsarbeitsminister 27.

Linares, Gonzales de, französischer General, Kommandeur der 2. marokkanischen Infanterie-Division 326.

Löhr, Alexander, Generaloberst, Oberbefehlshaber Südost (Heeresgruppe E) 265, 357, 367, 372, 384, 385, 386, 388, 389, 446, 512.

Löscher, Rupert, deutscher Oberst 260.

Losev, A. I., Generalmajor, Kommandant des sowjetischen XXVII. Garde-Schützenkorps 509.

Ludwiger, Hartwig v., Generalleutnant, Kommandierender General des deutschen XXI. Gebirgskorps 512.

Lukin, G. S., Generalmajor, Chef des Stabes der sowjetischen 7. Garde-Armee 509.

Lütgendorf, Karl, Major i. G., Ic Offizier der deutschen 8. Armee 208, 384, 411, 421, 446.

Maierhofer, Hauptmann, Nationalsozialistischer Führungsoffizier im Wehrkreis XVIII 493.

Malinovskij, Rodion Jakovlevič, Marschall der Sowjetunion, Truppenbefehlshaber der 2. Ukrainischen Front 21, 103, 104, 109, 116, 139, 143, 151, 152, 180, 189, 194, 197, 419, 420, 457.

2. Ortsnamen

Fett gesetzte Seitenverweise beziehen sich auf das Kapitel Luftkrieg.

Bildnachweis

APN Bilderdienst, Wien (3)
Archiv der Landeshauptstadt Bregenz (2)
Archiv Otto Weidinger (2)
Department of the Army, Washington (12)
Dokumentationsarchiv der Stadt Salzburg (1)
Etablissement Cinématographique et Photographique des Armées, Fort Ivry (3)
Globus-Verlag, Wien (4)
Heeresgeschichtliches Museum, Wien (3)

Historisches Archiv des ORF, Wien (10)
Inštitut za zgodovino delevskega gibanja, Ljubljana (1)
Landesmuseum Joanneum, Graz (2)
Sovin-Film, Wien (7)
United States Air Forces, Washington (5)
United States Information Service (USIS), Wien (1)
Verteidigungsministerium der Volksrepublik Bulgarien, Sofia (1)

ERKLÄRUNG

AMERIKANISCHE —
BRITISCHE —
FRANZOSISCHE —

TRUPPEN—
BEWEGUNGEN

K	Korps
Div.	Division
Rgt.	Regiment
Pz.	Panzer
Inf.	Infanterie

0   10   20   60
km

DONAU

3.

MÜNCHEN

7. US-Armee

LECH

I. franz. K.

5. Pz. Div.

Wangen

2. marokk. Inf. Div.

4. marokk. Geb. Div.

Kempten

44. Inf. Div.

VI. US-K.

10. Pz. Div.

103. Inf. Div.

XXI. US-K.

Rosen

36. Inf.

Füssen

Garmisch-Partenkirchen

Achenpaß 940 m

BREGENZ

Dornbirn

Bezau

Obersdorf

Reutte

114. Inf. Rgt.

Lermoos

Mittenwald

2963 △ Zugsp.

Scharnitz P. 957 m

Scharnitz

INN

Bregenzerwald

5.5.

Fernpaß, 1209 m

Ehrwald

Zirl

Jenbach

Schwaz

Feldkirch

Wartho

LECH

Lechtaler Alpen

Imst

INNSBRUCK

Bludenz

6.5.

44. Inf. Div.

Langen

Arlberg, 1793 m

Landeck

411. Inf. Rgt.

Brenner 1371 m

Silvrettagruppe

Pfunds

Nauders

Wildspitze △ 3768

Sterzing

Zillertäler

Reschen P. 1504 m

Ötztaler Alpen

88. Inf. Div.

INN

ETSCH

Meran

EISACK

BOZEN

5. US-Armee

ADIGE

7

8. A